Traducción al español
del texto autorizado en inglés

Translated into Spanish from
the authorized English text

Obras de Mary Baker Eddy traducidas al español

Ciencia y Salud con la Llave de las Escrituras

Manual de La Iglesia Madre

Escritos Misceláneos 1883–1896

Retrospección e Introspección

La unidad del bien

Rudimentos de la Ciencia Divina

No y Sí

La Ciencia Cristiana en contraste con el panteísmo

Mensaje a La Iglesia Madre para el año 1900

Mensaje a La Iglesia Madre para el año 1901

Mensaje a La Iglesia Madre para el año 1902

La curación cristiana

La idea que los hombres tienen acerca de Dios —Sus efectos sobre la salud y el cristianismo

La Primera Iglesia de Cristo, Científico, y Miscelánea

Works of Mary Baker Eddy translated into Spanish

Science and Health with Key to the Scriptures

Manual of The Mother Church

Miscellaneous Writings 1883–1896

Retrospection and Introspection

Unity of Good

Rudimental Divine Science

No and Yes

Christian Science versus Pantheism

Message to The Mother Church for 1900

Message to The Mother Church for 1901

Message to The Mother Church for 1902

Christian Healing

The People's Idea of God — Its Effect on Health and Christianity

The First Church of Christ, Scientist, and Miscellany

Ciencia y Salud con la Llave de las Escrituras

Science and Health
with Key to the Scriptures

por
MARY BAKER EDDY

Science and Health with Key to the Scriptures

by
MARY BAKER EDDY

President of Massachusetts Metaphysical College and
Pastor Emeritus of The First Church of Christ, Scientist
Boston, Massachusetts

Published by The Christian Science Board of Directors

Distributed by The Christian Science Publishing Society
Boston, Massachusetts, United States of America

Ciencia
y Salud
con
la Llave de
las Escrituras

por
MARY BAKER EDDY

Presidenta del Colegio de Metafísica de Massachusetts y
Pastora Emérita de La Primera Iglesia de Cristo, Científico
Boston, Massachusetts

Publicado por La Junta Directiva de la Ciencia Cristiana

Distribuido por La Sociedad Editora de la Ciencia Cristiana
Boston, Massachusetts, Estados Unidos de América

ISBN: 978-0-87952-369-5 edición en rústica (paperback)
ISBN: 978-0-87952-370-1 edición en tapa dura (hardcover)

Impreso en los Estados Unidos de América 2023
Printed in the United States of America 2023

Conoceréis la verdad,
y la verdad os hará libres.
JUAN 8:32

No hay nada bueno ni malo,
sino que el pensar lo hace así.
SHAKESPEARE

¡Oh! Tú has oído mi oración,
Y ¡me has bendecido!
Esta es Tu sublime promesa: —
Tú aquí, y *en todas partes.*
MARY BAKER G. EDDY

Ye shall know the truth,
and the truth shall make you free.
JOHN viii. 32

There is nothing either good or bad,
but thinking makes it so.
SHAKESPEARE

Oh! Thou hast heard my prayer;
And I am blest!
This is Thy high behest: —
Thou here, and *everywhere.*
MARY BAKER G. EDDY

Note

In order to give the reader access to the original statement of Christian Science discovered by Mary Baker Eddy, the English text appears facing the translated text.

Science and Health with Key to the Scriptures was first translated into Spanish in 1947. As a translation is used, ways to improve it naturally come to light. Building upon earlier efforts, this revision aims to hold as closely as possible to the original text and places the accurate expression of the metaphysical meaning above other considerations.

Bible citations in the Spanish text are generally taken from the Reina-Valera Version, 1960 Revision. However, in instances where the meaning of verses in this Spanish Bible differs from the King James Version quoted by Mrs. Eddy, the citations are translated directly from the English text or taken from an alternate Spanish Bible translation.

Nota

Para dar al lector acceso a la declaración original de la Ciencia Cristiana como fue descubierta por Mary Baker Eddy, el texto en inglés se encuentra en la página opuesta a la traducción.

Ciencia y Salud con la Llave de las Escrituras fue traducido por primera vez al español en 1947. A medida que se hace uso de una traducción, salen naturalmente a luz formas de mejorarla. Esta revisión, preparada sobre la base de esfuerzos anteriores, procura ajustarse lo más posible al texto original, y da a la expresión exacta del significado metafísico prioridad respecto a otras consideraciones.

Las citas en español de la Biblia, en general, son tomadas de la versión Reina-Valera 1960 de la Biblia. Sin embargo, cuando el significado de los versículos de esta Biblia en español difiere de la versión King James citada por la Sra. Eddy, los mismos son traducidos directamente del texto en inglés o de una traducción alternativa de la Biblia en español.

Contents

Preface vii

1. Prayer 1
2. Atonement and Eucharist 18
3. Marriage 56
4. Christian Science versus Spiritualism 70
5. Animal Magnetism Unmasked 100
6. Science, Theology, Medicine 107
7. Physiology 165
8. Footsteps of Truth 201
9. Creation 255
10. Science of Being 268
11. Some Objections Answered 341
12. Christian Science Practice 362
13. Teaching Christian Science 443
14. Recapitulation 465

Key to the Scriptures

15. Genesis 501
16. The Apocalypse 558
17. Glossary 579

18. Fruitage 600

Índice

Prefacio vii

1. La oración 1
2. La expiación y la eucaristía 18
3. El matrimonio 56
4. La Ciencia Cristiana versus el espiritismo 70
5. El magnetismo animal desenmascarado 100
6. La ciencia, la teología, la medicina 107
7. La fisiología 165
8. Los pasos de la Verdad 201
9. La creación 255
10. La Ciencia del ser 268
11. Algunas objeciones respondidas 341
12. La práctica de la Ciencia Cristiana 362
13. La enseñanza de la Ciencia Cristiana 443
14. Recapitulación 465

La Llave de las Escrituras

15. Génesis 501
16. El Apocalipsis 558
17. Glosario 579

18. Los frutos 600

Preface

To those leaning on the sustaining infinite, to-day is big with blessings. The wakeful shepherd beholds the first faint morning beams, ere cometh the full radiance of a risen day. So shone the pale star to the prophet-shepherds; yet it traversed the night, and came where, in cradled obscurity, lay the Bethlehem babe, the human herald of Christ, Truth, who would make plain to benighted understanding the way of salvation through Christ Jesus, till across a night of error should dawn the morning beams and shine the guiding star of being. The Wisemen were led to behold and to follow this daystar of divine Science, lighting the way to eternal harmony.

The time for thinkers has come. Truth, independent of doctrines and time-honored systems, knocks at the portal of humanity. Contentment with the past and the cold conventionality of materialism are crumbling away. Ignorance of God is no longer the stepping-stone to faith. The only guarantee of obedience is a right apprehension of Him whom to know aright is Life eternal. Though empires fall, "the Lord shall reign forever."

A book introduces new thoughts, but it cannot make them speedily understood. It is the task of the sturdy pioneer to hew the tall oak and to cut the rough granite. Future ages must declare what the pioneer has accomplished.

Since the author's discovery of the might of Truth in

Prefacio

Para aquellos que se apoyan en el infinito sostenedor, el día de hoy está lleno de bendiciones. El pastor vigilante contempla los primeros tenues rayos del alba antes de que llegue el pleno resplandor de un nuevo día. Así brilló la pálida estrella para los pastores profetas; sin embargo, atravesó la noche, y llegó donde, envuelto en tierno amparo, se hallaba el niño de Belén, el heraldo humano del Cristo, la Verdad, quien había de aclarar al entendimiento oscurecido el camino de la salvación mediante Cristo Jesús, hasta que a través de una noche de error alborearan los rayos de la mañana y brillara la estrella guiadora del ser. Los Magos fueron guiados a contemplar y a seguir este lucero matutino de la Ciencia divina, que ilumina el camino hacia la armonía eterna.

La hora de los pensadores ha llegado. La Verdad, independiente de doctrinas y sistemas honrados por el tiempo, llama al portal de la humanidad. La conformidad con el pasado y el frío convencionalismo del materialismo se están desmoronando. La ignorancia de lo que es Dios ya no es la pasadera hacia la fe. La única garantía de obediencia es una comprensión correcta de Él, a quien conocer correctamente es la Vida eterna. Aunque los imperios caigan, "reinará Jehová para siempre".

Un libro introduce pensamientos nuevos, pero no puede hacer que sean rápidamente comprendidos. Es la tarea del pionero robusto derribar el alto roble y cortar el tosco granito. Las épocas futuras deben declarar lo que el pionero ha logrado.

Desde que la autora descubrió el poder de la Verdad en

the treatment of disease as well as of sin, her system has been fully tested and has not been found wanting; but to reach the heights of Christian Science, man must live in obedience to its divine Principle. To develop the full might of this Science, the discords of corporeal sense must yield to the harmony of spiritual sense, even as the science of music corrects false tones and gives sweet concord to sound.

Theology and physics teach that both Spirit and matter are real and good, whereas the fact is that Spirit is good and real, and matter is Spirit's opposite. The question, What is Truth, is answered by demonstration, — by healing both disease and sin; and this demonstration shows that Christian healing confers the most health and makes the best men. On this basis Christian Science will have a fair fight. Sickness has been combated for centuries by doctors using material remedies; but the question arises, Is there less sickness because of these practitioners? A vigorous "No" is the response deducible from two connate facts, — the reputed longevity of the Antediluvians, and the rapid multiplication and increased violence of diseases since the flood.

In the author's work, RETROSPECTION AND INTROSPECTION, may be found a biographical sketch, narrating experiences which led her, in the year 1866, to the discovery of the system that she denominated Christian Science. As early as 1862 she began to write down and give to friends the results of her Scriptural study, for the Bible was her sole teacher; but these compositions were crude, — the first steps of a child in the newly discovered world of Spirit.

el tratamiento tanto de la enfermedad como del pecado, su sistema ha sido puesto a prueba plenamente, y no se le ha encontrado deficiencia alguna; mas para alcanzar las alturas de la Ciencia Cristiana, el hombre tiene que vivir en obediencia al Principio divino de esta Ciencia. Para desarrollar todo el poder de esta Ciencia, las discordias del sentido corporal tienen que ceder a la armonía del sentido espiritual, así como la ciencia de la música corrige los tonos falsos y da dulce concordancia a los sonidos.

La teología y la física enseñan que tanto el Espíritu como la materia son reales y buenos, mientras que el hecho es que el Espíritu es bueno y real, y la materia es lo opuesto del Espíritu. La pregunta: ¿Qué es la Verdad?, es contestada mediante la demostración, sanando tanto la enfermedad como el pecado; y esta demostración enseña que la curación cristiana confiere el máximo de salud y produce los mejores hombres. Sobre esta base la Ciencia Cristiana tendrá una lucha justa. La enfermedad ha sido combatida durante siglos por los médicos usando remedios materiales; pero se suscita la pregunta: ¿Hay menos enfermedades debido a estos médicos? Un rotundo "No" es la respuesta que se deduce de dos hechos conexos: la reputada longevidad de los antediluvianos y la rápida multiplicación y creciente virulencia de las enfermedades desde el diluvio.

En la obra *Retrospección e Introspección,* de la autora, se puede encontrar un bosquejo biográfico que narra las experiencias que la guiaron, en el año 1866, al descubrimiento del sistema que ella denominó Ciencia Cristiana. Ya en 1862, empezó a escribir y dar a sus amigos los resultados de su estudio de las Escrituras, pues la Biblia fue su único maestro; pero estas composiciones eran crudas: los primeros pasos de un niño en el recién descubierto mundo del Espíritu.

She also began to jot down her thoughts on the main subject, but these jottings were only infantile lispings of Truth. A child drinks in the outward world through the eyes and rejoices in the draught. He is as sure of the world's existence as he is of his own; yet he cannot describe the world. He finds a few words, and with these he stammeringly attempts to convey his feeling. Later, the tongue voices the more definite thought, though still imperfectly.

So was it with the author. As a certain poet says of himself, she "lisped in numbers, for the numbers came." Certain essays written at that early date are still in circulation among her first pupils; but they are feeble attempts to state the Principle and practice of Christian healing, and are not complete nor satisfactory expositions of Truth. To-day, though rejoicing in some progress, she still finds herself a willing disciple at the heavenly gate, waiting for the Mind of Christ.

Her first pamphlet on Christian Science was copyrighted in 1870; but it did not appear in print until 1876, as she had learned that this Science must be demonstrated by healing, before a work on the subject could be profitably studied. From 1867 until 1875, copies were, however, in friendly circulation.

Before writing this work, SCIENCE AND HEALTH, she made copious notes of Scriptural exposition, which have never been published. This was during the years 1867 and 1868. These efforts show her comparative ignorance of the stupendous Life-problem up to that time, and the degrees by which she came at length to its solution; but she values them as a parent

También comenzó a anotar sus pensamientos sobre el tema principal, mas estas notas eran sólo balbuceos infantiles acerca de la Verdad. Un niño sorbe el mundo exterior con los ojos y se regocija con lo que sorbe. Está tan seguro de la existencia del mundo como lo está de la suya; sin embargo, no puede describir el mundo. Halla unas pocas palabras y con estas, balbuciente, trata de comunicar su sentir. Más tarde, la lengua expresa pensamientos más definidos, aunque todavía imperfectamente.

Así ocurrió con la autora. Como cierto poeta dice de sí mismo, ella "balbucía en versos, porque le venían los versos". Ciertos ensayos escritos en esa fecha temprana están todavía en circulación entre sus primeros alumnos, pero son débiles intentos de exponer el Principio y la práctica de la curación cristiana, y no son exposiciones completas ni satisfactorias de la Verdad. Hoy, aunque regocijándose en algún progreso, todavía se considera una discípula bien dispuesta a la puerta celestial, aguardando la Mente de Cristo.

Su primer folleto sobre la Ciencia Cristiana fue registrado como propiedad literaria en 1870; pero no apareció impreso hasta 1876, porque la autora había comprendido que esta Ciencia tenía que ser demostrada mediante la curación, antes de que una obra sobre el tema pudiera estudiarse con provecho. Sin embargo, desde 1867 hasta 1875, algunos ejemplares circularon entre sus amistades.

Antes de escribir esta obra, *Ciencia y Salud,* la autora hizo cuantiosos apuntes con exposiciones sobre las Escrituras que nunca han sido publicados. Esto fue durante los años 1867 y 1868. Estos esfuerzos muestran su comparativa ignorancia del estupendo problema de la Vida que ella tenía hasta ese momento, y la forma gradual en que llegó por fin a su solución; pero ella los valora como una madre o un padre may treasure the memorials of a child's growth, and she would not have them changed.

The first edition of SCIENCE AND HEALTH was published in 1875. Various books on mental healing have since been issued, most of them incorrect in theory and filled with plagiarisms from SCIENCE AND HEALTH. They regard the human mind as a healing agent, whereas this mind is not a factor in the Principle of Christian Science. A few books, however, which are based on this book, are useful.

The author has not compromised conscience to suit the general drift of thought, but has bluntly and honestly given the text of Truth. She has made no effort to embellish, elaborate, or treat in full detail so infinite a theme. By thousands of well-authenticated cases of healing, she and her students have proved the worth of her teachings. These cases for the most part have been abandoned as hopeless by regular medical attendants. Few invalids will turn to God till all physical supports have failed, because there is so little faith in His disposition and power to heal disease.

The divine Principle of healing is proved in the personal experience of any sincere seeker of Truth. Its purpose is good, and its practice is safer and more potent than that of any other sanitary method. The unbiased Christian thought is soonest touched by Truth, and convinced of it. Only those quarrel with her method who do not understand her meaning, or discerning the truth, come not to the light lest their works be reproved. No intellectual proficiency is requisite in the learner, but sound morals are most desirable.

puede atesorar los recuerdos del crecimiento de un hijo, y no desearía que fueran alterados.

La primera edición de *Ciencia y Salud* fue publicada en 1875. Varios libros sobre la curación mental han sido publicados desde entonces, la mayoría de ellos incorrectos en teoría y llenos de plagios de *Ciencia y Salud*. Ellos consideran la mente humana como un agente sanador, mientras que esta mente no es un factor en el Principio de la Ciencia Cristiana. Unos pocos libros, sin embargo, que están basados en esta obra, son útiles.

La autora no ha comprometido la conciencia para acomodarla a la corriente general de pensamiento, sino que ha dado franca y honradamente el texto de la Verdad. No ha hecho ningún esfuerzo por embellecer, elaborar, o tratar en todos sus detalles un tema tan infinito. Mediante miles de casos debidamente autenticados de curaciones, ella y sus alumnos han comprobado el valor de sus enseñanzas. Estos casos en su mayoría habían sido abandonados por incurables por los médicos que los atendían. Pocos inválidos recurren a Dios hasta que todos los apoyos físicos han fallado, porque se tiene muy poca fe en Su disposición y poder para sanar la enfermedad.

El Principio divino de la curación es comprobado en la experiencia personal de cualquier buscador sincero de la Verdad. Su propósito es bueno, y su práctica es más segura y más potente que la de cualquier otro método de sanidad. El pensamiento cristiano ecuánime es el alcanzado más rápidamente por la Verdad, y convencido por ella. Sólo están en desacuerdo con su método aquellos que no entienden lo que la autora quiere decir, o que percibiendo la verdad, no vienen a la luz para que sus obras no sean reprendidas. Ninguna pericia intelectual es necesaria en los estudiantes, mas una sana moral es sumamente deseable.

Many imagine that the phenomena of physical healing in Christian Science present only a phase of the action of the human mind, which action in some unexplained way results in the cure of disease. On the contrary, Christian Science rationally explains that all other pathological methods are the fruits of human faith in matter, — faith in the workings, not of Spirit, but of the fleshly mind which must yield to Science.

The physical healing of Christian Science results now, as in Jesus' time, from the operation of divine Principle, before which sin and disease lose their reality in human consciousness and disappear as naturally and as necessarily as darkness gives place to light and sin to reformation. Now, as then, these mighty works are not supernatural, but supremely natural. They are the sign of Immanuel, or "God with us," — a divine influence ever present in human consciousness and repeating itself, coming now as was promised aforetime,

> To preach deliverance to the captives [of sense],
> And recovering of sight to the blind,
> To set at liberty them that are bruised.

When God called the author to proclaim His Gospel to this age, there came also the charge to plant and water His vineyard.

The first school of Christian Science Mind-healing was started by the author with only one student in Lynn, Massachusetts, about the year 1867. In 1881, she opened the Massachusetts Metaphysical College in Boston, under the seal of the Commonwealth, a law relative to colleges having been passed, which enabled her to get this institution chartered for medical pur-

Muchos imaginan que los fenómenos de la curación física en la Ciencia Cristiana presentan sólo una fase de la acción de la mente humana y que de dicha acción resulta, en alguna manera inexplicada, la curación de las enfermedades. Por el contrario, la Ciencia Cristiana explica racionalmente que todos los otros métodos de la patología son los frutos de la fe humana en la materia, de la fe en el funcionamiento, no del Espíritu, sino de la mente carnal que tiene que ceder ante la Ciencia.

La curación física de la Ciencia Cristiana resulta ahora, como en el tiempo de Jesús, de la operación del Principio divino, ante la cual el pecado y la enfermedad pierden su realidad en la consciencia humana y desaparecen tan natural y tan necesariamente como las tinieblas dan lugar a la luz y el pecado a la reforma. Ahora, como entonces, estas obras poderosas no son sobrenaturales, sino supremamente naturales. Son la señal de Emanuel, o "Dios con nosotros", una influencia divina siempre presente en la consciencia humana y repitiéndose a sí misma, viniendo ahora como fue prometida antaño:

> A pregonar libertad a los cautivos [del sentido],
> Y vista a los ciegos;
> A poner en libertad a los oprimidos.

Cuando Dios llamó a la autora para proclamar Su Evangelio a esta época, también vino el encargo de plantar y regar Su viña.

La primera escuela de la Ciencia Cristiana de la curación-Mente fue inaugurada por la autora con un solo alumno en Lynn, Massachusetts, alrededor de 1867. En 1881, ella abrió el Colegio de Metafísica de Massachusetts, en Boston, con la autorización del Estado, por haberse aprobado una ley relativa a las facultades, la cual le permitió establecer poses. No charters were granted to Christian Scientists for such institutions after 1883, and up to that date, hers was the only College of this character which had been established in the United States, where Christian Science was first introduced.

During seven years over four thousand students were taught by the author in this College. Meanwhile she was pastor of the first established Church of Christ, Scientist; President of the first Christian Scientist Association, convening monthly; publisher of her own works; and (for a portion of this time) sole editor and publisher of the Christian Science Journal, the first periodical issued by Christian Scientists. She closed her College, October 29, 1889, in the height of its prosperity with a deep-lying conviction that the next two years of her life should be given to the preparation of the revision of SCIENCE AND HEALTH, which was published in 1891. She retained her charter, and as its President, reopened the College in 1899 as auxiliary to her church. Until June 10, 1907, she had never read this book throughout consecutively in order to elucidate her idealism.

In the spirit of Christ's charity, — as one who "hopeth all things, endureth all things," and is joyful to bear consolation to the sorrowing and healing to the sick, — she commits these pages to honest seekers for Truth.

MARY BAKER EDDY

legalmente esta institución con propósitos médicos. No se concedieron licencias para tales instituciones a los Científicos Cristianos después de 1883, y hasta esa fecha, el suyo era el único colegio de este carácter que se había establecido en los Estados Unidos, donde la Ciencia Cristiana fue introducida por primera vez.

Durante siete años más de cuatro mil estudiantes fueron enseñados por la autora en este colegio. Mientras tanto, era ella pastora de la primera Iglesia de Cristo, Científico, que se estableció; Presidenta de la primera Asociación de Científicos Cristianos, la cual se reunía mensualmente; editora de sus propias obras; y (durante parte de este tiempo) la única directora y editora del *Christian Science Journal,* la primera publicación periódica difundida por los Científicos Cristianos. Ella cerró el colegio el 29 de octubre de 1889, en el auge de su prosperidad, con una profunda convicción de que los dos años siguientes de su vida debían ser dedicados a la preparación de la revisión de *Ciencia y Salud,* la cual fue publicada en 1891. Retuvo su licencia para el colegio, y como su Presidenta, la reabrió en 1899 como institución auxiliar de su iglesia. Hasta el 10 de junio de 1907, ella nunca había leído este libro completa y consecutivamente con el fin de elucidar el idealismo que en él expresó.

En el espíritu del amor de Cristo, —como quien "todo lo espera, todo lo soporta", y se regocija en llevar consuelo a los afligidos y curación a los enfermos— ella dedica estas páginas a los honestos buscadores de la Verdad.

MARY BAKER EDDY

Chapter 1

Prayer

For verily I say unto you,
That whosoever shall say unto this mountain,
Be thou removed, and be thou cast into the sea;
and shall not doubt in his heart, but shall believe that
those things which he saith shall come to pass;
he shall have whatsoever he saith.
Therefore I say unto you, What things soever ye desire
when ye pray, believe that ye receive them,
and ye shall have them.

Your Father knoweth what things ye have need of,
before ye ask Him. — CHRIST JESUS.

The prayer that reforms the sinner and heals the sick is an absolute faith that all things are possible to God,— a spiritual understanding of Him, an unselfed love. Regardless of what another may say or think on this subject, I speak from experience. Prayer, watching, and working, combined with self-immolation, are God's gracious means for accomplishing whatever has been successfully done for the Christianization and health of mankind.

Thoughts unspoken are not unknown to the divine Mind. Desire is prayer; and no loss can occur from trusting God with our desires, that they may be moulded and exalted before they take form in words and in deeds.

Ciencia y Salud

Capítulo 1

La oración

Porque de cierto os digo
que cualquiera que dijere a este monte:
Quítate y échate en el mar,
y no dudare en su corazón,
sino creyere que será hecho lo que dice,
lo que diga le será hecho.
Por tanto, os digo que todo lo que pidiereis orando,
creed que lo recibiréis,
y os vendrá.

Vuestro Padre sabe de qué cosas tenéis necesidad,
antes que vosotros Le pidáis. — Cristo Jesús.

La oración que reforma al pecador y sana al enfermo es una fe absoluta en que todas las cosas son posibles para Dios, una comprensión espiritual de Él, un amor abnegado. A pesar de lo que otros puedan decir o pensar sobre este tema, hablo por experiencia. La oración, la vigilancia y el trabajo, combinados con la inmolación del yo, son los medios de la gracia de Dios para lograr todo lo que ha sido hecho con éxito para la cristianización y la salud del género humano.

Los pensamientos inexpresados no son desconocidos para la Mente divina. El deseo es oración; y ninguna pérdida puede ocurrir por confiar a Dios nuestros deseos, para que puedan ser moldeados y exaltados antes de que tomen forma en palabras y en obras.

Right motives

What are the motives for prayer? Do we pray to make ourselves better or to benefit those who hear us, to enlighten the infinite or to be heard of men? Are we benefited by praying? Yes, the desire which goes forth hungering after righteousness is blessed of our Father, and it does not return unto us void.

Deity unchangeable

God is not moved by the breath of praise to do more than He has already done, nor can the infinite do less than bestow all good, since He is unchanging wisdom and Love. We can do more for ourselves by humble fervent petitions, but the All-loving does not grant them simply on the ground of lip-service, for He already knows all.

Prayer cannot change the Science of being, but it tends to bring us into harmony with it. Goodness attains the demonstration of Truth. A request that God will save us is not all that is required. The mere habit of pleading with the divine Mind, as one pleads with a human being, perpetuates the belief in God as humanly circumscribed, — an error which impedes spiritual growth.

God's standard

God is Love. Can we ask Him to be more? God is intelligence. Can we inform the infinite Mind of anything He does not already comprehend? Do we expect to change perfection? Shall we plead for more at the open fount, which is pouring forth more than we accept? The unspoken desire does bring us nearer the source of all existence and blessedness.

Asking God to *be* God is a vain repetition. God is "the same yesterday, and to-day, and forever;" and

Motivos correctos

¿Cuáles son los motivos de la oración? ¿Oramos para mejorarnos a nosotros mismos o para beneficiar a aquellos que nos oyen, para iluminar el infinito o para ser oídos por los hombres? ¿Somos beneficiados mediante la oración? Sí, el deseo que parte hambriento de justicia es bendecido por nuestro Padre, y no vuelve a nosotros vacío.

Deidad invariable

Dios no es movido por el aliento de la alabanza para hacer más de lo que ya ha hecho, ni puede el infinito hacer menos que conceder todo el bien, ya que Él es sabiduría y Amor invariables. Podemos hacer más para nosotros mismos mediante peticiones humildes y fervientes, pero el que es todo-Amor no las otorga simplemente por la falsa alabanza, pues Él ya sabe todo.

La oración no puede cambiar la Ciencia del ser, pero tiende a ponernos en armonía con ella. La bondad logra la demostración de la Verdad. Una petición para que Dios nos salve no es todo lo que se requiere. El mero hábito de suplicar a la Mente divina, como uno suplica a un ser humano, perpetúa la creencia en Dios como humanamente circunscrito, un error que impide el crecimiento espiritual.

El estándar de Dios

Dios es Amor. ¿Podemos pedirle que sea más? Dios es la inteligencia. ¿Podemos informar a la Mente infinita de algo que no comprende ya? ¿Esperamos cambiar la perfección? ¿Suplicaremos por más junto a la fuente abierta, que está vertiendo más de lo que aceptamos? El deseo inexpresado sí nos acerca más al origen de toda existencia y bienaventuranza.

Pedir a Dios que *sea* Dios es una vana repetición. Dios es “el mismo ayer, y hoy, y por los siglos”; y Aquel que es

He who is immutably right will do right without being reminded of His province. The wisdom of man is not sufficient to warrant him in advising God.

The spiritual mathematics

Who would stand before a blackboard, and pray the principle of mathematics to solve the problem? The rule is already established, and it is our task to work out the solution. Shall we ask the divine Principle of all goodness to do His own work? His work is done, and we have only to avail ourselves of God's rule in order to receive His blessing, which enables us to work out our own salvation.

The Divine Being must be reflected by man, — else man is not the image and likeness of the patient, tender, and true, the One "altogether lovely;" but to understand God is the work of eternity, and demands absolute consecration of thought, energy, and desire.

Prayerful ingratitude

How empty are our conceptions of Deity! We admit theoretically that God is good, omnipotent, omnipresent, infinite, and then we try to give information to this infinite Mind. We plead for unmerited pardon and for a liberal outpouring of benefactions. Are we really grateful for the good already received? Then we shall avail ourselves of the blessings we have, and thus be fitted to receive more. Gratitude is much more than a verbal expression of thanks. Action expresses more gratitude than speech.

If we are ungrateful for Life, Truth, and Love, and yet return thanks to God for all blessings, we are insincere and incur the sharp censure our Master pronounces on hypocrites. In such a case, the only acceptable prayer is to put the finger on the lips and remember our blessings. While the heart is far from inmutablemente justo hará lo justo sin que se Le recuerde lo que es de Su incumbencia. La sabiduría del hombre no es suficiente para justificar que él aconseje a Dios.

La matemática espiritual

¿Quién se pararía ante una pizarra y oraría al principio de la matemática para que resolviera el problema? La regla ya está establecida, y es nuestra tarea hallar la solución. ¿Le pediremos al Principio divino de toda bondad que haga Su propio trabajo? Su obra está hecha, y sólo tenemos que aprovechar la regla de Dios con el fin de recibir Su bendición, la cual nos capacita para ocuparnos de nuestra propia salvación.

El Ser Divino tiene que ser reflejado por el hombre, de lo contrario, el hombre no es la imagen y semejanza del paciente, tierno y verdadero, el Único "del todo amable"*; mas comprender a Dios es la obra de la eternidad, y exige la absoluta consagración de los pensamientos, las energías y los deseos.

Ingratitud en la oración

¡Cuán vacías son nuestras concepciones de la Deidad! Teóricamente admitimos que Dios es bueno, omnipotente, omnipresente, infinito, y luego tratamos de dar información a esta Mente infinita. Suplicamos un perdón inmerecido y una efusión generosa de beneficios. ¿Estamos realmente agradecidos por el bien ya recibido? Entonces aprovecharemos las bendiciones que tenemos, y así estaremos capacitados para recibir más. La gratitud es mucho más que una expresión verbal de agradecimiento. Las acciones expresan más gratitud que las palabras.

Si no estamos agradecidos por la Vida, la Verdad y el Amor, y sin embargo damos gracias a Dios por todas las bendiciones, somos insinceros e incurrimos en la censura aguda que nuestro Maestro dirige a los hipócritas. En tal caso, la única oración aceptable es poner el dedo sobre los labios y recordar nuestras bendiciones. Mientras el corazón está

*Según la Versión Moderna de la Biblia

divine Truth and Love, we cannot conceal the ingratitude of barren lives.

Efficacious petitions

What we most need is the prayer of fervent desire for growth in grace, expressed in patience, meekness, love, and good deeds. To keep the commandments of our Master and follow his example, is our proper debt to him and the only worthy evidence of our gratitude for all that he has done. Outward worship is not of itself sufficient to express loyal and heartfelt gratitude, since he has said: "If ye love me, keep my commandments."

The habitual struggle to be always good is unceasing prayer. Its motives are made manifest in the blessings they bring, — blessings which, even if not acknowledged in audible words, attest our worthiness to be partakers of Love.

Watchfulness requisite

Simply asking that we may love God will never make us love Him; but the longing to be better and holier, expressed in daily watchfulness and in striving to assimilate more of the divine character, will mould and fashion us anew, until we awake in His likeness. We reach the Science of Christianity through demonstration of the divine nature; but in this wicked world goodness will "be evil spoken of," and patience must bring experience.

Veritable devotion

Audible prayer can never do the works of spiritual understanding, which regenerates; but silent prayer, watchfulness, and devout obedience enable us to follow Jesus' example. Long prayers, superstition, and creeds clip the strong pinions of love, and clothe religion in human forms. Whatever mate-lejos de la Verdad y el Amor divinos, no podemos ocultar la ingratitud de las vidas estériles.

Peticiones eficaces

Lo que más necesitamos es la oración del deseo ferviente de crecer en gracia, expresada en paciencia, mansedumbre, amor y buenas obras. Guardar los mandamientos de nuestro Maestro y seguir su ejemplo es nuestra deuda justa con él y la única evidencia digna de nuestra gratitud por todo lo que él ha hecho. La adoración exteriorizada no es suficiente de por sí para expresar gratitud leal y sentida, ya que él ha dicho: "Si me amáis, guardad mis mandamientos".

La lucha habitual por ser siempre buenos es oración incesante. Sus motivos se manifiestan en las bendiciones que traen, bendiciones que, aun sin ser reconocidas con palabras audibles, atestiguan que somos dignos de ser partícipes del Amor.

Vigilancia, un requisito

Simplemente pedir que podamos amar a Dios nunca nos hará amarlo; pero el anhelo de ser mejores y más santos, expresado en la vigilancia diaria y en el esfuerzo por asimilar más del carácter divino, nos moldeará y formará de nuevo, hasta que despertemos a Su semejanza. Alcanzamos la Ciencia del cristianismo a través de la demostración de la naturaleza divina; pero en este mundo malvado será "vituperado vuestro bien", y la paciencia tiene que traer experiencia.

Devoción verdadera

La oración audible nunca puede hacer las obras de la comprensión espiritual, la cual regenera; mas la oración silenciosa, la vigilancia, y la obediencia devota nos capacitan para seguir el ejemplo de Jesús. Las oraciones largas, la superstición y los credos cercenan las fuertes alas del amor, y revisten la religión de formas humanas. Cualquier cosa que materialice la adoración estorba el rializes worship hinders man's spiritual growth and keeps him from demonstrating his power over error.

Sorrow and reformation

Sorrow for wrong-doing is but one step towards reform and the very easiest step. The next and great step required by wisdom is the test of our sincerity, — namely, reformation. To this end we are placed under the stress of circumstances. Temptation bids us repeat the offence, and woe comes in return for what is done. So it will ever be, till we learn that there is no discount in the law of justice and that we must pay "the uttermost farthing." The measure ye mete "shall be measured to you again," and it will be full "and running over."

Saints and sinners get their full award, but not always in this world. The followers of Christ drank his cup. Ingratitude and persecution filled it to the brim; but God pours the riches of His love into the understanding and affections, giving us strength according to our day. Sinners flourish "like a green bay tree;" but, looking farther, the Psalmist could see their end, — the destruction of sin through suffering.

Cancellation of human sin

Prayer is not to be used as a confessional to cancel sin. Such an error would impede true religion. Sin is forgiven only as it is destroyed by Christ, — Truth and Life. If prayer nourishes the belief that sin is cancelled, and that man is made better merely by praying, prayer is an evil. He grows worse who continues in sin because he fancies himself forgiven.

Diabolism destroyed

An apostle says that the Son of God [Christ] came to "destroy the *works* of the devil." We should follow our divine Exemplar, and seek the destruction of all evil works, error and disease included.

crecimiento espiritual del hombre y le impide que demuestre su poder sobre el error.

Pesar y reforma

El pesar por haber obrado mal no es sino un paso hacia la reforma y el paso más fácil de todos. El próximo y gran paso requerido por la sabiduría es la prueba de nuestra sinceridad, a saber, la reforma. Con este fin somos puestos bajo el peso de las circunstancias. La tentación nos incita a repetir la falta, y la congoja viene como resultado de lo que se ha hecho. Así será siempre, hasta que aprendamos que no hay descuento en la ley de la justicia y que tenemos que pagar hasta "el último cuadrante". Con la medida que medís "os volverán a medir", y estará llena "y rebosando".

Santos y pecadores reciben su pleno galardón, pero no siempre en este mundo. Los seguidores de Cristo bebieron su copa. La ingratitud y la persecución la llenaron hasta el borde; pero Dios derrama las riquezas de Su amor en el entendimiento y los afectos, dándonos fuerzas de acuerdo con nuestra necesidad actual. Los pecadores florecen "como laurel verde"; pero, mirando más lejos, el Salmista pudo ver su fin: la destrucción del pecado por medio del sufrimiento.

Cancelación del pecado humano

La oración no ha de ser utilizada como una confesión para cancelar el pecado. Tal error impediría la verdadera religión. El pecado es perdonado sólo en la medida en que es destruido por el Cristo, la Verdad y la Vida. Si la oración nutre la creencia de que el pecado es cancelado, y que el hombre se vuelve mejor meramente por orar, la oración es un mal. Empeora quien continúa en el pecado porque se imagina que ha sido perdonado.

Lo diabólico destruido

Un apóstol dice que el Hijo de Dios [Cristo] vino para "deshacer las *obras* del diablo". Debiéramos seguir a nuestro Ejemplo divino, y buscar la destrucción de todas las obras malévolas, el error y la enfermedad incluidos.

We cannot escape the penalty due for sin. The Scriptures say, that if we deny Christ, "he also will deny us."

Pardon and amendment

Divine Love corrects and governs man. Men may pardon, but this divine Principle alone reforms the sinner. God is not separate from the wisdom He bestows. The talents He gives we must improve. Calling on Him to forgive our work badly done or left undone, implies the vain supposition that we have nothing to do but to ask pardon, and that afterwards we shall be free to repeat the offence.

To cause suffering as the result of sin, is the means of destroying sin. Every supposed pleasure in sin will furnish more than its equivalent of pain, until belief in material life and sin is destroyed. To reach heaven, the harmony of being, we must understand the divine Principle of being.

Mercy without partiality

"God is Love." More than this we cannot ask, higher we cannot look, farther we cannot go. To suppose that God forgives or punishes sin according as His mercy is sought or unsought, is to misunderstand Love and to make prayer the safety-valve for wrong-doing.

Divine severity

Jesus uncovered and rebuked sin before he cast it out. Of a sick woman he said that Satan had bound her, and to Peter he said, "Thou art an offence unto me." He came teaching and showing men how to destroy sin, sickness, and death. He said of the fruitless tree, "[It] is hewn down."

It is believed by many that a certain magistrate, who lived in the time of Jesus, left this record: "His rebuke is fearful." The strong language of our Master confirms this description.

No podemos evadir la penalidad que corresponde al pecado. Las Escrituras dicen que si negamos al Cristo, “él también nos negará”.

Perdón y enmienda

El Amor divino corrige y gobierna al hombre. Los hombres pueden perdonar, pero sólo este Principio divino reforma al pecador. Dios no está separado de la sabiduría que concede. Tenemos que aprovechar al máximo los talentos que Él nos da. Apelar a Él para que perdone nuestro trabajo mal hecho o que dejamos sin hacer, implica la vana suposición de que nada tenemos que hacer sino pedir perdón, y que después quedaremos libres para repetir la falta.

Causar sufrimiento como resultado del pecado es el medio para destruir el pecado. Todo supuesto placer en el pecado proporcionará más de su equivalente de dolor, hasta que la creencia en la vida material y en el pecado sea destruida. Para alcanzar el cielo, la armonía del ser, tenemos que comprender el Principio divino del ser.

Misericordia sin parcialidad

“Dios es Amor”. Más que esto no podemos pedir, más arriba no podemos mirar, más lejos no podemos ir. Suponer que Dios perdona o castiga el pecado, según sea solicitada o no Su misericordia, es malentender el Amor y hacer de la oración la válvula de escape para el mal obrar.

Severidad divina

Jesús exponía y reprendía el pecado antes de echarlo fuera. De una mujer enferma dijo que Satanás la había atado, y a Pedro le dijo: “Me eres tropiezo”. Vino a enseñar y a mostrar a los hombres cómo destruir el pecado, la enfermedad y la muerte. Del árbol que no da fruto, dijo: “Es cortado”.

Muchos creen que cierto magistrado, que vivió en la época de Jesús, dejó este registro: “Su reprensión es temible”. El lenguaje enérgico de nuestro Maestro confirma esta descripción.

The only civil sentence which he had for error was, "Get thee behind me, Satan." Still stronger evidence that Jesus' reproof was pointed and pungent is found in his own words, — showing the necessity for such forcible utterance, when he cast out devils and healed the sick and sinning. The relinquishment of error deprives material sense of its false claims.

Audible praying

Audible prayer is impressive; it gives momentary solemnity and elevation to thought. But does it produce any lasting benefit? Looking deeply into these things, we find that "a zeal ... not according to knowledge" gives occasion for reaction unfavorable to spiritual growth, sober resolve, and wholesome perception of God's requirements. The motives for verbal prayer may embrace too much love of applause to induce or encourage Christian sentiment.

Emotional utterances

Physical sensation, not Soul, produces material ecstasy and emotion. If spiritual sense always guided men, there would grow out of ecstatic moments a higher experience and a better life with more devout self-abnegation and purity. A self-satisfied ventilation of fervent sentiments never makes a Christian. God is not influenced by man. The "divine ear" is not an auditory nerve. It is the all-hearing and all-knowing Mind, to whom each need of man is always known and by whom it will be supplied.

Danger from audible prayer

The danger from prayer is that it may lead us into temptation. By it we may become involuntary hypocrites, uttering desires which are not real and consoling ourselves in the midst of sin with the recollection that we have prayed over it or mean to ask forgiveness at some later day. Hypocrisy is fatal to religion.

La única frase cortés que tenía para el error era: "¡Quítate de delante de mí, Satanás!" Otra evidencia aún más concluyente de que la reprensión de Jesús era aguda y penetrante se halla en sus propias palabras, que mostraban la necesidad de tan enérgica expresión, cuando echaba fuera los demonios y sanaba a los enfermos y a los pecadores. La renuncia al error priva al sentido material de sus falsas pretensiones.

Oración audible

La oración audible es impresionante; da al pensamiento solemnidad y elevación momentáneas. Pero ¿produce algún beneficio duradero? Profundizando en estas cosas, hallamos que "un celo... no conforme a ciencia" ocasiona una reacción desfavorable al crecimiento espiritual, a la resolución sobria y a la percepción sana de los requerimientos de Dios. Los motivos de la oración verbal tal vez abarquen demasiado amor por los aplausos como para inducir o alentar el sentimiento cristiano.

Expresiones emotivas

La sensación física, no el Alma, produce el éxtasis y la emoción materiales. Si el sentido espiritual siempre guiara a los hombres, surgirían de los momentos extáticos una experiencia más elevada y una vida mejor, con abnegación más devota y pureza. Ventilar los sentimientos fervorosos de satisfacción propia nunca hace a un cristiano. Dios no es influenciado por el hombre. El "oído divino" no es un nervio auditivo. Es la Mente que todo lo oye y todo lo sabe, para quien cada necesidad del hombre es siempre conocida y por quien será satisfecha.

Peligro de la oración audible

El peligro de la oración es que puede meternos en tentación. Debido a ella es posible que nos volvamos hipócritas involuntarios, expresando deseos que no son reales y consolándonos en medio del pecado con el recuerdo de que hemos orado al respecto, o que tenemos la intención de pedir perdón algún día. La hipocresía es fatal para la religión.

A wordy prayer may afford a quiet sense of self-justification, though it makes the sinner a hypocrite. We never need to despair of an honest heart; but there is little hope for those who come only spasmodically face to face with their wickedness and then seek to hide it. Their prayers are indexes which do not correspond with their character. They hold secret fellowship with sin, and such externals are spoken of by Jesus as "like unto whited sepulchres … full … of all uncleanness."

Aspiration and love

If a man, though apparently fervent and prayerful, is impure and therefore insincere, what must be the comment upon him? If he reached the loftiness of his prayer, there would be no occasion for comment. If we feel the aspiration, humility, gratitude, and love which our words express, — this God accepts; and it is wise not to try to deceive ourselves or others, for "there is nothing covered that shall not be revealed." Professions and audible prayers are like charity in one respect, — they "cover the multitude of sins." Praying for humility with whatever fervency of expression does not always mean a desire for it. If we turn away from the poor, we are not ready to receive the reward of Him who blesses the poor. We confess to having a very wicked heart and ask that it may be laid bare before us, but do we not already know more of this heart than we are willing to have our neighbor see?

Searching the heart

We should examine ourselves and learn what is the affection and purpose of the heart, for in this way only can we learn what we honestly are. If a friend informs us of a fault, do we listen patiently to the rebuke and credit what is said? Do we not

Una oración verbosa puede producir una sensación apacible de justificación propia, aunque hace del pecador un hipócrita. Nunca necesitamos desesperar por un corazón honesto; pero hay poca esperanza para aquellos que se enfrentan sólo espasmódicamente con su maldad y luego buscan ocultarla. Sus oraciones son índices que no corresponden con sus caracteres. Mantienen una confraternidad secreta con el pecado, y Jesús dijo que tales exteriorizaciones eran "semejantes a sepulcros blanqueados... llenos... de toda inmundicia".

Aspiración y amor

Si un hombre, aunque aparentemente fervoroso y entregado a la oración, es impuro y por tanto insincero, ¿cuál debe de ser el comentario acerca de él? Si alcanzara la excelsitud de su oración, no habría ocasión para comentarios. Si sentimos la aspiración, la humildad, la gratitud y el amor que nuestras palabras expresan, esto Dios lo acepta; y es sabio no tratar de engañarnos ni a nosotros mismos ni a los demás, porque "nada hay encubierto, que no haya de ser manifestado". Las profesiones de fe y las oraciones audibles son como la caridad en cierto aspecto: cubren "multitud de pecados". Orar para tener humildad, cualquiera sea el fervor de la expresión, no siempre significa que se la desea. Si damos la espalda a los pobres, no estamos preparados para recibir la recompensa de Aquel que bendice a los pobres. Confesamos tener un corazón muy malvado, y pedimos que nos sea puesto al descubierto, pero ¿no sabemos ya más de este corazón de lo que estamos dispuestos a dejar que vea nuestro prójimo?

Escudriñando el corazón

Debiéramos examinarnos a nosotros mismos para saber cuáles son los afectos y propósitos del corazón, porque sólo de este modo podemos saber lo que honestamente somos. Si un amigo nos informa de una falta, ¿escuchamos pacientemente la reprensión y damos crédito a lo que se dice? ¿No damos más bien gracias porque no somos rather give thanks that we are "not as other men"? During many years the author has been most grateful for merited rebuke. The wrong lies in unmerited censure, — in the falsehood which does no one any good.

Summit of aspiration

The test of all prayer lies in the answer to these questions: Do we love our neighbor better because of this asking? Do we pursue the old selfishness, satisfied with having prayed for something better, though we give no evidence of the sincerity of our requests by living consistently with our prayer? If selfishness has given place to kindness, we shall regard our neighbor unselfishly, and bless them that curse us; but we shall never meet this great duty simply by asking that it may be done. There is a cross to be taken up before we can enjoy the fruition of our hope and faith.

Practical religion

Dost thou "love the Lord thy God with all thy heart, and with all thy soul, and with all thy mind"? This command includes much, even the surrender of all merely material sensation, affection, and worship. This is the El Dorado of Christianity. It involves the Science of Life, and recognizes only the divine control of Spirit, in which Soul is our master, and material sense and human will have no place.

The chalice sacrificial

Are you willing to leave all for Christ, for Truth, and so be counted among sinners? No! Do you really desire to attain this point? No! Then why make long prayers about it and ask to be Christians, since you do not care to tread in the footsteps of our dear Master? If unwilling to follow his example, why pray with the lips that you may be partakers of his nature? Consistent prayer is the desire to do right.

"como los otros hombres"? Durante muchos años la autora ha estado muy agradecida por las reprensiones merecidas. Lo malo está en la censura inmerecida, en la falsedad que no hace ningún bien a nadie.

La cumbre de la aspiración

La prueba de toda oración yace en la respuesta a estas preguntas: ¿Amamos mejor a nuestro prójimo debido a este ruego? ¿Seguimos con el viejo egoísmo, satisfechos con haber orado por algo mejor, aunque no aportemos evidencia de la sinceridad de nuestras peticiones viviendo coherentemente con nuestra oración? Si el egoísmo ha dado lugar a la bondad, consideraremos sin egoísmo a nuestro prójimo, y bendeciremos a los que nos maldicen; pero nunca cumpliremos con este gran deber simplemente pidiendo que así sea hecho. Hay una cruz que tomar antes de que podamos gozar de los frutos de nuestra esperanza y nuestra fe.

Religión práctica

¿Amas "al Señor tu Dios con todo tu corazón, y con toda tu alma, y con toda tu mente"? Este mandato incluye mucho, hasta la renuncia a toda sensación, afecto y adoración meramente materiales. Este es El Dorado del cristianismo. Entraña la Ciencia de la Vida y reconoce sólo el control divino del Espíritu, en el cual el Alma es nuestro amo, y el sentido material y la voluntad humana no tienen lugar.

El cáliz del sacrificio

¿Estáis dispuestos a dejar todo por el Cristo, por la Verdad, y así ser contados entre los pecadores? ¡No! ¿Deseáis realmente lograr este punto? ¡No! ¿Por qué entonces hacer largas oraciones al respecto y pedir ser cristianos, ya que no tenéis interés en seguir las huellas de nuestro amado Maestro? Si no estáis dispuestos a seguir su ejemplo, ¿por qué orar con los labios para ser partícipes de su naturaleza? La oración coherente es el deseo de hacer el bien.

Prayer means that we desire to walk and will walk in the light so far as we receive it, even though with bleeding footsteps, and that waiting patiently on the Lord, we will leave our real desires to be rewarded by Him.

The world must grow to the spiritual understanding of prayer. If good enough to profit by Jesus' cup of earthly sorrows, God will sustain us under these sorrows. Until we are thus divinely qualified and are willing to drink his cup, millions of vain repetitions will never pour into prayer the unction of Spirit in demonstration of power and "with signs following." Christian Science reveals a necessity for overcoming the world, the flesh, and evil, and thus destroying all error.

Seeking is not sufficient. It is striving that enables us to enter. Spiritual attainments open the door to a higher understanding of the divine Life.

Perfunctory prayers

One of the forms of worship in Thibet is to carry a praying-machine through the streets, and stop at the doors to earn a penny by grinding out a prayer. But the advance guard of progress has paid for the privilege of prayer the price of persecution.

Asking amiss

Experience teaches us that we do not always receive the blessings we ask for in prayer. There is some misapprehension of the source and means of all goodness and blessedness, or we should certainly receive that for which we ask. The Scriptures say: "Ye ask, and receive not, because ye ask amiss, that ye may consume it upon your lusts." That which we desire and for which we ask, it is not always best for us to receive. In this case infinite Love will not grant the request. Do you ask wisdom to be merciful and not to punish sin? Then "ye ask amiss."

La oración significa que deseamos andar, y que andaremos, en la luz mientras la recibamos, aun con huellas sangrientas, y que esperando pacientemente en el Señor, dejaremos que nuestros verdaderos deseos sean recompensados por Él.

El mundo tiene que crecer hasta la comprensión espiritual de la oración. Si somos lo suficientemente buenos como para sacar provecho de la copa de pesares terrenales de Jesús, Dios nos sostendrá en estos pesares. Hasta que no estemos así divinamente calificados y dispuestos a beber su copa, millones de vanas repeticiones jamás derramarán sobre la oración la unción del Espíritu en demostración de poder y "con las señales que la [siguen]". La Ciencia Cristiana revela la necesidad de vencer el mundo, la carne y el mal, y de destruir así todo error.

Buscar no es suficiente. Es esforzarnos lo que nos capacita para entrar. Los logros espirituales abren la puerta a una comprensión más elevada de la Vida divina.

Oraciones perfunctorias

Una de las formas de adoración en el Tíbet consiste en llevar una máquina de rezar por las calles, y detenerse en las puertas para ganar un penique desgranando una oración. Mas la vanguardia del progreso ha pagado por el privilegio de la oración el precio de la persecución.

Pidiendo mal

La experiencia nos enseña que no siempre recibimos las bendiciones que pedimos en la oración. Hay cierta interpretación equivocada acerca del origen y los medios de toda bondad y bienaventuranza, o ciertamente recibiríamos aquello que pedimos. Las Escrituras dicen: "Pedís y no recibís, porque pedís mal, para gastar en vuestros deleites". Aquello que deseamos y pedimos no es siempre lo que más nos conviene recibir. En este caso el Amor infinito no otorgará la petición. ¿Pides a la sabiduría que sea misericordiosa y que no castigue el pecado? Entonces "[pides] mal".

Without punishment, sin would multiply. Jesus' prayer, "Forgive us our debts," specified also the terms of forgiveness. When forgiving the adulterous woman he said, "Go, and sin no more."

Remission of penalty

A magistrate sometimes remits the penalty, but this may be no moral benefit to the criminal, and at best, it only saves the criminal from one form of punishment. The moral law, which has the right to acquit or condemn, always demands restitution before mortals can "go up higher." Broken law brings penalty in order to compel this progress.

Truth annihilates error

Mere legal pardon (and there is no other, for divine Principle never pardons our sins or mistakes till they are corrected) leaves the offender free to repeat the offence, if indeed, he has not already suffered sufficiently from vice to make him turn from it with loathing. Truth bestows no pardon upon error, but wipes it out in the most effectual manner. Jesus suffered for our sins, not to annul the divine sentence for an individual's sin, but because sin brings inevitable suffering.

Desire for holiness

Petitions bring to mortals only the results of mortals' own faith. We know that a desire for holiness is requisite in order to gain holiness; but if we desire holiness above all else, we shall sacrifice everything for it. We must be willing to do this, that we may walk securely in the only practical road to holiness. Prayer cannot change the unalterable Truth, nor can prayer alone give us an understanding of Truth; but prayer, coupled with a fervent habitual desire to know and do the will of God, will bring us into all Truth. Such a desire has little need of audible expression. It is best expressed in thought and in life.

Sin castigo, el pecado se multiplicaría. La oración de Jesús: “Perdónanos nuestras deudas” especificó también los términos del perdón. Cuando perdonó a la mujer adúltera le dijo: “Vete, y no peques más”.

Remisión de la pena

A veces un magistrado remite la pena, pero puede que esto no sea un beneficio moral para el criminal y, a lo sumo, sólo salva al criminal de una forma de castigo. La ley moral, que tiene el derecho de absolver o condenar, siempre exige restitución antes que los mortales puedan subir “más arriba”. El quebrantamiento de la ley trae el castigo con el fin de imponer este progreso.

La Verdad aniquila el error

El mero perdón jurídico (y no hay otro, porque el Principio divino jamás perdona nuestros pecados o equivocaciones hasta que son corregidos) deja al trasgresor libre para repetir la falta, si en verdad ya no ha sufrido lo suficiente por el vicio como para darle la espalda con aversión. La Verdad no concede perdón al error, sino que lo borra de la manera más eficaz. Jesús sufrió por nuestros pecados, no para anular la sentencia divina por el pecado de un individuo, sino porque el pecado trae sufrimiento inevitable.

Deseo de santidad

Las peticiones traen a los mortales sólo los resultados de la propia fe de los mortales. Sabemos que un deseo de santidad es un requisito para ganar la santidad; pero si deseamos la santidad por encima de todo lo demás, sacrificaremos todo por ella. Tenemos que estar dispuestos a hacer esto, para que podamos andar con seguridad por el único camino práctico hacia la santidad. La oración no puede cambiar la Verdad inalterable, ni puede la oración sola darnos una comprensión de la Verdad; mas la oración, unida a un deseo ferviente y habitual de conocer y de hacer la voluntad de Dios, nos traerá a toda la Verdad. Tal deseo tiene poca necesidad de la expresión audible. Se expresa mejor en el pensamiento y en la vida.

Prayer for the sick

"The prayer of faith shall save the sick," says the Scripture. What is this healing prayer? A mere request that God will heal the sick has no power to gain more of the divine presence than is always at hand. The beneficial effect of such prayer for the sick is on the human mind, making it act more powerfully on the body through a blind faith in God. This, however, is one belief casting out another, — a belief in the unknown casting out a belief in sickness. It is neither Science nor Truth which acts through blind belief, nor is it the human understanding of the divine healing Principle as manifested in Jesus, whose humble prayers were deep and conscientious protests of Truth, — of man's likeness to God and of man's unity with Truth and Love.

Prayer to a corporeal God affects the sick like a drug, which has no efficacy of its own but borrows its power from human faith and belief. The drug does nothing, because it has no intelligence. It is a mortal belief, not divine Principle or Love, which causes a drug to be apparently either poisonous or sanative.

The common custom of praying for the recovery of the sick finds help in blind belief, whereas help should come from the enlightened understanding. Changes in belief may go on indefinitely, but they are the merchandise of human thought and not the outgrowth of divine Science.

Love impartial and universal

Does Deity interpose in behalf of one worshipper, and not help another who offers the same measure of prayer? If the sick recover because they pray or are prayed for audibly, only petitioners (*per se* or by proxy) should get well. In divine Science, where prayers are mental, *all* may avail them-

Oración por los enfermos

"La oración de fe salvará al enfermo", dicen las Escrituras. ¿Qué es esta oración sanadora? Una mera petición de que Dios sane a los enfermos no tiene poder para ganar más de la presencia divina de lo que está siempre a mano. El efecto beneficioso de tal oración por los enfermos está en la mente humana, haciéndola obrar más poderosamente sobre el cuerpo por medio de una fe ciega en Dios. Esto, sin embargo, es una creencia que echa fuera otra, una creencia en lo desconocido que echa fuera una creencia en la enfermedad. No es ni la Ciencia ni la Verdad lo que obra mediante la creencia ciega, ni es la comprensión humana del Principio divino sanador como era manifestado en Jesús, cuyas oraciones humildes eran declaraciones profundas y concienzudas de la Verdad, de la semejanza del hombre con Dios y de la unidad del hombre con la Verdad y el Amor.

La oración a un Dios corpóreo afecta a los enfermos como un medicamento, el cual no tiene eficacia propia, sino que pide prestado su poder a la fe y a la creencia humanas. El medicamento no hace nada, porque no tiene inteligencia. Es una creencia mortal, no el Principio o el Amor divinos, lo que causa que un medicamento sea aparentemente venenoso o sanativo.

La costumbre corriente de orar por el restablecimiento de los enfermos encuentra ayuda en la creencia ciega, mientras que la ayuda debiera venir de la comprensión iluminada. Los cambios en las creencias pueden seguir indefinidamente, pero ellos son la mercancía del pensamiento humano, y no el producto de la Ciencia divina.

El Amor, imparcial y universal

¿Interviene la Deidad en favor de cierto adorador, y no ayuda a otro que ofrece la misma medida de oración? Si los enfermos se restablecen porque oran o porque se ora por ellos audiblemente, sólo los que piden (*per se* o por delegado) debieran sanarse. En la Ciencia divina, donde las oraciones son mentales, selves of God as "a very present help in trouble." Love is impartial and universal in its adaptation and bestowals. It is the open fount which cries, "Ho, every one that thirsteth, come ye to the waters."

Public exaggerations

In public prayer we often go beyond our convictions, beyond the honest standpoint of fervent desire. If we are not secretly yearning and openly striving for the accomplishment of all we ask, our prayers are "vain repetitions," such as the heathen use. If our petitions are sincere, we labor for what we ask; and our Father, who seeth in secret, will reward us openly. Can the mere public expression of our desires increase them? Do we gain the omnipotent ear sooner by words than by thoughts? Even if prayer is sincere, God knows our need before we tell Him or our fellow-beings about it. If we cherish the desire honestly and silently and humbly, God will bless it, and we shall incur less risk of overwhelming our real wishes with a torrent of words.

Corporeal ignorance

If we pray to God as a corporeal person, this will prevent us from relinquishing the human doubts and fears which attend such a belief, and so we cannot grasp the wonders wrought by infinite, incorporeal Love, to whom all things are possible. Because of human ignorance of the divine Principle, Love, the Father of all is represented as a corporeal creator; hence men recognize themselves as merely physical, and are ignorant of man as God's image or reflection and of man's eternal incorporeal existence. The world of error is ignorant of the world of Truth, — blind to the reality of man's existence, — for the world of sensation is not cognizant of life in Soul, not in body.

todos pueden aprovechar a Dios como "pronto auxilio en las tribulaciones". El Amor es imparcial y universal en su adaptación y en sus concesiones. Es la fuente abierta que exclama: "A todos los sedientos: Venid a las aguas".

Exageraciones en público

En la oración en público a menudo vamos más allá de nuestras convicciones, más allá del punto de vista honesto del deseo ferviente. Si no anhelamos en secreto y no luchamos abiertamente por lograr todo lo que pedimos, nuestras oraciones son "vanas repeticiones", tales como las que usan los gentiles. Si nuestras peticiones son sinceras, nos esforzamos por lo que pedimos; y nuestro Padre, que ve en lo secreto, nos recompensará abiertamente. ¿Puede la mera expresión pública de nuestros deseos incrementarlos? ¿Ganamos el oído omnipotente más pronto mediante palabras que mediante pensamientos? Aunque la oración sea sincera, Dios conoce nuestra necesidad antes de que se la digamos a Él o a nuestros semejantes. Si abrigamos el deseo honesta y callada y humildemente, Dios lo bendecirá, y correremos menos riesgo de abrumar nuestras aspiraciones verdaderas con un torrente de palabras.

La ignorancia corpórea

Si oramos a Dios como a una persona corpórea, esto nos impedirá renunciar a las dudas y temores humanos que acompañan tal creencia, y así no podemos captar las maravillas elaboradas por el Amor infinito e incorpóreo, para quien todas las cosas son posibles. Debido a la ignorancia humana acerca del Principio divino, el Amor, el Padre de todos es representado como un creador corpóreo; por esto los hombres se reconocen a sí mismos como meramente físicos, y son ignorantes acerca del hombre como imagen o reflejo de Dios, y de la existencia incorpórea y eterna del hombre. El mundo del error es ignorante acerca del mundo de la Verdad —está ciego a la realidad de la existencia del hombre— porque el mundo de lo sensorio no tiene conocimiento de que la vida está en el Alma, no en el cuerpo.

Bodily presence

If we are sensibly with the body and regard omnipotence as a corporeal, material person, whose ear we would gain, we are not "absent from the body" and "present with the Lord" in the demonstration of Spirit. We cannot "serve two masters." To be "present with the Lord" is to have, not mere emotional ecstasy or faith, but the actual demonstration and understanding of Life as revealed in Christian Science. To be "with the Lord" is to be in obedience to the law of God, to be absolutely governed by divine Love, — by Spirit, not by matter.

Spiritualized consciousness

Become conscious for a single moment that Life and intelligence are purely spiritual, — neither in nor of matter, — and the body will then utter no complaints. If suffering from a belief in sickness, you will find yourself suddenly well. Sorrow is turned into joy when the body is controlled by spiritual Life, Truth, and Love. Hence the hope of the promise Jesus bestows: "He that believeth on me, the works that I do shall he do also; . . . because I go unto my Father," — [because the Ego is absent from the body, and present with Truth and Love.] The Lord's Prayer is the prayer of Soul, not of material sense.

Entirely separate from the belief and dream of material living, is the Life divine, revealing spiritual understanding and the consciousness of man's dominion over the whole earth. This understanding casts out error and heals the sick, and with it you can speak "as one having authority."

"When thou prayest, enter into thy closet, and, when thou hast shut thy door, pray to thy Father

Presencia corpórea

Si estamos sensoriamente con el cuerpo y consideramos la omnipotencia como una persona corpórea y material cuyo oído quisiéramos ganar, no estamos "ausentes del cuerpo" y "presentes con el Señor"* en la demostración del Espíritu. No podemos "servir a dos señores". Estar "presentes con el Señor"* es tener, no meros éxtasis emotivo o fe, sino la real demostración y comprensión de la Vida como son reveladas en la Ciencia Cristiana. Estar "con el Señor" es obedecer la ley de Dios, estar gobernados absolutamente por el Amor divino, por el Espíritu, no por la materia.

Consciencia espiritualizada

Toma consciencia por un solo momento de que la Vida y la inteligencia son puramente espirituales —ni están en la materia ni son de ella— y el cuerpo entonces no proferirá ninguna queja. Si estás sufriendo por una creencia en la enfermedad, repentinamente te encontrarás bien. El pesar se convierte en gozo cuando el cuerpo es controlado por la Vida, la Verdad y el Amor espirituales. De ahí la esperanza que concede la promesa de Jesús: "El que en mí cree, las obras que yo hago, él las hará también;... porque yo voy al Padre", —[porque el Ego está ausente del cuerpo y presente con la Verdad y el Amor]. La Oración del Señor (el Padre Nuestro) es la oración del Alma, no del sentido material.

Enteramente separada de la creencia y el sueño de la vida material, está la Vida divina, revelando la comprensión espiritual y la consciencia del señorío del hombre sobre toda la tierra. Esta comprensión echa fuera el error y sana a los enfermos, y con ella puedes hablar "como quien tiene autoridad".

"Cuando ores, entra en tu aposento, y cerrada la puerta,

*Según la Versión Moderna de la Biblia

which is in secret; and thy Father, which seeth in secret, shall reward thee openly."

So spake Jesus. The closet typifies the sanctuary of Spirit, the door of which shuts out sinful sense but lets in Truth, Life, and Love. Closed to error, it is open to Truth, and *vice versa.* The Father in secret is unseen to the physical senses, but He knows all things and rewards according to motives, not according to speech. To enter into the heart of prayer, the door of the erring senses must be closed. Lips must be mute and materialism silent, that man may have audience with Spirit, the divine Principle, Love, which destroys all error.

Spiritual sanctuary

In order to pray aright, we must enter into the closet and shut the door. We must close the lips and silence the material senses. In the quiet sanctuary of earnest longings, we must deny sin and plead God's allness. We must resolve to take up the cross, and go forth with honest hearts to work and watch for wisdom, Truth, and Love. We must "pray without ceasing." Such prayer is answered, in so far as we put our desires into practice. The Master's injunction is, that we pray in secret and let our lives attest our sincerity.

Effectual invocation

Christians rejoice in secret beauty and bounty, hidden from the world, but known to God. Self-forgetfulness, purity, and affection are constant prayers. Practice not profession, understanding not belief, gain the ear and right hand of omnipotence and they assuredly call down infinite blessings. Trustworthiness is the foundation of enlightened faith. Without a fitness for holiness, we cannot receive holiness.

Trustworthy beneficence

ora a tu Padre que está en secreto; y tu Padre que ve en lo secreto te recompensará en público".

Santuario espiritual

Así habló Jesús. El aposento simboliza el santuario del Espíritu, cuya puerta se cierra al sentido pecaminoso mas deja entrar la Verdad, la Vida y el Amor. Cerrada para el error, está abierta para la Verdad, y *viceversa*. El Padre en secreto es invisible a los sentidos físicos, pero Él sabe todas las cosas y recompensa según los motivos, no según el discurso. Para entrar en el corazón de la oración, la puerta de los sentidos que yerran tiene que estar cerrada. Los labios deben estar mudos y el materialismo silencioso, para que el hombre pueda tener audiencia con el Espíritu, el Principio divino, el Amor, que destruye todo error.

Invocación eficaz

Para orar correctamente, debemos entrar en el aposento y cerrar la puerta. Debemos cerrar los labios y silenciar los sentidos materiales. En el santuario callado de las aspiraciones sinceras, debemos negar el pecado y declarar la totalidad de Dios. Debemos resolvernos a tomar la cruz, y con corazones honestos salir a trabajar y velar por la sabiduría, la Verdad y el Amor. Debemos "orar sin cesar". Tal oración es respondida en la medida en que llevemos nuestros deseos a la práctica. El mandato del Maestro es que oremos en secreto y dejemos que nuestras vidas atestigüen nuestra sinceridad.

Beneficencia confiable

Los cristianos se regocijan en belleza y abundancia secretas, ocultas para el mundo, pero conocidas de Dios. El olvido de uno mismo, la pureza y el afecto son oraciones constantes. La práctica no la profesión, la comprensión no la creencia, ganan el oído y la diestra de la omnipotencia y seguramente hacen descender bendiciones infinitas. Ser digno de confianza es el fundamento de la fe iluminada. Sin una capacitación para la santidad, no podemos recibir la santidad.

A great sacrifice of material things must precede this advanced spiritual understanding. The highest prayer is not one of faith merely; it is demonstration. Such prayer heals sickness, and must destroy sin and death. It distinguishes between Truth that is sinless and the falsity of sinful sense.

Loftiest adoration

Our Master taught his disciples one brief prayer, which we name after him the Lord's Prayer. Our Master said, "After this manner therefore pray ye," and then he gave that prayer which covers all human needs. There is indeed some doubt among Bible scholars, whether the last line is not an addition to the prayer by a later copyist; but this does not affect the meaning of the prayer itself.

The prayer of Jesus Christ

In the phrase, "Deliver us from evil," the original properly reads, "Deliver us from the evil one." This reading strengthens our scientific apprehension of the petition, for Christian Science teaches us that "the evil one," or one evil, is but another name for the first lie and all liars.

Only as we rise above all material sensuousness and sin, can we reach the heaven-born aspiration and spiritual consciousness, which is indicated in the Lord's Prayer and which instantaneously heals the sick.

Here let me give what I understand to be the spiritual sense of the Lord's Prayer:

Our Father which art in heaven,
Our Father-Mother God, all-harmonious,

Hallowed be Thy name.
Adorable One.

Thy kingdom come.
Thy kingdom is come; Thou art ever-present.

La adoración más elevada

Un gran sacrificio de las cosas materiales tiene que preceder a este entendimiento espiritual avanzado. La oración más elevada no es una de fe meramente; es demostración. Tal oración sana la enfermedad, y debe destruir el pecado y la muerte. Distingue entre la Verdad que es impecable y la falsedad del sentido pecaminoso.

La oración de Jesucristo

Nuestro Maestro enseñó a sus discípulos una breve oración, que llamamos en su honor la Oración del Señor (el Padre Nuestro). Nuestro Maestro dijo: "Vosotros, pues, oraréis así", y luego dio esa oración que cubre todas las necesidades humanas. Hay, por cierto, algunas dudas entre los eruditos de la Biblia sobre si la última línea no fue añadida a la oración por algún copista posterior; pero esto no afecta el significado de la oración en sí.

En la frase: "Líbranos del mal", el original dice apropiadamente: "Líbranos del maligno". Esta lectura fortalece nuestra comprensión científica de la petición, porque la Ciencia Cristiana nos enseña que "el maligno", o el único mal, no es sino otro nombre para la primera mentira y todos los mentirosos.

Sólo a medida que nos elevamos por encima de toda sensación material y de todo pecado, podemos alcanzar la celestial aspiración y consciencia espiritual que están indicadas en la Oración del Señor (el Padre Nuestro) y que sanan instantáneamente a los enfermos.

Permítaseme dar aquí lo que entiendo que es el sentido espiritual de la Oración del Señor (el Padre Nuestro):

Padre nuestro que estás en los cielos,
Nuestro Padre-Madre Dios, todo-armonioso,

Santificado sea Tu nombre.
Único adorable.

Venga Tu reino.
Tu reino ha venido; Tú estás siempre presente.

Thy will be done in earth, as it is in heaven.
Enable us to know, — as in heaven, so on earth, — God is omnipotent, supreme.

Give us this day our daily bread;
Give us grace for to-day; feed the famished affections;

And forgive us our debts, as we forgive our debtors.
And Love is reflected in love;

And lead us not into temptation, but deliver us from evil;
And God leadeth us not into temptation, but delivereth us from sin, disease, and death.

For Thine is the kingdom, and the power, and the glory, forever.
For God is infinite, all-power, all Life, Truth, Love, over all, and All.

Hágase Tu voluntad, como en el cielo, así también en la tierra.
Capacítanos para saber que —como en el cielo, así también en la tierra— Dios es omnipotente, supremo.

El pan nuestro de cada día, dánoslo hoy;
Danos gracia para hoy; alimenta los afectos hambrientos;

Y perdónanos nuestras deudas, como también nosotros perdonamos a nuestros deudores.
Y el Amor es reflejado en el amor;

Y no nos metas en tentación, mas líbranos del mal.
Y Dios no nos mete en tentación, sino que nos libra del pecado, la enfermedad, y la muerte.

Porque Tuyo es el reino, y el poder, y la gloria, por todos los siglos.
Porque Dios es infinito, todo poder, todo Vida, Verdad, Amor, está sobre todo, y es Todo.

Chapter 2

Atonement and Eucharist

And they that are Christ's have crucified the flesh with the affections and lusts. — Paul.

For Christ sent me not to baptize, but to preach the gospel. — Paul.

For I say unto you,
I will not drink of the fruit of the vine,
until the kingdom of God shall come. — Jesus.

Divine oneness

Atonement is the exemplification of man's unity with God, whereby man reflects divine Truth, Life, and Love. Jesus of Nazareth taught and demonstrated man's oneness with the Father, and for this we owe him endless homage. His mission was both individual and collective. He did life's work aright not only in justice to himself, but in mercy to mortals, — to show them how to do theirs, but not to do it for them nor to relieve them of a single responsibility. Jesus acted boldly, against the accredited evidence of the senses, against Pharisaical creeds and practices, and he refuted all opponents with his healing power.

Human reconciliation

The atonement of Christ reconciles man to God, not God to man; for the divine Principle of Christ is God, and how can God propitiate Himself? Christ is Truth, which reaches no higher than itself. The fountain can rise no higher than its source. Christ, Truth, could conciliate no nature above his own, derived

Capítulo 2

La expiación y la eucaristía

Pero los que son de Cristo han crucificado la carne con sus pasiones y deseos. — Pablo.

Pues no me envió Cristo a bautizar, sino a predicar el evangelio. — Pablo.

Porque os digo
que no beberé más del fruto de la vid,
hasta que el reino de Dios venga. — Jesús.

Unidad divina

La expiación es la ejemplificación de la unidad del hombre con Dios, por la cual el hombre refleja la Verdad, la Vida y el Amor divinos. Jesús de Nazaret enseñó y demostró la unidad del hombre con el Padre, y por esto le debemos homenaje sin fin. Su misión fue a la vez individual y colectiva. Él hizo bien la obra de la vida, no sólo en justicia para consigo mismo, sino por misericordia para con los mortales, para mostrarles cómo hacer la de ellos, pero no para hacerla por ellos ni para eximirlos de ninguna responsabilidad. Jesús obró osadamente, en contra de la evidencia acreditada de los sentidos, en contra de los credos y las prácticas farisaicos, y refutó a todos los oponentes con su poder sanador.

Reconciliación humana

La expiación de Cristo reconcilia al hombre con Dios, no a Dios con el hombre; porque el Principio divino del Cristo es Dios, ¿y cómo puede Dios propiciarse a Sí mismo? El Cristo es la Verdad, que no alcanza más allá de sí misma. La fuente no puede elevarse más alto que su origen. El Cristo, la Verdad, no podía conciliar ninguna naturaleza por encima de la suya, derivada del from the eternal Love. It was therefore Christ's purpose to reconcile man to God, not God to man. Love and Truth are not at war with God's image and likeness. Man cannot exceed divine Love, and so atone for himself. Even Christ cannot reconcile Truth to error, for Truth and error are irreconcilable. Jesus aided in reconciling man to God by giving man a truer sense of Love, the divine Principle of Jesus' teachings, and this truer sense of Love redeems man from the law of matter, sin, and death by the law of Spirit, — the law of divine Love.

The Master forbore not to speak the whole truth, declaring precisely what would destroy sickness, sin, and death, although his teaching set households at variance, and brought to material beliefs not peace, but a sword.

Efficacious repentance

Every pang of repentance and suffering, every effort for reform, every good thought and deed, will help us to understand Jesus' atonement for sin and aid its efficacy; but if the sinner continues to pray and repent, sin and be sorry, he has little part in the atonement, — in the *at-one-ment* with God, — for he lacks the practical repentance, which reforms the heart and enables man to do the will of wisdom. Those who cannot demonstrate, at least in part, the divine Principle of the teachings and practice of our Master have no part in God. If living in disobedience to Him, we ought to feel no security, although God is good.

Jesus' sinless career

Jesus urged the commandment, "Thou shalt have no other gods before me," which may be rendered: Thou shalt have no belief of Life as mortal; thou shalt not know evil, for there is one Life, —

Amor eterno. Fue por tanto, el propósito de Cristo reconciliar al hombre con Dios, no a Dios con el hombre. El Amor y la Verdad no están en guerra con la imagen y semejanza de Dios. El hombre no puede exceder el Amor divino, y así expiar por sí mismo. Ni aun el Cristo puede reconciliar la Verdad con el error, porque la Verdad y el error son irreconciliables. Jesús ayudó a reconciliar al hombre con Dios dando al hombre un sentido más acertado del Amor, el Principio divino de las enseñanzas de Jesús, y este sentido más acertado del Amor redime al hombre de la ley de la materia, del pecado y de la muerte, por la ley del Espíritu, la ley del Amor divino.

El Maestro no se abstuvo de decir toda la verdad, declarando precisamente lo que destruiría la enfermedad, el pecado y la muerte, aunque sus enseñanzas provocaron disensión en las familias y trajeron a las creencias materiales no la paz, sino una espada.

Arrepentimiento eficaz

Toda angustia de arrepentimiento y sufrimiento, todo esfuerzo de reforma, todo pensamiento bueno y obra buena, nos ayudarán a comprender la expiación de Jesús por el pecado, y contribuirán a su eficacia; pero si el pecador continúa orando y arrepintiéndose, pecando y lamentándolo, tiene poca parte en la expiación —en el *a-una-miento* con Dios— porque le falta el arrepentimiento práctico que reforma el corazón y capacita al hombre para hacer la voluntad de la sabiduría. Aquellos que no pueden demostrar, por lo menos en parte, el Principio divino de las enseñanzas y de la práctica de nuestro Maestro, no tienen parte en Dios. Si vivimos en desobediencia a Él, no debiéramos sentir seguridad, pese a que Dios es bueno.

Carrera sin pecado de Jesús

Jesús urgió el mandamiento: "No tendrás dioses ajenos delante de mí", lo que puede interpretarse: No tendrás creencia de que la Vida es mortal; no conocerás el mal, porque hay una sola Vida, even God, good. He rendered "unto Cæsar the things which are Cæsar's; and unto God the things that are God's." He at last paid no homage to forms of doctrine or to theories of man, but acted and spake as he was moved, not by spirits but by Spirit.

To the ritualistic priest and hypocritical Pharisee Jesus said, "The publicans and the harlots go into the kingdom of God before you." Jesus' history made a new calendar, which we call the Christian era; but he established no ritualistic worship. He knew that men can be baptized, partake of the Eucharist, support the clergy, observe the Sabbath, make long prayers, and yet be sensual and sinful.

Perfect example

Jesus bore our infirmities; he knew the error of mortal belief, and "with his stripes [the rejection of error] we are healed." "Despised and rejected of men," returning blessing for cursing, he taught mortals the opposite of themselves, even the nature of God; and when error felt the power of Truth, the scourge and the cross awaited the great Teacher. Yet he swerved not, well knowing that to obey the divine order and trust God, saves retracing and traversing anew the path from sin to holiness.

Behest of the cross

Material belief is slow to acknowledge what the spiritual fact implies. The truth is the centre of all religion. It commands sure entrance into the realm of Love. St. Paul wrote, "Let us lay aside every weight, and the sin which doth so easily beset us, and let us run with patience the race that is set before us;" that is, let us put aside material self and sense, and seek the divine Principle and Science of all healing.

a saber, Dios, el bien. Él dio "a César lo que es de César, y a Dios lo que es de Dios". Por último, él no rindió ningún homenaje a formas de doctrina ni a teorías de los hombres, sino que actuó y habló según se sentía movido, no por espíritus, sino por el Espíritu.

Al sacerdote ritualista y al fariseo hipócrita, Jesús dijo: "Los publicanos y las rameras van delante de vosotros al reino de Dios". La historia de Jesús hizo un nuevo calendario que llamamos la era cristiana; pero él no estableció adoración ritualista alguna. Sabía que los hombres pueden ser bautizados, participar de la eucaristía, apoyar al clero, observar el día de reposo, hacer largas oraciones y, sin embargo, ser sensuales y pecaminosos.

Ejemplo perfecto

Jesús sobrellevó nuestras flaquezas; conocía el error de la creencia mortal, y "por sus llagas [el rechazo del error] nosotros sanamos".* "Despreciado y desechado entre los hombres", devolviendo bendiciones por maldiciones, enseñó a los mortales lo opuesto de ellos mismos, o sea, la naturaleza de Dios; y cuando el error sintió el poder de la Verdad, el azote y la cruz esperaban al gran Maestro. Sin embargo, no se desvió de su camino, sabiendo bien que obedecer el mandato divino y confiar en Dios, ahorra desandar lo andado y recorrer de nuevo el sendero que va del pecado a la santidad.

Precepto de la cruz

La creencia material es lenta en reconocer lo que la realidad espiritual implica. La verdad es el centro de toda religión. Ella ordena una segura entrada al reino del Amor. San Pablo escribió: "Despojémonos de todo peso y del pecado que nos asedia, y corramos con paciencia la carrera que tenemos por delante"; esto es, pongamos a un lado el yo y el sentido materiales, y busquemos el Principio y la Ciencia divinos de toda curación.

*Según la Versión Moderna de la Biblia

Moral victory

If Truth is overcoming error in your daily walk and conversation, you can finally say, "I have fought a good fight . . . I have kept the faith," because you are a better man. This is having our part in the at-one-ment with Truth and Love. Christians do not continue to labor and pray, expecting because of another's goodness, suffering, and triumph, that they shall reach his harmony and reward.

If the disciple is advancing spiritually, he is striving to enter in. He constantly turns away from material sense, and looks towards the imperishable things of Spirit. If honest, he will be in earnest from the start, and gain a little each day in the right direction, till at last he finishes his course with joy.

Inharmonious travellers

If my friends are going to Europe, while I am *en route* for California, we are not journeying together. We have separate time-tables to consult, different routes to pursue. Our paths have diverged at the very outset, and we have little opportunity to help each other. On the contrary, if my friends pursue my course, we have the same railroad guides, and our mutual interests are identical; or, if I take up their line of travel, they help me on, and our companionship may continue.

Zigzag course

Being in sympathy with matter, the worldly man is at the beck and call of error, and will be attracted thitherward. He is like a traveller going westward for a pleasure-trip. The company is alluring and the pleasures exciting. After following the sun for six days, he turns east on the seventh, satisfied if he can only imagine himself drifting in the right direction. By-and-by, ashamed of his zigzag course, he would borrow

Victoria moral

Si la Verdad está venciendo el error en tu andar y conversación diarios, finalmente puedes decir: “He peleado la buena batalla... he guardado la fe”, porque eres un hombre mejor. Esto es tener nuestra parte en el a-una-miento con la Verdad y el Amor. Los cristianos no continúan laborando y orando con la expectativa de que gracias a la bondad, el sufrimiento y el triunfo de otro, alcanzarán la armonía y la recompensa de este.

Si el discípulo está avanzando espiritualmente, está esforzándose por entrar. Se aparta constantemente del sentido material y mira hacia las cosas imperecederas del Espíritu. Si es honesto, será fervoroso desde el comienzo y ganará un poco cada día en la dirección correcta, hasta que al fin acabe su curso con gozo.

Viajeros inarmónicos

Si mis amigos van a Europa, mientras voy rumbo a California, no estamos viajando juntos. Tenemos horarios distintos que consultar, rutas diferentes que seguir. Nuestros caminos han divergido desde la salida misma, y tenemos poca oportunidad de ayudarnos los unos a los otros. Por el contrario, si mis amigos siguen mi curso, tenemos las mismas guías ferroviarias, y nuestros intereses mutuos son idénticos; o, si sigo su itinerario, me ayudan, y nuestro compañerismo puede continuar.

Curso zigzagueante

Al simpatizar con la materia, el hombre mundano está a las órdenes del error y se sentirá atraído hacia el error. Es como un viajero que va hacia el oeste en un viaje de placer. La compañía es fascinante y los placeres, excitantes. Después de seguir el sol durante seis días, se vuelve hacia el este en el séptimo, satisfecho con sólo imaginarse que su rumbo impreciso va en la dirección correcta. Poco después, avergonzado de su curso zigzagueante, the passport of some wiser pilgrim, thinking with the aid of this to find and follow the right road.

Moral retrogression

Vibrating like a pendulum between sin and the hope of forgiveness, — selfishness and sensuality causing constant retrogression, — our moral progress will be slow. Waking to Christ's demand, mortals experience suffering. This causes them, even as drowning men, to make vigorous efforts to save themselves; and through Christ's precious love these efforts are crowned with success.

Wait for reward

"Work out your own salvation," is the demand of Life and Love, for to this end God worketh with you. "Occupy till I come!" Wait for your reward, and "be not weary in well doing." If your endeavors are beset by fearful odds, and you receive no present reward, go not back to error, nor become a sluggard in the race.

When the smoke of battle clears away, you will discern the good you have done, and receive according to your deserving. Love is not hasty to deliver us from temptation, for Love means that we shall be tried and purified.

Deliverance not vicarious

Final deliverance from error, whereby we rejoice in immortality, boundless freedom, and sinless sense, is not reached through paths of flowers nor by pinning one's faith without works to another's vicarious effort. Whosoever believeth that wrath is righteous or that divinity is appeased by human suffering, does not understand God.

Justice requires reformation of the sinner. Mercy cancels the debt only when justice approves. Revenge is inadmissible. Wrath which is only appeased is not quisiera pedir prestado el pasaporte a algún peregrino más sabio, pensando que con la ayuda de este, encontrará y seguirá el buen camino.

Retrogradación moral

Si oscilamos como un péndulo entre el pecado y la esperanza de perdón —mientras el egoísmo y la sensualidad causan constantes retrocesos— nuestro progreso moral será lento. Al despertar a las exigencias del Cristo, los mortales experimentan sufrimiento. Esto los obliga, como a quienes se están ahogando, a hacer esfuerzos vigorosos por salvarse; y por medio del precioso amor del Cristo, estos esfuerzos son coronados con el éxito.

Aguarda la recompensa

"Ocupaos en vuestra salvación", es la exigencia de la Vida y el Amor, porque para este fin Dios obra con vosotros. "¡Negociad entre tanto que vengo!" Aguarda tu recompensa, y "no os canséis de hacer bien". Si tus esfuerzos son acosados por situaciones atemorizantes y no recibes recompensa inmediata, no vuelvas al error, ni te tornes perezoso en la carrera.

Cuando el humo de la batalla se disipe, discernirás el bien que has hecho, y recibirás de acuerdo con tu merecimiento. El Amor no se apresura a librarnos de la tentación, porque el propósito del Amor es que seamos probados y purificados.

La redención no viene por delegado

La liberación final del error, por la cual nos regocijamos en la inmortalidad, la libertad ilimitada y el sentido sin pecado, no se alcanza por senderos de flores ni ligando nuestra fe sin obras al esfuerzo vicario. Quienquiera que crea que la ira es justa o que la divinidad es apaciguada por el sufrimiento humano, no comprende a Dios.

La justicia requiere la reforma del pecador. La misericordia cancela la deuda solamente cuando la justicia lo aprueba. La venganza es inadmisible. La ira que sólo está apaciguada destroyed, but partially indulged. Wisdom and Love may require many sacrifices of self to save us from sin.

Justice and substitution

One sacrifice, however great, is insufficient to pay the debt of sin. The atonement requires constant self-immolation on the sinner's part. That God's wrath should be vented upon His beloved Son, is divinely unnatural. Such a theory is man-made. The atonement is a hard problem in theology, but its scientific explanation is, that suffering is an error of sinful sense which Truth destroys, and that eventually both sin and suffering will fall at the feet of everlasting Love.

Doctrines and faith

Rabbinical lore said: "He that taketh one doctrine, firm in faith, has the Holy Ghost dwelling in him." This preaching receives a strong rebuke in the Scripture, "Faith without works is dead." Faith, if it be mere belief, is as a pendulum swinging between nothing and something, having no fixity. Faith, advanced to spiritual understanding, is the evidence gained from Spirit, which rebukes sin of every kind and establishes the claims of God.

Self-reliance and confidence

In Hebrew, Greek, Latin, and English, *faith* and the words corresponding thereto have these two definitions, *trustfulness* and *trustworthiness.* One kind of faith trusts one's welfare to others. Another kind of faith understands divine Love and how to work out one's "own salvation, with fear and trembling." "Lord, I believe; help thou mine unbelief!" expresses the helplessness of a blind faith; whereas the injunction, "Believe . . . and thou shalt be saved!" demands self-reliant trustworthiness, which includes spiritual understanding and confides all to God.

The Hebrew verb *to believe* means also *to be firm* or

Justicia y sustitución

no está destruida, sino parcialmente consentida. La sabiduría y el Amor pueden requerir muchos sacrificios del yo para salvarnos del pecado. Un solo sacrificio, por grande que sea, es insuficiente para pagar la deuda del pecado. La expiación requiere la constante inmolación del yo por parte del pecador. Que la ira de Dios se desahogara sobre Su Hijo amado es divinamente innatural. Tal teoría es hecha por los hombres. La expiación es un problema difícil en la teología, pero su explicación científica es que el sufrimiento es un error del sentido pecaminoso que la Verdad destruye, y que finalmente tanto el pecado como el sufrimiento caerán a los pies del Amor eterno.

Doctrinas y fe

La tradición rabínica decía: "Aquel que acepte una sola doctrina, firme en la fe, tiene el Espíritu Santo morando en él". Esta prédica recibe una fuerte reprensión en las Escrituras: "La fe sin obras está muerta". La fe, si es mera creencia, es como un péndulo que oscila entre nada y algo, sin tener fijeza. La fe, avanzada hasta la comprensión espiritual, es la evidencia obtenida del Espíritu, que reprende toda clase de pecado y establece las reivindicaciones de Dios.

Fe en uno mismo y confianza

En hebreo, en griego, en latín y en inglés, *fe* y las palabras correspondientes tienen estas dos definiciones: *estar lleno de confianza* y *ser digno de confianza*. Una clase de fe confía a otros el bienestar propio. La otra clase de fe comprende el Amor divino y cómo ocuparse de la propia "salvación con temor y temblor". "¡Creo; ayuda mi incredulidad!" expresa la impotencia de una fe ciega; mientras que el mandato: "¡Cree... y serás salvo!" exige una fe en uno mismo digna de confianza, que incluye la comprensión espiritual y confía todo a Dios.

El verbo hebreo *creer* significa también *ser firme* o *ser to be constant.* This certainly applies to Truth and Love understood and practised. Firmness in error will never save from sin, disease, and death.

Life's healing currents

Acquaintance with the original texts, and willingness to give up human beliefs (established by hierarchies, and instigated sometimes by the worst passions of men), open the way for Christian Science to be understood, and make the Bible the chart of life, where the buoys and healing currents of Truth are pointed out.

Radical changes

He to whom "the arm of the Lord" is revealed will believe our report, and rise into newness of life with regeneration. This is having part in the atonement; this is the understanding, in which Jesus suffered and triumphed. The time is not distant when the ordinary theological views of atonement will undergo a great change, — a change as radical as that which has come over popular opinions in regard to predestination and future punishment.

Purpose of crucifixion

Does erudite theology regard the crucifixion of Jesus chiefly as providing a ready pardon for all sinners who ask for it and are willing to be forgiven? Does spiritualism find Jesus' death necessary only for the presentation, after death, of the material Jesus, as a proof that spirits can return to earth? Then we must differ from them both.

The efficacy of the crucifixion lay in the practical affection and goodness it demonstrated for mankind. The truth had been lived among men; but until they saw that it enabled their Master to triumph over the grave, his own disciples could not admit such an event to be possible. After the resurrection, even the unbelieving Thomas was *constante.* Esto por cierto se aplica a la Verdad y al Amor comprendidos y practicados. La firmeza en el error nunca nos salvará del pecado, la enfermedad y la muerte.

Corrientes sanadoras de la Vida

El conocimiento de los textos originales, y la disposición para abandonar las creencias humanas (establecidas por jerarquías e instigadas a veces por las peores pasiones de los hombres), abren el camino para que la Ciencia Cristiana sea comprendida, y hacen de la Biblia la carta de navegación de la vida, donde las boyas y las corrientes sanadoras de la Verdad están señaladas.

Cambios radicales

Aquel a quien "el brazo del Señor" sea revelado creerá nuestro mensaje, y se elevará a una renovación de vida con regeneración. Esto es tener parte en la expiación; esta es la comprensión, en la cual Jesús sufrió y triunfó. No está lejos el momento en que los puntos de vista teológicos comunes respecto a la expiación experimentarán un gran cambio, un cambio tan radical como el que se ha efectuado en las opiniones populares sobre la predestinación y el castigo futuro.

Propósito de la crucifixión

¿Considera la teología erudita que la crucifixión de Jesús fue principalmente para proporcionar un perdón fácil a todos los pecadores que lo pidan y estén dispuestos a ser perdonados? ¿Encuentra el espiritismo que la muerte de Jesús fue necesaria sólo para la presentación del Jesús material después de la muerte, como una prueba de que los espíritus pueden volver a la tierra? Entonces debemos disentir de ambos.

La eficacia de la crucifixión yació en el afecto y la bondad prácticos que demostró para la humanidad. La verdad había sido vivida entre los hombres; pero hasta que no vieron que capacitaba a su Maestro para triunfar sobre la tumba, sus propios discípulos no pudieron admitir que tal acontecimiento fuera posible. Después de la resurrección, hasta el forced to acknowledge how complete was the great proof of Truth and Love.

True flesh and blood

The spiritual essence of blood is sacrifice. The efficacy of Jesus' spiritual offering is infinitely greater than can be expressed by our sense of human blood. The material blood of Jesus was no more efficacious to cleanse from sin when it was shed upon "the accursed tree," than when it was flowing in his veins as he went daily about his Father's business. His true flesh and blood were his Life; and they truly eat his flesh and drink his blood, who partake of that divine Life.

Effective triumph

Jesus taught the way of Life by demonstration, that we may understand how this divine Principle heals the sick, casts out error, and triumphs over death. Jesus presented the ideal of God better than could any man whose origin was less spiritual. By his obedience to God, he demonstrated more spiritually than all others the Principle of being. Hence the force of his admonition, "If ye love me, keep my commandments."

Though demonstrating his control over sin and disease, the great Teacher by no means relieved others from giving the requisite proofs of their own piety. He worked for their guidance, that they might demonstrate this power as he did and understand its divine Principle. Implicit faith in the Teacher and all the emotional love we can bestow on him, will never alone make us imitators of him. We must go and do likewise, else we are not improving the great blessings which our Master worked and suffered to bestow upon us. The divinity of the Christ was made manifest in the humanity of Jesus.

incrédulo Tomás tuvo que reconocer cuán completa fue la gran prueba de la Verdad y el Amor.

Carne y sangre verdaderas

La esencia espiritual de la sangre es el sacrificio. La eficacia de la ofrenda espiritual de Jesús es infinitamente mayor de lo que se puede expresar por nuestro sentido de la sangre humana. La sangre material de Jesús no fue más eficaz para limpiar del pecado cuando se derramó en el "madero maldito", que cuando corría por sus venas al estar diariamente en los negocios de su Padre. Su carne y sangre verdaderas eran su Vida; y en verdad comen su carne y beben su sangre los que participan de esa Vida divina.

Triunfo efectivo

Jesús enseñó el camino de la Vida por medio de la demostración, para que pudiéramos comprender cómo este Principio divino sana a los enfermos, echa fuera el error y triunfa sobre la muerte. Jesús presentó el ideal de Dios mejor de lo que podría hacerlo cualquier hombre cuyo origen fuera menos espiritual. Por su obediencia a Dios, él demostró más espiritualmente que todos los demás el Principio del ser. De ahí la fuerza de su admonición: "Si me amáis, guardad mis mandamientos".

Aunque demostraba su control sobre el pecado y la enfermedad, el gran Maestro de ningún modo eximió a los demás de dar las pruebas indispensables de su propia piedad. Trabajó para guiarlos, a fin de que pudiesen demostrar este poder como él lo hizo y comprender el Principio divino de este poder. Una fe implícita en el Maestro y todo el amor emocional que podamos concederle, jamás nos harán por sí solos sus imitadores. Tenemos que ir y hacer lo mismo, de lo contrario, no estamos aprovechando al máximo las grandes bendiciones por las que nuestro Maestro trabajó y sufrió para concedernos. La divinidad del Cristo fue manifestada en la humanidad de Jesús.

Individual experience

While we adore Jesus, and the heart overflows with gratitude for what he did for mortals, — treading alone his loving pathway up to the throne of glory, in speechless agony exploring the way for us, — yet Jesus spares us not one individual experience, if we follow his commands faithfully; and all have the cup of sorrowful effort to drink in proportion to their demonstration of his love, till all are redeemed through divine Love.

Christ's demonstration

The Christ was the Spirit which Jesus implied in his own statements: "I am the way, the truth, and the life;" "I and my Father are one." This Christ, or divinity of the man Jesus, was his divine nature, the godliness which animated him. Divine Truth, Life, and Love gave Jesus authority over sin, sickness, and death. His mission was to reveal the Science of celestial being, to prove what God is and what He does for man.

Proof in practice

A musician demonstrates the beauty of the music he teaches in order to show the learner the way by practice as well as precept. Jesus' teaching and practice of Truth involved such a sacrifice as makes us admit its Principle to be Love. This was the precious import of our Master's sinless career and of his demonstration of power over death. He proved by his deeds that Christian Science destroys sickness, sin, and death.

Our Master taught no mere theory, doctrine, or belief. It was the divine Principle of all real being which he taught and practised. His proof of Christianity was no form or system of religion and worship, but Christian Science, working out the harmony of Life and Love.

Aun cuando adoramos a Jesús, y el corazón rebosa de gratitud por lo que hizo por los mortales —caminando a solas por su sendero de amor hasta el trono de gloria,

Experiencia individual

en silenciosa agonía explorando el camino para nosotros— pese a ello, Jesús no nos ahorra ni una sola experiencia individual, si seguimos fielmente sus mandatos; y todos tienen que beber la copa del doloroso esfuerzo en proporción a su demostración del amor de Jesús, hasta que todos son redimidos a través del Amor divino.

El Cristo era el Espíritu al que Jesús aludió en sus propias declaraciones: "Yo soy el camino, y la verdad, y la vida"; "Yo y el Padre uno somos". Este Cristo, o divinidad

Demostración del Cristo

del hombre Jesús, era su naturaleza divina, la santidad que lo animaba. La Verdad, la Vida y el Amor divinos le daban a Jesús autoridad sobre el pecado, la enfermedad y la muerte. Su misión fue revelar la Ciencia del ser celestial, comprobar lo que Dios es y lo que Él hace por el hombre.

Un músico demuestra la belleza de la música que enseña a fin de mostrar al alumno la manera de aprenderla, tanto por la práctica como por el precepto. La enseñanza

Prueba en la práctica

y la práctica de la Verdad realizadas por Jesús entrañaban tal sacrificio que nos obligan a admitir que el Principio de estas era el Amor. Este fue el precioso significado de la carrera impecable de nuestro Maestro y de su demostración de poder sobre la muerte. Él comprobó mediante sus obras que la Ciencia Cristiana destruye la enfermedad, el pecado y la muerte.

Nuestro Maestro no enseñó una mera teoría, doctrina o creencia. Fue el Principio divino de todo ser real lo que enseñó y practicó. Su prueba del cristianismo no fue una forma o un sistema de religión y adoración, sino la Ciencia Cristiana, resolviendo la armonía de la Vida y el Amor.

Jesus sent a message to John the Baptist, which was intended to prove beyond a question that the Christ had come: "Go your way, and tell John what things ye have seen and heard; how that the blind see, the lame walk, the lepers are cleansed, the deaf hear, the dead are raised, to the poor the gospel is preached." In other words: Tell John what the demonstration of divine power is, and he will at once perceive that God is the power in the Messianic work.

Living temple

That Life is God, Jesus proved by his reappearance after the crucifixion in strict accordance with his scientific statement: "Destroy this temple [body], and in three days I [Spirit] will raise it up." It is as if he had said: The I — the Life, substance, and intelligence of the universe — is not in matter to be destroyed.

Jesus' parables explain Life as never mingling with sin and death. He laid the axe of Science at the root of material knowledge, that it might be ready to cut down the false doctrine of pantheism, — that God, or Life, is in or of matter.

Recreant disciples

Jesus sent forth seventy students at one time, but only eleven left a desirable historic record. Tradition credits him with two or three hundred other disciples who have left no name. "Many are called, but few are chosen." They fell away from grace because they never truly understood their Master's instruction.

Why do those who profess to follow Christ reject the essential religion he came to establish? Jesus' persecutors made their strongest attack upon this very point. They endeavored to hold him at the mercy of matter and to kill him according to certain assumed material laws.

Jesús envió un mensaje a Juan el Bautista, cuya intención era comprobar fuera de toda duda que el Cristo había venido: “Id, haced saber a Juan lo que habéis visto y oído: los ciegos ven, los cojos andan, los leprosos son limpiados, los sordos oyen, los muertos son resucitados, y a los pobres es anunciado el evangelio”. En otras palabras: Decid a Juan lo que es la demostración del poder divino, e inmediatamente percibirá que Dios es el poder en la obra mesiánica.

Templo viviente

Jesús comprobó que la Vida es Dios mediante su reaparición después de la crucifixión, en estricta conformidad con su declaración científica: “Destruid este templo [el cuerpo], y en tres días [Yo, el Espíritu] lo levantaré”. Es como si hubiera dicho: El Yo —la Vida, la sustancia y la inteligencia del universo— no está en la materia para ser destruido.

Las parábolas de Jesús explican que la Vida jamás se mezcla con el pecado y la muerte. Él puso el hacha de la Ciencia a la raíz del conocimiento material, para que estuviera lista para derribar la falsa doctrina del panteísmo: que Dios, o la Vida, está en la materia o procede de ella.

Discípulos desertores

Jesús envió una vez setenta discípulos, pero sólo once dejaron registros históricos deseables. La tradición le atribuye otros doscientos o trescientos discípulos que no dejaron nombre. “Muchos son llamados, y pocos escogidos”. Ellos cayeron de la gracia porque nunca comprendieron verdaderamente la instrucción de su Maestro.

¿Por qué aquellos que profesan seguir a Cristo rechazan la religión esencial que vino a establecer? Los perseguidores de Jesús dirigieron su ataque más fuerte precisamente contra este punto. Se esforzaron por mantenerlo a merced de la materia y matarlo de acuerdo con ciertas supuestas leyes materiales.

Help and hindrance

The Pharisees claimed to know and to teach the divine will, but they only hindered the success of Jesus' mission. Even many of his students stood in his way. If the Master had not taken a student and taught the unseen verities of God, he would not have been crucified. The determination to hold Spirit in the grasp of matter is the persecutor of Truth and Love.

While respecting all that is good in the Church or out of it, one's consecration to Christ is more on the ground of demonstration than of profession. In conscience, we cannot hold to beliefs outgrown; and by understanding more of the divine Principle of the deathless Christ, we are enabled to heal the sick and to triumph over sin.

Misleading conceptions

Neither the origin, the character, nor the work of Jesus was generally understood. Not a single component part of his nature did the material world measure aright. Even his righteousness and purity did not hinder men from saying: He is a glutton and a friend of the impure, and Beelzebub is his patron.

Persecution prolonged

Remember, thou Christian martyr, it is enough if thou art found worthy to unloose the sandals of thy Master's feet! To suppose that persecution for righteousness' sake belongs to the past, and that Christianity to-day is at peace with the world because it is honored by sects and societies, is to mistake the very nature of religion. Error repeats itself. The trials encountered by prophet, disciple, and apostle, "of whom the world was not worthy," await, in some form, every pioneer of truth.

There is too much animal courage in society and not

Ayuda y estorbo

Los fariseos pretendían conocer y enseñar la voluntad divina, pero sólo obstaculizaban el éxito de la misión de Jesús. Incluso muchos de sus alumnos le obstruían el camino. Si el Maestro no hubiera tenido ningún alumno ni enseñado las realidades no visibles de Dios, no hubiera sido crucificado. La determinación de mantener el Espíritu en las garras de la materia es el perseguidor de la Verdad y el Amor.

Aun cuando se respete todo lo que es bueno en la Iglesia o fuera de ella, la consagración al Cristo tiene que ver más con la demostración que con la profesión. Honradamente, no podemos aferrarnos a creencias ya superadas; y comprender más acerca del Principio divino del Cristo imperecedero, nos capacita para sanar a los enfermos y triunfar sobre el pecado.

Conceptos desorientadores

Ni el origen, el carácter, ni la obra de Jesús, fueron generalmente comprendidos. Ni una sola parte constitutiva de su naturaleza fue juzgada con acierto por el mundo material. Ni siquiera su justicia y pureza impidieron que los hombres dijeran: Es un comilón y amigo de los impuros, y Beelzebú es su patrón.

Persecución que se prolonga

¡Recuerda, tú, mártir cristiano, que es suficiente si se te halla digno de desatar las sandalias de tu Maestro! Suponer que la persecución por causa de la justicia pertenece al pasado, y que hoy el cristianismo está en paz con el mundo porque es honrado por sectas y sociedades, es equivocar la naturaleza misma de la religión. El error se repite a sí mismo. Los desafíos enfrentados por los profetas, discípulos y apóstoles, "de los cuales el mundo no era digno", esperan, en alguna forma, a todo pionero de la verdad.

Hay demasiado valor animal en la sociedad y no

Christian warfare

sufficient moral courage. Christians must take up arms against error at home and abroad. They must grapple with sin in themselves and in others, and continue this warfare until they have finished their course. If they keep the faith, they will have the crown of rejoicing.

Christian experience teaches faith in the right and disbelief in the wrong. It bids us work the more earnestly in times of persecution, because then our labor is more needed. Great is the reward of self-sacrifice, though we may never receive it in this world.

The Fatherhood of God

There is a tradition that Publius Lentulus wrote to the authorities at Rome: "The disciples of Jesus believe him the Son of God." Those instructed in Christian Science have reached the glorious perception that God is the only author of man. The Virgin-mother conceived this idea of God, and gave to her ideal the name of Jesus — that is, Joshua, or Saviour.

Spiritual conception

The illumination of Mary's spiritual sense put to silence material law and its order of generation, and brought forth her child by the revelation of Truth, demonstrating God as the Father of men. The Holy Ghost, or divine Spirit, overshadowed the pure sense of the Virgin-mother with the full recognition that being is Spirit. The Christ dwelt forever an idea in the bosom of God, the divine Principle of the man Jesus, and woman perceived this spiritual idea, though at first faintly developed.

Man as the offspring of God, as the idea of Spirit, is the immortal evidence that Spirit is harmonious and man eternal. Jesus was the offspring of Mary's self-suficiente valor moral. Los cristianos tienen que tomar las armas contra el error en el hogar y fuera de él. Tienen que combatir el pecado en sí mismos y en los demás, y continuar esta guerra hasta que hayan acabado su curso. Si mantienen la fe, tendrán la corona de regocijo.

Guerra cristiana

La experiencia cristiana enseña a tener fe en lo correcto y a no creer en lo incorrecto. Nos ordena trabajar con mayor celo en tiempos de persecución, porque entonces nuestra labor es más necesaria. Grande es la recompensa del sacrificio propio, aunque quizás nunca la recibamos en este mundo.

La Paternidad de Dios

Hay una tradición que dice que Publio Léntulo escribió a las autoridades en Roma: "Los discípulos de Jesús creen que él es el Hijo de Dios". Aquellos instruidos en la Ciencia Cristiana han alcanzado la gloriosa percepción de que Dios es el único autor del hombre. La Virgen-madre concibió esta idea de Dios, y le dio a su ideal el nombre de Jesús, es decir, Josué, o Salvador.

Concepción espiritual

La iluminación del sentido espiritual de María silenció la ley material y su orden de generación, y dio a luz a su hijo por la revelación de la Verdad, demostrando a Dios como el Padre de los hombres. El Espíritu Santo, o Espíritu divino, cubrió con su sombra el sentido puro de la Virgen-madre con el pleno reconocimiento de que el ser es Espíritu. El Cristo siempre moró como una idea en el seno de Dios, el Principio divino del hombre Jesús, y la mujer percibió esta idea espiritual, aunque al principio levemente desarrollada.

El hombre como vástago de Dios, como la idea del Espíritu, es la evidencia inmortal de que el Espíritu es armonioso y el hombre es eterno. Jesús fue el vástago de la conscious communion with God. Hence he could give a more spiritual idea of life than other men, and could demonstrate the Science of Love — his Father or divine Principle.

Jesus the way-shower

Born of a woman, Jesus' advent in the flesh partook partly of Mary's earthly condition, although he was endowed with the Christ, the divine Spirit, without measure. This accounts for his struggles in Gethsemane and on Calvary, and this enabled him to be the mediator, or *way-shower,* between God and men. Had his origin and birth been wholly apart from mortal usage, Jesus would not have been appreciable to mortal mind as "the way."

Rabbi and priest taught the Mosaic law, which said: "An eye for an eye," and "Whoso sheddeth man's blood, by man shall his blood be shed." Not so did Jesus, the new executor for God, present the divine law of Love, which blesses even those that curse it.

Rebukes helpful

As the individual ideal of Truth, Christ Jesus came to rebuke rabbinical error and all sin, sickness, and death, — to point out the way of Truth and Life. This ideal was demonstrated throughout the whole earthly career of Jesus, showing the difference between the offspring of Soul and of material sense, of Truth and of error.

If we have triumphed sufficiently over the errors of material sense to allow Soul to hold the control, we shall loathe sin and rebuke it under every mask. Only in this way can we bless our enemies, though they may not so construe our words. We cannot choose for ourselves, but must work out our salvation in the way Jesus taught. In meekness and might, he was found consciente comunión que María tuvo de sí misma con Dios. De ahí que él pudo dar una idea más espiritual de la vida que otros hombres, y pudo demostrar la Ciencia del Amor, su Padre o el Principio divino.

Jesús el mostrador del camino

Nacido de una mujer, el advenimiento de Jesús a la carne participó, en parte, de las condiciones terrenales de María, aunque estaba dotado del Cristo, el Espíritu divino, sin medida. Esto explica sus luchas en Getsemaní y en el Calvario, y esto lo capacitó para ser el mediador, o *mostrador del camino,* entre Dios y los hombres. Si su origen y nacimiento hubiesen estado completamente apartados de la usanza de los mortales, Jesús no hubiera sido percibido por la mente mortal como "el camino".

Los rabinos y los sacerdotes enseñaron la ley mosaica que decía: "Ojo por ojo", y "El que derramare sangre de hombre, por el hombre su sangre será derramada". No fue así como Jesús, el nuevo ejecutor para Dios, presentó la ley divina del Amor, que bendice aun aquellos que la maldicen.

Reprensiones provechosas

Como el ideal individual de la Verdad, Cristo Jesús vino a reprender el error rabínico y todo pecado, enfermedad y muerte: a señalar el camino de la Verdad y la Vida. Este ideal fue demostrado durante toda la carrera terrenal de Jesús, mostrando la diferencia entre los vástagos del Alma y los del sentido material, los de la Verdad y los del error.

Si hemos triunfado suficientemente sobre los errores del sentido material como para permitir que el Alma mantenga el control, aborreceremos el pecado y lo reprobaremos bajo toda máscara. Sólo de este modo podemos bendecir a nuestros enemigos, aunque ellos quizás no interpreten así nuestras palabras. No podemos escoger por nosotros mismos, sino que debemos ocuparnos en nuestra salvación de la manera que Jesús enseñó. En mansedumbre y poder, se lo hallaba preaching the gospel to the poor. Pride and fear are unfit to bear the standard of Truth, and God will never place it in such hands.

Fleshly ties temporal

Jesus acknowledged no ties of the flesh. He said: "Call no man your father upon the earth: for one is your Father, which is in heaven." Again he asked: "Who is my mother, and who are my brethren," implying that it is they who do the will of his Father. We have no record of his calling any man by the name of *father.* He recognized Spirit, God, as the only creator, and therefore as the Father of all.

Healing primary

First in the list of Christian duties, he taught his followers the healing power of Truth and Love. He attached no importance to dead ceremonies. It is the living Christ, the practical Truth, which makes Jesus "the resurrection and the life" to all who follow him in deed. Obeying his precious precepts, — following his demonstration so far as we apprehend it, — we drink of his cup, partake of his bread, are baptized with his purity; and at last we shall rest, sit down with him, in a full understanding of the divine Principle which triumphs over death. For what says Paul? "As often as ye eat this bread, and drink this cup, ye do show the Lord's death till he come."

Painful prospect

Referring to the materiality of the age, Jesus said: "The hour cometh, and now is, when the true worshippers shall worship the Father in spirit and in truth." Again, foreseeing the persecution which would attend the Science of Spirit, Jesus said: "They shall put you out of the synagogues; yea, the time cometh, that whosoever killeth you will think that he doeth God service; and these things will they predicando el evangelio a los pobres. El orgullo y el temor no están capacitados para llevar el estandarte de la Verdad, y Dios jamás lo pondrá en tales manos.

Los vínculos carnales son temporales

Jesús no reconoció ningún vínculo con la carne. Dijo: "No llaméis padre vuestro a nadie en la tierra; porque uno es vuestro Padre, el que está en los cielos". Otra vez preguntó: "¿Quién es mi madre, y quiénes son mis hermanos?", dando a entender que lo son aquellos que hacen la voluntad de su Padre. No tenemos ningún registro de que llamara a hombre alguno por el nombre de *padre.* Reconocía al Espíritu, Dios, como el único creador, y por tanto, el Padre de todos.

Sanar es primordial

Primero en la lista de los deberes cristianos, él enseñó a sus seguidores el poder sanador de la Verdad y el Amor. Él no atribuyó ninguna importancia a las ceremonias muertas. Es el Cristo viviente, la Verdad práctica, lo que hace que Jesús sea "la resurrección y la vida" para todos los que lo siguen con sus propias obras. Obedeciendo sus preciosos preceptos —siguiendo su demostración en la medida en que la comprendamos— bebemos de su copa, participamos de su pan, somos bautizados con su pureza; y finalmente descansaremos, nos sentaremos con él, en una plena comprensión del Principio divino que triunfa sobre la muerte. Pues, ¿qué dice Pablo? "Todas las veces que comiereis este pan, y bebiereis esta copa, la muerte del Señor anunciáis hasta que él venga".

Perspectiva dolorosa

Refiriéndose al materialismo de la época, Jesús dijo: "La hora viene, y ahora es, cuando los verdaderos adoradores adorarán al Padre en espíritu y en verdad". Otra vez, previendo la persecución que acompañaría la Ciencia del Espíritu, Jesús dijo: "Os expulsarán de las sinagogas; y aun viene la hora cuando cualquiera que os do unto you, because they have not known the Father nor me."

Sacred sacrament

In ancient Rome a soldier was required to swear allegiance to his general. The Latin word for this oath was *sacramentum,* and our English word *sacrament* is derived from it. Among the Jews it was an ancient custom for the master of a feast to pass each guest a cup of wine. But the Eucharist does not commemorate a Roman soldier's oath, nor was the wine, used on convivial occasions and in Jewish rites, the cup of our Lord. The cup shows forth his bitter experience, — the cup which he prayed might pass from him, though he bowed in holy submission to the divine decree.

"As they were eating, Jesus took bread, and blessed it and brake it, and gave it to the disciples, and said, Take, eat; this is my body. And he took the cup, and gave thanks, and gave it to them saying, Drink ye all of it."

Spiritual refreshment

The true sense is spiritually lost, if the sacrament is confined to the use of bread and wine. The disciples had eaten, yet Jesus prayed and gave them bread. This would have been foolish in a literal sense; but in its spiritual signification, it was natural and beautiful. Jesus prayed; he withdrew from the material senses to refresh his heart with brighter, with spiritual views.

Jesus' sad repast

The Passover, which Jesus ate with his disciples in the month Nisan on the night before his crucifixion, was a mournful occasion, a sad supper taken at the close of day, in the twilight of a glorious career with shadows fast falling around; and mate, pensará que rinde servicio a Dios. Y harán esto porque no conocen al Padre ni a mí".

Sacramento sagrado

En la Roma antigua se requería que un soldado jurara lealtad a su general. La palabra latina para este juramento era *sacramentum,* la palabra en inglés *sacrament (sacramento)* deriva de ella. Entre los judíos era una antigua costumbre que en una fiesta, el maestro de ceremonias pasara a cada convidado una copa de vino. Pero la eucaristía no conmemora el juramento de un soldado romano, ni era el vino, servido en convites y usado en ritos judaicos, la copa de nuestro Señor. La copa indica su amarga experiencia, la copa que oró para que pasase de él, aunque se inclinó en santa sumisión al decreto divino.

"Mientras comían, tomó Jesús el pan, y bendijo, y lo partió, y dio a sus discípulos, y dijo: Tomad, comed; esto es mi cuerpo. Y tomando la copa, y habiendo dado gracias, les dio, diciendo: Bebed de ella todos".

Refrigerio espiritual

El verdadero sentido se pierde espiritualmente, si el sacramento es confinado al uso de pan y de vino. Los discípulos habían comido, sin embargo, Jesús oró y les dio pan. Esto hubiera sido absurdo en un sentido literal; pero en su significado espiritual fue natural y bello. Jesús oró; se retiró de los sentidos materiales para refrescar su corazón con vistas más luminosas, con vistas espirituales.

La triste cena de Jesús

La Pascua, que Jesús celebró con sus discípulos en el mes de Nisán, en la víspera de su crucifixión, fue un acontecimiento luctuoso, una cena triste tomada al declinar el día, en el crepúsculo de una gloriosa carrera mientras las tinieblas descendían rápidamente en derredor;

this supper closed forever Jesus' ritualism or concessions to matter.

Heavenly supplies

His followers, sorrowful and silent, anticipating the hour of their Master's betrayal, partook of the heavenly manna, which of old had fed in the wilderness the persecuted followers of Truth. Their bread indeed came down from heaven. It was the great truth of spiritual being, healing the sick and casting out error. Their Master had explained it all before, and now this bread was feeding and sustaining them. They had borne this bread from house to house, *breaking* (explaining) it to others, and now it comforted themselves.

For this truth of spiritual being, their Master was about to suffer violence and drain to the dregs his cup of sorrow. He must leave them. With the great glory of an everlasting victory overshadowing him, he gave thanks and said, "Drink ye all of it."

The holy struggle

When the human element in him struggled with the divine, our great Teacher said: "Not my will, but Thine, be done!" — that is, Let not the flesh, but the Spirit, be represented in me. This is the new understanding of spiritual Love. It gives all for Christ, or Truth. It blesses its enemies, heals the sick, casts out error, raises the dead from trespasses and sins, and preaches the gospel to the poor, the meek in heart.

Incisive questions

Christians, are you drinking his cup? Have you shared the blood of the New Covenant, the persecutions which attend a new and higher understanding of God? If not, can you then say that you have commemorated Jesus in his cup? Are all who eat bread and drink wine in memory of Jesus willing y esta cena puso fin para siempre al ritualismo de Jesús o sus concesiones a la materia.

Provisiones celestiales

Sus seguidores, tristes y silenciosos, previendo la hora de la traición a su Maestro, participaron del maná celestial que antaño había alimentado en el desierto a los perseguidos seguidores de la Verdad. Su pan efectivamente descendió del cielo. Era la gran verdad del ser espiritual que sanaba a los enfermos y echaba fuera el error. Su Maestro la había explicado toda antes, y ahora este pan los alimentaba y sostenía. Habían llevado este pan de casa en casa, *partiéndolo* (explicándolo) a los demás, y ahora los confortaba a ellos mismos.

Por esta verdad del ser espiritual, su Maestro estaba a punto de sufrir violencia y apurar hasta el fondo su copa de pesar. Debía dejarlos. Con la gran gloria de una victoria eterna cubriéndolo con su sombra, dio gracias y dijo: "Bebed de ella todos".

La lucha santa

Cuando el elemento humano en él luchaba con el divino, nuestro gran Maestro dijo: "¡No se haga mi voluntad, sino la Tuya!", a saber: No sea la carne, sino el Espíritu, lo que esté representado en mí. Esta es la nueva comprensión del Amor espiritual. Da todo por el Cristo, o la Verdad. Bendice a sus enemigos, sana a los enfermos, echa fuera el error, resucita a los muertos de sus delitos y pecados y predica el evangelio a los pobres, a los mansos de corazón.

Preguntas incisivas

Cristianos, ¿estáis bebiendo su copa? ¿Habéis compartido la sangre del Nuevo Pacto, las persecuciones que acompañan una comprensión nueva y más elevada de Dios? Si no es así, ¿podéis decir que habéis conmemorado a Jesús en su copa? Todos los que comen pan y beben vino en memoria de Jesús, ¿están realmente truly to drink his cup, take his cross, and leave all for the Christ-principle? Then why ascribe this inspiration to a dead rite, instead of showing, by casting out error and making the body "holy, acceptable unto God," that Truth has come to the understanding? If Christ, Truth, has come to us in demonstration, no other commemoration is requisite, for demonstration is Immanuel, or *God with us;* and if a friend be with us, why need we memorials of that friend?

Millennial glory

If all who ever partook of the sacrament had really commemorated the sufferings of Jesus and drunk of his cup, they would have revolutionized the world. If all who seek his commemoration through material symbols will take up the cross, heal the sick, cast out evils, and preach Christ, or Truth, to the poor, — the receptive thought, — they will bring in the millennium.

Fellowship with Christ

Through all the disciples experienced, they became more spiritual and understood better what the Master had taught. His resurrection was also their resurrection. It helped them to raise themselves and others from spiritual dulness and blind belief in God into the perception of infinite possibilities. They needed this quickening, for soon their dear Master would rise again in the spiritual realm of reality, and ascend far above their apprehension. As the reward for his faithfulness, he would disappear to material sense in that change which has since been called the ascension.

The last breakfast

What a contrast between our Lord's last supper and his last spiritual breakfast with his disciples in the bright morning hours at the joyful meeting on the shore of the Galilean Sea! His gloom dispuestos a beber su copa, tomar su cruz y dejar todo por el principio-Cristo? ¿Por qué atribuir entonces esta inspiración a un rito muerto, en vez de mostrar, echando fuera el error y haciendo el cuerpo "santo, agradable a Dios", que la Verdad ha venido al entendimiento? Si el Cristo, la Verdad, ha venido a nosotros en la demostración, no se requiere ninguna otra conmemoración, pues la demostración es Emanuel, o *Dios con nosotros;* y si un amigo está con nosotros, ¿por qué necesitamos rememoraciones de ese amigo?

La gloria del milenio

Si todos los que alguna vez compartieron el sacramento hubieran realmente conmemorado los sufrimientos de Jesús y bebido de su copa, habrían revolucionado el mundo. Si todos los que buscan conmemorarlo por medio de símbolos materiales tomaran la cruz, sanaran a los enfermos, echaran fuera los males y anunciaran el Cristo, o la Verdad, a los pobres —el pensamiento receptivo— traerían el reinado de los mil años.

Confraternidad con Cristo

Por todo lo que los discípulos experimentaron, se volvieron más espirituales y comprendieron mejor lo que el Maestro había enseñado. Su resurrección fue también la resurrección de ellos. Los ayudó a elevarse a sí mismos y a otros del embotamiento espiritual y de la creencia ciega en Dios a la percepción de posibilidades infinitas. Necesitaban esta vivificación, pues pronto su querido Maestro se elevaría de nuevo en el reino espiritual de la realidad, y ascendería mucho más de lo que ellos podían percibir. Como recompensa por su fidelidad, él iba a desaparecer para el sentido material en aquel cambio que desde entonces ha sido llamado la ascensión.

El último desayuno

¡Qué contraste entre la última cena de nuestro Señor y su último desayuno espiritual con sus discípulos en las radiantes horas matutinas, en la gozosa reunión sobre la ribera del mar de Galilea! Su tristeza had passed into glory, and his disciples' grief into repentance, — hearts chastened and pride rebuked. Convinced of the fruitlessness of their toil in the dark and wakened by their Master's voice, they changed their methods, turned away from material things, and cast their net on the right side. Discerning Christ, Truth, anew on the shore of time, they were enabled to rise somewhat from mortal sensuousness, or the burial of mind in matter, into newness of life as Spirit.

This spiritual meeting with our Lord in the dawn of a new light is the morning meal which Christian Scientists commemorate. They bow before Christ, Truth, to receive more of his reappearing and silently to commune with the divine Principle, Love. They celebrate their Lord's victory over death, his probation in the flesh after death, its exemplification of human probation, and his spiritual and final ascension above matter, or the flesh, when he rose out of material sight.

Spiritual Eucharist

Our baptism is a purification from all error. Our church is built on the divine Principle, Love. We can unite with this church only as we are newborn of Spirit, as we reach the Life which is Truth and the Truth which is Life by bringing forth the fruits of Love, — casting out error and healing the sick. Our Eucharist is spiritual communion with the one God. Our bread, "which cometh down from heaven," is Truth. Our cup is the cross. Our wine the inspiration of Love, the draught our Master drank and commended to his followers.

The design of Love is to reform the sinner. If the sinner's punishment here has been insufficient to reform him, the good man's heaven would be a hell to se había convertido en gloria, y la aflicción de sus discípulos en arrepentimiento, los corazones disciplinados y el orgullo reprendido. Convencidos de la infructuosidad de su labor en las tinieblas y despertados por la voz de su Maestro, cambiaron sus métodos, se apartaron de las cosas materiales y echaron su red a la derecha. Al discernir de una nueva manera al Cristo, la Verdad, en la ribera del tiempo, fueron capacitados para elevarse un tanto desde la sensación mortal, o el entierro de la mente en la materia, hacia la renovación de la vida como Espíritu.

Esta reunión espiritual con nuestro Señor, en el amanecer de una nueva luz, es el alimento matutino que los Científicos Cristianos conmemoran. Ellos se inclinan ante el Cristo, la Verdad, para recibir más de su reaparición y comulgar en silencio con el Principio divino, el Amor. Celebran la victoria de su Señor sobre la muerte, su probación en la carne después de la muerte, la ejemplificación de la probación humana, y su ascensión espiritual y final sobre la materia, o la carne, cuando se elevó fuera de la vista material.

Eucaristía espiritual

Nuestro bautismo es una purificación de todo error. Nuestra iglesia está edificada sobre el Principio divino, el Amor. Podemos unirnos a esta iglesia sólo a medida que nazcamos de nuevo en el Espíritu, a medida que alcancemos la Vida que es Verdad y la Verdad que es Vida, produciendo los frutos del Amor, echando fuera el error y sanando a los enfermos. Nuestra eucaristía es la comunión espiritual con el único Dios. Nuestro pan, "que desciende del cielo", es la Verdad. Nuestra copa es la cruz. Nuestro vino, la inspiración del Amor, el trago que nuestro Maestro bebió y encomendó a sus seguidores.

El designio del Amor es reformar al pecador. Si aquí el castigo del pecador ha sido insuficiente para reformarlo, el cielo del hombre bueno sería un infierno para el

Final purpose

the sinner. They, who know not purity and affection by experience, can never find bliss in the blessed company of Truth and Love simply through translation into another sphere. Divine Science reveals the necessity of sufficient suffering, either before or after death, to quench the love of sin. To remit the penalty due for sin, would be for Truth to pardon error. Escape from punishment is not in accordance with God's government, since justice is the handmaid of mercy.

Jesus endured the shame, that he might pour his dear-bought bounty into barren lives. What was his earthly reward? He was forsaken by all save John, the beloved disciple, and a few women who bowed in silent woe beneath the shadow of his cross. The earthly price of spirituality in a material age and the great moral distance between Christianity and sensualism preclude Christian Science from finding favor with the worldly-minded.

Righteous retribution

A selfish and limited mind may be unjust, but the unlimited and divine Mind is the immortal law of justice as well as of mercy. It is quite as impossible for sinners to receive their full punishment this side of the grave as for this world to bestow on the righteous their full reward. It is useless to suppose that the wicked can gloat over their offences to the last moment and then be suddenly pardoned and pushed into heaven, or that the hand of Love is satisfied with giving us only toil, sacrifice, cross-bearing, multiplied trials, and mockery of our motives in return for our efforts at well doing.

Vicarious suffering

Religious history repeats itself in the suffering of the just for the unjust. Can God therefore overlook the law of righteousness which de-pecador. Aquellos que no conocen la pureza y el afecto por experiencia nunca pueden hallar la felicidad en la bendita compañía de la Verdad y el Amor simplemente mediante la traslación a otra esfera. La Ciencia divina revela la necesidad de sufrimiento suficiente, ya sea antes o después de la muerte, para extinguir el amor al pecado. Condonar la pena correspondiente al pecado, sería como si la Verdad perdonara el error. Escapar del castigo no está de acuerdo con el gobierno de Dios, puesto que la justicia es la sierva de la misericordia.

Propósito final

Jesús soportó la afrenta a fin de poder derramar sus tesoros caramente adquiridos sobre las vidas estériles. ¿Cuál fue su recompensa terrenal? Fue abandonado por todos, excepto por Juan, el discípulo amado, y unas pocas mujeres que se inclinaron en silenciosa congoja a la sombra de su cruz. El precio terrenal de la espiritualidad en una época material y la gran distancia moral entre el cristianismo y el sensualismo impiden que la Ciencia Cristiana goce del favor de los de pensamiento mundano.

Retribución justa

Una mente egoísta y limitada puede ser injusta, pero la Mente ilimitada y divina es la ley inmortal de la justicia así como de la misericordia. Tan imposible es que los pecadores reciban su pleno castigo de este lado de la tumba, como que este mundo conceda a los justos su plena recompensa. Es inútil suponer que los malvados puedan deleitarse en sus faltas hasta el último momento y luego ser perdonados de repente y empujados al cielo, o que la mano del Amor se satisfaga con darnos sólo fatigas, sacrificios, cruces que llevar, desafíos multiplicados y el escarnio de nuestros motivos a cambio de nuestros esfuerzos por obrar bien.

Sufrimiento vicario

La historia de la religión se repite a sí misma en el sufrimiento de los justos por los injustos. ¿Puede Dios, por lo tanto, pasar por alto la ley de la justicia stroys the belief called sin? Does not Science show that sin brings suffering as much to-day as yesterday? They who sin must suffer. "With what measure ye mete, it shall be measured to you again."

Martyrs inevitable

History is full of records of suffering. "The blood of the martyrs is the seed of the Church." Mortals try in vain to slay Truth with the steel or the stake, but error falls only before the sword of Spirit. Martyrs are the human links which connect one stage with another in the history of religion. They are earth's luminaries, which serve to cleanse and rarefy the atmosphere of material sense and to permeate humanity with purer ideals. Consciousness of right-doing brings its own reward; but not amid the smoke of battle is merit seen and appreciated by lookers-on.

Complete emulation

When will Jesus' professed followers learn to emulate him in *all* his ways and to imitate his mighty works? Those who procured the martyrdom of that righteous man would gladly have turned his sacred career into a mutilated doctrinal platform. May the Christians of to-day take up the more practical import of that career! It is possible, — yea, it is the duty and privilege of every child, man, and woman, — to follow in some degree the example of the Master by the demonstration of Truth and Life, of health and holiness. Christians claim to be his followers, but do they follow him in the way that he commanded? Hear these imperative commands: "Be ye therefore perfect, even as your Father which is in heaven is perfect!" "Go ye into all the world, and preach the gospel to every creature!" *"Heal the sick!"*

Why has this Christian demand so little inspiration

que destruye la creencia llamada pecado? ¿No muestra la Ciencia que el pecado trae sufrimiento tanto hoy como ayer? Los que pecan tienen que sufrir. "Con la medida con que medís, os será medido".

Inevitable que haya mártires

La historia está llena de registros de sufrimiento. "La sangre de los mártires es la simiente de la Iglesia". Los mortales tratan en vano de matar la Verdad con el acero o la hoguera, mas el error cae solamente ante la espada del Espíritu. Los mártires son los eslabones humanos que conectan una etapa con otra en la historia de la religión. Son los luminares de la tierra, que sirven para depurar y rarefacer la atmósfera del sentido material e impregnar a la humanidad de ideales más puros. La consciencia de obrar bien trae su propia recompensa; pero no es en medio del humo de la batalla que el mérito es visto y apreciado por los espectadores.

Emulación completa

¿Cuándo aprenderán los que profesan ser seguidores de Jesús a emularlo en *todo* y a imitar sus poderosas obras? Aquellos que procuraron el martirio de ese hombre justo gustosamente hubieran convertido su sagrada carrera en una plataforma doctrinaria mutilada. ¡Quieran los cristianos de hoy abrazar el significado más práctico de aquella carrera! Es posible —sí, es el deber y el privilegio de todo niño, hombre y mujer— seguir, en cierto grado, el ejemplo del Maestro mediante la demostración de la Verdad y la Vida, de la salud y la santidad. Los cristianos pretenden ser sus seguidores, pero ¿lo siguen de la manera que él mandó? Oíd estos imperativos mandatos: "¡Sed, pues, vosotros perfectos, como vuestro Padre que está en los cielos es perfecto!" "¡Id por todo el mundo y predicad el evangelio a toda criatura!" "*¡Sanad enfermos!*"

¿Por qué esta exigencia cristiana tiene tan poca inspiración

Jesus' teaching belittled

to stir mankind to Christian effort? Because men are assured that this command was intended only for a particular period and for a select number of followers. This teaching is even more pernicious than the old doctrine of foreordination,—the election of a few to be saved, while the rest are damned; and so it will be considered, when the lethargy of mortals, produced by man-made doctrines, is broken by the demands of divine Science.

Jesus said: "These signs shall follow them that believe; . . . they shall lay hands on the sick, and they shall recover." Who believes him? He was addressing his disciples, yet he did not say, "These signs shall follow *you,*" but *them*—"them that believe" in all time to come. Here the word *hands* is used metaphorically, as in the text, "The right hand of the Lord is exalted." It expresses spiritual power; otherwise the healing could not have been done spiritually. At another time Jesus prayed, not for the twelve only, but for as many as should believe "through their word."

Material pleasures

Jesus experienced few of the pleasures of the physical senses, but his sufferings were the fruits of other people's sins, not of his own. The eternal Christ, his spiritual selfhood, never suffered. Jesus mapped out the path for others. He unveiled the Christ, the spiritual idea of divine Love. To those buried in the belief of sin and self, living only for pleasure or the gratification of the senses, he said in substance: Having eyes ye see not, and having ears ye hear not; lest ye should understand and be converted, and I might heal you. He taught that the material senses shut out Truth and its healing power.

para incitar a la humanidad a hacer el esfuerzo cristiano? Porque se les asegura a los hombres que este mandato estaba destinado sólo a un período en particular y a un número selecto de seguidores. Esta enseñanza es aun más perniciosa que la antigua doctrina de la predestinación, la elección de unos pocos para ser salvados, mientras los demás son condenados; y así será considerada, cuando el letargo de los mortales, producido por las doctrinas hechas por los hombres, sea roto por las exigencias de la Ciencia divina.

Enseñanzas de Jesús menospreciadas

Jesús dijo: "Estas señales seguirán a los que creen:... sobre los enfermos pondrán sus manos, y sanarán". ¿Quién le cree? Se dirigía a sus discípulos, sin embargo, no dijo: "Estas señales *os* seguirán", sino *los* seguirán, "a los que creen" en todo tiempo venidero. Aquí la palabra *manos* se usa metafóricamente, como la palabra *diestra* se emplea en el texto: "La diestra de Jehová es sublime". Expresa poder espiritual; de otro modo la curación no habría podido efectuarse espiritualmente. En otra ocasión Jesús oró, no sólo por los doce, sino por todos los que creyeren "por la palabra de ellos".

Jesús experimentó pocos de los placeres de los sentidos físicos, mas sus sufrimientos fueron los frutos de los pecados de otros, no de los suyos. El Cristo eterno, su yo espiritual, jamás sufrió. Jesús trazó el sendero para los demás. Él develó el Cristo, la idea espiritual del Amor divino. A aquellos sepultados en la creencia del pecado y del yo, que sólo vivían para el placer o la satisfacción de los sentidos, en sustancia les dijo: Teniendo ojos no veis, y teniendo oídos no oís; no sea que entendáis y os convirtáis, y yo os sane. Él enseñó que los sentidos materiales dejan fuera la Verdad y su poder sanador.

Placeres materiales

Mockery of truth

Meekly our Master met the mockery of his unrecognized grandeur. Such indignities as he received, his followers will endure until Christianity's last triumph. He won eternal honors. He overcame the world, the flesh, and all error, thus proving their nothingness. He wrought a full salvation from sin, sickness, and death. We need "Christ, and him crucified." We must have trials and self-denials, as well as joys and victories, until all error is destroyed.

A belief suicidal

The educated belief that Soul is in the body causes mortals to regard death as a friend, as a stepping-stone out of mortality into immortality and bliss. The Bible calls death an enemy, and Jesus overcame death and the grave instead of yielding to them. He was "the way." To him, therefore, death was not the threshold over which he must pass into living glory.

Present salvation

"*Now,*" cried the apostle, "is the accepted time; behold, *now* is the day of salvation,"— meaning, not that now men must prepare for a future-world salvation, or safety, but that now is the time in which to experience that salvation in spirit and in life. Now is the time for so-called material pains and material pleasures to pass away, for both are unreal, because impossible in Science. To break this earthly spell, mortals must get the true idea and divine Principle of all that really exists and governs the universe harmoniously. This thought is apprehended slowly, and the interval before its attainment is attended with doubts and defeats as well as triumphs.

Who will stop the practice of sin so long as he believes in the pleasures of sin? When mortals once admit that

Mansamente nuestro Maestro enfrentó el escarnio de su grandeza no reconocida. Sus seguidores soportarán afrentas tales como las que él recibió hasta el triunfo final del cristianismo. Él ganó honores eternos. Venció el mundo, la carne y todo error, comprobando así la nada de estos. Llevó a cabo una completa salvación del pecado, la enfermedad y la muerte. Necesitamos a "Jesucristo, y a este crucificado". Debemos tener desafíos y negar el yo, así como también tener gozos y victorias, hasta que todo el error sea destruido.

Escarnio a la verdad

La creencia educada de que el Alma está en el cuerpo hace que los mortales consideren la muerte como un amigo, como una pasadera de la mortalidad a la inmortalidad y la felicidad. La Biblia califica la muerte de enemigo, y Jesús venció la muerte y la sepultura en vez de ceder a ellas. Él era "el camino". Para él, por lo tanto, la muerte no era el umbral que tenía que cruzar hacia la gloria viviente.

Una creencia suicida

"*Ahora*", clamó el apóstol: "He aquí *ahora* el tiempo aceptable; he aquí *ahora* el día de salvación", queriendo decir, no que es ahora que los hombres tienen que prepararse para la salvación o seguridad en un mundo futuro, sino que ahora es el momento de experimentar esa salvación en espíritu y en vida. Ahora es el momento para que los así llamados dolores materiales y placeres materiales desaparezcan, pues ambos son irreales, por ser imposibles en la Ciencia. Para romper este hechizo terrenal, los mortales tienen que adquirir la verdadera idea y el Principio divino de todo lo que realmente existe y gobierna el universo armoniosamente. Este pensamiento se comprende lentamente, y el intervalo antes de lograrlo es acompañado de dudas y derrotas así como de triunfos.

Salvación presente

¿Quién cesará de cometer pecados mientras crea en los placeres del pecado? Una vez que los mortales admiten que evil confers no pleasure, they turn from it. Remove error from thought, and it will not appear in effect. The advanced thinker and devout Christian, perceiving the scope and tendency of Christian healing and its Science, will support them. Another will say: "Go thy way for this time; when I have a convenient season I will call for thee."

Sin and penalty

Divine Science adjusts the balance as Jesus adjusted it. Science removes the penalty only by first removing the sin which incurs the penalty. This is my sense of divine pardon, which I understand to mean God's method of destroying sin. If the saying is true, "While there's life there's hope," its opposite is also true, While there's sin there's doom. Another's suffering cannot lessen our own liability. Did the martyrdom of Savonarola make the crimes of his implacable enemies less criminal?

Suffering inevitable

Was it just for Jesus to suffer? No; but it was inevitable, for not otherwise could he show us the way and the power of Truth. If a career so great and good as that of Jesus could not avert a felon's fate, lesser apostles of Truth may endure human brutality without murmuring, rejoicing to enter into fellowship with him through the triumphal arch of Truth and Love.

Service and worship

Our heavenly Father, divine Love, demands that all men should follow the example of our Master and his apostles and not merely worship his personality. It is sad that the phrase *divine service* has come so generally to mean public worship instead of daily deeds.

The nature of Christianity is peaceful and blessed, but in order to enter into the kingdom, the anchor of el mal no confiere placer, se apartan de él. Elimina el error del pensamiento, y no aparecerá su efecto. El pensador avanzado y cristiano devoto, percibiendo el alcance y la tendencia de la curación cristiana y su Ciencia, las apoyará. Otro dirá: "Ahora vete; pero cuando tenga oportunidad te llamaré".

Pecado y castigo

La Ciencia divina ajusta la balanza como la ajustó Jesús. La Ciencia elimina el castigo sólo eliminando primero el pecado que merece el castigo. Este es mi sentido del perdón divino, el cual comprendo que es el método de Dios para destruir el pecado. Si es cierto el dicho: "Mientras hay vida, hay esperanza", lo opuesto también es cierto: Mientras hay pecado, hay perdición. El sufrimiento de otro no puede reducir nuestra propia responsabilidad. ¿Hizo el martirio de Savonarola menos criminales los crímenes de sus implacables enemigos?

Sufrimiento, inevitable

¿Fue justo que Jesús sufriera? No; pero era inevitable, porque de otro modo no podría habernos mostrado el camino y el poder de la Verdad. Si una carrera tan grande y buena como la de Jesús no pudo evitar el destino de un criminal, los apóstoles menores de la Verdad pueden soportar la brutalidad humana sin murmurar, regocijándose de entrar en confraternidad con él por el arco triunfal de la Verdad y el Amor.

Servicio y adoración

Nuestro Padre celestial, el Amor divino, exige que todos los hombres sigan el ejemplo de nuestro Maestro y sus apóstoles y no que meramente adoren su personalidad. Triste es que la frase *servicio divino* haya llegado tan generalmente a significar adoración pública en vez de obras diarias.

La naturaleza del cristianismo es pacífica y bendita, pero a fin de entrar en el reino, hay que echar el ancla de la

Within the veil

hope must be cast beyond the veil of matter into the Shekinah into which Jesus has passed before us; and this advance beyond matter must come through the joys and triumphs of the righteous as well as through their sorrows and afflictions. Like our Master, we must depart from material sense into the spiritual sense of being.

The thorns and flowers

The God-inspired walk calmly on though it be with bleeding footprints, and in the hereafter they will reap what they now sow. The pampered hypocrite may have a flowery pathway here, but he cannot forever break the Golden Rule and escape the penalty due.

Healing early lost

The proofs of Truth, Life, and Love, which Jesus gave by casting out error and healing the sick, completed his earthly mission; but in the Christian Church this demonstration of healing was early lost, about three centuries after the crucifixion. No ancient school of philosophy, *materia medica,* or scholastic theology ever taught or demonstrated the divine healing of absolute Science.

Immortal achieval

Jesus foresaw the reception Christian Science would have before it was understood, but this foreknowledge hindered him not. He fulfilled his God-mission, and then sat down at the right hand of the Father. Persecuted from city to city, his apostles still went about doing good deeds, for which they were maligned and stoned. The truth taught by Jesus, the elders scoffed at. Why? Because it demanded more than they were willing to practise. It was enough for them to believe in a national Deity; but that belief, from their time to ours, has never made a disciple who could cast out evils and heal the sick.

Tras el velo

esperanza más allá del velo de la materia en el Lugar Santísimo, en el que Jesús ha entrado antes que nosotros; y este avance más allá de la materia ha de venir por las alegrías y los triunfos de los justos así como por sus pesares y aflicciones. Como nuestro Maestro, tenemos que alejarnos del sentido material para entrar en el sentido espiritual del ser.

Las espinas y las flores

Los inspirados por Dios avanzan con calma, aunque sea con huellas sangrientas, y en el más allá segarán lo que ahora siembran. El hipócrita mimado es posible que tenga aquí una senda florida, pero no podrá quebrantar para siempre la Regla de Oro y escapar del castigo merecido.

La curación se perdió tempranamente

Las pruebas de la Verdad, la Vida y el Amor que dio Jesús echando fuera el error y sanando a los enfermos, completaron su misión terrenal; pero en la Iglesia cristiana esta demostración de curación se perdió tempranamente, alrededor de tres siglos después de la crucifixión. Ninguna escuela antigua de filosofía, *materia médica* o teología escolástica enseñó ni demostró jamás la curación divina de la Ciencia absoluta.

Logro inmortal

Jesús previó la recepción que la Ciencia Cristiana tendría antes que fuera comprendida, pero esta presciencia no lo obstaculizó. Cumplió su misión divina, y luego se sentó a la diestra del Padre. Perseguidos de ciudad en ciudad, sus apóstoles aún siguieron haciendo buenas obras, por las cuales fueron calumniados y apedreados. Los ancianos escarnecieron la verdad enseñada por Jesús. ¿Por qué? Porque exigía más de lo que estaban dispuestos a poner en práctica. Les bastaba creer en una Deidad nacional; pero esa creencia, desde sus tiempos hasta los nuestros, jamás ha producido un discípulo que pudiera echar fuera los males y sanar a los enfermos.

Jesus' life proved, divinely and scientifically, that God is Love, whereas priest and rabbi affirmed God to be a mighty potentate, who loves and hates. The Jewish theology gave no hint of the unchanging love of God.

A belief in death

The universal belief in death is of no advantage. It cannot make Life or Truth apparent. Death will be found at length to be a mortal dream, which comes in darkness and disappears with the light.

Cruel desertion

The "man of sorrows" was in no peril from salary or popularity. Though entitled to the homage of the world and endorsed pre-eminently by the approval of God, his brief triumphal entry into Jerusalem was followed by the desertion of all save a few friends, who sadly followed him to the foot of the cross.

Death outdone

The resurrection of the great demonstrator of God's power was the proof of his final triumph over body and matter, and gave full evidence of divine Science, — evidence so important to mortals. The belief that man has existence or mind separate from God is a dying error. This error Jesus met with divine Science and proved its nothingness. Because of the wondrous glory which God bestowed on His anointed, temptation, sin, sickness, and death had no terror for Jesus. Let men think they had killed the body! Afterwards he would show it to them unchanged. This demonstrates that in Christian Science the true man is governed by God — by good, not evil — and is therefore not a mortal but an immortal. Jesus had taught his disciples the Science of this proof. He was here to enable them to test his still uncomprehended saying, "He that believeth on me, the works that I do shall he do also." They must understand more fully his Life-principle by casting

La vida de Jesús comprobó divina y científicamente que Dios es Amor, mientras que los sacerdotes y los rabinos afirmaban que Dios es un gran potentado que ama y odia. La teología judaica no dio ningún indicio del amor invariable de Dios.

Una creencia en la muerte

La creencia universal en la muerte no es ninguna ventaja. No puede tornar evidentes la Vida o la Verdad. A la larga se verá que la muerte es un sueño mortal, que viene en las tinieblas y desaparece con la luz.

Deserción cruel

Para el "varón de dolores" los honorarios o la popularidad no constituían ningún peligro. Aunque con derecho al homenaje del mundo y supremamente autorizado por la aprobación de Dios, su breve entrada triunfal en Jerusalén fue seguida por la deserción de todos, salvo unos pocos amigos que tristemente lo siguieron hasta el pie de la cruz.

La muerte superada

La resurrección del gran demostrador del poder de Dios fue la prueba de su triunfo final sobre el cuerpo y la materia, y proporcionó plena evidencia de la Ciencia divina, evidencia tan importante para los mortales. La creencia de que el hombre tiene existencia o mente separadas de Dios es un error que está muriendo. Jesús enfrentó este error con la Ciencia divina y comprobó su nada. Debido a la gloria maravillosa que Dios le había concedido a Su ungido, la tentación, el pecado, la enfermedad y la muerte no encerraban ningún terror para Jesús. ¡Que pensaran los hombres que habían matado el cuerpo! Más tarde se los mostraría inalterado. Esto demuestra que en la Ciencia Cristiana el hombre verdadero está gobernado por Dios —por el bien, no por el mal— y es por lo tanto, no un mortal, sino un inmortal. Jesús había enseñado a sus discípulos la Ciencia de esta prueba. Él estaba aquí para capacitarlos para probar su dicho aún no comprendido: "El que en mí cree, las obras que yo hago, él las hará también". Ellos tenían que comprender más plenamente su principio-Vida, echando out error, healing the sick, and raising the dead, even as they did understand it after his bodily departure.

Pentecost repeated

The magnitude of Jesus' work, his material disappearance before their eyes and his reappearance, all enabled the disciples to understand what Jesus had said. Heretofore they had only believed; now they understood. The advent of this understanding is what is meant by the descent of the Holy Ghost, — that influx of divine Science which so illuminated the Pentecostal Day and is now repeating its ancient history.

Convincing evidence

Jesus' last proof was the highest, the most convincing, the most profitable to his students. The malignity of brutal persecutors, the treason and suicide of his betrayer, were overruled by divine Love to the glorification of the man and of the true idea of God, which Jesus' persecutors had mocked and tried to slay. The final demonstration of the truth which Jesus taught, and for which he was crucified, opened a new era for the world. Those who slew him to stay his influence perpetuated and extended it.

Divine victory

Jesus rose higher in demonstration because of the cup of bitterness he drank. Human law had condemned him, but he was demonstrating divine Science. Out of reach of the barbarity of his enemies, he was acting under spiritual law in defiance of matter and mortality, and that spiritual law sustained him. The divine must overcome the human at every point. The Science Jesus taught and lived must triumph over all material beliefs about life, substance, and intelligence, and the multitudinous errors growing from such beliefs.

Love must triumph over hate. Truth and Life must

fuera el error, sanando a los enfermos y resucitando a los muertos, tal como en efecto lo comprendieron después de su partida corporal.

Repetición del Pentecostés

La magnitud de la obra de Jesús, su desaparición material ante los ojos de los discípulos y su reaparición, todo esto los capacitó para comprender lo que Jesús había dicho. Hasta entonces sólo habían creído; ahora comprendían. El advenimiento de esta comprensión es lo que significa el descenso del Espíritu Santo, aquel influjo de la Ciencia divina que iluminó el Día de Pentecostés y que está ahora repitiendo su antigua historia.

Evidencia convincente

La última prueba de Jesús fue la más elevada, la más convincente, la más provechosa para sus alumnos. La malignidad de los brutales perseguidores, la traición y el suicidio del traidor, fueron anulados por el Amor divino para la glorificación del hombre y de la verdadera idea de Dios, que los perseguidores de Jesús habían escarnecido y tratado de matar. La demostración final de la verdad que Jesús enseñó, y por la cual fue crucificado, abrió una nueva era para el mundo. Aquellos que lo mataron para detener su influencia la perpetuaron y extendieron.

Victoria divina

Jesús se elevó más en la demostración a causa de la copa de amargura que bebió. La ley humana lo había condenado, pero él estaba demostrando la Ciencia divina. Fuera del alcance de la barbarie de sus enemigos, actuaba bajo la ley espiritual en desafío a la materia y a la mortalidad, y esa ley espiritual lo sostenía. Lo divino tiene que vencer lo humano en todo punto. La Ciencia que Jesús enseñó y vivió tiene que triunfar sobre todas las creencias materiales acerca de la vida, la sustancia y la inteligencia, y la multitud de errores que emanan de tales creencias.

El Amor tiene que triunfar sobre el odio. La Verdad y

seal the victory over error and death, before the thorns can be laid aside for a crown, the benediction follow, "Well done, good and faithful servant," and the supremacy of Spirit be demonstrated.

Jesus in the tomb

The lonely precincts of the tomb gave Jesus a refuge from his foes, a place in which to solve the great problem of being. His three days' work in the sepulchre set the seal of eternity on time. He proved Life to be deathless and Love to be the master of hate. He met and mastered on the basis of Christian Science, the power of Mind over matter, all the claims of medicine, surgery, and hygiene.

He took no drugs to allay inflammation. He did not depend upon food or pure air to resuscitate wasted energies. He did not require the skill of a surgeon to heal the torn palms and bind up the wounded side and lacerated feet, that he might use those hands to remove the napkin and winding-sheet, and that he might employ his feet as before.

The deific naturalism

Could it be called supernatural for the God of nature to sustain Jesus in his proof of man's truly derived power? It was a method of surgery beyond material art, but it was not a supernatural act. On the contrary, it was a divinely natural act, whereby divinity brought to humanity the understanding of the Christ-healing and revealed a method infinitely above that of human invention.

Obstacles overcome

His disciples believed Jesus to be dead while he was hidden in the sepulchre, whereas he was alive, demonstrating within the narrow tomb the power of Spirit to overrule mortal, material sense. There were rock-ribbed walls in the way, and a great la Vida tienen que sellar la victoria sobre el error y la muerte, antes que puedan dejarse de lado las espinas por una corona, que siga la bendición: “Bien, buen siervo y fiel”, y que la supremacía del Espíritu sea demostrada.

Jesús en la tumba

El recinto solitario de la tumba le dio a Jesús un refugio contra sus enemigos, un lugar en el cual resolver el gran problema del ser. Su trabajo de tres días en el sepulcro puso el sello de la eternidad sobre el tiempo. Él comprobó que la Vida es imperecedera y que el Amor es el amo del odio. Hizo frente y dominó sobre la base de la Ciencia Cristiana, el poder de la Mente sobre la materia, todas las pretensiones de la medicina, cirugía e higiene.

No tomó medicamentos para aliviar la inflamación. No dependió del alimento o del aire puro para resucitar las energías gastadas. No requirió la destreza de un cirujano para sanar las manos rasgadas y vendar el costado herido y los pies lacerados, para que pudiera usar esas manos para quitarse el sudario y la mortaja, y para que pudiera emplear sus pies como antes.

El naturalismo deífico

¿Podría ser llamado sobrenatural para el Dios de la naturaleza sostener a Jesús en su prueba de que el poder del hombre verdaderamente es derivado? Fue un método de cirugía más allá de la pericia material, pero no fue un acto sobrenatural. Al contrario, fue un acto divinamente natural, por el cual la divinidad le trajo a la humanidad la comprensión de la curación-Cristo y reveló un método infinitamente más elevado que el de la inventiva humana.

Obstáculos vencidos

Los discípulos de Jesús lo creyeron muerto mientras él estuvo oculto en el sepulcro, cuando en realidad estaba vivo, demostrando dentro de la estrecha tumba el poder del Espíritu para anular el sentido material y mortal. Paredes rocosas le obstaculizaban el paso, y una stone must be rolled from the cave's mouth; but Jesus vanquished every material obstacle, overcame every law of matter, and stepped forth from his gloomy resting-place, crowned with the glory of a sublime success, an everlasting victory.

Victory over the grave

Our Master fully and finally demonstrated divine Science in his victory over death and the grave. Jesus' deed was for the enlightenment of men and for the salvation of the whole world from sin, sickness, and death. Paul writes: "For if, when we were enemies, we were reconciled to God by the [seeming] death of His Son, much more, being reconciled, we shall be saved by his life." Three days after his bodily burial he talked with his disciples. The persecutors had failed to hide immortal Truth and Love in a sepulchre.

The stone rolled away

Glory be to God, and peace to the struggling hearts! Christ hath rolled away the stone from the door of human hope and faith, and through the revelation and demonstration of life in God, hath elevated them to possible at-one-ment with the spiritual idea of man and his divine Principle, Love.

After the resurrection

They who earliest saw Jesus after the resurrection and beheld the final proof of all that he had taught, misconstrued that event. Even his disciples at first called him a spirit, ghost, or spectre, for they believed his body to be dead. His reply was: "Spirit hath not flesh and bones, as ye see me have." The reappearing of Jesus was not the return of a spirit. He presented the same body that he had before his crucifixion, and so glorified the supremacy of Mind over matter.

Jesus' students, not sufficiently advanced fully to un-gran piedra tenía que ser removida de la entrada de la cueva; pero Jesús venció todos los obstáculos materiales, superó todas las leyes de la materia, y salió de su lóbrego lugar de reposo coronado con la gloria de un éxito sublime, una victoria eterna.

La victoria sobre la tumba

Nuestro Maestro demostró plena y definitivamente la Ciencia divina en su victoria sobre la muerte y la tumba. Este hecho de Jesús fue para la iluminación de los hombres y para la salvación del mundo entero del pecado, la enfermedad y la muerte. Pablo escribe: "Si siendo enemigos, fuimos reconciliados con Dios por la muerte [aparente] de Su Hijo, mucho más, estando reconciliados, seremos salvos por su vida". Tres días después de sepultado su cuerpo, habló con sus discípulos. Los perseguidores no habían logrado ocultar la Verdad y el Amor inmortales en un sepulcro.

Removida la piedra

¡Gloria a Dios, y paz a los corazones que luchan! El Cristo ha removido la piedra de la puerta de la esperanza y fe humanas, y mediante la revelación y la demostración de la vida en Dios, las ha elevado al a-una-miento posible con la idea espiritual del hombre y su Principio divino, el Amor.

Después de la resurrección

Los primeros en ver a Jesús después de la resurrección y en contemplar la prueba final de todo lo que él había enseñado, interpretaron equivocadamente ese acontecimiento. Aun sus discípulos al comienzo lo llamaron un espíritu, un fantasma o un espectro, pues creyeron que su cuerpo estaba muerto. Su respuesta fue: "Un espíritu no tiene carne ni huesos, como veis que yo tengo". La reaparición de Jesús no fue el retorno de un espíritu. Él presentó el mismo cuerpo que tenía antes de su crucifixión, y así glorificó la supremacía de la Mente sobre la materia.

Los discípulos de Jesús, no estando lo suficientemente

derstand their Master's triumph, did not perform many wonderful works, until they saw him after his crucifixion and learned that he had not died. This convinced them of the truthfulness of all that he had taught.

Spiritual interpretation

In the walk to Emmaus, Jesus was known to his friends by the words, which made their hearts burn within them, and by the breaking of bread. The divine Spirit, which identified Jesus thus centuries ago, has spoken through the inspired Word and will speak through it in every age and clime. It is revealed to the receptive heart, and is again seen casting out evil and healing the sick.

Corporeality and Spirit

The Master said plainly that physique was not Spirit, and after his resurrection he proved to the physical senses that his body was not changed until he himself ascended, — or, in other words, rose even higher in the understanding of Spirit, God. To convince Thomas of this, Jesus caused him to examine the nail-prints and the spear-wound.

Spiritual ascension

Jesus' unchanged physical condition after what seemed to be death was followed by his exaltation above all material conditions; and this exaltation explained his ascension, and revealed unmistakably a probationary and progressive state beyond the grave. Jesus was "the way;" that is, he marked the way for all men. In his final demonstration, called the ascension, which closed the earthly record of Jesus, he rose above the physical knowledge of his disciples, and the material senses saw him no more.

His students then received the Holy Ghost. By this is meant, that by all they had witnessed and suffered, they were roused to an enlarged understanding of divine Sciavanzados como para comprender plenamente el triunfo de su Maestro, no llevaron a cabo muchas obras maravillosas hasta que lo vieron después de su crucifixión y se dieron cuenta de que no había muerto. Esto los convenció de la veracidad de todo lo que él había enseñado.

Interpretación espiritual

En el camino a Emaús, los amigos de Jesús lo reconocieron por sus palabras, que hicieron arder sus corazones en ellos, y cuando partió el pan. El Espíritu divino, que así identificó a Jesús hace siglos, ha hablado por medio del Verbo inspirado, y por medio de este hablará en toda época y región. Es revelado al corazón receptivo, y se ve de nuevo que está echando fuera el mal y sanando a los enfermos.

La corporalidad y el Espíritu

El Maestro dijo claramente que lo físico no era Espíritu, y después de su resurrección comprobó a los sentidos físicos que su cuerpo no fue cambiado hasta que él mismo ascendió, o, en otras palabras, se elevó más aun en su comprensión del Espíritu, Dios. Para convencer a Tomás de esto, Jesús lo hizo examinar la señal de los clavos y la herida de la lanza.

Ascensión espiritual

El estado físico inalterado de Jesús, después de lo que pareció ser su muerte, fue seguido por su exaltación sobre todas las condiciones materiales; y esta exaltación explicó su ascensión, y reveló inequívocamente un estado probatorio y progresivo más allá de la tumba. Jesús fue “el camino”; esto es, marcó el camino para todos los hombres. En su demostración final, llamada la ascensión, que concluyó el registro terrenal de Jesús, él se elevó por encima del conocimiento físico de sus discípulos, y los sentidos materiales no lo vieron más.

Sus discípulos recibieron entonces el Espíritu Santo. Con esto se indica que, por todo lo que habían presenciado y sufrido, fueron despertados a una comprensión más amplia ence, even to the spiritual interpretation and discernment of Jesus' teachings and demonstrations, which gave them a faint conception of the Life which is God.

Pentecostal power

They no longer measured man by material sense. After gaining the true idea of their glorified Master, they became better healers, leaning no longer on matter, but on the divine Principle of their work. The influx of light was sudden. It was sometimes an overwhelming power as on the Day of Pentecost.

Judas conspired against Jesus. The world's ingratitude and hatred towards that just man effected his betrayal.

The traitor's conspiracy

The traitor's price was thirty pieces of silver and the smiles of the Pharisees. He chose his time, when the people were in doubt concerning Jesus' teachings.

A period was approaching which would reveal the infinite distance between Judas and his Master. Judas Iscariot knew this. He knew that the great goodness of that Master placed a gulf between Jesus and his betrayer, and this spiritual distance inflamed Judas' envy. The greed for gold strengthened his ingratitude, and for a time quieted his remorse. He knew that the world generally loves a lie better than Truth; and so he plotted the betrayal of Jesus in order to raise himself in popular estimation. His dark plot fell to the ground, and the traitor fell with it.

The disciples' desertion of their Master in his last earthly struggle was punished; each one came to a violent death except St. John, of whose death we have no record.

During his night of gloom and glory in the garden, Jesus realized the utter error of a belief in any possi-

Poder como en el Día de Pentecostés

de la Ciencia divina, hasta la interpretación y el discernimiento espirituales de las enseñanzas y demostraciones de Jesús, lo que les dio una tenue concepción de la Vida que es Dios. Ellos ya no midieron al hombre mediante el sentido material. Después de obtener la verdadera idea de su Maestro glorificado, se volvieron mejores sanadores, no apoyándose más en la materia, sino en el Principio divino de su trabajo. El influjo de luz fue repentino. Era a veces un poder abrumador como en el Día de Pentecostés.

La conspiración del traidor

Judas conspiró contra Jesús. La ingratitud y el odio del mundo hacia ese hombre justo llevaron a cabo la traición. El precio que exigió el traidor fue treinta piezas de plata y la sonrisa de los fariseos. Él escogió su momento, cuando el pueblo estaba en duda sobre las enseñanzas de Jesús.

Se acercaba un período que había de revelar la distancia infinita entre Judas y su Maestro. Judas Iscariote sabía esto. Sabía que la gran bondad de ese Maestro ponía un abismo entre Jesús y su traidor, y esta distancia espiritual inflamó la envidia de Judas. La codicia por el oro reforzó su ingratitud, y por un tiempo apaciguó su remordimiento. Él sabía que el mundo, generalmente, ama más una mentira que la Verdad; y así tramó la traición a Jesús para ganarse la estima popular. Su tenebroso complot se vino abajo, y con él cayó el traidor.

La deserción de los discípulos a su Maestro en su última lucha terrenal fue castigada; cada uno de ellos tuvo una muerte violenta excepto San Juan, de cuya muerte no tenemos ningún registro.

Durante su noche de tristeza y gloria en el huerto, Jesús se dio cuenta del error absoluto de una creencia en cualquier ble material intelligence. The pangs of neglect and the staves of bigoted ignorance smote him sorely. His students slept. He said unto them: “Could ye not watch with me one hour?” Could they not watch with him who, waiting and struggling in voiceless agony, held uncomplaining guard over a world? There was no response to that human yearning, and so Jesus turned forever away from earth to heaven, from sense to Soul.

Gethsemane glorified

Remembering the sweat of agony which fell in holy benediction on the grass of Gethsemane, shall the humblest or mightiest disciple murmur when he drinks from the same cup, and think, or even wish, to escape the exalting ordeal of sin’s revenge on its destroyer? Truth and Love bestow few palms until the consummation of a life-work.

Defensive weapons

Judas had the world’s weapons. Jesus had not one of them, and chose not the world’s means of defence. “He opened not his mouth.” The great demonstrator of Truth and Love was silent before envy and hate. Peter would have smitten the enemies of his Master, but Jesus forbade him, thus rebuking resentment or animal courage. He said: “Put up thy sword.”

Pilate’s question

Pale in the presence of his own momentous question, “What is Truth,” Pilate was drawn into acquiescence with the demands of Jesus’ enemies. Pilate was ignorant of the consequences of his awful decision against human rights and divine Love, knowing not that he was hastening the final demonstration of what life is and of what the true knowledge of God can do for man.

posible inteligencia material. La congoja del abandono y los golpes de la ignorancia intolerante lo hirieron cruelmente.

Getsemaní glorificado

Sus discípulos dormían. Él les dijo: “¿No habéis podido velar conmigo una hora?” ¿No podían velar con aquel que, esperando y luchando en silenciosa agonía, mantenía sin una queja la guardia sobre un mundo? No hubo ninguna respuesta a ese anhelo humano, y así Jesús se volvió para siempre de la tierra al cielo, del sentido al Alma.

Recordando el sudor de agonía que cayó en santa bendición sobre la hierba de Getsemaní, ¿murmurará el discípulo más humilde o el más poderoso cuando beba de la misma copa, y pensará, o hasta deseará, escapar del suplicio exaltador con que el pecado se venga de su destructor? La Verdad y el Amor conceden pocas palmas hasta la consumación de la obra de una vida.

Armas defensivas

Judas tenía las armas del mundo. Jesús no tenía ninguna de ellas, y no escogió los medios de defensa del mundo. “No abrió su boca”. El gran demostrador de la Verdad y el Amor guardó silencio ante la envidia y el odio. Pedro hubiera herido a los enemigos de su Maestro, pero Jesús se lo prohibió, reprendiendo así el resentimiento o valor animal. Le dijo: “Mete tu espada en la vaina”.

La pregunta de Pilato

Pálido ante la presencia de su propia pregunta trascendental: “¿Qué es la Verdad?”, Pilato fue inducido a dar su aquiescencia a las exigencias de los enemigos de Jesús. Pilato ignoraba las consecuencias de su terrible decisión contra los derechos humanos y el Amor divino, sin saber que estaba apresurando la demostración final de lo que la vida es y de lo que el verdadero conocimiento de Dios puede hacer por el hombre.

The women at the cross could have answered Pilate's question. They knew what had inspired their devotion, winged their faith, opened the eyes of their understanding, healed the sick, cast out evil, and caused the disciples to say to their Master: "Even the devils are subject unto us through thy name."

Students' ingratitude

Where were the seventy whom Jesus sent forth? Were all conspirators save eleven? Had they forgotten the great exponent of God? Had they so soon lost sight of his mighty works, his toils, privations, sacrifices, his divine patience, sublime courage, and unrequited affection? O, why did they not gratify his last human yearning with one sign of fidelity?

Heaven's sentinel

The meek demonstrator of good, the highest instructor and friend of man, met his earthly fate alone with God. No human eye was there to pity, no arm to save. Forsaken by all whom he had blessed, this faithful sentinel of God at the highest post of power, charged with the grandest trust of heaven, was ready to be transformed by the renewing of the infinite Spirit. He was to prove that the Christ is not subject to material conditions, but is above the reach of human wrath, and is able, through Truth, Life, and Love, to triumph over sin, sickness, death, and the grave.

Cruel contumely

The priests and rabbis, before whom he had meekly walked, and those to whom he had given the highest proofs of divine power, mocked him on the cross, saying derisively, "He saved others; himself he cannot save." These scoffers, who turned "aside the right of a man before the face of the Most High," esteemed Jesus as "stricken, smitten of God."

Las mujeres junto a la cruz podrían haber contestado la pregunta de Pilato. Ellas sabían lo que había inspirado su devoción, dado alas a su fe, abierto los ojos de su comprensión, sanado a los enfermos, echado fuera el mal y llevado a los discípulos a decir a su Maestro: "Aun los demonios se nos sujetan en tu nombre".

Ingratitud de los discípulos

¿Dónde estaban los setenta a quienes Jesús envió? ¿Fueron todos ellos conspiradores excepto once? ¿Habían olvidado al gran exponente de Dios? ¿Tan pronto habían perdido de vista sus obras poderosas, sus fatigas, privaciones, sacrificios, su divina paciencia, valor sublime y afecto no correspondido? ¡Oh!, ¿por qué no satisficieron su último anhelo humano con una señal de fidelidad?

El centinela del cielo

El manso demostrador del bien, el más elevado instructor y amigo del hombre, enfrentó su destino terrenal a solas con Dios. No había allí mirada humana que se compadeciera, ni brazo que salvara. Abandonado por todos a quienes había bendecido, este fiel centinela de Dios en el más alto puesto de poder, encargado de la misión más grandiosa del cielo, estaba preparado para ser transformado por la renovación del Espíritu infinito. Él había de comprobar que el Cristo no está sujeto a condiciones materiales, sino que está por encima del alcance de la ira humana y puede, mediante la Verdad, la Vida y el Amor, triunfar sobre el pecado, la enfermedad, la muerte y la tumba.

Ultraje cruel

Los sacerdotes y los rabinos, ante quienes había andado con mansedumbre, y aquellos a quienes había dado las más elevadas pruebas del poder divino, lo escarnecieron en la cruz, mofándose: "A otros salvó, a sí mismo no se puede salvar". Estos escarnecedores, que torcieron "el derecho del hombre delante de la presencia del Altísimo", consideraron a Jesús como "herido de Dios y abatido".

"He is brought as a lamb to the slaughter, and as a sheep before her shearers is dumb, so he openeth not his mouth." "Who shall declare his generation?" Who shall decide what truth and love are?

A cry of despair

The last supreme moment of mockery, desertion, torture, added to an overwhelming sense of the magnitude of his work, wrung from Jesus' lips the awful cry, "My God, why hast Thou forsaken me?" This despairing appeal, if made to a human parent, would impugn the justice and love of a father who could withhold a clear token of his presence to sustain and bless so faithful a son. The appeal of Jesus was made both to his divine Principle, the God who is Love, and to himself, Love's pure idea. Had Life, Truth, and Love forsaken him in his highest demonstration? This was a startling question. No! They must abide in him and he in them, or that hour would be shorn of its mighty blessing for the human race.

Divine Science misunderstood

If his full recognition of eternal Life had for a moment given way before the evidence of the bodily senses, what would his accusers have said? Even what they did say, — that Jesus' teachings were false, and that all evidence of their correctness was destroyed by his death. But this saying could not make it so.

The real pillory

The burden of that hour was terrible beyond human conception. The distrust of mortal minds, disbelieving the purpose of his mission, was a million times sharper than the thorns which pierced his flesh. The real cross, which Jesus bore up the hill of grief, was the world's hatred of Truth and Love. Not the spear nor the material cross wrung from his faithful

“Como cordero fue llevado al matadero; y como oveja delante de sus trasquiladores, enmudeció, y no abrió su boca”. “Su generación ¿quién la contará?” ¿Quién decidirá qué son la verdad y el amor?

Un grito de desesperación

El último momento supremo de escarnio, abandono, tortura, junto con un concepto abrumador de la magnitud de su obra, arrancó de los labios de Jesús el grito terrible: “Dios mío, ¿por qué me has desamparado?” Esta súplica desesperada, si hubiera sido hecha a un progenitor humano, impugnaría la justicia y el amor de un padre que se hubiera negado a dar una clara señal de su presencia para sostener y bendecir a un hijo tan fiel. La súplica de Jesús fue dirigida tanto a su Principio divino, el Dios que es Amor, como a sí mismo, la idea pura del Amor. ¿Lo habían desamparado la Vida, la Verdad y el Amor en su más alta demostración? Esta era una pregunta inquietante. ¡No! Tenían que permanecer en él y él en ellos, o aquella hora hubiera quedado despojada de su poderosa bendición para la raza humana.

La Ciencia divina malentendida

Si su pleno reconocimiento de la Vida eterna hubiese cedido por un momento ante la evidencia de los sentidos corporales, ¿qué hubiesen dicho sus acusadores? Precisamente lo que dijeron, que las enseñanzas de Jesús eran falsas y que toda evidencia de que eran correctas fue destruida por su muerte. Pero este decir no pudo hacer que así fuera.

La verdadera picota

El peso de esa hora fue terrible, más allá de lo que humanamente se puede concebir. La desconfianza de las mentes mortales, que no creían en el propósito de su misión, fue un millón de veces más aguda que las espinas que penetraron su carne. La verdadera cruz, que Jesús cargó al subir la colina de dolor, fue el odio del mundo a la Verdad y el Amor. Ni la lanza ni la cruz material lips the plaintive cry, *"Eloi, Eloi, lama sabachthani?"* It was the possible loss of something more important than human life which moved him, — the possible misapprehension of the sublimest influence of his career. This dread added the drop of gall to his cup.

Life-power indestructible

Jesus could have withdrawn himself from his enemies. He had power to lay down a human sense of life for his spiritual identity in the likeness of the divine; but he allowed men to attempt the destruction of the mortal body in order that he might furnish the proof of immortal life. Nothing could kill this Life of man. Jesus could give his temporal life into his enemies' hands; but when his earth-mission was accomplished, his spiritual life, indestructible and eternal, was found forever the same. He knew that matter had no life and that real Life is God; therefore he could no more be separated from his spiritual Life than God could be extinguished.

Example for our salvation

His consummate example was for the salvation of us all, but only through doing the works which he did and taught others to do. His purpose in healing was not alone to restore health, but to demonstrate his divine Principle. He was inspired by God, by Truth and Love, in all that he said and did. The motives of his persecutors were pride, envy, cruelty, and vengeance, inflicted on the physical Jesus, but aimed at the divine Principle, Love, which rebuked their sensuality.

Jesus was unselfish. His spirituality separated him from sensuousness, and caused the selfish materialist to hate him; but it was this spirituality which enabled Jesus to heal the sick, cast out evil, and raise the dead.

arrancaron de sus fieles labios el grito lastimoso: *"Eloi, Eloi, ¿lama sabactani?"* Fue la posible pérdida de algo más importante que la vida humana lo que lo conmovió: la posible interpretación equivocada de la influencia más sublime de su carrera. Este temor añadió la gota de hiel a su copa.

El poder de la Vida es indestructible

Jesús hubiera podido apartarse de sus enemigos. Tenía el poder de renunciar a un sentido humano de la vida a cambio de su identidad espiritual a la semejanza de lo divino; pero permitió que los hombres intentaran la destrucción del cuerpo mortal para poder proporcionar la prueba de la vida inmortal. Nada podía matar esta Vida del hombre. Jesús podía entregar su vida temporal en manos de sus enemigos; mas cuando su misión terrenal fue cumplida, se encontró que su vida espiritual, indestructible y eterna, era para siempre la misma. Él sabía que la materia no tenía vida alguna y que la Vida verdadera es Dios; por tanto, era tan imposible separarlo de su Vida espiritual como extinguir a Dios.

Ejemplo para nuestra salvación

Su ejemplo consumado fue para la salvación de todos nosotros, pero sólo haciendo las obras que él hizo y que enseñó a los demás a hacer. Su propósito al sanar no era sólo restaurar la salud, sino demostrar su Principio divino. Él estaba inspirado por Dios, por la Verdad y el Amor, en todo lo que decía y hacía. Los motivos de sus perseguidores eran el orgullo, la envidia, la crueldad y la venganza, infligidos al Jesús físico, pero dirigidos contra el Principio divino, el Amor, que reprendía la sensualidad de ellos.

Jesús no era egoísta. Su espiritualidad lo separaba de la sensación e hizo que el materialista egoísta lo odiase; pero era esta espiritualidad lo que capacitaba a Jesús para sanar a los enfermos, echar fuera el mal y resucitar a los muertos.

Master's business

From early boyhood he was about his "Father's business." His pursuits lay far apart from theirs. His master was Spirit; their master was matter. He served God; they served mammon. His affections were pure; theirs were carnal. His senses drank in the spiritual evidence of health, holiness, and life; their senses testified oppositely, and absorbed the material evidence of sin, sickness, and death.

Purity's rebuke

Their imperfections and impurity felt the ever-present rebuke of his perfection and purity. Hence the world's hatred of the just and perfect Jesus, and the prophet's foresight of the reception error would give him. "Despised and rejected of men," was Isaiah's graphic word concerning the coming Prince of Peace. Herod and Pilate laid aside old feuds in order to unite in putting to shame and death the best man that ever trod the globe. To-day, as of old, error and evil again make common cause against the exponents of truth.

Saviour's prediction

The "man of sorrows" best understood the nothingness of material life and intelligence and the mighty actuality of all-inclusive God, good. These were the two cardinal points of Mind-healing, or Christian Science, which armed him with Love. The highest earthly representative of God, speaking of human ability to reflect divine power, prophetically said to his disciples, speaking not for their day only but for all time: "He that believeth on me, the works that I do shall he do also;" and "These signs shall follow them that believe."

Defamatory accusations

The accusations of the Pharisees were as self-contradictory as their religion. The bigot, the debauchee, the hypocrite, called Jesus a glutton and a wine-bibber. They said: "He casteth out devils

Los negocios del Maestro

Desde su niñez se ocupaba de "los negocios de [su] Padre". Sus intereses estaban muy lejos de los de ellos. Su amo era el Espíritu; el amo de ellos era la materia. Él servía a Dios; ellos servían a las riquezas. Sus afectos eran puros; los de ellos eran carnales. Sus sentidos sorbían la evidencia espiritual de la salud, la santidad y la vida; los sentidos de ellos atestiguaban lo opuesto, y absorbían la evidencia material del pecado, la enfermedad y la muerte.

Reprensión de la pureza

Las imperfecciones e impurezas de ellos sentían la reprensión continua de la perfección y pureza de Jesús. De aquí el odio del mundo hacia el justo y perfecto Jesús, y la previsión del profeta de la recepción que el error le daría. "Despreciado y desechado entre los hombres" fueron las palabras gráficas de Isaías concernientes al Príncipe de Paz que había de venir. Herodes y Pilato hicieron a un lado sus viejas pendencias con el fin de unirse para afrentar y dar muerte al mejor hombre que jamás pisó la tierra. Hoy, como antaño, el error y el mal de nuevo hacen causa común contra los exponentes de la verdad.

Predicción del Salvador

El "varón de dolores" comprendió mejor que nadie la nada de la vida e inteligencia materiales y la poderosa realidad de Dios, el bien, que incluye todo. Estos fueron los dos puntos cardinales de la curación-Mente, o Ciencia Cristiana, que lo armaron de Amor. El más alto representante terrenal de Dios, hablando de la capacidad humana para reflejar el poder divino, dijo proféticamente a sus discípulos, hablando no sólo para su tiempo, sino para todos los tiempos: "El que en mí cree, las obras que yo hago, él las hará también"; y "Estas señales seguirán a los que creen".

Acusaciones difamatorias

Las acusaciones de los fariseos se contradecían a sí mismas tanto como su religión. El intolerante, el libertino, el hipócrita, llamaron a Jesús comilón y bebedor de vino. Dijeron: "Por Beelzebú... echa fuera los demonios", through Beelzebub," and is the "friend of publicans and sinners." The latter accusation was true, but not in their meaning. Jesus was no ascetic. He did not fast as did the Baptist's disciples; yet there never lived a man so far removed from appetites and passions as the Nazarene. He rebuked sinners pointedly and unflinchingly, because he was their friend; hence the cup he drank.

Reputation and character

The reputation of Jesus was the very opposite of his character. Why? Because the divine Principle and practice of Jesus were misunderstood. He was at work in divine Science. His words and works were unknown to the world because above and contrary to the world's religious sense. Mortals believed in God as humanly mighty, rather than as divine, infinite Love.

Inspiring discontent

The world could not interpret aright the discomfort which Jesus inspired and the spiritual blessings which might flow from such discomfort. Science shows the cause of the shock so often produced by the truth, — namely, that this shock arises from the great distance between the individual and Truth. Like Peter, we should weep over the warning, instead of denying the truth or mocking the lifelong sacrifice which goodness makes for the destruction of evil.

Bearing our sins

Jesus bore our sins in his body. He knew the mortal errors which constitute the material body, and could destroy those errors; but at the time when Jesus felt our infirmities, he had not conquered all the beliefs of the flesh or his sense of material life, nor had he risen to his final demonstration of spiritual power.

Had he shared the sinful beliefs of others, he would

y es "amigo de publicanos y de pecadores". Esta última acusación era verídica, pero no en el sentido que ellos le daban. Jesús no era un asceta. No ayunaba como los discípulos de Juan el Bautista; sin embargo, jamás vivió un hombre más alejado de apetitos y pasiones que el Nazareno. Él reprendió a los pecadores de manera incisiva y sin titubear, porque era su amigo; de ahí la copa que bebió.

Reputación y carácter

La reputación de Jesús era exactamente lo opuesto a su carácter. ¿Por qué? Porque el Principio divino y la práctica de Jesús fueron malentendidos. Él obraba en la Ciencia divina. Sus palabras y obras eran desconocidas para el mundo, porque estaban por encima del sentido religioso del mundo y eran contrarias a este. Los mortales creían que Dios era humanamente poderoso en vez del Amor divino e infinito.

Inspirando descontento

El mundo no podía interpretar con acierto el malestar que Jesús infundía y las bendiciones espirituales que podían resultar de ese malestar. La Ciencia muestra la causa de la conmoción tan frecuentemente producida por la verdad, a saber, que esta conmoción proviene de la gran distancia entre el individuo y la Verdad. Como Pedro, debiéramos llorar por la advertencia, en vez de negar la verdad o escarnecer el sacrificio que la bondad está haciendo siempre para la destrucción del mal.

Llevando nuestros pecados

Jesús llevó nuestros pecados en su cuerpo. Conocía los errores mortales que constituyen el cuerpo material, y podía destruir esos errores; pero cuando Jesús sintió nuestras flaquezas, no había vencido todas las creencias de la carne o su sentido de vida material, ni se había elevado a su demostración final del poder espiritual.

Si él hubiera compartido las creencias pecaminosas de los

have been less sensitive to those beliefs. Through the magnitude of his human life, he demonstrated the divine Life. Out of the amplitude of his pure affection, he defined Love. With the affluence of Truth, he vanquished error. The world acknowledged not his righteousness, seeing it not; but earth received the harmony his glorified example introduced.

Inspiration of sacrifice

Who is ready to follow his teaching and example? All must sooner or later plant themselves in Christ, the true idea of God. That he might liberally pour his dear-bought treasures into empty or sin-filled human storehouses, was the inspiration of Jesus' intense human sacrifice. In witness of his divine commission, he presented the proof that Life, Truth, and Love heal the sick and the sinning, and triumph over death through Mind, not matter. This was the highest proof he could have offered of divine Love. His hearers understood neither his words nor his works. They would not accept his meek interpretation of life nor follow his example.

Spiritual friendship

His earthly cup of bitterness was drained to the dregs. There adhered to him only a few unpretentious friends, whose religion was something more than a name. It was so vital, that it enabled them to understand the Nazarene and to share the glory of eternal life. He said that those who followed him should drink of his cup, and history has confirmed the prediction.

Injustice to the Saviour

If that Godlike and glorified man were physically on earth to-day, would not some, who now profess to love him, reject him? Would they not deny him even the rights of humanity, if he enter-demás, hubiera sido menos sensible a esas creencias. A través de la magnitud de su vida humana, él demostró la Vida divina. Desde la amplitud de su afecto puro, definió el Amor. Con la afluencia de la Verdad, venció el error. El mundo no reconoció su justicia, porque no la veía; pero la tierra recibió la armonía que su ejemplo glorificado introdujo.

Inspiración del sacrificio

¿Quién está listo para seguir sus enseñanzas y su ejemplo? Todos, tarde o temprano, tienen que plantarse en el Cristo, la idea verdadera de Dios. El deseo de derramar liberalmente en graneros humanos vacíos o llenos de pecado, sus tesoros caramente adquiridos, fue lo que inspiró el intenso sacrificio humano de Jesús. En testimonio de su comisión divina, él presentó la prueba de que la Vida, la Verdad y el Amor sanan a los enfermos y a los pecadores y triunfan sobre la muerte por medio de la Mente, no de la materia. Esta fue la prueba más elevada del Amor divino que pudo haber ofrecido. Sus oyentes no entendieron ni sus palabras ni sus obras. No quisieron aceptar su mansa interpretación de la vida ni seguir su ejemplo.

Amistad espiritual

Su copa terrenal de amargura fue apurada hasta el fondo. Sólo le quedaron unos pocos amigos sin pretensiones, cuya religión era algo más que un nombre. Tan vital era, que los capacitó para entender al Nazareno y compartir la gloria de la vida eterna. Él dijo que aquellos que lo siguieran deberían beber de su copa, y la historia ha confirmado la predicción.

Injusticia hecha al Salvador

Si aquel hombre glorificado y semejante a Dios estuviera físicamente en la tierra hoy en día, algunos de los que ahora profesan amarlo, ¿no lo rechazarían? ¿No le negarían hasta los derechos humanos, si sustentara tained any other sense of being and religion than theirs? The advancing century, from a deadened sense of the invisible God, to-day subjects to unchristian comment and usage the idea of Christian healing enjoined by Jesus; but this does not affect the invincible facts.

Perhaps the early Christian era did Jesus no more injustice than the later centuries have bestowed upon the healing Christ and spiritual idea of being. Now that the gospel of healing is again preached by the wayside, does not the pulpit sometimes scorn it? But that curative mission, which presents the Saviour in a clearer light than mere words can possibly do, cannot be left out of Christianity, although it is again ruled out of the synagogue.

Truth's immortal idea is sweeping down the centuries, gathering beneath its wings the sick and sinning. My weary hope tries to realize that happy day, when man shall recognize the Science of Christ and love his neighbor as himself, — when he shall realize God's omnipotence and the healing power of the divine Love in what it has done and is doing for mankind. The promises will be fulfilled. The time for the reappearing of the divine healing is throughout all time; and whosoever layeth his earthly all on the altar of divine Science, drinketh of Christ's cup now, and is endued with the spirit and power of Christian healing.

In the words of St. John: "He shall give you another Comforter, that he may abide with you *forever.*" This Comforter I understand to be Divine Science.

cualquier otro sentido del ser y de la religión distinto del de ellos? El siglo que avanza, desde un sentido sin vida acerca del Dios invisible, hoy en día somete a comentarios y trato poco cristianos la idea de la curación cristiana encomendada por Jesús; pero esto no afecta las realidades invencibles.

Quizás la era cristiana inicial no trató a Jesús con más injusticia de la que los siglos posteriores le han concedido al Cristo sanador y a la idea espiritual del ser. Ahora que el evangelio de la curación se predica de nuevo junto al camino, ¿no lo desdeña a veces el púlpito? Pero esa misión curativa, que presenta al Salvador en una luz más clara de lo que las meras palabras pueden hacerlo, no puede quedar fuera del cristianismo, aunque sea nuevamente expulsada de la sinagoga.

La idea inmortal de la Verdad recorre los siglos, reuniendo bajo sus alas a enfermos y pecadores. Mi esperanza cansada trata de visualizar ese día feliz en que el hombre reconocerá la Ciencia del Cristo y amará a su prójimo como a sí mismo, en que se dará cuenta de la omnipotencia de Dios y el poder sanador del Amor divino en lo que ha hecho y está haciendo por la humanidad. Las promesas serán cumplidas. El tiempo para la reaparición de la curación divina es a través de todos los tiempos; y quienquiera que ponga su todo terrenal sobre el altar de la Ciencia divina, bebe de la copa del Cristo ahora y es dotado del espíritu y del poder de la curación cristiana.

En las palabras de San Juan: "Os dará otro Consolador, para que esté con vosotros *para siempre*". Este Consolador, yo entiendo, es la Ciencia Divina.

Chapter 3

Marriage

What therefore God hath joined together,
let not man put asunder.

In the resurrection they neither marry,
nor are given in marriage,
but are as the angels of God in heaven. — JESUS.

When our great Teacher came to him for baptism, John was astounded. Reading his thoughts, Jesus added: "Suffer it to be so now: for thus it becometh us to fulfil all righteousness." Jesus' concessions (in certain cases) to material methods were for the advancement of spiritual good.

Marriage temporal

Marriage is the legal and moral provision for generation among human kind. Until the spiritual creation is discerned intact, is apprehended and understood, and His kingdom is come as in the vision of the Apocalypse, — where the corporeal sense of creation was cast out, and its spiritual sense was revealed from heaven, — marriage will continue, subject to such moral regulations as will secure increasing virtue.

Fidelity required

Infidelity to the marriage covenant is the social scourge of all races, "the pestilence that walketh in darkness, ... the destruction that wasteth at noonday." The commandment, "Thou shalt not commit adultery," is no less imperative than the one, "Thou shalt not kill."

Capítulo 3

El matrimonio

Por tanto, lo que Dios juntó,
no lo separe el hombre.

En la resurrección ni se casarán
ni se darán en casamiento,
sino serán como los ángeles de Dios en el cielo. — Jesús.

Cuando nuestro gran Maestro vino a Juan para ser bautizado, este se sorprendió. Leyendo sus pensamientos, Jesús agregó: "Deja ahora, porque así conviene que cumplamos toda justicia". Las concesiones de Jesús (en ciertos casos) a los métodos materiales eran para el avance del bien espiritual.

El matrimonio es temporal

El matrimonio es la provisión legal y moral para la generación entre la especie humana. Hasta que se discierna que la creación espiritual está intacta, sea percibida y comprendida, y el reino de Dios haya venido como en la visión del Apocalipsis —donde el sentido corporal de la creación fue echado fuera, y su sentido espiritual revelado desde el cielo— el matrimonio continuará, sujeto a tales reglas morales que aseguren una virtud creciente.

Se requiere fidelidad

La infidelidad al pacto matrimonial es la plaga social de todas las razas, "la pestilencia que anda en oscuridad,... la mortandad que en medio del día destruye". El mandamiento: "No cometerás adulterio" no es menos imperativo que el que dice: "No matarás".

Chastity is the cement of civilization and progress. Without it there is no stability in society, and without it one cannot attain the Science of Life.

Mental elements

Union of the masculine and feminine qualities constitutes completeness. The masculine mind reaches a higher tone through certain elements of the feminine, while the feminine mind gains courage and strength through masculine qualities. These different elements conjoin naturally with each other, and their true harmony is in spiritual oneness. Both sexes should be loving, pure, tender, and strong. The attraction between native qualities will be perpetual only as it is pure and true, bringing sweet seasons of renewal like the returning spring.

Affection's demands

Beauty, wealth, or fame is incompetent to meet the demands of the affections, and should never weigh against the better claims of intellect, goodness, and virtue. Happiness is spiritual, born of Truth and Love. It is unselfish; therefore it cannot exist alone, but requires all mankind to share it.

Help and discipline

Human affection is not poured forth vainly, even though it meet no return. Love enriches the nature, enlarging, purifying, and elevating it. The wintry blasts of earth may uproot the flowers of affection, and scatter them to the winds; but this severance of fleshly ties serves to unite thought more closely to God, for Love supports the struggling heart until it ceases to sigh over the world and begins to unfold its wings for heaven.

Marriage is unblest or blest, according to the disappointments it involves or the hopes it fulfils. To happify

La castidad es el cemento de la civilización y el progreso. Sin ella no hay estabilidad en la sociedad, y sin ella uno no puede lograr la Ciencia de la Vida.

Elementos mentales

La unión de las cualidades masculinas y femeninas constituye la compleción. La mente masculina alcanza un tono más elevado por medio de ciertos elementos de la femenina, mientras que la mente femenina gana valor y fuerza por medio de las cualidades masculinas. Estos diferentes elementos se conjuntan naturalmente los unos con los otros, y su armonía verdadera está en la unidad espiritual. Ambos sexos debieran ser amorosos, puros, tiernos y fuertes. La atracción entre las cualidades nativas será perpetua sólo mientras sea pura y verdadera, trayendo dulces temporadas de renovación como la primavera que retorna.

Exigencias de los afectos

La belleza, la riqueza o la fama son incompetentes para satisfacer las exigencias de los afectos, y nunca debieran tener preponderancia sobre las mejores reivindicaciones del intelecto, la bondad y la virtud. La felicidad es espiritual, nacida de la Verdad y el Amor. No es egoísta; por lo tanto, no puede existir sola, sino que requiere que toda la humanidad la comparta.

Ayuda y disciplina

El afecto humano no es prodigado en vano, aunque no sea correspondido. El amor enriquece la naturaleza, engrandeciéndola, purificándola y elevándola. Las ráfagas invernales de la tierra pueden desarraigar las flores del afecto, y dispersarlas a los vientos; pero esta ruptura de lazos carnales sirve para unir más estrechamente el pensamiento con Dios, porque el Amor apoya el corazón que lucha hasta que cesa de suspirar por el mundo y empieza a desplegar sus alas hacia el cielo.

El matrimonio es desdichado o feliz, según las desilusiones que entrañe o las esperanzas que cumpla. Hacer más feliz existence by constant intercourse with those adapted to elevate it, should be the motive of society. Unity of spirit gives new pinions to joy, or else joy's drooping wings trail in dust.

Chord and discord

Ill-arranged notes produce discord. Tones of the human mind may be different, but they should be concordant in order to blend properly. Unselfish ambition, noble life-motives, and purity,— these constituents of thought, mingling, constitute individually and collectively true happiness, strength, and permanence.

Mutual freedom

There is moral freedom in Soul. Never contract the horizon of a worthy outlook by the selfish exaction of all another's time and thoughts. With additional joys, benevolence should grow more diffusive. The narrowness and jealousy, which would confine a wife or a husband forever within four walls, will not promote the sweet interchange of confidence and love; but on the other hand, a wandering desire for incessant amusement outside the home circle is a poor augury for the happiness of wedlock. Home is the dearest spot on earth, and it should be the centre, though not the boundary, of the affections.

A useful suggestion

Said the peasant bride to her lover: "Two eat no more together than they eat separately." This is a hint that a wife ought not to court vulgar extravagance or stupid ease, because another supplies her wants. Wealth may obviate the necessity for toil or the chance for ill-nature in the marriage relation, but nothing can abolish the cares of marriage.

"She that is married careth . . . how she may please her husband," says the Bible; and this is the pleasantest la existencia por medio de relaciones constantes con aquellos aptos para elevarla, debiera ser el motivo de la sociedad. La unidad de espíritu da nuevas alas al gozo, de lo contrario las alas caídas del gozo se arrastran por el polvo.

Armonía y discordancia

Las notas mal combinadas producen disonancia. Los tonos de la mente humana pueden ser diferentes, pero tienen que concordar para combinarse debidamente. La ambición libre de egoísmo, los nobles motivos de vida y la pureza, estos componentes del pensamiento, al mezclarse, constituyen individual y colectivamente la felicidad verdadera, la fuerza y la permanencia.

Mutua libertad

Hay libertad moral en el Alma. Nunca restrinjas a alguien el horizonte de sus miras nobles mediante la exigencia egoísta de todo su tiempo y sus pensamientos. Con gozos adicionales, la benevolencia debiera difundirse más. La mezquindad y los celos, que quisieran encerrar a una esposa o un esposo para siempre entre cuatro paredes, no promoverán el dulce intercambio de la confianza y el amor; pero por otra parte, el deseo errátil de diversiones incesantes fuera del círculo del hogar es un mal augurio para la felicidad del matrimonio. El hogar es el lugar más querido de la tierra, y debiera ser el centro, aunque no el límite, de los afectos.

Una sugerencia útil

Dijo la novia aldeana a su amado: "Dos no comen más juntos de lo que comen separados". Esto es un indicio de que una esposa no debiera entregarse a vulgares extravagancias o insensata ociosidad, porque otro responde a sus caprichos. La riqueza puede obviar la necesidad de trabajo arduo o la posibilidad de disgustos en las relaciones conyugales, pero nada puede abolir las responsabilidades del matrimonio.

"La que es casada se afana por... agradar a su marido",

thing to do. Matrimony should never be entered into without a full recognition of its enduring obligations on both sides. There should be the most tender solicitude for each other's happiness, and mutual attention and approbation should wait on all the years of married life.

Differing duties

Mutual compromises will often maintain a compact which might otherwise become unbearable. Man should not be required to participate in all the annoyances and cares of domestic economy, nor should woman be expected to understand political economy. Fulfilling the different demands of their united spheres, their sympathies should blend in sweet confidence and cheer, each partner sustaining the other, — thus hallowing the union of interests and affections, in which the heart finds peace and home.

Trysting renewed

Tender words and unselfish care in what promotes the welfare and happiness of your wife will prove more salutary in prolonging her health and smiles than stolid indifference or jealousy. Husbands, hear this and remember how slight a word or deed may renew the old trysting-times.

After marriage, it is too late to grumble over incompatibility of disposition. A mutual understanding should exist before this union and continue ever after, for deception is fatal to happiness.

Permanent obligation

The nuptial vow should never be annulled, so long as its moral obligations are kept intact; but the frequency of divorce shows that the sacredness of this relationship is losing its influence, and that fatal mistakes are undermining its foundations. Separation never should take place, and it never would, if both dice la Biblia; y esto es lo más agradable de hacer. El matrimonio no debiera contraerse sin un pleno reconocimiento de sus obligaciones permanentes por ambas partes.

Deberes distintos

Cada uno debiera sentir la más tierna solicitud por la felicidad del otro, y la atención y la aprobación mutuas debieran acompañar todos los años de la vida matrimonial.

Las concesiones mutuas a menudo mantendrán un pacto que de otro modo podría volverse insoportable. No debiera requerírsele al hombre que participe en todas las molestias y responsabilidades de la economía doméstica, ni debiera esperarse que la mujer comprenda la economía política. Cumpliendo las distintas exigencias de sus esferas unidas, sus preferencias debieran fundirse en dulce confianza y buen ánimo, cada compañero sosteniendo al otro, santificando así la unión de intereses y afectos, en la cual el corazón encuentra paz y hogar.

Las palabras tiernas y el cuidado desinteresado por lo que promueve el bienestar y la felicidad de tu esposa comprobarán ser más beneficiosos para prolongar su salud

Idilios renovados

y sus sonrisas que la indiferencia impasible o los celos. Esposos, oíd esto y recordad cuán mínima es la palabra o el hecho que puede renovar los tiempos de vuestros primeros idilios.

Después de contraer matrimonio, es demasiado tarde para quejarse de incompatibilidad de caracteres. Un entendimiento mutuo debiera existir antes de esta unión y continuar para siempre, porque el engaño es fatal para la felicidad.

El voto nupcial nunca debiera ser anulado mientras sus obligaciones morales se mantengan intactas; pero la frecuencia del divorcio muestra que lo sagrado de esta

Obligaciones permanentes

relación está perdiendo su influencia, y que equivocaciones fatales están minando sus fundamentos. La separación nunca debiera ocurrir, y nunca ocurriría, husband and wife were genuine Christian Scientists. Science inevitably lifts one's being higher in the scale of harmony and happiness.

Permanent affection

Kindred tastes, motives, and aspirations are necessary to the formation of a happy and permanent companionship. The beautiful in character is also the good, welding indissolubly the links of affection. A mother's affection cannot be weaned from her child, because the mother-love includes purity and constancy, both of which are immortal. Therefore maternal affection lives on under whatever difficulties.

From the logic of events we learn that selfishness and impurity alone are fleeting, and that wisdom will ultimately put asunder what she hath not joined together.

Centre for affections

Marriage should improve the human species, becoming a barrier against vice, a protection to woman, strength to man, and a centre for the affections. This, however, in a majority of cases, is not its present tendency, and why? Because the education of the higher nature is neglected, and other considerations, — passion, frivolous amusements, personal adornment, display, and pride, — occupy thought.

Spiritual concord

An ill-attuned ear calls discord harmony, not appreciating concord. So physical sense, not discerning the true happiness of being, places it on a false basis. Science will correct the discord, and teach us life's sweeter harmonies.

Soul has infinite resources with which to bless mankind, and happiness would be more readily attained and would be more secure in our keeping, if sought in Soul. Higher enjoyments alone can satisfy the cravings of immortal si ambos, esposo y esposa, fueran genuinos Científicos Cristianos. La Ciencia inevitablemente eleva más alto el ser en la escala de la armonía y la felicidad.

Afecto permanente

Los gustos, motivos y aspiraciones afines son necesarios para la formación de un compañerismo feliz y permanente. Lo bello en el carácter es también lo bueno, soldando indisolublemente los lazos del afecto. El afecto de una madre no se puede desligar de su hijo, porque el amor de madre incluye la pureza y la constancia, ambas inmortales. Por lo tanto, el afecto materno perdura bajo cualquier dificultad.

Por la lógica de los acontecimientos aprendemos que sólo el egoísmo y la impureza son transitorios, y que la sabiduría finalmente separará lo que no ha juntado.

Centro para los afectos

El matrimonio debiera mejorar la especie humana, convirtiéndose en una barrera contra el vicio, una protección para la mujer, fuerza para el hombre y un centro para los afectos. Esto, sin embargo, en la mayoría de los casos, no es su tendencia actual, ¿y por qué? Porque la educación de la naturaleza más elevada es desatendida, y otros factores —la pasión, las diversiones frívolas, el adorno personal, la ostentación y el orgullo— ocupan el pensamiento.

Concordancia espiritual

Un oído desafinado llama a la disonancia armonía, al no apreciar la concordancia. Así el sentido físico, al no discernir la verdadera felicidad del ser, la coloca sobre una base falsa. La Ciencia corregirá la disonancia, y nos enseñará las armonías más dulces de la vida.

El Alma tiene recursos infinitos con que bendecir a la humanidad, y la felicidad se lograría más fácilmente y estaría más segura en nuestro poder, si se buscara en el Alma. Sólo los goces más elevados pueden satisfacer los anhelos del man. We cannot circumscribe happiness within the limits of personal sense. The senses confer no real enjoyment.

Ascendency of good

The good in human affections must have ascendency over the evil and the spiritual over the animal, or happiness will never be won. The attainment of this celestial condition would improve our progeny, diminish crime, and give higher aims to ambition. Every valley of sin must be exalted, and every mountain of selfishness be brought low, that the highway of our God may be prepared in Science. The offspring of heavenly-minded parents inherit more intellect, better balanced minds, and sounder constitutions.

Propensities inherited

If some fortuitous circumstance places promising children in the arms of gross parents, often these beautiful children early droop and die, like tropical flowers born amid Alpine snows. If perchance they live to become parents in their turn, they may reproduce in their own helpless little ones the grosser traits of their ancestors. What hope of happiness, what noble ambition, can inspire the child who inherits propensities that must either be overcome or reduce him to a loathsome wreck?

Is not the propagation of the human species a greater responsibility, a more solemn charge, than the culture of your garden or the raising of stock to increase your flocks and herds? Nothing unworthy of perpetuity should be transmitted to children.

The formation of mortals must greatly improve to advance mankind. The scientific *morale* of marriage is spiritual unity. If the propagation of a higher human species is requisite to reach this goal, then its material con-hombre inmortal. No podemos circunscribir la felicidad a los límites del sentido personal. Los sentidos no confieren goces verdaderos.

Ascendiente del bien

Lo bueno en los afectos humanos ha de tener ascendiente sobre lo malo y lo espiritual sobre lo animal, o nunca se alcanzará la felicidad. Lograr esta condición celestial mejoraría nuestra progenie, disminuiría el crimen y daría objetivos más elevados a la ambición. Todo valle de pecado tiene que ser alzado, y todo monte de egoísmo bajado, para que se prepare el camino de nuestro Dios en la Ciencia. Los hijos cuyos padres tienen pensamientos celestiales heredan más intelecto, mentes más equilibradas y constituciones más sanas.

Propensiones heredadas

Si alguna circunstancia fortuita coloca a niños de condiciones prometedoras en los brazos de padres toscos, a menudo estos bellos niños decaen y mueren pronto, cual flores tropicales nacidas entre nieves alpinas. Si acaso viven hasta llegar a ser padres a su vez, es posible que reproduzcan en sus propios pequeños indefensos los rasgos más toscos de sus antepasados. ¿Qué esperanza de felicidad, qué noble ambición, pueden inspirar al niño que herede propensiones que deben ser vencidas o lo reducirán a una ruina detestable?

¿No es la propagación de la especie humana una responsabilidad mayor, un cargo más solemne, que el cultivo de tu jardín o la cría de ganado para aumentar tus rebaños y manadas? Nada indigno de ser perpetuado debiera ser transmitido a los hijos.

La formación de los mortales tiene que mejorar en gran manera para avanzar la humanidad. La *moral* científica del matrimonio es la unidad espiritual. Si la propagación de una especie humana más elevada es un requisito para alcanzar esta meta, entonces sus condiciones materiales ditions can only be permitted for the purpose of generating. The fœtus must be kept mentally pure and the period of gestation have the sanctity of virginity.

The entire education of children should be such as to form habits of obedience to the moral and spiritual law, with which the child can meet and master the belief in so-called physical laws, a belief which breeds disease.

Inheritance heeded

If parents create in their babes a desire for incessant amusement, to be always fed, rocked, tossed, or talked to, those parents should not, in after years, complain of their children's fretfulness or frivolity, which the parents themselves have occasioned. Taking less "thought for your life, what ye shall eat, or what ye shall drink"; less thought "for your body what ye shall put on," will do much more for the health of the rising generation than you dream. Children should be allowed to remain children in knowledge, and should become men and women only through growth in the understanding of man's higher nature.

The Mind creative

We must not attribute more and more intelligence to matter, but less and less, if we would be wise and healthy. The divine Mind, which forms the bud and blossom, will care for the human body, even as it clothes the lily; but let no mortal interfere with God's government by thrusting in the laws of erring, human concepts.

Superior law of Soul

The higher nature of man is not governed by the lower; if it were, the order of wisdom would be reversed. Our false views of life hide eternal harmony, and produce the ills of which we complain. Because mortals believe in material laws and reject the Science of Mind, this does not make materiality first and sólo pueden ser permitidas con el propósito de engendrar. El feto debe guardarse mentalmente puro y el período de la gestación tener la santidad de la virginidad.

Toda la educación de los niños debiera ser tal que forme hábitos de obediencia a la ley moral y espiritual, con la cual el niño pueda enfrentar y dominar la creencia en las así llamadas leyes físicas, una creencia que engendra la enfermedad.

La herencia tenida en cuenta

Si los padres crean en sus bebés un deseo de diversión incesante, de ser alimentados, mecidos, de que se juegue con ellos o se les hable constantemente, esos padres no debieran, en años posteriores, quejarse de la irritabilidad o la frivolidad de sus hijos, que los padres mismos han ocasionado. Afanándoos menos "por vuestra vida, qué habéis de comer o qué habéis de beber", menos "por vuestro cuerpo, qué habéis de vestir", hará mucho más por la salud de la generación que surge de lo que soñáis. Se debiera permitir a los niños que sigan siendo niños en el conocimiento, y debieran llegar a ser hombres y mujeres sólo a través del crecimiento en la comprensión de la naturaleza más elevada del hombre.

La Mente creativa

No debemos atribuir más y más inteligencia a la materia, sino menos y menos, si queremos ser sabios y sanos. La Mente divina, que forma el capullo y la flor, cuidará del cuerpo humano, así como viste el lirio; pero que ningún mortal interfiera en el gobierno de Dios imponiendo las leyes de los conceptos humanos que yerran.

La ley superior del Alma

La naturaleza más elevada del hombre no es gobernada por la más baja; si lo fuera, el orden de la sabiduría estaría revertido. Nuestros puntos de vista falsos sobre la vida ocultan la armonía eterna, y producen los males de que nos quejamos. Porque los mortales creen en leyes materiales y rechazan la Ciencia de la Mente, esto no hace que la materialidad sea lo primero y la ley superior the superior law of Soul last. You would never think that flannel was better for warding off pulmonary disease than the controlling Mind, if you understood the Science of being.

Spiritual origin

In Science man is the offspring of Spirit. The beautiful, good, and pure constitute his ancestry. His origin is not, like that of mortals, in brute instinct, nor does he pass through material conditions prior to reaching intelligence. Spirit is his primitive and ultimate source of being; God is his Father, and Life is the law of his being.

The rights of woman

Civil law establishes very unfair differences between the rights of the two sexes. Christian Science furnishes no precedent for such injustice, and civilization mitigates it in some measure. Still, it is a marvel why usage should accord woman less rights than does either Christian Science or civilization.

Unfair discrimination

Our laws are not impartial, to say the least, in their discrimination as to the person, property, and parental claims of the two sexes. If the elective franchise for women will remedy the evil without encouraging difficulties of greater magnitude, let us hope it will be granted. A feasible as well as rational means of improvement at present is the elevation of society in general and the achievement of a nobler race for legislation,—a race having higher aims and motives.

If a dissolute husband deserts his wife, certainly the wronged, and perchance impoverished, woman should be allowed to collect her own wages, enter into business agreements, hold real estate, deposit funds, and own her children free from interference.

del Alma lo postrero. Jamás pensarías que la franela es mejor para prevenir enfermedades pulmonares que la Mente que todo lo controla, si comprendieras la Ciencia del ser.

Origen espiritual

En la Ciencia el hombre es linaje del Espíritu. Lo bello, lo bueno y lo puro constituyen su ascendencia. Su origen no está, como el de los mortales, en el instinto bruto, ni pasa él por condiciones materiales antes de alcanzar la inteligencia. El Espíritu es su fuente primitiva y última del ser; Dios es su Padre, y la Vida es la ley de su ser.

Los derechos de la mujer

La ley civil establece diferencias muy injustas entre los derechos de los dos sexos. La Ciencia Cristiana no proporciona precedente alguno para tal injusticia, y la civilización la mitiga en cierta medida. Con todo, es asombroso que la costumbre le conceda a la mujer menos derechos de los que le concede la Ciencia Cristiana o la civilización.

Discriminación injusta

Nuestras leyes no son imparciales, por decir lo menos, en su discriminación de las personas, las propiedades y la patria potestad de los dos sexos. Si el derecho al voto de la mujer va a remediar el mal, sin dar lugar a dificultades de mayor magnitud, esperemos que sea otorgado. Un medio tan factible como racional de mejoramiento es, al presente, la elevación de la sociedad en general y el logro de una raza más noble para que legisle, una raza que tenga miras y motivos más elevados.

Si un marido disoluto abandona a su esposa, ciertamente se le debiera permitir a la agraviada, y tal vez empobrecida mujer, cobrar su propio salario, firmar acuerdos comerciales, poseer bienes inmuebles, depositar fondos y ser dueña de sus hijos libre de interferencia.

Want of uniform justice is a crying evil caused by the selfishness and inhumanity of man. Our forefathers exercised their faith in the direction taught by the Apostle James, when he said: "Pure religion and undefiled before God and the Father, is this, To visit the fatherless and widows in their affliction, and to keep himself unspotted from the world."

Benevolence hindered

Pride, envy, or jealousy seems on most occasions to be the master of ceremonies, ruling out primitive Christianity. When a man lends a helping hand to some noble woman, struggling alone with adversity, his wife should not say, "It is never well to interfere with your neighbor's business." A wife is sometimes debarred by a covetous domestic tyrant from giving the ready aid her sympathy and charity would afford.

Progressive development

Marriage should signify a union of hearts. Furthermore, the time cometh of which Jesus spake, when he declared that in the resurrection there should be no more marrying nor giving in marriage, but man would be as the angels. Then shall Soul rejoice in its own, in which passion has no part. Then white-robed purity will unite in one person masculine wisdom and feminine love, spiritual understanding and perpetual peace.

Until it is learned that God is the Father of all, marriage will continue. Let not mortals permit a disregard of law which might lead to a worse state of society than now exists. Honesty and virtue ensure the stability of the marriage covenant. Spirit will ultimately claim its own, — all that really is, — and the voices of physical sense will be forever hushed.

La falta de justicia uniforme es un mal notorio causado por el egoísmo y la inhumanidad del hombre. Nuestros antepasados practicaban su fe de la manera enseñada por el apóstol Santiago, cuando dijo: “La religión pura y sin mácula delante de Dios el Padre es esta: Visitar a los huérfanos y a las viudas en sus tribulaciones, y guardarse sin mancha del mundo”.

El orgullo, la envidia, o los celos parecen ser en la mayoría de las ocasiones el maestro de ceremonias, que excluye el cristianismo primitivo. Cuando un hombre extiende una mano auxiliadora a alguna noble mujer que está luchando sola con la adversidad, su esposa no debiera decir: “Nunca conviene interferir en los asuntos del prójimo”. A veces una esposa se ve impedida por un avaricioso tirano doméstico de dar la ayuda espontánea que su compasión y caridad quisieran ofrecer.

Benevolencia obstaculizada

El matrimonio debiera significar una unión de corazones. Además, la hora viene de la que habló Jesús, cuando declaró que en la resurrección ya no se casarían ni se darían en casamiento, sino que el hombre sería como los ángeles. Entonces el Alma se regocijará en lo suyo, en lo cual la pasión no tiene parte. Entonces la pureza de blanca vestidura unirá en una sola persona la sabiduría masculina y el amor femenino, la comprensión espiritual y la paz perpetua.

Desarrollo progresivo

Hasta que se aprenda que Dios es el Padre de todos, el matrimonio continuará. No permitan los mortales un desacato a la ley que pudiera llevar a un estado social peor que el que ahora existe. La honestidad y la virtud aseguran la estabilidad del pacto matrimonial. El Espíritu reclamará al fin lo suyo —todo lo que realmente es— y las voces del sentido físico serán acalladas para siempre.

Experience should be the school of virtue, and human happiness should proceed from man's highest nature.

Blessing of Christ

May Christ, Truth, be present at every bridal altar to turn the water into wine and to give to human life an inspiration by which man's spiritual and eternal existence may be discerned.

Righteous foundations

If the foundations of human affection are consistent with progress, they will be strong and enduring. Divorces should warn the age of some fundamental error in the marriage state. The union of the sexes suffers fearful discord. To gain Christian Science and its harmony, life should be more metaphysically regarded.

Powerless promises

The broadcast powers of evil so conspicuous to-day show themselves in the materialism and sensualism of the age, struggling against the advancing spiritual era. Beholding the world's lack of Christianity and the powerlessness of vows to make home happy, the human mind will at length demand a higher affection.

Transition and reform

There will ensue a fermentation over this as over many other reforms, until we get at last the clear straining of truth, and impurity and error are left among the lees. The fermentation even of fluids is not pleasant. An unsettled, transitional stage is never desirable on its own account. Matrimony, which was once a fixed fact among us, must lose its present slippery footing, and man must find permanence and peace in a more spiritual adherence.

The mental chemicalization, which has brought conjugal infidelity to the surface, will assuredly throw off this evil, and marriage will become purer when the scum is gone.

La experiencia debiera ser la escuela de la virtud, y la felicidad humana debiera proceder de la naturaleza más elevada del hombre. Quiera el Cristo, la Verdad, estar presente en todo altar nupcial para convertir el agua en vino y para dar a la vida humana una inspiración por la cual la existencia espiritual y eterna del hombre pueda ser discernida.

La bendición del Cristo

Si los fundamentos de los afectos humanos son coherentes con el progreso, serán fuertes y duraderos. Los divorcios debieran advertir a la época sobre algún error fundamental en el estado conyugal. La unión de los sexos sufre una temible discordia. Para alcanzar la Ciencia Cristiana y su armonía, la vida debiera ser considerada más metafísicamente.

Fundamentos justos

Los diseminados poderes del mal, tan conspicuos hoy en día, se muestran en el materialismo y sensualismo de la época, luchando contra la era espiritual que avanza. Contemplando la falta de cristianismo en el mundo y la impotencia de los votos para hacer feliz el hogar, la mente humana exigirá al fin un afecto más elevado.

Promesas impotentes

Se producirá una fermentación como consecuencia de esta reforma, así como de muchas otras, hasta que obtengamos finalmente el claro filtrado de la verdad, y queden la impureza y el error entre los sedimentos. La fermentación aun de los fluidos no es agradable. Una etapa de inestabilidad y de transición es, de por sí, indeseable. El matrimonio, que alguna vez fue un hecho fijo entre nosotros, debe perder su resbaladiza base actual, y el hombre debe encontrar permanencia y paz adhiriéndose más a lo espiritual.

Transición y reforma

La quimicalización mental, que ha traído la infidelidad conyugal a la superficie, seguramente echará fuera este mal, y el matrimonio llegará a ser más puro cuando se haya ido la escoria.

Thou art right, immortal Shakespeare, great poet of humanity:

> Sweet are the uses of adversity;
> Which, like the toad, ugly and venomous,
> Wears yet a precious jewel in his head.

Salutary sorrow

Trials teach mortals not to lean on a material staff,—a broken reed, which pierces the heart. We do not half remember this in the sunshine of joy and prosperity. Sorrow is salutary. Through great tribulation we enter the kingdom. Trials are proofs of God's care. Spiritual development germinates not from seed sown in the soil of material hopes, but when these decay, Love propagates anew the higher joys of Spirit, which have no taint of earth. Each successive stage of experience unfolds new views of divine goodness and love.

Amidst gratitude for conjugal felicity, it is well to remember how fleeting are human joys. Amidst conjugal infelicity, it is well to hope, pray, and wait patiently on divine wisdom to point out the path.

Patience is wisdom

Husbands and wives should never separate if there is no Christian demand for it. It is better to await the logic of events than for a wife precipitately to leave her husband or for a husband to leave his wife. If one is better than the other, as must always be the case, the other pre-eminently needs good company. Socrates considered patience salutary under such circumstances, making his Xantippe a discipline for his philosophy.

The gold and dross

Sorrow has its reward. It never leaves us where it found us. The furnace separates the gold from the dross that the precious metal may

Tienes razón, Shakespeare inmortal, gran poeta de la humanidad:

> Dulce es el fruto de la adversidad;
> Que, como el sapo, feo y venenoso,
> Lleva en la frente joya de gran valor.

Pesar saludable

Los desafíos enseñan a los mortales a no apoyarse en un báculo material, una caña cascada, que traspasa el corazón. Apenas recordamos esto cuando brilla el sol de la alegría y la prosperidad. El pesar es saludable. A través de grandes tribulaciones entramos en el reino. Los desafíos son pruebas del cuidado de Dios. El desarrollo espiritual no germina de la simiente sembrada en el terreno de esperanzas materiales, sino que cuando estas decaen, el Amor propaga de nuevo las alegrías más elevadas del Espíritu, las cuales no tienen mácula terrenal. Cada etapa sucesiva de experiencia revela nuevas perspectivas de la bondad y del amor divinos.

En medio de la gratitud por la felicidad conyugal, bueno es recordar cuán efímeras son las alegrías humanas. En medio de la infelicidad conyugal, bueno es tener esperanza, orar y esperar pacientemente a que la sabiduría divina señale el sendero.

La paciencia es sabiduría

Marido y mujer jamás debieran separarse si no hay una exigencia cristiana para ello. Es mejor esperar la lógica de los acontecimientos en lugar de que una esposa abandone precipitadamente a su marido o que un marido abandone a su esposa. Si uno es mejor que el otro, como siempre tiene que ser el caso, el otro necesita ante todo buena compañía. Sócrates consideraba saludable la paciencia bajo tales circunstancias, haciendo de su Jantipa una disciplina para su filosofía.

El oro y la escoria

El pesar tiene su recompensa. Nunca nos deja donde nos encontró. La hornaza separa el oro de la escoria para que el metal precioso pueda ser be graven with the image of God. The cup our Father hath given, shall we not drink it and learn the lessons He teaches?

Weathering the storm

When the ocean is stirred by a storm, then the clouds lower, the wind shrieks through the tightened shrouds, and the waves lift themselves into mountains. We ask the helmsman: "Do you know your course? Can you steer safely amid the storm?" He answers bravely, but even the dauntless seaman is not sure of his safety; nautical science is not equal to the Science of Mind. Yet, acting up to his highest understanding, firm at the post of duty, the mariner works on and awaits the issue. Thus should we deport ourselves on the seething ocean of sorrow. Hoping and working, one should stick to the wreck, until an irresistible propulsion precipitates his doom or sunshine gladdens the troubled sea.

Spiritual power

The notion that animal natures can possibly give force to character is too absurd for consideration, when we remember that through spiritual ascendency our Lord and Master healed the sick, raised the dead, and commanded even the winds and waves to obey him. Grace and Truth are potent beyond all other means and methods.

The lack of spiritual power in the limited demonstration of popular Christianity does not put to silence the labor of centuries. Spiritual, not corporeal, consciousness is needed. Man delivered from sin, disease, and death presents the true likeness or spiritual ideal.

Systems of religion and medicine treat of physical pains and pleasures, but Jesus rebuked the suffering from any such cause or effect. The epoch approaches when the grabado con la imagen de Dios. De la copa que nuestro Padre nos ha dado, ¿no hemos de beber y aprender las lecciones que Él enseña?

Capeando la tormenta

Cuando el océano es agitado por una tempestad, entonces las nubes amenazan, el viento silba por entre los tiesos obenques, y las olas se levantan como montañas. Preguntamos al timonel: "¿Conoces tu curso? ¿Puedes timonear con seguridad en medio de la tempestad?" Él contesta valientemente, pero aun el marino intrépido no está seguro de encontrarse a salvo; la ciencia náutica no se iguala a la Ciencia de la Mente. Sin embargo, actuando de acuerdo con su más elevada comprensión, firme en el puesto del deber, el marino continúa bregando y espera el resultado. Así debiéramos conducirnos en el agitado mar del pesar. Esperando y luchando, uno debiera aferrarse a la nave que naufraga, hasta que una propulsión irresistible precipite su perdición o la luz del sol alegre el mar embravecido.

Poder espiritual

La noción de que la naturaleza animal puede dar fuerza al carácter es demasiado absurda para tomarla en consideración, cuando recordamos que por ascendiente espiritual nuestro Señor y Maestro sanó a los enfermos, resucitó a los muertos y hasta ordenó a los vientos y las olas que lo obedecieran. La gracia y la Verdad son mucho más potentes que todos los otros medios y métodos.

La falta de poder espiritual en la demostración limitada del cristianismo popular no silencia la labor de los siglos. La consciencia espiritual, no la corporal, es la que se necesita. El hombre liberado del pecado, la enfermedad y la muerte presenta la verdadera semejanza o ideal espiritual.

Los sistemas de religión y medicina tratan sobre dolores y placeres físicos, mas Jesús reprendió el sufrimiento proveniente de tal causa o efecto. Se aproxima la época en

Basis of true religion

understanding of the truth of being will be the basis of true religion. At present mortals progress slowly for fear of being thought ridiculous. They are slaves to fashion, pride, and sense. Sometime we shall learn how Spirit, the great architect, has created men and women in Science. We ought to weary of the fleeting and false and to cherish nothing which hinders our highest selfhood.

Jealousy is the grave of affection. The presence of mistrust, where confidence is due, withers the flowers of Eden and scatters love's petals to decay. Be not in haste to take the vow "until death do us part." Consider its obligations, its responsibilities, its relations to your growth and to your influence on other lives.

Insanity and agamogenesis

I never knew more than one individual who believed in agamogenesis; she was unmarried, a lovely character, was suffering from incipient insanity, and a Christian Scientist cured her. I have named her case to individuals, when casting my bread upon the waters, and it may have caused the good to ponder and the evil to hatch their silly innuendoes and lies, since salutary causes sometimes incur these effects. The perpetuation of the floral species by bud or cell-division is evident, but I discredit the belief that agamogenesis applies to the human species.

God's creation intact

Christian Science presents unfoldment, not accretion; it manifests no material growth from molecule to mind, but an impartation of the divine Mind to man and the universe. Proportionately as human generation ceases, the unbroken links of eternal, harmonious being will be spiritually discerned; and man,

Base de la religión verdadera

que la comprensión de la verdad del ser será la base de la religión verdadera. En la actualidad, los mortales progresan lentamente por temor a ser considerados ridículos. Son esclavos de la moda, el orgullo y el sentido. Algún día comprenderemos cómo el Espíritu, el gran arquitecto, ha creado a hombres y mujeres en la Ciencia. Debiéramos hastiarnos de lo efímero y falso y no atesorar nada que obstaculice nuestro yo más elevado.

Los celos son la tumba del afecto. La presencia de desconfianza, donde debiera haber confianza, marchita las flores del Edén y dispersa los pétalos del amor, haciéndolos perecer. No te apresures a prestar el voto “hasta que la muerte nos separe”. Considera sus obligaciones, sus responsabilidades, su relación con tu crecimiento y con tu influencia sobre otras vidas.

Demencia y partenogénesis

Sólo conocí a una persona que creía en la partenogénesis; era soltera, un personaje encantador, sufría de demencia incipiente, y un Científico Cristiano la sanó. He mencionado su caso a otros individuos, al echar mi pan sobre las aguas, y quizás esto haya hecho meditar a los buenos, y a los malos tramar sus tontas insinuaciones y mentiras, ya que a veces hasta las causas saludables provocan tales efectos. La perpetuación de las especies florales por yemas o división de células es evidente, pero no doy crédito a la creencia de que la partenogénesis se aplica a la especie humana.

La creación de Dios, intacta

La Ciencia Cristiana presenta desarrollo, no acrecentamiento; no manifiesta ningún crecimiento material de molécula a mente, sino una comunicación de la Mente divina al hombre y al universo. En la proporción en que la generación humana cese, los intactos eslabones del ser eterno y armonioso serán espiritualmente discernidos; y el hombre, no de la tierra not of the earth earthly but coexistent with God, will appear. The scientific fact that man and the universe are evolved from Spirit, and so are spiritual, is as fixed in divine Science as is the proof that mortals gain the sense of health only as they lose the sense of sin and disease. Mortals can never understand God's creation while believing that man is a creator. God's children already created will be cognized only as man finds the truth of being. Thus it is that the real, ideal man appears in proportion as the false and material disappears. No longer to marry or to be "given in marriage" neither closes man's continuity nor his sense of increasing number in God's infinite plan. Spiritually to understand that there is but one creator, God, unfolds all creation, confirms the Scriptures, brings the sweet assurance of no parting, no pain, and of man deathless and perfect and eternal.

If Christian Scientists educate their own offspring spiritually, they can educate others spiritually and not conflict with the scientific sense of God's creation. Some day the child will ask his parent: "Do you keep the First Commandment? Do you have one God and creator, or is man a creator?" If the father replies, "God creates man through man," the child may ask, "Do you teach that Spirit creates materially, or do you declare that Spirit is infinite, therefore matter is out of the question?" Jesus said, "The children of this world marry, and are given in marriage: But they which shall be accounted worthy to obtain that world, and the resurrection from the dead, neither marry, nor are given in marriage."

terrenal, sino coexistente con Dios, aparecerá. El hecho científico de que el hombre y el universo son desarrollados en el Espíritu, y son por eso espirituales, está tan firmemente establecido en la Ciencia divina como lo está la prueba de que los mortales ganan el sentido de salud sólo a medida que pierden el sentido de pecado y de enfermedad. Los mortales nunca pueden comprender la creación de Dios mientras creen que el hombre es un creador. Los hijos de Dios, ya creados, serán conocidos sólo cuando el hombre encuentre la verdad del ser. Así es que el hombre verdadero e ideal aparece en la proporción en que el falso y material desaparece. Ya no casarse o "darse en casamiento" no termina ni con la continuidad del hombre ni con su sentido de incremento del número en el plan infinito de Dios. Comprender espiritualmente que no hay sino un único creador, Dios, revela toda la creación, confirma las Escrituras, trae la dulce seguridad de que no hay separación, no hay dolor, y que el hombre es imperecedero y perfecto y eterno.

Si los Científicos Cristianos educan a sus propios vástagos espiritualmente, pueden educar a otros espiritualmente y no estar en conflicto con el sentido científico de la creación de Dios. Algún día el hijo preguntará a su padre: "¿Guardas el Primer Mandamiento? ¿Tienes un solo Dios y creador, o es el hombre un creador?" Si el padre le responde: "Dios crea al hombre por medio del hombre", el hijo podría preguntar: "¿Enseñas que el Espíritu crea materialmente, o declaras que el Espíritu es infinito y, por consiguiente, la materia está fuera de la cuestión?" Jesús dijo: "Los hijos de este siglo se casan, y se dan en casamiento; mas los que fueren tenidos por dignos de alcanzar aquel siglo y la resurrección de entre los muertos, ni se casan, ni se dan en casamiento".

Chapter 4

Christian Science versus Spiritualism

And when they shall say unto you,
Seek unto them that have familiar spirits,
And unto wizards that peep and that mutter;
Should not a people seek unto their God? — ISAIAH.

Verily, verily, I say unto you,
If a man keep my saying, he shall never see death.
Then said the Jews unto him,
Now we know that thou hast a devil. — JOHN.

The infinite one Spirit

Mortal existence is an enigma. Every day is a mystery. The testimony of the corporeal senses cannot inform us what is real and what is delusive, but the revelations of Christian Science unlock the treasures of Truth. Whatever is false or sinful can never enter the atmosphere of Spirit. There is but one Spirit. Man is never God, but spiritual man, made in God's likeness, reflects God. In this scientific reflection the Ego and the Father are inseparable. The supposition that corporeal beings are spirits, or that there are good and evil spirits, is a mistake.

Real and unreal identity

The divine Mind maintains all identities, from a blade of grass to a star, as distinct and eternal. The questions are: What are God's identities? What is Soul? Does life or soul exist in the thing formed?

Capítulo 4

La Ciencia Cristiana versus el espiritismo

Y si os dijeren:
Preguntad a los encantadores y a los adivinos,
que susurran hablando, responded:
¿No consultará el pueblo a su Dios? — ISAÍAS.

De cierto, de cierto os digo,
que el que guarda mi palabra, nunca verá muerte.
Entonces los judíos le dijeron:
Ahora conocemos que tienes demonio. — JUAN.

El Espíritu único, infinito

La existencia mortal es un enigma. Cada día es un misterio. El testimonio de los sentidos corporales no puede informarnos qué es lo real y qué es lo ilusorio, pero las revelaciones de la Ciencia Cristiana abren la cerradura de los tesoros de la Verdad. Todo lo que es falso o pecaminoso jamás puede entrar en la atmósfera del Espíritu. Hay un único Espíritu. El hombre jamás es Dios, pero el hombre espiritual, creado a semejanza de Dios, refleja a Dios. En este reflejo científico el Ego y el Padre son inseparables. La suposición de que los seres corpóreos son espíritus, o que hay espíritus buenos y malos, es una equivocación.

La identidad real y la irreal

La Mente divina mantiene todas las identidades, desde una brizna de hierba hasta una estrella, inconfundibles y eternas. Las preguntas son: ¿Qué son las identidades de Dios? ¿Qué es el Alma? ¿Existe vida o alma en la cosa formada?

Nothing is real and eternal, — nothing is Spirit, — but God and His idea. Evil has no reality. It is neither person, place, nor thing, but is simply a belief, an illusion of material sense.

The identity, or idea, of all reality continues forever; but Spirit, or the divine Principle of all, is not *in* Spirit's formations. Soul is synonymous with Spirit, God, the creative, governing, infinite Principle outside of finite form, which forms only reflect.

Dream-lessons

Close your eyes, and you may dream that you see a flower, — that you touch and smell it. Thus you learn that the flower is a product of the so-called mind, a formation of thought rather than of matter. Close your eyes again, and you may see landscapes, men, and women. Thus you learn that these also are images, which mortal mind holds and evolves and which simulate mind, life, and intelligence. From dreams also you learn that neither mortal mind nor matter is the image or likeness of God, and that immortal Mind is not in matter.

Found wanting

When the Science of Mind is understood, spiritualism will be found mainly erroneous, having no scientific basis nor origin, no proof nor power outside of human testimony. It is the offspring of the physical senses. There is no sensuality in Spirit. I never could believe in spiritualism.

The basis and structure of spiritualism are alike material and physical. Its spirits are so many corporealities, limited and finite in character and quality. Spiritualism therefore presupposes Spirit, which is ever infinite, to be a corporeal being, a finite form, — a theory contrary to Christian Science.

Nada es real y eterno —nada es Espíritu— sino Dios y Su idea. El mal no tiene realidad. No es ni persona, lugar, ni cosa, sino que es simplemente una creencia, una ilusión del sentido material.

La identidad, o idea, de toda realidad continúa para siempre; pero el Espíritu, o Principio divino de todo, no está *en* las formaciones del Espíritu. Alma es sinónimo de Espíritu, Dios, el Principio creativo, gobernante, infinito, fuera de la forma finita, al cual las formas sólo reflejan.

Lecciones de los sueños

Cierra los ojos, y puede que sueñes que ves una flor, que la tocas y hueles. Así aprendes que la flor es un producto de la así llamada mente, una formación del pensamiento más bien que de la materia. Cierra los ojos nuevamente, y puede que veas panoramas, hombres y mujeres. Así aprendes que también estos son imágenes que la mente mortal mantiene y desarrolla y que simulan la mente, la vida y la inteligencia. De los sueños también aprendes que ni la mente mortal ni la materia es la imagen y semejanza de Dios, y que la Mente inmortal no está en la materia.

Hallado insuficiente

Cuando la Ciencia de la Mente sea comprendida, se encontrará que el espiritismo es esencialmente erróneo, que no tiene ninguna base ni origen científico, ninguna prueba ni poder fuera del testimonio humano. Es el vástago de los sentidos físicos. No hay sensualidad en el Espíritu. Jamás pude creer en el espiritismo.

La base y la estructura del espiritismo son igualmente materiales y físicas. Sus espíritus son otras tantas corporalidades, limitadas y finitas en carácter y calidad. El espiritismo, por tanto, presupone que el Espíritu, que es siempre infinito, es un ser corpóreo, una forma finita, una teoría contraria a la Ciencia Cristiana.

There is but one spiritual existence, — the Life of which corporeal sense can take no cognizance. The divine Principle of man speaks through immortal sense. If a material body — in other words, mortal, material sense — were permeated by Spirit, that body would disappear to mortal sense, would be deathless. A condition precedent to communion with Spirit is the gain of spiritual life.

Spirits obsolete

So-called *spirits* are but corporeal communicators. As light destroys darkness and in the place of darkness all is light, so (in absolute Science) Soul, or God, is the only truth-giver to man. Truth destroys mortality, and brings to light immortality. Mortal belief (the material sense of life) and immortal Truth (the spiritual sense) are the tares and the wheat, which are not united by progress, but separated.

Perfection is not expressed through imperfection. Spirit is not made manifest through matter, the antipode of Spirit. Error is not a convenient sieve through which truth can be strained.

Scientific phenomena

God, good, being ever present, it follows in divine logic that evil, the suppositional opposite of good, is never present. In Science, individual good derived from God, the infinite All-in-all, may flow from the departed to mortals; but evil is neither communicable nor scientific. A sinning, earthly mortal is not the reality of Life nor the medium through which truth passes to earth. The joy of intercourse becomes the jest of sin, when evil and suffering are communicable. Not personal intercommunion but divine law is the communicator of truth, health, and harmony to earth and humanity. As readily can you mingle fire and frost as

No hay sino una única existencia espiritual: la Vida, de la cual el sentido corporal no puede tener conocimiento. El Principio divino del hombre habla por medio del sentido inmortal. Si un cuerpo material —en otras palabras, el sentido mortal y material— fuera impregnado por el Espíritu, ese cuerpo desaparecería para el sentido mortal, sería imperecedero. Una condición previa para estar en comunión con el Espíritu es ganar la vida espiritual.

Los espíritus, obsoletos

Los así llamados *espíritus* no son nada más que comunicadores corpóreos. Tal como la luz destruye la oscuridad y en lugar de la oscuridad todo es luz, así (en la Ciencia absoluta) el Alma, o Dios, es la única que da la verdad al hombre. La Verdad destruye la mortalidad, y trae a luz la inmortalidad. La creencia mortal (el sentido material de la vida) y la Verdad inmortal (el sentido espiritual) son la cizaña y el trigo, que no son unidas por el progreso, sino separadas.

La perfección no es expresada por medio de la imperfección. El Espíritu no es puesto de manifiesto por medio de la materia, el antípoda del Espíritu. El error no es un tamiz conveniente a través del cual pueda ser cernida la verdad.

Fenómenos científicos

Como Dios, el bien, está siempre presente, se deduce en la lógica divina que el mal, el supuesto contrario del bien, nunca está presente. En la Ciencia, el bien individual derivado de Dios, el infinito Todo-en-todo, puede fluir de los fallecidos a los mortales; pero el mal no es comunicable ni científico. Un mortal pecador y terrenal no es la realidad de la Vida ni el medio por el cual la verdad pasa a la tierra. La alegría de la comunicación se convierte en la burla del pecado, cuando el mal y el sufrimiento son comunicables. No es la comunión entre las personas, sino la ley divina la que comunica la verdad, la salud y la armonía a la tierra y a la humanidad. Es tan imposible mezclar el fuego y la escarcha como el Espíritu y la

Spirit and matter. In either case, one does not support the other.

Spiritualism calls one person, living in this world, *material,* but another, who has died to-day a sinner and supposedly will return to earth to-morrow, it terms a *spirit.* The fact is that neither the one nor the other is infinite Spirit, for Spirit is God, and man is His likeness.

One government

The belief that one man, as spirit, can control another man, as matter, upsets both the individuality and the Science of man, for man is image. God controls man, and God is the only Spirit. Any other control or attraction of so-called spirit is a mortal belief, which ought to be known by its fruit,—the repetition of evil.

If Spirit, or God, communed with mortals or controlled them through electricity or any other form of matter, the divine order and the Science of omnipotent, omnipresent Spirit would be destroyed.

Incorrect theories

The belief that material bodies return to dust, hereafter to rise up as spiritual bodies with material sensations and desires, is incorrect. Equally incorrect is the belief that spirit is confined in a finite, material body, from which it is freed by death, and that, when it is freed from the material body, spirit retains the sensations belonging to that body.

No mediumship

It is a grave mistake to suppose that matter is any part of the reality of intelligent existence, or that Spirit and matter, intelligence and non-intelligence, can commune together. This error Science will destroy. The sensual cannot be made the mouthpiece of the spiritual, nor can the finite become the channel of the infinite. There is no communication between so-materia. En ninguno de los dos casos el uno apoya el otro.

El espiritismo llama *material* a una persona que vive en este mundo, pero a otra, que ha muerto hoy pecadora y que supuestamente regresará a la tierra mañana, la denomina un *espíritu*. El hecho es que ni la una ni la otra es el Espíritu infinito, porque el Espíritu es Dios, y el hombre es Su semejanza.

Único gobierno

La creencia de que un hombre, como espíritu, puede controlar a otro hombre, como materia, trastorna tanto la individualidad como la Ciencia del hombre, porque el hombre es imagen. Dios controla al hombre, y Dios es el único Espíritu. Cualquier otro control o atracción de un así llamado espíritu es una creencia mortal que debe conocerse por su fruto: la repetición del mal.

Si el Espíritu, o Dios, se comunicara con los mortales o los controlara por medio de la electricidad o cualquier otra forma de materia, el orden divino y la Ciencia del Espíritu omnipotente y omnipresente serían destruidos.

Teorías incorrectas

La creencia de que los cuerpos materiales vuelven al polvo, para resucitar en el más allá como cuerpos espirituales con sensaciones y deseos materiales, es incorrecta. Igualmente incorrecta es la creencia de que el espíritu está confinado dentro de un cuerpo finito y material, del cual es liberado por la muerte, y que, cuando es liberado del cuerpo material, el espíritu retiene las sensaciones pertenecientes a ese cuerpo.

No hay comunicación por médium

Es una grave equivocación suponer que la materia es una parte de la realidad de la existencia inteligente, o que el Espíritu y la materia, la inteligencia y la ausencia de inteligencia, pueden comunicarse entre sí. Este error será destruido por la Ciencia. No puede hacerse de lo sensorio el vocero de lo espiritual, ni puede lo finito convertirse en el conducto de lo infinito. No hay comunicación entre la así llamada existencia material called material existence and spiritual life which is not subject to death.

Opposing conditions

To be on communicable terms with Spirit, persons must be free from organic bodies; and their return to a material condition, after having once left it, would be as impossible as would be the restoration to its original condition of the acorn, already absorbed into a sprout which has risen above the soil. The seed which has germinated has a new form and state of existence. When here or hereafter the belief of life in matter is extinct, the error which has held the belief dissolves with the belief, and never returns to the old condition. No correspondence nor communion can exist between persons in such opposite dreams as the belief of having died and left a material body and the belief of still living in an organic, material body.

Bridgeless division

The caterpillar, transformed into a beautiful insect, is no longer a worm, nor does the insect return to fraternize with or control the worm. Such a backward transformation is impossible in Science. Darkness and light, infancy and manhood, sickness and health, are opposites,— different beliefs, which never blend. Who will say that infancy can utter the ideas of manhood, that darkness can represent light, that we are in Europe when we are in the opposite hemisphere? There is no bridge across the gulf which divides two such opposite conditions as the spiritual, or incorporeal, and the physical, or corporeal.

In Christian Science there is never a retrograde step, never a return to positions outgrown. The so-called dead and living cannot commune together, for they are in separate states of existence, or consciousness.

y la vida espiritual, la cual no está sujeta a la muerte.

Condiciones opuestas

Para estar en condiciones de comunicarse con el Espíritu, las personas tienen que estar libres de los cuerpos orgánicos; y su regreso a un estado material, después de haberlo dejado, sería tan imposible como lo sería la restauración de la bellota a su condición original, ya convertida en un brote que ha salido de la tierra. La semilla que ha germinado tiene una forma y un estado nuevos de existencia. Cuando aquí o en el más allá la creencia de vida en la materia se extingue, el error que ha mantenido tal creencia se disuelve con la creencia, y nunca vuelve a su condición antigua. Ninguna correspondencia ni comunión puede existir entre personas que están en sueños tan opuestos como la creencia de haber muerto y dejado un cuerpo material y la creencia de vivir aún en un cuerpo orgánico y material.

División sin puente

La oruga, transformada en un bello insecto, ya no es un gusano, ni vuelve el insecto a fraternizar con el gusano ni a controlarlo. Semejante transformación regresiva es imposible en la Ciencia. La oscuridad y la luz, la infancia y la madurez, la enfermedad y la salud, son opuestas, creencias diferentes que jamás se amalgaman. ¿Quién dirá que la infancia puede expresar las ideas de la madurez, que la oscuridad puede representar la luz, que estamos en Europa cuando nos encontramos en el hemisferio opuesto? No hay ningún puente a través de la sima que divide dos condiciones tan opuestas como la espiritual, o incorpórea, y la física, o corpórea.

En la Ciencia Cristiana jamás hay un paso retrógrado, jamás un regreso a posiciones superadas. Los así llamados muertos y los vivos no pueden comunicarse, pues están en estados separados de existencia, o consciencia.

This simple truth lays bare the mistaken assumption that man dies as matter but comes to life as spirit. The so-called dead, in order to reappear to those still in the existence cognized by the physical senses, would need to be tangible and material,—to have a material investiture,—or the material senses could take no cognizance of the so-called dead.

Unscientific investiture

Spiritualism would transfer men from the spiritual sense of existence back into its material sense. This gross materialism is scientifically impossible, since to infinite Spirit there can be no matter.

Jesus said of Lazarus: "Our friend Lazarus sleepeth; but I go, that I may awake him out of sleep." Jesus restored Lazarus by the understanding that Lazarus had never died, not by an admission that his body had died and then lived again. Had Jesus believed that Lazarus had lived or died in his body, the Master would have stood on the same plane of belief as those who buried the body, and he could not have resuscitated it.

Raising the dead

When you can waken yourself or others out of the belief that all must die, you can then exercise Jesus' spiritual power to reproduce the presence of those who have thought they died,—but not otherwise.

There is one possible moment, when those living on the earth and those called dead, can commune together, and that is the moment previous to the transition,—the moment when the link between their opposite beliefs is being sundered. In the vestibule through which we pass from one dream to another dream, or when we awake from earth's sleep to the grand verities of Life, the departing may hear the glad welcome of those

Vision of the dying

Investidura que no es científica

Esta simple verdad pone al descubierto la suposición equivocada de que el hombre muere como materia pero que vuelve a la vida como espíritu. Los así llamados muertos, a fin de reaparecer a aquellos que están aún en la existencia reconocida por los sentidos físicos, tendrían que ser tangibles y materiales —tener una investidura material— o los sentidos materiales no podrían reconocer a los así llamados muertos.

El espiritismo quisiera trasladar a los hombres desde el sentido espiritual de la existencia de regreso al sentido material de ella. Este tosco materialismo es científicamente imposible, ya que para el Espíritu infinito no puede haber materia.

Resucitando a los muertos

Jesús dijo de Lázaro: “Nuestro amigo Lázaro duerme; mas voy para despertarle”. Jesús restableció a Lázaro mediante la comprensión de que Lázaro nunca había muerto, no mediante la admisión de que su cuerpo había muerto y luego vuelto a vivir. Si Jesús hubiera creído que Lázaro había vivido o muerto en su cuerpo, el Maestro hubiera estado en el mismo plano de creencia que aquellos que enterraron el cuerpo, y no hubiera podido resucitarlo.

Cuando puedes despertarte a ti mismo o a otros de la creencia de que todo tiene que morir, puedes entonces ejercer el poder espiritual de Jesús para reproducir la presencia de aquellos que han creído haber muerto, pero no de otro modo.

Visión de los moribundos

Hay un momento posible, en el que aquellos que viven en la tierra y aquellos llamados muertos, pueden comunicarse, y ese es el momento que precede a la transición, el momento en que el eslabón entre sus creencias opuestas está siendo cortado. En el vestíbulo por el que pasamos de un sueño a otro sueño, o cuando nos despertamos del sueño de la tierra a las grandes verdades de la Vida, los que se están yendo tal vez oigan la bienvenida gozosa de who have gone before. The ones departing may whisper this vision, name the face that smiles on them and the hand which beckons them, as one at Niagara, with eyes open only to that wonder, forgets all else and breathes aloud his rapture.

Real Life is God

When being is understood, Life will be recognized as neither material nor finite, but as infinite, — as God, universal good; and the belief that life, or mind, was ever in a finite form, or good in evil, will be destroyed. Then it will be understood that Spirit never entered matter and was therefore never raised from matter. When advanced to spiritual being and the understanding of God, man can no longer commune with matter; neither can he return to it, any more than a tree can return to its seed. Neither will man seem to be corporeal, but he will be an individual consciousness, characterized by the divine Spirit as idea, not matter.

Suffering, sinning, dying beliefs are unreal. When divine Science is universally understood, they will have no power over man, for man is immortal and lives by divine authority.

Immaterial pleasure

The sinless joy, — the perfect harmony and immortality of Life, possessing unlimited divine beauty and goodness without a single bodily pleasure or pain, — constitutes the only veritable, indestructible man, whose being is spiritual. This state of existence is scientific and intact, — a perfection discernible only by those who have the final understanding of Christ in divine Science. Death can never hasten this state of existence, for death must be overcome, not submitted to, before immortality appears.

The recognition of Spirit and of infinity comes not

aquellos que se han ido antes. Los que se están yendo puede que susurren esta visión, nombren la faz que les sonríe y la mano que los llama, así como alguien ante el Niágara, con los ojos abiertos únicamente a esa maravilla, olvida todo lo demás y expresa en voz alta su embeleso.

La Vida verdadera es Dios

Cuando el ser sea comprendido, la Vida será reconocida no como material ni finita, sino como infinita, como Dios, el bien universal; y la creencia de que la vida, o mente, estuvo alguna vez en una forma finita, o el bien en el mal, será destruida. Entonces se comprenderá que el Espíritu nunca entró en la materia y, por tanto, nunca fue resucitado de la materia. Cuando ha avanzado al ser espiritual y a la comprensión de Dios, el hombre ya no puede comunicarse con la materia; ni puede retornar a ella, como tampoco un árbol puede retornar a su semilla. Ni parecerá que el hombre es corpóreo, sino que será una consciencia individual, caracterizada por el Espíritu divino como idea, no materia.

Las creencias de sufrimiento, pecado y muerte son irreales. Cuando la Ciencia divina sea universalmente comprendida, ellas no tendrán poder sobre el hombre, porque el hombre es inmortal y vive por autoridad divina.

Placeres inmateriales

El gozo impecable —la perfecta armonía e inmortalidad de la Vida, que posee belleza y bondad divinas ilimitadas sin un solo placer o dolor corporal— constituye el único hombre verdadero e indestructible, cuyo ser es espiritual. Este estado de existencia es científico y está intacto, una perfección discernible sólo para aquellos que tienen la comprensión final del Cristo en la Ciencia divina. La muerte jamás puede apresurar este estado de existencia, porque hay que vencer la muerte y no someterse a ella, antes que aparezca la inmortalidad.

El reconocimiento del Espíritu y la infinitud no viene

suddenly here or hereafter. The pious Polycarp said: "I cannot turn at once from good to evil." Neither do other mortals accomplish the change from error to truth at a single bound.

Second death

Existence continues to be a belief of corporeal sense until the Science of being is reached. Error brings its own self-destruction both here and hereafter, for mortal mind creates its own physical conditions. Death will occur on the next plane of existence as on this, until the spiritual understanding of Life is reached. Then, and not until then, will it be demonstrated that "the second death hath no power."

A dream vanishing

The period required for this dream of material life, embracing its so-called pleasures and pains, to vanish from consciousness, "knoweth no man … neither the Son, but the Father." This period will be of longer or shorter duration according to the tenacity of error. Of what advantage, then, would it be to us, or to the departed, to prolong the material state and so prolong the illusion either of a soul inert or of a sinning, suffering sense, — a so-called mind fettered to matter.

Progress and purgatory

Even if communications from spirits to mortal consciousness were possible, such communications would grow beautifully less with every advanced stage of existence. The departed would gradually rise above ignorance and materiality, and Spiritualists would outgrow their beliefs in material spiritualism. Spiritism consigns the so-called dead to a state resembling that of blighted buds, — to a wretched purgatory, where the chances of the departed for improvement narrow into nothing and they return to their old standpoints of matter.

repentinamente aquí o en el más allá. El piadoso Policarpo dijo: “No puedo pasar de repente del bien al mal”. Tampoco otros mortales logran el cambio del error a la verdad de un solo salto.

La segunda muerte

La existencia continúa siendo una creencia del sentido corporal hasta que la Ciencia del ser es alcanzada. El error trae en sí su propia destrucción tanto aquí como en el más allá, pues la mente mortal crea sus propias condiciones físicas. La muerte ocurrirá en el próximo plano de existencia así como en este, hasta que la comprensión espiritual de la Vida sea alcanzada. Entonces, y no hasta entonces, será demostrado que “la segunda muerte no tiene potestad”.

Un sueño evanescente

El período requerido para que este sueño de vida material, que lleva en sí sus así llamados placeres y dolores, se desvanezca de la consciencia, “nadie sabe... ni el Hijo, sino el Padre”. Este período será de mayor o menor duración, de acuerdo con la tenacidad del error. ¿Qué ventaja tendría, entonces, para nosotros o para los fallecidos, prolongar el estado material y así prolongar la ilusión, ya sea de un alma inerte o de un sentido que peca y sufre, una así llamada mente encadenada a la materia?

Progreso y purgatorio

Aun si las comunicaciones de los espíritus con la consciencia mortal fueran posibles, tales comunicaciones disminuirían maravillosamente más con cada etapa avanzada de la existencia. Los fallecidos se elevarían gradualmente por encima de la ignorancia y la materialidad, y los espiritistas superarían sus creencias en el espiritismo material. El espiritismo relega a los así llamados muertos a un estado parecido al de capullos malogrados, a un purgatorio desdichado, donde las oportunidades para el mejoramiento de los fallecidos se reducen hasta convertirse en nada y ellos vuelven a sus antiguos puntos de vista materiales.

The decaying flower, the blighted bud, the gnarled oak, the ferocious beast,—like the discords of disease, sin, and death,—are unnatural. They are the falsities of sense, the changing deflections of mortal mind; they are not the eternal realities of Mind.

Unnatural deflections

How unreasonable is the belief that we are wearing out life and hastening to death, and that at the same time we are communing with immortality! If the departed are in rapport with mortality, or matter, they are not spiritual, but must still be mortal, sinning, suffering, and dying. Then why look to them—even were communication possible—for proofs of immortality, and accept them as oracles? Communications gathered from ignorance are pernicious in tendency.

Absurd oracles

Spiritualism with its material accompaniments would destroy the supremacy of Spirit. If Spirit pervades all space, it needs no material method for the transmission of messages. Spirit needs no wires nor electricity in order to be omnipresent.

Spirit is not materially tangible. How then can it communicate with man through electric, material effects? How can the majesty and omnipotence of Spirit be lost? God is not in the medley where matter cares for matter, where spiritism makes many gods, and hypnotism and electricity are claimed to be the agents of God's government.

Spirit intangible

Spirit blesses man, but man cannot "tell whence it cometh." By it the sick are healed, the sorrowing are comforted, and the sinning are reformed. These are the effects of one universal God, the invisible good dwelling in eternal Science.

La flor que se marchita, el capullo malogrado, el roble nudoso, la bestia feroz —al igual que las discordias de la enfermedad, el pecado y la muerte— son innaturales. Son las falsedades del sentido, las cambiantes desviaciones de la mente mortal; no son las realidades eternas de la Mente.

Desviaciones innaturales

¡Cuán irrazonable es la creencia de que estamos consumiendo la vida y apresurándonos hacia la muerte, y que al mismo tiempo nos estamos comunicando con la inmortalidad! Si los fallecidos están en concordancia con la mortalidad, o materia, no son espirituales, sino que deben ser todavía mortales, que pecan, sufren y mueren. Entonces, ¿por qué recurrir a ellos —aun si fuera posible la comunicación— por pruebas de la inmortalidad y aceptarlos como oráculos? Las comunicaciones deducidas de la ignorancia son de tendencia perniciosa.

Oráculos absurdos

El espiritismo con sus acompañamientos materiales destruiría la supremacía del Espíritu. Si el Espíritu llena todo el espacio, no necesita ningún método material para la transmisión de mensajes. El Espíritu no necesita de cables ni de electricidad para ser omnipresente.

El Espíritu no es materialmente tangible. ¿Cómo puede entonces comunicarse con el hombre por medio de efectos materiales eléctricos? ¿Cómo pueden la majestad y la omnipotencia del Espíritu perderse? Dios no está en la mezcolanza donde la materia cuida de la materia, donde el espiritismo hace muchos dioses, y se pretende que el hipnotismo y la electricidad sean los agentes del gobierno de Dios.

El Espíritu es intangible

El Espíritu bendice al hombre, pero el hombre no sabe "de dónde viene". Por medio de aquel, los enfermos son sanados, los afligidos son consolados y los pecadores son reformados. Estos son los efectos de un único Dios universal, el bien invisible que mora en la Ciencia eterna.

Thought regarding death

The act of describing disease — its symptoms, locality, and fatality — is not scientific. Warning people against death is an error that tends to frighten into death those who are ignorant of Life as God. Thousands of instances could be cited of health restored by changing the patient's thoughts regarding death.

Fallacious hypotheses

A scientific mental method is more sanitary than the use of drugs, and such a mental method produces permanent health. Science must go over the whole ground, and dig up every seed of error's sowing. Spiritualism relies upon human beliefs and hypotheses. Christian Science removes these beliefs and hypotheses through the higher understanding of God, for Christian Science, resting on divine Principle, not on material personalities, in its revelation of immortality, introduces the harmony of being.

Jesus cast out evil spirits, or false beliefs. The Apostle Paul bade men have the Mind that was in the Christ. Jesus did his own work by the one Spirit. He said: "My Father worketh hitherto, and I work." He never described disease, so far as can be learned from the Gospels, but he healed disease.

Mistaken methods

The unscientific practitioner says: "You are ill. Your brain is overtaxed, and you must rest. Your body is weak, and it must be strengthened. You have nervous prostration, and must be treated for it." Science objects to all this, contending for the rights of intelligence and asserting that Mind controls body and brain.

Divine strength

Mind-science teaches that mortals need "not be weary in well doing." It dissipates fatigue in doing good. Giving does not impoverish us in the service of our Maker, neither does withholding enrich us.

Pensamiento sobre la muerte

El acto de describir la enfermedad —sus síntomas, localización y letalidad— no es científico. Prevenir a la gente contra la muerte es un error que tiende a asustar a muerte a aquellos que ignoran que la Vida es Dios. Podrían citarse miles de casos en que le fue restituida la salud al paciente al cambiar sus pensamientos sobre la muerte.

Hipótesis falaces

Un método mental científico es más saludable que el uso de medicamentos, y tal método mental produce salud permanente. La Ciencia debe recorrer todo el terreno y desenterrar cada semilla sembrada por el error. El espiritismo confía en creencias e hipótesis humanas. La Ciencia Cristiana elimina estas creencias e hipótesis por medio de una comprensión más elevada de Dios, pues la Ciencia Cristiana, basándose en el Principio divino, no en las personalidades materiales, en su revelación de la inmortalidad, introduce la armonía del ser.

Jesús echaba fuera los espíritus malos, o creencias falsas. El apóstol Pablo exhortó a los hombres a que tuvieran la Mente que hubo en Cristo. Jesús hizo su propia obra por medio del Espíritu único. Él dijo: "Mi Padre hasta ahora trabaja, y yo trabajo". Jamás describía la enfermedad, por lo que se puede deducir de los Evangelios, sino que sanaba la enfermedad.

Métodos equivocados

El sanador que no es científico dice: "Estás enfermo. Tu cerebro está fatigado, y debes descansar. Tu cuerpo está débil y debe ser fortalecido. Sufres de postración nerviosa y necesitas tratamiento". La Ciencia objeta a todo esto, luchando por los derechos de la inteligencia y afirmando que la Mente controla el cuerpo y el cerebro.

Fuerza divina

La ciencia-Mente enseña que los mortales no tienen por qué cansarse "de hacer bien". Ella disipa la fatiga que pudiera resultar de hacer lo bueno. Dar no nos empobrece en el servicio de nuestro Hacedor, ni retener

We have strength in proportion to our apprehension of the truth, and our strength is not lessened by giving utterance to truth. A cup of coffee or tea is not the equal of truth, whether for the inspiration of a sermon or for the support of bodily endurance.

A denial of immortality

A communication purporting to come from the late Theodore Parker reads as follows: "There never was, and there never will be, an immortal spirit." Yet the very periodical containing this sentence repeats weekly the assertion that spirit-communications are our only proofs of immortality.

Mysticism unscientific

I entertain no doubt of the humanity and philanthropy of many Spiritualists, but I cannot coincide with their views. It is mysticism which gives spiritualism its force. Science dispels mystery and explains extraordinary phenomena; but Science never removes phenomena from the domain of reason into the realm of mysticism.

Physical falsities

It should not seem mysterious that mind, without the aid of hands, can move a table, when we already know that it is mind-power which moves both table and hand. Even planchette — the French toy which years ago pleased so many people — attested the control of mortal mind over its substratum, called matter.

It is mortal mind which convulses its substratum, matter. These movements arise from the volition of human belief, but they are neither scientific nor rational. Mortal mind produces table-tipping as certainly as table-setting, and believes that this wonder emanates from spirits and electricity. This belief rests on the common conviction that mind and matter cooperate both visibly and invisibly, hence that matter is intelligent.

nos enriquece. Tenemos fuerzas en proporción a nuestra comprensión de la verdad, y nuestras fuerzas no disminuyen por proclamar la verdad. Una taza de café o de té no es el equivalente de la verdad, ya sea para inspirar un sermón o para apoyar la resistencia corporal.

Una negación de la inmortalidad

Una comunicación atribuida al extinto Teodoro Parker dice lo siguiente: "Jamás hubo, ni habrá jamás, un espíritu inmortal". Sin embargo, la misma revista que contiene esta frase repite semanalmente la aserción de que las comunicaciones de los espíritus son nuestras únicas pruebas de la inmortalidad.

El misticismo no es científico

No abrigo ninguna duda respecto a la humanidad y filantropía de muchos espiritistas, pero no puedo coincidir con sus puntos de vista. Es el misticismo lo que da al espiritismo su fuerza. La Ciencia disipa el misterio y explica los fenómenos extraordinarios; pero la Ciencia jamás traslada los fenómenos del dominio de la razón al reino del misticismo.

Falsedades físicas

No debiera parecer misterioso que la mente, sin la ayuda de las manos, pueda mover una mesa, cuando ya sabemos que es el poder mental lo que mueve tanto la mesa como la mano. Hasta el "planchette" —el juguete francés que hace años divirtió a tanta gente— confirmó el control de la mente mortal sobre su sustrato, llamado materia.

Es la mente mortal la que convulsiona su sustrato, la materia. Estos movimientos surgen de la volición de la creencia humana, pero no son ni científicos ni racionales. La mente mortal produce la inclinación de la mesa tan ciertamente como hace poner la mesa para comer, y cree que esta maravilla emana de los espíritus y la electricidad. Esta creencia se basa en la convicción generalizada de que la mente y la materia cooperan tanto visible como invisiblemente y que, por consiguiente, la materia es inteligente.

Poor post-mortem evidence

There is not so much evidence to prove intercommunication between the so-called dead and the living, as there is to show the sick that matter suffers and has sensation; yet this latter evidence is destroyed by Mind-science. If Spiritualists understood the Science of being, their belief in mediumship would vanish.

No proof of immortality

At the very best and on its own theories, spiritualism can only prove that certain individuals have a continued existence after death and maintain their affiliation with mortal flesh; but this fact affords no certainty of everlasting life. A man's assertion that he is immortal no more proves him to be so, than the opposite assertion, that he is mortal, would prove immortality a lie. Nor is the case improved when alleged spirits teach immortality. Life, Love, Truth, is the only proof of immortality.

Mind's manifestations immortal

Man in the likeness of God as revealed in Science cannot help being immortal. Though the grass seemeth to wither and the flower to fade, they reappear. Erase the figures which express number, silence the tones of music, give to the worms the body called man, and yet the producing, governing, divine Principle lives on, — in the case of man as truly as in the case of numbers and of music, — despite the so-called laws of matter, which define man as mortal. Though the inharmony resulting from material sense hides the harmony of Science, inharmony cannot destroy the divine Principle of Science. In Science, man's immortality depends upon that of God, good, and follows as a necessary consequence of the immortality of good.

That somebody, somewhere, must have known the deceased person, supposed to be the communicator, is

Débil evidencia post mórtem

No hay tanta evidencia para comprobar la comunicación entre los así llamados muertos y los vivos como la hay para mostrar a los enfermos que la materia sufre y tiene sensación; sin embargo, esta última evidencia es destruida por la ciencia-Mente. Si los espiritistas comprendieran la Ciencia del ser, su creencia en la práctica de los médium desaparecería.

Ninguna prueba de inmortalidad

A lo sumo y basado en sus propias teorías, el espiritismo sólo puede comprobar que ciertos individuos tienen una existencia que continúa después de la muerte y que mantienen su afiliación con la carne mortal; pero este hecho no ofrece ninguna certeza de la vida eterna. La aserción de un hombre de que es inmortal no comprueba que lo sea, como tampoco la afirmación opuesta, de que es mortal, comprobaría que la inmortalidad es una mentira. El caso tampoco mejora cuando supuestos espíritus enseñan la inmortalidad. La Vida, el Amor, la Verdad, es la única prueba de la inmortalidad.

Las manifestaciones de la Mente son inmortales

El hombre a semejanza de Dios, como es revelado en la Ciencia, no puede evitar ser inmortal. Aunque parece que la hierba se seca y la flor se marchita, ellas reaparecen. Borra los signos que expresan los números, silencia los tonos de la música, entrega a los gusanos el cuerpo llamado hombre y, no obstante, el Principio divino, productor, gobernante sigue viviendo —en el caso del hombre tan ciertamente como en el caso de los números y la música— a pesar de las así llamadas leyes de la materia que definen al hombre como mortal. Aunque la desarmonía que resulta del sentido material oculta la armonía de la Ciencia, la desarmonía no puede destruir el Principio divino de la Ciencia. En la Ciencia, la inmortalidad del hombre depende de la de Dios, el bien, y ocurre como una consecuencia necesaria de la inmortalidad del bien.

Es evidente que en algún sitio hay alguien que debe haber conocido a la persona fallecida que se supone es el evident, and it is as easy to read distant thoughts as near. We think of an absent friend as easily as we do of one present. It is no more difficult to read the absent mind than it is to read the present. Chaucer wrote centuries ago, yet we still read his thought in his verse. What is classic study, but discernment of the minds of Homer and Virgil, of whose personal existence we may be in doubt?

Reading thoughts

If spiritual life has been won by the departed, they cannot return to material existence, because different states of consciousness are involved, and one person cannot exist in two different states of consciousness at the same time. In sleep we do not communicate with the dreamer by our side despite his physical proximity, because both of us are either unconscious or are wandering in our dreams through different mazes of consciousness.

Impossible intercommunion

In like manner it would follow, even if our departed friends were near us and were in as conscious a state of existence as before the change we call death, that their state of consciousness must be different from ours. We are not in their state, nor are they in the mental realm in which we dwell. Communion between them and ourselves would be prevented by this difference. The mental states are so unlike, that intercommunion is as impossible as it would be between a mole and a human being. Different dreams and different awakenings betoken a differing consciousness. When wandering in Australia, do we look for help to the Esquimaux in their snow huts?

In a world of sin and sensuality hastening to a greater development of power, it is wise earnestly to

La lectura de los pensamientos

que comunica, y es tan fácil leer los pensamientos distantes como los cercanos. Pensamos en un amigo ausente tan fácilmente como pensamos en uno presente. No es más difícil leer la mente ausente de lo que es leer la presente. Chaucer escribió hace siglos, no obstante, aún leemos su pensamiento en sus versos. ¿Qué es el estudio de los clásicos, sino el discernimiento de las mentes de Homero y Virgilio, de cuya existencia personal quizás dudemos?

Intercomunicación imposible

Si los fallecidos han logrado alcanzar la vida espiritual, no pueden retornar a la existencia material, porque se trata de diferentes estados de consciencia, y una persona no puede existir en dos estados diferentes de consciencia al mismo tiempo. Cuando dormimos no nos comunicamos con el que sueña a nuestro lado a pesar de su proximidad física, porque ambos estamos o bien inconscientes o vagando en nuestros sueños por diferentes laberintos de consciencia.

De la misma manera se deduciría que, aun si nuestros amigos fallecidos estuvieran cerca de nosotros y se hallaran en un estado tan consciente de existencia como antes del cambio que llamamos muerte, su estado de consciencia tendría que ser diferente del nuestro. Nosotros no estamos en su estado, ni están ellos en el reino mental en que moramos nosotros. La comunicación entre ellos y nosotros se vería impedida por esta diferencia. Los estados mentales son de tal modo desiguales, que la intercomunicación es tan imposible como lo sería la de un topo con un ser humano. Diferentes sueños y diferentes despertares denotan consciencias diferentes. Deambulando por Australia, ¿buscamos la ayuda de los esquimales en sus viviendas de nieve?

En un mundo de pecado y sensualidad que se apresura hacia un mayor desarrollo de poder, es sabio considerar consider whether it is the human mind or the divine Mind which is influencing one. What the prophets of Jehovah did, the worshippers of Baal failed to do; yet artifice and delusion claimed that they could equal the work of wisdom.

Science only can explain the incredible good and evil elements now coming to the surface. Mortals must find refuge in Truth in order to escape the error of these latter days. Nothing is more antagonistic to Christian Science than a blind belief without understanding, for such a belief hides Truth and builds on error.

Natural wonders

Miracles are impossible in Science, and here Science takes issue with popular religions. The scientific manifestation of power is from the divine nature and is not supernatural, since Science is an explication of nature. The belief that the universe, including man, is governed in general by material laws, but that occasionally Spirit sets aside these laws, — this belief belittles omnipotent wisdom, and gives to matter the precedence over Spirit.

Conflicting standpoints

It is contrary to Christian Science to suppose that life is either material or organically spiritual. Between Christian Science and all forms of superstition a great gulf is fixed, as impassable as that between Dives and Lazarus. There is mortal mind-reading and immortal Mind-reading. The latter is a revelation of divine purpose through spiritual understanding, by which man gains the divine Principle and explanation of all things. Mortal mind-reading and immortal Mind-reading are distinctly opposite standpoints, from which cause and effect are interpreted. The act of reading mortal mind investigates and touches only human beliefs.

seriamente si es la mente humana o la Mente divina la que lo está influenciando a uno. Lo que los profetas de Jehová hicieron, los adoradores de Baal no lo lograron; sin embargo, el artificio y el engaño pretendieron que podían igualar la obra de la sabiduría.

Sólo la Ciencia puede explicar los increíbles elementos buenos y malos que están saliendo ahora a la superficie. Los mortales tienen que encontrar refugio en la Verdad a fin de escapar del error de estos postreros días. Nada es más antagónico a la Ciencia Cristiana que una creencia ciega sin comprensión, pues tal creencia oculta la Verdad y construye sobre el error.

Maravillas naturales

Los milagros son imposibles en la Ciencia, y aquí la Ciencia está en desacuerdo con las religiones populares. La manifestación científica del poder proviene de la naturaleza divina y no es sobrenatural, ya que la Ciencia es una explicación de la naturaleza. La creencia de que el universo, incluyendo el hombre, está gobernado en general por leyes materiales, pero que ocasionalmente el Espíritu hace a un lado estas leyes, esta creencia menosprecia la sabiduría omnipotente, y da a la materia precedencia sobre el Espíritu.

Puntos de vista en conflicto

Es contrario a la Ciencia Cristiana suponer que la vida es material u orgánicamente espiritual. Entre la Ciencia Cristiana y todas las formas de superstición está firmemente establecida una gran sima, tan infranqueable como aquella entre el hombre rico y Lázaro. Existe la lectura de la mente mortal y la lectura de la Mente inmortal. Esta última es una revelación del propósito divino a través de la comprensión espiritual, por medio de la cual el hombre alcanza el Principio divino y la explicación de todas las cosas. La lectura de la mente mortal y la lectura de la Mente inmortal son puntos de vista marcadamente opuestos, desde los cuales la causa y el efecto son interpretados. El acto de leer la mente mortal investiga y toca únicamente las creencias humanas.

Science is immortal and coordinate neither with the premises nor with the conclusions of mortal beliefs.

Scientific foreseeing

The ancient prophets gained their foresight from a spiritual, incorporeal standpoint, not by foreshadowing evil and mistaking fact for fiction, — predicting the future from a groundwork of corporeality and human belief. When sufficiently advanced in Science to be in harmony with the truth of being, men become seers and prophets involuntarily, controlled not by demons, spirits, or demigods, but by the one Spirit. It is the prerogative of the ever-present, divine Mind, and of thought which is in rapport with this Mind, to know the past, the present, and the future.

Acquaintance with the Science of being enables us to commune more largely with the divine Mind, to foresee and foretell events which concern the universal welfare, to be divinely inspired, — yea, to reach the range of fetterless Mind.

The Mind unbounded

To understand that Mind is infinite, not bounded by corporeality, not dependent upon the ear and eye for sound or sight nor upon muscles and bones for locomotion, is a step towards the Mind-science by which we discern man's nature and existence. This true conception of being destroys the belief of spiritualism at its very inception, for without the concession of material personalities called spirits, spiritualism has no basis upon which to build.

Scientific foreknowing

All we correctly know of Spirit comes from God, divine Principle, and is learned through Christ and Christian Science. If this Science has been thoroughly learned and properly digested, we can know the truth more accurately than the astronomer can read

La Ciencia es inmortal y no coordina ni con las premisas ni con las conclusiones de las creencias mortales.

Previsión científica

Los antiguos profetas obtenían su previsión desde un punto de vista espiritual e incorpóreo, no por presagiar el mal ni por confundir la realidad con la ficción, prediciendo el futuro desde una base de corporalidad y de creencias humanas. Cuando están lo suficientemente avanzados en la Ciencia como para estar en armonía con la verdad del ser, los hombres involuntariamente llegan a ser videntes y profetas, no controlados por demonios, espíritus, ni semidioses, sino por el Espíritu único. Es la prerrogativa de la Mente divina y siempre presente, y del pensamiento que está en concordancia con esta Mente, conocer el pasado, el presente y el futuro.

Estar familiarizado con la Ciencia del ser nos capacita para comunicarnos más ampliamente con la Mente divina, para prever y predecir los acontecimientos que conciernen al bienestar universal, para estar divinamente inspirados, sí, para alcanzar el ámbito de la Mente ilimitada.

La Mente ilimitada

Comprender que la Mente es infinita, no es limitada por la corporalidad, no dependiente del oído y del ojo para oír o ver ni de los músculos y de los huesos para la locomoción, es un paso hacia la ciencia-Mente, por medio de la cual discernimos la naturaleza y la existencia del hombre. Esta verdadera concepción del ser destruye la creencia del espiritismo en su mismo comienzo, pues sin la concesión de que hay personalidades materiales llamadas espíritus, el espiritismo no tiene base alguna sobre la cual construir.

Presciencia científica

Todo lo que sabemos correctamente del Espíritu viene de Dios, el Principio divino, y se aprende mediante el Cristo y la Ciencia Cristiana. Si esta Ciencia ha sido aprendida a fondo y asimilada debidamente, podemos conocer la verdad más exactamente de lo que puede the stars or calculate an eclipse. This Mind-reading is the opposite of clairvoyance. It is the illumination of the spiritual understanding which demonstrates the capacity of Soul, not of material sense. This Soul-sense comes to the human mind when the latter yields to the divine Mind.

Value of intuition

Such intuitions reveal whatever constitutes and perpetuates harmony, enabling one to do good, but not evil. You will reach the perfect Science of healing when you are able to read the human mind after this manner and discern the error you would destroy. The Samaritan woman said: "Come, see a man, which told me all things that ever I did: is not this the Christ?"

It is recorded that Jesus, as he once journeyed with his students, "knew their thoughts," — read them scientifically. In like manner he discerned disease and healed the sick. After the same method, events of great moment were foretold by the Hebrew prophets. Our Master rebuked the lack of this power when he said: "O ye hypocrites! ye can discern the face of the sky; but can ye not discern the signs of the times?"

Hypocrisy condemned

Both Jew and Gentile may have had acute corporeal senses, but mortals need spiritual sense. Jesus knew the generation to be wicked and adulterous, seeking the material more than the spiritual. His thrusts at materialism were sharp, but needed. He never spared hypocrisy the sternest condemnation. He said: "These ought ye to have done, and not to leave the other undone." The great Teacher knew both cause and effect, knew that truth communicates itself but never imparts error.

el astrónomo leer las estrellas o calcular un eclipse. Esta lectura por la Mente es lo opuesto de la clarividencia. Es la iluminación de la comprensión espiritual que demuestra la capacidad del Alma, no la del sentido material. Este sentido-Alma viene a la mente humana cuando esta se somete a la Mente divina.

Valor de la intuición

Tales intuiciones revelan todo lo que constituye y perpetúa la armonía, capacitándolo a uno para hacer el bien, pero no el mal. Alcanzarás la Ciencia perfecta de la curación cuando seas capaz de leer la mente humana de esta manera y discernir el error que quieres destruir. La samaritana dijo: "Venid, ved a un hombre que me ha dicho todo cuanto he hecho. ¿No será este el Cristo?"

Está registrado que Jesús, en cierta ocasión en que viajaba con sus discípulos, conoció "los pensamientos de ellos", los leyó científicamente. De igual manera discernía la enfermedad y sanaba a los enfermos. Por el mismo método, acontecimientos de gran importancia fueron predichos con anticipación por los profetas hebreos. Nuestro Maestro reprendió la falta de este poder cuando dijo: "¡Hipócritas! que sabéis distinguir el aspecto del cielo, ¡mas las señales de los tiempos no podéis!"

La hipocresía condenada

Tanto los judíos como los gentiles pueden haber tenido sentidos corporales agudos, pero los mortales necesitan el sentido espiritual. Jesús sabía que esa generación era mala y adúltera, que buscaba lo material más que lo espiritual. Sus estocadas contra el materialismo eran cortantes pero necesarias. Él nunca escatimó a la hipocresía la más severa condenación. Dijo: "Esto era necesario hacer, sin dejar de hacer aquello". El gran Maestro conocía tanto la causa como el efecto, sabía que la verdad se comunica a sí misma pero que nunca imparte el error.

Mental contact

Jesus once asked, "Who touched me?" Supposing this inquiry to be occasioned by physical contact alone, his disciples answered, "The multitude throng thee." Jesus knew, as others did not, that it was not matter, but mortal mind, whose touch called for aid. Repeating his inquiry, he was answered by the faith of a sick woman. His quick apprehension of this mental call illustrated his spirituality. The disciples' misconception of it uncovered their materiality. Jesus possessed more spiritual susceptibility than the disciples. Opposites come from contrary directions, and produce unlike results.

Images of thought

Mortals evolve images of thought. These may appear to the ignorant to be apparitions; but they are mysterious only because it is unusual to see thoughts, though we can always feel their influence. Haunted houses, ghostly voices, unusual noises, and apparitions brought out in dark seances either involve feats by tricksters, or they are images and sounds evolved involuntarily by mortal mind. Seeing is no less a quality of physical sense than feeling. Then why is it more difficult to see a thought than to feel one? Education alone determines the difference. In reality there is none.

Phenomena explained

Portraits, landscape-paintings, fac-similes of penmanship, peculiarities of expression, recollected sentences, can all be taken from pictorial thought and memory as readily as from objects cognizable by the senses. Mortal mind sees what it believes as certainly as it believes what it sees. It feels, hears, and sees its own thoughts. Pictures are mentally formed before the artist can convey them to canvas. So is it

Contacto mental

Una vez Jesús preguntó: “¿Quién... me ha tocado?” Suponiendo que esta pregunta era ocasionada por el contacto físico solo, sus discípulos respondieron: “La multitud te aprieta”. Jesús sabía, lo que otros no, que no era la materia, sino la mente mortal cuyo toque pedía ayuda. Al reiterar su pregunta, le respondió la fe de una mujer enferma. La percepción inmediata que él tuvo de esta llamada mental ilustró su espiritualidad. El concepto equivocado de los discípulos sobre el hecho puso al descubierto su materialidad. Jesús poseía más susceptibilidad espiritual que los discípulos. Los opuestos provienen de direcciones contrarias, y producen resultados disímiles.

Imágenes de pensamiento

Los mortales desarrollan imágenes de pensamiento. Estas puede que parezcan ser apariciones al ignorante; pero son misteriosas sólo porque es inusual ver pensamientos, aunque siempre podemos sentir su influencia. Las casas embrujadas, las voces espectrales, los ruidos extraños y las apariciones producidas en sesiones a oscuras, o bien entrañan artificios de embaucadores, o son imágenes y sonidos desarrollados involuntariamente por la mente mortal. La vista es una cualidad del sentido físico tanto como la sensación. Entonces, ¿por qué es más difícil ver un pensamiento que sentirlo? Sólo la educación determina la diferencia. En realidad no hay ninguna.

Fenómenos explicados

Los retratos, los cuadros de paisajes, los facsímiles de escritos, las peculiaridades de expresión, las frases que se recuerdan, todo esto puede obtenerse del pensamiento pictórico y de la memoria, tan fácilmente como de los objetos perceptibles por medio de los sentidos. La mente mortal ve lo que cree tan ciertamente como cree lo que ve. Siente, oye y ve sus propios pensamientos. Los cuadros son formados mentalmente antes que el artista pueda llevarlos al lienzo. Así es con todas las concepciones with all material conceptions. Mind-readers perceive these pictures of thought. They copy or reproduce them, even when they are lost to the memory of the mind in which they are discoverable.

Mental environment

It is needless for the thought or for the person holding the transferred picture to be individually and consciously present. Though individuals have passed away, their mental environment remains to be discerned, described, and transmitted. Though bodies are leagues apart and their associations forgotten, their associations float in the general atmosphere of human mind.

Second sight

The Scotch call such vision "second sight," when really it is first sight instead of second, for it presents primal facts to mortal mind. Science enables one to read the human mind, but not as a clairvoyant. It enables one to heal through Mind, but not as a mesmerist.

Buried secrets

The mine knows naught of the emeralds within its rocks; the sea is ignorant of the gems within its caverns, of the corals, of its sharp reefs, of the tall ships that float on its bosom, or of the bodies which lie buried in its sands: yet these are all there. Do not suppose that any mental concept is gone because you do not think of it. The true concept is never lost. The strong impressions produced on mortal mind by friendship or by any intense feeling are lasting, and mind-readers can perceive and reproduce these impressions.

Recollected friends

Memory may reproduce voices long ago silent. We have but to close the eyes, and forms rise before us, which are thousands of miles away or altogether gone from physical sight and sense, and materiales. Los adivinadores del pensamiento perciben estos cuadros del pensamiento. Los copian o los reproducen, aun cuando se hayan perdido de la memoria de la mente en que se pueden descubrir.

Ambiente mental

No es necesario que el pensamiento o que la persona que mantiene el cuadro transferido esté individual y conscientemente presente. Aunque los individuos hayan fallecido, su ambiente mental permanece para ser discernido, descrito y transmitido. Aunque los cuerpos estén separados por leguas y sus asociaciones olvidadas, sus asociaciones flotan en la atmósfera general de la mente humana.

Segunda vista

Los escoceses llaman a dicha visión "segunda vista", cuando realmente es la primera vista en lugar de la segunda, pues presenta hechos primordiales a la mente mortal. La Ciencia lo capacita a uno para leer la mente humana, pero no como un clarividente. Lo capacita a uno para sanar por medio de la Mente, pero no como un mesmerista.

Secretos enterrados

La mina nada sabe de las esmeraldas dentro de sus rocas; el mar nada sabe de las gemas dentro de sus cavernas, de los corales, de los afilados arrecifes, de los grandes barcos que flotan en su seno, o de los cuerpos que yacen sepultados en sus arenas; sin embargo, todos estos están allí. No supongas que un concepto mental desaparece porque no piensas en él. El concepto verdadero jamás se pierde. Las fuertes impresiones producidas en la mente mortal por la amistad o por cualquier sentimiento intenso son duraderas, y los adivinadores del pensamiento pueden percibir y reproducir estas impresiones.

Amigos recordados

La memoria puede reproducir voces por mucho tiempo silenciosas. Sólo tenemos que cerrar los ojos, y surgen figuras ante nosotros que están a miles de millas de distancia o que han desaparecido completamente this not in dreamy sleep. In our day-dreams we can recall that for which the poet Tennyson expressed the heart's desire,—

> the touch of a vanished hand,
> And the sound of a voice that is still.

The mind may even be cognizant of a present flavor and odor, when no viand touches the palate and no scent salutes the nostrils.

Illusions not ideas

How are veritable ideas to be distinguished from illusions? By learning the origin of each. Ideas are emanations from the divine Mind. Thoughts, proceeding from the brain or from matter, are offshoots of mortal mind; they are mortal material beliefs. Ideas are spiritual, harmonious, and eternal. Beliefs proceed from the so-called material senses, which at one time are supposed to be substance-matter and at another are called spirits.

To love one's neighbor as one's self, is a divine idea; but this idea can never be seen, felt, nor understood through the physical senses. Excite the organ of veneration or religious faith, and the individual manifests profound adoration. Excite the opposite development, and he blasphemes. These effects, however, do not proceed from Christianity, nor are they spiritual phenomena, for both arise from mortal belief.

Trance speaking illusion

Eloquence re-echoes the strains of Truth and Love. It is due to inspiration rather than to erudition. It shows the possibilities derived from divine Mind, though it is said to be a gift whose endowment is obtained from books or received from the impulsion of departed spirits. When eloquence proceeds from the belief that a departed spirit is speaking, who de la vista y del sentido físico, y esto sin estar soñando dormidos. Cuando soñamos despiertos podemos recordar aquello que expresó el poeta Tennyson como deseo del corazón:

> el toque de una mano desaparecida,
> Y el sonido de una voz que está callada.

La mente puede hasta tener conocimiento de la presencia de un sabor y de un olor, cuando ningún manjar toca el paladar y ningún aroma llega a la nariz.

Las ilusiones no son ideas

¿Cómo pueden distinguirse las ideas verdaderas de las ilusiones? Aprendiendo el origen de cada una. Las ideas son emanaciones de la Mente divina. Los pensamientos, que proceden del cerebro o de la materia, son brotes de la mente mortal; son creencias mortales y materiales. Las ideas son espirituales, armoniosas y eternas. Las creencias proceden de los así llamados sentidos materiales, que en ciertas ocasiones se supone que son materia-sustancia y en otras son llamadas espíritus.

Amar al prójimo como a uno mismo es una idea divina; pero esta idea jamás puede ser vista, sentida ni comprendida por medio de los sentidos físicos. Excita el órgano de la veneración o de la fe religiosa, y el individuo manifiesta adoración profunda. Excita la tendencia opuesta, y él blasfema. Estos efectos, sin embargo, no proceden del cristianismo ni son fenómenos espirituales, pues ambos emanan de la creencia mortal.

La elocuencia durante el trance es una ilusión

La elocuencia repite el eco de las melodías de la Verdad y el Amor. Eso se debe más bien a la inspiración que a la erudición. Muestra las posibilidades derivadas de la Mente divina, aunque se dice que es un don obtenido mediante el estudio de libros o recibido por el impulso de los espíritus de los fallecidos. Cuando la elocuencia procede de la creencia de que el espíritu de un fallecido can tell what the unaided medium is incapable of knowing or uttering? This phenomenon only shows that the beliefs of mortal mind are loosed. Forgetting her ignorance in the belief that another mind is speaking through her, the devotee may become unwontedly eloquent. Having more faith in others than in herself, and believing that somebody else possesses her tongue and mind, she talks freely.

Destroy her belief in outside aid, and her eloquence disappears. The former limits of her belief return. She says, "I am incapable of words that glow, for I am uneducated." This familiar instance reaffirms the Scriptural word concerning a man, "As he thinketh in his heart, so is he." If one believes that he cannot be an orator without study or a superinduced condition, the body responds to this belief, and the tongue grows mute which before was eloquent.

Scientific improvisation

Mind is not necessarily dependent upon educational processes. It possesses of itself all beauty and poetry, and the power of expressing them. Spirit, God, is heard when the senses are silent. We are all capable of more than we do. The influence or action of Soul confers a freedom, which explains the phenomena of improvisation and the fervor of untutored lips.

Divine origination

Matter is neither intelligent nor creative. The tree is not the author of itself. Sound is not the originator of music, and man is not the father of man. Cain very naturally concluded that if life was in the body, and man gave it, man had the right to take it away. This incident shows that the belief of life in matter was "a murderer from the beginning."

If seed is necessary to produce wheat, and wheat to

está hablando, ¿quién puede decir lo que la médium sin ayuda es capaz de saber o expresar? Este fenómeno solamente muestra que las creencias de la mente mortal están desatadas. Olvidando su ignorancia, en la creencia de que otra mente está hablando por medio de ella, la médium puede volverse inusitadamente elocuente. Al tener más fe en otros que en sí misma, y creer que otra persona posee su lengua y su mente, habla con soltura.

Destruye su creencia en la ayuda exterior, y su elocuencia desaparece. Vuelven las antiguas limitaciones de su creencia. Dice: "Soy incapaz de usar palabras que deslumbran, porque no tengo instrucción". Este ejemplo común confirma la palabra de las Escrituras respecto a un hombre: "Cual es su pensamiento en su corazón, tal es él". Si uno cree que no puede ser un orador sin haber estudiado o sin una condición sobreañadida, el cuerpo responde a esta creencia, y la lengua que antes era elocuente enmudece.

Improvisación científica

La Mente no depende necesariamente de procesos educativos. Posee de por sí toda la belleza y la poesía, y el poder de expresarlas. El Espíritu, Dios, es oído cuando los sentidos están en silencio. Todos somos capaces de hacer más de lo que hacemos. La influencia o acción del Alma confiere una libertad que explica los fenómenos de la improvisación y el fervor de los labios incultos.

Origen divino

La materia no es inteligente ni creativa. El árbol no es el autor de sí mismo. El sonido no es el que origina la música, y el hombre no es el padre del hombre. Caín muy naturalmente concluyó que si la vida estaba en el cuerpo, y el hombre la daba, el hombre tenía el derecho de quitarla. Este incidente muestra que la creencia de que hay vida en la materia fue "homicida desde el principio".

Si la semilla es necesaria para producir trigo, y el trigo

produce flour, or if one animal can originate another, how then can we account for their primal origin? How were the loaves and fishes multiplied on the shores of Galilee, — and that, too, without meal or monad from which loaf or fish could come?

Mind is substance

The earth's orbit and the imaginary line called the equator are not substance. The earth's motion and position are sustained by Mind alone. Divest yourself of the thought that there can be substance in matter, and the movements and transitions now possible for mortal mind will be found to be equally possible for the body. Then being will be recognized as spiritual, and death will be obsolete, though now some insist that death is the necessary prelude to immortality.

Mortal delusions

In dreams we fly to Europe and meet a far-off friend. The looker-on sees the body in bed, but the supposed inhabitant of that body carries it through the air and over the ocean. This shows the possibilities of thought. Opium and hashish eaters mentally travel far and work wonders, yet their bodies stay in one place. This shows what mortal mentality and knowledge are.

Scientific finalities

The admission to one's self that man is God's own likeness sets man free to master the infinite idea. This conviction shuts the door on death, and opens it wide towards immortality. The understanding and recognition of Spirit must finally come, and we may as well improve our time in solving the mysteries of being through an apprehension of divine Principle. At present we know not what man is, but we certainly shall know this when man reflects God.

para producir harina, o si un animal puede originar otro, ¿cómo podemos entonces explicar su origen primario? ¿Cómo fueron multiplicados los panes y los peces en las riberas de Galilea, y eso también sin harina o mónada de donde el pan o el pez pudieran venir?

La Mente es sustancia

La órbita de la tierra y la línea imaginaria llamada ecuador no son sustancia. El movimiento y la posición de la tierra son sostenidos por la Mente sola. Despójate del pensamiento de que pueda haber sustancia en la materia, y encontrarás que los movimientos y transiciones ahora posibles para la mente mortal son igualmente posibles para el cuerpo. Entonces el ser será reconocido como espiritual, y la muerte será obsoleta, aunque ahora algunos insistan en que la muerte es el preludio necesario para la inmortalidad.

Engaños mortales

En sueños volamos a Europa y nos encontramos con un amigo lejano. El espectador ve el cuerpo en la cama, pero el supuesto habitante de ese cuerpo lo lleva por el aire y sobre el océano. Esto muestra las posibilidades del pensamiento. Los que consumen opio y hachís viajan lejos mentalmente y hacen maravillas, sin embargo, sus cuerpos permanecen en un sitio. Esto muestra lo que son la mentalidad y el conocimiento mortales.

Finalidades científicas

Admitir para uno mismo que el hombre es la propia semejanza de Dios, libera al hombre para dominar la idea infinita. Esta convicción cierra la puerta a la muerte y la abre de par en par hacia la inmortalidad. La comprensión y el reconocimiento del Espíritu tienen que venir finalmente, y sería mejor que aprovecháramos al máximo nuestro tiempo resolviendo los misterios del ser por medio de una comprensión del Principio divino. Al presente no sabemos lo que el hombre es, pero ciertamente sabremos esto cuando el hombre refleje a Dios.

The Revelator tells us of "a new heaven and a new earth." Have you ever pictured this heaven and earth, inhabited by beings under the control of supreme wisdom?

Let us rid ourselves of the belief that man is separated from God, and obey only the divine Principle, Life and Love. Here is the great point of departure for all true spiritual growth.

Man's genuine being

It is difficult for the sinner to accept divine Science, because Science exposes his nothingness; but the sooner error is reduced to its native nothingness, the sooner man's great reality will appear and his genuine being will be understood. The destruction of error is by no means the destruction of Truth or Life, but is the acknowledgment of them.

Absorbed in material selfhood we discern and reflect but faintly the substance of Life or Mind. The denial of material selfhood aids the discernment of man's spiritual and eternal individuality, and destroys the erroneous knowledge gained from matter or through what are termed the material senses.

Erroneous postulates

Certain erroneous postulates should be here considered in order that the spiritual facts may be better apprehended.

The first erroneous postulate of belief is, that substance, life, and intelligence are something apart from God.

The second erroneous postulate is, that man is both mental and material.

The third erroneous postulate is, that mind is both evil and good; whereas the real Mind cannot be evil nor the medium of evil, for Mind is God.

The fourth erroneous postulate is, that matter is in-

El Revelador (el autor del Apocalipsis) nos habla de "un cielo nuevo y una tierra nueva". ¿Te has figurado alguna vez este cielo y esta tierra, habitados por seres bajo el control de la sabiduría suprema?

Liberémonos de la creencia de que el hombre está separado de Dios, y obedezcamos solamente al Principio divino, la Vida y el Amor. He aquí el gran punto de partida para todo crecimiento espiritual verdadero.

El ser genuino del hombre

Es difícil para el pecador aceptar la Ciencia divina, porque la Ciencia expone que él es nada; pero cuanto más pronto el error sea reducido a su nada nativa, tanto más pronto aparecerá la gran realidad del hombre y será comprendido su ser genuino. La destrucción del error de ningún modo es la destrucción de la Verdad o la Vida, sino que es el reconocimiento de ellas.

Absortos en el yo material, discernimos y reflejamos sólo de manera tenue la sustancia de la Vida, o Mente. La negación del yo material ayuda al discernimiento de la individualidad espiritual y eterna del hombre, y destruye el conocimiento erróneo obtenido de la materia o por medio de lo que se denomina los sentidos materiales.

Postulados erróneos

Ciertos postulados erróneos deben ser considerados aquí a fin de que las realidades espirituales puedan ser mejor comprendidas.

El primer postulado erróneo de la creencia es que la sustancia, la vida y la inteligencia son algo separado de Dios.

El segundo postulado erróneo es que el hombre es tanto mental como material.

El tercer postulado erróneo es que la mente es tanto mala como buena; cuando en realidad la Mente verdadera no puede ser mala ni el instrumento del mal, porque la Mente es Dios.

El cuarto postulado erróneo es que la materia es inteligente telligent, and that man has a material body which is part of himself.

The fifth erroneous postulate is, that matter holds in itself the issues of life and death, — that matter is not only capable of experiencing pleasure and pain, but also capable of imparting these sensations. From the illusion implied in this last postulate arises the decomposition of mortal bodies in what is termed death.

Mind is not an entity within the cranium with the power of sinning now and forever.

Knowledge of good and evil

In old Scriptural pictures we see a serpent coiled around the tree of knowledge and speaking to Adam and Eve. This represents the serpent in the act of commending to our first parents the knowledge of good and evil, a knowledge gained from matter, or evil, instead of from Spirit. The portrayal is still graphically accurate, for the common conception of mortal man — a burlesque of God's man — is an outgrowth of human knowledge or sensuality, a mere offshoot of material sense.

Opposing power

Uncover error, and it turns the lie upon you. Until the fact concerning error — namely, its nothingness — appears, the moral demand will not be met, and the ability to make nothing of error will be wanting. We should blush to call that real which is only a mistake. The foundation of evil is laid on a belief in something besides God. This belief tends to support two opposite powers, instead of urging the claims of Truth alone. The mistake of thinking that error can be real, when it is merely the absence of truth, leads to belief in the superiority of error.

Do you say the time has not yet come in which to

y que el hombre tiene un cuerpo material que es parte de sí mismo.

El quinto postulado erróneo es que la materia encierra en sí misma lo concerniente a la vida y la muerte, que la materia no solamente es capaz de experimentar placer y dolor, sino también capaz de impartir estas sensaciones. De la ilusión que este último postulado implica resulta la descomposición de los cuerpos mortales en lo que se llama muerte.

La mente no es una entidad dentro del cráneo con el poder de pecar ahora y para siempre.

El conocimiento del bien y del mal

En los antiguos cuadros bíblicos, vemos una serpiente enroscada alrededor del árbol del conocimiento y hablando con Adán y Eva. Esto representa la serpiente en el acto de recomendar a nuestros primeros padres el conocimiento del bien y del mal, un conocimiento obtenido de la materia, o mal, en vez del Espíritu. La representación es todavía gráficamente exacta, pues el concepto común del hombre mortal —una parodia del hombre de Dios— es un producto del conocimiento humano o sensualidad, un mero brote del sentido material.

Poder opositor

Pon el error al descubierto, y él vuelve la mentira contra ti. Hasta que el hecho concerniente al error —o sea, su nada— aparezca, la exigencia moral no será satisfecha, y se carecerá de la capacidad para reducir el error a la nada. Debiéramos ruborizarnos por llamar verdadero lo que sólo es una equivocación. El fundamento del mal se asienta sobre una creencia en algo aparte de Dios. Esta creencia tiende a apoyar dos poderes opuestos, en vez de urgir solamente las reivindicaciones de la Verdad. La equivocación de pensar que el error puede ser real, cuando es meramente la ausencia de la verdad, conduce a una creencia en la superioridad del error.

¿Dices que aún no ha llegado la hora de reconocer el Alma

recognize Soul as substantial and able to control the body? Remember Jesus, who nearly nineteen centuries ago demonstrated the power of Spirit and said, "He that believeth on me, the works that I do shall he do also," and who also said, "But the hour cometh, and *now is,* when the true worshippers shall worship the Father in spirit and in truth." "Behold, *now* is the accepted time; behold, *now* is the day of salvation," said Paul.

The age's privilege

Logic and revelation

Divine logic and revelation coincide. If we believe otherwise, we may be sure that either our logic is at fault or that we have misinterpreted revelation. Good never causes evil, nor creates aught that can cause evil.

Good does not create a mind susceptible of causing evil, for evil is the opposing error and not the truth of creation. Destructive electricity is not the offspring of infinite good. Whatever contradicts the real nature of the divine *Esse,* though human faith may clothe it with angelic vestments, is without foundation.

Derivatives of spirit

The belief that Spirit is finite as well as infinite has darkened all history. In Christian Science, Spirit, as a proper noun, is the name of the Supreme Being. It means quantity and quality, and applies exclusively to God. The modifying derivatives of the word *spirit* refer only to quality, not to God. Man is spiritual. He is not God, Spirit. If man were Spirit, then men would be spirits, gods. Finite spirit would be mortal, and this is the error embodied in the belief that the infinite can be contained in the finite. This belief tends to becloud our apprehension of the kingdom of heaven and of the reign of harmony in the Science of being.

Privilegio de la época

como sustancial y capaz de controlar el cuerpo? Recuerda a Jesús, que hace casi diecinueve siglos demostró el poder del Espíritu y dijo: "El que en mí cree, las obras que yo hago, él las hará también", y que también expresó: "La hora viene, y *ahora es,* cuando los verdaderos adoradores adorarán al Padre en espíritu y en verdad". "He aquí *ahora* el tiempo aceptable; he aquí *ahora* el día de salvación", dijo Pablo.

Lógica y revelación

La lógica divina y la revelación coinciden. Si creemos lo contrario, podemos estar seguros de que nuestra lógica está errada o de que hemos interpretado mal la revelación. El bien nunca causa el mal, ni crea nada que pueda causar el mal.

El bien no crea una mente susceptible de causar el mal, porque el mal es el error opositor y no la verdad de la creación. La electricidad destructiva no es el producto del bien infinito. Cualquier cosa que contradiga la naturaleza verdadera del *Esse* divino, aunque la fe humana pueda revestirlo con ropajes angelicales, no tiene fundamento.

Derivados de la palabra espíritu

La creencia de que el Espíritu es finito a la vez que infinito ha oscurecido toda la historia. En la Ciencia Cristiana, Espíritu, como un nombre propio, es el nombre del Ser Supremo. Significa cantidad y calidad, y se aplica exclusivamente a Dios. Los derivados calificativos de la palabra *espíritu* se refieren únicamente a calidad, no a Dios. El hombre es espiritual. Él no es Dios, el Espíritu. Si el hombre fuera el Espíritu, entonces los hombres serían espíritus, dioses. Un espíritu finito sería mortal, y este es el error incorporado en la creencia de que lo infinito puede estar contenido en lo finito. Esta creencia tiende a nublar nuestra comprensión del reino de los cielos y del reino de la armonía en la Ciencia del ser.

Scientific man

Jesus taught but one God, one Spirit, who makes man in the image and likeness of Himself, — of Spirit, not of matter. Man reflects infinite Truth, Life, and Love. The nature of man, thus understood, includes all that is implied by the terms “image” and “likeness” as used in Scripture. The truly Christian and scientific statement of personality and of the relation of man to God, with the demonstration which accompanied it, incensed the rabbis, and they said: “Crucify him, crucify him . . . by our law he ought to die, because he made himself the Son of God.”

The eastern empires and nations owe their false government to the misconceptions of Deity there prevalent. Tyranny, intolerance, and bloodshed, wherever found, arise from the belief that the infinite is formed after the pattern of mortal personality, passion, and impulse.

Ingratitude and denial

The progress of truth confirms its claims, and our Master confirmed his words by his works. His healing-power evoked denial, ingratitude, and betrayal, arising from sensuality. Of the ten lepers whom Jesus healed, but one returned to give God thanks, — that is, to acknowledge the divine Principle which had healed him.

Our Master easily read the thoughts of mankind, and this insight better enabled him to direct those thoughts aright; but what would be said at this period of an infidel blasphemer who should hint that Jesus used his incisive power injuriously? Our Master read mortal mind on a scientific basis, that of the omnipresence of Mind. An approximation of this discernment indicates spiritual growth and union with the infinite capacities of the one Mind. Jesus could injure no one by his Mind-reading.

El hombre científico

Jesús enseñó que existe un único Dios, un único Espíritu, que hace al hombre a imagen y semejanza de Sí mismo, del Espíritu, no de la materia. El hombre refleja la Verdad, la Vida y el Amor infinitos. La naturaleza del hombre, así comprendida, incluye todo lo que está implícito en los vocablos "imagen" y "semejanza" como se usan en las Escrituras. La declaración verdaderamente cristiana y científica sobre la personalidad y sobre la relación del hombre con Dios, con la demostración que la acompañaba, enfureció a los rabinos, y ellos dijeron: "¡Crucifícale! ¡crucifícale!... según nuestra ley debe morir, porque se hizo a sí mismo Hijo de Dios".

Los imperios y naciones orientales deben sus falsos gobiernos a los conceptos erróneos acerca de la Deidad que allí prevalecen. La tiranía, la intolerancia y el derramamiento de sangre, dondequiera que se encuentren, surgen de la creencia de que el infinito está formado según el modelo de la personalidad, la pasión y el impulso mortales.

Ingratitud y rechazo

El progreso de la verdad confirma sus reivindicaciones, y nuestro Maestro confirmó sus palabras mediante sus obras. Su poder sanador provocaba rechazo, ingratitud y traición, que surgían de la sensualidad. De los diez leprosos a quienes Jesús sanó, sólo uno volvió para dar gracias a Dios, es decir, para reconocer el Principio divino que lo había sanado.

Nuestro Maestro leía fácilmente los pensamientos de la humanidad, y este discernimiento era lo que mejor lo capacitaba para dirigir correctamente esos pensamientos; pero ¿qué se diría en esta época de un blasfemador infiel que insinuara que Jesús usaba su poder incisivo para causar daño? Nuestro Maestro leía la mente mortal sobre una base científica, la de la omnipresencia de la Mente. Una aproximación a este discernimiento indica crecimiento espiritual y unión con las capacidades infinitas de la Mente única. Jesús no podía dañar a nadie con su lectura por la Mente.

Spiritual insight

The effect of his Mind was always to heal and to save, and this is the only genuine Science of reading mortal mind. His holy motives and aims were traduced by the sinners of that period, as they would be to-day if Jesus were personally present. Paul said, "To be spiritually minded is life." We approach God, or Life, in proportion to our spirituality, our fidelity to Truth and Love; and in that ratio we know all human need and are able to discern the thought of the sick and the sinning for the purpose of healing them. Error of any kind cannot hide from the law of God.

Whoever reaches this point of moral culture and goodness cannot injure others, and must do them good. The greater or lesser ability of a Christian Scientist to discern thought scientifically, depends upon his genuine spirituality. This kind of mind-reading is not clairvoyance, but it is important to success in healing, and is one of the special characteristics thereof.

Christ's reappearance

We welcome the increase of knowledge and the end of error, because even human invention must have its day, and we want that day to be succeeded by Christian Science, by divine reality. Midnight foretells the dawn. Led by a solitary star amid the darkness, the Magi of old foretold the Messiahship of Truth. Is the wise man of to-day believed, when he beholds the light which heralds Christ's eternal dawn and describes its effulgence?

Spiritual awakening

Lulled by stupefying illusions, the world is asleep in the cradle of infancy, dreaming away the hours. Material sense does not unfold the facts of existence; but spiritual sense lifts human consciousness into eternal Truth. Humanity advances

Discernimiento espiritual

El efecto de su Mente era siempre el de sanar y salvar, y esta es la única Ciencia genuina de leer la mente mortal. Sus sagrados motivos y propósitos fueron tergiversados por los pecadores de aquella época, como lo serían hoy en día si Jesús estuviera presente. Pablo dijo: "El ocuparse del Espíritu es vida". Nos acercamos a Dios, o la Vida, en proporción a nuestra espiritualidad, nuestra fidelidad a la Verdad y al Amor; y en esa misma proporción conocemos toda necesidad humana y somos capaces de discernir el pensamiento de los enfermos y los pecadores con el propósito de sanarlos. Ninguna clase de error puede ocultarse de la ley de Dios.

Quienquiera que alcance este punto de cultura moral y bondad no puede dañar a otros, y tiene que hacerles bien. La mayor o menor capacidad de un Científico Cristiano para discernir el pensamiento científicamente, depende de su genuina espiritualidad. Esta manera de leer la mente no es clarividencia, pero es importante para el éxito en la curación, y es una de las características especiales de la misma.

Reaparición del Cristo

Vemos con agrado el aumento del conocimiento y el fin del error, porque aun la inventiva humana debe tener su día, y queremos que ese día sea sucedido por la Ciencia Cristiana, por la realidad divina. La medianoche predice el amanecer. Guiados por una estrella solitaria en medio de la oscuridad, los Magos de antaño predijeron el mesiazgo de la Verdad. ¿Se le cree al sabio de hoy, cuando contempla la luz que anuncia el amanecer eterno del Cristo y describe su fulgor?

Despertar espiritual

Arrullado por ilusiones estupefacientes, el mundo está dormido en la cuna de la infancia, pasando las horas entre sueños. El sentido material no revela las realidades de la existencia; pero el sentido espiritual eleva la consciencia humana hasta la Verdad eterna. La slowly out of sinning sense into spiritual understanding; unwillingness to learn all things rightly, binds Christendom with chains.

The darkest hours of all

Love will finally mark the hour of harmony, and spiritualization will follow, for Love is Spirit. Before error is wholly destroyed, there will be interruptions of the general material routine. Earth will become dreary and desolate, but summer and winter, seedtime and harvest (though in changed forms), will continue unto the end, — until the final spiritualization of all things. "The darkest hour precedes the dawn."

Arena of contest

This material world is even now becoming the arena for conflicting forces. On one side there will be discord and dismay; on the other side there will be Science and peace. The breaking up of material beliefs may seem to be famine and pestilence, want and woe, sin, sickness, and death, which assume new phases until their nothingness appears. These disturbances will continue until the end of error, when all discord will be swallowed up in spiritual Truth.

Mortal error will vanish in a moral chemicalization. This mental fermentation has begun, and will continue until all errors of belief yield to understanding. Belief is changeable, but spiritual understanding is changeless.

Millennial glory

As this consummation draws nearer, he who has shaped his course in accordance with divine Science will endure to the end. As material knowledge diminishes and spiritual understanding increases, real objects will be apprehended mentally instead of materially.

During this final conflict, wicked minds will endeavor to find means by which to accomplish more evil; but humanidad avanza lentamente desde el sentido pecaminoso hasta la comprensión espiritual; la renuencia a aprender todas las cosas correctamente ata con cadenas a la cristiandad.

Las horas más oscuras de todas

El Amor señalará finalmente la hora de la armonía, y seguirá la espiritualización, porque el Amor es Espíritu. Antes que el error sea totalmente destruido, habrá interrupciones de la rutina material general. La tierra se tornará lúgubre y desolada, pero el verano y el invierno, la sementera y la siega (aunque en formas cambiadas), continuarán hasta el fin, hasta la espiritualización final de todas las cosas. “La hora más oscura precede al amanecer”.

Arena de contienda

Este mundo material ya está convirtiéndose en la arena para las fuerzas en conflicto. De un lado habrá discordia y consternación; del otro lado habrá Ciencia y paz. La desintegración de las creencias materiales tal vez parezca ser hambre y pestilencia, miseria y congoja, pecado, enfermedad y muerte, que asumen nuevas fases hasta que aparece su nada. Estas perturbaciones continuarán hasta el fin del error, cuando toda la discordancia será absorbida por la Verdad espiritual.

El error mortal desaparecerá en una quimicalización moral. Esta fermentación mental ha comenzado, y continuará hasta que todos los errores de creencia cedan a la comprensión. La creencia es mudable, pero la comprensión espiritual es inmutable.

La gloria de los mil años

A medida que esta consumación se acerque, el que haya modelado su curso de acuerdo con la Ciencia divina perdurará hasta el fin. A medida que el conocimiento material disminuya y la comprensión espiritual aumente, los objetos verdaderos serán percibidos mentalmente en vez de materialmente.

Durante este conflicto final, mentes malignas se esforzarán por encontrar medios con los cuales causar más mal;

those who discern Christian Science will hold crime in check. They will aid in the ejection of error. They will maintain law and order, and cheerfully await the certainty of ultimate perfection.

Dangerous resemblances

In reality, the more closely error simulates truth and so-called matter resembles its essence, mortal mind, the more impotent error becomes as a belief. According to human belief, the lightning is fierce and the electric current swift, yet in Christian Science the flight of one and the blow of the other will become harmless. The more destructive matter becomes, the more its nothingness will appear, until matter reaches its mortal zenith in illusion and forever disappears. The nearer a false belief approaches truth without passing the boundary where, having been destroyed by divine Love, it ceases to be even an illusion, the riper it becomes for destruction. The more material the belief, the more obvious its error, until divine Spirit, supreme in its domain, dominates all matter, and man is found in the likeness of Spirit, his original being.

The broadest facts array the most falsities against themselves, for they bring error from under cover. It requires courage to utter truth; for the higher Truth lifts her voice, the louder will error scream, until its inarticulate sound is forever silenced in oblivion.

"He uttered His voice, the earth melted." This Scripture indicates that all matter will disappear before the supremacy of Spirit.

Christianity still rejected

Christianity is again demonstrating the Life that is Truth, and the Truth that is Life, by the apostolic work of casting out error and healing the sick. Earth has no repayment for the persecutions which pero aquellos que disciernan la Ciencia Cristiana refrenarán el crimen. Ayudarán a expulsar el error. Mantendrán la ley y el orden, y gozosamente esperarán la certeza de la perfección final.

Semejanzas peligrosas

En realidad, cuanto más se acerca la simulación del error a la verdad y la así llamada materia se asemeja a su esencia, la mente mortal, más impotente se vuelve el error como una creencia. Según la creencia humana, el rayo es violento y la corriente eléctrica veloz, sin embargo, en la Ciencia Cristiana el vuelo de uno y la descarga de la otra se volverán inofensivos. Cuanto más destructiva se vuelva la materia, tanto más aparecerá su nada, hasta que la materia alcance su cenit mortal en la ilusión y desaparezca para siempre. Cuanto más se aproxima una creencia falsa a la verdad sin traspasar el límite donde, habiendo sido destruida por el Amor divino, deja de ser aun una ilusión, tanto más madura se vuelve para la destrucción. Cuanto más material la creencia, tanto más obvio su error, hasta que el Espíritu divino, supremo en su dominio, domina toda la materia, y el hombre es hallado a la semejanza del Espíritu, su ser original.

Los hechos más evidentes atraen contra sí mismos el mayor número de falsedades, porque sacan el error de su escondite. Se requiere valor para enunciar la verdad; pues cuanto más levante su voz la Verdad, más alto gritará el error, hasta que su sonido inarticulado sea silenciado para siempre en el olvido.

“Dio Él Su voz, se derritió la tierra”. Esta frase de las Escrituras indica que toda la materia desaparecerá ante la supremacía del Espíritu.

El cristianismo todavía rechazado

El cristianismo está demostrando de nuevo la Vida que es Verdad, y la Verdad que es Vida, mediante la obra apostólica de echar fuera el error y sanar a los enfermos. La tierra no tiene compensación para las persecuciones que acompañan un nuevo paso en attend a new step in Christianity; but the spiritual recompense of the persecuted is assured in the elevation of existence above mortal discord and in the gift of divine Love.

Spiritual foreshadowings

The prophet of to-day beholds in the mental horizon the signs of these times, the reappearance of the Christianity which heals the sick and destroys error, and no other sign shall be given. Body cannot be saved except through Mind. The Science of Christianity is misinterpreted by a material age, for it is the healing influence of Spirit (not *spirits*) which the material senses cannot comprehend, — which can only be spiritually discerned. Creeds, doctrines, and human hypotheses do not express Christian Science; much less can they demonstrate it.

Revelation of Science

Beyond the frail premises of human beliefs, above the loosening grasp of creeds, the demonstration of Christian Mind-healing stands a revealed and practical Science. It is imperious throughout all ages as Christ's revelation of Truth, of Life, and of Love, which remains inviolate for every man to understand and to practise.

Science as foreign to all religion

For centuries — yea, always — natural science has not been considered a part of any religion, Christianity not excepted. Even now multitudes consider that which they call *science* has no proper connection with faith and piety. Mystery does not enshroud Christ's teachings, and they are not theoretical and fragmentary, but practical and complete; and being practical and complete, they are not deprived of their essential vitality.

The way through which immortality and life are learned is not ecclesiastical but Christian, not human but divine, el cristianismo; pero la recompensa espiritual de los perseguidos está asegurada en la elevación de la existencia por encima de la discordia mortal y en el don del Amor divino.

Presagios espirituales

El profeta de hoy contempla en el horizonte mental las señales de estos tiempos, la reaparición del cristianismo que sana a los enfermos y destruye el error, y ninguna otra señal será dada. El cuerpo no puede ser salvado sino por medio de la Mente. Una era material interpreta mal la Ciencia del cristianismo, porque es la influencia sanadora del Espíritu (no de *los espíritus*), la cual los sentidos materiales no pueden comprender, pues sólo puede percibirse espiritualmente. Los credos, las doctrinas y las hipótesis humanas no expresan la Ciencia Cristiana; mucho menos pueden demostrarla.

La revelación de la Ciencia

Más allá de las frágiles premisas de las creencias humanas, por encima del apresamiento de los credos que está cediendo, la demostración de la curación cristiana por la Mente se yergue como una Ciencia revelada y práctica. Es imperiosa a través de todas las épocas como la revelación por Cristo de la Verdad, la Vida y el Amor, la que permanece inviolada para que todos los hombres la comprendan y la practiquen.

La ciencia considerada ajena a toda religión

Durante siglos —sí, desde siempre— la ciencia natural no ha sido considerada como parte de ninguna religión, sin exceptuar el cristianismo. Aun ahora las multitudes consideran que lo que llaman *ciencia* no tiene ninguna conexión adecuada con la fe y la piedad. El misterio no amortaja las enseñanzas de Cristo, y ellas no son teóricas y fragmentarias, sino prácticas y completas; y al ser prácticas y completas, no están privadas de su vitalidad esencial.

El camino por el cual se aprende la inmortalidad y la vida no es eclesiástico, sino cristiano, no es humano, sino divino, not physical but metaphysical, not material but scientifically spiritual. Human philosophy, ethics, and superstition afford no demonstrable divine Principle by which mortals can escape from sin; yet to escape from sin, is what the Bible demands. "Work out your own salvation with fear and trembling," says the apostle, and he straightway adds: "for it is God which worketh in you both to will and to do of His good pleasure" (Philippians ii. 12, 13). Truth has furnished the key to the kingdom, and with this key Christian Science has opened the door of the human understanding. None may pick the lock nor enter by some other door. The ordinary teachings are material and not spiritual. Christian Science teaches only that which is spiritual and divine, and not human. Christian Science is unerring and Divine; the human sense of things errs because it is human.

Key to the kingdom

Those individuals, who adopt theosophy, spiritualism, or hypnotism, may possess natures above some others who eschew their false beliefs. Therefore my contest is not with the individual, but with the false system. I love mankind, and shall continue to labor and to endure.

The calm, strong currents of true spirituality, the manifestations of which are health, purity, and self-immolation, must deepen human experience, until the beliefs of material existence are seen to be a bald imposition, and sin, disease, and death give everlasting place to the scientific demonstration of divine Spirit and to God's spiritual, perfect man.

La llave del reino

no es físico, sino metafísico, no es material, sino científicamente espiritual. La filosofía, la ética y la superstición humanas no ofrecen ningún Principio divino demostrable por el cual los mortales puedan escapar del pecado; sin embargo, escapar del pecado es lo que la Biblia exige. "Ocupaos en vuestra salvación con temor y temblor", dice el apóstol, y en seguida añade: "Porque Dios es el que en vosotros produce así el querer como el hacer, por Su buena voluntad" (Filipenses 2:12, 13). La Verdad ha proporcionado la llave del reino, y con esta llave la Ciencia Cristiana ha abierto la puerta de la comprensión humana. Nadie puede forzar la cerradura ni entrar por alguna otra puerta. Las enseñanzas comunes son materiales y no espirituales. La Ciencia Cristiana enseña sólo aquello que es espiritual y divino, y no lo humano. La Ciencia Cristiana es infalible y Divina; el sentido humano de las cosas yerra porque es humano.

Aquellos individuos, que adoptan la teosofía, el espiritismo, o el hipnotismo, quizás posean naturalezas por encima de otros que rechazan sus creencias falsas. Por consiguiente, mi contienda no es con el individuo, sino con el falso sistema. Amo a la humanidad y continuaré laborando y perseverando.

Las corrientes calmas, poderosas, de la verdadera espiritualidad, cuyas manifestaciones son la salud, la pureza y la inmolación del yo, tienen que profundizar la experiencia humana, hasta que se vea que las creencias de la existencia material son una flagrante imposición, y el pecado, la enfermedad y la muerte den lugar eterno a la demostración científica del Espíritu divino y del hombre de Dios, espiritual y perfecto.

Chapter 5

Animal Magnetism Unmasked

For out of the heart proceed evil thoughts,
murders, adulteries, fornications,
thefts, false witness, blasphemies:
these are the things which defile a man. — Jesus.

Mesmerism or animal magnetism was first brought into notice by Mesmer in Germany in 1775. According to the American Cyclopædia, he regarded this so-called force, which he said could be exerted by one living organism over another, as a means of alleviating disease. His propositions were as follows:

Earliest investigations

"There exists a mutual influence between the celestial bodies, the earth, and animated things. Animal bodies are susceptible to the influence of this agent, disseminating itself through the substance of the nerves."

In 1784, the French government ordered the medical faculty of Paris to investigate Mesmer's theory and to report upon it. Under this order a commission was appointed, and Benjamin Franklin was one of the commissioners. This commission reported to the government as follows:

"In regard to the existence and utility of animal magnetism, we have come to the unanimous conclusions that there is no proof of the existence of the animal magnetic

Capítulo 5

El magnetismo animal desenmascarado

Porque del corazón salen los malos pensamientos,
los homicidios, los adulterios, las fornicaciones,
los hurtos, los falsos testimonios, las blasfemias.
Estas cosas son las que contaminan al hombre. — Jesús.

Primeras investigaciones

El mesmerismo o magnetismo animal fue dado a conocer por primera vez por Mesmer en Alemania, en 1775. Según la Enciclopedia Americana, él consideraba esta así llamada fuerza, la cual él decía que podía ser ejercida por un organismo viviente sobre otro, como un medio para aliviar la enfermedad. Sus proposiciones eran las siguientes:

"Existe una influencia mutua entre los cuerpos celestes, la tierra y las cosas animadas. Los cuerpos animales son susceptibles a la influencia de este agente, que se disemina a través de la sustancia de los nervios".

En 1784, el gobierno francés ordenó a la facultad de medicina de la Universidad de París que investigara la teoría de Mesmer e informara sobre ella. De acuerdo con esta orden se designó una comisión, y Benjamín Franklin fue uno de sus miembros. Esta comisión informó al gobierno lo siguiente:

"Con respecto a la existencia y utilidad del magnetismo animal, hemos llegado a la conclusión unánime de que no hay prueba de la existencia del fluido magnético animal;

fluid; that the violent effects, which are observed in the public practice of magnetism, are due to manipulations, or to the excitement of the imagination and the impressions made upon the senses; and that there is one more fact to be recorded in the history of the errors of the human mind, and an important experiment upon the power of the imagination."

Clairvoyance, magnetism

In 1837, a committee of nine persons was appointed, among whom were Roux, Bouillaud, and Cloquet, which tested during several sessions the phenomena exhibited by a reputed clairvoyant. Their report stated the results as follows:

"The facts which had been promised by Monsieur Berna [the magnetizer] as conclusive, and as adapted to throw light on physiological and therapeutical questions, are certainly not conclusive in favor of the doctrine of animal magnetism, and have nothing in common with either physiology or therapeutics."

This report was adopted by the Royal Academy of Medicine in Paris.

Personal conclusions

The author's own observations of the workings of animal magnetism convince her that it is not a remedial agent, and that its effects upon those who practise it, and upon their subjects who do not resist it, lead to moral and to physical death.

If animal magnetism seems to alleviate or to cure disease, this appearance is deceptive, since error cannot remove the effects of error. Discomfort under error is preferable to comfort. In no instance is the effect of animal magnetism, recently called hypnotism, other than the effect of illusion. Any seeming benefit derived from it is proportional to one's faith in esoteric magic.

de que los efectos violentos, que se observan en la práctica pública del magnetismo, se deben a manipulaciones, o a la excitación de la imaginación y las impresiones producidas sobre los sentidos; y de que hay un hecho más para registrar en la historia de los errores de la mente humana, y un importante experimento sobre el poder de la imaginación".

Clarividencia, magnetismo

En 1837, se nombró una comisión de nueve personas, entre quienes se encontraban Roux, Bouillaud y Cloquet, que examinó durante varias sesiones los fenómenos exhibidos por un reputado clarividente. Su informe expuso los resultados como sigue:

"Los hechos prometidos por Monsieur Berna [el magnetizador] como concluyentes y como adaptados para aclarar cuestiones fisiológicas y terapéuticas, no son, por cierto, concluyentes a favor de la doctrina del magnetismo animal, y nada tienen en común ni con la fisiología ni con la terapéutica".

Este informe fue adoptado por la Real Academia de Medicina de París.

Conclusiones personales

Las observaciones hechas por la autora acerca de la acción del magnetismo animal la convencen de que no es un agente curativo, y que sus efectos sobre aquellos que lo practican, y sobre sus sujetos que no se resisten a él, conducen a la muerte moral y física.

Si el magnetismo animal parece aliviar o curar las enfermedades, esta apariencia es engañosa, ya que el error no puede eliminar los efectos del error. El malestar bajo el error es preferible al bienestar. En ningún caso es el efecto del magnetismo animal, recientemente llamado hipnotismo, otra cosa que el efecto de la ilusión. Cualquier aparente beneficio derivado de él, es proporcional a la fe que uno tenga en la magia esotérica.

Mere negation

Animal magnetism has no scientific foundation, for God governs all that is real, harmonious, and eternal, and His power is neither animal nor human. Its basis being a belief and this belief animal, in Science animal magnetism, mesmerism, or hypnotism is a mere negation, possessing neither intelligence, power, nor reality, and in sense it is an unreal concept of the so-called mortal mind.

There is but one real attraction, that of Spirit. The pointing of the needle to the pole symbolizes this all-embracing power or the attraction of God, divine Mind.

The planets have no more power over man than over his Maker, since God governs the universe; but man, reflecting God's power, has dominion over all the earth and its hosts.

Hidden agents

The mild forms of animal magnetism are disappearing, and its aggressive features are coming to the front. The looms of crime, hidden in the dark recesses of mortal thought, are every hour weaving webs more complicated and subtle. So secret are the present methods of animal magnetism that they ensnare the age into indolence, and produce the very apathy on the subject which the criminal desires. The following is an extract from the Boston Herald:

"Mesmerism is a problem not lending itself to an easy explanation and development. It implies the exercise of despotic control, and is much more likely to be abused by its possessor, than otherwise employed, for the individual or society."

Mankind must learn that evil is not power. Its so-called despotism is but a phase of nothingness. Christian Science despoils the kingdom of evil, and pre-eminently

Mera negación

El magnetismo animal no tiene ningún fundamento científico, puesto que Dios gobierna todo lo que es real, armonioso y eterno, y Su poder no es ni animal ni humano. Siendo su base una creencia y esta una creencia animal, en la Ciencia el magnetismo animal, mesmerismo o hipnotismo es una mera negación que no posee inteligencia, poder ni realidad, y en el sentido es un concepto irreal de la así llamada mente mortal.

Sólo hay una atracción real, la del Espíritu. La aguja que apunta hacia el polo simboliza este poder que todo lo abarca o la atracción de Dios, la Mente divina.

Los planetas no tienen más poder sobre el hombre que sobre su Hacedor, puesto que Dios gobierna el universo; pero el hombre, reflejando el poder de Dios, tiene dominio sobre toda la tierra y sus huestes.

Agentes ocultos

Las formas menos intensas del magnetismo animal están desapareciendo, y sus aspectos agresivos se están dando a conocer. Los telares del crimen, escondidos en los rincones oscuros del pensamiento mortal, están tejiendo a toda hora redes más complicadas y sutiles. Tan secretos son los métodos actuales del magnetismo animal que entrampan la época sumiéndola en la indolencia, y producen precisamente la apatía sobre el asunto que el criminal desea. Lo siguiente es un extracto del *Boston Herald:*

"El mesmerismo es un problema que no se presta a fácil explicación y desarrollo. Implica el ejercicio de un control despótico, y es mucho más probable que su poseedor abuse de él, en vez de emplearlo de otro modo para el individuo o la sociedad".

La humanidad tiene que aprender que el mal no es poder. Su así llamado despotismo no es sino una fase de la nada. La Ciencia Cristiana arrasa el reino del mal, y preeminentemente

Mental despotism

promotes affection and virtue in families and therefore in the community. The Apostle Paul refers to the personification of evil as "the god of this world," and further defines it as dishonesty and craftiness. Sin was the Assyrian moon-god.

Liberation of mental powers

The destruction of the claims of mortal mind through Science, by which man can escape from sin and mortality, blesses the whole human family. As in the beginning, however, this liberation does not scientifically show itself in a knowledge of both good and evil, for the latter is unreal.

On the other hand, Mind-science is wholly separate from any half-way impertinent knowledge, because Mind-science is of God and demonstrates the divine Principle, working out the purposes of good only. The maximum of good is the infinite God and His idea, the All-in-all. Evil is a suppositional lie.

The genus of error

As named in Christian Science, animal magnetism or hypnotism is the specific term for error, or mortal mind. It is the false belief that mind is in matter, and is both evil and good; that evil is as real as good and more powerful. This belief has not one quality of Truth. It is either ignorant or malicious. The malicious form of hypnotism ultimates in moral idiocy. The truths of immortal Mind sustain man, and they annihilate the fables of mortal mind, whose flimsy and gaudy pretensions, like silly moths, singe their own wings and fall into dust.

Thought-transference

In reality there is no *mortal* mind, and consequently no transference of mortal thought and will-power. Life and being are of God. In Christian Science, man can do no harm, for promueve el afecto y la virtud en las familias y, por consiguiente, en la comunidad. El Apóstol Pablo se refiere a la personificación del mal como “el dios de este siglo”, y además la define como lo vergonzoso y como astucia. “Sin” [palabra que en inglés significa pecado] era el dios de la luna de los asirios.

Despotismo mental

La destrucción de las pretensiones de la mente mortal mediante la Ciencia, por la cual el hombre puede escapar del pecado y la mortalidad, bendice a toda la familia humana. Como en el principio, sin embargo, esta liberación no se manifiesta científicamente en el conocimiento tanto del bien como del mal, pues este último es irreal.

Liberación de poderes mentales

Por otra parte, la ciencia-Mente está completamente separada de todo conocimiento a medias y no pertinente, porque la ciencia-Mente es de Dios y demuestra el Principio divino, llevando a cabo los propósitos del bien solamente. El máximo del bien es el Dios infinito y Su idea, el Todo-en-todo. El mal es una mentira supuesta.

Tal como se denomina en la Ciencia Cristiana, el magnetismo animal o hipnotismo es el término específico para el error, o mente mortal. Es la creencia falsa de que la mente está en la materia, y que es tanto mala como buena; que el mal es tan real como el bien y más poderoso. Esta creencia no tiene ni una sola cualidad de la Verdad. O es ignorante o es maliciosa. La forma maliciosa del hipnotismo acaba en idiotez moral. Las verdades de la Mente inmortal sostienen al hombre, y aniquilan las fábulas de la mente mortal, cuyas pretensiones insustanciales y llamativas, cual tontas polillas, queman sus propias alas y se reducen a polvo.

El género del error

En realidad, no hay mente *mortal* y, consecuentemente, no hay transferencia del pensamiento mortal y de la fuerza de voluntad. La vida y el ser son de Dios. En la Ciencia Cristiana, el hombre no puede hacer

Transferencia de pensamiento

scientific thoughts are true thoughts, passing from God to man.

When Christian Science and animal magnetism are both comprehended, as they will be at no distant date, it will be seen why the author of this book has been so unjustly persecuted and belied by wolves in sheep's clothing.

Agassiz, the celebrated naturalist and author, has wisely said: "Every great scientific truth goes through three stages. First, people say it conflicts with the Bible. Next, they say it has been discovered before. Lastly, they say they have always believed it."

Perfection of divine government

Christian Science goes to the bottom of mental action, and reveals the theodicy which indicates the rightness of all divine action, as the emanation of divine Mind, and the consequent wrongness of the opposite so-called action, — evil, occultism, necromancy, mesmerism, animal magnetism, hypnotism.

Adulteration of Truth

The medicine of Science is divine Mind; and dishonesty, sensuality, falsehood, revenge, malice, are animal propensities and by no means the mental qualities which heal the sick. The hypnotizer employs one error to destroy another. If he heals sickness through a belief, and a belief originally caused the sickness, it is a case of the greater error overcoming the lesser. This greater error thereafter occupies the ground, leaving the case worse than before it was grasped by the stronger error.

Motives considered

Our courts recognize evidence to prove the motive as well as the commission of a crime. Is it not clear that the human mind must move the body to a wicked act? Is not mortal mind the murdaño, puesto que los pensamientos científicos son pensamientos verdaderos, que pasan de Dios al hombre.

Cuando tanto la Ciencia Cristiana como el magnetismo animal sean comprendidos, como lo serán en fecha no distante, se verá por qué la autora de este libro ha sido tan injustamente perseguida y calumniada por lobos vestidos de ovejas.

Agassiz, el célebre naturalista y autor, sabiamente ha dicho: "Toda gran verdad científica pasa por tres etapas. Primero, la gente dice que está en conflicto con la Biblia. Después, dice que ya se había descubierto antes. Por último, dice que siempre la había creído".

La perfección del gobierno divino

La Ciencia Cristiana va hasta el fondo de la acción mental, y revela la teodicea que indica lo correcto de toda acción divina, como la emanación de la Mente divina, y el consiguiente error de la así llamada acción opuesta: el mal, el ocultismo, la nigromancia, el mesmerismo, el magnetismo animal, el hipnotismo.

Adulteración de la Verdad

La medicina de la Ciencia es la Mente divina; y la deshonestidad, la sensualidad, la falsedad, la venganza, la malicia, son propensiones animales y de ningún modo las cualidades mentales que sanan a los enfermos. El hipnotizador emplea un error para destruir otro. Si él cura la enfermedad por medio de una creencia, y una creencia originalmente causó la enfermedad, es un caso en que el error mayor vence el menor. Después de eso, este error mayor ocupa el terreno y deja el caso peor que antes que fuera apresado por el error más fuerte.

Móviles tomados en consideración

Nuestros tribunales consideran la evidencia para comprobar tanto el móvil como la ejecución de un crimen. ¿No está claro que tiene que ser la mente humana lo que impulsa el cuerpo a cometer un acto malvado? ¿No es la mente mortal el asesino?

derer? The hands, without mortal mind to direct them, could not commit a murder.

Mental crimes

Courts and juries judge and sentence mortals in order to restrain crime, to prevent deeds of violence or to punish them. To say that these tribunals have no jurisdiction over the carnal or mortal mind, would be to contradict precedent and to admit that the power of human law is restricted to matter, while mortal mind, evil, which is the real outlaw, defies justice and is recommended to mercy. Can matter commit a crime? Can matter be punished? Can you separate the mentality from the body over which courts hold jurisdiction? Mortal mind, not matter, is the criminal in every case; and human law rightly estimates crime, and courts reasonably pass sentence, according to the motive.

Important decision

When our laws eventually take cognizance of mental crime and no longer apply legal rulings wholly to physical offences, these words of Judge Parmenter of Boston will become historic: "I see no reason why metaphysics is not as important to medicine as to mechanics or mathematics."

Evil let loose

Whoever uses his developed mental powers like an escaped felon to commit fresh atrocities as opportunity occurs is never safe. God will arrest him. Divine justice will manacle him. His sins will be millstones about his neck, weighing him down to the depths of ignominy and death. The aggravation of error foretells its doom, and confirms the ancient axiom: "Whom the gods would destroy, they first make mad."

The misuse of mental power

The distance from ordinary medical practice to Christian Science is full many a league in the line of light; but to go in healing from the use of

Las manos, sin la mente mortal que las dirija, no podrían cometer un asesinato.

Crímenes mentales

Los tribunales y jurados juzgan y sentencian a los mortales para refrenar el crimen, para evitar hechos de violencia o para castigarlos. Decir que estos tribunales no tienen jurisdicción sobre la mente carnal o mortal sería contradecir precedentes y admitir que el poder de la ley humana está restringido a la materia, mientras que la mente mortal, el mal, que es el delincuente verdadero, desafía la justicia y es recomendada a la clemencia. ¿Puede la materia cometer un crimen? ¿Puede la materia ser castigada? ¿Puedes separar la mentalidad del cuerpo sobre el cual los tribunales tienen jurisdicción? La mente mortal, no la materia, es el criminal en todos los casos; y la ley humana juzga el crimen con acierto, y los tribunales dictan sentencia razonablemente, de acuerdo con el móvil.

Decisión importante

Cuando nuestras leyes finalmente tomen conocimiento del crimen mental y cesen de aplicar fallos legales solamente para castigar actos físicos, estas palabras del Juez Parmenter, de Boston, se harán históricas: "No veo razón para que la metafísica no sea tan importante para la medicina como para la mecánica o la matemática".

El mal desatado

Quienquiera que usa sus poderes mentales desarrollados como un criminal escapado para cometer nuevas atrocidades según se le presenta la oportunidad, nunca está a salvo. Dios lo arrestará. La justicia divina lo maniatará. Sus pecados serán piedras de molino colgadas de su cuello, sumergiéndolo en las profundidades de la ignominia y la muerte. La agravación del error predice su perdición y confirma el viejo axioma: "Aquel a quien los dioses quieren destruir, primero lo vuelven loco".

El mal uso del poder mental

La distancia entre la práctica médica común y la Ciencia Cristiana es de muchas leguas en la línea de luz; pero pasar del uso de medicamentos inanimados inanimate drugs to the criminal misuse of human willpower, is to drop from the platform of common manhood into the very mire of iniquity, to work against the free course of honesty and justice, and to push vainly against the current running heavenward.

Proper self-government

Like our nation, Christian Science has its Declaration of Independence. God has endowed man with inalienable rights, among which are self-government, reason, and conscience. Man is properly self-governed only when he is guided rightly and governed by his Maker, divine Truth and Love.

Man's rights are invaded when the divine order is interfered with, and the mental trespasser incurs the divine penalty due this crime.

Right methods

Let this age, which sits in judgment on Christian Science, sanction only such methods as are demonstrable in Truth and known by their fruit, and classify all others as did St. Paul in his great epistle to the Galatians, when he wrote as follows:

"Now the works of the flesh are manifest, which are these; Adultery, fornication, uncleanness, lasciviousness, idolatry, *witchcraft,* hatred, variance, emulations, wrath, strife, seditions, heresies, envyings, murders, drunkenness, revellings and such like: of the which I tell you before, as I have also told you in time past, that they which do such things shall not inherit the kingdom of God. But the fruit of the Spirit is love, joy, peace, longsuffering, gentleness, goodness, faith, meekness, temperance: against such there is no law."

al mal uso criminal de la fuerza de voluntad humana en la curación es caer del nivel humano común al mismo lodo de la iniquidad, obrar en contra del curso libre de la honestidad y la justicia, y resistir en vano la corriente que fluye hacia el cielo.

El verdadero gobierno de uno mismo

Como nuestra nación, los Estados Unidos, la Ciencia Cristiana tiene su Declaración de Independencia. Dios ha dotado al hombre con derechos inalienables, entre los cuales están el gobierno de sí mismo, la razón y la conciencia. El hombre se gobierna a sí mismo debidamente sólo cuando es guiado correctamente y gobernado por su Hacedor, la Verdad y el Amor divinos.

Los derechos del hombre son invadidos cuando se interfiere en el orden divino, y el trasgresor mental incurre en la penalidad divina que este delito merece.

Métodos correctos

Que esta época, que juzga la Ciencia Cristiana, sancione sólo aquellos métodos que sean demostrables en la Verdad y conocidos por sus frutos, y clasifique todos los demás como lo hizo San Pablo en su gran epístola a los Gálatas, cuando escribió lo siguiente:

"Y manifiestas son las obras de la carne, que son: adulterio, fornicación, inmundicia, lascivia, idolatría, *hechicerías,* enemistades, pleitos, celos, iras, contiendas, disensiones, herejías, envidias, homicidios, borracheras, orgías, y cosas semejantes a estas; acerca de las cuales os amonesto, como ya os lo he dicho antes, que los que practican tales cosas no heredarán el reino de Dios. Mas el fruto del Espíritu es amor, gozo, paz, paciencia, benignidad, bondad, fe, mansedumbre, templanza; contra tales cosas no hay ley".

Chapter 6

Science, Theology, Medicine

But I certify you, brethren,
that the gospel which was preached of me is not after man.
For I neither received it of man, neither was I taught it,
but by the revelation of Jesus Christ. — PAUL.

The kingdom of heaven is like unto leaven,
which a woman took, and hid in three measures of meal,
till the whole was leavened. — JESUS.

Christian Science discovered

In the year 1866, I discovered the Christ Science or divine laws of Life, Truth, and Love, and named my discovery Christian Science. God had been graciously preparing me during many years for the reception of this final revelation of the absolute divine Principle of scientific mental healing.

Mission of Christian Science

This apodictical Principle points to the revelation of Immanuel, "God with us,"— the sovereign ever-presence, delivering the children of men from every ill "that flesh is heir to." Through Christian Science, religion and medicine are inspired with a diviner nature and essence; fresh pinions are given to faith and understanding, and thoughts acquaint themselves intelligently with God.

Discontent with life

Feeling so perpetually the false consciousness that life inheres in the body, yet remembering that in reality God is our Life, we may well tremble in the prospect of those days in which we must say, "I have no pleasure in them."

Capítulo 6

La ciencia, la teología, la medicina

Mas os hago saber, hermanos,
que el evangelio anunciado por mí, no es según hombre;
pues yo ni lo recibí ni lo aprendí de hombre alguno,
sino por revelación de Jesucristo. — Pablo.

El reino de los cielos es semejante a la levadura
que tomó una mujer, y escondió en tres medidas de harina,
hasta que todo fue leudado. — Jesús.

La Ciencia Cristiana, descubierta

En el año 1866, descubrí la Ciencia del Cristo o las leyes divinas de la Vida, la Verdad y el Amor, y nombré mi descubrimiento Ciencia Cristiana. Dios con Su gracia me había estado preparando durante muchos años para la recepción de esta revelación final del Principio divino absoluto de la curación mental científica.

La misión de la Ciencia Cristiana

Este Principio apodíctico señala hacia la revelación de Emanuel, "Dios con nosotros", la eterna presencia soberana, que libra a los hijos de los hombres de todo mal "de que es heredera la carne". Por medio de la Ciencia Cristiana, se inspira la religión y la medicina con una naturaleza y esencia más divinas; nuevas alas son dadas a la fe y a la comprensión, y los pensamientos vuelven inteligentemente en amistad con Dios.

Descontentamiento con la vida

Al sentir tan perpetuamente la falsa consciencia de que la vida es inherente al cuerpo, y no obstante recordar que en realidad Dios es nuestra Vida, bien podemos temblar ante la perspectiva de aquellos días en los cuales tengamos que decir: "No tengo en ellos contentamiento".

Whence came to me this heavenly conviction, — a conviction antagonistic to the testimony of the physical senses? According to St. Paul, it was "the gift of the grace of God given unto me by the effectual working of His power." It was the divine law of Life and Love, unfolding to me the demonstrable fact that matter possesses neither sensation nor life; that human experiences show the falsity of all material things; and that immortal cravings, "the price of learning love," establish the truism that the only sufferer is mortal mind, for the divine Mind cannot suffer.

Demonstrable evidence

My conclusions were reached by allowing the evidence of this revelation to multiply with mathematical certainty and the lesser demonstration to prove the greater, as the product of three multiplied by three, equalling nine, proves conclusively that three times three duodecillions must be nine duodecillions, — not a fraction more, not a unit less.

Light shining in darkness

When apparently near the confines of mortal existence, standing already within the shadow of the death-valley, I learned these truths in divine Science: that all real being is in God, the divine Mind, and that Life, Truth, and Love are all-powerful and ever-present; that the opposite of Truth, — called error, sin, sickness, disease, death, — is the false testimony of false material sense, of mind in matter; that this false sense evolves, in belief, a subjective state of mortal mind which this same so-called mind names *matter*, thereby shutting out the true sense of Spirit.

New lines of thought

My discovery, that erring, mortal, misnamed *mind* produces all the organism and action of the mortal body, set my thoughts to work in new channels,

¿De dónde me vino esta convicción celestial, una convicción antagónica al testimonio de los sentidos físicos? Según San Pablo, era "el don de la gracia de Dios que me [había sido] dado según la operación de Su poder". Era la ley divina de la Vida y el Amor, revelándome el hecho demostrable de que la materia no posee ni sensación ni vida; que las experiencias humanas muestran la falsedad de todas las cosas materiales; y que los anhelos inmortales, "el precio de aprender el amor", establecen la verdad evidente de que la única que sufre es la mente mortal, pues la Mente divina no puede sufrir.

Evidencia demostrable

Llegué a mis conclusiones dejando que la evidencia de esta revelación se multiplicara con certeza matemática y que la demostración menor comprobara la mayor, así como el producto de tres multiplicado por tres es igual a nueve comprueba en forma concluyente que tres veces tres billones tiene que ser nueve billones, ni una fracción más ni una unidad menos.

La luz que resplandece en las tinieblas

Cuando evidentemente me encontraba cerca de los confines de la existencia mortal, estando ya en la sombra del valle de muerte, aprendí estas verdades en la Ciencia divina: que todo ser verdadero está en Dios, la Mente divina, y que la Vida, la Verdad y el Amor son todopoderosos y están siempre presentes; que lo opuesto de la Verdad —llamado error, pecado, enfermedad, dolencia, muerte— es el falso testimonio del falso sentido material de que hay mente en la materia; que este falso sentido desarrolla, en creencia, un estado subjetivo de la mente mortal que esta misma así llamada mente denomina *materia*, excluyendo así el verdadero sentido del Espíritu.

Nuevas líneas de pensamiento

Mi descubrimiento, de que la mal llamada *mente,* mortal y que yerra, produce todo el organismo y la acción del cuerpo mortal, puso mis pensamientos a trabajar por nuevos conductos y me guió and led up to my demonstration of the proposition that Mind is All and matter is naught as the leading factor in Mind-science.

Scientific evidence

Christian Science reveals incontrovertibly that Mind is All-in-all, that the only realities are the divine Mind and idea. This great fact is not, however, seen to be supported by sensible evidence, until its divine Principle is demonstrated by healing the sick and thus proved absolute and divine. This proof once seen, no other conclusion can be reached.

Solitary research

For three years after my discovery, I sought the solution of this problem of Mind-healing, searched the Scriptures and read little else, kept aloof from society, and devoted time and energies to discovering a positive rule. The search was sweet, calm, and buoyant with hope, not selfish nor depressing. I knew the Principle of all harmonious Mind-action to be God, and that cures were produced in primitive Christian healing by holy, uplifting faith; but I must know the Science of this healing, and I won my way to absolute conclusions through divine revelation, reason, and demonstration. The revelation of Truth in the understanding came to me gradually and apparently through divine power. When a new spiritual idea is borne to earth, the prophetic Scripture of Isaiah is renewedly fulfilled: "Unto us a child is born, . . . and his name shall be called Wonderful."

Jesus once said of his lessons: "My doctrine is not mine, but His that sent me. If any man will do His will, he shall know of the doctrine, whether it be of God, or whether I speak of myself." (John vii. 16, 17.)

The three great verities of Spirit, omnipotence, omni-a mi demostración de la proposición de que la Mente es Todo y la materia es nada, como factor principal en la ciencia-Mente.

Evidencia científica

La Ciencia Cristiana revela de modo incontrovertible que la Mente es Todo-en-todo, que las únicas realidades son la Mente y la idea divina. Este gran hecho, sin embargo, no se ve apoyado por la evidencia sensible, hasta que su Principio divino es demostrado en la curación de los enfermos y queda así comprobado que es absoluto y divino. Una vez vista esta prueba, no es posible llegar a ninguna otra conclusión.

Búsqueda solitaria

Durante tres años después de mi descubrimiento, busqué la solución de este problema de la curación-Mente, escudriñé las Escrituras y leí pocas otras cosas, me mantuve alejada de la sociedad y dediqué tiempo y energías al descubrimiento de una regla positiva. La búsqueda fue dulce, calma, y animada con la esperanza, no egoísta ni deprimente. Yo sabía que el Principio de toda acción-Mente armoniosa es Dios, y que las curaciones cristianas primitivas eran producidas mediante una fe santa y enaltecedora; pero tenía que conocer la Ciencia de esta curación, y llegué a conclusiones absolutas mediante la revelación divina, la razón y la demostración. La revelación de la Verdad en el entendimiento me vino gradualmente y evidentemente por medio del poder divino. Cuando una nueva idea espiritual es traída a la tierra, la palabra profética de Isaías nuevamente es cumplida: "Un niño nos es nacido,... y se llamará su nombre Admirable".

Jesús dijo una vez de sus lecciones: "Mi doctrina no es mía, sino de Aquel que me envió. El que quiera hacer la voluntad de Dios, conocerá si la doctrina es de Dios, o si yo hablo por mi propia cuenta" (Juan 7:16, 17).

Las tres grandes verdades del Espíritu: la omnipotencia,

presence, omniscience, — Spirit possessing all power, filling all space, constituting all Science, — contradict forever the belief that matter can be actual.

God's allness learned

These eternal verities reveal primeval existence as the radiant reality of God's creation, in which all that He has made is pronounced by His wisdom good.

Thus it was that I beheld, as never before, the awful unreality called evil. The equipollence of God brought to light another glorious proposition, — man's perfectibility and the establishment of the kingdom of heaven on earth.

Scriptural foundations

In following these leadings of scientific revelation, the Bible was my only textbook. The Scriptures were illumined; reason and revelation were reconciled, and afterwards the truth of Christian Science was demonstrated. No human pen nor tongue taught me the Science contained in this book, SCIENCE AND HEALTH; and neither tongue nor pen can overthrow it. This book may be distorted by shallow criticism or by careless or malicious students, and its ideas may be temporarily abused and misrepresented; but the Science and truth therein will forever remain to be discerned and demonstrated.

The demonstration lost and found

Jesus demonstrated the power of Christian Science to heal mortal minds and bodies. But this power was lost sight of, and must again be spiritually discerned, taught, and demonstrated according to Christ's command, with "signs following." Its Science must be apprehended by as many as believe on Christ and spiritually understand Truth.

No analogy exists between the vague hypotheses of

la omnipresencia y la omnisciencia —el Espíritu que posee todo el poder, llena todo el espacio, constituye toda la Ciencia— contradicen para siempre la creencia de que la materia pueda ser real. Estas verdades eternas revelan la existencia primigenia como la realidad radiante de la creación de Dios, en la cual todo lo que Él ha hecho es declarado bueno por Su sabiduría.

La totalidad de Dios comprendida

Fue así que contemplé, como nunca antes, la terrible irrealidad llamada el mal. La equipolencia de Dios sacó a luz otra gloriosa proposición: la perfectibilidad del hombre y el establecimiento del reino de los cielos en la tierra.

Fundamentos de las Escrituras

Al seguir estas indicaciones de la revelación científica, la Biblia fue mi único libro de texto. Las Escrituras se iluminaron; la razón y la revelación se reconciliaron, y después la verdad de la Ciencia Cristiana fue demostrada. Ni pluma ni lengua humana me enseñaron la Ciencia contenida en este libro, *Ciencia y Salud;* y ni lengua ni pluma pueden derrocarla. Quizás este libro sea distorsionado por críticas superficiales o por estudiantes descuidados o maliciosos, y quizás sus ideas sean temporariamente mal usadas y tergiversadas; pero la Ciencia y la verdad contenidas en él permanecerán para siempre para ser discernidas y demostradas.

La demostración perdida y encontrada

Jesús demostró el poder de la Ciencia Cristiana para sanar mentes y cuerpos mortales. Pero este poder se perdió de vista, y debe ser otra vez espiritualmente discernido, enseñado y demostrado de acuerdo con el mandato de Cristo, “con las señales que [lo siguen]”. La Ciencia de este poder tiene que ser comprendida por todos aquellos que creen en Cristo y entienden espiritualmente la Verdad.

No existe ninguna analogía entre las vagas hipótesis del

agnosticism, pantheism, theosophy, spiritualism, or millenarianism and the demonstrable truths of Christian Science; and I find the will, or sensuous reason of the human mind, to be opposed to the divine Mind as expressed through divine Science.

Mystical antagonists

Christian Science is natural, but not physical. The Science of God and man is no more supernatural than is the science of numbers, though departing from the realm of the physical, as the Science of God, Spirit, must, some may deny its right to the name of Science. The Principle of divine metaphysics is God; the practice of divine metaphysics is the utilization of the power of Truth over error; its rules demonstrate its Science. Divine metaphysics reverses perverted and physical hypotheses as to Deity, even as the explanation of optics rejects the incidental or inverted image and shows what this inverted image is meant to represent.

Optical illustration of Science

A prize of one hundred pounds, offered in Oxford University, England, for the best essay on Natural Science, — an essay calculated to offset the tendency of the age to attribute physical effects to physical causes rather than to a final spiritual cause, — is one of many incidents which show that Christian Science meets a yearning of the human race for spirituality.

Pertinent proposal

After a lengthy examination of my discovery and its demonstration in healing the sick, this fact became evident to me, — that Mind governs the body, not partially but wholly. I submitted my metaphysical system of treating disease to the broadest practical tests. Since then this system has gradually gained ground, and has proved itself, whenever scien-

Confirmatory tests

agnosticismo, el panteísmo, la teosofía, el espiritismo o el milenarismo y las verdades demostrables de la Ciencia Cristiana; y encuentro que la voluntad, o la razón sensoria de la mente humana, se opone a la Mente divina como es expresada por medio de la Ciencia divina.

Antagonistas místicos

La Ciencia Cristiana es natural, pero no física. La Ciencia de Dios y el hombre no es más sobrenatural que la ciencia de los números, aunque al apartarse del reino de lo físico, como tiene que hacerlo la Ciencia de Dios, el Espíritu, algunos puedan negarle su derecho al nombre de Ciencia. El Principio de la metafísica divina es Dios; la práctica de la metafísica divina es la utilización del poder de la Verdad sobre el error; sus reglas demuestran su Ciencia. La metafísica divina revierte las hipótesis pervertidas y físicas respecto a la Deidad, así como las explicaciones de la óptica rechazan la imagen incidental o invertida y muestran lo que esta imagen invertida debe representar.

Ilustración óptica de la Ciencia

Un premio de cien libras, ofrecido por la Universidad de Oxford, Inglaterra, para el mejor ensayo sobre ciencias naturales —un ensayo destinado a contrarrestar la tendencia de la época a atribuir efectos físicos a causas físicas, más bien que a una causa espiritual definitiva— es uno de los muchos incidentes que muestran que la Ciencia Cristiana satisface el anhelo de espiritualidad de la raza humana.

Proposición pertinente

Después de un detenido examen de mi descubrimiento y su demostración en la curación de los enfermos, se me hizo evidente este hecho: que la Mente gobierna el cuerpo, no parcialmente sino enteramente. Sometí mi sistema metafísico de tratar la enfermedad a las pruebas prácticas más amplias. Desde entonces este sistema ha ganado terreno gradualmente, y comprobó ser, siempre que

Pruebas confirmatorias

tifically employed, to be the most effective curative agent in medical practice.

One school of Truth

Is there more than one school of Christian Science? Christian Science is demonstrable. There can, therefore, be but one method in its teaching. Those who depart from this method forfeit their claims to belong to its school, and they become adherents of the Socratic, the Platonic, the Spencerian, or some other school. By this is meant that they adopt and adhere to some particular system of human opinions. Although these opinions may have occasional gleams of divinity, borrowed from that truly divine Science which eschews man-made systems, they nevertheless remain wholly human in their origin and tendency and are not scientifically Christian.

Unchanging Principle

From the infinite One in Christian Science comes one Principle and its infinite idea, and with this infinitude come spiritual rules, laws, and their demonstration, which, like the great Giver, are "the same yesterday, and to-day, and forever;" for thus are the divine Principle of healing and the Christ-idea characterized in the epistle to the Hebrews.

On sandy foundations

Any theory of Christian Science, which departs from what has already been stated and proved to be true, affords no foundation upon which to establish a genuine school of this Science. Also, if any so-called new school claims to be Christian Science, and yet uses another author's discoveries without giving that author proper credit, such a school is erroneous, for it inculcates a breach of that divine commandment in the Hebrew Decalogue, "Thou shalt not steal."

God is the Principle of divine metaphysics. As there

se empleó científicamente, el agente curativo más eficaz en la práctica médica.

Una sola escuela de la Verdad

¿Existe más de una escuela de Ciencia Cristiana? La Ciencia Cristiana es demostrable. Hay, por consiguiente, un único método en su enseñanza. Aquellos que se apartan de este método pierden el derecho a pertenecer a su escuela, y se adhieren a la escuela socrática, la platónica, la espenceriana o alguna otra escuela. Esto quiere decir que adoptan y se adhieren a algún sistema particular de opiniones humanas. Aunque estas opiniones puedan tener destellos ocasionales de divinidad, que han tomado prestado de esa Ciencia verdaderamente divina que se aparta de los sistemas hechos por los hombres, permanecen, no obstante, enteramente humanas en su origen y tendencia y no son científicamente cristianas.

Principio invariable

Del infinito Uno en la Ciencia Cristiana procede un Principio y su idea infinita, y con esta infinitud vienen reglas espirituales, leyes, y su demostración, que, como el gran Dador, son las mismas “ayer, y hoy, y por los siglos”; porque así son caracterizados el Principio divino de la curación y la idea-Cristo en la epístola a los Hebreos.

Sobre fundamentos de arena

Cualquier teoría de la Ciencia Cristiana, que se aparta de lo que ya se ha declarado y comprobado que es verdad, no ofrece ningún fundamento sobre el cual establecer una escuela genuina de esta Ciencia. Además, si alguna así llamada nueva escuela pretende ser la Ciencia Cristiana y, sin embargo, usa los descubrimientos de otro autor sin darle a ese autor el reconocimiento debido, tal escuela es errónea, por cuanto inculca el quebrantamiento de ese mandamiento divino en el decálogo hebreo: “No hurtarás”.

Dios es el Principio de la metafísica divina. Puesto que

Principle and practice

is but one God, there can be but one divine Principle of all Science; and there must be fixed rules for the demonstration of this divine Principle. The letter of Science plentifully reaches humanity to-day, but its spirit comes only in small degrees. The vital part, the heart and soul of Christian Science, is Love. Without this, the letter is but the dead body of Science,— pulseless, cold, inanimate.

Reversible propositions

The fundamental propositions of divine metaphysics are summarized in the four following, to me, *self-evident* propositions. Even if reversed, these propositions will be found to agree in statement and proof, showing mathematically their exact relation to Truth. De Quincey says mathematics has not a foot to stand upon which is not purely metaphysical.

1. God is All-in-all.

2. God is good. Good is Mind.

3. God, Spirit, being all, nothing is matter.

4. Life, God, omnipotent good, deny death, evil, sin, disease.—Disease, sin, evil, death, deny good, omnipotent God, Life.

Which of the denials in proposition four is true? Both are not, cannot be, true. According to the Scripture, I find that God is true, "but every [mortal] man a liar."

Metaphysical inversions

The divine metaphysics of Christian Science, like the method in mathematics, proves the rule by inversion. For example: There is no pain in Truth, and no truth in pain; no nerve in Mind, and no mind in nerve; no matter in Mind, and no mind in matter; no matter in Life, and no life in matter; no matter in good, and no good in matter.

hay un único Dios, sólo puede haber un único Principio divino de toda Ciencia; y tiene que haber reglas fijas para la demostración de este Principio divino. La letra de la Ciencia llega abundantemente a la humanidad hoy en día, pero su espíritu solamente viene poco a poco. La parte vital, el corazón y alma de la Ciencia Cristiana, es el Amor. Sin esto, la letra no es más que el cuerpo muerto de la Ciencia, sin pulso, frío, inanimado.

El Principio y la práctica

Proposiciones reversibles

Las proposiciones fundamentales de la metafísica divina se resumen en las cuatro proposiciones siguientes, para mí, *evidentes por sí mismas.* Aunque se reviertan, se encontrará que estas proposiciones concuerdan en declaración y prueba, mostrando matemáticamente su relación exacta con la Verdad. De Quincey dice que la matemática no tiene fundamento que no sea puramente metafísico.

1. Dios es Todo-en-todo.
2. Dios es el bien. El bien es la Mente.
3. Dios, el Espíritu, al ser todo, nada es materia.
4. La Vida, Dios, el bien omnipotente, niegan la muerte, el mal, el pecado, la enfermedad. La enfermedad, el pecado, el mal, la muerte, niegan el bien, el Dios omnipotente, la Vida.

¿Cuál de las negaciones en la cuarta proposición es verdadera? Ambas no son, no pueden ser, verdaderas. De acuerdo con las Escrituras, encuentro que Dios es veraz, pero "todo hombre [mortal] mentiroso".

Inversiones metafísicas

La metafísica divina de la Ciencia Cristiana, como el método en la matemática, comprueba la regla por inversión. Por ejemplo: No hay dolor en la Verdad, y no hay verdad en el dolor; no hay nervio en la Mente, y no hay mente en el nervio; no hay materia en la Mente, y no hay mente en la materia; no hay materia en la Vida, y no hay vida en la materia; no hay materia en el bien, y no hay bien en la materia.

Definition of mortal mind

Usage classes both evil and good together as *mind;* therefore, to be understood, the author calls sick and sinful humanity *mortal mind,* — meaning by this term the flesh opposed to Spirit, the human mind and evil in contradistinction to the divine Mind, or Truth and good. The spiritually unscientific definition of mind is based on the evidence of the physical senses, which makes minds many and calls *mind* both human and divine.

In Science, Mind is *one,* including noumenon and phenomena, God and His thoughts.

Imperfect terminology

Mortal mind is a solecism in language, and involves an improper use of the word *mind.* As Mind is immortal, the phrase *mortal mind* implies something untrue and therefore unreal; and as the phrase is used in teaching Christian Science, it is meant to designate that which has no real existence. Indeed, if a better word or phrase could be suggested, it would be used; but in expressing the new tongue we must sometimes recur to the old and imperfect, and the new wine of the Spirit has to be poured into the old bottles of the letter.

Causation mental

Christian Science explains all cause and effect as mental, not physical. It lifts the veil of mystery from Soul and body. It shows the scientific relation of man to God, disentangles the interlaced ambiguities of being, and sets free the imprisoned thought. In divine Science, the universe, including man, is spiritual, harmonious, and eternal. Science shows that what is termed *matter* is but the subjective state of what is termed by the author *mortal mind.*

Apart from the usual opposition to everything new,

Definición de la mente mortal

La usanza clasifica ambos, el mal y el bien juntos, como *mente;* por lo tanto, para ser comprendida, la autora denomina *mente mortal* a la enferma y pecadora humanidad, queriendo decir con este término la carne opuesta al Espíritu, la mente humana y el mal en contraste con la Mente divina, o la Verdad y el bien. La definición, que no es espiritualmente científica, de la mente, está basada en la evidencia de los sentidos físicos, la cual hace muchas mentes y llama a la *mente* tanto humana como divina.

En la Ciencia, la Mente es *una,* e incluye noúmeno y fenómenos, Dios y Sus pensamientos.

Terminología imperfecta

Mente mortal es un solecismo del lenguaje, y entraña un uso impropio de la palabra *mente.* Puesto que la Mente es inmortal, la frase *mente mortal* implica algo que no es verdadero y por tanto, irreal; y la manera en que la frase es usada para enseñar la Ciencia Cristiana, tiene la finalidad de designar aquello que no tiene existencia verdadera. Por cierto, si pudiera sugerirse una palabra o frase más adecuada, se usaría; pero al expresar la nueva lengua tenemos que recurrir a veces a la antigua e imperfecta, y el vino nuevo del Espíritu tiene que ser vertido en los odres viejos de la letra.

La causalidad mental

La Ciencia Cristiana explica toda causa y todo efecto como mentales, no físicos. Levanta del Alma y del cuerpo el velo del misterio. Muestra la relación científica del hombre con Dios, desenreda las ambigüedades entrelazadas del ser y libera el pensamiento aprisionado. En la Ciencia divina, el universo, incluyendo el hombre, es espiritual, armonioso y eterno. La Ciencia muestra que lo que se denomina *materia* no es más que el estado subjetivo de lo que la autora denomina *mente mortal.*

Aparte de la oposición usual a todo lo nuevo, el único

Philological inadequacy

the one great obstacle to the reception of that spirituality, through which the understanding of Mind-science comes, is the inadequacy of material terms for metaphysical statements, and the consequent difficulty of so expressing metaphysical ideas as to make them comprehensible to any reader, who has not personally demonstrated Christian Science as brought forth in my discovery. Job says: "The ear trieth words, as the mouth tasteth meat." The great difficulty is to give the right impression, when translating material terms back into the original spiritual tongue.

SCIENTIFIC TRANSLATION OF IMMORTAL MIND

Divine synonyms

GOD: Divine Principle, Life, Truth, Love, Soul, Spirit, Mind.

Divine image

MAN: God's spiritual idea, individual, perfect, eternal.

Divine reflection

IDEA: An image in Mind; the immediate object of understanding. — *Webster.*

SCIENTIFIC TRANSLATION OF MORTAL MIND

First Degree: Depravity.

Unreality

PHYSICAL. Evil beliefs, passions and appetites, fear, depraved will, self-justification, pride, envy, deceit, hatred, revenge, sin, sickness, disease, death.

Second Degree: Evil beliefs disappearing.

Transitional qualities

MORAL. Humanity, honesty, affection, compassion, hope, faith, meekness, temperance.

gran obstáculo para la recepción de esa espiritualidad, por medio de la cual viene la comprensión de la ciencia-Mente, es lo inadecuado de los términos materiales para las declaraciones metafísicas, y la consiguiente dificultad de expresar ideas metafísicas de tal manera de hacerlas comprensibles a cualquier lector, quien no haya demostrado personalmente la Ciencia Cristiana como está expuesta en mi descubrimiento. Job dice: "El oído prueba las palabras, como el paladar gusta lo que uno come". La gran dificultad es dar la impresión correcta cuando se retraducen los términos materiales a la lengua espiritual original.

Inadecuación filológica

Traducción científica de la Mente inmortal

Dios: El Principio, la Vida, la Verdad, el Amor, el Alma, el Espíritu, la Mente, divinos.

Los sinónimos divinos

Hombre: La idea espiritual de Dios, individual, perfecta, eterna.

La imagen divina

Idea: Una imagen en la Mente; el objeto inmediato de la comprensión. —*Webster.*

El reflejo divino

Traducción científica de la mente mortal

Primer Grado: Depravación.

Físico. Creencias malas, pasiones y apetitos, temor, voluntad depravada, justificación propia, orgullo, envidia, engaño, odio, venganza, pecado, enfermedad, malestar, muerte.

La irrealidad

Segundo Grado: Las creencias malas desapareciendo.

Moral. Humanidad, honradez, afecto, compasión, esperanza, fe, mansedumbre, templanza.

Cualidades de transición

Third Degree: Understanding.

SPIRITUAL. Wisdom, purity, spiritual understanding, spiritual power, love, health, holiness.

Reality

In the third degree mortal mind disappears, and man as God's image appears. Science so reverses the evidence before the corporeal human senses, as to make this Scriptural testimony true in our hearts, "The last shall be first, and the first last," so that God and His idea may be to us what divinity really is and must of necessity be, — all-inclusive.

Spiritual universe

A correct view of Christian Science and of its adaptation to healing includes vastly more than is at first seen. Works on metaphysics leave the grand point untouched. They never crown the power of Mind as the Messiah, nor do they carry the day against physical enemies, — even to the extinction of all belief in matter, evil, disease, and death, — nor insist upon the fact that God is all, therefore that matter is nothing beyond an image in mortal mind.

Aim of Science

Christian Science strongly emphasizes the thought that God is not *corporeal,* but *incorporeal,* — that is, bodiless. Mortals are corporeal, but God is incorporeal.

Divine personality

As the words *person* and *personal* are commonly and ignorantly employed, they often lead, when applied to Deity, to confused and erroneous conceptions of divinity and its distinction from humanity. If the term personality, as applied to God, means infinite personality, then God *is* infinite *Person,* — in the sense of infinite personality, but not in the lower sense. An infinite Mind in a finite form is an absolute impossibility.

Tercer Grado: Comprensión.

ESPIRITUAL. Sabiduría, pureza, comprensión espiritual, poder espiritual, amor, salud, santidad.

La realidad

El universo espiritual

En el tercer grado la mente mortal desaparece, y el hombre como la imagen de Dios aparece. La Ciencia revierte de tal manera la evidencia ante los sentidos humanos corporales que confirma en nuestros corazones esta declaración de las Escrituras: "Los primeros serán postreros, y los postreros, primeros", para que Dios y Su idea puedan ser para nosotros lo que la divinidad realmente es y necesariamente tiene que ser: aquello que todo lo incluye.

El objetivo de la Ciencia

Una perspectiva correcta de la Ciencia Cristiana y de su adaptación a la curación incluye muchísimo más de lo que se ve a primera vista. Las obras sobre metafísica dejan sin tocar el punto más importante. Jamás colocan la corona del Mesías sobre el poder de la Mente, ni obtienen la victoria sobre los enemigos físicos —o sea, la extinción de toda creencia en la materia, el mal, la enfermedad y la muerte— ni insisten sobre el hecho de que Dios es todo y que, por tanto, la materia no es más que una imagen en la mente mortal.

Personalidad divina

La Ciencia Cristiana enfatiza enérgicamente el pensamiento de que Dios no es *corpóreo,* sino *incorpóreo,* esto es, sin cuerpo. Los mortales son corpóreos, pero Dios es incorpóreo.

Como las palabras *persona* y *personal* se usan común e ignorantemente, a menudo conducen, cuando son aplicadas a la Deidad, a concepciones confusas y erróneas acerca de la divinidad y su distinción de la humanidad. Si el término personalidad, al aplicarlo a Dios, significa personalidad infinita, entonces Dios *es Persona* infinita, en el sentido de personalidad infinita, pero no en el sentido inferior. Una Mente infinita en una forma finita es una absoluta imposibilidad.

The term *individuality* is also open to objections, because an individual may be one of a series, one of many, as an individual man, an individual horse; whereas God is *One,* — not one of a series, but one alone and without an equal.

Spiritual language

God is Spirit; therefore the language of Spirit must be, and is, spiritual. Christian Science attaches no physical nature and significance to the Supreme Being or His manifestation; mortals alone do this. God's essential language is spoken of in the last chapter of Mark's Gospel as the new tongue, the spiritual meaning of which is attained through "signs following."

The miracles of Jesus

Ear hath not heard, nor hath lip spoken, the pure language of Spirit. Our Master taught spirituality by similitudes and parables. As a divine student he unfolded God to man, illustrating and demonstrating Life and Truth in himself and by his power over the sick and sinning. Human theories are inadequate to interpret the divine Principle involved in the miracles (marvels) wrought by Jesus and especially in his mighty, crowning, unparalleled, and triumphant exit from the flesh.

Opacity of the senses

Evidence drawn from the five physical senses relates solely to human reason; and because of opacity to the true light, human reason dimly reflects and feebly transmits Jesus' works and words. Truth is a revelation.

Leaven of Truth

Jesus bade his disciples beware of the leaven of the Pharisees and of the Sadducees, which he defined as human doctrines. His parable of the "leaven, which a woman took, and hid in three measures

El término *individualidad* también está expuesto a objeciones, porque un individuo puede ser uno de una serie, uno de muchos, como un hombre individual, un caballo individual; mientras que Dios es *Uno,* no uno de una serie, sino uno solo y sin equivalente.

El lenguaje espiritual

Dios es Espíritu; por tanto, el lenguaje del Espíritu tiene que ser, y es, espiritual. La Ciencia Cristiana no atribuye naturaleza ni significación físicas al Ser Supremo o a Su manifestación; sólo los mortales hacen esto. El lenguaje esencial de Dios es mencionado en el último capítulo del Evangelio de Marcos como la nueva lengua, cuyo significado espiritual es logrado mediante "las señales que la siguen".

Los milagros de Jesús

Ni oído oyó, ni labio habló, el lenguaje puro del Espíritu. Nuestro Maestro enseñaba la espiritualidad por símiles y parábolas. Como un estudiante de lo divino, él revelaba a Dios a los hombres, ilustrando y demostrando la Vida y la Verdad en sí mismo y por su poder sobre los enfermos y los pecadores. Las teorías humanas son inadecuadas para interpretar el Principio divino entrañado en los milagros (las maravillas) efectuados por Jesús y especialmente en su poderosa, suprema, incomparable y triunfal salida de la carne.

La opacidad de los sentidos

La evidencia obtenida de los cinco sentidos físicos sólo se relaciona con la razón humana; y debido a la opacidad a la luz verdadera, la razón humana refleja de manera tenue y transmite débilmente las obras y palabras de Jesús. La Verdad es una revelación.

La levadura de la Verdad

Jesús ordenó a sus discípulos que se guardasen de la levadura de los fariseos y de los saduceos, la que definió como doctrinas humanas. Su parábola de la "levadura que tomó una mujer, y escondió en tres medidas of meal, till the whole was leavened," impels the inference that the spiritual leaven signifies the Science of Christ and its spiritual interpretation,— an inference far above the merely ecclesiastical and formal applications of the illustration.

Did not this parable point a moral with a prophecy, foretelling the second appearing in the flesh of the Christ, Truth, hidden in sacred secrecy from the visible world?

Ages pass, but this leaven of Truth is ever at work. It must destroy the entire mass of error, and so be eternally glorified in man's spiritual freedom.

The divine and human contrasted

In their spiritual significance, Science, Theology, and Medicine are means of divine thought, which include spiritual laws emanating from the invisible and infinite power and grace. The parable may import that these spiritual laws, perverted by a perverse material sense of law, are metaphysically presented as three measures of meal,— that is, three modes of mortal thought. In all mortal forms of thought, dust is dignified as the natural status of men and things, and modes of material motion are honored with the name of *laws.* This continues until the leaven of Spirit changes the whole of mortal thought, as yeast changes the chemical properties of meal.

Certain contradictions

The definitions of material law, as given by natural science, represent a kingdom necessarily divided against itself, because these definitions portray law as physical, not spiritual. Therefore they contradict the divine decrees and violate the law of Love, in which nature and God are one and the natural order of heaven comes down to earth.

de harina, hasta que todo fue leudado", da impulso a la inferencia de que la levadura espiritual significa la Ciencia del Cristo y su interpretación espiritual, inferencia muy por encima de las aplicaciones meramente eclesiásticas y formales de la ilustración.

¿No indicaba esta parábola una enseñanza moral con una profecía, prediciendo el segundo advenimiento del Cristo, la Verdad, a la carne, escondido en sagrado secreto del mundo visible?

Los siglos pasan, pero esta levadura de la Verdad está siempre activa. Tiene que destruir la masa entera del error, y ser así eternamente glorificada en la libertad espiritual del hombre.

Lo humano y lo divino comparados

En su significado espiritual, la Ciencia, la Teología y la Medicina son los medios del pensamiento divino, los cuales incluyen leyes espirituales que emanan del poder y de la gracia invisibles e infinitos. La parábola quizás significa que estas leyes espirituales, pervertidas por un sentido material y perverso de la ley, están metafísicamente representadas por tres medidas de harina, es decir, tres modalidades del pensamiento mortal. En todas las formas mortales del pensamiento, el polvo es dignificado como el estado natural de los hombres y de las cosas, y las modalidades del movimiento material son honradas con el nombre de *leyes*. Esto continúa hasta que la levadura del Espíritu cambia enteramente el pensamiento mortal, como el fermento cambia las propiedades químicas de la harina.

Ciertas contradicciones

Las definiciones de la ley material, como son dadas por las ciencias naturales, representan un reino necesariamente dividido contra sí mismo, porque estas definiciones describen la ley como física, no espiritual. Por tanto, contradicen los decretos divinos y violan la ley del Amor, en la cual la naturaleza y Dios son uno y el orden natural del cielo desciende a la tierra.

Unescapable dilemma

When we endow matter with vague spiritual power, — that is, when we do so in our theories, for of course we cannot really endow matter with what it does not and cannot possess, — we disown the Almighty, for such theories lead to one of two things. They either presuppose the self-evolution and self-government of matter, or else they assume that matter is the product of Spirit. To seize the first horn of this dilemma and consider matter as a power in and of itself, is to leave the creator out of His own universe; while to grasp the other horn of the dilemma and regard God as the creator of matter, is not only to make Him responsible for all disasters, physical and moral, but to announce Him as their source, thereby making Him guilty of maintaining perpetual misrule in the form and under the name of natural law.

God and nature

In one sense God is identical with nature, but this nature is spiritual and is not expressed in matter. The lawgiver, whose lightning palsies or prostrates in death the child at prayer, is not the divine ideal of omnipresent Love. God is natural good, and is represented only by the idea of goodness; while evil should be regarded as unnatural, because it is opposed to the nature of Spirit, God.

The sun and Soul

In viewing the sunrise, one finds that it contradicts the evidence before the senses to believe that the earth is in motion and the sun at rest. As astronomy reverses the human perception of the movement of the solar system, so Christian Science reverses the seeming relation of Soul and body and makes body tributary to Mind. Thus it is with man, who is but the humble servant of the restful Mind, though it

Dilema ineludible

Cuando dotamos la materia con un vago poder espiritual —esto es, cuando lo hacemos en nuestras teorías, pues es claro que no podemos realmente dotar la materia con lo que no posee ni puede poseer— negamos al Todopoderoso, porque tales teorías conducen a una de dos cosas. O bien presuponen la evolución por sí misma y la autonomía de la materia, o suponen que la materia es el producto del Espíritu. Aceptar la primera proposición de este dilema y considerar la materia como un poder en sí y de por sí, es dejar al creador fuera de Su propio universo; mientras que aceptar la otra proposición del dilema y considerar a Dios como creador de la materia, no sólo es hacerlo responsable de todos los desastres, físicos y morales, sino enunciarlo como su fuente, haciéndolo culpable así de mantener un perpetuo desgobierno en la forma y bajo el nombre de ley natural.

Dios y la naturaleza

En un sentido Dios es idéntico a la naturaleza, pero esta naturaleza es espiritual y no está expresada en la materia. El legislador, cuyo rayo paraliza o postra de muerte al niño en oración, no es el ideal divino del Amor omnipresente. Dios es el bien natural, y es representado sólo por la idea de la bondad; mientras que el mal debiera ser considerado como innatural, porque es opuesto a la naturaleza del Espíritu, Dios.

El sol y el Alma

Al observar la salida del sol, uno encuentra que contradice la evidencia ante los sentidos creer que la tierra está en movimiento y el sol inmóvil. Tal como la astronomía revierte la percepción humana del movimiento del sistema solar, así la Ciencia Cristiana revierte la aparente relación entre el Alma y el cuerpo y hace el cuerpo tributario de la Mente. Así es con el hombre, que no es sino el servidor humilde de la Mente en reposo, aunque al sentido finito le seems otherwise to finite sense. But we shall never understand this while we admit that soul is in body or mind in matter, and that man is included in non-intelligence. Soul, or Spirit, is God, unchangeable and eternal; and man coexists with and reflects Soul, God, for man is God's image.

Reversal of testimony

Science reverses the false testimony of the physical senses, and by this reversal mortals arrive at the fundamental facts of being. Then the question inevitably arises: Is a man sick if the material senses indicate that he is in good health? No! for matter can make no conditions for man. And is he well if the senses say he is sick? Yes, he is well in Science in which health is normal and disease is abnormal.

Health and the senses

Health is not a condition of matter, but of Mind; nor can the material senses bear reliable testimony on the subject of health. The Science of Mind-healing shows it to be impossible for aught but Mind to testify truly or to exhibit the real status of man. Therefore the divine Principle of Science, reversing the testimony of the physical senses, reveals man as harmoniously existent in Truth, which is the only basis of health; and thus Science denies all disease, heals the sick, overthrows false evidence, and refutes materialistic logic.

Any conclusion *pro* or *con*, deduced from supposed sensation in matter or from matter's supposed consciousness of health or disease, instead of reversing the testimony of the physical senses, confirms that testimony as legitimate and so leads to disease.

Historic illustrations

When Columbus gave freer breath to the globe, ignorance and superstition chained the limbs of the brave old navigator, and disgrace and star-parezca de otra manera. Pero jamás comprenderemos esto mientras admitamos que el alma está en el cuerpo o la mente en la materia, y que el hombre está incluido en lo carente de inteligencia. El Alma, o el Espíritu, es Dios, inmutable y eterna; y el hombre coexiste con el Alma, Dios, y la refleja, porque el hombre es la imagen de Dios.

Reversión del testimonio

La Ciencia revierte el falso testimonio de los sentidos físicos, y mediante esta reversión los mortales llegan a los hechos fundamentales del ser. Entonces inevitablemente surge la pregunta: ¿Está un hombre enfermo si los sentidos materiales indican que está bien de salud? ¡No!, pues la materia no puede establecer condiciones para el hombre. ¿Y está bien si los sentidos dicen que está enfermo? Sí, está sano en la Ciencia en la cual la salud es lo normal y la enfermedad es lo anormal.

La salud y los sentidos

La salud no es una condición de la materia, sino de la Mente; ni pueden los sentidos materiales dar testimonio confiable sobre el tema de la salud. La Ciencia de la curación-Mente muestra que es imposible que algo que no sea la Mente pueda dar testimonio verídico o exhibir el estado verdadero del hombre. Por lo tanto, el Principio divino de la Ciencia, revirtiendo el testimonio de los sentidos físicos, revela que el hombre existe armoniosamente en la Verdad, que es la única base de la salud; y así la Ciencia niega toda enfermedad, sana a los enfermos, derroca la falsa evidencia y refuta la lógica materialista.

Cualquier conclusión *a favor* o *en contra,* deducida de la supuesta sensación en la materia o de la supuesta conciencia que tiene la materia de la salud o la enfermedad, en lugar de revertir el testimonio de los sentidos físicos, confirma ese testimonio como legítimo y así conduce a la enfermedad.

Ilustraciones históricas

Cuando Colón dio aliento más libre al mundo, la ignorancia y la superstición encadenaron al viejo e intrépido navegante, y tuvo que enfrentar vation stared him in the face; but sterner still would have been his fate, if his discovery had undermined the favorite inclinations of a sensuous philosophy.

Copernicus mapped out the stellar system, and before he spake, astrography was chaotic, and the heavenly fields were incorrectly explored.

Perennial beauty

The Chaldean Wisemen read in the stars the fate of empires and the fortunes of men. Though no higher revelation than the horoscope was to them displayed upon the empyrean, earth and heaven were bright, and bird and blossom were glad in God's perennial and happy sunshine, golden with Truth. So we have goodness and beauty to gladden the heart; but man, left to the hypotheses of material sense unexplained by Science, is as the wandering comet or the desolate star — "a weary searcher for a viewless home."

Astronomic unfoldings

The earth's diurnal rotation is invisible to the physical eye, and the sun seems to move from east to west, instead of the earth from west to east. Until rebuked by clearer views of the everlasting facts, this false testimony of the eye deluded the judgment and induced false conclusions. Science shows appearances often to be erroneous, and corrects these errors by the simple rule that the greater controls the lesser. The sun is the central stillness, so far as our solar system is concerned, and the earth revolves about the sun once a year, besides turning daily on its own axis.

As thus indicated, astronomical order imitates the action of divine Principle; and the universe, the reflection of God, is thus brought nearer the spiritual fact, and is allied to divine Science as displayed in the everlasting government of the universe.

la deshonra y el hambre; pero aún más cruel hubiera sido su destino si su descubrimiento hubiese minado las inclinaciones favoritas de una filosofía sensoria.

Copérnico trazó el mapa del sistema estelar, y antes que él hablara, la astrografía era caótica, y el espacio celeste no estaba correctamente explorado.

Belleza perenne

Los magos caldeos leían en las estrellas el destino de los imperios y la fortuna de los hombres. Aunque ninguna revelación más elevada que el horóscopo les fue desplegada en el empíreo, la tierra y el cielo brillaban, y pájaros y flores gozaban en la perenne y alegre luz solar de Dios, dorada con la Verdad. Así tenemos la bondad y la hermosura para alegrar el corazón; pero el hombre, abandonado a las hipótesis del sentido material inexplicadas por la Ciencia, es como el cometa errante o la estrella desolada —“un fatigado buscador de un hogar que no se ve”.

Revelaciones astronómicas

La rotación diaria de la tierra es invisible al ojo físico, y el sol parece moverse de este a oeste, en vez de la tierra de oeste a este. Hasta que fue refutado por perspectivas más claras de los hechos imperecederos, este falso testimonio de la vista engañó el juicio e indujo a conclusiones falsas. La ciencia muestra que las apariencias son a menudo erróneas, y corrige estos errores por la simple regla de que lo mayor controla lo menor. El sol es la inmovilidad central en lo que concierne a nuestro sistema solar, y la tierra gira alrededor del sol una vez al año, además de rotar sobre su propio eje diariamente.

Como queda así indicado, el orden astronómico imita la acción del Principio divino; y el universo, el reflejo de Dios, se aproxima así más a la realidad espiritual, y se relaciona con la Ciencia divina tal como es manifestada en el eterno gobierno del universo.

Opposing testimony

The evidence of the physical senses often reverses the real Science of being, and so creates a reign of discord, — assigning seeming power to sin, sickness, and death; but the great facts of Life, rightly understood, defeat this triad of errors, contradict their false witnesses, and reveal the kingdom of heaven, — the actual reign of harmony on earth. The material senses' reversal of the Science of Soul was practically exposed nineteen hundred years ago by the demonstrations of Jesus; yet these so-called senses still make mortal mind tributary to mortal body, and ordain certain sections of matter, such as brain and nerves, as the seats of pain and pleasure, from which matter reports to this so-called mind its status of happiness or misery.

Testimony of the senses

The optical focus is another proof of the illusion of material sense. On the eye's retina, sky and tree-tops apparently join hands, clouds and ocean meet and mingle. The barometer, — that little prophet of storm and sunshine, denying the testimony of the senses, — points to fair weather in the midst of murky clouds and drenching rain. Experience is full of instances of similar illusions, which every thinker can recall for himself.

Spiritual sense of life

To material sense, the severance of the jugular vein takes away life; but to spiritual sense and in Science, Life goes on unchanged and being is eternal. Temporal life is a false sense of existence.

Our theories make the same mistake regarding Soul and body that Ptolemy made regarding the solar system. They insist that soul is in body and mind therefore tributary to matter. Astronomical science has destroyed the

Testimonio opositor

La evidencia de los sentidos físicos a menudo revierte la Ciencia verdadera del ser, y crea así un reino de discordia, asignando poder aparente al pecado, la enfermedad y la muerte; pero las grandes verdades de la Vida, correctamente comprendidas, derrotan esta tríada de errores, contradicen sus falsos testigos y revelan el reino de los cielos, el verdadero reino de la armonía en la tierra. La reversión de la Ciencia del Alma, por parte de los sentidos materiales, fue expuesta de manera práctica hace mil novecientos años mediante las demostraciones de Jesús; sin embargo, estos así llamados sentidos todavía hacen la mente mortal tributaria al cuerpo mortal, y designan ciertas partes de la materia, tales como el cerebro y los nervios, como las sedes del dolor y el placer, desde las cuales la materia informa a esta así llamada mente su estado de felicidad o sufrimiento.

El testimonio de los sentidos

El foco óptico es otra prueba de la ilusión del sentido material. En la retina del ojo, el cielo y las copas de los árboles parecen unir las manos, las nubes y el océano, encontrarse y mezclarse. El barómetro —ese pequeño profeta de tormenta y bonanza que niega el testimonio de los sentidos— señala buen tiempo en medio de nubes oscuras y lluvias torrenciales. La existencia está llena de ejemplos de ilusiones similares que todo pensador puede recordar por sí mismo.

El sentido espiritual de la vida

Para el sentido material, el corte de la vena yugular quita la vida; pero para el sentido espiritual y en la Ciencia, la Vida continúa inalterada y el ser es eterno. La vida temporal es un falso sentido de la existencia.

Nuestras teorías cometen el mismo error con respecto al Alma y al cuerpo que el que cometió Ptolomeo con respecto al sistema solar. Insisten en que el alma está en el cuerpo y que la mente, por tanto, es tributaria de la materia. La ciencia false theory as to the relations of the celestial bodies, and Christian Science will surely destroy the greater error as to our terrestrial bodies. The true idea and Principle of man will then appear.

Ptolemaic and psychical error

The Ptolemaic blunder could not affect the harmony of being as does the error relating to soul and body, which reverses the order of Science and assigns to matter the power and prerogative of Spirit, so that man becomes the most absolutely weak and inharmonious creature in the universe.

Seeming and being

The verity of Mind shows conclusively how it is that matter seems to be, but is not. Divine Science, rising above physical theories, excludes matter, resolves *things* into *thoughts,* and replaces the objects of material sense with spiritual ideas.

The term Christian Science was introduced by the author to designate the scientific system of divine healing.

The revelation consists of two parts:

1. The discovery of this divine Science of Mind-healing, through a spiritual sense of the Scriptures and through the teachings of the Comforter, as promised by the Master.

2. The proof, by present demonstration, that the so-called miracles of Jesus did not specially belong to a dispensation now ended, but that they illustrated an ever-operative divine Principle. The operation of this Principle indicates the eternality of the scientific order and continuity of being.

Scientific basis

Christian Science differs from material science, but not on that account is it less scientific. On the contrary, Christian Science is pre-emide la astronomía ha destruido la falsa teoría en cuanto a las relaciones de los cuerpos celestes, y la Ciencia Cristiana sin duda destruirá el error mayor en cuanto a nuestros cuerpos terrestres. Entonces aparecerán la idea y el Principio verdaderos del hombre.

El error ptolemaico y el psíquico

El desacierto ptolemaico no pudo afectar la armonía del ser como lo hace el error con respecto al alma y al cuerpo, el cual revierte el orden de la Ciencia y asigna a la materia el poder y la prerrogativa del Espíritu, de modo que el hombre se convierte en la criatura absolutamente más débil e inarmónica del universo.

Parecer y ser

La verdad de la Mente muestra de manera concluyente cómo es que la materia parece ser, pero no es. La Ciencia divina, elevándose por encima de las teorías físicas, excluye la materia, resuelve las *cosas* en *pensamientos* y reemplaza los objetos del sentido material por ideas espirituales.

El término Ciencia Cristiana fue introducido por la autora para designar el sistema científico de la curación divina.

La revelación consiste en dos partes:

1. El descubrimiento de esta Ciencia divina de la curación-Mente, mediante un sentido espiritual de las Escrituras y mediante las enseñanzas del Consolador, como fue prometido por el Maestro.

2. La prueba, por la demostración actual, de que los así llamados milagros de Jesús no pertenecían especialmente a una dispensación ya terminada, sino que ilustraban un Principio divino en operación continua. La operación de este Principio indica la eternidad del orden científico y de la continuidad del ser.

Base científica

La Ciencia Cristiana difiere de la ciencia material, pero no por eso es menos científica. Al contrario, la Ciencia Cristiana es preeminentemente nently scientific, being based on Truth, the Principle of all science.

Physical science a blind belief

Physical science (so-called) is human knowledge, — a law of mortal mind, a blind belief, a Samson shorn of his strength. When this human belief lacks organizations to support it, its foundations are gone. Having neither moral might, spiritual basis, nor holy Principle of its own, this belief mistakes effect for cause and seeks to find life and intelligence in matter, thus limiting Life and holding fast to discord and death. In a word, human belief is a blind conclusion from material reasoning. This is a mortal, finite sense of things, which immortal Spirit silences forever.

Right interpretation

The universe, like man, is to be interpreted by Science from its divine Principle, God, and then it can be understood; but when explained on the basis of physical sense and represented as subject to growth, maturity, and decay, the universe, like man, is, and must continue to be, an enigma.

All force mental

Adhesion, cohesion, and attraction are properties of Mind. They belong to divine Principle, and support the equipoise of that thought-force, which launched the earth in its orbit and said to the proud wave, "Thus far and no farther."

Spirit is the life, substance, and continuity of all things. We tread on forces. Withdraw them, and creation must collapse. Human knowledge calls them forces of matter; but divine Science declares that they belong wholly to divine Mind, are inherent in this Mind, and so restores them to their rightful home and classification.

The elements and functions of the physical body and

científica, pues está basada en la Verdad, el Principio de toda ciencia.

La ciencia física (así llamada) es conocimiento humano, una ley de la mente mortal, una creencia ciega, un Sansón despojado de su fuerza. Cuando a esta creencia humana le faltan organizaciones que la apoyen, sus fundamentos desaparecen. Al no tener fuerza moral, base espiritual ni Principio santo propios, esta creencia confunde el efecto con la causa y procura encontrar vida e inteligencia en la materia, limitando así la Vida y aferrándose a la discordia y la muerte. En una palabra, la creencia humana es una conclusión ciega del razonamiento material. Este es un sentido mortal y finito de las cosas, que el Espíritu inmortal silencia para siempre.

La ciencia física, una creencia ciega

El universo, lo mismo que el hombre, ha de ser interpretado mediante la Ciencia desde su Principio divino, Dios, y entonces puede ser comprendido; pero cuando se explica sobre la base del sentido físico y se representa como sujeto a desarrollo, madurez y decadencia, el universo, lo mismo que el hombre, es, y tiene que continuar siendo, un enigma.

Interpretación correcta

La adhesión, la cohesión y la atracción son propiedades de la Mente. Pertenecen al Principio divino y apoyan el equilibrio de esa fuerza-pensamiento que lanzó a la tierra en su órbita y dijo a la ola orgullosa: "Hasta aquí, y no más".

Toda fuerza es mental

El Espíritu es la vida, la sustancia y la continuidad de todas las cosas. Andamos sobre fuerzas. Retíralas, y la creación tiene que desplomarse. El conocimiento humano las llama fuerzas de la materia; pero la Ciencia divina declara que pertenecen por entero a la Mente divina, son inherentes a esta Mente, y así las restituye a su justo lugar y clasificación.

Los elementos y las funciones del cuerpo físico y del

Corporeal changes

of the physical world will change as mortal mind changes its beliefs. What is now considered the best condition for organic and functional health in the human body may no longer be found indispensable to health. Moral conditions will be found always harmonious and health-giving. Neither organic inaction nor overaction is beyond God's control; and man will be found normal and natural to changed mortal thought, and therefore more harmonious in his manifestations than he was in the prior states which human belief created and sanctioned.

As human thought changes from one stage to another of conscious pain and painlessness, sorrow and joy, — from fear to hope and from faith to understanding, — the visible manifestation will at last be man governed by Soul, not by material sense. Reflecting God's government, man is self-governed. When subordinate to the divine Spirit, man cannot be controlled by sin or death, thus proving our material theories about laws of health to be valueless.

The time and tide

The seasons will come and go with changes of time and tide, cold and heat, latitude and longitude. The agriculturist will find that these changes cannot affect his crops. "As a vesture shalt Thou change them and they shall be changed." The mariner will have dominion over the atmosphere and the great deep, over the fish of the sea and the fowls of the air. The astronomer will no longer look up to the stars, — he will look out from them upon the universe; and the florist will find his flower before its seed.

Thus matter will finally be proved nothing more than a mortal belief, wholly inadequate to affect a man mundo físico cambiarán a medida que la mente mortal cambie sus creencias. Lo que ahora se considera la mejor condición para la salud orgánica y funcional del cuerpo humano, puede que ya no sea encontrada indispensable para la salud. Se hallará que las condiciones morales siempre son armoniosas y saludables. Ni la inacción ni la acción excesiva orgánicas están fuera del control de Dios; y el hombre se encontrará normal y natural para el pensamiento mortal transformado, y en consecuencia, más armonioso en sus manifestaciones de lo que era en los estados anteriores que la creencia humana creaba y sancionaba.

Cambios corporales

A medida que el pensamiento humano cambie de una etapa a otra de dolor consciente y de consciente ausencia de dolor, pesar y alegría —del temor a la esperanza y de la fe a la comprensión— la manifestación visible será finalmente el hombre gobernado por el Alma, no por el sentido material. Al reflejar el gobierno de Dios, el hombre se gobierna a sí mismo. Cuando está subordinado al Espíritu divino, el hombre no puede ser controlado por el pecado o la muerte, comprobando así que nuestras teorías materiales sobre las leyes de la salud no tienen valor.

El tiempo y los ciclos

Las estaciones vendrán y se irán con cambios de tiempo y ciclos, frío y calor, latitud y longitud. El agricultor encontrará que estos cambios no pueden afectar sus cosechas. "Como un vestido los mudarás, y serán mudados". El marino tendrá dominio sobre la atmósfera y las grandes profundidades, sobre los peces del mar y las aves del cielo. El astrónomo ya no mirará hacia las estrellas, mirará desde ellas hacia el universo; y el floricultor encontrará su flor antes que la semilla.

Así se comprobará finalmente que la materia es nada más que una creencia mortal, totalmente incapaz de afectar a un through its supposed organic action or supposed existence. Error will be no longer used in stating truth. The problem of nothingness, or "dust to dust," will be solved, and mortal mind will be without form and void, for mortality will cease when man beholds himself God's reflection, even as man sees his reflection in a glass.

Mortal nothingness

A lack of originality

All Science is divine. Human thought never projected the least portion of true being. Human belief has sought and interpreted in its own way the echo of Spirit, and so seems to have reversed it and repeated it materially; but the human mind never produced a real tone nor sent forth a positive sound.

Antagonistic questions

The point at issue between Christian Science on the one hand and popular theology on the other is this: Shall Science explain cause and effect as being both natural and spiritual? Or shall all that is beyond the cognizance of the material senses be called supernatural, and be left to the mercy of speculative hypotheses?

Biblical basis

I have set forth Christian Science and its application to the treatment of disease just as I have discovered them. I have demonstrated through Mind the effects of Truth on the health, longevity, and morals of men; and I have found nothing in ancient or in modern systems on which to found my own, except the teachings and demonstrations of our great Master and the lives of prophets and apostles. The Bible has been my only authority. I have had no other guide in "the straight and narrow way" of Truth.

If Christendom resists the author's application of the

La nada mortal

hombre mediante su supuesta acción orgánica o supuesta existencia. El error ya no se usará para declarar la verdad. El problema de la nada, o del "polvo al polvo", será resuelto, y la mente mortal estará desordenada y vacía, pues la mortalidad cesará cuando el hombre se contemple a sí mismo como el reflejo de Dios, tal como el hombre ve su reflejo en un espejo.

Una falta de originalidad

Toda Ciencia es divina. El pensamiento humano jamás proyectó la más mínima parte del ser verdadero. La creencia humana ha buscado e interpretado a su manera el eco del Espíritu, y así parece haberlo revertido y repetido materialmente; pero la mente humana jamás produjo un tono verdadero ni emitió un sonido positivo.

Preguntas antagónicas

El punto en cuestión entre la Ciencia Cristiana por una parte y la teología popular por la otra es este: ¿Explicará la Ciencia la causa y el efecto como si fueran tanto naturales como espirituales? ¿O todo lo que esté más allá de la percepción de los sentidos materiales será llamado sobrenatural, y dejado a merced de hipótesis especulativas?

Base bíblica

He presentado la Ciencia Cristiana y su aplicación al tratamiento de la enfermedad tal como las he descubierto. He demostrado por medio de la Mente los efectos de la Verdad sobre la salud, la longevidad y la moral de los hombres; y no he encontrado nada en los sistemas antiguos o modernos sobre lo cual fundar el mío, excepto las enseñanzas y las demostraciones de nuestro gran Maestro y las vidas de los profetas y apóstoles. La Biblia ha sido mi única autoridad. No he tenido ninguna otra guía en el "recto y angosto camino" de la Verdad.

Si la cristiandad se resiste a que la autora aplique la

Science and Christianity

word Science to Christianity, or questions her use of the word Science, she will not therefore lose faith in Christianity, nor will Christianity lose its hold upon her. If God, the All-in-all, be the creator of the spiritual universe, including man, then everything entitled to a classification as truth, or Science, must be comprised in a knowledge or understanding of God, for there can be nothing beyond illimitable divinity.

Scientific terms

The terms Divine Science, Spiritual Science, Christ Science or Christian Science, or Science alone, she employs interchangeably, according to the requirements of the context. These synonymous terms stand for everything relating to God, the infinite, supreme, eternal Mind. It may be said, however, that the term Christian Science relates especially to Science as applied to humanity. Christian Science reveals God, not as the author of sin, sickness, and death, but as divine Principle, Supreme Being, Mind, exempt from all evil. It teaches that matter is the falsity, not the fact, of existence; that nerves, brain, stomach, lungs, and so forth, have — as matter — no intelligence, life, nor sensation.

No physical science

There is no physical science, inasmuch as all truth proceeds from the divine Mind. Therefore truth is not human, and is not a law of matter, for matter is not a lawgiver. Science is an emanation of divine Mind, and is alone able to interpret God aright. It has a spiritual, and not a material origin. It is a divine utterance, — the Comforter which leadeth into all truth.

Christian Science eschews what is called natural science, in so far as this is built on the false hypotheses that matter is its own lawgiver, that law is founded on material con-palabra Ciencia al cristianismo, o cuestiona el uso que ella hace de la palabra Ciencia, no por eso la autora perderá su fe en el cristianismo ni perderá el cristianismo su influencia sobre ella.

Ciencia y cristianismo

Si Dios, el Todo-en-todo, es el creador del universo espiritual, incluyendo el hombre, entonces todo lo que tenga derecho a ser clasificado como verdad, o Ciencia, tiene que estar comprendido en un conocimiento o una comprensión de Dios, porque no puede haber nada más allá de la divinidad ilimitable.

Términos científicos

Los términos Ciencia Divina, Ciencia Espiritual, Ciencia del Cristo o Ciencia Cristiana, o Ciencia solamente, son empleados indistintamente por la autora, según los requerimientos del contexto. Estos términos sinónimos representan todo lo que se relaciona con Dios, la Mente infinita, suprema, eterna. Puede decirse, sin embargo, que el término Ciencia Cristiana se relaciona especialmente con la Ciencia como es aplicada a la humanidad. La Ciencia Cristiana revela a Dios, no como el autor del pecado, la enfermedad y la muerte, sino como el Principio divino, el Ser Supremo, la Mente, exento de todo mal. Enseña que la materia es la falsedad, no la verdad, de la existencia; que los nervios, el cerebro, el estómago, los pulmones y demás, no tienen —como materia— ninguna inteligencia, vida, ni sensación.

No hay ciencia física

No hay ciencia física, puesto que toda la verdad procede de la Mente divina. Por tanto, la verdad no es humana, y no es una ley de la materia, porque la materia no es un legislador. La Ciencia es una emanación de la Mente divina, y ella sola es capaz de interpretar a Dios correctamente. Tiene un origen espiritual, no material. Es una expresión divina, el Consolador que guía a toda la verdad.

La Ciencia Cristiana refuta lo que se llama ciencia natural, dado que esta está construida sobre las falsas hipótesis de que la materia es su propia legisladora, que la ley está fundada ditions, and that these are final and overrule the might of divine Mind. Good is natural and primitive. It is not miraculous to itself.

Practical Science

The term Science, properly understood, refers only to the laws of God and to His government of the universe, inclusive of man. From this it follows that business men and cultured scholars have found that Christian Science enhances their endurance and mental powers, enlarges their perception of character, gives them acuteness and comprehensiveness and an ability to exceed their ordinary capacity. The human mind, imbued with this spiritual understanding, becomes more elastic, is capable of greater endurance, escapes somewhat from itself, and requires less repose. A knowledge of the Science of being develops the latent abilities and possibilities of man. It extends the atmosphere of thought, giving mortals access to broader and higher realms. It raises the thinker into his native air of insight and perspicacity.

An odor becomes beneficent and agreeable only in proportion to its escape into the surrounding atmosphere. So it is with our knowledge of Truth. If one would not quarrel with his fellow-man for waking him from a cataleptic nightmare, he should not resist Truth, which banishes — yea, forever destroys with the higher testimony of Spirit — the so-called evidence of matter.

Mathematics and scientific logic

Science relates to Mind, not matter. It rests on fixed Principle and not upon the judgment of false sensation. The addition of two sums in mathematics must always bring the same result. So is it with logic. If both the major and the minor propositions of a syllogism are correct, the conclusion, if properly sobre condiciones materiales, y que estas son definitivas y predominan sobre el poder de la Mente divina. El bien es natural y primitivo. Para sí mismo no es milagroso.

La Ciencia práctica

El término Ciencia, correctamente comprendido, se refiere únicamente a las leyes de Dios y a Su gobierno del universo, inclusive del hombre. De esto se deduce que los hombres de negocios y los cultos eruditos han encontrado que la Ciencia Cristiana amplía su resistencia y sus poderes mentales, amplía su percepción del carácter, les da agudeza y amplitud de comprensión, y una habilidad para exceder su capacidad ordinaria. La mente humana, imbuida de esta comprensión espiritual, se vuelve más elástica, es capaz de mayor resistencia, se libera en cierto grado de sí misma y requiere menos reposo. Un conocimiento de la Ciencia del ser desarrolla las habilidades y posibilidades latentes del hombre. Extiende la atmósfera del pensamiento, dando a los mortales acceso a ámbitos más amplios y más altos. Eleva al pensador a su ambiente nativo de discernimiento y perspicacia.

Un aroma se torna beneficioso y agradable sólo en la proporción en que se esparza en la atmósfera circundante. Lo mismo sucede con nuestro conocimiento de la Verdad. Así como uno no reñiría con su prójimo por haberlo despertado de una pesadilla cataléptica, tampoco debiera resistir la Verdad, que expulsa —sí, que destruye para siempre con el testimonio superior del Espíritu— la así llamada evidencia de la materia.

La matemática y la lógica científica

La Ciencia se relaciona con la Mente, no con la materia. Descansa sobre un Principio fijo y no sobre el juicio de la sensación falsa. La suma de dos cantidades en matemática tiene que producir siempre el mismo resultado. Así es con la lógica. Si tanto la proposición mayor como la menor de un silogismo son correctas, la conclusión, si es deducida debidamente, no drawn, cannot be false. So in Christian Science there are no discords nor contradictions, because its logic is as harmonious as the reasoning of an accurately stated syllogism or of a properly computed sum in arithmetic. Truth is ever truthful, and can tolerate no error in premise or conclusion.

Truth by inversion

If you wish to know the spiritual fact, you can discover it by reversing the material fable, be the fable *pro* or *con,* — be it in accord with your preconceptions or utterly contrary to them.

Antagonistic theories

Pantheism may be defined as a belief in the intelligence of matter, — a belief which Science overthrows. In those days there will be "great tribulation such as was not since the beginning of the world;" and earth will echo the cry, "Art thou [Truth] come hither to torment us before the time?" Animal magnetism, hypnotism, spiritualism, theosophy, agnosticism, pantheism, and infidelity are antagonistic to true being and fatal to its demonstration; and so are some other systems.

Ontology needed

We must abandon pharmaceutics, and take up ontology, — "the science of real being." We must look deep into realism instead of accepting only the outward sense of things. Can we gather peaches from a pine-tree, or learn from discord the concord of being? Yet quite as rational are some of the leading illusions along the path which Science must tread in its reformatory mission among mortals. The very name, *illusion,* points to nothingness.

The generous liver may object to the author's small estimate of the pleasures of the table. The sinner sees, in the system taught in this book, that the demands of puede ser falsa. Así, en la Ciencia Cristiana, no hay discordias ni contradicciones, porque su lógica es tan armoniosa como el razonamiento de un silogismo correctamente planteado o el de una suma debidamente computada en aritmética. La Verdad es siempre verídica, y no puede tolerar error alguno en la premisa o en la conclusión.

La verdad por inversión

Si deseas conocer el hecho espiritual, lo puedes descubrir revirtiendo la fábula material, ya sea que la fábula esté *a favor* o *en contra*, ya sea que esté de acuerdo con tus nociones preconcebidas o sea completamente contraria a ellas.

Teorías antagónicas

El panteísmo puede ser definido como una creencia en la inteligencia de la materia, una creencia que la Ciencia derroca. En esos días habrá "gran tribulación, cual no la ha habido desde el principio del mundo"; y la tierra hará eco al clamor: "¿Has venido [Verdad] acá para atormentarnos antes de tiempo?" El magnetismo animal, el hipnotismo, el espiritismo, la teosofía, el agnosticismo, el panteísmo y la infidelidad son antagónicos al ser verdadero y fatales para su demostración; como también lo son algunos otros sistemas.

La ontología es necesaria

Debemos abandonar la farmacéutica y emprender el estudio de la ontología: "la ciencia del ser verdadero". Debemos examinar en profundidad el realismo en vez de aceptar sólo el sentido exterior de las cosas. ¿Podemos recoger melocotones de un pino, o aprender de la discordia la concordia del ser? Sin embargo, así de racionales son algunas de las ilusiones predominantes a lo largo del sendero que la Ciencia tiene que recorrer en su misión reformadora entre los mortales. El nombre mismo, *ilusión,* señala la nada.

El sibarita puede que objete la poca importancia que la autora da a los placeres de la mesa. El pecador ve, en el sistema enseñado en este libro, que las exigencias de

God must be met. The petty intellect is alarmed by constant appeals to Mind. The licentious disposition is discouraged over its slight spiritual prospects.

Reluctant guests

When all men are bidden to the feast, the excuses come. One has a farm, another has merchandise, and therefore they cannot accept.

Excuses for ignorance

It is vain to speak dishonestly of divine Science, which destroys all discord, when you can demonstrate the actuality of Science. It is unwise to doubt if reality is in perfect harmony with God, divine Principle, — if Science, when understood and demonstrated, will destroy all discord, — since you admit that God is omnipotent; for from this premise it follows that good and its sweet concords have all-power.

Children and adults

Christian Science, properly understood, would disabuse the human mind of material beliefs which war against spiritual facts; and these material beliefs must be denied and cast out to make place for truth. You cannot add to the contents of a vessel already full. Laboring long to shake the adult's faith in matter and to inculcate a grain of faith in God, — an inkling of the ability of Spirit to make the body harmonious, — the author has often remembered our Master's love for little children, and understood how truly such as they belong to the heavenly kingdom.

All evil unnatural

If thought is startled at the strong claim of Science for the supremacy of God, or Truth, and doubts the supremacy of good, ought we not, contrariwise, to be astounded at the vigorous claims of evil and doubt them, and no longer think it natural to love sin and unnatural to forsake it, — no longer imagine evil to be ever-present and good absent? Truth should

Dios deben ser cumplidas. El intelecto mediocre se alarma por el constante recurrir a la Mente. El temperamento licencioso se desanima dadas sus exiguas perspectivas espirituales. Cuando todos los hombres son convidados a la fiesta, vienen las excusas. Uno tiene una labranza, otro tiene negocios, y por lo tanto, no pueden aceptar.

Convidados reacios

Excusas para la ignorancia

Es en vano hablar deshonestamente de la Ciencia divina, que destruye toda discordia, cuando tú puedes demostrar la realidad de la Ciencia. Es insensato dudar que la realidad esté en perfecta armonía con Dios, el Principio divino —si la Ciencia, cuando sea comprendida y demostrada, destruirá toda discordia— ya que admites que Dios es omnipotente; porque de esta premisa se deduce que el bien y sus dulces armonías tienen todo el poder.

Niños y adultos

La Ciencia Cristiana, correctamente comprendida, liberaría la mente humana de las creencias materiales que luchan contra las realidades espirituales; y estas creencias materiales tienen que ser negadas y echadas fuera para hacer lugar a la verdad. No puedes añadir nada al contenido de una vasija que ya está llena. Al esforzarse por mucho tiempo por debilitar la fe del adulto en la materia y por inculcarle un grano de fe en Dios —un atisbo de la capacidad del Espíritu de hacer el cuerpo armonioso— la autora ha recordado con frecuencia el amor de nuestro Maestro por los niños, y comprendido cuán cierto es que los que son como ellos pertenecen al reino celestial.

Todo mal es innatural

Si el pensamiento se sobresalta por la fuerza con que la Ciencia reivindica la supremacía de Dios, o la Verdad, y duda de la supremacía del bien, ¿no debiéramos, por el contrario, asombrarnos de las vigorosas pretensiones del mal y dudar de ellas, y ya no pensar que es natural amar el pecado e innatural abandonarlo, ya no imaginar que el mal está siempre presente y el bien ausente? La verdad not seem so surprising and unnatural as error, and error should not seem so real as truth. Sickness should not seem so real as health. There is no error in Science, and our lives must be governed by reality in order to be in harmony with God, the divine Principle of all being.

The error of carnality

When once destroyed by divine Science, the false evidence before the corporeal senses disappears. Hence the opposition of sensuous man to the Science of Soul and the significance of the Scripture, "The carnal mind is enmity against God." The central fact of the Bible is the superiority of spiritual over physical power.

Theology

Churchly neglect

Must Christian Science come through the Christian churches as some persons insist? This Science has come already, after the manner of God's appointing, but the churches seem not ready to receive it, according to the Scriptural saying, "He came unto his own, and his own received him not." Jesus once said: "I thank Thee, O Father, Lord of heaven and earth, that Thou hast hid these things from the wise and prudent, and hast revealed them unto babes: even so, Father, for so it seemed good in Thy sight." As aforetime, the spirit of the Christ, which taketh away the ceremonies and doctrines of men, is not accepted until the hearts of men are made ready for it.

John the Baptist, and the Messiah

The mission of Jesus confirmed prophecy, and explained the so-called miracles of olden time as natural demonstrations of the divine power, demonstrations which were not understood. Jesus' works established his claim to the Messiahship. In reply to John's inquiry, "Art thou he that should come," no debiera parecer tan sorprendente e innatural como el error, y el error no debiera parecer tan real como la verdad. La enfermedad no debiera parecer tan real como la salud. No hay error en la Ciencia, y nuestras vidas tienen que estar gobernadas por la realidad para estar en armonía con Dios, el Principio divino de todo ser.

El error de la carnalidad

Una vez destruida por la Ciencia divina, la falsa evidencia ante los sentidos corporales desaparece. De ahí la oposición del hombre sensorio a la Ciencia del Alma y el significado de las Escrituras: "Los designios de la carne son enemistad contra Dios". El hecho central de la Biblia es la superioridad del poder espiritual sobre el poder físico.

La teología

Negligencia de las iglesias

¿Debe venir la Ciencia Cristiana por medio de las iglesias cristianas, como insisten algunas personas? Esta Ciencia ya ha venido, de la manera señalada por Dios, pero las iglesias no parecen estar preparadas para recibirla, según el dicho de las Escrituras: "A lo suyo vino, y los suyos no le recibieron". Una vez Jesús dijo: "Yo te alabo, oh Padre, Señor del cielo y de la tierra, porque escondiste estas cosas de los sabios y entendidos, y las has revelado a los niños. Sí, Padre, porque así Te agradó". Como antaño, el espíritu del Cristo, que quita las ceremonias y las doctrinas de los hombres, no es aceptado hasta que los corazones humanos son preparados para ello.

Juan el Bautista y el Mesías

La misión de Jesús confirmó la profecía, y explicó los así llamados milagros de los tiempos antiguos como demostraciones naturales del poder divino, demostraciones que no fueron comprendidas. Las obras de Jesús establecieron su derecho al mesiazgo. En respuesta a la pregunta de Juan: "¿Eres tú aquel que había de venir?",

Jesus returned an affirmative reply, recounting his works instead of referring to his doctrine, confident that this exhibition of the divine power to heal would fully answer the question. Hence his reply: "Go and show John again those things which ye do hear and see: the blind receive their sight and the lame walk, the lepers are cleansed, and the deaf hear, the dead are raised up, and the poor have the gospel preached to them. And blessed is he, whosoever shall not be offended in me." In other words, he gave his benediction to any one who should not deny that such effects, coming from divine Mind, prove the unity of God, — the divine Principle which brings out all harmony.

Christ rejected

The Pharisees of old thrust the spiritual idea and the man who lived it out of their synagogues, and retained their materialistic beliefs about God. Jesus' system of healing received no aid nor approval from other sanitary or religious systems, from doctrines of physics or of divinity; and it has not yet been generally accepted. To-day, as of yore, unconscious of the reappearing of the spiritual idea, blind belief shuts the door upon it, and condemns the cure of the sick and sinning if it is wrought on any but a material and a doctrinal theory. Anticipating this rejection of idealism, of the true idea of God, — this salvation from all error, physical and mental, — Jesus asked, "When the Son of man cometh, shall he find faith on the earth?"

John's misgivings

Did the doctrines of John the Baptist confer healing power upon him, or endow him with the truest conception of the Christ? This righteous preacher once pointed his disciples to Jesus as "the Lamb of God;" yet afterwards he seriously questioned

Jesús contestó afirmativamente, enumerando sus obras en lugar de referirse a su doctrina, confiado en que esta exhibición del divino poder para sanar contestaría la pregunta plenamente. De ahí su respuesta: "Id, y haced saber a Juan las cosas que oís y veis. Los ciegos ven, los cojos andan, los leprosos son limpiados, los sordos oyen, los muertos son resucitados, y a los pobres es anunciado el evangelio; y bienaventurado es el que no halle tropiezo en mí". En otras palabras, él dio su bendición a todo aquel que no negara que tales efectos, que vienen de la Mente divina, comprueban la unidad de Dios, el Principio divino que saca a luz toda armonía.

El Cristo rechazado

Los fariseos de antaño expulsaron de sus sinagogas la idea espiritual y al hombre que la vivía, y conservaron sus creencias materialistas acerca de Dios. El sistema de curación de Jesús no recibió ninguna ayuda ni aprobación de parte de otros sistemas de sanidad o religiosos, de doctrinas de la física o de la teología; y aún no ha sido generalmente aceptado. Hoy, como antaño, inconsciente de la reaparición de la idea espiritual, la creencia ciega le cierra la puerta, y condena la curación de los enfermos y de los pecadores si se efectúa por medio de cualquier teoría que no sea material y doctrinal. Previendo este rechazo al idealismo, a la verdadera idea de Dios —a esta salvación de todo error físico y mental— Jesús preguntó: "Cuando venga el Hijo del Hombre, ¿hallará fe en la tierra?"

Las dudas de Juan

¿Le confirieron las doctrinas de Juan el Bautista el poder para sanar o lo dotaron de la concepción más verdadera del Cristo? Una vez este justo predicador dirigió la atención de sus discípulos hacia Jesús, "el Cordero de Dios"; no obstante, después cuestionó seriamente las señales the signs of the Messianic appearing, and sent the inquiry to Jesus, "Art thou he that should come?"

Faith according to works

Was John's faith greater than that of the Samaritan woman, who said, "Is not this the Christ?" There was also a certain centurion of whose faith Jesus himself declared, "I have not found so great faith, no, not in Israel."

In Egypt, it was Mind which saved the Israelites from belief in the plagues. In the wilderness, streams flowed from the rock, and manna fell from the sky. The Israelites looked upon the brazen serpent, and straightway believed that they were healed of the poisonous stings of vipers. In national prosperity, miracles attended the successes of the Hebrews; but when they departed from the true idea, their demoralization began. Even in captivity among foreign nations, the divine Principle wrought wonders for the people of God in the fiery furnace and in kings' palaces.

Judaism antipathetic

Judaism was the antithesis of Christianity, because Judaism engendered the limited form of a national or tribal religion. It was a finite and material system, carried out in special theories concerning God, man, sanitary methods, and a religious cultus. That he made "himself equal with God," was one of the Jewish accusations against him who planted Christianity on the foundation of Spirit, who taught as he was inspired by the Father and would recognize no life, intelligence, nor substance outside of God.

Priestly learning

The Jewish conception of God, as Yawah, Jehovah, or only a mighty hero and king, has not quite given place to the true knowledge of God. Creeds and rituals have not cleansed their hands of del advenimiento mesiánico y envió a Jesús la pregunta: "¿Eres tú aquel que había de venir?"

La fe de acuerdo con las obras

¿Era mayor la fe de Juan que la de la samaritana?, la cual dijo: "¿No será éste el Cristo?" Hubo también cierto centurión de cuya fe Jesús mismo declaró: "Ni aun en Israel he hallado tanta fe".

En Egipto, fue la Mente la que salvó a los israelitas de la creencia en las plagas. En el desierto, el agua brotó de la peña en abundancia y el maná cayó del cielo. Los israelitas miraban a la serpiente de bronce, y al instante creían que quedaban sanados de las picaduras venenosas de las víboras. Durante la prosperidad nacional, los milagros acompañaron los triunfos de los hebreos; pero cuando se apartaron de la idea verdadera, comenzó su desmoralización. Hasta en el cautiverio entre naciones extranjeras, el Principio divino hizo maravillas para el pueblo de Dios en el horno de fuego ardiendo y en los palacios de los reyes.

Judaísmo antagónico

El judaísmo era la antítesis del cristianismo, porque el judaísmo engendró la forma limitada de una religión nacional o tribal. Era un sistema finito y material, expresado en teorías especiales concernientes a Dios, al hombre, a los métodos de sanidad, y a un culto religioso. Que se hizo "igual a Dios" fue una de las acusaciones de los judíos contra aquel que plantó el cristianismo sobre el fundamento del Espíritu, que enseñó según era inspirado por el Padre y que no quiso reconocer ninguna vida, inteligencia ni sustancia fuera de Dios.

Conocimientos sacerdotales

La concepción judaica de Dios como Yahveh, Jehová, o solamente como un héroe poderoso y rey, no ha cedido totalmente el lugar al verdadero conocimiento de Dios. Los credos y los rituales no han lavado sus rabbinical lore. To-day the cry of bygone ages is repeated, "Crucify him!" At every advancing step, truth is still opposed with sword and spear.

Testimony of martyrs

The word *martyr,* from the Greek, means *witness;* but those who testified for Truth were so often persecuted unto death, that at length the word *martyr* was narrowed in its significance and so has come always to mean one who suffers for his convictions. The new faith in the Christ, Truth, so roused the hatred of the opponents of Christianity, that the followers of Christ were burned, crucified, and otherwise persecuted; and so it came about that human rights were hallowed by the gallows and the cross.

Absence of Christ-power

Man-made doctrines are waning. They have not waxed strong in times of trouble. Devoid of the Christ-power, how can they illustrate the doctrines of Christ or the miracles of grace? Denial of the possibility of Christian healing robs Christianity of the very element, which gave it divine force and its astonishing and unequalled success in the first century.

Basis of miracles

The true Logos is demonstrably Christian Science, the natural law of harmony which overcomes discord, — not because this Science is supernatural or preternatural, nor because it is an infraction of divine law, but because it is the immutable law of God, good. Jesus said: "I knew that Thou hearest me always;" and he raised Lazarus from the dead, stilled the tempest, healed the sick, walked on the water. There is divine authority for believing in the superiority of spiritual power over material resistance.

A miracle fulfils God's law, but does not violate that law. This fact at present seems more mysterious than manos de las tradiciones rabínicas. Hoy en día el grito de las épocas pasadas se repite: "¡Crucifícale!" A cada paso de avance, la verdad es aún enfrentada con espada y lanza.

Testimonio de los mártires

La palabra *mártir,* del griego, significa *testigo;* pero aquellos que testificaban la Verdad eran tantas veces perseguidos hasta la muerte, que finalmente la palabra *mártir* quedó limitada en su significado y así ha llegado a designar siempre a quien sufre por sus convicciones. La nueva fe en el Cristo, la Verdad, despertó tanto odio en los opositores del cristianismo, que los seguidores de Cristo fueron quemados, crucificados, y perseguidos de otras maneras; y fue así como los derechos humanos llegaron a ser santificados por el patíbulo y la cruz.

Ausencia del poder-Cristo

Las doctrinas creadas por los hombres están decayendo. No se han fortalecido en tiempos de tribulación. Desprovistas del poder-Cristo, ¿cómo pueden ilustrar las doctrinas de Cristo o los milagros de la gracia? Negar la posibilidad de la curación cristiana roba al cristianismo el elemento mismo que le dio fuerza divina y su éxito asombroso e inigualable en el siglo primero.

Base de los milagros

El verdadero Logos es evidentemente la Ciencia Cristiana, la ley natural de la armonía que vence la discordia, no porque esta Ciencia sea sobrenatural o preternatural, ni porque sea una infracción de la ley divina, sino porque es la ley inmutable de Dios, el bien. Jesús dijo: "Yo sabía que siempre me oyes"; y resucitó a Lázaro de entre los muertos, calmó la tempestad, sanó a los enfermos, anduvo sobre las aguas. Hay autoridad divina para creer en la superioridad del poder espiritual sobre la resistencia material.

Un milagro cumple con la ley de Dios, pero no viola esa ley. Este hecho parece en la actualidad más misterioso que el

Lawful wonders

the miracle itself. The Psalmist sang: "What ailed thee, O thou sea, that thou fleddest? Thou Jordan, that thou wast driven back? Ye mountains, that ye skipped like rams, and ye little hills, like lambs? Tremble, thou earth, at the presence of the Lord, at the presence of the God of Jacob." The miracle introduces no disorder, but unfolds the primal order, establishing the Science of God's unchangeable law. Spiritual evolution alone is worthy of the exercise of divine power.

Fear and sickness identical

The same power which heals sin heals also sickness. This is "the beauty of holiness," that when Truth heals the sick, it casts out evils, and when Truth casts out the evil called disease, it heals the sick. When Christ cast out the devil of dumbness, "it came to pass, when the devil was gone out, the dumb spake." There is to-day danger of repeating the offence of the Jews by limiting the Holy One of Israel and asking: "Can God furnish a table in the wilderness?" What cannot God do?

The unity of Science and Christianity

It has been said, and truly, that Christianity must be Science, and Science must be Christianity, else one or the other is false and useless; but neither is unimportant or untrue, and they are alike in demonstration. This proves the one to be identical with the other. Christianity as Jesus taught it was not a creed, nor a system of ceremonies, nor a special gift from a ritualistic Jehovah; but it was the demonstration of divine Love casting out error and healing the sick, not merely in the *name* of Christ, or Truth, but in demonstration of Truth, as must be the case in the cycles of divine light.

Maravillas lícitas

milagro mismo. El Salmista cantó: “¿Qué tuviste, oh mar, que huiste? ¿Y tú, oh Jordán, que te volviste atrás? Oh montes, ¿por qué saltasteis como carneros, y vosotros, collados, como corderitos? A la presencia de Jehová tiembla la tierra, a la presencia del Dios de Jacob”. El milagro no introduce ningún desorden, sino que revela el orden primordial, estableciendo la Ciencia de la ley inmutable de Dios. Sólo la evolución espiritual es digna del ejercicio del poder divino.

El temor y la enfermedad son idénticos

El mismo poder que sana el pecado sana también la enfermedad. Esta es “la hermosura de la santidad”: que cuando la Verdad sana a los enfermos, echa fuera los males, y cuando la Verdad echa fuera el mal llamado enfermedad, sana a los enfermos. Cuando Cristo echó fuera el demonio de la mudez, “aconteció que salido el demonio, el mudo habló”. Existe hoy en día el peligro de repetir la falta de los judíos por limitar el Santo de Israel y preguntar: “¿Podrá [Dios] poner mesa en el desierto?” ¿Qué no puede hacer Dios?

La unidad de la Ciencia y el cristianismo

Se ha dicho, y con razón, que el cristianismo tiene que ser Ciencia, y que la Ciencia tiene que ser cristianismo, de lo contrario uno de los dos es falso e inútil; pero ninguno de los dos carece de importancia o de verdad, y son iguales en la demostración. Esto comprueba que el uno es idéntico al otro. El cristianismo como Jesús lo enseñó no era un credo ni un sistema de ceremonias ni un don especial de un Jehová ritualista; sino que era la demostración del Amor divino echando fuera el error y sanando a los enfermos, no meramente en el *nombre* del Cristo, o la Verdad, sino en demostración de la Verdad, como tiene que ser el caso en los ciclos de la luz divina.

The Christ-mission

Jesus established his church and maintained his mission on a spiritual foundation of Christ-healing. He taught his followers that his religion had a divine Principle, which would cast out error and heal both the sick and the sinning. He claimed no intelligence, action, nor life separate from God. Despite the persecution this brought upon him, he used his divine power to save men both bodily and spiritually.

Ancient spiritualism

The question then as now was, How did Jesus heal the sick? His answer to this question the world rejected. He appealed to his students: "Whom do men say that I, the Son of man, am?" That is: Who or what is it that is thus identified with casting out evils and healing the sick? They replied, "Some say that thou art John the Baptist; some, Elias; and others, Jeremias, or one of the prophets." These prophets were considered dead, and this reply may indicate that some of the people believed that Jesus was a medium, controlled by the spirit of John or of Elias.

This ghostly fancy was repeated by Herod himself. That a wicked king and debauched husband should have no high appreciation of divine Science and the great work of the Master, was not surprising; for how could such a sinner comprehend what the disciples did not fully understand? But even Herod doubted if Jesus was controlled by the sainted preacher. Hence Herod's assertion: "John have I beheaded: but who is this?" No wonder Herod desired to see the new Teacher.

Doubting disciples

The disciples apprehended their Master better than did others; but they did not comprehend all that he said and did, or they would not have questioned him so often. Jesus patiently persisted in

La misión-Cristo

Jesús estableció su iglesia y mantuvo su misión sobre el fundamento espiritual de la curación-Cristo. Enseñó a sus seguidores que su religión tenía un Principio divino que podía echar fuera el error y sanar tanto a los enfermos como a los pecadores. Él no pretendió tener inteligencia, acción, ni vida separadas de Dios. A pesar de la persecución que esto trajo sobre él, utilizó su poder divino para salvar a los hombres tanto corporal como espiritualmente.

Espiritismo antiguo

La pregunta, tanto entonces como ahora, era: ¿Cómo sanaba Jesús a los enfermos? Su respuesta a esta pregunta fue rechazada por el mundo. Él recurrió a sus discípulos: "¿Quién dicen los hombres que es el Hijo del Hombre?" Eso es: ¿Quién o qué es lo que así se identifica con la expulsión de los demonios y la curación de los enfermos? Ellos contestaron: "Unos, Juan el Bautista; otros, Elías; y otros, Jeremías, o alguno de los profetas". A estos profetas se los consideraba muertos, y esta respuesta puede indicar que alguna gente creía que Jesús era un médium, controlado por el espíritu de Juan o de Elías.

Esta fantasía fantasmal fue repetida por Herodes mismo. Que un rey malvado y marido disoluto no tuviera en alto aprecio la Ciencia divina y la gran obra del Maestro, no era sorprendente; porque, ¿cómo podía semejante pecador comprender lo que los discípulos no entendían totalmente? Pero aun Herodes se preguntaba si Jesús estaba controlado por el santo predicador. De ahí la aserción de Herodes: "A Juan yo le hice decapitar; ¿quién, pues, es éste?" No era de admirarse que Herodes deseara ver al nuevo Maestro.

Discípulos dubitativos

Los discípulos comprendieron a su Maestro mejor que otros; pero no comprendieron todo lo que dijo e hizo, o no lo hubieran interrogado tantas veces. Jesús pacientemente persistió en enseñar y demostrar la teaching and demonstrating the truth of being. His students saw this power of Truth heal the sick, cast out evil, raise the dead; but the ultimate of this wonderful work was not spiritually discerned, even by them, until after the crucifixion, when their immaculate Teacher stood before them, the victor over sickness, sin, disease, death, and the grave.

Yearning to be understood, the Master repeated, "But whom say *ye* that I am?" This renewed inquiry meant: Who or what is it that is able to do the work, so mysterious to the popular mind? In his rejection of the answer already given and his renewal of the question, it is plain that Jesus completely eschewed the narrow opinion implied in their citation of the common report about him.

A divine response

With his usual impetuosity, Simon replied for his brethren, and his reply set forth a great fact: "Thou art the Christ, the Son of the living God!" That is: The Messiah is what thou hast declared, — Christ, the spirit of God, of Truth, Life, and Love, which heals mentally. This assertion elicited from Jesus the benediction, "Blessed art thou, Simon Barjona: for flesh and blood hath not revealed it unto thee, but my Father which is in heaven;" that is, Love hath shown thee the way of Life!

The true and living rock

Before this the impetuous disciple had been called only by his common names, Simon Bar-jona, or son of Jona; but now the Master gave him a spiritual name in these words: "And I say also unto thee, That thou art Peter; and upon this rock [the meaning of the Greek word *petros,* or *stone*] I will build my church; and the gates of hell [*hades,* the *under-*

verdad del ser. Sus discípulos vieron este poder de la Verdad sanar a los enfermos, echar fuera el mal, resucitar a los muertos; pero la finalidad de esta maravillosa obra no fue discernida espiritualmente, ni siquiera por ellos, hasta después de la crucifixión, cuando su inmaculado Maestro se presentó ante ellos vencedor de la enfermedad, el pecado, la dolencia, la muerte y la tumba.

Anhelando ser comprendido, el Maestro preguntó nuevamente: "Y *vosotros,* ¿quién decís que soy yo?" Esta pregunta reiterada quería decir: ¿Quién o qué es lo que está capacitado para hacer esta obra tan misteriosa para la mente popular? En su rechazo a la respuesta ya dada y en su reiteración de la pregunta, está claro que Jesús refutó por completo la estrecha opinión implícita en lo que ellos citaron que se decía de él corrientemente.

Una respuesta divina

Con su impetuosidad usual, Simón contestó por sus hermanos, y su respuesta expuso una gran verdad: "¡Tú eres el Cristo, el Hijo del Dios viviente!" Eso es: El Mesías es lo que has proclamado, el Cristo, el espíritu de Dios, de la Verdad, la Vida y el Amor, que sana mentalmente. Esta aserción le mereció la bendición de Jesús: "Bienaventurado eres, Simón, hijo de Jonás, porque no te lo reveló carne ni sangre, sino mi Padre que está en los cielos"; es decir, ¡el Amor te ha mostrado el camino de la Vida!

La roca verdadera y viviente

Antes de esto, el impetuoso discípulo había sido llamado sólo por sus nombres comunes, Simón Barjonás, o hijo de Jonás; pero entonces el Maestro le dio un nombre espiritual en estas palabras: "Y yo también te digo, que tú eres Pedro, y sobre esta roca [el significado de la palabra griega *petros,* o *piedra*] edificaré mi iglesia; y las puertas del Hades [el *mundo de los muertos world,* or the *grave*] shall not prevail against it." In other words, Jesus purposed founding his society, not on the personal Peter as a mortal, but on the God-power which lay behind Peter's confession of the true Messiah.

Sublime summary

It was now evident to Peter that divine Life, Truth, and Love, and not a human personality, was the healer of the sick and a rock, a firm foundation in the realm of harmony. On this spiritually scientific basis Jesus explained his cures, which appeared miraculous to outsiders. He showed that diseases were cast out neither by corporeality, by *materia medica,* nor by hygiene, but by the divine Spirit, casting out the errors of mortal mind. The supremacy of Spirit was the foundation on which Jesus built. His sublime summary points to the religion of Love.

New era in Jesus

Jesus established in the Christian era the precedent for all Christianity, theology, and healing. Christians are under as direct orders now, as they were then, to be Christlike, to possess the Christ-spirit, to follow the Christ-example, and to heal the sick as well as the sinning. It is easier for Christianity to cast out sickness than sin, for the sick are more willing to part with pain than are sinners to give up the sinful, so-called pleasure of the senses. The Christian can prove this to-day as readily as it was proved centuries ago.

Healthful theology

Our Master said to every follower: "Go ye into all the world, and preach the gospel to every creature! . . . Heal the sick! . . . Love thy neighbor as thyself!" It was this theology of Jesus which healed the sick and the sinning. It is his theology in this book and the spiritual meaning of this theology, which o el *sepulcro*] no prevalecerán contra ella”. En otras palabras, Jesús se proponía fundar su sociedad, no en el Pedro personal como un mortal, sino en el poder de Dios que estaba detrás de la declaración de Pedro acerca del Mesías verdadero.

Resumen sublime

Entonces le fue evidente a Pedro que la Vida, la Verdad y el Amor divinos, y no una personalidad humana, era el sanador de los enfermos, y una roca, un fundamento firme en el reino de la armonía. Sobre esta base espiritualmente científica Jesús explicaba sus curaciones, las cuales parecían milagrosas a los extraños. Él mostró que las enfermedades no eran echadas fuera por la corporalidad, la *materia médica* ni por la higiene, sino por el Espíritu divino, que echaba fuera los errores de la mente mortal. La supremacía del Espíritu era el fundamento sobre el cual Jesús edificaba. Su resumen sublime indica la religión del Amor.

Nueva era con Jesús

Jesús estableció en la era cristiana el precedente para todo cristianismo, toda teología y curación. Los cristianos están bajo órdenes tan directas ahora, como lo estaban entonces, de ser semejantes a Cristo, poseer el espíritu-Cristo, seguir el ejemplo de Cristo, y sanar a los enfermos así como a los pecadores. Le es más fácil al cristianismo echar fuera la enfermedad que el pecado, porque los enfermos están más dispuestos a deshacerse del dolor que los pecadores a abandonar los así llamados pecaminosos placeres de los sentidos. Los cristianos pueden comprobar esto hoy tan fácilmente como fue comprobado hace siglos.

Teología saludable

Nuestro Maestro dijo a todo seguidor: “¡Id por todo el mundo y predicad el evangelio a toda criatura!... ¡Sanad enfermos!... ¡Amarás a tu prójimo como a ti mismo!” Era esta teología de Jesús lo que sanaba a los enfermos y a los pecadores. Es su teología en este libro, y el significado espiritual de esta teología, lo que sana a los heals the sick and causes the wicked to "forsake his way, and the unrighteous man his thoughts." It was our Master's theology which the impious sought to destroy.

Marvels and reformations

From beginning to end, the Scriptures are full of accounts of the triumph of Spirit, Mind, over matter. Moses proved the power of Mind by what men called miracles; so did Joshua, Elijah, and Elisha. The Christian era was ushered in with signs and wonders. Reforms have commonly been attended with bloodshed and persecution, even when the end has been brightness and peace; but the present new, yet old, reform in religious faith will teach men patiently and wisely to stem the tide of sectarian bitterness, whenever it flows inward.

Science obscured

The decisions by vote of Church Councils as to what should and should not be considered Holy Writ; the manifest mistakes in the ancient versions; the thirty thousand different readings in the Old Testament, and the three hundred thousand in the New, — these facts show how a mortal and material sense stole into the divine record, with its own hue darkening to some extent the inspired pages. But mistakes could neither wholly obscure the divine Science of the Scriptures seen from Genesis to Revelation, mar the demonstration of Jesus, nor annul the healing by the prophets, who foresaw that "the stone which the builders rejected" would become "the head of the corner."

Opponents benefited

Atheism, pantheism, theosophy, and agnosticism are opposed to Christian Science, as they are to ordinary religion; but it does not follow that the profane or atheistic invalid cannot be healed by Christian Science. The moral condition of such a man de-enfermos y hace que "deje el impío su camino, y el hombre inicuo sus pensamientos". Era la teología de nuestro Maestro lo que los impíos procuraban destruir.

Maravillas y reformas

Desde el comienzo hasta el fin, las Escrituras están llenas de relatos del triunfo del Espíritu, la Mente, sobre la materia. Moisés comprobó el poder de la Mente mediante lo que los hombres llamaron milagros; igual hicieron Josué, Elías y Eliseo. La era cristiana fue introducida con señales y prodigios. Las reformas generalmente han sido acompañadas por el derramamiento de sangre y la persecución, aun cuando el fin ha sido la luz y la paz; pero la reforma actual, nueva, aunque antigua, en la fe religiosa, enseñará a los hombres a contener, paciente y sabiamente, la marea de amargura sectaria cada vez que suba.

La Ciencia oscurecida

Las decisiones por votos de los Concilios Eclesiásticos sobre lo que debe o no debe considerarse Sagrada Escritura; las equivocaciones manifiestas en las antiguas versiones; las treinta mil variantes en el Antiguo Testamento, y las trescientas mil en el Nuevo, estos hechos muestran cómo un sentido mortal y material penetró furtivamente en el divino registro, oscureciendo, en cierta medida, con su propio matiz las páginas inspiradas. Pero las equivocaciones no pudieron oscurecer enteramente la Ciencia divina de las Escrituras, visible desde el Génesis hasta el Apocalipsis, ni dañar la demostración de Jesús, ni anular la obra curativa de los profetas, quienes previeron que "la piedra que desecharon los edificadores" vendría a ser "cabeza del ángulo".

Opositores beneficiados

El ateísmo, el panteísmo, la teosofía y el agnosticismo se oponen a la Ciencia Cristiana, como a la religión común; pero eso no quiere decir que el inválido profano o ateo no pueda ser sanado por la Ciencia Cristiana. La condición moral de tal hombre exige el mands the remedy of Truth more than it is needed in most cases; and Science is more than usually effectual in the treatment of moral ailments.

God invisible to the senses

That God is a corporeal being, nobody can truly affirm. The Bible represents Him as saying: "Thou canst not see My face; for there shall no man see Me, and live." Not materially but spiritually we know Him as divine Mind, as Life, Truth, and Love. We shall obey and adore in proportion as we apprehend the divine nature and love Him understandingly, warring no more over the corporeality, but rejoicing in the affluence of our God. Religion will then be of the heart and not of the head. Mankind will no longer be tyrannical and proscriptive from lack of love, — straining out gnats and swallowing camels.

The true worship

We worship spiritually, only as we cease to worship materially. Spiritual devoutness is the soul of Christianity. Worshipping through the medium of matter is paganism. Judaic and other rituals are but types and shadows of true worship. "The true worshippers shall worship the Father in spirit and in truth."

Anthropomorphism

The Jewish tribal Jehovah was a man-projected God, liable to wrath, repentance, and human changeableness. The Christian Science God is universal, eternal, divine Love, which changeth not and causeth no evil, disease, nor death. It is indeed mournfully true that the older Scripture is reversed. In the beginning God created man in His, God's, image; but mortals would procreate man, and make God in their own human image. What is the god of a mortal, but a mortal magnified?

remedio de la Verdad más de lo que se necesita en la mayoría de los casos; y la Ciencia es más que usualmente eficaz en el tratamiento de las dolencias morales.

Dios es invisible a los sentidos

Nadie puede afirmar realmente que Dios es un ser corpóreo. La Biblia Lo representa como diciendo: "No podrás ver Mi rostro; porque no Me verá hombre, y vivirá". No material, sino espiritualmente Lo conocemos como la Mente divina, como la Vida, la Verdad y el Amor. Obedeceremos y adoraremos en la proporción en que comprendamos la naturaleza divina y Lo amemos con comprensión, no luchando más acerca de la corporalidad, sino regocijándonos en la afluencia de nuestro Dios. La religión será entonces del corazón y no de la cabeza. La humanidad ya no será tiránica y proscriptora por falta de amor, colando mosquitos y tragando camellos.

La verdadera adoración

Adoramos espiritualmente sólo cuando dejamos de adorar materialmente. La devoción espiritual es el alma del cristianismo. La adoración por medio de la materia es paganismo. Los rituales judaicos y otros no son sino símbolos y sombras de la adoración verdadera. "Los verdaderos adoradores adorarán al Padre en espíritu y en verdad".

Antropomorfismo

El Jehová de las tribus judías era un Dios ideado por el hombre, propenso a la ira, al arrepentimiento y a la mutabilidad humana. El Dios de la Ciencia Cristiana es el Amor divino, universal, eterno, que no cambia, y que no causa el mal, la enfermedad ni la muerte. Es sin dudas lamentablemente cierto que la Escritura más antigua está revertida. En el principio creó Dios al hombre a Su imagen, a la imagen de Dios; pero los mortales quisieran procrear al hombre, y hacer a Dios a su propia imagen humana. ¿Qué es el dios de un mortal, sino un mortal ampliado?

This indicates the distance between the theological and ritualistic religion of the ages and the truth preached by Jesus. More than profession is requisite for Christian demonstration. Few understand or adhere to Jesus' divine precepts for living and healing. Why? Because his precepts require the disciple to cut off the right hand and pluck out the right eye, — that is, to set aside even the most cherished beliefs and practices, to leave all for Christ.

More than profession required

All revelation (such is the popular thought!) must come from the schools and along the line of scholarly and ecclesiastical descent, as kings are crowned from a royal dynasty. In healing the sick and sinning, Jesus elaborated the fact that the healing effect followed the understanding of the divine Principle and of the Christ-spirit which governed the corporeal Jesus. For this Principle there is no dynasty, no ecclesiastical monopoly. Its only crowned head is immortal sovereignty. Its only priest is the spiritualized man. The Bible declares that all believers are made "kings and priests unto God." The outsiders did not then, and do not now, understand this ruling of the Christ; therefore they cannot demonstrate God's healing power. Neither can this manifestation of Christ be comprehended, until its divine Principle is scientifically understood.

No ecclesiastical monopoly

The adoption of scientific religion and of divine healing will ameliorate sin, sickness, and death. Let our pulpits do justice to Christian Science. Let it have fair representation by the press. Give to it the place in our institutions of learning now occupied by scholastic theology and physiology, and it will

A change demanded

Esto indica la distancia entre las religiones teológicas y ritualistas de todas las épocas y la verdad predicada por Jesús. Se requiere más que profesión de fe para la demostración cristiana. Pocos comprenden los preceptos divinos de Jesús para vivir y sanar o se adhieren a ellos. ¿Por qué? Porque sus preceptos requieren que el discípulo se corte la mano derecha y se saque el ojo derecho, es decir, que deseche hasta las creencias y prácticas más preciadas, que deje todo por el Cristo.

Se requiere más que profesión de fe

Toda revelación (¡tal es el pensamiento popular!) debe proceder de las escuelas y por la línea de descendencia de eruditos y eclesiásticos, como se corona a los reyes de una dinastía real. Al sanar a los enfermos y a los pecadores, Jesús dejó en claro el hecho de que el efecto sanador resultaba de la comprensión del Principio divino y del espíritu-Cristo que gobernaba al Jesús corpóreo. Para este Principio no hay dinastía, no hay monopolio eclesiástico. Su única cabeza coronada es la soberanía inmortal. Su único sacerdote es el hombre espiritualizado. La Biblia declara que todos los creyentes son hechos “reyes y sacerdotes para Dios”. Los extraños no comprendieron entonces, ni comprenden ahora, este gobierno del Cristo; por consiguiente no pueden demostrar el poder sanador de Dios. Ni puede esta manifestación del Cristo ser comprendida hasta que su Principio divino es científicamente entendido.

Ningún monopolio eclesiástico

La adopción de la religión científica y de la curación divina disminuirá el pecado, la enfermedad y la muerte. Que nuestros púlpitos hagan justicia a la Ciencia Cristiana. Que tenga una representación justa en la prensa. Dadle el lugar en nuestras instituciones de enseñanza ahora ocupados por la teología escolástica y la fisiología, y ella

Se exige un cambio

eradicate sickness and sin in less time than the old systems, devised for subduing them, have required for self-establishment and propagation.

Two claims omitted

Anciently the followers of Christ, or Truth, measured Christianity by its power over sickness, sin, and death; but modern religions generally omit all but one of these powers, — the power over sin. We must seek the undivided garment, the whole Christ, as our first proof of Christianity, for Christ, Truth, alone can furnish us with absolute evidence.

Selfishness and loss

If the soft palm, upturned to a lordly salary, and architectural skill, making dome and spire tremulous with beauty, turn the poor and the stranger from the gate, they at the same time shut the door on progress. In vain do the manger and the cross tell their story to pride and fustian. Sensuality palsies the right hand, and causes the left to let go its grasp on the divine.

Temple cleansed

As in Jesus' time, so to-day, tyranny and pride need to be whipped out of the temple, and humility and divine Science to be welcomed in. The strong cords of scientific demonstration, as twisted and wielded by Jesus, are still needed to purge the temples of their vain traffic in worldly worship and to make them meet dwelling-places for the Most High.

Medicine

Question of precedence

Which was first, Mind or medicine? If Mind was first and self-existent, then Mind, not matter, must have been the first medicine. God being All-in-all, He made medicine; but that medicine was Mind. It could not have been matter, which departs from the nature and character of Mind, God. Truth erradicará la enfermedad y el pecado en menos tiempo del que los viejos sistemas, ideados para dominarlos, han requerido para establecerse y propagarse a sí mismos.

Dos reivindicaciones omitidas

Antiguamente, los seguidores del Cristo, o la Verdad, medían el cristianismo por su poder sobre la enfermedad, el pecado y la muerte; pero las religiones modernas generalmente omiten todos estos poderes menos uno: el poder sobre el pecado. Debemos buscar el manto indiviso, el Cristo íntegro, como nuestra primera prueba de cristianismo, porque sólo el Cristo, la Verdad, puede proporcionarnos la evidencia absoluta.

Egoísmo y pérdida

Si la suave palma de la mano, tendida para recibir un salario señorial, y el arte arquitectónico, que hace estremecer de belleza domo y espira, niegan la entrada al pobre y al extraño, cierran al mismo tiempo la puerta al progreso. En vano el pesebre y la cruz relatan su historia al orgullo y la soberbia. La sensualidad paraliza la mano derecha, y hace que la izquierda se desprenda de lo divino.

El templo purificado

Como en el tiempo de Jesús, también hoy en día la tiranía y el orgullo necesitan ser echados fuera del templo con azotes, y la humildad y la Ciencia divina ser bienvenidas. Las fuertes cuerdas de la demostración científica, tal como Jesús las retorció y blandió, todavía son necesarias para depurar los templos de su vano tráfico en la adoración mundana y hacerlos moradas dignas del Altísimo.

La medicina

Cuestión de precedencia

¿Cuál fue la primera, la Mente o la medicina? Si la Mente fue la primera y era existente de por sí, entonces la Mente, no la materia, tiene que haber sido la primera medicina. Al ser Dios Todo-en-todo, Él hizo la medicina; pero esa medicina era la Mente. No pudo haber sido la materia, que se aparta de la naturaleza y del carácter de la Mente, Dios. La Verdad es el remedio de Dios para is God's remedy for error of every kind, and Truth destroys only what is untrue. Hence the fact that, to-day, as yesterday, Christ casts out evils and heals the sick.

Methods rejected

It is plain that God does not employ drugs or hygiene, nor provide them for human use; else Jesus would have recommended and employed them in his healing. The sick are more deplorably lost than the sinning, if the sick cannot rely on God for help and the sinning can. The divine Mind never called matter *medicine,* and matter required a material and human belief before it could be considered as medicine.

Error not curative

Sometimes the human mind uses one error to medicine another. Driven to choose between two difficulties, the human mind takes the lesser to relieve the greater. On this basis it saves from starvation by theft, and quiets pain with anodynes. You admit that mind influences the body somewhat, but you conclude that the stomach, blood, nerves, bones, etc., hold the preponderance of power. Controlled by this belief, you continue in the old routine. You lean on the inert and unintelligent, never discerning how this deprives you of the available superiority of divine Mind. The body is not controlled scientifically by a negative mind.

Impossible coalescence

Mind is the grand creator, and there can be no power except that which is derived from Mind. If Mind was first chronologically, is first potentially, and must be first eternally, then give to Mind the glory, honor, dominion, and power everlastingly due its holy name. Inferior and unspiritual methods of healing may try to make Mind and drugs coalesce, but the two will el error de toda clase, y la Verdad destruye sólo lo que no es verdadero. De ahí el hecho de que, tanto hoy como ayer, el Cristo echa fuera los males y sana a los enfermos.

Métodos rechazados

Está claro que Dios no emplea los medicamentos o la higiene, ni los provee para uso del hombre; de otro modo Jesús los hubiera recomendado y usado en sus curaciones. Los enfermos están más deplorablemente perdidos que los pecadores, si los enfermos no pueden confiar en la ayuda de Dios y los pecadores sí pueden. La Mente divina jamás llamó *medicina* a la materia, y la materia requirió de una creencia material y humana antes que pudiera ser considerada como medicina.

El error no es curativo

Algunas veces la mente humana usa un error para remediar otro. Forzada a escoger entre dos dificultades, la mente humana toma la menor para aliviar la mayor. Sobre esta base, salva de la inanición mediante el robo, y calma el dolor con anodinos. Admites que la mente tiene cierta influencia sobre el cuerpo, pero concluyes que el estómago, la sangre, los nervios, los huesos, etc., mantienen la preponderancia de poder. Controlado por esta creencia, continúas en la vieja rutina. Te apoyas en lo inerte y en lo que no es inteligente, sin darte cuenta jamás de cómo esto te priva de la superioridad disponible de la Mente divina. El cuerpo no es controlado científicamente mediante una mente negativa.

Coalición imposible

La Mente es la gran creadora, y no puede haber ningún poder excepto aquel que es derivado de la Mente. Si la Mente fue la primera cronológicamente, es la primera potencialmente, y tiene que ser la primera eternamente, entonces da a la Mente la gloria, el honor, el dominio y el poder debidos, por toda la eternidad, a su santo nombre. Los métodos de curación inferiores y que no son espirituales tal vez traten de que la Mente y los medicamentos se coaliguen, pero los dos no se mezclarán not mingle scientifically. Why should we wish to make them do so, since no good can come of it?

If Mind is foremost and superior, let us rely upon Mind, which needs no cooperation from lower powers, even if these so-called powers are real.

> Naught is the squire, when the king is nigh;
> Withdraws the star, when dawns the sun's brave light.

The various mortal beliefs formulated in human philosophy, physiology, hygiene, are mainly predicated of matter, and afford faint gleams of God, or Truth.

Soul and sense

The more material a belief, the more obstinately tenacious its error; the stronger are the manifestations of the corporeal senses, the weaker the indications of Soul.

Human will-power is not Science. Human will belongs to the so-called material senses, and its use is to be condemned.

Will-power detrimental

Willing the sick to recover is not the metaphysical practice of Christian Science, but is sheer animal magnetism. Human will-power may infringe the rights of man. It produces evil continually, and is not a factor in the realism of being. Truth, and not corporeal will, is the divine power which says to disease, "Peace, be still."

Because divine Science wars with so-called physical science, even as Truth wars with error, the old schools still oppose it.

Conservative antagonism

Ignorance, pride, or prejudice closes the door to whatever is not stereotyped. When the Science of being is universally understood, every man will be his own physician, and Truth will be the universal panacea.

It is a question to-day, whether the ancient inspired healers understood the Science of Christian healing, or científicamente. ¿Por qué desearíamos que lo hagan, puesto que nada bueno puede resultar de ello?

Si la Mente es lo primero y superior, confiemos en la Mente, que no necesita ninguna cooperación de poderes inferiores, aun si estos así llamados poderes fueran reales.

> Nada es el escudero, cuando el rey está presente;
> Retírase la estrella, al alborear del sol la luz valiente.

El Alma y el sentido

Las diversas creencias mortales formuladas en la filosofía humana, la fisiología, la higiene, son principalmente predicaciones de la materia, y ofrecen débiles destellos de Dios, o la Verdad. Cuanto más material una creencia, más obstinadamente tenaz su error; cuanto más fuertes son las manifestaciones de los sentidos corporales, más débiles las indicaciones del Alma.

La fuerza de voluntad es perjudicial

La fuerza de voluntad humana no es Ciencia. La voluntad humana pertenece a los así llamados sentidos materiales, y su uso ha de ser condenado. Emplear la voluntad para sanar a los enfermos no es la práctica metafísica de la Ciencia Cristiana, sino que es puro magnetismo animal. La fuerza de voluntad humana puede infringir los derechos del hombre. Produce el mal continuamente, y no es un factor en el realismo del ser. La Verdad, y no la voluntad corporal, es el poder divino que dice a la enfermedad: "Calla, enmudece".

Antagonismo conservador

Debido a que la Ciencia divina lucha con la así llamada ciencia física, así como la Verdad lucha con el error, las antiguas escuelas aún se oponen a ella. La ignorancia, el orgullo o el prejuicio cierran la puerta a todo lo que no está estereotipado. Cuando la Ciencia del ser sea comprendida universalmente, cada hombre será su propio médico, y la Verdad será la panacea universal.

Se pregunta hoy en día si los inspirados sanadores de la antigüedad comprendían la Ciencia de la curación cristiana, whether they caught its sweet tones, as the natural musician catches the tones of harmony, without being able to explain them. So divinely imbued

Ancient healers

were they with the spirit of Science, that the lack of the letter could not hinder their work; and that letter, without the spirit, would have made void their practice.

The struggle for the recovery of invalids goes on, not between material methods, but between mortal minds and immortal Mind. The victory will be on

The struggle and victory

the patient's side only as immortal Mind through Christ, Truth, subdues the human belief in disease. It matters not what material method one may adopt, whether faith in drugs, trust in hygiene, or reliance on some other minor curative.

Scientific healing has this advantage over other methods,—that in it Truth controls error. From this fact arise its ethical as well as its physical ef-

Mystery of godliness

fects. Indeed, its ethical and physical effects are indissolubly connected. If there is any mystery in Christian healing, it is the mystery which godliness always presents to the ungodly,—the mystery always arising from ignorance of the laws of eternal and unerring Mind.

Other methods undertake to oppose error with error, and thus they increase the antagonism of one form of matter towards other forms of matter or error,

Matter *versus* matter

and the warfare between Spirit and the flesh goes on. By this antagonism mortal mind must continually weaken its own assumed power.

The theology of Christian Science includes healing the sick. Our Master's first article of faith propounded o si captaban sus dulces tonos, como el músico innato capta los tonos de la armonía sin poder explicarlos. Tan divinamente imbuidos estaban ellos del espíritu de la Ciencia, que la falta de la letra no podía impedir su obra; y esa letra, sin el espíritu, hubiera hecho nula su práctica.

Sanadores de la antigüedad

La lucha por el restablecimiento de los inválidos continúa, no entre métodos materiales, sino entre las mentes mortales y la Mente inmortal. La victoria estará del lado del paciente sólo cuando la Mente inmortal, mediante el Cristo, la Verdad, subyugue la creencia humana en la enfermedad. No importa qué método material uno adopte, ya sea la fe en los medicamentos, la confianza en la higiene o en otro medio curativo de orden inferior.

La lucha y la victoria

La curación científica tiene esta ventaja sobre otros métodos: que en ella la Verdad controla el error. De este hecho surgen sus efectos tanto éticos como físicos. Por cierto, sus efectos éticos y físicos están indisolublemente conectados. Si hay algún misterio en la curación cristiana, es el misterio que la piedad siempre presenta a los impíos, el misterio que siempre surge de la ignorancia acerca de las leyes de la Mente eterna e infalible.

El misterio de la piedad

Otros métodos se empeñan en enfrentar el error con el error, y así aumentan el antagonismo de una forma de materia contra otras formas de materia o error, y la guerra entre el Espíritu y la carne continúa. Debido a este antagonismo, la mente mortal tiene que debilitar continuamente el poder que ella misma se arroga.

La materia *versus* la materia

La teología de la Ciencia Cristiana incluye la curación de los enfermos. El primer artículo de fe que nuestro Maestro to his students was healing, and he proved his faith by his works. The ancient Christians were healers. Why has this element of Christianity been lost?

How healing was lost

Because our systems of religion are governed more or less by our systems of medicine. The first idolatry was faith in matter. The schools have rendered faith in drugs the fashion, rather than faith in Deity. By trusting matter to destroy its own discord, health and harmony have been sacrificed. Such systems are barren of the vitality of spiritual power, by which material sense is made the servant of Science and religion becomes Christlike.

Drugs and divinity

Material medicine substitutes drugs for the power of God — even the might of Mind — to heal the body. Scholasticism clings for salvation to the person, instead of to the divine Principle, of the man Jesus; and his Science, the curative agent of God, is silenced. Why? Because truth divests material drugs of their imaginary power, and clothes Spirit with supremacy. Science is the "stranger that is within thy gates," remembered not, even when its elevating effects practically prove its divine origin and efficacy.

Christian Science as old as God

Divine Science derives its sanction from the Bible, and the divine origin of Science is demonstrated through the holy influence of Truth in healing sickness and sin. This healing power of Truth must have been far anterior to the period in which Jesus lived. It is as ancient as "the Ancient of days." It lives through all Life, and extends throughout all space.

Divine metaphysics is now reduced to a system, to a form comprehensible by and adapted to the thought of planteó a sus alumnos fue el de sanar, y él comprobó su fe por sus obras. Los cristianos de la antigüedad eran sanadores.

Cómo se perdió la curación

¿Por qué se ha perdido este elemento del cristianismo? Porque nuestros sistemas de religión están más o menos gobernados por nuestros sistemas de medicina. La primera idolatría fue la fe en la materia. Las escuelas han hecho que la moda sea la fe en los medicamentos, más bien que la fe en la Deidad. Al confiar en la materia para destruir su propia discordia, la salud y la armonía han sido sacrificadas. Tales sistemas están desprovistos de la vitalidad del poder espiritual, por el cual el sentido material se convierte en siervo de la Ciencia y la religión se torna semejante al Cristo.

Los medicamentos y la divinidad

La medicina material sustituye por medicamentos el poder de Dios —o sea, el poder de la Mente— para sanar el cuerpo. El escolasticismo se aferra, para la salvación, a la persona, en vez de al Principio divino del hombre Jesús; y su Ciencia, el agente curativo de Dios, es silenciada. ¿Por qué? Porque la verdad despoja los medicamentos materiales de su poder imaginario y reviste de supremacía el Espíritu. La Ciencia es el "extranjero que está dentro de tus puertas", no recordada, pese a que sus efectos enaltecedores comprueban prácticamente su origen y eficacia divinos.

La Ciencia Cristiana, tan antigua como Dios

La Ciencia divina deriva su sanción de la Biblia, y el origen divino de la Ciencia es demostrado por medio de la santa influencia de la Verdad al sanar la enfermedad y el pecado. Este poder sanador de la Verdad tiene que haber sido muy anterior al período en que Jesús vivió. Es tan antiguo como el "Anciano de días". Vive a través de toda la Vida, y se extiende por todo el espacio.

La metafísica divina está reducida ahora a un sistema, a una forma comprensible y adaptada al pensamiento de la

Reduction to system

the age in which we live. This system enables the learner to demonstrate the divine Principle, upon which Jesus' healing was based, and the sacred rules for its present application to the cure of disease.

Late in the nineteenth century I demonstrated the divine rules of Christian Science. They were submitted to the broadest practical test, and everywhere, when honestly applied under circumstances where demonstration was humanly possible, this Science showed that Truth had lost none of its divine and healing efficacy, even though centuries had passed away since Jesus practised these rules on the hills of Judæa and in the valleys of Galilee.

Perusal and practice

Although this volume contains the complete Science of Mind-healing, never believe that you can absorb the whole meaning of the Science by a simple *perusal* of this book. The book needs to be *studied,* and the demonstration of the rules of scientific healing will plant you firmly on the spiritual groundwork of Christian Science. This proof lifts you high above the perishing fossils of theories already antiquated, and enables you to grasp the spiritual facts of being hitherto unattained and seemingly dim.

A definite rule discovered

Our Master healed the sick, practised Christian healing, and taught the generalities of its divine Principle to his students; but he left no definite rule for demonstrating this Principle of healing and preventing disease. This rule remained to be discovered in Christian Science. A pure affection takes form in goodness, but Science alone reveals the divine Principle of goodness and demonstrates its rules.

Jesus never spoke of disease as dangerous or as difficult

época en que vivimos. Este sistema capacita al estudiante para demostrar el Principio divino, sobre el cual estaba basada la obra sanadora de Jesús, y las reglas sagradas para su aplicación actual a la curación de la enfermedad.

Sistematización

A fines del siglo diecinueve demostré las reglas divinas de la Ciencia Cristiana. Estas fueron sometidas a la prueba práctica más amplia, y en todas partes, cuando se aplicaron honestamente bajo circunstancias donde la demostración era humanamente posible, esta Ciencia demostró que la Verdad no había perdido nada de su eficacia divina y sanadora, aun cuando habían transcurrido siglos desde que Jesús practicó estas reglas en las colinas de Judea y en los valles de Galilea.

Lectura y práctica

Aunque esta obra contiene la Ciencia completa de la curación-Mente, jamás creas que puedes absorber el significado íntegro de la Ciencia mediante una simple *lectura* de este libro. El libro necesita ser *estudiado,* y la demostración de las reglas de la curación científica te plantará firmemente sobre la base espiritual de la Ciencia Cristiana. Esta prueba te eleva por encima de los fósiles que decaen de teorías ya anticuadas, y te capacita para comprender las realidades espirituales del ser hasta ahora no alcanzadas y aparentemente en penumbras.

Una regla precisa, descubierta

Nuestro Maestro sanó a los enfermos, practicó la curación cristiana, y enseñó las generalidades del Principio divino de dicha curación a sus discípulos; pero no dejó ninguna regla precisa para demostrar este Principio de la curación y prevención de la enfermedad. Esta regla habría de ser descubierta en la Ciencia Cristiana. Un afecto puro se expresa en bondad, pero sólo la Ciencia revela el Principio divino de la bondad y demuestra sus reglas.

Jesús nunca habló de la enfermedad como peligrosa o difícil

to heal. When his students brought to him a case they had failed to heal, he said to them, "O faithless generation," implying that the requisite power to heal was in Mind. He prescribed no drugs, urged no obedience to material laws, but acted in direct disobedience to them.

Jesus' own practice

Neither anatomy nor theology has ever described man as created by Spirit, — as God's man. The former explains the men of *men,* or the "children of men," as created corporeally instead of spiritually and as emerging from the lowest, instead of from the highest, conception of being. Both anatomy and theology define man as both physical and mental, and place mind at the mercy of matter for every function, formation, and manifestation. Anatomy takes up man at all points materially. It loses Spirit, drops the true tone, and accepts the discord. Anatomy and theology reject the divine Principle which produces harmonious man, and deal — the one wholly, the other primarily — with matter, calling that *man* which is not the counterpart, but the counterfeit, of God's man. Then theology tries to explain how to make this man a Christian, — how from this basis of division and discord to produce the concord and unity of Spirit and His likeness.

The man of anatomy and of theology

Physiology exalts matter, dethrones Mind, and claims to rule man by material law, instead of spiritual. When physiology fails to give health or life by this process, it ignores the divine Spirit as unable or unwilling to render help in time of physical need. When mortals sin, this ruling of the schools leaves them to the guidance of a theology which admits God to be the healer of sin but not of sickness, although our great

Physiology deficient

de sanar. Cuando sus discípulos le trajeron un caso que no habían podido sanar, él les dijo: “¡Oh generación incrédula!”, dando a entender que el poder requerido para sanar estaba en la Mente. Él no recetaba medicinas, no exigía obediencia a las leyes materiales, sino que obraba en abierta desobediencia a ellas.

La propia práctica de Jesús

El hombre de la anatomía y de la teología

Ni la anatomía ni la teología jamás han descrito al hombre como creado por el Espíritu, como el hombre de Dios. La primera explica que los hombres de los *hombres,* o “los hijos de los hombres”, son creados corporal en vez de espiritualmente y como emergiendo de la más baja, en vez de la más elevada, concepción del ser. Tanto la anatomía como la teología definen al hombre como un ser físico y mental a la vez, y dejan la mente a merced de la materia para toda función, formación y manifestación. La anatomía enfoca al hombre en todo punto materialmente. Pierde el Espíritu, abandona el tono verdadero y acepta la discordia. La anatomía y la teología rechazan el Principio divino que produce al hombre armonioso, y se ocupan —la una totalmente, la otra principalmente— de la materia, denominando *hombre* aquello que no es la contraparte, sino la falsificación, del hombre de Dios. Después la teología trata de explicar cómo hacer de este hombre un cristiano, cómo, desde esta base de división y discordia, producir la concordia y la unidad del Espíritu y Su semejanza.

La fisiología es deficiente

La fisiología exalta la materia, destrona la Mente y pretende gobernar al hombre mediante la ley material en vez de la espiritual. Cuando la fisiología no logra dar salud o vida mediante este proceso, ignora el Espíritu divino por considerarlo incapaz de prestar ayuda o no dispuesto a darla en momentos de necesidad física. Cuando los mortales pecan, este gobierno de las escuelas los deja bajo la dirección de una teología que admite que Dios es el sanador del pecado pero no de la enfermedad, a pesar de

Master demonstrated that Truth could save from sickness as well as from sin.

Blunders and blunderers

Mind as far outweighs drugs in the cure of disease as in the cure of sin. The more excellent way is divine Science in every case. Is *materia medica* a science or a bundle of speculative human theories? The prescription which succeeds in one instance fails in another, and this is owing to the different mental states of the patient. These states are not comprehended, and they are left without explanation except in Christian Science. The rule and its perfection of operation never vary in Science. If you fail to succeed in any case, it is because you have not demonstrated the life of Christ, Truth, more in your own life, — because you have not obeyed the rule and proved the Principle of divine Science.

Old-school physician

A physician of the old school remarked with great gravity: "We know that mind affects the body somewhat, and advise our patients to be hopeful and cheerful and to take as little medicine as possible; but mind can never cure organic difficulties." The logic is lame, and facts contradict it. The author has cured what is termed organic disease as readily as she has cured purely functional disease, and with no power but the divine Mind.

Tests in our day

Since God, divine Mind, governs all, not partially but supremely, predicting disease does not dignify therapeutics. Whatever guides thought spiritually benefits mind and body. We need to understand the affirmations of divine Science, dismiss superstition, and demonstrate truth according to Christ. To-day there is hardly a city, village, or hamlet, in which are not to que nuestro gran Maestro demostró que la Verdad podía salvar tanto de la enfermedad como del pecado.

La Mente supera los medicamentos tanto en la curación de la enfermedad como en la curación del pecado. El medio más excelente es la Ciencia divina en todos los casos.

Desatinos y desatinados

¿Es la materia médica una ciencia o un cúmulo de teorías humanas especulativas? La receta que tiene éxito en un caso fracasa en otro, y esto se debe a los diferentes estados mentales de los pacientes. Estos estados no son comprendidos, y son dejados sin explicación excepto en la Ciencia Cristiana. La regla y la perfección de su operación nunca varían en la Ciencia. Si no tienes éxito en algún caso, es porque no has demostrado suficientemente la vida del Cristo, la Verdad, en tu propia vida, porque no has obedecido la regla y comprobado el Principio de la Ciencia divina.

Médico de la vieja escuela

Un médico de la vieja escuela advirtió muy seriamente: “Sabemos que la mente afecta el cuerpo en cierto grado, y aconsejamos a nuestros pacientes que tengan esperanza y buen ánimo y que tomen la menor cantidad de medicina posible; pero la mente jamás puede curar dificultades orgánicas”. La lógica es deficiente, y los hechos la contradicen. La autora ha sanado enfermedades llamadas orgánicas con la misma facilidad con que ha sanado enfermedades puramente funcionales, y sin ningún poder sino la Mente divina.

Pruebas actuales

Puesto que Dios, la Mente divina, gobierna todo, no parcial, sino supremamente, pronosticar la enfermedad no dignifica la terapéutica. Todo lo que guía espiritualmente el pensamiento beneficia la mente y el cuerpo. Necesitamos comprender las afirmaciones de la Ciencia divina, desechar la superstición y demostrar la verdad según el Cristo. Hoy en día casi no hay ciudad, pueblo o aldea, be found living witnesses and monuments to the virtue and power of Truth, as applied through this Christian system of healing disease.

The main purpose

To-day the healing power of Truth is widely demonstrated as an immanent, eternal Science, instead of a phenomenal exhibition. Its appearing is the coming anew of the gospel of "on earth peace, good-will toward men." This coming, as was promised by the Master, is for its establishment as a permanent dispensation among men; but the mission of Christian Science now, as in the time of its earlier demonstration, is not primarily one of physical healing. Now, as then, signs and wonders are wrought in the metaphysical healing of physical disease; but these signs are only to demonstrate its divine origin, — to attest the reality of the higher mission of the Christ-power to take away the sins of the world.

Exploded doctrine

The science (so-called) of physics would have one believe that both matter and mind are subject to disease, and that, too, in spite of the individual's protest and contrary to the law of divine Mind. This human view infringes man's free moral agency; and it is as evidently erroneous to the author, and will be to all others at some future day, as the practically rejected doctrine of the predestination of souls to damnation or salvation. The doctrine that man's harmony is governed by physical conditions all his earthly days, and that he is then thrust out of his own body by the operation of matter, — even the doctrine of the superiority of matter over Mind, — is fading out.

The hosts of Æsculapius are flooding the world with diseases, because they are ignorant that the human mind donde no se encuentren testigos y monumentos vivientes a la virtud y al poder de la Verdad, tal como son aplicados mediante este sistema cristiano de sanar la enfermedad.

El propósito principal

Hoy en día, el poder sanador de la Verdad se demuestra extensamente como una Ciencia inmanente y eterna, en vez de la exhibición de un fenómeno. Su advenimiento es la nueva venida del evangelio: “En la tierra paz, buena voluntad para con los hombres”. Esta venida, como fue prometida por el Maestro, es para su establecimiento como una dispensación permanente entre los hombres; pero la misión de la Ciencia Cristiana ahora, como en los tiempos de sus primeras demostraciones, no es principalmente de curación física. Ahora, como entonces, señales y prodigios se efectúan en la curación metafísica de la enfermedad física; pero estas señales son solamente para demostrar su origen divino, para atestiguar la realidad de la misión más elevada del poder-Cristo de quitar los pecados del mundo.

Doctrina desacreditada

La ciencia (así llamada) de la física quisiera hacer creer a uno que tanto la materia como la mente están sujetas a la enfermedad, y eso, también, pese a las protestas del individuo y a que es contraria a la ley de la Mente divina. Este punto de vista humano infringe el libre arbitrio moral del hombre; y es tan evidentemente erróneo para la autora, y lo será para todos los demás algún día futuro, como la prácticamente rechazada doctrina de la predestinación de las almas a la condenación o la salvación. La doctrina de que la armonía del hombre está gobernada por condiciones físicas durante todos sus días terrenales, y que después él es expulsado de su propio cuerpo por la acción de la materia —o sea, la doctrina de la superioridad de la materia sobre la Mente— se está desvaneciendo.

Las huestes de Esculapio están inundando el mundo con enfermedades, porque ignoran que la mente y el cuerpo

Disease mental

and body are myths. To be sure, they sometimes treat the sick as if there was but one factor in the case; but this one factor they represent to be body, not mind. Infinite Mind could not possibly create a remedy outside of itself, but erring, finite, human mind has an absolute need of something beyond itself for its redemption and healing.

Intentions respected

Great respect is due the motives and philanthropy of the higher class of physicians. We know that if they understood the Science of Mind-healing, and were in possession of the enlarged power it confers to benefit the race physically and spiritually, they would rejoice with us. Even this one reform in medicine would ultimately deliver mankind from the awful and oppressive bondage now enforced by false theories, from which multitudes would gladly escape.

Man governed by Mind

Mortal belief says that death has been occasioned by fright. Fear never stopped being and its action. The blood, heart, lungs, brain, etc., have nothing to do with Life, God. Every function of the real man is governed by the divine Mind. The human mind has no power to kill or to cure, and it has no control over God's man. The divine Mind that made man maintains His own image and likeness. The human mind is opposed to God and must be put off, as St. Paul declares. All that really exists is the divine Mind and its idea, and in this Mind the entire being is found harmonious and eternal. The straight and narrow way is to see and acknowledge this fact, yield to this power, and follow the leadings of truth.

That mortal mind claims to govern every organ of the mortal body, we have overwhelming proof. But this so-humanos son mitos. Ciertamente, a veces tratan a los enfermos como si no hubiera más que un solo factor en el caso; pero representan el cuerpo, no la mente, como este único factor. No es posible que la Mente infinita creara un remedio fuera de sí misma, pero la mente humana, que yerra, que es finita, tiene una necesidad absoluta de algo más allá de sí misma para su redención y curación.

La enfermedad es mental

Merecen gran respeto los motivos y la filantropía de la clase más elevada de médicos. Sabemos que si ellos comprendieran la Ciencia de la curación-Mente, y poseyeran el poder más amplio que ella confiere para beneficiar al género humano física y espiritualmente, se regocijarían con nosotros. Aun esta sola reforma en la medicina liberaría finalmente a la humanidad de la terrible y opresiva esclavitud impuesta ahora por teorías falsas, de la cual las multitudes gustosamente escaparían.

Intenciones respetadas

La creencia mortal dice que la muerte ha sido ocasionada por un susto. El temor jamás detuvo el ser y su acción. La sangre, el corazón, los pulmones, el cerebro, etc., no tienen nada que ver con la Vida, Dios. Todas las funciones del hombre verdadero están gobernadas por la Mente divina. La mente humana no tiene poder para matar o curar, y no tiene control sobre el hombre de Dios. La Mente divina, que hizo al hombre, mantiene Su propia imagen y semejanza. La mente humana se opone a Dios y hay que despojarse de ella, como declara San Pablo. Todo lo que realmente existe es la Mente divina y su idea, y en esta Mente se encuentra que el ser entero es armonioso y eterno. El camino recto y estrecho es ver y reconocer esta realidad, ceder a este poder y seguir las indicaciones de la verdad.

El hombre gobernado por la Mente

Tenemos pruebas abrumadoras de que la mente mortal pretende gobernar todos los órganos del cuerpo mortal. Pero called mind is a myth, and must by its own consent yield to Truth. It would wield the sceptre of a monarch, but it is powerless. The immortal divine Mind takes away all its supposed sovereignty, and saves mortal mind from itself. The author has endeavored to make this book the Æsculapius of mind as well as of body, that it may give hope to the sick and heal them, although they know not how the work is done. Truth has a healing effect, even when not fully understood.

Mortal mind dethroned

Anatomy describes muscular action as produced by mind in one instance and not in another. Such errors beset every material theory, in which one statement contradicts another over and over again. It is related that Sir Humphry Davy once apparently cured a case of paralysis simply by introducing a thermometer into the patient's mouth. This he did merely to ascertain the temperature of the patient's body; but the sick man supposed this ceremony was intended to heal him, and he recovered accordingly. Such a fact illustrates our theories.

All activity from thought

The author's medical researches and experiments had prepared her thought for the metaphysics of Christian Science. Every material dependence had failed her in her search for truth; and she can now understand why, and can see the means by which mortals are divinely driven to a spiritual source for health and happiness.

The author's experiments in medicine

Her experiments in homœopathy had made her skeptical as to material curative methods. Jahr, from *Aconitum* to *Zincum oxydatum*, enumerates the general symptoms, the characteristic signs, which demand different remedies; but the drug

Homœopathic attenuations

La mente mortal destronada

esta así llamada mente es un mito, y por su propio consentimiento tiene que ceder a la Verdad. Empuñaría el cetro de un monarca, mas es impotente. La Mente divina e inmortal le quita toda su supuesta soberanía, y salva a la mente mortal de sí misma. La autora se ha esforzado por hacer de este libro el Esculapio de la mente así como del cuerpo, para que pueda dar esperanza a los enfermos y sanarlos, aunque ellos no sepan cómo se efectúa la obra. La Verdad tiene un efecto sanador, aunque no sea comprendida totalmente.

Toda actividad proviene del pensamiento

La anatomía describe la acción muscular como producida por la mente en un caso y no en otro. Tales errores acosan todas las teorías materiales, en las cuales una declaración contradice la otra una y otra vez. Se relata que en una ocasión Sir Humphry Davy aparentemente curó un caso de parálisis simplemente introduciendo un termómetro en la boca del paciente. Hizo esto meramente para averiguar la temperatura del cuerpo del paciente; pero el enfermo supuso que esta ceremonia era para sanarlo y, en consecuencia, se restableció. Un hecho como este ilustra nuestras teorías.

Experimentos médicos de la autora

Las investigaciones y experimentos médicos de la autora habían preparado su pensamiento para la metafísica de la Ciencia Cristiana. Todo apoyo material le había fallado en su búsqueda de la verdad; y ahora ella puede comprender por qué, y puede percibir los medios por los cuales los mortales son divinamente conducidos hacia una fuente espiritual para la salud y la felicidad.

Atenuaciones homeopáticas

Sus experimentos en homeopatía la habían hecho escéptica en cuanto a los métodos curativos materiales. Jahr enumera, desde el *aconitum* hasta el *zincum oxydatum*, los síntomas generales, las señales características, que requieren diferentes remedios; pero frecuentemente is frequently attenuated to such a degree that not a vestige of it remains. Thus we learn that it is not the drug which expels the disease or changes one of the symptoms of disease.

Only salt and water

The author has attenuated *Natrum muriaticum* (common table-salt) until there was not a single saline property left. The salt had "lost his savour;" and yet, with one drop of that attenuation in a goblet of water, and a teaspoonful of the water administered at intervals of three hours, she has cured a patient sinking in the last stage of typhoid fever. The highest attenuation of homœopathy and the most potent rises above matter into mind. This discovery leads to more light. From it may be learned that either human faith or the divine Mind is the healer and that there is no efficacy in a drug.

Origin of pain

You say a boil is painful; but that is impossible, for matter without mind is not painful. The boil simply manifests, through inflammation and swelling, a belief in pain, and this belief is called a boil. Now administer mentally to your patient a high attenuation of truth, and it will soon cure the boil. The fact that pain cannot exist where there is no mortal mind to feel it is a proof that this so-called mind makes its own pain — that is, its own *belief* in pain.

Source of contagion

We weep because others weep, we yawn because they yawn, and we have smallpox because others have it; but mortal mind, not matter, contains and carries the infection. When this mental contagion is understood, we shall be more careful of our mental conditions, and we shall avoid loquacious tattling about disease, as we would avoid advocating crime. Neither sympathy nor society should ever tempt us to cherish el medicamento está atenuado a tal grado que no permanece ni un vestigio de él. Así aprendemos que no es el medicamento lo que expulsa la enfermedad o cambia alguno de los síntomas de la enfermedad.

Sólo sal y agua

La autora ha atenuado *natrum muriaticum* (sal común de mesa) hasta que no quedó ni una sola propiedad salina. La sal "se había hecho insípida"; y no obstante, con una gota de esa atenuación en un vaso de agua, y una cucharadita del agua administrada a intervalos de tres horas, ella ha curado a un paciente que estaba entrando en la última etapa de fiebre tifoidea. La atenuación mayor y más potente de la homeopatía se eleva por encima de la materia hacia la mente. Este descubrimiento guía hacia más luz. De él se puede aprender que es o bien la fe humana o la Mente divina el sanador, y que no hay eficacia en los medicamentos.

Origen del dolor

Dices que un forúnculo es doloroso; pero eso es imposible, pues la materia sin la mente no es dolorosa. El forúnculo simplemente manifiesta, mediante la inflamación y la hinchazón, una creencia en el dolor, y esta creencia es llamada forúnculo. Ahora administra mentalmente a tu paciente una alta atenuación de la verdad, y esta pronto sanará el forúnculo. El hecho de que el dolor no puede existir donde no hay mente mortal para sentirlo, es una prueba de que esta así llamada mente produce su propio dolor, es decir, su propia *creencia* en el dolor.

Fuente del contagio

Lloramos porque otros lloran, bostezamos porque ellos bostezan, y tenemos viruela porque otros la tienen; pero la mente mortal, no la materia, contiene y es portadora de la infección. Cuando este contagio mental sea comprendido, seremos más cuidadosos con nuestras condiciones mentales, y evitaremos el parloteo excesivo sobre la enfermedad, así como evitaríamos abogar por el crimen. Ni la simpatía ni la sociedad deberían jamás error in any form, and certainly we should not be error's advocate.

Disease arises, like other mental conditions, from association. Since it is a law of mortal mind that certain diseases should be regarded as contagious, this law obtains credit through association, — calling up the fear that creates the image of disease and its consequent manifestation in the body.

Imaginary cholera

This fact in metaphysics is illustrated by the following incident: A man was made to believe that he occupied a bed where a cholera patient had died. Immediately the symptoms of this disease appeared, and the man died. The fact was, that he had not caught the cholera by material contact, because no cholera patient had been in that bed.

Children's ailments

If a child is exposed to contagion or infection, the mother is frightened and says, "My child will be sick." The law of mortal mind and her own fears govern her child more than the child's mind governs itself, and they produce the very results which might have been prevented through the opposite understanding. Then it is believed that exposure to the contagion wrought the mischief.

That mother is not a Christian Scientist, and her affections need better guidance, who says to her child: "You look sick," "You look tired," "You need rest," or "You need medicine."

Such a mother runs to her little one, who thinks she has hurt her face by falling on the carpet, and says, moaning more childishly than her child, "Mamma knows you are hurt." The better and more successful method for any mother to adopt is to say: "Oh, never mind! You're not tentarnos a abrigar el error en forma alguna, y por cierto que no deberíamos ser defensores del error.

La enfermedad, lo mismo que otras condiciones mentales, surge por asociación. Puesto que es una ley de la mente mortal que ciertas enfermedades debieran ser consideradas como contagiosas, esta ley obtiene crédito a través de la asociación, evocando el temor que crea la imagen de la enfermedad y su consiguiente manifestación en el cuerpo.

Cólera imaginario

Este hecho en la metafísica es ilustrado en el incidente que sigue: Se le hizo creer a un hombre que él ocupaba la cama donde un enfermo de cólera había muerto. Inmediatamente se le presentaron los síntomas de esta enfermedad, y el hombre murió. El hecho fue que no se había contagiado de cólera por contacto material, porque ningún enfermo de cólera había estado en esa cama.

Dolencias de los niños

Si un niño está expuesto a contagio o infección, la madre se asusta y dice: "Mi hijo se va a enfermar". La ley de la mente mortal y los propios temores de la madre gobiernan a su niño más de lo que la mente del niño se gobierna a sí misma, y producen los resultados mismos que podrían haberse prevenido mediante la comprensión opuesta. Luego se cree que la exposición al contagio produjo el mal.

No es Científica Cristiana, y sus afectos requieren mejor dirección, esa madre que dice a su hijo: "Te ves enfermo", "Te ves cansado", "Necesitas descanso" o "Necesitas una medicina".

Tal madre corre hacia su pequeña, que cree haberse lastimado la cara al caer sobre la alfombra, y le dice gimiendo de manera más infantil que su hija: "Mamá sabe que te has hecho daño". El método mejor y más eficaz que toda madre debiera adoptar es decir: "¡Oh, no hagas caso! No estás hurt, so don't think you are." Presently the child forgets all about the accident, and is at play.

Drug-power mental

When the sick recover by the use of drugs, it is the law of a general belief, culminating in individual faith, which heals; and according to this faith will the effect be. Even when you take away the individual confidence in the drug, you have not yet divorced the drug from the general faith. The chemist, the botanist, the druggist, the doctor, and the nurse equip the medicine with their faith, and the beliefs which are in the majority rule. When the general belief endorses the inanimate drug as doing this or that, individual dissent or faith, unless it rests on Science, is but a belief held by a minority, and such a belief is governed by the majority.

Belief in physics

The universal belief in physics weighs against the high and mighty truths of Christian metaphysics. This erroneous general belief, which sustains medicine and produces all medical results, works against Christian Science; and the percentage of power on the side of this Science must mightily outweigh the power of popular belief in order to heal a single case of disease. The human mind acts more powerfully to offset the discords of matter and the ills of flesh, in proportion as it puts less weight into the material or fleshly scale and more weight into the spiritual scale. Homœopathy diminishes the drug, but the potency of the medicine increases as the drug disappears.

Nature of drugs

Vegetarianism, homœopathy, and hydropathy have diminished drugging; but if drugs are an antidote to disease, why lessen the antidote? If drugs are good things, is it safe to say that the less in quantity you have of them the better? If drugs lastimada, así que no creas que lo estás". Pronto la niña olvida el accidente y vuelve a jugar.

El poder de los medicamentos es mental

Cuando los enfermos se restablecen mediante el uso de medicamentos, es la ley de una creencia general, que culmina en fe individual, lo que sana; y conforme a esta fe serán los resultados. Aunque quites la confianza individual en el medicamento, todavía no has desligado el medicamento de la fe general. El químico, el botánico, el farmacéutico, el médico y la enfermera equipan la medicina con su fe, y las creencias que están en mayoría rigen. Cuando la creencia general atribuye al inanimado medicamento tal o cual efecto, el disentimiento individual o fe, a menos que descanse en la Ciencia, es sólo una creencia sostenida por una minoría, y tal creencia es gobernada por la mayoría.

La creencia en la física

La creencia universal en la física pesa contra las elevadas y poderosas verdades de la metafísica cristiana. Esta creencia general errónea, que sostiene la medicina y produce todos los resultados médicos, actúa contra la Ciencia Cristiana; y el porcentaje de poder del lado de esta Ciencia tiene que preponderar en gran manera sobre el poder de la creencia popular a fin de sanar un solo caso de enfermedad. La mente humana obra más poderosamente para contrarrestar las discordias de la materia y las enfermedades de la carne, en la proporción en que pone menos peso en el platillo material o carnal de la balanza y más peso en el platillo espiritual. La homeopatía disminuye el medicamento, pero la potencia del remedio aumenta a medida que el medicamento desaparece.

La naturaleza de los medicamentos

El vegetarianismo, la homeopatía y la hidropatía han disminuido la medicación; pero si los medicamentos son un antídoto contra las enfermedades, ¿por qué reducir el antídoto? Si los medicamentos son algo bueno, ¿está bien decir que cuanto menos cantidad se tome tanto mejor? Si los medicamentos possess intrinsic virtues or intelligent curative qualities, these qualities must be mental. Who named drugs, and what made them good or bad for mortals, beneficial or injurious?

Dropsy cured without drugs

A case of dropsy, given up by the faculty, fell into my hands. It was a terrible case. Tapping had been employed, and yet, as she lay in her bed, the patient looked like a barrel. I prescribed the fourth attenuation of *Argentum nitratum* with occasional doses of a high attenuation of *Sulphuris*. She improved perceptibly. Believing then somewhat in the ordinary theories of medical practice, and learning that her former physician had prescribed these remedies, I began to fear an aggravation of symptoms from their prolonged use, and told the patient so; but she was unwilling to give up the medicine while she was recovering. It then occurred to me to give her unmedicated pellets and watch the result. I did so, and she continued to gain. Finally she said that she would give up her medicine for one day, and risk the effects. After trying this, she informed me that she could get along two days without globules; but on the third day she again suffered, and was relieved by taking them. She went on in this way, taking the unmedicated pellets, — and receiving occasional visits from me, — but employing no other means, and she was cured.

A stately advance

Metaphysics, as taught in Christian Science, is the next stately step beyond homœopathy. In metaphysics, matter disappears from the remedy entirely, and Mind takes its rightful and supreme place. Homœopathy takes mental symptoms largely poseen virtudes intrínsecas o cualidades curativas inteligentes, estas cualidades tienen que ser mentales. ¿Quién dio nombres a los medicamentos, y qué los hizo buenos o malos, beneficiosos o perjudiciales, para los mortales?

Hidropesía sanada sin medicamentos

Un caso de hidropesía, desahuciado por los facultativos, cayó en mis manos. Era un caso terrible. Se le habían practicado punciones, y no obstante, mientras yacía en la cama, la paciente parecía un barril. Le receté la cuarta atenuación de *argentum nitratum* con ocasionales dosis muy atenuadas de *sulphuris*. Ella mejoró perceptiblemente. Como entonces yo creía un tanto en las teorías corrientes de la práctica médica, y al enterarme de que su médico anterior había recetado estos remedios, empecé a temer que se agravaran los síntomas debido a su uso prolongado, y así se lo dije a la paciente; pero ella no estaba dispuesta a dejar estos remedios mientras se estaba restableciendo. Entonces se me ocurrió darle píldoras no medicinales y observar el resultado. Así lo hice, y continuó mejorando. Finalmente me dijo que dejaría su medicina por un día y se expondría a los efectos. Después de probar esto, me informó que podría pasar dos días sin píldoras; pero al tercer día volvió a padecer y se alivió tomándolas. Así continuó, tomando las píldoras no medicinales —y recibiendo mis visitas ocasionales— pero sin emplear ningún otro medio, y fue curada.

Sublime avance

La metafísica, como se enseña en la Ciencia Cristiana, es el próximo paso sublime más allá de la homeopatía. En la metafísica, la materia desaparece del remedio por completo, y la Mente toma su legítimo y supremo lugar. La homeopatía toma muy en cuenta los into consideration in its diagnosis of disease. Christian Science deals wholly with the mental cause in judging and destroying disease. It succeeds where homœopathy fails, solely because its one recognized Principle of healing is Mind, and the whole force of the mental element is employed through the Science of Mind, which never shares its rights with inanimate matter.

The modus of homœopathy

Christian Science exterminates the drug, and rests on Mind alone as the curative Principle, acknowledging that the divine Mind has all power. Homœopathy mentalizes a drug with such repetition of thought-attenuations, that the drug becomes more like the human mind than the substratum of this so-called mind, which we call matter; and the drug's power of action is proportionately increased.

Drugging unchristian

If drugs are part of God's creation, which (according to the narrative in Genesis) He pronounced *good,* then drugs cannot be poisonous. If He could create drugs intrinsically bad, then they should never be used. If He creates drugs at all and designs them for medical use, why did Jesus not employ them and recommend them for the treatment of disease? Matter is not self-creative, for it is unintelligent. Erring mortal mind confers the power which the drug seems to possess.

Narcotics quiet mortal mind, and so relieve the body; but they leave both mind and body worse for this submission. Christian Science impresses the entire corporeality, — namely, mind and body, — and brings out the proof that Life is continuous and harmonious. Science both neutralizes error and destroys it. Mankind is the better for this spiritual and profound pathology.

síntomas mentales en su diagnóstico de la enfermedad. La Ciencia Cristiana se ocupa totalmente de la causa mental al juzgar y destruir la enfermedad. Triunfa donde la homeopatía fracasa, sólo porque su único Principio reconocido de la curación es la Mente, y toda la fuerza del elemento mental es empleada mediante la Ciencia de la Mente, la cual jamás comparte sus derechos con la materia inanimada.

La manera de operar de la homeopatía

La Ciencia Cristiana extermina el medicamento, y se apoya en la Mente sola como Principio curativo, reconociendo que la Mente divina tiene todo el poder. La homeopatía mentaliza un medicamento con tal repetición de atenuaciones de pensamiento, que el medicamento llega a asemejarse más a la mente humana que al sustrato de esta así llamada mente, al cual denominamos materia; y el poder de acción del medicamento es aumentado proporcionalmente.

No es cristiano emplear medicamentos

Si los medicamentos son parte de la creación de Dios, la cual (según el relato del Génesis) Él declaró *buena,* entonces los medicamentos no pueden ser venenosos. Si Él pudiera crear medicamentos intrínsecamente malos, entonces jamás debieran usarse. Si es que Él crea medicamentos y los destina para uso médico, ¿por qué no los utilizó Jesús, y no los recomendó para el tratamiento de la enfermedad? La materia no es creativa por sí misma, pues no es inteligente. Es la mente mortal que yerra la que confiere el poder que el medicamento parece poseer.

Los narcóticos aquietan la mente mortal, y así alivian el cuerpo; pero dejan tanto la mente como el cuerpo peores por esta sumisión. La Ciencia Cristiana afecta toda la corporalidad —a saber, la mente y el cuerpo— y presenta la prueba de que la Vida es continua y armoniosa. La Ciencia neutraliza el error y a la vez lo destruye. La humanidad mejora por esta patología espiritual y profunda.

Mythology and materia medica

It is recorded that the profession of medicine originated in idolatry with pagan priests, who besought the gods to heal the sick and designated Apollo as "the god of medicine." He was supposed to have dictated the first prescription, according to the "History of Four Thousand Years of Medicine." It is here noticeable that Apollo was also regarded as the sender of disease, "the god of pestilence." Hippocrates turned from image-gods to vegetable and mineral drugs for healing. This was deemed progress in medicine; but what we need is the truth which heals both mind and body. The future history of material medicine may correspond with that of its material god, Apollo, who was banished from heaven and endured great sufferings upon earth.

Footsteps to intemperance

Drugs, cataplasms, and whiskey are stupid substitutes for the dignity and potency of divine Mind and its efficacy to heal. It is pitiful to lead men into temptation through the byways of this wilderness world, — to victimize the race with intoxicating prescriptions for the sick, until mortal mind acquires an educated appetite for strong drink, and men and women become loathsome sots.

Advancing degrees

Evidences of progress and of spiritualization greet us on every hand. Drug-systems are quitting their hold on matter and so letting in matter's higher stratum, mortal mind. Homœopathy, a step in advance of allopathy, is doing this. Matter is going out of medicine; and mortal mind, of a higher attenuation than the drug, is governing the pellet.

A woman in the city of Lynn, Massachusetts, was etherized and died in consequence, although her physi-

La mitología y la materia médica

Está registrado que la profesión de la medicina se originó en la idolatría entre los sacerdotes paganos, quienes rogaban a los dioses que sanasen a los enfermos y designaron a Apolo como "el dios de la medicina". Se supone que él dictó la primera receta, según "Historia de cuatro mil años de medicina". Aquí cabe destacar que Apolo también fue considerado como el que enviaba la enfermedad, "el dios de la pestilencia". Hipócrates se tornó de la imagen de los ídolos a los medicamentos vegetales y minerales para sanar. Esto se consideró como un progreso en la medicina; pero lo que necesitamos es la verdad que sana tanto la mente como el cuerpo. La historia futura de la medicina material quizás llegue a corresponderse con la de su dios material, Apolo, quien fue expulsado del cielo y padeció grandes sufrimientos en la tierra.

Pasos hacia la intemperancia

Los medicamentos, las cataplasmas y el aguardiente son estúpidos sustitutos de la dignidad y la potencia de la Mente divina y su eficacia para sanar. Es lamentable guiar a los hombres a la tentación a través de los desvíos de este mundo desolado, victimizando al género humano con recetas intoxicantes para los enfermos, hasta que la mente mortal adquiere un apetito cultivado por las bebidas fuertes, y hombres y mujeres se vuelven beodos detestables.

Grados de avance

Las evidencias de progreso y de espiritualización nos saludan a cada paso. Los sistemas de medicación se están desprendiendo de la materia y dejando entrar así el estrato más elevado de la materia: la mente mortal. La homeopatía, un paso más avanzado que la alopatía, está haciendo esto. La materia está saliendo de la medicina; y la mente mortal, de una mayor atenuación que el medicamento, está gobernando la píldora.

Una mujer en la ciudad de Lynn, Massachusetts, fue eterizada y murió como consecuencia de ello, aunque sus

Effects of fear

cians insisted that it would be unsafe to perform a needed surgical operation without the ether. After the autopsy, her sister testified that the deceased protested against inhaling the ether and said it would kill her, but that she was compelled by her physicians to take it. Her hands were held, and she was forced into submission. The case was brought to trial. The evidence was found to be conclusive, and a verdict was returned that death was occasioned, not by the ether, but by fear of inhaling it.

Mental conditions to be heeded

Is it skilful or scientific surgery to take no heed of mental conditions and to treat the patient as if she were so much mindless matter, and as if matter were the only factor to be consulted? Had these unscientific surgeons understood metaphysics, they would have considered the woman's state of mind, and not have risked such treatment. They would either have allayed her fear or would have performed the operation without ether.

The sequel proved that this Lynn woman died from effects produced by mortal mind, and not from the disease or the operation.

False source of knowledge

The medical schools would learn the state of man from matter instead of from Mind. They examine the lungs, tongue, and pulse to ascertain how much harmony, or health, matter is permitting to matter, — how much pain or pleasure, action or stagnation, one form of matter is allowing another form of matter.

Ignorant of the fact that a man's belief produces disease and all its symptoms, the ordinary physician is liable to increase disease with his own mind, when he médicos insistieron en que sería peligroso hacer una operación quirúrgica necesaria sin el éter. Después de la autopsia, su hermana atestiguó que la fallecida protestó contra la inhalación del éter, y dijo que este la mataría, pero fue obligada a inhalarlo por sus médicos. Le sujetaron las manos, y fue forzada a someterse. El caso se llevó a los tribunales. La evidencia resultó concluyente, pronunciándose el fallo de que la muerte había sido ocasionada, no por el éter, sino por el temor a inhalarlo.

Efectos del temor

¿Es cirugía hábil o científica no tomar en cuenta las condiciones mentales y tratar a la paciente como si fuera sólo materia sin mente, y como si la materia fuese el único factor a ser consultado? Si estos cirujanos no científicos hubiesen entendido la metafísica, habrían considerado el estado mental de la mujer y no se habrían arriesgado a tal tratamiento. Hubieran calmado su temor o hubieran operado sin éter.

Las condiciones mentales deben tomarse en cuenta

El resultado final comprobó que esta mujer de Lynn murió de los efectos producidos por la mente mortal, y no por la enfermedad o la operación.

Las escuelas médicas tratan de averiguar el estado del hombre recurriendo a la materia en vez de la Mente. Examinan los pulmones, la lengua y el pulso para cerciorarse de cuánta armonía, o salud, la materia está permitiendo a la materia, cuánto dolor o placer, acción o estancamiento, una forma de materia está concediendo a otra forma de materia.

Origen falso del conocimiento

Ignorante del hecho de que la creencia del hombre produce la enfermedad y todos sus síntomas, el médico común está propenso a aumentar la enfermedad con su propia mente, should address himself to the work of destroying it through the power of the divine Mind.

The systems of physics act against metaphysics, and *vice versa.* When mortals forsake the material for the spiritual basis of action, drugs lose their healing force, for they have no innate power. Unsupported by the faith reposed in it, the inanimate drug becomes powerless.

Obedient muscles

The motion of the arm is no more dependent upon the direction of mortal mind, than are the organic action and secretion of the viscera. When this so-called mind quits the body, the heart becomes as torpid as the hand.

Anatomy and mind

Anatomy finds a necessity for nerves to convey the mandate of mind to muscle and so cause action; but what does anatomy say when the cords contract and become immovable? Has mortal mind ceased speaking to them, or has it bidden them to be impotent? Can muscles, bones, blood, and nerves rebel against mind in one instance and not in another, and become cramped despite the mental protest?

Unless muscles are self-acting at all times, they are never so, — never capable of acting contrary to mental direction. If muscles can cease to act and become rigid of their own preference, — be deformed or symmetrical, as they please or as disease directs, — they must be self-directing. Why then consult anatomy to learn how mortal mind governs muscle, if we are only to learn from anatomy that muscle is not so governed?

Mind over matter

Is man a material fungus without Mind to help him? Is a stiff joint or a contracted muscle as much a result of law as the supple and cuando debiera ocuparse de la tarea de destruirla mediante el poder de la Mente divina.

Los sistemas de la física actúan contra la metafísica, y *viceversa.* Cuando los mortales abandonan la base material de acción por la espiritual, los medicamentos pierden su fuerza sanadora, porque no tienen ningún poder innato. Sin el apoyo de la fe que en él se pone, el inanimado medicamento se vuelve impotente.

Músculos obedientes

El movimiento del brazo es tan dependiente de la dirección de la mente mortal como lo son la acción orgánica y la secreción de las vísceras. Cuando esta así llamada mente deja el cuerpo, el corazón se torna tan inerte como la mano.

La anatomía y la mente

La anatomía considera que los nervios son necesarios para transmitir el mandato de la mente al músculo y así causar la acción; pero ¿qué dice la anatomía cuando los tendones se contraen y se inmovilizan? ¿Ha cesado la mente mortal de hablarles, o les ha ordenado que sean impotentes? ¿Pueden los músculos, los huesos, la sangre y los nervios rebelarse contra la mente en un caso y no en otro, y acalambrarse a pesar de la protesta mental?

A menos que los músculos actúen por sí mismos en todo momento, nunca lo hacen, nunca son capaces de actuar en contra de la dirección mental. Si los músculos pueden cesar de actuar y volverse rígidos de acuerdo con su preferencia —ser deformes o simétricos, según les plazca o les ordene la enfermedad— tienen que dirigirse por sí mismos. ¿Por qué, entonces, consultar la anatomía para aprender cómo gobierna la mente mortal el músculo, si sólo vamos a aprender de la anatomía que el músculo no es así gobernado?

La Mente sobre la materia

¿Es el hombre un hongo material sin Mente que lo ayude? ¿Es una coyuntura rígida o un músculo contraído el resultado de una ley así como lo es la elastic condition of the healthy limb, and is God the lawgiver?

You say, "*I* have burned my finger." This is an exact statement, more exact than you suppose; for mortal mind, and not matter, burns it. Holy inspiration has created states of mind which have been able to nullify the action of the flames, as in the Bible case of the three young Hebrew captives, cast into the Babylonian furnace; while an opposite mental state might produce spontaneous combustion.

Restrictive regulations

In 1880, Massachusetts put her foot on a proposed tyrannical law, restricting the practice of medicine. If her sister States follow this example in harmony with our Constitution and Bill of Rights, they will do less violence to that immortal sentiment of the Declaration, "Man is endowed by his Maker with certain inalienable rights, among which are life, liberty, and the pursuit of happiness."

The oppressive state statutes touching medicine remind one of the words of the famous Madame Roland, as she knelt before a statue of Liberty, erected near the guillotine: "Liberty, what crimes are committed in thy name!"

Metaphysics challenges physics

The ordinary practitioner, examining bodily symptoms, telling the patient that he is sick, and treating the case according to his physical diagnosis, would naturally induce the very disease he is trying to cure, even if it were not already determined by mortal mind. Such unconscious mistakes would not occur, if this old class of philanthropists looked as deeply for cause and effect into mind as into matter. The physician agrees with his "adversary quickly," but upon different terms condición flexible y elástica de un miembro sano, y es Dios el legislador?

Dices: "*Me he* quemado el dedo". Esta es una declaración exacta, más exacta de lo que supones; porque es la mente mortal, y no la materia, la que lo quema. La inspiración sagrada ha creado estados mentales que han sido capaces de anular la acción de las llamas, como en el caso bíblico de los tres jóvenes hebreos cautivos, echados al horno babilónico; mientras que un estado mental opuesto podría producir combustión espontánea.

Reglamentos restrictivos

En 1880, el Estado de Massachusetts se negó a aceptar un proyecto de ley tiránica que restringía la práctica de la medicina. Si los Estados hermanos siguen este ejemplo, en armonía con nuestra Constitución y Declaración de Derechos, violentarán menos aquel sentimiento inmortal de la Declaración de la Independencia: "El hombre está dotado por su Hacedor con ciertos derechos inalienables, entre los cuales están la vida, la libertad y la búsqueda de la felicidad".

Los estatutos opresivos de los Estados, referentes a la medicina, hacen recordar a uno las palabras de la célebre Madame Roland, cuando se arrodilló ante una estatua de la Libertad, erigida cerca de la guillotina: "¡Oh Libertad, qué crímenes se cometen en tu nombre!"

La metafísica desafía la física

El médico común, que examina los síntomas corporales, que dice al paciente que está enfermo y que trata el caso según su diagnóstico físico, naturalmente induciría la propia enfermedad que está tratando de curar, aunque no estuviese ya determinada por la mente mortal. Tales equivocaciones inconscientes no ocurrirían, si esta vieja clase de filántropos buscara tan profundamente la causa y el efecto en la mente como en la materia. El médico se pone de acuerdo con su "adversario pronto", pero bajo términos diferentes than does the metaphysician; for the matter-physician agrees with the disease, while the metaphysician agrees only with health and challenges disease.

Truth an alterative

Christian Science brings to the body the sunlight of Truth, which invigorates and purifies. Christian Science acts as an alterative, neutralizing error with Truth. It changes the secretions, expels humors, dissolves tumors, relaxes rigid muscles, restores carious bones to soundness. The effect of this Science is to stir the human mind to a change of base, on which it may yield to the harmony of the divine Mind.

Practical success

Experiments have favored the fact that Mind governs the body, not in one instance, but in every instance. The indestructible faculties of Spirit exist without the conditions of matter and also without the false beliefs of a so-called material existence. Working out the rules of Science in practice, the author has restored health in cases of both acute and chronic disease in their severest forms. Secretions have been changed, the structure has been renewed, shortened limbs have been elongated, ankylosed joints have been made supple, and carious bones have been restored to healthy conditions. I have restored what is called the lost substance of lungs, and healthy organizations have been established where disease was organic. Christian Science heals organic disease as surely as it heals what is called functional, for it requires only a fuller understanding of the divine Principle of Christian Science to demonstrate the higher rule.

Testimony of medical teachers

With due respect for the faculty, I kindly quote from Dr. Benjamin Rush, the famous Philadelphia teacher of medical practice. He declared that "it is impossible to calculate the mischief de los del metafísico; pues el médico de la materia se pone de acuerdo con la enfermedad, mientras que el metafísico se pone de acuerdo sólo con la salud y desafía la enfermedad.

La Verdad es un alterante

La Ciencia Cristiana trae al cuerpo la luz solar de la Verdad, que vigoriza y purifica. La Ciencia Cristiana obra como un alterante, neutralizando el error con la Verdad. Cambia las secreciones, expulsa los humores, disuelve los tumores, relaja los músculos rígidos y restaura la salud a los huesos cariados. El efecto de esta Ciencia es estimular la mente humana hacia un cambio de base, sobre la cual pueda ceder a la armonía de la Mente divina.

Éxito práctico

Los experimentos han aprobado el hecho de que la Mente gobierna el cuerpo, no sólo en un caso, sino en todos los casos. Las indestructibles facultades del Espíritu existen sin las condiciones de la materia y también sin las creencias erróneas de una así llamada existencia material. Aplicando en la práctica las reglas de la Ciencia, la autora ha restablecido la salud en casos de enfermedades tanto agudas como crónicas, en sus formas más graves. Se han cambiado las secreciones, se ha renovado la estructura, se han alargado las extremidades encogidas, se ha devuelto la flexibilidad a las articulaciones anquilosadas, y los huesos cariados se han restaurado a su estado de salud. He restituido lo que se denomina la sustancia perdida de los pulmones, y se han establecido organismos sanos donde la enfermedad era orgánica. La Ciencia Cristiana sana la enfermedad orgánica tan seguramente como sana lo que se llama enfermedad funcional, pues sólo se requiere una comprensión más completa del Principio divino de la Ciencia Cristiana para demostrar la regla más elevada.

Testimonios de profesores de medicina

Con el respeto debido a los facultativos, amablemente cito al Dr. Benjamin Rush, famoso profesor de la práctica de la medicina de Filadelfia. Él declaró que “es imposible calcular el mal which Hippocrates has done, by first marking Nature with his name, and afterward letting her loose upon sick people."

Dr. Benjamin Waterhouse, Professor in Harvard University, declared himself "sick of learned quackery."

Dr. James Johnson, Surgeon to William IV, King of England, said:

"I declare my conscientious opinion, founded on long observation and reflection, that if there were not a single physician, surgeon, apothecary, man-midwife, chemist, druggist, or drug on the face of the earth, there would be less sickness and less mortality."

Dr. Mason Good, a learned Professor in London, said:

"The effects of medicine on the human system are in the highest degree uncertain; except, indeed, that it has already destroyed more lives than war, pestilence, and famine, all combined."

Dr. Chapman, Professor of the Institutes and Practice of Physic in the University of Pennsylvania, in a published essay said:

"Consulting the records of our science, we cannot help being disgusted with the multitude of hypotheses obtruded upon us at different times. Nowhere is the imagination displayed to a greater extent; and perhaps so ample an exhibition of human invention might gratify our vanity, if it were not more than compensated by the humiliating view of so much absurdity, contradiction, and falsehood. To harmonize the contrarieties of medical doctrines is indeed a task as impracticable as to arrange the fleeting vapors around us, or to reconcile the fixed and repulsive antipathies of nature. Dark and cometido por Hipócrates, primero por haber marcado la naturaleza con su nombre, y luego por haberla soltado sobre los enfermos".

El Dr. Benjamin Waterhouse, catedrático de la Universidad de Harvard, declaró estar "harto del charlatanismo erudito".

El Dr. James Johnson, cirujano de Guillermo IV, Rey de Inglaterra, dijo:

"Declaro mi concienzuda opinión, fundada en prolongada observación y reflexión, que si no hubiese un solo médico, cirujano, boticario, partero, químico farmacéutico, droguero, o medicamento sobre la faz de la tierra, habría menos enfermedad y menos mortalidad".

El Dr. Mason Good, un docto catedrático de Londres, dijo:

"Los efectos de la medicina en el organismo humano son dudosos en grado sumo; excepto, por cierto, que ya ha destruido más vidas que la guerra, la peste y el hambre juntos".

El Dr. Chapman, Profesor de los Institutos y Práctica de la Física en la Universidad de Pensilvania, en un ensayo publicado dijo:

"Consultando los registros de nuestra ciencia, no podemos evitar nuestra repugnancia ante la multitud de hipótesis que nos han sido impuestas en diferentes ocasiones. En ninguna parte se hace mayor despliegue de imaginación; y tal vez una exhibición tan amplia de la inventiva humana pudiera halagar nuestra vanidad, si no estuviera más que compensada por el panorama humillante de tanto absurdo, contradicción y falsedad. Tratar de armonizar las contradicciones de las doctrinas médicas es, por cierto, una tarea tan impracticable como la de poner en orden los vapores fugaces a nuestro alrededor, o de reconciliar las antipatías fijas de la naturaleza que constantemente se repelen. Oscura y perpleja, nuestra perplexed, our devious career resembles the groping of Homer's Cyclops around his cave."

Sir John Forbes, M.D., F.R.S., Fellow of the Royal College of Physicians, London, said:

"No systematic or theoretical classification of diseases or of therapeutic agents, ever yet promulgated, is true, or anything like the truth, and none can be adopted as a safe guidance in practice."

It is just to say that generally the cultured class of medical practitioners are grand men and women, therefore they are more scientific than are false claimants to Christian Science. But all human systems based on material premises are minus the unction of divine Science. Much yet remains to be said and done before all mankind is saved and all the mental microbes of sin and all diseased thought-germs are exterminated.

If you or I should appear to die, we should not be dead. The seeming decease, caused by a majority of human beliefs that man must die, or produced by mental assassins, does not in the least disprove Christian Science; rather does it evidence the truth of its basic proposition that mortal thoughts in belief rule the materiality miscalled life in the body or in matter. But the forever fact remains paramount that Life, Truth, and Love save from sin, disease, and death. "When this corruptible shall have put on incorruption, and this mortal shall have put on immortality [divine Science], then shall be brought to pass the saying that is written, Death is swallowed up in victory" (St. Paul).

errante carrera recuerda al Cíclope de Homero, andando a tientas alrededor de su cueva".

Sir John Forbes, M.D., F.R.S., miembro del Real Colegio de Médicos de Londres, dijo:

"Ninguna clasificación sistemática o teórica de las enfermedades o de los agentes terapéuticos, hasta ahora promulgada, es verdadera o remotamente parecida a la verdad, y ninguna puede adoptarse como una guía segura en la práctica".

Es justo decir que, generalmente, la clase culta de los médicos se compone de hombres y mujeres espléndidos, por tanto, son más científicos que aquellos que falsamente pretenden profesar la Ciencia Cristiana. Pero todos los sistemas humanos, basados en premisas materiales, carecen de la unción de la Ciencia divina. Mucho queda aún por decir y hacer antes que toda la humanidad sea salvada y todos los microbios mentales de pecado y todos los gérmenes-pensamientos enfermizos sean exterminados.

Si tú o yo pareciéramos morir, no estaríamos muertos. El aparente deceso, causado por una mayoría de creencias humanas de que el hombre tiene que morir, o producido por asesinos mentales, no refuta en lo más mínimo la Ciencia Cristiana; más bien evidencia la verdad de su proposición básica de que los pensamientos mortales gobiernan, en creencia, la materialidad mal llamada vida en el cuerpo o en la materia. Pero permanece supremo el hecho eterno de que la Vida, la Verdad y el Amor salvan del pecado, la enfermedad y la muerte. "Cuando esto corruptible se haya vestido de incorrupción, y esto mortal se haya vestido de inmortalidad [Ciencia divina], entonces se cumplirá la palabra que está escrita: Sorbida es la muerte en victoria" (San Pablo).

Chapter 7

Physiology

Therefore I say unto you,
Take no thought for your life,
what ye shall eat, or what ye shall drink;
nor yet for your body, what ye shall put on.
Is not the life more than meat,
and the body than raiment? — JESUS.

He sent His word, and healed them,
and delivered them from their destructions. — PSALMS.

Physiology is one of the apples from "the tree of knowledge." Evil declared that eating this fruit would open man's eyes and make him as a god. Instead of so doing, it closed the eyes of mortals to man's God-given dominion over the earth.

Man not structural

To measure intellectual capacity by the size of the brain and strength by the exercise of muscle, is to subjugate intelligence, to make mind mortal, and to place this so-called mind at the mercy of material organization and non-intelligent matter.

Obedience to the so-called physical laws of health has not checked sickness. Diseases have multiplied, since man-made material theories took the place of spiritual truth.

Causes of sickness

You say that indigestion, fatigue, sleeplessness, cause distressed stomachs and aching heads. Then you consult your brain in order to remember what has hurt you, when your remedy lies in forgetting

Capítulo 7

La fisiología

Por tanto os digo:
No os afanéis por vuestra vida,
qué habéis de comer o qué habéis de beber;
ni por vuestro cuerpo, qué habéis de vestir.
¿No es la vida más que el alimento,
y el cuerpo más que el vestido? — Jesús.

Envió Su palabra, y los sanó,
y los libró de su ruina. — Salmos.

La fisiología es una de las manzanas del "árbol del conocimiento".* El mal declaró que comer esta fruta abriría los ojos del hombre y lo haría como un dios. En vez de hacer eso, cerró los ojos de los mortales al señorío sobre la tierra dado por Dios al hombre.

El hombre no es estructural

Medir la capacidad intelectual por el tamaño del cerebro, y la fuerza por el ejercicio de los músculos, es subyugar la inteligencia, hacer mortal la mente y colocar esta así llamada mente a merced de la organización material y de la materia carente de inteligencia.

La obediencia a las así llamadas leyes físicas de la salud no ha detenido la enfermedad. Las enfermedades se han multiplicado desde que las teorías materiales, hechas por los hombres, ocuparon el lugar de la verdad espiritual.

Causas de las enfermedades

Dices que la indigestión, la fatiga, el insomnio, causan desórdenes de estómago y dolores de cabeza. Consultas entonces tu cerebro para recordar qué te ha hecho daño, cuando tu remedio consiste en olvidar

*Según la versión King James de la Biblia

the whole thing; for matter has no sensation of its own, and the human mind is all that can produce pain.

As a man thinketh, so is he. Mind is all that feels, acts, or impedes action. Ignorant of this, or shrinking from its implied responsibility, the healing effort is made on the wrong side, and thus the conscious control over the body is lost.

Delusions pagan and medical

The Mohammedan believes in a pilgrimage to Mecca for the salvation of his soul. The popular doctor believes in his prescription, and the pharmacist believes in the power of his drugs to save a man's life. The Mohammedan's belief is a religious delusion; the doctor's and pharmacist's is a medical mistake.

Health from reliance on spirituality

The erring human mind is inharmonious in itself. From it arises the inharmonious body. To ignore God as of little use in sickness is a mistake. Instead of thrusting Him aside in times of bodily trouble, and waiting for the hour of strength in which to acknowledge Him, we should learn that He can do all things for us in sickness as in health.

Failing to recover health through adherence to physiology and hygiene, the despairing invalid often drops them, and in his extremity and only as a last resort, turns to God. The invalid's faith in the divine Mind is less than in drugs, air, and exercise, or he would have resorted to Mind first. The balance of power is conceded to be with matter by most of the medical systems; but when Mind at last asserts its mastery over sin, disease, and death, then is man found to be harmonious and immortal.

todo eso; pues la materia no tiene sensación propia, y la mente humana es lo único que puede producir dolor.

Tal como piensa un hombre, así es él. La mente es lo único que siente, actúa o impide la acción. Ignorante de esto, o evadiendo la responsabilidad implícita, el esfuerzo sanador se hace en el lado equivocado, y así se pierde el control consciente sobre el cuerpo.

Engaños paganos y médicos

El mahometano cree en una peregrinación a la Meca para la salvación de su alma. El médico común cree en su receta, y el farmacéutico cree en el poder de sus medicamentos para salvar la vida de un hombre. La creencia del mahometano es una ilusión religiosa, la del médico y el farmacéutico es una equivocación médica.

Salud al confiar en la espiritualidad

La mente humana que yerra es inarmónica en sí misma. De ella resulta el cuerpo inarmónico. Ignorar a Dios por considerarlo de poca utilidad en la enfermedad es una equivocación. En vez de rechazarlo en momentos de problemas corporales, y esperar la hora de fortaleza para reconocerlo, debiéramos aprender que Él puede hacer todas las cosas por nosotros tanto en la enfermedad como en la salud.

No pudiendo recobrar la salud adhiriéndose a la fisiología y la higiene, el inválido desesperado a menudo las abandona, y en su necesidad extrema y sólo como último recurso, se torna a Dios. El inválido tiene menos fe en la Mente divina que en los medicamentos, el aire y el ejercicio, o hubiera recurrido primero a la Mente. El predominio del poder le es concedido a la materia por casi todos los sistemas de medicina; pero cuando la Mente hace valer finalmente su dominio sobre el pecado, la enfermedad y la muerte, entonces se encuentra que el hombre es armonioso e inmortal.

Should we implore a corporeal God to heal the sick out of His personal volition, or should we understand the infinite divine Principle which heals? If we rise no higher than blind faith, the Science of healing is not attained, and Soul-existence, in the place of sense-existence, is not comprehended. We apprehend Life in divine Science only as we live above corporeal sense and correct it. Our proportionate admission of the claims of good or of evil determines the harmony of our existence, — our health, our longevity, and our Christianity.

The two masters

We cannot serve two masters nor perceive divine Science with the material senses. Drugs and hygiene cannot successfully usurp the place and power of the divine source of all health and perfection. If God made man both good and evil, man must remain thus. What can improve God's work? Again, an error in the premise must appear in the conclusion. To have one God and avail yourself of the power of Spirit, you must love God supremely.

Half-way success

The "flesh lusteth against the Spirit." The flesh and Spirit can no more unite in action, than good can coincide with evil. It is not wise to take a halting and half-way position or to expect to work equally with Spirit and matter, Truth and error. There is but one way — namely, God and His idea — which leads to spiritual being. The scientific government of the body must be attained through the divine Mind. It is impossible to gain control over the body in any other way. On this fundamental point, timid conservatism is absolutely inadmissible. Only through radical reliance on Truth can scientific healing power be realized.

Substituting good words for a good life, fair seeming

¿Debiéramos implorar a un Dios corpóreo para que sane a los enfermos por Su voluntad personal, o debiéramos comprender el Principio divino e infinito que sana? Si no nos elevamos más alto que la fe ciega, la Ciencia de la curación no es alcanzada, y la existencia-Alma, en lugar de la existencia-sentido, no es comprendida. Entendemos la Vida en la Ciencia divina sólo a medida que vivimos por encima del sentido corporal y lo corregimos. La proporción en que aceptamos las reivindicaciones del bien o las del mal determina la armonía de nuestra existencia, nuestra salud, nuestra longevidad y nuestro cristianismo.

Los dos señores

No podemos servir a dos señores ni percibir la Ciencia divina con los sentidos materiales. Los medicamentos y la higiene no pueden usurpar con éxito el lugar y el poder de la fuente divina de toda salud y perfección. Si Dios hizo al hombre a la vez bueno y malo, así tiene que permanecer el hombre. ¿Qué puede mejorar la obra de Dios? Por otra parte, un error en la premisa tiene que aparecer en la conclusión. Para tener un único Dios y aprovechar el poder del Espíritu, debes amar a Dios supremamente.

Éxito a medias

“El deseo de la carne es contra el Espíritu”. La carne y el Espíritu no pueden unirse en acción más de lo que el bien puede coincidir con el mal. No es sabio tomar una posición indecisa y a medias, o tratar de valerse igualmente del Espíritu y de la materia, de la Verdad y del error. Hay un único camino —a saber, Dios y Su idea— que conduce al ser espiritual. El gobierno científico del cuerpo tiene que ser alcanzado por medio de la Mente divina. Es imposible ganar el control sobre el cuerpo por cualquier otro medio. En este punto fundamental, el tímido conservadurismo es absolutamente inadmisible. Sólo por medio de una confianza radical en la Verdad puede ser realizado el poder científico de la curación.

Sustituir una vida buena por buenas palabras, un carácter

for straightforward character, is a poor shift for the weak and worldly, who think the standard of Christian Science too high for them.

Belief on the wrong side

If the scales are evenly adjusted, the removal of a single weight from either scale gives preponderance to the opposite. Whatever influence you cast on the side of matter, you take away from Mind, which would otherwise outweigh all else. Your belief militates against your health, when it ought to be enlisted on the side of health. When sick (according to belief) you rush after drugs, search out the material so-called laws of health, and depend upon them to heal you, though you have already brought yourself into the slough of disease through just this false belief.

The divine authority

Because man-made systems insist that man becomes sick and useless, suffers and dies, all in consonance with the laws of God, are we to believe it? Are we to believe an authority which denies God's spiritual command relating to perfection,—an authority which Jesus proved to be false? He did the will of the Father. He healed sickness in defiance of what is called material law, but in accordance with God's law, the law of Mind.

Disease foreseen

I have discerned disease in the human mind, and recognized the patient's fear of it, months before the so-called disease made its appearance in the body. Disease being a belief, a latent illusion of mortal mind, the sensation would not appear if the error of belief was met and destroyed by truth.

Changed mentality

Here let a word be noticed which will be better understood hereafter,—*chemicalization.* By chemicalization I mean the process which mortal íntegro por una apariencia de rectitud, es un pobre subterfugio de los débiles y mundanos, quienes piensan que el estándar de la Ciencia Cristiana es demasiado elevado para ellos.

La creencia en el lado equivocado

Si los platillos de una balanza están calibrados, quitar un solo peso de uno de los platillos da preponderancia al opuesto. Cualquier influencia que pongas en el lado de la materia, la quitas de la Mente, que de otro modo preponderaría sobre todo lo demás. Tu creencia milita contra tu salud, cuando debiera alistarse del lado de la salud. Cuando estás enfermo (según la creencia), corres apresurado tras los medicamentos, investigas las así llamadas leyes materiales de la salud, y dependes de ellas para sanarte, a pesar de que ya te has metido en el pantano de la enfermedad precisamente mediante esta creencia falsa.

La autoridad divina

Debido a que los sistemas hechos por los hombres insisten en que el hombre se enferma, se torna inútil, sufre y muere, todo en consonancia con las leyes de Dios, ¿hemos de creerlo? ¿Hemos de creer en una autoridad que niega el mandamiento espiritual de Dios relativo a la perfección, una autoridad que Jesús comprobó que era falsa? Él hizo la voluntad del Padre. Sanó las enfermedades desafiando lo que se llama ley material, pero de acuerdo con la ley de Dios, la ley de la Mente.

La enfermedad prevista

He discernido la enfermedad en la mente humana, y reconocido el temor que el paciente le tenía, meses antes que la así llamada enfermedad hiciera su aparición en el cuerpo. Al ser la enfermedad una creencia, una ilusión latente de la mente mortal, la sensación no aparecería si el error de la creencia fuese enfrentado y destruido por la verdad.

Mentalidad cambiada

Pongamos atención ahora a una palabra que se comprenderá mejor de aquí en adelante: *quimicalización*. Por quimicalización quiero decir el proceso mind and body undergo in the change of belief from a material to a spiritual basis.

Scientific foresight

Whenever an aggravation of symptoms has occurred through mental chemicalization, I have seen the mental signs, assuring me that danger was over, before the patient felt the change; and I have said to the patient, "You are healed,"—sometimes to his discomfiture, when he was incredulous. But it always came about as I had foretold.

I name these facts to show that disease has a mental, mortal origin,—that faith in rules of health or in drugs begets and fosters disease by attracting the mind to the subject of sickness, by exciting fear of disease, and by dosing the body in order to avoid it. The faith reposed in these things should find stronger supports and a higher home. If we understood the control of Mind over body, we should put no faith in material means.

Mind the only healer

Science not only reveals the origin of all disease as mental, but it also declares that all disease is cured by divine Mind. There can be no healing except by this Mind, however much we trust a drug or any other means towards which human faith or endeavor is directed. It is mortal mind, not matter, which brings to the sick whatever good they may seem to receive from materiality. But the sick are never really healed except by means of the divine power. Only the action of Truth, Life, and Love can give harmony.

Modes of matter

Whatever teaches man to have other laws and to acknowledge other powers than the divine Mind, is anti-Christian. The good that a poisonous drug seems to do is evil, for it robs man of que la mente y el cuerpo mortales experimentan en el cambio de la creencia de una base material a una espiritual.

La previsión científica

Cada vez que ha ocurrido un agravamiento de los síntomas debido a la quimicalización mental, he visto las señales mentales, dándome la certeza que el peligro había pasado, antes que el paciente sintiera el cambio; y le he dicho al paciente: "Estás sano", a veces para su desconcierto, cuando no lo creía. Pero siempre sucedía como yo lo había predicho.

Menciono estos hechos para mostrar que la enfermedad tiene un origen mental y mortal, que la fe en las reglas de la salud o en los medicamentos engendra y fomenta la enfermedad atrayendo la mente hacia el tema del malestar, excitando el temor a la enfermedad y medicinando el cuerpo para evitarla. La fe depositada en estas cosas debiera encontrar apoyos más fuertes y una morada más elevada. Si comprendiésemos el control de la Mente sobre el cuerpo, no tendríamos ninguna fe en los medios materiales.

La Mente es la única sanadora

La Ciencia no sólo revela el origen de toda enfermedad como mental, sino que también declara que toda enfermedad es sanada por la Mente divina. No puede haber curación excepto por esta Mente, por mucho que confiemos en un medicamento o en cualquier otro medio hacia el cual la fe o el esfuerzo humanos es dirigido. Es la mente mortal, no la materia, la que trae a los enfermos cualquier bien que parezcan recibir de la materialidad. Pero los enfermos jamás son sanados realmente excepto por medio del poder divino. Sólo la acción de la Verdad, la Vida y el Amor puede dar armonía.

Los modos de la materia

Todo lo que enseña al hombre a tener otras leyes y a reconocer otros poderes que no sean la Mente divina es anticristiano. El bien que un medicamento venenoso parece hacer es un mal, pues roba al hombre reliance on God, omnipotent Mind, and according to belief, poisons the human system. Truth is not the basis of theogony. Modes of matter form neither a moral nor a spiritual system. The discord which calls for material methods is the result of the exercise of faith in material modes,—faith in matter instead of in Spirit.

Physiology unscientific

Did Jesus understand the economy of man less than Graham or Cutter? Christian ideas certainly present what human theories exclude—the Principle of man's harmony. The text, "Whosoever liveth and believeth in me shall never die," not only contradicts human systems, but points to the self-sustaining and eternal Truth.

The demands of Truth are spiritual, and reach the body through Mind. The best interpreter of man's needs said: "Take no thought for your life, what ye shall eat, or what ye shall drink."

If there are material laws which prevent disease, what then causes it? Not divine law, for Jesus healed the sick and cast out error, always in opposition, never in obedience, to physics.

Causation considered

Spiritual causation is the one question to be considered, for more than all others spiritual causation relates to human progress. The age seems ready to approach this subject, to ponder somewhat the supremacy of Spirit, and at least to touch the hem of Truth's garment.

The description of man as purely physical, or as both material and spiritual,—but in either case dependent upon his physical organization,—is the Pandora box, from which all ills have gone forth, especially despair. Matter, which takes divine power into its own hands and la confianza en Dios, la Mente omnipotente y, según la creencia, envenena el organismo humano. La Verdad no es la base de la teogonía. Los modos de la materia no forman ni un sistema moral ni uno espiritual. La discordia que exige métodos materiales es el resultado del ejercicio de la fe en los modos materiales, la fe en la materia en lugar de la fe en el Espíritu.

La fisiología no es científica

¿Comprendía Jesús menos que Graham o Cutter las funciones orgánicas del hombre? Las ideas cristianas presentan ciertamente lo que las teorías humanas excluyen: el Principio de la armonía del hombre. El texto: "Todo aquel que vive y cree en mí, no morirá eternamente" no sólo contradice los sistemas humanos, sino que indica la Verdad que se sostiene a sí misma y es eterna.

Las exigencias de la Verdad son espirituales, y llegan al cuerpo por medio de la Mente. El mejor intérprete de las necesidades del hombre dijo: "No os afanéis por vuestra vida, qué habéis de comer o qué habéis de beber".

Si hay leyes materiales que impiden la enfermedad, entonces, ¿qué la causa? No la ley divina, pues Jesús sanaba a los enfermos y echaba fuera el error, siempre en oposición, nunca en obediencia, a la física.

Consideración de la causalidad

La causalidad espiritual es la única cuestión a ser considerada, pues más que ninguna otra la causalidad espiritual se relaciona con el progreso humano. La época parece preparada para abordar este tema, para reflexionar un tanto sobre la supremacía del Espíritu, y al menos tocar el borde del manto de la Verdad.

La descripción del hombre como puramente físico, o como material y espiritual a la vez —pero en todo caso dependiente de su organización física— es la caja de Pandora, de la cual han salido todos los males, especialmente la desesperación. La materia, que toma en sus propias manos el poder divino y claims to be a creator, is a fiction, in which paganism and lust are so sanctioned by society that mankind has caught their moral contagion.

Paradise regained

Through discernment of the spiritual opposite of materiality, even the way through Christ, Truth, man will reopen with the key of divine Science the gates of Paradise which human beliefs have closed, and will find himself unfallen, upright, pure, and free, not needing to consult almanacs for the probabilities either of his life or of the weather, not needing to study brainology to learn how much of a man he is.

A closed question

Mind's control over the universe, including man, is no longer an open question, but is demonstrable Science. Jesus illustrated the divine Principle and the power of immortal Mind by healing sickness and sin and destroying the foundations of death.

Matter *versus* Spirit

Mistaking his origin and nature, man believes himself to be combined matter and Spirit. He believes that Spirit is sifted through matter, carried on a nerve, exposed to ejection by the operation of matter. The intellectual, the moral, the spiritual,—yea, the image of infinite Mind,—subject to non-intelligence!

No more sympathy exists between the flesh and Spirit than between Belial and Christ.

The so-called laws of matter are nothing but false beliefs that intelligence and life are present where Mind is not. These false beliefs are the procuring cause of all sin and disease. The opposite truth, that intelligence and life are spiritual, never material, destroys sin, sickness, and death.

The fundamental error lies in the supposition that man is a material outgrowth and that the cognizance of good pretende ser una creadora, es una ficción, en la cual el paganismo y la lujuria son tan sancionados por la sociedad que la humanidad ha contraído su contagio moral.

El paraíso recuperado

Por medio del discernimiento del opuesto espiritual de la materialidad, o sea, el camino mediante el Cristo, la Verdad, el hombre reabrirá con la llave de la Ciencia divina las puertas del Paraíso que las creencias humanas han cerrado, y él mismo encontrará que no ha caído, que es recto, puro y libre, que no necesita consultar almanaques sobre las probabilidades de su vida o del tiempo, que no necesita estudiar cerebrología para saber hasta qué punto es hombre.

Una pregunta respondida

El control de la Mente sobre el universo, incluyendo el hombre, ya no es una pregunta no respondida, sino que es Ciencia demostrable. Jesús ilustró el Principio divino y el poder de la Mente inmortal sanando la enfermedad y el pecado y destruyendo los fundamentos de la muerte.

La materia *versus* el Espíritu

Equivocando su origen y naturaleza, el hombre cree ser una combinación de materia y Espíritu. Cree que el Espíritu es tamizado a través de la materia, transportado por un nervio, expuesto a expulsión por la operación de la materia. ¡Lo intelectual, lo moral, lo espiritual —sí, la imagen de la Mente infinita— sujetos a lo carente de inteligencia!

No existe más afinidad entre la carne y el Espíritu que entre Belial y el Cristo.

Las así llamadas leyes de la materia no son sino falsas creencias de que la inteligencia y la vida están presentes donde la Mente no está. Estas falsas creencias son la causa promotora de todo pecado y enfermedad. La verdad opuesta, de que la inteligencia y la vida son espirituales, nunca materiales, destruye el pecado, la enfermedad y la muerte.

El error fundamental reside en la suposición de que el hombre es un producto material y que el conocimiento del bien or evil, which he has through the bodily senses, constitutes his happiness or misery.

Godless evolution

Theorizing about man's development from mushrooms to monkeys and from monkeys into men amounts to nothing in the right direction and very much in the wrong.

Materialism grades the human species as rising from matter upward. How then is the material species maintained, if man passes through what we call death and death is the Rubicon of spirituality? Spirit can form no real link in this supposed chain of material being. But divine Science reveals the eternal chain of existence as uninterrupted and wholly spiritual; yet this can be realized only as the false sense of being disappears.

Degrees of development

If man was first a material being, he must have passed through all the forms of matter in order to become man. If the material body is man, he is a portion of matter, or dust. On the contrary, man is the image and likeness of Spirit; and the belief that there is Soul in sense or Life in matter obtains in mortals, *alias* mortal mind, to which the apostle refers when he says that we must "put off the old man."

Identity not lost

What is man? Brain, heart, blood, bones, etc., the material structure? If the real man is in the material body, you take away a portion of the man when you amputate a limb; the surgeon destroys manhood, and worms annihilate it. But the loss of a limb or injury to a tissue is sometimes the quickener of manliness; and the unfortunate cripple may present more nobility than the statuesque athlete, — teaching us by his very deprivations, that "a man's a man, for a' that."

When we admit that matter (heart, blood, brain, acting

o del mal, que él tiene mediante los sentidos corporales, constituye su felicidad o su desdicha.

Evolución sin Dios

Teorizar sobre el desarrollo del hombre de hongos a monos y de monos a hombres no conduce a nada en la dirección correcta y muchísimo en la incorrecta.

El materialismo clasifica la especie humana como si se elevara desde la materia. ¿Cómo se mantiene entonces la especie material, si el hombre pasa a través de lo que llamamos muerte y la muerte es el Rubicón de la espiritualidad? El Espíritu no puede formar un eslabón verdadero en esta supuesta cadena del ser material. Pero la Ciencia divina revela la eterna cadena de la existencia como ininterrumpida y enteramente espiritual; sin embargo, esto puede ser comprendido sólo a medida que el sentido falso del ser desaparece.

Grados de desarrollo

Si el hombre fue primero un ser material, tiene que haber pasado a través de todas las formas de la materia para llegar a ser hombre. Si el cuerpo material es el hombre, el hombre es una porción de materia, o polvo. Por el contrario, el hombre es la imagen y semejanza del Espíritu; y la creencia de que hay Alma en el sentido o Vida en la materia se encuentra en los mortales, *alias* la mente mortal, a la cual se refiere el apóstol cuando dice que debemos "despojarnos del viejo hombre".

La identidad no se pierde

¿Qué es el hombre? ¿Es cerebro, corazón, sangre, huesos, etc., la estructura material? Si el hombre verdadero está en el cuerpo material, quitas una parte del hombre cuando le amputas un miembro; el cirujano destruye la esencia del hombre y los gusanos la aniquilan. Pero la pérdida de un miembro o la lesión de un tejido a menudo vivifica las cualidades de un hombre; y el infortunado lisiado tal vez demuestre más nobleza que el escultural atleta, enseñándonos por su impedimento mismo que "un hombre es un hombre, a pesar de todo".

Cuando admitimos que la materia (el corazón, la sangre,

through the five physical senses) constitutes man, we fail to see how anatomy can distinguish between humanity and the brute, or determine when man is really *man* and has progressed farther than his animal progenitors.

When man is man

Individualization

When the supposition, that Spirit is within what it creates and the potter is subject to the clay, is individualized, Truth is reduced to the level of error, and the sensible is required to be made manifest through the insensible.

What is termed matter manifests nothing but a material mentality. Neither the substance nor the manifestation of Spirit is obtainable through matter. Spirit is positive. Matter is Spirit's contrary, the absence of Spirit. For positive Spirit to pass through a negative condition would be Spirit's destruction.

Man not structural

Anatomy declares man to be structural. Physiology continues this explanation, measuring human strength by bones and sinews, and human life by material law. Man is spiritual, individual, and eternal; material structure is mortal.

Phrenology makes man knavish or honest according to the development of the cranium; but anatomy, physiology, phrenology, do not define the image of God, the real immortal man.

Human reason and religion come slowly to the recognition of spiritual facts, and so continue to call upon matter to remove the error which the human mind alone has created.

The idols of civilization are far more fatal to health and longevity than are the idols of barbarism. The idols of civilization call into action less faith than Buddhism el cerebro, actuando por medio de los cinco sentidos físicos) constituye el hombre, no vemos cómo puede la anatomía distinguir entre la humanidad y lo animal, o determinar cuándo el hombre es verdaderamente *hombre* y ha progresado más allá de sus progenitores animales.

Cuando el hombre es hombre

Individualización

Cuando la suposición, de que el Espíritu está dentro de lo que crea y el alfarero está sujeto al barro, es individualizada, la Verdad es reducida al nivel del error, y se requiere que lo sensible sea hecho manifiesto por medio de lo insensible.

Lo que se denomina materia no manifiesta nada sino una mentalidad material. Ni la sustancia del Espíritu ni la manifestación del Espíritu es obtenible mediante la materia. El Espíritu es positivo. La materia es lo contrario del Espíritu, la ausencia del Espíritu. Para el Espíritu positivo pasar a través de una condición negativa sería la destrucción del Espíritu.

El hombre no es estructural

La anatomía declara que el hombre es estructural. La fisiología continúa esta explicación, midiendo la fuerza humana mediante los huesos y los tendones, y la vida humana mediante la ley material. El hombre es espiritual, individual y eterno; la estructura material es mortal.

La frenología considera al hombre bribón u honesto según el desarrollo del cráneo; pero la anatomía, la fisiología, la frenología, no definen la imagen de Dios, el verdadero hombre inmortal.

La razón humana y la religión reconocen lentamente las realidades espirituales, y por eso continúan acudiendo a la materia para eliminar el error que sólo la mente humana ha creado.

Los ídolos de la civilización son mucho más fatales para la salud y la longevidad que los ídolos de la barbarie. Los ídolos de la civilización despiertan menos fe que el budismo in a supreme governing intelligence. The Esquimaux restore health by incantations as consciously as do civilized practitioners by their more studied methods.

Is civilization only a higher form of idolatry, that man should bow down to a flesh-brush, to flannels, to baths, diet, exercise, and air? Nothing save divine power is capable of doing so much for man as he can do for himself.

Rise of thought

The footsteps of thought, rising above material standpoints, are slow, and portend a long night to the traveller; but the angels of His presence — the spiritual intuitions that tell us when "the night is far spent, the day is at hand" — are our guardians in the gloom. Whoever opens the way in Christian Science is a pilgrim and stranger, marking out the path for generations yet unborn.

The thunder of Sinai and the Sermon on the Mount are pursuing and will overtake the ages, rebuking in their course all error and proclaiming the kingdom of heaven on earth. Truth is revealed. It needs only to be practised.

Medical errors

Mortal belief is all that enables a drug to cure mortal ailments. Anatomy admits that mind is somewhere in man, though out of sight. Then, if an individual is sick, why treat the body alone and administer a dose of despair to the mind? Why declare that the body is diseased, and picture this disease to the mind, rolling it under the tongue as a sweet morsel and holding it before the thought of both physician and patient? We should understand that the cause of disease obtains in the mortal human mind, and its cure comes from the immortal divine Mind. We should prevent the images of disease from taking form in thought, and we should efface the outlines of disease already formulated in the minds of mortals.

Novel diseases

When there are fewer prescriptions, and less thought is given to sanitary subjects, there will be better constitutions and less disease. In old times who ever heard of dyspepsia, cerebro-spinal meningitis, hay-fever, and rose-cold?

What an abuse of natural beauty to say that a rose, the smile of God, can produce suffering! The joy of its presence, its beauty and fragrance, should uplift the thought, and dissuade any sense of fear or fever. It is profane to fancy that the perfume of clover and the breath of new-mown hay can cause glandular inflammation, sneezing, and nasal pangs.

No ancestral dyspepsia

If a random thought, calling itself dyspepsia, had tried to tyrannize over our forefathers, it would have been routed by their independence and industry. Then people had less time for selfishness, coddling, and sickly after-dinner talk. The exact amount of food the stomach could digest was not discussed according to Cutter nor referred to sanitary laws. A man's belief in those days was not so severe upon the gastric juices. Beaumont's "Medical Experiments" did not govern the digestion.

Pulmonary misbeliefs

Damp atmosphere and freezing snow empurpled the plump cheeks of our ancestors, but they never indulged in the refinement of inflamed bronchial tubes. They were as innocent as Adam, before he ate the fruit of false knowledge, of the existence of tubercles and troches, lungs and lozenges.

"Where ignorance is bliss, 't is folly to be wise," says

en una inteligencia suprema gobernante. Los esquimales restablecen la salud mediante encantamientos tan conscientemente como lo hacen los médicos civilizados mediante sus métodos más elaborados.

¿Es la civilización sólo una forma más elevada de idolatría, para que el hombre tenga que inclinarse ante un cepillo para frotar la piel, ante franelas, baños, dietas, ejercicios y aire? Nada, salvo el poder divino, es capaz de hacer tanto por el hombre como este puede hacer por sí mismo.

Ascensión del pensamiento

Los pasos del pensamiento, al ascender por encima de los puntos de vista materiales, son lentos, y presagian una larga noche al viajero; pero los ángeles de Su presencia —las intuiciones espirituales que nos dicen que “la noche está avanzada, y se acerca el día”— son nuestros guardianes en las tinieblas. Quienquiera que abra el camino en la Ciencia Cristiana es un peregrino y forastero que traza la senda a generaciones aún por nacer.

El trueno del Sinaí y el Sermón del Monte van tras las épocas y las sobrepasarán, reprendiendo en su curso todo error y proclamando el reino de los cielos en la tierra. La Verdad está revelada. Sólo necesita ser practicada.

Errores médicos

La creencia mortal es lo único que capacita a un medicamento para curar dolencias mortales. La anatomía admite que la mente está en alguna parte del hombre, aunque fuera de la vista. Entonces, si un individuo está enfermo, ¿por qué tratar sólo el cuerpo y administrar una dosis de desesperación a la mente? ¿Por qué declarar que el cuerpo está enfermo y describir esta enfermedad a la mente, paladeándola cual dulce manjar y manteniéndola ante el pensamiento tanto del médico como del paciente? Debiéramos comprender que la causa de la enfermedad se encuentra en la mente humana y mortal, y que su curación viene de la Mente divina e inmortal. Debiéramos impedir que las imágenes de la enfermedad tomen forma en el pensamiento, y debiéramos borrar los esbozos de la enfermedad ya formulados en la mente de los mortales.

Enfermedades novedosas

Cuando haya menos recetas médicas, y se piense menos en los temas de sanidad, habrá mejores constituciones y menos enfermedades. Antiguamente, ¿quién oyó hablar alguna vez de dispepsia, meningitis cerebroespinal, fiebre del heno y alergia a las rosas?

¡Qué ultraje a la hermosura de la naturaleza decir que una rosa, la sonrisa de Dios, puede producir sufrimiento! El gozo de su presencia, su belleza y fragancia, debieran elevar el pensamiento y disipar cualquier sentido de temor o fiebre. Es profano imaginar que el perfume del trébol y el hálito del heno recién cortado puedan causar inflamación glandular, estornudos y punzadas nasales.

Los antepasados no sufrían de dispepsia

Si un pensamiento fortuito denominándose dispepsia, hubiese tratado de tiranizar a nuestros antepasados, habría sido rechazado por la independencia y laboriosidad de ellos. Entonces la gente disponía de menos tiempo para el egoísmo, los mimos y las conversaciones malsanas de sobremesa. La cantidad exacta de alimento que el estómago podía digerir no se discutía de acuerdo con Cutter ni era relacionada con las leyes sanitarias. La creencia de un hombre en aquellos días no era tan rigurosa sobre los jugos gástricos. "Experimentos médicos", de Beaumont, no gobernaba la digestión.

Creencias equivocadas acerca de los pulmones

La atmósfera húmeda y la gélida nieve enrojecían las mejillas saludables de nuestros antepasados, pero ellos nunca se daban el lujo de tener los bronquios inflamados. Eran tan inocentes como Adán, antes de que comiera el fruto del falso conocimiento, respecto a la existencia de tubérculos y comprimidos, pulmones y píldoras.

"Donde la ignorancia es bendición, es tonto ser sabio",

the English poet, and there is truth in his sentiment. The action of mortal mind on the body was not so injurious before inquisitive modern Eves took up the study of medical works and unmanly Adams attributed their own downfall and the fate of their offspring to the weakness of their wives.

Our modern Eves

The primitive custom of taking no thought about food left the stomach and bowels free to act in obedience to nature, and gave the gospel a chance to be seen in its glorious effects upon the body. A ghastly array of diseases was not paraded before the imagination. There were fewer books on digestion and more "sermons in stones, and good in everything." When the mechanism of the human mind gives place to the divine Mind, selfishness and sin, disease and death, will lose their foothold.

Human fear of miasma would load with disease the air of Eden, and weigh down mankind with superimposed and conjectural evils. Mortal mind is the worst foe of the body, while divine Mind is its best friend.

Should all cases of organic disease be treated by a regular practitioner, and the Christian Scientist try truth only in cases of hysteria, hypochondria, and hallucination? One disease is no more real than another. All disease is the result of education, and disease can carry its ill-effects no farther than mortal mind maps out the way. The human mind, not matter, is supposed to feel, suffer, enjoy. Hence decided types of acute disease are quite as ready to yield to Truth as the less distinct type and chronic form of disease. Truth handles the most malignant contagion with perfect assurance.

Diseases not to be classified

Nuestras Evas modernas

dice el poeta inglés, y hay verdad en su sentir. La acción de la mente mortal sobre el cuerpo no era tan perjudicial antes que las inquisitivas Evas modernas emprendieran el estudio de obras médicas y los Adanes pusilánimes atribuyeran su propia caída y la suerte de su descendencia a la debilidad de sus mujeres.

La costumbre primitiva de no afanarse por el alimento dejaba libres el estómago y los intestinos para funcionar en obediencia a la naturaleza, y daba al evangelio una oportunidad para manifestarse en sus gloriosos efectos sobre el cuerpo. No se hacía desfilar un horrible cortejo de enfermedades ante la imaginación. Había menos libros sobre la digestión y más "sermones en piedras, y el bien en todas las cosas". Cuando el mecanismo de la mente humana dé lugar a la Mente divina, el egoísmo y el pecado, la enfermedad y la muerte, perderán su punto de apoyo.

El temor humano a los miasmas cargaría de enfermedades el aire del Edén, y agobiaría a la humanidad con males superpuestos y conjeturales. La mente mortal es el peor enemigo del cuerpo, mientras que la Mente divina es su mejor amigo.

Las enfermedades no deben ser clasificadas

¿Deberían todos los casos de enfermedades orgánicas ser tratados por un médico común, y debería el Científico Cristiano recurrir a la verdad sólo en los casos de histeria, hipocondría y alucinación? Una enfermedad no es más real que otra. Toda enfermedad es el resultado de la educación, y la enfermedad no puede llevar sus nocivos efectos más allá del camino trazado por la mente mortal. Se supone que es la mente humana, no la materia, la que siente, sufre, goza. De ahí que los tipos determinados de enfermedades agudas están tan prontos a ceder ante la Verdad como los tipos menos definidos y las formas crónicas de enfermedad. La Verdad trata el contagio más maligno con perfecta seguridad.

One basis for all sickness

Human mind produces what is termed organic disease as certainly as it produces hysteria, and it must relinquish all its errors, sicknesses, and sins. I have demonstrated this beyond all cavil. The evidence of divine Mind's healing power and absolute control is to me as certain as the evidence of my own existence.

Mental and physical oneness

Mortal mind and body are one. Neither exists without the other, and both must be destroyed by immortal Mind. Matter, or body, is but a false concept of mortal mind. This so-called mind builds its own superstructure, of which the material body is the grosser portion; but from first to last, the body is a sensuous, human concept.

The effect of names

In the Scriptural allegory of the material creation, Adam or error, which represents the erroneous theory of life and intelligence in matter, had the naming of all that was material. These names indicated matter's properties, qualities, and forms. But a lie, the opposite of Truth, cannot name the qualities and effects of what is termed matter, and create the so-called laws of the flesh, nor can a lie hold the preponderance of power in any direction against God, Spirit and Truth.

Poison defined mentally

If a dose of poison is swallowed through mistake, and the patient dies even though physician and patient are expecting favorable results, does human belief, you ask, cause this death? Even so, and as directly as if the poison had been intentionally taken.

In such cases a few persons believe the potion swallowed by the patient to be harmless, but the vast ma-

Una sola base para toda enfermedad

La mente humana produce lo que se denomina enfermedad orgánica tan ciertamente como produce la histeria, y tiene que renunciar a todos sus errores, enfermedades y pecados. He demostrado esto más allá de todo reparo. La evidencia del poder sanador de la Mente divina y de su absoluto control es para mí tan cierta como la evidencia de mi propia existencia.

Unidad mental y física

La mente y el cuerpo mortales son uno. Ninguno existe sin el otro, y ambos tienen que ser destruidos por la Mente inmortal. La materia, o el cuerpo, no es sino un concepto falso de la mente mortal. Esta así llamada mente construye su propia superestructura, de la cual el cuerpo material es la parte más tosca; pero desde el principio hasta el fin, el cuerpo es un concepto sensorio y humano.

Los efectos de los nombres

En la alegoría bíblica de la creación material, Adán, o el error, que representa la teoría errónea de que hay vida e inteligencia en la materia, tuvo que poner nombres a todo lo que era material. Estos nombres indicaban las propiedades, cualidades y formas de la materia. Pero una mentira, lo opuesto de la Verdad, no puede dar nombres a las cualidades y los efectos de lo que se denomina materia, y crear las así llamadas leyes de la carne, ni puede una mentira mantener, en ninguna dirección, la preponderancia de poder contra Dios, el Espíritu y la Verdad.

Veneno definido mentalmente

Si una dosis de veneno es ingerida por equivocación y el paciente muere, aunque médico y paciente están esperando resultados favorables, te preguntas: ¿fue la creencia humana lo que causó esta muerte? Por cierto que sí, y tan directamente como si el veneno hubiera sido tomado intencionalmente.

En tales casos unas pocas personas creen que la poción tomada por el paciente es inofensiva, pero la vasta mayoría jority of mankind, though they know nothing of this particular case and this special person, believe the arsenic, the strychnine, or whatever the drug used, to be poisonous, for it is set down as a poison by mortal mind. Consequently, the result is controlled by the majority of opinions, not by the infinitesimal minority of opinions in the sick-chamber.

Heredity is not a law. The remote cause or belief of disease is not dangerous because of its priority and the connection of past mortal thoughts with present. The predisposing cause and the exciting cause are mental.

Perhaps an adult has a deformity produced prior to his birth by the fright of his mother. When wrested from human belief and based on Science or the divine Mind, to which all things are possible, that chronic case is not difficult to cure.

Animal magnetism destroyed

Mortal mind, acting from the basis of sensation in matter, is animal magnetism; but this so-called mind, from which comes all evil, contradicts itself, and must finally yield to the eternal Truth, or the divine Mind, expressed in Science. In proportion to our understanding of Christian Science, we are freed from the belief of heredity, of mind in matter or animal magnetism; and we disarm sin of its imaginary power in proportion to our spiritual understanding of the status of immortal being.

Ignorant of the methods and the basis of metaphysical healing, you may attempt to unite with it hypnotism, spiritualism, electricity; but none of these methods can be mingled with metaphysical healing.

Whoever reaches the understanding of Christian Science

de la humanidad, aunque no sepa nada de este caso particular ni de esta persona en especial, cree que el arsénico, la estricnina, o cualquier droga empleada, es venenosa, porque es clasificada como un veneno por la mente mortal. Por consiguiente, el resultado está controlado por la mayoría de opiniones, no por la minoría infinitesimal de opiniones en el aposento del enfermo.

La herencia no es una ley. La causa remota o creencia en la enfermedad no es peligrosa por su prioridad y la conexión de los pensamientos mortales pasados con los presentes. La causa predisponente y la causa ocasional son mentales.

Quizás un adulto tenga una deformidad producida antes de su nacimiento por el miedo de su madre. Cuando es arrebatado de la creencia humana y basado en la Ciencia o la Mente divina, para la cual todas las cosas son posibles, ese caso crónico no es difícil de curar.

El magnetismo animal destruido

La mente mortal, actuando desde la base de sensación en la materia, es magnetismo animal; pero esta así llamada mente, de la cual procede todo el mal, se contradice a sí misma, y tiene que ceder finalmente a la Verdad eterna, o la Mente divina, expresada en la Ciencia. En proporción a nuestra comprensión de la Ciencia Cristiana, somos liberados de la creencia en la herencia, de que hay mente en la materia o magnetismo animal; y desarmamos el pecado de su poder imaginario en proporción a nuestra comprensión espiritual del estado del ser inmortal.

Por ignorar los métodos y la base de la curación metafísica, es posible que intentes unirla con el hipnotismo, el espiritismo, la electricidad; pero ninguno de estos métodos puede ser mezclado con la curación metafísica.

Quienquiera que alcance la comprensión de la Ciencia

in its proper signification will perform the sudden cures of which it is capable; but this can be done only by taking up the cross and following Christ in the daily life.

Absent patients

Science can heal the sick, who are absent from their healers, as well as those present, since space is no obstacle to Mind. Immortal Mind heals what eye hath not seen; but the spiritual capacity to apprehend thought and to heal by the Truth-power, is won only as man is found, not in self-righteousness, but reflecting the divine nature.

Horses mistaught

Every medical method has its advocates. The preference of mortal mind for a certain method creates a demand for that method, and the body then seems to require such treatment. You can even educate a healthy horse so far in physiology that he will take cold without his blanket, whereas the wild animal, left to his instincts, sniffs the wind with delight. The epizoötic is a humanly evolved ailment, which a wild horse might never have.

Medical works objectionable

Treatises on anatomy, physiology, and health, sustained by what is termed material law, are the promoters of sickness and disease. It should not be proverbial, that so long as you read medical works you will be sick.

The sedulous matron — studying her Jahr with homœopathic pellet and powder in hand, ready to put you into a sweat, to move the bowels, or to produce sleep — is unwittingly sowing the seeds of reliance on matter, and her household may erelong reap the effect of this mistake.

Descriptions of disease given by physicians and adver-

Cristiana en su verdadero significado efectuará las curas instantáneas de las cuales ella es capaz; pero esto sólo puede hacerse tomando la cruz y siguiendo al Cristo en la vida diaria.

Pacientes ausentes

La Ciencia puede sanar a los enfermos que no están en presencia de sus sanadores, así como a aquellos presentes, pues el espacio no es obstáculo para la Mente. La Mente inmortal sana lo que el ojo no ha visto; pero la capacidad espiritual de comprender el pensamiento y sanar mediante el poder-Verdad se gana sólo en la medida en que el hombre se encuentra, no justificándose a sí mismo, sino reflejando la naturaleza divina.

Caballos erróneamente entrenados

Todo método médico tiene sus defensores. La preferencia de la mente mortal por cierto método crea una demanda por ese método, y entonces el cuerpo parece requerir tal tratamiento. Incluso puedes educar un caballo sano a tal grado en fisiología, que se resfriará sin su manta, mientras que el animal salvaje, dejado a sus instintos, aspira el viento con deleite. La epizootia es una afección desarrollada humanamente, de la cual un caballo salvaje tal vez jamás padecería.

Las obras médicas son objetables

Los tratados sobre anatomía, fisiología y salud, sostenidos por lo que se llama ley material, son los promotores de las dolencias y las enfermedades. No debiera ser proverbial que mientras sigas leyendo obras médicas seguirás enfermándote.

El ama de casa diligente —que estudia su libro de Jahr con píldoras y polvos homeopáticos en mano, lista para hacerte sudar, mover el intestino o dormir— sin darse cuenta está sembrando las semillas de la confianza en la materia, y los miembros de su familia quizás pronto cosechen los efectos de esta equivocación.

Tanto las descripciones de las enfermedades que hacen

tisements of quackery are both prolific sources of sickness. As mortal mind is the husbandman of error, it should be taught to do the body no harm and to uproot its false sowing.

The invalid's outlook

The patient sufferer tries to be satisfied when he sees his would-be healers busy, and his faith in their efforts is somewhat helpful to them and to himself; but in Science one must understand the resuscitating law of Life. This is the seed within itself bearing fruit after its kind, spoken of in Genesis.

Physicians should not deport themselves as if Mind were non-existent, nor take the ground that all causation is matter, instead of Mind. Ignorant that the human mind governs the body, its phenomenon, the invalid may unwittingly add more fear to the mental reservoir already overflowing with that emotion.

Wrong and right way

Doctors should not implant disease in the thoughts of their patients, as they so frequently do, by declaring disease to be a fixed fact, even before they go to work to eradicate the disease through the material faith which they inspire. Instead of furnishing thought with fear, they should try to correct this turbulent element of mortal mind by the influence of divine Love which casteth out fear.

When man is governed by God, the ever-present Mind who understands all things, man knows that with God all things are possible. The only way to this living Truth, which heals the sick, is found in the Science of divine Mind as taught and demonstrated by Christ Jesus.

To reduce inflammation, dissolve a tumor, or cure organic disease, I have found divine Truth more potent than los médicos como los anuncios de la charlatanería son fuentes prolíficas de enfermedades. Puesto que la mente mortal es el labrador del error, debiera enseñársele a no dañar el cuerpo y a desarraigar su falsa siembra.

El punto de vista del inválido

El paciente que sufre trata de sentirse satisfecho cuando ve ocupados a los que procuran sanarlo, y su fe en los esfuerzos de ellos es una ayuda, en cierto modo, para ellos y para él; pero en la Ciencia, uno debe comprender la ley resucitadora de la Vida. Esta es la semilla dentro de sí misma que da fruto según su género, de la que se habla en el Génesis.

Los médicos no debieran comportarse como si la Mente no existiera, ni sostener que toda causalidad es la materia en vez de la Mente. Por ignorar que la mente humana gobierna el cuerpo, su fenómeno, quizás el inválido añada, sin darse cuenta, más temor al reservorio mental ya desbordante de esa emoción.

La manera incorrecta y la correcta

Los médicos no debieran implantar la enfermedad en el pensamiento de sus pacientes, como lo hacen tan frecuentemente, declarando que la enfermedad es un hecho inamovible, aun antes de disponerse a desarraigar la enfermedad mediante la fe material que ellos inspiran. En lugar de proporcionar temor al pensamiento, debieran tratar de corregir este elemento turbulento de la mente mortal mediante la influencia del Amor divino que echa fuera el temor.

Cuando el hombre es gobernado por Dios, la Mente siempre presente que entiende todas las cosas, el hombre sabe que para Dios todas las cosas son posibles. El único camino hacia esta Verdad viviente, que sana a los enfermos, se halla en la Ciencia de la Mente divina como fue enseñada y demostrada por Cristo Jesús.

Para reducir la inflamación, disolver un tumor, o curar la enfermedad orgánica, he encontrado que la Verdad divina all lower remedies. And why not, since Mind, God, is the source and condition of all existence? Before deciding that the body, matter, is disordered, one should ask, "Who art thou that repliest to Spirit? Can matter speak for itself, or does it hold the issues of life?" Matter, which can neither suffer nor enjoy, has no partnership with pain and pleasure, but mortal belief has such a partnership.

The important decision

When you manipulate patients, you trust in electricity and magnetism more than in Truth; and for that reason, you employ matter rather than Mind. You weaken or destroy your power when you resort to any except spiritual means.

Manipulation unscientific

It is foolish to declare that you manipulate patients but that you lay no stress on manipulation. If this be so, why manipulate? In reality you manipulate because you are ignorant of the baneful effects of magnetism, or are not sufficiently spiritual to depend on Spirit. In either case you must improve your mental condition till you finally attain the understanding of Christian Science.

If you are too material to love the Science of Mind and are satisfied with good words instead of effects, if you adhere to error and are afraid to trust Truth, the question then recurs, "Adam, where art thou?" It is unnecessary to resort to aught besides Mind in order to satisfy the sick that you are doing something for them, for if they are cured, they generally know it and are satisfied.

Not words but deeds

"Where your treasure is, there will your heart be also." If you have more faith in drugs than in Truth, this faith will incline you to the side of matter and error. Any hypnotic power you may exercise will diminish your es más potente que todos los remedios inferiores. ¿Y por qué no, puesto que la Mente, Dios, es la fuente y la condición de toda existencia?

La decisión importante

Antes de decidir que el cuerpo, la materia, sufre un desarreglo, uno debiera preguntar: "¿Quién eres tú, para que alterques con el Espíritu? ¿Puede la materia hablar por sí misma, o es de ella que mana la vida?" La materia, que no puede ni sufrir ni gozar, no tiene asociación con el dolor y el placer, pero la creencia mortal sí tiene tal asociación.

La manipulación no es científica

Cuando manipulas a los pacientes, confías en la electricidad y en el magnetismo más que en la Verdad; y por esa razón, empleas la materia en vez de la Mente. Debilitas o destruyes tu poder cuando recurres a cualquier otro medio excepto el espiritual.

Es insensato declarar que manipulas a los pacientes pero que no das importancia a la manipulación. Si esto es así, ¿por qué manipular? En realidad, manipulas porque ignoras los efectos perniciosos del magnetismo, o no eres lo suficientemente espiritual como para depender del Espíritu. En cualquiera de los casos debes mejorar tu condición mental hasta que finalmente logres la comprensión de la Ciencia Cristiana.

No palabras, sino obras

Si eres demasiado material como para amar la Ciencia de la Mente y estás satisfecho con buenas palabras en vez de buenos efectos, si te apegas al error y temes confiar en la Verdad, entonces se presenta de nuevo la pregunta: "Adán, ¿dónde estás tú?" Es innecesario recurrir a algo que no sea la Mente para convencer a los enfermos de que estás haciendo algo por ellos, porque si son sanados, generalmente lo saben y quedan satisfechos.

"Donde esté vuestro tesoro, allí estará también vuestro corazón". Si tienes más fe en los medicamentos que en la Verdad, esta fe te inclinará hacia el lado de la materia y el error. Cualquier poder hipnótico que puedas ejercer disminuirá ability to become a Scientist, and *vice versa.* The act of healing the sick through divine Mind alone, of casting out error with Truth, shows your position as a Christian Scientist.

Physiology or Spirit

The demands of God appeal to thought only; but the claims of mortality, and what are termed laws of nature, appertain to matter. Which, then, are we to accept as legitimate and capable of producing the highest human good? We cannot obey both physiology and Spirit, for one absolutely destroys the other, and one or the other must be supreme in the affections. It is impossible to work from two standpoints. If we attempt it, we shall presently "hold to the one, and despise the other."

The hypotheses of mortals are antagonistic to Science and cannot mix with it. This is clear to those who heal the sick on the basis of Science.

No material law

Mind's government of the body must supersede the so-called laws of matter. Obedience to material law prevents full obedience to spiritual law, — the law which overcomes material conditions and puts matter under the feet of Mind. Mortals entreat the divine Mind to heal the sick, and forthwith shut out the aid of Mind by using material means, thus working against themselves and their prayers and denying man's God-given ability to demonstrate Mind's sacred power. Pleas for drugs and laws of health come from some sad incident, or else from ignorance of Christian Science and its transcendent power.

To admit that sickness is a condition over which God has no control, is to presuppose that omnipotent power is powerless on some occasions. The law of Christ, or tu capacidad para llegar a ser un Científico Cristiano, y *viceversa.* El acto de sanar a los enfermos sólo por medio de la Mente divina, de echar fuera el error con la Verdad, muestra tu posición como un Científico Cristiano.

La fisiología o el Espíritu

Las exigencias de Dios se dirigen sólo al pensamiento; pero las pretensiones de la mortalidad, y las que son denominadas leyes de la naturaleza, pertenecen a la materia. ¿Cuáles, entonces, hemos de aceptar como legítimas y capaces de producir el más elevado bien humano? No podemos obedecer tanto a la fisiología como al Espíritu, porque uno destruye absolutamente el otro, y uno u otro tiene que ser supremo en los afectos. Es imposible obrar desde dos puntos de vista distintos. Si lo intentamos, pronto "estimaremos al uno y menospreciaremos al otro".

Las hipótesis de los mortales son antagónicas a la Ciencia y no pueden mezclarse con ella. Esto les es claro a los que sanan a los enfermos sobre la base de la Ciencia.

Ninguna ley material

El gobierno de la Mente sobre el cuerpo debe reemplazar las así llamadas leyes de la materia. La obediencia a la ley material impide la plena obediencia a la ley espiritual, la ley que vence las condiciones materiales y pone la materia bajo los pies de la Mente. Los mortales ruegan a la Mente divina que sane a los enfermos, e inmediatamente excluyen la ayuda de la Mente usando medios materiales, obrando así en contra de sí mismos y de sus oraciones y negando la capacidad otorgada por Dios al hombre para demostrar el poder sagrado de la Mente. Las súplicas por medicamentos y leyes de salud proceden de algún triste incidente, o si no, de la ignorancia acerca de la Ciencia Cristiana y su poder trascendente.

Admitir que la enfermedad es una condición sobre la cual Dios no tiene control es suponer que el poder omnipotente es impotente en algunas ocasiones. La ley del Cristo,

Truth, makes all things possible to Spirit; but the so-called laws of matter would render Spirit of no avail, and demand obedience to materialistic codes, thus departing from the basis of one God, one lawmaker. To suppose that God constitutes laws of inharmony is a mistake; discords have no support from nature or divine law, however much is said to the contrary.

Can the agriculturist, according to belief, produce a crop without sowing the seed and awaiting its germination according to the laws of nature? The answer is no, and yet the Scriptures inform us that sin, or error, first caused the condemnation of man to till the ground, and indicate that obedience to God will remove this necessity. Truth never made error necessary, nor devised a law to perpetuate error.

Laws of nature spiritual

The supposed laws which result in weariness and disease are not His laws, for the legitimate and only possible action of Truth is the production of harmony. Laws of nature are laws of Spirit; but mortals commonly recognize as law that which hides the power of Spirit. Divine Mind rightly demands man's entire obedience, affection, and strength. No reservation is made for any lesser loyalty. Obedience to Truth gives man power and strength. Submission to error superinduces loss of power.

Belief and understanding

Truth casts out all evils and materialistic methods with the actual spiritual law, — the law which gives sight to the blind, hearing to the deaf, voice to the dumb, feet to the lame. If Christian Science dishonors human belief, it honors spiritual understanding; and the one Mind only is entitled to honor.

o la Verdad, hace todas las cosas posibles para el Espíritu; pero las así llamadas leyes de la materia tratarían de inutilizar el Espíritu, y exigir obediencia a códigos materialistas, apartándose así de la base de un único Dios, un único legislador. Suponer que Dios constituye leyes de desarmonía es una equivocación; las discordias no tienen apoyo de la naturaleza o de la ley divina, por más que se diga lo contrario.

¿Puede el agricultor, de acuerdo con la creencia, producir una cosecha sin sembrar la semilla y esperar su germinación según las leyes de la naturaleza? La respuesta es no, y sin embargo, las Escrituras nos informan que el pecado, o el error, causó primero la condenación del hombre a labrar la tierra, e indican que la obediencia a Dios eliminará esta necesidad. La Verdad jamás hizo necesario el error, ni ideó una ley para perpetuar el error.

Las leyes de la naturaleza son espirituales

Las supuestas leyes que resultan en cansancio y enfermedad no son Sus leyes, pues la legítima y única acción posible de la Verdad es la producción de la armonía. Las leyes de la naturaleza son leyes del Espíritu; pero los mortales comúnmente reconocen como ley aquello que oculta el poder del Espíritu. La Mente divina legítimamente le exige al hombre toda su obediencia, afecto y fuerza. No se hace reserva para lealtad menor alguna. La obediencia a la Verdad le da al hombre poder y fuerza. La sumisión al error provoca la pérdida de poder.

Creencia y comprensión

La Verdad echa fuera todos los males y métodos materialistas con la verdadera ley espiritual, la ley que da vista a los ciegos, oído a los sordos, voz a los mudos, pies a los cojos. Si la Ciencia Cristiana no honra la creencia humana, honra la comprensión espiritual; y sólo la Mente única tiene derecho a ser honrada.

The so-called laws of health are simply laws of mortal belief. The premises being erroneous, the conclusions are wrong. Truth makes no laws to regulate sickness, sin, and death, for these are unknown to Truth and should not be recognized as reality.

Belief produces the results of belief, and the penalties it affixes last so long as the belief and are inseparable from it. The remedy consists in probing the trouble to the bottom, in finding and casting out by denial the error of belief which produces a mortal disorder, never honoring erroneous belief with the title of law nor yielding obedience to it. Truth, Life, and Love are the only legitimate and eternal demands on man, and they are spiritual lawgivers, enforcing obedience through divine statutes.

Laws of human belief

Controlled by the divine intelligence, man is harmonious and eternal. Whatever is governed by a false belief is discordant and mortal. We say man suffers from the effects of cold, heat, fatigue. This is human belief, not the truth of being, for matter cannot suffer. Mortal mind alone suffers, — not because a law of matter has been transgressed, but because a law of this so-called mind has been disobeyed. I have demonstrated this as a rule of divine Science by destroying the delusion of suffering from what is termed a fatally broken physical law.

A woman, whom I cured of consumption, always breathed with great difficulty when the wind was from the east. I sat silently by her side a few moments. Her breath came gently. The inspirations were deep and natural. I then requested her to look at the weather-vane. She looked and saw that it pointed due east. The wind

Las así llamadas leyes de la salud son simplemente leyes de la creencia mortal. Al ser erróneas las premisas, las conclusiones son equivocadas. La Verdad no hace leyes para regular la enfermedad, el pecado y la muerte, pues estos son desconocidos para la Verdad y no debieran ser reconocidos como realidad.

La creencia produce los resultados de la creencia, y las penalidades que impone duran tanto como la creencia y son inseparables de ella. El remedio consiste en sondar el problema hasta el fondo, en encontrar y echar fuera, mediante negación, el error de creencia que produce un desorden mortal, nunca honrando la creencia errónea con el título de ley ni prestándole obediencia. La Verdad, la Vida y el Amor son las únicas exigencias legítimas y eternas sobre el hombre, y son legisladores espirituales que imponen la obediencia por medio de estatutos divinos.

Leyes de la creencia humana

Controlado por la inteligencia divina, el hombre es armonioso y eterno. Cualquier cosa gobernada mediante una creencia falsa es discordante y mortal. Decimos que el hombre sufre por los efectos del frío, del calor, de la fatiga. Esto es una creencia humana, no la verdad del ser, pues la materia no puede sufrir. Sólo la mente mortal sufre, no porque una ley de la materia ha sido transgredida, sino porque una ley de esta así llamada mente ha sido desobedecida. He demostrado esto como una regla de la Ciencia divina al destruir la ilusión del sufrimiento producido por lo que se denomina una ley física fatalmente quebrantada.

Una mujer, a quien curé de tuberculosis, siempre respiraba con gran dificultad cuando el viento era del este. Me senté a su lado en silencio por unos momentos. Comenzó a respirar suavemente. Las inspiraciones eran profundas y naturales. Le pedí entonces que mirara la veleta. Miró y vio que señalaba exactamente hacia el este. El viento no había cambiado, had not changed, but her thought of it had and so her difficulty in breathing had gone. The wind had not produced the difficulty. My metaphysical treatment changed the action of her belief on the lungs, and she never suffered again from east winds, but was restored to health.

A so-called mind-cure

No system of hygiene but Christian Science is purely mental. Before this book was published, other books were in circulation, which discussed "mental medicine" and "mind-cure," operating through the power of the earth's magnetic currents to regulate life and health. Such theories and such systems of so-called mind-cure, which have sprung up, are as material as the prevailing systems of medicine. They have their birth in mortal mind, which puts forth a human conception in the name of Science to match the divine Science of immortal Mind, even as the necromancers of Egypt strove to emulate the wonders wrought by Moses. Such theories have no relationship to Christian Science, which rests on the conception of God as the only Life, substance, and intelligence, and excludes the human mind as a spiritual factor in the healing work.

Jesus and hypnotism

Jesus cast out evil and healed the sick, not only without drugs, but without hypnotism, which is the reverse of ethical and pathological Truth-power.

Erroneous mental practice may seem for a time to benefit the sick, but the recovery is not permanent. This is because erroneous methods act on and through the material stratum of the human mind, called brain, which is but a mortal consolidation of material mentality and its suppositional activities.

A patient under the influence of mortal mind is healed

pero su pensamiento acerca de él sí y por eso su dificultad para respirar había desaparecido. El viento no había producido la dificultad. Mi tratamiento metafísico cambió la acción de su creencia sobre los pulmones, y jamás volvió a sufrir a causa de los vientos del este, sino que su salud le fue restablecida.

Una así llamada curación por la mente

Ningún sistema de higiene, excepto la Ciencia Cristiana, es puramente mental. Antes de que este libro fuera publicado, otros libros estaban en circulación, los cuales trataban sobre “medicina mental” y “curación por la mente”, obrando mediante el poder de las corrientes magnéticas de la tierra para regular la vida y la salud. Tales teorías y tales sistemas de la así llamada curación por la mente, que han surgido, son tan materiales como los sistemas predominantes de medicina. Tienen su nacimiento en la mente mortal, la cual presenta una concepción humana en nombre de la Ciencia para igualar la Ciencia divina de la Mente inmortal, así como los hechiceros de Egipto se esforzaron por emular las maravillas hechas por Moisés. Tales teorías no tienen relación con la Ciencia Cristiana, la cual descansa sobre la concepción de que Dios es la única Vida, sustancia e inteligencia, y excluye la mente humana como factor espiritual en la obra sanadora.

Jesús y el hipnotismo

Jesús echó fuera el mal y sanó a los enfermos, no sólo sin medicamentos, sino sin hipnotismo, el cual es el reverso del poder ético y patológico de la Verdad.

La práctica mental errónea puede parecer por un tiempo que beneficia a los enfermos, pero el restablecimiento no es permanente. Esto se debe a que los métodos erróneos actúan sobre y mediante el estrato material de la mente humana, llamado cerebro, el cual es sólo una consolidación mortal de la mentalidad material y sus supuestas actividades.

Un paciente bajo la influencia de la mente mortal es sanado

only by removing the influence on him of this mind, by emptying his thought of the false stimulus and reaction of will-power and filling it with the divine energies of Truth.

False stimulus

Christian Science destroys material beliefs through the understanding of Spirit, and the thoroughness of this work determines health. Erring human mind-forces can work only evil under whatever name or pretence they are employed; for Spirit and matter, good and evil, light and darkness, cannot mingle.

Evil negative and self-destructive

Evil is a negation, because it is the absence of truth. It is nothing, because it is the absence of something. It is unreal, because it presupposes the absence of God, the omnipotent and omnipresent. Every mortal must learn that there is neither power nor reality in evil.

Evil is self-assertive. It says: "I am a real entity, overmastering good." This falsehood should strip evil of all pretensions. The only power of evil is to destroy itself. It can never destroy one iota of good. Every attempt of evil to destroy good is a failure, and only aids in peremptorily punishing the evil-doer. If we concede the same reality to discord as to harmony, discord has as lasting a claim upon us as has harmony. If evil is as real as good, evil is also as immortal. If death is as real as Life, immortality is a myth. If pain is as real as the absence of pain, both must be immortal; and if so, harmony cannot be the law of being.

Ignorant idolatry

Mortal mind is ignorant of self, or it could never be self-deceived. If mortal mind knew how to be better, it would be better. Since it must believe in something besides itself, it enthrones matter as deity. The human mind has been an idolater from the beginning,

Falso estímulo

solamente quitando la influencia de esta mente sobre él, vaciando su pensamiento del estímulo y de la reacción falsos de la fuerza de voluntad y llenándolo con las divinas energías de la Verdad.

La Ciencia Cristiana destruye las creencias materiales mediante la comprensión del Espíritu, y la minuciosidad de este trabajo determina la salud. Las fuerzas mentales humanas que yerran sólo pueden hacer daño bajo cualquier nombre o pretexto con que se empleen; pues el Espíritu y la materia, el bien y el mal, la luz y las tinieblas, no pueden mezclarse.

El mal es negativo y se destruye a sí mismo

El mal es una negación, porque es la ausencia de la verdad. Es nada, porque es la ausencia de algo. Es irreal, porque presupone la ausencia de Dios, el omnipotente y omnipresente. Todo mortal debe aprender que no hay poder ni realidad en el mal.

El mal se impone a sí mismo. Dice: "Soy una entidad real, dominando el bien". Esta falsedad debiera despojar el mal de toda pretensión. El único poder del mal es el de destruirse a sí mismo. Jamás puede destruir ni un ápice del bien. Todo intento del mal por destruir el bien es un fracaso, y sólo ayuda a castigar perentoriamente al que hace el mal. Si concedemos la misma realidad a la discordia que a la armonía, la discordia tiene sobre nosotros una demanda tan duradera como la que tiene la armonía. Si el mal es tan real como el bien, el mal es también inmortal. Si la muerte es tan real como la Vida, la inmortalidad es un mito. Si el dolor es tan real como la ausencia del dolor, ambos tienen que ser inmortales; y si es así, la armonía no puede ser la ley del ser.

Idolatría ignorante

La mente mortal es ignorante de sí misma, o jamás podría engañarse a sí misma. Si la mente mortal supiera cómo ser mejor, sería mejor. Puesto que tiene que creer en algo aparte de sí misma, entroniza la materia como deidad. La mente humana ha sido una idólatra desde having other gods and believing in more than the one Mind.

As mortals do not comprehend even mortal existence, how ignorant must they be of the all-knowing Mind and of His creations.

Here you may see how so-called material sense creates its own forms of thought, gives them material names, and then worships and fears them. With pagan blindness, it attributes to some material god or medicine an ability beyond itself. The beliefs of the human mind rob and enslave it, and then impute this result to another illusive personification, named Satan.

Action of mortal mind

The valves of the heart, opening and closing for the passage of the blood, obey the mandate of mortal mind as directly as does the hand, admittedly moved by the will. Anatomy allows the mental cause of the latter action, but not of the former.

We say, "My hand hath done it." What is this *my* but mortal mind, the cause of all materialistic action? All voluntary, as well as miscalled *involuntary,* action of the mortal body is governed by this so-called mind, not by matter. There is no involuntary action. The divine Mind includes all action and volition, and man in Science is governed by this Mind. The human mind tries to classify action as voluntary and involuntary, and suffers from the attempt.

Death and the body

If you take away this erring mind, the mortal material body loses all appearance of life or action, and this so-called mind then calls itself dead; but the human mind still holds in belief a body, through which it acts and which appears to the human mind to live,—a body like the one it had before death. This body el comienzo, teniendo otros dioses y creyendo en algo más que en la única Mente.

Como los mortales no comprenden ni siquiera la existencia mortal, cuán ignorantes deben ser de la Mente que todo lo sabe y de Sus creaciones.

Aquí puedes ver cómo el así llamado sentido material crea sus propias formas de pensamiento, les da nombres materiales, y luego las adora y les teme. Con ceguedad pagana, le atribuye a algún dios o medicina materiales una capacidad más allá de sí mismo. Las creencias de la mente humana la roban y la esclavizan y luego imputan este resultado a otra personificación ilusoria, llamada Satanás.

La acción de la mente mortal

Las válvulas del corazón, que se abren y cierran para el pasaje de la sangre, obedecen el mandato de la mente mortal tan directamente como lo hace la mano, que, según se admite, es movida por la voluntad. La anatomía acepta la causa mental de la última acción, pero no de la primera.

Decimos: "Mi mano lo ha hecho". ¿Qué es este *mi,* sino la mente mortal, la causa de toda acción materialista? Toda acción voluntaria, así como la mal denominada *involuntaria,* del cuerpo mortal está gobernada por esta así llamada mente, no por la materia. No hay acción involuntaria. La Mente divina incluye toda acción y volición, y el hombre en la Ciencia está gobernado por esta Mente. La mente humana intenta clasificar la acción como voluntaria e involuntaria, y sufre por el intento.

La muerte y el cuerpo

Si suprimes esta mente que yerra, el cuerpo material y mortal pierde toda apariencia de vida o acción, y entonces esta así llamada mente dice de sí misma que está muerta; pero la mente humana aún mantiene en creencia un cuerpo, por medio del cual actúa y que ante la mente humana parece vivir, un cuerpo igual al que tenía antes de la muerte. Este cuerpo es desechado sólo a is put off only as the mortal, erring mind yields to God, immortal Mind, and man is found in His image.

Embryonic sinful thoughts

What is termed disease does not exist. It is neither mind nor matter. The belief of sin, which has grown terrible in strength and influence, is an unconscious error in the beginning, — an embryonic thought without motive; but afterwards it governs the so-called man. Passion, depraved appetites, dishonesty, envy, hatred, revenge ripen into action, only to pass from shame and woe to their final punishment.

Disease a dream

Mortal existence is a dream of pain and pleasure in matter, a dream of sin, sickness, and death; and it is like the dream we have in sleep, in which every one recognizes his condition to be wholly a state of mind. In both the waking and the sleeping dream, the dreamer thinks that his body is material and the suffering is in that body.

The smile of the sleeper indicates the sensation produced physically by the pleasure of a dream. In the same way pain and pleasure, sickness and care, are traced upon mortals by unmistakable signs.

Sickness is a growth of error, springing from mortal ignorance or fear. Error rehearses error. What causes disease cannot cure it. The soil of disease is mortal mind, and you have an abundant or scanty crop of disease, according to the seedlings of fear. Sin and the fear of disease must be uprooted and cast out.

Sense yields to understanding

When darkness comes over the earth, the physical senses have no immediate evidence of a sun. The human eye knows not where the orb of day is, nor if it exists. Astronomy gives the desired information regarding the sun. The human or medida que la mente mortal que yerra cede ante Dios, la Mente inmortal, y el hombre es hallado a Su imagen.

Pensamientos embrionarios pecaminosos

Lo que se denomina enfermedad no existe. No es ni mente ni materia. La creencia de pecado, la cual se ha hecho terrible en fuerza e influencia, es un error inconsciente al comienzo, un pensamiento embrionario sin motivo; pero después gobierna al así llamado hombre. Pasiones, apetitos depravados, deshonestidad, envidia, odio, venganza, maduran y derivan en acciones, sólo para pasar de la vergüenza y la congoja a su castigo final.

La enfermedad es un sueño

La existencia mortal es un sueño de dolor y placer en la materia, un sueño de pecado, enfermedad y muerte; y es como el sueño que tenemos cuando dormimos, en el cual cada uno reconoce que su condición es enteramente un estado mental. Tanto en el sueño despierto como en el dormido, el soñador piensa que su cuerpo es material y que el sufrimiento está en ese cuerpo.

La sonrisa del que duerme indica la sensación producida físicamente por el placer de un sueño. Del mismo modo, el dolor y el placer, la enfermedad y la ansiedad, son trazados en los mortales por señales inequívocas.

La enfermedad es un producto del error que surge de la ignorancia o del temor mortales. El error ensaya el error. Lo que causa la enfermedad no puede curarla. La tierra de cultivo de la enfermedad es la mente mortal, y tienes una abundante o escasa cosecha de enfermedades, de acuerdo con las semillas de temor. El pecado y el temor a la enfermedad deben ser desarraigados y echados fuera.

El sentido cede a la comprensión

Cuando la oscuridad cubre la tierra, los sentidos físicos no tienen evidencia inmediata del sol. Los ojos humanos no saben dónde está el astro del día, ni si existe. La astronomía da la información deseada respecto al sol. Los sentidos humanos o materiales ceden a material senses yield to the authority of this science, and they are willing to leave with astronomy the explanation of the sun's influence over the earth. If the eyes see no sun for a week, we still believe that there is solar light and heat. Science (in this instance named natural) raises the human thought above the cruder theories of the human mind, and casts out a fear.

In like manner mortals should no more deny the power of Christian Science to establish harmony and to explain the effect of mortal mind on the body, though the cause be unseen, than they should deny the existence of the sunlight when the orb of day disappears, or doubt that the sun will reappear. The sins of others should not make good men suffer.

Ascending the scale

We call the body material; but it is as truly mortal mind, according to its degree, as is the material brain which is supposed to furnish the evidence of all mortal thought or things. The human mortal mind, by an inevitable perversion, makes all things start from the lowest instead of from the highest mortal thought. The reverse is the case with all the formations of the immortal divine Mind. They proceed from the divine source; and so, in tracing them, we constantly ascend in infinite being.

Human reproduction

From mortal mind comes the reproduction of the species, — first the belief of inanimate, and then of animate matter. According to mortal thought, the development of embryonic mortal mind commences in the lower, basal portion of the brain, and goes on in an ascending scale by evolution, keeping always in the direct line of matter, for matter is the subjective condition of mortal mind.

la autoridad de esta ciencia, y están dispuestos a dejar a la astronomía la explicación de la influencia del sol sobre la tierra. Si los ojos no ven el sol durante una semana, aún creemos que existen la luz y el calor solares. La ciencia (en este caso llamada natural) eleva el pensamiento humano por encima de las teorías más rudimentarias de la mente humana, y echa fuera un temor.

De igual manera los mortales no debieran negar el poder de la Ciencia Cristiana para establecer la armonía y explicar el efecto de la mente mortal sobre el cuerpo, aunque no se vea la causa, como tampoco debieran negar la existencia de la luz solar cuando el astro diurno desaparece, o dudar que el sol ha de reaparecer. Los pecados ajenos no debieran hacer sufrir a los hombres buenos.

Ascendiendo la escala

Llamamos material al cuerpo; pero es tan ciertamente la mente mortal, de acuerdo con su grado, como lo es el cerebro material, el cual se supone que proporciona la evidencia de todos los pensamientos o cosas mortales. La mente mortal humana, por una perversión inevitable, hace que todas las cosas partan desde el pensamiento mortal más bajo en lugar del más elevado. Lo reverso es el caso con todas las formaciones de la Mente divina inmortal. Ellas proceden de la fuente divina; y por eso, al investigarlas, ascendemos constantemente en el ser infinito.

La reproducción humana

De la mente mortal proviene la reproducción de la especie humana, primero la creencia en la materia inanimada, y después en la animada. Según el pensamiento mortal, el desarrollo de la mente mortal embrionaria comienza en la parte inferior y basal del cerebro, y por evolución continúa en una escala ascendente, manteniéndose siempre en la línea directa de la materia, porque la materia es la condición subjetiva de la mente mortal.

Next we have the formation of so-called embryonic mortal mind, afterwards mortal men or mortals, — all this while matter is a belief, ignorant of itself, ignorant of what it is supposed to produce. The mortal says that an inanimate unconscious seedling is producing mortals, both body and mind; and yet neither a mortal mind nor the immortal Mind is found in brain or elsewhere in matter or in mortals.

Human stature

This embryonic and materialistic human belief called mortal man in turn fills itself with thoughts of pain and pleasure, of life and death, and arranges itself into five so-called senses, which presently measure mind by the size of a brain and the bulk of a body, called man.

Human frailty

Human birth, growth, maturity, and decay are as the grass springing from the soil with beautiful green blades, afterwards to wither and return to its native nothingness. This mortal seeming is temporal; it never merges into immortal being, but finally disappears, and immortal man, spiritual and eternal, is found to be the real man.

The Hebrew bard, swayed by mortal thoughts, thus swept his lyre with saddening strains on human existence:

> As for man, his days are as grass:
> As a flower of the field, so he flourisheth.
> For the wind passeth over it, and it is gone;
> And the place thereof shall know it no more.

When hope rose higher in the human heart, he sang:

> As for me, I will behold Thy face in righteousness:
> I shall be satisfied, when I awake, with Thy likeness.
> . . . .
> For with Thee is the fountain of life;
> In Thy light shall we see light.

Luego tenemos la formación de la así llamada mente mortal embrionaria, después los hombres mortales o los mortales, todo esto pese a que la materia es una creencia, ignorante de sí misma, ignorante de lo que se supone que produce. El mortal dice que un germen inconsciente e inanimado está produciendo mortales, tanto el cuerpo como la mente; y sin embargo, ni una mente mortal ni la Mente inmortal es hallada en el cerebro o en otra parte de la materia o en los mortales.

La estatura humana

Esta creencia humana embrionaria y materialista, llamada hombre mortal, a su vez se llena a sí misma con pensamientos de dolor y placer, de vida y muerte, y se organiza a sí misma en cinco así llamados sentidos, los cuales muy pronto miden la mente por el tamaño de un cerebro y el volumen de un cuerpo, denominado hombre.

La fragilidad humana

El nacimiento, el crecimiento, la madurez y el deterioro humanos son como la hierba que brota de la tierra con bellas hojas verdes, para después marchitarse y volver a su nada nativa. Esta apariencia mortal es temporal; nunca se une con el ser inmortal, sino que finalmente desaparece, y se encuentra que el hombre inmortal, espiritual y eterno, es el hombre verdadero.

El bardo hebreo, influenciado por los pensamientos mortales, pulsó así su lira con aires melancólicos sobre la existencia humana:

> El hombre, como la hierba son sus días;
> Florece como la flor del campo,
> Que pasó el viento por ella, y pereció,
> Y su lugar no la conocerá más.

Cuando la esperanza se elevó más alto en el corazón humano, él cantó:

> En cuanto a mí, veré Tu rostro en justicia;
> Estaré satisfecho cuando despierte a Tu semejanza.
> . . . .
> Porque contigo está el manantial de la vida;
> En Tu luz veremos la luz.

The brain can give no idea of God's man. It can take no cognizance of Mind. Matter is not the organ of infinite Mind.

As mortals give up the delusion that there is more than one Mind, more than one God, man in God's likeness will appear, and this eternal man will include in that likeness no material element.

The immortal birth

As a material, theoretical life-basis is found to be a misapprehension of existence, the spiritual and divine Principle of man dawns upon human thought, and leads it to "where the young child was," — even to the birth of a new-old idea, to the spiritual sense of being and of what Life includes. Thus the whole earth will be transformed by Truth on its pinions of light, chasing away the darkness of error.

Spiritual freedom

The human thought must free itself from self-imposed materiality and bondage. It should no longer ask of the head, heart, or lungs: What are man's prospects for life? Mind is not helpless. Intelligence is not mute before non-intelligence.

By its own volition, not a blade of grass springs up, not a spray buds within the vale, not a leaf unfolds its fair outlines, not a flower starts from its cloistered cell.

The Science of being reveals man and immortality as based on Spirit. Physical sense defines mortal man as based on matter, and from this premise infers the mortality of the body.

No physical affinity

The illusive senses may fancy affinities with their opposites; but in Christian Science, Truth never mingles with error. Mind has no affinity with matter, and therefore Truth is able to cast out the ills of the flesh. Mind, God, sends forth the aroma of Spirit,

El cerebro no puede dar ninguna idea del hombre de Dios. No puede tener conocimiento de la Mente. La materia no es el órgano de la Mente infinita.

A medida que los mortales renuncien a la ilusión de que hay más de una Mente, más de un Dios, el hombre a semejanza de Dios aparecerá, y este hombre eterno no incluirá en esa semejanza elemento material alguno.

El nacimiento inmortal

A medida que se encuentra que una base de vida material y teórica es una comprensión equivocada de la existencia, el Principio espiritual y divino del hombre alborea en el pensamiento humano, y lo guía "donde estaba el niño", es decir, al nacimiento de una idea antigua y nueva a la vez, al sentido espiritual del ser y de lo que la Vida incluye. Así toda la tierra será transformada por la Verdad en sus alas de luz, ahuyentando las tinieblas del error.

Libertad espiritual

El pensamiento humano tiene que liberarse de la materialidad y esclavitud que se ha impuesto a sí mismo. No se debiera preguntar más a la cabeza, al corazón o a los pulmones: ¿Qué perspectivas de vida tiene el hombre? La Mente no está indefensa. La inteligencia no enmudece ante lo carente de inteligencia.

Por su propia volición, ni una brizna de hierba brota, ni un vástago retoña en el valle, ni una hoja despliega sus lindas formas, ni una flor surge de su celda enclaustrada.

La Ciencia del ser revela al hombre y la inmortalidad como basados en el Espíritu. El sentido físico define al hombre mortal como basado en la materia, y desde esta premisa infiere la mortalidad del cuerpo.

Ninguna afinidad física

Los sentidos ilusorios tal vez imaginen afinidades con sus opuestos; pero en la Ciencia Cristiana, la Verdad jamás se mezcla con el error. La Mente no tiene ninguna afinidad con la materia y por consiguiente, la Verdad es capaz de echar fuera los males de la carne. La Mente, Dios, exhala el aroma del Espíritu, the atmosphere of intelligence. The belief that a pulpy substance under the skull is mind is a mockery of intelligence, a mimicry of Mind.

We are Christian Scientists, only as we quit our reliance upon that which is false and grasp the true. We are not Christian Scientists until we leave all for Christ. Human opinions are not spiritual. They come from the hearing of the ear, from corporeality instead of from Principle, and from the mortal instead of from the immortal. Spirit is not separate from God. Spirit *is* God.

Human power a blind force

Erring power is a material belief, a blind miscalled force, the offspring of will and not of wisdom, of the mortal mind and not of the immortal. It is the headlong cataract, the devouring flame, the tempest's breath. It is lightning and hurricane, all that is selfish, wicked, dishonest, and impure.

The one real power

Moral and spiritual might belong to Spirit, who holds the "wind in His fists;" and this teaching accords with Science and harmony. In Science, you can have no power opposed to God, and the physical senses must give up their false testimony. Your influence for good depends upon the weight you throw into the right scale. The good you do and embody gives you the only power obtainable. Evil is not power. It is a mockery of strength, which erelong betrays its weakness and falls, never to rise.

We walk in the footsteps of Truth and Love by following the example of our Master in the understanding of divine metaphysics. Christianity is the basis of true healing. Whatever holds human thought in line with unselfed love, receives directly the divine power.

I was called to visit Mr. Clark in Lynn, who had been

la atmósfera de la inteligencia. La creencia de que una sustancia pastosa dentro del cráneo es la mente es un escarnio a la inteligencia, un remedo de la Mente.

Somos Científicos Cristianos sólo a medida que abandonamos nuestra confianza en lo que es falso y captamos lo verdadero. No somos Científicos Cristianos hasta que dejamos todo por el Cristo. Las opiniones humanas no son espirituales. Proceden de lo que oyen los oídos, de la corporalidad en lugar del Principio, y de lo mortal en lugar de lo inmortal. El Espíritu no está separado de Dios. El Espíritu *es* Dios.

El poder humano, una fuerza ciega

El poder que yerra es una creencia material, una mal llamada fuerza que es ciega, el vástago de la voluntad y no de la sabiduría, de la mente mortal y no de la inmortal. Es la catarata turbulenta, la llama devoradora, el soplo de la tempestad. Es el relámpago y el huracán, todo lo que es egoísta, malvado, deshonesto e impuro.

El único poder verdadero

El poder moral y el espiritual pertenecen al Espíritu, quien mantiene "los vientos en Sus puños"; y esta enseñanza concuerda con la Ciencia y la armonía. En la Ciencia, no puedes tener ningún poder opuesto a Dios, y los sentidos físicos tienen que renunciar a su falso testimonio. Tu influencia a favor del bien depende del peso que eches en el platillo correcto de la balanza. El bien que haces e incorporas te da el único poder obtenible. El mal no es poder. Es un escarnio a la fuerza, que muy pronto delata su debilidad y cae, para jamás levantarse.

Andamos en las huellas de la Verdad y el Amor al seguir el ejemplo de nuestro Maestro en la comprensión de la metafísica divina. El cristianismo es la base de la curación verdadera. Todo lo que mantiene el pensamiento humano en línea con el amor abnegado recibe directamente el poder divino.

Fui llamada a visitar al señor Clark en Lynn, quien había

confined to his bed six months with hip-disease, caused by a fall upon a wooden spike when quite a boy. On entering the house I met his physician, who said that the patient was dying. The physician had just probed the ulcer on the hip, and said the bone was carious for several inches. He even showed me the probe, which had on it the evidence of this condition of the bone. The doctor went out. Mr. Clark lay with his eyes fixed and sightless. The dew of death was on his brow. I went to his bedside. In a few moments his face changed; its death-pallor gave place to a natural hue. The eyelids closed gently and the breathing became natural; he was asleep. In about ten minutes he opened his eyes and said: "I feel like a new man. My suffering is all gone." It was between three and four o'clock in the afternoon when this took place.

Mind cures hip-disease

I told him to rise, dress himself, and take supper with his family. He did so. The next day I saw him in the yard. Since then I have not seen him, but am informed that he went to work in two weeks. The discharge from the sore stopped, and the sore was healed. The diseased condition had continued there ever since the injury was received in boyhood.

Since his recovery I have been informed that his physician claims to have cured him, and that his mother has been threatened with incarceration in an insane asylum for saying: "It was none other than God and that woman who healed him." I cannot attest the truth of that report, but what I saw and did for that man, and what his physician said of the case, occurred just as I have narrated.

It has been demonstrated to me that Life is God

La Mente sana una enfermedad de la cadera

estado postrado en cama seis meses con una enfermedad de la cadera, causada por una caída sobre una estaca cuando era muy niño. Al entrar en la casa me encontré con su médico, quien me dijo que el paciente se estaba muriendo. El médico acababa de sondar la úlcera en la cadera, y dijo que el hueso tenía una caries de varios centímetros. Hasta me mostró la sonda, la cual evidenciaba la condición del hueso. El doctor salió. El señor Clark yacía con los ojos fijos y sin vista. El sudor de la muerte humedecía su frente. Me acerqué a su cama. En unos pocos momentos su semblante cambió; la palidez de la muerte dio paso a un color normal. Los párpados se cerraron suavemente y la respiración se hizo natural; estaba dormido. Como a los diez minutos abrió los ojos y dijo: “Me siento como un hombre nuevo. Mi sufrimiento ha desaparecido por completo”. Era entre las tres y las cuatro de la tarde cuando esto tuvo lugar.

Le dije que se levantara, se vistiera y cenara con su familia. Así lo hizo. Al día siguiente lo vi en su jardín. Desde entonces no lo he visto, pero se me ha informado que a las dos semanas volvió al trabajo. La supuración de la llaga cesó, y la llaga fue sanada. La condición enfermiza había sido continua desde que se lastimó de niño.

Desde que se restableció, he sido informada que su médico alega haberlo curado, y que su madre ha sido amenazada con reclusión en un manicomio por decir: “No fue ningún otro sino Dios y esa mujer quienes lo sanaron”. No puedo confirmar la verdad de ese informe, pero lo que vi e hice por ese hombre, y lo que su médico dijo del caso, ocurrió tal como lo he narrado.

Me ha sido demostrado que la Vida es Dios y que el poder

and that the might of omnipotent Spirit shares not its strength with matter or with human will. Reviewing this brief experience, I cannot fail to discern the coincidence of the spiritual idea of man with the divine Mind.

Change of belief

A change in human belief changes all the physical symptoms, and determines a case for better or for worse. When one's false belief is corrected, Truth sends a report of health over the body.

Destruction of the auditory nerve and paralysis of the optic nerve are not necessary to ensure deafness and blindness; for if mortal mind says, "I am deaf and blind," it will be so without an injured nerve. Every theory opposed to this fact (as I learned in metaphysics) would presuppose man, who is immortal in spiritual understanding, a mortal in material belief.

Power of habit

The authentic history of Kaspar Hauser is a useful hint as to the frailty and inadequacy of mortal mind. It proves beyond a doubt that education constitutes this so-called mind, and that, in turn, mortal mind manifests itself in the body by the false sense it imparts. Incarcerated in a dungeon, where neither sight nor sound could reach him, at the age of seventeen Kaspar was still a mental infant, crying and chattering with no more intelligence than a babe, and realizing Tennyson's description:

> An infant crying in the night,
> An infant crying for the light,
> And with no language but a cry.

His case proves material sense to be but a belief formed by education alone. The light which affords us joy gave del Espíritu omnipotente no comparte su fuerza con la materia o con la voluntad humana. Recapacitando sobre esta breve experiencia, no puedo dejar de percibir la coincidencia de la idea espiritual del hombre con la Mente divina.

Cambio de creencia

Un cambio en la creencia humana cambia todos los síntomas físicos y determina que un caso mejore o empeore. Cuando la creencia falsa de uno es corregida, la Verdad envía un informe de salud por todo el cuerpo.

La destrucción del nervio auditivo y la parálisis del nervio óptico no son necesarias para asegurar la sordera y la ceguera; pues si la mente mortal dice: "Estoy sorda y ciega", lo estará, sin un nervio lesionado. Toda teoría opuesta a este hecho (según aprendí en la metafísica) presupondría que el hombre, quien es inmortal en la comprensión espiritual, es un mortal en la creencia material.

La fuerza de la costumbre

La historia auténtica de Kaspar Hauser es una indicación útil sobre la fragilidad e inadecuación de la mente mortal. Comprueba, fuera de toda duda, que la educación constituye esta así llamada mente, y que, a su vez, la mente mortal se manifiesta a sí misma en el cuerpo mediante el falso sentido que imparte. Encarcelado en una mazmorra, donde ni luz ni sonido podían llegarle, Kaspar tenía a la edad de diecisiete años todavía la mentalidad de una criatura, llorando y parloteando sin más inteligencia que un bebé, e ilustrando la descripción de Tennyson:

> Una criatura llorando en la noche,
> una criatura llorando por la luz,
> y sin más lenguaje que un llanto.

Su caso comprueba que el sentido material es sólo una creencia formada por la educación sola. La luz que nos alegra him a belief of intense pain. His eyes were inflamed by the light. After the babbling boy had been taught to speak a few words, he asked to be taken back to his dungeon, and said that he should never be happy elsewhere. Outside of dismal darkness and cold silence he found no peace. Every sound convulsed him with anguish. All that he ate, except his black crust, produced violent retchings. All that gives pleasure to our educated senses gave him pain through those very senses, trained in an opposite direction.

Useful knowledge

The point for each one to decide is, whether it is mortal mind or immortal Mind that is causative. We should forsake the basis of matter for metaphysical Science and its divine Principle.

Whatever furnishes the semblance of an idea governed by its Principle, furnishes food for thought. Through astronomy, natural history, chemistry, music, mathematics, thought passes naturally from effect back to cause.

Academics of the right sort are requisite. Observation, invention, study, and original thought are expansive and should promote the growth of mortal mind out of itself, out of all that is mortal.

It is the tangled barbarisms of learning which we deplore, — the mere dogma, the speculative theory, the nauseous fiction. Novels, remarkable only for their exaggerated pictures, impossible ideals, and specimens of depravity, fill our young readers with wrong tastes and sentiments. Literary commercialism is lowering the intellectual standard to accommodate the purse and to meet a frivolous demand for amusement instead of for improvement. Incorrect views lower the standard of truth.

le causaba a él una creencia de dolor intenso. Los ojos se le inflamaban con la luz. Después que al balbuceante muchacho se le enseñó a decir unas pocas palabras, pidió que lo llevaran otra vez a su mazmorra y dijo que jamás sería feliz en otra parte. Fuera de la tétrica oscuridad y el frío silencio no encontraba paz. Todo sonido lo convulsionaba de angustia. Todo lo que comía, excepto su pan negro, le producía vómitos violentos. Todo lo que a nuestros sentidos educados les da placer, a él le causaba dolor por medio de esos mismos sentidos entrenados en una dirección opuesta.

Conocimientos útiles

El punto que cada uno debe decidir es, si es la mente mortal o la Mente inmortal la causativa. Debiéramos abandonar la base de la materia por la Ciencia metafísica y su Principio divino.

Todo lo que proporciona la semblanza de una idea gobernada por su Principio nos incita a pensar. Por medio de la astronomía, la historia natural, la química, la música, la matemática, el pensamiento pasa naturalmente del efecto de vuelta a la causa.

Los estudios académicos apropiados son necesarios. La observación, la inventiva, el estudio y el pensamiento original son expansivos y debieran promover el crecimiento de la mente mortal fuera de sí misma, fuera de todo lo que es mortal.

Es la maraña de barbarismos de la enseñanza lo que deploramos, el mero dogma, la teoría especulativa, la ficción nauseabunda. Las novelas, notables sólo por sus cuadros exagerados, ideales imposibles y ejemplos de depravación, llenan a nuestros jóvenes lectores con gustos y sentimientos equivocados. El comercialismo literario está rebajando el estándar intelectual para conformar el bolsillo y satisfacer una frívola demanda de diversión en vez de una de superación. Los puntos de vista incorrectos rebajan el estándar de la verdad.

If materialistic knowledge is power, it is not wisdom. It is but a blind force. Man has "sought out many inventions," but he has not yet found it true that knowledge can save him from the dire effects of knowledge. The power of mortal mind over its own body is little understood.

Sin destroyed through suffering

Better the suffering which awakens mortal mind from its fleshly dream, than the false pleasures which tend to perpetuate this dream. Sin alone brings death, for sin is the only element of destruction.

"Fear him which is able to destroy both soul and body in hell," said Jesus. A careful study of this text shows that here the word *soul* means a false sense or material consciousness. The command was a warning to beware, not of Rome, Satan, nor of God, but of sin. Sickness, sin, and death are not concomitants of Life or Truth. No law supports them. They have no relation to God wherewith to establish their power. Sin makes its own hell, and goodness its own heaven.

Dangerous shoals avoided

Such books as will rule disease out of mortal mind,— and so efface the images and thoughts of disease, instead of impressing them with forcible descriptions and medical details,—will help to abate sickness and to destroy it.

Many a hopeless case of disease is induced by a single *post mortem* examination,—not from infection nor from contact with material virus, but from the fear of the disease and from the image brought before the mind; it is a mental state, which is afterwards outlined on the body.

The press unwittingly sends forth many sorrows and diseases among the human family. It does this by giv-

Si el conocimiento materialista es poder, no es sabiduría. No es más que una fuerza ciega. El hombre ha buscado “muchas perversiones”, mas todavía no ha encontrado que es verdad que el conocimiento puede salvarlo de los terribles efectos del conocimiento. El poder de la mente mortal sobre su propio cuerpo es poco comprendido.

El pecado destruido mediante el sufrimiento

Es mejor el sufrimiento que despierta la mente mortal de su sueño carnal, que los falsos placeres que tienden a perpetuar este sueño. Sólo el pecado trae la muerte, pues el pecado es el único elemento de destrucción.

“Temed... a aquel que puede destruir el alma y el cuerpo en el infierno”, dijo Jesús. Un estudio cuidadoso de este texto muestra que aquí la palabra *alma* significa un sentido falso o consciencia material. El mandato fue una advertencia para guardarse, no de Roma, Satanás ni de Dios, sino del pecado. La enfermedad, el pecado y la muerte no son concomitantes de la Vida o la Verdad. Ninguna ley los apoya. No tienen ninguna relación con Dios con la cual establecer su poder. El pecado hace su propio infierno, y la bondad su propio cielo.

Bajíos peligrosos evitados

Los libros que eliminan de la mente mortal la enfermedad —y borran así las imágenes y los pensamientos de enfermedad, en lugar de grabarlos con descripciones contundentes y detalles médicos— ayudarán a disminuir la enfermedad y a destruirla.

Más de un caso irremediable de enfermedad es inducido por un solo examen *post mórtem,* no por infección ni por contacto con un virus material, sino por el temor a la enfermedad y por la imagen presentada ante la mente; es un estado mental, que luego es delineado en el cuerpo.

La prensa sin darse cuenta propaga muchos pesares y enfermedades entre la familia humana. Esto lo hace al dar ing names to diseases and by printing long descriptions which mirror images of disease distinctly in thought. A new name for an ailment affects people like a Parisian name for a novel garment. Every one hastens to get it. A minutely described disease costs many a man his earthly days of comfort. What a price for human knowledge! But the price does not exceed the original cost. God said of the tree of knowledge, which bears the fruit of sin, disease, and death, "In the day that thou eatest thereof thou shalt surely die."

Pangs caused by the press

Higher standard for mortals

The less that is said of physical structure and laws, and the more that is thought and said about moral and spiritual law, the higher will be the standard of living and the farther mortals will be removed from imbecility or disease.

We should master fear, instead of cultivating it. It was the ignorance of our forefathers in the departments of knowledge now broadcast in the earth, that made them hardier than our trained physiologists, more honest than our sleek politicians.

Diet and dyspepsia

We are told that the simple food our forefathers ate helped to make them healthy, but that is a mistake. Their diet would not cure dyspepsia at this period. With rules of health in the head and the most digestible food in the stomach, there would still be dyspeptics. Many of the effeminate constitutions of our time will never grow robust until individual opinions improve and mortal belief loses some portion of its error.

The doctor's mind reaches that of his patient. The doctor should suppress his fear of disease, else his belief in its reality and fatality will harm his patients even more

Congojas causadas por la prensa

nombres a las enfermedades y al publicar largas descripciones que reflejan nítidamente imágenes de enfermedad en el pensamiento. Un nombre nuevo para una dolencia afecta a la gente como un nombre parisiense para una vestimenta de moda. Todos se apresuran a obtenerla. La descripción minuciosa de una enfermedad les cuesta a muchos el bienestar de sus días terrenales. ¡Qué precio por el conocimiento humano! Pero el precio no excede el costo original. Dios dijo del árbol del conocimiento, que produce el fruto del pecado, la enfermedad y la muerte: “El día que de él comieres, ciertamente morirás”.

Estándares más elevados para los mortales

Cuanto menos se diga de la estructura y de las leyes físicas, y más se piense y se diga acerca de la ley moral y espiritual, más elevado será el estándar de vida y más serán alejados los mortales de la imbecilidad o de la enfermedad.

Debiéramos dominar el temor en vez de cultivarlo. Fue la ignorancia de nuestros antepasados en el área de los conocimientos, ahora difundidos en la tierra, lo que los hizo más resistentes que nuestros diestros fisiólogos, más honestos que nuestros melifluos políticos.

Dieta y dispepsia

Se nos dice que el alimento simple que comían nuestros antepasados los ayudaba a mantenerse saludables, pero eso es un error. Su dieta no curaría la dispepsia en esta época. Con reglas de salud en la cabeza y los alimentos más digeribles en el estómago, aún así habría dispépticos. Muchas de las constituciones físicas endebles de nuestros días jamás se robustecerán hasta que las opiniones individuales mejoren y la creencia mortal pierda alguna parte de su error.

La mente del doctor llega a la de su paciente. El doctor debiera reprimir su temor a la enfermedad, o su creencia en la realidad y la fatalidad de esta dañará a sus pacientes aun más

Harm done by physicians

than his calomel and morphine, for the higher stratum of mortal mind has in belief more power to harm man than the substratum, matter. A patient hears the doctor's verdict as a criminal hears his death-sentence. The patient may seem calm under it, but he is not. His fortitude may sustain him, but his fear, which has already developed the disease that is gaining the mastery, is increased by the physician's words.

Disease depicted

The materialistic doctor, though humane, is an artist who outlines his thought relative to disease, and then fills in his delineations with sketches from text-books. It is better to prevent disease from forming in mortal mind afterwards to appear on the body; but to do this requires attention. The thought of disease is formed before one sees a doctor and before the doctor undertakes to dispel it by a counter-irritant, — perhaps by a blister, by the application of caustic or croton oil, or by a surgical operation. Again, giving another direction to faith, the physician prescribes drugs, until the elasticity of mortal thought haply causes a vigorous reaction upon itself, and reproduces a picture of healthy and harmonious formations.

A patient's belief is more or less moulded and formed by his doctor's belief in the case, even though the doctor says nothing to support his theory. His thoughts and his patient's commingle, and the stronger thoughts rule the weaker. Hence the importance that doctors be Christian Scientists.

Mind over matter

Because the muscles of the blacksmith's arm are strongly developed, it does not follow that exercise has produced this result or that a less used arm must be weak. If matter were the cause que su calomel y su morfina, pues el estrato más elevado de la mente mortal tiene en creencia más poder para dañar al hombre que el sustrato, la materia. Un paciente escucha el fallo del doctor como un criminal escucha su sentencia de muerte. El paciente puede parecer calmado ante esto, pero no lo está. Su entereza quizás lo sostenga, pero su temor, que ya ha desarrollado la enfermedad que está ganando el dominio, es aumentado por las palabras del médico.

Daño causado por los médicos

El doctor materialista, aunque humanitario, es un artista que delinea su pensamiento relativo a la enfermedad, y luego completa sus dibujos con diseños de los libros de texto. Es mejor evitar que se forme la enfermedad en la mente mortal y que después aparezca en el cuerpo; pero hacer esto requiere atención. El pensamiento de enfermedad es formado antes que uno vea a un doctor y antes que el doctor se disponga a disiparla mediante un contrairritante, quizás mediante un emplasto, mediante la aplicación de un cáustico o aceite de ricino, o mediante una operación quirúrgica. Por otra parte, dando otra dirección a la fe, el médico prescribe medicamentos, hasta que la elasticidad del pensamiento mortal fortuitamente causa una vigorosa reacción sobre sí mismo, y reproduce un cuadro de formaciones saludables y armoniosas.

La enfermedad retratada

La creencia del paciente es más o menos moldeada y formada por la creencia de su doctor en el caso, aunque el doctor no diga nada para apoyar su teoría. Sus pensamientos y los de su paciente se entremezclan, y los pensamientos más fuertes dominan los más débiles. De ahí la importancia de que los doctores sean Científicos Cristianos.

Si bien los músculos del herrero están sumamente desarrollados, no se deduce que el ejercicio ha producido este resultado o que el brazo que se usa menos tiene que ser débil. Si la materia fuese la causa

La mente sobre la materia

of action, and if muscles, without volition of mortal mind, could lift the hammer and strike the anvil, it might be thought true that hammering would enlarge the muscles. The trip-hammer is not increased in size by exercise. Why not, since muscles are as material as wood and iron? Because nobody believes that mind is producing such a result on the hammer.

Muscles are not self-acting. If mind does not move them, they are motionless. Hence the great fact that Mind alone enlarges and empowers man through its mandate, — by reason of its demand for and supply of power. Not because of muscular exercise, but by reason of the blacksmith's faith in exercise, his arm becomes stronger.

Latent fear subdued

Mortals develop their own bodies or make them sick, according as they influence them through mortal mind. To know whether this development is produced consciously or unconsciously, is of less importance than a knowledge of the fact. The feats of the gymnast prove that latent mental fears are subdued by him. The devotion of thought to an honest achievement makes the achievement possible. Exceptions only confirm this rule, proving that failure is occasioned by a too feeble faith.

Had Blondin believed it impossible to walk the rope over Niagara's abyss of waters, he could never have done it. His belief that he could do it gave his thought-forces, called muscles, their flexibility and power which the unscientific might attribute to a lubricating oil. His fear must have disappeared before his power of putting resolve into action could appear.

When Homer sang of the Grecian gods, Olympus was

de la acción, y si los músculos, sin la volición de la mente mortal, pudieran levantar el martillo y golpear el yunque, podría creerse que es cierto que el martilleo desarrolla los músculos. El martinete no aumenta de tamaño por el ejercicio. ¿Por qué no, ya que los músculos son tan materiales como la madera y el hierro? Porque nadie cree que la mente está produciendo tal resultado en el martillo.

Los músculos no obran por sí mismos. Si la mente no los mueve, están inmóviles. De ahí la gran verdad de que la Mente sola desarrolla y fortalece al hombre por medio de su mandato, en razón de que ella exige poder y lo proporciona. No es debido al ejercicio muscular, sino por causa de la fe del herrero en el ejercicio, que su brazo se vuelve más fuerte.

Temor latente dominado

Los mortales desarrollan sus propios cuerpos o los enferman, según los influencien mediante la mente mortal. Saber si este desarrollo es producido consciente o inconscientemente es de menor importancia que un conocimiento del hecho. Las proezas del gimnasta comprueban que ha dominado latentes temores mentales. La devoción del pensamiento a un logro honesto hace el logro posible. Las excepciones sólo confirman esta regla, comprobando que el fracaso es ocasionado por una fe demasiado débil.

Si Blondin hubiese creído que era imposible caminar por la cuerda sobre los abismos de agua del Niágara, jamás podría haberlo hecho. Su creencia de que podía hacerlo dio a sus fuerzas-pensamiento, llamadas músculos, la flexibilidad y el poder que el no científico pudiera atribuir a un aceite lubricante. Su temor debe haber desaparecido antes que su poder de llevar a cabo su resolución pudiera aparecer.

Cuando Homero cantaba acerca de los dioses griegos, el

dark, but through his verse the gods became alive in a nation's belief. Pagan worship began with muscularity, but the law of Sinai lifted thought into the song of David. Moses advanced a nation to the worship of God in Spirit instead of matter, and illustrated the grand human capacities of being bestowed by immortal Mind.

Homer and Moses

Whoever is incompetent to explain Soul would be wise not to undertake the explanation of body. Life is, always has been, and ever will be independent of matter; for Life is God, and man is the idea of God, not formed materially but spiritually, and not subject to decay and dust. The Psalmist said: "Thou madest him to have dominion over the works of Thy hands. Thou hast put all things under his feet."

A mortal not man

The great truth in the Science of being, that the real man was, is, and ever shall be perfect, is incontrovertible; for if man is the image, reflection, of God, he is neither inverted nor subverted, but upright and Godlike.

The suppositional antipode of divine infinite Spirit is the so-called human soul or spirit, in other words the five senses, — the flesh that warreth against Spirit. These so-called material senses must yield to the infinite Spirit, named God.

St. Paul said: "For I determined not to know anything among you, save Jesus Christ, and him crucified." (I Cor. ii. 2.) Christian Science says: I am determined not to know anything among you, save Jesus Christ, and him glorified.

Homero y Moisés

Olimpo estaba a oscuras, pero mediante sus versos los dioses adquirieron vida en la creencia de una nación. La adoración pagana empezó con la musculatura, pero la ley del Sinaí elevó el pensamiento al cántico de David. Moisés hizo avanzar una nación a la adoración de Dios en Espíritu en vez de materia, e ilustró las grandes capacidades humanas del ser concedidas por la Mente inmortal.

Un mortal no es el hombre

Quienquiera que sea incompetente para explicar el Alma haría bien en no emprender la explicación del cuerpo. La Vida es, siempre ha sido, y siempre será independiente de la materia; pues la Vida es Dios, y el hombre es la idea de Dios, no formado materialmente, sino espiritualmente, y no sujeto a la descomposición y al polvo. El Salmista dijo: “Le hiciste señorear sobre las obras de Tus manos; todo lo pusiste debajo de sus pies”.

La gran verdad en la Ciencia del ser de que el hombre verdadero era, es, y siempre será perfecto, es incontrovertible; pues si el hombre es la imagen, el reflejo, de Dios, no está invertido ni subvertido, sino que es recto y semejante a Dios.

El supuesto antípoda del Espíritu divino e infinito es lo así llamado alma o espíritu humanos, en otras palabras, los cinco sentidos, la carne que lucha contra el Espíritu. Estos así llamados sentidos materiales tienen que ceder al Espíritu infinito, denominado Dios.

San Pablo dijo: “Pues me propuse no saber entre vosotros cosa alguna sino a Jesucristo, y a este crucificado” (1 Cor. 2:2). La Ciencia Cristiana dice: Me propongo no saber entre vosotros cosa alguna sino a Jesucristo, y a este glorificado.

Chapter 8

Footsteps of Truth

Remember, Lord, the reproach of Thy servants;
how I do bear in my bosom
the reproach of all the mighty people;
wherewith Thine enemies have reproached, O Lord;
wherewith they have reproached
the footsteps of Thine anointed. — PSALMS.

Practical preaching

The best sermon ever preached is Truth practised and demonstrated by the destruction of sin, sickness, and death. Knowing this and knowing too that one affection would be supreme in us and take the lead in our lives, Jesus said, "No man can serve two masters."

We cannot build safely on false foundations. Truth makes a new creature, in whom old things pass away and "all things are become new." Passions, selfishness, false appetites, hatred, fear, all sensuality, yield to spirituality, and the superabundance of being is on the side of God, good.

The uses of truth

We cannot fill vessels already full. They must first be emptied. Let us disrobe error. Then, when the winds of God blow, we shall not hug our tatters close about us.

The way to extract error from mortal mind is to pour in truth through flood-tides of Love. Christian perfection is won on no other basis.

Grafting holiness upon unholiness, supposing that sin

Capítulo 8

Los pasos de la Verdad

Señor, acuérdate del oprobio de Tus siervos;
oprobio de muchos pueblos,
que llevo en mi seno.
Porque Tus enemigos, oh Jehová, han deshonrado,
porque Tus enemigos han deshonrado
los pasos de Tu ungido. — Salmos.

Predicación práctica

El mejor sermón jamás predicado es la Verdad practicada y demostrada mediante la destrucción del pecado, la enfermedad y la muerte. Sabiendo eso y sabiendo también que un único afecto sería supremo en nosotros y dirigiría nuestras vidas, Jesús dijo: “Ninguno puede servir a dos señores”.

No podemos edificar con seguridad sobre fundamentos falsos. La Verdad hace una nueva criatura, en quien las cosas viejas pasan y “todas son hechas nuevas”. Las pasiones, el egoísmo, los falsos apetitos, el odio, el temor, toda sensualidad, ceden a la espiritualidad, y la superabundancia del ser está del lado de Dios, el bien.

Los usos de la verdad

No podemos llenar vasijas que ya están llenas. Primero deben ser vaciadas. Desnudemos el error. Entonces, cuando soplen los vientos de Dios, no nos arrebujaremos con nuestros harapos.

La manera de extraer el error de la mente mortal es verter la verdad mediante inundaciones de Amor. La perfección cristiana no se logra sobre ninguna otra base.

Injertar lo santo en lo profano, suponer que el pecado

can be forgiven when it is not forsaken, is as foolish as straining out gnats and swallowing camels.

The scientific unity which exists between God and man must be wrought out in life-practice, and God's will must be universally done.

Divine study

If men would bring to bear upon the study of the Science of Mind half the faith they bestow upon the so-called pains and pleasures of material sense, they would not go on from bad to worse, until disciplined by the prison and the scaffold; but the whole human family would be redeemed through the merits of Christ, — through the perception and acceptance of Truth. For this glorious result Christian Science lights the torch of spiritual understanding.

Harmonious life-work

Outside of this Science all is mutable; but immortal man, in accord with the divine Principle of his being, God, neither sins, suffers, nor dies. The days of our pilgrimage will multiply instead of diminish, when God's kingdom comes on earth; for the true way leads to Life instead of to death, and earthly experience discloses the finity of error and the infinite capacities of Truth, in which God gives man dominion over all the earth.

Belief and practice

Our beliefs about a Supreme Being contradict the practice growing out of them. Error abounds where Truth should "much more abound." We admit that God has almighty power, is "a very present help in trouble;" and yet we rely on a drug or hypnotism to heal disease, as if senseless matter or erring mortal mind had more power than omnipotent Spirit.

Common opinion admits that a man may take cold in the act of doing good, and that this cold may produce pueda ser perdonado sin que se lo abandone, es tan insensato como colar mosquitos y tragar camellos.

La unidad científica que existe entre Dios y el hombre tiene que ser forjada en la práctica de la vida, y la voluntad de Dios tiene que hacerse universalmente.

Estudio de lo divino

Si los hombres aportaran al estudio de la Ciencia de la Mente la mitad de la fe que conceden a los así llamados dolores y placeres del sentido material, no irían de mal en peor, hasta ser disciplinados con la prisión y el patíbulo; sino que toda la familia humana sería redimida por medio de los méritos del Cristo, por medio de la percepción y la aceptación de la Verdad. Para este glorioso resultado la Ciencia Cristiana enciende la antorcha de la comprensión espiritual.

Armoniosa obra de vida

Fuera de esta Ciencia todo es mutable; mas el hombre inmortal, en concordancia con el Principio divino de su ser, Dios, ni peca ni sufre ni muere. Los días de nuestro peregrinaje se multiplicarán en lugar de disminuir, cuando el reino de Dios venga en la tierra; porque el camino verdadero conduce a la Vida en vez de a la muerte, y la experiencia terrenal revela la naturaleza finita del error y las capacidades infinitas de la Verdad, en las cuales Dios da al hombre señorío sobre toda la tierra.

Creencia y práctica

Nuestras creencias acerca de un Ser Supremo contradicen la práctica que surge de ellas. El error abunda donde la Verdad debiera “sobreabundar”. Admitimos que Dios tiene poder absoluto, es “nuestro pronto auxilio en las tribulaciones”, y sin embargo, confiamos en un medicamento o en el hipnotismo para sanar la enfermedad, como si la materia insensible o la mente mortal que yerra, tuviera más poder que el Espíritu omnipotente.

La opinión común admite que un hombre puede resfriarse al hacer el bien, y que este resfriado puede producir fatal pulmonary disease; as though evil could overbear the law of Love, and check the reward for doing good.

Sure reward of righteousness

In the Science of Christianity, Mind — omnipotence — has all-power, assigns sure rewards to righteousness, and shows that matter can neither heal nor make sick, create nor destroy.

If God were understood instead of being merely believed, this understanding would establish health.

Our belief and understanding

The accusation of the rabbis, "He made himself the Son of God," was really the justification of Jesus, for to the Christian the only true spirit is Godlike. This thought incites to a more exalted worship and self-abnegation. Spiritual perception brings out the possibilities of being, destroys reliance on aught but God, and so makes man the image of his Maker in deed and in truth.

We are prone to believe either in more than one Supreme Ruler or in some power less than God. We imagine that Mind can be imprisoned in a sensuous body. When the material body has gone to ruin, when evil has overtaxed the belief of life in matter and destroyed it, then mortals believe that the deathless Principle, or Soul, escapes from matter and lives on; but this is not true. Death is not a stepping-stone to Life, immortality, and bliss.

Suicide and sin

The so-called sinner is a suicide. Sin kills the sinner and will continue to kill him so long as he sins. The foam and fury of illegitimate living and of fearful and doleful dying should disappear on the shore of time; then the waves of sin, sorrow, and death beat in vain.

God, divine good, does not kill a man in order to give him eternal Life, for God alone is man's life. God is at una enfermedad pulmonar fatal; como si el mal pudiera sojuzgar la ley del Amor e impedir la recompensa por hacer el bien. En la Ciencia del cristianismo, la Mente —la omnipotencia— tiene todo-poder, asigna segura recompensa a la justicia y muestra que la materia no puede sanar ni hacer enfermar, crear ni destruir.

Segura recompensa de la justicia

Si comprendiésemos a Dios en vez de meramente creer en Él, esta comprensión establecería la salud. La acusación de los rabinos: “Se hizo a sí mismo Hijo de Dios”, fue realmente la justificación de Jesús, pues para el cristiano el único espíritu verdadero es semejante a Dios. Este pensamiento incita a una adoración y una abnegación más exaltadas. La percepción espiritual revela las posibilidades del ser, destruye la confianza en todo lo que no sea Dios y así hace al hombre la imagen de su Hacedor de hecho y en verdad.

Nuestra creencia y comprensión

Estamos propensos a creer ya sea en más de un Gobernante Supremo o en algún poder inferior a Dios. Nos imaginamos que la Mente puede ser aprisionada en un cuerpo sensorio. Cuando el cuerpo material se ha desintegrado, cuando el mal ha sobrecargado la creencia de vida en la materia y la ha destruido, entonces los mortales creen que el Principio imperecedero, o Alma, escapa de la materia y sigue viviendo; pero esto no es cierto. La muerte no es una pasadera hacia la Vida, la inmortalidad y la bienaventuranza. El así llamado pecador es un suicida. El pecado mata al pecador y seguirá matándolo en tanto continúe pecando. La espuma y la furia del vivir ilegítimo y del terror y la tristeza del morir debieran desaparecer en las riberas del tiempo; entonces las olas del pecado, del pesar y de la muerte baten en vano.

Suicidio y pecado

Dios, el bien divino, no mata a un hombre con el fin de darle Vida eterna, pues Dios solo es la vida del hombre. Dios once the centre and circumference of being. It is evil that dies; good dies not.

Spirit the only intelligence and substance

All forms of error support the false conclusions that there is more than one Life; that material history is as real and living as spiritual history; that mortal error is as conclusively mental as immortal Truth; and that there are two separate, antagonistic entities and beings, two powers, — namely, Spirit and matter, — resulting in a third person (mortal man) who carries out the delusions of sin, sickness, and death.

The first power is admitted to be good, an intelligence or Mind called God. The so-called second power, evil, is the unlikeness of good. It cannot therefore be mind, though so called. The third power, mortal man, is a supposed mixture of the first and second antagonistic powers, intelligence and non-intelligence, of Spirit and matter.

Unscientific theories

Such theories are evidently erroneous. They can never stand the test of Science. Judging them by their fruits, they are corrupt. When will the ages understand the Ego, and realize only one God, one Mind or intelligence?

False and self-assertive theories have given sinners the notion that they can create what God cannot, — namely, sinful mortals in God's image, thus usurping the name without the nature of the image or reflection of divine Mind; but in Science it can never be said that man has a mind of his own, distinct from God, the *all* Mind.

The belief that God lives in matter is pantheistic. The error, which says that Soul is in body, Mind is in matter, and good is in evil, must unsay it and cease from such es al mismo tiempo el centro y la circunferencia del ser. Es el mal que muere; el bien no muere.

El Espíritu, la única inteligencia y sustancia

Todas las formas del error apoyan las falsas conclusiones de que hay más de una Vida, que la historia material es tan real y viviente como la historia espiritual, que el error mortal es tan definitivamente mental como la Verdad inmortal; y que hay dos entidades y seres separados y antagónicos, dos poderes —a saber, el Espíritu y la materia— que resultan en una tercera persona (el hombre mortal), quien lleva a cabo las ilusiones del pecado, la enfermedad y la muerte.

Se admite que el primer poder es el bien, una inteligencia o Mente denominada Dios. El segundo así llamado poder, el mal, es la desemejanza del bien. No puede, por tanto, ser mente aunque así se lo llame. El tercer poder, el hombre mortal, es una supuesta mezcla del primero y el segundo de esos poderes antagónicos, la inteligencia y la falta de inteligencia, del Espíritu y la materia.

Teorías no científicas

Tales teorías son evidentemente erróneas. No pueden jamás resistir la prueba de la Ciencia. Juzgándolas por sus frutos, son malas. ¿Cuándo comprenderán las épocas el Ego, y se darán cuenta de que no hay más que un único Dios, una única Mente o inteligencia?

Las teorías falsas y que se imponen a sí mismas han dado a los pecadores la noción de que ellos pueden crear lo que Dios no puede, a saber, mortales pecadores a imagen de Dios, así usurpando el nombre sin la naturaleza de la imagen o reflejo de la Mente divina; pero en la Ciencia nunca puede decirse que el hombre tiene una mente propia, distinta de Dios, el *todo* Mente.

La creencia de que Dios vive en la materia es panteísta. El error, que dice que el Alma está en el cuerpo, la Mente está en la materia, y el bien está en el mal, debe desdecir eso y dejar utterances; else God will continue to be hidden from humanity, and mortals will sin without knowing that they are sinning, will lean on matter instead of Spirit, stumble with lameness, drop with drunkenness, consume with disease, — all because of their blindness, their false sense concerning God and man.

Creation perfect

When will the error of believing that there is life in matter, and that sin, sickness, and death are creations of God, be unmasked? When will it be understood that matter has neither intelligence, life, nor sensation, and that the opposite belief is the prolific source of all suffering? God created all through Mind, and made all perfect and eternal. Where then is the necessity for recreation or procreation?

Perceiving the divine image

Befogged in error (the error of believing that matter can be intelligent for good or evil), we can catch clear glimpses of God only as the mists disperse, or as they melt into such thinness that we perceive the divine image in some word or deed which indicates the true idea, — the supremacy and reality of good, the nothingness and unreality of evil.

Redemption from selfishness

When we realize that there is one Mind, the divine law of loving our neighbor as ourselves is unfolded; whereas a belief in many ruling minds hinders man's normal drift towards the one Mind, one God, and leads human thought into opposite channels where selfishness reigns.

Selfishness tips the beam of human existence towards the side of error, not towards Truth. Denial of the oneness of Mind throws our weight into the scale, not of Spirit, God, good, but of matter.

When we fully understand our relation to the Divine,

de hacer tales declaraciones; de lo contrario, Dios continuará estando oculto para la humanidad, y los mortales pecarán sin saber que están pecando, se apoyarán en la materia en lugar del Espíritu, tropezarán por la cojera, se caerán por la borrachera, se consumirán con enfermedades, todo por su ceguera, su falso sentido acerca de Dios y el hombre.

Creación perfecta

¿Cuándo será desenmascarado el error de creer que hay vida en la materia y que el pecado, la enfermedad y la muerte son creaciones de Dios? ¿Cuándo se comprenderá que la materia no tiene ni inteligencia, vida, ni sensación, y que la creencia opuesta es la fuente prolífica de todo sufrimiento? Dios creó todo por medio de la Mente, e hizo todo perfecto y eterno. ¿Dónde está entonces, la necesidad de la recreación o la procreación?

Percepción de la imagen divina

Envueltos en las nieblas del error (el error de creer que la materia pueda ser inteligente para bien o mal), podemos obtener claras vislumbres de Dios sólo a medida que las nieblas se disipan, o a medida que se disuelven hasta tal tenuidad que percibimos la imagen divina en alguna palabra o hecho que indica la idea verdadera: la supremacía y realidad del bien, la nada e irrealidad del mal.

Redimidos del egoísmo

Cuando nos damos cuenta de que hay sólo una Mente, la ley divina de amar a nuestro prójimo como a nosotros mismos es revelada; mientras que una creencia en muchas mentes gobernantes impide la inclinación normal del hombre hacia la Mente única, el Dios único, y guía el pensamiento humano por conductos opuestos donde reina el egoísmo.

El egoísmo inclina la balanza de la existencia humana hacia el lado del error, no hacia la Verdad. La negación de la unidad de la Mente arroja nuestro peso, no en el platillo del Espíritu, Dios, el bien, sino en el de la materia.

Cuando comprendemos plenamente nuestra relación con

we can have no other Mind but His, — no other Love, wisdom, or Truth, no other sense of Life, and no consciousness of the existence of matter or error.

Will-power unrighteous

The power of the human will should be exercised only in subordination to Truth; else it will misguide the judgment and free the lower propensities. It is the province of spiritual sense to govern man. Material, erring, human thought acts injuriously both upon the body and through it.

Will-power is capable of all evil. It can never heal the sick, for it is the prayer of the unrighteous; while the exercise of the sentiments — hope, faith, love — is the prayer of the righteous. This prayer, governed by Science instead of the senses, heals the sick.

In the scientific relation of God to man, we find that whatever blesses one blesses all, as Jesus showed with the loaves and the fishes, — Spirit, not matter, being the source of supply.

Birth and death unreal

Does God send sickness, giving the mother her child for the brief space of a few years and then taking it away by death? Is God creating anew what He has already created? The Scriptures are definite on this point, declaring that His work was *finished,* nothing is new to God, and that it was *good.*

Can there be any birth or death for man, the spiritual image and likeness of God? Instead of God sending sickness and death, He destroys them, and brings to light immortality. Omnipotent and infinite Mind made all and includes all. This Mind does not make mistakes and subsequently correct them. God does not cause man to sin, to be sick, or to die.

There are evil beliefs, often called evil spirits; but

el Divino, no podemos tener ninguna otra Mente que la Suya, ningún otro Amor, sabiduría o Verdad, ningún otro sentido de la Vida, y ninguna consciencia de la existencia de la materia o error.

La fuerza de voluntad es injusta

El poder de la voluntad humana debiera ser ejercido únicamente en subordinación a la Verdad; de lo contrario, guiará mal el juicio y soltará las propensiones más bajas. Es de la incumbencia del sentido espiritual gobernar al hombre. El pensamiento humano, material y que yerra, actúa perjudicialmente sobre el cuerpo y por medio de él.

La fuerza de voluntad es capaz de todo mal. Nunca puede sanar a los enfermos, porque es la oración del injusto; mientras que el ejercicio de los sentimientos —la esperanza, la fe, el amor— es la oración del justo. Esta oración, gobernada por la Ciencia en vez de los sentidos, sana a los enfermos.

En la relación científica entre Dios y el hombre, encontramos que todo lo que bendice a uno bendice a todos, como lo mostró Jesús con los panes y los peces, por ser el Espíritu, no la materia, la fuente de provisión.

El nacimiento y la muerte son irreales

¿Envía Dios la enfermedad, dando a la madre un hijo por el breve espacio de unos pocos años, y luego quitándoselo por medio de la muerte? ¿Está Dios creando de nuevo lo que ya ha creado? Las Escrituras son terminantes sobre este punto, declarando que Su obra fue *acabada,* que nada es nuevo para Dios y que esa obra era *buena.*

¿Puede haber nacimiento o muerte para el hombre, la imagen y semejanza espiritual de Dios? En lugar de enviar la enfermedad y la muerte, Dios las destruye, y saca a luz la inmortalidad. La Mente omnipotente e infinita hizo todo e incluye todo. Esta Mente no comete equivocaciones y posteriormente las corrige. Dios no hace que el hombre peque, esté enfermo o muera.

Hay creencias malas, llamadas a menudo espíritus malos;

these evils are not Spirit, for there is no evil in Spirit. Because God is Spirit, evil becomes more apparent and obnoxious proportionately as we advance spiritually, until it disappears from our lives. This fact proves our position, for every scientific statement in Christianity has its proof. Error of statement leads to error in action.

No evil in Spirit

God is not the creator of an evil mind. Indeed, evil is not Mind. We must learn that evil is the awful deception and unreality of existence. Evil is not supreme; good is not helpless; nor are the so-called laws of matter primary, and the law of Spirit secondary. Without this lesson, we lose sight of the perfect Father, or the divine Principle of man.

Subordination of evil

Body is not first and Soul last, nor is evil mightier than good. The Science of being repudiates self-evident impossibilities, such as the amalgamation of Truth and error in cause or effect. Science separates the tares and wheat in time of harvest.

Evident impossibilities

There is but one primal cause. Therefore there can be no effect from any other cause, and there can be no reality in aught which does not proceed from this great and only cause. Sin, sickness, disease, and death belong not to the Science of being. They are the errors, which presuppose the absence of Truth, Life, or Love.

One primal cause

The spiritual reality is the scientific fact in all things. The spiritual fact, repeated in the action of man and the whole universe, is harmonious and is the ideal of Truth. Spiritual facts are not inverted; the opposite discord, which bears no resemblance to spirituality, is not real. The only evidence of this inversion is obtained from

No hay mal en el Espíritu

pero estos males no son el Espíritu, pues no hay mal en el Espíritu. Puesto que Dios es Espíritu, el mal se hace más aparente y detestable en la proporción en que avanzamos espiritualmente, hasta que desaparece de nuestras vidas. Este hecho comprueba nuestra posición, porque toda declaración científica en el cristianismo tiene su prueba. Un error en la declaración conduce a un error en la acción.

La subordinación del mal

Dios no es el creador de una mente malvada. Por cierto, el mal no es la Mente. Tenemos que aprender que el mal es el horrible engaño e irrealidad de la existencia. El mal no es supremo; el bien no está indefenso; ni son primarias las así llamadas leyes de la materia y secundaria la ley del Espíritu. Sin esta lección, perdemos de vista al Padre perfecto, o el Principio divino del hombre.

Imposibilidades evidentes

El cuerpo no es lo primero y el Alma lo último, ni es el mal más poderoso que el bien. La Ciencia del ser repudia las imposibilidades evidentes de por sí, tal como la amalgamación de la Verdad y el error en causa o efecto. La Ciencia separa la cizaña del trigo al tiempo de la siega.

Una sola causa primaria

Sólo hay una única causa primaria. Por lo tanto, no puede haber efecto de ninguna otra causa, y no puede haber realidad en nada que no proceda de esta causa grande y única. El pecado, la enfermedad, la dolencia y la muerte no pertenecen a la Ciencia del ser. Ellos son los errores que presuponen la ausencia de la Verdad, la Vida o el Amor.

La realidad espiritual es el hecho científico en todas las cosas. El hecho espiritual, repetido en la acción del hombre y de todo el universo, es armonioso y es el ideal de la Verdad. Los hechos espirituales no están invertidos; la discordia opuesta, que no tiene ninguna semejanza con la espiritualidad, no es real. La única evidencia de esta inversión es obtenida suppositional error, which affords no proof of God, Spirit, or of the spiritual creation. Material sense defines all things materially, and has a finite sense of the infinite.

Seemingly independent authority

The Scriptures say, "In Him we live, and move, and have our being." What then is this seeming power, independent of God, which causes disease and cures it? What is it but an error of belief, — a law of mortal mind, wrong in every sense, embracing sin, sickness, and death? It is the very antipode of immortal Mind, of Truth, and of spiritual law. It is not in accordance with the goodness of God's character that He should make man sick, then leave man to heal himself; it is absurd to suppose that matter can both cause and cure disease, or that Spirit, God, produces disease and leaves the remedy to matter.

John Young of Edinburgh writes: "God is the father of mind, and of nothing else." Such an utterance is "the voice of one crying in the wilderness" of human beliefs and preparing the way of Science. Let us learn of the real and eternal, and prepare for the reign of Spirit, the kingdom of heaven, — the reign and rule of universal harmony, which cannot be lost nor remain forever unseen.

Sickness as only thought

Mind, not matter, is causation. A material body only expresses a material and mortal mind. A mortal man possesses this body, and he makes it harmonious or discordant according to the images of thought impressed upon it. You embrace your body in your thought, and you should delineate upon it thoughts of health, not of sickness. You should banish all thoughts of disease and sin and of other beliefs del error supuesto, el cual no ofrece ninguna prueba de Dios, el Espíritu, o de la creación espiritual. El sentido material define todas las cosas materialmente, y tiene un sentido finito de lo infinito.

Autoridad aparentemente independiente

Las Escrituras dicen: "En Él vivimos, y nos movemos, y tenemos nuestro ser".* ¿Qué es entonces este aparente poder, independiente de Dios, que causa la enfermedad y la cura? ¿Qué es, sino un error de creencia, una ley de la mente mortal, equivocada en todo sentido, abrazando el pecado, la enfermedad y la muerte? Es el antípoda mismo de la Mente inmortal, de la Verdad y de la ley espiritual. No está de acuerdo con la bondad del carácter de Dios que Él haga enfermar al hombre, luego deje que el hombre se sane a sí mismo; es absurdo suponer que la materia pueda tanto causar la enfermedad como curarla o que el Espíritu, Dios, produzca la enfermedad y deje el remedio a la materia.

John Young, de Edimburgo, escribe: "Dios es el padre de la mente y de nada más". Tal declaración es la "voz del que clama en el desierto" de las creencias humanas y prepara el camino de la Ciencia. Aprendamos de lo real y eterno, y preparémonos para el reino del Espíritu, el reino de los cielos, el reino y gobierno de la armonía universal, que no puede perderse ni permanecer invisible para siempre.

La enfermedad sólo como pensamiento

La Mente, no la materia, es causalidad. Un cuerpo material sólo expresa una mente material y mortal. Un hombre mortal posee este cuerpo, y lo hace armonioso o discordante de acuerdo con las imágenes de pensamiento grabadas en él. Abrazas tu cuerpo en tu pensamiento, y debieras delinear en él pensamientos de salud, no de enfermedad. Debieras expulsar todos los pensamientos de enfermedad y pecado y de otras creencias

*Según la versión King James de la Biblia

included in matter. Man, being immortal, has a perfect indestructible life. It is the mortal belief which makes the body discordant and diseased in proportion as ignorance, *fear,* or human will governs mortals.

Allness of Truth

Mind, supreme over all its formations and governing them all, is the central sun of its own systems of ideas, the life and light of all its own vast creation; and man is tributary to divine Mind. The material and mortal body or mind is not the man.

The world would collapse without Mind, without the intelligence which holds the winds in its grasp. Neither philosophy nor skepticism can hinder the march of the Science which reveals the supremacy of Mind. The immanent sense of Mind-power enhances the glory of Mind. Nearness, not distance, lends enchantment to this view.

Spiritual translation

The compounded minerals or aggregated substances composing the earth, the relations which constituent masses hold to each other, the magnitudes, distances, and revolutions of the celestial bodies, are of no real importance, when we remember that they all must give place to the spiritual fact by the translation of man and the universe back into Spirit. In proportion as this is done, man and the universe will be found harmonious and eternal.

Material substances or mundane formations, astronomical calculations, and all the paraphernalia of speculative theories, based on the hypothesis of material law or life and intelligence resident in matter, will ultimately vanish, swallowed up in the infinite calculus of Spirit.

Spiritual sense is a conscious, constant capacity to understand God. It shows the superiority of faith by works incluidas en la materia. El hombre, al ser inmortal, tiene una vida perfecta e indestructible. Es la creencia mortal lo que hace el cuerpo discordante y enfermo en la proporción en que la ignorancia, el *temor* o la voluntad humana gobierna a los mortales.

Totalidad de la Verdad

La Mente, suprema sobre todas sus formaciones y gobernándolas todas, es el sol central de sus propios sistemas de ideas, la vida y la luz de toda su vasta creación; y el hombre es tributario a la Mente divina. El cuerpo o la mente material y mortal no es el hombre.

El mundo se desplomaría sin la Mente, sin la inteligencia que mantiene los vientos en sus puños. Ni la filosofía ni el escepticismo pueden impedir la marcha de la Ciencia que revela la supremacía de la Mente. El inmanente sentido del poder-Mente realza la gloria de la Mente. La cercanía, no la distancia, da encanto a esta vista.

Traducción espiritual

Los minerales compuestos o el conjunto de sustancias que componen la tierra, las relaciones que las masas constituyentes mantienen entre sí, las magnitudes, distancias y revoluciones de los cuerpos celestes, no tienen importancia verdadera, cuando recordamos que todos ellos tienen que dar lugar al hecho espiritual por la traducción del hombre y el universo nuevamente al Espíritu. En la proporción en que esto se haga, se encontrará que el hombre y el universo son armoniosos y eternos.

Las sustancias materiales o formaciones terrenales, los cálculos astronómicos y toda la parafernalia de las teorías especulativas, basadas en las hipótesis de leyes materiales, o de vida e inteligencia residentes en la materia, se desvanecerán finalmente, sorbidos en el cálculo infinito del Espíritu.

El sentido espiritual es una capacidad consciente y constante de comprender a Dios. Muestra la superioridad de la fe over faith in words. Its ideas are expressed only in "new tongues;" and these are interpreted by the translation of the spiritual original into the language which human thought can comprehend.

Jesus' disregard of matter

The Principle and proof of Christianity are discerned by spiritual sense. They are set forth in Jesus' demonstrations, which show — by his healing the sick, casting out evils, and destroying death, "the last enemy that shall be destroyed,"— his disregard of matter and its so-called laws.

Knowing that Soul and its attributes were forever manifested through man, the Master healed the sick, gave sight to the blind, hearing to the deaf, feet to the lame, thus bringing to light the scientific action of the divine Mind on human minds and bodies and giving a better understanding of Soul and salvation. Jesus healed sickness and sin by one and the same metaphysical process.

Mind not mortal

The expression *mortal mind* is really a solecism, for Mind is immortal, and Truth pierces the error of mortality as a sunbeam penetrates the cloud. Because, in obedience to the immutable law of Spirit, this so-called mind is self-destructive, I name it mortal. Error soweth the wind and reapeth the whirlwind.

Matter mindless

What is termed matter, being unintelligent, cannot say, "I suffer, I die, I am sick, or I am well." It is the so-called mortal mind which voices this and appears to itself to make good its claim. To mortal sense, sin and suffering are real, but immortal sense includes no evil nor pestilence. Because immortal sense has no error of sense, it has no sense of error; therefore it is without a destructive element.

por las obras sobre la fe en las palabras. Sus ideas son expresadas sólo en "nuevas lenguas"; y estas son interpretadas mediante la traducción del original espiritual al lenguaje que el pensamiento humano pueda comprender.

Jesús desestimaba la materia

El Principio y la prueba del cristianismo son discernidos mediante el sentido espiritual. Están expuestos en las demostraciones de Jesús, que muestran —por su curación de los enfermos, expulsión de los males y destrucción de la muerte, "el postrer enemigo que será destruido"— su desestimación de la materia y sus así llamadas leyes.

Sabiendo que el Alma y sus atributos eran manifestados eternamente por medio del hombre, el Maestro sanaba a los enfermos, daba vista a los ciegos, oído a los sordos, pies a los cojos, sacando a luz así la acción científica de la Mente divina sobre mentes y cuerpos humanos y dando una mejor comprensión del Alma y la salvación. Jesús sanaba la enfermedad y el pecado mediante el mismo y único proceso metafísico.

La Mente no es mortal

La expresión *mente mortal* realmente es un solecismo, pues la Mente es inmortal, y la Verdad traspasa el error de la mortalidad como un rayo de sol penetra la nube. Debido a que, en obediencia a la ley inmutable del Espíritu, esta así llamada mente se destruye a sí misma, la denomino mortal. El error siembra vientos y recoge torbellinos.

La materia no tiene mente

Lo que se llama materia, al no tener inteligencia, no puede decir: "Sufro, muero, estoy enferma o estoy bien". Es la así llamada mente mortal la que proclama esto y a la que le parece que realiza sus pretensiones. Para el sentido mortal, el pecado y el sufrimiento son reales, pero el sentido inmortal no incluye ningún mal ni pestilencia. Debido a que el sentido inmortal no tiene error de sentido, no tiene sentido de error; por lo tanto no tiene un elemento destructivo.

If brain, nerves, stomach, are intelligent, — if they talk to us, tell us their condition, and report how they feel, — then Spirit and matter, Truth and error, commingle and produce sickness and health, good and evil, life and death; and who shall say whether Truth or error is the greater?

Matter sensationless

The sensations of the body must either be the sensations of a so-called mortal mind or of matter. Nerves are not mind. Is it not provable that Mind is not *mortal* and that matter has no sensation? Is it not equally true that matter does not appear in the spiritual understanding of being?

The sensation of sickness and the impulse to sin seem to obtain in mortal mind. When a tear starts, does not this so-called mind produce the effect seen in the lachrymal gland? Without mortal mind, the tear could not appear; and this action shows the nature of all so-called material cause and effect.

It should no longer be said in Israel that "the fathers have eaten sour grapes, and the children's teeth are set on edge." Sympathy with error should disappear. The transfer of the thoughts of one erring mind to another, Science renders impossible.

Nerves painless

If it is true that nerves have sensation, that matter has intelligence, that the material organism causes the eyes to see and the ears to hear, then, when the body is dematerialized, these faculties must be lost, for their immortality is not in Spirit; whereas the fact is that only through dematerialization and spiritualization of thought can these faculties be conceived of as immortal.

Nerves are not the source of pain or pleasure. We

Si el cerebro, los nervios, el estómago, son inteligentes —si nos hablan, nos dicen su condición e informan cómo se sienten— entonces el Espíritu y la materia, la Verdad y el error, se entremezclan y producen la enfermedad y la salud, el bien y el mal, la vida y la muerte; ¿y quién dirá si es la Verdad o el error el mayor?

La materia no tiene sensación

Las sensaciones del cuerpo tienen que ser, o bien las sensaciones de una así llamada mente mortal o las de la materia. Los nervios no son mente. ¿No es comprobable que la Mente no es *mortal* y que la materia no tiene sensación? ¿No es igualmente cierto que la materia no aparece en la comprensión espiritual del ser?

La sensación de enfermedad y el impulso de pecar parecen encontrarse en la mente mortal. Cuando brota una lágrima, ¿no es esta así llamada mente la que produce el efecto visible en la glándula lacrimal? Sin la mente mortal, la lágrima no podría aparecer; y esta acción muestra la naturaleza de todo lo así llamado causa y efecto materiales.

Ya no debiera decirse en Israel que "los padres comieron las uvas agrias, y los dientes de los hijos tienen la dentera". La simpatía hacia el error debiera desaparecer. La Ciencia hace imposible la transmisión de pensamientos de una mente que yerra a otra.

Los nervios no sienten dolor

Si es verdad que los nervios tienen sensación, que la materia tiene inteligencia, que el organismo material es lo que causa que los ojos vean y los oídos oigan, entonces, cuando el cuerpo se desmaterializa, estas facultades tienen que perderse, porque su inmortalidad no está en el Espíritu; mientras que el hecho es que sólo por la desmaterialización y espiritualización del pensamiento puede concebirse que estas facultades son inmortales.

Los nervios no son la fuente del dolor o del placer. Sufrimos suffer or enjoy in our dreams, but this pain or pleasure is not communicated through a nerve. A tooth which has been extracted sometimes aches again in belief, and the pain seems to be in its old place. A limb which has been amputated has continued in belief to pain the owner. If the sensation of pain in the limb can return, can be prolonged, why cannot the limb reappear?

Why need pain, rather than pleasure, come to this mortal sense? Because the memory of pain is more vivid than the memory of pleasure. I have seen an unwitting attempt to scratch the end of a finger which had been cut off for months. When the nerve is gone, which we say was the occasion of pain, and the pain still remains, it proves sensation to be in the mortal mind, not in matter. Reverse the process; take away this so-called mind instead of a piece of the flesh, and the nerves have no sensation.

Human falsities

Mortals have a modus of their own, undirected and unsustained by God. They produce a rose through seed and soil, and bring the rose into contact with the olfactory nerves that they may smell it. In legerdemain and credulous frenzy, mortals believe that unseen spirits produce the flowers. God alone makes and clothes the lilies of the field, and this He does by means of Mind, not matter.

No miracles in Mind-methods

Because all the methods of Mind are not understood, we say the lips or hands must move in order to convey thought, that the undulations of the air convey sound, and possibly that other methods involve so-called miracles. The realities of being, its normal action, and the origin of all things are unseen to mortal sense; whereas the unreal and imitative movements of mortal belief, which would reverse the immortal o gozamos en nuestros sueños, pero este dolor o placer no es comunicado por medio de un nervio. Un diente que ha sido extraído a veces vuelve a doler en la creencia y el dolor parece estar en su antiguo lugar. Un miembro que ha sido amputado ha continuado en la creencia causando dolor a su dueño. Si la sensación de dolor en el miembro puede volver, puede prolongarse, ¿por qué no puede reaparecer el miembro?

¿Por qué ha de venir el dolor, en vez del placer, a este sentido mortal? Porque el recuerdo del dolor es más vívido que el recuerdo del placer. He visto un intento inconsciente de rascar la punta de un dedo amputado hacía varios meses. Cuando ya no está el nervio que decimos que había ocasionado el dolor, y el dolor aún persiste, se comprueba que la sensación está en la mente mortal, no en la materia. Revierte el proceso; quita esta así llamada mente en vez de un pedazo de carne, y los nervios no tienen sensación.

Falsedades humanas

Los mortales tienen un método propio, que no es dirigido ni sostenido por Dios. Producen una rosa por medio de semilla y tierra, y ponen la rosa en contacto con los nervios olfatorios para olerla. En la prestidigitación y el crédulo frenesí, los mortales creen que espíritus invisibles producen las flores. Sólo Dios crea y viste los lirios del campo, y esto lo hace por medio de la Mente, no de la materia.

No hay milagros en los métodos de la Mente

Debido a que todos los métodos de la Mente no son comprendidos, decimos que los labios o las manos han de moverse para comunicar el pensamiento, que las ondas del aire transmiten el sonido, y posiblemente que otros métodos entrañan los así llamados milagros. Las realidades del ser, su acción normal y el origen de todas las cosas son invisibles para el sentido mortal; mientras que los movimientos irreales e imitativos de la creencia mortal, que quisieran revertir el método y la acción modus and action, are styled the real. Whoever contradicts this mortal mind supposition of reality is called a deceiver, or is said to be deceived. Of a man it has been said, "As he thinketh in his heart, so is he;" hence as a man spiritually *understandeth,* so is he in truth.

Good indefinable

Mortal mind conceives of something as either liquid or solid, and then classifies it materially. Immortal and spiritual facts exist apart from this mortal and material conception. God, good, is self-existent and self-expressed, though indefinable as a whole. Every step towards goodness is a departure from materiality, and is a tendency towards God, Spirit. Material theories partially paralyze this attraction towards infinite and eternal good by an opposite attraction towards the finite, temporary, and discordant.

Sound is a mental impression made on mortal belief. The ear does not really hear. Divine Science reveals sound as communicated through the senses of Soul — through spiritual understanding.

Music, rhythm of head and heart

Mozart experienced more than he expressed. The rapture of his grandest symphonies was never heard. He was a musician beyond what the world knew. This was even more strikingly true of Beethoven, who was so long hopelessly deaf. Mental melodies and strains of sweetest music supersede conscious sound. Music is the rhythm of head and heart. Mortal mind is the harp of many strings, discoursing either discord or harmony according as the hand, which sweeps over it, is human or divine.

Before human knowledge dipped to its depths into a false sense of things, — into belief in material origins which discard the one Mind and true source of being, —

inmortales, son considerados como reales. Quienquiera que contradiga esta suposición de la mente mortal acerca de la realidad es llamado un engañador, o se dice que está engañado. Se ha dicho de un hombre: "Cual es su pensamiento en su corazón, tal es él"; de ahí que como *comprende* espiritualmente un hombre, tal es él en verdad.

El bien es indefinible

La mente mortal concibe alguna cosa como líquida o sólida y luego la clasifica materialmente. Los hechos inmortales y espirituales existen aparte de esta concepción mortal y material. Dios, el bien, existe y se expresa por Sí mismo, aunque sea indefinible como un todo. Cada paso hacia la bondad es un alejamiento de la materialidad y es una tendencia hacia Dios, el Espíritu. Las teorías materiales paralizan parcialmente esta atracción hacia el bien infinito y eterno mediante una atracción opuesta hacia lo finito, temporario y discordante.

El sonido es una impresión mental hecha en la creencia mortal. El oído realmente no oye. La Ciencia divina revela que el sonido es comunicado mediante los sentidos del Alma, mediante la comprensión espiritual.

La música es el ritmo de la cabeza y el corazón

Mozart sentía más de lo que expresaba. El éxtasis de sus más grandiosas sinfonías jamás fue oído. Fue un músico superior a lo que el mundo conocía. Esto era aún más notablemente cierto con respecto a Beethoven, quien por mucho tiempo fue irremediablemente sordo. Las melodías y los sones mentales de la música más dulce superan el sonido del que se está consciente. La música es el ritmo de la cabeza y del corazón. La mente mortal es el arpa de muchas cuerdas, que emite discordancia o armonía, según sea humana o divina la mano que la tañe.

Antes que el conocimiento humano se hundiera profundamente en un falso sentido de las cosas —en una creencia en orígenes materiales que desechan la Mente única y la verdadera it is possible that the impressions from Truth were as distinct as sound, and that they came as sound to the primitive prophets. If the medium of hearing is wholly spiritual, it is normal and indestructible.

If Enoch's perception had been confined to the evidence before his material senses, he could never have "walked with God," nor been guided into the demonstration of life eternal.

Adam and the senses

Adam, represented in the Scriptures as formed from dust, is an object-lesson for the human mind. The material senses, like Adam, originate in matter and return to dust,—are proved non-intelligent. They go out as they came in, for they are still the error, not the truth of being. When it is learned that the spiritual sense, and not the material, conveys the impressions of Mind to man, then being will be understood and found to be harmonious.

Idolatrous illusions

We bow down to matter, and entertain finite thoughts of God like the pagan idolater. Mortals are inclined to fear and to obey what they consider a material body more than they do a spiritual God. All material knowledge, like the original "tree of knowledge," multiplies their pains, for mortal illusions would rob God, slay man, and meanwhile would spread their table with cannibal tidbits and give thanks.

The senses of Soul

How transient a sense is mortal sight, when a wound on the retina may end the power of light and lens! But the real sight or sense is not lost. Neither age nor accident can interfere with the senses of Soul, and there are no other real senses. It is evident that the body as matter has no sensation of its own, and there is no oblivion for Soul and its faculties. Spirit's senses are with-fuente del ser— es posible que las impresiones provenientes de la Verdad fueran tan claras como el sonido, y que llegaran como sonido a los profetas primitivos. Si el medio para oír es enteramente espiritual, es normal e indestructible.

Si la percepción de Enoc hubiera estado confinada en la evidencia ante sus sentidos materiales, jamás hubiera podido "caminar con Dios" ni ser guiado a la demostración de la vida eterna.

Adán y los sentidos

Adán, representado en las Escrituras como formado del polvo, es una lección objetiva para la mente humana. Los sentidos materiales, igual que Adán, se originan en la materia y vuelven al polvo: se comprueba que no tienen inteligencia. Salen como entraron, porque aún son el error, no la verdad del ser. Cuando se aprenda que el sentido espiritual, y no el material, transmite las impresiones de la Mente al hombre, entonces el ser será comprendido y se hallará que es armonioso.

Ilusiones idólatras

Nos postramos ante la materia, y abrigamos pensamientos finitos acerca de Dios como el idólatra pagano. Los mortales se inclinan a temer y a obedecer lo que consideran un cuerpo material más que a un Dios espiritual. Todo conocimiento material, tal como el primitivo "árbol del conocimiento"*, les multiplica sus dolores, pues las ilusiones mortales quisieran robar a Dios, matar al hombre, y mientras tanto quisieran aderezar su mesa con bocados caníbales y dar las gracias.

Los sentidos del Alma

¡Qué sentido tan transitorio es la vista mortal, si pensamos que una herida en la retina puede acabar con el poder de la luz y del cristalino! Pero la vista verdadera o el sentido verdadero no se pierde. Ni la edad ni los accidentes pueden interferir los sentidos del Alma, y no existen otros sentidos que sean verdaderos. Es evidente que el cuerpo, como materia, no tiene sensación propia, y no hay olvido para el Alma y sus facultades. Los sentidos del Espíritu no tienen

*Según la versión King James de la Biblia

out pain, and they are forever at peace. Nothing can hide from them the harmony of all things and the might and permanence of Truth.

Real being never lost

If Spirit, Soul, could sin or be lost, then being and immortality would be lost, together with all the faculties of Mind; but being cannot be lost while God exists. Soul and matter are at variance from the very necessity of their opposite natures. Mortals are unacquainted with the reality of existence, because matter and mortality do not reflect the facts of Spirit.

Spiritual vision is not subordinate to geometric altitudes. Whatever is governed by God, is never for an instant deprived of the light and might of intelligence and Life.

Light and darkness

We are sometimes led to believe that darkness is as real as light; but Science affirms darkness to be only a mortal sense of the absence of light, at the coming of which darkness loses the appearance of reality. So sin and sorrow, disease and death, are the suppositional absence of Life, God, and flee as phantoms of error before truth and love.

With its divine proof, Science reverses the evidence of material sense. Every quality and condition of mortality is lost, swallowed up in immortality. Mortal man is the antipode of immortal man in origin, in existence, and in his relation to God.

Faith of Socrates

Because he understood the superiority and immortality of good, Socrates feared not the hemlock poison. Even the faith of his philosophy spurned physical timidity. Having sought man's spiritual state, he recognized the immortality of man. The ignorance and malice of the age would have killed the venerdolor, y están siempre en paz. Nada puede ocultarles la armonía de todas las cosas y el poder y la permanencia de la Verdad.

El ser verdadero jamás se pierde

Si el Espíritu, el Alma, pudiera pecar o perderse, entonces el ser y la inmortalidad se perderían, junto con todas las facultades de la Mente; pero el ser no puede perderse mientras Dios exista. El Alma y la materia están necesariamente en desacuerdo debido a sus naturalezas opuestas. Los mortales no conocen la realidad de la existencia, porque la materia y la mortalidad no reflejan las verdades del Espíritu.

La visión espiritual no está subordinada a altitudes geométricas. Todo lo que es gobernado por Dios jamás está, ni por un instante, privado de la luz y el poder de la inteligencia y la Vida.

La luz y la oscuridad

A veces somos llevados a creer que la oscuridad es tan real como la luz; pero la Ciencia afirma que la oscuridad es sólo un sentido mortal de la ausencia de la luz, a cuya llegada la oscuridad pierde la apariencia de realidad. Así el pecado y el pesar, la enfermedad y la muerte, son la supuesta ausencia de la Vida, Dios, y huyen como fantasmas del error ante la verdad y el amor.

Con su prueba divina, la Ciencia revierte la evidencia del sentido material. Toda cualidad y condición de la mortalidad se pierde, sorbida en la inmortalidad. El hombre mortal es el antípoda del hombre inmortal en origen, en existencia y en su relación con Dios.

La fe de Sócrates

Porque comprendía la superioridad e inmortalidad del bien, Sócrates no temió el veneno de la cicuta. La fe misma de su filosofía desdeñó el temor físico. Habiendo buscado el estado espiritual del hombre, reconoció la inmortalidad del hombre. La ignorancia y la malicia de aquella época hubieran matado al venerable filósofo able philosopher because of his faith in Soul and his indifference to the body.

The serpent of error

Who shall say that man is alive to-day, but may be dead to-morrow? What has touched Life, God, to such strange issues? Here theories cease, and Science unveils the mystery and solves the problem of man. Error bites the heel of truth, but cannot kill truth. Truth bruises the head of error — destroys error. Spirituality lays open siege to materialism. On which side are we fighting?

Servants and masters

The understanding that the Ego is Mind, and that there is but one Mind or intelligence, begins at once to destroy the errors of mortal sense and to supply the truth of immortal sense. This understanding makes the body harmonious; it makes the nerves, bones, brain, etc., servants, instead of masters. If man is governed by the law of divine Mind, his body is in submission to everlasting Life and Truth and Love. The great mistake of mortals is to suppose that man, God's image and likeness, is both matter and Spirit, both good and evil.

If the decision were left to the corporeal senses, evil would appear to be the master of good, and sickness to be the rule of existence, while health would seem the exception, death the inevitable, and life a paradox. Paul asked: "What concord hath Christ with Belial?" (2 Corinthians vi. 15.)

Personal identity

When you say, "Man's body is material," I say with Paul: Be "willing rather to be absent from the body, and to be present with the Lord." Give up your material belief of mind in matter, and have but one Mind, even God; for this Mind forms its a causa de su fe en el Alma y su indiferencia por el cuerpo.

La serpiente, el error

¿Quién dirá que el hombre está vivo hoy, pero que puede estar muerto mañana? ¿Qué es lo que ha motivado a la Vida, Dios, a tan extraños resultados? Aquí cesan las teorías, y la Ciencia devela el misterio y resuelve el problema del hombre. El error muerde el calcañar de la verdad, pero no puede matar la verdad. La Verdad hiere la cabeza del error, destruye el error. La espiritualidad asedia abiertamente el materialismo. ¿De qué lado estamos peleando?

Siervos y amos

La comprensión de que el Ego es la Mente, y de que hay una sola Mente o inteligencia, comienza de inmediato a destruir los errores del sentido mortal y a proporcionar la verdad del sentido inmortal. Esta comprensión hace el cuerpo armonioso; hace de los nervios, los huesos, el cerebro, etc., siervos, en lugar de amos. Si el hombre es gobernado por la ley de la Mente divina, su cuerpo está en sumisión a la Vida, la Verdad y el Amor eternos. La gran equivocación de los mortales es suponer que el hombre, la imagen y semejanza de Dios, es a la vez materia y Espíritu, a la vez bueno y malo.

Si la decisión se dejara a los sentidos corporales, el mal parecería ser el amo del bien, y la enfermedad ser la regla de la existencia, mientras que la salud parecería la excepción, la muerte lo inevitable, y la vida una paradoja. Pablo preguntó: "¿Qué concordia [tiene] Cristo con Belial?" (2 Corintios 6:15).

La identidad personal

Cuando dices: "El cuerpo del hombre es material", yo digo con Pablo: Desea más bien "estar [ausente] del cuerpo, y [presente] al Señor". Abandona tu creencia material de que hay mente en la materia, y ten una sola Mente, a saber, Dios; porque esta Mente forma own likeness. The loss of man's identity through the understanding which Science confers is impossible; and the notion of such a possibility is more absurd than to conclude that individual musical tones are lost in the origin of harmony.

Paul's experience

Medical schools may inform us that the healing work of Christian Science and Paul's peculiar Christian conversion and experience, — which prove Mind to be scientifically distinct from matter, — are indications of unnatural mental and bodily conditions, even of catalepsy and hysteria; yet if we turn to the Scriptures, what do we read? Why, this: "If a man keep my saying, he shall never see death!" and "Henceforth know we no man after the flesh!"

Fatigue is mental

That scientific methods are superior to others, is seen by their effects. When you have once conquered a diseased condition of the body through Mind, that condition never recurs, and you have won a point in Science. When mentality gives rest to the body, the next toil will fatigue you less, for you are working out the problem of being in divine metaphysics; and in proportion as you understand the control which Mind has over so-called matter, you will be able to demonstrate this control. The scientific and permanent remedy for fatigue is to learn the power of Mind over the body or any illusion of physical weariness, and so destroy this illusion, for matter cannot be weary and heavy-laden.

You say, "Toil fatigues me." But what is this *me?* Is it muscle or mind? Which is tired and so speaks? Without mind, could the muscles be tired? Do the muscles talk, or do you talk for them? Matter is nonsu propia semejanza. La pérdida de la identidad del hombre por medio del entendimiento que la Ciencia confiere es imposible; y la noción de tal posibilidad es más absurda que concluir que los tonos musicales individuales se pierden en el origen de la armonía.

La experiencia de Pablo

Las escuelas médicas pueden informarnos que la obra sanadora de la Ciencia Cristiana y la conversión cristiana y experiencia peculiares de Pablo —que comprueban que la Mente se distingue científicamente de la materia— son indicios de condiciones mentales y corporales innaturales, incluso de catalepsia e histeria; sin embargo si acudimos a las Escrituras, ¿qué leemos? Pues esto: "¡El que guarda mi palabra, nunca verá muerte!" y "¡De aquí en adelante a nadie conocemos según la carne!"

La fatiga es mental

Que los métodos científicos son superiores a otros, se ve por sus efectos. Una vez que has vencido una condición enfermiza del cuerpo por medio de la Mente, esa condición jamás recurre, y has ganado un punto en la Ciencia. Cuando la mentalidad dé reposo al cuerpo, la próxima tarea te fatigará menos, porque estás resolviendo el problema del ser en la metafísica divina; y en la proporción en que comprendas el control que la Mente tiene sobre la así llamada materia, serás capaz de demostrar este control. El remedio científico y permanente para la fatiga es aprender el poder de la Mente sobre el cuerpo o sobre cualquier ilusión de cansancio físico, y así destruir esta ilusión, porque la materia no puede estar cansada y sobrecargada.

Dices: "El trabajo me fatiga". Pero ¿qué es este *me?* ¿Es músculo o mente? ¿Cuál es el que está cansado y habla así? Sin la mente, ¿podrían los músculos estar cansados? ¿Hablan los músculos, o hablas tú por ellos? La materia no intelligent. Mortal mind does the false talking, and that which affirms weariness, made that weariness.

Mind never weary

You do not say a wheel is fatigued; and yet the body is as material as the wheel. If it were not for what the human mind says of the body, the body, like the inanimate wheel, would never be weary. The consciousness of Truth rests us more than hours of repose in unconsciousness.

Coalition of sin and sickness

The body is supposed to say, "I am ill." The reports of sickness may form a coalition with the reports of sin, and say, "I am malice, lust, appetite, envy, hate." What renders both sin and sickness difficult of cure is, that the human mind is the sinner, disinclined to self-correction, and believing that the body can be sick independently of mortal mind and that the divine Mind has no jurisdiction over the body.

Sickness akin to sin

Why pray for the recovery of the sick, if you are without faith in God's willingness and ability to heal them? If you do believe in God, why do you substitute drugs for the Almighty's power, and employ means which lead only into material ways of obtaining help, instead of turning in time of need to God, divine Love, who is an ever-present help?

Treat a belief in sickness as you would sin, with sudden dismissal. Resist the temptation to believe in matter as intelligent, as having sensation or power.

The Scriptures say, "They that wait upon the Lord ... shall run, and not be weary; and they shall walk, and not faint." The meaning of that passage is not perverted by applying it literally to moments of fatigue, for the moral and physical are as one in their results. When we wake to the truth of being, all disease, es inteligente. La mente mortal lleva a cabo la conversación falsa, y aquello que afirma el cansancio, produjo ese cansancio.

La Mente jamás se fatiga

Tú no dices que una rueda está fatigada; y sin embargo, el cuerpo es tan material como la rueda. Si no fuera por lo que la mente humana dice del cuerpo, el cuerpo, igual que la rueda inanimada, nunca se cansaría. Tener consciencia de la Verdad nos descansa más que horas de reposo en la inconsciencia.

Coalición del pecado y la enfermedad

Se supone que el cuerpo dice: "Estoy enfermo". Los informes de la enfermedad pueden formar una coalición con los informes del pecado, y decir: "Soy la malicia, la lujuria, el apetito, la envidia, el odio". Lo que hace que tanto el pecado como la enfermedad sean difíciles de curar es que la mente humana es la pecadora, reacia a corregirse a sí misma, y cree que el cuerpo puede enfermarse independientemente de la mente mortal y que la Mente divina no tiene jurisdicción sobre el cuerpo.

La enfermedad afín al pecado

¿Por qué orar por la recuperación de los enfermos, si no tienes fe en la buena voluntad y capacidad de Dios para sanarlos? Si crees en Dios, ¿por qué sustituyes con medicamentos el poder del Todopoderoso, y empleas medios que conducen sólo a modos materiales de obtener ayuda, en vez de volverte en la hora de necesidad hacia Dios, el Amor divino, que es un socorro siempre presente?

Trata una creencia en la enfermedad como tratarías el pecado, con rechazo súbito. Resiste la tentación de creer en la materia como si fuera inteligente, como si tuviera sensación o poder.

Las Escrituras dicen: "Los que esperan a Jehová... correrán, y no se cansarán; caminarán, y no se fatigarán". El significado de ese pasaje no se pervierte al aplicarlo literalmente a los momentos de fatiga, porque lo moral y lo físico son como uno en sus resultados. Cuando despertemos a la verdad del ser, pain, weakness, weariness, sorrow, sin, death, will be unknown, and the mortal dream will forever cease. My method of treating fatigue applies to all bodily ailments, since Mind should be, and is, supreme, absolute, and final.

Affirmation and result

In mathematics, we do not multiply when we should subtract, and then say the product is correct. No more can we say in Science that muscles give strength, that nerves give pain or pleasure, or that matter governs, and then expect that the result will be harmony. Not muscles, nerves, nor bones, but mortal mind makes the whole body "sick, and the whole heart faint;" whereas divine Mind heals.

When this is understood, we shall never affirm concerning the body what we do not wish to have manifested. We shall not call the body weak, if we would have it strong; for the belief in feebleness must obtain in the human mind before it can be made manifest on the body, and the destruction of the belief will be the removal of its effects. Science includes no rule of discord, but governs harmoniously. "The wish," says the poet, "is ever father to the thought."

Scientific beginning

We may hear a sweet melody, and yet misunderstand the science that governs it. Those who are healed through metaphysical Science, not comprehending the Principle of the cure, may misunderstand it, and impute their recovery to change of air or diet, not rendering to God the honor due to Him alone. Entire immunity from the belief in sin, suffering, and death may not be reached at this period, but we may look for an abatement of these evils; and this scientific beginning is in the right direction.

toda enfermedad, dolor, debilidad, cansancio, pesar, pecado, muerte, serán desconocidos, y el sueño mortal cesará para siempre. Mi método de tratar la fatiga se aplica a todas las dolencias corporales, puesto que la Mente debería ser, y es, suprema, absoluta y definitiva.

Afirmación y resultado

En matemática, no multiplicamos cuando debiéramos restar, y luego decimos que el producto es correcto. Tampoco podemos decir en la Ciencia que los músculos dan fuerzas, que los nervios dan dolor o placer, o que la materia gobierna, y luego esperar que el resultado sea la armonía. No son los músculos, los nervios, ni los huesos, sino la mente mortal la que hace que todo el cuerpo esté "enfermo, y todo el corazón desfallecido"*; mientras que la Mente divina sana.

Cuando esto sea entendido, nunca afirmaremos con respecto al cuerpo lo que no deseamos ver manifestado. No llamaremos débil al cuerpo, si lo queremos fuerte; porque la creencia en la debilidad tiene que encontrarse en la mente humana antes de que pueda manifestarse en el cuerpo, y la destrucción de la creencia será la eliminación de sus efectos. La Ciencia no incluye reino de discordia, sino que gobierna armoniosamente. "El deseo", dice el poeta, "es siempre padre del pensamiento".

Comienzo científico

Podemos oír una dulce melodía y, sin embargo, malentender la ciencia que la gobierna. Aquellos que son sanados a través de la Ciencia metafísica, al no comprender el Principio de la curación, pueden malentenderlo, y atribuir su recuperación a un cambio de aire o de dieta, sin rendirle a Dios el honor debido a Él solo. La inmunidad completa contra la creencia en el pecado, el sufrimiento y la muerte puede que no se alcance en este período, pero podemos esperar una disminución de estos males; y este comienzo científico está en la dirección correcta.

*Según la versión King James de la Biblia

Hygiene ineffectual

We hear it said: "I exercise daily in the open air. I take cold baths, in order to overcome a predisposition to take cold; and yet I have continual colds, catarrh, and cough." Such admissions ought to open people's eyes to the inefficacy of material hygiene, and induce sufferers to look in other directions for cause and cure.

Instinct is better than misguided reason, as even nature declares. The violet lifts her blue eye to greet the early spring. The leaves clap their hands as nature's untired worshippers. The snowbird sings and soars amid the blasts; he has no catarrh from wet feet, and procures a summer residence with more ease than a nabob. The atmosphere of the earth, kinder than the atmosphere of mortal mind, leaves catarrh to the latter. Colds, coughs, and contagion are engendered solely by human theories.

The reflex phenomena

Mortal mind produces its own phenomena, and then charges them to something else,—like a kitten glancing into the mirror at itself and thinking it sees another kitten.

A clergyman once adopted a diet of bread and water to increase his spirituality. Finding his health failing, he gave up his abstinence, and advised others never to try dietetics for growth in grace.

Volition far-reaching

The belief that either fasting or feasting makes men better morally or physically is one of the fruits of "the tree of the knowledge of good and evil," concerning which God said, "Thou shalt not eat of it." Mortal mind forms all conditions of the mortal body, and controls the stomach, bones, lungs, heart, blood, etc., as directly as the volition or will moves the hand.

La higiene es ineficaz

Oímos decir: “Diariamente hago ejercicios al aire libre. Tomo baños fríos para vencer una predisposición a resfriarme; y sin embargo, tengo continuos resfriados, catarros y tos”. Tales admisiones debieran abrirle los ojos a la gente sobre la ineficacia de la higiene material, e inducir a los sufrientes a buscar la causa y la cura en otras direcciones.

El instinto es mejor que la razón mal dirigida, como lo declara la naturaleza misma. La violeta alza sus ojos azules para saludar la primavera temprana. Las hojas aplauden cual adoradoras incansables de la naturaleza. El pinzón de las nieves canta y se remonta entre ráfagas de viento; no tiene catarro por haberse mojado las patas, y consigue una residencia de verano con más facilidad que un nabab. La atmósfera de la tierra, más benigna que la atmósfera de la mente mortal, le deja a esta el catarro. Los resfriados, la tos y el contagio son engendrados únicamente por las teorías humanas.

Los fenómenos reflejados

La mente mortal produce sus propios fenómenos, y luego los atribuye a otra cosa, como un gatito que se mira en el espejo y piensa que ve otro gatito.

Una vez un clérigo adoptó una dieta de pan y agua para aumentar su espiritualidad. Al encontrar que su salud se debilitaba, abandonó su abstinencia, y aconsejó a otros que nunca recurrieran a la dietética para crecer en gracia.

El gran alcance de la volición

La creencia de que el ayuno o la comida abundante mejora a los hombres moral o físicamente es uno de los frutos del “árbol del conocimiento del bien y del mal”*, del cual Dios dijo: “No comeréis de él”. La mente mortal forma todas las condiciones del cuerpo mortal y controla el estómago, los huesos, los pulmones, el corazón, la sangre, etc., tan directamente como la volición o la voluntad mueve la mano.

*Según la versión King James de la Biblia

Starvation and dyspepsia

I knew a person who when quite a child adopted the Graham system to cure dyspepsia. For many years, he ate only bread and vegetables, and drank nothing but water. His dyspepsia increasing, he decided that his diet should be more rigid, and thereafter he partook of but one meal in twenty-four hours, this meal consisting of only a thin slice of bread without water. His physician also recommended that he should not wet his parched throat until three hours after eating. He passed many weary years in hunger and weakness, almost in starvation, and finally made up his mind to die, having exhausted the skill of the doctors, who kindly informed him that death was indeed his only alternative. At this point Christian Science saved him, and he is now in perfect health without a vestige of the old complaint.

He learned that suffering and disease were the self-imposed beliefs of mortals, and not the facts of being; that God never decreed disease, — never ordained a law that fasting should be a means of health. Hence semi-starvation is not acceptable to wisdom, and it is equally far from Science, in which being is sustained by God, Mind. These truths, opening his eyes, relieved his stomach, and he ate without suffering, "giving God thanks;" but he never enjoyed his food as he had imagined he would when, still the slave of matter, he thought of the flesh-pots of Egypt, feeling childhood's hunger and undisciplined by self-denial and divine Science.

Mind and stomach

This new-born understanding, that neither food nor the stomach, without the consent of mortal mind, can make one suffer, brings with it another lesson, — that gluttony is a sensual illusion, and

Inanición y dispepsia

Conocí a una persona que desde la niñez adoptó el sistema de Graham para curar la dispepsia. Durante muchos años, sólo comió pan y verduras, y no bebió más que agua. Habiéndose agravado su dispepsia, decidió que su dieta debía ser más estricta, y de ahí en adelante tomó sólo una comida cada veinticuatro horas, esta comida consistía en una sola rebanada delgada de pan, sin agua. Su médico también le recomendó que no mojara su reseca garganta hasta después de tres horas de haber comido. Pasó muchos penosos años hambriento y débil, casi en estado de inanición, y finalmente decidió morir, habiendo agotado la pericia de los médicos, quienes bondadosamente le informaron que su única alternativa era ciertamente la muerte. En este punto la Ciencia Cristiana lo salvó, y ahora goza de perfecta salud, sin vestigio alguno del antiguo padecimiento.

Él aprendió que el sufrimiento y la enfermedad eran las creencias que los mortales se imponen a sí mismos y no las verdades del ser; que Dios jamás decretó la enfermedad, jamás promulgó una ley por la cual el ayuno debiera ser un medio de obtener la salud. De ahí que la casi inanición no es aceptable para la sabiduría, y está igualmente lejos de la Ciencia, en la cual el ser está sostenido por Dios, la Mente. Estas verdades, al abrirle los ojos, le aliviaron el estómago, y comió sin sufrimiento, "dando gracias a Dios"; pero nunca disfrutó de su alimento como había imaginado que lo haría cuando, aún esclavo de la materia, pensaba en las ollas de carne de Egipto, sintiendo el hambre de la niñez y sin estar disciplinado por la negación del yo y la Ciencia divina.

La mente y el estómago

Esta comprensión recién nacida, de que ni los alimentos ni el estómago, sin el consentimiento de la mente mortal, pueden hacer que uno sufra, trae consigo otra lección: que la gula es una ilusión sensual, that this phantasm of mortal mind disappears as we better apprehend our spiritual existence and ascend the ladder of life.

This person learned that food affects the body only as mortal mind has its material methods of working, one of which is to believe that proper food supplies nutriment and strength to the human system. He learned also that mortal mind makes a mortal body, whereas Truth regenerates this fleshly mind and feeds thought with the bread of Life.

Food had less power to help or to hurt him after he had availed himself of the fact that Mind governs man, and he also had less faith in the so-called pleasures and pains of matter. Taking less thought about what he should eat or drink, consulting the stomach less about the economy of living and God more, he recovered strength and flesh rapidly. For many years he had been kept alive, as was believed, only by the strictest adherence to hygiene and drugs, and yet he continued ill all the while. Now he dropped drugs and material hygiene, and was well.

He learned that a dyspeptic was very far from being the image and likeness of God,—far from having "dominion over the fish of the sea, and over the fowl of the air, and over the cattle," if eating a bit of animal flesh could overpower him. He finally concluded that God never made a dyspeptic, while fear, hygiene, physiology, and physics had made him one, contrary to His commands.

Life only in Spirit

In seeking a cure for dyspepsia consult matter not at all, and eat what is set before you, "asking no question for conscience sake." We must destroy the false belief that life and intelligence are in y que este fantasma de la mente mortal desaparece a medida que comprendemos mejor nuestra existencia espiritual y ascendemos la escala de la vida.

Esta persona aprendió que el alimento afecta el cuerpo sólo porque la mente mortal tiene sus métodos materiales de operación, uno de los cuales es creer que el alimento apropiado suministra nutrición y fuerza al organismo humano. También aprendió que la mente mortal hace un cuerpo mortal, en tanto que la Verdad regenera esa mente carnal y alimenta el pensamiento con el pan de la Vida.

El alimento tuvo menos poder para ayudarlo o perjudicarlo después que se valió del hecho de que la Mente gobierna al hombre, y que también tuvo menos fe en los así llamados placeres y dolores de la materia. Afanándose menos por lo que había de comer o beber, consultando menos el estómago y más a Dios sobre la economía de vivir, recuperó sus fuerzas y peso rápidamente. Por muchos años había sido mantenido vivo, según se creía, sólo por haberse adherido más estrictamente a la higiene y a los medicamentos y, sin embargo, seguía enfermo todo el tiempo. Entonces abandonó los medicamentos y la higiene material y quedó sano.

Aprendió que un dispéptico estaba muy lejos de ser la imagen y semejanza de Dios, lejos de "[señorear] en los peces del mar, en las aves de los cielos, en las bestias", si comer un trozo de carne animal podía dominarlo. Finalmente llegó a la conclusión de que Dios jamás hizo un dispéptico, mientras que el temor, la higiene, la fisiología y la física habían hecho que él lo fuera, en contra de los mandatos de Dios.

Sólo en el Espíritu hay vida

Al buscar una cura para la dispepsia, no consultes en manera alguna la materia, y come lo que te pongan delante "sin preguntar nada por motivos de conciencia". Tenemos que destruir la creencia falsa de que la vida y la inteligencia están en la materia, y plantarnos matter, and plant ourselves upon what is pure and perfect. Paul said, "Walk in the Spirit, and ye shall not fulfil the lust of the flesh." Sooner or later we shall learn that the fetters of man's finite capacity are forged by the illusion that he lives in body instead of in Soul, in matter instead of in Spirit.

Soul greater than body

Matter does not express Spirit. God is infinite omnipresent Spirit. If Spirit is *all* and is everywhere, what and where is matter? Remember that truth is greater than error, and we cannot put the greater into the less. Soul is Spirit, and Spirit is greater than body. If Spirit were once within the body, Spirit would be finite, and therefore could not be Spirit.

The question of the ages

The question, "What is Truth," convulses the world. Many are ready to meet this inquiry with the assurance which comes of understanding; but more are blinded by their old illusions, and try to "give it pause." "If the blind lead the blind, both shall fall into the ditch."

The efforts of error to answer this question by some *ology* are vain. Spiritual rationality and free thought accompany approaching Science, and cannot be put down. They will emancipate humanity, and supplant unscientific means and so-called laws.

Heralds of Science

Peals that should startle the slumbering thought from its erroneous dream are partially unheeded; but the last trump has not sounded, or this would not be so. Marvels, calamities, and sin will much more abound as truth urges upon mortals its resisted claims; but the awful daring of sin destroys sin, and foreshadows the triumph of truth. God will overturn, until "He come whose right it is." Longevity en lo que es puro y perfecto. Pablo dijo: "Andad en el Espíritu, y no satisfagáis los deseos de la carne". Tarde o temprano aprenderemos que las cadenas de la capacidad finita del hombre son forjadas por la ilusión de que él vive en el cuerpo, no en el Alma, en la materia, no en el Espíritu.

El Alma, mayor que el cuerpo

La materia no expresa el Espíritu. Dios es el Espíritu infinito y omnipresente. Si el Espíritu es *todo* y está en todas partes, ¿qué es y dónde está la materia? Recuerda que la verdad es mayor que el error, y no podemos poner lo mayor dentro de lo menor. El Alma es el Espíritu, y el Espíritu es mayor que el cuerpo. Si el Espíritu alguna vez estuvo dentro del cuerpo, el Espíritu sería finito, y por lo tanto, no podría ser Espíritu.

La pregunta de las épocas

La pregunta: "¿Qué es la Verdad?" convulsiona el mundo. Muchos están prontos para dar respuesta a esta pregunta con la seguridad que proviene de la comprensión; pero son más los que están cegados por sus antiguas ilusiones y tratan de "demorar la respuesta". "Si el ciego guiare al ciego, ambos caerán en el hoyo".

Los esfuerzos del error para responder esta pregunta mediante alguna *ología* son vanos. La racionalidad espiritual y el libre pensamiento acompañan la Ciencia que está aproximándose y no pueden ser reprimidos. Ellos emanciparán a la humanidad, y reemplazarán los métodos no científicos y las así llamadas leyes.

Heraldos de la Ciencia

Las campanadas que debieran despertar el pensamiento adormecido de su sueño erróneo son parcialmente desoídas; pero la final trompeta no ha sonado, o esto no sería así. Maravillas, calamidades y pecados abundarán mucho más a medida que la verdad urja a los mortales con sus reivindicaciones resistidas; pero la terrible osadía del pecado destruye el pecado, y presagia el triunfo de la verdad. Dios hará que haya trastorno, hasta que "venga Aquel cuyo es el derecho". La longevidad está aumentando is increasing and the power of sin diminishing, for the world feels the alterative effect of truth through every pore.

As the crude footprints of the past disappear from the dissolving paths of the present, we shall better understand the Science which governs these changes, and shall plant our feet on firmer ground. Every sensuous pleasure or pain is self-destroyed through suffering. There should be painless progress, attended by life and peace instead of discord and death.

Sectarianism and opposition

In the record of nineteen centuries, there are sects many but not enough Christianity. Centuries ago religionists were ready to hail an anthropomorphic God, and array His vicegerent with pomp and splendor; but this was not the manner of truth's appearing. Of old the cross was truth's central sign, and it is to-day. The modern lash is less material than the Roman scourge, but it is equally as cutting. Cold disdain, stubborn resistance, opposition from church, state laws, and the press, are still the harbingers of truth's full-orbed appearing.

A higher and more practical Christianity, demonstrating justice and meeting the needs of mortals in sickness and in health, stands at the door of this age, knocking for admission. Will you open or close the door upon this angel visitant, who cometh in the quiet of meekness, as he came of old to the patriarch at noonday?

Mental emancipation

Truth brings the elements of liberty. On its banner is the Soul-inspired motto, "Slavery is abolished." The power of God brings deliverance to the captive. No power can withstand divine Love. What is this supposed power, which opposes itself to God?

y el poder del pecado disminuyendo, pues el mundo siente el efecto alterativo de la verdad a través de todos los poros.

A medida que las crudas huellas del pasado desaparezcan de los senderos del presente que se están disolviendo, comprenderemos mejor la Ciencia que gobierna estos cambios, y plantaremos nuestros pies en terreno más firme. Todo placer o dolor sensorio se destruye a sí mismo mediante el sufrimiento. Debiera haber progreso sin dolor, acompañado de vida y paz en vez de discordia y muerte.

Sectarismo y oposición

En los registros de diecinueve siglos, hay muchas sectas pero no suficiente cristianismo. Siglos atrás, los fanáticos religiosos estaban dispuestos a aclamar a un Dios antropomórfico y ataviar a Su representante con pompa y esplendor; mas no fue esta la manera en que apareció la verdad. Antaño fue la cruz el signo central de la verdad, y lo es hoy. El látigo moderno es menos material que el azote romano, pero es igualmente cortante. El frío desdén, la resistencia obstinada, la oposición de las iglesias, de las leyes del estado y de la prensa, siguen siendo los precursores del pleno aparecer de la verdad.

Un cristianismo más elevado y más práctico, que demuestra justicia y satisface las necesidades de los mortales en la enfermedad y en la salud, se halla a la puerta de esta época, pidiendo ser admitido. ¿Vas a abrir o a cerrar la puerta a este ángel visitante, quien llega en la quietud de la mansedumbre, como antaño vino al patriarca a mediodía?

Emancipación mental

La Verdad trae los elementos de la libertad. Sobre su estandarte está el lema inspirado por el Alma: “La esclavitud está abolida”. El poder de Dios libera al cautivo. Ningún poder puede resistir el Amor divino. ¿Qué es este supuesto poder que se opone a Dios?

Whence cometh it? What is it that binds man with iron shackles to sin, sickness, and death? Whatever enslaves man is opposed to the divine government. Truth makes man free.

Truth's ordeal

You may know when first Truth leads by the fewness and faithfulness of its followers. Thus it is that the march of time bears onward freedom's banner. The powers of this world will fight, and will command their sentinels not to let truth pass the guard until it subscribes to their systems; but Science, heeding not the pointed bayonet, marches on. There is always some tumult, but there is a rallying to truth's standard.

Immortal sentences

The history of our country, like all history, illustrates the might of Mind, and shows human power to be proportionate to its embodiment of right thinking. A few immortal sentences, breathing the omnipotence of divine justice, have been potent to break despotic fetters and abolish the whipping-post and slave market; but oppression neither went down in blood, nor did the breath of freedom come from the cannon's mouth. Love is the liberator.

Slavery abolished

Legally to abolish unpaid servitude in the United States was hard; but the abolition of mental slavery is a more difficult task. The despotic tendencies, inherent in mortal mind and always germinating in new forms of tyranny, must be rooted out through the action of the divine Mind.

Men and women of all climes and races are still in bondage to material sense, ignorant how to obtain their freedom. The rights of man were vindicated in a single section and on the lowest plane of human life, when Afri-

¿De dónde viene? ¿Qué es aquello que ata al hombre con cadenas de hierro al pecado, la enfermedad y la muerte? Todo lo que esclavice al hombre es opuesto al gobierno divino. La Verdad hace libre al hombre.

Ordalías de la verdad

Puedes reconocer cuando la Verdad empieza a liderar por el escaso número y la fidelidad de sus seguidores. Así es como la marcha del tiempo lleva hacia adelante el estandarte de la libertad. Los poderes de este mundo lucharán, y ordenarán a sus centinelas que no dejen que la verdad trasponga la guardia hasta que se suscriba a sus sistemas; pero la Ciencia, no haciendo caso a las bayonetas caladas, sigue su marcha. Siempre hay algún tumulto, pero hay quienes cierran filas alrededor del estandarte de la verdad.

Frases inmortales

La historia de los Estados Unidos, como toda historia, ilustra el poder de la Mente, y muestra que el poder humano es proporcional al modo correcto de pensar que incorpora. Unas pocas frases inmortales, exhalando la omnipotencia de la justicia divina, han sido potentes como para romper cadenas despóticas y abolir el poste de azotar y el mercado de esclavos; pero la opresión no terminó a causa del derramamiento de sangre, ni salió el soplo de la libertad de la boca del cañón. El Amor es el libertador.

La esclavitud abolida

La abolición legal de la servidumbre no remunerada en los Estados Unidos fue difícil; pero la abolición de la esclavitud mental es tarea más ardua. Las tendencias despóticas, inherentes a la mente mortal y que continuamente germinan en nuevas formas de tiranía, tienen que ser desarraigadas mediante la acción de la Mente divina.

Hombres y mujeres de todas las regiones y las razas todavía son esclavos del sentido material, ignorantes de cómo obtener su libertad. Los derechos del hombre fueron vindicados en una sola región y en el plano más bajo de la vida humana, can slavery was abolished in our land. That was only prophetic of further steps towards the banishment of a world-wide slavery, found on higher planes of existence and under more subtle and depraving forms.

Liberty's crusade

The voice of God in behalf of the African slave was still echoing in our land, when the voice of the herald of this new crusade sounded the keynote of universal freedom, asking a fuller acknowledgment of the rights of man as a Son of God, demanding that the fetters of sin, sickness, and death be stricken from the human mind and that its freedom be won, not through human warfare, not with bayonet and blood, but through Christ's divine Science.

Cramping systems

God has built a higher platform of human rights, and He has built it on diviner claims. These claims are not made through code or creed, but in demonstration of "on earth peace, good-will toward men." Human codes, scholastic theology, material medicine and hygiene, fetter faith and spiritual understanding. Divine Science rends asunder these fetters, and man's birthright of sole allegiance to his Maker asserts itself.

I saw before me the sick, wearing out years of servitude to an unreal master in the belief that the body governed them, rather than Mind.

House of bondage

The lame, the deaf, the dumb, the blind, the sick, the sensual, the sinner, I wished to save from the slavery of their own beliefs and from the educational systems of the Pharaohs, who to-day, as of yore, hold the children of Israel in bondage. I saw before me the awful conflict, the Red Sea and the wilderness; but I pressed on through faith in God, trusting Truth, the strong deliverer, to guide me into the land cuando la esclavitud africana fue abolida en los Estados Unidos. Eso sólo fue un presagio de más pasos hacia la proscripción de una esclavitud mundial, que se halla en planos más elevados de la existencia y bajo formas más sutiles y depravadoras.

Cruzada de la libertad

La voz de Dios a favor del esclavo africano aún resonaba en los Estados Unidos, cuando la voz del heraldo de esta nueva cruzada dio la nota tónica de la libertad universal, pidiendo un reconocimiento más pleno de los derechos del hombre como Hijo de Dios, exigiendo que las cadenas del pecado, la enfermedad y la muerte fueran removidas de la mente humana y que su libertad fuera ganada, no mediante la guerra entre los hombres, no con bayoneta y sangre, sino mediante la Ciencia divina del Cristo.

Sistemas que obstaculizan

Dios ha construido una plataforma más elevada de derechos humanos, y la ha construido sobre reivindicaciones más divinas. Estas reivindicaciones no son hechas por medio de códigos o credos, sino en demostración de "en la tierra paz, buena voluntad para con los hombres". Los códigos humanos, la teología escolástica, la medicina y la higiene materiales encadenan la fe y la comprensión espiritual. La Ciencia divina parte estas cadenas, y el derecho inherente del hombre de tributar homenaje sólo a su Hacedor se impone a sí mismo.

Vi ante mí a los enfermos, consumiendo años de servidumbre a un amo irreal en la creencia de que los gobernaba el cuerpo, en vez de la Mente.

Casa de servidumbre

A los lisiados, los sordos, los mudos, los ciegos, los enfermos, los sensuales, los pecadores, quise salvar de la esclavitud de sus propias creencias y de los sistemas educativos de los faraones, quienes hoy, como antaño, mantienen a los hijos de Israel en servidumbre. Vi ante mí el terrible conflicto, el Mar Rojo y el desierto; pero seguí avanzando con fe en Dios, confiando en la Verdad, el fuerte libertador, para que me guiara hacia of Christian Science, where fetters fall and the rights of man are fully known and acknowledged.

Higher law ends bondage

I saw that the law of mortal belief included all error, and that, even as oppressive laws are disputed and mortals are taught their right to freedom, so the claims of the enslaving senses must be denied and superseded. The law of the divine Mind must end human bondage, or mortals will continue unaware of man's inalienable rights and in subjection to hopeless slavery, because some public teachers permit an ignorance of divine power, — an ignorance that is the foundation of continued bondage and of human suffering.

Native freedom

Discerning the rights of man, we cannot fail to foresee the doom of all oppression. Slavery is not the legitimate state of man. God made man free. Paul said, "I was free born." All men should be free. "Where the Spirit of the Lord is, there is liberty." Love and Truth make free, but evil and error lead into captivity.

Standard of liberty

Christian Science raises the standard of liberty and cries: "Follow me! Escape from the bondage of sickness, sin, and death!" Jesus marked out the way. Citizens of the world, accept the "glorious liberty of the children of God," and be free! This is your divine right. The illusion of material sense, not divine law, has bound you, entangled your free limbs, crippled your capacities, enfeebled your body, and defaced the tablet of your being.

If God had instituted material laws to govern man, disobedience to which would have made man ill, Jesus would not have disregarded those laws by healing in la tierra de la Ciencia Cristiana, donde las cadenas caen y los derechos del hombre son plenamente conocidos y reconocidos.

La ley superior acaba con la servidumbre

Vi que la ley de la creencia mortal incluía todo error, y que así como las leyes opresoras son combatidas y se les enseña a los mortales su derecho a la libertad, así las pretensiones de los sentidos que esclavizan deben ser negadas y reemplazadas. La ley de la Mente divina tiene que acabar con la servidumbre humana, o los mortales continuarán sin conocer los derechos inalienables del hombre y sujetos a una esclavitud sin esperanza, porque algunos educadores públicos permiten una ignorancia respecto al poder divino, una ignorancia que es el fundamento de continua servidumbre y de sufrimiento humano.

Libertad nativa

Al discernir los derechos del hombre, no podemos dejar de prever el fin de toda opresión. La esclavitud no es el estado legítimo del hombre. Dios hizo libre al hombre. Pablo dijo: "Soy libre de nacimiento".* Todos los hombres debieran ser libres. "Donde está el Espíritu del Señor, allí hay libertad". El Amor y la Verdad liberan, pero el mal y el error conducen al cautiverio.

Estandarte de la libertad

La Ciencia Cristiana alza el estandarte de la libertad y exclama: "¡Seguidme! ¡Escapad de la esclavitud de la enfermedad, del pecado y de la muerte!" Jesús trazó el camino. Ciudadanos del mundo, ¡aceptad la "libertad gloriosa de los hijos de Dios", y sed libres! Este es vuestro derecho divino. La ilusión del sentido material, y no la ley divina, os ha atado, enredado vuestros miembros libres, mutilado vuestras capacidades, debilitado vuestro cuerpo, y desfigurado la tabla de vuestro ser.

Si Dios hubiese instituido leyes materiales para gobernar al hombre, la desobediencia a las cuales hubiera enfermado al hombre, Jesús no hubiera desestimado esas leyes, sanando en

*Según la versión King James de la Biblia

direct opposition to them and in defiance of all material conditions.

The transmission of disease or of certain idiosyncrasies of mortal mind would be impossible if this great fact of being were learned, — namely, that nothing inharmonious can enter being, for Life *is* God.

No fleshly heredity

Heredity is a prolific subject for mortal belief to pin theories upon; but if we learn that nothing is real but the right, we shall have no dangerous inheritances, and fleshly ills will disappear.

The enslavement of man is not legitimate. It will cease when man enters into his heritage of freedom, his God-given dominion over the material senses.

God-given dominion

Mortals will some day assert their freedom in the name of Almighty God. Then they will control their own bodies through the understanding of divine Science. Dropping their present beliefs, they will recognize harmony as the spiritual reality and discord as the material unreality.

If we follow the command of our Master, "Take no thought for your life," we shall never depend on bodily conditions, structure, or economy, but we shall be masters of the body, dictate its terms, and form and control it with Truth.

There is no power apart from God. Omnipotence has all-power, and to acknowledge any other power is to dishonor God.

Priestly pride humbled

The humble Nazarene overthrew the supposition that sin, sickness, and death have power. He proved them powerless. It should have humbled the pride of the priests, when they saw the demonstration of Christianity excel the influence of their dead faith and ceremonies.

directa oposición a ellas y en desafío a todas las condiciones materiales.

No hay herencia carnal

La transmisión de la enfermedad o de ciertas idiosincrasias de la mente mortal sería imposible si se aprendiera esta gran realidad del ser, a saber, que nada inarmónico puede entrar en el ser, porque la Vida *es* Dios. La herencia es un tema prolífico para que la creencia mortal prenda sus teorías; pero si aprendemos que nada es real sino lo justo, no tendremos herencias peligrosas, y los males de la carne desaparecerán.

Dominio otorgado por Dios

La esclavización del hombre no es legítima. Cesará cuando el hombre tome posesión de su legado de libertad, su dominio dado por Dios sobre los sentidos materiales. Algún día los mortales impondrán su libertad en el nombre de Dios Todopoderoso. Entonces controlarán sus propios cuerpos mediante la comprensión de la Ciencia divina. Al abandonar sus creencias actuales, reconocerán la armonía como la realidad espiritual y la discordancia como la irrealidad material.

Si seguimos el mandato de nuestro Maestro: "No os afanéis por vuestra vida", jamás dependeremos de las condiciones, la estructura o el funcionamiento orgánico corpóreos, sino que seremos amos del cuerpo, dictaremos sus condiciones, y lo formaremos y controlaremos con la Verdad.

Orgullo sacerdotal humillado

No existe poder aparte de Dios. La omnipotencia tiene todo el poder, y reconocer cualquier otro poder es deshonrar a Dios. El humilde Nazareno derrocó la suposición de que el pecado, la enfermedad y la muerte tienen poder. Él comprobó que eran impotentes. El orgullo de los sacerdotes debió haberse sentido humillado cuando vieron que la demostración del cristianismo superaba la influencia de su fe muerta y de sus muertas ceremonias.

If Mind is not the master of sin, sickness, and death, they are immortal, for it is already proved that matter has not destroyed them, but is their basis and support.

No union of opposites

We should hesitate to say that Jehovah sins or suffers; but if sin and suffering are realities of being, whence did they emanate? God made all that was made, and Mind signifies God, — infinity, not finity. Not far removed from infidelity is the belief which unites such opposites as sickness and health, holiness and unholiness, calls both the offspring of spirit, and at the same time admits that Spirit is God, — virtually declaring Him good in one instance and evil in another.

Self-constituted law

By universal consent, mortal belief has constituted itself a law to bind mortals to sickness, sin, and death. This customary belief is misnamed material law, and the individual who upholds it is mistaken in theory and in practice. The so-called law of mortal mind, conjectural and speculative, is made void by the law of immortal Mind, and false law should be trampled under foot.

Sickness from mortal mind

If God causes man to be sick, sickness must be good, and its opposite, health, must be evil, for all that He makes is good and will stand forever. If the transgression of God's law produces sickness, it is right to be sick; and we cannot if we would, and should not if we could, annul the decrees of wisdom. It is the transgression of a belief of mortal mind, not of a law of matter nor of divine Mind, which causes the belief of sickness. The remedy is Truth, not matter, — the truth that disease is *unreal.*

Si la Mente no es el amo del pecado, la enfermedad y la muerte, ellos son inmortales, pues ya está comprobado que la materia no los ha destruido, sino que es su base y apoyo.

No hay unión entre opuestos

Debiéramos vacilar antes de decir que Jehová peca o sufre; pero si el pecado y el sufrimiento son las realidades del ser, ¿de dónde emanaron? Dios hizo todo lo que ha sido hecho, y la Mente significa Dios, la infinitud, no la finitud. No muy alejada de la infidelidad está la creencia que une a tales opuestos como la enfermedad y la salud, la santidad y la impiedad, que llama a ambos los vástagos del espíritu, y al mismo tiempo admite que el Espíritu es Dios, virtualmente declarándolo bueno en un caso y malo en el otro.

Ley constituida por sí misma

Mediante consenso universal, la creencia mortal se ha constituido a sí misma en una ley para atar a los mortales a la enfermedad, al pecado y a la muerte. Esta creencia generalizada es llamada equivocadamente ley material, y el individuo que la defiende está equivocado en la teoría y en la práctica. La así llamada ley de la mente mortal, conjetural y especulativa, es anulada por la ley de la Mente inmortal, y una ley falsa debe ser pisoteada.

La enfermedad procede de la mente mortal

Si Dios hace que el hombre enferme, la enfermedad debe ser buena, y su opuesto, la salud, debe ser mala, porque todo lo que Él crea es bueno y perdurará para siempre. Si la transgresión de la ley de Dios produce la enfermedad, es correcto enfermarse; y no podríamos si quisiéramos, y no debiéramos si pudiéramos, anular los decretos de la sabiduría. Es la transgresión de una creencia de la mente mortal, no de una ley de la materia ni de la Mente divina, lo que causa la creencia en la enfermedad. El remedio es la Verdad, no la materia, la verdad de que la enfermedad es *irreal.*

If sickness is real, it belongs to immortality; if true, it is a part of Truth. Would you attempt with drugs, or without, to destroy a quality or condition of Truth? But if sickness and sin are illusions, the awakening from this mortal dream, or illusion, will bring us into health, holiness, and immortality. This awakening is the forever coming of Christ, the advanced appearing of Truth, which casts out error and heals the sick. This is the salvation which comes through God, the divine Principle, Love, as demonstrated by Jesus.

God never inconsistent

It would be contrary to our highest ideas of God to suppose Him capable of first arranging law and causation so as to bring about certain evil results, and then punishing the helpless victims of His volition for doing what they could not avoid doing. Good is not, cannot be, the author of experimental sins. God, good, can no more produce sickness than goodness can cause evil and health occasion disease.

Mental narcotics

Does wisdom make blunders which must afterwards be rectified by man? Does a law of God produce sickness, and can man put that law under his feet by healing sickness? According to Holy Writ, the sick are never really healed by drugs, hygiene, or any material method. These merely evade the question. They are soothing syrups to put children to sleep, satisfy mortal belief, and quiet fear.

The true healing

We think that we are healed when a disease disappears, though it is liable to reappear; but we are never thoroughly healed until the liability to be ill is removed. So-called mortal mind or the mind of mortals being the remote, predisposing, and the exciting cause of all suffering, the cause of disease

Si la enfermedad es real, pertenece a la inmortalidad; si es verdadera, es parte de la Verdad. ¿Intentarías destruir, con o sin medicamentos, una cualidad o condición de la Verdad? Pero si la enfermedad y el pecado son ilusiones, el despertamiento de este sueño mortal, o ilusión, nos llevará a la salud, la santidad y la inmortalidad. Este despertamiento es el eterno advenimiento del Cristo, el aparecimiento avanzado de la Verdad, que echa fuera el error y sana a los enfermos. Esta es la salvación que viene a través de Dios, el Principio divino, el Amor, como fue demostrado por Jesús.

Dios nunca es incoherente

Sería contrario a nuestras ideas más elevadas de Dios suponerlo capaz de arreglar primero la ley y la causalidad con el fin de producir ciertos resultados malos, y luego castigar a las indefensas víctimas de Su volición por hacer lo que no podían evitar hacer. El bien no es, no puede ser, el autor de pecados experimentales. Dios, el bien, es tan incapaz de producir la enfermedad como la bondad de causar el mal y la salud de ocasionar la enfermedad.

Narcóticos mentales

¿Comete la sabiduría desatinos que más tarde deben ser rectificados por el hombre? ¿Produce una ley de Dios la enfermedad, y puede el hombre poner esa ley bajo sus pies al sanar la enfermedad? De acuerdo con las Sagradas Escrituras, los enfermos jamás son realmente sanados por los medicamentos, la higiene o cualquier otro método material. Estos meramente evaden la cuestión. Son jarabes calmantes para hacer dormir a los niños, satisfacer la creencia mortal y calmar el temor.

La curación verdadera

Creemos que estamos sanados cuando una dolencia desaparece, aunque es probable que reaparezca; pero nunca sanamos completamente hasta que la probabilidad de enfermar es eliminada. Al ser la así llamada mente mortal, o mente de los mortales, la causa remota, que predispone y es excitante de todo sufrimiento, la causa de la dolencia tiene que ser obliterada must be obliterated through Christ in divine Science, or the so-called physical senses will get the victory.

Destruction of all evil

Unless an ill is rightly met and fairly overcome by Truth, the ill is never conquered. If God destroys not sin, sickness, and death, they are not destroyed in the mind of mortals, but seem to this so-called mind to be immortal. What God cannot do, man need not attempt. If God heals not the sick, they are not healed, for no lesser power equals the infinite All-power; but God, Truth, Life, Love, does heal the sick through the prayer of the righteous.

If God makes sin, if good produces evil, if truth results in error, then Science and Christianity are helpless; but there are no antagonistic powers nor laws, spiritual or material, creating and governing man through perpetual warfare. God is not the author of mortal discords. Therefore we accept the conclusion that discords have only a fabulous existence, are mortal beliefs which divine Truth and Love destroy.

Superiority to sickness and sin

To hold yourself superior to sin, because God made you superior to it and governs man, is true wisdom. To fear sin is to misunderstand the power of Love and the divine Science of being in man's relation to God, — to doubt His government and distrust His omnipotent care. To hold yourself superior to sickness and death is equally wise, and is in accordance with divine Science. To fear them is impossible, when you fully apprehend God and know that they are no part of His creation.

Man, governed by his Maker, having no other Mind, — planted on the Evangelist's statement that "all things were made by Him [the Word of God]; and without por medio del Cristo en la Ciencia divina, o los así llamados sentidos físicos obtendrán la victoria.

Destrucción de todo mal

A menos que un mal sea debidamente enfrentado y enteramente vencido por la Verdad, ese mal nunca será derrotado. Si Dios no destruye el pecado, la enfermedad y la muerte, ellos no son destruidos en la mente de los mortales, sino que parecen ser inmortales a esta así llamada mente. Lo que Dios no puede hacer, el hombre no necesita intentarlo. Si Dios no sana a los enfermos, estos no son sanados, pues ningún poder inferior iguala el Todo-poder infinito; pero Dios, la Verdad, la Vida, el Amor, sí sana a los enfermos por medio de la oración del justo.

Si Dios crea el pecado, si el bien produce el mal, si la verdad resulta en error, entonces la Ciencia y el cristianismo están indefensos; pero no hay poderes ni leyes antagónicos, espirituales o materiales, creando y gobernando al hombre mediante una guerra perpetua. Dios no es el autor de las discordias mortales. Por tanto, aceptamos la conclusión de que las discordias sólo tienen una existencia ficticia, son creencias mortales que la Verdad y el Amor divinos destruyen.

Superioridad sobre la enfermedad y el pecado

Mantenerte superior al pecado, porque Dios te hizo superior al pecado y gobierna al hombre, es verdadera sabiduría. Temer el pecado es malentender el poder del Amor y la Ciencia divina del ser en la relación del hombre con Dios, dudar de Su gobierno y no confiar en Su cuidado omnipotente. Mantenerte superior a la enfermedad y la muerte es igualmente sabio, y está de acuerdo con la Ciencia divina. Es imposible temerlas cuando comprendes plenamente a Dios y sabes que no son parte de Su creación.

El hombre, gobernado por su Hacedor, no teniendo otra Mente —plantado en la declaración del Evangelista de que "todas las cosas por Él [el Verbo de Dios] fueron hechas, y

Him was not anything made that was made," — can triumph over sin, sickness, and death.

Denials of divine power

Many theories relative to God and man neither make man harmonious nor God lovable. The beliefs we commonly entertain about happiness and life afford no scatheless and permanent evidence of either. Security for the claims of harmonious and eternal being is found only in divine Science.

Scripture informs us that "with God all things are possible," — all good is possible to Spirit; but our prevalent theories practically deny this, and make healing possible only through matter. These theories must be untrue, for the Scripture is true. Christianity is not false, but religions which contradict its Principle are false.

In our age Christianity is again demonstrating the power of divine Principle, as it did over nineteen hundred years ago, by healing the sick and triumphing over death. Jesus never taught that drugs, food, air, and exercise could make a man healthy, or that they could destroy human life; nor did he illustrate these errors by his practice. He referred man's harmony to Mind, not to matter, and never tried to make of none effect the sentence of God, which sealed God's condemnation of sin, sickness, and death.

Signs following

In the sacred sanctuary of Truth are voices of solemn import, but we heed them not. It is only when the so-called pleasures and pains of sense pass away in our lives, that we find unquestionable signs of the burial of error and the resurrection to spiritual life.

There is neither place nor opportunity in Science for error

sin Él nada de lo que ha sido hecho, fue hecho"— puede triunfar sobre el pecado, la enfermedad y la muerte.

Negaciones del poder divino

Muchas teorías relativas a Dios y al hombre no hacen al hombre armonioso ni a Dios digno de ser amado. Las creencias que comúnmente abrigamos sobre la felicidad y la vida no proporcionan evidencia intacta y permanente de una u otra. Sólo en la Ciencia divina se encuentra la seguridad para las reivindicaciones del ser armonioso y eterno.

Las Escrituras nos informan que "todas las cosas son posibles para Dios", todo lo bueno es posible para el Espíritu; pero nuestras teorías prevalecientes prácticamente niegan esto, y hacen posible la curación sólo por medio de la materia. Estas teorías tienen que ser falsas, pues las Escrituras son verdaderas. El cristianismo no es falso, mas las religiones que contradicen su Principio son falsas.

En nuestra época, el cristianismo está demostrando de nuevo el poder del Principio divino, como lo hizo hace más de mil novecientos años, sanando a los enfermos y triunfando sobre la muerte. Jesús jamás enseñó que los medicamentos, el alimento, el aire y el ejercicio podían dar salud a un hombre, o que podían destruir la vida humana; ni ilustró estos errores mediante su práctica. Él atribuía la armonía del hombre a la Mente, no a la materia, y jamás intentó anular la sentencia de Dios, la cual selló la condenación de Dios al pecado, la enfermedad y la muerte.

Señales que siguen

En el sagrado santuario de la Verdad hay voces de solemne significado, pero no les prestamos atención. Es sólo cuando los así llamados placeres y dolores del sentido desaparecen de nuestras vidas, que encontramos señales indudables del entierro del error y de la resurrección a la vida espiritual.

No hay ni lugar ni oportunidad en la Ciencia para error de

Profession and proof

of any sort. Every day makes its demands upon us for higher proofs rather than professions of Christian power. These proofs consist solely in the destruction of sin, sickness, and death by the power of Spirit, as Jesus destroyed them. This is an element of progress, and progress is the law of God, whose law demands of us only what we can certainly fulfil.

Perfection gained slowly

In the midst of imperfection, perfection is seen and acknowledged only by degrees. The ages must slowly work up to perfection. How long it must be before we arrive at the demonstration of scientific being, no man knoweth, — not even "the Son but the Father;" but the false claim of error continues its delusions until the goal of goodness is assiduously earned and won.

Christ's mission

Already the shadow of His right hand rests upon the hour. Ye who can discern the face of the sky, — the sign material, — how much more should ye discern the sign mental, and compass the destruction of sin and sickness by overcoming the thoughts which produce them, and by understanding the spiritual idea which corrects and destroys them. To reveal this truth was our Master's mission to all mankind, including the hearts which rejected him.

Efficacy of truth

When numbers have been divided according to a fixed rule, the quotient is not more unquestionable than the scientific tests I have made of the effects of truth upon the sick. The counter fact relative to any disease is required to cure it. The utterance of truth is designed to rebuke and destroy error. Why should truth not be efficient in sickness, which is solely the result of inharmony?

1 ninguna clase. Cada día nos exige pruebas más convincentes
en lugar de profesiones de poder cristiano. Estas pruebas
3 consisten únicamente en la destrucción del
pecado, la enfermedad y la muerte mediante
el poder del Espíritu, como Jesús los destruía. Este es un
6 elemento de progreso, y el progreso es la ley de Dios, cuya ley
exige de nosotros sólo lo que ciertamente podemos cumplir.

Profesiones y pruebas

En medio de la imperfección, la perfección es vista y
9 reconocida sólo gradualmente. Las épocas tienen que laborar
lentamente hacia la perfección. Cuánto tiempo
pasará antes que lleguemos a la demostración
12 del ser científico, nadie lo sabe, ni aun "el Hijo,
sino el Padre"; pero la falsa pretensión del error continúa sus
engaños hasta que la meta de la bondad es diligentemente
15 merecida y alcanzada.

La perfección ganada lentamente

La sombra de Su diestra se posa ya sobre la hora. Tú que
sabes discernir el aspecto del cielo —la señal material— cuánto
18 más debieras discernir la señal mental, y lograr
la destrucción del pecado y de la enfermedad,
venciendo los pensamientos que los producen, y compren-
21 diendo la idea espiritual que los corrige y destruye. Revelar
esta verdad fue la misión de nuestro Maestro para toda la
humanidad, incluyendo los corazones que lo rechazaron.

La misión de Cristo

24 Cuando los números han sido divididos de acuerdo con
una regla fija, el cociente es tan incuestionable como las
pruebas científicas que yo he hecho de los efectos
27 de la verdad en los enfermos. El hecho contrario
relativo a cualquier enfermedad es requerido para curarla.
Declarar la verdad tiene por objeto reprender y destruir el
30 error. ¿Por qué no ha de ser eficaz la verdad en cuanto a la
enfermedad, la cual es sólo el resultado de la desarmonía?

Eficacia de la verdad

Spiritual draughts heal, while material lotions interfere with truth, even as ritualism and creed hamper spirituality. If we trust matter, we distrust Spirit.

Crumbs of comfort

Whatever inspires with wisdom, Truth, or Love — be it song, sermon, or Science — blesses the human family with crumbs of comfort from Christ's table, feeding the hungry and giving living waters to the thirsty.

Hospitality to health and good

We should become more familiar with good than with evil, and guard against false beliefs as watchfully as we bar our doors against the approach of thieves and murderers. We should love our enemies and help them on the basis of the Golden Rule; but avoid casting pearls before those who trample them under foot, thereby robbing both themselves and others.

Cleansing the mind

If mortals would keep proper ward over mortal mind, the brood of evils which infest it would be cleared out. We must begin with this so-called mind and empty it of sin and sickness, or sin and sickness will never cease. The present codes of human systems disappoint the weary searcher after a divine theology, adequate to the right education of human thought.

Sin and disease must be thought before they can be manifested. You must control evil thoughts in the first instance, or they will control you in the second. Jesus declared that to look with desire on forbidden objects was to break a moral precept. He laid great stress on the action of the human mind, unseen to the senses.

Evil thoughts and aims reach no farther and do no more harm than one's belief permits. Evil thoughts, lusts, and

Las pociones espirituales sanan, mientras que las lociones materiales interfieren la verdad, así como el ritualismo y los credos obstruyen la espiritualidad. Si confiamos en la materia, no confiamos en el Espíritu.

Migajas de consuelo

Todo lo que inspire con sabiduría, Verdad o Amor —sea una canción, un sermón o la Ciencia— bendice a la familia humana con migajas de consuelo de la mesa del Cristo, alimentando a los hambrientos y dando agua viva a los sedientos.

Hospitalidad para la salud y el bien

Debiéramos familiarizarnos más con el bien que con el mal, y guardarnos de las creencias falsas con tanta vigilancia como aseguramos nuestras puertas contra la intrusión de ladrones y asesinos. Debiéramos amar a nuestros enemigos y ayudarlos sobre la base de la Regla de Oro; pero evitar echar perlas delante de aquellos que las pisotean, así robándose a sí mismos y a otros.

Purificando la mente

Si los mortales mantuvieran una vigilancia adecuada sobre la mente mortal, la cría de males que la infestan sería expulsada. Tenemos que comenzar con esta así llamada mente y vaciarla de pecado y enfermedad, o el pecado y la enfermedad jamás cesarán. Los códigos actuales de los sistemas humanos desilusionan al fatigado buscador de una teología divina, adecuada para la educación correcta del pensamiento humano.

El pecado y la enfermedad tienen que ser pensados antes de que puedan manifestarse. Tienes que controlar los pensamientos malos en el primer momento, o ellos te controlarán en el segundo. Jesús declaró que mirar cosas prohibidas para codiciarlas era quebrantar un precepto moral. Él ponía mucho énfasis en la acción de la mente humana, invisible a los sentidos.

Los pensamientos y propósitos malos no tienen más alcance ni hacen más daño de lo que la creencia de uno permite. Los malos pensamientos, las concupiscencias y los malicious purposes cannot go forth, like wandering pollen, from one human mind to another, finding unsuspected lodgment, if virtue and truth build a strong defence. Better suffer a doctor infected with smallpox to attend you than to be treated mentally by one who does not obey the requirements of divine Science.

Teachers' functions

The teachers of schools and the readers in churches should be selected with as direct reference to their morals as to their learning or their correct reading. Nurseries of character should be strongly garrisoned with virtue. School-examinations are one-sided; it is not so much academic education, as a moral and spiritual culture, which lifts one higher. The pure and uplifting thoughts of the teacher, constantly imparted to pupils, will reach higher than the heavens of astronomy; while the debased and unscrupulous mind, though adorned with gems of scholarly attainment, will degrade the characters it should inform and elevate.

Physicians' privilege

Physicians, whom the sick employ in their helplessness, should be models of virtue. They should be wise spiritual guides to health and hope. To the tremblers on the brink of death, who understand not the divine Truth which is Life and perpetuates being, physicians should be able to teach it. Then when the soul is willing and the flesh weak, the patient's feet may be planted on the rock Christ Jesus, the true idea of spiritual power.

Clergymen's duty

Clergymen, occupying the watchtowers of the world, should uplift the standard of Truth. They should so raise their hearers spiritually, that their listeners will love to grapple with a new, right idea and broaden their concepts. Love of Christianity, rather propósitos maliciosos no pueden ir, cual polen errante, de una mente humana a otra, encontrando alojamiento insospechado, si la virtud y la verdad construyen una fuerte defensa. Es mejor consentir que un médico infectado de viruela te asista que ser tratado mentalmente por alguien que no obedece los requerimientos de la Ciencia divina.

Funciones de los maestros

Los maestros de escuela y los lectores en las iglesias debieran ser elegidos tomando en cuenta su moral tan directamente como su cultura o su capacidad para leer correctamente. Los semilleros del carácter debieran ser fuertemente guarnecidos con virtud. Los exámenes escolares son unilaterales; no es tanto la educación académica como una cultura moral y espiritual, lo que lo eleva más a uno. Los pensamientos puros y enaltecedores del maestro, constantemente impartidos a los alumnos, llegarán más alto que los cielos de la astronomía; mientras que la mente envilecida e inescrupulosa, aunque adornada con gemas de erudición, degradará los caracteres que debe instruir y elevar.

Privilegio de los médicos

Los médicos, a quienes recurren los enfermos en su indefensión, debieran ser modelos de virtud. Debieran ser sabios guías espirituales hacia la salud y la esperanza. A los que tiemblan al borde de la tumba, quienes no comprenden la Verdad divina que es la Vida y que perpetúa el ser, los médicos debieran ser capaces de enseñarla. Entonces, cuando el alma está dispuesta y la carne es débil, los pies del paciente pueden ser plantados en la roca, Cristo Jesús, la idea verdadera del poder espiritual.

El deber de los clérigos

Los clérigos, que son los que ocupan las atalayas del mundo, debieran alzar el estandarte de la Verdad. Debieran elevar espiritualmente a sus oyentes de tal modo que les guste lidiar con una idea nueva y correcta y ampliar sus conceptos. El amor al cristianismo, than love of popularity, should stimulate clerical labor and progress. Truth should emanate from the pulpit, but never be strangled there. A special privilege is vested in the ministry. How shall it be used? Sacredly, in the interests of humanity, not of sect.

Is it not professional reputation and emolument rather than the dignity of God's laws, which many leaders seek? Do not inferior motives induce the infuriated attacks on individuals, who reiterate Christ's teachings in support of his proof by example that the divine Mind heals sickness as well as sin?

A mother's responsibility

A mother is the strongest educator, either for or against crime. Her thoughts form the embryo of another mortal mind, and unconsciously mould it, either after a model odious to herself or through divine influence, "according to the pattern showed to thee in the mount." Hence the importance of Christian Science, from which we learn of the one Mind and of the availability of good as the remedy for every woe.

Children's tractability

Children should obey their parents; insubordination is an evil, blighting the buddings of self-government. Parents should teach their children at the earliest possible period the truths of health and holiness. Children are more tractable than adults, and learn more readily to love the simple verities that will make them happy and good.

Jesus loved little children because of their freedom from wrong and their receptiveness of right. While age is halting between two opinions or battling with false beliefs, youth makes easy and rapid strides towards Truth.

más bien que el amor a la popularidad, debiera estimular la labor y el progreso clericales. La verdad debiera emanar del púlpito, pero jamás ser estrangulada allí. Un privilegio especial se ha conferido al ministerio del evangelio. ¿Cómo ha de usarse? Sagradamente, en interés de la humanidad, no de las sectas.

¿No es la reputación profesional y los emolumentos, en vez de la dignidad de las leyes de Dios, lo que muchos líderes buscan? ¿No son los motivos inferiores los que inducen los ataques enfurecidos contra los individuos que reiteran las enseñanzas de Cristo, en apoyo de su prueba mediante el ejemplo de que la Mente divina sana tanto la enfermedad como el pecado?

La responsabilidad de la madre

Una madre es el educador más poderoso, ya sea a favor o en contra del crimen. Sus pensamientos forman el embrión de otra mente mortal, e inconscientemente la moldean, ya sea por un modelo que le es odioso o por medio de la influencia divina, "conforme al modelo que se te ha mostrado en el monte". De ahí la importancia de la Ciencia Cristiana, de la cual aprendemos acerca de la Mente única y la disponibilidad del bien como el remedio contra toda congoja.

La docilidad de los niños

Los hijos debieran obedecer a sus padres; la insubordinación es un mal que marchita los capullos del gobierno propio. Los padres debieran enseñar a sus hijos lo más temprano posible las verdades de la salud y la santidad. Los niños son más dóciles que los adultos, y aprenden más fácilmente a amar las simples verdades que los harán felices y buenos.

Jesús amaba a los niños por estar libres del mal y por su receptividad al bien. Mientras la madurez está vacilando entre dos opiniones o batallando contra falsas creencias, la juventud da pasos fáciles y rápidos hacia la Verdad.

A little girl, who had occasionally listened to my explanations, badly wounded her finger. She seemed not to notice it. On being questioned about it she answered ingenuously, “There is no sensation in matter.” Bounding off with laughing eyes, she presently added, “Mamma, my finger is not a bit sore.”

Soil and seed

It might have been months or years before her parents would have laid aside their drugs, or reached the mental height their little daughter so naturally attained. The more stubborn beliefs and theories of parents often choke the good seed in the minds of themselves and their offspring. Superstition, like “the fowls of the air,” snatches away the good seed before it has sprouted.

Teaching children

Children should be taught the Truth-cure, Christian Science, among their first lessons, and kept from discussing or entertaining theories or thoughts about sickness. To prevent the experience of error and its sufferings, keep out of the minds of your children either sinful or diseased thoughts. The latter should be excluded on the same principle as the former. This makes Christian Science early available.

Deluded invalids

Some invalids are unwilling to know the facts or to hear about the fallacy of matter and its supposed laws. They devote themselves a little longer to their material gods, cling to a belief in the life and intelligence of matter, and expect this error to do more for them than they are willing to admit the only living and true God can do. Impatient at your explanation, unwilling to investigate the Science of Mind which would rid them of their complaints, they hug false beliefs and suffer the delusive consequences.

Una niñita, que ocasionalmente había escuchado mis explicaciones, se hizo una profunda herida en un dedo. Pareció no darse cuenta. Al preguntársele sobre ello, contestó ingenuamente: “No hay sensación en la materia”. Se fue corriendo, con ojos alegres, y añadió poco después: “Mamá, el dedo no me duele”.

La tierra y la semilla

Podrían haber pasado meses o años antes de que sus padres hicieran a un lado sus medicamentos, o alcanzasen la altura mental que su hijita logró con tanta naturalidad. Las creencias y teorías más obstinadas de los padres a menudo ahogan la buena semilla en sus mentes y en las de sus vástagos. La superstición, como “las aves del cielo”, arrebata la buena semilla antes que haya brotado.

La enseñanza de los niños

A los niños debiera enseñárseles la curación-Verdad, la Ciencia Cristiana, entre sus primeras lecciones, y a evitar que hablen o abriguen teorías o pensamientos acerca de la enfermedad. Para prevenir la experiencia del error y sus sufrimientos, mantén fuera de las mentes de tus hijos los pensamientos pecaminosos o enfermizos. Estos últimos deben excluirse sobre el mismo principio que los anteriores. Esto hace la Ciencia Cristiana tempranamente accesible.

Inválidos engañados

Algunos inválidos no están dispuestos a conocer las verdades o a oír acerca de la falacia de la materia y sus supuestas leyes. Se entregan un poco más a sus dioses materiales, se aferran a una creencia de que hay vida e inteligencia en la materia, y esperan que este error haga más por ellos de lo que están dispuestos a admitir que el único Dios viviente y verdadero puede hacer. Impacientes con tus explicaciones, y no dispuestos a investigar la Ciencia de la Mente que los liberaría de sus padecimientos, abrazan las creencias falsas y sufren las consecuencias engañosas.

Patient waiting

Motives and acts are not rightly valued before they are understood. It is well to wait till those whom you would benefit are ready for the blessing, for Science is working changes in personal character as well as in the material universe.

To obey the Scriptural command, "Come out from among them, and be ye separate," is to incur society's frown; but this frown, more than flatteries, enables one to be Christian. Losing her crucifix, the Roman Catholic girl said, "I have nothing left but Christ." "If God be for us, who can be against us?"

Unimproved opportunities

To fall away from Truth in times of persecution, shows that we never understood Truth. From out the bridal chamber of wisdom there will come the warning, "I know you not." Unimproved opportunities will rebuke us when we attempt to claim the benefits of an experience we have not made our own, try to reap the harvest we have not sown, and wish to enter unlawfully into the labors of others. Truth often remains unsought, until we seek this remedy for human woe because we suffer severely from error.

Attempts to conciliate society and so gain dominion over mankind, arise from worldly weakness. He who leaves all for Christ forsakes popularity and gains Christianity.

Society and intolerance

Society is a foolish juror, listening only to one side of the case. Justice often comes too late to secure a verdict. People with mental work before them have no time for gossip about false law or testimony. To reconstruct timid justice and place the fact above the falsehood, is the work of time.

The cross is the central emblem of history. It is the lodestar in the demonstration of Christian healing,—the

Paciente espera

Los motivos y actos no son valorados correctamente antes de ser comprendidos. Es mejor esperar hasta que aquellos a quienes deseas beneficiar estén preparados para la bendición, pues la Ciencia está produciendo cambios tanto en el carácter personal como en el universo material.

Obedecer el mandato de las escrituras: "Salid de en medio de ellos, y apartaos", es incurrir en el desagrado de la sociedad; pero este desagrado, más que las lisonjas, lo capacita a uno para ser cristiano. Al perder su crucifijo, dijo la niña católica: "Nada me queda sino Cristo". "Si Dios es por nosotros, ¿quién contra nosotros?"

Oportunidades desaprovechadas

Abandonar la Verdad en tiempos de persecución muestra que nunca comprendimos la Verdad. De la cámara nupcial de la sabiduría vendrá la advertencia: "No os conozco". Las oportunidades desaprovechadas nos reprenderán cuando intentemos reclamar los beneficios de una experiencia que no hemos hecho nuestra, cuando tratemos de cosechar lo que no hemos sembrado y deseemos entrar ilícitamente en las labores de otros. La Verdad a menudo permanece sin ser buscada, hasta que buscamos este remedio para las congojas humanas porque estamos sufriendo duramente a causa del error.

Los intentos de conquistar la sociedad y así ganar el dominio sobre la humanidad, surgen de la debilidad mundana. El que deja todo por el Cristo renuncia a la popularidad y gana el cristianismo.

La sociedad y la intolerancia

La sociedad es un jurado insensato que escucha sólo a una de las partes del caso. La justicia a menudo llega demasiado tarde para obtener el veredicto. Las personas que tienen trabajo mental para hacer no tienen tiempo para murmurar acerca de leyes o testimonios falsos. Reconstruir la tímida justicia y colocar la verdad por encima de la falsedad es obra del tiempo.

La cruz es el emblema central de la historia. Es la estrella polar en la demostración de la curación cristiana, demonstration by which sin and sickness are destroyed. The sects, which endured the lash of their predecessors, in their turn lay it upon those who are in advance of creeds.

Right views of humanity

Take away wealth, fame, and social organizations, which weigh not one jot in the balance of God, and we get clearer views of Principle. Break up cliques, level wealth with honesty, let worth be judged according to wisdom, and we get better views of humanity.

The wicked man is not the ruler of his upright neighbor. Let it be understood that success in error is defeat in Truth. The watchword of Christian Science is Scriptural: "Let the wicked forsake his way, and the unrighteous man his thoughts."

Standpoint revealed

To ascertain our progress, we must learn where our affections are placed and whom we acknowledge and obey as God. If divine Love is becoming nearer, dearer, and more real to us, matter is then submitting to Spirit. The objects we pursue and the spirit we manifest reveal our standpoint, and show what we are winning.

Antagonistic sources

Mortal mind is the acknowledged seat of human motives. It forms material concepts and produces every discordant action of the body. If action proceeds from the divine Mind, action is harmonious. If it comes from erring mortal mind, it is discordant and ends in sin, sickness, death. Those two opposite sources never mingle in fount or stream. The perfect Mind sends forth perfection, for God is Mind. Imperfect mortal mind sends forth its own resemblances, of which the wise man said, "All is vanity."

la demostración mediante la cual el pecado y la enfermedad son destruidos. Las sectas, que soportaron el látigo de sus predecesores, azotan a su vez con él a aquellos que han avanzado más allá de los credos.

Perspectivas correctas de la humanidad

Suprimamos la riqueza, la fama y las organizaciones sociales, que no pesan ni una pizca en la balanza de Dios, y obtenemos unas perspectivas más claras del Principio. Disolvamos las camarillas, nivelemos la riqueza con la honestidad, dejemos que el mérito sea juzgado de acuerdo con la sabiduría y obtenemos mejores perspectivas de la humanidad.

El hombre malvado no es el gobernante de su prójimo honrado. Entiéndase que el triunfo en el error es derrota en la Verdad. El lema de la Ciencia Cristiana es bíblico: "Deje el impío su camino, y el hombre inicuo sus pensamientos".

Punto de vista revelado

Para constatar nuestro progreso, debemos saber dónde están puestos nuestros afectos y a quién reconocemos y obedecemos como Dios. Si el Amor divino se nos hace más cercano, más amado y más real, la materia se está sometiendo al Espíritu. Los objetivos que perseguimos y el espíritu que manifestamos revelan nuestro punto de vista, y muestran lo que estamos ganando.

Fuentes antagónicas

La mente mortal es la sede reconocida de los motivos humanos. Forma los conceptos materiales y produce toda acción discordante del cuerpo. Si la acción procede de la Mente divina, la acción es armoniosa. Si viene de la mente mortal, que yerra, es discordante y acaba en pecado, enfermedad y muerte. Esas dos fuentes opuestas nunca se mezclan en el manantial o en la corriente. La Mente perfecta emite perfección, pues Dios es la Mente. La mente mortal e imperfecta emite sus propias semejanzas, de las cuales dijo el sabio: "Todo es vanidad".

Some lessons from nature

Nature voices natural, spiritual law and divine Love, but human belief misinterprets nature. Arctic regions, sunny tropics, giant hills, winged winds, mighty billows, verdant vales, festive flowers, and glorious heavens,—all point to Mind, the spiritual intelligence they reflect. The floral apostles are hieroglyphs of Deity. Suns and planets teach grand lessons. The stars make night beautiful, and the leaflet turns naturally towards the light.

Perpetual motion

In the order of Science, in which the Principle is above what it reflects, all is one grand concord. Change this statement, suppose Mind to be governed by matter or Soul in body, and you lose the keynote of being, and there is continual discord. Mind is perpetual motion. Its symbol is the sphere. The rotations and revolutions of the universe of Mind go on eternally.

Progress demanded

Mortals move onward towards good or evil as time glides on. If mortals are not progressive, past failures will be repeated until all wrong work is effaced or rectified. If at present satisfied with wrong-doing, we must learn to loathe it. If at present content with idleness, we must become dissatisfied with it. Remember that mankind must sooner or later, either by suffering or by Science, be convinced of the error that is to be overcome.

In trying to undo the errors of sense one must pay fully and fairly the utmost farthing, until all error is finally brought into subjection to Truth. The divine method of paying sin's wages involves unwinding one's snarls, and learning from experience how to divide between sense and Soul.

Algunas lecciones de la naturaleza

La naturaleza proclama la ley natural y espiritual y el Amor divino, pero la creencia humana interpreta mal la naturaleza. Las regiones árticas, los trópicos soleados, las montañas gigantescas, los vientos alados, las olas poderosas, los valles verdes, las flores festivas y los cielos gloriosos, todos señalan a la Mente, la inteligencia espiritual que reflejan. Los apóstoles florales son jeroglíficos de la Deidad. Los soles y planetas enseñan grandiosas lecciones. Las estrellas embellecen la noche, y las pequeñas hojas giran naturalmente hacia la luz.

Movimiento perpetuo

En el orden de la Ciencia, en el cual el Principio está por encima de lo que refleja, todo es una grandiosa armonía. Cambia esta declaración, supón que la Mente es gobernada por la materia o que el Alma está en el cuerpo, y pierdes la nota tónica del ser y hay discordia continua. La Mente es movimiento perpetuo. Su símbolo es la esfera. Las rotaciones y revoluciones del universo de la Mente continúan eternamente.

Se exige progreso

Los mortales avanzan hacia el bien o hacia el mal a medida que el tiempo se desliza. Si los mortales no son progresivos, los fracasos pasados serán repetidos hasta que toda labor equivocada sea borrada o rectificada. Si ahora estamos satisfechos con obrar mal, tenemos que aprender a detestar esto. Si ahora estamos contentos con la ociosidad, tenemos que descontentarnos con ella. Recuerda que la humanidad debe, tarde o temprano, ya sea por el sufrimiento o por la Ciencia, ser convencida del error que hay que vencer.

Al tratar de deshacer los errores del sentido, uno debe pagar plena y honradamente hasta el último cuadrante, hasta que todo error sea finalmente sometido a la Verdad. El método divino de pagar el salario del pecado entraña desenmarañar nuestros enredos y aprender por experiencia cómo distinguir entre el sentido y el Alma.

"Whom the Lord loveth He chasteneth." He, who knows God's will or the demands of divine Science and obeys them, incurs the hostility of envy; and he who refuses obedience to God, is chastened by Love.

The doom of sin

Sensual treasures are laid up "where moth and rust doth corrupt." Mortality is their doom. Sin breaks in upon them, and carries off their fleeting joys. The sensualist's affections are as imaginary, whimsical, and unreal as his pleasures. Falsehood, envy, hypocrisy, malice, hate, revenge, and so forth, steal away the treasures of Truth. Stripped of its coverings, what a mocking spectacle is sin!

Spirit transforms

The Bible teaches transformation of the body by the renewal of Spirit. Take away the spiritual signification of Scripture, and that compilation can do no more for mortals than can moonbeams to melt a river of ice. The error of the ages is preaching without practice.

The substance of all devotion is the reflection and demonstration of divine Love, healing sickness and destroying sin. Our Master said, "If ye love me, keep my commandments."

One's aim, a point beyond faith, should be to find the footsteps of Truth, the way to health and holiness. We should strive to reach the Horeb height where God is revealed; and the corner-stone of all spiritual building is purity. The baptism of Spirit, washing the body of all the impurities of flesh, signifies that the pure in heart see God and are approaching spiritual Life and its demonstration.

It is "easier for a camel to go through the eye of a needle," than for sinful beliefs to enter the kingdom of

"El Señor al que ama, disciplina". El que conoce la voluntad de Dios o las exigencias de la Ciencia divina y las obedece, incurre en la hostilidad de la envidia; y el que rehúsa obedecer a Dios es disciplinado por el Amor.

La perdición del pecado

Los tesoros sensuales están guardados "donde la polilla y el orín corrompen". La mortalidad es su perdición. El pecado los invade y les quita sus placeres fugaces. Los afectos del sensualista son tan imaginarios, caprichosos e irreales como sus placeres. La falsedad, la envidia, la hipocresía, la malicia, el odio, la venganza y demás, roban los tesoros de la Verdad. Despojado de sus vestiduras, ¡qué espectáculo tan burlesco es el pecado!

El Espíritu transforma

La Biblia enseña la transformación del cuerpo mediante la renovación que hace el Espíritu. Quítese el significado espiritual de las Escrituras, y esa compilación no puede hacer más por los mortales de lo que pueden los rayos de la luna derretir un río helado. El error de los siglos es predicar sin practicar.

La sustancia de toda devoción es el reflejo y la demostración del Amor divino, que sanan la enfermedad y destruyen el pecado. Nuestro Maestro dijo: "Si me amáis, guardad mis mandamientos".

Nuestra mira, un punto más allá de la fe, debiera ser encontrar los pasos de la Verdad, el camino a la salud y la santidad. Debiéramos esforzarnos por alcanzar la altura del Horeb donde Dios es revelado; y la piedra angular de toda construcción espiritual es la pureza. El bautismo por el Espíritu, que lava el cuerpo de todas las impurezas de la carne, significa que los de limpio corazón ven a Dios y están acercándose a la Vida espiritual y su demostración.

Es "más fácil pasar un camello por el ojo de una aguja", que entrar las creencias pecaminosas en el reino de los heaven, eternal harmony. Through repentance, spiritual baptism, and regeneration, mortals put off their material beliefs and false individuality. It is only a question of time when "they shall all know Me [God], from the least of them unto the greatest." Denial of the claims of matter is a great step towards the joys of Spirit, towards human freedom and the final triumph over the body.

Spiritual baptism

There is but one way to heaven, harmony, and Christ in divine Science shows us this way. It is to know no other reality — to have no other consciousness of life — than good, God and His reflection, and to rise superior to the so-called pain and pleasure of the senses.

The one only way

Self-love is more opaque than a solid body. In patient obedience to a patient God, let us labor to dissolve with the universal solvent of Love the adamant of error, — self-will, self-justification, and self-love, — which wars against spirituality and is the law of sin and death.

The vesture of Life is Truth. According to the Bible, the facts of being are commonly misconstrued, for it is written: "They parted my raiment among them, and for my vesture they did cast lots." The divine Science of man is woven into one web of consistency without seam or rent. Mere speculation or superstition appropriates no part of the divine vesture, while inspiration restores every part of the Christly garment of righteousness.

Divided vestments

The finger-posts of divine Science show the way our Master trod, and require of Christians the proof which he gave, instead of mere profession. We may hide

Bautismo espiritual

cielos, la armonía eterna. Por medio del arrepentimiento, el bautismo espiritual y la regeneración, los mortales se despojan de sus creencias materiales y de su falsa individualidad. Es sólo una cuestión de tiempo hasta que "todos Me [conozcan a Mí, Dios], desde el más pequeño de ellos hasta el más grande". La negación de las pretensiones de la materia es un gran paso hacia las alegrías del Espíritu, hacia la libertad humana y el triunfo final sobre el cuerpo.

El único camino

Hay un único camino que conduce al cielo, la armonía, y el Cristo en la Ciencia divina nos muestra este camino. Es no conocer otra realidad —no tener otra consciencia de la vida— que el bien, Dios y Su reflejo, y elevarse sobre los así llamados dolores y placeres de los sentidos.

El amor propio es más opaco que un cuerpo sólido. En paciente obediencia a un Dios paciente, laboremos por disolver con el solvente universal del Amor el adamante del error —la voluntad propia, la justificación propia y el amor propio— que lucha contra la espiritualidad y es la ley del pecado y la muerte.

Vestiduras divididas

El vestido de la Vida es la Verdad. Según la Biblia, las verdades del ser son comúnmente malinterpretadas, pues está escrito: "Repartieron entre sí mis vestidos, y sobre mi ropa echaron suertes". La Ciencia divina del hombre está tejida en una sola tela consistente, sin costura ni rasgón. La mera especulación o superstición no se apropia de parte alguna del divino vestido, mientras que la inspiración restaura todas las partes del manto de justicia del Cristo.

Los postes indicadores de la Ciencia divina muestran el camino por el cual anduvo nuestro Maestro, y requieren de los cristianos las pruebas que él dio, en lugar de mera profesiones de fe. Puede que ocultemos al mundo la spiritual ignorance from the world, but we can never succeed in the Science and demonstration of spiritual good through ignorance or hypocrisy.

Ancient and modern miracles

The divine Love, which made harmless the poisonous viper, which delivered men from the boiling oil, from the fiery furnace, from the jaws of the lion, can heal the sick in every age and triumph over sin and death. It crowned the demonstrations of Jesus with unsurpassed power and love. But the same "Mind … which was also in Christ Jesus" must always accompany the letter of Science in order to confirm and repeat the ancient demonstrations of prophets and apostles. That those wonders are not more commonly repeated to-day, arises not so much from lack of desire as from lack of spiritual growth.

Mental telegraphy

The clay cannot reply to the potter. The head, heart, lungs, and limbs do not inform us that they are dizzy, diseased, consumptive, or lame. If this information is conveyed, mortal mind conveys it. Neither immortal and unerring Mind nor matter, the inanimate substratum of mortal mind, can carry on such telegraphy; for God is "of purer eyes than to behold evil," and matter has neither intelligence nor sensation.

Annihilation of error

Truth has no consciousness of error. Love has no sense of hatred. Life has no partnership with death. Truth, Life, and Love are a law of annihilation to everything unlike themselves, because they declare nothing except God.

Sickness, sin, and death are not the fruits of Life. They are inharmonies which Truth destroys. Perfection does not animate imperfection. Inasmuch as God is ignorancia espiritual, pero jamás podemos tener buen éxito en la Ciencia y la demostración del bien espiritual por medio de la ignorancia o la hipocresía.

Milagros antiguos y modernos

El Amor divino, que volvió inofensiva la víbora venenosa, que libró a los hombres del aceite hirviendo, del horno de fuego ardiendo, de las fauces del león, puede sanar al enfermo en toda época y triunfar sobre el pecado y la muerte. Coronó las demostraciones de Jesús con poder y amor no superados. Pero la misma "Mente... que hubo también en Cristo Jesús"* tiene que acompañar la letra de la Ciencia a fin de confirmar y repetir las demostraciones antiguas de los profetas y apóstoles. Que esas maravillas no se repitan con mayor frecuencia hoy, proviene no tanto de la falta de deseo como de la falta de crecimiento espiritual.

Telegrafía mental

El barro no puede replicar al alfarero. La cabeza, el corazón, los pulmones, y los miembros, no nos informan que están mareados, enfermos, tuberculosos, o cojos. Si esta información es trasmitida, la mente mortal la transmite. Ni la Mente inmortal e infalible ni la materia, el substrato inanimado de la mente mortal, pueden llevar a cabo tal telegrafía; pues Dios es "muy limpio... de ojos para ver el mal", y la materia no tiene inteligencia ni sensación.

Aniquilación del error

La Verdad no tiene consciencia del error. El Amor no tiene sentido del odio. La Vida no tiene asociación con la muerte. La Verdad, la Vida y el Amor son una ley de aniquilación para todo lo que les es desemejante, porque no proclaman nada excepto a Dios.

La enfermedad, el pecado y la muerte no son los frutos de la Vida. Son discordias que la Verdad destruye. La perfección no vivifica la imperfección. Puesto que Dios

*Según la versión King James de la Biblia

good and the fount of all being, He does not produce moral or physical deformity; therefore such deformity is not real, but is illusion, the mirage of error.

Deformity and perfection

Divine Science reveals these grand facts. On their basis Jesus demonstrated Life, never fearing nor obeying error in any form.

If we were to derive all our conceptions of man from what is seen between the cradle and the grave, happiness and goodness would have no abiding-place in man, and the worms would rob him of the flesh; but Paul writes: "The law of the Spirit of life in Christ Jesus hath made me free from the law of sin and death."

Man undergoing birth, maturity, and decay is like the beasts and vegetables, — subject to laws of decay. If man were dust in his earliest stage of existence, we might admit the hypothesis that he returns eventually to his primitive condition; but man was never more nor less than man.

Man never less than man

If man flickers out in death or springs from matter into being, there must be an instant when God is without His entire manifestation, — when there is no full reflection of the infinite Mind.

Man in Science is neither young nor old. He has neither birth nor death. He is not a beast, a vegetable, nor a migratory mind. He does not pass from matter to Mind, from the mortal to the immortal, from evil to good, or from good to evil. Such admissions cast us headlong into darkness and dogma. Even Shakespeare's poetry pictures age as infancy, as helplessness and decadence, instead of assigning to man the everlasting grandeur and immortality of development, power, and prestige.

Man not evolved

es bueno y la fuente de todo el ser, Él no produce deformidad moral o física; por tanto, tal deformidad no es real, sino una ilusión, el espejismo del error. La Ciencia divina revela estas grandiosas verdades. Sobre la base de ellas Jesús demostró la Vida, sin jamás temer ni obedecer el error en forma alguna.

Deformidad y perfección

Si dedujéramos todas nuestras concepciones acerca del hombre por lo que se ve entre la cuna y la tumba, la felicidad y la bondad no tendrían morada en el hombre, y los gusanos lo despojarían de la carne; pero Pablo escribe: "La ley del Espíritu de vida en Cristo Jesús me ha librado de la ley del pecado y de la muerte".

El hombre, nunca menos que hombre

El hombre que experimenta el nacimiento, la madurez y la decadencia es como las bestias y los vegetales, sujeto a leyes de decadencia. Si el hombre fuera polvo en la primera etapa de su existencia, podríamos admitir la hipótesis de que retorna finalmente a su condición primitiva; pero el hombre jamás fue ni más ni menos que hombre.

Si el hombre se extingue en la muerte o surge de la materia hacia el ser, debe haber un instante en que Dios está sin Su completa manifestación, en que no hay pleno reflejo de la Mente infinita.

El hombre no es producto de la evolución

El hombre en la Ciencia no es ni joven ni viejo. No tiene nacimiento ni muerte. No es una bestia, un vegetal ni una mente migratoria. No pasa de la materia a la Mente, de lo mortal a lo inmortal, del mal al bien o del bien al mal. Tales admisiones nos precipitan a las tinieblas y al dogma. Hasta la poesía de Shakespeare representa la vejez como infancia, como indefensión y decadencia, en vez de asignar al hombre la grandeza eterna y la inmortalidad del desarrollo, el poder y el prestigio.

The error of thinking that we are growing old, and the benefits of destroying that illusion, are illustrated in a sketch from the history of an English woman, published in the London medical magazine called The Lancet.

Perpetual youth

Disappointed in love in her early years, she became insane and lost all account of time. Believing that she was still living in the same hour which parted her from her lover, taking no note of years, she stood daily before the window watching for her lover's coming. In this mental state she remained young. Having no consciousness of time, she literally grew no older. Some American travellers saw her when she was seventy-four, and supposed her to be a young woman. She had no care-lined face, no wrinkles nor gray hair, but youth sat gently on cheek and brow. Asked to guess her age, those unacquainted with her history conjectured that she must be under twenty.

This instance of youth preserved furnishes a useful hint, upon which a Franklin might work with more certainty than when he coaxed the enamoured lightning from the clouds. Years had not made her old, because she had taken no cognizance of passing time nor thought of herself as growing old. The bodily results of her belief that she was young manifested the influence of such a belief. She could not age while believing herself young, for the mental state governed the physical.

Impossibilities never occur. One instance like the foregoing proves it possible to be young at seventy-four; and the primary of that illustration makes it plain that decrepitude is not according to law, nor is it a necessity of nature, but an illusion.

The infinite never began nor will it ever end. Mind

El error de pensar que estamos envejeciendo, y los beneficios de destruir esa ilusión, son ilustrados en un extracto de la historia de una mujer inglesa, publicado en la revista médica llamada "The Lancet", de Londres.

Juventud perpetua

Decepcionada en amores en su juventud, enloqueció y perdió toda noción del tiempo. Creyendo que aún seguía viviendo el momento que la separó de su amado, sin notar los años, se paraba diariamente ante la ventana esperando su llegada. En este estado mental permaneció joven. Al no tener consciencia del tiempo, literalmente no envejeció. Unos viajeros americanos la vieron cuando tenía setenta y cuatro años, y supusieron que era una mujer joven. Ella no tenía en el rostro señal de preocupaciones, ninguna arruga ni canas, sino que la juventud se posaba suavemente sobre sus mejillas y su frente. Al pedírseles que adivinaran su edad, aquellos no familiarizados con su historia conjeturaban que debía tener menos de veinte años.

Este caso de juventud conservada nos proporciona un indicio útil, sobre el cual un Franklin podría trabajar con más certeza que cuando atrajo de las nubes al rayo cautivado. Los años no la habían envejecido, porque no había advertido el paso del tiempo ni había pensado que estaba envejeciendo. Los resultados físicos de su creencia de que era joven manifestaron la influencia de tal creencia. No podía envejecer mientras se creyera joven, pues el estado mental gobernaba el físico.

Las imposibilidades nunca ocurren. Un solo caso como el anterior comprueba que es posible ser joven a los setenta y cuatro años; y lo primordial de esta ilustración demuestra claramente que la decrepitud no obedece a ninguna ley, ni es una necesidad de la naturaleza, sino una ilusión.

Lo infinito nunca comenzó ni jamás terminará. La Mente

and its formations can never be annihilated. Man is not a pendulum, swinging between evil and good, joy and sorrow, sickness and health, life and death.

Man reflects God

Life and its faculties are not measured by calendars. The perfect and immortal are the eternal likeness of their Maker. Man is by no means a material germ rising from the imperfect and endeavoring to reach Spirit above his origin. The stream rises no higher than its source.

The measurement of life by solar years robs youth and gives ugliness to age. The radiant sun of virtue and truth coexists with being. Manhood is its eternal noon, undimmed by a declining sun. As the physical and material, the transient sense of beauty fades, the radiance of Spirit should dawn upon the enraptured sense with bright and imperishable glories.

Undesirable records

Never record ages. Chronological data are no part of the vast forever. Time-tables of birth and death are so many conspiracies against manhood and womanhood. Except for the error of measuring and limiting all that is good and beautiful, man would enjoy more than threescore years and ten and still maintain his vigor, freshness, and promise. Man, governed by immortal Mind, is always beautiful and grand. Each succeeding year unfolds wisdom, beauty, and holiness.

True life eternal

Life is eternal. We should find this out, and begin the demonstration thereof. Life and goodness are immortal. Let us then shape our views of existence into loveliness, freshness, and continuity, rather than into age and blight.

Acute and chronic beliefs reproduce their own types.

El hombre refleja a Dios

y sus formaciones jamás pueden ser aniquiladas. El hombre no es un péndulo, oscilando entre el mal y el bien, el gozo y el pesar, la enfermedad y la salud, la vida y la muerte. La Vida y sus facultades no se miden por medio de calendarios. Lo perfecto y lo inmortal son la semejanza eterna de su Hacedor. El hombre no es de ningún modo un germen material que surge de lo imperfecto y se esfuerza por alcanzar el Espíritu, por encima de su origen. El arroyo no se eleva más alto que su fuente.

Medir la vida por medio de años solares roba la juventud y da fealdad a la vejez. El sol radiante de la virtud y la verdad coexiste con el ser. El estado completo del hombre es su eterno mediodía, no atenuado por un sol declinante. A medida que lo físico y material, el sentido transitorio de belleza, se desvanece, el resplandor del Espíritu debiera alborear sobre el ánimo extasiado con glorias luminosas e imperecederas.

Registros no deseables

Jamás registres la edad. Los datos cronológicos no son parte de la vasta eternidad. Los registros de horario de nacimiento y defunción son otras tantas conspiraciones contra el estado completo de hombres y mujeres. Si no fuera por el error de medir y limitar todo lo que es bueno y bello, el hombre gozaría de más de setenta años y aún mantendría su vigor, lozanía y promesa. El hombre, gobernado por la Mente inmortal, es siempre bello y sublime. Cada año que pasa desarrolla sabiduría, belleza y santidad.

La vida verdadera es eterna

La Vida es eterna. Debiéramos descubrir esto y comenzar a demostrarlo. La Vida y la bondad son inmortales. Entonces demos forma a nuestros puntos de vista de la existencia con belleza, lozanía y continuidad, más bien que con vejez y decrepitud.

Las creencias agudas y las crónicas reproducen sus propios

The acute belief of physical life comes on at a remote period, and is not so disastrous as the chronic belief.

Eyes and teeth renewed

I have seen age regain two of the elements it had lost, sight and teeth. A woman of eighty-five, whom I knew, had a return of sight. Another woman at ninety had new teeth, incisors, cuspids, bicuspids, and one molar. One man at sixty had retained his full set of upper and lower teeth without a decaying cavity.

Eternal beauty

Beauty, as well as truth, is eternal; but the beauty of material things passes away, fading and fleeting as mortal belief. Custom, education, and fashion form the transient standards of mortals. Immortality, exempt from age or decay, has a glory of its own, — the radiance of Soul. Immortal men and women are models of spiritual sense, drawn by perfect Mind and reflecting those higher conceptions of loveliness which transcend all material sense.

The divine loveliness

Comeliness and grace are independent of matter. Being possesses its qualities before they are perceived humanly. Beauty is a thing of life, which dwells forever in the eternal Mind and reflects the charms of His goodness in expression, form, outline, and color. It is Love which paints the petal with myriad hues, glances in the warm sunbeam, arches the cloud with the bow of beauty, blazons the night with starry gems, and covers earth with loveliness.

The embellishments of the person are poor substitutes for the charms of being, shining resplendent and eternal over age and decay.

The recipe for beauty is to have less illusion and more Soul, to retreat from the belief of pain or pleasure tipos. La creencia aguda de la vida física aparece en un período remoto, y no es tan desastrosa como la creencia crónica.

Vista y dientes renovados

He visto a la vejez recuperar dos de los elementos que había perdido: la vista y los dientes. Una mujer de ochenta y cinco años, a quien conocí, recobró la vista. A otra mujer, a los noventa, le salieron nuevos dientes, incisivos, colmillos, premolares y un molar. Un hombre de sesenta años había conservado su dentadura superior e inferior completa sin una caries.

Belleza eterna

La belleza, así también como la verdad, es eterna; pero la belleza de las cosas materiales desaparece, evanescente y fugaz como la creencia mortal. La costumbre, la educación y la moda dan forma a los estándares transitorios de los mortales. La inmortalidad, exenta de vejez o decadencia, tiene una gloria propia: el resplandor del Alma. Los hombres y las mujeres inmortales son modelos del sentido espiritual, trazados por la Mente perfecta, y reflejan aquellos conceptos más elevados de belleza que trascienden todo sentido material.

La hermosura divina

El atractivo y la gracia son independientes de la materia. El ser posee sus cualidades antes de ser percibidas humanamente. La belleza es una cosa de la vida, que mora para siempre en la Mente eterna y refleja los encantos de Su bondad en expresión, forma, contorno y color. Es el Amor el que pinta los pétalos con miríadas de matices, brilla en el cálido rayo de sol, traza en la nube el arco de belleza, blasona la noche con gemas estelares y cubre la tierra de hermosura.

Los adornos de la persona son pobres sustitutos para los encantos del ser, que brillan resplandecientes y eternos sobre la vejez y la decadencia.

La receta para la belleza es tener menos ilusión y más Alma, retirarse de la creencia de dolor o placer en el in the body into the unchanging calm and glorious freedom of spiritual harmony.

Love's endowment

Love never loses sight of loveliness. Its halo rests upon its object. One marvels that a friend can ever seem less than beautiful. Men and women of riper years and larger lessons ought to ripen into health and immortality, instead of lapsing into darkness or gloom. Immortal Mind feeds the body with supernal freshness and fairness, supplying it with beautiful images of thought and destroying the woes of sense which each day brings to a nearer tomb.

Mental sculpture

The sculptor turns from the marble to his model in order to perfect his conception. We are all sculptors, working at various forms, moulding and chiseling thought. What is the model before mortal mind? Is it imperfection, joy, sorrow, sin, suffering? Have you accepted the mortal model? Are you reproducing it? Then you are haunted in your work by vicious sculptors and hideous forms. Do you not hear from all mankind of the imperfect model? The world is holding it before your gaze continually. The result is that you are liable to follow those lower patterns, limit your life-work, and adopt into your experience the angular outline and deformity of matter models.

Perfect models

To remedy this, we must first turn our gaze in the right direction, and then walk that way. We must form perfect models in thought and look at them continually, or we shall never carve them out in grand and noble lives. Let unselfishness, goodness, mercy, justice, health, holiness, love — the kingdom of heaven — reign within us, and sin, disease, and death will diminish until they finally disappear.

cuerpo a la inmutable calma y gloriosa libertad de la armonía espiritual.

La dote del Amor

El Amor jamás pierde de vista la hermosura. Su halo se posa sobre su objeto. Uno se maravilla de que un amigo pueda parecer menos que bello. Los hombres y las mujeres de edad más madura y mayor experiencia debieran madurar en salud e inmortalidad, en lugar de caer en las tinieblas o la tristeza. La Mente inmortal alimenta el cuerpo con frescura y belleza celestiales, suministrándole bellas imágenes de pensamiento y destruyendo las angustias del sentido que cada día lleva a una tumba más cercana.

Escultura mental

El escultor se vuelve del mármol a su modelo a fin de perfeccionar su concepción. Todos somos escultores, elaborando variadas formas, moldeando y cincelando el pensamiento. ¿Cuál es el modelo ante la mente mortal? ¿Es la imperfección, el gozo, el pesar, el pecado, el sufrimiento? ¿Has aceptado el modelo mortal? ¿Estás reproduciéndolo? Entonces eres acosado en tu trabajo por escultores depravados y formas horribles. ¿No oyes a toda la humanidad hablar del modelo imperfecto? El mundo lo está manteniendo ante tu vista continuamente. El resultado es que estás propenso a seguir esos patrones inferiores, limitar la obra de tu vida y adoptar en tu experiencia el diseño anguloso y la deformidad de los modelos de la materia.

Modelos perfectos

Para remediar esto, debemos primero volver nuestra mirada en la dirección correcta, y luego seguir ese camino. Debemos formar modelos perfectos en el pensamiento y mirarlos continuamente, o nunca los tallaremos en vidas grandes y nobles. Dejemos que el altruismo, la bondad, la misericordia, la justicia, la salud, la santidad, el amor —el reino de los cielos— reinen en nosotros, y el pecado, la enfermedad y la muerte disminuirán hasta que finalmente desaparezcan.

Let us accept Science, relinquish all theories based on sense-testimony, give up imperfect models and illusive ideals; and so let us have one God, one Mind, and that one perfect, producing His own models of excellence.

Renewed selfhood

Let the "male and female" of God's creating appear. Let us feel the divine energy of Spirit, bringing us into newness of life and recognizing no mortal nor material power as able to destroy. Let us rejoice that we are subject to the divine "powers that be." Such is the true Science of being. Any other theory of Life, or God, is delusive and mythological.

Mind is not the author of matter, and the creator of ideas is not the creator of illusions. Either there is no omnipotence, or omnipotence is the only power. God is the infinite, and infinity never began, will never end, and includes nothing unlike God. Whence then is soulless matter?

Illusive dreams

Life is, like Christ, "the same yesterday, and to-day, and forever." Organization and time have nothing to do with Life. You say, "I dreamed last night." What a mistake is that! The I is Spirit. God never slumbers, and His likeness never dreams. Mortals are the Adam dreamers.

Sleep and apathy are phases of the dream that life, substance, and intelligence are material. The mortal night-dream is sometimes nearer the fact of being than are the thoughts of mortals when awake. The night-dream has less matter as its accompaniment. It throws off some material fetters. It falls short of the skies, but makes its mundane flights quite ethereal.

Man is the reflection of Soul. He is the direct opposite of material sensation, and there is but one Ego. We

Aceptemos la Ciencia, renunciemos a todas las teorías basadas en el testimonio del sentido, abandonemos los modelos imperfectos y los ideales ilusorios; y tengamos así un único Dios, una única Mente, y ese único perfecto, produciendo Sus propios modelos de excelencia.

Individualidad renovada

Dejemos que aparezcan el "varón y hembra" de la creación de Dios. Sintamos la energía divina del Espíritu, que nos lleva a renovación de vida y no reconoce ningún poder mortal ni material como capaz de destruir. Regocijémonos de que estamos sometidos a las divinas "autoridades... que hay". Tal es la Ciencia verdadera del ser. Cualquier otra teoría de la Vida, o Dios, es engañosa y mitológica.

La Mente no es la autora de la materia, y la creadora de ideas no es la creadora de ilusiones. O bien no hay omnipotencia, o la omnipotencia es el único poder. Dios es el infinito, y la infinitud jamás comenzó, jamás terminará y no incluye nada desemejante a Dios. ¿De dónde, entonces, procede la materia, sin alma?

Sueños ilusorios

La Vida, igual que el Cristo, es la misma "ayer, y hoy, y por los siglos". La organización y el tiempo nada tienen que ver con la Vida. Tú dices: "Yo soñé anoche". ¡Qué equivocación es esa! El Yo es el Espíritu. Dios nunca se adormece, y Su semejanza nunca sueña. Los mortales son los soñadores adánicos.

El dormir y la apatía son fases del sueño de que la vida, la sustancia y la inteligencia son materiales. El sueño nocturno mortal está a veces más cerca de la verdad del ser que los pensamientos de los mortales cuando están despiertos. El sueño nocturno tiene menos materia que lo acompañe. Se libera de algunas cadenas materiales. No alcanza los cielos, pero hace sus vuelos mundanos bastante etéreos.

El hombre es el reflejo del Alma. Es el opuesto directo de la sensación material, y existe un único Ego. Incurrimos run into error when we divide Soul into souls, multiply Mind into minds and suppose error to be mind, then mind to be in matter and matter to be a lawgiver, unintelligence to act like intelligence, and mortality to be the matrix of immortality.

Philosophical blunders

Mortal existence is a dream; mortal existence has no real entity, but saith "It is I." Spirit is the Ego which never dreams, but understands all things; which never errs, and is ever conscious; which never believes, but knows; which is never born and never dies. Spiritual man is the likeness of this Ego. Man is not God, but like a ray of light which comes from the sun, man, the outcome of God, reflects God.

Spirit the one Ego

Mortal body and mind are one, and that one is called man; but a mortal is not man, for man is immortal. A mortal may be weary or pained, enjoy or suffer, according to the dream he entertains in sleep. When that dream vanishes, the mortal finds himself experiencing none of these dream-sensations. To the observer, the body lies listless, undisturbed, and sensationless, and the mind seems to be absent.

Mortal existence a dream

Now I ask, Is there any more reality in the waking dream of mortal existence than in the sleeping dream? There cannot be, since whatever appears to be a mortal man is a mortal dream. Take away the mortal mind, and matter has no more sense as a man than it has as a tree. But the spiritual, real man is immortal.

Upon this stage of existence goes on the dance of mortal mind. Mortal thoughts chase one another like snowflakes, and drift to the ground. Science reveals Life as not being at the mercy of death, nor will Science admit that happiness is ever the sport of circumstance.

Desatinos filosóficos

en el error cuando dividimos el Alma en almas, multiplicamos la Mente en mentes y suponemos que el error es mente, después que la mente está en la materia y que la materia es un legislador, que lo que no es inteligencia actúa como inteligencia, y que la mortalidad es la matriz de la inmortalidad.

El Espíritu es el único Ego

La existencia mortal es un sueño; la existencia mortal no tiene entidad verdadera, pero dice: "Soy yo". El Espíritu es el Ego que jamás sueña, sino que comprende todas las cosas; que jamás yerra y siempre está consciente; que jamás cree, sino que sabe; que jamás nace y jamás muere. El hombre espiritual es la semejanza de este Ego. El hombre no es Dios, mas como un rayo de luz que viene del sol, el hombre, el producto de Dios, refleja a Dios.

La existencia mortal es un sueño

El cuerpo y la mente mortales son uno, y ese uno es llamado hombre; pero un mortal no es el hombre, pues el hombre es inmortal. Puede que un mortal esté cansado o dolorido, que goce o sufra, de acuerdo con el sueño que tenga mientras duerme. Cuando ese sueño se desvanece, el mortal se da cuenta de que no está experimentando ninguna de estas sensaciones del sueño. Para el observador, el cuerpo yace indiferente, apacible e insensible, y la mente parece estar ausente.

Ahora bien, yo pregunto: ¿Hay más realidad en el sueño despierto de la existencia mortal que en el sueño dormido? No puede haberla, ya que todo lo que parece ser un hombre mortal es un sueño mortal. Quita la mente mortal, y la materia no tiene más sentido como hombre que el que tiene como árbol. Mas el hombre espiritual y verdadero es inmortal.

Sobre este escenario de la existencia prosigue la danza de la mente mortal. Los pensamientos mortales se persiguen unos a otros cual copos de nieve, y caen al suelo. La Ciencia revela que la Vida no está a merced de la muerte, ni la Ciencia admitirá que la felicidad esté jamás a merced de las circunstancias.

Error self-destroyed

Error is not real, hence it is not more imperative as it hastens towards self-destruction. The so-called belief of mortal mind apparent as an abscess should not grow more painful before it suppurates, neither should a fever become more severe before it ends.

Illusion of death

Fright is so great at certain stages of mortal belief as to drive belief into new paths. In the illusion of death, mortals wake to the knowledge of two facts: (1) that they are not dead; (2) that they have but passed the portals of a new belief. Truth works out the nothingness of error in just these ways. Sickness, as well as sin, is an error that Christ, Truth, alone can destroy.

Mortal mind's disappearance

We must learn how mankind govern the body,—whether through faith in hygiene, in drugs, or in will-power. We should learn whether they govern the body through a belief in the necessity of sickness and death, sin and pardon, or govern it from the higher understanding that the divine Mind makes perfect, acts upon the so-called human mind through truth, leads the human mind to relinquish all error, to find the divine Mind to be the only Mind, and the healer of sin, disease, death. This process of higher spiritual understanding improves mankind until error disappears, and nothing is left which deserves to perish or to be punished.

Spiritual ignorance

Ignorance, like intentional wrong, is not Science. Ignorance must be seen and corrected before we can attain harmony. Inharmonious beliefs, which rob Mind, calling it matter, and deify their own notions, imprison themselves in what they create.

El error se destruye a sí mismo

El error no es real, por lo tanto, no es más imperativo a medida que se apresura a la destrucción de sí mismo. La así llamada creencia de la mente mortal que aparenta ser un absceso no debiera volverse más dolorosa antes de supurar, ni una fiebre agravarse antes de cesar.

La ilusión de la muerte

El terror es tan grande en ciertas etapas de la creencia mortal como para conducir la creencia por nuevos senderos. En la ilusión de la muerte, los mortales despiertan al conocimiento de dos hechos: (1) que no están muertos; (2) que sólo han atravesado las puertas de una nueva creencia. La Verdad resuelve la nada del error precisamente de estas maneras. La enfermedad, tanto como el pecado, es un error que únicamente el Cristo, la Verdad, puede destruir.

Desaparición de la mente mortal

Debemos enterarnos cómo el género humano gobierna el cuerpo, si es mediante la fe en la higiene, en los medicamentos o en la fuerza de voluntad. Debiéramos averiguar si gobierna el cuerpo mediante la creencia en la necesidad de la enfermedad y la muerte, el pecado y el perdón, o si lo gobierna por la comprensión más elevada de que la Mente divina perfecciona, actúa sobre la así llamada mente humana mediante la verdad, guía la mente humana a renunciar a todo error, a descubrir que la Mente divina es la única Mente, y la sanadora del pecado, la enfermedad, la muerte. Este proceso de la comprensión espiritual más elevada mejora a la humanidad hasta que el error desaparece, y no queda nada que merezca perecer o ser castigado.

Ignorancia de lo espiritual

La ignorancia, como el mal intencional, no es Ciencia. La ignorancia debe ser vista y corregida antes que podamos alcanzar la armonía. Las creencias inarmónicas que roban a la Mente, llamándola materia, y deifican sus propias nociones, se aprisionan a sí mismas

They are at war with Science, and as our Master said, "If a kingdom be divided against itself, that kingdom cannot stand."

Human ignorance of Mind and of the recuperative energies of Truth occasions the only skepticism regarding the pathology and theology of Christian Science.

Eternal man recognized

When false human beliefs learn even a little of their own falsity, they begin to disappear. A knowledge of error and of its operations must precede that understanding of Truth which destroys error, until the entire mortal, material error finally disappears, and the eternal verity, man created by and of Spirit, is understood and recognized as the true likeness of his Maker.

The false evidence of material sense contrasts strikingly with the testimony of Spirit. Material sense lifts its voice with the arrogance of reality and says:

Testimony of sense

I am wholly dishonest, and no man knoweth it. I can cheat, lie, commit adultery, rob, murder, and I elude detection by smooth-tongued villainy. Animal in propensity, deceitful in sentiment, fraudulent in purpose, I mean to make my short span of life one gala day. What a nice thing is sin! How sin succeeds, where the good purpose waits! The world is my kingdom. I am enthroned in the gorgeousness of matter. But a touch, an accident, the law of God, may at any moment annihilate my peace, for all my fancied joys are fatal. Like bursting lava, I expand but to my own despair, and shine with the resplendency of consuming fire.

Spirit, bearing opposite testimony, saith:

I am Spirit. Man, whose senses are spiritual, is my

dentro de lo que ellas crean. Están en guerra con la Ciencia, y como dijo nuestro Maestro: "Si un reino está dividido contra sí mismo, tal reino no puede permanecer".

La ignorancia humana acerca de la Mente y de las energías recuperadoras de la Verdad ocasiona el único escepticismo respecto a la patología y teología de la Ciencia Cristiana.

El hombre eterno reconocido

Cuando las falsas creencias humanas se enteran, aunque sea un poco, de su propia falsedad, empiezan a desaparecer. Un conocimiento del error y de sus operaciones debe preceder aquella comprensión de la Verdad que destruye el error, hasta que todo el error mortal y material finalmente desaparece y la eterna verdad, el hombre creado por el Espíritu y del Espíritu, es comprendido y reconocido como la verdadera semejanza de su Hacedor.

La falsa evidencia del sentido material contrasta notablemente con el testimonio del Espíritu. El sentido material levanta su voz con la arrogancia de la realidad y dice:

Testimonio del sentido

Soy enteramente deshonesto, y nadie lo sabe. Puedo engañar, mentir, cometer adulterio, robar, asesinar, y eludo la detección mediante lisonjera villanía. Con propensión animal, engaño en los sentimientos, fraudulencia en los propósitos, pienso hacer de mi corta vida un día de gala. ¡Qué cosa tan bonita es el pecado! ¡Cómo triunfa el pecado, donde el buen propósito espera! El mundo es mi reino. Estoy entronizado en la suntuosidad de la materia. Pero un toque, un accidente, la ley de Dios, pueden en cualquier momento aniquilar mi paz, pues todos mis gozos imaginarios son fatales. Cual lava que estalla, me expando sólo para mi propia desesperación, y brillo con el resplandor del fuego consumidor.

El Espíritu, dando testimonio opuesto, dice:

Yo soy el Espíritu. El hombre, cuyos sentidos son

likeness. He reflects the infinite understanding, for I am Infinity. The beauty of holiness, the perfection of being, imperishable glory, — all are Mine, for I am God. I give immortality to man, for I am Truth. I include and impart all bliss, for I am Love. I give life, without beginning and without end, for I am Life. I am supreme and give all, for I am Mind. I am the substance of all, because I AM THAT I AM.

Testimony of Soul

I hope, dear reader, I am leading you into the understanding of your divine rights, your heaven-bestowed harmony, — that, as you read, you see there is no cause (outside of erring, mortal, material sense which is not power) able to make you sick or sinful; and I hope that you are conquering this false sense. Knowing the falsity of so-called material sense, you can assert your prerogative to overcome the belief in sin, disease, or death.

Heaven-bestowed prerogative

If you believe in and practise wrong knowingly, you can at once change your course and do right. Matter can make no opposition to right endeavors against sin or sickness, for matter is inert, mindless. Also, if you believe yourself diseased, you can alter this wrong belief and action without hindrance from the body.

Right endeavor possible

Do not believe in any supposed necessity for sin, disease, or death, knowing (as you ought to know) that God never requires obedience to a so-called material law, for no such law exists. The belief in sin and death is destroyed by the law of God, which is the law of Life instead of death, of harmony instead of discord, of Spirit instead of the flesh.

The divine demand, "Be ye therefore perfect," is sciespirituales, es mi semejanza. Él refleja la comprensión infinita, pues Yo soy la Infinitud. La hermosura de la santidad, la perfección del ser, la gloria imperecedera, todas son Mías, pues Yo soy Dios. Yo doy la inmortalidad al hombre, pues Yo soy la Verdad. Yo incluyo e imparto toda felicidad, pues Yo soy el Amor. Yo doy vida, sin comienzo ni fin, pues Yo soy la Vida. Yo soy supremo y doy todo, pues Yo soy la Mente. Yo soy la sustancia de todo, pues Yo soy el que soy.

Testimonio del Alma

Espero, querido lector, estar guiándote a la comprensión de tus derechos divinos, la armonía que te es concedida por el cielo, que, a medida que leas, veas que no hay causa (fuera del sentido mortal y material, que yerra, que no es poder) capaz de enfermarte o hacerte un pecador; y espero que estés venciendo este falso sentido. Conociendo la falsedad del así llamado sentido material, puedes imponer tu prerrogativa de vencer la creencia en el pecado, la enfermedad o la muerte.

Prerrogativas conferidas por el cielo

Si crees en el mal y lo practicas a sabiendas, puedes inmediatamente cambiar tu proceder y obrar bien. La materia no puede presentar ninguna oposición a los esfuerzos correctos contra el pecado o la enfermedad, porque la materia es inerte, sin mente. Así también, si crees que estás enfermo, puedes alterar esta creencia y acción erróneas sin impedimento de parte del cuerpo.

El esfuerzo correcto es posible

No creas en ninguna supuesta necesidad de pecar, enfermar o morir, sabiendo (como debieras saber) que Dios jamás requiere obediencia a una así llamada ley material, puesto que no existe tal ley. La creencia en el pecado y la muerte es destruida por la ley de Dios, la cual es la ley de la Vida y no de la muerte, de la armonía en vez de la discordia, del Espíritu en vez de la carne.

La exigencia divina: “Sed, pues, vosotros perfectos” es

entific, and the human footsteps leading to perfection are indispensable. Individuals are consistent who, watching and praying, can "run, and not be weary; . . . walk, and not faint," who gain good rapidly and hold their position, or attain slowly and yield not to discouragement. God requires perfection, but not until the battle between Spirit and flesh is fought and the victory won. To stop eating, drinking, or being clothed materially before the spiritual facts of existence are gained step by step, is not legitimate. When we wait patiently on God and seek Truth righteously, He directs our path. Imperfect mortals grasp the ultimate of spiritual perfection slowly; but to *begin* aright and to continue the strife of demonstrating the great problem of being, is doing much.

Patience and final perfection

During the sensual ages, absolute Christian Science may not be achieved prior to the change called death, for we have not the power to demonstrate what we do not understand. But the human self must be evangelized. This task God demands us to accept lovingly to-day, and to abandon so fast as practical the material, and to work out the spiritual which determines the outward and actual.

If you venture upon the quiet surface of error and are in sympathy with error, what is there to disturb the waters? What is there to strip off error's disguise?

If you launch your bark upon the ever-agitated but healthful waters of truth, you will encounter storms. Your good will be evil spoken of. This is the cross. Take it up and bear it, for through it you win and wear the crown. Pilgrim on earth, thy home is heaven; stranger, thou art the guest of God.

The cross and crown

Paciencia y perfección final

científica, y los pasos humanos que conducen a la perfección son indispensables. Son coherentes quienes, velando y orando, pueden “correr, y no cansarse;... caminar, y no fatigarse”, quienes logran el bien rápidamente y mantienen su posición, o lo ganan lentamente y no se rinden al desaliento. Dios requiere perfección, pero no hasta que se pelee la batalla entre el Espíritu y la carne y se logre la victoria. Dejar de comer, beber o vestirse materialmente antes de que las verdades espirituales de la existencia se hayan ganado paso a paso, no es legítimo. Cuando esperamos pacientemente en Dios y buscamos con rectitud la Verdad, Él endereza nuestra vereda. Los mortales imperfectos captan la perfección espiritual final lentamente; pero *empezar* bien y continuar la lucha de demostrar el gran problema del ser, es hacer mucho.

Durante las épocas sensuales, puede que la Ciencia Cristiana absoluta no sea alcanzada antes del cambio llamado muerte, pues no tenemos el poder de demostrar lo que no comprendemos. Pero el yo humano debe ser evangelizado. Dios exige que aceptemos esta tarea con amor hoy mismo, y que abandonemos lo material tan pronto como sea práctico, y nos ocupemos en lo espiritual, lo cual determina lo exterior y verdadero.

Si te aventuras sobre la tranquila superficie del error y simpatizas con el error, ¿qué perturbará las aguas? ¿Qué arrancará la máscara al error?

La cruz y la corona

Si echas tu barca sobre las siempre agitadas pero saludables aguas de la verdad, encontrarás tempestades. De tu bien se hablará mal. Esto es la cruz. Tómala y llévala, pues por medio de ella ganas y te ciñes la corona. Peregrino en la tierra, tu morada es el cielo; extranjero, eres el huésped de Dios.

Chapter 9

Creation

Thy throne is established of old:
Thou art from everlasting. — PSALMS.

For we know that the whole creation groaneth
and travaileth in pain together until now.
And not only they, but ourselves also,
which have the firstfruits of the Spirit,
even we ourselves groan within ourselves,
waiting for the adoption, to wit,
the redemption of our body. — PAUL.

Inadequate theories of creation

Eternal Truth is changing the universe. As mortals drop off their mental swaddling-clothes, thought expands into expression. "Let there be light," is the perpetual demand of Truth and Love, changing chaos into order and discord into the music of the spheres. The mythical human theories of creation, anciently classified as the higher criticism, sprang from cultured scholars in Rome and in Greece, but they afforded no foundation for accurate views of creation by the divine Mind.

Finite views of Deity

Mortal man has made a covenant with his eyes to belittle Deity with human conceptions. In league with material sense, mortals take limited views of all things. That God is corporeal or material, no man should affirm.

The human form, or physical finiteness, cannot be made the basis of any true idea of the infinite Godhead. Eye hath not seen Spirit, nor hath ear heard His voice.

Capítulo 9

La creación

Firme es Tu trono desde entonces;
Tú eres eternamente. — Salmos.

Porque sabemos que toda la creación gime a una,
y a una está con dolores de parto hasta ahora;
y no sólo ella, sino que también nosotros mismos,
que tenemos las primicias del Espíritu,
nosotros también gemimos dentro de nosotros mismos,
esperando la adopción,
la redención de nuestro cuerpo. — Pablo.

Teorías inadecuadas sobre la creación

La Verdad eterna está cambiando el universo. A medida que los mortales se desprenden de sus pañales mentales, el pensamiento se expande en expresión. "Sea la luz" es la exigencia perpetua de la Verdad y el Amor, cambiando el caos en orden y la disonancia en la música de las esferas. Las míticas teorías humanas de la creación, clasificadas antiguamente como la crítica más elevada, surgían de eruditos cultos en Roma y en Grecia, pero ellos no aportaron ningún fundamento para las perspectivas exactas de la creación por la Mente divina.

Perspectivas finitas sobre la Deidad

El hombre mortal ha hecho un pacto con sus ojos para empequeñecer a la Deidad con concepciones humanas. En liga con el sentido material, los mortales adoptan perspectivas limitadas de todas las cosas. Ningún hombre debiera afirmar que Dios es corpóreo o material.

La forma humana, o finitud física, no puede ser hecha la base de ninguna idea verdadera de la Deidad infinita. Ojo no vio el Espíritu, ni oído oyó Su voz.

No material creation

Progress takes off human shackles. The finite must yield to the infinite. Advancing to a higher plane of action, thought rises from the material sense to the spiritual, from the scholastic to the inspirational, and from the mortal to the immortal. All things are created spiritually. Mind, not matter, is the creator. Love, the divine Principle, is the Father and Mother of the universe, including man.

Tritheism impossible

The theory of three persons in one God (that is, a personal Trinity or Tri-unity) suggests polytheism, rather than the one ever-present I AM. "Hear, O Israel: the Lord our God is one Lord."

No divine corporeality

The everlasting I AM is not bounded nor compressed within the narrow limits of physical humanity, nor can He be understood aright through mortal concepts. The precise form of God must be of small importance in comparison with the sublime question, What is infinite Mind or divine Love?

Who is it that demands our obedience? He who, in the language of Scripture, "doeth according to His will in the army of heaven, and among the inhabitants of the earth; and none can stay His hand, or say unto Him, What doest Thou?"

No form nor physical combination is adequate to represent infinite Love. A finite and material sense of God leads to formalism and narrowness; it chills the spirit of Christianity.

Limitless Mind

A limitless Mind cannot proceed from physical limitations. Finiteness cannot present the idea or the vastness of infinity. A mind originating from a finite or material source must be limited and finite. Infinite Mind is the creator, and creation is the

No hay creación material

El progreso quita los grilletes humanos. Lo finito tiene que ceder a lo infinito. Al avanzar hacia un plano más alto de acción, el pensamiento se eleva del sentido material al espiritual, de lo escolástico a lo inspirador, y de lo mortal a lo inmortal. Todas las cosas son creadas espiritualmente. La Mente, no la materia, es la creadora. El Amor, el Principio divino, es el Padre y la Madre del universo, incluyendo el hombre.

Triteísmo imposible

La teoría de tres personas en un único Dios (es decir, una Trinidad personal o Tri-unidad) sugiere politeísmo, en lugar del único siempre presente Yo soy. "Oye, Israel: Jehová nuestro Dios, Jehová uno es".

No hay corporalidad divina

El eterno Yo soy no está restringido ni comprimido dentro de los límites estrechos de la humanidad física, ni puede ser Él comprendido correctamente por medio de conceptos mortales. La forma precisa de Dios debe ser de poca importancia en comparación con la pregunta sublime: ¿Qué es la Mente infinita o el Amor divino?

¿Quién es el que exige nuestra obediencia? Aquel que, en el lenguaje de las Escrituras, "hace según Su voluntad en el ejército del cielo, y en los habitantes de la tierra, y no hay quien detenga Su mano, y Le diga: ¿Qué haces?"

Ninguna forma ni combinación física es adecuada para representar el Amor infinito. Un sentido finito y material acerca de Dios conduce al formalismo y a la intolerancia; enfría el espíritu del cristianismo.

La Mente ilimitada

Una Mente ilimitada no puede proceder de limitaciones físicas. La finitud no puede presentar la idea o la vastedad de la infinitud. Una mente que se origina en una fuente finita o material tiene que ser limitada y finita. La Mente infinita es la creadora, y la creación es la infinite image or idea emanating from this Mind. If Mind is within and without all things, then all is Mind; and this definition is scientific.

Matter is not substance

If matter, so-called, is substance, then Spirit, matter's unlikeness, must be shadow; and shadow cannot produce substance. The theory that Spirit is not the only substance and creator is pantheistic heterodoxy, which ultimates in sickness, sin, and death; it is the belief in a bodily soul and a material mind, a soul governed by the body and a mind in matter. This belief is shallow pantheism.

Mind creates His own likeness in ideas, and the substance of an idea is very far from being the supposed substance of non-intelligent matter. Hence the Father Mind is not the father of matter. The material senses and human conceptions would translate spiritual ideas into material beliefs, and would say that an anthropomorphic God, instead of infinite Principle, — in other words, divine Love, — is the father of the rain, "who hath begotten the drops of dew," who bringeth "forth Mazzaroth in his season," and guideth "Arcturus with his sons."

Inexhaustible divine Love

Finite mind manifests all sorts of errors, and thus proves the material theory of mind in matter to be the antipode of Mind. Who hath found finite life or love sufficient to meet the demands of human want and woe, — to still the desires, to satisfy the aspirations? Infinite Mind cannot be limited to a finite form, or Mind would lose its infinite character as inexhaustible Love, eternal Life, omnipotent Truth.

It would require an infinite form to contain infinite Mind. Indeed, the phrase *infinite form* involves a contradiction of terms. Finite man cannot be the image and imagen o idea infinita que emana de esta Mente. Si la Mente está dentro y fuera de todas las cosas, entonces todo es Mente; y esta definición es científica.

La materia no es sustancia

Si la materia, así llamada, es sustancia, entonces el Espíritu, la desemejanza de la materia, debe ser sombra; y la sombra no puede producir la sustancia. La teoría de que el Espíritu no es la única sustancia y el único creador es heterodoxia panteísta, que resulta en enfermedad, pecado y muerte; es la creencia en un alma corporal y una mente material, un alma gobernada por el cuerpo y una mente en la materia. Esta creencia es panteísmo superficial.

La Mente crea Su propia semejanza en ideas, y la sustancia de una idea está muy lejos de ser la supuesta sustancia de la materia carente de inteligencia. Por lo tanto, el Padre Mente no es el padre de la materia. Los sentidos materiales y las concepciones humanas quisieran traducir las ideas espirituales en creencias materiales, y quisieran decir que un Dios antropomórfico, en lugar del Principio infinito —en otras palabras, el Amor divino— es el padre de la lluvia, quien "engendró las gotas del rocío", quien saca "las constelaciones de los cielos" y guía a "la Osa Mayor con sus hijos".

El inagotable Amor divino

La mente finita manifiesta toda clase de errores, y comprueba así que la teoría material de que hay mente en la materia es el antípoda de la Mente. ¿Quién ha encontrado que la vida o el amor finitos son suficientes para responder a las exigencias de la miseria y congoja humanas, para silenciar los deseos, para satisfacer las aspiraciones? La Mente infinita no puede estar limitada a una forma finita, o la Mente perdería su carácter infinito como el Amor inagotable, la Vida eterna, la Verdad omnipotente.

Se requeriría una forma infinita para contener la Mente infinita. Realmente, la frase *forma infinita* entraña una contradicción de términos. El hombre finito no puede ser

Infinite physique impossible

likeness of the infinite God. A mortal, corporeal, or finite conception of God cannot embrace the glories of limitless, incorporeal Life and Love. Hence the unsatisfied human craving for something better, higher, holier, than is afforded by a material belief in a physical God and man. The insufficiency of this belief to supply the true idea proves the falsity of material belief.

Infinity's reflection

Man is more than a material form with a mind inside, which must escape from its environments in order to be immortal. Man reflects infinity, and this reflection is the true idea of God.

God expresses in man the infinite idea forever developing itself, broadening and rising higher and higher from a boundless basis. Mind manifests all that exists in the infinitude of Truth. We know no more of man as the true divine image and likeness, than we know of God.

The infinite Principle is reflected by the infinite idea and spiritual individuality, but the material so-called senses have no cognizance of either Principle or its idea. The human capacities are enlarged and perfected in proportion as humanity gains the true conception of man and God.

Individual permanency

Mortals have a very imperfect sense of the spiritual man and of the infinite range of his thought. To him belongs eternal Life. Never born and never dying, it were impossible for man, under the government of God in eternal Science, to fall from his high estate.

Through spiritual sense you can discern the heart of divinity, and thus begin to comprehend in Science the la imagen y semejanza del Dios infinito. Una concepción mortal, corpórea o finita de Dios no puede abarcar las glorias de la Vida y del Amor ilimitados e incorpóreos. De ahí el insatisfecho anhelo humano por algo mejor, más elevado, más sagrado, de lo que proporciona una creencia material en un Dios y un hombre físicos. La insuficiencia de esta creencia para proveer la idea verdadera comprueba la falsedad de la creencia material.

Lo físico infinito es imposible

El hombre es más que una forma material con una mente adentro, que tiene que escapar de su ambiente a fin de ser inmortal. El hombre refleja la infinitud, y este reflejo es la idea verdadera de Dios.

Reflejo de la infinitud

Dios expresa en el hombre la idea infinita desarrollándose a sí misma para siempre, ampliándose y elevándose más y más desde una base ilimitada. La Mente manifiesta todo lo que existe en la infinitud de la Verdad. No sabemos más del hombre como la verdadera imagen y semejanza divinas, de lo que sabemos de Dios.

El Principio infinito es reflejado por la idea infinita y la individualidad espiritual, pero los así llamados sentidos materiales no tienen conocimiento ni del Principio ni de su idea. Las capacidades humanas son ampliadas y perfeccionadas en la proporción en que la humanidad gana la concepción verdadera del hombre y de Dios.

Los mortales tienen un sentido muy imperfecto del hombre espiritual y del alcance infinito de su pensamiento. A él le pertenece la Vida eterna. Puesto que el hombre jamás nace y jamás muere, le sería imposible, bajo el gobierno de Dios en la Ciencia eterna, caer de su estado elevado.

Permanencia individual

Por medio del sentido espiritual puedes discernir el corazón de la divinidad, y empezar así a comprender en la

God's man discerned

generic term *man*. Man is not absorbed in Deity, and man cannot lose his individuality, for he reflects eternal Life; nor is he an isolated, solitary idea, for he represents infinite Mind, the sum of all substance.

In divine Science, man is the true image of God. The divine nature was best expressed in Christ Jesus, who threw upon mortals the truer reflection of God and lifted their lives higher than their poor thought-models would allow, — thoughts which presented man as fallen, sick, sinning, and dying. The Christlike understanding of scientific being and divine healing includes a perfect Principle and idea, — perfect God and perfect man, — as the basis of thought and demonstration.

The divine image not lost

If man was once perfect but has now lost his perfection, then mortals have never beheld in man the reflex image of God. The *lost* image is no image. The true likeness cannot be lost in divine reflection. Understanding this, Jesus said: "Be ye therefore perfect, even as your Father which is in heaven is perfect."

Immortal models

Mortal thought transmits its own images, and forms its offspring after human illusions. God, Spirit, works spiritually, not materially. Brain or matter never formed a human concept. Vibration is not intelligence; hence it is not a creator. Immortal ideas, pure, perfect, and enduring, are transmitted by the divine Mind through divine Science, which corrects error with truth and demands spiritual thoughts, divine concepts, to the end that they may produce harmonious results.

Deducing one's conclusions as to man from imperfec-

Ciencia el término genérico *hombre.* El hombre no está absorbido en la Deidad, y el hombre no puede perder su individualidad, pues refleja la Vida eterna; ni es una idea aislada y solitaria, pues representa la Mente infinita, la suma de toda la sustancia.

El hombre de Dios discernido

En la Ciencia divina, el hombre es la imagen verdadera de Dios. La naturaleza divina fue expresada de la mejor manera en Cristo Jesús, quien proyectó sobre los mortales el reflejo más veraz de Dios y elevó sus vidas más alto de lo que sus pobres modelos-pensamiento permitían, pensamientos que presentaban al hombre como caído, enfermo, pecador y mortal. La comprensión a la manera de Cristo del ser científico y de la curación divina incluye un Principio perfecto e idea perfecta —Dios perfecto y hombre perfecto— como base del pensamiento y la demostración.

La imagen divina no se ha perdido

Si el hombre fue alguna vez perfecto pero ha perdido ahora su perfección, entonces los mortales nunca han contemplado en el hombre la imagen refleja de Dios. La imagen *perdida* no es imagen. La semejanza verdadera no puede perderse en el reflejo divino. Comprendiendo esto, Jesús dijo: "Sed, pues, vosotros perfectos, como vuestro Padre que está en los cielos es perfecto".

Modelos inmortales

El pensamiento mortal transmite sus propias imágenes, y forma sus vástagos de acuerdo con las ilusiones humanas. Dios, el Espíritu, obra espiritualmente, no materialmente. El cerebro o materia jamás formó un concepto humano. La vibración no es inteligencia; por lo tanto, no es una creadora. Las ideas inmortales, puras, perfectas y perdurables, son transmitidas por la Mente divina mediante la Ciencia divina, la cual corrige el error con la verdad y exige pensamientos espirituales, conceptos divinos, a fin de que ellos produzcan resultados armoniosos.

Si uno deduce sus conclusiones en cuanto al hombre

tion instead of perfection, one can no more arrive at the true conception or understanding of man, and make himself like it, than the sculptor can perfect his outlines from an imperfect model, or the painter can depict the form and face of Jesus, while holding in thought the character of Judas.

Spiritual discovery

The conceptions of mortal, erring thought must give way to the ideal of all that is perfect and eternal. Through many generations human beliefs will be attaining diviner conceptions, and the immortal and perfect model of God's creation will finally be seen as the only true conception of being.

Science reveals the possibility of achieving all good, and sets mortals at work to discover what God has already done; but distrust of one's ability to gain the goodness desired and to bring out better and higher results, often hampers the trial of one's wings and ensures failure at the outset.

Requisite change of our ideals

Mortals must change their ideals in order to improve their models. A sick body is evolved from sick thoughts. Sickness, disease, and death proceed from fear. Sensualism evolves bad physical and moral conditions.

Selfishness and sensualism are educated in mortal mind by the thoughts ever recurring to one's self, by conversation about the body, and by the expectation of perpetual pleasure or pain from it; and this education is at the expense of spiritual growth. If we array thought in mortal vestures, it must lose its immortal nature.

If we look to the body for pleasure, we find pain; for Life, we find death; for Truth, we find error; for Spirit, desde la imperfección en lugar de la perfección, le es tan imposible arribar a la verdadera concepción o comprensión del hombre y hacerse semejante a ella, como le es al escultor perfeccionar los contornos de su obra tomando un modelo imperfecto, o al pintor representar la figura y rostro de Jesús mientras mantiene en el pensamiento el carácter de Judas.

Descubrimiento espiritual

Las concepciones del pensamiento mortal, que yerra, tienen que dar lugar al ideal de todo lo que es perfecto y eterno. A través de muchas generaciones las creencias humanas irán alcanzando concepciones más divinas, y el modelo perfecto e inmortal de la creación de Dios finalmente será visto como la única concepción verdadera del ser.

La Ciencia revela la posibilidad de lograr todo lo bueno, y pone a los mortales a trabajar para descubrir lo que Dios ya ha hecho; pero la falta de confianza en la propia capacidad para ganar el bien deseado y producir resultados mejores y más elevados, a menudo impide que uno pruebe sus propias alas y asegura el fracaso desde el comienzo.

El cambio de nuestros ideales es un requisito

Los mortales tienen que cambiar sus ideales a fin de mejorar sus modelos. Un cuerpo enfermo es el resultado de pensamientos enfermos. La enfermedad, la dolencia y la muerte proceden del temor. El sensualismo desarrolla malas condiciones físicas y morales.

El egoísmo y el sensualismo son educados en la mente mortal por los pensamientos que se vuelven de continuo hacia uno mismo, por las conversaciones acerca del cuerpo y por la expectativa de obtener de él perpetuo placer o dolor; y esta educación es a expensas del crecimiento espiritual. Si ataviamos el pensamiento con vestidos mortales, tiene que perder su naturaleza inmortal.

Si esperamos del cuerpo placer, encontramos dolor; si la Vida, encontramos muerte; si la Verdad, encontramos error;

we find its opposite, matter. Now reverse this action. Look away from the body into Truth and Love, the Principle of all happiness, harmony, and immortality. Hold thought steadfastly to the enduring, the good, and the true, and you will bring these into your experience proportionably to their occupancy of your thoughts.

Thoughts are things

The effect of mortal mind on health and happiness is seen in this: If one turns away from the body with such absorbed interest as to forget it, the body experiences no pain. Under the strong impulse of a desire to perform his part, a noted actor was accustomed night after night to go upon the stage and sustain his appointed task, walking about as actively as the youngest member of the company. This old man was so lame that he hobbled every day to the theatre, and sat aching in his chair till his cue was spoken, — a signal which made him as oblivious of physical infirmity as if he had inhaled chloroform, though he was in the full possession of his so-called senses.

Unreality of pain

Detach sense from the body, or matter, which is only a form of human belief, and you may learn the meaning of God, or good, and the nature of the immutable and immortal. Breaking away from the mutations of time and sense, you will neither lose the solid objects and ends of life nor your own identity. Fixing your gaze on the realities supernal, you will rise to the spiritual consciousness of being, even as the bird which has burst from the egg and preens its wings for a skyward flight.

Immutable identity of man

We should forget our bodies in remembering good and the human race. Good demands of man every hour, in

Los pensamientos son cosas

si el Espíritu, encontramos su opuesto, la materia. Ahora bien, revierte esta acción. Vuelve tu mirada del cuerpo hacia la Verdad y el Amor, el Principio de toda felicidad, armonía e inmortalidad. Mantén tu pensamiento firmemente en lo perdurable, lo bueno y lo verdadero, y los traerás a tu experiencia en la proporción en que ocupen tus pensamientos.

La irrealidad del dolor

El efecto de la mente mortal sobre la salud y la felicidad se ve en esto: Si uno desvía la atención del cuerpo con un interés tan absorbente como para olvidarlo, el cuerpo no experimenta ningún dolor. Bajo el fuerte impulso de un deseo de representar su papel, un renombrado actor estaba acostumbrado, noche tras noche, a subir al escenario y representar la parte que le correspondía, andando de un lado a otro tan ágilmente como el miembro más joven de la compañía. Este anciano estaba tan lisiado que iba cojeando todos los días al teatro, y se sentaba dolorido en su silla hasta que oía su señal de entrada en escena, una señal que lo hacía tan ajeno a su dolencia física como si hubiera inhalado cloroformo, aunque estaba en plena posesión de sus así llamados sentidos.

La identidad inmutable del hombre

Separa el sentido del cuerpo, o materia, que sólo es una forma de creencia humana, y puedes aprender el significado de Dios, o el bien, y la naturaleza de lo inmutable e inmortal. Desprendiéndote de las mutaciones del tiempo y del sentido, no perderás ni los objetos ni los fines sólidos de la vida ni tu propia identidad. Fijando tu mirada en las realidades supernas, ascenderás hacia la consciencia espiritual del ser, tal como el pájaro que ha salido del huevo y alisa sus alas para un vuelo en dirección al cielo.

Debiéramos olvidar nuestro cuerpo al recordar el bien y la raza humana. El bien exige al hombre cada hora, en which to work out the problem of being. Consecration to good does not lessen man's dependence on God, but heightens it. Neither does consecration diminish man's obligations to God, but shows the paramount necessity of meeting them. Christian Science takes naught from the perfection of God, but it ascribes to Him the entire glory. By putting "off the old man with his deeds," mortals "put on immortality."

Forgetfulness of self

We cannot fathom the nature and quality of God's creation by diving into the shallows of mortal belief. We must reverse our feeble flutterings — our efforts to find life and truth in matter — and rise above the testimony of the material senses, above the mortal to the immortal idea of God. These clearer, higher views inspire the God-like man to reach the absolute centre and circumference of his being.

The true sense

Job said: "I have heard of Thee by the hearing of the ear: but now mine eye seeth Thee." Mortals will echo Job's thought, when the supposed pain and pleasure of matter cease to predominate. They will then drop the false estimate of life and happiness, of joy and sorrow, and attain the bliss of loving unselfishly, working patiently, and conquering all that is unlike God. Starting from a higher standpoint, one rises spontaneously, even as light emits light without effort; for "where your treasure is, there will your heart be also."

Mind the only cause

The foundation of mortal discord is a false sense of man's origin. To begin rightly is to end rightly. Every concept which seems to begin with the brain begins falsely. Divine Mind is the only cause or Principle of existence. Cause does not exist in matter, in mortal mind, or in physical forms.

la cual resolver el problema del ser. La consagración al bien no reduce la dependencia que el hombre tiene de Dios, sino que la aumenta. La consagración tampoco disminuye las obligaciones del hombre hacia Dios, sino que muestra la necesidad suprema de cumplirlas. La Ciencia Cristiana no le quita nada a la perfección de Dios, sino que Le atribuye a Él toda la gloria. Despojándose del "viejo hombre con sus hechos", los mortales "se visten de inmortalidad".

El olvido del yo

No podemos sondar la naturaleza y cualidad de la creación de Dios sumergiéndonos en los bajíos de la creencia mortal. Tenemos que revertir nuestros débiles aleteos —nuestros esfuerzos por encontrar vida y verdad en la materia— y elevarnos por encima del testimonio de los sentidos materiales, por encima de lo mortal hacia la idea inmortal de Dios. Estas perspectivas más claras y elevadas inspiran al hombre semejante a Dios a alcanzar el centro y la circunferencia absolutos de su ser.

Job dijo: "De oídas Te había oído; mas ahora mis ojos Te ven". Los mortales se harán eco del pensamiento de Job cuando los supuestos dolores y placeres de la materia cesen de predominar. Entonces abandonarán la evaluación falsa de la vida y la felicidad, de la alegría y el pesar, y alcanzarán la dicha de amar desinteresadamente, de trabajar pacientemente y de vencer todo lo que sea desemejante a Dios. Al partir desde un punto de vista más alto, uno se eleva espontáneamente, así como la luz emite luz sin esfuerzo; pues "donde esté vuestro tesoro, allí estará también vuestro corazón".

El sentido verdadero

El fundamento de la discordia mortal es un sentido falso del origen del hombre. Empezar correctamente es terminar correctamente. Todo concepto que parece empezar con el cerebro, empieza falsamente. La Mente divina es la única causa o Principio de la existencia. La causa no existe en la materia, en la mente mortal, o en las formas físicas.

La Mente, la causa única

Human egotism

Mortals are egotists. They believe themselves to be independent workers, personal authors, and even privileged originators of something which Deity would not or could not create. The creations of mortal mind are material. Immortal spiritual man alone represents the truth of creation.

Mortal man a mis-creator

When mortal man blends his thoughts of existence with the spiritual and works only as God works, he will no longer grope in the dark and cling to earth because he has not tasted heaven. Carnal beliefs defraud us. They make man an involuntary hypocrite, — producing evil when he would create good, forming deformity when he would outline grace and beauty, injuring those whom he would bless. He becomes a general mis-creator, who believes he is a semi-god. His "touch turns hope to dust, the dust we all have trod." He might say in Bible language: "The good that I would, I do not: but the evil which I would not, *that I do.*"

No new creation

There can be but one creator, who has created all. Whatever seems to be a new creation, is but the discovery of some distant idea of Truth; else it is a new multiplication or self-division of mortal thought, as when some finite sense peers from its cloister with amazement and attempts to pattern the infinite.

The multiplication of a human and mortal sense of persons and things is not creation. A sensual thought, like an atom of dust thrown into the face of spiritual immensity, is dense blindness instead of a scientific eternal consciousness of creation.

The fading forms of matter, the mortal body and ma-

El egotismo humano

Los mortales son egotistas. Se creen trabajadores independientes, autores personales y hasta creadores privilegiados de algo que la Deidad no quiso o no pudo crear. Las creaciones de la mente mortal son materiales. Sólo el hombre espiritual, inmortal, representa la verdad de la creación.

El hombre mortal, un falso creador

Cuando el hombre mortal una sus pensamientos de la existencia con lo espiritual y trabaje únicamente como Dios trabaja, ya no andará a tientas en las tinieblas ni se aferrará a la tierra porque no ha saboreado el cielo. Las creencias carnales nos defraudan. Hacen del hombre un hipócrita involuntario, que produce el mal cuando quisiera crear el bien, que forma deformidades cuando quisiera diseñar gracia y belleza, que hiere a quienes quisiera bendecir. Se vuelve un creador falso de todas las cosas, que cree que es un semidiós. Su "contacto torna la esperanza en polvo, el polvo que todos hemos hollado". En lenguaje bíblico él podría decir: "No hago el bien que quiero, sino el mal que no quiero, *eso hago*".

No hay creación nueva

Sólo puede haber un único creador, quien lo ha creado todo. Cualquier cosa que parezca ser una creación nueva, es sólo el descubrimiento de alguna idea distante de la Verdad; o es una nueva multiplicación o una división por sí mismo del pensamiento mortal, como cuando algún sentido finito atisba desde su claustro con asombro e intenta imitar el infinito.

La multiplicación de un sentido humano y mortal de las personas y las cosas no es creación. Un pensamiento sensual, cual átomo de polvo lanzado a la cara de la inmensidad espiritual, es densa ceguedad en lugar de una consciencia científica, eterna de la creación.

Las evanescentes formas de la materia, el cuerpo mortal

terial earth, are the fleeting concepts of the human mind. They have their day before the permanent facts and their perfection in Spirit appear. The crude creations of mortal thought must finally give place to the glorious forms which we sometimes behold in the camera of divine Mind, when the mental picture is spiritual and eternal. Mortals must look beyond fading, finite forms, if they would gain the true sense of things. Where shall the gaze rest but in the unsearchable realm of Mind? We must look where we would walk, and we must act as possessing all power from Him in whom we have our being.

Mind's true camera

As mortals gain more correct views of God and man, multitudinous objects of creation, which before were invisible, will become visible. When we realize that Life is Spirit, never in nor of matter, this understanding will expand into self-completeness, finding all in God, good, and needing no other consciousness.

Self-completeness

Spirit and its formations are the only realities of being. Matter disappears under the microscope of Spirit. Sin is unsustained by Truth, and sickness and death were overcome by Jesus, who proved them to be forms of error. Spiritual living and blessedness are the only evidences, by which we can recognize true existence and feel the unspeakable peace which comes from an all-absorbing spiritual love.

Spiritual proofs of existence

When we learn the way in Christian Science and recognize man's spiritual being, we shall behold and understand God's creation, — all the glories of earth and heaven and man.

The universe of Spirit is peopled with spiritual beings,

y la tierra material, son los conceptos fugaces de la mente humana. Tienen su día antes que las realidades permanentes y su perfección en el Espíritu aparezcan. Las crudas creaciones del pensamiento mortal finalmente tienen que dar lugar a las gloriosas formas que a veces contemplamos en la cámara de la Mente divina, cuando el cuadro mental es espiritual y eterno. Los mortales tienen que mirar más allá de las formas evanescentes, finitas, si quieren obtener el sentido verdadero de las cosas. ¿Dónde ha de fijarse la mirada sino en el reino inescrutable de la Mente? Tenemos que mirar hacia donde queremos caminar, y debemos actuar como poseyendo todo poder derivado de Aquel en quien tenemos nuestro ser.

La verdadera cámara de la Mente

A medida que los mortales obtengan perspectivas más correctas de Dios y del hombre, innumerables objetos de la creación, que antes eran invisibles, se volverán visibles. Cuando comprendamos que la Vida es el Espíritu, nunca en la materia ni de la materia, esta comprensión se expandirá hasta su compleción propia, encontrándolo todo en Dios, el bien, y sin necesitar ninguna otra consciencia.

La compleción propia

El Espíritu y sus formaciones son las únicas realidades del ser. La materia desaparece bajo el microscopio del Espíritu. El pecado no es sostenido por la Verdad, y la enfermedad y la muerte fueron vencidas por Jesús, quien comprobó que eran formas del error. La vida y la bienaventuranza espirituales son las únicas evidencias por medio de las cuales podemos reconocer la existencia verdadera y sentir la paz inefable que viene de un amor espiritual que lo absorbe todo.

Pruebas espirituales de la existencia

Cuando aprendamos el camino en la Ciencia Cristiana y reconozcamos el ser espiritual del hombre, contemplaremos y comprenderemos la creación de Dios: todas las glorias de la tierra y del cielo y del hombre.

El universo del Espíritu está poblado de seres espirituales,

Godward gravitation

and its government is divine Science. Man is the offspring, not of the lowest, but of the highest qualities of Mind. Man understands spiritual existence in proportion as his treasures of Truth and Love are enlarged. Mortals must gravitate Godward, their affections and aims grow spiritual, — they must near the broader interpretations of being, and gain some proper sense of the infinite, — in order that sin and mortality may be put off.

This scientific sense of being, forsaking matter for Spirit, by no means suggests man's absorption into Deity and the loss of his identity, but confers upon man enlarged individuality, a wider sphere of thought and action, a more expansive love, a higher and more permanent peace.

Mortal birth and death

The senses represent birth as untimely and death as irresistible, as if man were a weed growing apace or a flower withered by the sun and nipped by untimely frosts; but this is true only of a mortal, not of a man in God's image and likeness. The truth of being is perennial, and the error is unreal and obsolete.

Blessings from pain

Who that has felt the loss of human peace has not gained stronger desires for spiritual joy? The aspiration after heavenly good comes even before we discover what belongs to wisdom and Love. The loss of earthly hopes and pleasures brightens the ascending path of many a heart. The pains of sense quickly inform us that the pleasures of sense are mortal and that joy is spiritual.

The pains of sense are salutary, if they wrench away false pleasurable beliefs and transplant the affections y su gobierno es la Ciencia divina. El hombre es el vástago, no de las más bajas, sino de las más elevadas cualidades de la Mente. El hombre comprende la existencia espiritual en la proporción en que sus tesoros de Verdad y Amor son ampliados. Los mortales deben gravitar hacia Dios, sus afectos y propósitos espiritualizarse —deben acercarse a interpretaciones más amplias del ser y ganar un sentido más apropiado del infinito— a fin de poder despojarse del pecado y la mortalidad.

Gravitación hacia Dios

Este sentido científico del ser, que abandona la materia por el Espíritu, de ningún modo sugiere la absorción del hombre en la Deidad y la pérdida de su identidad, sino que confiere al hombre una individualidad ampliada, una esfera de pensamiento y acción más extensa, un amor más expansivo, una paz más elevada y más permanente.

Nacimiento y muerte mortales

Los sentidos representan el nacimiento como inoportuno y la muerte como irresistible, como si el hombre fuera una mala hierba que crece rápidamente o una flor marchitada por el sol y dañada por heladas intempestivas; pero esto es cierto sólo de un mortal, no de un hombre a la imagen y semejanza de Dios. La verdad del ser es perenne, y el error es irreal y obsoleto.

Bendiciones derivadas del dolor

¿Quién que ha sentido la pérdida de la paz humana no ha ganado deseos más fuertes por el gozo espiritual? La aspiración al bien celestial nos viene aun antes que descubramos lo que pertenece a la sabiduría y al Amor. La pérdida de esperanzas y placeres terrenales ilumina la senda ascendente de muchos corazones. Los dolores del sentido nos informan rápidamente que los placeres del sentido son mortales y que el gozo es espiritual.

Los dolores del sentido son saludables, si desarraigan las falsas creencias placenteras y trasplantan los afectos

Decapitation of error

from sense to Soul, where the creations of God are good, "rejoicing the heart." Such is the sword of Science, with which Truth decapitates error, materiality giving place to man's higher individuality and destiny.

Uses of adversity

Would existence without personal friends be to you a blank? Then the time will come when you will be solitary, left without sympathy; but this seeming vacuum is already filled with divine Love. When this hour of development comes, even if you cling to a sense of personal joys, spiritual Love will force you to accept what best promotes your growth. Friends will betray and enemies will slander, until the lesson is sufficient to exalt you; for "man's extremity is God's opportunity." The author has experienced the foregoing prophecy and its blessings. Thus He teaches mortals to lay down their fleshliness and gain spirituality. This is done through self-abnegation. Universal Love is the divine way in Christian Science.

The sinner makes his own hell by doing evil, and the saint his own heaven by doing right. The opposite persecutions of material sense, aiding evil with evil, would deceive the very elect.

Beatific presence

Mortals must follow Jesus' sayings and his demonstrations, which dominate the flesh. Perfect and infinite Mind enthroned is heaven. The evil beliefs which originate in mortals are hell. Man is the idea of Spirit; he reflects the beatific presence, illuming the universe with light. Man is deathless, spiritual. He is above sin or frailty. He does not cross the barriers of time into the vast forever of Life, but he coexists with God and the universe.

Decapitación del error

desde el sentido al Alma, donde las creaciones de Dios son buenas y “alegran el corazón”. Tal es la espada de la Ciencia, con la cual la Verdad decapita el error, la materialidad dando lugar a la individualidad y al destino más elevados del hombre.

Usos de la adversidad

¿Sería la existencia sin amigos personales un vacío para ti? Entonces llegará el momento en que estarás solitario, privado de compasión; mas este aparente vacío ya está colmado de Amor divino. Cuando llegue esta hora de desarrollo, aunque te aferres a un sentido de gozos personales, el Amor espiritual te forzará a aceptar lo que mejor promueva tu crecimiento. Los amigos traicionarán y los enemigos calumniarán, hasta que la lección sea suficiente para exaltarte; pues “la necesidad extrema del hombre es la oportunidad de Dios”. La autora ha experimentado la profecía antedicha y sus bendiciones. Así Él enseña a los mortales a abandonar su carnalidad y a ganar la espiritualidad. Esto se logra mediante la abnegación. El Amor universal es el camino divino en la Ciencia Cristiana.

El pecador crea su propio infierno haciendo el mal, y el santo su propio cielo haciendo el bien. Las persecuciones opuestas del sentido material, ayudando al mal con el mal, engañarían a los mismos escogidos.

Presencia beatífica

Los mortales deben seguir los dichos de Jesús y sus demostraciones, las cuales dominan la carne. La Mente perfecta e infinita entronizada es el cielo. Las creencias malévolas que se originan en los mortales son el infierno. El hombre es la idea del Espíritu; refleja la presencia beatífica, llenando de luz el universo. El hombre es imperecedero, espiritual. Está por encima de pecado o flaqueza. No atraviesa las barreras del tiempo hacia la vasta eternidad de la Vida, sino que coexiste con Dios y el universo.

The infinitude of God

Every object in material thought will be destroyed, but the spiritual idea, whose substance is in Mind, is eternal. The offspring of God start not from matter or ephemeral dust. They are in and of Spirit, divine Mind, and so forever continue. God is one. The allness of Deity is His oneness. Generically man is one, and specifically man means all men.

It is generally conceded that God is Father, eternal, self-created, infinite. If this is so, the forever Father must have had children prior to Adam. The great I AM made all "that was made." Hence man and the spiritual universe coexist with God.

Christian Scientists understand that, in a religious sense, they have the same authority for the appellative mother, as for that of brother and sister. Jesus said: "For whosoever shall do the will of my Father which is in heaven, the same is my brother, and sister, and mother."

Waymarks to eternal Truth

When examined in the light of divine Science, mortals present more than is detected upon the surface, since inverted thoughts and erroneous beliefs must be counterfeits of Truth. Thought is borrowed from a higher source than matter, and by reversal, errors serve as waymarks to the one Mind, in which all error disappears in celestial Truth. The robes of Spirit are "white and glistering," like the raiment of Christ. Even in this world, therefore, "let thy garments be always white." "Blessed is the man that endureth [overcometh] temptation: for when he is tried, [proved faithful], he shall receive the crown of life, which the Lord hath promised to them that love him." (James i. 12.)

La infinitud de Dios

Todo objeto en el pensamiento material será destruido, pero la idea espiritual, cuya sustancia está en la Mente, es eterna. Los vástagos de Dios no se originan en la materia o el polvo efímero. Están en el Espíritu, y son del Espíritu, la Mente divina, y continúan así para siempre. Dios es uno. La totalidad de la Deidad es Su unidad. Genéricamente el hombre es uno, y específicamente hombre significa todos los hombres.

Se admite generalmente que Dios es Padre, eterno, creado por Sí mismo, infinito. Si esto es así, el Padre eterno debe haber tenido hijos con anterioridad a Adán. El gran Yo SOY hizo todo "lo que ha sido hecho". Por lo tanto, el hombre y el universo espiritual coexisten con Dios.

Los Científicos Cristianos comprenden que, en un sentido religioso, tienen la misma autoridad para el apelativo madre, que para el de hermano o hermana. Jesús dijo: "Porque todo aquel que hace la voluntad de mi Padre que está en los cielos, ése es mi hermano, y hermana, y madre".

Postes indicadores hacia la Verdad eterna

Cuando son examinados bajo la luz de la Ciencia divina, los mortales presentan más de lo que se detecta en la superficie, ya que los pensamientos invertidos y las creencias erróneas tienen que ser falsificaciones de la Verdad. El pensamiento es tomado en préstamo de una fuente más elevada que la materia, y por reversión, los errores sirven como postes indicadores hacia la Mente única, en la cual todo error desaparece en la Verdad celestial. El manto del Espíritu es "blanco y resplandeciente", como el vestido del Cristo. Aun en este mundo, por tanto, "en todo tiempo sean blancos tus vestidos". "Bienaventurado el varón que soporta [vence] la tentación; porque cuando haya resistido la prueba [se haya comprobado que es fiel], recibirá la corona de vida, que Dios ha prometido a los que le aman" (Santiago 1:12).

Chapter 10

Science of Being

That which was from the beginning, which we have heard,
which we have seen with our eyes, which we have looked upon,
and our hands have handled, of the Word of life, . . .
That which we have seen and heard declare we unto you,
that ye also may have fellowship with us:
and truly our fellowship is with the Father,
and with His Son Jesus Christ. — JOHN, First Epistle.

Here I stand. I can do no otherwise;
so help me God! Amen! — MARTIN LUTHER.

Materialistic challenge

In the material world, thought has brought to light with great rapidity many useful wonders. With like activity have thought's swift pinions been rising towards the realm of the real, to the spiritual cause of those lower things which give impulse to inquiry. Belief in a material basis, from which may be deduced all rationality, is slowly yielding to the idea of a metaphysical basis, looking away from matter to Mind as the cause of every effect. Materialistic hypotheses challenge metaphysics to meet in final combat. In this revolutionary period, like the shepherd-boy with his sling, woman goes forth to battle with Goliath.

Confusion confounded

In this final struggle for supremacy, semi-metaphysical systems afford no substantial aid to scientific metaphysics, for their arguments are based on the false testimony of the material senses as well as on the facts of Mind. These semi-metaphysical

Capítulo 10

La Ciencia del ser

Lo que era desde el principio, lo que hemos oído,
lo que hemos visto con nuestros ojos, lo que hemos contemplado,
y palparon nuestras manos tocante al Verbo de vida...;
lo que hemos visto y oído, eso os anunciamos,
para que también vosotros tengáis comunión con nosotros;
y nuestra comunión verdaderamente es con el Padre,
y con Su hijo Jesucristo. — JUAN, Primera Epístola.

Aquí estoy. No puedo obrar de otra manera;
¡Dios me auxilie! ¡Amén! — MARTÍN LUTERO.

El reto materialista

En el mundo material, el pensamiento ha sacado a luz con gran rapidez muchas maravillas útiles. Con igual actividad las veloces alas del pensamiento se han ido elevando hacia el reino de lo real, hacia la causa espiritual de aquellas cosas inferiores que dan impulso a la investigación. La creencia en una base material, de la cual pueda ser deducida toda racionalidad, está cediendo lentamente a la idea de una base metafísica, volviéndose de la materia hacia la Mente como la causa de todo efecto. Las hipótesis materialistas desafían la metafísica para enfrentarse en combate final. En este período revolucionario, como el joven pastor con su honda, la mujer se adelanta para luchar contra Goliat.

Confusión de confusiones

En esta lucha final por la supremacía, los sistemas semimetafísicos no proporcionan ayuda sustancial a la metafísica científica, pues sus argumentos están basados en los falsos testimonios de los sentidos materiales así como en las realidades de la Mente. Estos sistemas systems are one and all pantheistic, and savor of Pandemonium, a house divided against itself.

From first to last the supposed coexistence of Mind and matter and the mingling of good and evil have resulted from the philosophy of the serpent. Jesus' demonstrations sift the chaff from the wheat, and unfold the unity and the reality of good, the unreality, the nothingness, of evil.

Divine metaphysics

Human philosophy has made God manlike. Christian Science makes man Godlike. The first is error; the latter is truth. Metaphysics is above physics, and matter does not enter into metaphysical premises or conclusions. The categories of metaphysics rest on one basis, the divine Mind. Metaphysics resolves things into thoughts, and exchanges the objects of sense for the ideas of Soul.

These ideas are perfectly real and tangible to spiritual consciousness, and they have this advantage over the objects and thoughts of material sense, — they are good and eternal.

Biblical foundations

The testimony of the material senses is neither absolute nor divine. I therefore plant myself unreservedly on the teachings of Jesus, of his apostles, of the prophets, and on the testimony of the Science of Mind. Other foundations there are none. All other systems — systems based wholly or partly on knowledge gained through the material senses — are reeds shaken by the wind, not houses built on the rock.

Rejected theories

The theories I combat are these: (1) that all is matter; (2) that matter originates in Mind, and is as real as Mind, possessing intelligence and life. The first theory, that matter is everything, is quite as semimetafísicos son todos por igual panteístas, y saben a pandemonio, una casa dividida contra sí misma.

Desde el comienzo hasta el fin, la supuesta coexistencia de la Mente y la materia y la mezcla del bien y el mal han sido el resultado de la filosofía de la serpiente. Las demostraciones de Jesús separan la paja del trigo, y revelan la unidad y la realidad del bien, la irrealidad, la nada, del mal.

La metafísica divina

La filosofía humana ha hecho a Dios semejante al hombre. La Ciencia Cristiana hace al hombre semejante a Dios. Lo primero es error; lo último es verdad. La metafísica está por encima de la física, y la materia no entra en las premisas o en las conclusiones metafísicas. Las categorías de la metafísica descansan sobre una sola base: la Mente divina. La metafísica resuelve las cosas en pensamientos, y cambia los objetos del sentido por las ideas del Alma.

Estas ideas son perfectamente reales y tangibles para la consciencia espiritual, y tienen esta ventaja sobre los objetos y pensamientos del sentido material: son buenas y eternas.

Fundamentos bíblicos

El testimonio de los sentidos materiales no es ni absoluto ni divino. Por lo tanto, yo me planto sin reservas en las enseñanzas de Jesús, de sus apóstoles, de los profetas, y en el testimonio de la Ciencia de la Mente. Otros fundamentos no hay. Todos los otros sistemas —sistemas basados entera o parcialmente en el conocimiento obtenido por medio de los sentidos materiales— son cañas sacudidas por el viento, no casas edificadas sobre la roca.

Teorías rechazadas

Las teorías que combato son estas: (1) que todo es materia; (2) que la materia se origina en la Mente, y es tan real como la Mente, poseyendo inteligencia y vida. La primera teoría, que la materia es todo, es tan reasonable as the second, that Mind and matter coexist and cooperate. One only of the following statements can be true: (1) that everything is matter; (2) that everything is Mind. Which one is it?

Matter and Mind are opposites. One is contrary to the other in its very nature and essence; hence both cannot be real. If one is real, the other must be unreal. Only by understanding that there is but one power,—not two powers, matter and Mind,—are scientific and logical conclusions reached. Few deny the hypothesis that intelligence, apart from man and matter, governs the universe; and it is generally admitted that this intelligence is the eternal Mind or divine Principle, Love.

Prophetic ignorance

The prophets of old looked for something higher than the systems of their times; hence their foresight of the new dispensation of Truth. But they knew not what would be the precise nature of the teaching and demonstration of God, divine Mind, in His more infinite meanings,—the demonstration which was to destroy sin, sickness, and death, establish the definition of omnipotence, and maintain the Science of Spirit.

The pride of priesthood is the prince of this world. It has nothing in Christ. Meekness and charity have divine authority. Mortals think wickedly; consequently they are wicked. They think sickly thoughts, and so become sick. If sin makes sinners, Truth and Love alone can unmake them. If a sense of disease produces suffering and a sense of ease antidotes suffering, disease is mental, not material. Hence the fact that the human mind alone suffers, is sick, and that the divine Mind alone heals.

The life of Christ Jesus was not miraculous, but it was indigenous to his spirituality,—the good soil wherein the razonable como la segunda, que la Mente y la materia coexisten y cooperan. Sólo una de las declaraciones siguientes puede ser verdadera: (1) que todo es materia; (2) que todo es Mente. ¿Cuál de ellas es?

La materia y la Mente son opuestas. Una es contraria a la otra en su naturaleza y esencia mismas; por consiguiente, ambas no pueden ser reales. Si una es real, la otra debe ser irreal. Sólo mediante la comprensión de que no hay sino un único poder —no dos poderes, la materia y la Mente— se llega a conclusiones científicas y lógicas. Pocos niegan la hipótesis de que la inteligencia, separada del hombre y de la materia, gobierna el universo; y es generalmente admitido que esta inteligencia es la Mente eterna o el Principio divino, el Amor.

Ignorancia de los profetas

Los profetas de antaño buscaban algo más elevado que los sistemas de su época; de ahí su previsión de la nueva dispensación de la Verdad. Pero no sabían cuál sería la naturaleza precisa de la enseñanza y demostración de Dios, la Mente divina, en Sus significados más infinitos, la demostración que iba a destruir el pecado, la enfermedad y la muerte, establecer la definición de la omnipotencia y mantener la Ciencia del Espíritu.

El orgullo del sacerdocio es el príncipe de este mundo. No tiene nada en el Cristo. La mansedumbre y la caridad poseen autoridad divina. Los mortales piensan perversamente; por consiguiente son perversos. Tienen pensamientos enfermizos, y por eso se enferman. Si el pecado hace pecadores, sólo la Verdad y el Amor pueden hacer que no lo sean. Si un sentido de malestar produce sufrimiento y un sentido de bienestar es un antídoto contra el sufrimiento, la enfermedad es mental, no material. De ahí el hecho de que sólo la mente humana sufre, está enferma, y de que sólo la Mente divina sana.

La vida de Cristo Jesús no fue milagrosa, sino que fue inherente a su espiritualidad, la buena tierra donde la semilla seed of Truth springs up and bears much fruit. Christ's Christianity is the chain of scientific being reappearing in all ages, maintaining its obvious correspondence with the Scriptures and uniting all periods in the design of God. Neither emasculation, illusion, nor insubordination exists in divine Science.

Jesus instructed his disciples whereby to heal the sick through Mind instead of matter. He knew that the philosophy, Science, and proof of Christianity were in Truth, casting out all inharmony.

Studious disciples

In Latin the word rendered *disciple* signifies student; and the word indicates that the power of healing was not a supernatural gift to those learners, but the result of their cultivated spiritual understanding of the divine Science, which their Master demonstrated by healing the sick and sinning. Hence the universal application of his saying: "Neither pray I for these alone, but for them also which shall believe on me [understand me] through their word."

New Testament basis

Our Master said, "But the Comforter ... shall teach you all things." When the Science of Christianity appears, it will lead you into all truth. The Sermon on the Mount is the essence of this Science, and the eternal life, not the death of Jesus, is its outcome.

Modern evangel

Those, who are willing to leave their nets or to cast them on the right side for Truth, have the opportunity now, as aforetime, to learn and to practise Christian healing. The Scriptures contain it. The spiritual import of the Word imparts this power. But, as Paul says, "How shall they hear without a preacher? and how shall they preach, except they be de la Verdad brota y lleva mucho fruto. El cristianismo de Cristo es la cadena del ser científico que reaparece en todas las épocas, mantiene su obvia correspondencia con las Escrituras y une todos los períodos en el designio de Dios. Ni la emasculación, la ilusión, ni la insubordinación existen en la Ciencia divina.

Jesús instruyó a sus discípulos sobre cómo sanar enfermos por medio de la Mente en lugar de la materia. Él sabía que la filosofía, la Ciencia y la prueba del cristianismo estaban en la Verdad, que echa fuera toda desarmonía.

Discípulos estudiosos

En latín, la palabra traducida por *discípulo* significa estudiante; y la palabra indica que el poder de sanar no era un don sobrenatural para esos estudiantes, sino el resultado de su cultivada comprensión espiritual de la Ciencia divina, la cual su Maestro demostraba sanando a los enfermos y a los pecadores. De ahí la aplicación universal de su dicho: "No ruego solamente por éstos, sino también por los que han de creer en mí [comprenderme] por la palabra de ellos".

El Nuevo Testamento es la base

Nuestro Maestro dijo: "Mas el Consolador... os enseñará todas las cosas". Cuando la Ciencia del cristianismo aparezca, te guiará a toda la verdad. El Sermón del Monte es la esencia de esta Ciencia, y la vida eterna, no la muerte de Jesús, es su resultado.

Mensajero celestial moderno

Aquellos que están dispuestos a dejar sus redes o a echarlas a la derecha por la Verdad, tienen la oportunidad ahora, como antaño, de aprender y practicar la curación cristiana. Las Escrituras la contienen. El significado espiritual de la Palabra imparte este poder. Pero, como dice Pablo: "¿Cómo oirán sin haber quien les predique? ¿Y cómo predicarán si no fueren sent?" If sent, how shall they preach, convert, and heal multitudes, except the people hear?

Spirituality of Scripture

The spiritual sense of truth must be gained before Truth can be understood. This sense is assimilated only as we are honest, unselfish, loving, and meek. In the soil of an "honest and good heart" the seed must be sown; else it beareth not much fruit, for the swinish element in human nature uproots it. Jesus said: "Ye do err, not knowing the Scriptures." The spiritual sense of the Scriptures brings out the scientific sense, and is the new tongue referred to in the last chapter of Mark's Gospel.

Jesus' parable of "the sower" shows the care our Master took not to impart to dull ears and gross hearts the spiritual teachings which dulness and grossness could not accept. Reading the thoughts of the people, he said: "Give not that which is holy unto the dogs, neither cast ye your pearls before swine."

Unspiritual contrasts

It is the spiritualization of thought and Christianization of daily life, in contrast with the results of the ghastly farce of material existence; it is chastity and purity, in contrast with the downward tendencies and earthward gravitation of sensualism and impurity, which really attest the divine origin and operation of Christian Science. The triumphs of Christian Science are recorded in the destruction of error and evil, from which are propagated the dismal beliefs of sin, sickness, and death.

God the Principle of all

The divine Principle of the universe must interpret the universe. God is the divine Principle of all that represents Him and of all that really exists. Christian Science, as demonstrated by Jesus, alone reveals the natural, divine Principle of Science.

enviados?" Si enviados, ¿cómo predicarán, convertirán y sanarán a las multitudes, a menos que la gente oiga?

La espiritualidad de las Escrituras

El sentido espiritual de la verdad tiene que ser obtenido antes que la Verdad pueda ser comprendida. Este sentido es asimilado sólo a medida que seamos honestos, abnegados, amorosos y mansos. En la tierra de un "corazón bueno y recto" la semilla debe ser sembrada; de otro modo no lleva mucho fruto, pues el elemento grosero en la naturaleza humana lo desarraiga. Jesús dijo: "Erráis, ignorando las Escrituras". El sentido espiritual de las Escrituras saca a luz el sentido científico, y es la nueva lengua mencionada en el último capítulo del Evangelio de Marcos.

La parábola del "sembrador", que relató Jesús, muestra el cuidado que tuvo nuestro Maestro de no impartir a oídos torpes y corazones toscos las enseñanzas espirituales que la torpeza y la tosquedad no podían aceptar. Leyendo los pensamientos de la gente, él dijo: "No deis lo santo a los perros, ni echéis vuestras perlas delante de los cerdos".

Contrastes no espirituales

Es la espiritualización del pensamiento y la cristianización de la vida diaria, en contraste con los resultados de la horrible farsa de la existencia material; es la castidad y pureza, en contraste con las tendencias degradantes y la gravitación hacia lo terrenal dcl sensualismo y de la impureza, lo que realmente atestigua el origen y la operación divinos de la Ciencia Cristiana. Los triunfos de la Ciencia Cristiana están registrados en la destrucción del error y del mal, desde los cuales son propagadas las sombrías creencias de pecado, enfermedad y muerte.

Dios, el Principio de todo

El Principio divino del universo tiene que interpretar el universo. Dios es el Principio divino de todo lo que Lo representa y de todo lo que realmente existe. Sólo la Ciencia Cristiana, como fue demostrada por Jesús, revela el Principio natural y divino de la Ciencia.

Matter and its claims of sin, sickness, and death are contrary to God, and cannot emanate from Him. There is no *material* truth. The physical senses can take no cognizance of God and spiritual Truth. Human belief has sought out many inventions, but not one of them can solve the problem of being without the divine Principle of divine Science. Deductions from material hypotheses are not scientific. They differ from real Science because they are not based on the divine law.

Science *versus* sense

Divine Science reverses the false testimony of the material senses, and thus tears away the foundations of error. Hence the enmity between Science and the senses, and the impossibility of attaining perfect understanding till the errors of sense are eliminated.

The so-called laws of matter and of medical science have never made mortals whole, harmonious, and immortal. Man is harmonious when governed by Soul. Hence the importance of understanding the truth of being, which reveals the laws of spiritual existence.

Spiritual law the only law

God never ordained a material law to annul the spiritual law. If there were such a material law, it would oppose the supremacy of Spirit, God, and impugn the wisdom of the creator. Jesus walked on the waves, fed the multitude, healed the sick, and raised the dead in direct opposition to material laws. His acts were the demonstration of Science, overcoming the false claims of material sense or law.

Science shows that material, conflicting mortal opinions and beliefs emit the effects of error at all times, but this atmosphere of mortal mind cannot be destructive to morals and health when it is opposed promptly and per-

La materia y sus pretensiones de pecado, enfermedad y muerte son contrarias a Dios, y no pueden emanar de Él. No hay verdad *material.* Los sentidos físicos no pueden tener conocimiento de Dios y de la Verdad espiritual. La creencia humana ha buscado muchas invenciones, pero ninguna de ellas puede resolver el problema del ser sin el Principio divino de la Ciencia divina. Las deducciones de las hipótesis materiales no son científicas. Difieren de la Ciencia verdadera porque no están basadas en la ley divina.

La Ciencia *versus* el sentido

La Ciencia divina revierte el falso testimonio de los sentidos materiales, y así destruye los fundamentos del error. De ahí la enemistad entre la Ciencia y los sentidos, y la imposibilidad de lograr una comprensión perfecta hasta que los errores del sentido son eliminados.

Las así llamadas leyes de la materia y de la ciencia médica jamás han hecho a los mortales sanos, armoniosos e inmortales. El hombre es armonioso cuando es gobernado por el Alma. De ahí la importancia de comprender la verdad del ser, que revela las leyes de la existencia espiritual.

La ley espiritual es la única ley

Dios nunca decretó una ley material para anular la ley espiritual. Si hubiera tal ley material, se opondría a la supremacía del Espíritu, Dios, e impugnaría la sabiduría del creador. Jesús anduvo sobre las olas, alimentó a las multitudes, sanó a los enfermos y resucitó a los muertos en directa oposición a las leyes materiales. Sus actos eran la demostración de la Ciencia, venciendo las falsas pretensiones del sentido o ley materiales.

La Ciencia muestra que las opiniones y creencias mortales y materiales conflictivas emiten los efectos del error en todo momento, pero esta atmósfera de la mente mortal no puede ser destructiva para la moral y la salud cuando es enfrentada

Material knowledge illusive

sistently by Christian Science. Truth and Love antidote this mental miasma, and thus invigorate and sustain existence. Unnecessary knowledge gained from the five senses is only temporal, — the conception of mortal mind, the offspring of sense, not of Soul, Spirit, — and symbolizes all that is evil and perishable. *Natural science,* as it is commonly called, is not really natural nor scientific, because it is deduced from the evidence of the material senses. Ideas, on the contrary, are born of Spirit, and are not mere inferences drawn from material premises.

Five senses deceptive

The senses of Spirit abide in Love, and they demonstrate Truth and Life. Hence Christianity and the Science which expounds it are based on spiritual understanding, and they supersede the so-called laws of matter. Jesus demonstrated this great verity. When what we erroneously term the five physical senses are misdirected, they are simply the manifested beliefs of mortal mind, which affirm that life, substance, and intelligence are material, instead of spiritual. These false beliefs and their products constitute the flesh, and the flesh wars against Spirit.

Impossible partnership

Divine Science is absolute, and permits no half-way position in learning its Principle and rule — establishing it by demonstration. The conventional firm, called matter and mind, God never formed. Science and understanding, governed by the unerring and eternal Mind, destroy the imaginary copartnership, matter and mind, formed only to be destroyed in a manner and at a period as yet unknown. This suppositional partnership is already obsolete, for matter, examined in the light of divine metaphysics, disappears.

pronta y persistentemente con la Ciencia Cristiana. La Verdad y el Amor son un antídoto contra este miasma mental, y así vigorizan y sostienen la existencia. El conocimiento innecesario obtenido de los cinco sentidos es sólo temporal —la concepción de la mente mortal, el vástago del sentido, no del Alma, el Espíritu— y simboliza todo lo que es malo y perecedero. Las *ciencias naturales,* como son comúnmente llamadas, no son realmente naturales ni científicas, porque son deducidas de la evidencia de los sentidos materiales. Las ideas, por el contrario, nacen del Espíritu, y no son meras inferencias deducidas de premisas materiales.

Los conocimientos materiales son ilusorios

Los sentidos del Espíritu moran en el Amor, y demuestran la Verdad y la Vida. Por lo tanto, el cristianismo y la Ciencia que lo expone están basados en la comprensión espiritual, y suplantan las así llamadas leyes de la materia. Jesús demostró esta gran verdad. Cuando lo que erróneamente llamamos los cinco sentidos físicos están mal dirigidos, son simplemente las creencias manifestadas de la mente mortal, que afirman que la vida, la sustancia y la inteligencia son materiales, en lugar de espirituales. Estas creencias falsas y sus productos constituyen la carne, y la carne lucha contra el Espíritu.

Los cinco sentidos son engañosos

La Ciencia divina es absoluta, y no permite una posición a medias al aprender su Principio y su regla, estableciéndola por medio de la demostración. La asociación convencional, denominada materia y mente, jamás fue formada por Dios. La Ciencia y la comprensión, gobernadas por la Mente infalible y eterna, destruyen la imaginaria coasociación, materia y mente, formada sólo para ser destruida de una manera y en un período aún desconocidos. Esta supuesta asociación ya es obsoleta, pues la materia, examinada a la luz de la metafísica divina, desaparece.

Asociación imposible

Matter has no life to lose, and Spirit never dies. A partnership of mind with matter would ignore omnipresent and omnipotent Mind. This shows that matter did not originate in God, Spirit, and is not eternal. Therefore matter is neither substantial, living, nor intelligent. The starting-point of divine Science is that God, Spirit, is All-in-all, and that there is no other might nor Mind, — that God is Love, and therefore He is divine Principle.

Spirit the starting-point

To grasp the reality and order of being in its Science, you must begin by reckoning God as the divine Principle of all that really is. Spirit, Life, Truth, Love, combine as one, — and are the Scriptural names for God. All substance, intelligence, wisdom, being, immortality, cause, and effect belong to God. These are His attributes, the eternal manifestations of the infinite divine Principle, Love. No wisdom is wise but His wisdom; no truth is true, no love is lovely, no life is Life but the divine; no good is, but the good God bestows.

Divine synonyms

Divine metaphysics, as revealed to spiritual understanding, shows clearly that all is Mind, and that Mind is God, omnipotence, omnipresence, omniscience, — that is, all power, all presence, all Science. Hence all is in reality the manifestation of Mind.

The divine completeness

Our material human theories are destitute of Science. The true understanding of God is spiritual. It robs the grave of victory. It destroys the false evidence that misleads thought and points to other gods, or other so-called powers, such as matter, disease, sin, and death, superior or contrary to the one Spirit.

Truth, spiritually discerned, is scientifically understood. It casts out error and heals the sick.

El Espíritu es el punto de partida

La materia no tiene vida que perder, y el Espíritu nunca muere. Una asociación de la mente con la materia ignoraría la Mente omnipresente y omnipotente. Esto muestra que la materia no se originó en Dios, el Espíritu, y que no es eterna. Por consiguiente, la materia no es ni sustancial, viviente ni inteligente. El punto de partida de la Ciencia divina es que Dios, el Espíritu, es Todo-en-todo, y que no hay otro poder ni otra Mente, que Dios es Amor, y por lo tanto, es el Principio divino.

Sinónimos divinos

Para comprender la realidad y el orden del ser en su Ciencia, tienes que empezar por considerar a Dios como el Principio divino de todo lo que realmente es. El Espíritu, la Vida, la Verdad, el Amor, se combinan en uno, y son los nombres bíblicos de Dios. Toda sustancia, inteligencia, sabiduría, todo ser, toda inmortalidad, causa y todo efecto pertenecen a Dios. Estos son Sus atributos, las eternas manifestaciones del Principio divino e infinito, el Amor. Ninguna sabiduría es sabia, sino Su sabiduría; ninguna verdad es verdadera, ningún amor es amoroso, ninguna vida es Vida, sino los que son divinos; ningún bien existe, sino el bien que Dios concede.

La compleción divina

La metafísica divina, como es revelada a la comprensión espiritual, claramente muestra que todo es Mente, y que la Mente es Dios, omnipotencia, omnipresencia, omnisciencia, es decir, todo poder, todo presencia, todo Ciencia. Por lo tanto, todo es en realidad la manifestación de la Mente.

Nuestras teorías humanas y materiales están desprovistas de Ciencia. La verdadera comprensión de Dios es espiritual. Roba la victoria al sepulcro. Destruye la falsa evidencia que desorienta el pensamiento y señala hacia otros dioses, u otros así llamados poderes, tales como la materia, la enfermedad, el pecado y la muerte, como superiores o contrarios al único Espíritu.

La Verdad, discernida espiritualmente, es científicamente comprendida. Echa fuera el error y sana a los enfermos.

Universal brotherhood

Having one God, one Mind, unfolds the power that heals the sick, and fulfils these sayings of Scripture, "I am the Lord that healeth thee," and "I have found a ransom." When the divine precepts are understood, they unfold the foundation of fellowship, in which one mind is not at war with another, but all have one Spirit, God, one intelligent source, in accordance with the Scriptural command: "Let this Mind be in you, which was also in Christ Jesus." Man and his Maker are correlated in divine Science, and real consciousness is cognizant only of the things of God.

The realization that all inharmony is unreal brings objects and thoughts into human view in their true light, and presents them as beautiful and immortal. Harmony in man is as real and immortal as in music. Discord is unreal and mortal.

Perfection requisite

If God is admitted to be the only Mind and Life, there ceases to be any opportunity for sin and death. When we learn in Science how to be perfect even as our Father in heaven is perfect, thought is turned into new and healthy channels,—towards the contemplation of things immortal and away from materiality to the Principle of the universe, including harmonious man.

Material beliefs and spiritual understanding never mingle. The latter destroys the former. Discord is the *nothingness* named error. Harmony is the *somethingness* named Truth.

Like evolving like

Nature and revelation inform us that like produces like. Divine Science does not gather grapes from thorns nor figs from thistles. Intelligence never produces non-intelligence; but matter is

Hermandad universal

Tener un único Dios, una única Mente, desarrolla el poder que sana a los enfermos, y cumple estos dichos de las Escrituras: "Yo soy Jehová tu Sanador", y "Yo he hallado rescate".* Cuando los preceptos divinos son comprendidos, desarrollan el fundamento de la fraternidad, en la cual una mente no está en guerra con otra, sino que todos tienen un único Espíritu, Dios, un único origen inteligente, de acuerdo con el mandato bíblico: "Tened dentro de vosotros esa Mente que estaba también en Cristo Jesús".* El hombre y su Hacedor están correlacionados en la Ciencia divina, y la consciencia verdadera sólo tiene conocimiento de las cosas de Dios.

Darse cuenta de que toda desarmonía es irreal presenta los objetos y pensamientos ante la vista humana en su luz verdadera, y los presenta como bellos e inmortales. La armonía en el hombre es tan real e inmortal como en la música. La discordia es irreal y mortal.

La perfección es un requisito

Si se admite que Dios es la Mente y Vida únicas, cesa de haber cualquier oportunidad para el pecado y la muerte. Cuando aprendemos en la Ciencia cómo ser perfectos, así como nuestro Padre en los cielos es perfecto, el pensamiento es dirigido hacia conductos nuevos y saludables, a la contemplación de cosas inmortales y en dirección opuesta a la materialidad, hacia el Principio del universo, incluyendo el hombre armonioso.

Las creencias materiales y la comprensión espiritual jamás se mezclan. La última destruye las primeras. La discordancia es la *nada* llamada error. La armonía es el *algo* llamado Verdad.

Lo igual produce su igual

La naturaleza y la revelación nos informan que lo igual produce su igual. La Ciencia divina no recoge uvas de los espinos ni higos de los abrojos. La inteligencia jamás produce lo carente de inteligencia; pero

*Según la versión King James de la Biblia

ever non-intelligent and therefore cannot spring from intelligence. To all that is unlike unerring and eternal Mind, this Mind saith, "Thou shalt surely die;" and elsewhere the Scripture says that dust returns to dust. The non-intelligent relapses into its own unreality. Matter never produces mind. The immortal never produces the mortal. Good cannot result in evil. As God Himself is good and is Spirit, goodness and spirituality must be immortal. Their opposites, evil and matter, are mortal error, and error has no creator. If goodness and spirituality are real, evil and materiality are unreal and cannot be the outcome of an infinite God, good.

Natural history presents vegetables and animals as preserving their original species,—like reproducing like. A mineral is not produced by a vegetable nor the man by the brute. In reproduction, the order of genus and species is preserved throughout the entire round of nature. This points to the spiritual truth and Science of being. Error relies upon a reversal of this order, asserts that Spirit produces matter and matter produces all the ills of flesh, and therefore that good is the origin of evil. These suppositions contradict even the order of material so-called science.

Material error

The realm of the real is Spirit. The unlikeness of Spirit is matter, and the opposite of the real is not divine,—it is a human concept. Matter is an error of statement. This error in the premise leads to errors in the conclusion in every statement into which it enters. Nothing we can say or believe regarding matter is immortal, for matter is temporal and is therefore a mortal phenomenon, a human concept, sometimes beautiful, always erroneous.

la materia siempre carece de inteligencia y, por lo tanto, no puede surgir de la inteligencia. A todo lo que es desemejante a la Mente infalible y eterna, esta Mente dice: “Ciertamente morirás”; y en otra parte las Escrituras dicen que el polvo vuelve al polvo. Lo carente de inteligencia recae en su propia irrealidad. La materia jamás produce la mente. Lo inmortal jamás produce lo mortal. El bien no puede resultar en el mal. Puesto que Dios mismo es el bien y es Espíritu, la bondad y la espiritualidad tienen que ser inmortales. Sus opuestos, el mal y la materia, son el error mortal, y el error no tiene creador. Si la bondad y la espiritualidad son reales, el mal y la materialidad son irreales y no pueden ser el resultado de un Dios infinito, el bien.

La historia natural presenta los vegetales y los animales como preservando sus especies originales, lo igual reproduciendo su igual. Un mineral no es producido por un vegetal ni el hombre por el animal. En la reproducción, el orden del género y de la especie es preservado en todo el ciclo de la naturaleza. Esto señala hacia la verdad espiritual y la Ciencia del ser. El error confía en una reversión de este orden, afirma que el Espíritu produce la materia y que la materia produce todos los males de la carne, y por lo tanto que el bien es el origen del mal. Estas suposiciones contradicen hasta el orden de la así llamada ciencia material.

Error material

El reino de lo real es el Espíritu. La desemejanza del Espíritu es la materia, y lo opuesto de lo real no es divino, es un concepto humano. La materia es un error de declaración. Este error en la premisa conduce a errores en la conclusión en toda declaración en que entra. Nada que podamos decir o creer respecto a la materia es inmortal, porque la materia es temporal y es por lo tanto un fenómeno mortal, un concepto humano, a veces bello, siempre erróneo.

Substance *versus* supposition

Is Spirit the source or creator of matter? Science reveals nothing in Spirit out of which to create matter. Divine metaphysics explains away matter. Spirit is the only substance and consciousness recognized by divine Science. The material senses oppose this, but there are no material senses, for matter has no mind. In Spirit there is no matter, even as in Truth there is no error, and in good no evil. It is a false supposition, the notion that there is real substance-matter, the opposite of Spirit. Spirit, God, is infinite, all. Spirit can have no opposite.

One cause supreme

That matter is substantial or has life and sensation, is one of the false beliefs of mortals, and exists only in a supposititious mortal consciousness. Hence, as we approach Spirit and Truth, we lose the consciousness of matter. The admission that there can be material substance requires another admission, — namely, that Spirit is not infinite and that matter is self-creative, self-existent, and eternal. From this it would follow that there are two eternal causes, warring forever with each other; and yet we say that Spirit is supreme and all-presence.

The belief of the eternity of matter contradicts the demonstration of life as Spirit, and leads to the conclusion that if man is material, he originated in matter and must return to dust, — logic which would prove his annihilation.

Substance is Spirit

All that we term sin, sickness, and death is a mortal belief. We define matter as error, because it is the opposite of life, substance, and intelligence. Matter, with its mortality, cannot be substantial if Spirit is substantial and eternal. Which ought to

Sustancia *versus* suposición

¿Es el Espíritu el origen o el creador de la materia? La Ciencia revela que nada hay en el Espíritu con lo cual crear la materia. La metafísica divina explica la nada de la materia. El Espíritu es la única sustancia y la única consciencia reconocidas por la Ciencia divina. Los sentidos materiales se oponen a esto, pero no hay sentidos materiales, pues la materia no tiene mente. En el Espíritu no hay materia, así como en la Verdad no hay error, y en el bien ningún mal. Es una suposición falsa la noción de que exista verdadera materia-sustancia, lo opuesto del Espíritu. El Espíritu, Dios, es infinito, todo. El Espíritu no puede tener ningún opuesto.

Una única causa suprema

Que la materia es sustancial, o que tiene vida y sensación, es una de las falsas creencias de los mortales, y sólo existe en una supuesta consciencia mortal. Por tanto, a medida que nos aproximamos al Espíritu y a la Verdad, perdemos la consciencia de la materia. La admisión de que pueda haber sustancia material requiere otra admisión, a saber, que el Espíritu no es infinito y que la materia es creada por sí misma, existe por sí misma y es eterna. De esto se deduciría que hay dos causas eternas, guerreando para siempre la una contra la otra; y sin embargo, decimos que el Espíritu es supremo y todo presencia.

La creencia en la eternidad de la materia contradice la demostración de la vida como Espíritu, y lleva a la conclusión de que si el hombre es material, se originó en la materia y debe retornar al polvo, lógica que comprobaría su aniquilación.

La sustancia es el Espíritu

Todo lo que denominamos pecado, enfermedad y muerte es una creencia mortal. Definimos la materia como error, porque es lo opuesto de la vida, la sustancia y la inteligencia. La materia, con su mortalidad, no puede ser sustancial si el Espíritu es sustancial y eterno. ¿Cuál be substance to us, — the erring, changing, and dying, the mutable and mortal, or the unerring, immutable, and immortal? A New Testament writer plainly describes faith, a quality of mind, as "the *substance* of things hoped for."

Material mortality

The doom of matter establishes the conclusion that matter, slime, or protoplasm never originated in the immortal Mind, and is therefore not eternal. Matter is neither created by Mind nor for the manifestation and support of Mind.

Spiritual tangibility

Ideas are tangible and real to immortal consciousness, and they have the advantage of being eternal. Spirit and matter can neither coexist nor cooperate, and one can no more create the other than Truth can create error, or *vice versa.*

In proportion as the belief disappears that life and intelligence are in or of matter, the immortal facts of being are seen, and their only idea or intelligence is in God. Spirit is reached only through the understanding and demonstration of eternal Life and Truth and Love.

Pantheistic tendencies

Every system of human philosophy, doctrine, and medicine is more or less infected with the pantheistic belief that there is mind in matter; but this belief contradicts alike revelation and right reasoning. A logical and scientific conclusion is reached only through the knowledge that there are not two bases of being, matter and mind, but one alone, — Mind.

Pantheism, starting from a material sense of God, seeks cause in effect, Principle in its idea, and life and intelligence in matter.

debiera ser la sustancia para nosotros, lo que yerra, cambia y muere, lo mutable y mortal, o lo infalible, inmutable e inmortal? Un escritor del Nuevo Testamento describe claramente la fe, una cualidad de la mente, como “la certeza [*la sustancia*]* de lo que se espera”.

Mortalidad material

La perdición de la materia establece la conclusión de que la materia, el limo, o protoplasma, jamás se originó en la Mente inmortal, y por lo tanto, no es eterna. La materia no es ni creada por la Mente ni para la manifestación y el apoyo de la Mente.

Perceptibilidad espiritual

Las ideas son tangibles y reales para la consciencia inmortal, y tienen la ventaja de ser eternas. El Espíritu y la materia no pueden coexistir ni cooperar, y tan imposible es que el uno pueda crear la otra como que la Verdad pueda crear el error, o *viceversa*.

En la proporción en que desaparece la creencia de que la vida y la inteligencia están en la materia o que proceden de ella, las verdades inmortales del ser son percibidas, y su única idea o inteligencia está en Dios. Al Espíritu se llega únicamente por medio de la comprensión y la demostración de la Vida, la Verdad y el Amor eternos.

Tendencias panteístas

Todo sistema de filosofía, doctrina y medicina humanas está más o menos infectado con la creencia panteísta de que hay mente en la materia; pero esta creencia contradice de igual manera la revelación y el razonamiento correcto. Se llega a una conclusión lógica y científica sólo mediante el conocimiento de que no hay dos bases del ser, la materia y la mente, sino una sola: la Mente.

El panteísmo, partiendo de un sentido material acerca de Dios, busca la causa en el efecto, el Principio en su idea, y la vida y la inteligencia en la materia.

*Según la versión King James de la Biblia

The things of God are beautiful

In the infinitude of Mind, matter must be unknown. Symbols and elements of discord and decay are not products of the infinite, perfect, and eternal *All.* From Love and from the light and harmony which are the abode of Spirit, only reflections of good can come. All things beautiful and harmless are ideas of Mind. Mind creates and multiplies them, and the product must be mental.

Finite belief can never do justice to Truth in any direction. Finite belief limits all things, and would compress Mind, which is infinite, beneath a skull bone. Such belief can neither apprehend nor worship the infinite; and to accommodate its finite sense of the divisibility of Soul and substance, it seeks to divide the one Spirit into persons and souls.

Belief in many gods

Through this error, human belief comes to have "gods many and lords many." Moses declared as Jehovah's first command of the Ten: "Thou shalt have no other gods before me!" But behold the zeal of belief to establish the opposite error of many minds. The argument of the serpent in the allegory, "Ye shall be as gods," urges through every avenue the belief that Soul is in body, and that infinite Spirit, and Life, is in finite forms.

Sensationless body

Rightly understood, instead of possessing a sentient material form, man has a sensationless body; and God, the Soul of man and of all existence, being perpetual in His own individuality, harmony, and immortality, imparts and perpetuates these qualities in man, — through Mind, not matter. The only excuse for entertaining human opinions and rejecting the Science of being is our mortal ignorance of Spirit, — ignorance

En la infinitud de la Mente, la materia tiene que ser desconocida. Los símbolos y elementos de discordia y decadencia no son productos del infinito, perfecto y eterno *Todo.* Del Amor y de la luz y la armonía que son la morada del Espíritu, sólo reflejos del bien pueden venir. Todas las cosas bellas e inofensivas son ideas de la Mente. La Mente las crea y las multiplica, y el producto tiene que ser mental.

Las cosas de Dios son bellas

La creencia finita jamás puede hacer justicia a la Verdad en ningún sentido. La creencia finita limita todas las cosas, y quisiera comprimir la Mente, que es infinita, debajo del hueso de un cráneo. Tal creencia no puede ni comprender ni adorar el infinito; y para acomodar su sentido finito de la divisibilidad del Alma y la sustancia, busca dividir el Espíritu único en personas y almas.

Por medio de este error, la creencia humana llega a tener “muchos dioses y muchos señores”. Moisés declaró como el primero de los Diez Mandamientos de Jehová: “¡No tendrás dioses ajenos delante de mí!” Pero contempla el celo de la creencia por establecer el error opuesto de que hay muchas mentes. El argumento de la serpiente en la alegoría: “Seréis como dioses”* urge por todas las vías la creencia de que el Alma está en el cuerpo, y que el Espíritu infinito, y la Vida, está en formas finitas.

Creencia en muchos dioses

Correctamente comprendido, en lugar de poseer una forma material y sensible, el hombre tiene un cuerpo insensible; y Dios, el Alma del hombre y de toda la existencia, siendo perpetuo en Su propia individualidad, armonía e inmortalidad, imparte y perpetúa estas cualidades en el hombre, por medio de la Mente, no de la materia. La única excusa para abrigar opiniones humanas y rechazar la Ciencia del ser es nuestra mortal ignorancia del Espíritu, ignorancia

El cuerpo insensible

*Según la versión King James de la Biblia

which yields only to the understanding of divine Science, the understanding by which we enter into the kingdom of Truth on earth and learn that Spirit is infinite and supreme. Spirit and matter no more commingle than light and darkness. When one appears, the other disappears.

Error presupposes man to be both mind and matter. Divine Science contradicts the corporeal senses, rebukes mortal belief, and asks: What is the Ego,

God and His image

whence its origin and what its destiny? The Ego-man is the reflection of the Ego-God; the Ego-man is the image and likeness of perfect Mind, Spirit, divine Principle.

The one Ego, the one Mind or Spirit called God, is infinite individuality, which supplies all form and comeliness and which reflects reality and divinity in individual spiritual man and things.

The mind supposed to exist in matter or beneath a skull bone is a myth, a misconceived sense and false conception as to man and Mind. When we put off the false sense for the true, and see that sin and mortality have neither Principle nor permanency, we shall learn that sin and mortality are without actual origin or rightful existence. They are native nothingness, out of which error would simulate creation through a man formed from dust.

Divine Science does not put new wine into old bottles, Soul into matter, nor the infinite into the finite. Our false views of matter perish as we grasp

The true new idea

the facts of Spirit. The old belief must be cast out or the new idea will be spilled, and the inspiration, which is to change our standpoint, will be que cede sólo a la comprensión de la Ciencia divina, la comprensión mediante la cual entramos en el reino de la Verdad en la tierra y aprendemos que el Espíritu es infinito y supremo. El Espíritu y la materia no se mezclan más que la luz y las tinieblas. Cuando uno aparece, el otro desaparece.

Dios y Su imagen

El error presupone que el hombre es mente y materia a la vez. La Ciencia divina contradice los sentidos corporales, reprende la creencia mortal, y pregunta: ¿Qué es el Ego, cuál es su origen y cuál su destino? El Ego-hombre es el reflejo del Ego-Dios; el Ego-hombre es la imagen y semejanza de la Mente perfecta, el Espíritu, el Principio divino.

El Ego único, la Mente única o el Espíritu único llamado Dios, es la individualidad infinita, que provee toda forma y gracia y que refleja realidad y divinidad en el hombre espiritual e individual y en las cosas espirituales e individuales.

La mente que se supone que existe en la materia o debajo de un hueso del cráneo es un mito, un sentido mal concebido y una concepción falsa en cuanto al hombre y la Mente. Cuando nos despojemos del sentido falso a cambio del verdadero, y veamos que el pecado y la mortalidad no tienen ni Principio ni permanencia, aprenderemos que el pecado y la mortalidad no tienen origen real o existencia legítima. Son la nada nativa, de la cual el error trataría de simular la creación por medio de un hombre formado del polvo.

La verdadera idea nueva

La Ciencia divina no echa vino nuevo en odres viejos, el Alma en la materia, ni lo infinito en lo finito. Nuestros falsos puntos de vista acerca de la materia perecen a medida que comprendemos las realidades del Espíritu. La creencia vieja tiene que ser echada fuera o la idea nueva será derramada, y la inspiración, que ha de cambiar lost. Now, as of old, Truth casts out evils and heals the sick.

Figures of being

The real Life, or Mind, and its opposite, the so-called material life and mind, are figured by two geometrical symbols, a circle or sphere and a straight line. The circle represents the infinite without beginning or end; the straight line represents the finite, which has both beginning and end. The sphere represents good, the self-existent and eternal individuality or Mind; the straight line represents evil, a belief in a self-made and temporary material existence. Eternal Mind and temporary material existence never unite in figure or in fact.

Opposite symbols

A straight line finds no abiding-place in a curve, and a curve finds no adjustment to a straight line. Similarly, matter has no place in Spirit, and Spirit has no place in matter. Truth has no home in error, and error has no foothold in Truth. Mind cannot pass into non-intelligence and matter, nor can non-intelligence become Soul. At no point can these opposites mingle or unite. Even though they seem to touch, one is still a curve and the other a straight line.

There is no inherent power in matter; for all that is material is a material, human, mortal thought, always governing itself erroneously.

Truth is the intelligence of immortal Mind. Error is the so-called intelligence of mortal mind.

Truth is not inverted

Whatever indicates the fall of man or the opposite of God or God's absence, is the Adam-dream, which is neither Mind nor man, for it is not begotten of the Father. The rule of inversion infers from error its opposite, Truth; but Truth is the light which nuestro punto de vista, se perderá. Ahora, como antaño, la Verdad echa fuera los males y sana a los enfermos.

Representaciones de la existencia

La verdadera Vida, o Mente, y su opuesto, las así llamadas vida y mente materiales, están representadas por dos símbolos geométricos: un círculo o una esfera y una línea recta. El círculo representa el infinito sin comienzo ni fin; la línea recta representa lo finito, que tiene tanto comienzo como fin. La esfera representa el bien, la individualidad o Mente que existe por sí misma y es eterna; la línea recta representa el mal, una creencia en una existencia material creada por sí misma y temporaria. La Mente eterna y la existencia material y temporaria jamás se unen en la representación o en el hecho.

Símbolos opuestos

Una línea recta no tiene cabida en una curva, y una curva no se ajusta a una línea recta. En forma similar, la materia no tiene lugar en el Espíritu, y el Espíritu no tiene lugar en la materia. La Verdad no tiene morada en el error, y el error no tiene apoyo en la Verdad. La Mente no puede entrar en lo carente de inteligencia y en la materia, ni puede lo carente de inteligencia llegar a ser Alma. En ningún punto pueden estos opuestos mezclarse o unirse. Aunque parecen tocarse, uno sigue siendo una curva y el otro una línea recta.

No hay poder inherente en la materia; pues todo lo que es material es un pensamiento material, humano y mortal, siempre gobernándose erróneamente.

La Verdad es la inteligencia de la Mente inmortal. El error es la así llamada inteligencia de la mente mortal.

La Verdad no está invertida

Todo lo que indica la caída del hombre, o lo opuesto de Dios o la ausencia de Dios, es el sueño-Adán, que no es ni Mente ni hombre, pues no fue engendrado por el Padre. La regla de la inversión infiere del error su opuesto, la Verdad; pero la Verdad es la luz que dispels error. As mortals begin to understand Spirit, they give up the belief that there is any true existence apart from God.

Source of all life and action

Mind is the source of all movement, and there is no inertia to retard or check its perpetual and harmonious action. Mind is the same Life, Love, and wisdom "yesterday, and to-day, and forever." Matter and its effects — sin, sickness, and death — are states of mortal mind which act, react, and then come to a stop. They are not facts of Mind. They are not ideas, but illusions. Principle is absolute. It admits of no error, but rests upon understanding.

But what say prevalent theories? They insist that Life, or God, is one and the same with material life so-called. They speak of both Truth and error as *mind,* and of good and evil as *spirit.* They claim that to be life which is but the objective state of material sense, — such as the structural life of the tree and of material man, — and deem this the manifestation of the one Life, God.

Spiritual structure

This false belief as to what really constitutes life so detracts from God's character and nature, that the true sense of His power is lost to all who cling to this falsity. The divine Principle, or Life, cannot be practically demonstrated in length of days, as it was by the patriarchs, unless its Science be accurately stated. We must receive the divine Principle in the understanding, and live it in daily life; and unless we so do, we can no more demonstrate Science, than we can teach and illustrate geometry by calling a curve a straight line or a straight line a sphere.

Are mentality, immortality, consciousness, resident in

disipa el error. A medida que los mortales empiezan a comprender el Espíritu, abandonan la creencia de que hay alguna existencia verdadera aparte de Dios.

Fuente de toda vida y acción

La Mente es la fuente de todo movimiento, y no hay inercia que retarde o detenga su acción perpetua y armoniosa. La Mente es la misma Vida, Amor y sabiduría "ayer, y hoy, y por los siglos". La materia y sus efectos —el pecado, la enfermedad y la muerte— son estados de la mente mortal que accionan, reaccionan y luego se detienen. No son realidades de la Mente. No son ideas, sino ilusiones. El Principio es absoluto. No admite ningún error, sino que se basa en la comprensión.

Pero ¿qué dicen las teorías prevalecientes? Insisten en que la Vida, o Dios, es uno y lo mismo que la así llamada vida material. Hablan de ambos, la Verdad y el error, como *mente,* y del bien y el mal como *espíritu.* Pretenden que es vida lo que no es sino un estado objetivo del sentido material —tal como la vida estructural del árbol y del hombre material— y consideran que esta es la manifestación de la Vida única, Dios.

Estructura espiritual

Esta creencia falsa acerca de lo que realmente constituye la vida detrae de tal manera del carácter y la naturaleza de Dios, que el verdadero sentido de Su poder se pierde para todos los que se aferran a esta falsedad. El Principio divino, o Vida, no puede ser demostrado prácticamente en prolongación de días, como lo fue por los patriarcas, a menos que la Ciencia de este Principio sea declarada con exactitud. Tenemos que recibir el Principio divino en el entendimiento, y vivirlo en la vida diaria; y a menos que así lo hagamos, no podemos demostrar la Ciencia, así como no podemos enseñar e ilustrar la geometría llamando línea recta a una curva, o esfera a una línea recta.

¿Residen la mentalidad, la inmortalidad y la consciencia

matter? It is not rational to say that Mind is infinite, but dwells in finiteness, — in matter, — or that matter is infinite and the medium of Mind.

Mind never limited

If God were limited to man or matter, or if the infinite could be circumscribed within the finite, God would be corporeal, and unlimited Mind would seem to spring from a limited body; but this is an impossibility. Infinite Mind can have no starting-point, and can return to no limit. It can never be in bonds, nor be fully manifested through corporeality.

Material recognition impossible

Is God's image or likeness matter, or a mortal, sin, sickness, and death? Can matter recognize Mind? Can infinite Mind recognize matter? Can the infinite dwell in the finite or know aught unlike the infinite? Can Deity be known through the material senses? Can the material senses, which receive no direct evidence of Spirit, give correct testimony as to spiritual life, truth, and love?

The answer to all these questions must forever be in the negative.

Our physical insensibility to Spirit

The physical senses can obtain no proof of God. They can neither see Spirit through the eye nor hear it through the ear, nor can they feel, taste, or smell Spirit. Even the more subtile and misnamed material elements are beyond the cognizance of these senses, and are known only by the effects commonly attributed to them.

According to Christian Science, the only real senses of man are spiritual, emanating from divine Mind. Thought passes from God to man, but neither sensation nor report goes from material body to Mind. The intercommunication is always from God to His idea, man.

en la materia? No es racional decir que la Mente es infinita, pero mora en lo finito —en la materia— o que la materia es infinita y el medio de la Mente.

La Mente nunca está limitada

Si Dios estuviera limitado al hombre o a la materia, o si lo infinito pudiera estar circunscrito a lo finito, Dios sería corpóreo, y la Mente ilimitada parecería surgir de un cuerpo limitado; pero esto es una imposibilidad. La Mente infinita no puede tener ningún punto de partida, y no puede regresar a ningún límite. Nunca puede estar aprisionada, ni ser plenamente manifestada por medio de la corporalidad.

El reconocimiento material es imposible

¿Es la imagen y semejanza de Dios la materia, o un mortal, el pecado, la enfermedad y la muerte? ¿Puede la materia reconocer la Mente? ¿Puede la Mente infinita reconocer la materia? ¿Puede lo infinito morar en lo finito o conocer algo desemejante a lo infinito? ¿Puede la Deidad ser conocida por medio de los sentidos materiales? ¿Pueden los sentidos materiales, que no reciben ninguna evidencia directa del Espíritu, dar testimonio correcto acerca de la vida, la verdad y el amor espirituales?

La respuesta a todas estas preguntas tiene que ser para siempre negativa.

Nuestra insensibilidad física respecto al Espíritu

Los sentidos físicos no pueden obtener ninguna prueba de Dios. No pueden ver el Espíritu con los ojos ni oírlo mediante los oídos, ni pueden tocar, saborear u oler el Espíritu. Hasta los más sutiles y mal llamados elementos materiales están más allá del conocimiento de estos sentidos, y son conocidos solamente por los efectos que comúnmente se les atribuyen.

Según la Ciencia Cristiana, los únicos sentidos verdaderos del hombre son espirituales, y emanan de la Mente divina. El pensamiento pasa de Dios al hombre, pero ni sensación ni información pasa del cuerpo material a la Mente. La intercomunicación es siempre de Dios hacia Su idea, el hombre.

Matter is not sentient and cannot be cognizant of good or of evil, of pleasure or of pain. Man's individuality is not material. This Science of being obtains not alone hereafter in what men call Paradise, but here and now; it is the great fact of being for time and eternity.

The human counterfeit

What, then, is the material personality which suffers, sins, and dies? It is not man, the image and likeness of God, but man's counterfeit, the inverted likeness, the *unlikeness* called sin, sickness, and death. The unreality of the claim that a mortal is the true image of God is illustrated by the opposite natures of Spirit and matter, Mind and body, for one is intelligence while the other is non-intelligence.

Material misconceptions

Is God a physical personality? Spirit is not physical. The belief that a material body is man is a false conception of man. The time has come for a finite conception of the infinite and of a material body as the seat of Mind to give place to a diviner sense of intelligence and its manifestations,—to the better understanding that Science gives of the Supreme Being, or divine Principle, and idea.

Salvation is through reform

By interpreting God as a corporeal Saviour but not as the saving Principle, or divine Love, we shall continue to seek salvation through pardon and not through reform, and resort to matter instead of Spirit for the cure of the sick. As mortals reach, through knowledge of Christian Science, a higher sense, they will seek to learn, not from matter, but from the divine Principle, God, how to demonstrate the Christ, Truth, as the healing and saving power.

It is essential to understand, instead of believe, what

La materia no es sensible y no puede tener conocimiento del bien o del mal, del placer o del dolor. La individualidad del hombre no es material. Esta Ciencia del ser se encuentra no sólo en el más allá, en lo que los hombres llaman Paraíso, sino aquí y ahora; es la gran verdad del ser para el tiempo y la eternidad.

La falsificación humana

¿Qué es, entonces, la personalidad material que sufre, peca y muere? No es el hombre, la imagen y semejanza de Dios, sino la falsificación del hombre, la semejanza invertida, la *desemejanza* llamada pecado, enfermedad y muerte. La irrealidad de la pretensión de que un mortal sea la imagen verdadera de Dios es ilustrada por las naturalezas opuestas del Espíritu y de la materia, la Mente y el cuerpo, pues una es inteligencia mientras que la otra es carente de inteligencia.

Concepciones materiales erróneas

¿Es Dios una personalidad física? El Espíritu no es físico. La creencia de que un cuerpo material sea el hombre es una concepción falsa acerca del hombre. Ha llegado el momento de que una concepción finita de lo infinito y de un cuerpo material como el asiento de la Mente dé lugar a un sentido más divino de la inteligencia y sus manifestaciones, a la mejor comprensión que la Ciencia da del Ser Supremo, o Principio divino, e idea.

La salvación se logra por medio de la reforma

Al interpretar a Dios como un Salvador corpóreo pero no como el Principio salvador, o el Amor divino, continuaremos buscando la salvación por medio del perdón y no por medio de la reforma, y recurriendo a la materia en vez de al Espíritu para la curación de los enfermos. A medida que los mortales alcancen, mediante el conocimiento de la Ciencia Cristiana, un sentido más elevado, buscarán aprender, no de la materia, sino del Principio divino, Dios, cómo demostrar el Cristo, la Verdad, como el poder sanador y salvador.

Es esencial comprender, en lugar de creer, lo que se

relates most nearly to the happiness of being. To seek Truth through belief in a human doctrine is not to understand the infinite. We must not seek the immutable and immortal through the finite, mutable, and mortal, and so depend upon belief instead of demonstration, for this is fatal to a knowledge of Science. The understanding of Truth gives full faith in Truth, and spiritual understanding is better than all burnt offerings.

The Master said, "No man cometh unto the Father [the divine Principle of being] but by me," Christ, Life, Truth, Love; for Christ says, "I am the way." Physical causation was put aside from first to last by this original man, Jesus. He knew that the divine Principle, Love, creates and governs all that is real.

Goodness a portion of God

In the Saxon and twenty other tongues *good* is the term for God. The Scriptures declare all that He made to be good, like Himself, — good in Principle and in idea. Therefore the spiritual universe is good, and reflects God as He is.

Spiritual thoughts

God's thoughts are perfect and eternal, are substance and Life. Material and temporal thoughts are human, involving error, and since God, Spirit, is the only cause, they lack a divine cause. The temporal and material are not then creations of Spirit. They are but counterfeits of the spiritual and eternal. Transitory thoughts are the antipodes of everlasting Truth, though (by the supposition of opposite qualities) error must also say, "I am true." But by this saying error, the lie, destroys itself.

Sin, sickness, and death are comprised in human material belief, and belong not to the divine Mind. They relaciona más íntimamente con la felicidad del ser. Buscar la Verdad por medio de la creencia en una doctrina humana es no comprender el infinito. No debemos buscar lo inmutable e inmortal mediante lo finito, mutable y mortal, y depender así de una creencia en lugar de la demostración, pues esto es fatal para un conocimiento de la Ciencia. La comprensión de la Verdad da plena fe en la Verdad, y la comprensión espiritual es mejor que todos los holocaustos.

El Maestro dijo: “Nadie viene al Padre [el Principio divino del ser], sino por mí”, el Cristo, la Vida, la Verdad, el Amor; pues Cristo dice: “Yo soy el camino”. La causalidad física fue puesta de lado desde el comienzo hasta el fin por este hombre original, Jesús. Él sabía que el Principio divino, el Amor, crea y gobierna todo lo que es real.

La bondad es parte de Dios

En sajón y en otras veinte lenguas, *bien* es el término para Dios. Las Escrituras declaran que todo lo que Dios hizo es bueno, como Él mismo, bueno en Principio y en idea. Por lo tanto, el universo espiritual es bueno y refleja a Dios como Él es.

Pensamientos espirituales

Los pensamientos de Dios son perfectos y eternos, son sustancia y Vida. Los pensamientos materiales y temporales son humanos, entrañan error, y puesto que Dios, el Espíritu, es la causa única, carecen de una causa divina. Lo temporal y lo material no son, entonces, creaciones del Espíritu. No son sino las falsificaciones de lo espiritual y lo eterno. Los pensamientos transitorios son los antípodas de la Verdad eterna, aunque (por la suposición de cualidades opuestas) el error tiene también que decir: “Soy verdadero”. Mas por decir esto, el error, la mentira, se destruye a sí mismo.

El pecado, la enfermedad y la muerte están comprendidos en la creencia material humana, y no pertenecen a la Mente are without a real origin or existence. They have neither Principle nor permanence, but belong, with all that is material and temporal, to the nothingness of error, which simulates the creations of Truth. All creations of Spirit are eternal; but creations of matter must return to dust. Error supposes man to be both mental and material. Divine Science contradicts this postulate and maintains man's spiritual identity.

Divine allness

We call the absence of Truth, *error.* Truth and error are unlike. In Science, Truth is divine, and the *infinite* God can have no unlikeness. Did God, Truth, create error? No! "Doth a fountain send forth at the same place sweet water and bitter?" God being everywhere and all-inclusive, how can He be absent or suggest the absence of omnipresence and omnipotence? How can there be more than *all?*

Neither understanding nor truth accompanies error, nor is error the offshoot of Mind. Evil calls itself something, when it is nothing. It saith, "I am man, but I am not the image and likeness of God;" whereas the Scriptures declare that man was made in God's likeness.

Error unveiled

Error is false, mortal belief; it is illusion, without spiritual identity or foundation, and it has no real existence. The supposition that life, substance, and intelligence are *in* matter, or *of* it, is an error. Matter is neither a thing nor a person, but merely the objective supposition of Spirit's opposite. The five material senses testify to truth and error as united in a mind both good and evil. Their false evidence will finally yield to Truth, — to the recognition of Spirit and of the spiritual creation.

Truth cannot be contaminated by error. The state-divina. Carecen de origen o existencia reales. No tienen ni Principio ni permanencia, sino que pertenecen, con todo lo que es material y temporal, a la nada del error, que simula las creaciones de la Verdad. Todas las creaciones del Espíritu son eternas; pero las creaciones de la materia tienen que retornar al polvo. El error supone que el hombre es mental y material a la vez. La Ciencia divina contradice este postulado y mantiene la identidad espiritual del hombre.

Llamamos *error* a la ausencia de la Verdad. La Verdad y el error son desemejantes. En la Ciencia, la Verdad es divina, y el Dios *infinito* no puede tener desemejanza. Dios, la Verdad, ¿creó el error? ¡No! "¿Acaso alguna fuente echa por una misma abertura agua dulce y amarga?" Al estar Dios en todas partes e incluirlo todo, ¿cómo puede estar ausente o sugerir la ausencia de la omnipresencia y la omnipotencia? ¿Cómo puede haber algo más que *todo?*

Totalidad divina

Ni la comprensión ni la verdad acompañan el error, ni es el error el producto de la Mente. El mal se llama a sí mismo algo, siendo que es nada. Dice: "Soy el hombre, pero no soy la imagen y semejanza de Dios"; mientras que las Escrituras declaran que el hombre fue hecho a semejanza de Dios.

El error es una creencia falsa y mortal; es una ilusión, sin identidad o fundamento espirituales, y no tiene existencia real. La suposición de que la vida, la sustancia y la inteligencia están *en* la materia, o que proceden *de* ella, es un error. La materia no es ni una cosa ni una persona, sino meramente la suposición objetiva del opuesto del Espíritu. Los cinco sentidos materiales dan testimonio de la verdad y del error como si estuvieran unidos en una mente a la vez buena y mala. Sus falsas evidencias cederán finalmente ante la Verdad, ante el reconocimiento del Espíritu y de la creación espiritual.

Error develado

La Verdad no puede ser contaminada por el error. La

ment that *Truth is real* necessarily includes the correlated statement, that *error, Truth's unlikeness, is unreal.*

The great conflict

The suppositional warfare between truth and error is only the mental conflict between the evidence of the spiritual senses and the testimony of the material senses, and this warfare between the Spirit and flesh will settle all questions through faith in and the understanding of divine Love.

Superstition and understanding can never combine. When the final physical and moral effects of Christian Science are fully apprehended, the conflict between truth and error, understanding and belief, Science and material sense, foreshadowed by the prophets and inaugurated by Jesus, will cease, and spiritual harmony reign. The lightnings and thunderbolts of error may burst and flash till the cloud is cleared and the tumult dies away in the distance. Then the raindrops of divinity refresh the earth. As St. Paul says: "There remaineth therefore a rest to the people of God" (of Spirit).

The chief stones in the temple

The chief stones in the temple of Christian Science are to be found in the following postulates: that Life is God, good, and not evil; that Soul is sinless, not to be found in the body; that Spirit is not, and cannot be, materialized; that Life is not subject to death; that the spiritual real man has no birth, no material life, and no death.

The Christ-element

Science reveals the glorious possibilities of immortal man, forever unlimited by the mortal senses. The Christ-element in the Messiah made him the Way-shower, Truth and Life.

The eternal Truth destroys what mortals seem to have learned from error, and man's real existence as a child declaración de que *la Verdad es real* necesariamente incluye la declaración correlativa de que *el error, la desemejanza de la Verdad, es irreal.*

El gran conflicto

La supuesta guerra entre la verdad y el error es sólo el conflicto mental entre la evidencia de los sentidos espirituales y el testimonio de los sentidos materiales, y esta guerra entre el Espíritu y la carne resolverá toda cuestión por medio de la fe en el Amor divino y la comprensión de ese Amor.

La superstición y la comprensión jamás pueden combinarse. Cuando los efectos definitivos, físicos y morales de la Ciencia Cristiana sean plenamente comprendidos, el conflicto entre la verdad y el error, la comprensión y la creencia, la Ciencia y el sentido material, presagiado por los profetas e iniciado por Jesús, cesará, y reinará la armonía espiritual. Los relámpagos y truenos del error pueden destellar y resonar hasta que la nube sea despejada y el tumulto se extinga en la distancia. Entonces las lluvias de la divinidad refrescan la tierra. Como dice San Pablo: "Por tanto, queda un reposo para el pueblo de Dios" (del Espíritu).

Las piedras principales en el templo

Las piedras principales en el templo de la Ciencia Cristiana han de encontrarse en los siguientes postulados: que la Vida es Dios, el bien, y no el mal; que el Alma es impecable, y no ha de ser encontrada en el cuerpo; que el Espíritu no está, y no puede ser, materializado; que la Vida no está sujeta a la muerte; que el hombre espiritual y verdadero no tiene nacimiento, ni vida material, ni muerte.

El elemento-Cristo

La Ciencia revela las gloriosas posibilidades del hombre inmortal, jamás limitado por los sentidos mortales. El elemento-Cristo en el Mesías lo hizo el Mostrador del camino, la Verdad y la Vida.

La Verdad eterna destruye lo que los mortales parecen haber aprendido del error, y la existencia verdadera del hombre of God comes to light. Truth demonstrated is eternal life. Mortal man can never rise from the temporal *débris* of error, belief in sin, sickness, and death, until he learns that God is the only Life. The belief that life and sensation are in the body should be overcome by the understanding of what constitutes man as the image of God. Then Spirit will have overcome the flesh.

Wickedness is not man

A wicked mortal is not the idea of God. He is little else than the expression of error. To suppose that sin, lust, hatred, envy, hypocrisy, revenge, have life abiding in them, is a terrible mistake. Life and Life's idea, Truth and Truth's idea, never make men sick, sinful, or mortal.

Death but an illusion

The fact that the Christ, or Truth, overcame and still overcomes death proves the "king of terrors" to be but a mortal belief, or error, which Truth destroys with the spiritual evidences of Life; and this shows that what appears to the senses to be death is but a mortal illusion, for to the real man and the real universe there is no death-process.

The belief that matter has life results, by the universal law of mortal mind, in a belief in death. So man, tree, and flower are supposed to die; but the fact remains, that God's universe is spiritual and immortal.

Spiritual offspring

The spiritual fact and the material belief of things are contradictions; but the spiritual is true, and therefore the material must be untrue. Life is not in matter. Therefore it cannot be said to pass out of matter. Matter and death are mortal illusions. Spirit and all things spiritual are the real and eternal.

Man is not the offspring of flesh, but of Spirit,—of Life, not of matter. Because Life is God, Life must be como hijo de Dios sale a la luz. La Verdad demostrada es vida eterna. El hombre mortal jamás puede elevarse de los escombros temporales del error, la creencia en el pecado, la enfermedad y la muerte, hasta que aprende que Dios es la única Vida. La creencia de que la vida y la sensación están en el cuerpo debiera ser vencida por la comprensión de lo que constituye el hombre como la imagen de Dios. Entonces el Espíritu habrá vencido la carne.

La maldad no es el hombre

Un mortal malvado no es la idea de Dios. Es poco más que la expresión del error. Suponer que el pecado, la concupiscencia, el odio, la envidia, la hipocresía, la venganza, tienen vida en sí mismos, es una equivocación terrible. La Vida y la idea de la Vida, la Verdad y la idea de la Verdad, nunca hacen que los hombres enfermen, sean pecadores o mortales.

La muerte no es más que una ilusión

El hecho de que el Cristo, o la Verdad, venció y todavía vence la muerte comprueba que el "rey de los espantos" es sólo una creencia mortal, o error, que la Verdad destruye con las evidencias espirituales de la Vida; y esto muestra que lo que parece ser la muerte para los sentidos no es más que una ilusión mortal, pues para el hombre verdadero y el universo verdadero no hay proceso-muerte.

La creencia de que la materia tiene vida resulta, debido a la ley universal de la mente mortal, en una creencia en la muerte. De esa manera se supone que el hombre, el árbol y la flor mueren; pero permanece el hecho de que el universo de Dios es espiritual e inmortal.

Vástagos espirituales

El hecho espiritual y la creencia material de las cosas son contradicciones; pero lo espiritual es verdadero, y por lo tanto, lo material tiene que ser falso. La Vida no está en la materia. Por consiguiente, no puede decirse que sale de la materia. La materia y la muerte son ilusiones mortales. El Espíritu y todas las cosas espirituales son lo verdadero y eterno.

El hombre no es el vástago de la carne, sino del Espíritu, de la Vida, no de la materia. Puesto que la Vida es Dios, eternal, self-existent. Life is the everlasting I AM, the Being who was and is and shall be, whom nothing can erase.

Death no advantage

If the Principle, rule, and demonstration of man's being are not in the least understood before what is termed death overtakes mortals, they will rise no higher spiritually in the scale of existence on account of that single experience, but will remain as material as before the transition, still seeking happiness through a material, instead of through a spiritual sense of life, and from selfish and inferior motives. That Life or Mind is finite and physical or is manifested through brain and nerves, is false. Hence Truth comes to destroy this error and its effects,—sickness, sin, and death. To the spiritual class, relates the Scripture: "On such the second death hath no power."

Future purification

If the change called *death* destroyed the belief in sin, sickness, and death, happiness would be won at the moment of dissolution, and be forever permanent; but this is not so. Perfection is gained only by perfection. They who are unrighteous shall be unrighteous still, until in divine Science Christ, Truth, removes all ignorance and sin.

Sin is punished

The sin and error which possess us at the instant of death do not cease at that moment, but endure until the death of these errors. To be wholly spiritual, man must be sinless, and he becomes thus only when he reaches perfection. The murderer, though slain in the act, does not thereby forsake sin. He is no more spiritual for believing that his body died and learning that his cruel mind died not. His thoughts are no purer until evil is disarmed by good. His body is as material as his mind, and *vice versa*.

la Vida tiene que ser eterna, existente por sí misma. La Vida es el eterno Yo soy, el Ser que era y es y será, a quien nada puede borrar.

La muerte no es una ventaja

Si el Principio, la regla y la demostración del ser del hombre no son comprendidos en lo más mínimo antes que lo que se llama muerte sobrevenga a los mortales, ellos no ascenderán espiritualmente en la escala de la existencia debido a esa sola experiencia, sino que permanecerán tan materiales como antes de la transición, aún buscando la felicidad mediante un sentido material, en vez de un sentido espiritual de la vida, y por móviles egoístas e inferiores. Que la Vida o Mente es finita y física, o que es manifestada por medio del cerebro y de los nervios, es falso. Por eso la Verdad viene a destruir este error y sus efectos: la enfermedad, el pecado y la muerte. Es a los de la clase espiritual que se refieren las Escrituras: "La segunda muerte no tiene potestad sobre éstos".

Purificación futura

Si el cambio llamado *muerte* destruyera la creencia en el pecado, la enfermedad y la muerte, la felicidad se alcanzaría en el momento de la disolución y permanecería para siempre; pero esto no es así. La perfección es ganada sólo mediante la perfección. Los que son injustos serán injustos todavía, hasta que en la Ciencia divina, el Cristo, la Verdad, elimine toda ignorancia y todo pecado.

El pecado es castigado

El pecado y el error que nos poseen en el instante de la muerte no cesan en ese momento, sino que perduran hasta la muerte de estos errores. Para ser completamente espiritual, el hombre tiene que ser impecable, y se torna así sólo cuando alcanza la perfección. El asesino, aunque fuese muerto en el hecho, no por eso abandona el pecado. No es más espiritual por creer que su cuerpo murió y por darse cuenta de que su mente cruel no murió. Sus pensamientos no son más puros hasta que el mal es desarmado por el bien. Su cuerpo es tan material como su mente, y *viceversa*.

The suppositions that sin is pardoned while unforsaken, that happiness can be genuine in the midst of sin, that the so-called death of the body frees from sin, and that God's pardon is aught but the destruction of sin, — these are grave mistakes. We know that all will be changed "in the twinkling of an eye," when the last trump shall sound; but this last call of wisdom cannot come till mortals have already yielded to each lesser call in the growth of Christian character. Mortals need not fancy that belief in the experience of death will awaken them to glorified being.

Salvation and probation

Universal salvation rests on progression and probation, and is unattainable without them. Heaven is not a locality, but a divine state of Mind in which all the manifestations of Mind are harmonious and immortal, because sin is not there and man is found having no righteousness of his own, but in possession of "the mind of the Lord," as the Scripture says.

"In the place where the tree falleth, there it shall be." So we read in Ecclesiastes. This text has been transformed into the popular proverb, "As the tree falls, so it must lie." As man falleth asleep, so shall he awake. As death findeth mortal man, so shall he be after death, until probation and growth shall effect the needed change. Mind never becomes dust. No resurrection from the grave awaits Mind or Life, for the grave has no power over either.

Day of judgment

No final judgment awaits mortals, for the judgment-day of wisdom comes hourly and continually, even the judgment by which mortal man is divested of all material error. As for spiritual error there is none.

Las suposiciones de que el pecado es perdonado aunque no se abandone, que la felicidad puede ser genuina en medio del pecado, que la así llamada muerte del cuerpo libera del pecado, y que el perdón de Dios es cualquier otra cosa excepto la destrucción del pecado, son graves equivocaciones. Sabemos que todo será cambiado "en un abrir y cerrar de ojos", cuando suene la final trompeta; pero esta última llamada de la sabiduría no puede venir hasta que los mortales ya hayan cedido a cada llamada menor en el crecimiento del carácter cristiano. Los mortales no necesitan imaginarse que la creencia en la experiencia de la muerte los despertará a una existencia glorificada.

Salvación y probación

La salvación universal se basa en el progreso y la probación, y es inalcanzable sin ellos. El cielo no es una localidad, sino un estado divino de la Mente en el cual todas las manifestaciones de la Mente son armoniosas e inmortales, porque el pecado no está ahí y se encuentra que el hombre no tiene justicia propia, sino que está en posesión de "la mente del Señor", como dicen las Escrituras.

"En el lugar que el árbol cayere, allí quedará". Así leemos en Eclesiastés. Este texto ha sido transformado en el proverbio popular: "Tal como cae el árbol, así tiene que quedar". Tal como el hombre se duerma, así despertará. Tal como la muerte encuentre al hombre mortal, así será él después de la muerte, hasta que la probación y el crecimiento efectúen el cambio necesario. La Mente jamás se convierte en polvo. Ninguna resurrección de la tumba espera a la Mente o la Vida, pues la tumba no tiene poder sobre ninguna de las dos.

El día del juicio

Ningún juicio final espera a los mortales, pues el día del juicio de la sabiduría viene a toda hora y continuamente, esto es, el juicio por el cual el hombre mortal es despojado de todo error material. En cuanto al error espiritual, no hay ninguno.

When the last mortal fault is destroyed, then the final trump will sound which will end the battle of Truth with error and mortality; "but of that day and hour, knoweth no man." Here prophecy pauses. Divine Science alone can compass the heights and depths of being and reveal the infinite.

Truth will be to us "the resurrection and the life" only as it destroys all error and the belief that Mind, the only immortality of man, can be fettered by the body, and Life be controlled by death. A sinful, sick, and dying mortal is not the likeness of God, the perfect and eternal.

Primitive error

Matter is the primitive belief of mortal mind, because this so-called mind has no cognizance of Spirit. To mortal mind, matter is substantial, and evil is real. The so-called senses of mortals are material. Hence the so-called life of mortals is dependent on matter.

Explaining the origin of material man and mortal mind, Jesus said: "Why do ye not understand my speech? Even because ye cannot hear my word. Ye are of your father, the devil [evil], and the lusts of your father ye will do. He was a murderer from the beginning, and abode not in the truth, because there is no truth in him. When he speaketh a lie, he speaketh of his own: for he is a liar, and the father of it."

Immortal man

This carnal material mentality, misnamed *mind,* is mortal. Therefore man would be annihilated, were it not for the spiritual real man's indissoluble connection with his God, which Jesus brought to light. In his resurrection and ascension, Jesus showed that a mortal man is not the real essence of manhood, and

Cuando la última falta mortal sea destruida, entonces sonará la final trompeta que terminará la batalla de la Verdad contra el error y la mortalidad; "pero del día y la hora nadie sabe". Aquí se detiene la profecía. La Ciencia divina sola puede abarcar las alturas y profundidades del ser y revelar lo infinito.

El error primitivo

La Verdad será para nosotros "la resurrección y la vida" sólo a medida que destruya todo error y la creencia de que la Mente, la única inmortalidad del hombre, pueda ser encadenada por el cuerpo, y la Vida ser controlada por la muerte. Un mortal pecador, enfermo y que muere no es la semejanza de Dios, el perfecto y eterno.

La materia es la creencia primitiva de la mente mortal, porque esta así llamada mente no tiene conocimiento del Espíritu. Para la mente mortal, la materia es sustancial y el mal es real. Los así llamados sentidos de los mortales son materiales. De ahí que la así llamada vida de los mortales es dependiente de la materia.

Explicando el origen del hombre material y de la mente mortal, Jesús dijo: "¿Por qué no entendéis mi lenguaje? Porque no podéis escuchar mi palabra. Vosotros sois de vuestro padre el diablo [el mal], y los deseos de vuestro padre queréis hacer. Él ha sido homicida desde el principio, y no ha permanecido en la verdad, porque no hay verdad en él. Cuando habla mentira, de suyo habla; porque es mentiroso, y padre de mentira".

El hombre inmortal

Esta mentalidad material y carnal, mal denominada *mente,* es mortal. Por tanto, el hombre sería aniquilado, si no fuera por la conexión indisoluble del hombre verdadero y espiritual con su Dios, la cual Jesús sacó a luz. En su resurrección y ascensión, Jesús mostró que un hombre mortal no es la esencia verdadera del that this unreal material mortality disappears in presence of the reality.

Elementary electricity

Electricity is not a vital fluid, but the least material form of illusive consciousness, — the material mindlessness, which forms no link between matter and Mind, and which destroys itself. Matter and mortal mind are but different strata of human belief. The grosser substratum is named matter or body; the more ethereal is called mind. This so-called mind and body is the illusion called a mortal, a mind in matter. In reality and in Science, both strata, mortal mind and mortal body, are false representatives of man.

The material so-called gases and forces are counterfeits of the spiritual forces of divine Mind, whose potency is Truth, whose attraction is Love, whose adhesion and cohesion are Life, perpetuating the eternal facts of being. Electricity is the sharp surplus of materiality which counterfeits the true essence of spirituality or truth, — the great difference being that electricity is not intelligent, while spiritual truth is Mind.

The counterfeit forces

There is no vapid fury of mortal mind — expressed in earthquake, wind, wave, lightning, fire, bestial ferocity — and this so-called mind is self-destroyed. The manifestations of evil, which counterfeit divine justice, are called in the Scriptures, "The anger of the Lord." In reality, they show the self-destruction of error or matter and point to matter's opposite, the strength and permanency of Spirit. Christian Science brings to light Truth and its supremacy, universal harmony, the entireness of God, good, and the nothingness of evil.

The five physical senses are the avenues and instruhombre, y que esta mortalidad material e irreal desaparece en presencia de la realidad.

Electricidad elemental

La electricidad no es un fluido vital, sino la forma menos material de consciencia ilusoria, el vacío mental de la materia, que no forma eslabón alguno entre la materia y la Mente, y que se destruye a sí misma. La materia y la mente mortal no son sino diferentes estratos de la creencia humana. El estrato más tosco es denominado materia o cuerpo; el más etéreo es llamado mente. Esta así llamada mente y cuerpo es la ilusión denominada un mortal, una mente en la materia. En la realidad y en la Ciencia, ambos estratos, la mente mortal y el cuerpo mortal, son falsos representantes del hombre.

Los así llamados gases y fuerzas materiales son falsificaciones de las fuerzas espirituales de la Mente divina, cuya potencia es la Verdad, cuya atracción es el Amor, cuya adhesión y cohesión son la Vida, perpetuando las realidades eternas del ser. La electricidad es el agudo excedente de la materialidad que falsifica la verdadera esencia de la espiritualidad o verdad, siendo la gran diferencia que la electricidad no es inteligente, mientras que la verdad espiritual es la Mente.

Las fuerzas falsificadas

No hay vana furia de la mente mortal —expresada en terremotos, vientos, olas, relámpagos, fuego, ferocidad bestial— y esta así llamada mente es destruida por sí misma. Las manifestaciones del mal, que falsifican la justicia divina, son llamadas en las Escrituras “la ira de Jehová”. En realidad, muestran la destrucción de sí mismo del error o la materia y señalan lo opuesto de la materia: la fuerza y permanencia del Espíritu. La Ciencia Cristiana saca a luz la Verdad y su supremacía, la armonía universal, la totalidad de Dios, el bien, y la nada del mal.

Los cinco sentidos físicos son las vías y los instrumentos

ments of human error, and they correspond with error. These senses indicate the common human belief, that life, substance, and intelligence are a unison of matter with Spirit. This is pantheism, and carries within itself the seeds of all error.

Instruments of error

If man is both mind and matter, the loss of one finger would take away some quality and quantity of the man, for matter and man would be one.

The belief that matter thinks, sees, or feels is not more real than the belief that matter enjoys and suffers. This mortal belief, misnamed *man,* is error, saying: "Matter has intelligence and sensation. Nerves feel. Brain thinks and sins. The stomach can make a man cross. Injury can cripple and matter can kill man." This verdict of the so-called material senses victimizes mortals, taught, as they are by physiology and pathology, to revere false testimony, even the errors that are destroyed by Truth through spiritual sense and Science.

Mortal verdict

The lines of demarcation between immortal man, representing Spirit, and mortal man, representing the error that life and intelligence are in matter, show the pleasures and pains of matter to be myths, and human belief in them to be the father of mythology, in which matter is represented as divided into intelligent gods. Man's genuine selfhood is recognizable only in what is good and true. Man is neither self-made nor made by mortals. God created man.

Mythical pleasure

The inebriate believes that there is pleasure in intoxication. The thief believes that he gains something by stealing, and the hypocrite that he is hiding himself. The Science of Mind corrects such mistakes, for Truth demonstrates the falsity of error.

Instrumentos del error

del error humano, y se corresponden con el error. Estos sentidos indican la creencia humana común de que la vida, la sustancia y la inteligencia son una unisonancia de la materia con el Espíritu. Esto es panteísmo, y lleva dentro de sí las semillas de todo error.

Si el hombre es tanto mente como materia, la pérdida de un dedo quitaría cierta cualidad y cantidad del hombre, porque la materia y el hombre serían uno.

Veredicto mortal

La creencia de que la materia piensa, ve o siente no es más real que la creencia de que la materia goza y sufre. Esta creencia mortal, mal llamada *hombre,* es el error, que dice: "La materia tiene inteligencia y sensación. Los nervios sienten. El cerebro piensa y peca. El estómago puede malhumorar a un hombre. Una herida puede lisiar al hombre y la materia puede matarlo". Este veredicto de los así llamados sentidos materiales victimiza a los mortales, enseñados, como lo son por la fisiología y la patología, a reverenciar los falsos testimonios, es decir, los errores que son destruidos por la Verdad mediante el sentido espiritual y la Ciencia.

Placer mítico

Las líneas de demarcación entre el hombre inmortal, que representa el Espíritu, y el hombre mortal, que representa el error de que la vida y la inteligencia están en la materia, muestran que los placeres y dolores de la materia son mitos, y que la creencia humana en ellos es el padre de la mitología, en la cual la materia es representada como dividida en dioses inteligentes. El yo genuino del hombre es reconocible sólo en lo que es bueno y verdadero. El hombre no es creado por sí mismo ni creado por los mortales. Dios creó al hombre.

El ebrio cree que hay placer en la embriaguez. El ladrón cree que gana algo robando, y el hipócrita que se está encubriendo. La Ciencia de la Mente corrige tales equivocaciones, pues la Verdad demuestra la falsedad del error.

Severed members

The belief that a severed limb is aching in the old location, the sensation seeming to be in nerves which are no longer there, is an added proof of the unreliability of physical testimony.

Mortals unlike immortals

God creates and governs the universe, including man. The universe is filled with spiritual ideas, which He evolves, and they are obedient to the Mind that makes them. Mortal mind would transform the spiritual into the material, and then recover man's original self in order to escape from the mortality of this error. Mortals are not like immortals, created in God's own image; but infinite Spirit being all, mortal consciousness will at last yield to the scientific fact and disappear, and the real sense of being, perfect and forever intact, will appear.

Goodness transparent

The manifestation of God through mortals is as light passing through the window-pane. The light and the glass never mingle, but as matter, the glass is less opaque than the walls. The mortal mind through which Truth appears most vividly is that one which has lost much materiality — much error — in order to become a better transparency for Truth. Then, like a cloud melting into thin vapor, it no longer hides the sun.

Brainology a myth

All that is called mortal thought is made up of error. The theoretical mind is matter, named *brain*, or *material consciousness*, the exact opposite of real Mind, or Spirit. Brainology teaches that mortals are created to suffer and die. It further teaches that when man is dead, his immortal soul is resurrected from death and mortality. Thus error theorizes that spirit is born of matter and returns to mat-

Miembros amputados

La creencia de que un miembro amputado duele en el lugar en que estuvo, como si la sensación pareciera estar en los nervios que ya no están allí, es una prueba más de que no se puede confiar en el testimonio físico.

Los mortales son distintos de los inmortales

Dios crea y gobierna el universo, incluyendo el hombre. El universo está lleno de ideas espirituales, que Dios desarrolla, y ellas obedecen a la Mente que las crea. La mente mortal quisiera transformar lo espiritual en lo material, y después recuperar el yo original del hombre a fin de escapar de la mortalidad de este error. Los mortales no son como los inmortales, creados a la propia imagen de Dios; pero como el Espíritu infinito es todo, la consciencia mortal cederá finalmente ante la realidad científica y desaparecerá, y el verdadero sentido del ser, perfecto y eternamente intacto, aparecerá.

La bondad es transparente

La manifestación de Dios a través de los mortales es como la luz que pasa a través del cristal de la ventana. La luz y el cristal nunca se mezclan, pero como materia, el cristal es menos opaco que las paredes. La mente mortal a través de la cual la Verdad aparece más vívidamente es aquella que ha perdido mucha materialidad —mucho error— a fin de llegar a ser una mejor transparencia para la Verdad. Entonces, como una nube que se desvanece en tenue vapor, ya no oculta el sol.

La cerebrología, un mito

Todo lo que es llamado pensamiento mortal está compuesto de error. La mente teórica es materia, llamada *cerebro,* o *consciencia material,* lo diametralmente opuesto a la Mente verdadera, o Espíritu. La cerebrología enseña que los mortales son creados para sufrir y morir. Además enseña que cuando el hombre está muerto, su alma inmortal es resucitada de la muerte y la mortalidad. Así es como el error teoriza que el espíritu nace de la materia y regresa a la materia, y que el hombre resucita ter, and that man has a resurrection from dust; whereas Science unfolds the eternal verity, that man is the spiritual, eternal reflection of God.

Scientific purgation

Progress is born of experience. It is the ripening of mortal man, through which the mortal is dropped for the immortal. Either here or hereafter, suffering or Science must destroy all illusions regarding life and mind, and regenerate material sense and self. The old man with his deeds must be put off. Nothing sensual or sinful is immortal. The death of a false material sense and of sin, not the death of organic matter, is what reveals man and Life, harmonious, real, and eternal.

The so-called pleasures and pains of matter perish, and they must go out under the blaze of Truth, spiritual sense, and the actuality of being. Mortal belief must lose all satisfaction in error and sin in order to part with them.

Whether mortals will learn this sooner or later, and how long they will suffer the pangs of destruction, depends upon the tenacity of error.

Mixed testimony

The knowledge obtained from the corporeal senses leads to sin and death. When the evidence of Spirit and matter, Truth and error, seems to commingle, it rests upon foundations which time is wearing away. Mortal mind judges by the testimony of the material senses, until Science obliterates this false testimony. An improved belief is one step out of error, and aids in taking the next step and in understanding the situation in Christian Science.

Mortal belief is a liar from the beginning, not deserving power. It says to mortals, "You are wretched!" and they del polvo; mientras que la Ciencia revela la eterna verdad de que el hombre es el reflejo espiritual y eterno de Dios.

Purificación científica

El progreso nace de la experiencia. Es la maduración del hombre mortal, mediante la cual lo mortal es abandonado por lo inmortal. Bien aquí o en el más allá, el sufrimiento o la Ciencia tienen que destruir todas las ilusiones con respecto a la vida y la mente, y regenerar el sentido y el yo materiales. El viejo hombre con sus hechos debe ser desechado. Nada sensual o pecaminoso es inmortal. La muerte de un falso sentido material y la del pecado, no la muerte de la materia orgánica, es lo que revela que el hombre y la Vida son armoniosos, reales y eternos.

Los así llamados placeres y dolores de la materia perecen, y tienen que extinguirse ante el resplandor de la Verdad, del sentido espiritual, y de la realidad del ser. La creencia mortal tiene que perder toda satisfacción en el error y el pecado para separarse de ellos.

Si es que los mortales aprenderán esto ahora o más tarde, y cuánto tiempo sufrirán los tormentos de la destrucción, depende de la tenacidad del error.

Testimonio mezclado

El conocimiento obtenido de los sentidos corporales conduce al pecado y la muerte. Cuando la evidencia del Espíritu y la materia, la Verdad y el error, parece mezclarse, descansa sobre fundamentos que el tiempo está deteriorando. La mente mortal juzga por el testimonio de los sentidos materiales, hasta que la Ciencia oblitera este falso testimonio. Una creencia mejorada es un paso fuera del error, y ayuda a dar el paso siguiente y a comprender la situación en la Ciencia Cristiana.

La creencia mortal es una mentirosa desde el principio y no merece poder. Dice a los mortales: “¡Sois desdichados!” y

Belief an autocrat

think they are so; and nothing can change this state, until the belief changes. Mortal belief says, “You are happy!” and mortals are so; and no circumstance can alter the situation, until the belief on this subject changes. Human belief says to mortals, “You are sick!” and this testimony manifests itself on the body as sickness. It is as necessary for a health-illusion, as for an illusion of sickness, to be instructed out of itself into the understanding of what constitutes health; for a change in either a health-belief or a belief in sickness affects the physical condition.

Self-improvement

Erroneous belief is destroyed by truth. Change the evidence, and that disappears which before seemed real to this false belief, and the human consciousness rises higher. Thus the reality of being is attained and man found to be immortal. The only fact concerning any material concept is, that it is neither scientific nor eternal, but subject to change and dissolution.

Faith higher than belief

Faith is higher and more spiritual than belief. It is a chrysalis state of human thought, in which spiritual evidence, contradicting the testimony of material sense, begins to appear, and Truth, the ever-present, is becoming understood. Human thoughts have their degrees of comparison. Some thoughts are better than others. A belief in Truth is better than a belief in error, but no mortal testimony is founded on the divine rock. Mortal testimony can be shaken. Until belief becomes faith, and faith becomes spiritual understanding, human thought has little relation to the actual or divine.

A mortal belief fulfils its own conditions. Sickness,

La creencia es autócrata

ellos creen que lo son; y nada puede cambiar este estado, hasta que cambia la creencia. La creencia mortal dice: "¡Sois felices!" y los mortales lo son; y ninguna circunstancia puede alterar la situación, hasta que la creencia sobre este tema cambia. La creencia humana dice a los mortales: "¡Estáis enfermos!" y este testimonio se manifiesta en el cuerpo como enfermedad. Es tan necesario para una ilusión de salud, como para una ilusión de enfermedad, ser instruida a salir de sí misma hacia la comprensión de lo que constituye la salud; pues un cambio tanto en una creencia de salud como en una creencia de enfermedad afecta la condición física.

El mejoramiento propio

La creencia errónea es destruida por la verdad. Cambia la evidencia, y desaparece aquello que antes parecía real a esta creencia falsa, y la consciencia humana se eleva más alto. Así se alcanza la realidad del ser y se encuentra que el hombre es inmortal. El único hecho concerniente a cualquier concepto material es que no es ni científico ni eterno, sino que está sujeto a cambio y disolución.

La fe es más elevada que la creencia

La fe es más elevada y más espiritual que la creencia. Es un estado de crisálida del pensamiento humano, en el cual la evidencia espiritual, contradiciendo el testimonio del sentido material, empieza a aparecer, y la Verdad, lo siempre-presente, va siendo comprendida. Los pensamientos humanos tienen sus grados de comparación. Algunos pensamientos son mejores que otros. Una creencia en la Verdad es mejor que una creencia en el error, pero ningún testimonio mortal está fundado sobre la roca divina. El testimonio mortal puede ser sacudido. Hasta que la creencia se convierte en fe, y la fe se convierte en comprensión espiritual, el pensamiento humano tiene poca relación con lo real o divino.

Una creencia mortal cumple sus propias condiciones. La

sin, and death are the vague realities of human conclusions. Life, Truth, and Love are the realities of divine Science. They dawn in faith and glow full-orbed in spiritual understanding. As a cloud hides the sun it cannot extinguish, so false belief silences for a while the voice of immutable harmony, but false belief cannot destroy Science armed with faith, hope, and fruition.

Truth's witness

What is termed material sense can report only a mortal temporary sense of things, whereas spiritual sense can bear witness only to Truth. To material sense, the unreal is the real until this sense is corrected by Christian Science.

Spiritual sense, contradicting the material senses, involves intuition, hope, faith, understanding, fruition, reality. Material sense expresses the belief that mind is in matter. This human belief, alternating between a sense of pleasure and pain, hope and fear, life and death, never reaches beyond the boundary of the mortal or the unreal. When the real is attained, which is announced by Science, joy is no longer a trembler, nor is hope a cheat. Spiritual ideas, like numbers and notes, start from Principle, and admit no materialistic beliefs. Spiritual ideas lead up to their divine origin, God, and to the spiritual sense of being.

Thought-angels

Angels are not etherealized human beings, evolving animal qualities in their wings; but they are celestial visitants, flying on spiritual, not material, pinions. Angels are pure thoughts from God, winged with Truth and Love, no matter what their individualism may be. Human conjecture confers upon angels its own forms of thought, marked with superstitious outlines, making them human creatures with suggestive enfermedad, el pecado y la muerte son las vagas realidades de las conclusiones humanas. La Vida, la Verdad y el Amor son las realidades de la Ciencia divina. Amanecen en la fe y resplandecen en pleno fulgor en la comprensión espiritual. Así como una nube oculta el sol que no puede extinguir, así la creencia falsa silencia por un tiempo la voz de la armonía inmutable, pero la creencia falsa no puede destruir la Ciencia armada de fe, esperanza y realización.

Testigo de la Verdad

Lo que se denomina sentido material sólo puede informar un sentido mortal y temporario de las cosas, mientras que el sentido espiritual puede dar testimonio sólo de la Verdad. Para el sentido material, lo irreal es lo real hasta que este sentido es corregido por la Ciencia Cristiana.

El sentido espiritual, contradiciendo los sentidos materiales, entraña intuición, esperanza, fe, comprensión, realización, realidad. El sentido material expresa la creencia de que la mente está en la materia. Esta creencia humana, alternando entre un sentido de placer y dolor, esperanza y temor, vida y muerte, nunca traspasa el límite de lo mortal o lo irreal. Cuando se logra lo real, que es anunciado por la Ciencia, la alegría ya no tiembla ni nos engaña la esperanza. Las ideas espirituales, como los números y las notas, parten del Principio, y no admiten creencias materialistas. Las ideas espirituales conducen a su origen divino, Dios, y al sentido espiritual del ser.

Los ángeles-pensamientos

Los ángeles no son seres humanos etéreos, desarrollando en sus alas cualidades animales; sino que son visitantes celestiales, que vuelan con alas espirituales, no materiales. Los ángeles son pensamientos puros de Dios, alados con Verdad y Amor, sin importar cuál sea su individualismo. La conjetura humana confiere a los ángeles sus propias formas de pensamiento, delineadas con contornos supersticiosos, haciéndolos criaturas humanas con feathers; but this is only fancy. It has behind it no more reality than has the sculptor's thought when he carves his "Statue of Liberty," which embodies his conception of an unseen quality or condition, but which has no physical antecedent reality save in the artist's own observation and "chambers of imagery."

Our angelic messengers

My angels are exalted thoughts, appearing at the door of some sepulchre, in which human belief has buried its fondest earthly hopes. With white fingers they point upward to a new and glorified trust, to higher ideals of life and its joys. Angels are God's representatives. These upward-soaring beings never lead towards self, sin, or materiality, but guide to the divine Principle of all good, whither every real individuality, image, or likeness of God, gathers. By giving earnest heed to these spiritual guides they tarry with us, and we entertain "angels unawares."

Knowledge and Truth

Knowledge gained from material sense is figuratively represented in Scripture as a tree, bearing the fruits of sin, sickness, and death. Ought we not then to judge the knowledge thus obtained to be untrue and dangerous, since "the tree is known by his fruit"?

Truth never destroys God's idea. Truth is spiritual, eternal substance, which cannot destroy the right reflection. Corporeal sense, or error, may seem to hide Truth, health, harmony, and Science, as the mist obscures the sun or the mountain; but Science, the sunshine of Truth, will melt away the shadow and reveal the celestial peaks.

If man were solely a creature of the material senses, he would have no eternal Principle and would be mutable plumas sugerentes; pero esto es sólo fantasía. No tiene tras ella más realidad que la que tiene el pensamiento del escultor cuando esculpe su "Estatua de la Libertad", que incorpora su concepción de una cualidad o condición invisible, pero que no tiene ninguna realidad física antecedente, salvo en la observación y en las "cámaras... de imágenes" propias del artista.

Nuestros mensajeros angélicos

Mis ángeles son pensamientos exaltados, que aparecen a la puerta de algún sepulcro, en el cual la creencia humana ha enterrado sus más caras esperanzas terrenales. Con blancos dedos señalan a lo alto, hacia una confianza nueva y glorificada, hacia ideales más elevados de la vida y sus gozos. Los ángeles son representantes de Dios. Estos seres de vuelo ascendente nunca conducen hacia el yo, el pecado o la materialidad, sino que guían hacia el Principio divino de todo el bien, donde toda verdadera individualidad, imagen o semejanza de Dios, se reúne. Cuando les prestamos atención sincera a estos guías espirituales, se quedan con nosotros, y hospedamos a "ángeles, sin saberlo".*

Conocimiento y Verdad

El conocimiento obtenido del sentido material está representado simbólicamente en las Escrituras por un árbol, que da los frutos del pecado, la enfermedad y la muerte. ¿No debiéramos, entonces, juzgar el conocimiento así obtenido como falso y peligroso, ya que "por el fruto se conoce el árbol"?

La Verdad jamás destruye la idea de Dios. La Verdad es la sustancia espiritual y eterna, la cual no puede destruir el reflejo correcto. El sentido corporal, o error, puede que parezca ocultar la Verdad, la salud, la armonía y la Ciencia, así como la niebla oculta el sol o la montaña; pero la Ciencia, el sol de la Verdad, disipará la sombra y revelará las cumbres celestiales.

Si el hombre fuese únicamente una criatura de los sentidos materiales, no tendría Principio eterno y sería mutable

*Según la versión King James de la Biblia

and mortal. Human logic is awry when it attempts to draw correct spiritual conclusions regarding life from matter. Finite sense has no true apprecia-

Old and new man

tion of infinite Principle, God, or of His infinite image or reflection, man. The mirage, which makes trees and cities seem to be where they are not, illustrates the illusion of material man, who cannot be the image of God.

So far as the scientific statement as to man is understood, it can be proved and will bring to light the true reflection of God — the real man, or the *new* man (as St. Paul has it).

The temporal and unreal never touch the eternal and real. The mutable and imperfect never touch the immutable and perfect. The inharmonious and

The tares and wheat

self-destructive never touch the harmonious and self-existent. These opposite qualities are the tares and wheat, which never really mingle, though (to mortal sight) they grow side by side until the harvest; then, Science separates the wheat from the tares, through the realization of God as ever present and of man as reflecting the divine likeness.

Spirit is God, Soul; therefore Soul is not in matter. If Spirit were in matter, God would have no representative, and matter would be identical with God.

The divine reflection

The theory that soul, spirit, intelligence, inhabits matter is taught by the schools. This theory is unscientific. The universe reflects and expresses the divine substance or Mind; therefore God is seen only in the spiritual universe and spiritual man, as the sun is seen in the ray of light which goes out from it. God is revealed only in that which reflects Life, Truth, Love, —

y mortal. La lógica humana está fuera de control cuando intenta sacar de la materia correctas conclusiones espirituales referentes a la vida. El sentido finito no tiene una apreciación verdadera del Principio infinito, Dios, o de Su imagen o reflejo infinito, el hombre. El espejismo, que hace que árboles y ciudades parezcan estar donde no están, ilustra la ilusión del hombre material, quien no puede ser la imagen de Dios.

El viejo hombre y el nuevo

En la medida en que la declaración científica acerca del hombre es comprendida, puede ser comprobada y sacará a luz el verdadero reflejo de Dios: el hombre verdadero, o el *nuevo* hombre (como lo expresa San Pablo).

La cizaña y el trigo

Lo temporal y lo irreal nunca tocan lo eterno y lo real. Lo mutable y lo imperfecto nunca tocan lo inmutable y perfecto. Lo inarmónico y lo que se destruye a sí mismo nunca tocan lo armónico y existente de por sí. Estas cualidades opuestas son la cizaña y el trigo, que jamás se mezclan realmente, aunque (a la vista mortal) crezcan lado a lado hasta la cosecha; entonces, la Ciencia separa el trigo de la cizaña, mediante la comprensión de Dios como siempre presente y del hombre como reflejando la semejanza divina.

El reflejo divino

El Espíritu es Dios, el Alma; por lo tanto, el Alma no está en la materia. Si el Espíritu estuviera en la materia, Dios no tendría representante, y la materia sería idéntica a Dios. La teoría de que el alma, el espíritu, la inteligencia, habita en la materia es enseñada por las escuelas. Esta teoría no es científica. El universo refleja y expresa la sustancia divina o Mente; por lo tanto, Dios es visto sólo en el universo espiritual y en el hombre espiritual, así como el sol es visto en el rayo de luz que emana de él. Dios es revelado sólo en aquello que refleja la Vida, la Verdad y el Amor, yea, which manifests God's attributes and power, even as the human likeness thrown upon the mirror, repeats the color, form, and action of the person in front of the mirror.

Few persons comprehend what Christian Science means by the word *reflection*. To himself, mortal and material man seems to be substance, but his sense of substance involves error and therefore is material, temporal.

On the other hand, the immortal, spiritual man is really substantial, and reflects the eternal substance, or Spirit, which mortals hope for. He reflects the divine, which constitutes the only real and eternal entity. This reflection seems to mortal sense transcendental, because the spiritual man's substantiality transcends mortal vision and is revealed only through divine Science.

Inverted images and ideas

As God is substance and man is the divine image and likeness, man should wish for, and in reality has, only the substance of good, the substance of Spirit, not matter. The belief that man has any other substance, or mind, is not spiritual and breaks the First Commandment, Thou shalt have one God, one Mind. Mortal man seems to himself to be material substance, while man is "image" (idea). Delusion, sin, disease, and death arise from the false testimony of material sense, which, from a supposed standpoint outside the focal distance of infinite Spirit, presents an inverted image of Mind and substance with everything turned upside down.

This falsity presupposes soul to be an unsubstantial dweller in material forms, and man to be material instead of spiritual. Immortality is not bounded by mortality.

sí, en aquello que manifiesta los atributos y el poder de Dios, así como la semejanza humana proyectada en el espejo repite el color, la forma y la acción de la persona que está frente al espejo.

Pocas personas comprenden lo que la Ciencia Cristiana quiere decir con la palabra *reflejo.* Para sí mismo, el hombre mortal y material parece ser sustancia, pero su sentido de sustancia entraña error y por lo tanto es material, temporal.

Por otra parte, el hombre inmortal y espiritual es realmente sustancial, y refleja la sustancia eterna, o Espíritu, a la que los mortales aspiran. Él refleja lo divino, que constituye la única entidad real y eterna. Este reflejo parece trascendental para el sentido mortal, porque lo sustancial del hombre espiritual trasciende la visión mortal y es revelado únicamente por medio de la Ciencia divina.

Imágenes e ideas invertidas

Puesto que Dios es sustancia y el hombre es la imagen y semejanza divina, el hombre debiera desear, y en realidad posee, sólo la sustancia del bien, la sustancia del Espíritu, no de la materia. La creencia de que el hombre tiene cualquier otra sustancia, o mente, no es espiritual y quebranta el Primer Mandamiento: Tendrás un único Dios, una única Mente. Al hombre mortal le parece que él mismo es sustancia material, mientras que el hombre es "imagen" (idea). El engaño, el pecado, la enfermedad y la muerte surgen del falso testimonio del sentido material, el cual, desde un punto de vista supuesto fuera de la distancia focal del Espíritu infinito, presenta una imagen invertida de la Mente y la sustancia con todo puesto al revés.

Esta falsedad presupone que el alma es un morador insustancial dentro de formas materiales, y que el hombre es material en vez de espiritual. La inmortalidad no está

Soul is not compassed by finiteness. Principle is not to be found in fragmentary ideas.

Identity not lost

The material body and mind are temporal, but the real man is spiritual and eternal. The identity of the real man is not lost, but found through this explanation; for the conscious infinitude of existence and of all identity is thereby discerned and remains unchanged. It is impossible that man should lose aught that is real, when God is all and eternally his. The notion that mind is in matter, and that the so-called pleasures and pains, the birth, sin, sickness, and death of matter, are real, is a mortal belief; and this belief is all that will ever be lost.

Definition of man

Continuing our definition of *man,* let us remember that harmonious and immortal man has existed forever, and is always beyond and above the mortal illusion of any life, substance, and intelligence as existent in matter. This statement is based on fact, not fable. The Science of being reveals man as perfect, even as the Father is perfect, because the Soul, or Mind, of the spiritual man is God, the divine Principle of all being, and because this real man is governed by Soul instead of sense, by the law of Spirit, not by the so-called laws of matter.

God is Love. He is therefore the divine, infinite Principle, called Person or God. Man's true consciousness is in the mental, not in any bodily or personal likeness to Spirit. Indeed, the body presents no proper likeness of divinity, though mortal sense would fain have us so believe.

Even in Christian Science, reproduction by Spirit's individual ideas is but the reflection of the creative power limitada por la mortalidad. El Alma no está circunscrita por lo finito. El Principio no ha de ser encontrado en ideas fragmentarias.

La identidad no se pierde

El cuerpo y la mente materiales son temporales, pero el hombre verdadero es espiritual y eterno. La identidad del hombre verdadero no se pierde, sino que es hallada mediante esta explicación; pues la consciente infinitud de la existencia y de toda identidad es así discernida y permanece inalterada. Es imposible que el hombre pierda algo que es real, cuando Dios es todo y eternamente suyo. La noción de que la mente está en la materia y que los así llamados placeres y dolores, el nacimiento, el pecado, la enfermedad y la muerte de la materia, son reales, es una creencia mortal; y esta creencia es lo único que se perderá.

La definición de hombre

Continuando nuestra definición de *hombre,* recordemos que el hombre armonioso e inmortal ha existido eternamente, y siempre está más allá y por encima de la ilusión mortal de que pueda existir alguna vida, sustancia e inteligencia en la materia. Esta declaración está basada en la realidad, no en una fábula. La Ciencia del ser revela al hombre como perfecto, así como el Padre es perfecto, porque el Alma, o la Mente, del hombre espiritual es Dios, el Principio divino de todo ser, y porque este hombre verdadero es gobernado por el Alma en vez del sentido, por la ley del Espíritu, no por las así llamadas leyes de la materia.

Dios es Amor. Él es, por lo tanto, el Principio divino, infinito, llamado Persona o Dios. La verdadera consciencia del hombre está en la semejanza mental con el Espíritu, no en una semejanza corporal o personal. Por cierto, el cuerpo no presenta semejanza apropiada de la divinidad, aunque el sentido mortal gustosamente así nos lo quisiera hacer creer.

Aun en la Ciencia Cristiana, la reproducción por medio de las ideas individuales del Espíritu no es sino el reflejo del

Mental propagation

of the divine Principle of those ideas. The reflection, through mental manifestation, of the multitudinous forms of Mind which people the realm of the real is controlled by Mind, the Principle governing the reflection. Multiplication of God's children comes from no power of propagation in matter, it is the reflection of Spirit.

The minutiæ of lesser individualities reflect the one divine individuality and are comprehended in and formed by Spirit, not by material sensation. Whatever reflects Mind, Life, Truth, and Love, is spiritually conceived and brought forth; but the statement that man is conceived and evolved both spiritually and materially, or by both God and man, contradicts this eternal truth. All the vanity of the ages can never make both these contraries true. Divine Science lays the axe at the root of the illusion that life, or mind, is formed by or is in the material body, and Science will eventually destroy this illusion through the self-destruction of all error and the beatified understanding of the Science of Life.

Error defined

The belief that pain and pleasure, life and death, holiness and unholiness, mingle in man, — that mortal, material man is the likeness of God and is himself a creator, — is a fatal error.

Man's entity spiritual

God, without the image and likeness of Himself, would be a nonentity, or Mind unexpressed. He would be without a witness or proof of His own nature. Spiritual man is the image or idea of God, an idea which cannot be lost nor separated from its divine Principle. When the evidence before the material senses yielded to spiritual sense, the apostle declared that nothing could alienate him from

Propagación mental

poder creativo del Principio divino de esas ideas. El reflejo, mediante manifestación mental, de las innumerables formas de la Mente que pueblan el reino de lo real es controlado por la Mente, el Principio que gobierna el reflejo. La multiplicación de los hijos de Dios no procede de ningún poder de propagación en la materia, es el reflejo del Espíritu.

Las minucias de individualidades menores reflejan la única individualidad divina y están comprendidas en el Espíritu y son formadas por el Espíritu, no por la sensación material. Todo lo que refleja la Mente, la Vida, la Verdad y el Amor, es concebido y dado a luz espiritualmente; pero la declaración de que el hombre es concebido y desarrollado tanto espiritual como materialmente, o tanto por Dios como por el hombre, contradice esta verdad eterna. Toda la vanidad de las épocas jamás puede hacer que ambos contrarios sean verídicos. La Ciencia divina pone el hacha a la raíz de la ilusión de que la vida, o la mente, es formada por el cuerpo material, o que está en él, y la Ciencia finalmente destruirá esta ilusión mediante la destrucción por sí mismo de todo error y mediante la comprensión bendita de la Ciencia de la Vida.

El error definido

La creencia de que el dolor y el placer, la vida y la muerte, la santidad y la impiedad, se mezclan en el hombre —que el hombre mortal y material es la semejanza de Dios y que el hombre mismo es un creador— es un error fatal.

La entidad del hombre es espiritual

Dios, sin la imagen y semejanza de Sí mismo, no tendría entidad, sería una Mente inexpresada. No tendría testigo o prueba de Su propia naturaleza. El hombre espiritual es la imagen o idea de Dios, una idea que no puede perderse ni ser separada de su Principio divino. Cuando la evidencia ante los sentidos materiales cedió al sentido espiritual, el apóstol declaró que

God, from the sweet sense and presence of Life and Truth.

Man inseparable from Love

It is ignorance and false belief, based on a material sense of things, which hide spiritual beauty and goodness. Understanding this, Paul said: "Neither death, nor life, ... nor things present, nor things to come, nor height, nor depth, nor any other creature, shall be able to separate us from the love of God." This is the doctrine of Christian Science: that divine Love cannot be deprived of its manifestation, or object; that joy cannot be turned into sorrow, for sorrow is not the master of joy; that good can never produce evil; that matter can never produce mind nor life result in death. The perfect man — governed by God, his perfect Principle — is sinless and eternal.

Harmony natural

Harmony is produced by its Principle, is controlled by it and abides with it. Divine Principle is the Life of man. Man's happiness is not, therefore, at the disposal of physical sense. Truth is not contaminated by error. Harmony in man is as beautiful as in music, and discord is unnatural, unreal.

The science of music governs tones. If mortals caught harmony through material sense, they would lose harmony, if time or accident robbed them of material sense. To be master of chords and discords, the science of music must be understood. Left to the decisions of material sense, music is liable to be misapprehended and lost in confusion. Controlled by belief, instead of understanding, music is, must be, imperfectly expressed. So man, not understanding the Science of being, — thrusting aside his divine Principle as incomprehensible, — is abandoned to conjectures, left in nada podía separarlo de Dios, del dulce sentido y presencia de la Vida y la Verdad.

El hombre, inseparable del Amor

La ignorancia y la creencia falsa, basadas en un sentido material de las cosas, son las que ocultan la belleza y la bondad espirituales. Comprendiendo esto, Pablo dijo: "Ni la muerte, ni la vida,... ni lo presente, ni lo por venir, ni lo alto, ni lo profundo, ni ninguna otra cosa creada nos podrá separar del amor de Dios". Esta es la doctrina de la Ciencia Cristiana: que el Amor divino no puede ser privado de su manifestación, u objeto; que el gozo no puede ser convertido en pesar, pues el pesar no es el amo del gozo; que el bien nunca puede producir el mal; que la materia nunca puede producir la mente ni la vida resultar en muerte. El hombre perfecto —gobernado por Dios, su Principio perfecto— es impecable y eterno.

La armonía es natural

La armonía es producida por su Principio, es controlada por él y permanece en él. El Principio divino es la Vida del hombre. La felicidad del hombre no está, por lo tanto, a merced del sentido físico. La Verdad no está contaminada por el error. La armonía en el hombre es tan bella como en la música, y la discordancia es innatural, irreal.

La ciencia de la música gobierna los tonos. Si los mortales percibieran la armonía por medio del sentido material, perderían la armonía, si el tiempo o un accidente les robaran el sentido material. Para ser el amo de los acordes y las disonancias, la ciencia de la música debe ser comprendida. Dejada a las decisiones del sentido material, la música está propensa a ser malinterpretada y perderse en la confusión. Controlada por la creencia, en vez de la comprensión, la música es, tiene que ser, imperfectamente expresada. Así también el hombre, al no comprender la Ciencia del ser —al rechazar el Principio divino de él como incomprensible— queda abandonado a las conjeturas, dejado en the hands of ignorance, placed at the disposal of illusions, subjected to material sense which is discord. A discontented, discordant mortal is no more a *man* than discord is music.

Human reflection

A picture in the camera or a face reflected in the mirror is not the original, though resembling it. Man, in the likeness of his Maker, reflects the central light of being, the invisible God. As there is no corporeality in the mirrored form, which is but a reflection, so man, like all things real, reflects God, his divine Principle, not in a mortal body.

Gender also is a quality, not of God, but a characteristic of mortal mind. The verity that God's image is not a creator, though he reflects the creation of Mind, God, constitutes the underlying reality of reflection. "Then answered Jesus and said unto them: Verily, verily I say unto you, the Son can do nothing of himself, but what he seeth the Father do: for what things soever He doeth, these also doeth the Son likewise."

Inverted images

The inverted images presented by the senses, the deflections of matter as opposed to the Science of spiritual reflection, are all unlike Spirit, God. In the illusion of life that is here to-day and gone to-morrow, man would be wholly mortal, were it not that Love, the divine Principle that obtains in divine Science, destroys all error and brings immortality to light. Because man is the reflection of his Maker, he is not subject to birth, growth, maturity, decay. These mortal dreams are of human origin, not divine.

The Sadducees reasoned falsely about the resurrection, but not so blindly as the Pharisees, who believed las manos de la ignorancia, puesto a merced de las ilusiones, sujeto al sentido material que es discordancia. Un mortal descontento, discordante, no es un *hombre,* como tampoco la discordancia es música.

Reflejo humano

Un retrato en la cámara oscura o una cara reflejada en el espejo no es el original, aunque se parezca a él. El hombre, a la semejanza de su Hacedor, refleja la luz central del ser, el Dios invisible. Así como no hay corporalidad en la forma que aparece en el espejo, que no es más que un reflejo, así el hombre, como todas las cosas reales, refleja a Dios, su Principio divino, no en un cuerpo mortal.

El género también es una cualidad, no de Dios, sino una característica de la mente mortal. La verdad de que la imagen de Dios no es un creador, aunque refleja la creación de la Mente, Dios, constituye la realidad subyacente del reflejo. "Respondió entonces Jesús, y les dijo: De cierto, de cierto os digo: No puede el Hijo hacer nada por sí mismo, sino lo que ve hacer al Padre; porque todo lo que el Padre hace, también lo hace el Hijo igualmente".

Imágenes invertidas

Las imágenes invertidas presentadas por los sentidos, las refracciones de la materia como opuestas a la Ciencia del reflejo espiritual, son todas desemejantes al Espíritu, Dios. En la ilusión de la vida que está aquí hoy y que desaparece mañana, el hombre sería totalmente mortal, si no fuera que el Amor, el Principio divino que se encuentra en la Ciencia divina, destruye todo error y saca a luz la inmortalidad. Puesto que el hombre es el reflejo de su Hacedor, no está sujeto a nacimiento, crecimiento, madurez, decadencia. Estos sueños mortales son de origen humano, no divino.

Los saduceos razonaban falsamente acerca de la resurrección, pero no tan ciegamente como los fariseos, que creían que error to be as immortal as Truth. The Pharisees thought that they could raise the spiritual from the material. They would first make life result in death, and then resort to death to reproduce spiritual life. Jesus taught them how death was to be overcome by spiritual Life, and demonstrated this beyond cavil.

Jewish traditions

Life demonstrates Life. The immortality of Soul makes man immortal. If God, who is Life, were parted for a moment from His reflection, man, during that moment there would be no divinity reflected. The Ego would be unexpressed, and the Father would be childless, — no Father.

Divinity not childless

If Life or Soul and its representative, man, unite for a period and then are separated as by a law of divorce to be brought together again at some uncertain future time and in a manner unknown, — and this is the general religious opinion of mankind, — we are left without a rational proof of immortality. But man cannot be separated for an instant from God, if man reflects God. Thus Science proves man's existence to be intact.

The myriad forms of mortal thought, made manifest as matter, are not more distinct nor real to the material senses than are the Soul-created forms to spiritual sense, which cognizes Life as permanent. Undisturbed amid the jarring testimony of the material senses, Science, still enthroned, is unfolding to mortals the immutable, harmonious, divine Principle, — is unfolding Life and the universe, ever present and eternal.

Thought-forms

God's man, spiritually created, is not material and mortal.

The parent of all human discord was the Adam-dream,

el error era tan inmortal como la Verdad. Los fariseos pensaban que podían resucitar lo que es espiritual de lo que es material. Primero pretendían que la vida resultara en muerte, y después recurrían a la muerte para reproducir la vida espiritual. Jesús les enseñó cómo la muerte debía ser vencida mediante la Vida espiritual, y demostró esto más allá de todo reparo.

Tradiciones judaicas

La divinidad no carece de hijos

La Vida demuestra la Vida. La inmortalidad del Alma hace al hombre inmortal. Si Dios, quien es la Vida, fuera separado por un momento de Su reflejo, el hombre, durante ese momento no habría divinidad reflejada. El Ego estaría inexpresado, y el Padre no tendría hijos, no sería Padre.

Si la Vida o el Alma y su representante, el hombre, se unen por un período y luego son separados como por una ley de divorcio, para ser unidos otra vez en alguna época futura e incierta y de una manera desconocida —y esta es en general la opinión religiosa de la humanidad— nos quedamos sin una prueba racional de la inmortalidad. Pero el hombre no puede ser separado ni por un instante de Dios, si el hombre refleja a Dios. Así la Ciencia comprueba que la existencia del hombre está intacta.

Formas-pensamiento

La miríada de formas del pensamiento mortal, que se manifiestan como materia, no son más claras ni más reales para los sentidos materiales de lo que son las formas creadas por el Alma para el sentido espiritual, el cual conoce la Vida como permanente. Imperturbada en medio del testimonio discordante de los sentidos materiales, la Ciencia, aún entronizada, está revelando a los mortales el Principio inmutable, armonioso y divino, está revelando la Vida y el universo, siempre presentes y eternos.

El hombre de Dios, creado espiritualmente, no es material y mortal.

El origen de toda la discordia humana fue el sueño-Adán,

the deep sleep, in which originated the delusion that life and intelligence proceeded from and passed into matter.

The serpent's whisper

This pantheistic error, or so-called *serpent,* insists still upon the opposite of Truth, saying, "Ye shall be as gods;" that is, I will make error as real and eternal as Truth.

Evil still affirms itself to be mind, and declares that there is more than one intelligence or God. It says: "There shall be lords and gods many. I declare that God makes evil minds and evil spirits, and that I aid Him. Truth shall change sides and be unlike Spirit. I will put spirit into what I call matter, and matter shall seem to have life as much as God, Spirit, who *is* the only Life."

Bad results from error

This error has proved itself to be error. Its life is found to be not Life, but only a transient, false sense of an existence which ends in death. Error charges its lie to Truth and says: "The Lord knows it. He has made man mortal and material, out of matter instead of Spirit." Thus error partakes of its own nature and utters its own falsities. If we regard matter as intelligent, and Mind as both good and evil, every sin or supposed material pain and pleasure seems normal, a part of God's creation, and so weighs against our course Spiritward.

Higher statutes

Truth has no beginning. The divine Mind is the Soul of man, and gives man dominion over all things. Man was not created from a material basis, nor bidden to obey material laws which Spirit never made; his province is in spiritual statutes, in the higher law of Mind.

Above error's awful din, blackness, and chaos, the voice of Truth still calls: "Adam, where art thou? Conscious-

El susurro de la serpiente

el sueño profundo en el cual se originó la ilusión de que la vida y la inteligencia procedieron de la materia y entraron en ella. Este error panteísta, o esta así llamada *serpiente*, insiste aún en lo opuesto de la Verdad, diciendo: “Seréis como Dios”; es decir, yo haré el error tan real y eterno como la Verdad.

El mal todavía se afirma a sí mismo que es mente, y declara que hay más de una inteligencia o Dios. Dice: “Habrá muchos señores y muchos dioses. Declaro que Dios hace mentes malas y espíritus malos, y que yo Lo ayudo. La Verdad se pondrá del lado contrario y será desemejante al Espíritu. Pondré espíritu dentro de lo que llamo materia, y la materia parecerá tener tanta vida como Dios, el Espíritu, quien *es* la única Vida”.

Malos resultados del error

Este error se ha comprobado a sí mismo que es un error. Se encuentra que su vida no es la Vida, sino sólo un sentido transitorio y falso de una existencia que termina en muerte. El error atribuye su mentira a la Verdad y dice: “El Señor la conoce. Él ha hecho mortal y material al hombre, de materia en vez de Espíritu”. Así participa el error de su propia naturaleza y profiere sus propias falsedades. Si consideramos la materia como inteligente, y la Mente como buena y mala a la vez, todo pecado o supuesto dolor y placer materiales parece normal, una parte de la creación de Dios, y así actúa contra nuestro curso hacia el Espíritu.

Estatutos más elevados

La Verdad no tiene comienzo. La Mente divina es el Alma del hombre, y da al hombre dominio sobre todas las cosas. El hombre no fue creado desde una base material, ni ordenado a obedecer leyes materiales que el Espíritu nunca hizo; su esfera está en los estatutos espirituales, en la ley más elevada de la Mente.

Por encima del fragor, la oscuridad y el caos terribles del error, la voz de la Verdad todavía llama: “Adán, ¿dónde

The great question

ness, where art thou? Art thou dwelling in the belief that mind is in matter, and that evil is mind, or art thou in the living faith that there is and can be but one God, and keeping His commandment?" Until the lesson is learned that God is the only Mind governing man, mortal belief will be afraid as it was in the beginning, and will hide from the demand, "Where art thou?" This awful demand, "Adam, where art thou?" is met by the admission from the head, heart, stomach, blood, nerves, etc.: "Lo, here I am, looking for happiness and life in the body, but finding only an illusion, a blending of false claims, false pleasure, pain, sin, sickness, and death."

The Soul-inspired patriarchs heard the voice of Truth, and talked with God as consciously as man talks with man.

Wrestling of Jacob

Jacob was *alone,* wrestling with error, — struggling with a mortal sense of life, substance, and intelligence as existent in matter with its false pleasures and pains, — when an angel, a message from Truth and Love, appeared to him and smote the sinew, or strength, of his error, till he saw its unreality; and Truth, being thereby understood, gave him spiritual strength in this Peniel of divine Science. Then said the spiritual evangel: "Let me go, for the day breaketh;" that is, the light of Truth and Love dawns upon thee. But the patriarch, perceiving his error and his need of help, did not loosen his hold upon this glorious light until his nature was transformed. When Jacob was asked, "What is thy name?" he straightway answered; and then his name was changed to Israel, for "as a prince" had he prevailed and had "power with God and with men." Then Jacob questioned his deliverer, "Tell me, estás tú? Consciencia, ¿dónde estás? ¿Estás morando en la creencia de que la mente está en la materia, y que el mal es mente, o estás en la fe viviente de que no hay y no puede haber sino un único Dios, y guardando Su mandamiento?" Hasta que no se aprenda la lección de que Dios es la única Mente que gobierna al hombre, la creencia mortal tendrá miedo como lo tuvo al comienzo, y se esconderá de la pregunta: "¿Dónde estás tú?" Esta pregunta terrible: "Adán, ¿dónde estás tú?" es respondida por la confesión de la cabeza, el corazón, el estómago, la sangre, los nervios, etc.: "Heme aquí, buscando felicidad y vida en el cuerpo, pero encontrando sólo una ilusión, una mezcla de falsas pretensiones, falso placer, dolor, pecado, enfermedad y muerte".

La gran pregunta

Los patriarcas inspirados por el Alma oían la voz de la Verdad, y hablaban con Dios tan conscientemente como un hombre habla con otro hombre.

Jacob estaba *solo,* luchando con el error —contendiendo con un sentido mortal de que la vida, la sustancia y la inteligencia existen en la materia con sus falsos placeres y dolores— cuando un ángel, un mensaje de la Verdad y el Amor, se le apareció y descoyuntó el tendón, o fuerza, de su error, hasta que él vio su irrealidad; y la Verdad, al ser de tal modo comprendida, le dio fuerza espiritual en este Peniel de la Ciencia divina. Entonces dijo el mensajero espiritual: "Déjame, porque raya el alba"; es decir, la luz de la Verdad y el Amor alborea sobre ti. Pero el patriarca, percibiendo su error y su necesidad de ayuda, no se desprendió de esta luz gloriosa hasta que su naturaleza fue transformada. Al preguntársele: "¿Cuál es tu nombre?", Jacob contestó en seguida; y entonces su nombre fue cambiado por el de Israel, pues "como un príncipe"* había prevalecido y tenido poder "con Dios y con los hombres". Entonces Jacob pidió a su libertador: "Declárame

La lucha de Jacob

*Según la versión King James de la Biblia

I pray thee, *thy* name;" but this appellation was withheld, for the messenger was not a corporeal being, but a nameless, incorporeal impartation of divine Love to man, which, to use the word of the Psalmist, *restored* his Soul, — gave him the spiritual sense of being and rebuked his material sense.

Israel the new name

The result of Jacob's struggle thus appeared. He had conquered material error with the understanding of Spirit and of spiritual power. This changed the man. He was no longer called Jacob, but Israel, — a prince of God, or a soldier of God, who had fought a good fight. He was to become the father of those, who through earnest striving followed his demonstration of the power of Spirit over the material senses; and the children of earth who followed his example were to be called the children of Israel, until the Messiah should rename them. If these children should go astray, and forget that Life is God, good, and that good is not in elements which are not spiritual, — thus losing the divine power which heals the sick and sinning, — they were to be brought back through great tribulation, to be renamed in Christian Science and led to deny material sense, or mind in matter, even as the gospel teaches.

Life never structural

The Science of being shows it to be impossible for infinite Spirit or Soul to be in a finite body or for man to have an intelligence separate from his Maker. It is a self-evident error to suppose that there can be such a reality as organic animal or vegetable life, when such so-called life always ends in death. Life is never for a moment extinct. Therefore it is never structural nor organic, and is never absorbed nor limited by its own formations.

ahora *tu* nombre"; pero este apelativo no le fue revelado, pues el mensajero no era un ser corpóreo, sino una anónima e incorpórea comunicación del Amor divino al hombre, la cual, para usar la palabra del Salmista, *confortó* su Alma, le dio el sentido espiritual del ser y reprendió su sentido material.

Israel, el nuevo nombre

Así apareció el resultado de la lucha de Jacob. Él había vencido el error material con la comprensión del Espíritu y del poder espiritual. Esto lo transformó. Ya no fue llamado Jacob, sino Israel, un príncipe de Dios, o un soldado de Dios, quien había peleado una buena batalla. Él llegaría a ser el padre de aquellos que, con esfuerzos sinceros, siguieran su demostración del poder del Espíritu sobre los sentidos materiales; y los hijos de la tierra que siguieran su ejemplo iban a ser llamados los hijos de Israel, hasta que el Mesías les diese un nombre nuevo. Si estos hijos se extraviaran, y olvidaran que la Vida es Dios, el bien, y que el bien no está en los elementos que no son espirituales —perdiendo así el poder divino que sana a los enfermos y a los pecadores— habrían de ser restituidos por medio de grandes tribulaciones, para ser nombrados de nuevo en la Ciencia Cristiana y guiados a negar el sentido material, o la mente en la materia, así como lo enseña el evangelio.

La Vida nunca es estructural

La Ciencia del ser muestra que es imposible para el Espíritu o Alma infinitos estar en un cuerpo finito o para el hombre tener una inteligencia separada de su Hacedor. Es un error evidente de por sí suponer que pueda existir una realidad tal como la vida orgánica animal o vegetal, cuando esa así llamada vida siempre acaba en muerte. La Vida jamás se extingue, ni por un momento. Por lo tanto, no es nunca estructural ni orgánica, y nunca es absorbida ni limitada por sus propias formaciones.

Thought seen as substance

The artist is not in his painting. The picture is the artist's thought objectified. The human belief fancies that it delineates thought on matter, but what is matter? Did it exist prior to thought? Matter is made up of supposititious mortal mind-force; but all might is divine Mind. Thought will finally be understood and seen in all form, substance, and color, but without material accompaniments. The potter is not in the clay; else the clay would have power over the potter. God is His own infinite Mind, and expresses all.

The central intelligence

Day may decline and shadows fall, but darkness flees when the earth has again turned upon its axis. The sun is not affected by the revolution of the earth. So Science reveals Soul as God, untouched by sin and death, — as the central Life and intelligence around which circle harmoniously all things in the systems of Mind.

Soul imperishable

Soul changeth not. We are commonly taught that there is a human soul which sins and is spiritually lost, — that soul may be lost, and yet be immortal. If Soul could sin, Spirit, Soul, would be flesh instead of Spirit. It is the belief of the flesh and of material sense which sins. If Soul sinned, Soul would die. Sin is the element of self-destruction, and spiritual death is oblivion. If there was sin in Soul, the annihilation of Spirit would be inevitable. The only Life is Spirit, and if Spirit should lose Life as God, good, then Spirit, which has no other existence, would be annihilated.

Mind is God, and God is not seen by material sense, because Mind is Spirit, which material sense cannot discern. There is neither growth, maturity, nor decay in Soul. These changes are the mutations of material sense,

El pensamiento visto como sustancia

El artista no está en su pintura. El cuadro es el pensamiento del artista hecho objeto. La creencia humana imagina que delinea el pensamiento sobre la materia, pero ¿qué es la materia? ¿Existió antes del pensamiento? La materia está hecha de la supuesta fuerza-mente mortal; pero todo el poder es la Mente divina. El pensamiento finalmente será comprendido y visto en toda forma, sustancia y color, pero sin acompañamientos materiales. El alfarero no está en el barro; o el barro tendría poder sobre el alfarero. Dios es Su propia Mente infinita, y expresa todo.

La inteligencia central

El día puede declinar y las sombras descender, pero la oscuridad huye cuando la tierra ha girado otra vez sobre su eje. El sol no es afectado por la revolución de la tierra. Así la Ciencia revela el Alma como Dios, intocada por el pecado y la muerte, como la Vida e inteligencia central alrededor de la cual giran armoniosamente todas las cosas en los sistemas de la Mente.

El Alma es imperecedera

El Alma no cambia. Comúnmente somos enseñados que hay un alma humana que peca y se pierde espiritualmente, que el alma puede perderse, y sin embargo, ser inmortal. Si el Alma pudiera pecar, el Espíritu, el Alma, sería carne en vez de Espíritu. Es la creencia de la carne y del sentido material lo que peca. Si el Alma pecara, el Alma moriría. El pecado es el elemento de la destrucción propia, y la muerte espiritual es el olvido. Si hubiera pecado en el Alma, la aniquilación del Espíritu sería inevitable. La única Vida es el Espíritu, y si el Espíritu perdiera la Vida que es Dios, el bien, entonces el Espíritu, que no tiene otra existencia, sería aniquilado.

La Mente es Dios, y no se ve a Dios mediante el sentido material, porque la Mente es el Espíritu, que el sentido material no puede discernir. No hay crecimiento, madurez, ni decadencia en el Alma. Estos cambios son las mutaciones the varying clouds of mortal belief, which hide the truth of being.

What we term mortal mind or carnal mind, dependent on matter for manifestation, is not Mind. God is Mind: all that Mind, God, is, or hath made, is good, and He made all. Hence evil is not made and is not real.

Sin only of the flesh

Soul is immortal because it is Spirit, which has no element of self-destruction. Is man lost spiritually? No, he can only lose a sense material. All sin is of the flesh. It cannot be spiritual. Sin exists here or hereafter only so long as the illusion of mind in matter remains. It is a sense of sin, and not a sinful soul, which is lost. Evil is destroyed by the sense of good.

Soul impeccable

Through false estimates of soul as dwelling in sense and of mind as dwelling in matter, belief strays into a sense of temporary loss or absence of soul, spiritual truth. This state of error is the mortal dream of life and substance as existent in matter, and is directly opposite to the immortal reality of being. So long as we believe that soul can sin or that immortal Soul is in mortal body, we can never understand the Science of being. When humanity does understand this Science, it will become the law of Life to man, — even the higher law of Soul, which prevails over material sense through harmony and immortality.

The objects cognized by the physical senses have not the reality of substance. They are only what mortal belief calls them. Matter, sin, and mortality lose all supposed consciousness or claim to life or existence, as mortals lay off a false sense of life, substance, and intelligence. But the spiritual, eternal man is not touched by these phases of mortality.

del sentido material, las nubes variables de la creencia mortal, que ocultan la verdad del ser.

Lo que denominamos mente mortal o mente carnal, dependiente de la materia para manifestarse, no es la Mente. Dios es la Mente: todo lo que la Mente, Dios, es, o ha hecho, es bueno, y Él hizo todo. Por tanto, el mal no fue hecho y no es real.

El pecado es sólo de la carne

El Alma es inmortal porque es el Espíritu, el cual no tiene ningún elemento de destrucción propia. ¿Está el hombre perdido espiritualmente? No, sólo puede perder un sentido material. Todo pecado es de la carne. No puede ser espiritual. El pecado existe aquí o en el más allá sólo mientras perdura la ilusión de que hay mente en la materia. Es un sentido de pecado, y no un alma pecaminosa, lo que se pierde. El mal es destruido por el sentido del bien.

El Alma es impecable

A través de las falsas estimaciones de que el alma mora en el sentido y de que la mente mora en la materia, la creencia se extravía hacia un sentido de pérdida o ausencia temporarias del alma, la verdad espiritual. Este estado de error es el sueño mortal de que la vida y la sustancia existen en la materia, y es directamente opuesto a la realidad inmortal del ser. Mientras creemos que el alma puede pecar o que el Alma inmortal está en el cuerpo mortal, jamás podemos comprender la Ciencia del ser. Cuando la humanidad sí comprenda esta Ciencia, llegará a ser la ley de la Vida para el hombre, es decir, la ley más elevada del Alma, que prevalece sobre el sentido material mediante la armonía y la inmortalidad.

Los objetos conocidos por los sentidos físicos no tienen la realidad de la sustancia. Ellos son únicamente lo que la creencia mortal los llama. La materia, el pecado y la mortalidad pierden toda supuesta consciencia o pretensión de vida o existencia a medida que los mortales desechan un sentido falso acerca de la vida, la sustancia y la inteligencia. Pero el hombre espiritual, eterno, no es tocado por estas fases de la mortalidad.

Sense-dreams

How true it is that whatever is learned through material sense must be lost because such so-called knowledge is reversed by the spiritual facts of being in Science. That which material sense calls intangible, is found to be substance. What to material sense seems substance, becomes nothingness, as the sense-dream vanishes and reality appears.

The senses regard a corpse, not as man, but simply as matter. People say, "Man is dead;" but this death is the departure of a mortal's mind, not of matter. The matter is still there. The belief of that mortal that he must die occasioned his departure; yet you say that matter has caused his death.

Vain ecstasies

People go into ecstasies over the sense of a corporeal Jehovah, though with scarcely a spark of love in their hearts; yet God *is* Love, and without Love, God, immortality cannot appear. Mortals try to believe without understanding Truth; yet God *is* Truth. Mortals claim that death is inevitable; but man's eternal Principle is ever-present Life. Mortals believe in a finite personal God; while God is infinite Love, which must be unlimited.

Man-made theories

Our theories are based on finite premises, which cannot penetrate beyond matter. A personal sense of God and of man's capabilities necessarily limits faith and hinders spiritual understanding. It divides faith and understanding between matter and Spirit, the finite and the infinite, and so turns away from the intelligent and divine healing Principle to the inanimate drug.

Jesus' spiritual origin and his demonstration of divine Principle richly endowed him and entitled him to sonship

Sueños-sentidos

Cuán cierto es que todo lo que se aprende por medio del sentido material ha de perderse, porque el así llamado conocimiento es revertido por las verdades espirituales del ser en la Ciencia. Aquello que el sentido material llama intangible, se encuentra que es sustancia. Lo que para el sentido material parece ser sustancia, se torna en nada, a medida que el sueño-sentido se desvanece y aparece la realidad.

Los sentidos consideran un cadáver, no como un hombre, sino simplemente como materia. La gente dice: “El hombre está muerto”; pero esta muerte es la partida de la mente de un mortal, no de la materia. La materia aún está allí. La creencia de ese mortal de que debía morir ocasionó su partida; no obstante, dices que la materia ha causado su muerte.

Éxtasis vanos

Las personas se extasían ante el sentido de un Jehová corpóreo, aunque tengan apenas una chispa de amor en sus corazones; sin embargo, Dios *es* Amor, y sin el Amor, Dios, la inmortalidad no puede aparecer. Los mortales tratan de creer sin comprender la Verdad; sin embargo, Dios *es* Verdad. Los mortales afirman que la muerte es inevitable; pero el Principio eterno del hombre es la Vida siempre presente. Los mortales creen en un Dios personal y finito; aunque Dios es el Amor infinito, que tiene que ser ilimitado.

Teorías hechas por el hombre

Nuestras teorías están basadas en premisas finitas, que no pueden penetrar más allá de la materia. Un sentido personal acerca de Dios y de las aptitudes del hombre necesariamente limita la fe e impide la comprensión espiritual. Divide la fe y la comprensión entre la materia y el Espíritu, entre lo finito y lo infinito, y así se vuelve del Principio sanador, inteligente y divino hacia el medicamento inanimado.

El origen espiritual de Jesús y su demostración del Principio divino lo dotaron abundantemente y le dieron

The one anointed

in Science. He was the son of a virgin. The term Christ Jesus, or Jesus the Christ (to give the full and proper translation of the Greek), may be rendered "Jesus the anointed," Jesus the God-crowned or the divinely royal man, as it is said of him in the first chapter of Hebrews: —

> Therefore God, even thy God, hath anointed thee
> With the oil of gladness above thy fellows.

With this agrees another passage in the same chapter, which refers to the Son as "the brightness of His [God's] glory, and the express [expressed] image of His person [infinite Mind]." It is noteworthy that the phrase "express image" in the Common Version is, in the Greek Testament, *character.* Using this word in its higher meaning, we may assume that the author of this remarkable epistle regarded Christ as the Son of God, the royal reflection of the infinite; and the cause given for the exaltation of Jesus, Mary's son, was that he "loved righteousness and hated iniquity." The passage is made even clearer in the translation of the late George R. Noyes, D.D.: "Who, being a brightness from His glory, and an image of His being."

Jesus the Scientist

Jesus of Nazareth was the most scientific man that ever trod the globe. He plunged beneath the material surface of things, and found the spiritual cause. To accommodate himself to immature ideas of spiritual power, — for spirituality was possessed only in a limited degree even by his disciples, — Jesus called the body, which by spiritual power he raised from the grave, "flesh and bones." To show that the substance of himself was Spirit and the body derecho de filiación en la Ciencia. Él era el hijo de una virgen. El término Cristo Jesús, o Jesús el Cristo (para dar la completa y correcta traducción del griego), puede ser interpretado como "Jesús el ungido", Jesús el coronado por Dios o el hombre divinamente regio, como se dice de él en el primer capítulo de Hebreos: —

El único ungido

> Por lo cual te ungió Dios, el Dios tuyo,
> Con óleo de alegría más que a tus compañeros.

Esto está de acuerdo con otro pasaje en el mismo capítulo, que se refiere al Hijo como "el resplandor de Su gloria [la de Dios], y la imagen expresa* [expresada] de Su sustancia [la de la Mente infinita]". Es de notarse que la frase "imagen expresa" en la versión corriente, en el Testamento griego, es *carácter.* Al usar esta palabra en su significado más elevado, podemos suponer que el autor de esta notable epístola consideraba a Cristo como el Hijo de Dios, el reflejo regio del infinito; y la causa dada para la exaltación de Jesús, el hijo de María, era que había "amado la justicia, y aborrecido la maldad". En la traducción del extinto Dr. en Teología George R. Noyes, el pasaje se vuelve aun más claro: "Quien es un resplandor de Su gloria, y una imagen de Su ser".

Jesús de Nazaret fue el hombre más científico que jamás pisó la tierra. Se sumergía bajo la superficie material de las cosas y encontraba la causa espiritual. Para adecuarse a ideas inmaturas acerca del poder espiritual —pues la espiritualidad era poseída sólo en un grado limitado hasta por sus discípulos— Jesús llamó al cuerpo, el que mediante el poder espiritual había resucitado de la tumba, "carne y huesos". Para demostrar que su propia sustancia era Espíritu y que el cuerpo no era más perfecto

Jesús el Científico

*Según la versión King James de la Biblia

no more perfect because of death and no less material until the ascension (his further spiritual exaltation), Jesus waited until the mortal or fleshly sense had relinquished the belief of substance-matter, and spiritual sense had quenched all earthly yearnings. Thus he found the eternal Ego, and proved that he and the Father were inseparable as God and His reflection or spiritual man. Our Master gained the solution of being, demonstrating the existence of but one Mind without a second or equal.

The bodily resurrection

The Jews, who sought to kill this man of God, showed plainly that their material views were the parents of their wicked deeds. When Jesus spoke of reproducing his body, — knowing, as he did, that Mind was the builder, — and said, "Destroy this temple, and in three days I will raise it up," they thought that he meant their material temple instead of his body. To such materialists, the real man seemed a spectre, unseen and unfamiliar, and the body, which they laid in a sepulchre, seemed to be substance. This materialism lost sight of the true Jesus; but the faithful Mary saw him, and he presented to her, more than ever before, the true idea of Life and substance.

Opposition of materialists

Because of mortals' material and sinful belief, the spiritual Jesus was imperceptible to them. The higher his demonstration of divine Science carried the problem of being, and the more distinctly he uttered the demands of its divine Principle, Truth and Love, the more odious he became to sinners and to those who, depending on doctrines and material laws to save them from sin and sickness, were submissive to death as being in supposed accord with the inevitable law of life. Jesus proved them wrong by a causa de la muerte ni menos material hasta la ascensión (su exaltación espiritual ulterior), Jesús esperó hasta que el sentido mortal o carnal hubo renunciado a la creencia de materia-sustancia, y el sentido espiritual hubo extinguido todos los anhelos terrenales. Así encontró el Ego eterno, y comprobó que él y el Padre eran inseparables como Dios y Su reflejo u hombre espiritual. Nuestro Maestro alcanzó la solución del ser, demostrando la existencia de una única Mente, sin una segunda o igual.

La resurrección del cuerpo

Los judíos, quienes procuraron matar a este hombre de Dios, mostraron claramente que sus puntos de vista materiales eran el origen de sus hechos malvados. Cuando Jesús habló de reproducir su cuerpo —sabiendo, como lo sabía, que la Mente era el arquitecto— y dijo: "Destruid este templo, y en tres días lo levantaré", pensaron que se refería al templo material de ellos en vez de a su cuerpo. Para tales materialistas, el hombre verdadero parecía un espectro, invisible y desconocido, y el cuerpo, que pusieron en un sepulcro, parecía ser sustancia. Este materialismo perdió de vista al Jesús verdadero; pero la fiel María lo vio, y representó para ella, más que nunca, la idea verdadera de la Vida y la sustancia.

La oposición de los materialistas

Debido a la creencia material y pecaminosa de los mortales, el Jesús espiritual les era imperceptible. Cuanto más alto su demostración de la Ciencia divina elevaba el problema del ser, y más claramente él proclamaba las demandas del Principio, la Verdad y el Amor divinos de esta Ciencia, tanto más odioso se hacía a los pecadores y a aquellos que, dependiendo de doctrinas y leyes materiales para salvarse del pecado y la enfermedad, se sometían a la muerte como si esta estuviera de acuerdo con la ley inevitable de la vida. Jesús comprobó mediante su resurrección que his resurrection, and said: "Whosoever liveth and believeth in me shall never die."

Hebrew theology

That saying of our Master, "I and my Father are one," separated him from the scholastic theology of the rabbis. His better understanding of God was a rebuke to them. He knew of but one Mind and laid no claim to any other. He knew that the Ego was Mind instead of body and that matter, sin, and evil were not Mind; and his understanding of this divine Science brought upon him the anathemas of the age.

The true sonship

The opposite and false views of the people hid from their sense Christ's sonship with God. They could not discern his spiritual existence. Their carnal minds were at enmity with it. Their thoughts were filled with mortal error, instead of with God's spiritual idea as presented by Christ Jesus. The likeness of God we lose sight of through sin, which beclouds the spiritual sense of Truth; and we realize this likeness only when we subdue sin and prove man's heritage, the liberty of the sons of God.

Immaculate conception

Jesus' spiritual origin and understanding enabled him to demonstrate the facts of being, — to prove irrefutably how spiritual Truth destroys material error, heals sickness, and overcomes death. The divine conception of Jesus pointed to this truth and presented an illustration of creation. The history of Jesus shows him to have been more spiritual than all other earthly personalities.

Wearing in part a human form (that is, as it seemed to mortal view), being conceived by a human mother, Jesus was the mediator between Spirit and the flesh, between Truth and error. Explaining and demonstratellos estaban equivocados, y dijo: “Todo aquel que vive y cree en mí, no morirá eternamente”.

Teología hebrea

Ese dicho de nuestro Maestro: “Yo y el Padre uno somos”, lo separó de la teología escolástica de los rabinos. Su mejor comprensión de Dios era un reproche para ellos. Él conocía una única Mente y no pretendía poseer ninguna otra. Sabía que el Ego era la Mente en vez del cuerpo, y que la materia, el pecado y el mal no eran la Mente; y su comprensión de esta Ciencia divina le acarreó los anatemas de la época.

La verdadera filiación

Los opuestos y falsos puntos de vista de la gente les ocultaron a su sentido la filiación de Cristo con Dios. Ellos no podían discernir la existencia espiritual de Cristo. Sus mentes carnales estaban enemistadas con ella. Sus pensamientos estaban repletos de error mortal, en lugar de la idea espiritual de Dios como fue presentada por Cristo Jesús. Perdemos de vista la semejanza de Dios debido al pecado, que oscurece el sentido espiritual de la Verdad; y percibimos esta semejanza sólo cuando sojuzgamos el pecado y comprobamos la herencia del hombre, la libertad de los hijos de Dios.

La concepción inmaculada

El origen y la comprensión espirituales de Jesús lo capacitaron para demostrar las realidades del ser, para comprobar irrefutablemente cómo la Verdad espiritual destruye el error material, sana la enfermedad y vence la muerte. La concepción divina de Jesús señaló hacia esta verdad y presentó una ilustración de la creación. La historia de Jesús muestra que él fue más espiritual que todas las demás personalidades terrenales.

Revestido en parte de una figura humana (esto es, según parecía a la vista mortal), habiendo sido concebido por una madre humana, Jesús fue el mediador entre el Espíritu y la carne, entre la Verdad y el error. Al explicar y demostrar

Jesus as mediator

ing the way of divine Science, he became the way of salvation to all who accepted his word. From him mortals may learn how to escape from evil. The real man being linked by Science to his Maker, mortals need only turn from sin and lose sight of mortal selfhood to find Christ, the real man and his relation to God, and to recognize the divine sonship. Christ, Truth, was demonstrated through Jesus to prove the power of Spirit over the flesh, — to show that Truth is made manifest by its effects upon the human mind and body, healing sickness and destroying sin.

Spiritual government

Jesus represented Christ, the true idea of God. Hence the warfare between this spiritual idea and perfunctory religion, between spiritual clear-sightedness and the blindness of popular belief, which led to the conclusion that the spiritual idea could be killed by crucifying the flesh. The Christ-idea, or the Christ-man, rose higher to human view because of the crucifixion, and thus proved that Truth was the master of death. Christ presents the indestructible man, whom Spirit creates, constitutes, and governs. Christ illustrates that blending with God, his divine Principle, which gives man dominion over all the earth.

Deadness in sin

The spiritual idea of God, as presented by Jesus, was scourged in person, and its Principle was rejected. That man was accounted a criminal who could prove God's divine power by healing the sick, casting out evils, spiritualizing materialistic beliefs, and raising the dead, — those dead in trespasses and sins, satisfied with the flesh, resting on the basis of matter, blind to the possibilities of Spirit and its correlative truth.

Jesús como mediador

el camino de la Ciencia divina, vino a ser el camino de salvación para todos los que aceptaron su palabra. De él los mortales pueden aprender cómo escapar del mal. Al estar el hombre verdadero unido a su Hacedor por medio de la Ciencia, los mortales sólo necesitan apartarse del pecado y perder de vista el yo mortal para encontrar el Cristo, el hombre verdadero y su relación con Dios, y para reconocer la filiación divina. El Cristo, la Verdad, fue demostrado por medio de Jesús para comprobar el poder del Espíritu sobre la carne, para mostrar que la Verdad se manifiesta en sus efectos sobre la mente y el cuerpo humanos, sanando la enfermedad y destruyendo el pecado.

Gobierno espiritual

Jesús representó el Cristo, la verdadera idea de Dios. De ahí la guerra entre esta idea espiritual y la religión perfunctoria, entre la clara visión espiritual y la ceguera de la creencia popular, que llevó a la conclusión de que se podía matar la idea espiritual crucificando la carne. La idea-Cristo, o el hombre-Cristo, se elevó más alto ante la vista humana debido a la crucifixión, y comprobó así que la Verdad era el amo de la muerte. El Cristo presenta al hombre indestructible, a quien el Espíritu crea, constituye y gobierna. El Cristo ilustra esa fusión con Dios, su Principio divino, que da al hombre señorío sobre toda la tierra.

Mortalidad en el pecado

La idea espiritual de Dios, como fue presentada por Jesús, fue azotada en su persona, y el Principio de ella fue rechazado. Se tuvo por criminal a aquel hombre que pudo comprobar el divino poder de Dios sanando a los enfermos, echando fuera los males, espiritualizando las creencias materialistas y resucitando a los muertos, aquellos muertos en delitos y pecados, satisfechos con la carne, descansando sobre la base de la materia, ciegos a las posibilidades del Espíritu y su verdad correlativa.

Jesus uttered things which had been "secret from the foundation of the world," — since material knowledge usurped the throne of the creative divine Principle, insisted on the might of matter, the force of falsity, the insignificance of spirit, and proclaimed an anthropomorphic God.

The cup of Jesus

Whosoever lives most the life of Jesus in this age and declares best the power of Christian Science, will drink of his Master's cup. Resistance to Truth will haunt his steps, and he will incur the hatred of sinners, till "wisdom is justified of her children." These blessed benedictions rest upon Jesus' followers: "If the world hate you, ye know that it hated me before it hated you;" "Lo, I am with you alway," — that is, not only in all time, but in *all ways* and conditions.

The individuality of man is no less tangible because it is spiritual and because his life is not at the mercy of matter. The understanding of his spiritual individuality makes man more real, more formidable in truth, and enables him to conquer sin, disease, and death. Our Lord and Master presented himself to his disciples after his resurrection from the grave, as the self-same Jesus whom they had loved before the tragedy on Calvary.

Material skepticism

To the materialistic Thomas, looking for the ideal Saviour in matter instead of in Spirit and to the testimony of the material senses and the body, more than to Soul, for an earnest of immortality, — to him Jesus furnished the proof that he was unchanged by the crucifixion. To this dull and doubting disciple Jesus remained a fleshly reality, so long as the Master remained an inhabitant of the earth. Nothing but a display of matter could make existence real

Jesús expuso cosas que habían estado "escondidas desde la fundación del mundo", desde que el conocimiento material usurpó el trono del divino Principio creativo, insistió en el poder de la materia, la fuerza de la falsedad, la insignificancia del espíritu, y proclamó un Dios antropomórfico.

La copa de Jesús

Quienquiera que viva más la vida de Jesús en esta época, y declare mejor el poder de la Ciencia Cristiana, beberá de la copa de su Maestro. La resistencia a la Verdad acosará sus pasos, e incurrirá en el odio de los pecadores, hasta que "la sabiduría [sea] justificada por sus hijos". Estas santas bendiciones descansan sobre los seguidores de Jesús: "Si el mundo os aborrece, sabed que a mí me ha aborrecido antes que a vosotros"; "He aquí yo estoy con vosotros todos los días", eso es, no sólo en todos los tiempos, sino de *todas las maneras* y condiciones.

La individualidad del hombre no es menos tangible porque sea espiritual y porque su vida no esté a merced de la materia. La comprensión de su individualidad espiritual hace al hombre más verdadero, más formidable en la verdad, y lo capacita para vencer el pecado, la enfermedad y la muerte. Nuestro Señor y Maestro se presentó a sus discípulos después de su resurrección de la tumba, como el mismo Jesús a quien habían amado antes de la tragedia del Calvario.

Escepticismo material

Al materialista Tomás, que buscaba al Salvador ideal en la materia en vez de en el Espíritu, y que esperaba del testimonio de los sentidos materiales y del cuerpo, más que del Alma, una garantía de la inmortalidad, a él Jesús le proporcionó la prueba de que no había cambiado debido a la crucifixión. Para este discípulo lerdo y dubitativo Jesús seguía siendo una realidad carnal, en tanto que el Maestro permaneciera como un habitante de la tierra. Nada sino una exhibición de materia podía hacer real la existencia to Thomas. For him to believe in matter was no task, but for him to conceive of the substantiality of Spirit — to know that nothing can efface Mind and immortality, in which Spirit reigns — was more difficult.

What the senses originate

Corporeal senses define diseases as realities; but the Scriptures declare that God made all, even while the corporeal senses are saying that matter causes disease and the divine Mind cannot or will not heal it. The material senses originate and support all that is material, untrue, selfish, or debased. They would put soul into soil, life into limbo, and doom all things to decay. We must silence this lie of material sense with the truth of spiritual sense. We must cause the error to cease that brought the belief of sin and death and would efface the pure sense of omnipotence.

Sickness as discord

Is the sick man sinful above all others? No! but so far as he is discordant, he is not the image of God. Weary of their material beliefs, from which comes so much suffering, invalids grow more spiritual, as the error — or belief that life is in matter — yields to the reality of spiritual Life.

The Science of Mind denies the error of sensation in matter, and heals with Truth. Medical science treats disease as though disease were real, therefore right, and attempts to heal it with matter. If disease is right it is wrong to heal it. Material methods are temporary, and are not adapted to elevate mankind.

The governor is not subjected to the governed. In Science man is governed by God, divine Principle, as numbers are controlled and proved by His laws. Intelligence does not originate in numbers, but is manifested through them. The body does not include soul, but man-para Tomás. Para él creer en la materia no era tarea ardua, pero concebir lo sustancial del Espíritu —saber que nada puede borrar la Mente y la inmortalidad, en las cuales el Espíritu reina— le era más difícil.

Lo que originan los sentidos

Los sentidos corporales definen las enfermedades como realidades; pero las Escrituras declaran que Dios hizo todo, aun cuando los sentidos corporales estén diciendo que la materia causa la enfermedad y que la Mente divina no puede o no quiere sanarla. Los sentidos materiales originan y apoyan todo lo que es material, falso, egoísta o vil. Quisieran poner el alma en la tierra, la vida en el limbo, y condenar todas las cosas a la decadencia. Debemos silenciar esta mentira del sentido material con la verdad del sentido espiritual. Debemos hacer cesar el error que trajo la creencia de pecado y muerte y que quisiera borrar el sentido puro de la omnipotencia.

La enfermedad como discordia

¿Es el enfermo más pecador que todos los demás? ¡No!, pero mientras sea discordante, no es la imagen de Dios. Cansados de sus creencias materiales, de las que proviene tanto sufrimiento, los inválidos se vuelven más espirituales, a medida que el error —o la creencia de que la vida está en la materia— cede a la realidad de la Vida espiritual.

La Ciencia de la Mente niega el error de que hay sensación en la materia, y sana con la Verdad. La ciencia médica trata la enfermedad como si la enfermedad fuera real, por lo tanto lo correcto, e intenta curarla con la materia. Si la enfermedad es lo correcto es incorrecto sanarla. Los métodos materiales son temporarios, y no son adecuados para elevar a la humanidad.

El gobernante no está sometido al gobernado. En la Ciencia el hombre es gobernado por Dios, el Principio divino, así como los números son controlados y comprobados por Sus leyes. La inteligencia no se origina en los números, sino que es manifestada por medio de ellos. El cuerpo no incluye ifests mortality, a false sense of soul. The delusion that there is life in matter has no kinship with the Life supernal.

Unscientific introspection

Science depicts disease as error, as matter *versus* Mind, and error reversed as subserving the facts of health. To calculate one's life-prospects from a material basis, would infringe upon spiritual law and misguide human hope. Having faith in the divine Principle of health and spiritually understanding God, sustains man under all circumstances; whereas the lower appeal to the general faith in material means (commonly called nature) must yield to the all-might of infinite Spirit.

Throughout the infinite cycles of eternal existence, Spirit and matter neither concur in man nor in the universe.

God the only Mind

The varied doctrines and theories which presuppose life and intelligence to exist in matter are so many ancient and modern mythologies. Mystery, miracle, sin, and death will disappear when it becomes fairly understood that the divine Mind controls man and man has no Mind but God.

Scriptures misinterpreted

The divine Science taught in the original language of the Bible came through inspiration, and needs inspiration to be understood. Hence the misapprehension of the spiritual meaning of the Bible, and the misinterpretation of the Word in some instances by uninspired writers, who only wrote down what an inspired teacher had said. A misplaced word changes the sense and misstates the Science of the Scriptures, as, for instance, to name Love as merely an attribute of God; but we can by special and proper capitalization speak of the love of Love, meaning by that what the beloved disciple meant in one of his epistles, el alma, sino que manifiesta mortalidad, un falso sentido acerca del alma. El engaño de que hay vida en la materia no tiene relación con la Vida celestial.

Introspección no científica

La Ciencia representa la enfermedad como error, como la materia *versus* la Mente, y el error revertido como coadyuvando en las realidades de la salud. Calcular las perspectivas de la vida de uno sobre una base material, infringiría la ley espiritual y guiaría mal la esperanza humana. Tener fe en el Principio divino de la salud y comprender espiritualmente a Dios sostiene al hombre bajo todas las circunstancias; mientras que el recurso inferior a la fe general en los medios materiales (comúnmente llamados naturaleza) tiene que ceder ante la omnipotencia del Espíritu infinito.

A través de los ciclos infinitos de la existencia eterna, el Espíritu y la materia no coinciden ni en el hombre ni en el universo.

Dios, la Mente única

Las diversas doctrinas y teorías que presuponen que la vida y la inteligencia existen en la materia son otras tantas mitologías antiguas y modernas. El misterio, el milagro, el pecado y la muerte desaparecerán cuando sea bien comprendido que la Mente divina controla al hombre y que el hombre no tiene ninguna Mente sino Dios.

Las Escrituras mal interpretadas

La Ciencia divina enseñada en el lenguaje original de la Biblia vino mediante inspiración, y necesita inspiración para ser entendida. De ahí la comprensión equivocada del significado espiritual de la Biblia, y la interpretación equivocada de la Palabra, en algunos casos, por escritores sin inspiración, quienes sólo escribieron lo que un maestro inspirado había dicho. Una palabra mal colocada cambia el sentido de la Ciencia de las Escrituras y la expone incorrectamente, como, por ejemplo, denominar el Amor como un atributo de Dios meramente; pero podemos, mediante el uso especial y correcto de las mayúsculas, hablar del amor del Amor, dando a entender con eso lo que el amado discípulo dio a entender en una de sus epístolas, when he said, "God is love." Likewise we can speak of the truth of Truth and of the life of Life, for Christ plainly declared, "I am the way, the truth, and the life."

Interior meaning

Metaphors abound in the Bible, and names are often expressive of spiritual ideas. The most distinguished theologians in Europe and America agree that the Scriptures have both a spiritual and literal meaning. In Smith's Bible Dictionary it is said: "The spiritual interpretation of Scripture must rest upon both the literal and moral;" and in the learned article on Noah in the same work, the familiar text, Genesis vi. 3, "And the Lord said, My spirit shall not always strive with man, for that he also is flesh," is quoted as follows, from the original Hebrew: "And Jehovah said, My spirit shall not forever rule [or be humbled] in men, seeing that they are [or, in their error they are] but flesh." Here the original text declares plainly the spiritual fact of being, even man's eternal and harmonious existence as image, idea, instead of matter (however transcendental such a thought appears), and avers that this fact is not forever to be humbled by the belief that man is flesh and matter, for according to that error man is mortal.

Job, on the resurrection

The one important interpretation of Scripture is the spiritual. For example, the text, "In my flesh shall I see God," gives a profound idea of the divine power to heal the ills of the flesh, and encourages mortals to hope in Him who healeth all our diseases; whereas this passage is continually quoted as if Job intended to declare that even if disease and worms destroyed his body, yet in the latter days he should stand in celestial perfection before Elohim, still clad cuando dijo: "Dios es amor". De la misma manera podemos hablar de la verdad de la Verdad y de la vida de la Vida, pues Cristo claramente dijo: "Yo soy el camino, y la verdad, y la vida".

Significado interior

Abundan las metáforas en la Biblia, y a menudo los nombres expresan ideas espirituales. Los teólogos más distinguidos de Europa y América están de acuerdo con que las Escrituras tienen un significado tanto espiritual como literal. El Diccionario Bíblico de Smith dice: "La interpretación espiritual de las Escrituras debe apoyarse tanto en lo literal como en lo moral"; y en el artículo sabio sobre Noé, de la misma obra, el conocido texto del Génesis 6:3: "Y dijo Jehová: No contenderá Mi espíritu con el hombre para siempre, porque ciertamente él es carne", es citado del original hebreo como sigue: "Y dijo Jehová: Mi espíritu no regirá [o no será humillado] por siempre en los hombres, ya que no son [o, en su error no son] sino carne". Aquí el texto original claramente declara la verdad espiritual del ser, o sea, la existencia eterna y armoniosa del hombre como imagen, idea, en vez de materia (por muy trascendental que tal pensamiento parezca), y asegura que esta verdad no habrá de ser para siempre humillada por la creencia de que el hombre es carne y materia, porque según ese error el hombre es mortal.

Job, sobre la resurrección

La única interpretación importante de las Escrituras es la espiritual. Por ejemplo, el texto: "En mi carne he de ver a Dios", da una profunda idea del poder divino para sanar los males de la carne, y anima a los mortales a tener esperanza en Aquel que sana todas nuestras dolencias; mientras que este pasaje se cita continuamente como si Job intentara manifestar que aunque la enfermedad y los gusanos destruyeran su cuerpo, sin embargo en los últimos días él se presentaría en perfección celestial ante Elohim, in material flesh, — an interpretation which is just the opposite of the true, as may be seen by studying the book of Job. As Paul says, in his first epistle to the Corinthians, "Flesh and blood cannot inherit the kingdom of God."

Fear of the serpent overcome

The Hebrew Lawgiver, slow of speech, despaired of making the people understand what should be revealed to him. When, led by wisdom to cast down his rod, he saw it become a serpent, Moses fled before it; but wisdom bade him come back and handle the serpent, and then Moses' fear departed. In this incident was seen the actuality of Science. Matter was shown to be a belief only. The serpent, evil, under wisdom's bidding, was destroyed through understanding divine Science, and this proof was a staff upon which to lean. The illusion of Moses lost its power to alarm him, when he discovered that what he apparently saw was really but a phase of mortal belief.

Leprosy healed

It was scientifically demonstrated that leprosy was a creation of mortal mind and not a condition of matter, when Moses first put his hand into his bosom and drew it forth white as snow with the dread disease, and presently restored his hand to its natural condition by the same simple process. God had lessened Moses' fear by this proof in divine Science, and the inward voice became to him the voice of God, which said: "It shall come to pass, if they will not believe thee, neither hearken to the voice of the first sign, that they will believe the voice of the latter sign." And so it was in the coming centuries, when the Science of being was demonstrated by Jesus, who showed his students the power of Mind by changing water into wine, and taught them how to handle aún revestido con la carne material, una interpretación que es justo lo opuesto a la verdadera, como puede verificarse estudiando el libro de Job. Como dice Pablo en su primera epístola a los Corintios: "La carne y la sangre no pueden heredar el reino de Dios".

El temor a la serpiente vencido

El Legislador hebreo, torpe de habla, desesperaba de hacer entender al pueblo lo que le iba a ser revelado a él. Cuando, guiado por la sabiduría a echar en tierra su vara, vio que se convertía en una serpiente, Moisés huyó de ella; pero la sabiduría lo mandó volver y tomar la serpiente, y entonces el temor de Moisés desapareció. En este incidente se vio la realidad de la Ciencia. La materia fue mostrada como una creencia solamente. La serpiente, o el mal, bajo el mandato de la sabiduría, fue destruida mediante la comprensión de la Ciencia divina, y esta prueba fue un báculo en el cual apoyarse. La ilusión de Moisés perdió el poder de alarmarlo, cuando descubrió que lo que aparentemente había visto no era realmente sino una fase de la creencia mortal.

La lepra sanada

Fue científicamente demostrado que la lepra era una creación de la mente mortal y no una condición de la materia, cuando Moisés primero metió la mano en su seno y la sacó blanca como la nieve con la temida enfermedad, y después restableció su mano a su condición natural por el mismo simple proceso. Dios había mitigado el temor de Moisés con esta prueba en la Ciencia divina, y la voz interior vino a ser para él la voz de Dios, que dijo: "Si aconteciere que no te creyeren ni obedecieren a la voz de la primera señal, creerán a la voz de la postrera". Y así fue en los siglos siguientes, cuando la Ciencia del ser fue demostrada por Jesús, quien mostró a sus discípulos el poder de la Mente al convertir el agua en vino, y les enseñó cómo tomar serpents unharmed, to heal the sick and cast out evils in proof of the supremacy of Mind.

Standpoints changed

When understanding changes the standpoints of life and intelligence from a material to a spiritual basis, we shall gain the reality of Life, the control of Soul over sense, and we shall perceive Christianity, or Truth, in its divine Principle. This must be the climax before harmonious and immortal man is obtained and his capabilities revealed. It is highly important — in view of the immense work to be accomplished before this recognition of divine Science can come — to turn our thoughts towards divine Principle, that finite belief may be prepared to relinquish its error.

Saving the inebriate

Man's wisdom finds no satisfaction in sin, since God has sentenced sin to suffer. The necromancy of yesterday foreshadowed the mesmerism and hypnotism of to-day. The drunkard thinks he enjoys drunkenness, and you cannot make the inebriate leave his besottedness, until his physical sense of pleasure yields to a higher sense. Then he turns from his cups, as the startled dreamer who wakens from an incubus incurred through the pains of distorted sense. A man who likes to do wrong — finding pleasure in it and refraining from it only through fear of consequences — is neither a temperate man nor a reliable religionist.

Uses of suffering

The sharp experiences of belief in the supposititious life of matter, as well as our disappointments and ceaseless woes, turn us like tired children to the arms of divine Love. Then we begin to learn Life in divine Science. Without this process of weaning, "Canst thou by searching find out God?" It is easier to desire Truth than to rid one's self of error. Mortals serpientes sin dañarse, cómo sanar enfermos y echar fuera los males como prueba de la supremacía de la Mente.

Puntos de vista cambiados

Cuando la comprensión cambie los puntos de vista acerca de la vida y la inteligencia de una base material a una base espiritual, ganaremos la realidad de la Vida, el control del Alma sobre el sentido, y percibiremos el cristianismo, o la Verdad, en su Principio divino. Este ha de ser el punto culminante antes que se llegue al hombre armonioso e inmortal y sus capacidades sean reveladas. Es sumamente importante —en vista del inmenso trabajo a ser realizado antes que este reconocimiento de la Ciencia divina pueda venir— volver nuestros pensamientos hacia el Principio divino, para que la creencia finita pueda estar preparada para renunciar a su error.

Salvando al ebrio

La sabiduría del hombre no encuentra satisfacción en el pecado, puesto que Dios ha sentenciado el pecado a sufrir. La necromancia de ayer prefiguró el mesmerismo y el hipnotismo de hoy. El ebrio piensa que disfruta su borrachera, y no puedes hacer que deje su embriaguez hasta que su sentido físico de placer ceda ante un sentido superior. Entonces se aparta de sus copas, como el soñador sobresaltado que despierta de una pesadilla ocasionada por los dolores del sentido distorsionado. El hombre a quien le agrada hacer el mal —que encuentra placer en ello y que se abstiene de hacerlo sólo por temor a las consecuencias— no es un hombre moderado ni un religioso digno de confianza.

Los usos del sufrimiento

Las dolorosas experiencias de la creencia en la supuesta vida de la materia, así como nuestros desengaños e incesantes angustias, nos hacen volver cual niños cansados a los brazos del Amor divino. Entonces empezamos a conocer la Vida en la Ciencia divina. Sin este proceso de deshabituación, “¿Descubrirás tú los secretos de Dios?” Es más fácil desear la Verdad que deshacerse del error. Los mortales may seek the understanding of Christian Science, but they will not be able to glean from Christian Science the facts of being without striving for them. This strife consists in the endeavor to forsake error of every kind and to possess no other consciousness but good.

A bright outlook

Through the wholesome chastisements of Love, we are helped onward in the march towards righteousness, peace, and purity, which are the landmarks of Science. Beholding the infinite tasks of truth, we pause, — wait on God. Then we push onward, until boundless thought walks enraptured, and conception unconfined is winged to reach the divine glory.

Need and supply

In order to apprehend more, we must put into practice what we already know. We must recollect that Truth is demonstrable when understood, and that good is not understood until demonstrated. If "faithful over a few things," we shall be made rulers over many; but the one unused talent decays and is lost. When the sick or the sinning awake to realize their need of what they have not, they will be receptive of divine Science, which gravitates towards Soul and away from material sense, removes thought from the body, and elevates even mortal mind to the contemplation of something better than disease or sin. The true idea of God gives the true understanding of Life and Love, robs the grave of victory, takes away all sin and the delusion that there are other minds, and destroys mortality.

Childlike receptivity

The effects of Christian Science are not so much seen as felt. It is the "still, small voice" of Truth uttering itself. We are either turning away from this utterance, or we are listening to it and going up higher. Willingness to become as a little child and tal vez busquen comprender la Ciencia Cristiana, pero no podrán cosechar de la Ciencia Cristiana las realidades del ser sin luchar por ellas. Esta lucha consiste en el esfuerzo por abandonar el error de toda clase y por no poseer otra consciencia que el bien.

Una perspectiva esplendorosa

Las saludables reprensiones del Amor nos ayudan a progresar en nuestra jornada hacia la rectitud, la paz y la pureza, que son las señales del camino de la Ciencia. Al contemplar las infinitas tareas de la verdad, hacemos una pausa, esperamos en Dios. Luego avanzamos, hasta que el pensamiento ilimitado se adelanta extasiado, y a la concepción sin confines le son dadas alas para alcanzar la gloria divina.

Necesidad y provisión

A fin de comprender más, tenemos que poner en práctica lo que ya sabemos. Tenemos que recordar que la Verdad es demostrable cuando es comprendida, y que el bien no se comprende mientras no es demostrado. Si somos "fieles sobre poco"*, sobre mucho se nos pondrá; pero el talento que no se usa se deteriora y se pierde. Cuando los enfermos o los pecadores despierten para darse cuenta de su necesidad de lo que no tienen, serán receptivos a la Ciencia divina, que gravita hacia el Alma y se aleja del sentido material, que aparta el pensamiento del cuerpo y eleva la mente mortal incluso a la contemplación de algo mejor que la enfermedad o el pecado. La verdadera idea de Dios da la comprensión verdadera de la Vida y el Amor, despoja el sepulcro de su victoria, quita todo pecado y el engaño de que hay otras mentes, y destruye la mortalidad.

Receptividad como la de los niños

Los efectos de la Ciencia Cristiana se ven menos de lo que se sienten. Es la "voz callada y suave"** de la Verdad expresándose. O bien nos estamos alejando de esta expresión, o la estamos escuchando y elevándonos. La disposición de llegar a ser como un niño y

*Según la versión King James de la Biblia
**Según la Versión Moderna de la Biblia

to leave the old for the new, renders thought receptive of the advanced idea. Gladness to leave the false landmarks and joy to see them disappear, — this disposition helps to precipitate the ultimate harmony. The purification of sense and self is a proof of progress. "Blessed are the pure in heart: for they shall see God."

Narrow pathway

Unless the harmony and immortality of man are becoming more apparent, we are not gaining the true idea of God; and the body will reflect what governs it, whether it be Truth or error, understanding or belief, Spirit or matter. Therefore "acquaint now thyself with Him, and be at peace." Be watchful, sober, and vigilant. The way is straight and narrow, which leads to the understanding that God is the only Life. It is a warfare with the flesh, in which we must conquer sin, sickness, and death, either here or hereafter, — certainly before we can reach the goal of Spirit, or life in God.

Paul's enlightenment

Paul was not at first a disciple of Jesus but a persecutor of Jesus' followers. When the truth first appeared to him in Science, Paul was made blind, and his blindness was felt; but spiritual light soon enabled him to follow the example and teachings of Jesus, healing the sick and preaching Christianity throughout Asia Minor, Greece, and even in imperial Rome.

Paul writes, "If Christ [Truth] be not risen, then is our preaching vain." That is, if the idea of the supremacy of Spirit, which is the true conception of being, come not to your thought, you cannot be benefited by what I say.

Jesus said substantially, "He that believeth in me

dejar lo viejo por lo nuevo, torna el pensamiento receptivo a la idea avanzada. La alegría de abandonar las falsas señales del camino y el regocijo al verlas desaparecer, esta es la disposición que ayuda a acelerar la armonía final. La purificación del sentido y del yo es una prueba de progreso. "Bienaventurados los de limpio corazón, porque ellos verán a Dios".

El camino angosto

A menos que la armonía y la inmortalidad del hombre se evidencien más, no estamos ganando la verdadera idea de Dios; y el cuerpo reflejará lo que lo gobierna, ya sea la Verdad o el error, la comprensión o la creencia, el Espíritu o la materia. Por lo tanto, "vuelve ahora en amistad con Él, y tendrás paz". Está alerta, sé sobrio y vigilante. Recto y angosto es el camino que lleva a la comprensión de que Dios es la única Vida. Es una guerra con la carne, en la que tenemos que vencer el pecado, la enfermedad y la muerte, ya sea aquí o en el más allá, pero ciertamente antes que podamos alcanzar la meta del Espíritu, o la vida en Dios.

La iluminación de Pablo

Pablo no fue al comienzo discípulo de Jesús, sino un perseguidor de los seguidores de Jesús. Cuando la verdad se le apareció por vez primera en la Ciencia, Pablo fue cegado, y él sintió su ceguera; pero la luz espiritual pronto lo capacitó para seguir el ejemplo y las enseñanzas de Jesús, sanando a los enfermos y predicando el cristianismo por toda Asia Menor, Grecia y hasta en la Roma imperial.

Pablo escribe: "Si Cristo [la Verdad] no resucitó, vana es entonces nuestra predicación". Es decir, si la idea de la supremacía del Espíritu, que es la verdadera concepción del ser, no viene a tu pensamiento, no puedes ser beneficiado por lo que digo.

Jesús dijo en sustancia: "El que cree en mí, no morirá".

shall not see death." That is, he who perceives the true idea of Life loses his belief in death. He who has the true idea of good loses all sense of evil, and by reason of this is being ushered into the undying realities of Spirit. Such a one abideth in Life, — life obtained not of the body incapable of supporting life, but of Truth, unfolding its own immortal idea. Jesus gave the true idea of being, which results in infinite blessings to mortals.

Abiding in Life

In Colossians (iii. 4) Paul writes: "When Christ, who is our life, shall appear [be manifested], then shall ye also appear [be manifested] with him in glory." When spiritual being is understood in all its perfection, continuity, and might, then shall man be found in God's image. The absolute meaning of the apostolic words is this: Then shall man be found, in His likeness, perfect as the Father, indestructible in Life, "hid with Christ in God," — with Truth in divine Love, where human sense hath not seen man.

Indestructible being

Paul had a clear sense of the demands of Truth upon mortals physically and spiritually, when he said: "Present your bodies a living sacrifice, holy, acceptable unto God, which is your reasonable service." But he, who is begotten of the beliefs of the flesh and serves them, can never reach in this world the divine heights of our Lord. The time cometh when the spiritual origin of man, the divine Science which ushered Jesus into human presence, will be understood and demonstrated.

Consecration required

When first spoken in any age, Truth, like the light, "shineth in darkness, and the darkness comprehended it not." A false sense of life, substance, and mind

Es decir, quien percibe la verdadera idea de la Vida pierde su creencia en la muerte. Quien tiene la verdadera idea del bien pierde todo sentido del mal, y en razón de esto va siendo introducido en las realidades imperecederas del Espíritu. Tal persona permanece en la Vida, vida no obtenida del cuerpo, incapaz de sustentar la vida, sino de la Verdad, que revela su propia idea inmortal. Jesús dio la idea verdadera del ser, que resulta en bendiciones infinitas para los mortales.

Morando en la Vida

En Colosenses (3:4), Pablo escribe: "Cuando Cristo, vuestra vida, se manifieste, entonces vosotros también seréis manifestados con él en gloria". Cuando el ser espiritual sea comprendido en toda su perfección, continuidad y poder, entonces se encontrará que el hombre es la imagen de Dios. El significado absoluto de las palabras apostólicas es este: Entonces el hombre será encontrado, a Su semejanza, perfecto como el Padre, indestructible en la Vida, "escondido con Cristo en Dios", con la Verdad en el Amor divino, donde el sentido humano no ha visto al hombre.

El ser indestructible

Pablo tenía un sentido claro de las exigencias físicas y espirituales de la Verdad sobre los mortales, cuando dijo: "Os ruego... que presentéis vuestros cuerpos en sacrificio vivo, santo, agradable a Dios, que es vuestro culto racional". Pero el que es engendrado por las creencias de la carne y las sirve, jamás puede alcanzar en este mundo las alturas divinas de nuestro Señor. Viene el tiempo en que el origen espiritual del hombre, la Ciencia divina que trajo a Jesús ante la presencia humana, será comprendido y demostrado.

Se requiere consagración

Cuando en cualquier época se enuncia por primera vez, la Verdad, como la luz, "en las tinieblas resplandece, y las tinieblas no [la comprenden]".* Un falso sentido de vida,

*Según la versión King James de la Biblia

hides the divine possibilities, and conceals scientific demonstration.

Loving God supremely

If we wish to follow Christ, Truth, it must be in the way of God's appointing. Jesus said, "He that believeth on me, the works that I do shall he do also." He, who would reach the source and find the divine remedy for every ill, must not try to climb the hill of Science by some other road. All nature teaches God's love to man, but man cannot love God supremely and set his whole affections on spiritual things, while loving the material or trusting in it more than in the spiritual.

We must forsake the foundation of material systems, however time-honored, if we would gain the Christ as our only Saviour. Not partially, but fully, the great healer of mortal mind is the healer of the body.

The purpose and motive to live aright can be gained now. This point won, you have started as you should. You have begun at the numeration-table of Christian Science, and nothing but wrong intention can hinder your advancement. Working and praying with true motives, your Father will open the way. "Who did hinder you, that ye should not obey the truth?"

Conversion of Saul

Saul of Tarsus beheld the way — the Christ, or Truth — only when his uncertain sense of right yielded to a spiritual sense, which is always right. Then the man was changed. Thought assumed a nobler outlook, and his life became more spiritual. He learned the wrong that he had done in persecuting Christians, whose religion he had not understood, and in humility he took the new name of Paul. He beheld for the first time the true idea of Love, and learned a lesson in divine Science.

sustancia y mente, oculta las posibilidades divinas y encubre la demostración científica.

Amando a Dios supremamente

Si deseamos seguir el Cristo, la Verdad, debemos hacerlo en la forma señalada por Dios. Jesús dijo: "El que en mí cree, las obras que yo hago, él las hará también". El que quiera llegar a la fuente y encontrar el remedio divino para todo mal, no debe tratar de ascender la cuesta de la Ciencia por algún otro camino. Toda la naturaleza enseña el amor de Dios al hombre, pero el hombre no puede amar a Dios supremamente y poner todo su afecto en cosas espirituales, mientras ama lo material o confía en ello más que en lo espiritual.

Debemos abandonar el fundamento de los sistemas materiales, por muy honrados que sean por el tiempo, si queremos obtener el Cristo como nuestro único Salvador. No parcialmente, sino íntegramente, el gran sanador de la mente mortal es el sanador del cuerpo.

El propósito y el motivo de vivir rectamente pueden ser ganados ahora. Una vez alcanzado este punto, has comenzado como debías. Has comenzado por la tabla de sumar de la Ciencia Cristiana, y nada, salvo una mala intención, puede impedir tu avance. Al trabajar y orar con motivos verdaderos, tu Padre te abrirá el camino. "¿Quién os estorbó para no obedecer a la verdad?"

La conversión de Saulo

Saulo de Tarso contempló el camino —el Cristo, o la Verdad— sólo cuando su sentido incierto de lo justo cedió ante un sentido espiritual, que es siempre justo. Entonces el hombre fue cambiado. El pensamiento adoptó un punto de vista más noble, y su vida se volvió más espiritual. Él se dio cuenta del mal que había hecho en perseguir a los cristianos, cuya religión no había comprendido, y en humildad tomó el nuevo nombre de Pablo. Contempló por primera vez la idea verdadera del Amor, y aprendió una lección en la Ciencia divina.

Reform comes by understanding that there is no abiding pleasure in evil, and also by gaining an affection for good according to Science, which reveals the immortal fact that neither pleasure nor pain, appetite nor passion, can exist in or of matter, while divine Mind can and does destroy the false beliefs of pleasure, pain, or fear and all the sinful appetites of the human mind.

Image of the beast

What a pitiful sight is malice, finding pleasure in revenge! Evil is sometimes a man's highest conception of right, until his grasp on good grows stronger. Then he loses pleasure in wickedness, and it becomes his torment. The way to escape the misery of sin is to cease sinning. There is no other way. Sin is the image of the beast to be effaced by the sweat of agony. It is a moral madness which rushes forth to clamor with midnight and tempest.

Peremptory demands

To the physical senses, the strict demands of Christian Science seem peremptory; but mortals are hastening to learn that Life is God, good, and that evil has in reality neither place nor power in the human or the divine economy.

Moral courage

Fear of punishment never made man truly honest. Moral courage is requisite to meet the wrong and to proclaim the right. But how shall we reform the man who has more animal than moral courage, and who has not the true idea of good? Through human consciousness, convince the mortal of his mistake in seeking material means for gaining happiness. Reason is the most active human faculty. Let that inform the sentiments and awaken the man's dormant sense of moral obligation, and by degrees he will learn the nothingness of the pleasures of human sense

La reforma viene al comprender que no hay placer permanente en el mal, y también al obtener un afecto por el bien de acuerdo con la Ciencia, la cual revela la verdad inmortal de que ni el placer ni el dolor, ni los apetitos ni las pasiones, pueden existir en la materia o debido a ella, mientras que la Mente divina puede destruir y destruye las creencias falsas de placer, dolor o temor y todos los apetitos pecaminosos de la mente humana.

La imagen de la bestia

¡Qué triste espectáculo es la malicia, que encuentra placer en la venganza! El mal es a veces la concepción más elevada de lo justo que tiene un hombre, hasta que su comprensión del bien se hace más fuerte. Entonces pierde el placer en la maldad, y esta se torna en su tormento. El camino para escapar de la miseria del pecado es cesar de pecar. No hay otro camino. El pecado es la imagen de la bestia que ha de ser borrada con el sudor de la agonía. Es una locura moral que se lanza a vociferar con la medianoche y la tempestad.

Exigencias perentorias

Para los sentidos físicos, las estrictas exigencias de la Ciencia Cristiana parecen perentorias; pero los mortales se están apresurando a aprender que la Vida es Dios, el bien, y que el mal no tiene en realidad lugar ni poder en la economía humana o en la divina.

Valor moral

El temor al castigo jamás hizo al hombre verdaderamente honesto. Se requiere valor moral para enfrentar el mal y proclamar lo que es justo. Pero ¿cómo reformar al hombre que tiene más valor animal que moral, y que no tiene la idea verdadera del bien? Por medio de la consciencia humana, convence al mortal de su equivocación al buscar medios materiales para alcanzar la felicidad. La razón es la facultad humana más activa. Deja que ella informe a los sentimientos y despierte el dormido sentido de obligación moral del hombre, y gradualmente él aprenderá la nada de los placeres del sentido humano y and the grandeur and bliss of a spiritual sense, which silences the material or corporeal. Then he not only will be saved, but *is* saved.

Final destruction of error

Mortals suppose that they can live without goodness, when God is good and the only real Life. What is the result? Understanding little about the divine Principle which saves and heals, mortals get rid of sin, sickness, and death only in belief. These errors are not thus really destroyed, and must therefore cling to mortals until, here or hereafter, they gain the true understanding of God in the Science which destroys human delusions about Him and reveals the grand realities of His allness.

Promise perpetual

This understanding of man's power, when he is equipped by God, has sadly disappeared from Christian history. For centuries it has been dormant, a lost element of Christianity. Our missionaries carry the Bible to India, but can it be said that they explain it practically, as Jesus did, when hundreds of persons die there annually from serpent-bites? Understanding spiritual law and knowing that there is no material law, Jesus said: "These signs shall follow them that believe, . . . they shall take up serpents, and if they drink any deadly thing, it shall not hurt them. They shall lay hands on the sick, and they shall recover." It were well had Christendom believed and obeyed this sacred saying.

Jesus' promise is perpetual. Had it been given only to his immediate disciples, the Scriptural passage would read *you,* not *they.* The purpose of his great life-work extends through time and includes universal humanity. Its Principle is infinite, reaching beyond the pale of a la grandeza y felicidad de un sentido espiritual, que silencia lo material o corporal. Entonces él no sólo será salvado, sino que *está* salvado.

La destrucción final del error

Los mortales suponen que pueden vivir sin bondad, cuando Dios es el bien y es la única Vida verdadera. ¿Cuál es el resultado? Comprendiendo poco acerca del Principio divino que salva y sana, los mortales se liberan del pecado, la enfermedad y la muerte sólo en creencia. Estos errores no son así realmente destruidos, y tienen por lo tanto que aferrarse a los mortales hasta que, aquí o en el más allá, ellos ganan la comprensión verdadera acerca de Dios en la Ciencia, que destruye los engaños humanos acerca de Él y revela las grandes realidades de Su totalidad.

Promesa perpetua

Esta comprensión del poder del hombre, cuando está provisto por Dios, lamentablemente ha desaparecido de la historia cristiana. Durante siglos ha estado latente, un elemento perdido del cristianismo. Nuestros misioneros llevan la Biblia a la India, pero ¿puede decirse que la explican prácticamente, como lo hacía Jesús, cuando cientos de personas anualmente mueren allí debido a las mordeduras de las serpientes? Comprendiendo la ley espiritual y sabiendo que no hay ninguna ley material, Jesús dijo: "Estas señales seguirán a los que creen:... tomarán en las manos serpientes, y si bebieren cosa mortífera, no les hará daño; sobre los enfermos pondrán sus manos, y sanarán". La cristiandad hubiera hecho bien en creer y obedecer este dicho sagrado.

La promesa de Jesús es perpetua. Si la hubiera hecho sólo a sus discípulos inmediatos, el pasaje de las Escrituras diría *vosotros,* no *los.* El propósito de su gran obra se extiende a través del tiempo e incluye a la humanidad universal. Su Principio es infinito, alcanza más allá del límite single period or of a limited following. As time moves on, the healing elements of pure Christianity will be fairly dealt with; they will be sought and taught, and will glow in all the grandeur of universal goodness.

A little leaven leavens the whole lump. A little understanding of Christian Science proves the truth of all that I say of it.

Imitation of Jesus

Because you cannot walk on the water and raise the dead, you have no right to question the great might of divine Science in these directions. Be thankful that Jesus, who was the true demonstrator of Science, did these things, and left his example for us. In Science we can use only what we understand. We must prove our faith by demonstration.

One should not tarry in the storm if the body is freezing, nor should he remain in the devouring flames. Until one is able to prevent bad results, he should avoid their occasion. To be discouraged, is to resemble a pupil in addition, who attempts to solve a problem of Euclid, and denies the rule of the problem because he fails in his first effort.

There is no hypocrisy in Science. Principle is imperative. You cannot mock it by human will. Science is a divine demand, not a human.

Error destroyed, not pardoned

Always right, its divine Principle never repents, but maintains the claim of Truth by quenching error. The pardon of divine mercy is the destruction of error. If men understood their real spiritual source to be all blessedness, they would struggle for recourse to the spiritual and be at peace; but the deeper the error into which mortal mind is plunged, the more intense the opposition to spirituality, till error yields to Truth.

Human resistance to divine Science weakens in pro-de un solo período o de un limitado número de seguidores. A medida que el tiempo avance, los elementos sanadores del cristianismo puro serán tratados con justicia; serán buscados y enseñados, y resplandecerán con toda la grandeza de la bondad universal.

La imitación de Jesús

Un poco de levadura leuda toda la masa. Un poco de comprensión de la Ciencia Cristiana comprueba la verdad de todo lo que digo de ella. Porque no puedes andar sobre el agua y resucitar a los muertos, no tienes derecho a cuestionar el gran poder de la Ciencia divina en estas direcciones. Agradece que Jesús, quien fue el verdadero demostrador de la Ciencia, hizo estas cosas y nos dejó su ejemplo. En la Ciencia podemos usar sólo lo que comprendemos. Tenemos que comprobar nuestra fe mediante la demostración.

No debiéramos demorarnos en la tempestad si el cuerpo se está helando, ni permanecer en las llamas devoradoras. Hasta que uno sea capaz de prevenir los malos resultados, debiera evitar que ocurran. Desalentarse es asemejarse a un colegial que sólo sabe sumar, quien intenta resolver un problema de Euclides, y niega la regla del problema porque fracasa en su primer esfuerzo.

El error es destruido, no perdonado

No hay hipocresía en la Ciencia. El Principio es imperativo. No puedes burlarlo mediante la voluntad humana. La Ciencia es una exigencia divina, no humana. Siempre en lo cierto, su Principio divino jamás se arrepiente, sino que mantiene la demanda de la Verdad exterminando el error. El perdón de la misericordia divina es la destrucción del error. Si los hombres comprendieran que su verdadero origen espiritual es todo bienaventuranza, lucharían por tener acceso a lo espiritual y estarían en paz; pero cuanto más profundo es el error en que está sumergida la mente mortal, tanto más intensa la oposición a la espiritualidad, hasta que el error cede a la Verdad.

La resistencia humana a la Ciencia divina se debilita en

portion as mortals give up error for Truth and the understanding of being supersedes mere belief. Until the author of this book learned the vastness of Christian Science, the fixedness of mortal illusions, and the human hatred of Truth, she cherished sanguine hopes that Christian Science would meet with immediate and universal acceptance.

The hopeful outlook

When the following platform is understood and the letter and the spirit bear witness, the infallibility of divine metaphysics will be demonstrated.

I. God is infinite, the only Life, substance, Spirit, or Soul, the only intelligence of the universe, including man. Eye hath neither seen God nor His image and likeness. Neither God nor the perfect man can be discerned by the material senses. The individuality of Spirit, or the infinite, is unknown, and thus a knowledge of it is left either to human conjecture or to the revelation of divine Science.

The deific supremacy

II. God is what the Scriptures declare Him to be,— Life, Truth, Love. Spirit is divine Principle, and divine Principle is Love, and Love is Mind, and Mind is not both good and bad, for God is Mind; therefore there is in reality one Mind only, because there is one God.

The deific definitions

III. The notion that both evil and good are real is a delusion of material sense, which Science annihilates. Evil is nothing, no thing, mind, nor power. As manifested by mankind it stands for a lie, nothing claiming to be something,— for lust, dishonesty, selfishness, envy, hypocrisy, slander, hate, theft, adultery, murder, dementia, insanity, inanity, devil, hell, with all the etceteras that word includes.

Evil obsolete

la proporción en que los mortales renuncian al error por la Verdad y la comprensión de la existencia reemplaza la mera creencia. Hasta que la autora de este libro comprendió la vastedad de la Ciencia Cristiana, la fijeza de las ilusiones mortales y el odio humano a la Verdad, abrigó una ardiente esperanza de que la Ciencia Cristiana encontraría aceptación inmediata y universal.

La perspectiva esperanzada

Cuando la siguiente plataforma sea comprendida y la letra y el espíritu den testimonio, la infalibilidad de la metafísica divina será demostrada.

La supremacía deífica

I. Dios es infinito, la única Vida, sustancia, Espíritu o Alma, la única inteligencia del universo, incluyendo el hombre. Ojo no vio a Dios ni a Su imagen y semejanza. Ni Dios ni el hombre perfecto pueden ser discernidos mediante los sentidos materiales. La individualidad del Espíritu, o el infinito, es desconocida, y por consiguiente un conocimiento de él es dejado o bien a conjeturas humanas o a la revelación de la Ciencia divina.

Las definiciones deíficas

II. Dios es lo que las Escrituras declaran que Él es: la Vida, la Verdad, el Amor. El Espíritu es el Principio divino, y el Principio divino es el Amor, y el Amor es la Mente, y la Mente no es buena y mala a la vez, pues Dios es la Mente; por lo tanto, no hay en realidad sino una única Mente, porque hay un único Dios.

El mal es obsoleto

III. La noción de que tanto el mal como el bien son reales es un engaño del sentido material, que la Ciencia aniquila. El mal es nada, es ninguna cosa, mente, ni ningún poder. Tal como es manifestado por la humanidad representa una mentira, la nada pretendiendo ser algo, representa la lujuria, la deshonestidad, el egoísmo, la envidia, la hipocresía, la calumnia, el odio, el robo, el adulterio, el asesinato, la demencia, la insania, la inanidad, el demonio, el infierno, con todos los etcéteras que esa palabra incluye.

Life the creator

IV. God is divine Life, and Life is no more confined to the forms which reflect it than substance is in its shadow. If life were in mortal man or material things, it would be subject to their limitations and would end in death. Life is Mind, the creator reflected in His creations. If He dwelt within what He creates, God would not be reflected but absorbed, and the Science of being would be forever lost through a mortal sense, which falsely testifies to a beginning and an end.

Allness of Spirit

V. The Scriptures imply that God is All-in-all. From this it follows that nothing possesses reality nor existence except the divine Mind and His ideas. The Scriptures also declare that God is Spirit. Therefore in Spirit all is harmony, and there can be no discord; all is Life, and there is no death. Everything in God's universe expresses Him.

The universal cause

VI. God is individual, incorporeal. He is divine Principle, Love, the universal cause, the only creator, and there is no other self-existence. He is all-inclusive, and is reflected by all that is real and eternal and by nothing else. He fills all space, and it is impossible to conceive of such omnipresence and individuality except as infinite Spirit or Mind. Hence all is Spirit and spiritual.

Divine trinity

VII. Life, Truth, and Love constitute the triune Person called God, — that is, the triply divine Principle, Love. They represent a trinity in unity, three in one, — the same in essence, though multiform in office: God the Father-Mother; Christ the spiritual idea of sonship; divine Science or the Holy Comforter. These three express in divine Science the threefold, essen-

La Vida es la creadora

IV. Dios es la Vida divina, y la Vida no está más limitada a las formas que la reflejan de lo que la sustancia lo está en su sombra. Si la vida estuviera en el hombre mortal o en las cosas materiales, estaría sujeta a las limitaciones de estos y acabaría en muerte. La Vida es la Mente, la creadora reflejada en Sus creaciones. Si Dios morara dentro de lo que crea, no sería reflejado, sino absorbido, y la Ciencia del ser se perdería para siempre a través de un sentido mortal, que falsamente testifica un comienzo y un fin.

La totalidad del Espíritu

V. Las Escrituras implican que Dios es Todo-en-todo. De esto se deduce que nada posee realidad ni existencia excepto la Mente divina y Sus ideas. Las Escrituras también declaran que Dios es Espíritu. Por lo tanto, en el Espíritu todo es armonía, y no puede haber discordancia; todo es Vida, y no hay muerte. Todo en el universo de Dios Lo expresa a Él.

La causa universal

VI. Dios es individual, incorpóreo. Es el Principio divino, el Amor, la causa universal, el único creador, y no hay otra existencia de por sí. Él incluye todo, y es reflejado por todo lo que es real y eterno y por nada más. Él llena todo el espacio, y es imposible concebir tal omnipresencia e individualidad excepto como el Espíritu infinito o la Mente. Por lo tanto, todo es Espíritu y espiritual.

La trinidad divina

VII. La Vida, la Verdad y el Amor constituyen la Persona trina y una, llamada Dios, esto es, el Principio triplemente divino, el Amor. Ellos representan una trinidad en unidad, tres en uno, lo mismo en esencia, aunque multiformes en función: Dios el Padre-Madre; el Cristo la idea espiritual de filiación; la Ciencia divina o el Santo Consolador. Estos tres expresan en la Ciencia divina la triple tial nature of the infinite. They also indicate the divine Principle of scientific being, the intelligent relation of God to man and the universe.

Father-Mother

VIII. Father-Mother is the name for Deity, which indicates His tender relationship to His spiritual creation. As the apostle expressed it in words which he quoted with approbation from a classic poet: "For we are also His offspring."

The Son of God

IX. Jesus was born of Mary. Christ is the true idea voicing good, the divine message from God to men speaking to the human consciousness. The Christ is incorporeal, spiritual,—yea, the divine image and likeness, dispelling the illusions of the senses; the Way, the Truth, and the Life, healing the sick and casting out evils, destroying sin, disease, and death. As Paul says: "There is one God, and one mediator between God and men, the man Christ Jesus." The corporeal man Jesus was human.

Holy Ghost or Comforter

X. Jesus demonstrated Christ; he proved that Christ is the divine idea of God—the Holy Ghost, or Comforter, revealing the divine Principle, Love, and leading into all truth.

Christ Jesus

XI. Jesus was the son of a virgin. He was appointed to speak God's word and to appear to mortals in such a form of humanity as they could understand as well as perceive. Mary's conception of him was spiritual, for only purity could reflect Truth and Love, which were plainly incarnate in the good and pure Christ Jesus. He expressed the highest type of divinity, which a fleshly form could express in that age. Into the real and ideal man the fleshly element cannot enter. Thus it is that Christ illustrates the coincidence, naturaleza esencial del infinito. Indican también el Principio divino del ser científico, la inteligente relación de Dios con el hombre y el universo.

Padre-Madre

VIII. Padre-Madre es el nombre para la Deidad, que indica Su tierna relación con Su creación espiritual. Como el apóstol lo expresó con aprobación, citando las palabras de un poeta clásico: “Porque linaje Suyo somos”.

El Hijo de Dios

IX. Jesús nació de María. El Cristo es la verdadera idea que proclama el bien, el divino mensaje de Dios a los hombres que habla a la consciencia humana. El Cristo es incorpóreo, espiritual, sí, la imagen y semejanza divina, que disipa las ilusiones de los sentidos; el Camino, la Verdad y la Vida, que sana a los enfermos y echa fuera los males, que destruye el pecado, la enfermedad y la muerte. Como dice Pablo: “Hay un solo Dios, y un solo mediador entre Dios y los hombres, Jesucristo hombre”. El hombre corpóreo Jesús era humano.

El Espíritu Santo o Consolador

X. Jesús demostró el Cristo; comprobó que el Cristo es la divina idea de Dios, el Espíritu Santo, o Consolador, que revela el Principio divino, el Amor, y conduce a toda la verdad.

Cristo Jesús

XI. Jesús era el hijo de una virgen. Fue designado para hablar la palabra de Dios y para aparecer a los mortales en una forma de humanidad tal que ellos pudieran comprender así como percibir. María lo concibió espiritualmente, pues sólo la pureza podía reflejar la Verdad y el Amor, que estaban tan claramente encarnados en el bueno y puro Cristo Jesús. Él expresó el tipo más elevado de la divinidad que una forma carnal podía expresar en aquella época. En el hombre verdadero e ideal el elemento carnal no puede penetrar. Así es que el Cristo ejemplifica la coincidencia, or spiritual agreement, between God and man in His image.

Messiah or Christ

XII. The word *Christ* is not properly a synonym for Jesus, though it is commonly so used. Jesus was a human name, which belonged to him in common with other Hebrew boys and men, for it is identical with the name Joshua, the renowned Hebrew leader. On the other hand, Christ is not a name so much as the divine title of Jesus. Christ expresses God's spiritual, eternal nature. The name is synonymous with Messiah, and alludes to the spirituality which is taught, illustrated, and demonstrated in the life of which Christ Jesus was the embodiment. The proper name of our Master in the Greek was Jesus the Christ; but Christ Jesus better signifies the Godlike.

The divine Principle and idea

XIII. The advent of Jesus of Nazareth marked the first century of the Christian era, but the Christ is without beginning of years or end of days. Throughout all generations both before and after the Christian era, the Christ, as the spiritual idea, — the reflection of God, — has come with some measure of power and grace to all prepared to receive Christ, Truth. Abraham, Jacob, Moses, and the prophets caught glorious glimpses of the Messiah, or Christ, which baptized these seers in the divine nature, the essence of Love. The divine image, idea, or Christ was, is, and ever will be inseparable from the divine Principle, God. Jesus referred to this unity of his spiritual identity thus: "Before Abraham was, I am;" "I and my Father are one;" "My Father is greater than I." The one Spirit includes all identities.

XIV. By these sayings Jesus meant, not that the huo el acuerdo espiritual, entre Dios y el hombre a Su imagen.

El Mesías o Cristo

XII. La palabra *Cristo* no es propiamente un sinónimo de Jesús, aunque comúnmente es empleada así. Jesús era un nombre humano, que llevaba en común con otros niños y hombres hebreos, pues es idéntico al nombre de Josué, el renombrado caudillo hebreo. Por otra parte, Cristo no es tanto un nombre como el título divino de Jesús. El Cristo expresa la naturaleza espiritual, eterna de Dios. El nombre es sinónimo de Mesías, y alude a la espiritualidad que es enseñada, ilustrada y demostrada en la vida de la cual Cristo Jesús era la encarnación. El nombre propio de nuestro Maestro en griego era Jesús el Cristo; pero Cristo Jesús es el que mejor indica su semejanza a Dios.

El Principio y la idea divinos

XIII. El advenimiento de Jesús de Nazaret marcó el primer siglo de la era cristiana, pero el Cristo no tiene principio de años ni fin de días. A través de todas las generaciones, tanto antes como después de la era cristiana, el Cristo, como la idea espiritual —el reflejo de Dios— ha venido con alguna medida de poder y gracia a todos los que estaban preparados para recibir el Cristo, la Verdad. Abraham, Jacob, Moisés y los profetas captaron gloriosas vislumbres del Mesías, o el Cristo, que bautizó a estos videntes con la naturaleza divina, la esencia del Amor. La imagen divina, idea, o el Cristo, era, es y siempre será inseparable del Principio divino, Dios. Jesús se refirió a esta unidad de su identidad espiritual así: "Antes que Abraham fuese, yo soy"; "Yo y el Padre uno somos"; "El Padre mayor es que yo". El Espíritu único incluye todas las identidades.

XIV. Con estas declaraciones Jesús quiso decir, no que

Spiritual oneness

man Jesus was or is eternal, but that the divine idea or Christ was and is so and therefore antedated Abraham; not that the corporeal Jesus was one with the Father, but that the spiritual idea, Christ, dwells forever in the bosom of the Father, God, from which it illumines heaven and earth; not that the Father is greater than Spirit, which is God, but greater, infinitely greater, than the fleshly Jesus, whose earthly career was brief.

The Son's duality

XV. The invisible Christ was imperceptible to the so-called personal senses, whereas Jesus appeared as a bodily existence. This dual personality of the unseen and the seen, the spiritual and material, the eternal Christ and the corporeal Jesus manifest in flesh, continued until the Master's ascension, when the human, material concept, or Jesus, disappeared, while the spiritual self, or Christ, continues to exist in the eternal order of divine Science, taking away the sins of the world, as the Christ has always done, even before the human Jesus was incarnate to mortal eyes.

Eternity of the Christ

XVI. This was "the Lamb slain from the foundation of the world," — slain, that is, according to the testimony of the corporeal senses, but undying in the deific Mind. The Revelator represents the Son of man as saying (Revelation i. 17, 18): "I am the first and the last: I am he that liveth, and was dead [not understood]; and, behold, I am alive for evermore, [Science has explained me]." This is a mystical statement of the eternity of the Christ, and is also a reference to the human sense of Jesus crucified.

XVII. Spirit being God, there is but one Spirit, for there can be but one infinite and therefore one God.

Unidad espiritual

el Jesús humano era o es eterno, sino que la idea divina o el Cristo lo era y lo es, y por tanto, antecedió a Abraham; no que el Jesús corpóreo era uno con el Padre, sino que la idea espiritual, el Cristo, mora para siempre en el seno del Padre, Dios, desde el cual ilumina el cielo y la tierra; no que el Padre es mayor que el Espíritu, que es Dios, pero sí mayor, infinitamente mayor, que el Jesús corpóreo, cuya carrera terrenal fue breve.

La dualidad del Hijo

XV. El Cristo invisible era imperceptible a los así llamados sentidos personales, mientras que Jesús se manifestaba como una existencia corpórea. Esta personalidad dual de lo invisible y lo visible, lo espiritual y lo material, el Cristo eterno y el Jesús corpóreo manifiesto en la carne, continuó hasta la ascensión del Maestro, cuando el concepto humano, material, o Jesús, desapareció, mientras que el yo espiritual, o el Cristo, continúa existiendo en el orden eterno de la Ciencia divina, quitando los pecados del mundo, tal como el Cristo siempre lo ha hecho, aun antes que el Jesús humano fuese encarnado para los ojos mortales.

La eternidad del Cristo

XVI. Este era "el Cordero que fue inmolado desde el principio del mundo", inmolado, esto es, según el testimonio de los sentidos corporales, pero imperecedero en la Mente deífica. El Revelador (el autor del Apocalipsis) representa al Hijo del hombre como diciendo (Apocalipsis 1:17, 18): "Yo soy el primero y el último; y el que vivo, y estuve muerto [no comprendido]; mas he aquí que vivo por los siglos de los siglos [la Ciencia me ha explicado]". Esta es una declaración mística de la eternidad del Cristo, y también se refiere al sentido humano del Jesús crucificado.

XVII. Puesto que el Espíritu es Dios, no hay más que un único Espíritu, pues no puede haber sino un único infinito

Infinite Spirit

There are neither spirits many nor gods many. There is no evil in Spirit, because God is Spirit. The theory, that Spirit is distinct from matter but must pass through it, or into it, to be individualized, would reduce God to dependency on matter, and establish a basis for pantheism.

The only substance

XVIII. Spirit, God, has created all in and of Himself. Spirit never created matter. There is nothing in Spirit out of which matter could be made, for, as the Bible declares, without the Logos, the Æon or Word of God, "was not anything made that was made." Spirit is the only substance, the invisible and indivisible infinite God. Things spiritual and eternal are substantial. Things material and temporal are insubstantial.

Soul and Spirit one

XIX. Soul and Spirit being one, God and Soul are one, and this one never included in a limited mind or a limited body. Spirit is eternal, divine. Nothing but Spirit, Soul, can evolve Life, for Spirit is more than all else. Because Soul is immortal, it does not exist in mortality. Soul must be incorporeal to be Spirit, for Spirit is not finite. Only by losing the false sense of Soul can we gain the eternal unfolding of Life as immortality brought to light.

The one divine Mind

XX. Mind is the divine Principle, Love, and can produce nothing unlike the eternal Father-Mother, God. Reality is spiritual, harmonious, immutable, immortal, divine, eternal. Nothing unspiritual can be real, harmonious, or eternal. Sin, sickness, and mortality are the suppositional antipodes of Spirit, and must be contradictions of reality.

XXI. The Ego is deathless and limitless, for limits

El Espíritu infinito

y por lo tanto, un único Dios. No hay ni muchos espíritus ni muchos dioses. No hay mal en el Espíritu, porque Dios es Espíritu. La teoría de que el Espíritu es diferente de la materia, pero que tiene que pasar por ella, o entrar en ella, para ser individualizado, reduciría a Dios a depender de la materia y establecería una base para el panteísmo.

La sustancia única

XVIII. El Espíritu, Dios, ha creado todo en Sí mismo y de Sí mismo. El Espíritu nunca creó la materia. No hay nada en el Espíritu de lo cual la materia pudiera ser hecha, pues, como la Biblia declara, sin el Logos, el Eón o el Verbo de Dios, "nada de lo que ha sido hecho, fue hecho". El Espíritu es la sustancia única, el Dios infinito, invisible e indivisible. Las cosas espirituales y eternas son sustanciales. Las cosas materiales y temporales son insustanciales.

El Alma y el Espíritu son uno

XIX. Puesto que el Alma y el Espíritu son uno, Dios y el Alma son uno, y este uno jamás está encerrado en una mente limitada o en un cuerpo limitado. El Espíritu es eterno, divino. Nada sino el Espíritu, el Alma, puede desarrollar la Vida, porque el Espíritu es más que todo lo demás. Puesto que el Alma es inmortal, no existe en la mortalidad. El Alma tiene que ser incorpórea para ser Espíritu, pues el Espíritu no es finito. Sólo perdiendo el sentido falso acerca del Alma podemos ganar el eterno desarrollo de la Vida como la inmortalidad sacada a luz.

La Mente divina, única

XX. La Mente es el Principio divino, el Amor, y no puede producir nada desemejante al eterno Padre-Madre, Dios. La realidad es espiritual, armoniosa, inmutable, inmortal, divina, eterna. Nada que no sea espiritual puede ser real, armonioso o eterno. El pecado, la enfermedad y la mortalidad son los supuestos antípodas del Espíritu, y tienen que ser contradicciones de la realidad.

XXI. El Ego es imperecedero e ilimitado, pues los límites

would imply and impose ignorance. Mind is the I AM, or infinity. Mind never enters the finite. Intelligence never passes into non-intelligence, or matter.

The divine Ego

Good never enters into evil, the unlimited into the limited, the eternal into the temporal, nor the immortal into mortality. The divine Ego, or individuality, is reflected in all spiritual individuality from the infinitesimal to the infinite.

XXII. Immortal man was and is God's image or idea, even the infinite expression of infinite Mind, and immortal man is coexistent and coeternal with that

The real manhood

Mind. He has been forever in the eternal Mind, God; but infinite Mind can never be in man, but is reflected by man. The spiritual man's consciousness and individuality are reflections of God. They are the emanations of Him who is Life, Truth, and Love. Immortal man is not and never was material, but always spiritual and eternal.

XXIII. God is indivisible. A portion of God could not enter man; neither could God's fulness be reflected by a single man, else God would be manifestly

Indivisibility of the infinite

finite, lose the deific character, and become less than God. Allness is the measure of the infinite, and nothing less can express God.

XXIV. God, the divine Principle of man, and man in God's likeness are inseparable, harmonious, and eternal. The Science of being furnishes the rule of per-

God the parent Mind

fection, and brings immortality to light. God and man are not the same, but in the order of divine Science, God and man coexist and are eternal. God is the parent Mind, and man is God's spiritual offspring.

XXV. God is individual and personal in a scientific

implicarían e impondrían ignorancia. La Mente es el YO SOY, o la infinitud. La Mente nunca entra en lo finito. La inteligencia nunca penetra en lo carente de inteligencia, o materia. El bien nunca entra en el mal, lo ilimitado en lo limitado, lo eterno en lo temporal, ni lo inmortal en la mortalidad. El Ego divino, o la individualidad divina, es reflejado en toda individualidad espiritual, desde lo infinitesimal hasta lo infinito.

El Ego divino

XXII. El hombre inmortal era y es la imagen o idea de Dios, o sea, la expresión infinita de la Mente infinita, y el hombre inmortal es coexistente y coeterno con esa Mente. Él ha estado siempre en la Mente eterna, Dios; pero la Mente infinita nunca puede estar en el hombre, sino que es reflejada por el hombre. La consciencia y la individualidad del hombre espiritual son reflejos de Dios. Son las emanaciones de Aquel que es la Vida, la Verdad y el Amor. El hombre inmortal no es ni fue jamás material, sino siempre espiritual y eterno.

La verdadera naturaleza del hombre

XXIII. Dios es indivisible. Una porción de Dios no podría entrar en el hombre; ni podría la plenitud de Dios ser reflejada por un sólo hombre, de ser así, Dios sería manifiestamente finito, perdería el carácter deífico y se convertiría en menos que Dios. La totalidad es la medida del infinito, y nada menos puede expresar a Dios.

La indivisibilidad del infinito

XXIV. Dios, el Principio divino del hombre, y el hombre a semejanza de Dios son inseparables, armoniosos y eternos. La Ciencia del ser proporciona la regla de la perfección y saca a luz la inmortalidad. Dios y el hombre no son lo mismo, pero en el orden de la Ciencia divina, Dios y el hombre coexisten y son eternos. Dios es la Mente progenitora, y el hombre es el vástago espiritual de Dios.

Dios, la Mente progenitora

XXV. Dios es individual y personal en un sentido

Man reflects the perfect God

sense, but not in any anthropomorphic sense. Therefore man, reflecting God, cannot lose his individuality; but as material sensation, or a soul in the body, blind mortals do lose sight of spiritual individuality. Material personality is not realism; it is not the reflection or likeness of Spirit, the perfect God. Sensualism is not bliss, but bondage. For true happiness, man must harmonize with his Principle, divine Love; the Son must be in accord with the Father, in conformity with Christ. According to divine Science, man is in a degree as perfect as the Mind that forms him. The truth of being makes man harmonious and immortal, while error is mortal and discordant.

Purity the path to perfection

XXVI. Christian Science demonstrates that none but the pure in heart can see God, as the gospel teaches. In proportion to his purity is man perfect; and perfection is the order of celestial being which demonstrates Life in Christ, Life's spiritual ideal.

True idea of man

XXVII. The true idea of man, as the reflection of the invisible God, is as incomprehensible to the limited senses as is man's infinite Principle. The visible universe and material man are the poor counterfeits of the invisible universe and spiritual man. Eternal things (verities) are God's thoughts as they exist in the spiritual realm of the real. Temporal things are the thoughts of mortals and are the unreal, being the opposite of the real or the spiritual and eternal.

Truth demonstrated

XXVIII. Subject sickness, sin, and death to the rule of health and holiness in Christian Science, and you ascertain that this Science is demonstrably true, for it heals the sick and sinning as no científico, pero no en ningún sentido antropomórfico. Por lo tanto, el hombre, al reflejar a Dios, no puede perder su individualidad; pero como sensación material, o un alma en el cuerpo, los ciegos mortales sí pierden de vista la individualidad espiritual. La personalidad material no es realismo; no es el reflejo o la semejanza del Espíritu, el Dios perfecto. El sensualismo no es felicidad, sino esclavitud. Para la verdadera felicidad, el hombre debe armonizar con su Principio, el Amor divino; el Hijo debe estar en acuerdo con el Padre, en conformidad con el Cristo. Según la Ciencia divina, el hombre es en todo grado tan perfecto como la Mente que lo forma. La verdad del ser hace armonioso e inmortal al hombre, mientras que el error es mortal y discordante.

El hombre refleja al Dios perfecto

XXVI. La Ciencia Cristiana demuestra que sólo los de limpio corazón pueden ver a Dios, como lo enseña el evangelio. En proporción a su pureza es perfecto el hombre; y la perfección es el orden del ser celestial que demuestra la Vida en el Cristo, el ideal espiritual de la Vida.

Pureza, la senda hacia la perfección

XXVII. La idea verdadera del hombre, como el reflejo del Dios invisible, es tan incomprensible para los sentidos limitados como lo es el Principio infinito del hombre. El universo visible y el hombre material no son sino las pobres falsificaciones del universo invisible y del hombre espiritual. Las cosas eternas (las verdades) son los pensamientos de Dios tal como existen en el reino espiritual de lo real. Las cosas temporales son los pensamientos de los mortales y son lo irreal, siendo lo opuesto de lo real o lo espiritual y eterno.

La idea verdadera del hombre

XXVIII. Somete la enfermedad, el pecado y la muerte a la regla de la salud y la santidad en la Ciencia Cristiana, y constatas que esta Ciencia es demostrablemente cierta, pues sana a los enfermos y a los pecadores

La Verdad demostrada

other system can. Christian Science, rightly understood, leads to eternal harmony. It brings to light the only living and true God and man as made in His likeness; whereas the opposite belief — that man originates in matter and has beginning and end, that he is both soul and body, both good and evil, both spiritual and material — terminates in discord and mortality, in the error which must be destroyed by Truth. The mortality of material man proves that error has been ingrafted into the premises and conclusions of material and mortal humanity.

Adam not ideal man

XXIX. The word *Adam* is from the Hebrew *adamah,* signifying the *red color of the ground, dust, nothingness.* Divide the name Adam into two syllables, and it reads, *a dam,* or obstruction. This suggests the thought of something fluid, of mortal mind in solution. It further suggests the thought of that "darkness … upon the face of the deep," when matter or dust was deemed the agent of Deity in creating man, — when matter, as that which is accursed, stood opposed to Spirit. Here *a dam* is not a mere play upon words; it stands for obstruction, error, even the supposed separation of man from God, and the obstacle which the serpent, sin, would impose between man and his creator. The dissection and definition of words, aside from their metaphysical derivation, is not scientific. Jehovah declared the ground was accursed; and from this ground, or matter, sprang Adam, notwithstanding God had blessed the earth "for man's sake." From this it follows that Adam was not the ideal man for whom the earth was blessed. The ideal man was revealed in due time, and was known as Christ Jesus.

como no puede hacerlo ningún otro sistema. La Ciencia Cristiana, correctamente comprendida, conduce a la armonía eterna. Saca a luz al único Dios vivo y verdadero y al hombre creado a Su semejanza; mientras que la creencia opuesta —de que el hombre se origina en la materia y tiene comienzo y fin, de que es a la vez alma y cuerpo, a la vez bueno y malo, a la vez espiritual y material— termina en discordia y mortalidad, en el error que tiene que ser destruido por la Verdad. La mortalidad del hombre material comprueba que el error ha sido injertado en las premisas y conclusiones de la humanidad material y mortal.

Adán no es el hombre ideal

XXIX. La palabra *Adán* es del hebreo, *adamah,* que significa *el color rojo de la tierra, el polvo, la nada.* Separa el nombre (en inglés) Adam en dos sílabas, y se lee *a dam* (un dique), o una obstrucción. Esto sugiere la idea de algo fluido, de la mente mortal en solución. Sugiere además, la idea de aquellas "tinieblas... sobre la faz del abismo", cuando la materia, o el polvo, fue considerada como el agente de la Deidad en la creación del hombre, cuando la materia, como lo que es maldito, se opuso al Espíritu. Aquí *a dam* no es simplemente un juego de palabras; indica obstrucción, error, o sea, la supuesta separación entre el hombre y Dios, y el obstáculo que la serpiente, el pecado, quisiera interponer entre el hombre y su creador. La disección y definición de las palabras, aparte de su derivación metafísica, no es científica. Jehová declaró que la tierra estaba maldita; y de esta tierra, o materia, surgió Adán, a pesar de que Dios había bendecido la tierra "por causa del hombre". De esto se deduce que Adán no fue el hombre ideal para quien la tierra fue bendecida. El hombre ideal fue revelado a su debido tiempo, y fue conocido como Cristo Jesús.

Divine pardon

XXX. The destruction of sin is the divine method of pardon. Divine Life destroys death, Truth destroys error, and Love destroys hate. Being destroyed, sin needs no other form of forgiveness. Does not God's pardon, destroying any one sin, prophesy and involve the final destruction of all sin?

Evil not produced by God

XXXI. Since God is All, there is no room for His unlikeness. God, Spirit, alone created all, and called it good. Therefore evil, being contrary to good, is unreal, and cannot be the product of God. A sinner can receive no encouragement from the fact that Science demonstrates the unreality of evil, for the sinner would make a reality of sin,—would make that real which is unreal, and thus heap up "wrath against the day of wrath." He is joining in a conspiracy against himself,—against his own awakening to the awful unreality by which he has been deceived. Only those, who repent of sin and forsake the unreal, can fully understand the unreality of evil.

Basis of health and immortality

XXXII. As the mythology of pagan Rome has yielded to a more spiritual idea of Deity, so will our material theories yield to spiritual ideas, until the finite gives place to the infinite, sickness to health, sin to holiness, and God's kingdom comes "in earth, as it is in heaven." The basis of all health, sinlessness, and immortality is the great fact that God is the only Mind; and this Mind must be not merely believed, but it must be understood. To get rid of sin through Science, is to divest sin of any supposed mind or reality, and never to admit that sin can have intelligence or power, pain or pleasure. You conquer error by denying its verity. Our various theories will never lose

El perdón divino

XXX. La destrucción del pecado es el método divino del perdón. La Vida divina destruye la muerte, la Verdad destruye el error y el Amor destruye el odio. Al ser destruido, el pecado no necesita otra forma de perdón. El perdón de Dios, al destruir cualquier pecado, ¿no profetiza y entraña la destrucción final de todo pecado?

El mal no es producido por Dios

XXXI. Puesto que Dios es Todo, no hay lugar para Su desemejanza. Dios solo, el Espíritu, creó todo y lo llamó bueno. Por tanto, el mal, al ser contrario al bien, es irreal, y no puede ser el producto de Dios. Un pecador no puede sentirse alentado por el hecho de que la Ciencia demuestra la irrealidad del mal, pues el pecador quisiera hacer una realidad del pecado, quisiera hacer real lo que es irreal, y acumular así “ira para el día de la ira”. Se hace cómplice de una conspiración contra sí mismo, contra su propio despertar de la terrible irrealidad mediante la cual ha sido engañado. Sólo aquellos, quienes se arrepienten del pecado y abandonan lo irreal, pueden comprender cabalmente la irrealidad del mal.

La base de la salud y de la inmortalidad

XXXII. Tal como la mitología de la Roma pagana ha cedido a una idea más espiritual acerca de la Deidad, así cederán nuestras teorías materiales ante las ideas espirituales, hasta que lo finito dé lugar a lo infinito, la enfermedad a la salud, el pecado a la santidad, y el reino de Dios venga “como en el cielo, así también en la tierra”. La base de toda salud, impecabilidad e inmortalidad es la gran verdad de que Dios es la única Mente; y es necesario no meramente creer en esta Mente, sino que tiene que ser comprendida. Liberarse del pecado por medio de la Ciencia es despojar el pecado de toda supuesta mente o realidad, y no admitir jamás que el pecado pueda tener inteligencia o poder, dolor o placer. Vences el error negando su veracidad. Nuestras diversas teorías jamás perderán su their imaginary power for good or evil, until we lose our faith in them and make life its own proof of harmony and God.

This text in the book of Ecclesiastes conveys the Christian Science thought, especially when the word *duty*, which is not in the original, is omitted: "Let us hear the conclusion of the whole matter: Fear God, and keep His commandments: for this is the whole duty of man." In other words: Let us hear the conclusion of the whole matter: love God and keep His commandments: for this is the whole of man in His image and likeness. Divine Love is infinite. Therefore all that really exists is in and of God, and manifests His love.

"Thou shalt have no other gods before me." (Exodus xx. 3.) The First Commandment is my favorite text. It demonstrates Christian Science. It inculcates the tri-unity of God, Spirit, Mind; it signifies that man shall have no other spirit or mind but God, eternal good, and that all men shall have one Mind. The divine Principle of the First Commandment bases the Science of being, by which man demonstrates health, holiness, and life eternal. One infinite God, good, unifies men and nations; constitutes the brotherhood of man; ends wars; fulfils the Scripture, "Love thy neighbor as thyself;" annihilates pagan and Christian idolatry, — whatever is wrong in social, civil, criminal, political, and religious codes; equalizes the sexes; annuls the curse on man, and leaves nothing that can sin, suffer, be punished or destroyed.

poder imaginario para bien o para mal, hasta que no perdamos nuestra fe en ellas y hagamos de la vida su propia prueba de la armonía y de Dios.

Este texto del libro de Eclesiastés (en inglés) transmite el pensamiento de la Ciencia Cristiana, especialmente cuando la palabra *deber,* que no está en el original, es omitida: "Oigamos pues la conclusión de todo el asunto: Teme a Dios, y guarda Sus mandamientos: porque esto es el todo del deber del hombre".* En otras palabras: Oigamos pues la conclusión de todo el asunto: ama a Dios y guarda Sus mandamientos: porque esto es el todo del hombre a Su imagen y semejanza. El Amor divino es infinito. Por lo tanto, todo lo que realmente existe, está en Dios y es de Dios, y manifiesta Su amor.

"No tendrás dioses ajenos delante de mí" (Éxodo 20:3). El Primer Mandamiento es mi texto favorito. Demuestra la Ciencia Cristiana. Inculca la triunidad de Dios, el Espíritu, la Mente; significa que el hombre no tendrá otro espíritu o mente sino Dios, el bien eterno, y que todos los hombres tendrán una única Mente. El Principio divino del Primer Mandamiento es la base de la Ciencia del ser, por la cual el hombre demuestra la salud, la santidad y la vida eterna. Un único Dios infinito, el bien, unifica a los hombres y a las naciones; constituye la hermandad del hombre; pone fin a las guerras; cumple el mandato de las Escrituras: "Amarás a tu prójimo como a ti mismo"; aniquila la idolatría pagana y la cristiana, todo lo que está errado en los códigos sociales, civiles, criminales, políticos y religiosos; equipara los sexos; anula la maldición que pesa sobre el hombre, y no deja nada que pueda pecar, sufrir, ser castigado o destruido.

*Según la versión King James de la Biblia

Chapter 11

Some Objections Answered

And because I tell you the truth, ye believe me not.
Which of you convinceth me of sin?
And if I say the truth, why do ye not believe me? — Jesus.

But if the spirit of Him that raised up Jesus
from the dead dwell in you, He that raised up Christ
from the dead shall also quicken your mortal bodies
by His spirit that dwelleth in you. — Paul.

The strictures on this volume would condemn to oblivion the truth, which is raising up thousands from helplessness to strength and elevating them from a theoretical to a practical Christianity. These criticisms are generally based on detached sentences or clauses separated from their context. Even the Scriptures, which grow in beauty and consistency from one grand root, appear contradictory when subjected to such usage. Jesus said, “Blessed are the pure in heart: for they shall see God” [Truth].

Supported by facts

In Christian Science mere opinion is valueless. Proof is essential to a due estimate of this subject. Sneers at the application of the word *Science* to Christianity cannot prevent that from being scientific which is based on divine Principle, demonstrated according to a divine given rule, and subjected to proof. The facts are so absolute and numerous in support of Christian Science, that misrepresentation and denuncia-

Capítulo 11

Algunas objeciones respondidas

Y a mí, porque digo la verdad, no me creéis.
¿Quién de vosotros me redarguye de pecado?
Pues si digo la verdad, ¿por qué vosotros no me creéis? — Jesús.

Y si el espíritu de Aquel que levantó de los muertos a Jesús
mora en vosotros, el que levantó de los muertos a Cristo Jesús
vivificará también vuestros cuerpos mortales
por Su espíritu que mora en vosotros. — Pablo.

Las críticas severas hechas a este libro quisieran condenar a olvido la verdad, la cual está levantando a millares de la indefensión a la fortaleza y elevándolos desde un cristianismo teórico a uno práctico. Estas críticas están generalmente basadas en frases sueltas o en cláusulas separadas de su contexto. Aun las Escrituras, que crecen en belleza y coherencia de una sola gran raíz, parecen contradictorias cuando están sujetas a tal uso. Jesús dijo: "Bienaventurados los de limpio corazón, porque ellos verán a Dios" [la Verdad].

Apoyada por los hechos

En la Ciencia Cristiana la mera opinión no tiene valor. La prueba es esencial para una estimación correcta de este tema. Las burlas a la aplicación de la palabra *Ciencia* al cristianismo no pueden impedir que sea científico lo que está basado en el Principio divino, demostrado de acuerdo con una regla fija divina, y puesto a prueba. Los hechos que apoyan la Ciencia Cristiana son tan absolutos y numerosos, que tergiversación y denuncia tion cannot overthrow it. Paul alludes to "doubtful disputations." The hour has struck when proof and demonstration, instead of opinion and dogma, are summoned to the support of Christianity, "making wise the simple."

Commands of Jesus

In the result of some unqualified condemnations of scientific Mind-healing, one may see with sorrow the sad effects on the sick of denying Truth. He that decries this Science does it presumptuously, in the face of Bible history and in defiance of the direct command of Jesus, "Go ye into all the world, and preach the gospel," to which command was added the promise that his students should cast out evils and heal the sick. He bade the seventy disciples, as well as the twelve, heal the sick in any town where they should be hospitably received.

Christianity scientific

If Christianity is not scientific, and Science is not of God, then there is no invariable law, and truth becomes an accident. Shall it be denied that a system which works according to the Scriptures has Scriptural authority?

Argument of good works

Christian Science awakens the sinner, reclaims the infidel, and raises from the couch of pain the helpless invalid. It speaks to the dumb the words of Truth, and they answer with rejoicing. It causes the deaf to hear, the lame to walk, and the blind to see. Who would be the first to disown the Christliness of good works, when our Master says, "By their fruits ye shall know them"?

If Christian Scientists were teaching or practising pharmacy or obstetrics according to the common theories, no denunciations would follow them, even if their treatment resulted in the death of a patient. The people no pueden derribarla. Pablo alude a contiendas "sobre opiniones". Ha sonado la hora en que la prueba y la demostración, en lugar de la opinión y el dogma, sean llamadas a apoyar el cristianismo, "que hace sabio al sencillo".

Mandatos de Jesús

En el resultado de ciertas condenas improcedentes a la curación científica por la Mente, uno puede ver con pesar los tristes efectos que se producen en los enfermos por negar la Verdad. El que desacredita esta Ciencia lo hace presuntuosamente, en la cara de la historia bíblica y en desafío al mandato directo de Jesús: "Id por todo el mundo y predicad el evangelio", mandato al que le fue añadida la promesa de que sus discípulos echarían fuera los males y sanarían a los enfermos. Él ordenó a los setenta discípulos, al igual que a los doce, que sanaran a los enfermos en cualquier ciudad en que fueran recibidos con hospitalidad.

El cristianismo es científico

Si el cristianismo no es científico, y la Ciencia no es de Dios, entonces no hay ley invariable, y la verdad se vuelve un accidente. ¿Podrá ser negado que un sistema que obra de acuerdo con las Escrituras tiene autoridad bíblica?

El argumento de las buenas obras

La Ciencia Cristiana despierta a los pecadores, reforma a los incrédulos y levanta del lecho de dolor a los inválidos indefensos. Habla a los mudos las palabras de la Verdad, y ellos responden con regocijo. Hace que los sordos oigan, que los cojos anden y que los ciegos vean. ¿Quién sería el primero en negar que las buenas obras son de naturaleza cristiana, cuando nuestro Maestro dice: "Por sus frutos los conoceréis"?

Si los Científicos Cristianos enseñaran o ejercieran la farmacia o la obstetricia de acuerdo con las teorías comunes, no serían denunciados, aun cuando sus tratamientos resultaran en la muerte de un paciente. En tales casos se enseña a la are taught in such cases to say, Amen. Shall I then be smitten for healing and for teaching Truth as the Principle of healing, and for proving my word by my deed? James said: "Show me thy faith without thy works, and I will show thee my faith by my works."

Personal experience

Is not finite mind ignorant of God's method? This makes it doubly unfair to impugn and misrepresent the facts, although, without this cross-bearing, one might not be able to say with the apostle, "None of these things move me." The sick, the halt, and the blind look up to Christian Science with blessings, and Truth will not be forever hidden by unjust parody from the quickened sense of the people.

Proof from miracles

Jesus strips all disguise from error, when his teachings are fully understood. By parable and argument he explains the impossibility of good producing evil; and he also scientifically demonstrates this great fact, proving by what are wrongly called miracles, that sin, sickness, and death are beliefs — illusive errors — which he could and did destroy.

It would sometimes seem as if truth were rejected because meekness and spirituality are the conditions of its acceptance, while Christendom generally demands so much less.

Example of the disciples

Anciently those apostles who were Jesus' students, as well as Paul who was not one of his students, healed the sick and reformed the sinner by their religion. Hence the mistake which allows words, rather than works, to follow such examples! Whoever is the first meekly and conscientiously to press along the line of gospel-healing, is often accounted a heretic.

gente a decir: Amén. ¿He de ser yo atacada entonces por sanar y por enseñar la Verdad como el Principio de la curación, y por comprobar mis palabras con mis hechos? Santiago dijo: “Muéstrame tu fe sin tus obras, y yo te mostraré mi fe por mis obras”.

Experiencia personal

¿No es la mente finita ignorante del método de Dios? Esto hace que sea doblemente injusto impugnar y tergiversar los hechos, aunque, sin llevar esta cruz, uno no podría decir con el apóstol: “De ninguna cosa hago caso”. Los enfermos, los cojos y los ciegos elevan la mirada hacia la Ciencia Cristiana y la bendicen, y la Verdad no le será ocultada para siempre mediante parodias injustas al sentido vivificado de la gente.

La prueba de los milagros

Jesús arranca todo disfraz al error, cuando sus enseñanzas son plenamente comprendidas. Mediante parábolas y argumentos él explica la imposibilidad de que el bien produzca el mal; y también demuestra esta gran verdad científicamente, comprobando con lo que erróneamente se llaman milagros, que el pecado, la enfermedad y la muerte son creencias —errores ilusorios— que él podía destruir y que destruyó.

A veces pareciera como si la verdad fuera rechazada porque la mansedumbre y la espiritualidad son las condiciones para aceptarla, mientras que la cristiandad generalmente exige tanto menos.

El ejemplo de los discípulos

Antiguamente, aquellos apóstoles que eran discípulos de Jesús, como también Pablo, que no fue uno de sus discípulos, sanaban a los enfermos y reformaban a los pecadores por medio de su religión. ¡De ahí la equivocación que permite que palabras, en lugar de obras, sigan tales ejemplos! Quienquiera que mansa y concienzudamente sea el primero en avanzar adelante por la línea de la curación evangélica, es a menudo considerado como un hereje.

Strong position

It is objected to Christian Science that it claims God as the only absolute Life and Soul, and man to be His idea,—that is, His image. It should be added that this is claimed to represent the normal, healthful, and sinless condition of man in divine Science, and that this claim is made because the Scriptures say that God has created man in His own image and after His likeness. Is it sacrilegious to assume that God's likeness is not found in matter, sin, sickness, and death?

Efficacy may be attested

Were it more fully understood that Truth heals and that error causes disease, the opponents of a demonstrable Science would perhaps mercifully withhold their misrepresentations, which harm the sick; and until the enemies of Christian Science test its efficacy according to the rules which disclose its merits or demerits, it would be just to observe the Scriptural precept, "Judge not."

The one divine method

There are various methods of treating disease, which are not included in the commonly accepted systems; but there is only one which should be presented to the whole world, and that is the Christian Science which Jesus preached and practised and left to us as his rich legacy.

Why should one refuse to investigate this method of treating disease? Why support the popular systems of medicine, when the physician may perchance be an infidel and may lose ninety-and-nine patients, while Christian Science cures its hundred? Is it because allopathy and homœopathy are more fashionable and less spiritual?

In the Bible the word *Spirit* is so commonly applied

Fuerte posición

Se objeta a la Ciencia Cristiana que reclama que Dios es la única y absoluta Vida y Alma, y que el hombre es Su idea, esto es, Su imagen. Debiera añadirse que esto se reclama para representar la condición normal, saludable e impecable del hombre en la Ciencia divina, y que se hace esta reclamación porque las Escrituras dicen que Dios ha creado al hombre a Su propia imagen y conforme a Su semejanza. ¿Es sacrílego suponer que la semejanza de Dios no se encuentra en la materia, el pecado, la enfermedad y la muerte?

La eficacia es comprobable

Si fuera más plenamente comprendido que la Verdad sana y que el error causa la enfermedad, los que se oponen a una Ciencia demostrable quizás se abstendrían misericordiosamente de sus tergiversaciones, que dañan a los enfermos; y hasta que los enemigos de la Ciencia Cristiana no prueben su eficacia de acuerdo con las reglas que demuestran sus méritos o deméritos, sería justo observar el precepto de las Escrituras: "No juzguéis".

El único método divino

Existen varios métodos de tratar la enfermedad, que no están incluidos en los sistemas comúnmente aceptados; mas hay sólo uno que debiera ser presentado al mundo entero, y ese es la Ciencia Cristiana que Jesús predicó y practicó y nos dejó como su precioso legado.

¿Por qué debería uno negarse a investigar este método de tratar la enfermedad? ¿Por qué apoyar los sistemas populares de medicina, cuando el médico quizás sea un incrédulo y quizás pierda noventa y nueve pacientes, en tanto que la Ciencia Cristiana sana a sus cien? ¿Es porque la alopatía y la homeopatía están más de moda y son menos espirituales?

En la Biblia la palabra *Espíritu* es tan comúnmente aplicada to Deity, that Spirit and God are often regarded as synonymous terms; and it is thus they are uniformly used and understood in Christian Science. As it is evident that the likeness of Spirit cannot be material, does it not follow that God cannot be in His unlikeness and work through drugs to heal the sick?

Omnipotence set forth

When the omnipotence of God is preached and His absoluteness is set forth, Christian sermons will heal the sick.

It is sometimes said, in criticising Christian Science, that the mind which contradicts itself neither knows itself nor what it is saying. It is indeed no small matter to know one's self; but in this volume of mine there are no contradictory statements, — at least none which are apparent to those who understand its propositions well enough to pass judgment upon them. One who understands Christian Science can heal the sick on the divine Principle of Christian Science, and this practical proof is the only feasible evidence that one does understand this Science.

Contradictions not found

Anybody, who is able to perceive the incongruity between God's idea and poor humanity, ought to be able to discern the distinction (made by Christian Science) between God's man, made in His image, and the sinning race of Adam.

The apostle says: "For if a man think himself to be something, when he is nothing, he deceiveth himself." This thought of human, material nothingness, which Science inculcates, enrages the carnal mind and is the main cause of the carnal mind's antagonism.

It is not the purpose of Christian Science to "educate the idea of God, or treat it for disease," as is alleged a la Deidad, que el Espíritu y Dios son considerados a menudo como términos sinónimos; y es así como son uniformemente usados y comprendidos en la Ciencia Cristiana.

La omnipotencia proclamada

Al ser evidente que la semejanza del Espíritu no puede ser material, ¿no se deduce que Dios no puede estar en Su desemejanza y obrar por medio de medicamentos para sanar a los enfermos? Cuando la omnipotencia de Dios sea predicada y Él sea proclamado como absoluto, los sermones cristianos sanarán a los enfermos.

A veces se dice, al criticar la Ciencia Cristiana, que la mente que se contradice a sí misma ni se conoce a sí misma ni sabe lo que está diciendo.

No se encuentran contradicciones

Por cierto que no es poca cosa conocerse a uno mismo; mas en esta obra mía no hay declaraciones contradictorias, al menos ninguna que sea aparente para quienes comprenden sus proposiciones lo suficiente como para poder juzgarlas. Quien comprende la Ciencia Cristiana puede sanar a los enfermos basándose en el Principio divino de la Ciencia Cristiana, y esta prueba práctica es la única evidencia posible de que uno sí comprende esta Ciencia.

Cualquier persona, que sea capaz de percibir la incongruencia entre la idea de Dios y la pobre humanidad, debiera ser capaz de discernir la diferencia (hecha por la Ciencia Cristiana) entre el hombre de Dios, creado a Su imagen, y la raza pecadora de Adán.

El apóstol dice: "Porque el que se cree ser algo, no siendo nada, a sí mismo se engaña". Este pensamiento acerca de la nada material humana, que la Ciencia inculca, encoleriza la mente carnal y es la causa principal del antagonismo de la mente carnal.

No es el propósito de la Ciencia Cristiana "educar a la idea de Dios, o darle un tratamiento por estar enferma",

God's idea the ideal man

by one critic. I regret that such criticism confounds *man* with Adam. When man is spoken of as made in God's image, it is not sinful and sickly mortal man who is referred to, but the ideal man, reflecting God's likeness.

Nothingness of error

It is sometimes said that Christian Science teaches the nothingness of sin, sickness, and death, and then teaches how this nothingness is to be saved and healed. The nothingness of nothing is plain; but we need to understand that error *is* nothing, and that its nothingness is not saved, but must be demonstrated in order to prove the somethingness — yea, the allness — of Truth. It is self-evident that we are harmonious only as we cease to manifest evil or the belief that we suffer from the sins of others. Disbelief in error destroys error, and leads to the discernment of Truth. There are no vacuums. How then can this demonstration be "fraught with falsities painful to behold"?

Truth antidotes error

We treat error through the understanding of Truth, because Truth is error's antidote. If a dream ceases, it is self-destroyed, and the terror is over. When a sufferer is convinced that there is no reality in his belief of pain, — because matter has no sensation, hence pain in matter is a false belief, — how can he suffer longer? Do you feel the pain of tooth-pulling, when you believe that nitrous-oxide gas has made you unconscious? Yet, in your concept, the tooth, the operation, and the forceps are unchanged.

Serving two masters

Material beliefs must be expelled to make room for spiritual understanding. We cannot serve both God and mammon at the same time; but is not this what frail mortals are trying to do? Paul says:

como alega un crítico. Lamento que tal crítica confunda al *hombre* con Adán. Cuando se habla del hombre como creado a imagen de Dios, no es del hombre mortal, pecador y enfermizo a quien se hace referencia, sino al hombre ideal, que refleja la semejanza de Dios.

La idea de Dios es el hombre ideal

La nada del error

A veces se dice que la Ciencia Cristiana enseña la nada del pecado, la enfermedad y la muerte, y después enseña cómo esta nada ha de ser salvada y sanada. La nada de la nada es evidente; pero necesitamos comprender que el error *es* nada, y que su nada no es salvada, sino que tiene que ser demostrada a fin de comprobar el algo —sí, la totalidad— de la Verdad. Es evidente de por sí que somos armoniosos sólo a medida que dejamos de manifestar el mal o la creencia de que sufrimos a causa de los pecados de otros. El descreimiento en el error destruye el error, y conduce al discernimiento de la Verdad. No existen vacíos. ¿Cómo puede, entonces, esta demostración estar “llena de falsedades dolorosas de contemplar”?

La Verdad es el antídoto contra el error

Tratamos el error por medio de la comprensión de la Verdad, porque la Verdad es el antídoto contra el error. Si un sueño cesa, se destruye a sí mismo, y se acaba el terror. Cuando alguien que sufre es convencido de que no hay realidad en su creencia de dolor —porque la materia no tiene sensación, y por lo tanto, el dolor en la materia es una creencia falsa— ¿cómo puede seguir sufriendo? ¿Sientes el dolor de la extracción de una muela, cuando crees que el gas óxido nitroso te ha dejado inconsciente? Sin embargo, en tu concepto, la muela, la operación, y los fórceps no han cambiado.

Sirviendo a dos señores

Las creencias materiales tienen que ser expulsadas para hacer lugar a la comprensión espiritual. No podemos servir a Dios y a las riquezas al mismo tiempo; mas ¿no es esto lo que los débiles mortales están tratando de hacer? Pablo dice: “El deseo de la carne

"The flesh lusteth against the Spirit, and the Spirit against the flesh." Who is ready to admit this?

It is said by one critic, that to verify this wonderful philosophy Christian Science declares that whatever is mortal or discordant has no origin, existence, nor realness. Nothing really has Life but God, who is infinite Life; hence all is Life, and death has no dominion. This writer infers that if anything needs to be doctored, it must be the one God, or Mind. Had he stated his syllogism correctly, the conclusion would be that there is nothing left to be doctored.

Essential element of Christianity

Critics should consider that the so-called mortal man is not the reality of man. Then they would behold the signs of Christ's coming. Christ, as the spiritual or true idea of God, comes now as of old, preaching the gospel to the poor, healing the sick, and casting out evils. Is it error which is restoring an essential element of Christianity, — namely, apostolic, divine healing? No; it is the Science of Christianity which is restoring it, and is the light shining in darkness, which the darkness comprehends not.

If Christian Science takes away the popular gods, — sin, sickness, and death, — it is Christ, Truth, who destroys these evils, and so proves their nothingness.

The dream that matter and error are something must yield to reason and revelation. Then mortals will behold the nothingness of sickness and sin, and sin and sickness will disappear from consciousness. The harmonious will appear real, and the inharmonious unreal. These critics will then see that error is indeed the nothingness, which they chide us for es contra el Espíritu, y el del Espíritu es contra la carne". ¿Quién está preparado para admitir esto?

Un crítico ha dicho que, para verificar esta maravillosa filosofía, la Ciencia Cristiana declara que todo lo que es mortal o discordante no tiene origen, existencia ni realidad. Nada realmente tiene Vida, sino Dios, quien es la Vida infinita; por lo tanto, todo es Vida, y la muerte no tiene dominio. Este escritor infiere que si algo necesita ser medicinado tiene que ser el Dios único, o Mente. Si hubiera declarado su silogismo correctamente, la conclusión habría sido que no queda nada que necesite ser medicinado.

Elemento esencial del cristianismo

Los críticos debieran considerar que el así llamado hombre mortal no es la realidad del hombre. Entonces contemplarían las señales de la venida del Cristo. El Cristo, como la idea espiritual o verdadera de Dios, viene ahora, como antaño, predicando el evangelio a los pobres, sanando a los enfermos y echando fuera los males. ¿Es el error lo que está restaurando un elemento esencial del cristianismo, a saber, la curación apostólica y divina? No; es la Ciencia del cristianismo lo que está restaurándola, y es la luz que resplandece en las tinieblas, y que las tinieblas no comprenden.

Si la Ciencia Cristiana quita los dioses populares —el pecado, la enfermedad y la muerte— es el Cristo, la Verdad, quien destruye estos males, y así comprueba la nada de ellos.

El sueño de que la materia y el error son algo tiene que ceder a la razón y a la revelación. Entonces los mortales contemplarán la nada de la enfermedad y el pecado, y el pecado y la enfermedad desaparecerán de la consciencia. Lo armonioso aparecerá como real, y lo inarmónico como irreal. Estos críticos verán entonces que el error es, por cierto, la nada, naming nothing and which we desire neither to honor nor to fear.

Medical theories virtually admit the nothingness of hallucinations, even while treating them as disease; and who objects to this? Ought we not, then, to approve any cure, which is effected by making the disease appear to be — what it really is — an illusion?

All disease a delusion

Here is the difficulty: it is not generally understood how one disease can be just as much a delusion as another. It is a pity that the medical faculty and clergy have not learned this, for Jesus established this foundational fact, when devils, delusions, were cast out and the dumb spake.

Elimination of sickness

Are we irreverent towards sin, or imputing too much power to God, when we ascribe to Him almighty Life and Love? I deny His cooperation with evil, because I desire to have no faith in evil or in any power but God, good. Is it not well to eliminate from so-called mortal mind that which, so long as it remains in mortal mind, will show itself in forms of sin, sickness, and death? Instead of tenaciously defending the supposed rights of disease, while complaining of the suffering disease brings, would it not be well to abandon the defence, especially when by so doing our own condition can be improved and that of other persons as well?

Full fruitage yet to come

I have never supposed the world would immediately witness the full fruitage of Christian Science, or that sin, disease, and death would not be believed for an indefinite time; but this I do aver, that, as a result of teaching Christian Science, ethics and temperance have received an impulse, health has been restored, and longevity increased. If such are the presque nos reprochan por llamar nada y a la cual no deseamos ni honrar ni temer.

Las teorías médicas admiten virtualmente la nada de las alucinaciones, a pesar de que las tratan como enfermedades; ¿y quién objeta esto? ¿No debiéramos, entonces, aprobar toda curación que se efectúa haciendo aparecer la enfermedad como lo que realmente es: una ilusión?

Toda enfermedad es un engaño

He aquí la dificultad: no se comprende, por lo general, cómo una enfermedad puede ser tan engañosa como otra. Es una lástima que la facultad médica y el clero no hayan aprendido esto, pues Jesús estableció este hecho fundamental cuando los demonios, los engaños, fueron echados fuera y los mudos hablaron.

Eliminación de la enfermedad

¿Somos irreverentes para con el pecado, o estamos atribuyendo demasiado poder a Dios, cuando Le adjudicamos Vida y Amor todopoderosos? Niego Su cooperación con el mal, porque deseo no tener fe en el mal o en ningún poder excepto en Dios, el bien. ¿No está bien eliminar de la así llamada mente mortal aquello que, mientras permanezca en la mente mortal, se manifestará en formas de pecado, enfermedad y muerte? En lugar de defender tenazmente los supuestos derechos de la enfermedad, mientras nos quejamos del sufrimiento que la enfermedad trae, ¿no sería mejor abandonar la defensa, especialmente cuando al hacerlo puede mejorarse nuestra propia condición y la de otras personas también?

El fruto completo aún está por venir

Jamás he supuesto que el mundo presenciaría inmediatamente el fruto total de la Ciencia Cristiana, o que no se seguiría creyendo en el pecado, la enfermedad y la muerte por un tiempo indefinido; pero esto sí afirmo: que, como resultado de enseñar la Ciencia Cristiana, la ética y la templanza han recibido un impulso, la salud ha sido restablecida y la longevidad aumentada. Si tales ent fruits, what will the harvest be, when this Science is more generally understood?

Law and gospel

As Paul asked of the unfaithful in ancient days, so the rabbis of the present day ask concerning our healing and teaching, "Through breaking the law, dishonorest thou God?" We have the gospel, however, and our Master annulled material law by healing contrary to it. We propose to follow the Master's example. We should subordinate material law to spiritual law. Two essential points of Christian Science are, that neither Life nor man dies, and that God is not the author of sickness.

Language inadequate

The chief difficulty in conveying the teachings of divine Science accurately to human thought lies in this, that like all other languages, English is inadequate to the expression of spiritual conceptions and propositions, because one is obliged to use material terms in dealing with spiritual ideas. The elucidation of Christian Science lies in its spiritual sense, and this sense must be gained by its disciples in order to grasp the meaning of this Science. Out of this condition grew the prophecy concerning the Christian apostles, "They shall speak with new tongues."

Speaking of the things of Spirit while dwelling on a material plane, material terms must be generally employed. Mortal thought does not at once catch the higher meaning, and can do so only as thought is educated up to spiritual apprehension. To a certain extent this is equally true of all learning, even that which is wholly material.

In Christian Science, substance is understood to be Spirit, while the opponents of Christian Science believe son los frutos presentes, ¿cuál no será la cosecha, cuando esta Ciencia sea más generalmente comprendida?

La ley y el evangelio

Como Pablo preguntó a los incrédulos de antaño, así preguntan los rabinos de hoy respecto a nuestras curaciones y enseñanzas: "¿Con infracción de la ley deshonras a Dios?" Sin embargo, nosotros tenemos el evangelio, y nuestro Maestro anuló la ley material sanando en oposición a ella. Nos proponemos seguir el ejemplo del Maestro. Debiéramos subordinar la ley material a la ley espiritual. Dos puntos esenciales de la Ciencia Cristiana son: que ni la Vida ni el hombre mueren, y que Dios no es el autor de la enfermedad.

El lenguaje es inadecuado

La principal dificultad para transmitir con exactitud las enseñanzas de la Ciencia divina al pensamiento humano yace en esto: como todos los demás idiomas, el inglés es inadecuado para expresar las concepciones y proposiciones espirituales, porque uno se ve obligado a usar términos materiales al tratar con ideas espirituales. La elucidación de la Ciencia Cristiana yace en su sentido espiritual, y este sentido debe ser ganado por sus discípulos a fin de comprender el significado de esta Ciencia. De esta condición surgió la profecía concerniente a los apóstoles cristianos: "Hablarán nuevas lenguas".

Al hablar de las cosas del Espíritu mientras se mora en un plano material, generalmente deben ser empleados términos materiales. El pensamiento mortal no capta en seguida el significado más elevado, y sólo puede hacerlo a medida que el pensamiento es enseñado a elevarse a la comprensión espiritual. Hasta cierto punto, esto es igualmente cierto de todo aprendizaje, incluso del que es enteramente material.

En la Ciencia Cristiana, se entiende que la sustancia es Espíritu, mientras que los que se oponen a la Ciencia Cristiana substance to be matter. They think of matter as something and almost the only thing, and of the things which pertain to Spirit as next to nothing, or as very far removed from daily experience. Christian Science takes exactly the opposite view.

Substance spiritual

To understand all our Master's sayings as recorded in the New Testament, sayings infinitely important, his followers must grow into that stature of manhood in Christ Jesus which enables them to interpret his spiritual meaning. Then they know how Truth casts out error and heals the sick. His words were the offspring of his deeds, both of which must be understood. Unless the works are comprehended which his words explained, the words are blind.

Both words and works

The Master often refused to explain his words, because it was difficult in a material age to apprehend spiritual Truth. He said: "This people's heart is waxed gross, and their ears are dull of hearing, and their eyes they have closed; lest at any time they should see with their eyes, and hear with their ears, and should understand with their heart, and should be converted, and I should heal them."

"The Word was made flesh." Divine Truth must be known by its effects on the body as well as on the mind, before the Science of being can be demonstrated. Hence its embodiment in the incarnate Jesus, — that life-link forming the connection through which the real reaches the unreal, Soul rebukes sense, and Truth destroys error.

The divine life-link

In Jewish worship the Word was materially explained, and the spiritual sense was scarcely perceived. The

La sustancia es espiritual

creen que la sustancia es materia. Piensan que la materia es algo y casi lo único, y que las cosas que pertenecen al Espíritu son casi nada, o están muy alejadas de la experiencia diaria. La Ciencia Cristiana adopta el punto de vista exactamente opuesto.

Tanto obras como palabras

Para comprender todos los dichos de nuestro Maestro como están registrados en el Nuevo Testamento, dichos infinitamente importantes, sus seguidores tienen que crecer hasta llegar a la estatura del hombre en Cristo Jesús, que los capacita para interpretar su significado espiritual. Entonces saben cómo la Verdad expulsa el error y sana a los enfermos. Las palabras de Jesús eran el producto de sus obras, y ambas tienen que ser entendidas. A menos que se comprendan las obras que sus palabras explicaban, las palabras son ciegas.

El Maestro se rehusaba con frecuencia a explicar sus palabras, porque era difícil en una época material comprender la Verdad espiritual. Él dijo: "El corazón de este pueblo se ha engrosado, y con los oídos oyen pesadamente, y han cerrado sus ojos; para que no vean con los ojos, y oigan con los oídos, y con el corazón entiendan, y se conviertan, y yo los sane".

El divino eslabón-vida

"[El] Verbo fue hecho carne". La Verdad divina tiene que ser conocida por sus efectos en el cuerpo tanto como en la mente, antes que la Ciencia del ser pueda ser demostrada. De ahí su incorporación en el Jesús encarnado, aquel eslabón-vida que forma la conexión mediante la cual lo real alcanza lo irreal, el Alma reprende el sentido, y la Verdad destruye el error.

En la adoración judaica la Palabra era explicada materialmente, y el sentido espiritual era escasamente percibido. La

Truth a present help

religion which sprang from half-hidden Israelitish history was pedantic and void of healing power. When we lose faith in God's power to heal, we distrust the divine Principle which demonstrates Christian Science, and then we cannot heal the sick. Neither can we heal through the help of Spirit, if we plant ourselves on a material basis.

The author became a member of the orthodox Congregational Church in early years. Later she learned that her own prayers failed to heal her as did the prayers of her devout parents and the church; but when the spiritual sense of the creed was discerned in the Science of Christianity, this spiritual sense was a *present help.* It was the living, palpitating presence of Christ, Truth, which healed the sick.

Fatal premises

We cannot bring out the practical proof of Christianity, which Jesus required, while error seems as potent and real to us as Truth, and while we make a personal devil and an anthropomorphic God our starting-points, — especially if we consider Satan as a being coequal in power with Deity, if not superior to Him. Because such starting-points are neither spiritual nor scientific, they cannot work out the Spirit-rule of Christian healing, which proves the nothingness of error, discord, by demonstrating the all-inclusiveness of harmonious Truth.

Fruitless worship

The Israelites centred their thoughts on the material in their attempted worship of the spiritual. To them matter was substance, and Spirit was shadow. They thought to worship Spirit from a material standpoint, but this was impossible. They might appeal to Jehovah, but their prayer brought down no

La Verdad es un pronto auxilio

religión que surgió de la semioculta historia israelita era pedante y carente de poder sanador. Cuando perdemos la fe en el poder de Dios para sanar, no confiamos en el Principio divino que demuestra la Ciencia Cristiana, y entonces no podemos sanar a los enfermos. Tampoco podemos sanar mediante la ayuda del Espíritu, si nos plantamos en una base material.

La autora se hizo miembro de la Iglesia Congregacional ortodoxa a edad temprana. Más tarde, aprendió que sus propias oraciones no conseguían sanarla, como tampoco las de sus devotos padres ni las de la iglesia; mas cuando el sentido espiritual del credo fue discernido en la Ciencia del cristianismo, este sentido espiritual fue un *pronto auxilio.* Era la presencia viviente y palpitante del Cristo, la Verdad, que sanaba a los enfermos.

No podemos presentar la prueba práctica del cristianismo que Jesús requirió, mientras el error nos parece tan potente y real como la Verdad, y mientras hacemos de

Premisas fatales

un diablo personal y un Dios antropomórfico nuestros puntos de partida, especialmente si consideramos a Satanás como un ser coigual en poder a la Deidad, si no superior a Él. Puesto que tales puntos de partida no son espirituales ni científicos, no pueden resolver la regla-Espíritu de la curación cristiana, la cual comprueba la nada del error, la discordancia, al demostrar que la Verdad armoniosa es todo-inclusiva.

Los israelitas centraron sus pensamientos en lo material en su intento de adorar lo espiritual. Para ellos la materia era sustancia, y el Espíritu era sombra.

Adoración sin fruto

Creían adorar el Espíritu desde un punto de vista material, pero esto era imposible. Tal vez suplicaban a Jehová, mas sus oraciones no traían prueba alguna de que proof that it was heard, because they did not sufficiently understand God to be able to demonstrate His power to heal, — to make harmony the reality and discord the unreality.

Spirit the tangible

Our Master declared that his material body was not spirit, evidently considering it a mortal and material belief of flesh and bones, whereas the Jews took a diametrically opposite view. To Jesus, not materiality, but spirituality, was the reality of man's existence, while to the rabbis the spiritual was the intangible and uncertain, if not the unreal.

Ghosts not realities

Would a mother say to her child, who is frightened at imaginary ghosts and sick in consequence of the fear: "I know that ghosts are real. They exist, and are to be feared; but you must not be afraid of them"?

Children, like adults, *ought* to fear a reality which can harm them and which they do not understand, for at any moment they may become its helpless victims; but instead of increasing children's fears by declaring ghosts to be real, merciless, and powerful, thus watering the very roots of childish timidity, children should be assured that their fears are groundless, that ghosts are not realities, but traditional beliefs, erroneous and man-made.

In short, children should be told not to believe in ghosts, because there are no such things. If belief in their reality is destroyed, terror of ghosts will depart and health be restored. The objects of alarm will then vanish into nothingness, no longer seeming worthy of fear or honor. To accomplish a good result, it is certainly not irrational to tell the truth about ghosts.

eran escuchadas, porque no comprendían suficientemente a Dios como para ser capaces de demostrar Su poder de sanar, de hacer de la armonía la realidad y de la discordancia la irrealidad.

El Espíritu es lo tangible

Nuestro Maestro declaró que su cuerpo material no era espíritu, evidentemente considerándolo una creencia mortal y material de carne y huesos, en tanto que los judíos adoptaron un punto de vista diametralmente opuesto. Para Jesús, no era la materialidad, sino la espiritualidad, la realidad de la existencia del hombre, mientras que para los rabinos lo espiritual era lo intangible e incierto, si no lo irreal.

Los fantasmas no son realidades

¿Diría una madre a su hijo, que está aterrorizado por fantasmas imaginarios y enfermo a consecuencia del temor: "Yo sé que los fantasmas son reales. Existen y deben ser temidos; pero tú no debes temerlos"?

Los niños, como los adultos, *debieran* temer una realidad que puede dañarlos y que no comprenden, porque en cualquier momento pueden convertirse en sus víctimas indefensas; pero en vez de aumentar los temores de los niños declarando que los fantasmas son reales, despiadados y poderosos, regando así las raíces mismas de la timidez infantil, debiera asegurarse a los niños que sus temores son infundados, que los fantasmas no son realidades, sino creencias tradicionales, erróneas y creadas por los hombres.

En resumen, debe decirse a los niños que no crean en los fantasmas, porque no hay tales cosas. Si se destruye la creencia de que son reales, el terror a los fantasmas desaparecerá y la salud será restablecida. Entonces los motivos de alarma se desvanecerán en la nada, y ya no parecerán ser dignos de temor o de honra. Para obtener un buen resultado, por cierto que no es irracional decir la verdad acerca de los fantasmas.

The real and the unreal

The Christianly scientific real is the sensuous unreal. Sin, disease, whatever seems real to material sense, is unreal in divine Science. The physical senses and Science have ever been antagonistic, and they will so continue, till the testimony of the physical senses yields entirely to Christian Science.

How can a Christian, having the stronger evidence of Truth which contradicts the evidence of error, think of the latter as real or true, either in the form of sickness or of sin? All must admit that Christ is "the way, the truth, and the life," and that omnipotent Truth certainly does destroy error.

Superstition obsolete

The age has not wholly outlived the sense of ghostly beliefs. It still holds them more or less. Time has not yet reached eternity, immortality, complete reality. All the real is eternal. Perfection underlies reality. Without perfection, nothing is wholly real. All things will continue to disappear, until perfection appears and reality is reached. We must give up the spectral at all points. We must not continue to admit the somethingness of superstition, but we must yield up all belief in it and be wise. When we learn that error is not real, we shall be ready for progress, "forgetting those things which are behind."

The grave does not banish the ghost of materiality. So long as there are supposed limits to Mind, and those limits are human, so long will ghosts seem to continue. Mind is limitless. It never was material. The true idea of being is spiritual and immortal, and from this it follows that whatever is laid off is the ghost, some unreal belief. Mortal beliefs can neither demonstrate Christianity nor apprehend the reality of Life.

Lo real y lo irreal

Lo cristianamente científico real es lo sensorio irreal. El pecado, la enfermedad, todo lo que parece real al sentido material, es irreal en la Ciencia divina. Los sentidos físicos y la Ciencia siempre han sido antagónicos, y continuarán siéndolo, hasta que el testimonio de los sentidos físicos ceda enteramente ante la Ciencia Cristiana.

¿Cómo puede un cristiano, teniendo la evidencia más poderosa de la Verdad, que contradice la evidencia del error, pensar en este último como real o verdadero, ya sea en forma de enfermedad o de pecado? Todos tienen que admitir que Cristo es "el camino, y la verdad, y la vida", y que la Verdad omnipotente ciertamente destruye el error.

La superstición, obsoleta

La época actual no ha dejado atrás por completo las creencias en fantasmas. Todavía se aferra más o menos a ellas. El tiempo aún no ha alcanzado la eternidad, la inmortalidad, la realidad completa. Todo lo real es eterno. La perfección subyace la realidad. Sin perfección, nada es enteramente real. Todas las cosas continuarán desapareciendo, hasta que aparezca la perfección y se alcance la realidad. Tenemos que renunciar a lo espectral en todo sentido. No debemos continuar admitiendo que la superstición es algo, sino que debemos abandonar toda creencia en ella y ser sabios. Cuando aprendamos que el error no es real, estaremos preparados para el progreso, "olvidando ciertamente lo que queda atrás".

La tumba no ahuyenta el fantasma de la materialidad. Mientras haya supuestos límites para la Mente, y esos límites sean humanos, los fantasmas parecerán continuar. La Mente es ilimitada. Jamás fue material. La verdadera idea del ser es espiritual e inmortal, y de esto se deduce que todo lo que se desecha es el fantasma, alguna creencia irreal. Las creencias mortales no pueden ni demostrar el cristianismo ni comprender la realidad de la Vida.

Are the protests of Christian Science against the notion that there can be material life, substance, or mind "utter falsities and absurdities," as some aver? Why then do Christians try to obey the Scriptures and war against "the world, the flesh, and the devil"? Why do they invoke the divine aid to enable them to leave all for Christ, Truth? Why do they use this phraseology, and yet deny Christian Science, when it teaches precisely this thought? The words of divine Science find their immortality in deeds, for their Principle heals the sick and spiritualizes humanity.

Christian warfare

On the other hand, the Christian opponents of Christian Science neither give nor offer any proofs that their Master's religion can heal the sick. Surely it is not enough to cleave to barren and desultory dogmas, derived from the traditions of the elders who thereunto have set their seals.

Healing omitted

Consistency is seen in example more than in precept. Inconsistency is shown by words without deeds, which are like clouds without rain. If our words fail to express our deeds, God will redeem that weakness, and out of the mouth of babes He will perfect praise. The night of materiality is far spent, and with the dawn Truth will waken men spiritually to hear and to speak the new tongue.

Scientific consistency

Sin should become unreal to every one. It is in itself inconsistent, a divided kingdom. Its supposed realism has no divine authority, and I rejoice in the apprehension of this grand verity.

The opponents of divine Science must be charitable, if they would be Christian. If the letter of Christian Science appears inconsistent, they should

Spiritual meaning

Guerra cristiana

¿Son las protestas de la Ciencia Cristiana en contra de la noción de que pueda haber vida, sustancia o mente materiales "falsedades y absurdos totales", como sostienen algunos? ¿Por qué entonces los cristianos tratan de obedecer las Escrituras y guerrear contra "el mundo, la carne y el diablo"? ¿Por qué invocan la ayuda divina para poder dejar todo por el Cristo, la Verdad? ¿Por qué usan esta fraseología, y sin embargo niegan la Ciencia Cristiana, cuando ella enseña precisamente este pensamiento? Las palabras de la Ciencia divina encuentran su inmortalidad en obras, porque su Principio sana a los enfermos y espiritualiza a la humanidad.

La curación omitida

Por otra parte, los cristianos que se oponen a la Ciencia Cristiana ni dan ni ofrecen prueba alguna de que la religión de su Maestro pueda sanar a los enfermos. Por cierto que no es suficiente adherirse a dogmas estériles e inconexos, derivados de las tradiciones de los ancianos quienes han puesto su sello sobre ellas.

Coherencia científica

La coherencia se ve más en el ejemplo que en el precepto. La incoherencia se muestra con palabras sin obras, que son cual nubes sin lluvia. Si nuestras palabras no logran expresar nuestras obras, Dios redimirá esa debilidad, y de la boca de los niños Él perfeccionará la alabanza. La noche de la materialidad está avanzada, y con el amanecer la Verdad despertará a los hombres espiritualmente para que oigan y hablen la nueva lengua.

El pecado debiera volverse irreal para todos. Es en sí mismo incoherente, un reino dividido. Su supuesto realismo no tiene autoridad divina, y yo me regocijo en la comprensión de esta gran verdad.

Significado espiritual

Los que se oponen a la Ciencia divina deben ser caritativos, si quieren ser cristianos. Si la letra de la Ciencia Cristiana parece incoherente, ellos debieran gain the spiritual meaning of Christian Science, and then the ambiguity will vanish.

Practical arguments

The charge of inconsistency in Christianly scientific methods of dealing with sin and disease is met by something practical, — namely, the proof of the utility of these methods; and proofs are better than mere verbal arguments or prayers which evince no spiritual power to heal.

As for sin and disease, Christian Science says, in the language of the Master, "Follow me; and let the dead bury their dead." Let discord of every name and nature be heard no more, and let the harmonious and true sense of Life and being take possession of human consciousness.

What is the relative value of the two conflicting theories regarding Christian healing? One, according to the commands of our Master, heals the sick. The other, popular religion, declines to admit that Christ's religion has exercised any systematic healing power since the first century.

Conditions of criticism

The statement that the teachings of Christian Science in this work are "absolutely false, and the most egregious fallacies ever offered for acceptance," is an opinion wholly due to a misapprehension both of the divine Principle and practice of Christian Science and to a consequent inability to demonstrate this Science. Without this understanding, no one is capable of impartial or correct criticism, because demonstration and spiritual understanding are God's immortal keynotes, proved to be such by our Master and evidenced by the sick who are cured and by the sinners who are reformed.

Strangely enough, we ask for material theories in supganar el significado espiritual de la Ciencia Cristiana, y entonces la ambigüedad desaparecerá.

Argumentos prácticos

La acusación de incoherencia en los métodos cristianamente científicos de tratar el pecado y la enfermedad es respondida mediante algo práctico, a saber, la prueba de la utilidad de estos métodos; y las pruebas son mejores que meros argumentos u oraciones verbales que no demuestran ningún poder espiritual para sanar.

En cuanto al pecado y la enfermedad, la Ciencia Cristiana dice, en el lenguaje del Maestro: "Sígueme; deja que los muertos entierren a sus muertos". Que la discordancia, cualquiera sea su nombre y naturaleza, no se oiga más, y que el sentido armonioso y verdadero de la Vida y del ser tome posesión de la consciencia humana.

¿Cuál es el valor relativo de las dos teorías en conflicto referentes a la curación cristiana? Una, de acuerdo con los mandatos de nuestro Maestro, sana a los enfermos. La otra, la religión popular, rehúsa admitir que la religión de Cristo haya ejercido poder sanador sistemático alguno desde el siglo primero.

Requisitos para la crítica

La declaración de que las enseñanzas de la Ciencia Cristiana expuestas en esta obra son "absolutamente falsas, y las falacias más notorias que jamás se hayan ofrecido para ser aceptadas", es una opinión debida enteramente a una comprensión equivocada, tanto del Principio divino como de la práctica de la Ciencia Cristiana, y a la consiguiente incapacidad para demostrar esta Ciencia. Sin esta comprensión, nadie es capaz de criticar imparcial o correctamente, porque la demostración y la comprensión espiritual son las inmortales notas tónicas de Dios, comprobadas como tales por nuestro Maestro y evidenciadas por los enfermos que son sanados y por los pecadores que son reformados.

Por extraño que sea, pedimos teorías materiales en apoyo

port of spiritual and eternal truths, when the two are so antagonistic that the material thought must become spiritualized before the spiritual fact is attained.

Weakness of material theories

So-called material existence affords no evidence of spiritual existence and immortality. Sin, sickness, and death do not prove man's entity or immortality. Discord can never establish the facts of harmony. Matter is not the vestibule of Spirit.

Irreconcilable differences

Jesus reasoned on this subject practically, and controlled sickness, sin, and death on the basis of his spirituality. Understanding the nothingness of material things, he spoke of flesh and Spirit as the two opposites,—as error and Truth, not contributing in any way to each other's happiness and existence. Jesus knew, "It is the spirit that quickeneth; the flesh profiteth nothing."

Copartnership impossible

There is neither a present nor an eternal copartnership between error and Truth, between flesh and Spirit. God is as incapable of producing sin, sickness, and death as He is of experiencing these errors. How then is it possible for Him to create man subject to this triad of errors,—man who is made in the divine likeness?

Does God create a material man out of Himself, Spirit? Does evil proceed from good? Does divine Love commit a fraud on humanity by making man inclined to sin, and then punishing him for it? Would any one call it wise and good to create the primitive, and then punish its derivative?

Does subsequent follow its antecedent? It does. Was there original self-creative sin? Then there must have been more than one creator, more than one God.

a verdades espirituales y eternas, dado que las dos son tan antagónicas que el pensamiento material tiene que espiritualizarse antes que la realidad espiritual sea alcanzada. La así llamada existencia material no ofrece evidencia alguna de la existencia espiritual ni de la inmortalidad. El pecado, la enfermedad y la muerte no comprueban la entidad o la inmortalidad del hombre. La discordancia nunca puede establecer las realidades de la armonía. La materia no es el vestíbulo del Espíritu.

Debilidad de las teorías materiales

Jesús razonaba prácticamente sobre este tema, y controlaba la enfermedad, el pecado y la muerte sobre la base de su espiritualidad. Comprendiendo la nada de las cosas materiales, él hablaba de la carne y el Espíritu como de los dos contrarios, como el error y la Verdad, que no contribuyen de ninguna manera a la felicidad y existencia recíprocas. Jesús sabía que "el espíritu es el que da vida; la carne para nada aprovecha".

Diferencias irreconciliables

No existe una asociación actual ni eterna entre el error y la Verdad, entre la carne y el Espíritu. Dios es tan incapaz de producir el pecado, la enfermedad y la muerte como de experimentar estos errores. ¿Cómo es posible, entonces, que Él haya creado al hombre para que estuviera sujeto a este trío de errores, el hombre que está hecho a la semejanza divina?

Asociación imposible

¿Crea Dios de Sí mismo, del Espíritu, a un hombre material? ¿Procede el mal del bien? ¿Comete el Amor divino un fraude contra la humanidad, al crear al hombre con inclinación a pecar y luego castigándolo por ello? ¿Diría alguien que es sabio y bueno crear lo primitivo, y después castigar su derivado?

¿Sigue lo subsecuente a su antecedente? Sí, lo hace. ¿Hubo pecado original que se creó a sí mismo? Entonces debe haber habido más de un creador, más de un Dios.

Two infinite creators absurd

In common justice, we must admit that God will not punish man for doing what He created man capable of doing, and knew from the outset that man would do. God is "of purer eyes than to behold evil." We sustain Truth, not by accepting, but by rejecting a lie.

Jesus said of personified evil, that it was "a liar, and the father of it." Truth creates neither a lie, a capacity to lie, nor a liar. If mankind would relinquish the belief that God makes sickness, sin, and death, or makes man capable of suffering on account of this malevolent triad, the foundations of error would be sapped and error's destruction ensured; but if we theoretically endow mortals with the creativeness and authority of Deity, how dare we attempt to destroy what He hath made, or even to deny that God made man evil and made evil good?

Anthropomorphism

History teaches that the popular and false notions about the Divine Being and character have originated in the human mind. As there is in reality but one God, one Mind, wrong notions about God must have originated in a false supposition, not in immortal Truth, and they are fading out. They are false claims, which will eventually disappear, according to the vision of St. John in the Apocalypse.

One supremacy

If what opposes God is real, there must be two powers, and God is not supreme and infinite. Can Deity be almighty, if another mighty and self-creative cause exists and sways mankind? Has the Father "Life in Himself," as the Scriptures say, and, if so, can Life, or God, dwell in evil and create it? Can matter drive Life, Spirit, hence, and so defeat omnipotence?

Dos creadores infinitos, un absurdo

Con toda justicia, debemos admitir que Dios no castigará al hombre por hacer lo que Él creó al hombre capaz de hacer, y que sabía de antemano que el hombre haría. Dios es "muy limpio... de ojos para ver el mal". Sostenemos la Verdad, no aceptando, sino rechazando una mentira.

Jesús dijo del mal personificado que era "mentiroso, y padre de mentira". La Verdad no crea una mentira, una capacidad de mentir, ni un mentiroso. Si el género humano renunciara a la creencia de que Dios crea la enfermedad, el pecado y la muerte, o de que hace al hombre capaz de sufrir a causa de esta tríada malévola, los fundamentos del error serían socavados y la destrucción del error estaría asegurada; pero si teóricamente dotamos a los mortales con la capacidad creativa y la autoridad de la Deidad, ¿cómo nos atrevemos a intentar destruir lo que Él ha creado, o incluso a negar que Dios hizo malo al hombre e hizo bueno el mal?

Antropomorfismo

La historia enseña que las nociones populares y falsas acerca del Ser Divino y de Su carácter se han originado en la mente humana. Puesto que en realidad no hay sino un único Dios, una única Mente, las nociones erróneas acerca de Dios deben haberse originado en una suposición falsa, no en la Verdad inmortal, y ellas se están desvaneciendo. Son falsas pretensiones, que finalmente desaparecerán, según la visión de San Juan en el Apocalipsis.

Única supremacía

Si lo que se opone a Dios es real, debe haber dos poderes, y Dios no es supremo e infinito. ¿Puede la Deidad ser todopoderosa si existe otra causa poderosa y creada por sí misma que domina a la humanidad? ¿Tiene el Padre "Vida en Sí mismo", como dicen las Escrituras, y, de ser así, puede la Vida, o Dios, morar en el mal y crearlo? ¿Puede la materia expulsar la Vida, el Espíritu, y derrotar así la omnipotencia?

Matter impotent

Is the woodman's axe, which destroys a tree's so-called life, superior to omnipotence? Can a leaden bullet deprive a man of Life, — that is, of God, who is man's Life? If God is at the mercy of matter, then matter is omnipotent. Such doctrines are "confusion worse confounded." If two statements directly contradict each other and one is true, the other must be false. Is Science thus contradictory?

Scientific and Biblical facts

Christian Science, understood, coincides with the Scriptures, and sustains logically and demonstratively every point it presents. Otherwise it would not be Science, and could not present its proofs. Christian Science is neither made up of contradictory aphorisms nor of the inventions of those who scoff at God. It presents the calm and clear verdict of Truth against error, uttered and illustrated by the prophets, by Jesus, by his apostles, as is recorded throughout the Scriptures.

Why are the words of Jesus more frequently cited for our instruction than are his remarkable works? Is it not because there are few who have gained a true knowledge of the great import to Christianity of those works?

Personal confidence

Sometimes it is said: "Rest assured that whatever effect Christian Scientists may have on the sick, comes through rousing within the sick a belief that in the removal of disease these healers have wonderful power, derived from the Holy Ghost." Is it likely that church-members have more faith in some Christian Scientist, whom they have perhaps never seen and against whom they have been warned, than they have in their own accredited and orthodox

La materia es impotente

¿Es el hacha del leñador, que destruye la así llamada vida de un árbol, superior a la omnipotencia? ¿Puede una bala de plomo privar a un hombre de la Vida, es decir, de Dios, que es la Vida del hombre? Si Dios está a merced de la materia, entonces la materia es omnipotente. Tales doctrinas son “confusión de confusiones”. Si dos declaraciones se contradicen directamente y una es verdadera, la otra tiene que ser falsa. ¿Es así de contradictoria la Ciencia?

Hechos científicos y bíblicos

La Ciencia Cristiana, comprendida, coincide con las Escrituras y sostiene lógicamente y de manera demostrable cada punto que presenta. De otro modo no sería Ciencia, y no podría presentar sus pruebas. La Ciencia Cristiana no se compone ni de aforismos contradictorios ni de las invenciones de aquellos que se mofan de Dios. Presenta el veredicto sereno y claro de la Verdad contra el error, expresado e ilustrado por los profetas, por Jesús, por sus apóstoles, como está registrado en las Escrituras desde el comienzo hasta el fin.

¿Por qué las palabras de Jesús son citadas más frecuentemente para nuestra enseñanza que sus notables obras? ¿No será porque son pocos los que han ganado un verdadero conocimiento del gran significado de esas obras para el cristianismo?

Confianza personal

A veces se dice: “Ten la certeza de que cualquier efecto que los Científicos Cristianos puedan producir en los enfermos, resulta de haber despertado en los enfermos una creencia de que, en la curación de las enfermedades, estos sanadores tienen un maravilloso poder, derivado del Espíritu Santo”. ¿Es posible que los miembros de las iglesias tengan más fe en algún Científico Cristiano, a quien quizás jamás han visto y contra quien se les ha prevenido, de la que tienen en sus propios pastores acreditados y pastors, whom they have seen and have been taught to love and to trust?

Let any clergyman try to cure his friends by their faith in him. Will that faith heal them? Yet Scientists will take the same cases, and cures will follow. Is this because the patients have more faith in the Scientist than in their pastor? I have healed infidels whose only objection to this method was, that I as a Christian Scientist believed in the Holy Spirit, while they, the patients, did not.

Even though you aver that the material senses are indispensable to man's existence or entity, you must change the human concept of life, and must at length know yourself spiritually and scientifically. The evidence of the existence of Spirit, Soul, is palpable only to spiritual sense, and is not apparent to the material senses, which cognize only that which is the opposite of Spirit.

Author's parentage

True Christianity is to be honored wherever found, but when shall we arrive at the goal which that word implies? From Puritan parents, the discoverer of Christian Science early received her religious education. In childhood, she often listened with joy to these words, falling from the lips of her saintly mother, "God is able to raise you up from sickness;" and she pondered the meaning of that Scripture she so often quotes: "And these signs shall follow them that believe; . . . they shall lay hands on the sick, and they shall recover."

Two different artists

A Christian Scientist and an opponent are like two artists. One says: "I have spiritual ideals, indestructible and glorious. When others see them as I do, in their true light and loveliness, — and ortodoxos, a quienes han visto y han sido enseñados a amar y a confiar en ellos?

Que trate cualquier clérigo de curar a sus amigos por la fe que en él tienen. ¿Los sanará esa fe? Sin embargo, los Científicos Cristianos tomarán los mismos casos y las curaciones se efectuarán. ¿Se debe esto a que los pacientes tienen más fe en el Científico que en su pastor? He sanado a incrédulos cuya única objeción a este método era que yo, como Científica Cristiana, creía en el Espíritu Santo, mientras que ellos, los pacientes, no lo hacían.

Aun cuando afirmes que los sentidos materiales son indispensables para la existencia o entidad del hombre, tienes que cambiar el concepto humano de la vida, y a la larga tienes que conocerte espiritual y científicamente. La evidencia de la existencia del Espíritu, el Alma, es palpable sólo al sentido espiritual, y no es aparente a los sentidos materiales, que conocen únicamente aquello que es lo opuesto del Espíritu.

Los padres de la autora

El verdadero cristianismo ha de ser honrado dondequiera que se encuentre, pero ¿cuándo llegaremos a la meta que esa palabra implica? De padres puritanos, la descubridora de la Ciencia Cristiana recibió tempranamente su educación religiosa. Durante su niñez, a menudo escuchaba con gozo estas palabras, que salían de los labios de su santa madre: "Dios es capaz de restablecerte de la enfermedad"; y meditaba sobre el significado de aquel pasaje de las Escrituras que ella cita tan a menudo: "Y estas señales seguirán a los que creen:... sobre los enfermos pondrán sus manos, y sanarán".

Dos artistas diferentes

Un Científico Cristiano y un oponente son como dos artistas. Uno dice: "Tengo ideales espirituales, indestructibles y gloriosos. Cuando otros los vean como yo los veo, en su verdadera luz y belleza —y sepan know that these ideals are real and eternal because drawn from Truth, — they will find that nothing is lost, and all is won, by a right estimate of what is real."

The other artist replies: "You wrong my experience. I have no mind-ideals except those which are both mental and material. It is true that materiality renders these ideals imperfect and destructible; yet I would not exchange mine for thine, for mine give me such personal pleasure, and they are not so shockingly transcendental. They require less self-abnegation, and keep Soul well out of sight. Moreover, I have no notion of losing my old doctrines or human opinions."

Choose ye to-day

Dear reader, which mind-picture or externalized thought shall be real to you, — the material or the spiritual? Both you cannot have. You are bringing out your own ideal. This ideal is either temporal or eternal. Either Spirit or matter is your model. If you try to have two models, then you practically have none. Like a pendulum in a clock, you will be thrown back and forth, striking the ribs of matter and swinging between the real and the unreal.

Hear the wisdom of Job, as given in the excellent translation of the late Rev. George R. Noyes, D.D.: —

> Shall mortal man be more just than God?
> Shall man be more pure than his Maker?
> Behold, He putteth no trust in His ministering spirits,
> And His angels He chargeth with frailty.

Of old, the Jews put to death the Galilean Prophet, the best Christian on earth, for the truth he spoke and demonstrated, while to-day, Jew and Christian can unite in doctrine and denomination on the very basis of Jesus' words and works. The Jew believes that the Messiah or que estos ideales son reales y eternos porque emanan de la Verdad— descubrirán que nada se pierde y que todo se gana, mediante una apreciación correcta de lo que es real".

El otro artista replica: "Malinterpretas mi experiencia. Yo no tengo ideales-mente, excepto aquellos que son a la vez mentales y materiales. Es cierto que la materialidad hace estos ideales imperfectos y destructibles; sin embargo, yo no cambiaría los míos por los tuyos, porque los míos me dan mucho placer personal, y no son tan chocantemente trascendentales. Requieren menos abnegación, y mantienen el Alma bien alejada de la vista. Además, no tengo ninguna intención de perder mis viejas doctrinas u opiniones humanas".

Escoge tú hoy

Querido lector: ¿cuál cuadro-mente o pensamiento exteriorizado será real para ti, el material o el espiritual? No puedes tener ambos. Estás manifestando tu propio ideal. Este ideal o es temporal o es eterno. O bien el Espíritu o la materia es tu modelo. Si tratas de tener dos modelos, entonces prácticamente no tienes ninguno. Cual el péndulo en un reloj, serás arrojado de un lado a otro, golpeando los costados de la materia y oscilando entre lo real y lo irreal.

Escucha la sabiduría de Job, según la excelente traducción del extinto Reverendo George R. Noyes, Doctor en Teología:

> ¿Será el hombre mortal más justo que Dios?
> ¿Será el hombre más puro que su Hacedor?
> He aquí, Él no confía en Sus espíritus ministradores,
> Y a Sus ángeles acusa de flaqueza.

Antaño, los judíos condenaron a muerte al Profeta galileo, el mejor cristiano sobre la tierra, por la verdad que habló y demostró, mientras que hoy, el judío y el cristiano pueden unirse en doctrina y religión sobre la base misma de las palabras y obras de Jesús. El judío cree que el Mesías o

Christ has not yet come; the Christian believes that Christ is God. Here Christian Science intervenes, explains these doctrinal points, cancels the disagreement, and settles the question. Christ, as the true spiritual idea, is the ideal of God now and forever, here and everywhere. The Jew who believes in the First Commandment is a monotheist; he has one omnipresent God. Thus the Jew unites with the Christian's doctrine that God is come and is present now and forever. The Christian who believes in the First Commandment is a monotheist. Thus he virtually unites with the Jew's belief in one God, and recognizes that Jesus Christ is not God, as Jesus himself declared, but is the Son of God. This declaration of Jesus, understood, conflicts not at all with another of his sayings: "I and my Father are one," — that is, one in quality, not in quantity. As a drop of water is one with the ocean, a ray of light one with the sun, even so God and man, Father and son, are one in being. The Scripture reads: "For in Him we live, and move, and have our being."

I have revised SCIENCE AND HEALTH only to give a clearer and fuller expression of its original meaning. Spiritual ideas unfold as we advance. A human perception of divine Science, however limited, must be correct in order to be Science and subject to demonstration. A germ of infinite Truth, though least in the kingdom of heaven, is the higher hope on earth, but it will be rejected and reviled until God prepares the soil for the seed. That which when sown bears immortal fruit, enriches mankind only when it is understood, — hence the many readings given the Scriptures, and the requisite revisions of SCIENCE AND HEALTH WITH KEY TO THE SCRIPTURES.

el Cristo no ha venido aún; el cristiano cree que Cristo es Dios. Aquí interviene la Ciencia Cristiana, explica estos puntos doctrinales, cancela el desacuerdo y resuelve la cuestión. El Cristo, como la verdadera idea espiritual, es el ideal de Dios ahora y para siempre, aquí y en todas partes. El judío que cree en el Primer Mandamiento es monoteísta; tiene un solo Dios omnipresente. Así el judío se une a la doctrina del cristiano de que Dios ha venido y está presente ahora y para siempre. El cristiano que cree en el Primer Mandamiento es monoteísta. Así se une virtualmente a la creencia del judío en un único Dios, y reconoce que Jesucristo no es Dios, como Jesús mismo lo declaró, sino que es el Hijo de Dios. Esta declaración de Jesús, comprendida, no está en conflicto de modo alguno con otro de sus dichos: “Yo y el Padre uno somos”, esto es, uno en cualidad, no en cantidad. Así como una gota de agua es una con el océano, un rayo de luz uno con el sol, así Dios y el hombre, Padre e hijo, son uno en el ser. Las Escrituras dicen: “Porque en Él vivimos, y nos movemos, y tenemos nuestro ser”.*

He revisado *Ciencia y Salud* sólo para dar una expresión más clara y más plena de su significado original. Las ideas espirituales se desarrollan a medida que avanzamos. Una percepción humana de la Ciencia divina, por limitada que sea, tiene que ser correcta para que pueda ser Ciencia y estar sujeta a la demostración. Un germen de la Verdad infinita, aunque sea lo más pequeño en el reino de los cielos, es la esperanza más elevada en la tierra, pero será rechazado y denigrado hasta que Dios prepare el terreno para la siembra. Lo que al sembrarse da fruto inmortal, enriquece a la humanidad sólo cuando es comprendido, de ahí las muchas interpretaciones que se han hecho de las Escrituras, y las revisiones necesarias de *Ciencia y Salud con la Llave de las Escrituras.*

*Según la versión King James de la Biblia

Chapter 12

Christian Science Practice

Why art thou cast down, O my soul [sense]?
And why art thou disquieted within me?
Hope thou in God; for I shall yet praise Him,
Who is the health of my countenance and my God. — PSALMS.

And these signs shall follow them that believe:
In my name shall they cast out devils:
they shall speak with new tongues; they shall take up serpents;
and if they drink any deadly thing, it shall not hurt them;
they shall lay hands on the sick, and they shall recover. — JESUS.

A gospel narrative

It is related in the seventh chapter of Luke's Gospel that Jesus was once the honored guest of a certain Pharisee, by name Simon, though he was quite unlike Simon the disciple. While they were at meat, an unusual incident occurred, as if to interrupt the scene of Oriental festivity. A "strange woman" came in. Heedless of the fact that she was debarred from such a place and such society, especially under the stern rules of rabbinical law, as positively as if she were a Hindoo pariah intruding upon the household of a high-caste Brahman, this woman (Mary Magdalene, as she has since been called) approached Jesus. According to the custom of those days, he reclined on a couch with his head towards the table and his bare feet away from it. It was therefore easy for the Magdalen to come behind

Capítulo 12

La práctica de la Ciencia Cristiana

¿Por qué te abates, oh alma mía [sentido],
Y por qué te turbas dentro de mí?
Espera en Dios; porque aún he de alabarle,
Salvación mía y Dios mío. — Salmos.

Y estas señales seguirán a los que creen:
En mi nombre echarán fuera demonios;
hablarán nuevas lenguas; tomarán en las manos serpientes,
y si bebieren cosa mortífera, no les hará daño;
sobre los enfermos pondrán sus manos, y sanarán. — Jesús.

Una narración del evangelio

Se relata en el capítulo séptimo del Evangelio de Lucas que Jesús fue una vez huésped de honor de cierto fariseo, de nombre Simón, aunque era muy distinto de Simón el discípulo. Mientras estaban a la mesa, ocurrió un incidente insólito, como para interrumpir la escena festiva oriental. Entró una "mujer extraña".* Sin reparar en el hecho de que le estaba prohibido entrar en tal lugar y alternar con tal sociedad, especialmente bajo las reglas severas de la ley rabínica, tan categóricamente como si hubiera sido una paria hindú entremetiéndose en el hogar de un Brahmán de elevada casta, esta mujer (María Magdalena, como ha sido llamada desde entonces) se acercó a Jesús. Según la costumbre de aquella época, él estaba recostado en un diván con la cabeza hacia la mesa y los pies descalzos en dirección opuesta. Por lo tanto le fue fácil a la Magdalena acercarse

*Según la versión King James de la Biblia

the couch and reach his feet. She bore an alabaster jar containing costly and fragrant oil, — sandal oil perhaps, which is in such common use in the East. Breaking the sealed jar, she perfumed Jesus' feet with the oil, wiping them with her long hair, which hung loosely about her shoulders, as was customary with women of her grade.

Did Jesus spurn the woman? Did he repel her adoration? No! He regarded her compassionately. Nor was this all. Knowing what those around him were saying in their hearts, especially his host, — that they were wondering why, being a prophet, the exalted guest did not at once detect the woman's immoral status and bid her depart, — knowing this, Jesus rebuked them with a short story or parable. He described two debtors, one for a large sum and one for a smaller, who were released from their obligations by their common creditor. "Which of them will love him most?" was the Master's question to Simon the Pharisee; and Simon replied, "He to whom he forgave most." Jesus approved the answer, and so brought home the lesson to all, following it with that remarkable declaration to the woman, "Thy sins are forgiven."

Parable of the creditor

Why did he thus summarize her debt to divine Love? Had she repented and reformed, and did his insight detect this unspoken moral uprising? She bathed his feet with her tears before she anointed them with the oil. In the absence of other proofs, was her grief sufficient evidence to warrant the expectation of her repentance, reformation, and growth in wisdom? Certainly there was encouragement in the mere fact that she was showing her affection for a man

Divine insight

al diván por detrás y llegar a sus pies. Ella llevaba un frasco de alabastro conteniendo un costoso y fragante aceite, aceite de sándalo quizás, que es de uso tan común en el Medio Oriente. Abriendo el frasco sellado, perfumó los pies de Jesús con el aceite, enjugándolos con su larga cabellera, que caía suelta sobre sus hombros, como era costumbre entre las mujeres de su clase.

Parábola del acreedor

¿Desdeñó Jesús a la mujer? ¿Repelió su adoración? ¡No! La miró con compasión. Pero esto no fue todo. Sabiendo lo que aquellos que lo rodeaban decían en sus corazones, especialmente su anfitrión —preguntándose por qué, siendo un profeta, el enaltecido huésped no detectó en seguida la condición inmoral de la mujer y le ordenó que se marchara— sabiendo esto, Jesús los reprendió con una breve historia o parábola. Él describió a dos deudores, uno de una suma grande y otro de una menor, quienes fueron liberados de sus obligaciones por su acreedor común. "¿Cuál de ellos le amará más?", fue la pregunta del Maestro a Simón el fariseo; y Simón respondió: "Aquel a quien perdonó más". Jesús aprobó la respuesta, y así dio a todos una clara lección, siguiéndola con aquella notable declaración a la mujer: "Tus pecados te son perdonados".

Discernimiento divino

¿Por qué resumió así él la deuda de la mujer con el Amor divino? ¿Habíase ella arrepentido y reformado, y detectó el discernimiento de Jesús esta silenciosa elevación moral? Ella le bañó los pies con sus lágrimas antes de ungirlos con el aceite. En ausencia de otras pruebas, ¿era su pesar suficiente evidencia para garantizar la expectativa de su arrepentimiento, reforma y crecimiento en sabiduría? Ciertamente era alentador el mero hecho de que ella estaba mostrando su afecto por un hombre of undoubted goodness and purity, who has since been rightfully regarded as the best man that ever trod this planet. Her reverence was unfeigned, and it was manifested towards one who was soon, though they knew it not, to lay down his mortal existence in behalf of all sinners, that through his word and works they might be redeemed from sensuality and sin.

Penitence or hospitality

Which was the higher tribute to such ineffable affection, the hospitality of the Pharisee or the contrition of the Magdalen? This query Jesus answered by rebuking self-righteousness and declaring the absolution of the penitent. He even said that this poor woman had done what his rich entertainer had neglected to do, — wash and anoint his guest's feet, a special sign of Oriental courtesy.

Here is suggested a solemn question, a question indicated by one of the needs of this age. Do Christian Scientists seek Truth as Simon sought the Saviour, through material conservatism and for personal homage? Jesus told Simon that such seekers as he gave small reward in return for the spiritual purgation which came through the Messiah. If Christian Scientists are like Simon, then it must be said of them also that they *love* little.

Genuine repentance

On the other hand, do they show their regard for Truth, or Christ, by their genuine repentance, by their broken hearts, expressed by meekness and human affection, as did this woman? If so, then it may be said of them, as Jesus said of the unwelcome visitor, that they indeed love much, because much is forgiven them.

Did the careless doctor, the nurse, the cook, and the

de indudable bondad y pureza, quien desde entonces ha sido considerado con toda justicia el mejor hombre que jamás pisó esta tierra. La veneración de ella fue sincera, y fue manifestada a quien pronto, aunque ellos no lo sabían, iba a entregar su existencia mortal en favor de todos los pecadores, para que mediante su palabra y sus obras pudieran ser redimidos de la sensualidad y del pecado.

Penitencia u hospitalidad

¿Cuál fue el tributo más elevado a tan inefable afecto: la hospitalidad del fariseo o la contrición de la Magdalena? Jesús contestó esta pregunta reprendiendo la justificación propia y declarando la absolución de la penitente. Él incluso dijo que esta pobre mujer había hecho lo que su rico anfitrión había desatendido: lavar y ungir los pies de su huésped, una señal especial de la cortesía oriental.

Aquí se sugiere una pregunta solemne, una pregunta motivada por una de las necesidades de esta época. ¿Buscan los Científicos Cristianos la Verdad como Simón buscó al Salvador, mediante el conservadurismo material y por homenaje personal? Jesús dijo a Simón que tales buscadores como él daban poca recompensa a cambio de la purificación espiritual que venía por medio del Mesías. Si los Científicos Cristianos son como Simón, entonces también debe decirse de ellos que *aman* poco.

Arrepentimiento genuino

Por otra parte, ¿muestran su respeto por la Verdad, o el Cristo, mediante su arrepentimiento genuino, mediante sus corazones quebrantados, expresados en mansedumbre y afecto humano, como lo hizo esta mujer? Si es así, entonces puede decirse de ellos lo que Jesús dijo de la visitante mal recibida: que en verdad aman mucho, porque mucho les es perdonado.

Si el médico desconsiderado, la enfermera, la cocinera y

Compassion requisite

brusque business visitor sympathetically know the thorns they plant in the pillow of the sick and the heavenly homesick looking away from earth, — Oh, did they know! — this knowledge would do much more towards healing the sick and preparing their helpers for the "midnight call," than all cries of "Lord, Lord!" The benign thought of Jesus, finding utterance in such words as "Take no thought for your life," would heal the sick, and so enable them to rise above the supposed necessity for physical thought-taking and doctoring; but if the unselfish affections be lacking, and common sense and common humanity are disregarded, what mental quality remains, with which to evoke healing from the outstretched arm of righteousness?

Speedy healing

If the Scientist reaches his patient through divine Love, the healing work will be accomplished at one visit, and the disease will vanish into its native nothingness like dew before the morning sunshine. If the Scientist has enough Christly affection to win his own pardon, and such commendation as the Magdalen gained from Jesus, then he is Christian enough to practise scientifically and deal with his patients compassionately; and the result will correspond with the spiritual intent.

Truth desecrated

If hypocrisy, stolidity, inhumanity, or vice finds its way into the chambers of disease through the would-be healer, it would, if it were possible, convert into a den of thieves the temple of the Holy Ghost, — the patient's spiritual power to resuscitate himself. The unchristian practitioner is not giving to mind or body the joy and strength of Truth. The poor suffering heart needs its rightful nutriment, such as peace,

La compasión requerida

el brusco visitante de negocios supieran de una manera compasiva las espinas que clavan en las almohadas de los enfermos y de los que añoran el cielo y apartan la vista de la tierra —¡oh, si supieran!— saber esto haría mucho más por la curación de los enfermos y la preparación de los que los asisten para la "llamada de medianoche", que todas las exclamaciones de "¡Señor, Señor!" El benigno pensamiento de Jesús, que encuentra expresión en palabras como: "No os afanéis por vuestra vida", sanaría a los enfermos, y los capacitaría así para elevarse por encima de la supuesta necesidad de afanarse por el estado físico y por medicinarse; mas si falta el afecto abnegado, y si el sentido común y los sentimientos humanitarios comunes son desatendidos, ¿qué cualidad mental queda para invocar la curación del brazo extendido de la justicia?

Curación rápida

Si el Científico Cristiano llega a su paciente por medio del Amor divino, la obra sanadora será efectuada en una sola visita, y la enfermedad se desvanecerá en su nada nativa, como el rocío ante el sol de la mañana. Si el Científico Cristiano posee suficiente afecto semejante al del Cristo como para ganar su propio perdón, y tal elogio como el que la Magdalena obtuvo de Jesús, entonces es lo suficientemente cristiano como para practicar científicamente y tratar a sus pacientes con compasión; y el resultado corresponderá con la intención espiritual.

La Verdad profanada

Si la hipocresía, la insensibilidad, la inhumanidad o el vicio entraran en los aposentos de los enfermos por medio del supuesto sanador, convertirían, si fuera posible, en una cueva de ladrones el templo del Espíritu Santo: el poder espiritual del paciente de resucitarse a sí mismo. El practicista no cristiano no está dando a la mente ni al cuerpo el gozo y la fortaleza de la Verdad. El pobre corazón sufriente necesita su legítimo nutrimento, tal como la paz, patience in tribulation, and a priceless sense of the dear Father's loving-kindness.

Moral evils to be cast out

In order to cure his patient, the metaphysician must first cast moral evils out of himself and thus attain the spiritual freedom which will enable him to cast physical evils out of his patient; but heal he cannot, while his own spiritual barrenness debars him from giving drink to the thirsty and hinders him from reaching his patient's thought, — yea, while mental penury chills his faith and understanding.

The true physician

The physician who lacks sympathy for his fellow-being is deficient in human affection, and we have the apostolic warrant for asking: "He that loveth not his brother whom he hath seen, how can he love God whom he hath not seen?" Not having this spiritual affection, the physician lacks faith in the divine Mind and has not that recognition of infinite Love which alone confers the healing power. Such so-called Scientists will strain out gnats, while they swallow the camels of bigoted pedantry.

Source of calmness

The physician must also watch, lest he be overwhelmed by a sense of the odiousness of sin and by the unveiling of sin in his own thoughts. The sick are terrified by their sick beliefs, and sinners should be affrighted by their sinful beliefs; but the Christian Scientist will be calm in the presence of both sin and disease, knowing, as he does, that Life is God and God is All.

If we would open their prison doors for the sick, we must first learn to bind up the broken-hearted. If we would heal by the Spirit, we must not hide the talent la paciencia en las tribulaciones y un inestimable sentido de la bondad del amado Padre.

Los males morales deben ser expulsados

A fin de sanar a su paciente, el metafísico primero tiene que echar fuera de sí mismo los males morales y así lograr la libertad espiritual que lo capacitará para echar fuera de su paciente los males físicos; pero no puede sanar, mientras su propia esterilidad espiritual lo priva de dar de beber al sediento y le impide llegar al pensamiento de su paciente, esto es, mientras la penuria mental enfría su fe y su comprensión.

El sanador verdadero

El sanador que no tiene compasión por sus semejantes es deficiente en afecto humano, y tenemos la justificación apostólica para preguntar: “El que no ama a su hermano a quien ha visto, ¿cómo puede amar a Dios a quien no ha visto?” Al no poseer este afecto espiritual, el sanador carece de fe en la Mente divina y no tiene ese reconocimiento del Amor infinito que es lo único que confiere el poder sanador. Tales así llamados Científicos Cristianos colarán mosquitos, mientras tragan los camellos de la intolerante pedantería.

Fuente de calma

El sanador debe velar también para no ser abrumado por un sentido de la odiosidad del pecado y por el descubrimiento del pecado en sus propios pensamientos. Los enfermos están aterrorizados por sus creencias enfermizas, y los pecadores debieran estar atemorizados por sus creencias pecaminosas; mas el Científico Cristiano estará calmo en la presencia tanto del pecado como de la enfermedad, sabiendo, como sabe, que la Vida es Dios y que Dios es Todo.

Si queremos abrir las puertas de su prisión a los enfermos, tenemos primero que aprender a vendar a los quebrantados de corazón. Si queremos sanar por el Espíritu, no debemos of spiritual healing under the napkin of its form, nor bury the *morale* of Christian Science in the grave-clothes of its letter. The tender word and Christian encouragement of an invalid, pitiful patience with his fears and the removal of them, are better than hecatombs of gushing theories, stereotyped borrowed speeches, and the doling of arguments, which are but so many parodies on legitimate Christian Science, aflame with divine Love.

Genuine healing

This is what is meant by seeking Truth, Christ, not "for the loaves and fishes," nor, like the Pharisee, with the arrogance of rank and display of scholarship, but like Mary Magdalene, from the summit of devout consecration, with the oil of gladness and the perfume of *gratitude,* with tears of repentance and with those hairs all numbered by the Father.

Gratitude and humility

A Christian Scientist occupies the place at this period of which Jesus spoke to his disciples, when he said: "Ye are the salt of the earth." "Ye are the light of the world. A city that is set on an hill cannot be hid." Let us watch, work, and pray that this salt lose not its saltness, and that this light be not hid, but radiate and glow into noontide glory.

The salt of the earth

The infinite Truth of the Christ-cure has come to this age through a "still, small voice," through silent utterances and divine anointing which quicken and increase the beneficial effects of Christianity. I long to see the consummation of my hope, namely, the student's higher attainments in this line of light.

Because Truth is infinite, error should be known as nothing. Because Truth is omnipotent in goodness, error, Truth's opposite, has no might. Evil is but the esconder el talento de la curación espiritual bajo el paño de su forma, ni sepultar la *moral* de la Ciencia Cristiana en el sudario de su letra. La palabra tierna y el aliento cristiano que se da al inválido, la compasiva paciencia con sus temores y la eliminación de los mismos, son mejores que hecatombes de copiosas teorías, discursos estereotipados y plagiados, y la limosna de argumentos, que no son sino otras tantas parodias de la Ciencia Cristiana legítima, ardiente de Amor divino.

Curación genuina

Esto es lo que significa buscar la Verdad, el Cristo, no "por los panes y los peces", ni como el fariseo, con la arrogancia de la jerarquía y el alarde de la erudición, sino como María Magdalena, desde la cumbre de la consagración devota, con el óleo de la alegría y el perfume de la *gratitud*, con lágrimas de arrepentimiento y con esos cabellos todos contados por el Padre.

Gratitud y humildad

Un Científico Cristiano ocupa en esta época el lugar del que Jesús habló a sus discípulos, cuando dijo: "Vosotros sois la sal de la tierra". "Vosotros sois la luz del mundo; una ciudad asentada sobre un monte no se puede esconder". Velemos, trabajemos y oremos para que esta sal no pierda su salinidad, y esta luz no esté escondida, sino que irradie y resplandezca hacia la gloria del mediodía.

La sal de la tierra

La Verdad infinita de la curación-Cristo ha venido a esta época por medio de una "voz callada y suave"*, por medio de expresiones silenciosas y de unción divina que vivifican y aumentan los efectos beneficiosos del cristianismo. Anhelo ver la culminación de mi esperanza, a saber, los logros más elevados de los estudiantes en esta línea de luz.

Porque la Verdad es infinita, el error debería ser conocido como nada. Porque la Verdad es omnipotente en bondad, el error, lo opuesto de la Verdad, no tiene poder. El mal no es

*Según la Versión Moderna de la Biblia

counterpoise of nothingness. The greatest wrong is but a supposititious opposite of the highest right. The confidence inspired by Science lies in the fact that Truth is real and error is unreal. Error is a coward before Truth. Divine Science insists that time will prove all this. Both truth and error have come nearer than ever before to the apprehension of mortals, and truth will become still clearer as error is self-destroyed.

Real and counterfeit

Against the fatal beliefs that error is as real as Truth, that evil is equal in power to good if not superior, and that discord is as normal as harmony, even the hope of freedom from the bondage of sickness and sin has little inspiration to nerve endeavor. When we come to have more faith in the truth of being than we have in error, more faith in Spirit than in matter, more faith in living than in dying, more faith in God than in man, then no material suppositions can prevent us from healing the sick and destroying error.

Results of faith in Truth

That Life is not contingent on bodily conditions is proved, when we learn that life and man survive this body. Neither evil, disease, nor death can be spiritual, and the material belief in them disappears in the ratio of one's spiritual growth. Because matter has no consciousness or Ego, it cannot act; its conditions are illusions, and these false conditions are the source of all seeming sickness. Admit the existence of matter, and you admit that mortality (and therefore disease) has a foundation in fact. Deny the existence of matter, and you can destroy the belief in material conditions. When fear disappears, the foundation of disease is gone. Once let the mental physician believe in the

Life independent of matter

Lo real y la falsificación

sino el contrapeso de la nada. El mayor mal no es más que el opuesto supuesto del bien más elevado. La confianza inspirada por la Ciencia descansa en el hecho de que la Verdad es real y el error es irreal. El error es un cobarde ante la Verdad. La Ciencia divina insiste en que el tiempo comprobará todo esto. Tanto la verdad como el error se han acercado más que nunca a la comprensión de los mortales, y la verdad se volverá aún más clara a medida que el error se destruya a sí mismo.

Resultados de la fe en la Verdad

Contra las creencias fatales de que el error es tan real como la Verdad, que el mal es igual al bien en poder, si no superior, y que la discordancia es tan normal como la armonía, hasta la esperanza de liberarse de la esclavitud de la enfermedad y del pecado tiene poca inspiración para alentar el esfuerzo. Cuando llegamos a tener más fe en la verdad del ser que en el error, más fe en el Espíritu que en la materia, más fe en vivir que en morir, más fe en Dios que en el hombre, entonces ninguna suposición material puede impedir que sanemos a los enfermos y destruyamos el error.

La Vida es independiente de la materia

Que la Vida no depende de condiciones corporales es comprobado cuando aprendemos que la vida y el hombre sobreviven a este cuerpo. Ni el mal, la enfermedad ni la muerte pueden ser espirituales, y la creencia material en ellos desaparece en proporción a nuestro crecimiento espiritual. Porque la materia no tiene consciencia o Ego, no puede obrar; sus condiciones son ilusiones, y estas falsas condiciones son la fuente de toda aparente enfermedad. Admite la existencia de la materia, y admites que la mortalidad (y por consiguiente la enfermedad) tiene un fundamento en la realidad. Niega la existencia de la materia, y puedes destruir la creencia en condiciones materiales. Cuando desaparece el temor, el fundamento de la enfermedad se va. Una vez que el sanador por la mente cree reality of matter, and he is liable to admit also the reality of all discordant conditions, and this hinders his destroying them. Thus he is unfitted for the successful treatment of disease.

Man's entity

In proportion as matter loses to human sense all entity as man, in that proportion does man become its master. He enters into a diviner sense of the facts, and comprehends the theology of Jesus as demonstrated in healing the sick, raising the dead, and walking over the wave. All these deeds manifested Jesus' control over the belief that matter is substance, that it can be the arbiter of life or the constructor of any form of existence.

The Christ treatment

We never read that Luke or Paul made a reality of disease in order to discover some means of healing it. Jesus never asked if disease were acute or chronic, and he never recommended attention to laws of health, never gave drugs, never prayed to know if God were willing that a man should live. He understood man, whose Life is God, to be immortal, and knew that man has not two lives, one to be destroyed and the other to be made indestructible.

Matter not medicine

The prophylactic and therapeutic (that is, the preventive and curative) arts belong emphatically to Christian Science, as would be readily seen, if psychology, or the Science of Spirit, God, was understood. Unscientific methods are finding their dead level. Limited to matter by their own law, what have they of the advantages of Mind and immortality?

No man is physically healed in wilful error or by it, any more than he is morally saved in or by sin. It is error even to murmur or to be angry over sin. To be en la realidad de la materia, está propenso a admitir también la realidad de todas las condiciones discordantes, y esto le impide destruirlas. De ese modo no está capacitado para tratar las enfermedades con éxito.

La entidad del hombre

En la proporción en que la materia pierde para el sentido humano toda entidad como hombre, en esa proporción el hombre se vuelve su amo. Él entra en un sentido más divino de los hechos, y comprende la teología de Jesús como fue demostrada al sanar a los enfermos, resucitar a los muertos y andar sobre las olas. Todas estas obras manifestaron el control de Jesús sobre la creencia de que la materia sea sustancia, que pueda ser el árbitro de la vida o el constructor de cualquier forma de existencia.

El tratamiento mediante el Cristo

Jamás leemos que Lucas o Pablo hicieran una realidad de la enfermedad a fin de descubrir algún medio para sanarla. Jesús jamás preguntó si la enfermedad era aguda o crónica, y jamás recomendó prestar atención a las leyes sanitarias, jamás dio medicamentos, jamás oró para saber si era la voluntad de Dios que un hombre viviera. Él comprendía que el hombre, cuya Vida es Dios, es inmortal, y sabía que el hombre no tiene dos vidas, una para ser destruida y la otra que ha de hacerse indestructible.

La materia no es medicina

Las artes profiláctica y terapéutica (es decir, la preventiva y la curativa) pertenecen categóricamente a la Ciencia Cristiana, como se vería fácilmente, si la psicología, o la Ciencia del Espíritu, Dios, fuera comprendida. Los métodos que no son científicos están llegando a un punto muerto. Limitados a la materia por su propia ley, ¿qué tienen de las ventajas de la Mente y la inmortalidad?

Nadie se cura físicamente en el error deliberado o por medio de él, como tampoco se salva moralmente en el pecado o por medio de él. Es un error hasta murmurar del pecado o enfadarse por él. Para estar enteramente sano, el every whit whole, man must be better spiritually as well as physically. To be immortal, we must forsake the mortal sense of things, turn from the lie of false belief to Truth, and gather the facts of being from the divine Mind. The body improves under the same regimen which spiritualizes the thought; and if health is not made manifest under this regimen, this proves that fear is governing the body. This is the law of cause and effect, or like producing like.

No healing in sin

Homœopathy furnishes the evidence to the senses, that symptoms, which might be produced by a certain drug, are removed by using the same drug which might cause the symptoms. This confirms my theory that faith in the drug is the sole factor in the cure. The effect, which mortal mind produces through one belief, it removes through an opposite belief, but it uses the same medicine in both cases.

Like curing like

The moral and spiritual facts of health, whispered into thought, produce very direct and marked effects on the body. A physical diagnosis of disease — since mortal mind must be the cause of disease — tends to induce disease.

According to both medical testimony and individual experience, a drug may eventually lose its supposed power and do no more for the patient. Hygienic treatment also loses its efficacy. Quackery likewise fails at length to inspire the credulity of the sick, and then they cease to improve. These lessons are useful. They should naturally and genuinely change our basis from sensation to Christian Science, from error to Truth, from matter to Spirit.

Transient potency of drugs

Physicians examine the pulse, tongue, lungs, to dishombre debe mejorar tanto espiritual como físicamente. Para ser inmortales, tenemos que abandonar el sentido mortal de las cosas, volvernos de la mentira de la creencia falsa hacia la Verdad, y recoger de la Mente divina las verdades del ser. El cuerpo mejora bajo el mismo régimen que espiritualiza el pensamiento; y si la salud no se manifiesta bajo este régimen, esto comprueba que el temor está gobernando el cuerpo. Esta es la ley de causa y efecto, o una cosa produciendo su igual.

En el pecado no hay curación

Una cosa curando su igual

La homeopatía proporciona a los sentidos la evidencia de que los síntomas, que podrían ser producidos por cierto medicamento, son eliminados usando el mismo medicamento que podría causar los síntomas. Esto confirma mi teoría de que la fe en el medicamento es el único factor en la curación. La mente mortal produce, por medio de una creencia, el efecto que elimina mediante una creencia opuesta, pero usa la misma medicina en ambos casos.

Las realidades morales y espirituales de la salud, susurradas al pensamiento, producen efectos muy directos y notables en el cuerpo. Un diagnóstico físico de la enfermedad —puesto que la mente mortal tiene que ser la causa de la dolencia— tiende a inducir la enfermedad.

Potencia transitoria de los medicamentos

De acuerdo tanto con el testimonio médico como con la experiencia individual, es posible que un medicamento pierda finalmente su supuesto poder y no haga nada más por el paciente. El tratamiento higiénico también pierde su eficacia. De igual manera, la charlatanería deja a la larga de inspirar la credulidad de los enfermos, y entonces cesan de mejorar. Estas lecciones son provechosas. Ellas debieran naturalmente y de manera genuina cambiar nuestra base de la sensación a la Ciencia Cristiana, del error a la Verdad, de la materia al Espíritu.

Los médicos examinan el pulso, la lengua, los pulmones,

cover the condition of matter, when in fact all is Mind. The body is the substratum of mortal mind, and this so-called mind must finally yield to the mandate of immortal Mind.

Diagnosis of matter

Disquisitions on disease have a mental effect similar to that produced on children by telling ghost-stories in the dark. By those uninstructed in Christian Science, nothing is really understood of material existence. Mortals are believed to be here without their consent and to be removed as involuntarily, not knowing why nor when. As frightened children look everywhere for the imaginary ghost, so sick humanity sees danger in every direction, and looks for relief in all ways except the right one. Darkness induces fear. The adult, in bondage to his beliefs, no more comprehends his real being than does the child; and the adult must be taken out of his darkness, before he can get rid of the illusive sufferings which throng the gloaming. The way in divine Science is the only way out of this condition.

Ghost-stories inducing fear

I would not transform the infant at once into a man, nor would I keep the suckling a lifelong babe. No impossible thing do I ask when urging the claims of Christian Science; but because this teaching is in advance of the age, we should not deny our need of its spiritual unfoldment. Mankind will improve through Science and Christianity. The necessity for uplifting the race is father to the fact that Mind can do it; for Mind can impart purity instead of impurity, strength instead of weakness, and health instead of disease. Truth is an alterative in the entire system, and can make it "every whit whole."

Mind imparts purity, health, and beauty

para descubrir la condición de la materia, cuando en realidad todo es Mente. El cuerpo es el sustrato de la mente mortal, y esta así llamada mente tiene que ceder finalmente al mandato de la Mente inmortal.

Diagnóstico de la materia

Las disquisiciones sobre las enfermedades tienen un efecto mental similar al producido en los niños al contarles historias de fantasmas en la oscuridad. Aquellos que no están instruidos en la Ciencia Cristiana nada entienden realmente acerca de la existencia material. Se cree que los mortales están aquí sin su consentimiento y que son retirados también involuntariamente, sin saber por qué ni cuándo. Así como los niños atemorizados buscan por todas partes el fantasma imaginario, así la enferma humanidad ve peligros en todas direcciones, y busca alivio por todos los medios excepto el correcto. La oscuridad induce el temor. El adulto, esclavizado por sus creencias, no comprende su ser verdadero mejor que el niño; y el adulto tiene que ser sacado de sus tinieblas, antes de que pueda librarse de los sufrimientos ilusorios que abundan en el crepúsculo. El camino en la Ciencia divina es el único camino para salir de esta condición.

Los cuentos de fantasmas inducen el temor

Yo no desearía transformar al niño repentinamente en un hombre, ni que el niño de pecho siga siendo una criatura toda la vida. Nada imposible pido al insistir en las reivindicaciones de la Ciencia Cristiana; pero debido a que esta enseñanza está más avanzada que la época, no debiéramos negar nuestra necesidad de su desarrollo espiritual. El género humano se mejorará por medio de la Ciencia y el cristianismo. De la necesidad de elevar la raza nace el hecho de que la Mente puede hacerlo; pues la Mente puede impartir pureza en lugar de impureza, fuerza en lugar de debilidad y salud en lugar de enfermedad. La Verdad es un alterante para todo el organismo, y puede "[sanarlo] completamente".

La Mente imparte pureza, salud y belleza

Brain not intelligent

Remember, brain is not mind. Matter cannot be sick, and Mind is immortal. The mortal body is only an erroneous mortal belief of mind in matter. What you call matter was originally error in solution, elementary mortal mind,—likened by Milton to "chaos and old night." One theory about this mortal mind is, that its sensations can reproduce man, can form blood, flesh, and bones. The Science of being, in which all is divine Mind, or God and His idea, would be clearer in this age, but for the belief that matter is the medium of man, or that man can enter his own embodied thought, bind himself with his own beliefs, and then call his bonds material and name them divine law.

Veritable success

When man demonstrates Christian Science absolutely, he will be perfect. He can neither sin, suffer, be subject to matter, nor disobey the law of God. Therefore he will be as the angels in heaven. Christian Science and Christianity are one. How, then, in Christianity any more than in Christian Science, can we believe in the reality and power of both Truth and error, Spirit and matter, and hope to succeed with contraries? Matter is not self-sustaining. Its false supports fail one after another. Matter succeeds for a period only by falsely parading in the vestments of law.

Recognition of benefits

"Whosoever shall deny me before men, him will I also deny before my Father which is in heaven." In Christian Science, a denial of Truth is fatal, while a just acknowledgment of Truth and of what it has done for us is an effectual help. If pride, superstition, or any error prevents the honest recognition of benefits received, this will be a hindrance to the recovery of the sick and the success of the student.

El cerebro no es inteligente

Recuerda: el cerebro no es mente. La materia no puede estar enferma, y la Mente es inmortal. El cuerpo mortal es sólo una creencia mortal errónea de que la mente está en la materia. Lo que llamas materia fue originalmente el error en solución, la mente mortal elemental, comparada por Milton con el “caos y la antigua noche”. Una teoría acerca de esta mente mortal es que sus sensaciones pueden reproducir al hombre, pueden formar sangre, carne y huesos. La Ciencia del ser, en la que todo es la Mente divina, o Dios y Su idea, sería más clara en esta época, si no fuera por la creencia de que la materia es el medio del hombre, o que el hombre puede entrar en su propio pensamiento incorporado, atarse con sus propias creencias, y luego llamar materiales sus trabas y denominarlas ley divina.

Verdadero éxito

Cuando el hombre demuestre la Ciencia Cristiana de manera absoluta, será perfecto. No podrá pecar, sufrir, estar sujeto a la materia ni desobedecer la ley de Dios. Por tanto, será como los ángeles en el cielo. La Ciencia Cristiana y el cristianismo son uno. ¿Cómo podemos, entonces, en el cristianismo así como en la Ciencia Cristiana, creer en la realidad y el poder tanto de la Verdad como del error, tanto del Espíritu como de la materia, y esperar tener éxito con estos contrarios? La materia no se sostiene a sí misma. Sus falsos apoyos fallan uno tras otro. La materia triunfa por un tiempo sólo exhibiéndose falsamente en las vestiduras de la ley.

Reconocimiento de los beneficios

“A cualquiera que me niegue delante de los hombres, yo también le negaré delante de mi Padre que está en los cielos”. En la Ciencia Cristiana, una negación de la Verdad es fatal, mientras que un justo reconocimiento de la Verdad y de lo que ha hecho por nosotros es una ayuda eficaz. Si el orgullo, la superstición o cualquier error impiden el reconocimiento honrado de los beneficios recibidos, esto será un obstáculo para el restablecimiento de los enfermos y para el éxito de los estudiantes.

Disease far more docile than iniquity

If we are Christians on all moral questions, but are in darkness as to the physical exemption which Christianity includes, then we must have more faith in God on this subject and be more alive to His promises. It is easier to cure the most malignant disease than it is to cure sin. The author has raised up the dying, partly because they were willing to be restored, while she has struggled long, and perhaps in vain, to lift a student out of a chronic sin. Under all modes of pathological treatment, the sick recover more rapidly from disease than does the sinner from his sin. Healing is easier than teaching, if the teaching is faithfully done.

Love frees from fear

The fear of disease and the love of sin are the sources of man's enslavement. "The fear of the Lord is the beginning of wisdom," but the Scriptures also declare, through the exalted thought of John, that "perfect Love casteth out fear."

The fear occasioned by ignorance can be cured; but to remove the effects of fear produced by sin, you must rise above both fear and sin. Disease is expressed not so much by the lips as in the functions of the body. Establish the scientific sense of health, and you relieve the oppressed organ. The inflammation, decomposition, or deposit will abate, and the disabled organ will resume its healthy functions.

Mind circulates blood

When the blood rushes madly through the veins or languidly creeps along its frozen channels, we call these conditions disease. This is a misconception. Mortal mind is producing the propulsion or the languor, and we prove this to be so when by mental means the circulation is changed, and returns to that standard

La enfermedad es mucho más dócil que la iniquidad

Si somos cristianos en todas las cuestiones morales, pero estamos a oscuras en cuanto a la exención física que el cristianismo incluye, entonces debemos tener más fe en Dios acerca de este tema y estar más atentos a Sus promesas. Es más fácil curar la enfermedad más maligna de lo que es curar el pecado. La autora ha resucitado a los moribundos, en parte porque estaban dispuestos a ser restablecidos, mientras que ha luchado largo tiempo, y quizás en vano, para rescatar a algún alumno de un pecado crónico. En todas las formas de tratamiento patológico, los enfermos se restablecen más rápidamente de la enfermedad que el pecador de su pecado. Sanar es más fácil que enseñar, si la enseñanza es impartida fielmente.

El Amor libera del temor

El temor a la enfermedad y el amor al pecado son las fuentes de la esclavitud del hombre. "El principio de la sabiduría es el temor de Jehová", pero las Escrituras también declaran, por medio del pensamiento exaltado de Juan, que "el perfecto Amor echa fuera el temor".

El temor ocasionado por la ignorancia puede ser curado; pero para eliminar los efectos del temor producido por el pecado, tienes que elevarte por encima de ambos, el temor y el pecado. La enfermedad se expresa no tanto por los labios como por las funciones del cuerpo. Establece el sentido científico de la salud y alivias el órgano oprimido. La inflamación, la descomposición o el depósito disminuirán, y el órgano incapacitado reanudará sus funciones saludables.

La mente hace circular la sangre

Cuando la sangre se precipita locamente por las venas o se arrastra lánguidamente por sus helados conductos, llamamos enfermedad a estas condiciones. Esta es una concepción equivocada. La mente mortal está produciendo la propulsión o la languidez, y comprobamos que esto es así cuando por medios mentales la circulación es cambiada, y vuelve a ese estándar que la mente mortal ha which mortal mind has decided upon as essential for health. Anodynes, counter-irritants, and depletion never reduce inflammation scientifically, but the truth of being, whispered into the ear of mortal mind, will bring relief.

Mind can destroy all ills

Hatred and its effects on the body are removed by Love. Because mortal mind seems to be conscious, the sick say: "How can my mind cause a disease I never thought of and knew nothing about, until it appeared on my body?" The author has answered this question in her explanation of disease as originating in human belief before it is consciously apparent on the body, which is in fact the objective state of mortal mind, though it is called matter. This mortal blindness and its sharp consequences show our need of divine metaphysics. Through immortal Mind, or Truth, we can destroy all ills which proceed from mortal mind.

Ignorance of the cause or approach of disease is no argument against the mental origin of disease. You confess to ignorance of the future and incapacity to preserve your own existence, and this belief helps rather than hinders disease. Such a state of mind induces sickness. It is like walking in darkness on the edge of a precipice. You cannot forget the belief of danger, and your steps are less firm because of your fear, and ignorance of mental cause and effect.

Temperature is mental

Heat and cold are products of mortal mind. The body, when bereft of mortal mind, at first cools, and afterwards it is resolved into its primitive mortal elements. Nothing that lives ever dies, and *vice versa*. Mortal mind produces animal heat, and then expels it through the abandonment of a belief, or increases it to the point of self-destruction. Hence it is decidido que es esencial para la salud. Los anodinos, los contrairritantes y las sangrías jamás reducen la inflamación científicamente, pero la verdad del ser, susurrada al oído de la mente mortal, traerá alivio.

La Mente puede destruir todos los males

El odio y sus efectos sobre el cuerpo son eliminados por el Amor. Debido a que la mente mortal parece estar consciente, los enfermos preguntan: "¿Cómo puede mi mente causar una enfermedad en la cual nunca pensé y de la cual nada sabía, hasta que apareció en mi cuerpo?" La autora ha contestado esta pregunta en su explicación de que la enfermedad se origina en la creencia humana antes que sea conscientemente aparente en el cuerpo, el cual, de hecho, es el estado objetivo de la mente mortal, aun cuando es llamado materia. Esta ceguera mortal y sus agudas consecuencias muestran nuestra necesidad de la metafísica divina. Por medio de la Mente inmortal, o la Verdad, podemos destruir todos los males que proceden de la mente mortal.

La ignorancia de la causa o de la inminencia de la enfermedad no es un argumento contra el origen mental de la enfermedad. Confiesas tu ignorancia acerca del futuro y la incapacidad de preservar tu propia existencia, y esta creencia ayuda a la enfermedad en lugar de impedirla. Tal estado mental induce la enfermedad. Es como caminar en la oscuridad al borde de un precipicio. No puedes olvidar la creencia de peligro, y tus pasos son menos firmes debido a tu temor y a tu ignorancia acerca de la causa y el efecto mentales.

La temperatura es mental

El calor y el frío son productos de la mente mortal. El cuerpo, cuando es privado de la mente mortal, primero se enfría, y después se resuelve en sus elementos mortales primitivos. Nada que vive muere jamás, y *viceversa*. La mente mortal produce calor animal, y luego lo expele al abandonar una creencia, o lo aumenta hasta el punto de su propia destrucción. Por lo tanto, es mortal mind, not matter, which says, "I die." Heat would pass from the body as painlessly as gas dissipates into the air when it evaporates but for the belief that inflammation and pain must accompany the separation of heat from the body.

Science *versus* hypnotism

Chills and heat are often the form in which fever manifests itself. Change the mental state, and the chills and fever disappear. The old-school physician proves this when his patient says, "I am better," but the patient believes that matter, not mind, has helped him. The Christian Scientist demonstrates that divine Mind heals, while the hypnotist dispossesses the patient of his individuality in order to control him. No person is benefited by yielding his mentality to any mental despotism or malpractice. All unscientific mental practice is erroneous and powerless, and should be understood and so rendered fruitless. The genuine Christian Scientist is adding to his patient's mental and moral power, and is increasing his patient's spirituality while restoring him physically through divine Love.

Cure for palsy

Palsy is a belief that matter governs mortals, and can paralyze the body, making certain portions of it motionless. Destroy the belief, show mortal mind that muscles have no power to be lost, for Mind is supreme, and you cure the palsy.

Latent fear diagnosed

Consumptive patients always show great hopefulness and courage, even when they are supposed to be in hopeless danger. This state of mind seems anomalous except to the expert in Christian Science. This mental state is not understood, simply because it is a stage of fear so excessive that it amounts to fortitude. The belief in consumption presents to morla mente mortal, no la materia, la que dice: “Me muero”. El calor saldría del cuerpo sin causar dolor, como el gas se disipa en el aire cuando se evapora, si no fuera por la creencia de que la inflamación y el dolor deben acompañar la separación de calor del cuerpo.

La Ciencia *versus* el hipnotismo

Los escalofríos y el calor son a menudo la forma en que se manifiesta la fiebre. Cambia el estado mental, y los escalofríos y la fiebre desaparecen. El médico de la vieja escuela comprueba esto cuando su paciente dice: “Estoy mejor”, pero el paciente cree que la materia, no la mente, lo ha ayudado. El Científico Cristiano demuestra que la Mente divina sana, mientras que el hipnotizador desposee al paciente de su individualidad a fin de controlarlo. Nadie se beneficia al ceder su mentalidad a algún despotismo o malapráctica mental. Toda práctica mental que no es científica es errónea e impotente, y debiera ser comprendida y así volverla infructífera. El Científico Cristiano genuino aumenta el poder mental y moral de su paciente, y acrecienta la espiritualidad de su paciente mientras lo restablece físicamente por medio del Amor divino.

Cura para la parálisis

La parálisis es una creencia de que la materia gobierna a los mortales, y que puede paralizar el cuerpo, inmovilizando ciertas partes del mismo. Destruye la creencia, muestra a la mente mortal que los músculos no tienen poder que perder, porque la Mente es suprema, y curas la parálisis.

El temor latente diagnosticado

Los enfermos de tuberculosis siempre muestran gran esperanza y valor, aun cuando se supone que están en peligro irremediable. Este estado de ánimo parece anómalo, excepto para el experto en Ciencia Cristiana. Este estado mental no es comprendido, simplemente porque es una etapa de temor tan excesivo que equivale a fortaleza. La creencia en la tuberculosis presenta tal thought a hopeless state, an image more terrifying than that of most other diseases. The patient turns involuntarily from the contemplation of it, but though unacknowledged, the latent fear and the despair of recovery remain in thought.

Insidious concepts

Just so is it with the greatest sin. It is the most subtle, and does its work almost self-deceived. The diseases deemed dangerous sometimes come from the most hidden, undefined, and insidious beliefs. The pallid invalid, whom you declare to be wasting away with consumption of the blood, should be told that blood never gave life and can never take it away, — that Life is Spirit, and that there is more life and immortality in one good motive and act, than in all the blood which ever flowed through mortal veins and simulated a corporeal sense of life.

Remedy for fever

If the body is material, it cannot, for that very reason, suffer with a fever. Because the so-called material body is a mental concept and governed by mortal mind, it manifests only what that so-called mind expresses. Therefore the efficient remedy is to destroy the patient's false belief by both silently and audibly arguing the true facts in regard to harmonious being, — representing man as healthy instead of diseased, and showing that it is impossible for matter to suffer, to feel pain or heat, to be thirsty or sick. Destroy fear, and you end fever. Some people, mistaught as to Mind-science, inquire when it will be safe to check a fever. Know that in Science you cannot check a fever after admitting that it must have its course. To fear and admit the power of disease, is to paralyze mental and scientific demonstration.

al pensamiento mortal un estado sin esperanza, una imagen más aterradora que la mayoría de las otras enfermedades. El paciente involuntariamente deja de contemplarla, pero aunque no sean reconocidos, el temor latente y la desesperación por restablecerse permanecen en el pensamiento.

Conceptos insidiosos

Lo mismo ocurre con el pecado más grande. Es el más sutil, y realiza su obra casi engañado por sí mismo. Las enfermedades consideradas peligrosas a veces provienen de las creencias más recónditas, indefinidas e insidiosas. Al pálido enfermo, de quien afirmas que se está agotando de consunción de la sangre, debería decírsele que la sangre nunca dio la vida y nunca puede quitarla, que la Vida es el Espíritu, y que hay más vida e inmortalidad en un solo motivo bueno y una sola acción buena, que en toda la sangre que jamás haya corrido por venas mortales y simulado un sentido corpóreo de vida.

Remedio para la fiebre

Si el cuerpo es material, no puede, por esa misma razón, tener fiebre. Puesto que el así llamado cuerpo material es un concepto mental y está gobernado por la mente mortal, manifiesta sólo lo que esa así llamada mente expresa. Por consiguiente, el remedio eficaz es destruir la creencia falsa del paciente, argumentando tanto silenciosamente como de forma audible los hechos verdaderos acerca del ser armonioso, presentando al hombre como sano en lugar de enfermo, y mostrando que es imposible que la materia sufra, que sienta dolor o calor, que esté sedienta o enferma. Destruye el temor, y acabas con la fiebre. Algunas personas, mal instruidas en la Ciencia de la Mente, preguntan cuándo es seguro cortar la fiebre. Debes saber que en la Ciencia no puedes cortar una fiebre después de admitir que tiene que seguir su curso. Temer y admitir el poder de la enfermedad es paralizar la demostración mental y científica.

If your patient believes in taking cold, mentally convince him that matter cannot take cold, and that thought governs this liability. If grief causes suffering, convince the sufferer that affliction is often the source of joy, and that he should rejoice always in ever-present Love.

Climate harmless

Invalids flee to tropical climates in order to save their lives, but they come back no better than when they went away. Then is the time to cure them through Christian Science, and prove that they can be healthy in all climates, when their fear of climate is exterminated.

Mind governs body

Through different states of mind, the body becomes suddenly weak or abnormally strong, showing mortal mind to be the producer of strength or weakness. A sudden joy or grief has caused what is termed instantaneous death. Because a belief originates unseen, the mental state should be continually watched that it may not produce blindly its bad effects. The author never knew a patient who did not recover when the belief of the disease had gone. Remove the leading error or governing fear of this lower so-called mind, and you remove the cause of all disease as well as the morbid or excited action of any organ. You also remove in this way what are termed organic diseases as readily as functional difficulties.

The cause of all so-called disease is mental, a mortal fear, a mistaken belief or conviction of the necessity and power of ill-health; also a fear that Mind is helpless to defend the life of man and incompetent to control it. Without this ignorant human belief, any circumstance is of itself powerless to produce suffering. It is latent belief in disease, as well as the fear of disease, which associates sick-

Si tu paciente cree que puede resfriarse, convéncelo mentalmente de que la materia no puede resfriarse, y que el pensamiento gobierna esta predisposición. Si el pesar produce sufrimiento, convence al que sufre que la aflicción es a menudo la fuente del gozo, y que debería regocijarse perpetuamente en el Amor siempre presente.

El clima es inofensivo

Los inválidos huyen hacia climas tropicales para salvar sus vidas, mas no regresan mejor que cuando partieron. Entonces es el momento de sanarlos por medio de la Ciencia Cristiana, y comprobar que pueden estar sanos en todos los climas, cuando su temor al clima es exterminado.

La mente gobierna el cuerpo

A través de diferentes estados mentales, el cuerpo se vuelve repentinamente débil o anormalmente fuerte, mostrando que la mente mortal es la que produce la fuerza o la debilidad. Una alegría o un pesar repentinos han causado lo que se denomina muerte instantánea. Debido a que una creencia se origina sin ser percibida, el estado mental debiera ser vigilado continuamente para que no produzca ciegamente sus malos efectos. La autora jamás conoció a un paciente que no se restableciera cuando la creencia en la enfermedad hubo desaparecido. Elimina el error principal o el temor que gobierna esta así llamada mente inferior, y eliminas la causa de toda enfermedad como también la acción morbosa o excitada de cualquier órgano. También eliminas en esta forma las llamadas enfermedades orgánicas tan fácilmente como los trastornos funcionales.

La causa de toda así llamada enfermedad es mental, un temor mortal, una creencia o convicción equivocadas de que la mala salud es necesaria y que tiene poder; también es un temor de que la Mente sea incapaz de defender la vida del hombre e incompetente para controlarla. Sin esta ignorante creencia humana, ninguna circunstancia tiene poder en sí misma para producir sufrimiento. Es la creencia latente en la enfermedad, así como el temor a la enfermedad, lo que asocia ness with certain circumstances and causes the two to appear conjoined, even as poetry and music are reproduced in union by human memory. Disease has no intelligence. Unwittingly you sentence yourself to suffer. The understanding of this will enable you to commute this self-sentence, and meet every circumstance with truth. Disease is less than mind, and Mind can control it.

Without the so-called human mind, there can be no inflammatory nor torpid action of the system. Remove the error, and you destroy its effects. By looking a tiger fearlessly in the eye, Sir Charles Napier sent it cowering back into the jungle. An animal may infuriate another by looking it in the eye, and both will fight for nothing. A man's gaze, fastened fearlessly on a ferocious beast, often causes the beast to retreat in terror. This latter occurrence represents the power of Truth over error, — the might of intelligence exercised over mortal beliefs to destroy them; whereas hypnotism and hygienic drilling and drugging, adopted to cure matter, is represented by two material erroneous bases.

Latent power

Disease is not an intelligence to dispute the empire of Mind or to dethrone Mind and take the government into its own hands. Sickness is not a God-given, nor a self-constituted material power, which copes astutely with Mind and finally conquers it. God never endowed matter with power to disable Life or to chill harmony with a long and cold night of discord. Such a power, without the divine permission, is inconceivable; and if such a power could be divinely directed, it would manifest less wisdom than we usually find displayed in human governments.

Disease powerless

la enfermedad con ciertas circunstancias y hace que las dos aparezcan conjuntadas, así como la poesía y la música son reproducidas unidas por la memoria humana. La enfermedad no tiene inteligencia. Sin darte cuenta te sentencias a ti mismo a sufrir. La comprensión de esto te capacitará para conmutar esta condena propia y enfrentar toda circunstancia con la verdad. La enfermedad es menos que la mente, y la Mente puede controlarla.

Poder latente

Sin la así llamada mente humana, no puede haber inflamación ni acción tórpida de las funciones del organismo. Elimina el error, y destruyes sus efectos. Al mirar sin miedo a los ojos de un tigre, Sir Charles Napier lo hizo retroceder acobardado a la selva. Un animal puede enfurecer a otro al mirarlo a los ojos, y ambos pelearán sin motivo. La mirada de un hombre, fijada sin temor en una bestia feroz, a menudo hace que la bestia retroceda aterrorizada. Este último hecho representa el poder de la Verdad sobre el error, el poder de la inteligencia ejercido sobre las creencias mortales para destruirlas; mientras que el hipnotismo y los ejercicios higiénicos y la medicación, adoptados para curar la materia, son representados mediante dos bases materiales erróneas.

La enfermedad es impotente

La enfermedad no es una inteligencia capaz de disputar el imperio de la Mente o destronar la Mente y tomar el gobierno en sus propias manos. La enfermedad no es un poder material dado por Dios, ni constituido por sí mismo, que contiende con astucia con la Mente y finalmente la conquista. Dios jamás dotó a la materia con poder para invalidar la Vida o helar la armonía con una larga y fría noche de discordancia. Tal poder, sin el permiso divino, es inconcebible; y si tal poder pudiera ser divinamente dirigido, manifestaría menos sabiduría de la que usualmente hallamos exhibida en los gobiernos humanos.

Jurisdiction of Mind

If disease can attack and control the body without the consent of mortals, sin can do the same, for both are errors, announced as partners in the beginning. The Christian Scientist finds only effects, where the ordinary physician looks for causes. The real jurisdiction of the world is in Mind, controlling every effect and recognizing all causation as vested in divine Mind.

Power of imagination

A felon, on whom certain English students experimented, fancied himself bleeding to death, and died because of that belief, when only a stream of warm water was trickling over his arm. Had he known his sense of bleeding was an illusion, he would have risen above the false belief. Let the despairing invalid, inspecting the hue of her blood on a cambric handkerchief, think of the experiment of those Oxford boys, who caused the death of a man, when not a drop of his blood was shed. Then let her learn the opposite statement of Life as taught in Christian Science, and she will understand that she is not dying on account of the state of her blood, but is suffering from her belief that blood is destroying her life. The so-called vital current does not affect the invalid's health, but her belief produces the very results she dreads.

Fevers the effect of fear

Fevers are errors of various types. The quickened pulse, coated tongue, febrile heat, dry skin, pain in the head and limbs, are pictures drawn on the body by a mortal mind. The images, held in this disturbed mind, frighten conscious thought. Unless the fever-picture, drawn by millions of mortals and imaged on the body through the belief that mind is in matter and discord is as real as harmony, is destroyed through

La jurisdicción de la Mente

Si la enfermedad puede atacar y controlar el cuerpo sin el consentimiento de los mortales, el pecado puede hacer lo mismo, pues ambos son errores, declarados como socios en el comienzo. El Científico Cristiano encuentra sólo efectos, donde el médico corriente busca causas. La verdadera jurisdicción del mundo está en la Mente, que controla todo efecto y reconoce toda causalidad como conferida a la Mente divina.

El poder de la imaginación

Un criminal, con quien experimentaron ciertos estudiantes ingleses, imaginó que se estaba desangrando, y murió debido a esa creencia, cuando era sólo un hilo de agua tibia lo que corría por su brazo. Si hubiera sabido que su sentido de que se desangraba era una ilusión, se hubiera elevado por encima de la creencia falsa. Que la desesperanzada inválida, al examinar el tinte de su sangre en un pañuelo de batista, piense en el experimento de esos jóvenes de Oxford, quienes causaron la muerte de un hombre, cuando ni una gota de su sangre fue derramada. Entonces, que aprenda la declaración opuesta acerca de la Vida como es enseñada en la Ciencia Cristiana, y comprenderá que no se está muriendo debido al estado de su sangre, sino que está sufriendo por su creencia de que la sangre está destruyendo su vida. El así llamado fluido vital no afecta la salud de la inválida, pero su creencia produce los resultados mismos que ella teme.

Las fiebres son efectos del temor

Las fiebres son errores de varios tipos. El pulso acelerado, la lengua saburrosa, el calor febril, la piel reseca, el dolor de cabeza y de las extremidades, son cuadros trazados sobre el cuerpo por una mente mortal. Las imágenes, retenidas en esta mente perturbada, atemorizan el pensamiento consciente. A menos que el cuadro febril, trazado por millones de mortales y proyectado sobre el cuerpo por la creencia de que la mente está en la materia y que la discordancia es tan real como la armonía, sea destruido por

Science, it may rest at length on some receptive thought, and become a fever case, which ends in a belief called death, which belief must be finally conquered by eternal Life. Truth is always the victor. Sickness and sin fall by their own weight. Truth is the rock of ages, the head-stone of the corner, "but on whomsoever it shall fall, it will grind him to powder."

Misdirected contention

Contending for the evidence or indulging the demands of sin, disease, or death, we virtually contend against the control of Mind over body, and deny the power of Mind to heal. This false method is as though the defendant should argue for the plaintiff in favor of a decision which the defendant knows will be turned against himself.

Benefits of metaphysics

The physical effects of fear illustrate its illusion. Gazing at a chained lion, crouched for a spring, should not terrify a man. The body is affected only with the belief of disease produced by a so-called mind ignorant of the truth which chains disease. Nothing but the power of Truth can prevent the fear of error, and prove man's dominion over error.

A higher discovery

Many years ago the author made a spiritual discovery, the scientific evidence of which has accumulated to prove that the divine Mind produces in man health, harmony, and immortality. Gradually this evidence will gather momentum and clearness, until it reaches its culmination of scientific statement and proof. Nothing is more disheartening than to believe that there is a power opposite to God, or good, and that God endows this opposing power with strength to be used against Himself, against Life, health, harmony.

Every law of matter or the body, supposed to govern

medio de la Ciencia, es posible que al fin se pose en algún pensamiento receptivo y se convierta en un caso de fiebre que termine en una creencia llamada muerte, creencia que ha de ser conquistada finalmente por la Vida eterna. La Verdad es siempre vencedora. La enfermedad y el pecado caen por su propio peso. La Verdad es la roca de los siglos, la cabeza del ángulo, "y sobre quien ella cayere, le desmenuzará".

Contienda mal dirigida

Si contendemos a favor de la evidencia del pecado, de la enfermedad o de la muerte, o si consentimos sus exigencias, virtualmente contendemos contra el control de la Mente sobre el cuerpo, y negamos el poder de la Mente para sanar. Este método falso es como si el demandado alegara por el demandante en favor de una decisión que el demandado sabe que se volverá contra él mismo.

Beneficios de la metafísica

Los efectos físicos del temor ilustran su ilusión. Mirar un león encadenado, agazapado para saltar, no debiera aterrar a nadie. El cuerpo es afectado sólo por la creencia de la enfermedad producida por una así llamada mente ignorante de la verdad que encadena la enfermedad. Nada sino el poder de la Verdad puede evitar el temor al error y comprobar el dominio del hombre sobre el error.

Un descubrimiento más alto

Hace muchos años la autora hizo un descubrimiento espiritual, cuya evidencia científica se ha acumulado para comprobar que la Mente divina produce en el hombre salud, armonía e inmortalidad. Gradualmente esta evidencia aumentará en ímpetu y claridad, hasta que alcance el punto culminante de su declaración y prueba científicas. Nada es más descorazonador que creer que hay un poder opuesto a Dios, o el bien, y que Dios dota de fuerza a este poder opositor para ser usado contra Él mismo, contra la Vida, la salud, la armonía.

Toda ley de la materia o del cuerpo, que se supone gobierna

Ignorance of our rights

man, is rendered null and void by the law of Life, God. Ignorant of our God-given rights, we submit to unjust decrees, and the bias of education enforces this slavery. Be no more willing to suffer the illusion that you are sick or that some disease is developing in the system, than you are to yield to a sinful temptation on the ground that sin has its necessities.

No laws of matter

When infringing some supposed law, you say that there is danger. This fear is the danger and induces the physical effects. We cannot in reality suffer from breaking anything except a moral or spiritual law. The so-called laws of mortal belief are destroyed by the understanding that Soul is immortal, and that mortal mind cannot legislate the times, periods, and types of disease, with which mortals die. God is the lawmaker, but He is not the author of barbarous codes. In infinite Life and Love there is no sickness, sin, nor death, and the Scriptures declare that we live, move, and have our being in the infinite God.

God-given dominion

Think less of the enactments of mortal mind, and you will sooner grasp man's God-given dominion. You must understand your way out of human theories relating to health, or you will never believe that you are quite free from some ailment. The harmony and immortality of man will never be reached without the understanding that Mind is not in matter. Let us banish sickness as an outlaw, and abide by the rule of perpetual harmony, — God's law. It is man's moral right to annul an unjust sentence, a sentence never inflicted by divine authority.

Christ Jesus overruled the error which would impose penalties for transgressions of the physical laws of

Ignorancia de nuestros derechos

al hombre, es anulada y derogada por la ley de la Vida, Dios. Ignorantes de los derechos que Dios nos ha dado, nos sometemos a decretos injustos, y la influencia de la educación refuerza esta esclavitud. No estés más dispuesto a sufrir la ilusión de que estás enfermo o de que alguna enfermedad se está desarrollando en el organismo, de lo que estás a ceder a una tentación pecaminosa basado en que el pecado tiene sus necesidades.

No hay leyes de la materia

Al infringir alguna supuesta ley, dices que hay peligro. Este temor es el peligro e induce los efectos físicos. No podemos en realidad sufrir por quebrantar nada, excepto una ley moral o espiritual. Las así llamadas leyes de la creencia mortal son destruidas por la comprensión de que el Alma es inmortal, y que la mente mortal no puede legislar los tiempos, los períodos y los tipos de enfermedades de las que mueren los mortales. Dios es el legislador, pero Él no es el autor de códigos bárbaros. En la Vida y el Amor infinitos no hay enfermedad, pecado ni muerte, y las Escrituras declaran que vivimos, nos movemos y tenemos nuestro ser* en el Dios infinito.

Señorío dado por Dios

Piensa menos en los decretos de la mente mortal, y comprenderás más rápidamente el señorío que Dios ha dado al hombre. Tienes que comprender tu manera de liberarte de las teorías humanas relativas a la salud, o nunca creerás que estás del todo libre de alguna dolencia. La armonía y la inmortalidad del hombre jamás serán alcanzadas sin la comprensión de que la Mente no está en la materia. Expulsemos la enfermedad como a un proscrito, y atengámonos a la regla de la armonía perpetua: la ley de Dios. Es el derecho moral del hombre anular una sentencia injusta, una sentencia jamás infligida por la autoridad divina.

Cristo Jesús rechazó el error que pretendía imponer castigos por las transgresiones a las leyes físicas de la

*Según la versión King James de la Biblia

health; he annulled supposed laws of matter, opposed to the harmonies of Spirit, lacking divine authority and having only human approval for their sanction.

Begin rightly

If half the attention given to hygiene were given to the study of Christian Science and to the spiritualization of thought, this alone would usher in the millennium. Constant bathing and rubbing to alter the secretions or to remove unhealthy exhalations from the cuticle receive a useful rebuke from Jesus' precept, "Take no thought . . . for the body." We must beware of making clean merely the outside of the platter.

Hygiene excessive

He, who is ignorant of what is termed hygienic law, is more receptive of spiritual power and of faith in one God, than is the devotee of supposed hygienic law, who comes to teach the so-called ignorant one. Must we not then consider the so-called law of matter a canon "more honored in the breach than the observance"? A patient thoroughly booked in medical theories is more difficult to heal through Mind than one who is not. This verifies the saying of our Master: "Whosoever shall not receive the kingdom of God as a little child, shall in no wise enter therein."

Blissful ignorance

One whom I rescued from seeming spiritual oblivion, in which the senses had engulfed him, wrote to me: "I should have died, but for the glorious Principle you teach, — supporting the power of Mind over the body and showing me the nothingness of the so-called pleasures and pains of sense. The treatises I had read and the medicines I had taken only abandoned me to more hopeless suffering and despair. Adherence to hygiene was useless. Mortal mind needed to be set right. The ailment was not bodily,

Comienza bien

salud; él anuló las supuestas leyes de la materia, opuestas a las armonías del Espíritu, carentes de autoridad divina y que tienen sólo la aprobación humana como su sanción.

Una higiene excesiva

Si la mitad de la atención que se presta a la higiene se prestara al estudio de la Ciencia Cristiana y a la espiritualización del pensamiento, esto solo traería el reinado de los mil años. Los constantes baños y fricciones para alterar las secreciones o eliminar exhalaciones malsanas de la epidermis reciben una útil reprensión en el precepto de Jesús: "No os afanéis... por el cuerpo". Debemos tener cuidado de no limpiar meramente el exterior del plato.

Bendita ignorancia

El que ignora lo que es denominado leyes de higiene es más receptivo al poder espiritual y a la fe en un solo Dios que el partidario de las supuestas leyes higiénicas, quien viene a enseñar al así llamado ignorante. ¿No debiéramos, entonces, considerar la así llamada ley de la materia como un canon "que más vale quebrantar que observar"? Un paciente muy versado en teorías médicas es más difícil de curar por medio de la Mente que uno que no lo sea. Esto comprueba el dicho de nuestro Maestro: "El que no recibe el reino de Dios como un niño, no entrará en él".

Alguien a quien rescaté de un aparente olvido espiritual, en el que los sentidos lo habían sumido, me escribió: "Me hubiera muerto, si no hubiese sido por el glorioso Principio que usted enseña, que sostiene el poder de la Mente sobre el cuerpo y me muestra la nada de los así llamados placeres y dolores del sentido. Los tratados que había leído y las medicinas que había tomado sólo me abandonaron a más sufrimiento sin esperanzas y a la desesperación. La adhesión a la higiene fue inútil. La mente mortal necesitaba ser corregida. La dolencia no era corporal, sino mental, y fui but mental, and I was cured when I learned my way in Christian Science."

A clean mind and body

We need a clean body and a clean mind,—a body rendered pure by Mind as well as washed by water. One says: "I take good care of my body." To do this, the pure and exalting influence of the divine Mind on the body is requisite, and the Christian Scientist takes the best care of his body when he leaves it most out of his thought, and, like the Apostle Paul, is "willing rather to be absent from the body, and to be present with the Lord."

A hint may be taken from the emigrant, whose filth does not affect his happiness, because mind and body rest on the same basis. To the mind equally gross, dirt gives no uneasiness. It is the native element of such a mind, which is symbolized, and not chafed, by its surroundings; but impurity and uncleanliness, which do not trouble the gross, could not be borne by the refined. This shows that the mind must be clean to keep the body in proper condition.

Beliefs illusive

The tobacco-user, eating or smoking poison for half a century, sometimes tells you that the weed preserves his health, but does this make it so? Does his assertion prove the use of tobacco to be a salubrious habit, and man to be the better for it? Such instances only prove the illusive physical effect of a false belief, confirming the Scriptural conclusion concerning a man, "As he thinketh in his heart, so is he."

The movement-cure—pinching and pounding the poor body, to make it sensibly well when it ought to be insensibly so—is another medical mistake, resulting from the common notion that health depends on inert matter sanado cuando encontré mi camino en la Ciencia Cristiana".

Una mente y un cuerpo limpios

Necesitamos un cuerpo limpio y una mente limpia, un cuerpo purificado por la Mente así como también lavado con agua. Uno dice: "Cuido bien mi cuerpo". Para hacer esto, se requiere la influencia pura y exaltadora de la Mente divina sobre el cuerpo, y el Científico Cristiano cuida mejor su cuerpo cuanto más lo deja fuera de su pensamiento, y, como el Apóstol Pablo, está deseoso más bien de "estar [ausente] del cuerpo, y [presente] al Señor".

Un indicio puede ser obtenido del emigrante, cuyo desaseo en nada afecta su felicidad, porque la mente y el cuerpo descansan sobre una misma base. A la mente igualmente tosca no la intranquiliza el desaseo. Es el elemento nativo de tal mentalidad, la cual es simbolizada por su ambiente y no se siente irritada por él; pero la impureza y la falta de aseo, que no perturban al hombre tosco, no podrían ser soportadas por el hombre refinado. Esto muestra que la mente tiene que estar limpia para mantener el cuerpo en condiciones apropiadas.

Las creencias son ilusorias

El adicto al tabaco, que masca o fuma veneno durante medio siglo, a veces te dice que la hierba le conserva la salud, pero ¿esto hace que sea así? ¿Comprueba su aserción que el uso del tabaco es un hábito saludable y que debido a ello el hombre está mejor? Tales casos sólo comprueban el efecto físico ilusorio de una creencia falsa, confirmando la conclusión bíblica concerniente al hombre: "Cual es su pensamiento en su corazón, tal es él".

El método de curar por medio de masajes —pellizcando y golpeando el pobre cuerpo, para ponerlo sensiblemente bien cuando debiera estar así insensiblemente— es otra equivocación médica, que resulta de la noción común de que la salud depende de la materia inerte, en vez de la Mente.

instead of on Mind. Can matter, or what is termed matter, either feel or act without mind?

Corporeal penalties

We should relieve our minds from the depressing thought that we have transgressed a material law and must of necessity pay the penalty. Let us reassure ourselves with the law of Love. God never punishes man for doing right, for honest labor, or for deeds of kindness, though they expose him to fatigue, cold, heat, contagion. If man seems to incur the penalty through matter, this is but a belief of mortal mind, not an enactment of wisdom, and man has only to enter his protest against this belief in order to annul it. Through this action of thought and its results upon the body, the student will prove to himself, by small beginnings, the grand verities of Christian Science.

Not matter, but Mind

If exposure to a draught of air while in a state of perspiration is followed by chills, dry cough, influenza, congestive symptoms in the lungs, or hints of inflammatory rheumatism, your Mind-remedy is safe and sure. If you are a Christian Scientist, such symptoms are not apt to follow exposure; but if you believe in laws of matter and their fatal effects when transgressed, you are not fit to conduct your own case or to destroy the bad effects of your belief. When the fear subsides and the conviction abides that you have broken no law, neither rheumatism, consumption, nor any other disease will ever result from exposure to the weather. In Science this is an established fact which all the evidence before the senses can never overrule.

Sickness, sin, and death must at length quail before the divine rights of intelligence, and then the power of Mind over the entire functions and organs of the

¿Puede la materia, o lo que se llama materia, sentir u obrar sin la mente?

Castigos corporales

Debiéramos aliviar nuestra mente del deprimente pensamiento de que hemos infringido una ley material y que necesariamente debemos sufrir el castigo. Tranquilicémonos con la ley del Amor. Dios nunca castiga al hombre por obrar bien, por labor honrada o por actos de bondad, aunque lo expongan a la fatiga, al frío, al calor, al contagio. Si el hombre parece incurrir en un castigo a causa de la materia, esto es sólo una creencia de la mente mortal, no una promulgación de la sabiduría, y el hombre únicamente tiene que iniciar su protesta contra esta creencia con el fin de anularla. Mediante esta acción del pensamiento y sus resultados sobre el cuerpo, el estudiante comprobará para sí mismo, comenzando de a poco, las grandes verdades de la Ciencia Cristiana.

No la materia, sino la Mente

Si la exposición a una corriente de aire cuando se está transpirando es seguida de escalofríos, tos seca, influenza, síntomas de congestión pulmonar o indicios de reumatismo inflamatorio, tu remedio-Mente es seguro y eficaz. Si eres un Científico Cristiano, no es probable que tales síntomas sigan a la exposición; pero si crees en las leyes de la materia y sus efectos fatales cuando son transgredidas, no estás capacitado para atender tu propio caso o para destruir los malos efectos de tu creencia. Cuando se calme el temor y permanezca la convicción de que no has quebrantado ninguna ley, ni el reumatismo, la tuberculosis ni ninguna otra enfermedad jamás resultará de la exposición a la intemperie. En la Ciencia este es un hecho establecido que toda la evidencia ante los sentidos jamás puede anular.

La enfermedad, el pecado y la muerte tendrán a la larga que acobardarse ante los derechos divinos de la inteligencia, y entonces el poder de la Mente sobre todos los órganos y las funciones del organismo humano será reconocido.

Benefit of philanthropy

human system will be acknowledged. It is proverbial that Florence Nightingale and other philanthropists engaged in humane labors have been able to undergo without sinking fatigues and exposures which ordinary people could not endure. The explanation lies in the support which they derived from the divine law, rising above the human. The spiritual demand, quelling the material, supplies energy and endurance surpassing all other aids, and forestalls the penalty which our beliefs would attach to our best deeds. Let us remember that the eternal law of right, though it can never annul the law which makes sin its own executioner, exempts man from all penalties but those due for wrong-doing.

Honest toil has no penalty

Constant toil, deprivations, exposures, and all untoward conditions, *if without sin*, can be experienced without suffering. Whatever it is your duty to do, you can do without harm to yourself. If you sprain the muscles or wound the flesh, your remedy is at hand. Mind decides whether or not the flesh shall be discolored, painful, swollen, and inflamed.

Our sleep and food

You say that you have not slept well or have overeaten. You are a law unto yourself. Saying this and believing it, you will suffer in proportion to your belief and fear. Your sufferings are not the penalty for having broken a law of matter, for it is a law of mortal mind which you have disobeyed. You say or think, because you have partaken of salt fish, that you must be thirsty, and you are thirsty accordingly, while the opposite belief would produce the opposite result.

Any supposed information, coming from the body or from inert matter as if either were intelligent, is an illu-

Beneficios de la filantropía

Es proverbial que Florence Nightingale y otros filántropos ocupados en labores humanitarias han sido capaces de experimentar, sin desfallecer, fatigas y exposiciones al peligro que personas comunes no podrían soportar. La explicación reside en el apoyo que ellos derivaban de la ley divina, que se eleva por encima de la humana. La exigencia espiritual, al sofocar la material, provee la energía y la resistencia que superan todo otro auxilio, e impide el castigo que nuestras creencias quisieran unir a nuestras mejores acciones. Recordemos que la ley eterna de la justicia, si bien no puede anular jamás la ley que hace del pecado su propio verdugo, exime al hombre de todos los castigos, excepto de aquellos que merezca por obrar mal.

El trabajo honrado no incurre en castigo

El trabajo pesado continuo, las privaciones, las exposiciones al peligro, y toda clase de condiciones desfavorables, *si están libres de pecado,* pueden soportarse sin sufrimiento. Sea cual fuere tu deber, lo puedes hacer sin hacerte daño. Si te haces un esguince muscular o te hieres en la carne, tu remedio está a mano. La mente decide si la carne ha de estar descolorida, dolorida, hinchada e inflamada.

Nuestro sueño y alimento

Dices que no has dormido bien o que has comido demasiado. Eres una ley para ti mismo. Al decir esto y creerlo, sufrirás en proporción a tu creencia y tu temor. Tus sufrimientos no son el castigo por haber quebrantado una ley de la materia, pues es una ley de la mente mortal lo que has desobedecido. Dices o piensas que, porque has comido pescado salado, tienes que estar sediento, y por consiguiente estás sediento, mientras que la creencia opuesta produciría el resultado opuesto.

Toda supuesta información, que procede del cuerpo o de la materia inerte como si el uno o la otra fueran inteligentes,

Doubtful evidence

sion of mortal mind, — one of its dreams. Realize that the evidence of the senses is not to be accepted in the case of sickness, any more than it is in the case of sin.

Climate and belief

Expose the body to certain temperatures, and belief says that you may catch cold and have catarrh; but no such result occurs without mind to demand it and produce it. So long as mortals declare that certain states of the atmosphere produce catarrh, fever, rheumatism, or consumption, those effects will follow, — not because of the climate, but on account of the belief. The author has in too many instances healed disease through the action of Truth on the minds of mortals, and the corresponding effects of Truth on the body, not to know that this is so.

Erroneous despatch

A blundering despatch, mistakenly announcing the death of a friend, occasions the same grief that the friend's real death would bring. You think that your anguish is occasioned by your loss. Another despatch, correcting the mistake, heals your grief, and you learn that your suffering was merely the result of your belief. Thus it is with all sorrow, sickness, and death. You will learn at length that there is no cause for grief, and divine wisdom will then be understood. Error, not Truth, produces all the suffering on earth.

Mourning causeless

If a Christian Scientist had said, while you were laboring under the influence of the belief of grief, "Your sorrow is without cause," you would not have understood him, although the correctness of the assertion might afterwards be proved to you. So, when our friends pass from our sight and we lament, that lamentation is needless and causeless. We shall es una ilusión de la mente mortal, uno de sus sueños. Date cuenta de que la evidencia de los sentidos no ha de ser aceptada en caso de enfermedad, como tampoco en caso de pecado.

Testimonio dudoso

Expón el cuerpo a ciertas temperaturas, y la creencia dice que podrías resfriarte y pescar un catarro; pero tal resultado no ocurre sin que la mente lo exija y lo produzca. Mientras los mortales declaren que ciertos estados atmosféricos producen catarro, fiebre, reumatismo o tuberculosis, esos efectos seguirán, no debido al clima, sino a la creencia. La autora ha sanado la enfermedad en muchas ocasiones por medio de la acción de la Verdad sobre la mente de los mortales, y los correspondientes efectos de la Verdad sobre el cuerpo, como para no saber que esto es así.

Clima y creencia

Un mensaje disparatado, anunciando equivocadamente la muerte de un amigo, ocasiona el mismo pesar que traería la muerte verdadera del amigo. Piensas que tu angustia es ocasionada por tu pérdida. Otro mensaje, corrigiendo la equivocación, sana tu pesar, y aprendes que tu sufrimiento fue meramente el resultado de tu creencia. Así es con toda aflicción, enfermedad y muerte. Aprenderás a la larga que no hay causa para el pesar, y la sabiduría divina será entonces comprendida. El error, no la Verdad, produce todo el sufrimiento en la tierra.

Mensaje equivocado

Si un Científico Cristiano hubiera dicho, mientras padecías bajo la influencia de la creencia en el pesar: “No hay causa para tu pesar”, no lo habrías comprendido, aunque la exactitud de la aserción te hubiera sido comprobada más tarde. Así pues, cuando nuestros amigos desaparecen de nuestra vista y nos lamentamos, esa lamentación es innecesaria y sin causa. Nos daremos

Duelo infundado

perceive this to be true when we grow into the understanding of Life, and know that there is no death.

Mind heals brain-disease

Because mortal mind is kept active, must it pay the penalty in a softened brain? Who dares to say that actual Mind can be overworked? When we reach our limits of mental endurance, we conclude that intellectual labor has been carried sufficiently far; but when we realize that immortal Mind is ever active, and that spiritual energies can neither wear out nor can so-called material law trespass upon God-given powers and resources, we are able to rest in Truth, refreshed by the assurances of immortality, opposed to mortality.

Right never punishable

Our thinkers do not die early because they faithfully perform the natural functions of being. If printers and authors have the shortest span of earthly existence, it is not because they occupy the most important posts and perform the most vital functions in society. That man does not pay the severest penalty who does the most good. By adhering to the realities of eternal existence, — instead of reading disquisitions on the inconsistent supposition that death comes in obedience to the law of life, and that God punishes man for doing good, — one cannot suffer as the result of any labor of love, but grows stronger because of it. It is a law of so-called mortal mind, misnamed matter, which causes all things discordant.

Christian history

The history of Christianity furnishes sublime proofs of the supporting influence and protecting power bestowed on man by his heavenly Father, omnipotent Mind, who gives man faith and understanding whereby to defend himself, not only from temptation, but from bodily suffering.

cuenta de que esto es cierto cuando crezcamos en la comprensión de la Vida y sepamos que no existe la muerte.

La Mente sana las enfermedades del cerebro

Porque la mente mortal se mantiene activa, ¿tiene que pagar el castigo con un cerebro reblandecido? ¿Quién se atreve a decir que la Mente verdadera puede agotarse por exceso de trabajo? Cuando llegamos al límite de nuestra resistencia mental, concluimos que la labor intelectual se ha prolongado lo suficiente; pero cuando comprendemos que la Mente inmortal siempre está activa y que las energías espirituales no pueden agotarse, ni puede la así llamada ley material infringir los poderes y recursos dados por Dios, podemos descansar en la Verdad, renovados por la certeza de la inmortalidad, opuesta a la mortalidad.

El bien nunca es punible

Nuestros pensadores no mueren prematuramente por desempeñar fielmente las funciones naturales del ser. Si los impresores y los autores tienen la vida terrenal más corta, no es porque ocupen los puestos más importantes y realicen las funciones más vitales en la sociedad. Quien hace el mayor bien no es el que sufre el castigo más severo. Al adherirse a las realidades de la existencia eterna —en lugar de leer disertaciones sobre la incoherente suposición de que la muerte viene en obediencia a la ley de la vida, y que Dios castiga al hombre por hacer el bien— uno no puede sufrir como resultado de cualquier obra de amor, sino que se fortalece a causa de ella. Es una ley de la así llamada mente mortal, mal denominada materia, la que causa todo lo discordante.

La historia cristiana

La historia del cristianismo proporciona pruebas sublimes de la influencia sostenedora y del poder protector otorgados al hombre por su Padre celestial, la Mente omnipotente, que da al hombre fe y entendimiento con los cuales defenderse, no sólo de la tentación, sino también del sufrimiento corporal.

The Christian martyrs were prophets of Christian Science. Through the uplifting and consecrating power of divine Truth, they obtained a victory over the corporeal senses, a victory which Science alone can explain. Stolidity, which is a resisting state of mortal mind, suffers less, only because it knows less of material law.

The Apostle John testified to the divine basis of Christian Science, when dire inflictions failed to destroy his body. Idolaters, believing in more than one mind, had "gods many," and thought that they could kill the body with matter, independently of mind.

Sustenance spiritual

Admit the common hypothesis that food is the nutriment of life, and there follows the necessity for another admission in the opposite direction, — that food has power to destroy Life, God, through a deficiency or an excess, a quality or a quantity. This is a specimen of the ambiguous nature of all material health-theories. They are self-contradictory and self-destructive, constituting a "kingdom divided against itself," which is "brought to desolation." If food was prepared by Jesus for his disciples, it cannot destroy life.

God sustains man

The fact is, food does not affect the absolute Life of man, and this becomes self-evident, when we learn that God is our Life. Because sin and sickness are not qualities of Soul, or Life, we have hope in immortality; but it would be foolish to venture beyond our present understanding, foolish to stop eating until we gain perfection and a clear comprehension of the living Spirit. In that perfect day of understanding, we shall neither eat to live nor live to eat.

If mortals think that food disturbs the harmonious functions of mind and body, either the food or this thought

Los mártires cristianos fueron profetas de la Ciencia Cristiana. Por medio del poder de la Verdad divina que enaltece y consagra, ellos obtuvieron una victoria sobre los sentidos corporales, una victoria que sólo la Ciencia puede explicar. La estolidez, que es un estado resistente de la mente mortal, sufre menos, sólo porque sabe menos de la ley material.

El Apóstol Juan dio testimonio de la base divina de la Ciencia Cristiana cuando los crueles suplicios no lograron destruir su cuerpo. Los idólatras, que creían en más de una mente, tenían "muchos dioses", y pensaban que podían matar el cuerpo con la materia, independientemente de la mente.

El sustento es espiritual

Admite la hipótesis corriente de que el alimento es el nutrimento de la vida, y resulta la necesidad de otra admisión en el sentido opuesto: que el alimento tiene el poder de destruir la Vida, Dios, por deficiencia o exceso, por una calidad o una cantidad. Esta es una muestra de la naturaleza ambigua de todas las teorías materiales de la salud. Se contradicen a sí mismas y se destruyen a sí mismas, constituyendo un "reino dividido contra sí mismo", el cual es "asolado". Si Jesús preparó alimento para sus discípulos, este no puede destruir la vida.

Dios sostiene al hombre

El hecho es que el alimento no afecta la Vida absoluta del hombre, y esto se hace evidente por sí mismo cuando aprendemos que Dios es nuestra Vida. Porque el pecado y la enfermedad no son cualidades del Alma, o la Vida, tenemos esperanza en la inmortalidad; pero sería necio aventurarnos más allá de nuestra comprensión actual, sería necio dejar de comer antes que ganemos la perfección y una clara comprensión del Espíritu viviente. En ese día perfecto de la comprensión, ni comeremos para vivir ni viviremos para comer.

Si los mortales piensan que el alimento perturba las funciones armoniosas de la mente y el cuerpo, debe abandonarse must be dispensed with, for the penalty is coupled with the belief. Which shall it be? If this decision be left to Christian Science, it will be given in behalf of the control of Mind over this belief and every erroneous belief, or material condition. The less we know or think about hygiene, the less we are predisposed to sickness. Recollect that it is not the nerves, not matter, but mortal mind, which reports food as undigested. Matter does not inform you of bodily derangements; it is supposed to do so. This pseudo-mental testimony can be destroyed only by the better results of Mind's opposite evidence.

Diet and digestion

Our dietetic theories first admit that food sustains the life of man, and then discuss the certainty that food can kill man. This false reasoning is rebuked in Scripture by the metaphors about the fount and stream, the tree and its fruit, and the kingdom divided against itself. If God has, as prevalent theories maintain, instituted laws that food shall support human life, He cannot annul these regulations by an opposite law that food shall be inimical to existence.

Scripture rebukes

Materialists contradict their own statements. Their belief in material laws and in penalties for their infraction is the ancient error that there is fraternity between pain and pleasure, good and evil, God and Satan. This belief totters to its falling before the battle-axe of Science.

Ancient confusion

A case of convulsions, produced by indigestion, came under my observation. In her belief the woman had chronic liver-complaint, and was then suffering from a complication of symptoms connected with this belief. I cured her in a few minutes. One instant she spoke de-

Dieta y digestión

el alimento o este pensamiento, pues el castigo está unido a la creencia. ¿Cuál será? Si esta decisión se deja a la Ciencia Cristiana, será a favor del control de la Mente sobre esta creencia y sobre toda creencia errónea, o condición material. Cuanto menos sabemos de higiene o pensamos en ella, menos predispuestos estamos a enfermar. Recuerda que no son los nervios ni la materia, sino la mente mortal, la que informa que los alimentos no se han digerido. La materia no te informa de los desarreglos del cuerpo; se supone que lo hace. Este testimonio pseudo-mental puede ser destruido solamente por los mejores resultados de la evidencia opuesta de la Mente.

Las Escrituras reprueban

Nuestras teorías dietéticas primero admiten que el alimento sostiene la vida del hombre, y luego argumentan la certeza de que el alimento puede matar al hombre. Este falso razonamiento es reprendido en las Escrituras por las metáforas sobre la fuente y el arroyo, el árbol y su fruto, y el reino dividido contra sí mismo. Si Dios, como mantienen las teorías prevalecientes, ha instituido leyes para que el alimento sostenga la vida humana, Él no puede anular estas normas con una ley opuesta que haga el alimento perjudicial para la existencia.

Antigua confusión

Los materialistas contradicen sus propias declaraciones. Su creencia en las leyes materiales y en los castigos por la infracción de las mismas es el antiguo error de que hay fraternidad entre el dolor y el placer, el bien y el mal, Dios y Satanás. Esta creencia se tambalea hasta caer bajo el hacha de combate de la Ciencia.

Un caso de convulsiones, producidas por indigestión, se puso bajo mi observación. Según su creencia, la mujer padecía una enfermedad crónica del hígado, y estaba entonces sufriendo de una complicación de síntomas relacionados con esta creencia. La sané en unos pocos minutos. En cierto spairingly of herself. The next minute she said, "My food is all digested, and I should like something more to eat."

Ultimate harmony

We cannot deny that Life is self-sustained, and we should never deny the everlasting harmony of Soul, simply because, to the mortal senses, there is seeming discord. It is our ignorance of God, the divine Principle, which produces apparent discord, and the right understanding of Him restores harmony. Truth will at length compel us all to exchange the pleasures and pains of sense for the joys of Soul.

Unnecessary prostration

When the first symptoms of disease appear, dispute the testimony of the material senses with divine Science. Let your higher sense of justice destroy the false process of mortal opinions which you name law, and then you will not be confined to a sick-room nor laid upon a bed of suffering in payment of the last farthing, the last penalty demanded by error. "Agree with thine adversary quickly, whiles thou art in the way with him." Suffer no claim of sin or of sickness to grow upon the thought. Dismiss it with an abiding conviction that it is illegitimate, because you know that God is no more the author of sickness than He is of sin. You have no law of His to support the necessity either of sin or sickness, but you have divine authority for denying that necessity and healing the sick.

Treatment of disease

"Agree to disagree" with approaching symptoms of chronic or acute disease, whether it is cancer, consumption, or smallpox. Meet the incipient stages of disease with as powerful mental opposition as a legislator would employ to defeat the passage of an inhuman law. Rise in the conscious strength of the momento habló de sí misma con desesperación. Un minuto después dijo: "He digerido todo el alimento y me gustaría comer algo más".

Armonía final

No podemos negar que la Vida se sostiene a sí misma, y nunca debiéramos negar la eterna armonía del Alma, simplemente porque, para los sentidos mortales, hay aparente discordancia. Es nuestra ignorancia de Dios, el Principio divino, lo que produce la aparente discordancia, y el entendimiento correcto de Él restaura la armonía. La Verdad a la larga nos obligará a todos a cambiar los placeres y dolores de los sentidos por los goces del Alma.

Postración innecesaria

Cuando los primeros síntomas de enfermedad aparezcan, impugna el testimonio de los sentidos materiales con la Ciencia divina. Deja que tu concepto más elevado de justicia destruya el falso proceso de las opiniones mortales que tú llamas ley, y entonces no estarás confinado en un cuarto de enfermo ni postrado en un lecho de dolor en pago del último cuadrante, el último castigo exigido por el error. "Ponte de acuerdo con tu adversario pronto, entre tanto que estás con él en el camino". No permitas que ninguna pretensión de pecado o de enfermedad crezca en el pensamiento. Deséchala con una permanente convicción de que es ilegítima, porque sabes que Dios no es el autor de la enfermedad, así como no lo es del pecado. No tienes ninguna ley de Dios que apoye la necesidad del pecado o de la enfermedad, sino que tienes autoridad divina para negar esa necesidad y sanar a los enfermos.

Tratamiento de las enfermedades

"Ponte de acuerdo en que estarás en desacuerdo" con los síntomas iniciales de enfermedad crónica o aguda, ya sea cáncer, tuberculosis o viruela. Enfrenta las etapas incipientes de la enfermedad con una oposición mental tan poderosa como la que emplearía un legislador para rechazar la aprobación de una ley inhumana. Elévate en la fuerza consciente del espíritu spirit of Truth to overthrow the plea of mortal mind, *alias* matter, arrayed against the supremacy of Spirit. Blot out the images of mortal thought and its beliefs in sickness and sin. Then, when thou art delivered to the judgment of Truth, Christ, the judge will say, "Thou art whole!"

Righteous rebellion

Instead of blind and calm submission to the incipient or advanced stages of disease, rise in rebellion against them. Banish the belief that you can possibly entertain a single intruding pain which cannot be ruled out by the might of Mind, and in this way you can prevent the development of pain in the body. No law of God hinders this result. It is error to suffer for aught but your own sins. Christ, or Truth, will destroy all other supposed suffering, and real suffering for your own sins will cease in proportion as the sin ceases.

Contradict error

Justice is the moral signification of law. Injustice declares the absence of law. When the body is supposed to say, "I am sick," never plead guilty. Since matter cannot talk, it must be mortal mind which speaks; therefore meet the intimation with a protest. If you say, "I am sick," you plead guilty. Then your adversary will deliver you to the judge (mortal mind), and the judge will sentence you. Disease has no intelligence to declare itself something and announce its name. Mortal mind alone sentences itself. Therefore make your own terms with sickness, and be just to yourself and to others.

Sin to be overcome

Mentally contradict every complaint from the body, and rise to the true consciousness of Life as Love, — as all that is pure, and bearing the fruits of Spirit. Fear is the fountain of sickness, de la Verdad para derribar los argumentos de la mente mortal, *alias* materia, dispuestos contra la supremacía del Espíritu. Borra las imágenes del pensamiento mortal y sus creencias en la enfermedad y el pecado. Entonces, cuando seas entregado al juicio de la Verdad, el Cristo, el juez dirá: "¡Estás sano!"

Rebelión legítima

En lugar de una ciega y calma sumisión a las etapas incipientes o avanzadas de la enfermedad, levántate en rebelión contra ellas. Expulsa la creencia de que puedes experimentar un solo dolor intruso que no pueda ser eliminado por el poder de la Mente, y de esta manera puedes prevenir el desarrollo del dolor en el cuerpo. Ninguna ley de Dios impide este resultado. Es un error sufrir por algo que no sean tus propios pecados. El Cristo, o la Verdad, destruirá cualquier otro supuesto sufrimiento, y el verdadero sufrimiento por tus propios pecados cesará en la proporción en que cese el pecado.

Contradice el error

La justicia es el significado moral de la ley. La injusticia declara la ausencia de la ley. Cuando se supone que el cuerpo dice: "Estoy enfermo", jamás te confieses culpable. Puesto que la materia no puede hablar, tiene que ser la mente mortal la que habla; por consiguiente, enfrenta la intimación con una protesta. Si dices: "Estoy enfermo", te confiesas culpable. Entonces tu adversario te entregará al juez (la mente mortal), y el juez te sentenciará. La enfermedad no tiene inteligencia para declararse como algo y anunciar su nombre. La mente mortal sola se sentencia a sí misma. Por lo tanto, impón tus propios términos a la enfermedad, y sé justo contigo mismo y con los demás.

El pecado debe ser vencido

Contradice mentalmente toda queja del cuerpo, y elévate a la verdadera consciencia de la Vida como Amor, como todo lo que es puro y lleva los frutos del Espíritu. El temor es la fuente de la enfermedad, and you master fear and sin through divine Mind; hence it is through divine Mind that you overcome disease. Only while fear or sin remains can it bring forth death. To cure a bodily ailment, every broken moral law should be taken into account and the error be rebuked. Fear, which is an element of all disease, must be cast out to readjust the balance for God. Casting out evil and fear enables truth to outweigh error. The only course is to take antagonistic grounds against all that is opposed to the health, holiness, and harmony of man, God's image.

Illusions about nerves

The physical affirmation of disease should always be met with the mental negation. Whatever benefit is produced on the body, must be expressed mentally, and thought should be held fast to this ideal. If you believe in inflamed and weak nerves, you are liable to an attack from that source. You will call it neuralgia, but we call it a belief. If you think that consumption is hereditary in your family, you are liable to the development of that thought in the form of what is termed pulmonary disease, unless Science shows you otherwise. If you decide that climate or atmosphere is unhealthy, it will be so to you. Your decisions will master you, whichever direction they take.

Guarding the door

Reverse the case. Stand porter at the door of thought. Admitting only such conclusions as you wish realized in bodily results, you will control yourself harmoniously. When the condition is present which you say induces disease, whether it be air, exercise, heredity, contagion, or accident, then perform your office as porter and shut out these unhealthy thoughts and fears. Exclude from mortal mind the offending errors; then the body cannot suffer from them. The issues of pain or y dominas el temor y el pecado por medio de la Mente divina; por lo tanto, es por medio de la Mente divina que vences la enfermedad. Sólo mientras el temor o el pecado permanecen pueden producir la muerte. Para curar una dolencia corporal, cada ley moral quebrantada debe ser tomada en cuenta y el error ser reprendido. El temor, el cual es un elemento de toda enfermedad, tiene que ser echado fuera para reajustar la balanza a favor de Dios. Echar fuera el mal y el temor permite que la verdad tenga más peso que el error. El único curso es tomar una actitud antagónica contra todo lo que se oponga a la salud, la santidad y la armonía del hombre, la imagen de Dios.

Ilusiones acerca de los nervios

La afirmación física de la enfermedad debiera enfrentarse siempre con la negación mental. Cualquier beneficio que es producido en el cuerpo tiene que ser expresado mentalmente, y el pensamiento debiera mantenerse firme en este ideal. Si crees en nervios inflamados y débiles, estás propenso a un ataque de esa fuente. Lo llamarás neuralgia, pero nosotros lo llamamos una creencia. Si piensas que la tuberculosis es hereditaria en tu familia, estás propenso al desarrollo de ese pensamiento en la forma llamada enfermedad pulmonar, a menos que la Ciencia te muestre lo contrario. Si decides que cierto clima o atmósfera es malsana, así lo será para ti. Tus decisiones te dominarán, cualquiera sea la dirección que tomen.

Guardando la puerta

Revierte el caso. Sé el portero a la puerta del pensamiento. Admitiendo sólo las conclusiones que deseas que se realicen en resultados corporales, te controlarás armoniosamente a ti mismo. Cuando esté presente la condición que tú dices induce la enfermedad, ya sea aire, ejercicio, herencia, contagio o accidente, desempeña entonces tu oficio de portero y deja afuera estos pensamientos y temores malsanos. Excluye de la mente mortal los errores nocivos; entonces el cuerpo no puede sufrir a causa de ellos. Lo concerniente al dolor o al placer tiene que venir por medio pleasure must come through mind, and like a watchman forsaking his post, we admit the intruding belief, forgetting that through divine help we can forbid this entrance.

The strength of Spirit

The body seems to be self-acting, only because mortal mind is ignorant of itself, of its own actions, and of their results, — ignorant that the predisposing, remote, and exciting cause of all bad effects is a law of so-called mortal mind, not of matter. Mind is the master of the corporeal senses, and can conquer sickness, sin, and death. Exercise this God-given authority. Take possession of your body, and govern its feeling and action. Rise in the strength of Spirit to resist all that is unlike good. God has made man capable of this, and nothing can vitiate the ability and power divinely bestowed on man.

No pain in matter

Be firm in your understanding that the divine Mind governs, and that in Science man reflects God's government. Have no fear that matter can ache, swell, and be inflamed as the result of a law of any kind, when it is self-evident that matter can have no pain nor inflammation. Your body would suffer no more from tension or wounds than the trunk of a tree which you gash or the electric wire which you stretch, were it not for mortal mind.

When Jesus declares that "the light of the body is the eye," he certainly means that light depends upon Mind, not upon the complex humors, lenses, muscles, the iris and pupil, constituting the visual organism.

No real disease

Man is never sick, for Mind is not sick and matter cannot be. A false belief is both the tempter and the tempted, the sin and the sinner, the disease and its cause. It is well to be calm in sickness;

de la mente, y como un vigilante que abandona su puesto, admitimos la creencia intrusa, olvidando que mediante la ayuda divina podemos prohibir esta entrada.

La fuerza del Espíritu

El cuerpo parece actuar por sí mismo sólo porque la mente mortal es ignorante de sí misma, de sus propias acciones y de sus resultados, ignorante de que la causa que predispone, remota y excitante de todos los efectos malos es una ley de la así llamada mente mortal, no de la materia. La Mente es el amo de los sentidos corporales, y puede conquistar la enfermedad, el pecado y la muerte. Ejerce esta autoridad otorgada por Dios. Toma posesión de tu cuerpo y gobierna sus sensaciones y acciones. Levántate en la fortaleza del Espíritu para resistir todo lo que sea desemejante al bien. Dios ha hecho al hombre capaz de esto, y nada puede invalidar la capacidad y el poder divinamente concedidos al hombre.

No hay dolor en la materia

Sé firme en tu comprensión de que la Mente divina gobierna, y que en la Ciencia el hombre refleja el gobierno de Dios. No temas que la materia pueda doler, hincharse e inflamarse como resultado de una ley de cualquier índole, cuando es evidente de por sí que la materia no puede tener dolor ni inflamarse. Tu cuerpo no sufriría más debido a la tensión o las heridas que el tronco de árbol que cortas o el cable eléctrico que estiras, si no fuera por la mente mortal.

Cuando Jesús declara que “la lámpara del cuerpo es el ojo”, de cierto él quiere decir que la luz depende de la Mente, no de los complejos humores, los cristalinos, los músculos, el iris y la pupila, que constituyen el órgano visual.

No hay enfermedad real

El hombre nunca está enfermo, porque la Mente no está enferma y la materia no puede estarlo. Una creencia falsa es a la vez el tentador y el tentado, el pecado y el pecador, la enfermedad y su causa. Es bueno estar calmado durante la enfermedad;

to be hopeful is still better; but to understand that sickness is not real and that Truth can destroy its seeming reality, is best of all, for this understanding is the universal and perfect remedy.

Recuperation mental

By conceding power to discord, a large majority of doctors depress mental energy, which is the only real recuperative power. Knowledge that we can accomplish the good we hope for, stimulates the system to act in the direction which Mind points out. The admission that any bodily condition is beyond the control of Mind disarms man, prevents him from helping himself, and enthrones matter through error. To those struggling with sickness, such admissions are discouraging,—as much so as would be the advice to a man who is down in the world, that he should not try to rise above his difficulties.

Experience has proved to the author the fallacy of material systems in general,—that their theories are sometimes pernicious, and that their denials are better than their affirmations. Will you bid a man let evils overcome him, assuring him that all misfortunes are from God, against whom mortals should not contend? Will you tell the sick that their condition is hopeless, unless it can be aided by a drug or climate? Are material means the only refuge from fatal chances? Is there no divine permission to conquer discord of every kind with harmony, with Truth and Love?

Arguing wrongly

We should remember that Life is God, and that God is omnipotent. Not understanding Christian Science, the sick usually have little faith in it till they feel its beneficent influence. This shows that faith is not the healer in such cases. The sick estar esperanzado es aún mejor; pero comprender que la enfermedad no es real y que la Verdad puede destruir su aparente realidad es lo mejor de todo, ya que esta comprensión es el remedio universal y perfecto.

La recuperación es mental

Por conceder poder a la discordia, una gran mayoría de médicos deprime la energía mental, que es el único poder recuperativo verdadero. El conocimiento de que podemos realizar el bien que deseamos, estimula el organismo a actuar en la dirección que señala la Mente. La admisión de que cualquier condición corporal está más allá del control de la Mente desarma al hombre, evita que él se ayude a sí mismo y entroniza la materia por medio del error. Para aquellos que están luchando con la enfermedad, tales admisiones son desalentadoras, tanto como sería el consejo dado a un hombre que ha caído muy bajo en el mundo, de que no debiera tratar de elevarse por encima de sus dificultades.

La experiencia le ha comprobado a la autora la falacia de los sistemas materiales en general, que sus teorías son a veces perniciosas y que sus negaciones son mejores que sus afirmaciones. ¿Pedirías a un hombre que se dejara vencer por las calamidades, asegurándole que todos los infortunios provienen de Dios, contra quien los mortales no debieran contender? ¿Dirías a los enfermos que su condición no tiene esperanza, a menos que pueda ser auxiliada por un medicamento o el clima? ¿Son los medios materiales el único refugio contra las contingencias fatales? ¿No hay permiso divino para conquistar toda clase de discordancia con la armonía, con la Verdad y el Amor?

Argumentando incorrectamente

Debiéramos recordar que la Vida es Dios, y que Dios es omnipotente. Al no comprender la Ciencia Cristiana, los enfermos tienen, por lo general, poca fe en ella hasta que sienten su benéfica influencia. Esto muestra que la fe no es el sanador en tales casos. Los enfermos unconsciously argue for suffering, instead of against it. They admit its reality, whereas they should deny it. They should plead in opposition to the testimony of the deceitful senses, and maintain man's immortality and eternal likeness to God.

Divine authority

Like the great Exemplar, the healer should speak to disease as one having authority over it, leaving Soul to master the false evidences of the corporeal senses and to assert its claims over mortality and disease. The same Principle cures both sin and sickness. When divine Science overcomes faith in a carnal mind, and faith in God destroys all faith in sin and in material methods of healing, then sin, disease, and death will disappear.

Aids in sickness

Prayers, in which God is not asked to heal but is besought to take the patient to Himself, do not benefit the sick. An ill-tempered, complaining, or deceitful person should not be a nurse. The nurse should be cheerful, orderly, punctual, patient, full of faith,—receptive to Truth and Love.

Mental quackery

It is mental quackery to make disease a reality—to hold it as something seen and felt—and then to attempt its cure through Mind. It is no less erroneous to believe in the real existence of a tumor, a cancer, or decayed lungs, while you argue against their reality, than it is for your patient to feel these ills in physical belief. Mental practice, which holds disease as a reality, fastens disease on the patient, and it may appear in a more alarming form.

The knowledge that brain-lobes cannot kill a man nor affect the functions of mind would prevent the brain from becoming diseased, though a moral offence is indeed the inconscientemente argumentan a favor del sufrimiento, en vez de hacerlo en contra del mismo. Admiten su realidad, cuando debieran negarla. Debieran abogar en contra del testimonio de los sentidos engañosos, y mantener la inmortalidad del hombre y su eterna semejanza con Dios.

Autoridad divina

Al igual que el gran Ejemplo, el sanador debiera hablar a la enfermedad como quien tiene autoridad sobre ella, dejando que el Alma domine las falsas evidencias de los sentidos corporales e imponga sus reivindicaciones sobre la mortalidad y la enfermedad. El mismo Principio sana tanto el pecado como la enfermedad. Cuando la Ciencia divina venza la fe en una mente carnal, y la fe en Dios destruya toda fe en el pecado y en los métodos materiales de curación, entonces el pecado, la enfermedad y la muerte desaparecerán.

Ayudas en la enfermedad

Las oraciones, en las cuales no se pide a Dios que sane al paciente, sino que se Le suplica que lo lleve hacia Él, no benefician al enfermo. Una persona malhumorada, quejumbrosa o falsa no debiera ser enfermera. La enfermera debe ser alegre, ordenada, puntual, paciente, llena de fe, receptiva a la Verdad y al Amor.

Charlatanería mental

Es charlatanería mental hacer de la enfermedad una realidad —considerarla como algo que se ve y se siente— y luego tratar de curarla por medio de la Mente. Es tan erróneo creer en la existencia real de un tumor, un cáncer o pulmones deteriorados, mientras argumentas contra su realidad, como lo es para tu paciente sentir estos males en la creencia física. La práctica mental, que considera la enfermedad como una realidad, fija la enfermedad en el paciente, y es posible que aparezca en una forma más alarmante.

El conocimiento de que los lóbulos cerebrales no pueden matar a un hombre ni afectar las funciones de la mente evitaría que el cerebro se enfermara, aunque una falta moral worst of diseases. One should never hold in mind the thought of disease, but should efface from thought all forms and types of disease, both for one's own sake and for that of the patient.

Effacing images of disease

Avoid talking illness to the patient. Make no unnecessary inquiries relative to feelings or disease. Never startle with a discouraging remark about recovery, nor draw attention to certain symptoms as unfavorable, avoid speaking aloud the name of the disease. Never say beforehand how much you have to contend with in a case, nor encourage in the patient's thought the expectation of growing worse before a crisis is passed.

Avoid talking disease

The refutation of the testimony of material sense is not a difficult task in view of the conceded falsity of this testimony. The refutation becomes arduous, not because the testimony of sin or disease is true, but solely on account of the tenacity of belief in its truth, due to the force of education and the overwhelming weight of opinions on the wrong side,—all teaching that the body suffers, as if matter could have sensation.

False testimony refuted

At the right time explain to the sick the power which their beliefs exercise over their bodies. Give them divine and wholesome understanding, with which to combat their erroneous sense, and so efface the images of sickness from mortal mind. Keep distinctly in thought that man is the offspring of God, not of man; that man is spiritual, not material; that Soul is Spirit, outside of matter, never in it, never giving the body life and sensation. It breaks the dream of disease to understand that sickness is formed by the human mind, not by matter nor by the divine Mind.

Healthful explanation

Borrando imágenes de enfermedad

es, por cierto, la peor de las enfermedades. Uno jamás debiera mantener en la mente el pensamiento de enfermedad, sino que debiera borrar del pensamiento todas las formas y los tipos de enfermedad, tanto por su propio bien como por el del paciente.

Evita hablar de enfermedades

Evita hablar de enfermedades al paciente. No hagas indagaciones innecesarias acerca de lo que se siente o acerca de la enfermedad. Nunca alarmes con una observación desalentadora sobre el restablecimiento, ni llames la atención hacia determinados síntomas como desfavorables; evita mencionar en voz alta el nombre de la enfermedad. Jamás digas de antemano cuánto tendrás que luchar en un caso, ni alientes en el pensamiento del paciente la expectativa de empeoramiento antes que una crisis haya pasado.

Falso testimonio refutado

La refutación del testimonio del sentido material no es una tarea difícil en vista de la admitida falsedad de este testimonio. La refutación se vuelve ardua, no porque el testimonio del pecado o de la enfermedad sea verídico, sino sólo por la tenacidad de la creencia en su veracidad, debido a la fuerza de la educación y al peso abrumador de las opiniones del lado equivocado, todas ellas enseñando que el cuerpo sufre, como si la materia pudiera tener sensación.

Explicación saludable

En el momento oportuno explica a los enfermos el poder que sus creencias ejercen sobre sus cuerpos. Dales comprensión divina y saludable, con la cual combatir su sentido erróneo, y así borrar las imágenes de la enfermedad de la mente mortal. Mantén claramente en el pensamiento que el hombre es vástago de Dios, no del hombre; que el hombre es espiritual, no material; que el Alma es el Espíritu, fuera de la materia, nunca en ella, nunca dando al cuerpo vida y sensación. Se rompe el sueño de enfermedad al comprender que la enfermedad es formada por la mente humana, no por la materia ni por la Mente divina.

Misleading methods

By not perceiving vital metaphysical points, not seeing how mortal mind affects the body, — acting beneficially or injuriously on the health, as well as on the morals and the happiness of mortals, — we are misled in our conclusions and methods. We throw the mental influence on the wrong side, thereby actually injuring those whom we mean to bless.

Remedy for accidents

Suffering is no less a mental condition than is enjoyment. You cause bodily sufferings and increase them by admitting their reality and continuance, as directly as you enhance your joys by believing them to be real and continuous. When an accident happens, you think or exclaim, "I am hurt!" Your thought is more powerful than your words, more powerful than the accident itself, to make the injury real.

Now reverse the process. Declare that you are not hurt and understand the reason why, and you will find the ensuing good effects to be in exact proportion to your disbelief in physics, and your fidelity to divine metaphysics, confidence in God as All, which the Scriptures declare Him to be.

Independent mentality

To heal the sick, one must be familiar with the great verities of being. Mortals are no more material in their waking hours than when they act, walk, see, hear, enjoy, or suffer in dreams. We can never treat mortal mind and matter separately, because they combine as one. Give up the belief that mind is, even temporarily, compressed within the skull, and you will quickly become more manly or womanly. You will understand yourself and your Maker better than before.

Métodos engañosos

Al no percibir puntos metafísicos vitales, al no ver cómo la mente mortal afecta el cuerpo —al obrar en beneficio o perjuicio de la salud, así como de la moral y la felicidad de los mortales— somos engañados en nuestras conclusiones y métodos. Arrojamos la influencia mental en el lado erróneo, así perjudicando realmente a aquellos a quienes queremos bendecir.

Remedio para accidentes

El sufrimiento es un estado tan mental como el placer. Causas sufrimientos corporales y los aumentas al admitir su realidad y continuidad, tan directamente como aumentas tus alegrías al creer que son reales y continuas. Cuando ocurre un accidente, piensas o exclamas: "¡Estoy herido!" Tu pensamiento es más poderoso que tus palabras, más poderoso que el accidente mismo, para hacer real la lesión.

Ahora revierte el proceso. Declara que no estás herido y comprende el porqué, y encontrarás que los buenos efectos resultantes están en proporción exacta a tu descreimiento en la física y a tu fidelidad a la metafísica divina, la confianza en que Dios es Todo, como declaran las Escrituras que Él es.

Mentalidad independiente

Para sanar a los enfermos, uno tiene que estar familiarizado con las grandes verdades del ser. Los mortales son tan materiales en las horas en que están despiertos como cuando actúan, caminan, ven, oyen, gozan o sufren en sueños. Nunca podemos tratar la mente mortal y la materia por separado, porque se combinan como una sola cosa. Desecha la creencia de que la mente está, incluso temporalmente, comprimida dentro del cráneo, y pronto te volverás más varonil o más femenil. Te comprenderás a ti mismo y a tu Hacedor mejor que antes.

Naming maladies

Sometimes Jesus called a disease by name, as when he said to the epileptic boy, "Thou dumb and deaf spirit, I charge thee, come out of him, and enter no more into him." It is added that "the spirit [error] cried, and rent him sore and came out of him, and he was as one dead," — clear evidence that the malady was not material. These instances show the concessions which Jesus was willing to make to the popular ignorance of spiritual Life-laws. Often he gave no name to the distemper he cured. To the synagogue ruler's daughter, whom they called dead but of whom he said, "she is not dead, but sleepeth," he simply said, "Damsel, I say unto thee, arise!" To the sufferer with the withered hand he said, "Stretch forth thine hand," and it "was restored whole, like as the other."

The action of faith

Homœopathic remedies, sometimes not containing a particle of medicine, are known to relieve the symptoms of disease. What produces the change? It is the faith of the doctor and the patient, which reduces self-inflicted sufferings and produces a new effect upon the body. In like manner destroy the illusion of pleasure in intoxication, and the desire for strong drink is gone. Appetite and disease reside in mortal mind, not in matter.

So also faith, cooperating with a belief in the healing effects of time and medication, will soothe fear and change the belief of disease to a belief of health. Even a blind faith removes bodily ailments for a season, but hypnotism changes such ills into new and more difficult forms of disease. The Science of Mind must come to the rescue, to work a radical cure. Then we understand the process. The great fact remains that evil is not mind. Evil has

Nombrando las enfermedades

Algunas veces Jesús llamaba una enfermedad por el nombre, como cuando le dijo al muchacho epiléptico: "Espíritu mudo y sordo, yo te mando, sal de él, y no entres más en él". Se añade que "el espíritu [el error], clamando y sacudiéndole con violencia, salió; y él quedó como muerto", clara evidencia de que la dolencia no era material. Estos casos muestran las concesiones que Jesús estaba dispuesto a hacer a la ignorancia popular de las leyes espirituales de la Vida. A menudo no daba nombre al trastorno que él sanaba. A la hija del principal de la sinagoga, que ellos decían que estaba muerta, pero de quien él declaró: "No está muerta, sino que duerme", le dijo simplemente: "Niña, a ti te digo, ¡levántate!" Al enfermo que tenía la mano seca, le dijo: "Extiende tu mano", y esta "le fue restaurada sana como la otra".

La acción de la fe

Se sabe que los remedios homeopáticos, que a veces no contienen ni una partícula de medicina, alivian los síntomas de la enfermedad. ¿Qué produce el cambio? Es la fe del médico y del paciente, la cual reduce los sufrimientos que uno se inflige a sí mismo y produce un nuevo efecto sobre el cuerpo. De igual manera destruye tú la ilusión de placer en la embriaguez, y el deseo de bebidas alcohólicas desaparece. Los apetitos y las enfermedades residen en la mente mortal, no en la materia.

Así también la fe, cooperando con una creencia en los efectos sanadores del tiempo y la medicación, calmará el temor y cambiará la creencia de enfermedad por una creencia de salud. Incluso una fe ciega elimina los padecimientos corporales por un tiempo, pero el hipnotismo cambia tales dolencias en formas nuevas y más difíciles de enfermedad. La Ciencia de la Mente tiene que venir al rescate para lograr una cura radical. Entonces comprendemos el proceso. Permanece el gran hecho de que el mal no es mente. El mal no power, no intelligence, for God is good, and therefore good is infinite, is All.

Corporeal combinations

You say that certain material combinations produce disease; but if the material body causes disease, can matter cure what matter has caused? Mortal mind prescribes the drug, and administers it. Mortal mind plans the exercise, and puts the body through certain motions. No gastric gas accumulates, not a secretion nor combination can operate, apart from the action of mortal thought, *alias* mortal mind.

Automatic mechanism

So-called mortal mind sends its despatches over its body, but this so-called mind is both the service and message of this telegraphy. Nerves are unable to talk, and matter can return no answer to immortal Mind. If Mind is the only actor, how can mechanism be automatic? Mortal mind perpetuates its own thought. It constructs a machine, manages it, and then calls it material. A mill at work or the action of a water-wheel is but a derivative from, and continuation of, the primitive mortal mind. Without this force the body is devoid of action, and this deadness shows that so-called mortal life is mortal mind, not matter.

Mental strength

Scientifically speaking, there is no mortal mind out of which to make material beliefs, springing from illusion. This misnamed mind is not an entity. It is only a false sense of matter, since matter is not sensible. The one Mind, God, contains no mortal opinions. All that is real is included in this immortal Mind.

Confirmation in a parable

Our Master asked: "How can one enter into a strong man's house and spoil his goods, except he first bind the strong man?" In other words: How can I heal the body, without beginning with so-called no tiene ningún poder, ninguna inteligencia, porque Dios es el bien y, por lo tanto, el bien es infinito, es Todo.

Combinaciones corporales

Dices que ciertas combinaciones materiales producen la enfermedad; pero si el cuerpo material causa la enfermedad, ¿puede la materia curar lo que la materia ha causado? La mente mortal prescribe el medicamento, y lo administra. La mente mortal planea el ejercicio, y somete el cuerpo a ciertos movimientos. Ningún gas gástrico se acumula, ni una secreción ni combinación puede operar, fuera de la acción del pensamiento mortal, *alias* mente mortal.

Mecanismo automático

La así llamada mente mortal envía sus mensajes por todo su cuerpo, pero esta así llamada mente es a la vez el mensajero y el mensaje de esta telegrafía. Los nervios son incapaces de hablar, y la materia no puede responder a la Mente inmortal. Si la Mente es el único actor, ¿cómo puede ser automático el mecanismo? La mente mortal perpetúa su propio pensamiento. Construye una máquina, la maneja y luego la llama material. Un molino en movimiento o la acción de una rueda hidráulica no es sino un derivado y una continuación de la primitiva mente mortal. Sin esta fuerza el cuerpo está desprovisto de acción, y esta inercia muestra que la así llamada vida mortal es la mente mortal, no la materia.

Fuerza mental

Hablando científicamente, no hay mente mortal de la cual producir creencias materiales, que surgen de la ilusión. Esta mal llamada mente no es una entidad. Es sólo un sentido falso de la materia, ya que la materia no es sensible. La única Mente, Dios, no contiene opiniones mortales. Todo lo que es real está incluido en esta Mente inmortal.

Confirmación en una parábola

Nuestro Maestro preguntó: "¿Cómo puede alguno entrar en la casa del hombre fuerte, y saquear sus bienes, si primero no le ata?" En otras palabras: ¿Cómo puedo sanar el cuerpo sin empezar con la así llamada mortal mind, which directly controls the body? When disease is once destroyed in this so-called mind, the fear of disease is gone, and therefore the disease is thoroughly cured. Mortal mind is "the strong man," which must be held in subjection before its influence upon health and morals can be removed. This error conquered, we can despoil "the strong man" of his goods, — namely, of sin and disease.

Eradicate error from thought

Mortals obtain the harmony of health, only as they forsake discord, acknowledge the supremacy of divine Mind, and abandon their material beliefs. Eradicate the image of disease from the perturbed thought before it has taken tangible shape in conscious thought, *alias* the body, and you prevent the development of disease. This task becomes easy, if you understand that every disease is an error, and has no character nor type, except what mortal mind assigns to it. By lifting thought above error, or disease, and contending persistently for truth, you destroy error.

Mortal mind controlled

When we remove disease by addressing the disturbed mind, giving no heed to the body, we prove that thought alone creates the suffering. Mortal mind rules all that is mortal. We see in the body the images of this mind, even as in optics we see painted on the retina the image which becomes visible to the senses. The action of so-called mortal mind must be destroyed by the divine Mind to bring out the harmony of being. Without divine control there is discord, manifest as sin, sickness, and death.

The Scriptures plainly declare the baneful influence of sinful thought on the body. Even our Master felt this. It is recorded that in certain localities he did not many mente mortal, que controla directamente el cuerpo? Una vez destruida la enfermedad en esta así llamada mente, el temor a la enfermedad desaparece, y por consiguiente, la enfermedad es sanada por completo. La mente mortal es el "hombre fuerte", que tiene que ser dominado antes que su influencia sobre la salud y la moral pueda ser eliminada. Vencido este error, podemos despojar al "hombre fuerte" de sus bienes, a saber, del pecado y la enfermedad.

Erradica el error del pensamiento

Los mortales obtienen la armonía de la salud sólo a medida que rechazan la discordia, reconocen la supremacía de la Mente divina y abandonan sus creencias materiales. Erradica la imagen de la enfermedad del pensamiento perturbado antes que haya tomado forma tangible en el pensamiento consciente, *alias* el cuerpo, y evitas el desarrollo de la enfermedad. Esta tarea se vuelve fácil, si comprendes que toda enfermedad es un error, y que no tiene ni carácter ni tipo, excepto los que la mente mortal le asigna. Elevando el pensamiento por encima del error, o la enfermedad, y contendiendo persistentemente por la verdad, destruyes el error.

La mente mortal controlada

Cuando eliminamos la enfermedad dirigiéndonos a la mente perturbada, sin prestarle atención al cuerpo, comprobamos que el pensamiento solo es el que crea el sufrimiento. La mente mortal rige todo lo que es mortal. Vemos en el cuerpo las imágenes de esta mente, así como en la óptica vemos pintada en la retina la imagen que se vuelve visible a los sentidos. La acción de la así llamada mente mortal tiene que ser destruida por la Mente divina para sacar a luz la armonía del ser. Sin el control divino hay discordia, manifestada como pecado, enfermedad y muerte.

Las Escrituras claramente declaran la influencia perniciosa de los pensamientos pecaminosos sobre el cuerpo. Incluso nuestro Maestro sintió esto. Está registrado que en ciertas localidades no realizó muchas obras importantes mighty works "because of their unbelief" in Truth. Any human error is its own enemy, and works against itself; it does nothing in the right direction and much in the wrong. If so-called mind is cherishing evil passions and malicious purposes, it is not a healer, but it engenders disease and death.

Mortal mind not a healer

Effect of opposites

If faith in the truth of being, which you impart mentally while destroying error, causes chemicalization (as when an alkali is destroying an acid), it is because the truth of being must transform the error to the end of producing a higher manifestation. This fermentation should not aggravate the disease, but should be as painless to man as to a fluid, since matter has no sensation and mortal mind only feels and sees materially.

What I term *chemicalization* is the upheaval produced when immortal Truth is destroying erroneous mortal belief. Mental chemicalization brings sin and sickness to the surface, forcing impurities to pass away, as is the case with a fermenting fluid.

Medicine and brain

The only effect produced by medicine is dependent upon mental action. If the mind were parted from the body, could you produce any effect upon the brain or body by applying the drug to either? Would the drug remove paralysis, affect organization, or restore will and action to cerebrum and cerebellum?

Skilful surgery

Until the advancing age admits the efficacy and supremacy of Mind, it is better for Christian Scientists to leave surgery and the adjustment of broken bones and dislocations to the fingers of a surgeon, while the mental healer confines himself chiefly to mental reconstruction and to the prevention of inflammation.

“a causa de la incredulidad de ellos” en cuanto a la Verdad. Cualquier error humano es su propio enemigo, y obra contra sí mismo; no hace nada en la dirección correcta y mucho en la incorrecta. Si la así llamada mente está alimentando malas pasiones y propósitos maliciosos, no es una sanadora, sino que engendra la enfermedad y la muerte.

La mente mortal no es una sanadora

Si la fe en la verdad del ser, que impartes mentalmente mientras estás destruyendo el error, causa una quimicalización (como cuando un álcali está destruyendo un ácido), es porque la verdad del ser tiene que transformar el error con el fin de producir una manifestación más elevada. Esta fermentación no debiera agravar la enfermedad, sino que debiera ser tan indolora para el hombre como para un fluido, puesto que la materia no tiene sensación y sólo la mente mortal siente y ve materialmente.

Efecto de los opuestos

Lo que denomino *quimicalización* es la agitación producida cuando la Verdad inmortal está destruyendo la creencia mortal errónea. La quimicalización mental trae el pecado y la enfermedad a la superficie, forzando las impurezas a desaparecer, como en el caso de un fluido en fermentación.

El único efecto producido por la medicina depende de la acción mental. Si la mente fuera separada del cuerpo, ¿podrías producir algún efecto en el cerebro o en el cuerpo aplicando el medicamento a cualquiera de ellos? ¿Eliminaría el medicamento la parálisis, afectaría el organismo o restauraría la voluntad y la acción al cerebro y al cerebelo?

La medicina y el cerebro

Hasta que la época que avanza admita la eficacia y supremacía de la Mente, es mejor que los Científicos Cristianos dejen la cirugía y el ajustamiento de los huesos fracturados o las dislocaciones en manos de un cirujano, mientras el sanador mental se limita principalmente a la reconstrucción mental y a la prevención de la inflamación.

Cirugía experta

Christian Science is always the most skilful surgeon, but surgery is the branch of its healing which will be last acknowledged. However, it is but just to say that the author has already in her possession well-authenticated records of the cure, by herself and her students through mental surgery alone, of broken bones, dislocated joints, and spinal vertebræ.

Indestructible life of man

The time approaches when mortal mind will forsake its corporeal, structural, and material basis, when immortal Mind and its formations will be apprehended in Science, and material beliefs will not interfere with spiritual facts. Man is indestructible and eternal. Sometime it will be learned that mortal mind constructs the mortal body with this mind's own mortal materials. In Science, no breakage nor dislocation can really occur. You say that accidents, injuries, and disease kill man, but this is not true. The life of man is Mind. The material body manifests only what mortal mind believes, whether it be a broken bone, disease, or sin.

The evil of mesmerism

We say that one human mind can influence another and in this way affect the body, but we rarely remember that we govern our own bodies. The error, mesmerism — or hypnotism, to use the recent term — illustrates the fact just stated. The operator would make his subjects believe that they cannot act voluntarily and handle themselves as they should do. If they yield to this influence, it is because their belief is not better instructed by spiritual understanding. Hence the proof that hypnotism is not scientific; Science cannot produce both disorder and order. The involuntary pleasure or pain of the person under hypnotic control is proved to be a belief without a real cause.

La Ciencia Cristiana siempre es el cirujano más hábil, pero la cirugía es la rama de su método sanador que será reconocida por último. Sin embargo, es justo decir que la autora ya tiene en su poder registros debidamente autenticados de curaciones, efectuadas por ella misma y sus alumnos mediante la cirugía mental únicamente, de huesos fracturados, de articulaciones y vértebras dislocadas.

La vida indestructible del hombre

Se aproxima el momento en que la mente mortal abandonará su base corpórea, estructural y material, en que la Mente inmortal y sus formaciones serán comprendidas en la Ciencia, y las creencias materiales no interferirán las realidades espirituales. El hombre es indestructible y eterno. Algún día se aprenderá que la mente mortal construye el cuerpo mortal con los materiales mortales propios de esta mente. En la Ciencia, ninguna fractura ni dislocación pueden realmente ocurrir. Dices que los accidentes, las lesiones y las enfermedades matan al hombre, pero esto no es cierto. La vida del hombre es la Mente. El cuerpo material manifiesta sólo lo que la mente mortal cree, ya sea un hueso fracturado, una enfermedad o un pecado.

El mal del mesmerismo

Decimos que una mente humana puede influenciar a otra y de esta manera afectar el cuerpo, pero raramente recordamos que nosotros gobernamos nuestros propios cuerpos. El error, el mesmerismo —o hipnotismo, para usar el término actual— ilustra el hecho antes declarado. El hipnotizador quisiera hacer creer a sus sujetos que no pueden obrar voluntariamente y conducirse como debieran. Si ceden a esta influencia, es porque su creencia no está mejor instruida por la comprensión espiritual. De ahí la prueba de que el hipnotismo no es científico; la Ciencia no puede producir tanto el desorden como el orden. Se ha comprobado que el placer o el dolor involuntarios de la persona bajo el control hipnótico es una creencia sin una causa real.

Wrong-doer should suffer

So the sick through their beliefs have induced their own diseased conditions. The great difference between voluntary and involuntary mesmerism is that voluntary mesmerism is induced consciously and should and does cause the perpetrator to suffer, while self-mesmerism is induced unconsciously and by his mistake a man is often instructed. In the first instance it is understood that the difficulty is a mental illusion, while in the second it is believed that the misfortune is a material effect. The human mind is employed to remove the illusion in one case, but matter is appealed to in the other. In reality, both have their origin in the human mind, and can be healed only by the divine Mind.

Error's power imaginary

You command the situation if you understand that mortal existence is a state of self-deception and not the truth of being. Mortal mind is constantly producing on mortal body the results of false opinions; and it will continue to do so, until mortal error is deprived of its imaginary powers by Truth, which sweeps away the gossamer web of mortal illusion. The most Christian state is one of rectitude and spiritual understanding, and this is best adapted for healing the sick. Never conjure up some new discovery from dark forebodings regarding disease and then acquaint your patient with it.

Disease-production

The mortal so-called mind produces all that is unlike the immortal Mind. The human mind determines the nature of a case, and the practitioner improves or injures the case in proportion to the truth or error which influences his conclusions. The mental conception and development of disease are not understood by the patient, but the physician should be familiar

Quien obra mal debería sufrir

Es así que los enfermos, por medio de sus creencias, han inducido sus propias condiciones enfermizas. La gran diferencia entre el mesmerismo voluntario y el involuntario es que el mesmerismo voluntario es inducido conscientemente y debe causar, y por cierto causa, sufrimiento al perpetrador, mientras que el mesmerismo propio es inducido inconscientemente y el hombre a menudo aprende mediante sus errores. En el primer caso se comprende que la dificultad es una ilusión mental, mientras que en el segundo se cree que el infortunio es un efecto material. La mente humana es empleada para eliminar la ilusión en un caso, pero se apela a la materia en el otro. En realidad, ambos tienen su origen en la mente humana, y pueden ser sanados sólo por la Mente divina.

El poder del error es imaginario

Comandas la situación si entiendes que la existencia mortal es un estado de engaño propio y no la verdad del ser. La mente mortal está produciendo constantemente en el cuerpo mortal los resultados de las opiniones falsas; y continuará haciéndolo, hasta que el error mortal sea privado de sus poderes imaginarios por la Verdad, la cual barre la telaraña de la ilusión mortal. El estado más cristiano es el de rectitud y de comprensión espiritual, y este es el más apropiado para sanar a los enfermos. Nunca hagas surgir un nuevo descubrimiento de los presagios sombríos acerca de la enfermedad para después darlo a conocer a tu paciente.

Producción de la enfermedad

La así llamada mente mortal produce todo lo que es desemejante a la Mente inmortal. La mente humana determina la naturaleza de un caso, y el practicista mejora o perjudica el caso en proporción a la verdad o el error que influencie sus conclusiones. La concepción y el desarrollo mentales de la enfermedad no son comprendidos por el paciente, pero el sanador debiera estar with mental action and its effect in order to judge the case according to Christian Science.

Appetites to be abandoned

If a man is an inebriate, a slave to tobacco, or the special servant of any one of the myriad forms of sin, meet and destroy these errors with the truth of being, — by exhibiting to the wrong-doer the suffering which his submission to such habits brings, and by convincing him that there is no real pleasure in false appetites. A corrupt mind is manifested in a corrupt body. Lust, malice, and all sorts of evil are diseased beliefs, and you can destroy them only by destroying the wicked motives which produce them. If the evil is over in the repentant mortal mind, while its effects still remain on the individual, you can remove this disorder as God's law is fulfilled and reformation cancels the crime. The healthy sinner is the hardened sinner.

Temperance reform

The temperance reform, felt all over our land, results from metaphysical healing, which cuts down every tree that brings not forth good fruit. This conviction, that there is no real pleasure in sin, is one of the most important points in the theology of Christian Science. Arouse the sinner to this new and true view of sin, show him that sin confers no pleasure, and this knowledge strengthens his moral courage and increases his ability to master evil and to love good.

Sin or fear the root of sickness

Healing the sick and reforming the sinner are one and the same thing in Christian Science. Both cures require the same method and are inseparable in Truth. Hatred, envy, dishonesty, fear, and so forth, make a man sick, and neither material medicine nor Mind can help him permanently, even in body, unless it makes him better mentally, and so delivers him familiarizado con la acción mental y su efecto a fin de juzgar el caso de acuerdo con la Ciencia Cristiana.

Los apetitos han de abandonarse

Si un hombre es un bebedor, un esclavo del tabaco o el sirviente especial de cualquiera de las miríadas de formas del pecado, enfrenta tú y destruye estos errores con la verdad del ser, mostrándole al que obra mal el sufrimiento que trae su sumisión a tales hábitos, y convenciéndolo de que no existe placer verdadero en los falsos apetitos. Una mente corrupta se manifiesta en un cuerpo corrupto. La lujuria, la malicia y toda clase de mal son creencias enfermizas, y puedes destruirlas sólo destruyendo los motivos perversos que las producen. Si el mal ha cesado en la mente mortal arrepentida, en tanto que sus efectos aún continúan en el individuo, puedes eliminar este desorden a medida que la ley de Dios se cumple y la reforma cancela el delito. El pecador sano es el pecador empedernido.

Reforma por la templanza

La reforma por la templanza, que se percibe por todo los Estados Unidos, es el resultado de la curación metafísica, que corta todo árbol que no da buen fruto. Esta convicción, de que no hay placer verdadero en el pecado, es uno de los puntos más importantes en la teología de la Ciencia Cristiana. Despierta al pecador a este nuevo y verdadero punto de vista acerca del pecado, muéstrale que el pecado no confiere ningún placer, y este conocimiento fortalece su valor moral y aumenta su capacidad para dominar el mal y amar el bien.

Pecado o temor, la raíz de la enfermedad

Sanar al enfermo y reformar al pecador son una y la misma cosa en la Ciencia Cristiana. Ambas curaciones requieren el mismo método y son inseparables en la Verdad. El odio, la envidia, la deshonestidad, el temor y demás, enferman al hombre, y ni la medicina material ni la Mente pueden ayudarlo de modo permanente, ni siquiera en el cuerpo, a menos que lo mejore mentalmente, from his destroyers. The basic error is mortal mind. Hatred inflames the brutal propensities. The indulgence of evil motives and aims makes any man, who is above the lowest type of manhood, a hopeless sufferer.

Mental conspirators

Christian Science commands man to master the propensities, — to hold hatred in abeyance with kindness, to conquer lust with chastity, revenge with charity, and to overcome deceit with honesty. Choke these errors in their early stages, if you would not cherish an army of conspirators against health, happiness, and success. They will deliver you to the judge, the arbiter of truth against error. The judge will deliver you to justice, and the sentence of the moral law will be executed upon mortal mind and body. Both will be manacled until the last farthing is paid, — until you have balanced your account with God. "Whatsoever a man soweth, that shall he also reap." The good man finally can overcome his fear of sin. This is sin's necessity, — to destroy itself. Immortal man demonstrates the government of God, good, in which is no power to sin.

Cumulative repentance

It were better to be exposed to every plague on earth than to endure the cumulative effects of a guilty conscience. The abiding consciousness of wrongdoing tends to destroy the ability to do right. If sin is not regretted and is not lessening, then it is hastening on to physical and moral doom. You are conquered by the moral penalties you incur and the ills they bring. The pains of sinful sense are less harmful than its pleasures. Belief in material suffering causes mortals to retreat from their error, to flee from body to Spirit, and to appeal to divine sources outside of themselves.

y lo libre así de sus destructores. El error básico es la mente mortal. El odio inflama las propensiones bestiales. La indulgencia con los motivos y propósitos malos hace de cualquier hombre, que esté por encima del tipo más bajo de humanidad, un sufridor sin esperanzas.

Conspiradores mentales

La Ciencia Cristiana ordena al hombre dominar las propensiones, refrenar el odio con la bondad, vencer la lujuria con la castidad, la venganza con el amor, y vencer el engaño con la honradez. Sofoca estos errores en sus primeras etapas, si no deseas albergar un ejército de conspiradores contra la salud, la felicidad y el éxito. Ellos te entregarán al juez, el árbitro de la verdad contra el error. El juez te entregará a la justicia, y la sentencia de la ley moral será ejecutada sobre la mente y el cuerpo mortales. Ambos serán maniatados hasta que se pague el último cuadrante, hasta que hayas saldado tu cuenta con Dios. “Todo lo que el hombre sembrare, eso también segará”. El hombre bueno puede vencer finalmente su temor al pecado. Esta es la necesidad del pecado: destruirse a sí mismo. El hombre inmortal demuestra el gobierno de Dios, el bien, en el cual no hay poder para pecar.

Arrepentimiento acumulativo

Sería mejor estar expuesto a todas las plagas de la tierra que soportar los efectos acumulativos de una conciencia culpable. Estar consciente permanentemente de obrar mal tiende a destruir la capacidad de hacer el bien. Si el pecado no se deplora y no disminuye, entonces se precipita a la perdición física y moral. Eres sometido por las penalidades morales en las que incurres y los males que ellas acarrean. Los dolores del sentido pecaminoso son menos dañinos que sus placeres. La creencia en el sufrimiento material hace que los mortales se aparten de su error, que huyan del cuerpo hacia el Espíritu, y apelen a fuentes divinas fuera de ellos mismos.

The leaves of healing

The Bible contains the recipe for all healing. "The leaves of the tree were for the healing of the nations." Sin and sickness are both healed by the same Principle. The tree is typical of man's divine Principle, which is equal to every emergency, offering full salvation from sin, sickness, and death. Sin will submit to Christian Science when, in place of modes and forms, the power of God is understood and demonstrated in the healing of mortals, both mind and body. "Perfect Love casteth out fear."

Sickness will abate

The Science of being unveils the errors of sense, and spiritual perception, aided by Science, reaches Truth. Then error disappears. Sin and sickness will abate and seem less real as we approach the scientific period, in which mortal sense is subdued and all that is unlike the true likeness disappears. The moral man has no fear that he will commit a murder, and he should be as fearless on the question of disease.

Resist to the end

Resist evil — error of every sort — and it will flee from you. Error is opposed to Life. We can, and ultimately shall, so rise as to avail ourselves in every direction of the supremacy of Truth over error, Life over death, and good over evil, and this growth will go on until we arrive at the fulness of God's idea, and no more fear that we shall be sick and die. Inharmony of any kind involves weakness and suffering, — a loss of control over the body.

Morbid cravings

The depraved appetite for alcoholic drinks, tobacco, tea, coffee, opium, is destroyed only by Mind's mastery of the body. This normal control is gained through divine strength and understanding. There is no enjoyment in getting drunk, in becoming a

Las hojas de la sanidad

La Biblia contiene la receta para toda curación. “Las hojas del árbol eran para la sanidad de las naciones”. Tanto el pecado como la enfermedad son sanados por el mismo Principio. El árbol simboliza el Principio divino del hombre, el cual es capaz de responder ante cualquier emergencia, ofreciendo salvación plena del pecado, la enfermedad y la muerte. El pecado se someterá a la Ciencia Cristiana cuando, en lugar de los modos y las formas, el poder de Dios sea comprendido y demostrado en la curación de los mortales, tanto de la mente como del cuerpo. “El perfecto Amor echa fuera el temor”.

La enfermedad disminuirá

La Ciencia del ser quita el velo a los errores del sentido, y la percepción espiritual, ayudada por la Ciencia, alcanza la Verdad. Entonces el error desaparece. El pecado y la enfermedad disminuirán y parecerán menos reales a medida que nos aproximemos al período científico, en el cual el sentido mortal es subyugado y todo lo que es desemejante a la verdadera semejanza desaparece. El hombre moral no tiene temor de cometer un asesinato, y debiera estar igualmente libre de temor sobre el tema de la enfermedad.

Resiste hasta el final

Resiste el mal —el error de toda clase— y huirá de ti. El error se opone a la Vida. Podemos elevarnos, y finalmente nos elevaremos, a tal punto que aprovecharemos en toda dirección la supremacía de la Verdad sobre el error, de la Vida sobre la muerte y del bien sobre el mal, y este crecimiento continuará hasta que lleguemos a la plenitud de la idea de Dios, y ya no temamos enfermar y morir. La desarmonía de cualquier clase entraña debilidad y sufrimiento, una pérdida de control sobre el cuerpo.

Apetitos morbosos

El apetito depravado por las bebidas alcohólicas, el tabaco, té, café, opio, es destruido sólo por medio del dominio de la Mente sobre el cuerpo. Este control normal se gana mediante la fortaleza y la comprensión divinas. No hay placer en emborracharse, en convertirse en fool or an object of loathing; but there is a very sharp remembrance of it, a suffering inconceivably terrible to man's self-respect. Puffing the obnoxious fumes of tobacco, or chewing a leaf naturally attractive to no creature except a loathsome worm, is at least disgusting.

Universal panacea

Man's enslavement to the most relentless masters — passion, selfishness, envy, hatred, and revenge — is conquered only by a mighty struggle. Every hour of delay makes the struggle more severe. If man is not victorious over the passions, they crush out happiness, health, and manhood. Here Christian Science is the sovereign panacea, giving strength to the weakness of mortal mind, — strength from the immortal and omnipotent Mind, — and lifting humanity above itself into purer desires, even into spiritual power and good-will to man.

Let the slave of wrong desire learn the lessons of Christian Science, and he will get the better of that desire, and ascend a degree in the scale of health, happiness, and existence.

Immortal memory

If delusion says, "I have lost my memory," contradict it. No faculty of Mind is lost. In Science, all being is eternal, spiritual, perfect, harmonious in every action. Let the perfect model be present in your thoughts instead of its demoralized opposite. This spiritualization of thought lets in the light, and brings the divine Mind, Life not death, into your consciousness.

Sin a form of insanity

There are many species of insanity. All sin is insanity in different degrees. Sin is spared from this classification, only because its method of madness is in consonance with common mortal belief.

un tonto o en un objeto de aversión; sino que hay un agudo recuerdo de ello, un sufrimiento inconcebiblemente terrible para el respeto de sí mismo del hombre. Lanzar bocanadas del repugnante humo del tabaco, o mascar una hoja que no es naturalmente atractiva para ninguna criatura excepto para un detestable gusano, es, por decir lo menos, repulsivo.

Panacea universal

La esclavitud del hombre a los amos más implacables —la pasión, el egoísmo, la envidia, el odio y la venganza— es conquistada sólo mediante una lucha enorme. Cada hora de retraso hace la lucha más severa. Si el hombre no triunfa sobre las pasiones, ellas destruyen su felicidad, su salud y su condición de hombre. Aquí la Ciencia Cristiana es la panacea soberana, dando fortaleza a la debilidad de la mente mortal —fortaleza de la Mente inmortal y omnipotente— y elevando a la humanidad por encima de sí misma hacia deseos más puros, sí, hacia el poder espiritual y la buena voluntad para con los hombres.

Que el esclavo de deseos erróneos aprenda las lecciones de la Ciencia Cristiana, y vencerá esos deseos, y ascenderá un grado en la escala de la salud, la felicidad y la existencia.

La memoria es inmortal

Si el engaño dice: "He perdido la memoria", contradilo. Ninguna facultad de la Mente se pierde. En la Ciencia, todo el ser es eterno, espiritual, perfecto, armonioso en toda acción. Deja que el modelo perfecto esté presente en tus pensamientos en lugar de su opuesto desmoralizado. Esta espiritualización del pensamiento deja entrar la luz, y trae la Mente divina, la Vida no la muerte, a tu consciencia.

El pecado es una forma de demencia

Hay muchas clases de demencia. Todo pecado es demencia en diferentes grados. El pecado escapa a esta clasificación sólo porque su método de locura está en consonancia con la creencia mortal común.

Every sort of sickness is error, — that is, sickness is loss of harmony. This view is not altered by the fact that sin is worse than sickness, and sickness is not acknowledged nor discovered to be error by many who are sick.

There is a universal insanity of so-called health, which mistakes fable for fact throughout the entire round of the material senses, but this general craze cannot, in a scientific diagnosis, shield the individual case from the special name of insanity. Those unfortunate people who are committed to insane asylums are only so many distinctly defined instances of the baneful effects of illusion on mortal minds and bodies.

The supposition that we can correct insanity by the use of purgatives and narcotics is in itself a mild species of insanity.

Drugs and brain-lobes

Can drugs go of their own accord to the brain and destroy the so-called inflammation of disordered functions, thus reaching mortal mind through matter? Drugs do not affect a corpse, and Truth does not distribute drugs through the blood, and from them derive a supposed effect on intelligence and sentiment. A dislocation of the tarsal joint would produce insanity as perceptibly as would congestion of the brain, were it not that mortal mind thinks that the tarsal joint is less intimately connected with the mind than is the brain. Reverse the belief, and the results would be perceptibly different.

The unconscious thought in the corporeal substratum of brain produces no effect, and that condition of the body which we call sensation in matter is unreal.

Matter and animate error

Mortal mind is ignorant of itself, — ignorant of the errors it includes and of their

Toda clase de enfermedad es error, es decir, la enfermedad es la pérdida de la armonía. Este punto de vista no es alterado por el hecho de que el pecado es peor que la enfermedad, y que muchos que están enfermos no reconocen ni descubren que la enfermedad es un error.

Existe una demencia universal de la así llamada salud, que confunde la fábula con la realidad en todo el reino de los sentidos materiales, pero esta locura general no puede, en un diagnóstico científico, proteger el caso individual contra el nombre específico de demencia. Aquellos desventurados que han sido internados en manicomios no son sino tantos ejemplos claramente definidos de los efectos dañinos de la ilusión sobre las mentes y los cuerpos mortales.

Las medicinas y los lóbulos cerebrales

La suposición de que podemos curar la demencia mediante el empleo de purgantes y narcóticos es, en sí misma, una leve forma de demencia. ¿Pueden los medicamentos ir por decisión propia al cerebro y destruir la así llamada inflamación de las funciones trastornadas, llegando de esta manera a la mente mortal por medio de la materia? Los medicamentos no afectan un cadáver, y la Verdad no distribuye los medicamentos a través de la sangre, derivando de ellos un supuesto efecto sobre la inteligencia y los sentimientos. Una dislocación de la articulación del tarso produciría la demencia tan perceptiblemente como lo haría la congestión del cerebro, si no fuera porque la mente mortal piensa que la articulación del tarso está menos íntimamente conectada con la mente que el cerebro. Revierte la creencia, y los resultados serán perceptiblemente diferentes.

La materia y el error animado

El pensamiento inconsciente en el sustrato corpóreo del cerebro no produce ningún efecto, y aquella condición del cuerpo que denominamos sensación en la materia es irreal. La mente mortal es ignorante de sí misma, ignorante de los errores que ella incluye y de sus effects. Intelligent matter is an impossibility. You may say: "But if disease obtains in matter, why do you insist that disease is formed by mortal mind and not by matter?" *Mortal mind* and body combine as one, and the nearer matter approaches its final statement, — animate error called nerves, brain, mind, — the more prolific it is likely to become in sin and disease-beliefs.

Dictation of error

Unconscious mortal mind — *alias* matter, brain — cannot dictate terms to consciousness nor say, "I am sick." The belief, that the unconscious substratum of mortal mind, termed the body, suffers and reports disease independently of this so-called conscious mind, is the error which prevents mortals from knowing how to govern their bodies.

So-called superiority

The so-called conscious mortal mind is believed to be superior to its unconscious substratum, matter, and the stronger never yields to the weaker, except through fear or choice. The animate should be governed by God alone. The real man is spiritual and immortal, but the mortal and imperfect so-called "children of men" are counterfeits from the beginning, to be laid aside for the pure reality. This mortal is put off, and the new man or real man is put on, in proportion as mortals realize the Science of man and seek the true model.

Death no benefactor

We have no right to say that life depends on matter now, but will not depend on it after death. We cannot spend our days here in ignorance of the Science of Life, and expect to find beyond the grave a reward for this ignorance. Death will not make us harmonious and immortal as a recompense for ignorance.

efectos. La materia inteligente es una imposibilidad. Tal vez digas: “Pero si la enfermedad se encuentra en la materia, ¿por qué insiste usted en que la enfermedad es formada por la mente mortal y no por la materia?” La *mente mortal* y el cuerpo se combinan en uno, y cuanto más se aproxima la materia a su manifestación final —el error animado llamado nervios, cerebro, mente— tanto más prolífica es probable que se vuelva en pecado y en creencias-enfermedad.

Imposiciones del error

La mente mortal inconsciente *—alias* materia, cerebro— no puede imponer términos a la consciencia ni decir: “Estoy enferma”. La creencia de que el sustrato inconsciente de la mente mortal, denominado cuerpo, sufre e informa la enfermedad independientemente de esta así llamada mente consciente, es el error que impide que los mortales sepan cómo gobernar sus cuerpos.

La así llamada superioridad

La así llamada mente mortal consciente es considerada como superior a su sustrato inconsciente, la materia, y lo más fuerte jamás cede ante lo más débil, excepto por temor o elección. Lo viviente debiera ser gobernado por Dios solo. El hombre verdadero es espiritual e inmortal, pero los así llamados “hijos de los hombres”, mortales e imperfectos, son falsificaciones desde el comienzo, a ser desechadas a cambio de la realidad pura. En la proporción en que los mortales se dan cuenta de la Ciencia del hombre y buscan el modelo verdadero, se despojan de lo mortal y se revisten del hombre nuevo, u hombre verdadero.

La muerte no es ninguna benefactora

No tenemos derecho a decir que la vida depende de la materia ahora, pero que no dependerá de ella después de la muerte. No podemos pasar aquí nuestros días ignorando la Ciencia de la Vida, y esperar encontrar más allá de la tumba un premio por esta ignorancia. La muerte no nos hará armoniosos e inmortales como una recompensa por la ignorancia.

If here we give no heed to Christian Science, which is spiritual and eternal, we shall not be ready for spiritual Life hereafter.

Life eternal and present

"This is life eternal," says Jesus, — *is,* not *shall be;* and then he defines everlasting life as a present knowledge of his Father and of himself, — the knowledge of Love, Truth, and Life. "This is life eternal, that they might know Thee, the only true God, and Jesus Christ, whom Thou hast sent." The Scriptures say, "Man shall not live by bread *alone,* but by every word that proceedeth out of the mouth of God," showing that Truth is the actual life of man; but mankind objects to making this teaching practical.

Love casteth out fear

Every trial of our faith in God makes us stronger. The more difficult seems the material condition to be overcome by Spirit, the stronger should be our faith and the purer our love. The Apostle John says: "There is no fear in Love, but perfect Love casteth out fear. . . . He that feareth is not made perfect in Love." Here is a definite and inspired proclamation of Christian Science.

Mental Treatment Illustrated

Be not afraid

The Science of mental practice is susceptible of no misuse. Selfishness does not appear in the practice of Truth or Christian Science. If mental practice is abused or is used in any way except to promote right thinking and doing, the power to heal mentally will diminish, until the practitioner's healing ability is wholly lost. Christian scientific practice begins with Christ's keynote of harmony, "Be not afraid!"

Si aquí no prestamos atención a la Ciencia Cristiana, que es espiritual y eterna, no estaremos preparados para la Vida espiritual en el más allá.

La vida es eterna y actual

"Esta es la vida eterna", dice Jesús —*es,* no *será,* y luego define la vida eterna como el conocimiento actual de su Padre y de sí mismo —el conocimiento del Amor, la Verdad y la Vida. "Esta es la vida eterna: que Te conozcan a Ti, el único Dios verdadero, y a Jesucristo, a quien has enviado". Las Escrituras dicen: "No *sólo* de pan vivirá el hombre, sino de toda palabra que sale de la boca de Dios", mostrando que la Verdad es la vida verdadera del hombre; mas la humanidad se resiste a llevar a la práctica esta enseñanza.

El Amor echa fuera el temor

Cada desafío a nuestra fe en Dios nos hace más fuertes. Cuanto más difícil parezca la circunstancia material a ser vencida por el Espíritu, tanto más fuerte debiera ser nuestra fe y tanto más puro nuestro amor. El Apóstol Juan dice: "En el Amor no hay temor, sino que el perfecto Amor echa fuera el temor... El que teme, no ha sido perfeccionado en el Amor". He aquí una proclamación concreta e inspirada de la Ciencia Cristiana.

El tratamiento mental ilustrado

No temáis

La Ciencia de la práctica mental no es susceptible al uso indebido. El egoísmo no aparece en la práctica de la Verdad o Ciencia Cristiana. Si se abusa de la práctica mental, o si es usada de cualquier otro modo excepto para promover la manera correcta de pensar y obrar, el poder de sanar mentalmente disminuirá, hasta que la capacidad sanadora del practicista se pierda por completo. La práctica científica y cristiana comienza con la nota tónica

Said Job: "The thing which I greatly feared is come upon me."

Naming diseases

My first discovery in the student's practice was this: If the student silently called the disease by name, when he argued against it, as a general rule the body would respond more quickly, — just as a person replies more readily when his name is spoken; but this was because the student was not perfectly attuned to divine Science, and needed the arguments of truth for reminders. If Spirit or the power of divine Love bear witness to the truth, this is the ultimatum, the scientific way, and the healing is instantaneous.

Evils cast out

It is recorded that once Jesus asked the name of a disease, — a disease which moderns would call *dementia*. The demon, or evil, replied that his name was Legion. Thereupon Jesus cast out the evil, and the insane man was changed and straightway became whole. The Scripture seems to import that Jesus caused the evil to be self-seen and so destroyed.

Fear as the foundation

The procuring cause and foundation of all sickness is fear, ignorance, or sin. Disease is always induced by a false sense mentally entertained, not destroyed. Disease is an image of thought externalized. The mental state is called a material state. Whatever is cherished in mortal mind as the physical condition is imaged forth on the body.

Unspoken pleading

Always begin your treatment by allaying the fear of patients. Silently reassure them as to their exemption from disease and danger. Watch the result of this simple rule of Christian Science, and you will find that it alleviates the symptoms of every disease. If you succeed in wholly removing the fear, de la armonía de Cristo: "¡No temáis!" Job dijo: "Me ha acontecido lo que yo temía".

Nombrando las enfermedades

Mi primer descubrimiento respecto a la práctica de mis alumnos fue este: Si el alumno llamaba silenciosamente la enfermedad por el nombre, cuando argumentaba contra ella, por regla general el cuerpo respondía más rápidamente, tal como una persona responde más pronto cuando se pronuncia su nombre; pero esto era porque el alumno no estaba perfectamente en consonancia con la Ciencia divina, y necesitaba los argumentos de la verdad como recordatorios. Si el Espíritu o el poder del Amor divino dan testimonio de la verdad, este es el ultimátum, el modo científico, y la curación es instantánea.

Males echados fuera

Está registrado que una vez Jesús preguntó el nombre de una enfermedad, una enfermedad que los modernos llamarían *demencia.* El demonio, o el mal, contestó que su nombre era Legión. Acto seguido, Jesús echó fuera el mal, y el demente fue transformado y sanó al instante. Las Escrituras parecen dar a entender que Jesús hizo que el mal se viera a sí mismo y así se destruyera.

El temor como fundamento

La causa promotora y el fundamento de toda enfermedad es el temor, la ignorancia o el pecado. La enfermedad siempre es inducida por un sentido falso mentalmente hospedado, no destruido. La enfermedad es una imagen exteriorizada del pensamiento. El estado mental es llamado un estado material. Todo lo que se abriga en la mente mortal como condición física se proyecta en el cuerpo.

Alegato silencioso

Siempre comienza tu tratamiento apaciguando el temor de los pacientes. Silenciosamente asegúrales de su exención de enfermedad y peligro. Observa el resultado de esta simple regla de la Ciencia Cristiana, y encontrarás que alivia los síntomas de toda enfermedad. Si logras eliminar el temor por completo, your patient is healed. The great fact that God lovingly governs all, never punishing aught but sin, is your standpoint, from which to advance and destroy the human fear of sickness. Mentally and silently plead the case scientifically for Truth. You may vary the arguments to meet the peculiar or general symptoms of the case you treat, but be thoroughly persuaded in your own mind concerning the truth which you think or speak, and you will be the victor.

Eloquent silence

You may call the disease by name when you mentally deny it; but by naming it audibly, you are liable under some circumstances to impress it upon the thought. The power of Christian Science and divine Love is omnipotent. It is indeed adequate to unclasp the hold and to destroy disease, sin, and death.

Insistence requisite

To prevent disease or to cure it, the power of Truth, of divine Spirit, must break the dream of the material senses. To heal by argument, find the type of the ailment, get its name, and array your mental plea against the physical. Argue at first mentally, not audibly, that the patient has no disease, and conform the argument so as to destroy the evidence of disease. Mentally insist that harmony is the fact, and that sickness is a temporal dream. Realize the presence of health and the fact of harmonious being, until the body corresponds with the normal conditions of health and harmony.

The cure of infants

If the case is that of a young child or an infant, it needs to be met mainly through the parent's thought, silently or audibly on the aforesaid basis of Christian Science. The Scientist knows that there can be no hereditary disease, since matter is not intelligent tu paciente es sanado. La gran verdad de que Dios gobierna todo amorosamente, que nunca castiga nada excepto el pecado, es tu punto de partida, desde el cual avanzar y destruir el temor humano a la enfermedad. Mental y silenciosamente defiende el caso científicamente a favor de la Verdad. Puedes variar los argumentos para enfrentar los síntomas peculiares o generales del caso que trates, pero persuádete en tu propia mente de manera absoluta acerca de la verdad que piensas o dices, y serás el vencedor.

Silencio elocuente

Puedes llamar la enfermedad por el nombre cuando la niegues mentalmente; pero al nombrarla en voz alta, estás expuesto en ciertas circunstancias a grabarla en el pensamiento. El poder de la Ciencia Cristiana y del Amor divino es omnipotente. Es de veras adecuado para liberar de la sujeción de la enfermedad, del pecado y de la muerte y destruirlos.

La insistencia es un requisito

Para prevenir la enfermedad o para curarla, el poder de la Verdad, del Espíritu divino, tiene que romper el sueño de los sentidos materiales. Para sanar por medio de argumentos, encuentra el tipo de dolencia, obtén su nombre y dispón tu argumento mental contra lo físico. Argumenta al comienzo mentalmente, no audiblemente, que el paciente no tiene ninguna enfermedad, y ajusta el argumento de modo que destruya la evidencia de la enfermedad. Insiste mentalmente en que la armonía es la realidad, y que la enfermedad es un sueño temporal. Percibe la presencia de la salud y la realidad del ser armonioso, hasta que el cuerpo corresponda con las condiciones normales de la salud y la armonía.

La curación de los bebés

Si se trata de un niño pequeño o un bebé, es necesario enfrentar el caso principalmente por medio del pensamiento de los padres, silenciosamente o en forma audible sobre la base antes mencionada de la Ciencia Cristiana. El Científico Cristiano sabe que no puede haber enfermedad hereditaria, puesto que la materia no es inteligente and cannot transmit good or evil intelligence to man, and God, the only Mind, does not produce pain in matter. The act of yielding one's thoughts to the undue contemplation of physical wants or conditions induces those very conditions. A single requirement, beyond what is necessary to meet the simplest needs of the babe is harmful. Mind regulates the condition of the stomach, bowels, and food, the temperature of children and of men, and matter does not. The wise or unwise views of parents and other persons on these subjects produce good or bad effects on the health of children.

Ablutions for cleanliness

The daily ablutions of an infant are no more natural nor necessary than would be the process of taking a fish out of water every day and covering it with dirt in order to make it thrive more vigorously in its own element. "Cleanliness is next to godliness," but washing should be only for the purpose of keeping the body clean, and this can be effected without scrubbing the whole surface daily. Water is not the natural habitat of humanity. I insist on bodily cleanliness within and without. I am not patient with a speck of dirt; but in caring for an infant one need not wash his little body all over each day in order to keep it sweet as the new-blown flower.

Juvenile ailments

Giving drugs to infants, noticing every symptom of flatulency, and constantly directing the mind to such signs,—that mind being laden with illusions about disease, health-laws, and death,—these actions convey mental images to children's budding thoughts, and often stamp them there, making it probable at any time that such ills may be reproduced in the very ailments feared. A child may have worms, if you say so, or any other malady, timorously held in the beliefs con-y no puede transmitir inteligencia buena o mala al hombre, y que Dios, la Mente única, no produce dolor en la materia. El acto de ceder los pensamientos de uno a la contemplación indebida de las necesidades o condiciones físicas induce esas mismas condiciones. Un solo requerimiento, más allá de lo que es necesario para satisfacer las necesidades más simples del bebé, es perjudicial. La Mente regula la condición del estómago, los intestinos y el alimento, la temperatura de niños y de adultos, y la materia no lo hace. Los puntos de vista prudentes o imprudentes de los padres y otras personas sobre estos temas producen buenos o malos efectos sobre la salud de los niños.

Baños para el aseo

Los baños diarios de un bebé no son más naturales ni necesarios de lo que sería el proceso de sacar un pez del agua todos los días y cubrirlo de tierra a fin de desarrollarlo más vigorosamente en su propio elemento. "La limpieza está próxima a lo divino", pero lavarse debiera tener como único propósito mantener limpio el cuerpo, y esto puede ser efectuado sin refregar toda su superficie diariamente. El agua no es el hábitat natural de la humanidad. Insisto en la limpieza corporal por dentro y por fuera. No tolero ni una pizca de suciedad; pero al cuidar de un bebé uno no necesita lavar todo su cuerpecito cada día para mantenerlo fragante como la flor recién abierta.

Enfermedades infantiles

Dar medicamentos a los bebés, observar cada síntoma de flatulencia y dirigir la mente constantemente hacia tales indicios —esa mente que está cargada de ilusiones acerca de enfermedades, leyes de salud, y muerte— estas acciones transmiten imágenes mentales a los pensamientos en desarrollo de los niños, y a menudo las imprimen allí, haciendo probable que en cualquier momento esos males sean reproducidos en las mismas dolencias temidas. Un niño puede tener parásitos, si así lo dices, o cualquier otra enfermedad mantenida temerosamente en las creencias cerning his body. Thus are laid the foundations of the belief in disease and death, and thus are children educated into discord.

Cure of insanity

The treatment of insanity is especially interesting. However obstinate the case, it yields more readily than do most diseases to the salutary action of truth, which counteracts error. The arguments to be used in curing insanity are the same as in other diseases: namely, the impossibility that matter, brain, can control or derange mind, can suffer or cause suffering; also the fact that truth and love will establish a healthy state, guide and govern mortal mind or the thought of the patient, and destroy all error, whether it is called dementia, hatred, or any other discord.

To fix truth steadfastly in your patients' thoughts, explain Christian Science to them, but not too soon,—not until your patients are prepared for the explanation,—lest you array the sick against their own interests by troubling and perplexing their thought. The Christian Scientist's argument rests on the Christianly scientific basis of being. The Scripture declares, "The Lord He is God [good]; there is none else beside Him." Even so, harmony is universal, and discord is unreal. Christian Science declares that Mind is substance, also that matter neither feels, suffers, nor enjoys. Hold these points strongly in view. Keep in mind the verity of being,—that man is the image and likeness of God, in whom all being is painless and permanent. Remember that man's perfection is real and unimpeachable, whereas imperfection is blameworthy, unreal, and is not brought about by divine Love.

Matter cannot be inflamed. Inflammation is fear, an

sobre su cuerpo. Así se echan los fundamentos de la creencia en la enfermedad y la muerte, y así la discordia es enseñada a los niños.

Curación de la demencia

El tratamiento de la demencia es especialmente interesante. Por obstinado que sea el caso, cede más fácilmente que la mayoría de las enfermedades a la acción saludable de la verdad, que contrarresta el error. Los argumentos a ser usados para curar la demencia son los mismos que para otras enfermedades: es decir, la imposibilidad de que la materia, el cerebro, pueda controlar o trastornar la mente, pueda sufrir o causar sufrimiento; también el hecho de que la verdad y el amor establecerán un estado saludable, guiarán y gobernarán la mente mortal o el pensamiento del paciente, y destruirán todo error, llámese demencia, odio o cualquier otra discordia.

Para fijar la verdad firmemente en los pensamientos de tus pacientes, explícales la Ciencia Cristiana, pero no demasiado pronto —no hasta que tus pacientes estén preparados para la explicación— para que no predispongas a los enfermos contra sus propios intereses inquietando y desconcertando su pensamiento. El argumento del Científico Cristiano descansa sobre la base científicamente cristiana del ser. Las Escrituras declaran: “Jehová es Dios [el bien], y no hay otro fuera de Él”. De igual manera, la armonía es universal, y la discordancia es irreal. La Ciencia Cristiana declara que la Mente es sustancia, también que la materia no siente ni sufre ni goza. Mantén estos puntos firmemente a la vista. Ten presente la verdad del ser: que el hombre es la imagen y semejanza de Dios, en quien todo el ser está exento de dolor y es permanente. Recuerda que la perfección del hombre es real e intachable, mientras que la imperfección es culpable, irreal, y no es producida por el Amor divino.

La materia no puede inflamarse. La inflamación es temor,

Matter is not inflamed

excited state of mortals which is not normal. Immortal Mind is the only cause; therefore disease is neither a cause nor an effect. Mind in every case is the eternal God, good. Sin, disease, and death have no foundations in Truth. Inflammation as a mortal belief quickens or impedes the action of the system, because thought moves quickly or slowly, leaps or halts when it contemplates unpleasant things, or when the individual looks upon some object which he dreads. Inflammation never appears in a part which mortal thought does not reach. That is why opiates relieve inflammation. They quiet the thought by inducing stupefaction and by resorting to matter instead of to Mind. Opiates do not remove the pain in any scientific sense. They only render mortal mind temporarily less fearful, till it can master an erroneous belief.

Truth calms the thought

Note how thought makes the face pallid. It either retards the circulation or quickens it, causing a pale or flushed cheek. In the same way thought increases or diminishes the secretions, the action of the lungs, of the bowels, and of the heart. The muscles, moving quickly or slowly and impelled or palsied by thought, represent the action of all the organs of the human system, including brain and viscera. To remove the error producing disorder, you must calm and instruct mortal mind with immortal Truth.

Effects of etherization

Etherization will apparently cause the body to disappear. Before the thoughts are fully at rest, the limbs will vanish from consciousness. Indeed, the whole frame will sink from sight along with surrounding objects, leaving the pain standing forth as distinctly as a mountain-peak, as if it were a separate un estado excitado de los mortales que no es normal. La Mente inmortal es la única causa; por consiguiente, la enfermedad no es ni una causa ni un efecto.

La materia no se inflama

La Mente en todos los casos es el Dios eterno, el bien. El pecado, la enfermedad y la muerte no tienen fundamentos en la Verdad. La inflamación, como una creencia mortal, acelera o impide la acción del organismo, porque el pensamiento se mueve rápida o lentamente, salta o se detiene cuando contempla cosas desagradables, o cuando el individuo mira algún objeto que teme. La inflamación jamás aparece en una parte que el pensamiento mortal no alcanza. Por eso es que los narcóticos alivian la inflamación. Acallan el pensamiento induciendo la estupefacción y recurriendo a la materia en lugar de la Mente. Los opiáceos no eliminan el dolor en ningún sentido científico. Sólo hacen la mente mortal temporalmente menos temerosa, hasta que puede dominar una creencia errónea.

La Verdad calma el pensamiento

Observa cómo el pensamiento hace palidecer el rostro. O retarda la circulación o la acelera, volviendo pálidas o enrojecidas las mejillas. Del mismo modo el pensamiento aumenta o disminuye las secreciones, la acción de los pulmones, de los intestinos y del corazón. Los músculos, que se mueven rápida o lentamente y son impulsados o paralizados por el pensamiento, representan la acción de todos los órganos del cuerpo humano, incluyendo el cerebro y las vísceras. Para eliminar el error que produce el desorden, tienes que calmar e instruir la mente mortal con la Verdad inmortal.

Efectos de la eterización

La eterización aparentemente hará que el cuerpo desaparezca. Antes que los pensamientos estén en pleno reposo, las extremidades se desvanecerán de la consciencia. De hecho, todo el cuerpo desaparecerá de la vista junto con los objetos circundantes, dejando que el dolor se destaque tan claramente como la cumbre de una montaña, como si fuera un miembro separado bodily member. At last the agony also vanishes. This process shows the pain to be in the mind, for the inflammation is not suppressed; and the belief of pain will presently return, unless the mental image occasioning the pain be removed by recognizing the truth of being.

Sedatives valueless

A hypodermic injection of morphine is administered to a patient, and in twenty minutes the sufferer is quietly asleep. To him there is no longer any pain. Yet any physician — allopathic, homœopathic, botanic, eclectic — will tell you that the troublesome material cause is unremoved, and that when the soporific influence of the opium is exhausted, the patient will find himself in the same pain, unless the belief which occasions the pain has meanwhile been changed. Where is the pain while the patient sleeps?

The so-called physical ego

The material body, which you call *me,* is mortal mind, and this mind is material in sensation, even as the body, which has originated from this material sense and been developed according to it, is material. This materialism of parent and child is only in mortal mind, as the dead body proves; for when the mortal has resigned his body to dust, the body is no longer the parent, even in appearance.

Evil thought depletes

The sick know nothing of the mental process by which they are depleted, and next to nothing of the metaphysical method by which they can be healed. If they ask about their disease, tell them only what is best for them to know. Assure them that they think too much about their ailments, and have already heard too much on that subject. Turn their thoughts away from their bodies to higher objects. Teach them that their being is sustained by del cuerpo. Finalmente, el sufrimiento también desaparece. Este proceso muestra que el dolor está en la mente, pues la inflamación no está suprimida; y la creencia de dolor pronto retornará, a menos que la imagen mental que ocasiona el dolor sea eliminada reconociendo la verdad del ser.

Los sedantes carecen de valor

Una inyección hipodérmica de morfina es administrada a un paciente, y a los veinte minutos el que sufre duerme tranquilamente. Para él ya no hay ningún dolor. No obstante, cualquier médico —alópata, homeópata, botánico, ecléctico— te dirá que la causa material perturbadora no se ha eliminado, y que cuando la influencia soporífera del opio se haya extinguido, el paciente volverá a sentir el mismo dolor, a no ser que la creencia que ocasiona el dolor entretanto haya sido cambiada. ¿Dónde está el dolor mientras duerme el paciente?

El así llamado ego físico

El cuerpo material, al que llamas *yo*, es la mente mortal, y esta mente es material en sensación, así como el cuerpo, que se ha originado de este sentido material y se ha desarrollado de acuerdo con él, es material. Este materialismo de progenitor e hijo está sólo en la mente mortal, como lo comprueba el cuerpo muerto; porque cuando el mortal ha entregado su cuerpo al polvo, el cuerpo ya no es el progenitor, ni siquiera en apariencia.

Los pensamientos malos debilitan

Los enfermos no saben nada del proceso mental por el cual son debilitados, y casi nada del método metafísico por el cual pueden ser sanados. Si preguntan acerca de su enfermedad, diles sólo lo que es mejor que sepan. Asegúrales que piensan demasiado en sus dolencias, y que ya han oído hablar demasiado sobre ese tema. Aparta sus pensamientos de sus cuerpos hacia objetivos más elevados. Enséñales que su ser está sostenido por el Espíritu,

Spirit, not by matter, and that they find health, peace, and harmony in God, divine Love.

Helpful encouragement

Give sick people credit for sometimes knowing more than their doctors. Always support their trust in the power of Mind to sustain the body. Never tell the sick that they have more courage than strength. Tell them rather, that their strength is in proportion to their courage. If you make the sick realize this great truism, there will be no reaction from over-exertion or from excited conditions. Maintain the facts of Christian Science,—that Spirit is God, and therefore cannot be sick; that what is termed matter cannot be sick; that all causation is Mind, acting through spiritual law. Then hold your ground with the unshaken understanding of Truth and Love, and you will win. When you silence the witness against your plea, you destroy the evidence, for the disease disappears. The evidence before the corporeal senses is not the Science of immortal man.

Disease to be made unreal

To the Christian Science healer, sickness is a dream from which the patient needs to be awakened. Disease should not appear real to the physician, since it is demonstrable that the way to cure the patient is to make disease unreal to him. To do this, the physician must understand the unreality of disease in Science.

Explain audibly to your patients, as soon as they can bear it, the complete control which Mind holds over the body. Show them how mortal mind seems to induce disease by certain fears and false conclusions, and how divine Mind can cure by opposite thoughts. Give your patients an underlying understanding to support them no por la materia, y que encuentran salud, paz y armonía en Dios, el Amor divino.

Estímulo provechoso

Concede a los enfermos el mérito de que a veces saben más que sus sanadores. Apoya siempre su confianza en el poder de la Mente para sostener el cuerpo. No digas nunca a los enfermos que tienen más valor que fuerza. Diles más bien, que su fuerza está en proporción a su valor. Si logras que los enfermos se den cuenta de esta gran obviedad, no habrá reacción por los esfuerzos excesivos o las condiciones de excitación. Mantén las verdades de la Ciencia Cristiana: que el Espíritu es Dios, y por lo tanto no puede estar enfermo; que lo que se denomina materia no puede estar enferma; que toda causalidad es la Mente, obrando por medio de la ley espiritual. Luego mantén tu posición con la firme comprensión de la Verdad y el Amor, y triunfarás. Cuando silencias el testigo en contra de tu alegato, destruyes la evidencia, pues la enfermedad desaparece. La evidencia ante los sentidos corporales no es la Ciencia del hombre inmortal.

Tiene que demostrarse que la enfermedad es irreal

Para el que sana mediante la Ciencia Cristiana, la enfermedad es un sueño del cual el paciente necesita ser despertado. La enfermedad no debiera parecerle real al sanador, puesto que es demostrable que la manera de sanar al paciente es hacer que la enfermedad sea irreal para él. Para hacer esto, el sanador tiene que comprender la irrealidad de la enfermedad en la Ciencia.

Explica en forma audible a tus pacientes, tan pronto como puedan soportarlo, el control absoluto que la Mente mantiene sobre el cuerpo. Muéstrales cómo la mente mortal parece inducir la enfermedad por medio de ciertos temores y falsas conclusiones, y cómo la Mente divina puede sanar por medio de pensamientos opuestos. Da a tus pacientes una comprensión fundamental para apoyarlos y and to shield them from the baneful effects of their own conclusions. Show them that the conquest over sickness, as well as over sin, depends on mentally destroying all belief in material pleasure or pain.

Stick to the truth of being in contradistinction to the error that life, substance, or intelligence can be in matter. Plead with an honest conviction of truth and a clear perception of the unchanging, unerring, and certain effect of divine Science. Then, if your fidelity is half equal to the truth of your plea, you will heal the sick.

Christian pleading

It must be clear to you that sickness is no more the reality of being than is sin. This mortal dream of sickness, sin, and death should cease through Christian Science. Then one disease would be as readily destroyed as another. Whatever the belief is, if arguments are used to destroy it, the belief must be repudiated, and the negation must extend to the supposed disease and to whatever decides its type and symptoms. Truth is affirmative, and confers harmony. All metaphysical logic is inspired by this simple rule of Truth, which governs all reality. By the truthful arguments you employ, and especially by the spirit of Truth and Love which you entertain, you will heal the sick.

Truthful arguments

Include moral as well as physical belief in your efforts to destroy error. Cast out all manner of evil. "Preach the gospel to every creature." Speak the truth to every form of error. Tumors, ulcers, tubercles, inflammation, pain, deformed joints, are waking dream-shadows, dark images of mortal thought, which flee before the light of Truth.

Morality required

protegerlos contra los efectos nocivos de sus propias conclusiones. Muéstrales que la conquista sobre la enfermedad, así como sobre el pecado, depende de que se destruya mentalmente toda creencia en el placer o en el dolor materiales.

Alegato cristiano

Aférrate a la verdad del ser en contraposición al error de que la vida, la sustancia o la inteligencia puedan estar en la materia. Alega con una honesta convicción de la verdad y una clara percepción del efecto invariable, infalible y seguro de la Ciencia divina. Entonces, si tu fidelidad llega sólo a la mitad de la verdad de tu alegato, sanarás a los enfermos.

Argumentos verídicos

Tiene que estar claro para ti que la enfermedad no es la realidad del ser como tampoco lo es el pecado. Este sueño mortal de enfermedad, pecado y muerte debiera cesar por medio de la Ciencia Cristiana. Entonces una enfermedad sería destruida tan fácilmente como otra. Cualquiera sea la creencia, si se emplean argumentos para destruirla, la creencia tiene que ser repudiada, y la negación tiene que extenderse a la supuesta enfermedad y a cuanto decida su tipo y sus síntomas. La Verdad es afirmativa, y confiere armonía. Toda lógica metafísica está inspirada por esta simple regla de la Verdad, que gobierna toda realidad. Mediante los argumentos verídicos que emplees, y especialmente por el espíritu de Verdad y Amor que abrigues, sanarás a los enfermos.

Se requiere moralidad

Incluye las creencias morales así como las físicas en tus esfuerzos para destruir el error. Echa fuera toda clase de males. "Predicad el evangelio a toda criatura". Declara la verdad a toda forma de error. Tumores, úlceras, tubérculos, inflamaciones, dolores, coyunturas deformadas, son sombras-sueños estando despierto, imágenes oscuras del pensamiento mortal, que huyen ante la luz de la Verdad.

A moral question may hinder the recovery of the sick. Lurking error, lust, envy, revenge, malice, or hate will perpetuate or even create the belief in disease. Errors of all sorts tend in this direction. Your true course is to destroy the foe, and leave the field to God, Life, Truth, and Love, remembering that God and His ideas alone are real and harmonious.

Relapse unnecessary

If your patient from any cause suffers a relapse, meet the cause mentally and courageously, knowing that there can be no reaction in Truth. Neither disease itself, sin, nor fear has the power to cause disease or a relapse. Disease has no intelligence with which to move itself about or to change itself from one form to another. If disease moves, mind, not matter, moves it; therefore be sure that you move it off. Meet every adverse circumstance as its master. Observe mind instead of body, lest aught unfit for development enter thought. Think less of material conditions and more of spiritual.

Conquer beliefs and fears

Mind produces all action. If the action proceeds from Truth, from immortal Mind, there is harmony; but mortal mind is liable to any phase of belief. A relapse cannot in reality occur in mortals or so-called mortal minds, for there is but one Mind, one God. Never fear the mental malpractitioner, the mental assassin, who, in attempting to rule mankind, tramples upon the divine Principle of metaphysics, for God is the only power. To succeed in healing, you must conquer your own fears as well as those of your patients, and rise into higher and holier consciousness.

If it is found necessary to treat against relapse, know that disease or its symptoms cannot change forms, nor

Una cuestión moral puede impedir el restablecimiento de los enfermos. El error en acecho, la lujuria, la envidia, la venganza, la malicia o el odio perpetuarán o hasta crearán la creencia en la enfermedad. Los errores de toda clase tienden en esta dirección. Tu verdadero curso es destruir el enemigo, y dejar el campo a Dios, la Vida, la Verdad y el Amor, recordando que sólo Dios y Sus ideas son reales y armoniosos.

Las recaídas son innecesarias

Si tu paciente sufre una recaída por cualquier causa, enfrenta la causa mental y valientemente, sabiendo que no puede haber ninguna reacción en la Verdad. Ni la enfermedad misma, el pecado ni el temor tienen el poder de causar una enfermedad o una recaída. La enfermedad no tiene inteligencia con la cual moverse de una parte a otra o transformarse de una forma en otra. Si la enfermedad se mueve, la mente, no la materia, la mueve; por consiguiente, asegúrate de removerla. Enfrenta toda circunstancia adversa como su amo. Observa la mente en lugar del cuerpo, para que nada que sea impropio para el desarrollo entre en el pensamiento. Piensa menos en las condiciones materiales y más en las espirituales.

Vence las creencias y los temores

La Mente produce toda acción. Si la acción procede de la Verdad, de la Mente inmortal, hay armonía; pero la mente mortal es propensa a cualquier fase de creencia. Una recaída no puede en realidad ocurrir en los mortales o en las así llamadas mentes mortales, pues existe una sola Mente, un solo Dios. Nunca temas al que usa la malapráctica mental, al asesino mental, quien, en su intento de dominar al género humano, pisotea el Principio divino de la metafísica, pues Dios es el único poder. Para sanar con éxito, tienes que conquistar tus propios temores así como los de tus pacientes, y elevarte a una consciencia más alta y más santa.

Si fuera necesario dar tratamiento contra una recaída, entiende que la enfermedad o sus síntomas no pueden cambiar go from one part to another, for Truth destroys disease. There is no metastasis, no stoppage of harmonious action, no paralysis. Truth not error, Love not hate, Spirit not matter, governs man. If students do not readily heal themselves, they should early call an experienced Christian Scientist to aid them. If they are unwilling to do this for themselves, they need only to know that error cannot produce this unnatural reluctance.

True government of man

Instruct the sick that they are not helpless victims, for if they will only accept Truth, they can resist disease and ward it off, as positively as they can the temptation to sin. This fact of Christian Science should be explained to invalids when they are in a fit mood to receive it,— when they will not array themselves against it, but are ready to become receptive to the new idea. The fact that Truth overcomes both disease and sin reassures depressed hope. It imparts a healthy stimulus to the body, and regulates the system. It increases or diminishes the action, as the case may require, better than any drug, alterative, or tonic.

Positive reassurance

Mind is the natural stimulus of the body, but erroneous belief, taken at its best, is not promotive of health or happiness. Tell the sick that they can meet disease fearlessly, if they only realize that divine Love gives them all power over every physical action and condition.

Proper stimulus

If it becomes necessary to startle mortal mind to break its dream of suffering, vehemently tell your patient that he must awake. Turn his gaze from the false evidence of the senses to the harmonious facts of Soul and immortal being. Tell him that he suffers

Awaken the patient

de forma, ni ir de una parte a otra, porque la Verdad destruye la enfermedad. No hay metástasis, no hay interrupción de la acción armoniosa, no hay parálisis. La Verdad, no el error, el Amor, no el odio, el Espíritu, no la materia, gobierna al hombre. Si los estudiantes no se sanan prontamente a sí mismos, debieran acudir sin demora a un Científico Cristiano experimentado para que los ayude. Si no están dispuestos a hacer esto para sí mismos, sólo necesitan saber que el error no puede producir esta renuencia innatural.

El gobierno verdadero del hombre

Enseña a los enfermos que no son víctimas indefensas, pues si sólo aceptan la Verdad, pueden resistir la enfermedad y prevenirla, tan positivamente como la tentación de pecar. Este hecho de la Ciencia Cristiana debiera explicarse a los inválidos cuando estén con un ánimo adecuado para recibirlo, cuando no estén predispuestos contra ello, sino que estén listos para aceptar la nueva idea. El hecho de que la Verdad vence tanto la enfermedad como el pecado tranquiliza la esperanza deprimida. Imparte un estímulo saludable al cuerpo, y regula el organismo. Aumenta o disminuye la acción, según lo requiera el caso, mejor que cualquier medicamento, alterante o tónico.

Tranquilización positiva

La Mente es el estímulo natural del cuerpo, pero la creencia errónea, hasta en el mejor de los casos, no es promotora de la salud o la felicidad. Di a los enfermos que pueden enfrentar la enfermedad sin temor, si tan sólo se dan cuenta de que el Amor divino les da todo el poder sobre toda acción y condición físicas.

Estímulo apropiado

Si fuera necesario sobresaltar la mente mortal para romper su sueño de sufrimiento, di con vehemencia a tu paciente que tiene que despertar. Desvía su mirada de la falsa evidencia de los sentidos hacia las realidades armoniosas del Alma y el ser inmortal. Dile que sufre

Despierta al paciente

only as the insane suffer, from false beliefs. The only difference is, that insanity implies belief in a diseased brain, while physical ailments (so-called) arise from the belief that other portions of the body are deranged. Derangement, or *disarrangement,* is a word which conveys the true definition of all human belief in ill-health, or disturbed harmony. Should you thus startle mortal mind in order to remove its beliefs, afterwards make known to the patient your motive for this shock, showing him that it was to facilitate recovery.

How to treat a crisis

If a crisis occurs in your treatment, you must treat the patient less for the disease and more for the mental disturbance or fermentation, and subdue the symptoms by removing the belief that this chemicalization produces pain or disease. Insist vehemently on the great fact which covers the whole ground, that God, Spirit, is all, and that there is none beside Him. There is *no disease.* When the supposed suffering is gone from mortal mind, there can be no pain; and when the fear is destroyed, the inflammation will subside. Calm the excitement sometimes induced by chemicalization, which is the alterative effect produced by Truth upon error, and sometimes explain the symptoms and their cause to the patient.

No perversion of Mind-science

It is no more Christianly scientific to see disease than it is to experience it. If you would destroy the sense of disease, you should not build it up by wishing to see the forms it assumes or by employing a single material application for its relief. The perversion of Mind-science is like asserting that the products of eight multiplied by five, and of seven by ten, are both forty, and that their combined sólo como sufren los dementes, a causa de creencias falsas. La única diferencia es que la locura implica la creencia en un cerebro enfermo, mientras que las enfermedades físicas (así llamadas) surgen de la creencia de que otras partes del cuerpo están desordenadas. Desorden, o *desarreglo,* es una palabra que transmite la verdadera definición de toda creencia humana en la mala salud, o la armonía perturbada. Si llegaras a sobresaltar así la mente mortal para eliminar sus creencias, informa después al paciente tu motivo para esta conmoción, mostrándole que era para facilitar su restablecimiento.

Cómo tratar una crisis

Si ocurre una crisis durante tu tratamiento, debes tratar al paciente menos por la enfermedad y más por la perturbación o fermentación mentales, y sojuzgar los síntomas eliminando la creencia de que esta quimicalización produce dolor o enfermedad. Insiste con vehemencia en el gran hecho que abarca todo: que Dios, el Espíritu, es todo, y que no hay otro fuera de Él. *No hay enfermedad.* Cuando el supuesto sufrimiento desaparece de la mente mortal, no puede haber dolor; y cuando el temor es destruido, la inflamación disminuye. Calma la excitación inducida a veces por la quimicalización, que es el efecto alterante producido por la Verdad sobre el error, y algunas veces explica tú los síntomas y sus causas al paciente.

Ninguna perversión de la ciencia-Mente

No es más científicamente cristiano ver la enfermedad que experimentarla. Si quieres destruir el sentido de enfermedad, no debes aumentarlo deseando ver las formas que asume ni empleando un solo remedio material para su alivio. Pervertir la ciencia-Mente es como aseverar que los productos de ocho multiplicado por cinco, y de siete por diez, son ambos cuarenta, y sum is fifty, and then calling the process mathematics. Wiser than his persecutors, Jesus said: "If I by Beelzebub cast out devils, by whom do your children cast them out?"

Effect of this book

If the reader of this book observes a great stir throughout his whole system, and certain moral and physical symptoms seem aggravated, these indications are favorable. Continue to read, and the book will become the physician, allaying the tremor which Truth often brings to error when destroying it.

Disease neutralized

Patients, unfamiliar with the cause of this commotion and ignorant that it is a favorable omen, may be alarmed. If such be the case, explain to them the law of this action. As when an acid and alkali meet and bring out a third quality, so mental and moral chemistry changes the material base of thought, giving more spirituality to consciousness and causing it to depend less on material evidence. These changes which go on in mortal mind serve to reconstruct the body. Thus Christian Science, by the alchemy of Spirit, destroys sin and death.

Bone-healing by surgery

Let us suppose two parallel cases of bone-disease, both similarly produced and attended by the same symptoms. A surgeon is employed in one case, and a Christian Scientist in the other. The surgeon, holding that matter forms its own conditions and renders them fatal at certain points, entertains fears and doubts as to the ultimate outcome of the injury. Not holding the reins of government in his own hands, he believes that something stronger than Mind — namely, matter — governs the case. His treatment is therefore tentative. This mental state invites defeat. The belief que su suma combinada es cincuenta, y luego llamar matemática el proceso. Jesús, más sabio que sus perseguidores, dijo: “Si yo echo fuera los demonios por Beelzebú, ¿por quién los echan vuestros hijos?”

El efecto de este libro

Si el lector de este libro observa una gran conmoción a través de todo su organismo, y ciertos síntomas morales y físicos parecen agravarse, estos indicios son favorables. Que continúe leyendo, y el libro vendrá a ser el médico, calmando el estremecimiento que la Verdad a menudo produce sobre el error cuando lo destruye.

La enfermedad neutralizada

Los pacientes, poco familiarizados con la causa de esta conmoción e ignorantes de que es un presagio favorable, tal vez se alarmen. Si tal fuera el caso, explícales la ley de esta acción. Así como cuando un ácido y un álcali se combinan y forman una tercera cualidad, así la química mental y moral cambia la base material del pensamiento, dando más espiritualidad a la consciencia y haciendo que dependa menos de la evidencia material. Estos cambios que se efectúan en la mente mortal sirven para reconstruir el cuerpo. De ese modo la Ciencia Cristiana, mediante la alquimia del Espíritu, destruye el pecado y la muerte.

Curación de los huesos por la cirugía

Supongamos dos casos paralelos de una enfermedad de los huesos, ambos producidos de la misma manera y acompañados de los mismos síntomas. Un cirujano se emplea en un caso y un Científico Cristiano en el otro. El cirujano, sosteniendo que la materia forma sus propias condiciones y las vuelve fatales en cierto punto, abriga temores y dudas acerca del resultado final de la lesión. Al no sostener las riendas de gobierno en sus propias manos, cree que algo más poderoso que la Mente —es decir, la materia— gobierna el caso. Su tratamiento es, por lo tanto, tentativo. Este estado mental invita al fracaso. La creencia that he has met his master in matter and may not be able to mend the bone, increases his fear; yet this belief should not be communicated to the patient, either verbally or otherwise, for this fear greatly diminishes the tendency towards a favorable result. Remember that the unexpressed belief oftentimes affects a sensitive patient more strongly than the expressed thought.

Scientific corrective

The Christian Scientist, understanding scientifically that all is Mind, commences with mental causation, the truth of being, to destroy the error. This corrective is an alterative, reaching to every part of the human system. According to Scripture, it searches "the joints and marrow," and it restores the harmony of man.

Coping with difficulties

The matter-physician deals with matter as both his foe and his remedy. He regards the ailment as weakened or strengthened according to the evidence which matter presents. The metaphysician, making Mind his basis of operation irrespective of matter and regarding the truth and harmony of being as superior to error and discord, has rendered himself strong, instead of weak, to cope with the case; and he proportionately strengthens his patient with the stimulus of courage and conscious power. Both Science and consciousness are now at work in the economy of being according to the law of Mind, which ultimately asserts its absolute supremacy.

Formation from thought

Ossification or any abnormal condition or derangement of the body is as directly the action of mortal mind as is dementia or insanity. Bones have only the substance of thought which forms them. They are only phenomena of the mind of mortals. The so-called substance of bone is formed first de que ha encontrado a su amo en la materia y tal vez no sea capaz de reparar el hueso, aumenta su temor; pero esta creencia no debiera ser comunicada al paciente, ya sea verbalmente o de otra forma, pues este temor disminuye en gran manera la tendencia hacia un resultado favorable. Recuerda que la creencia inexpresada a menudo afecta a un paciente sensible con más fuerza que el pensamiento expresado.

Correctivo científico

El Científico Cristiano, al comprender científicamente que todo es Mente, comienza con la causalidad mental, la verdad del ser, a destruir el error. Este correctivo es un alterante que llega a todas las partes del organismo humano. Según las Escrituras, sondea “las coyunturas y los tuétanos”, y restaura la armonía del hombre.

Enfrentando las dificultades

El médico de la materia trata la materia como su enemigo y como su remedio. Considera que la dolencia se debilita o se fortalece de acuerdo con la evidencia que presente la materia. El metafísico, al hacer de la Mente su base de operaciones sin tomar en cuenta la materia y al considerar la verdad y la armonía del ser como superiores al error y a la discordia, se ha fortalecido en vez de debilitarse, para enfrentar el caso; y proporcionalmente fortalece a su paciente con el estímulo del valor y del poder consciente. Tanto la Ciencia como la consciencia obran ahora en el orden del ser de acuerdo con la ley de la Mente, que por último impone su absoluta supremacía.

Formación debida al pensamiento

La osificación, o cualquier otra condición anormal o desarreglo del cuerpo, es tan directamente la acción de la mente mortal como lo es la demencia o locura. Los huesos tienen sólo la sustancia del pensamiento que los forma. Son sólo fenómenos de la mente de los mortales. La así llamada sustancia del hueso es by the parent's mind, through self-division. Soon the child becomes a separate, individualized mortal mind, which takes possession of itself and its own thoughts of bones.

Accidents unknown to God

Accidents are unknown to God, or immortal Mind, and we must leave the mortal basis of belief and unite with the one Mind, in order to change the notion of chance to the proper sense of God's unerring direction and thus bring out harmony.

Under divine Providence there can be no accidents, since there is no room for imperfection in perfection.

Opposing mentality

In medical practice objections would be raised if one doctor should administer a drug to counteract the working of a remedy prescribed by another doctor. It is equally important in metaphysical practice that the *minds* which surround your patient should not act against your influence by continually expressing such opinions as may alarm or discourage,—either by giving antagonistic advice or through unspoken thoughts resting on your patient. While it is certain that the divine Mind can remove any obstacle, still you need the ear of your auditor. It is not more difficult to make yourself heard mentally while others are thinking about your patients or conversing with them, if you understand Christian Science—the oneness and the allness of divine Love; but it is well to be alone with God and the sick when treating disease.

Mind removes scrofula

To prevent or to cure scrofula and other so-called hereditary diseases, you must destroy the belief in these ills and the faith in the possibility of their transmission. The patient may tell you that he has a humor in the blood, a scrofulous diathesis. His formada primero por la mente de los padres, por división propia. Pronto la criatura se vuelve una mente mortal separada, individualizada, que toma posesión de sí misma y de sus propios pensamientos sobre los huesos.

Los accidentes son desconocidos para Dios

Los accidentes son desconocidos para Dios, o la Mente inmortal, y tenemos que abandonar la base mortal de la creencia y unirnos con la Mente única, a fin de cambiar la noción de la casualidad por el sentido correcto de la infalible dirección de Dios y así sacar a luz la armonía.

Bajo la divina Providencia no puede haber accidentes, puesto que no hay lugar para la imperfección en la perfección.

Mentalidad opositora

En la práctica médica se objetaría si un médico administrara un medicamento para contrarrestar los efectos de un remedio recetado por otro médico. Es igualmente importante en la práctica metafísica que las *mentes* que rodean a tu paciente no actúen en contra de tu influencia expresando continuamente opiniones que pudieran alarmar o desalentar, ya sea dando consejos antagónicos o por medio de pensamientos inexpresados que reposen sobre tu paciente. Si bien es cierto que la Mente divina puede eliminar cualquier obstáculo, no obstante necesitas el oído de quien te escucha. Es más fácil hacerte oír mentalmente mientras otros están pensando en tus pacientes o conversando con ellos, si comprendes la Ciencia Cristiana, la unidad y la totalidad del Amor divino; pero es conveniente estar a solas con Dios y los enfermos cuando tratas la enfermedad.

La Mente elimina la escrófula

Para prevenir o curar la escrófula y otras así llamadas enfermedades hereditarias, debes destruir la creencia en estas enfermedades y la fe en la posibilidad de su transmisión. Puede que el paciente te diga que tiene un humor en la sangre, una diátesis escrofulosa. Sus parents or some of his progenitors farther back have so believed. Mortal mind, not matter, induces this conclusion and its results. You will have humors, just so long as you believe them to be safety-valves or to be ineradicable.

Nothing to consume

If the case to be mentally treated is consumption, take up the leading points included (according to belief) in this disease. Show that it is not inherited; that inflammation, tubercles, hemorrhage, and decomposition are beliefs, images of mortal thought superimposed upon the body; that they are not the truth of man; that they should be treated as error and put out of thought. Then these ills will disappear.

The lungs re-formed

If the body is diseased, this is but one of the beliefs of mortal mind. Mortal man will be less mortal, when he learns that matter never sustained existence and can never destroy God, who is man's Life. When this is understood, mankind will be more spiritual and know that there is nothing to consume, since Spirit, God, is All-in-all. What if the belief is consumption? God is more to a man than his belief, and the less we acknowledge matter or its laws, the more immortality we possess. Consciousness constructs a better body when faith in matter has been conquered. Correct material belief by spiritual understanding, and Spirit will form you anew. You will never fear again except to offend God, and you will never believe that heart or any portion of the body can destroy you.

Soundness maintained

If you have sound and capacious lungs and want them to remain so, be always ready with the mental protest against the opposite belief in heredity. Discard all notions about lungs, tubercles, in-padres o algunos de sus antepasados más lejanos así lo creyeron. La mente mortal, no la materia, induce esta conclusión y sus resultados. Tendrás humores, mientras creas que son válvulas de seguridad o que no son extirpables.

Nada que se pueda consumir

Si el caso a ser tratado mentalmente es de tuberculosis, ataca los puntos más importantes incluidos (según la creencia) en esta enfermedad. Muestra que no es hereditaria; que la inflamación, los tubérculos, la hemorragia y la descomposición son creencias, imágenes del pensamiento mortal sobrepuestas en el cuerpo; que no son la verdad del hombre; que deben ser tratadas como error y expulsadas del pensamiento. Entonces estos males desaparecerán.

Los pulmones formados de nuevo

Si el cuerpo está enfermo, esto es sólo una de las creencias de la mente mortal. El hombre mortal será menos mortal cuando aprenda que la materia nunca sostuvo la existencia y que nunca puede destruir a Dios, que es la Vida del hombre. Cuando esto se comprenda, la humanidad será más espiritual y sabrá que nada hay que pueda consumirse, puesto que el Espíritu, Dios, es Todo-en-todo. ¿Qué importa si la creencia es de tuberculosis? Dios es más para un hombre que su creencia, y cuanto menos reconocemos la materia o sus leyes, más inmortalidad poseemos. La consciencia construye un cuerpo mejor cuando la fe en la materia ha sido conquistada. Corrige la creencia material mediante la comprensión espiritual, y el Espíritu te formará de nuevo. Jamás volverás a temer nada excepto ofender a Dios, y jamás creerás que el corazón o cualquier parte del cuerpo te puede destruir.

Mantenimiento de la salud

Si tienes pulmones sanos y bien desarrollados y quieres que continúen así, está siempre preparado para protestar mentalmente contra la creencia opuesta en la herencia. Desecha todas las nociones acerca de los herited consumption, or disease arising from any circumstance, and you will find that mortal mind, when instructed by Truth, yields to divine power, which steers the body into health.

Our footsteps heavenward

The discoverer of Christian Science finds the path less difficult when she has the high goal always before her thoughts, than when she counts her footsteps in endeavoring to reach it. When the destination is desirable, expectation speeds our progress. The struggle for Truth makes one strong instead of weak, resting instead of wearying one. If the belief in death were obliterated, and the understanding obtained that there is no death, this would be a "tree of life," known by its fruits. Man should renew his energies and endeavors, and see the folly of hypocrisy, while also learning the necessity of working out his own salvation. When it is learned that disease cannot destroy life, and that mortals are not saved from sin or sickness by death, this understanding will quicken into newness of life. It will master either a desire to die or a dread of the grave, and thus destroy the great fear that besets mortal existence.

Christian standard

The relinquishment of all faith in death and also of the fear of its sting would raise the standard of health and morals far beyond its present elevation, and would enable us to hold the banner of Christianity aloft with unflinching faith in God, in Life eternal. Sin brought death, and death will disappear with the disappearance of sin. Man is immortal, and the body cannot die, because matter has no life to surrender. The human concepts named matter, death, disease, sickness, and sin are all that can be destroyed.

pulmones, los tubérculos, la tisis hereditaria, o las enfermedades originadas por cualquier circunstancia, y encontrarás que la mente mortal, cuando es instruida por la Verdad, cede al poder divino, que conduce el cuerpo hacia la salud.

Nuestros pasos hacia el cielo

La descubridora de la Ciencia Cristiana encuentra el camino menos difícil cuando tiene la meta elevada siempre ante su pensamiento, que cuando cuenta los pasos al esforzarse por alcanzarla. Cuando el objetivo es deseable, la expectativa acelera nuestro progreso. La lucha por alcanzar la Verdad lo hace a uno fuerte en lugar de débil, lo descansa en vez de fatigarlo. Si la creencia en la muerte fuera obliterada, y se obtuviera el entendimiento de que no hay muerte, esto sería un "árbol de la vida", conocido por sus frutos. El hombre debiera renovar sus energías y esfuerzos, y ver la insensatez de la hipocresía, a la vez que aprende también la necesidad de ocuparse de su propia salvación. Cuando se aprenda que la enfermedad no puede destruir la vida, y que los mortales no se salvan del pecado o de la enfermedad mediante la muerte, esta comprensión hará despertar a una renovación de vida. Dominará o un deseo de morir o un terror a la tumba, y destruirá así el gran temor que acosa la existencia mortal.

Estándar cristiano

La renuncia a toda fe en la muerte y también al temor a su aguijón elevaría el estándar de la salud y de la moral muy por encima de su elevación presente, y nos capacitaría para mantener en alto el estandarte del cristianismo con una fe inquebrantable en Dios, en la Vida eterna. El pecado trajo la muerte, y la muerte desaparecerá con la desaparición del pecado. El hombre es inmortal, y el cuerpo no puede morir, porque la materia no tiene vida que entregar. Los conceptos humanos llamados materia, muerte, enfermedad, dolencia y pecado son todo lo que puede ser destruido.

Life not contingent on matter

If it is true that man lives, this fact can never change in Science to the opposite belief that man dies. Life is the law of Soul, even the law of the spirit of Truth, and Soul is never without its representative. Man's individual being can no more die nor disappear in unconsciousness than can Soul, for both are immortal. If man believes in death now, he must disbelieve in it when learning that there is no reality in death, since the truth of being is deathless. The belief that existence is contingent on matter must be met and mastered by Science, before Life can be understood and harmony obtained.

Mortality vanquished

Death is but another phase of the dream that existence can be material. Nothing can interfere with the harmony of being nor end the existence of man in Science. Man is the same after as before a bone is broken or the body guillotined. If man is never to overcome death, why do the Scriptures say, "The last enemy that shall be destroyed is death"? The tenor of the Word shows that we shall obtain the victory over death in proportion as we overcome sin. The great difficulty lies in ignorance of what God is. God, Life, Truth, and Love make man undying. Immortal Mind, governing all, must be acknowledged as supreme in the physical realm, so-called, as well as in the spiritual.

No death nor inaction

Called to the bed of death, what material remedy has man when all such remedies have failed? Spirit is his last resort, but it should have been his first and only resort. The dream of death must be mastered by Mind here or hereafter. Thought will waken from its own material declaration, "I am dead," to catch this trumpet-word of Truth, "There

La Vida no depende de la materia

Si es cierto que el hombre vive, este hecho jamás puede cambiar en la Ciencia a la creencia opuesta de que el hombre muere. La Vida es la ley del Alma, es decir, la ley del espíritu de la Verdad, y el Alma jamás está sin su representante. Al ser individual del hombre le es tan imposible morir o desaparecer en la inconsciencia como le es al Alma, pues ambos son inmortales. Si el hombre cree en la muerte ahora, tendrá que descreer en ella cuando aprenda que no hay realidad en la muerte, puesto que la verdad del ser es imperecedera. La creencia de que la existencia depende de la materia tiene que ser enfrentada y dominada por la Ciencia, antes de que la Vida pueda ser comprendida y obtenida la armonía.

La mortalidad vencida

La muerte no es sino otra fase del sueño de que la existencia pueda ser material. Nada puede interferir con la armonía del ser ni poner fin a la existencia del hombre en la Ciencia. El hombre es el mismo tanto después como antes de que sea fracturado un hueso o guillotinado el cuerpo. Si el hombre nunca ha de vencer la muerte, ¿por qué dicen las Escrituras: “El postrer enemigo que será destruido es la muerte”? El tenor de la Palabra muestra que obtendremos la victoria sobre la muerte en la proporción en que venzamos el pecado. La gran dificultad yace en la ignorancia de lo que es Dios. Dios, la Vida, la Verdad y el Amor hacen al hombre imperecedero. La Mente inmortal, que gobierna todo, debe ser reconocida como suprema tanto en el así llamado reino físico como en el espiritual.

Ni muerte ni inacción

Llamado al lecho de muerte, ¿qué remedio material tiene el hombre cuando todos esos remedios han fracasado? El Espíritu es su último recurso, pero debiera haber sido su primer y único recurso. El sueño de la muerte tiene que ser dominado por la Mente aquí o en el más allá. El pensamiento despertará de su propia declaración material: “Estoy muerto”, para percibir este toque de clarín de is no death, no inaction, diseased action, overaction, nor reaction."

Vision opening

Life is real, and death is the illusion. A demonstration of the facts of Soul in Jesus' way resolves the dark visions of material sense into harmony and immortality. Man's privilege at this supreme moment is to prove the words of our Master: "If a man keep my saying, he shall never see death." To divest thought of false trusts and material evidences in order that the spiritual facts of being may appear, — this is the great attainment by means of which we shall sweep away the false and give place to the true. Thus we may establish in truth the temple, or body, "whose builder and maker is God."

Intelligent consecration

We should consecrate existence, not "to the unknown God" whom we "ignorantly worship," but to the eternal builder, the everlasting Father, to the Life which mortal sense cannot impair nor mortal belief destroy. We must realize the ability of mental might to offset human misconceptions and to replace them with the life which is spiritual, not material.

The present immortality

The great spiritual fact must be brought out that man *is,* not *shall be,* perfect and immortal. We must hold forever the consciousness of existence, and sooner or later, through Christ and Christian Science, we must master sin and death. The evidence of man's immortality will become more apparent, as material beliefs are given up and the immortal facts of being are admitted.

The author has healed hopeless organic disease, and raised the dying to life and health through the understanding of God as the only Life. It is a sin to believe la Verdad: “No hay muerte, no hay inacción, acción enfermiza, acción excesiva ni reacción”.

Apertura de la visión

La Vida es real, y la muerte es la ilusión. Una demostración de las verdades del Alma a la manera de Jesús resuelve las visiones oscuras del sentido material en armonía e inmortalidad. El privilegio del hombre en este momento supremo es comprobar las palabras de nuestro Maestro: “El que guarda mi palabra, nunca verá muerte”. Despojar el pensamiento de confianzas equivocadas y evidencias materiales a fin de que las verdades espirituales del ser puedan aparecer, este es el gran logro mediante el cual eliminaremos lo falso y daremos lugar a lo verdadero. Así podemos establecer en la verdad el templo, o cuerpo, “cuyo arquitecto y constructor es Dios”.

Consagración inteligente

Debiéramos consagrar la existencia, no “al Dios no conocido” a quien adoramos “sin conocerle”, sino al arquitecto eterno, al Padre sempiterno, a la Vida que el sentido mortal no puede perjudicar ni la creencia mortal destruir. Tenemos que darnos cuenta de la capacidad del poder mental de contrarrestar los conceptos humanos erróneos y reemplazarlos con la vida que es espiritual, no material.

La inmortalidad actual

Hay que sacar a luz la gran verdad espiritual de que el hombre *es,* no *será,* perfecto e inmortal. Tenemos que mantener para siempre la consciencia de la existencia, y tarde o temprano, por medio del Cristo y de la Ciencia Cristiana, tenemos que dominar el pecado y la muerte. La evidencia de la inmortalidad del hombre se volverá más aparente, a medida que las creencias materiales sean abandonadas y las realidades inmortales del ser sean admitidas.

La autora ha sanado enfermedades orgánicas incurables, y devuelto la vida y la salud a los moribundos por medio de la comprensión de que Dios es la única Vida. Es un pecado creer that aught can overpower omnipotent and eternal Life, and this Life must be brought to light by the understanding that there is no death, as well as by other graces of Spirit. We must begin, however, with the more simple demonstrations of control, and the sooner we begin the better. The final demonstration takes time for its accomplishment. When walking, we are guided by the eye. We look before our feet, and if we are wise, we look beyond a single step in the line of spiritual advancement.

Careful guidance

The corpse, deserted by thought, is cold and decays, but it never suffers. Science declares that man is subject to Mind. Mortal mind affirms that mind is subordinate to the body, that the body is dying, that it must be buried and decomposed into dust; but mortal mind's affirmation is not true. Mortals waken from the dream of death with bodies unseen by those who think that they bury the body.

Clay replying to the potter

If man did not exist before the material organization began, he could not exist after the body is disintegrated. If we live after death and are immortal, we must have lived before birth, for if Life ever had any beginning, it must also have an ending, even according to the calculations of natural science. Do you believe this? No! Do you understand it? No! This is why you doubt the statement and do not demonstrate the facts it involves. We must have faith in all the sayings of our Master, though they are not included in the teachings of the schools, and are not understood generally by our ethical instructors.

Continuity of existence

Jesus said (John viii. 51), "If a man keep my saying, he shall never see death." That statement is not conque algo pueda dominar la Vida omnipotente y eterna, y esta Vida tiene que ser sacada a luz mediante la comprensión de que no hay muerte, así como mediante otras gracias del Espíritu. Debemos empezar, sin embargo, con las demostraciones más simples de control, y cuanto más pronto empecemos mejor. La demostración final requiere tiempo para su realización. Al caminar, somos guiados por la vista. Miramos delante de nuestros pies, y si somos sabios, miramos más allá de un solo paso en la línea del avance espiritual.

Dirección cuidadosa

El barro replicando al alfarero

El cadáver, abandonado por el pensamiento, se enfría y descompone, pero jamás sufre. La Ciencia declara que el hombre está subordinado a la Mente. La mente mortal afirma que la mente está subordinada al cuerpo, que el cuerpo muere, que tiene que ser enterrado y descomponerse en polvo; pero la afirmación de la mente mortal no es verídica. Los mortales despiertan del sueño de la muerte con cuerpos invisibles para aquellos que creen que entierran el cuerpo.

Continuidad de la existencia

Si el hombre no existía antes de que la organización material comenzara, no podría existir después que el cuerpo es desintegrado. Si vivimos después de la muerte y somos inmortales, debemos haber vivido antes del nacimiento, pues si la Vida alguna vez tuvo algún comienzo, también tiene que tener un final, incluso de acuerdo con los cálculos de las ciencias naturales. ¿Crees esto? ¡No! ¿Lo comprendes? ¡No! Por eso dudas de la declaración y no demuestras los hechos que entraña. Debemos tener fe en todos los dichos de nuestro Maestro, aun cuando no estén incluidos en las enseñanzas de las escuelas y no sean generalmente comprendidos por nuestros profesores de ética.

Jesús dijo (Juan 8:51): "El que guarda mi palabra, nunca verá muerte". Esa declaración no está limitada a la vida fined to spiritual life, but includes all the phenomena of existence. Jesus demonstrated this, healing the dying and raising the dead. Mortal mind must part with error, must put off itself with its deeds, and immortal manhood, the Christ ideal, will appear. Faith should enlarge its borders and strengthen its base by resting upon Spirit instead of matter. When man gives up his belief in death, he will advance more rapidly towards God, Life, and Love. Belief in sickness and death, as certainly as belief in sin, tends to shut out the true sense of Life and health. When will mankind wake to this great fact in Science?

Life all-inclusive

I here present to my readers an allegory illustrative of the law of divine Mind and of the supposed laws of matter and hygiene, an allegory in which the plea of Christian Science heals the sick.

Suppose a mental case to be on trial, as cases are tried in court. A man is charged with having committed liver-complaint. The patient feels ill, ruminates, and the trial commences. Personal Sense is the plaintiff. Mortal Man is the defendant. False Belief is the attorney for Personal Sense. Mortal Minds, Materia Medica, Anatomy, Physiology, Hypnotism, Envy, Greed and Ingratitude, constitute the jury. The court-room is filled with interested spectators, and Judge Medicine is on the bench.

A mental court case

The evidence for the prosecution being called for, a witness testifies thus: —

I represent Health-laws. I was present on certain nights when the prisoner, or patient, watched with a sick friend. Although I have the superintendence of human affairs, I was personally abused on those occasions. I was told that

La Vida incluye todo

espiritual, sino que incluye todos los fenómenos de la existencia. Jesús demostró esto, sanando a los moribundos y resucitando a los muertos. La mente mortal tiene que separarse del error, tiene que despojarse de sí misma con sus hechos, y la naturaleza inmortal del hombre, el ideal-Cristo, aparecerá. La fe debiera extender sus fronteras y fortalecer su base descansando en el Espíritu en lugar de la materia. Cuando el hombre abandone su creencia en la muerte, avanzará más rápidamente hacia Dios, la Vida y el Amor. La creencia en la enfermedad y la muerte, tan ciertamente como la creencia en el pecado, tiende a excluir el sentido verdadero de la Vida y la salud. ¿Cuándo despertará la humanidad a esta gran verdad en la Ciencia?

Aquí presento a mis lectores una alegoría ilustrativa de la ley de la Mente divina y de las supuestas leyes de la materia y la higiene, una alegoría en que el alegato de la Ciencia Cristiana sana al enfermo.

Un caso mental ante el tribunal

Supón que un caso mental estuviese siendo juzgado, como se juzgan los casos ante un tribunal. Un hombre es acusado de haber cometido el delito de dolencia hepática. El paciente se siente enfermo, cavila, y el juicio comienza. El Sentido Personal es el demandante. El Hombre Mortal es el acusado. La Creencia Falsa es el abogado del Sentido Personal. Las Mentes Mortales, la Materia Médica, la Anatomía, la Fisiología, el Hipnotismo, la Envidia, la Codicia y la Ingratitud constituyen el jurado. La sala del tribunal se llena de interesados espectadores, y el Juez Medicina preside.

Emplazada la prueba del fiscal, uno de los testigos declara así: —

Represento las Leyes Sanitarias. Yo estaba presente ciertas noches en que el prisionero, o paciente, velaba a un amigo enfermo. Aunque tengo la superintendencia de los asuntos humanos, fui personalmente ultrajado en aquellas ocasiones. Se me dijo

I must remain silent until called for at this trial, when I would be allowed to testify in the case. Notwithstanding my rules to the contrary, the prisoner watched with the sick every night in the week. When the sick mortal was thirsty, the prisoner gave him drink. During all this time the prisoner attended to his daily labors, partaking of food at irregular intervals, sometimes going to sleep immediately after a heavy meal. At last he committed liver-complaint, which I considered criminal, inasmuch as this offence is deemed punishable with death. Therefore I arrested Mortal Man in behalf of the state (namely, the body) and cast him into prison.

At the time of the arrest the prisoner summoned Physiology, Materia Medica, and Hypnotism to prevent his punishment. The struggle on their part was long. Materia Medica held out the longest, but at length all these assistants resigned to me, Health-laws, and I succeeded in getting Mortal Man into close confinement until I should release him.

The next witness is called: —

I am Coated Tongue. I am covered with a foul fur, placed on me the night of the liver-attack. Morbid Secretion hypnotized the prisoner and took control of his mind, making him despondent.

Another witness takes the stand and testifies: —

I am Sallow Skin. I have been dry, hot, and chilled by turns since the night of the liver-attack. I have lost my healthy hue and become unsightly, although nothing on my part has occasioned this change. I practise daily ablutions and perform my functions as usual, but I am robbed of my good looks.

que debía permanecer en silencio hasta que fuera citado para este juicio, cuando me sería permitido testificar en el caso. A pesar de mis disposiciones en contra, el prisionero velaba al enfermo todas las noches de la semana. Cuando el mortal enfermo tenía sed, el prisionero le daba de beber. Durante todo este tiempo el prisionero atendía sus labores diarias, alimentándose a intervalos irregulares, algunas veces yéndose a dormir inmediatamente después de una comida pesada. Por último cometió el delito de dolencia hepática, lo cual consideré criminal, ya que se estima que esta transgresión se castiga con la pena de muerte. Por lo tanto arresté al Hombre Mortal en nombre del Estado (es decir, el cuerpo) y lo eché en la cárcel.

En el momento de ser arrestado, el prisionero llamó a la Fisiología, a la Materia Médica y al Hipnotismo para evitar su castigo. La lucha por parte de ellos fue larga. La Materia Médica fue la que resistió más tiempo, pero finalmente todos estos auxiliares se rindieron ante mí, las Leyes Sanitarias, y logré poner al Hombre Mortal en riguroso confinamiento hasta que yo lo soltara.

El testigo siguiente es llamado: —

Soy la Lengua Saburrosa. Estoy cubierta de una capa desagradable que me fue puesta la noche del ataque al hígado. La Secreción Morbosa hipnotizó al prisionero y tomó el control de su mente, sumiéndole en el desaliento.

Otro testigo sube al estrado y testifica: —

Soy la Piel Cetrina. He estado seca, caliente y con escalofríos alternadamente desde la noche del ataque al hígado. He perdido mi color saludable y me he vuelto desagradable a la vista, a pesar de que nada de mi parte ha ocasionado este cambio. Tomo mis baños diarios y desempeño mis funciones como de costumbre, pero me veo privada de mi buena apariencia.

The next witness testifies: —

I am Nerve, the State Commissioner for Mortal Man. I am intimately acquainted with the plaintiff, Personal Sense, and know him to be truthful and upright, whereas Mortal Man, the prisoner at the bar, is capable of falsehood. I was witness to the crime of liver-complaint. I knew the prisoner would commit it, for I convey messages from my residence in matter, *alias* brain, to body.

Another witness is called for by the Court of Error and says: —

I am Mortality, Governor of the Province of Body, in which Mortal Man resides. In this province there is a statute regarding disease, — namely, that he upon whose person disease is found shall be treated as a criminal and punished with death.

The Judge asks if by doing good to his neighbor, it is possible for man to become diseased, transgress the laws, and merit punishment, and Governor Mortality replies in the affirmative.

Another witness takes the stand and testifies: —

I am Death. I was called for, shortly after the report of the crime, by the officer of the Board of Health, who protested that the prisoner had abused him, and that my presence was required to confirm his testimony. One of the prisoner's friends, Materia Medica, was present when I arrived, endeavoring to assist the prisoner to escape from the hands of justice, *alias* nature's so-called law; but my appearance with a message from the Board of Health changed the purpose of Materia Medica, and he decided at once that the prisoner should die.

El testigo siguiente testifica: —

Soy el Nervio, el Comisionado Estatal del Hombre Mortal. Conozco íntimamente al demandante, el Sentido Personal, y sé que es veraz y recto, mientras que el Hombre Mortal, el prisionero ante el tribunal, es capaz de falsear. Fui testigo del delito de dolencia hepática. Sabía que el prisionero lo cometería, pues transmito los mensajes desde mi residencia en la materia, *alias* el cerebro, al cuerpo.

Otro testigo es llamado por el Tribunal del Error y dice: —

Soy la Mortalidad, el Gobernador de la Provincia del Cuerpo, en la cual reside el Hombre Mortal. En esta provincia hay un estatuto sobre las enfermedades, a saber, que aquel en cuya persona sea encontrada una enfermedad será tratado como un criminal y castigado con la muerte.

El Juez pregunta si por hacer el bien a su prójimo, es posible que el hombre enferme, transgreda las leyes y merezca castigo, y el Gobernador Mortalidad responde afirmativamente.

Otro testigo sube al estrado y testifica: —

Soy la Muerte. Fui llamada, poco después de haberse denunciado el delito, por el funcionario de la Junta de Sanidad, quien declaró que el prisionero lo había ultrajado, y que mi presencia era requerida para confirmar su testimonio. Uno de los amigos del prisionero, la Materia Médica, estaba presente cuando llegué, y se esforzaba por ayudar al prisionero a escapar de las manos de la justicia, *alias* la así llamada ley de la naturaleza; pero mi llegada con un mensaje de la Junta de Sanidad cambió el propósito de la Materia Médica, que decidió en el acto que el prisionero debía morir.

Judge Medicine charges the jury

The testimony for the plaintiff, Personal Sense, being closed, Judge Medicine arises, and with great solemnity addresses the jury of Mortal Minds. He analyzes the offence, reviews the testimony, and explains the law relating to liver-complaint. His conclusion is, that laws of nature render disease homicidal. In compliance with a stern duty, his Honor, Judge Medicine, urges the jury not to allow their judgment to be warped by the irrational, unchristian suggestions of Christian Science. The jury must regard in such cases only the evidence of Personal Sense against Mortal Man.

As the Judge proceeds, the prisoner grows restless. His sallow face blanches with fear, and a look of despair and death settles upon it. The case is given to the jury. A brief consultation ensues, and the jury returns a verdict of "Guilty of liver-complaint in the first degree."

Mortal Man sentenced

Judge Medicine then proceeds to pronounce the solemn sentence of death upon the prisoner. Because he has loved his neighbor as himself, Mortal Man has been guilty of benevolence in the first degree, and this has led him into the commission of the second crime, liver-complaint, which material laws condemn as homicide. For this crime Mortal Man is sentenced to be tortured until he is dead. "May God have mercy on your soul," is the Judge's solemn peroration.

The prisoner is then remanded to his cell (sick-bed), and Scholastic Theology is sent for to prepare the frightened sense of Life, God, — which sense must be immortal, — for *death*.

Ah! but Christ, Truth, the spirit of Life and the friend of Mortal Man, can open wide those prison doors

Terminado el testimonio en favor del demandante, el Sentido Personal, el Juez Medicina se pone de pie, y con gran solemnidad se dirige al jurado de las Mentes Mortales. Analiza el delito, examina los testimonios y explica la ley relativa a la dolencia hepática. Su conclusión es que las leyes de la naturaleza hacen que la enfermedad sea homicida. En cumplimiento de un estricto deber, su Señoría, el Juez Medicina, insta al jurado a no permitir que su decisión sea distorsionada por las sugestiones irracionales, poco cristianas de la Ciencia Cristiana. El jurado debe considerar, en tales casos, sólo la declaración del Sentido Personal contra el Hombre Mortal.

El Juez Medicina exhorta al jurado

A medida que el Juez prosigue, el prisionero se inquieta cada vez más. Su rostro cetrino palidece de espanto, y una expresión de desesperación y muerte aparece en él. La causa es entregada al jurado. Sigue una breve deliberación, y el jurado pronuncia el fallo de "Culpable de dolencia hepática en primer grado".

El Juez Medicina procede entonces a pronunciar la solemne sentencia de muerte al prisionero. Porque ha amado a su prójimo como a sí mismo, el Hombre Mortal se ha hecho culpable de benevolencia en primer grado, y esto lo ha llevado a perpetrar el segundo delito, la dolencia hepática, que las leyes materiales condenan como homicidio. Por este delito se sentencia al Hombre Mortal a ser torturado hasta morir. "Tenga Dios misericordia de tu alma", es la solemne peroración del Juez.

El Hombre Mortal es sentenciado

El prisionero es entonces devuelto a su celda (su lecho de enfermo), y se manda a buscar la Teología Escolástica para que prepare el atemorizado sentido de la Vida, Dios —sentido que tiene que ser inmortal— para la *muerte.*

¡Ah!, pero el Cristo, la Verdad, el espíritu de Vida y el amigo del Hombre Mortal, puede abrir de par en par las and set the captive free. Swift on the wings of divine Love, there comes a despatch: "Delay the execution; the prisoner is not guilty." Consternation fills the prison-yard. Some exclaim, "It is contrary to law and justice." Others say, "The law of Christ supersedes *our* laws; let us follow Christ."

Appeal to a higher tribunal

After much debate and opposition, permission is obtained for a trial in the Court of Spirit, where Christian Science is allowed to appear as counsel for the unfortunate prisoner. Witnesses, judges, and jurors, who were at the previous Court of Error, are now summoned to appear before the bar of Justice and eternal Truth.

Counsel for defence

When the case for Mortal Man *versus* Personal Sense is opened, Mortal Man's counsel regards the prisoner with the utmost tenderness. The counsel's earnest, solemn eyes, kindling with hope and triumph, look upward. Then Christian Science turns suddenly to the supreme tribunal, and opens the argument for the defence: —

The prisoner at the bar has been unjustly sentenced. His trial was a tragedy, and is morally illegal. Mortal Man has had no proper counsel in the case. All the testimony has been on the side of Personal Sense, and we shall unearth this foul conspiracy against the liberty and life of Man. The only valid testimony in the case shows the alleged crime never to have been committed. The prisoner is not proved "worthy of death, or of bonds."

Your Honor, the lower court has sentenced Mortal Man to die, but God made Man immortal and amenable to Spirit only. Denying justice to the body, that court compuertas de esa prisión y poner en libertad al cautivo. Veloz en las alas del Amor divino, llega un mensaje: “Suspéndase la ejecución; el prisionero es inocente”. La consternación llena el patio de la prisión. Algunos exclaman: “Es contrario a la ley y la justicia”. Otros dicen: “La ley del Cristo reemplaza *nuestras* leyes; sigamos al Cristo”.

Apelación a un tribunal superior

Después de mucho debate y oposición, se obtiene permiso para un juicio ante el Tribunal del Espíritu, donde se permite que la Ciencia Cristiana comparezca como abogado del desdichado prisionero. Los testigos, los jueces y el jurado, que estuvieron presentes anteriormente en el Tribunal del Error, son citados ahora a comparecer ante la corte de la Justicia y de la Verdad eterna.

Abogado defensor

Cuando se inicia la vista en la causa del Hombre Mortal *versus* el Sentido Personal, el abogado del Hombre Mortal contempla al prisionero con infinita ternura. Los ojos sinceros y solemnes del abogado, iluminados por la esperanza y el triunfo, miran hacia lo alto. Luego la Ciencia Cristiana se vuelve de repente hacia el tribunal supremo e inicia el alegato de la defensa: —

El prisionero ante el tribunal ha sido sentenciado injustamente. Su juicio fue una tragedia, y es moralmente ilegal. El Hombre Mortal no ha tenido ninguna defensa competente en la causa. Todos los testimonios han sido a favor del Sentido Personal, y pondremos al descubierto esta conspiración infame contra la libertad y la vida del Hombre. El único testimonio válido en el caso muestra que el presunto delito jamás se ha cometido. No se ha probado que el prisionero sea “digno de muerte o de prisión”.

Su Señoría: el tribunal inferior ha sentenciado al Hombre Mortal a morir, pero Dios creó al Hombre inmortal y para que responda sólo al Espíritu. Al negársele justicia al cuerpo, aquel mended man's immortal Spirit to heavenly mercy, — Spirit which is God Himself and Man's only lawgiver! Who or what has sinned? Has the body or has Mortal Mind committed a criminal deed? Counsellor False Belief has argued that the body should die, while Reverend Theology would console conscious Mortal Mind, which alone is capable of sin and suffering. The body committed no offence. Mortal Man, in obedience to higher law, helped his fellow-man, an act which should result in good to himself as well as to others.

The law of our Supreme Court decrees that whosoever *sinneth* shall die; but good deeds are immortal, bringing joy instead of grief, pleasure instead of pain, and life instead of death. If liver-complaint was committed by trampling on Laws of Health, this was a good deed, for the agent of those laws is an outlaw, a destroyer of Mortal Man's liberty and rights. Laws of Health should be sentenced to die.

Watching beside the couch of pain in the exercise of a love that "is the fulfilling of the law," — doing "unto others as ye would that they should do unto you," — this is no infringement of law, for no demand, human or divine, renders it just to punish a man for acting justly. If mortals sin, our Supreme Judge in equity decides what penalty is due for the sin, and Mortal Man can suffer only for his sin. For naught else can he be punished, according to the law of Spirit, God.

Then what jurisdiction had his Honor, Judge Medicine, in this case? To him I might say, in Bible language, "Sittest thou to judge ... after the law, and commandest ... to be smitten contrary to the law?" The only jurisdiction to which the prisoner can submit is that of Truth, Life, and Love. If they condemn him not, neither shall Judge Medicine condemn him; and I ask that the prisoner be restored to the liberty of which he has been unjustly deprived.

tribunal encomendó el Espíritu inmortal del hombre a la misericordia celestial, ¡el Espíritu que es Dios mismo y el único legislador del Hombre! ¿Quién o qué ha pecado? ¿Ha sido el cuerpo o ha sido la Mente Mortal que ha cometido un hecho criminal? El abogado Creencia Falsa ha argumentado que el cuerpo debía morir, en tanto que la Reverenda Teología quisiera consolar la Mente Mortal consciente, que es la única capaz de pecar y sufrir. El cuerpo no cometió delito alguno. El Hombre Mortal, en obediencia a una ley más elevada, ayudó a su prójimo, una acción que debiera resultar en bien para sí mismo así como para los demás.

La ley de nuestro Tribunal Supremo decreta que quienquiera que *pecare* morirá; mas las buenas acciones son inmortales, trayendo gozo en vez de aflicción, placer en vez de dolor y vida en vez de muerte. Si se cometió el delito de dolencia hepática pisoteando las Leyes Sanitarias, esto fue una buena acción, puesto que el representante de esas leyes está fuera de la ley, es un destructor de la libertad y los derechos del Hombre Mortal. Las Leyes Sanitarias debieran ser condenadas a morir.

Velar junto al lecho de dolor en el ejercicio de un amor que es "el cumplimiento de la ley" —hacer con los demás "lo que quisiereis que ellos hicieren con vosotros"— esto no es una infracción de la ley, porque ninguna exigencia, humana o divina, justifica castigar a un hombre por obrar con justicia. Si los mortales pecan, nuestro Juez Supremo decide con equidad qué castigo merece el pecado, y el Hombre Mortal puede sufrir sólo por su pecado. Por nada más puede él ser castigado, de acuerdo con la ley del Espíritu, Dios.

Entonces, ¿qué jurisdicción tenía su Señoría, el Juez Medicina, en este caso? A él podría yo decir, en el lenguaje de la Biblia: "¿Estás tú sentado para juzgar... conforme a la ley, y quebrantando la ley... mandas golpear?" La única jurisdicción a la cual el prisionero puede someterse es la de la Verdad, la Vida y el Amor. Si ellos no lo condenan, tampoco el Juez Medicina lo condena; y pido que al prisionero le sea devuelta la libertad de la cual ha sido privado injustamente.

The principal witness (the officer of the Health-laws) deposed that he was an eye-witness to the good deeds for which Mortal Man is under sentence of death. After betraying him into the hands of your law, the Health-agent disappeared, to reappear however at the trial as a witness against Mortal Man and in the interest of Personal Sense, a murderer. Your Supreme Court must find the prisoner on the night of the alleged offence to have been acting within the limits of the divine law, and in obedience thereto. Upon this statute hangs all the law and testimony. Giving a cup of cold water in Christ's name, is a Christian service. Laying down his life for a good deed, Mortal Man should find it again. Such acts bear their own justification, and are under the protection of the Most High.

Prior to the night of his arrest, the prisoner summoned two professed friends, Materia Medica and Physiology, to prevent his committing liver-complaint, and thus save him from arrest. But they brought with them Fear, the sheriff, to precipitate the result which they were called to prevent. It was Fear who handcuffed Mortal Man and would now punish him. You have left Mortal Man no alternative. He must obey your law, fear its consequences, and be punished for his fear. His friends struggled hard to rescue the prisoner from the penalty they considered justly due, but they were compelled to let him be taken into custody, tried, and condemned. Thereupon Judge Medicine sat in judgment on the case, and substantially charged the jury, twelve Mortal Minds, to find the prisoner guilty. His Honor sentenced Mortal Man to die for the very deeds which the divine law compels man to commit. Thus the Court of Error construed obedience to the law of divine Love as disobedience to the law of Life. Claiming to protect Mortal Man in right-doing, that court pronounced a sentence of death for doing right.

One of the principal witnesses, Nerve, testified that he

El testigo principal (el funcionario de las Leyes Sanitarias) declaró que fue testigo ocular de las buenas acciones por las cuales el Hombre Mortal está bajo sentencia de muerte. Después de traicionarlo a manos de vuestra ley, el Agente de Sanidad desapareció, para reaparecer, sin embargo, en el juicio como un testigo contra el Hombre Mortal y a favor del Sentido Personal, un asesino. Vuestro Tribunal Supremo debe reconocer que el prisionero, en la noche del presunto delito, estaba obrando conforme a la ley divina y en obediencia a la misma. De este estatuto depende toda la ley y el testimonio. Dar un vaso de agua fría en nombre del Cristo es un servicio cristiano. Al dar su vida por una buena acción, el Hombre Mortal debiera hallarla nuevamente. Tales acciones llevan en sí su propia justificación y están bajo la protección del Altísimo.

Antes de la noche de su arresto, el prisionero llamó a dos supuestos amigos, la Materia Médica y la Fisiología, para que impidieran que él cometiera el delito de dolencia hepática, y lo salvaran así del arresto. Mas ellos trajeron consigo a Temor, el alguacil, para precipitar el resultado que habían sido llamados a impedir. Fue el Temor quien esposó al Hombre Mortal y quien ahora quisiera castigarlo. No habéis dejado al Hombre Mortal ninguna alternativa. Tiene que obedecer vuestra ley, temer sus consecuencias y ser castigado por su temor. Sus amigos lucharon tenazmente por rescatar al prisionero del castigo que consideraban justamente merecido, pero fueron obligados a permitir que fuese detenido, procesado y condenado. Acto seguido el Juez Medicina juzgó el caso, y concretamente exhortó al jurado, doce Mentes Mortales, a que declarara culpable al prisionero. Su Señoría sentenció al Hombre Mortal a morir por las obras mismas que la ley divina ordena al hombre realizar. Así el Tribunal del Error interpretó la obediencia a la ley del Amor divino como desobediencia a la ley de la Vida. Pretendiendo proteger al Hombre Mortal por hacer el bien, ese tribunal dictó una sentencia de muerte por el bien hacer.

Uno de los testigos principales, el Nervio, testificó que él era was a ruler of Body, in which province Mortal Man resides. He also testified that he was on intimate terms with the plaintiff, and knew Personal Sense to be truthful; that he knew Man, and that Man was made in the image of God, but was a criminal. This is a foul aspersion on man's Maker. It blots the fair escutcheon of omnipotence. It indicates malice aforethought, a determination to condemn Man in the interest of Personal Sense. At the bar of Truth, in the presence of divine Justice, before the Judge of our higher tribunal, the Supreme Court of Spirit, and before its jurors, the Spiritual Senses, I proclaim this witness, Nerve, to be destitute of intelligence and truth and to be a false witness.

Man self-destroyed; the testimony of matter respected; Spirit not allowed a hearing; Soul a criminal though recommended to mercy; the helpless innocent body tortured, — these are the terrible records of your Court of Error, and I ask that the Supreme Court of Spirit reverse this decision.

Here the opposing counsel, False Belief, called Christian Science to order for contempt of court. Various notables — Materia Medica, Anatomy, Physiology, Scholastic Theology, and Jurisprudence — rose to the question of expelling Christian Science from the bar, for such high-handed illegality. They declared that Christian Science was overthrowing the judicial proceedings of a regularly constituted court.

But Judge Justice of the Supreme Court of Spirit overruled their motions on the ground that unjust usages were not allowed at the bar of Truth, which ranks above the lower Court of Error.

The attorney, Christian Science, then read from the supreme statute-book, the Bible, certain extracts on the un gobernador del Cuerpo, provincia en la cual reside el Hombre Mortal. También declaró que estaba íntimamente relacionado con el demandante, y que sabía que el Sentido Personal era veraz; que conocía al Hombre, y que el Hombre fue hecho a la imagen de Dios, pero que era un criminal. Esta es una vil calumnia sobre el Hacedor del hombre. Empaña el bello blasón de la omnipotencia. Indica malicia premeditada, una determinación de condenar al Hombre en interés del Sentido Personal. Ante el tribunal de la Verdad, en presencia de la Justicia divina, ante el Juez de nuestro tribunal superior, el Tribunal Supremo del Espíritu, y ante los miembros de su jurado, los Sentidos Espirituales, proclamo que este testigo, el Nervio, está privado de inteligencia y de verdad y es un testigo falso.

El hombre destruido por sí mismo; el testimonio de la materia respetado; la audiencia negada al Espíritu; el Alma considerada criminal aunque recomendada a la misericordia; el cuerpo indefenso e inocente torturado, estos son los registros terribles de vuestro Tribunal del Error, y pido que el Tribunal Supremo del Espíritu revierta esta decisión.

Aquí el abogado de la oposición, la Creencia Falsa, llamó al orden a la Ciencia Cristiana por desacato al tribunal. Varios notables —la Materia Médica, la Anatomía, la Fisiología, la Teología Escolástica y la Jurisprudencia— mocionaron la expulsión de la Ciencia Cristiana del tribunal por esa ilegalidad tan arbitraria. Declararon que la Ciencia Cristiana estaba trastornando los procedimientos judiciales de un tribunal legalmente constituido.

Pero el Juez Justicia del Tribunal Supremo del Espíritu invalidó sus mociones fundamentándose en que las prácticas injustas no estaban permitidas en el tribunal de la Verdad, cuya categoría está por encima de la del Tribunal inferior del Error.

El abogado, la Ciencia Cristiana, leyó entonces del código supremo, la Biblia, ciertos pasajes sobre los Derechos

Rights of Man, remarking that the Bible was better authority than Blackstone: —

> Let us make man in our image, after our likeness; and let them have dominion.
>
> Behold, I give unto you power … over all the power of the enemy: and nothing shall by any means hurt you.
>
> If a man keep my saying, he shall never see death.

Then Christian Science proved the witness, Nerve, to be a perjurer. Instead of being a ruler in the Province of Body, in which Mortal Man was reported to reside, Nerve was an insubordinate citizen, putting in false claims to office and bearing false witness against Man. Turning suddenly to Personal Sense, by this time silent, Christian Science continued: —

> I ask your arrest in the name of Almighty God on three distinct charges of crime, to wit: perjury, treason, and conspiracy against the rights and life of man.

Then Christian Science continued: —

Another witness, equally inadequate, said that on the night of the crime a garment of foul fur was spread over him by Morbid Secretion, while the facts in the case show that this fur is a foreign substance, imported by False Belief, the attorney for Personal Sense, who is in partnership with Error and smuggles Error's goods into market without the inspection of Soul's government officers. When the Court of Truth summoned Furred Tongue for examination, he disappeared and was never heard of more.

Morbid Secretion is not an importer or dealer in fur, but we have heard Materia Medica explain how this fur is manufactured, and we know Morbid Secretion to be on friendly terms with the firm of Personal Sense, Error, &

del Hombre, advirtiendo que la Biblia era una autoridad mejor que la de Blackstone: —

> Hagamos al hombre a nuestra imagen, conforme a nuestra semejanza; y señoree.
>
> He aquí os doy potestad... sobre toda fuerza del enemigo, y nada os dañará.
>
> El que guarda mi palabra, nunca verá muerte.

Entonces la Ciencia Cristiana probó que el testigo, el Nervio, era un perjuro. En vez de ser un gobernador en la Provincia del Cuerpo, en la cual se dijo que el Hombre Mortal residía, el Nervio era un ciudadano insubordinado, que presentaba falsas pretensiones al cargo y brindaba falso testimonio contra el Hombre. Volviéndose de repente hacia el Sentido Personal, a estas alturas callado, la Ciencia Cristiana continuó: —

> Pido tu arresto en el nombre de Dios Todopoderoso, bajo la acusación de tres delitos distintos, a saber: perjurio, traición y conspiración contra los derechos y la vida del hombre.

Luego la Ciencia Cristiana continuó: —

> Otro testigo, igualmente inepto, dijo que la noche del delito la Secreción Morbosa tendió sobre él una capa desagradable de saburra, aun cuando los hechos en el caso muestran que esta capa es una sustancia extraña, importada por la Creencia Falsa, el abogado del Sentido Personal, que está en sociedad con el Error y contrabandea las mercancías del Error en el mercado sin la inspección de los funcionarios del Alma. Cuando el Tribunal de la Verdad emplazó a la Lengua Saburrosa para tomarle declaración, esta desapareció y jamás se supo de ella.
>
> La Secreción Morbosa no es importadora ni traficante de capas, pero hemos oído a la Materia Médica explicar cómo se fabrican estas capas, y sabemos que la Secreción Morbosa mantiene relaciones amistosas con la firma Sentido Personal, Error y Cía.,

Co., receiving pay from them and introducing their goods into the market. Also, be it known that False Belief, the counsel for the plaintiff, Personal Sense, is a buyer for this firm. He manufactures for it, keeps a furnishing store, and advertises largely for his employers.

Death testified that he was absent from the Province of Body, when a message came from False Belief, commanding him to take part in the homicide. At this request Death repaired to the spot where the liver-complaint was in process, frightening away Materia Medica, who was then manacling the prisoner in the attempt to save him. True, Materia Medica was a misguided participant in the misdeed for which the Health-officer had Mortal Man in custody, though Mortal Man was innocent.

Christian Science turned from the abashed witnesses, his words flashing as lightning in the perturbed faces of these worthies, Scholastic Theology, Materia Medica, Physiology, the blind Hypnotism, and the masked Personal Sense, and said: —

God will smite you, O whited walls, for injuring in your ignorance the unfortunate Mortal Man who sought your aid in his struggles against liver-complaint and Death. You came to his rescue, only to fasten upon him an offence of which he was innocent. You aided and abetted Fear and Health-laws. You betrayed Mortal Man, meanwhile declaring Disease to be God's servant and the righteous executor of His laws. Our higher statutes declare you all, witnesses, jurors, and judges, to be offenders, awaiting the sentence which General Progress and Divine Love will pronounce.

We send our best detectives to whatever locality is reported to be haunted by Disease, but on visiting the spot, they learn that Disease was never there, for he could not recibiendo pago de ellos e introduciendo sus productos en el mercado. Sépase también que la Creencia Falsa, el abogado del demandante, el Sentido Personal, es un comprador para dicha firma. Fabrica para ella, mantiene un depósito de suministros y hace abundante publicidad para sus empleadores.

La Muerte testificó que estaba ausente de la Provincia del Cuerpo, cuando vino un mensaje de la Creencia Falsa ordenándole que tomara parte en el homicidio. Ante este requerimiento, la Muerte acudió al lugar donde la dolencia hepática estaba en proceso, ahuyentando la Materia Médica, quien estaba entonces maniatando al prisionero en el intento por salvarlo. Por cierto que la Materia Médica fue un partícipe mal orientado en la mala acción por la cual el Funcionario de Sanidad había detenido al Hombre Mortal, pese a que el Hombre Mortal era inocente.

La Ciencia Cristiana se volvió de los avergonzados testigos, sus palabras destellando cual relámpagos en las caras perturbadas de estos dignatarios: la Teología Escolástica, la Materia Médica, la Fisiología, el ciego Hipnotismo y el enmascarado Sentido Personal, y dijo: —

Dios os golpeará, oh paredes blanqueadas, por perjudicar en vuestra ignorancia al infortunado Hombre Mortal, quien buscó vuestra ayuda en su lucha contra la dolencia hepática y la Muerte. Vinisteis a rescatarle, sólo para imputarle un delito del cual era inocente. Ayudasteis y apoyasteis el Temor y las Leyes Sanitarias. Traicionasteis al Hombre Mortal, al mismo tiempo que declarabais que la Enfermedad era el siervo de Dios y el justo ejecutor de Sus leyes. Nuestros estatutos más elevados declaran que todos vosotros, testigos, jurados y jueces, sois delincuentes, que aguardan la sentencia que el Progreso General y el Amor Divino pronunciarán.

Enviamos a nuestros mejores detectives a toda localidad que se denuncia como acosada por la Enfermedad, mas al visitar el lugar, encuentran que la Enfermedad jamás estuvo allí, possibly elude their search. Your Material Court of Errors, when it condemned Mortal Man on the ground of hygienic disobedience, was manipulated by the oleaginous machinations of the counsel, False Belief, whom Truth arraigns before the supreme bar of Spirit to answer for his crime. Morbid Secretion is taught how to make sleep befool reason before sacrificing mortals to their false gods.

Mortal Minds were deceived by your attorney, False Belief, and were influenced to give a verdict delivering Mortal Man to Death. Good deeds are transformed into crimes, to which you attach penalties; but no warping of justice can render disobedience to the so-called laws of Matter disobedience to God, or an act of homicide. Even penal law holds homicide, under stress of circumstances, to be justifiable. Now what greater justification can any deed have, than that it is for the good of one's neighbor? Wherefore, then, in the name of outraged justice, do you sentence Mortal Man for ministering to the wants of his fellow-man in obedience to divine law? You cannot trample upon the decree of the Supreme Bench. Mortal Man has his appeal to Spirit, God, who sentences only for sin.

The false and unjust beliefs of your human mental legislators compel them to enact wicked laws of sickness and so forth, and then render obedience to these laws punishable as crime. In the presence of the Supreme Lawgiver, standing at the bar of Truth, and in accordance with the divine statutes, I repudiate the false testimony of Personal Sense. I ask that he be forbidden to enter against Mortal Man any more suits to be tried at the Court of Material Error. I appeal to the just and equitable decisions of divine Spirit to restore to Mortal Man the rights of which he has been deprived.

Here the counsel for the defence closed, and the Chief Justice of the Supreme Court, with benign and imposing pues le sería imposible eludir sus pesquisas. Vuestro Tribunal Material de Errores, cuando condenó al Hombre Mortal por desobediencia a la higiene, fue manipulado por las untuosas maquinaciones del abogado, la Creencia Falsa, a quien la Verdad denuncia ante el tribunal supremo del Espíritu para que responda por su delito. A la Secreción Morbosa se le enseña cómo hacer que el sueño embauque la razón antes de ofrecer a los mortales en sacrificio a sus falsos dioses.

Las Mentes Mortales fueron engañadas por vuestro abogado, la Creencia Falsa, y fueron influenciadas para que emitieran un veredicto que entregara al Hombre Mortal a la Muerte. Las buenas acciones son transformadas en crímenes, a los cuales imponéis castigos; pero ninguna distorsión de la justicia puede transformar la desobediencia a las así llamadas leyes de la Materia en desobediencia a Dios, o en un acto de homicidio. Aun el derecho penal considera que el homicidio, bajo el estrés de las circunstancias, es justificable. Pues, ¿qué mayor justificación puede tener una acción que la de ser en beneficio del prójimo? ¿Por qué, entonces, en el nombre de la justicia ultrajada, sentenciáis al Hombre Mortal por atender las necesidades de su semejante en obediencia a la ley divina? No podéis pisotear el decreto de la Corte Suprema. El Hombre Mortal tiene el derecho a apelar al Espíritu, Dios, quien condena sólo por el pecado.

Las falsas e injustas creencias de vuestros legisladores mentales humanos los compelen a promulgar leyes malvadas de enfermedades y demás, y luego a hacer que la obediencia a estas leyes sea castigada como un crimen. En presencia del Legislador Supremo, compareciendo ante el tribunal de la Verdad, y de acuerdo con los estatutos divinos, yo repudio el falso testimonio del Sentido Personal. Pido que se le prohíba entablar más demandas contra el Hombre Mortal ante el Tribunal del Error Material. Apelo a las decisiones justas y equitativas del Espíritu divino para restituir al Hombre Mortal los derechos de los que ha sido privado.

Aquí el abogado defensor finalizó, y el Presidente del Tribunal Supremo, con aire benigno y majestuoso,

Charge of the Chief Justice

presence, comprehending and defining all law and evidence, explained from his statute-book, the Bible, that any so-called law, which undertakes to punish aught but sin, is null and void.

He also decided that the plaintiff, Personal Sense, be not permitted to enter any suits at the bar of Soul, but be enjoined to keep perpetual silence, and in case of temptation, to give heavy bonds for good behavior. He concluded his charge thus: —

The plea of False Belief we deem unworthy of a hearing. Let what False Belief utters, now and forever, fall into oblivion, "unknelled, uncoffined, and unknown." According to our statute, Material Law is a liar who cannot bear witness against Mortal Man, neither can Fear arrest Mortal Man nor can Disease cast him into prison. Our law refuses to recognize Man as sick or dying, but holds him to be forever in the image and likeness of his Maker. Reversing the testimony of Personal Sense and the decrees of the Court of Error in favor of Matter, Spirit decides in favor of Man and against Matter. We further recommend that Materia Medica adopt Christian Science and that Health-laws, Mesmerism, Hypnotism, Oriental Witchcraft, and Esoteric Magic be publicly executed at the hands of our sheriff, Progress.

The Supreme Bench decides in favor of intelligence, that no law outside of divine Mind can punish or reward Mortal Man. Your personal jurors in the Court of Error are myths. Your attorney, False Belief, is an impostor, persuading Mortal Minds to return a verdict contrary to law and gospel. The plaintiff, Personal Sense, is recorded in our Book of books as a liar. Our great Teacher of mental jurisprudence speaks of him also as "a murderer from the beginning." We have no trials for sickness before the tri-

Exhorto del Presidente

comprendiendo y definiendo toda ley y toda evidencia, explicó, basándose en su código, la Biblia, que cualquier así llamada ley, que pretenda castigar algo que no sea el pecado, es nula y sin validez.

También decidió que al demandante, el Sentido Personal, no le fuera permitido entablar ninguna demanda judicial ante el tribunal del Alma, sino que se le obligara a mantener silencio perpetuo, y en caso de tentación, a dar una fianza considerable en garantía de buena conducta. Concluyó su exhorto de la manera siguiente: —

Consideramos que el alegato de la Creencia Falsa no merece una audiencia. Que caiga en el olvido lo que profiere la Creencia Falsa desde ahora y para siempre, "sin campanas, sin sepultura y sin cortejo". Según nuestro estatuto, la Ley Material es mentirosa y no puede testificar contra el Hombre Mortal, ni puede el Temor arrestar al Hombre Mortal ni puede la Enfermedad encarcelarlo. Nuestra ley rehúsa reconocer al Hombre como enfermo o moribundo, sino que lo considera para siempre como la imagen y semejanza de su Hacedor. Revirtiendo el testimonio del Sentido Personal y los decretos del Tribunal del Error a favor de la Materia, el Espíritu decide a favor del Hombre y contra la Materia. Recomendamos, además, que la Materia Médica adopte la Ciencia Cristiana y que las Leyes Sanitarias, el Mesmerismo, el Hipnotismo, la Hechicería Oriental y la Magia Esotérica sean ejecutados públicamente a manos de nuestro alguacil, el Progreso.

La Corte Suprema decide a favor de la inteligencia, que ninguna ley fuera de la Mente divina puede castigar o recompensar al Hombre Mortal. Vuestros jurados personales en el Tribunal del Error son mitos. Vuestro abogado, la Creencia Falsa, es un impostor, que persuade a las Mentes Mortales a dictar un veredicto contrario a la ley y al evangelio. El demandante, el Sentido Personal, está registrado en nuestro Libro de libros como un mentiroso. Nuestro gran Maestro de jurisprudencia mental también se refiere a él como "homicida desde el principio". No tenemos ningún juicio bunal of divine Spirit. There, Man is adjudged innocent of transgressing physical laws, because there are no such laws. Our statute is spiritual, our Government is divine. "Shall not the Judge of all the earth do right?"

Divine verdict

The Jury of Spiritual Senses agreed at once upon a verdict, and there resounded throughout the vast audience-chamber of Spirit the cry, Not guilty. Then the prisoner rose up regenerated, strong, free. We noticed, as he shook hands with his counsel, Christian Science, that all sallowness and debility had disappeared. His form was erect and commanding, his countenance beaming with health and happiness. Divine Love had cast out fear. Mortal Man, no longer sick and in prison, walked forth, his feet "beautiful upon the mountains," as of one "that bringeth good tidings."

Christ the great physician

Neither animal magnetism nor hypnotism enters into the practice of Christian Science, in which truth cannot be reversed, but the reverse of error is true. An improved belief cannot retrograde. When Christ changes a belief of sin or of sickness into a better belief, then belief melts into spiritual understanding, and sin, disease, and death disappear. Christ, Truth, gives mortals temporary food and clothing until the material, transformed with the ideal, disappears, and man is clothed and fed spiritually. St. Paul says, "Work out your own salvation with fear and trembling:" Jesus said, "Fear not, little flock; for it is your Father's good pleasure to give you the kingdom." This truth is Christian Science.

Christian Scientists, be a law to yourselves that mental malpractice cannot harm you either when asleep or when awake.

por enfermedad ante el Tribunal del Espíritu divino. Allí, el Hombre es considerado inocente de trasgredir las leyes físicas, puesto que no hay tales leyes. Nuestro estatuto es espiritual, nuestro Gobierno es divino. “El Juez de toda la tierra, ¿no ha de hacer lo que es justo?”

Veredicto divino

El Jurado de los Sentidos Espirituales convino en seguida en dictar un veredicto, y por toda la vasta sala de la audiencia del Espíritu resonó el grito: “Inocente”. Entonces el prisionero se levantó regenerado, fuerte, libre. Notamos que cuando estrechaba la mano de su abogado defensor, la Ciencia Cristiana, toda su palidez y debilidad habían desaparecido. Su figura era erguida e imponente, su rostro resplandecía de salud y felicidad. El Amor divino había echado fuera el temor. El Hombre Mortal, que ya no estaba enfermo ni preso, salió, sus pies “hermosos... sobre los montes”, como los de uno “que trae alegres nuevas”.

El Cristo, el gran médico

Ni el magnetismo animal ni el hipnotismo entran en la práctica de la Ciencia Cristiana, en la cual la verdad no puede ser revertida, sino que lo contrario del error es verdadero. Una creencia mejorada no puede retroceder. Cuando el Cristo cambia una creencia de pecado o de enfermedad en una creencia mejor, entonces la creencia se disuelve en comprensión espiritual, y el pecado, la enfermedad y la muerte desaparecen. El Cristo, la Verdad, da a los mortales alimento y vestido temporarios hasta que lo material, transformado con lo ideal, desaparece, y el hombre es vestido y alimentado espiritualmente. San Pablo dice: “Ocupaos en vuestra salvación con temor y temblor”. Jesús dijo: “No temáis, manada pequeña, porque a vuestro Padre le ha placido daros el reino”. Esta verdad es la Ciencia Cristiana.

Científicos Cristianos, sed una ley para vosotros mismos para que la malapráctica mental no pueda dañaros ni cuando dormís ni cuando estáis despiertos.

Chapter 13

Teaching Christian Science

Give instruction to a wise man,
and he will be yet wiser:
teach a just man,
and he will increase in learning. — PROVERBS.

Study of medicine

When the discoverer of Christian Science is consulted by her followers as to the propriety, advantage, and consistency of systematic medical study, she tries to show them that under ordinary circumstances a resort to faith in corporeal means tends to deter those, who make such a compromise, from entire confidence in omnipotent Mind as really possessing all power. While a course of medical study is at times severely condemned by some Scientists, she feels, as she always has felt, that all are privileged to work out their own salvation according to their light, and that our motto should be the Master's counsel, "Judge not, that ye be not judged."

Failure's lessons

If patients fail to experience the healing power of Christian Science, and think they can be benefited by certain ordinary physical methods of medical treatment, then the Mind-physician should give up such cases, and leave invalids free to resort to whatever other systems they fancy will afford relief. Thus such invalids may learn the value of the apostolic precept: "Reprove, rebuke, exhort with all longsuffering and doctrine." If the sick find these material expedients

Capítulo 13

La enseñanza de la Ciencia Cristiana

Da al sabio,
y será más sabio;
enseña al justo,
y aumentará su saber. — Proverbios.

El estudio de la medicina

Cuando la descubridora de la Ciencia Cristiana es consultada por sus seguidores sobre la conveniencia, ventaja y coherencia de un estudio médico sistemático, ella trata de mostrarles que bajo circunstancias comunes, recurrir a la fe en los medios corporales tiende a impedir, a quienes hacen tal compromiso, la plena confianza en la Mente omnipotente como realmente poseedora de todo el poder. Si bien un curso de estudios médicos es a veces severamente condenado por algunos Científicos Cristianos, ella piensa, como siempre lo ha pensado, que todos tienen el privilegio de ocuparse en su propia salvación según su entendimiento, y que nuestro lema debiera ser el consejo del Maestro: "No juzguéis, para que no seáis juzgados".

Lecciones de los fracasos

Si los pacientes no experimentan el poder sanador de la Ciencia Cristiana, y piensan que pueden ser beneficiados mediante ciertos métodos físicos comunes de tratamiento médico, entonces el sanador por la Mente debiera abandonar tales casos, y dejar a los inválidos en libertad para recurrir a cualquier otro sistema que crean que les proporcionará alivio. Así tales inválidos pueden aprender el valor del precepto apostólico: "Redarguye, reprende, exhorta con toda paciencia y doctrina". Si los enfermos unsatisfactory, and they receive no help from them, these very failures may open their blind eyes. In some way, sooner or later, all must rise superior to materiality, and suffering is oft the divine agent in this elevation. "All things work together for good to them that love God," is the dictum of Scripture.

Refuge and strength

If Christian Scientists ever fail to receive aid from other Scientists, — their brethren upon whom they may call, — God will still guide them into the right use of temporary and eternal means. Step by step will those who trust Him find that "God is our refuge and strength, a very present help in trouble."

Charity to those opposed

Students are advised by the author to be charitable and kind, not only towards differing forms of religion and medicine, but to those who hold these differing opinions. Let us be faithful in pointing the way through Christ, as we understand it, but let us also be careful always to "judge righteous judgment," and never to condemn rashly. "Whosoever shall smite thee on thy right cheek, turn to him the other also." That is, Fear not that he will smite thee again for thy forbearance. If ecclesiastical sects or medical schools turn a deaf ear to the teachings of Christian Science, then part from these opponents as did Abraham when he parted from Lot, and say in thy heart: "Let there be no strife, I pray thee, between me and thee, and between my herdmen and thy herdmen; for we be brethren." Immortals, or God's children in divine Science, are one harmonious family; but mortals, or the "children of men" in material sense, are discordant and ofttimes false brethren.

The teacher must make clear to students the Science of healing, especially its ethics, — that all is Mind, and encuentran insatisfactorios estos recursos materiales, y no reciben ayuda de ellos, estos fracasos mismos puede que les abran sus ciegos ojos. De algún modo, tarde o temprano, todos tienen que elevarse por encima de la materialidad, y el sufrimiento a menudo es el agente divino en esta elevación. "A los que aman a Dios, todas las cosas les ayudan a bien", es el dictado de las Escrituras.

Amparo y fortaleza

Si los Científicos Cristianos alguna vez no llegan a recibir ayuda de otros Científicos Cristianos —sus hermanos a quienes tal vez acudan— Dios seguirá guiándolos hacia el uso correcto de medios temporarios y medios eternos. Paso a paso, aquellos que en Él confían hallarán que "Dios es nuestro amparo y fortaleza, nuestro pronto auxilio en las tribulaciones".

Caridad para los que se oponen

La autora aconseja a los estudiantes que sean caritativos y bondadosos, no sólo con las diferentes formas de religión y medicina, sino con aquellos que mantienen estas opiniones diferentes. Seamos fieles en señalar el camino por medio del Cristo, como lo comprendemos, pero también tengamos cuidado siempre de "juzgar con justo juicio" y de no condenar jamás precipitadamente. "A cualquiera que te hiera en la mejilla derecha, vuélvele también la otra". Es decir: No temas que te hiera otra vez debido a tu tolerancia. Si las sectas eclesiásticas o las escuelas médicas hacen oídos sordos a las enseñanzas de la Ciencia Cristiana, entonces sepárate de estos opositores como lo hizo Abraham cuando se separó de Lot, y di en tu corazón: "No haya ahora altercado entre nosotros dos, entre mis pastores y los tuyos, porque somos hermanos". Los inmortales, o hijos de Dios en la Ciencia divina, forman una sola familia armoniosa; pero los mortales, o los "hijos de los hombres" en el sentido material, son discordantes y a menudo falsos hermanos.

El maestro debe explicar a sus alumnos la Ciencia de la curación, especialmente su ética: que todo es Mente, y que

Conforming to explicit rules

that the Scientist must conform to God's requirements. Also the teacher must thoroughly fit his students to defend themselves against sin, and to guard against the attacks of the would-be *mental assassin,* who attempts to kill morally and physically. No hypothesis as to the existence of another power should interpose a doubt or fear to hinder the demonstration of Christian Science. Unfold the latent energies and capacities for good in your pupil. Teach the great possibilities of man endued with divine Science. Teach the dangerous possibility of dwarfing the spiritual understanding and demonstration of Truth by sin, or by recourse to material means for healing. Teach the meekness and might of life "hid with Christ in God," and there will be no desire for other healing methods. You render the divine law of healing obscure and void, when you weigh the human in the scale with the divine, or limit in any direction of thought the omnipresence and omnipotence of God.

Divine energy

Christian Science silences human will, quiets fear with Truth and Love, and illustrates the unlabored motion of the divine energy in healing the sick. Self-seeking, envy, passion, pride, hatred, and revenge are cast out by the divine Mind which heals disease. The human will which maketh and worketh a lie, hiding the divine Principle of harmony, is destructive to health, and is the cause of disease rather than its cure.

Blight of avarice

There is great danger in teaching Mind-healing indiscriminately, thus disregarding the morals of the student and caring only for the fees. Recalling Jefferson's words about slavery, "I tremble, when I remember that God is just," the author trembles whenever she sees a man, for the petty consideration of money,

Ajustándose a reglas explícitas

el Científico Cristiano tiene que ajustarse a los requerimientos de Dios. Además el maestro tiene que capacitar concienzudamente a sus alumnos para que se defiendan del pecado, y se protejan contra los ataques del supuesto *asesino mental,* quien intenta matar moral y físicamente. Ninguna hipótesis sobre la existencia de otro poder debiera interponer dudas o temores que impidan la demostración de la Ciencia Cristiana. Desarrolla las energías y capacidades latentes para el bien en tus alumnos. Enseña las grandes posibilidades del hombre dotado con la Ciencia divina. Enseña la peligrosa posibilidad de atrofiar, por medio del pecado, la comprensión espiritual y la demostración de la Verdad, o por recurrir a medios materiales para sanar. Enseña la mansedumbre y el poder de una vida "escondida con Cristo en Dios", y no habrá ningún deseo de otros métodos sanadores. Oscureces y anulas la ley divina de la curación cuando pesas lo humano y lo divino en una misma balanza, o limitas en cualquier dirección del pensamiento la omnipresencia y omnipotencia de Dios.

Energía divina

La Ciencia Cristiana silencia la voluntad humana, calma el temor con la Verdad y el Amor, e ilustra la acción espontánea de la energía divina en la curación de los enfermos. El egoísmo, la envidia, la pasión, el orgullo, el odio y la venganza son echados fuera por la Mente divina que sana la enfermedad. La voluntad humana que hace y obra mentira, ocultando el Principio divino de la armonía, es destructiva para la salud, y es la causa de la enfermedad más bien que su cura.

La plaga de la avaricia

Hay un gran peligro en enseñar sin discriminación la curación-Mente, pasando así por alto la moral del alumno e interesándose sólo por los honorarios. Al recordar las palabras de Jefferson respecto a la esclavitud: "Tiemblo, cuando recuerdo que Dios es justo", la autora tiembla cada vez que ve a alguien que, por el mezquino interés del dinero, enseña su conocimiento superficial teaching his slight knowledge of Mind-power, — perhaps communicating his own bad morals, and in this way dealing pitilessly with a community unprepared for self-defence.

A thorough perusal of the author's publications heals sickness. If patients sometimes seem worse while reading this book, the change may either arise from the alarm of the physician, or it may mark the crisis of the disease. Perseverance in the perusal of the book has generally completely healed such cases.

Exclusion of malpractice

Whoever practises the Science the author teaches, through which Mind pours light and healing upon this generation, can practise on no one from sinister or malicious motives without destroying his own power to heal and his own health. Good must dominate in the thoughts of the healer, or his demonstration is protracted, dangerous, and impossible in Science. A wrong motive involves defeat. In the Science of Mind-healing, it is imperative to be honest, for victory rests on the side of immutable right. To understand God strengthens hope, enthrones faith in Truth, and verifies Jesus' word: "Lo, I am with you alway, even unto the end of the world."

Iniquity overcome

Resisting evil, you overcome it and prove its nothingness. Not human platitudes, but divine beatitudes, reflect the spiritual light and might which heal the sick. The exercise of will brings on a hypnotic state, detrimental to health and integrity of thought. This must therefore be watched and guarded against. Covering iniquity will prevent prosperity and the ultimate triumph of any cause. Ignorance of the error to be eradicated oftentimes subjects you to its abuse.

del poder de la Mente, quizás comunicando su propia moral deficiente, y de esta manera comerciando sin piedad con una comunidad que no está preparada para defenderse.

Una lectura profunda de las obras de la autora sana las enfermedades. Si los pacientes a veces parecen empeorar mientras leen este libro, el cambio puede provenir de la alarma del médico, o puede que indique la crisis de la enfermedad. La perseverancia en la lectura cuidadosa del libro generalmente ha curado por completo tales casos.

Exclusión de la malapráctica

Quienquiera que practique la Ciencia que la autora enseña, por medio de la cual la Mente derrama luz y curación sobre esta generación, no puede dar tratamiento a nadie con motivos siniestros o maliciosos sin destruir su propio poder para sanar y su propia salud. El bien tiene que dominar los pensamientos del sanador, o su demostración es prolongada, peligrosa e imposible en la Ciencia. Un motivo erróneo entraña fracaso. En la Ciencia de la curación-Mente es imperativo ser honesto, pues la victoria está del lado del bien inmutable. Comprender a Dios fortalece la esperanza, entroniza la fe en la Verdad y confirma las palabras de Jesús: "He aquí yo estoy con vosotros todos los días, hasta el fin del mundo".

La iniquidad vencida

Al resistir el mal, lo vences y compruebas su nada. No son las banalidades humanas, sino las bienaventuranzas divinas las que reflejan la luz y el poder espirituales que sanan a los enfermos. El ejercicio de la voluntad produce un estado hipnótico, nocivo para la salud y la integridad del pensamiento. Por tanto, es necesario vigilar y estar en guardia contra esto. El encubrimiento de la iniquidad impedirá la prosperidad y el triunfo final de cualquier causa. La ignorancia acerca del error a ser erradicado te expone a menudo a sus abusos.

The heavenly law is broken by trespassing upon man's individual right of self-government. We have no authority in Christian Science and no moral right to attempt to influence the thoughts of others, except it be to benefit them. In mental practice you must not forget that erring human opinions, conflicting selfish motives, and ignorant attempts to do good may render you incapable of knowing or judging accurately the need of your fellow-men. Therefore the rule is, heal the sick when called upon for aid, and save the victims of the mental assassins.

No trespass on human rights

Ignorance, subtlety, or false charity does not forever conceal error; evil will in time disclose and punish itself. The recuperative action of the system, when mentally sustained by Truth, goes on naturally. When sin or sickness — the reverse of harmony — seems true to material sense, impart without frightening or discouraging the patient the truth and spiritual understanding, which destroy disease. Expose and denounce the claims of evil and disease in all their forms, but realize no reality in them. A sinner is not reformed merely by assuring him that he cannot be a sinner because there is no sin. To put down the claim of sin, you must detect it, remove the mask, point out the illusion, and thus get the victory over sin and so prove its unreality. The sick are not healed merely by declaring there is no sickness, but by knowing that there is none.

Expose sin without believing in it

A sinner is afraid to cast the first stone. He may say, as a subterfuge, that evil is unreal, but to know it, he must demonstrate his statement. To assume that

Los derechos humanos no han de infringirse

La ley celestial se quebranta al infringir el derecho individual del hombre de gobernarse a sí mismo. No tenemos ninguna autoridad en la Ciencia Cristiana, y ningún derecho moral, para tratar de influenciar los pensamientos de los demás, excepto para beneficiarlos. En la práctica mental no debes olvidar que las opiniones humanas que yerran, los motivos egoístas contradictorios y los intentos ignorantes por hacer el bien, pueden volverte incapaz de conocer o juzgar acertadamente la necesidad de tus semejantes. Por tanto, la regla es: sana a los enfermos cuando se solicite tu ayuda, y salva a las víctimas de los asesinos mentales.

Denuncia el pecado sin creer en él

La ignorancia, la astucia o la caridad falsa no ocultan el error para siempre; con el tiempo el mal se descubrirá y se castigará a sí mismo. La acción recuperativa del organismo, cuando está sostenida mentalmente por la Verdad, continúa naturalmente. Cuando el pecado o la enfermedad —lo contrario de la armonía— parezca verídico al sentido material, comunica al paciente, sin alarmarlo ni desanimarlo, la verdad y la comprensión espiritual que destruyen la enfermedad. Expón y denuncia las pretensiones del mal y de la enfermedad en todas sus formas, pero comprende que no hay realidad en ellas. Un pecador no es reformado por asegurarle meramente que no puede ser un pecador porque no hay pecado. Para sofocar la pretensión del pecado, tienes que detectarla, arrancar la máscara, señalar la ilusión, y así obtener la victoria sobre el pecado y comprobar de esta manera su irrealidad. Los enfermos no se sanan meramente declarando que no hay enfermedad, sino sabiendo que no la hay.

Un pecador teme arrojar la primera piedra. Puede que diga, como subterfugio, que el mal es irreal, pero para saberlo, debe demostrar su declaración. Suponer que

Wicked evasions

there are no claims of evil and yet to indulge them, is a moral offence. Blindness and self-righteousness cling fast to iniquity. When the Publican's wail went out to the great heart of Love, it won his humble desire. Evil which obtains in the bodily senses, but which the heart condemns, has no foundation; but if evil is uncondemned, it is undenied and nurtured. Under such circumstances, to say that there is no evil, is an evil in itself. When needed tell the truth concerning the lie. Evasion of Truth cripples integrity, and casts thee down from the pinnacle.

Truth's grand results

Christian Science rises above the evidence of the corporeal senses; but if you have not risen above sin yourself, do not congratulate yourself upon your blindness to evil or upon the good you know and *do* not. A dishonest position is far from Christianly scientific. "He that covereth his sins shall not prosper: but whoso confesseth and forsaketh them shall have mercy." Try to leave on every student's mind the strong impress of divine Science, a high sense of the moral and spiritual qualifications requisite for healing, well knowing it to be impossible for error, evil, and hate to accomplish the grand results of Truth and Love. The reception or pursuit of instructions opposite to absolute Christian Science must always hinder scientific demonstration.

Adherence to righteousness

If the student adheres strictly to the teachings of Christian Science and ventures not to break its rules, he cannot fail of success in healing. It is Christian Science to do right, and nothing short of right-doing has any claim to the name. To talk the right and live the wrong is foolish deceit, doing one's self the most harm. Fettered by sin yourself, it is difficult to free no hay pretensiones del mal y, sin embargo, consentirlas es una falta moral. La ceguedad y la justificación propia se aferran a la iniquidad. Cuando el gemido del publicano se volvió al gran corazón del Amor, logró su humilde deseo. El mal que se encuentra en los sentidos corporales, pero que el corazón condena, no tiene ningún fundamento; pero si el mal no se condena, no es negado y es fomentado. Bajo tales circunstancias, decir que no hay mal es un mal en sí mismo. Cuando sea necesario, di la verdad concerniente a la mentira. Evadir la Verdad mutila la integridad y te arroja del pináculo.

Evasivas inicuas

La Ciencia Cristiana se eleva por encima de la evidencia de los sentidos corporales; pero si tú mismo no te has elevado por encima del pecado, no te felicites por tu ceguera en cuanto al mal o por el bien que conoces y que no *haces*. Una postura deshonesta está lejos de ser cristianamente científica. “El que encubre sus pecados no prosperará; mas el que los confiesa y se aparta alcanzará misericordia”. Procura dejar en la mente de cada alumno la fuerte impresión de la Ciencia divina, un elevado sentido de las calificaciones morales y espirituales requeridas para la curación, sabiendo bien que es imposible que el error, el mal y el odio logren los grandes resultados de la Verdad y el Amor. Recibir o buscar enseñanzas opuestas a la Ciencia Cristiana absoluta siempre ha de impedir la demostración científica.

Los grandes resultados de la Verdad

Si el alumno se adhiere estrictamente a las enseñanzas de la Ciencia Cristiana y no se aventura a quebrantar sus reglas, no puede dejar de tener éxito en la curación. Es Ciencia Cristiana hacer el bien, y nada menos que hacer el bien puede aspirar al nombre. Hablar bien y vivir mal es necio engaño, y quien más se perjudica es uno mismo. Si tú mismo estás encadenado por el pecado,

Adhesión a la rectitud

another from the fetters of disease. With your own wrists manacled, it is hard to break another's chains. A little leaven causes the whole mass to ferment. A grain of Christian Science does wonders for mortals, so omnipotent is Truth, but more of Christian Science must be gained in order to continue in well doing.

Right adjusts the balance

The wrong done another reacts most heavily against one's self. Right adjusts the balance sooner or later. Think it "easier for a camel to go through the eye of a needle," than for you to benefit yourself by injuring others. Man's moral mercury, rising or falling, registers his healing ability and fitness to teach. You should practise well what you know, and you will then advance in proportion to your honesty and fidelity, — qualities which insure success in this Science; but it requires a higher understanding to teach this subject properly and correctly than it does to heal the most difficult case.

Inoculation of thought

The baneful effect of evil associates is less seen than felt. The inoculation of evil human thoughts ought to be understood and guarded against. The first impression, made on a mind which is attracted or repelled according to personal merit or demerit, is a good detective of individual character. Certain minds meet only to separate through simultaneous repulsion. They are enemies without the preliminary offence. The impure are at peace with the impure. Only virtue is a rebuke to vice. A proper teacher of Christian Science improves the health and the morals of his student if the student practises what he is taught, and unless this result follows, the teacher is a Scientist only in name.

es difícil liberar a otro de las cadenas de la enfermedad. Con tus propias manos atadas, es arduo romper las cadenas de otro. Un poco de levadura hace que toda la masa fermente. Un grano de la Ciencia Cristiana hace maravillas por los mortales, tan omnipotente es la Verdad, pero hay que ganar más de la Ciencia Cristiana para continuar haciendo el bien.

El bien ajusta la balanza

El mal que se hace a otro reacciona con mayor dureza sobre uno mismo. El bien ajusta la balanza tarde o temprano. Piensa que es "más fácil pasar un camello por el ojo de una aguja", que beneficiarte a ti mismo perjudicando a otros. El mercurio de la moral del hombre, al subir o bajar, registra su capacidad sanadora y su aptitud para enseñar. Debieras practicar bien lo que sabes, y entonces avanzarás en proporción a tu honradez y fidelidad, cualidades que aseguran el éxito en esta Ciencia; pero se requiere una comprensión más elevada para enseñar este tema debida y correctamente que para curar el caso más difícil.

La inoculación del pensamiento

El efecto pernicioso de las malas compañías se ve menos de lo que se siente. Debiéramos comprender la inoculación de malos pensamientos humanos y protegernos de ella. La primera impresión, hecha en una mente que es atraída o repelida de acuerdo al mérito o demérito personal, es un buen detector del carácter individual. Ciertas mentes se encuentran sólo para separarse por repulsión simultánea. Son enemigos sin la ofensa preliminar. Los impuros están en paz con los impuros. Sólo la virtud es una reprensión para el vicio. Un buen maestro de la Ciencia Cristiana mejora la salud y la moral de sus alumnos si los alumnos practican lo que se les enseña, y a menos que se obtenga este resultado, el maestro es un Científico Cristiano sólo de nombre.

Three classes of neophytes

There is a large class of thinkers whose bigotry and conceit twist every fact to suit themselves. Their creed teaches belief in a mysterious, supernatural God, and in a natural, all-powerful devil. Another class, still more unfortunate, are so depraved that they appear to be innocent. They utter a falsehood, while looking you blandly in the face, and they never fail to stab their benefactor in the back. A third class of thinkers build with solid masonry. They are sincere, generous, noble, and are therefore open to the approach and recognition of Truth. To teach Christian Science to such as these is no task. They do not incline longingly to error, whine over the demands of Truth, nor play the traitor for place and power.

Touchstone of Science

Some people yield slowly to the touch of Truth. Few yield without a struggle, and many are reluctant to acknowledge that they have yielded; but unless this admission is made, evil will boast itself above good. The Christian Scientist has enlisted to lessen evil, disease, and death; and he will overcome them by understanding their nothingness and the allness of God, or good. Sickness to him is no less a temptation than is sin, and he heals them both by understanding God's power over them. The Christian Scientist knows that they are errors of belief, which Truth can and will destroy.

False claims annihilated

Who, that has felt the perilous beliefs in life, substance, and intelligence separated from God, can say that there is no error of belief? Knowing the claim of animal magnetism, that all evil combines in the belief of life, substance, and intelligence in matter, electricity, animal nature, and organic life, who will deny

Tres clases de neófitos

Hay una clase numerosa de pensadores cuya intolerancia y presunción tergiversan todos los hechos a su conveniencia. Su credo enseña la creencia en un Dios misterioso y sobrenatural, y en un diablo natural, todopoderoso. Otra clase, todavía más infortunada, es tan depravada que parece ser inocente. Dicen una falsedad, mientras te miran mansamente a la cara, y jamás dejan de apuñalar a su benefactor en la espalda. Una tercera clase de pensadores construye con mampostería firme. Son sinceros, generosos, nobles y por lo tanto, están abiertos a la aproximación y al reconocimiento de la Verdad. Enseñar la Ciencia Cristiana a tales personas no es tarea difícil. No se inclinan anhelantes al error, no gimen ante las exigencias de la Verdad, ni actúan como traidores por el rango y el poder.

Piedra de toque de la Ciencia

Algunas personas ceden lentamente al toque de la Verdad. Pocas ceden sin una lucha, y muchas son renuentes a reconocer que han cedido; pero a menos que esta admisión sea hecha, el mal se jactará de prevalecer sobre el bien. El Científico Cristiano se ha alistado para disminuir el mal, la enfermedad y la muerte; y los vencerá al comprender su nada y la totalidad de Dios, o el bien. La enfermedad no es para él una tentación menor que el pecado, y sana ambos al comprender el poder de Dios sobre ellos. El Científico Cristiano sabe que son errores de creencia, que la Verdad puede destruir y destruirá.

Pretensiones falsas aniquiladas

¿Quién, que haya experimentado las peligrosas creencias de que la vida, la sustancia y la inteligencia están separadas de Dios, puede decir que no hay error de creencia? Conociendo la pretensión del magnetismo animal, de que todo el mal se combina en la creencia de que hay vida, sustancia e inteligencia en la materia, la electricidad, la naturaleza animal y la vida orgánica, that these are the errors which Truth must and will annihilate? Christian Scientists must live under the constant pressure of the apostolic command to come out from the material world and be separate. They must renounce aggression, oppression and the pride of power. Christianity, with the crown of Love upon her brow, must be their queen of life.

Treasure in heaven

Students of Christian Science, who start with its letter and think to succeed without the spirit, will either make shipwreck of their faith or be turned sadly awry. They must not only seek, but strive, to enter the narrow path of Life, for "wide is the gate, and broad is the way, that leadeth to destruction, and many there be which go in thereat." Man walks in the direction towards which he looks, and where his treasure is, there will his heart be also. If our hopes and affections are spiritual, they come from above, not from beneath, and they bear as of old the fruits of the Spirit.

Obligations of teachers

Every Christian Scientist, every conscientious teacher of the Science of Mind-healing, knows that human will is not Christian Science, and he must recognize this in order to defend himself from the influence of human will. He feels morally obligated to open the eyes of his students that they may perceive the nature and methods of error of every sort, especially any subtle degree of evil, deceived and deceiving. All mental malpractice arises from ignorance or malice aforethought. It is the injurious action of one mortal mind controlling another from wrong motives, and it is practised either with a mistaken or a wicked purpose.

Show your student that mental malpractice tends to blast moral sense, health, and the human life. Instruct

¿quién negará que estos son los errores que la Verdad tiene que aniquilar y aniquilará? Los Científicos Cristianos tienen que vivir bajo la presión constante del mandato apostólico de salir del mundo material y apartarse de él. Tienen que renunciar a la agresión, a la opresión y al orgullo del poder. El cristianismo, con la corona del Amor sobre su frente, tiene que ser la reina de sus vidas.

Tesoro en el cielo

Los estudiantes de la Ciencia Cristiana, que empiezan con su letra y piensan tener éxito sin el espíritu, o bien harán naufragar su fe o serán desviados tristemente. No sólo tienen que buscar el camino estrecho de la Vida, sino esforzarse por entrar en él, porque “ancha es la puerta, y espacioso el camino que lleva a la perdición, y muchos son los que entran por ella”. El hombre camina en la dirección hacia la que mira, y donde esté su tesoro, allí estará también su corazón. Si nuestras esperanzas y afectos son espirituales, vienen de lo alto, no de abajo, y dan como antaño, los frutos del Espíritu.

Obligaciones de los maestros

Todo Científico Cristiano, todo maestro concienzudo de la Ciencia de la curación-Mente, sabe que la voluntad humana no es Ciencia Cristiana, y tiene que reconocer esto a fin de defenderse de la influencia de la voluntad humana. Se siente moralmente obligado a abrir los ojos a sus alumnos para que puedan percibir la naturaleza y los métodos del error de toda clase, especialmente cualquier grado sutil del mal, que es engañado y engañador. Toda malapráctica mental proviene de la ignorancia o de la malicia premeditada. Es la acción perjudicial de una mente mortal controlando otra por motivos erróneos, y es practicada con fines equivocados o malignos.

Muestra a tus alumnos que la malapráctica mental tiende a destruir el sentido moral, la salud y la vida humana. Enséñales him how to bar the door of his thought against this seeming power, — a task not difficult, when one understands that evil has in reality no power.

Indispensable defence

Incorrect reasoning leads to practical error. The wrong thought should be arrested before it has a chance to manifest itself.

Walking in the light, we are accustomed to the light and require it; we cannot see in darkness. But eyes accustomed to darkness are pained by the light.

Egotistic darkness

When outgrowing the old, you should not fear to put on the new. Your advancing course may provoke envy, but it will also attract respect. When error confronts you, withhold not the rebuke or the explanation which destroys error. Never breathe an immoral atmosphere, unless in the attempt to purify it. Better is the frugal intellectual repast with contentment and virtue, than the luxury of learning with egotism and vice.

Right is radical. The teacher must know the truth himself. He must live it and love it, or he cannot impart it to others. We soil our garments with con-

Unwarranted expectations

servatism, and afterwards we must wash them clean. When the spiritual sense of Truth unfolds its harmonies, you take no risks in the policy of error. Expect to heal simply by repeating the author's words, by right talking and wrong acting, and you will be disappointed. Such a practice does not demonstrate the Science by which divine Mind heals the sick.

Acting from sinful motives destroys your power of healing from the right motive. On the other hand, if you had the inclination or power to practise

Reliable authority

wrongly and then should adopt Christian Science, the wrong power would be destroyed. You do

Defensa indispensable

cómo trancar la puerta de sus pensamientos contra este aparente poder, una tarea que no es difícil, cuando uno comprende que en realidad el mal no tiene ningún poder. El razonamiento incorrecto conduce al error en la práctica. El pensamiento erróneo debe ser detenido antes que tenga ocasión de manifestarse.

Oscuridad por egotismo

Andando en la luz, nos acostumbramos a la luz y la requerimos; no podemos ver en la oscuridad. Pero los ojos acostumbrados a la oscuridad padecen con la luz. Cuando sobrepasas lo viejo, no debieras temer revestirte de lo nuevo. Tu curso de avance quizás provoque envidia, pero también atraerá respeto. Cuando el error te confronte, no escatimes la reprensión o la explicación que destruye el error. Nunca respires una atmósfera inmoral, excepto para tratar de purificarla. Es mejor el frugal refrigerio intelectual con el contento y la virtud, que el lujo de la erudición con el egotismo y el vicio.

Expectativas infundadas

El bien es radical. El maestro mismo tiene que conocer la verdad. Tiene que vivirla y amarla, o no puede impartirla a otros. Manchamos nuestros vestidos con el conservadurismo, y luego tenemos que lavarlos hasta que queden limpios. Cuando el sentido espiritual de la Verdad revela sus armonías, no corres riesgos en la política del error. Si esperas sanar simplemente repitiendo las palabras de la autora, hablando bien y obrando mal, te llevarás una desilusión. Tal práctica no demuestra la Ciencia por la cual la Mente divina sana a los enfermos.

Autoridad confiable

Actuar por motivos pecaminosos destruye tu poder de sanar por el motivo correcto. Por otro lado, si tuvieras la inclinación o el poder de practicar erróneamente y luego adoptaras la Ciencia Cristiana, el poder erróneo sería destruido. Tú no niegas el derecho not deny the mathematician's right to distinguish the correct from the incorrect among the examples on the blackboard, nor disbelieve the musician when he distinguishes concord from discord. In like manner it should be granted that the author understands what she is saying.

Winning the field

Right and wrong, truth and error, will be at strife in the minds of students, until victory rests on the side of invincible truth. Mental chemicalization follows the explanation of Truth, and a higher basis is thus won; but with some individuals the morbid moral or physical symptoms constantly reappear. I have never witnessed so decided effects from the use of material remedies as from the use of spiritual.

Knowledge and honesty

Teach your student that he must know himself before he can know others and minister to human needs. Honesty is spiritual power. Dishonesty is human weakness, which forfeits divine help. You uncover sin, not in order to injure, but in order to bless the corporeal man; and a right motive has its reward. Hidden sin is spiritual wickedness in high places. The masquerader in this Science thanks God that there is no evil, yet serves evil in the name of good.

Metaphysical treatment

You should treat sickness mentally just as you would sin, except that you must not tell the patient that he is sick nor give names to diseases, for such a course increases fear, the foundation of disease, and impresses more deeply the wrong mind-picture. A Christian Scientist's medicine is Mind, the divine Truth that makes man free. A Christian Scientist never recommends material hygiene, never manipulates. He does not trespass on the rights of mind nor can he practise del matemático a distinguir lo correcto de lo incorrecto entre los ejemplos sobre la pizarra, ni dudas del músico cuando distingue la armonía de la discordancia. De igual manera debiera admitirse que la autora entiende lo que está diciendo.

Alcanzando la victoria

El bien y el mal, la verdad y el error, lucharán en la mente de los alumnos, hasta que la victoria descanse del lado de la verdad invencible. La quimicalización mental sigue a la explicación de la Verdad, y así se gana una base más elevada; pero en algunos individuos los síntomas morbosos morales o físicos reaparecen constantemente. Jamás he presenciado efectos tan marcados por el uso de los remedios materiales como por el uso de los espirituales.

Conocimiento y honradez

Enseña a tus alumnos que tienen que conocerse a sí mismos antes que puedan conocer a otros y atender las necesidades humanas. La honestidad es poder espiritual. La deshonestidad es debilidad humana, que pierde el derecho a la ayuda divina. Descubres el pecado, no para perjudicar, sino para bendecir al hombre corpóreo; y un motivo bueno tiene su recompensa. El pecado oculto es iniquidad espiritual en lugares elevados. El farsante en esta Ciencia agradece a Dios que no haya mal, sin embargo, sirve al mal en nombre del bien.

Tratamiento metafísico

Debieras tratar la enfermedad mentalmente de la misma manera que tratarías el pecado, excepto que no tienes que decir al paciente que está enfermo ni dar nombres a las enfermedades, porque tal curso aumenta el temor, el fundamento de la enfermedad, e imprime más profundamente el cuadro mental erróneo. La medicina del Científico Cristiano es la Mente, la Verdad divina que hace libre al hombre. Un Científico Cristiano nunca recomienda la higiene material, nunca manipula. No infringe los derechos de la mente ni tampoco puede practicar animal magnetism or hypnotism. It need not be added that the use of tobacco or intoxicating drinks is not in harmony with Christian Science.

Impotence of hate

Teach your students the omnipotence of Truth, which illustrates the impotence of error. The understanding, even in a degree, of the divine All-power destroys fear, and plants the feet in the true path, — the path which leads to the house built without hands "eternal in the heavens." Human hate has no legitimate mandate and no kingdom. Love is enthroned. That evil or matter has neither intelligence nor power, is the doctrine of absolute Christian Science, and this is the great truth which strips all disguise from error.

Love the incentive

He, who understands in a sufficient degree the Principle of Mind-healing, points out to his student error as well as truth, the wrong as well as the right practice. Love for God and man is the true incentive in both healing and teaching. Love inspires, illumines, designates, and leads the way. Right motives give pinions to thought, and strength and freedom to speech and action. Love is priestess at the altar of Truth. Wait patiently for divine Love to move upon the waters of mortal mind, and form the perfect concept. Patience must "have her perfect work."

Continuity of interest

Do not dismiss students at the close of a class term, feeling that you have no more to do for them. Let your loving care and counsel support all their feeble footsteps, until your students tread firmly in the straight and narrow way. The superiority of spiritual power over sensuous is the central point of Christian Science. Remember that the letter and mental argument are only human auxiliaries to aid in bringing el magnetismo animal o hipnotismo. No se necesita añadir que el uso de tabaco o de bebidas alcohólicas no está en armonía con la Ciencia Cristiana.

La impotencia del odio

Enseña a tus alumnos la omnipotencia de la Verdad, la cual ilustra la impotencia del error. La comprensión, aun en cierto grado, del Todopoder divino destruye el temor, y planta los pies en la senda verdadera, la senda que conduce hacia la casa no hecha de manos, "eterna, en los cielos". El odio humano no tiene mandato legítimo ni reino. El Amor está entronizado. Que el mal o materia no tiene ni inteligencia ni poder es la doctrina de la Ciencia Cristiana absoluta, y esta es la gran verdad que arranca todo disfraz al error.

El amor es el incentivo

Quien comprende, en grado suficiente el Principio de la curación-Mente, señala a sus alumnos el error así como la verdad, la práctica incorrecta así como la correcta. El amor a Dios y al hombre es el verdadero incentivo tanto en la curación como en la enseñanza. El Amor inspira, ilumina, designa y va adelante en el camino. Los motivos correctos dan alas al pensamiento, y fuerza y libertad a la palabra y a la acción. El Amor es sacerdotisa en el altar de la Verdad. Espera pacientemente a que el Amor divino se mueva sobre la faz de las aguas de la mente mortal, y forme el concepto perfecto. La paciencia debe "[tener] su obra completa".

Continuidad del interés

No despidas a tus alumnos al terminar el curso, pensando que ya no tienes nada más que hacer por ellos. Que tus cuidados y consejos amorosos apoyen todos sus débiles pasos, hasta que tus alumnos anden seguros por el camino recto y estrecho. La superioridad del poder espiritual sobre el sensorio es el punto central de la Ciencia Cristiana. Recuerda que la letra y el argumento mental son sólo auxiliares humanos para ayudar a poner thought into accord with the spirit of Truth and Love, which heals the sick and the sinner.

Weakness and guilt

A mental state of self-condemnation and guilt or a faltering and doubting trust in Truth are unsuitable conditions for healing the sick. Such mental states indicate weakness instead of strength. Hence the necessity of being right yourself in order to teach this Science of healing. You must utilize the moral might of Mind in order to walk over the waves of error and support your claims by demonstration. If you are yourself lost in the belief and fear of disease or sin, and if, knowing the remedy, you fail to use the energies of Mind in your own behalf, you can exercise little or no power for others' help. "First cast out the beam out of thine own eye; and then shalt thou see clearly to cast out the mote out of thy brother's eye."

The trust of the All-wise

The student, who receives his knowledge of Christian Science, or metaphysical healing, from a human teacher, may be mistaken in judgment and demonstration, but God cannot mistake. God selects for the highest service one who has grown into such a fitness for it as renders any abuse of the mission an impossibility. The All-wise does not bestow His highest trusts upon the unworthy. When He commissions a messenger, it is one who is spiritually near Himself. No person can misuse this mental power, if he is taught of God to discern it.

Integrity assured

This strong point in Christian Science is not to be overlooked, — that the same fountain cannot send forth both sweet waters and bitter. The higher your attainment in the Science of mental healing and teaching, the more impossible it will be-el pensamiento en concordancia con el espíritu de la Verdad y el Amor, que sana a los enfermos y los pecadores.

Debilidad y culpa

Un estado mental de condenación propia y culpa o una confianza vacilante y dubitativa en la Verdad son condiciones inadecuadas para sanar a los enfermos. Tales estados mentales indican debilidad en vez de fuerza. De ahí la necesidad de que tú mismo seas recto para poder enseñar esta Ciencia de la curación. Tienes que utilizar el poder moral de la Mente para poder andar sobre las olas del error y apoyar tus reivindicaciones mediante la demostración. Si tú mismo estás perdido en la creencia de enfermedad o pecado y en el temor a ellos, y si, conociendo el remedio, no usas las energías de la Mente en beneficio propio, puedes ejercer poco o ningún poder para ayudar a los demás. “Saca primero la viga de tu propio ojo, y entonces verás bien para sacar la paja del ojo de tu hermano”.

El cargo concedido por el Todo-sabio

El alumno que recibe sus conocimientos de la Ciencia Cristiana, o curación metafísica, de un maestro humano, puede que esté equivocado en el juicio o en la demostración, pero Dios no puede equivocarse. Dios escoge para el servicio más elevado a quien haya logrado una aptitud tal para ello que cualquier abuso de la misión se hace imposible. El Todo-sabio no concede Sus cargos más elevados al indigno de ellos. Cuando Él comisiona a un mensajero, es uno que está espiritualmente cerca de Él. Nadie puede hacer mal uso de este poder mental, si es enseñado por Dios a discernirlo.

Integridad asegurada

Este punto importante en la Ciencia Cristiana no ha de pasarse por alto: que la misma fuente no puede echar a la vez agua dulce y amarga. Cuanto más elevados tus logros en la Ciencia de la curación mental y en la enseñanza, tanto más imposible te será influenciar come for you intentionally to influence mankind adverse to its highest hope and achievement.

Chicanery impossible

Teaching or practising in the name of Truth, but contrary to its spirit or rules, is most dangerous quackery. Strict adherence to the divine Principle and rules of the scientific method has secured the only success of the students of Christian Science. This alone entitles them to the high standing which most of them hold in the community, a reputation experimentally justified by their efforts. Whoever affirms that there is more than one Principle and method of demonstrating Christian Science greatly errs, ignorantly or intentionally, and separates himself from the true conception of Christian Science healing and from its possible demonstration.

No dishonest concessions

Any dishonesty in your theory and practice betrays a gross ignorance of the method of the Christ-cure. Science makes no concessions to persons or opinions. One must abide in the *morale* of truth or he cannot demonstrate the divine Principle. So long as matter is the basis of practice, illness cannot be efficaciously treated by the metaphysical process. Truth does the work, and you must both understand and abide by the divine Principle of your demonstration.

This volume indispensable

A Christian Scientist requires my work SCIENCE AND HEALTH for his textbook, and so do all his students and patients. Why? *First:* Because it is the voice of Truth to this age, and contains the full statement of Christian Science, or the Science of healing through Mind. *Second:* Because it was the first book known, containing a thorough statement of Christian Science. Hence it gave the first rules for demonstrating intencionalmente a la humanidad contrariamente a sus esperanzas y logros más elevados.

La argucia es imposible

Enseñar o practicar en el nombre de la Verdad, pero en contra de su espíritu o reglas, es charlatanería peligrosísima. La estricta adhesión al Principio divino y a las reglas del método científico ha asegurado el único éxito a los estudiantes de la Ciencia Cristiana. Esto solo les da derecho a la alta consideración de que la mayoría de ellos disfruta en la comunidad, una reputación justificada por los resultados de sus esfuerzos. Quienquiera que afirme que hay más de un Principio y método de demostrar la Ciencia Cristiana se equivoca en gran manera, por ignorancia o intencionalmente, y se aparta a sí mismo de la verdadera concepción de la curación por la Ciencia Cristiana y de la posibilidad de demostrarla.

No hay concesiones deshonestas

Cualquier deshonestidad en tu teoría y práctica delata una tosca ignorancia del método de la curación-Cristo. La Ciencia no hace concesiones a personas u opiniones. Tiene uno que permanecer en la *moral* de la verdad o no puede demostrar el Principio divino. Mientras la materia sea la base de la práctica, la enfermedad no puede ser tratada eficazmente por el proceso metafísico. La Verdad hace la obra, y tienes tanto que comprender el Principio divino de tu demostración como permanecer en él.

Este libro es indispensable

Un Científico Cristiano requiere mi obra *Ciencia y Salud* como su libro de texto, y así también todos sus alumnos y pacientes. ¿Por qué? *Primero:* Porque es la voz de la Verdad para esta época, y contiene la declaración completa de la Ciencia Cristiana, o la Ciencia de la curación por la Mente. *Segundo:* Porque fue el primer libro conocido que contuvo una declaración minuciosa de la Ciencia Cristiana. En consecuencia, dio las primeras reglas this Science, and registered the revealed Truth uncontaminated by human hypotheses. Other works, which have borrowed from this book without giving it credit, have adulterated the Science. *Third:* Because this book has done more for teacher and student, for healer and patient, than has been accomplished by other books.

Purity of science

Since the divine light of Christian Science first dawned upon the author, she has never used this newly discovered power in any direction which she fears to have fairly understood. Her prime object, since entering this field of labor, has been to prevent suffering, not to produce it. That we cannot scientifically both cure and cause disease is self-evident. In the legend of the shield, which led to a quarrel between two knights because each of them could see but one face of it, both sides were beautiful according to their degree; but to mental malpractice, prolific of evil, there is no good aspect, either silvern or golden.

Backsliders and mistakes

Christian Science is not an exception to the general rule, that there is no excellence without labor in a direct line. One cannot scatter his fire, and at the same time hit the mark. To pursue other vocations and advance rapidly in the demonstration of this Science, is not possible. Departing from Christian Science, some learners commend diet and hygiene. They even practise these, intending thereby to initiate the cure which they mean to complete with Mind, as if the non-intelligent could aid Mind! The Scientist's demonstration rests on one Principle, and there must and can be no opposite rule. Let this Principle be applied to the cure of disease without exploiting other means.

para demostrar esta Ciencia, y registró la Verdad revelada incontaminada por hipótesis humanas. Otras obras, que han copiado de este libro sin darle el reconocimiento debido, han adulterado la Ciencia. *Tercero:* Porque este libro ha hecho más por el maestro y el alumno, por el sanador y el paciente, de lo que han logrado otros libros.

La pureza de la ciencia

Desde que la luz divina de la Ciencia Cristiana alboreó por primera vez sobre la autora, jamás ha usado este recién descubierto poder en ninguna dirección que ella temiese no haber comprendido correctamente. Su objetivo principal, desde que entró en este campo de acción, ha sido el de prevenir el sufrimiento, no el de producirlo. Es evidente de por sí que científicamente no se puede curar y causar la enfermedad a la vez. En la leyenda del escudo, que provocó una reyerta entre dos caballeros porque cada uno de ellos podía ver un solo lado del mismo, ambos lados eran bellos según su alcance; pero en la malapráctica mental, prolífica en mal, no hay aspecto bueno, ni plateado ni dorado.

Deslices y yerros

La Ciencia Cristiana no es una excepción a la regla general de que no hay excelencia si no se trabaja en línea recta. Uno no puede dispersar el fuego, y al mismo tiempo dar en el blanco. Seguir otras vocaciones y avanzar rápidamente en la demostración de esta Ciencia no es posible. Al apartarse de la Ciencia Cristiana, algunos estudiantes recomiendan dietas e higiene. Hasta las practican, intentando con ello iniciar la curación que pretenden completar con la Mente, ¡como si lo carente de inteligencia pudiera ayudar a la Mente! La demostración del Científico Cristiano descansa sobre un único Principio, y no debe ni puede haber ninguna regla opuesta. Aplíquese este Principio a la cura de las enfermedades sin emplear otros medios.

Mental charlatanism

Mental quackery rests on the same platform as all other quackery. The chief plank in this platform is the doctrine that Science has two principles in partnership, one good and the other evil, — one spiritual, the other material, — and that these two may be simultaneously at work on the sick. This theory is supposed to favor practice from both a mental and a material standpoint. Another plank in the platform is this, that error will finally have the same effect as truth.

Divinity ever ready

It is anything but scientifically Christian to think of aiding the divine Principle of healing or of trying to sustain the human body until the divine Mind is ready to take the case. Divinity is always ready. *Semper paratus* is Truth's motto. Having seen so much suffering from quackery, the author desires to keep it out of Christian Science. The two-edged sword of Truth must turn in every direction to guard "the tree of life."

The panoply of wisdom

Sin makes deadly thrusts at the Christian Scientist as ritualism and creed are summoned to give place to higher law, but Science will ameliorate mortal malice. The Christianly scientific man reflects the divine law, thus becoming a law unto himself. He does violence to no man. Neither is he a false accuser. The Christian Scientist wisely shapes his course, and is honest and consistent in following the leadings of divine Mind. He must prove, through living as well as healing and teaching, that Christ's way is the only one by which mortals are radically saved from sin and sickness.

Christianity causes men to turn naturally from matter

Charlatanería mental

La charlatanería mental descansa sobre la misma plataforma que cualquier otra charlatanería. El punto principal de esta plataforma es la doctrina de que la Ciencia tiene dos principios asociados, uno bueno y el otro malo —uno espiritual, el otro material— y que estos dos pueden obrar simultáneamente sobre los enfermos. Se supone que esta teoría favorece la práctica tanto desde el punto de vista mental como del material. Otro punto de la plataforma es este: que el error finalmente tendrá el mismo efecto que la verdad.

La divinidad está siempre pronta

De ninguna manera es científicamente cristiano pensar en ayudar al Principio divino de la curación o tratar de sostener el cuerpo humano hasta que la Mente divina esté preparada para atender el caso. La divinidad siempre está preparada. *Semper paratus* es el lema de la Verdad. Habiendo visto tanto sufrimiento debido a la charlatanería, la autora desea mantenerla fuera de la Ciencia Cristiana. La espada de dos filos de la Verdad ha de revolverse en toda dirección para guardar “el árbol de la vida”.

La panoplia de la sabiduría

El pecado hace embestidas mortales al Científico Cristiano a medida que el ritualismo y el credo son llamados a ceder el lugar a la ley más elevada, pero la Ciencia atenuará la malicia mortal. El hombre científicamente cristiano refleja la ley divina, tornándose así en una ley para sí mismo. Él no comete violencia contra nadie. Tampoco es un falso acusador. El Científico Cristiano modela su curso sabiamente, y es honesto y coherente al seguir las indicaciones de la Mente divina. Él tiene que comprobar, mediante su manera de vivir así como sanando y enseñando, que el camino del Cristo es el único por el cual los mortales se salvan radicalmente del pecado y la enfermedad.

El cristianismo hace que los hombres se vuelvan

Advancement by sacrifice

to Spirit, as the flower turns from darkness to light. Man then appropriates those things which "eye hath not seen nor ear heard." Paul and John had a clear apprehension that, as mortal man achieves no worldly honors except by sacrifice, so he must gain heavenly riches by forsaking all worldliness. Then he will have nothing in common with the worldling's affections, motives, and aims. Judge not the future advancement of Christian Science by the steps already taken, lest you yourself be condemned for failing to take the first step.

Dangerous knowledge

Any attempt to heal mortals with erring mortal mind, instead of resting on the omnipotence of the divine Mind, must prove abortive. Committing the bare process of mental healing to frail mortals, untaught and unrestrained by Christian Science, is like putting a sharp knife into the hands of a blind man or a raging maniac, and turning him loose in the crowded streets of a city. Whether animated by malice or ignorance, a false practitioner will work mischief, and ignorance is more harmful than wilful wickedness, when the latter is distrusted and thwarted in its incipiency.

Certainty of results

To mortal sense Christian Science seems abstract, but the process is simple and the results are sure if the Science is understood. The tree must be good, which produces good fruit. Guided by divine Truth and not guesswork, the *theologus* (that is, the student — the Christian and scientific expounder — of the divine law) treats disease with more certain results than any other healer on the globe. The Christian Scientist should understand and adhere strictly to the rules of divine meta-

Avance mediante el sacrificio

naturalmente de la materia al Espíritu, como la flor se vuelve de la oscuridad a la luz. El hombre entonces se apropia de aquellas cosas que "ojo no vio, ni oído oyó". Pablo y Juan tuvieron una clara comprensión de que, así como el hombre mortal no alcanza honores mundanos excepto mediante el sacrificio, de igual manera tiene que ganar las riquezas celestiales abandonando toda mundanalidad. Entonces no tendrá nada en común con los afectos, motivos y objetivos del mundano. No juzgues el avance futuro de la Ciencia Cristiana por los pasos ya dados, para que tú mismo no seas condenado por no haber dado el primer paso.

Conocimiento peligroso

Cualquier intento de sanar a los mortales con la mente mortal que yerra, en vez de apoyarse en la omnipotencia de la Mente divina, se comprobará que es un fracaso. Encomendar el mero proceso de la curación mental a los débiles mortales no instruidos ni refrenados por la Ciencia Cristiana, es como poner un cuchillo afilado en las manos de un ciego o de un loco furioso, y soltarlo en las calles de una ciudad atestadas de gente. Animado por la malicia o por la ignorancia, un practicista falso ocasionará daño, y la ignorancia es más dañina que la malignidad deliberada, cuando se desconfía de esta última y es frustrada en sus comienzos.

Resultados seguros

Para el sentido mortal la Ciencia Cristiana parece abstracta, pero el proceso es simple y los resultados son seguros si la Ciencia es comprendida. El árbol que da buen fruto tiene que ser bueno. Guiado por la Verdad divina y no por conjeturas, el *teólogo* (es decir, el estudiante —el expositor cristiano y científico— de la ley divina) trata la enfermedad con resultados más seguros que cualquier otro sanador sobre la tierra. El Científico Cristiano debiera comprender las reglas de la metafísica divina expuestas en esta physics as laid down in this work, and rest his demonstration on this sure basis.

Ontology defined

Ontology is defined as "the science of the necessary constituents and relations of all beings," and it underlies all metaphysical practice. Our system of Mind-healing rests on the apprehension of the nature and essence of all being,—on the divine Mind and Love's essential qualities. Its pharmacy is moral, and its medicine is intellectual and spiritual, though used for physical healing. Yet this most fundamental part of metaphysics is the one most difficult to understand and demonstrate, for to the material thought all is material, till such thought is rectified by Spirit.

Mischievous imagination

Sickness is neither imaginary nor unreal,—that is, to the frightened, false sense of the patient. Sickness is more than fancy; it is solid conviction. It is therefore to be dealt with through right apprehension of the truth of being. If Christian healing is abused by mere smatterers in Science, it becomes a tedious mischief-maker. Instead of scientifically effecting a cure, it starts a petty crossfire over every cripple and invalid, buffeting them with the superficial and cold assertion, "Nothing ails you."

Author's early instructions

When the Science of Mind was a fresh revelation to the author, she had to impart, while teaching its grand facts, the hue of spiritual ideas from her own spiritual condition, and she had to do this orally through the meagre channel afforded by language and by her manuscript circulated among the students. As former beliefs were gradually expelled from her thought, the teaching became clearer, until finally the shadow of old errors was no longer cast upon divine Science.

obra, adherirse estrictamente a ellas, y apoyar su demostración sobre esta base segura.

Definición de la ontología

La ontología es definida como “la ciencia de los componentes y las relaciones necesarios de todos los seres”, y ella subyace toda práctica metafísica. Nuestro sistema de curación-Mente descansa sobre la comprensión de la naturaleza y esencia de todo el ser, sobre la Mente divina y las cualidades esenciales del Amor. Su farmacia es moral, y su medicina es intelectual y espiritual, aun cuando se utilice para la curación física. Sin embargo, esta parte tan fundamental de la metafísica es la más difícil de comprender y demostrar, porque para el pensamiento material todo es material, hasta que tal pensamiento es rectificado por el Espíritu.

Imaginación dañina

La enfermedad no es ni imaginaria ni irreal, esto es, para el sentido atemorizado y falso del paciente. La enfermedad es más que fantasía; es una sólida convicción. Por lo tanto, tiene que ser tratada por medio de la comprensión correcta de la verdad del ser. Si los que conocen la Ciencia sólo superficialmente hacen mal uso de la curación cristiana, esta se convierte en una tediosa generadora de daño. En lugar de efectuar científicamente una curación, inicia un despreciable fuego cruzado sobre todo lisiado e inválido, abofeteándolos con la superficial y fría aserción: “No tienes nada”.

Las enseñanzas tempranas de la autora

Cuando la Ciencia de la Mente era una revelación reciente para la autora, ella tenía que comunicar, al impartir esas grandes verdades, el matiz de las ideas espirituales desde su propia condición espiritual, y tuvo que hacer esto oralmente mediante el exiguo conducto provisto por el lenguaje y mediante su manuscrito que circulaba entre los alumnos. A medida que las antiguas creencias eran gradualmente expulsadas de su pensamiento, la enseñanza se volvía más clara, hasta que finalmente la sombra de viejos errores ya no se proyectó sobre la Ciencia divina.

Proof by induction

I do not maintain that anyone can exist in the flesh without food and raiment; but I do believe that the real man is immortal and that he lives in Spirit, not matter. Christian Science must be accepted at this period by induction. We admit the whole, because a part is proved and that part illustrates and proves the entire Principle. Christian Science can be taught only by those who are morally advanced and spiritually endowed, for it is not superficial, nor is it discerned from the standpoint of the human senses. Only by the illumination of the spiritual sense, can the light of understanding be thrown upon this Science, because Science reverses the evidence before the material senses and furnishes the eternal interpretation of God and man.

If you believe that you are sick, should you say, "I am sick"? No, but you should tell your belief sometimes, if this be requisite to protect others. If you commit a crime, should you acknowledge to yourself that you are a criminal? Yes. Your responses should differ because of the different effects they produce. Usually to admit that you are sick, renders your case less curable, while to recognize your sin, aids in destroying it. Both sin and sickness are error, and Truth is their remedy. The truth regarding error is, that error is not true, hence it is unreal. To prove scientifically the error or unreality of sin, you must first see the claim of sin, and then destroy it. Whereas, to prove scientifically the error or unreality of disease, you must mentally unsee the disease; then you will not feel it, and it is destroyed.

Systematic teaching and the student's spiritual growth and experience in practice are requisite for a thorough

Prueba por inducción

No mantengo que alguien pueda existir en la carne sin alimento ni vestido; pero sí creo que el hombre verdadero es inmortal y que vive en el Espíritu, no en la materia. La Ciencia Cristiana debe ser aceptada en esta época por inducción. Admitimos el todo, porque una parte se ha comprobado y esa parte ilustra y comprueba el Principio entero. La Ciencia Cristiana puede ser enseñada sólo por aquellos que están moralmente adelantados y espiritualmente dotados, pues no es superficial, ni es discernida desde el punto de vista de los sentidos humanos. Sólo por la iluminación del sentido espiritual puede arrojarse sobre esta Ciencia la luz de la comprensión, porque la Ciencia revierte la evidencia ante los sentidos materiales y proporciona la interpretación eterna de Dios y el hombre.

Si crees que estás enfermo, ¿debieras decir: "Estoy enfermo"? No, pero a veces debieras dar a conocer tu creencia, si es esto un requisito para proteger a otros. Si cometes un crimen, ¿debieras reconocer que tú mismo eres un criminal? Sí. Tus respuestas debieran ser distintas a causa de los distintos efectos que producen. Por lo general, admitir que estás enfermo hace menos curable tu caso, mientras que reconocer tu pecado ayuda a destruirlo. Tanto el pecado como la enfermedad son el error, y la Verdad es su remedio. La verdad en cuanto al error es que el error no es verdadero, por lo tanto, es irreal. Para comprobar científicamente el error o irrealidad del pecado, tienes que ver primero la pretensión del pecado, y entonces destruirla. Mientras que, para comprobar científicamente el error o irrealidad de la enfermedad, mentalmente tienes que dejar de ver la enfermedad; entonces ya no la sentirás, y es destruida.

La enseñanza sistemática y el crecimiento espiritual de los alumnos y su experiencia en la práctica son requisitos comprehension of Christian Science. Some individuals assimilate truth more readily than others, but any student, who adheres to the divine rules of Christian Science and imbibes the spirit of Christ, can demonstrate Christian Science, cast out error, heal the sick, and add continually to his store of spiritual understanding, potency, enlightenment, and success.

Rapidity of assimilation

Divided loyalty

If the student goes away to practise Truth's teachings only in part, dividing his interests between God and mammon and substituting his own views for Truth, he will inevitably reap the error he sows. Whoever would demonstrate the healing of Christian Science must abide strictly by its rules, heed every statement, and advance from the rudiments laid down. There is nothing difficult nor toilsome in this task, when the way is pointed out; but self-denial, sincerity, Christianity, and persistence alone win the prize, as they usually do in every department of life.

Anatomy defined

Anatomy, when conceived of spiritually, is mental self-knowledge, and consists in the dissection of thoughts to discover their quality, quantity, and origin. Are thoughts divine or human? That is the important question. This branch of study is indispensable to the excision of error. The anatomy of Christian Science teaches when and how to probe the self-inflicted wounds of selfishness, malice, envy, and hate. It teaches the control of mad ambition. It unfolds the hallowed influences of unselfishness, philanthropy, spiritual love. It urges the government of the body both in health and in sickness. The Christian Scientist, through understanding mental anatomy, discerns and para una comprensión profunda de la Ciencia Cristiana. Algunos individuos asimilan la verdad más fácilmente que otros, pero cualquier alumno, que se adhiere a las reglas divinas de la Ciencia Cristiana y embebe el espíritu del Cristo, puede demostrar la Ciencia Cristiana, echar fuera el error, sanar a los enfermos y añadir continuamente a su caudal de comprensión espiritual, potencia, iluminación y éxito.

Rapidez de asimilación

Si los alumnos salen a practicar las enseñanzas de la Verdad sólo en parte, dividiendo sus intereses entre Dios y las riquezas y sustituyendo la Verdad por sus propios puntos de vista, inevitablemente cosecharán el error que siembren. Quienquiera que desee demostrar la curación por la Ciencia Cristiana, tiene que atenerse estrictamente a sus reglas, tener en cuenta cada declaración, y avanzar desde los rudimentos establecidos. No hay nada difícil ni penoso en esta tarea, cuando el camino está señalado; pero sólo la renuncia al yo, la sinceridad, el cristianismo y la persistencia ganan el premio, como generalmente lo hacen en todas las actividades de la vida.

Lealtad dividida

La anatomía, cuando es concebida espiritualmente, es el conocimiento mental de uno mismo, y consiste en la disección de los pensamientos para descubrir su calidad, cantidad y origen. ¿Son los pensamientos divinos o humanos? Esa es la pregunta importante. Esta rama del estudio es indispensable para la escisión del error. La anatomía de la Ciencia Cristiana enseña cuándo y cómo sondar las heridas del egoísmo, la malicia, la envidia y el odio, que uno se inflige a sí mismo. Enseña a controlar la ambición desenfrenada. Revela las sagradas influencias del altruismo, de la filantropía, del amor espiritual. Insta a gobernar el cuerpo tanto en la salud como en la enfermedad. El Científico Cristiano, mediante la comprensión de la anatomía mental,

La anatomía definida

deals with the real cause of disease. The material physician gropes among phenomena, which fluctuate every instant under influences not embraced in his diagnosis, and so he may stumble and fall in the darkness.

Scientific obstetrics

Teacher and student should also be familiar with the obstetrics taught by this Science. To attend properly the birth of the new child, or divine idea, you should so detach mortal thought from its material conceptions, that the birth will be natural and safe. Though gathering new energy, this idea cannot injure its useful surroundings in the travail of spiritual birth. A spiritual idea has not a single element of error, and this truth removes properly whatever is offensive. The new idea, conceived and born of Truth and Love, is clad in white garments. Its beginning will be meek, its growth sturdy, and its maturity undecaying. When this new birth takes place, the Christian Science infant is born of the Spirit, born of God, and can cause the mother no more suffering. By this we know that Truth is here and has fulfilled its perfect work.

Unhesitating decision

To decide quickly as to the proper treatment of error — whether error is manifested in forms of sickness, sin, or death — is the first step towards destroying error. Our Master treated error through Mind. He never enjoined obedience to the laws of nature, if by these are meant laws of matter, nor did he use drugs. There is a law of God applicable to healing, and it is a spiritual law instead of material. The sick are not healed by inanimate matter or drugs, as they believe that they are. Such seeming medical effect or action is that of so-called mortal mind.

It has been said to the author, "The world is benediscierne y combate la verdadera causa de la enfermedad. El médico de la materia anda a tientas entre fenómenos, que fluctúan a cada instante bajo influencias no abarcadas en su diagnóstico, y así puede que tropiece y caiga en la oscuridad.

Obstetricia científica

Maestro y alumno debieran estar familiarizados también con la obstetricia enseñada por esta Ciencia. Para asistir debidamente el nacimiento de la nueva criatura, o idea divina, debieras apartar el pensamiento mortal de sus concepciones materiales de tal manera, que el nacimiento sea natural y sin peligro. Aunque acumule nuevas energías, esta idea no puede causar daño a su útil recinto en el trabajo de parto del nacimiento espiritual. Una idea espiritual no tiene un solo elemento de error, y esta verdad elimina debidamente todo lo que es nocivo. La nueva idea, concebida y nacida de la Verdad y el Amor, está vestida de blanco. Su comienzo será manso, su desarrollo robusto, y su madurez imperecedera. Cuando este nuevo nacimiento tiene lugar, la criatura en la Ciencia Cristiana nace del Espíritu, nace de Dios, y no puede causar más sufrimiento a la madre. Por esto sabemos que la Verdad está aquí y ha cumplido su obra perfecta.

Decisión sin hesitar

Decidir rápidamente cuál es el adecuado tratamiento para el error —ya sea que el error se manifieste en forma de enfermedad, pecado o muerte— es el primer paso hacia la destrucción del error. Nuestro Maestro trataba el error por medio de la Mente. Jamás exigió obediencia a las leyes de la naturaleza, si por estas se quiere decir que son leyes de la materia, ni tampoco usó medicamentos. Hay una ley de Dios aplicable a la curación, y es una ley espiritual en vez de material. Los enfermos no son sanados por medio de la inanimada materia o los medicamentos, como ellos creen que lo son. Tal aparente efecto médico o acción médica es la de la así llamada mente mortal.

Se le ha dicho a la autora: “El mundo es beneficiado

fited by you, but it feels your influence without seeing you. Why do you not make yourself more widely known?" Could her friends know how little time the author has had, in which to make herself outwardly known except through her laborious publications, — and how much time and toil are still required to establish the stately operations of Christian Science, — they would understand why she is so secluded. Others could not take her place, even if willing so to do. She therefore remains unseen at her post, seeking no self-aggrandizement but praying, watching, and working for the redemption of mankind.

Seclusion of the author

If from an injury or from any cause, a Christian Scientist were seized with pain so violent that he could not treat himself mentally, — and the Scientists had failed to relieve him, — the sufferer could call a surgeon, who would give him a hypodermic injection, then, when the belief of pain was lulled, he could handle his own case mentally. Thus it is that we "prove all things; [and] hold fast that which is good."

In founding a pathological system of Christianity, the author has labored to expound divine Principle, and not to exalt personality. The weapons of bigotry, ignorance, envy, fall before an honest heart. Adulterating Christian Science, makes it void. Falsity has no foundation. "The hireling fleeth, because he is an hireling, and careth not for the sheep." Neither dishonesty nor ignorance ever founded, nor can they overthrow a scientific system of ethics.

The right motive and its reward

por usted, pero siente su influencia sin verla. ¿Por qué no se da a conocer más ampliamente?" Si sus amigos supieran qué poco tiempo ha tenido la autora para hacerse conocer públicamente, excepto por medio de sus laboriosas publicaciones —y cuánto tiempo y trabajo se requieren aún para establecer las sublimes operaciones de la Ciencia Cristiana— ellos comprenderían por qué vive tan retirada. Otros no podrían tomar su lugar, aunque estuvieran dispuestos a hacerlo. Por tanto, ella permanece sin ser vista en su puesto, no en busca de su propio engrandecimiento, sino orando, velando y trabajando por la redención del género humano.

Retiro de la autora

Si debido a una lesión o por cualquier otra causa, un Científico Cristiano fuese atacado por un dolor tan violento que no pudiera darse un tratamiento mental a sí mismo —y los Científicos Cristianos no hubieran logrado aliviarlo— el sufridor podría llamar a un cirujano que le administraría una inyección hipodérmica; entonces, al calmarse la creencia de dolor, él podría atender su propio caso mentalmente. Así es como "lo examinamos todo; y retenemos lo bueno".

El motivo correcto y su recompensa

Al fundar un sistema patológico de cristianismo, la autora se ha esforzado por exponer el Principio divino, y no por exaltar la personalidad. Las armas de la intolerancia, la ignorancia, la envidia, caen ante un corazón honesto. Adulterar la Ciencia Cristiana la anula. La falsedad no tiene ningún fundamento. "El asalariado huye, porque es asalariado, y no le importan las ovejas". Ni la deshonestidad ni la ignorancia fundaron jamás, ni pueden derribar, un sistema científico de ética.

Chapter 14

Recapitulation

For precept must be upon precept, precept upon precept;
line upon line, line upon line;
here a little, and there a little. — Isaiah.

This chapter is from the first edition of the author's class-book, copyrighted in 1870. After much labor and increased spiritual understanding, she revised that treatise for this volume in 1875. Absolute Christian Science pervades its statements, to elucidate scientific metaphysics.

Questions and Answers

Question. — What is God?
Answer. — God is incorporeal, divine, supreme, infinite Mind, Spirit, Soul, Principle, Life, Truth, Love.

Question. — Are these terms synonymous?
Answer. — They are. They refer to one absolute God. They are also intended to express the nature, essence, and wholeness of Deity. The attributes of God are justice, mercy, wisdom, goodness, and so on.

Question. — Is there more than one God or Principle?
Answer. — There is not. Principle and its idea is one, and this one is God, omnipotent, omniscient, and omni-

Capítulo 14

Recapitulación

Porque mandamiento tras mandamiento, mandato sobre mandato,
renglón tras renglón, línea sobre línea,
un poquito allí, otro poquito allá. — Isaías.

Este capítulo es de la primera edición del libro de clase de la autora, cuyo título de propiedad literaria se obtuvo en 1870. Después de ardua labor y de una acrecentada comprensión espiritual, ella revisó dicho tratado para esta obra en 1875. La Ciencia Cristiana absoluta impregna sus declaraciones, para elucidar la metafísica científica.

Preguntas y respuestas

Pregunta. — ¿Qué es Dios?
Respuesta. — Dios es la Mente, el Espíritu, el Alma, el Principio, la Vida, la Verdad, el Amor, incorpóreos, divinos, supremos, infinitos.

Pregunta. — ¿Son sinónimos estos términos?
Respuesta. — Lo son. Se refieren a un Dios único y absoluto. También tienen la intención de expresar la naturaleza, esencia y plenitud de la Deidad. Los atributos de Dios son la justicia, la misericordia, la sabiduría, la bondad, y demás.

Pregunta. — ¿Hay más de un Dios o Principio?
Respuesta. — No lo hay. El Principio y su idea es uno, y este uno es Dios, el Ser omnipotente, omnisciente y omnipresente,

present Being, and His reflection is man and the universe. *Omni* is adopted from the Latin adjective signifying *all.* Hence God combines all-power or potency, all-science or true knowledge, all-presence. The varied manifestations of Christian Science indicate Mind, never matter, and have one Principle.

Question. — What are spirits and souls?

Real *versus* unreal

Answer. — To human belief, they are personalities constituted of mind and matter, life and death, truth and error, good and evil; but these contrasting pairs of terms represent contraries, as Christian Science reveals, which neither dwell together nor assimilate. Truth is immortal; error is mortal. Truth is limitless; error is limited. Truth is intelligent; error is non-intelligent. Moreover, Truth is real, and error is unreal. This last statement contains the point you will most reluctantly admit, although first and last it is the most important to understand.

Mankind redeemed

The term *souls* or *spirits* is as improper as the term *gods.* Soul or Spirit signifies Deity and nothing else. There is no finite soul nor spirit. Soul or Spirit means only one Mind, and cannot be rendered in the plural. Heathen mythology and Jewish theology have perpetuated the fallacy that intelligence, soul, and life can be in matter; and idolatry and ritualism are the outcome of all man-made beliefs. The Science of Christianity comes with fan in hand to separate the chaff from the wheat. Science will declare God aright, and Christianity will demonstrate this declaration and its divine Principle, making mankind better physically, morally, and spiritually.

y Su reflejo es el hombre y el universo. *Omni* es tomado del adjetivo latino que significa *todo.* Por lo tanto, en Dios se combina todo el poder o la potencia, toda la ciencia o el conocimiento verdadero, toda la presencia. Las variadas manifestaciones de la Ciencia Cristiana indican la Mente, jamás la materia, y tienen un único Principio.

Pregunta. — ¿Qué son los espíritus y las almas?

Lo real *versus* lo irreal

Respuesta. — Para la creencia humana, son personalidades constituidas de mente y materia, vida y muerte, verdad y error, bien y mal; pero estos pares de términos contrastantes representan contrarios que, como la Ciencia Cristiana revela, ni moran juntos ni se asimilan entre sí. La Verdad es inmortal; el error es mortal. La Verdad es ilimitada; el error es limitado. La Verdad es inteligente; el error es carente de inteligencia. Además, la Verdad es real, y el error es irreal. Esta última declaración contiene el punto que admitirás con mayor renuencia, aunque desde el primero al último es el que más importa comprender.

La humanidad redimida

El término *almas* o *espíritus* es tan impropio como el término *dioses.* Alma o Espíritu significa Deidad y nada más. No hay alma finita ni espíritu finito. Alma o Espíritu significa una única Mente, y no puede ser usado en plural. La mitología pagana y la teología judaica han perpetuado la falacia de que la inteligencia, el alma y la vida pueden estar en la materia; y la idolatría y el ritualismo son el producto de todas las creencias elaboradas por el hombre. La Ciencia del cristianismo viene con aventador en mano a separar la paja del trigo. La Ciencia declarará correctamente a Dios, y el cristianismo demostrará esta declaración y su Principio divino, mejorando al género humano física, moral y espiritualmente.

Question. — What are the demands of the Science of Soul?

Answer. — The first demand of this Science is, "Thou shalt have no other gods before me." This *me* is Spirit. Therefore the command means this: Thou shalt have no intelligence, no life, no substance, no truth, no love, but that which is spiritual. The second is like unto it, "Thou shalt love thy neighbor as thyself." It should be thoroughly understood that all men have one Mind, one God and Father, one Life, Truth, and Love. Mankind will become perfect in proportion as this fact becomes apparent, war will cease and the true brotherhood of man will be established. Having no other gods, turning to no other but the one perfect Mind to guide him, man is the likeness of God, pure and eternal, having that Mind which was also in Christ.

Two chief commands

Science reveals Spirit, Soul, as not in the body, and God as not in man but as reflected by man. The greater cannot be in the lesser. The belief that the greater can be in the lesser is an error that works ill. This is a leading point in the Science of Soul, that Principle is not in its idea. Spirit, Soul, is not confined in man, and is never in matter. We reason imperfectly from effect to cause, when we conclude that matter is the effect of Spirit; but *a priori* reasoning shows material existence to be enigmatical. Spirit gives the true mental idea. We cannot interpret Spirit, Mind, through matter. Matter neither sees, hears, nor feels.

Soul not confined in body

Reasoning from cause to effect in the Science of Mind, we begin with Mind, which must be understood through the idea which expresses it and cannot be learned from its opposite, matter. Thus we

Sinlessness of Mind, Soul

Pregunta. — ¿Cuáles son las exigencias de la Ciencia del Alma?

Dos mandatos principales

Respuesta. — La primera exigencia de esta Ciencia es: "No tendrás dioses ajenos delante de mí". Este *mí* es el Espíritu. Por lo tanto, el mandato significa esto: No tendrás ninguna inteligencia, ninguna vida, ninguna sustancia, ninguna verdad, ningún amor, salvo el que sea espiritual. La segunda es semejante: "Amarás a tu prójimo como a ti mismo". Debiera entenderse plenamente que todos los hombres tienen una única Mente, un único Dios y Padre, una única Vida, Verdad y Amor. El género humano se perfeccionará en la proporción en que este hecho se torne aparente, cesarán las guerras y la verdadera hermandad del hombre será establecida. Al no tener otros dioses, al no recurrir a ninguna otra sino a la única Mente perfecta para que lo guíe, el hombre es la semejanza de Dios, puro y eterno, y tiene esa Mente que estaba también en Cristo.

El Alma no está confinada en el cuerpo

La Ciencia revela que el Espíritu, el Alma, no está en el cuerpo, y que Dios no está en el hombre, sino que es reflejado por el hombre. Lo mayor no puede estar en lo menor. La creencia de que lo mayor puede estar en lo menor es un error que hace mal. Este es un punto primordial en la Ciencia del Alma: que el Principio no está en su idea. El Espíritu, el Alma, no está confinado en el hombre, y jamás está en la materia. Razonamos imperfectamente de efecto a causa cuando concluimos que la materia es el efecto del Espíritu; mas el razonamiento *a priori* muestra que la existencia material es enigmática. El Espíritu da la idea mental verdadera. No podemos interpretar el Espíritu, la Mente, por medio de la materia. La materia ni ve ni oye ni siente.

Impecabilidad de la Mente, el Alma

Razonando de causa a efecto en la Ciencia de la Mente, comenzamos con la Mente, que ha de ser comprendida mediante la idea que la expresa y no puede aprenderse de su opuesto, la materia. Así llegamos a arrive at Truth, or intelligence, which evolves its own unerring idea and never can be coordinate with human illusions. If Soul sinned, it would be mortal, for sin is mortality's self, because it kills itself. If Truth is immortal, error must be mortal, because error is unlike Truth. Because Soul is immortal, Soul cannot sin, for sin is not the eternal verity of being.

Question. — What is the scientific statement of being?

Answer. — There is no life, truth, intelligence, nor substance in matter. All is infinite Mind and its infinite manifestation, for God is All-in-all. Spirit is immortal Truth; matter is mortal error. Spirit is the real and eternal; matter is the unreal and temporal. Spirit is God, and man is His image and likeness. Therefore man is not material; he is spiritual.

Question. — What is substance?

Spiritual synonyms

Answer. — Substance is that which is eternal and incapable of discord and decay. Truth, Life, and Love are substance, as the Scriptures use this word in Hebrews: "The substance of things hoped for, the evidence of things not seen." Spirit, the synonym of Mind, Soul, or God, is the only real substance. The spiritual universe, including individual man, is a compound idea, reflecting the divine substance of Spirit.

Question. — What is Life?

Eternity of Life

Answer. — Life is divine Principle, Mind, Soul, Spirit. Life is without beginning and without end. Eternity, not time, expresses the thought of Life, and time is no part of eternity. One ceases in proportion as the other is recognized. Time is finite;

la Verdad, o inteligencia, que desarrolla su propia idea infalible y jamás puede estar coordinada con las ilusiones humanas. Si el Alma pecase, sería mortal, pues el pecado es el yo de la mortalidad, porque se mata a sí mismo. Si la Verdad es inmortal, el error tiene que ser mortal, porque el error es desemejante a la Verdad. Porque el Alma es inmortal, el Alma no puede pecar, pues el pecado no es la verdad eterna del ser.

Pregunta. — ¿Cuál es la declaración científica del ser?
Respuesta. — No hay vida, verdad, inteligencia ni sustancia en la materia. Todo es la Mente infinita y su manifestación infinita, pues Dios es Todo-en-todo. El Espíritu es la Verdad inmortal; la materia es el error mortal. El Espíritu es lo real y eterno; la materia es lo irreal y temporal. El Espíritu es Dios, y el hombre es Su imagen y semejanza. Por lo tanto, el hombre no es material; él es espiritual.

Pregunta. — ¿Qué es la sustancia?
Respuesta. — La sustancia es aquello que es eterno e incapaz de manifestar discordia y decadencia. La Verdad, la Vida y el Amor son sustancia, como las Escrituras usan esta palabra en Hebreos: "La certeza [*la sustancia*]* de lo que se espera, la convicción de lo que no se ve". El Espíritu, el sinónimo de la Mente, el Alma, o Dios, es la única sustancia verdadera. El universo espiritual, incluyendo el hombre individual, es una idea compuesta, que refleja la sustancia divina del Espíritu.

Sinónimos espirituales

Pregunta. — ¿Qué es la Vida?
Respuesta. — La Vida es el Principio divino, la Mente, el Alma, el Espíritu. La Vida no tiene comienzo ni fin. La eternidad, no el tiempo, expresa el pensamiento de la Vida, y el tiempo no es parte de la eternidad. Uno cesa en la proporción en que la otra es reconocida. El tiempo es finito;

La eternidad de la Vida

*Según la versión King James de la Biblia

eternity is forever infinite. Life is neither in nor of matter. What is termed matter is unknown to Spirit, which includes in itself all substance and is Life eternal. Matter is a human concept. Life is divine Mind. Life is not limited. Death and finiteness are unknown to Life. If Life ever had a beginning, it would also have an ending.

Question. — What is intelligence?
Answer. — Intelligence is omniscience, omnipresence, and omnipotence. It is the primal and eternal quality of infinite Mind, of the triune Principle, — Life, Truth, and Love, — named God.

Question. — What is Mind?

True sense of infinitude

Answer. — Mind is God. The exterminator of error is the great truth that God, good, is the *only* Mind, and that the supposititious opposite of infinite Mind — called *devil* or evil — is not Mind, is not Truth, but error, without intelligence or reality. There can be but one Mind, because there is but one God; and if mortals claimed no other Mind and accepted no other, sin would be unknown. We can have but one Mind, if that one is infinite. We bury the sense of infinitude, when we admit that, although God is infinite, evil has a place in this infinity, for evil can have no place, where all space is filled with God.

The sole governor

We lose the high signification of omnipotence, when after admitting that God, or good, is omnipresent and has all-power, we still believe there is another power, named *evil*. This belief that there is more than one mind is as pernicious to divine theology as are ancient mythology and pagan idolatry. With la eternidad es para siempre infinita. La Vida ni está en la materia ni es de ella. Lo que se denomina materia es desconocido para el Espíritu, el cual incluye en sí mismo toda la sustancia y es la Vida eterna. La materia es un concepto humano. La Vida es la Mente divina. La Vida no es limitada. La muerte y lo finito son desconocidos para la Vida. Si la Vida alguna vez tuvo un comienzo, también tendría un final.

Pregunta. — ¿Qué es la inteligencia?
Respuesta. — La inteligencia es omnisciencia, omnipresencia y omnipotencia. Es la cualidad primaria y eterna de la Mente infinita, del Principio trino y uno —la Vida, la Verdad y el Amor— llamado Dios.

Pregunta. — ¿Qué es la Mente?
Respuesta. — La Mente es Dios. El exterminador del error es la gran verdad de que Dios, el bien, es la Mente *única,* y que lo supuestamente opuesto de la Mente infinita —llamado *diablo* o mal— no es la Mente, no es la Verdad, sino el error, sin inteligencia o realidad. No puede haber sino una sola Mente, porque no hay sino un solo Dios; y si los mortales no reclamaran otra Mente ni aceptaran ninguna otra, el pecado sería desconocido. No podemos tener sino una única Mente, si esa única es infinita. Sepultamos el sentido de infinitud cuando admitimos que, aunque Dios es infinito, el mal tiene un lugar en esta infinitud, pues el mal no puede tener lugar donde todo el espacio está ocupado por Dios.

El verdadero sentido de infinitud

Perdemos el elevado significado de la omnipotencia cuando, después de admitir que Dios, o el bien, es omnipresente y tiene todo el poder, creemos aún que hay otro poder, denominado el *mal.* Esta creencia de que hay más de una mente es tan perniciosa para la teología divina como lo son la mitología antigua y la idolatría pagana. Con

El único gobernador

one Father, even God, the whole family of man would be brethren; and with one Mind and that God, or good, the brotherhood of man would consist of Love and Truth, and have unity of Principle and spiritual power which constitute divine Science. The supposed existence of more than one mind was the basic error of idolatry. This error assumed the loss of spiritual power, the loss of the spiritual presence of Life as infinite Truth without an unlikeness, and the loss of Love as ever present and universal.

The divine standard of perfection

Divine Science explains the abstract statement that there is one Mind by the following self-evident proposition: If God, or good, is real, then evil, the unlikeness of God, is unreal. And evil can only seem to be real by giving reality to the unreal. The children of God have but one Mind. How can good lapse into evil, when God, the Mind of man, never sins? The standard of perfection was originally God and man. Has God taken down His own standard, and has man fallen?

Indestructible relationship

God is the creator of man, and, the divine Principle of man remaining perfect, the divine idea or reflection, man, remains perfect. Man is the expression of God's being. If there ever was a moment when man did not express the divine perfection, then there was a moment when man did not express God, and consequently a time when Deity was unexpressed — that is, without entity. If man has lost perfection, then he has lost his perfect Principle, the divine Mind. If man ever existed without this perfect Principle or Mind, then man's existence was a myth.

The relations of God and man, divine Principle and

un único Padre, o sea, Dios, todos en la familia humana serían hermanos; y con una única Mente, y siendo esa Dios, o el bien, la hermandad del hombre consistiría en Amor y Verdad, y tendría la unidad del Principio y el poder espiritual que constituyen la Ciencia divina. La supuesta existencia de más de una mente fue el error básico de la idolatría. Este error suponía la pérdida del poder espiritual, la pérdida de la presencia espiritual de la Vida como Verdad infinita sin ninguna desemejanza, y la pérdida del Amor como siempre presente y universal.

El estándar divino de la perfección

La Ciencia divina explica la declaración abstracta de que hay una única Mente por la siguiente proposición evidente por sí misma: Si Dios, o el bien, es real, entonces el mal, la desemejanza de Dios, es irreal. Y el mal sólo puede parecer real dándole realidad a lo irreal. Los hijos de Dios tienen una única Mente. ¿Cómo puede el bien degenerar en el mal, cuando Dios, la Mente del hombre, jamás peca? El estándar de la perfección fue originalmente Dios y el hombre. ¿Ha rebajado Dios Su propio estándar, y ha caído el hombre?

Relación indestructible

Dios es el creador del hombre, y al permanecer perfecto el Principio divino del hombre, la idea divina o reflejo, el hombre, permanece perfecto. El hombre es la expresión del ser de Dios. Si hubo alguna vez un momento en que el hombre no expresó la perfección divina, entonces hubo un momento en que el hombre no expresó a Dios, y por consiguiente, un tiempo en que la Deidad estuvo inexpresada, es decir, sin entidad. Si el hombre ha perdido la perfección, entonces ha perdido su Principio perfecto, la Mente divina. Si el hombre alguna vez existió sin este Principio perfecto o Mente, entonces la existencia del hombre fue un mito.

Las relaciones de Dios y el hombre, el Principio divino

idea, are indestructible in Science; and Science knows no lapse from nor return to harmony, but holds the divine order or spiritual law, in which God and all that He creates are perfect and eternal, to have remained unchanged in its eternal history.

Celestial evidence

The unlikeness of Truth, — named *error,* — the opposite of Science, and the evidence before the five corporeal senses, afford no indication of the grand facts of being; even as these so-called senses receive no intimation of the earth's motions or of the science of astronomy, but yield assent to astronomical propositions on the authority of natural science.

The facts of divine Science should be admitted, — although the evidence as to these facts is not supported by evil, by matter, or by material sense, — because the evidence that God and man coexist is fully sustained by spiritual sense. Man is, and forever has been, God's reflection. God is infinite, therefore ever present, and there is no other power nor presence. Hence the spirituality of the universe is the only fact of creation. "Let God be true, but every [material] man a liar."

Question. — Are doctrines and creeds a benefit to man?

The test of experience

Answer. — The author subscribed to an orthodox creed in early youth, and tried to adhere to it until she caught the first gleam of that which interprets God as above mortal sense. This view rebuked human beliefs, and gave the spiritual import, expressed through Science, of all that proceeds from the divine Mind. Since then her highest creed has been divine Science, which, reduced to human apprehension, she has named Christian Science. This Science y la idea, son indestructibles en la Ciencia; y la Ciencia no conoce ninguna interrupción de la armonía ni retorno a ella, sino que mantiene que el orden divino o la ley espiritual, en el cual Dios y todo lo que Él crea son perfectos y eternos, ha permanecido inalterado en su historia eterna.

La evidencia celestial

La desemejanza de la Verdad —llamada *error*— lo opuesto de la Ciencia, y la evidencia ante los cinco sentidos corporales, no proporcionan ninguna indicación de las grandes realidades del ser; así como estos así llamados sentidos no reciben ningún indicio de los movimientos de la tierra o de la ciencia de la astronomía, sino que dan su aprobación a las proposiciones astronómicas bajo la autoridad de las ciencias naturales.

Las verdades de la Ciencia divina debieran ser admitidas —aun cuando la evidencia respecto a estas verdades no esté apoyada por el mal, por la materia o por el sentido material— porque la evidencia de que Dios y el hombre coexisten está plenamente sostenida por el sentido espiritual. El hombre es, y eternamente ha sido, el reflejo de Dios. Dios es infinito, por lo tanto siempre presente, y no hay otro poder ni otra presencia. Por consiguiente, la espiritualidad del universo es la única realidad de la creación. “Sea Dios veraz, y todo hombre [material] mentiroso”.

Pregunta. — ¿Benefician al hombre las doctrinas y los credos?

La prueba de la experiencia

Respuesta. — La autora se adscribió a un credo ortodoxo en su juventud, y trató de adherirse a él hasta que captó la primera vislumbre de aquello que interpreta a Dios como por encima del sentido mortal. Esta perspectiva reprendió las creencias humanas, y dio el significado espiritual, expresado por medio de la Ciencia, de todo lo que procede de la Mente divina. Desde entonces, su credo más elevado ha sido la Ciencia divina, la cual, reducida a la comprensión humana, ella ha denominado Ciencia Cristiana. Esta Ciencia teaches man that God is the only Life, and that this Life is Truth and Love; that God is to be understood, adored, and demonstrated; that divine Truth casts out suppositional error and heals the sick.

God's law destroys evil

The way which leads to Christian Science is straight and narrow. God has set His signet upon Science, making it coordinate with all that is real and only with that which is harmonious and eternal. Sickness, sin, and death, being inharmonious, do not originate in God nor belong to His government. His law, rightly understood, destroys them. Jesus furnished proofs of these statements.

Question. — What is error?

Evanescent materiality

Answer. — Error is a supposition that pleasure and pain, that intelligence, substance, life, are existent in matter. Error is neither Mind nor one of Mind's faculties. Error is the contradiction of Truth. Error is a belief without understanding. Error is unreal because untrue. It is that which seemeth to be and is not. If error were true, its truth would be error, and we should have a self-evident absurdity — namely, *erroneous truth*. Thus we should continue to lose the standard of Truth.

Question. — Is there no sin?

Unrealities that seem real

Answer. — All reality is in God and His creation, harmonious and eternal. That which He creates is good, and He makes all that is made. Therefore the only reality of sin, sickness, or death is the awful fact that unrealities seem real to human, erring belief, until God strips off their disguise. They are not true, because they are not of God. We learn in Christian enseña al hombre que Dios es la única Vida, y que esta Vida es la Verdad y el Amor; que Dios ha de ser comprendido, adorado y demostrado; que la Verdad divina echa fuera el supuesto error y sana a los enfermos.

La ley de Dios destruye el mal

El camino que conduce a la Ciencia Cristiana es recto y estrecho. Dios ha puesto Su marca sobre la Ciencia, haciéndola coordinar con todo lo que es verdadero y sólo con aquello que es armonioso y eterno. La enfermedad, el pecado y la muerte, siendo inarmónicos, no se originan en Dios ni pertenecen a Su gobierno. Su ley, correctamente comprendida, los destruye. Jesús proporcionó pruebas de estas declaraciones.

Pregunta. — ¿Qué es el error?

Materialidad evanescente

Respuesta. — El error es una suposición de que el placer y el dolor, que la inteligencia, la sustancia, la vida, existen en la materia. El error no es ni la Mente ni una de las facultades de la Mente. El error es la contradicción de la Verdad. El error es una creencia sin entendimiento. El error es irreal porque no es verídico. Es aquello que parece ser y no es. Si el error fuera verídico, su verdad sería error, y tendríamos un absurdo evidente por sí mismo, a saber, una *verdad errónea.* Así continuaríamos perdiendo el estándar de la Verdad.

Pregunta. — ¿No existe el pecado?

Irrealidades que parecen reales

Respuesta. — Toda la realidad está en Dios y Su creación, armoniosa y eterna. Lo que Él crea es bueno, y Él hace todo lo que es hecho. Por tanto, la única realidad del pecado, la enfermedad o la muerte es el hecho terrible de que las irrealidades parecen reales a la creencia humana que yerra, hasta que Dios las despoja de su disfraz. No son verídicas, porque no son de Dios. Aprendemos en la Ciencia

Science that all inharmony of mortal mind or body is illusion, possessing neither reality nor identity though seeming to be real and identical.

Christ the ideal Truth

The Science of Mind disposes of all evil. Truth, God, is not the father of error. Sin, sickness, and death are to be classified as effects of error. Christ came to destroy the belief of sin. The God-principle is omnipresent and omnipotent. God is everywhere, and nothing apart from Him is present or has power. Christ is the ideal Truth, that comes to heal sickness and sin through Christian Science, and attributes all power to God. Jesus is the name of the man who, more than all other men, has presented Christ, the true idea of God, healing the sick and the sinning and destroying the power of death. Jesus is the human man, and Christ is the divine idea; hence the duality of Jesus the Christ.

Jesus not God

In an age of ecclesiastical despotism, Jesus introduced the teaching and practice of Christianity, affording the proof of Christianity's truth and love; but to reach his example and to test its unerring Science according to his rule, healing sickness, sin, and death, a better understanding of God as divine Principle, Love, rather than personality or the man Jesus, is required.

Jesus not understood

Jesus established what he said by demonstration, thus making his acts of higher importance than his words. He proved what he taught. This is the Science of Christianity. Jesus *proved* the Principle, which heals the sick and casts out error, to be divine. Few, however, except his students understood in the least his teachings and their glorious

Cristiana que toda desarmonía de la mente o del cuerpo mortales es una ilusión, que no posee ni realidad ni identidad aunque parezca ser real y tener identidad.

El Cristo es la Verdad ideal

La Ciencia de la Mente acaba con todo el mal. La Verdad, Dios, no es el padre del error. El pecado, la enfermedad y la muerte han de ser clasificados como efectos del error. El Cristo vino para destruir la creencia de pecado. El principio-Dios es omnipresente y omnipotente. Dios está en todas partes, y nada fuera de Él está presente ni tiene poder. El Cristo es la Verdad ideal, que viene a sanar la enfermedad y el pecado por medio de la Ciencia Cristiana, y atribuye todo el poder a Dios. Jesús es el nombre del hombre que, más que todos los otros hombres, ha presentado el Cristo, la verdadera idea de Dios, sanando a los enfermos y los pecadores y destruyendo el poder de la muerte. Jesús es el hombre humano, y el Cristo es la idea divina; de ahí la dualidad de Jesús el Cristo.

Jesús no es Dios

En una época de despotismo eclesiástico, Jesús introdujo la enseñanza y la práctica del cristianismo, proporcionando la prueba de la verdad y el amor del cristianismo; mas para alcanzar su ejemplo y poner a prueba la Ciencia infalible de ese ejemplo de acuerdo con la regla que él estableció, sanando la enfermedad, el pecado y la muerte, se requiere una comprensión mejor de Dios como el Principio divino, el Amor, más bien que de la personalidad o del hombre Jesús.

Jesús no fue comprendido

Jesús estableció lo que dijo por medio de la demostración, haciendo así que sus actos fueran de mayor importancia que sus palabras. Él comprobó lo que enseñó. Esto es la Ciencia del cristianismo. Jesús *comprobó* que el Principio, que sana a los enfermos y echa fuera el error, es divino. Pocos, sin embargo, excepto sus discípulos, entendieron en lo más mínimo sus enseñanzas y las gloriosas proofs, — namely, that Life, Truth, and Love (the Principle of this unacknowledged Science) destroy all error, evil, disease, and death.

Miracles rejected

The reception accorded to Truth in the early Christian era is repeated to-day. Whoever introduces the Science of Christianity will be scoffed at and scourged with worse cords than those which cut the flesh. To the ignorant age in which it first appears, Science seems to be a mistake, — hence the misinterpretation and consequent maltreatment which it receives. Christian marvels (and *marvel* is the simple meaning of the Greek word rendered *miracle* in the New Testament) will be misunderstood and misused by many, until the glorious Principle of these marvels is gained.

Divine fulfilment

If sin, sickness, and death are as real as Life, Truth, and Love, then they must all be from the same source; God must be their author. Now Jesus came to destroy sin, sickness, and death; yet the Scriptures aver, "I am not come to destroy, but to fulfil." Is it possible, then, to believe that the evils which Jesus lived to destroy are real or the offspring of the divine will?

Truth destroys falsity

Despite the hallowing influence of Truth in the destruction of error, must error still be immortal? Truth spares all that is true. If evil is real, Truth must make it so; but error, not Truth, is the author of the unreal, and the unreal vanishes, while all that is real is eternal. The apostle says that the mission of Christ is to "destroy the works of the devil." Truth destroys falsity and error, for light and darkness cannot dwell together. Light extinguishes the pruebas de esas enseñanzas, a saber, que la Vida, la Verdad y el Amor (el Principio de esta Ciencia no reconocida) destruyen todo el error, el mal, la enfermedad y la muerte.

Milagros rechazados

El recibimiento concedido a la Verdad al comienzo de la era cristiana se repite hoy en día. Quienquiera que introduzca la Ciencia del cristianismo será escarnecido y azotado con cuerdas peores que aquellas que cortan la carne. Para la época ignorante en la cual aparece por primera vez, la Ciencia parece ser una equivocación, de ahí la mala interpretación y el consiguiente maltrato que recibe. Las maravillas cristianas (y *maravilla* es el significado simple de la palabra griega traducida como *milagro* en el Nuevo Testamento) serán malentendidas y mal empleadas por muchos, hasta que el glorioso Principio de estas maravillas sea ganado.

Cumplimiento divino

Si el pecado, la enfermedad y la muerte son tan reales como la Vida, la Verdad y el Amor, entonces todos ellos deben de proceder de la misma fuente; Dios debe ser su autor. Ahora bien, Jesús vino a destruir el pecado, la enfermedad y la muerte; sin embargo, las Escrituras afirman: "No he venido para destruir, sino para cumplir".* ¿Es posible, entonces, creer que los males para cuya destrucción Jesús vivió sean verdaderos o el producto de la voluntad divina?

La Verdad destruye la falsedad

A pesar de la influencia santificante de la Verdad en la destrucción del error, ¿debe el error, no obstante, ser inmortal? La Verdad preserva todo lo que es verídico. Si el mal es real, la Verdad debe hacerlo así; pero el error, no la Verdad, es el autor de lo irreal, y lo irreal desaparece, mientras que todo lo que es real es eterno. El apóstol dice que la misión de Cristo es "deshacer las obras del diablo". La Verdad destruye la falsedad y el error, pues la luz y las tinieblas no pueden morar juntas. La luz extingue las

*Según la versión King James de la Biblia

darkness, and the Scripture declares that there is "no night there." To Truth there is no error, — all is Truth. To infinite Spirit there is no matter, — all is Spirit, divine Principle and its idea.

Question. — What is man?

Answer. — Man is not matter; he is not made up of brain, blood, bones, and other material elements. The Scriptures inform us that man is made in the image and likeness of God. Matter is not that likeness. The likeness of Spirit cannot be so unlike Spirit. Man is spiritual and perfect; and because he is spiritual and perfect, he must be so understood in Christian Science. Man is idea, the image, of Love; he is not physique. He is the compound idea of God, including all right ideas; the generic term for all that reflects God's image and likeness; the conscious identity of being as found in Science, in which man is the reflection of God, or Mind, and therefore is eternal; that which has no separate mind from God; that which has not a single quality underived from Deity; that which possesses no life, intelligence, nor creative power of his own, but reflects spiritually all that belongs to his Maker.

Fleshly factors unreal

And God said: "Let us make man in our image, after our likeness; and let them have dominion over the fish of the sea, and over the fowl of the air, and over the cattle, and over all the earth, and over every creeping thing that creepeth upon the earth."

Man is incapable of sin, sickness, and death. The real man cannot depart from holiness, nor can God, by whom man is evolved, engender the capacity or freedom to sin. A mortal sinner is not

Man unfallen

tinieblas, y las Escrituras declaran que "no habrá allí más noche". Para la Verdad no hay error, todo es Verdad. Para el Espíritu infinito no hay materia, todo es Espíritu, el Principio divino y su idea.

Pregunta. — ¿Qué es el hombre?

Los factores carnales son irreales

Respuesta. — El hombre no es materia; no está constituido de cerebro, sangre, huesos y otros elementos materiales. Las Escrituras nos informan que el hombre está hecho a la imagen y semejanza de Dios. La materia no es esa semejanza. La semejanza del Espíritu no puede ser tan desemejante al Espíritu. El hombre es espiritual y perfecto; y porque es espiritual y perfecto, tiene que ser comprendido así en la Ciencia Cristiana. El hombre es la idea, la imagen, del Amor; no es el físico. Es la compuesta idea de Dios, incluyendo todas las ideas correctas; el término genérico para todo lo que refleja la imagen y semejanza de Dios; la consciente identidad del ser como se encuentra en la Ciencia, en la cual el hombre es el reflejo de Dios, o la Mente, y por tanto, es eterno; lo que no tiene mente separada de Dios; lo que no tiene ni una sola cualidad que no derive de la Deidad; lo que no posee ninguna vida, inteligencia ni poder creativo propios, sino que refleja espiritualmente todo lo que pertenece a su Hacedor.

Y dijo Dios: "Hagamos al hombre a nuestra imagen, conforme a nuestra semejanza; y señoree en los peces del mar, en las aves de los cielos, en las bestias, en toda la tierra, y en todo animal que se arrastra sobre la tierra".

El hombre no ha caído

El hombre es incapaz de pecar, enfermar y morir. El hombre verdadero no puede desviarse de la santidad, ni puede Dios, por medio de quien el hombre es desarrollado, engendrar la capacidad o libertad de pecar. Un pecador mortal no es el hombre de Dios.

God's man. Mortals are the counterfeits of immortals. They are the children of the wicked one, or the one evil, which declares that man begins in dust or as a material embryo. In divine Science, God and the real man are inseparable as divine Principle and idea.

Mortals are not immortals

Error, urged to its final limits, is self-destroyed. Error will cease to claim that soul is in body, that life and intelligence are in matter, and that this matter is man. God is the Principle of man, and man is the idea of God. Hence man is not mortal nor material. Mortals will disappear, and immortals, or the children of God, will appear as the only and eternal verities of man. Mortals are not fallen children of God. They never had a perfect state of being, which may subsequently be regained. They were, from the beginning of mortal history, "conceived in sin and brought forth in iniquity." Mortality is finally swallowed up in immortality. Sin, sickness, and death must disappear to give place to the facts which belong to immortal man.

Imperishable identity

Learn this, O mortal, and earnestly seek the spiritual status of man, which is outside of all material selfhood. Remember that the Scriptures say of mortal man: "As for man, his days are as grass: as a flower of the field, so he flourisheth. For the wind passeth over it, and it is gone; and the place thereof shall know it no more."

The kingdom within

When speaking of God's children, not the children of men, Jesus said, "The kingdom of God is within you;" that is, Truth and Love reign in the real man, showing that man in God's image is unfallen and eternal. Jesus beheld in Science the per-

Los mortales son las falsificaciones de los inmortales. Son los hijos del maligno, o el mal único, que declara que el hombre comienza en el polvo o como un embrión material. En la Ciencia divina, Dios y el hombre verdadero son inseparables como Principio divino e idea.

Los mortales no son inmortales

El error, urgido hasta sus límites finales, se destruye a sí mismo. El error cesará de pretender que el alma está en el cuerpo, que la vida y la inteligencia están en la materia, y que esta materia es el hombre. Dios es el Principio del hombre, y el hombre es la idea de Dios. Por tanto, el hombre no es mortal ni material. Los mortales desaparecerán, y los inmortales, o los hijos de Dios, aparecerán como las verdades únicas y eternas del hombre. Los mortales no son hijos de Dios caídos. Jamás tuvieron un estado perfecto de ser, el cual podría ser recuperado posteriormente. Ellos fueron, desde el comienzo de la historia mortal, "concebidos en pecado y dados a luz en iniquidad". La mortalidad finalmente es sorbida en la inmortalidad. El pecado, la enfermedad y la muerte tienen que desaparecer para dar lugar a las realidades que pertenecen al hombre inmortal.

Identidad imperecedera

Aprende esto, oh mortal, y busca sinceramente el estado espiritual del hombre, que está fuera de todo yo material. Recuerda que las Escrituras dicen del hombre mortal: "El hombre, como la hierba son sus días; florece como la flor del campo, que pasó el viento por ella, y pereció, y su lugar no la conocerá más".

El reino dentro de nosotros

Hablando de los hijos de Dios, no de los hijos de los hombres, Jesús dijo: "El reino de Dios dentro de vosotros está"*; esto es, la Verdad y el Amor reinan en el hombre verdadero, mostrando que el hombre a imagen de Dios no ha caído y es eterno. Jesús contemplaba en la Ciencia al hombre perfecto, que a él se le hacía aparente

*Según la versión King James de la Biblia

fect man, who appeared to him where sinning mortal man appears to mortals. In this perfect man the Saviour saw God's own likeness, and this correct view of man healed the sick. Thus Jesus taught that the kingdom of God is intact, universal, and that man is pure and holy. Man is not a material habitation for Soul; he is himself spiritual. Soul, being Spirit, is seen in nothing imperfect nor material.

Material body never God's idea

Whatever is material is mortal. To the five corporeal senses, man appears to be matter and mind united; but Christian Science reveals man as the idea of God, and declares the corporeal senses to be mortal and erring illusions. Divine Science shows it to be impossible that a material body, though interwoven with matter's highest stratum, misnamed mind, should be man, — the genuine and perfect man, the immortal idea of being, indestructible and eternal. Were it otherwise, man would be annihilated.

Question. — What are body and Soul?

Reflection of Spirit

Answer. — Identity is the reflection of Spirit, the reflection in multifarious forms of the living Principle, Love. Soul is the substance, Life, and intelligence of man, which is individualized, but not in matter. Soul can never reflect anything inferior to Spirit.

Man inseparable from Spirit

Man is the expression of Soul. The Indians caught some glimpses of the underlying reality, when they called a certain beautiful lake "the smile of the Great Spirit." Separated from man, who expresses Soul, Spirit would be a nonentity; man, divorced from Spirit, would lose his entity. But there is, donde el hombre mortal y pecador se hace aparente a los mortales. En este hombre perfecto el Salvador veía la semejanza misma de Dios, y esta perspectiva correcta del hombre sanaba a los enfermos. Así Jesús enseñó que el reino de Dios está intacto, es universal, y que el hombre es puro y santo. El hombre no es una morada material para el Alma; es espiritual él mismo. El Alma, al ser Espíritu, no se ve en nada que sea imperfecto ni material.

El cuerpo material jamás es la idea de Dios

Todo lo que es material es mortal. Para los cinco sentidos corporales, el hombre parece ser materia y mente unidas; mas la Ciencia Cristiana revela al hombre como la idea de Dios, y declara que los sentidos corporales son ilusiones mortales que yerran. La Ciencia divina muestra que es imposible que un cuerpo material, aunque entretejido con el estrato más elevado de la materia, mal denominado mente, sea el hombre, el hombre genuino y perfecto, la idea inmortal del ser, indestructible y eterna. Si fuera de otra manera, el hombre sería aniquilado.

Pregunta. — ¿Qué son el cuerpo y el Alma?

El reflejo del Espíritu

Respuesta. — La identidad es el reflejo del Espíritu, el reflejo en formas múltiples y variadas del Principio viviente, el Amor. El Alma es la sustancia, la Vida y la inteligencia del hombre, que está individualizada, pero no en la materia. El Alma jamás puede reflejar nada inferior al Espíritu.

El hombre es inseparable del Espíritu

El hombre es la expresión del Alma. Los indios norteamericanos captaron algunas vislumbres de la realidad subyacente, cuando llamaron a cierto hermoso lago “la sonrisa del Gran Espíritu”. Separado del hombre, quien expresa el Alma, el Espíritu no tendría entidad; el hombre, divorciado del Espíritu, perdería su entidad. Pero no there can be, no such division, for man is coexistent with God.

A vacant domicile

What evidence of Soul or of immortality have you within mortality? Even according to the teachings of natural science, man has never beheld Spirit or Soul leaving a body or entering it. What basis is there for the theory of indwelling spirit, except the claim of mortal belief? What would be thought of the declaration that a house was inhabited, and by a certain class of persons, when no such persons were ever seen to go into the house or to come out of it, nor were they even visible through the windows? Who can see a soul in the body?

Question. — Does brain think, and do nerves feel, and is there intelligence in matter?

Harmonious functions

Answer. — No, not if God is true and mortal man a liar. The assertion that there can be pain or pleasure in matter is erroneous. That body is most harmonious in which the discharge of the natural functions is least noticeable. How can intelligence dwell in matter when matter is non-intelligent and brain-lobes cannot think? Matter cannot perform the functions of Mind. Error says, "I am man;" but this belief is mortal and far from actual. From beginning to end, whatever is mortal is composed of material human beliefs and of nothing else. That only is real which reflects God. St. Paul said, "But when it pleased God, who separated me from my mother's womb, and called me by His grace, . . . I conferred not with flesh and blood."

Mortal man is really a self-contradictory phrase, for man is not mortal, "neither indeed can be;" man is imhay, no puede haber, tal división, porque el hombre es coexistente con Dios.

Un domicilio vacío

¿Qué evidencia del Alma o de la inmortalidad tienes dentro de la mortalidad? Aun de acuerdo con las enseñanzas de las ciencias naturales, el hombre nunca ha contemplado el Espíritu o el Alma saliendo de un cuerpo o entrando en él. ¿Qué base hay para la teoría de un espíritu que reside interiormente, excepto la pretensión de la creencia mortal? ¿Qué se pensaría de la afirmación de que una casa estaba habitada, y por cierta clase de personas, cuando tales personas nunca se han visto entrar a la casa o salir de ella, y no eran siquiera visibles a través de las ventanas? ¿Quién puede ver un alma dentro del cuerpo?

Pregunta. — ¿Piensa el cerebro, y sienten los nervios, y hay inteligencia en la materia?

Funciones armoniosas

Respuesta. — No, no si Dios es veraz y el hombre mortal un mentiroso. La aserción de que puede haber dolor o placer en la materia es errónea. Es más armonioso el cuerpo aquel en el cual el desempeño de las funciones naturales es apenas perceptible. ¿Cómo puede la inteligencia morar en la materia cuando la materia carece de inteligencia y los lóbulos cerebrales no pueden pensar? La materia no puede efectuar las funciones de la Mente. El error dice: "Yo soy el hombre"; pero esta creencia es mortal y está lejos de ser verdadera. Desde el comienzo hasta el fin, todo lo que es mortal está compuesto de creencias humanas materiales y de nada más. Sólo es real aquello que refleja a Dios. San Pablo dijo: "Pero cuando agradó a Dios, que me apartó desde el vientre de mi madre, y me llamó por su gracia,... no consulté... con carne y sangre".

Hombre mortal es realmente una frase que se contradice a sí misma, pues el hombre no es mortal, "ni tampoco mortal. If a child is the offspring of physical sense and not of Soul, the child must have a material, not a spiritual origin. With what truth, then, could the

Immortal birthright

Scriptural rejoicing be uttered by any mother, "I have gotten a man from the Lord"? On the contrary, if aught comes from God, it cannot be mortal and material; it must be immortal and spiritual.

Matter is neither self-existent nor a product of Spirit. An image of mortal thought, reflected on the retina, is all that the eye beholds. Matter cannot see,

Matter's supposed selfhood

feel, hear, taste, nor smell. It is not self-cognizant, — cannot feel itself, see itself, nor understand itself. Take away so-called mortal mind, which constitutes matter's supposed selfhood, and matter can take no cognizance of matter. Does that which we call dead ever see, hear, feel, or use any of the physical senses?

"In the beginning God created the heaven and the earth. And the earth was without form, and void; and darkness was upon the face of the deep."

Chaos and darkness

(Genesis i. 1, 2.) In the vast forever, in the Science and truth of being, the only facts are Spirit and its innumerable creations. Darkness and chaos are the imaginary opposites of light, understanding, and eternal harmony, and they are the elements of nothingness.

We admit that black is not a color, because it reflects no light. So evil should be denied identity or power, because it has none of the divine hues. Paul

Spiritual reflection

says: "For the invisible things of Him, from the creation of the world, are clearly seen, being understood by the things that are made." (Romans i. 20.)

El derecho inherente es inmortal

puede [serlo]"; el hombre es inmortal. Si un hijo es el vástago del sentido físico y no del Alma, el hijo debe tener un origen material, no espiritual. ¿Con qué verdad, entonces, podría cualquier madre expresar el regocijo bíblico: "Por voluntad de Jehová he adquirido varón"? Por el contrario, si algo viene de Dios, no puede ser mortal y material; tiene que ser inmortal y espiritual.

El supuesto yo de la materia

La materia no es existente de por sí ni un producto del Espíritu. Una imagen del pensamiento mortal, reflejada en la retina, es todo que el ojo contempla. La materia no puede ver, sentir, oír, gustar ni oler. No se conoce a sí misma, no puede sentirse a sí misma, verse a sí misma ni comprenderse a sí misma. Quítese la así llamada mente mortal, que constituye el supuesto yo de la materia, y la materia no puede tener conocimiento de la materia. Aquello que llamamos muerto, ¿alguna vez ve, oye, siente o usa alguno de los sentidos físicos?

Caos y tinieblas

"En el principio creó Dios los cielos y la tierra. Y la tierra estaba desordenada y vacía, y las tinieblas estaban sobre la faz del abismo". (Génesis 1:1, 2). En la vasta eternidad, en la Ciencia y verdad del ser, las únicas realidades son el Espíritu y sus innumerables creaciones. Las tinieblas y el caos son los opuestos imaginarios de la luz, la comprensión y la armonía eterna, y son los elementos de la nada.

El reflejo espiritual

Admitimos que el negro no es un color, porque no refleja nada de luz. De igual modo al mal debiera negársele entidad o poder, porque no tiene ninguno de los matices divinos. Pablo dice: "Porque las cosas invisibles de Él... se hacen claramente visibles desde la creación del mundo, siendo entendidas por medio de las cosas hechas" (Romanos 1:20).

When the substance of Spirit appears in Christian Science, the nothingness of matter is recognized. Where the spirit of God is, and there is no place where God is not, evil becomes nothing, — the opposite of the something of Spirit. If there is no spiritual reflection, then there remains only the darkness of vacuity and not a trace of heavenly tints.

Harmony from Spirit

Nerves are an element of the belief that there is sensation in matter, whereas matter is devoid of sensation. Consciousness, as well as action, is governed by Mind, — is in God, the origin and governor of all that Science reveals. Material sense has its realm apart from Science in the unreal. Harmonious action proceeds from Spirit, God. Inharmony has no Principle; its action is erroneous and presupposes man to be in matter. Inharmony would make matter the cause as well as the effect of intelligence, or Soul, thus attempting to separate Mind from God.

Evil non-existent

Man is not God, and God is not man. Again, God, or good, never made man capable of sin. It is the opposite of good — that is, evil — which seems to make men capable of wrong-doing. Hence, evil is but an illusion, and it has no real basis. Evil is a false belief. God is not its author. The supposititious parent of evil is a lie.

Vapor and nothingness

The Bible declares: "All things were made by Him [the divine Word]; and without Him was not anything made that was made." This is the eternal verity of divine Science. If sin, sickness, and death were understood as nothingness, they would disappear. As vapor melts before the sun, so evil would vanish before the reality of good. One must hide the

Cuando la sustancia del Espíritu aparece en la Ciencia Cristiana, la nada de la materia es reconocida. Donde está el espíritu de Dios, y no hay lugar donde Dios no esté, el mal se vuelve nada, lo opuesto del algo del Espíritu. Si no hay reflejo espiritual, entonces sólo permanecen las tinieblas del vacío y ningún indicio de los matices celestiales.

La armonía desde el Espíritu

Los nervios son un elemento de la creencia de que hay sensación en la materia, mientras que la materia está desprovista de sensación. La consciencia, así como la acción, está gobernada por la Mente, está en Dios, el origen y el gobernador de todo lo que la Ciencia revela. El sentido material tiene su reino separado de la Ciencia, en lo irreal. La acción armoniosa procede del Espíritu, Dios. La desarmonía no tiene Principio; su acción es errónea y presupone que el hombre existe en la materia. La desarmonía quisiera hacer de la materia tanto la causa como el efecto de la inteligencia, o el Alma, intentando separar así la Mente de Dios.

El mal es inexistente

El hombre no es Dios, y Dios no es el hombre. Además, Dios, o el bien, jamás hizo al hombre capaz de pecar. Es lo opuesto del bien —es decir, el mal— lo que parece hacer a los hombres capaces de obrar mal. Por lo tanto, el mal no es sino una ilusión, y no tiene base real. El mal es una creencia falsa. Dios no es su autor. El supuesto progenitor del mal es una mentira.

El vapor y la nada

La Biblia declara: "Todas las cosas por Él [el Verbo divino] fueron hechas, y sin Él nada de lo que ha sido hecho, fue hecho". Esta es la verdad eterna de la Ciencia divina. Si se comprendiera que el pecado, la enfermedad y la muerte son nada, desaparecerían. Como el vapor se disuelve ante el sol, así el mal se desvanecería ante la realidad del bien. Uno tiene que ocultar el otro.

other. How important, then, to choose good as the reality! Man is tributary to God, Spirit, and to nothing else. God's being is infinity, freedom, harmony, and boundless bliss. "Where the Spirit of the Lord is, there is liberty." Like the archpriests of yore, man is free "to enter into the holiest," — the realm of God.

The fruit forbidden

Material sense never helps mortals to understand Spirit, God. Through spiritual sense only, man comprehends and loves Deity. The various contradictions of the Science of Mind by the material senses do not change the unseen Truth, which remains forever intact. The forbidden fruit of knowledge, against which wisdom warns man, is the testimony of error, declaring existence to be at the mercy of death, and good and evil to be capable of commingling. This is the significance of the Scripture concerning this "tree of the knowledge of good and evil," — this growth of material belief, of which it is said: "In the day that thou eatest thereof thou shalt surely die." Human hypotheses first assume the reality of sickness, sin, and death, and then assume the necessity of these evils because of their admitted actuality. These human verdicts are the procurers of all discord.

Sense and pure Soul

If Soul sins, it must be mortal. Sin has the elements of self-destruction. It cannot sustain itself. If sin is supported, God must uphold it, and this is impossible, since Truth cannot support error. Soul is the divine Principle of man and never sins, — hence the immortality of Soul. In Science we learn that it is material sense, not Soul, which sins; and it will be found that it is the sense of sin which is lost, and not a sinful soul. When reading the Scriptures, the substitu-

¡Cuán importante es, entonces, escoger el bien como la realidad! El hombre es tributario de Dios, el Espíritu, y de nada más. El ser de Dios es infinitud, libertad, armonía y felicidad sin límites. "Donde está el Espíritu del Señor, allí hay libertad". Como los sumos sacerdotes de antaño, el hombre es libre "para entrar en el Lugar Santísimo", el reino de Dios.

El sentido material jamás ayuda a los mortales a comprender el Espíritu, Dios. Sólo por medio del sentido espiritual el hombre comprende y ama la Deidad.

El fruto prohibido

Las diversas contradicciones a la Ciencia de la Mente por los sentidos materiales no cambian la Verdad invisible, que permanece intacta para siempre. El fruto prohibido del conocimiento, contra el cual la sabiduría previene al hombre, es el testimonio del error, que declara que la existencia está a merced de la muerte, y que el bien y el mal son capaces de entremezclarse. Este es el significado de las Escrituras concerniente a este "árbol de la ciencia del bien y del mal", este producto de la creencia material, del cual se dice: "El día que de él comieres, ciertamente morirás". Las hipótesis humanas primero suponen la realidad de la enfermedad, el pecado y la muerte, y luego suponen la necesidad de estos males debido a su admitida realidad. Estos veredictos humanos son los procuradores de toda discordia.

Si el Alma peca, tiene que ser mortal. El pecado contiene los elementos de la destrucción propia. No puede sostenerse a sí mismo.

El sentido y el Alma pura

Si el pecado es apoyado, Dios tiene que sostenerlo, y esto es imposible, puesto que la Verdad no puede apoyar el error. El Alma es el Principio divino del hombre y jamás peca, de ahí la inmortalidad del Alma. En la Ciencia aprendemos que es el sentido material, no el Alma, lo que peca; y se hallará que es el sentido de pecado lo que se pierde, y no un alma pecadora. Al leer las tion of the word *sense* for *soul* gives the exact meaning in a majority of cases.

Soul defined

Human thought has adulterated the meaning of the word *soul* through the hypothesis that soul is both an evil and a good intelligence, resident in matter. The proper use of the word *soul* can always be gained by substituting the word *God,* where the deific meaning is required. In other cases, use the word *sense,* and you will have the scientific signification. As used in Christian Science, Soul is properly the synonym of Spirit, or God; but out of Science, soul is identical with sense, with material sensation.

Question. — Is it important to understand these explanations in order to heal the sick?

Sonship of Jesus

Answer. — It is, since Christ is "the way" and the truth casting out all error. Jesus called himself "the Son of man," but not the son of Joseph. As woman is but a species of the genera, he was literally the Son of Man. Jesus was the highest human concept of the perfect man. He was inseparable from Christ, the Messiah, — the divine idea of God outside the flesh. This enabled Jesus to demonstrate his control over matter. Angels announced to the Wisemen of old this dual appearing, and angels whisper it, through faith, to the hungering heart in every age.

Sickness erroneous

Sickness is part of the error which Truth casts out. Error will not expel error. Christian Science is the law of Truth, which heals the sick on the basis of the one Mind or God. It can heal in no other way, since the human, mortal mind so-called is not a healer, but causes the belief in disease.

Escrituras, la sustitución de la palabra *sentido* por *alma* da el significado exacto en la mayoría de los casos.

La palabra alma definida

El pensamiento humano ha adulterado el significado de la palabra *alma* mediante la hipótesis de que el alma es una inteligencia tanto mala como buena, residente en la materia. El uso apropiado de la palabra *alma* siempre puede obtenerse sustituyéndola por la palabra *Dios,* donde el significado deífico es requerido. En otros casos, emplea la palabra *sentido,* y tendrás el significado científico. Como se usa en la Ciencia Cristiana, Alma es propiamente el sinónimo de Espíritu, o Dios; pero fuera de la Ciencia, alma es idéntica a sentido, a sensación material.

Pregunta. — ¿Es importante comprender estas explicaciones para sanar a los enfermos?

La filiación de Jesús

Respuesta. — Lo es, puesto que Cristo es "el camino" y la verdad echando fuera todo error. Jesús se llamó a sí mismo "el Hijo del Hombre", mas no el hijo de José. Puesto que la mujer no es sino una especie del género humano, él era literalmente el Hijo del Hombre. Jesús fue el concepto humano más elevado del hombre perfecto. Él era inseparable del Cristo, el Mesías, la idea divina de Dios afuera de la carne. Esto capacitó a Jesús para demostrar su control sobre la materia. Los ángeles anunciaron a los Magos de antaño este aparecimiento dual, y los ángeles lo susurran, por medio de la fe, a los corazones hambrientos en todas las épocas.

La enfermedad es errónea

La enfermedad es parte del error que la Verdad echa fuera. El error no expulsa el error. La Ciencia Cristiana es la ley de la Verdad, que sana a los enfermos sobre la base de la Mente única o Dios. No puede sanar de ningún otro modo, ya que la así llamada mente humana y mortal no es un sanador, sino que causa la creencia en la enfermedad.

Then comes the question, how do drugs, hygiene, and animal magnetism heal? It may be affirmed that they do not heal, but only relieve suffering temporarily, exchanging one disease for another.

True healing transcendent

We classify disease as error, which nothing but Truth or Mind can heal, and this Mind must be divine, not human. Mind transcends all other power, and will ultimately supersede all other means in healing. In order to heal by Science, you must not be ignorant of the moral and spiritual demands of Science nor disobey them. Moral ignorance or sin affects your demonstration, and hinders its approach to the standard in Christian Science.

Terms adopted by the author

After the author's sacred discovery, she affixed the name "Science" to Christianity, the name "error" to corporeal sense, and the name "substance" to Mind. Science has called the world to battle over this issue and its demonstration, which heals the sick, destroys error, and reveals the universal harmony. To those natural Christian Scientists, the ancient worthies, and to Christ Jesus, God certainly revealed the spirit of Christian Science, if not the absolute letter.

Science the way

Because the Science of Mind seems to bring into dishonor the ordinary scientific schools, which wrestle with material observations alone, this Science has met with opposition; but if any system honors God, it ought to receive aid, not opposition, from all thinking persons. And Christian Science does honor God as no other theory honors Him, and it does this in the way of His appointing, by doing many wonderful works through the divine name and nature. One must fulfil one's mission without timidity or dissimulation, for to be well done, the work must be done unselfishly. Christianity

La curación verdadera es trascendente

Surge entonces la pregunta: ¿Cómo sanan los medicamentos, la higiene y el magnetismo animal? Se puede afirmar que no sanan, sino que sólo alivian el sufrimiento temporalmente, permutando una dolencia por otra. Clasificamos la enfermedad como error, la cual nada sino la Verdad, o la Mente, puede sanar, y esta Mente debe ser divina, no humana. La Mente trasciende a todo otro poder, y finalmente reemplazará todos los otros medios en la curación. A fin de sanar por medio de la Ciencia, no debes ignorar las exigencias morales y espirituales de la Ciencia ni desobedecerlas. La ignorancia moral o el pecado afecta tu demostración, e impide su aproximación al estándar de la Ciencia Cristiana.

Términos adoptados por la autora

Después de su sagrado descubrimiento, la autora puso el nombre "Ciencia" al cristianismo, el nombre "error" al sentido corporal, y el nombre "sustancia" a la Mente. La Ciencia ha llamado al mundo a combatir por este asunto y su demostración, que sana a los enfermos, destruye el error y revela la armonía universal. A aquellos Científicos Cristianos naturales, los ancianos venerables, y a Cristo Jesús, Dios ciertamente les reveló el espíritu de la Ciencia Cristiana, aunque no la letra absoluta.

La Ciencia es el camino

Debido a que la Ciencia de la Mente parece desacreditar las escuelas científicas corrientes, que luchan sólo con observaciones materiales, esta Ciencia ha encontrado oposición; pero si algún sistema honra a Dios, debiera recibir ayuda, no oposición, de todos los pensadores. Y la Ciencia Cristiana sí honra a Dios como ninguna otra teoría Lo honra, y hace esto de la manera designada por Él, haciendo muchas obras maravillosas por medio del nombre y la naturaleza divinos. Uno tiene que cumplir su misión sin timidez ni disimulo, pues para que esté bien hecha, la obra ha de hacerse desinteresadamente. El cristianismo jamás estará will never be based on a divine Principle and so found to be unerring, until its absolute Science is reached. When this is accomplished, neither pride, prejudice, bigotry, nor envy can wash away its foundation, for it is built upon the rock, Christ.

Question. — Does Christian Science, or metaphysical healing, include medication, material hygiene, mesmerism, hypnotism, theosophy, or spiritualism?

Answer. — Not one of them is included in it. In divine Science, the supposed laws of matter yield to the law of Mind. What are termed natural science and material laws are the objective states of mortal mind. The physical universe expresses the conscious and unconscious thoughts of mortals. Physical force and mortal mind are one. Drugs and hygiene oppose the supremacy of the divine Mind. Drugs and inert matter are unconscious, mindless. Certain results, supposed to proceed from drugs, are really caused by the faith in them which the false human consciousness is educated to feel.

Mindless methods

Mesmerism is mortal, material illusion. Animal magnetism is the voluntary or involuntary action of error in all its forms; it is the human antipode of divine Science. Science must triumph over material sense, and Truth over error, thus putting an end to the hypotheses involved in all false theories and practices.

Animal magnetism error

Question. — Is materiality the concomitant of spirituality, and is material sense a necessary preliminary to the understanding and expression of Spirit?

basado sobre un Principio divino y por consiguiente jamás se hallará que es infalible, hasta que su Ciencia absoluta sea alcanzada. Cuando esto se logra, ni el orgullo, el prejuicio, la intolerancia ni la envidia pueden arrasar sus fundamentos, porque está edificado sobre la roca, el Cristo.

Pregunta. — ¿Incluye la Ciencia Cristiana, o curación metafísica, la medicación, la higiene material, el mesmerismo, el hipnotismo, la teosofía o el espiritismo?

Métodos sin mente

Respuesta. — Ninguno de estos está incluido en ella. En la Ciencia divina, las supuestas leyes de la materia ceden ante la ley de la Mente. Lo que se denomina ciencias naturales y leyes materiales son los estados objetivos de la mente mortal. El universo físico expresa los pensamientos conscientes e inconscientes de los mortales. La fuerza física y la mente mortal son uno. Los medicamentos y la higiene se oponen a la supremacía de la Mente divina. Los medicamentos y la materia inerte son inconscientes, no poseen mente. Ciertos resultados, que supuestamente proceden de los medicamentos, son realmente causados por la fe en ellos que la falsa consciencia humana es educada a sentir.

El magnetismo animal es el error

El mesmerismo es la ilusión mortal, material. El magnetismo animal es la acción voluntaria o involuntaria del error en todas sus formas; es el antípoda humano de la Ciencia divina. La Ciencia tiene que triunfar sobre el sentido material, y la Verdad sobre el error, poniendo así fin a las hipótesis incluidas en todas las teorías y prácticas falsas.

Pregunta. — ¿Es la materialidad el concomitante de la espiritualidad, y es el sentido material un preliminar necesario para la comprensión y la expresión del Espíritu?

Error only ephemeral

Answer. — If error is necessary to define or to reveal Truth, the answer is yes; but not otherwise. *Material sense* is an absurd phrase, for matter has no sensation. Science declares that Mind, not matter, sees, hears, feels, speaks. Whatever contradicts this statement is the false sense, which ever betrays mortals into sickness, sin, and death. If the unimportant and evil appear, only soon to disappear because of their uselessness or their iniquity, then these ephemeral views of error ought to be obliterated by Truth. Why malign Christian Science for instructing mortals how to make sin, disease, and death appear more and more unreal?

Scientific translations

Emerge gently from matter into Spirit. Think not to thwart the spiritual ultimate of all things, but come naturally into Spirit through better health and morals and as the result of spiritual growth. Not death, but the understanding of Life, makes man immortal. The belief that life can be in matter or soul in body, and that man springs from dust or from an egg, is the result of the mortal error which Christ, or Truth, destroys by fulfilling the spiritual law of being, in which man is perfect, even as the "Father which is in heaven is perfect." If thought yields its dominion to other powers, it cannot outline on the body its own beautiful images, but it effaces them and delineates foreign agents, called disease and sin.

Material beliefs

The heathen gods of mythology controlled war and agriculture as much as nerves control sensation or muscles measure strength. To say that strength is in matter, is like saying that the power is in the lever. The notion of any life or intelli-

El error es sólo efímero

Respuesta. — Si el error es necesario para definir o revelar la Verdad, la respuesta es sí; pero no de otro modo. *Sentido material* es una frase absurda, pues la materia no tiene sensación. La Ciencia declara que la Mente, no la materia, ve, oye, siente, habla. Todo lo que contradice esta declaración es el sentido falso, que siempre traiciona a los mortales arrastrándolos a la enfermedad, el pecado y la muerte. Si lo insignificante y lo malo aparecen, sólo para desaparecer pronto debido a su inutilidad o su iniquidad, entonces estas visiones efímeras del error deberían ser obliteradas por la Verdad. ¿Por qué difamar la Ciencia Cristiana por enseñar a los mortales cómo hacer que el pecado, la enfermedad y la muerte aparezcan más y más irreales?

Traslaciones científicas

Emerge suavemente de la materia al Espíritu. No creas que puedes frustrar la espiritualización final de todas las cosas, pero entra naturalmente al Espíritu por medio del mejoramiento de la salud y la moral y como resultado del crecimiento espiritual. No la muerte, sino la comprensión de la Vida, hace al hombre inmortal. La creencia de que la vida pueda estar en la materia o el alma en el cuerpo, y que el hombre proceda del polvo o de un óvulo, es el resultado del error mortal que el Cristo, o la Verdad, destruye cumpliendo la ley espiritual del ser, en la cual el hombre es perfecto, así como el "Padre que está en los cielos es perfecto". Si el pensamiento cede su dominio a otros poderes, no puede trazar en el cuerpo sus propias bellas imágenes, sino que las borra y delinea agentes extraños, llamados enfermedad y pecado.

Creencias materiales

Los dioses paganos de la mitología controlaban la guerra y la agricultura tanto como los nervios controlan la sensación o los músculos miden la fuerza. Decir que la fuerza está en la materia es como decir que la energía está en la palanca. La noción de que haya alguna gence in matter is without foundation in fact, and you can have no faith in falsehood when you have learned falsehood's true nature.

Sense *versus* Soul

Suppose one accident happens to the eye, another to the ear, and so on, until every corporeal sense is quenched. What is man's remedy? To die, that he may regain these senses? Even then he must gain spiritual understanding and spiritual sense in order to possess immortal consciousness. Earth's preparatory school must be improved to the utmost. In reality man never dies. The belief that he dies will not establish his scientific harmony. Death is not the result of Truth but of error, and one error will not correct another.

Death an error

Jesus proved by the prints of the nails, that his body was the same immediately after death as before. If death restores sight, sound, and strength to man, then death is not an enemy but a better friend than Life. Alas for the blindness of belief, which makes harmony conditional upon death and matter, and yet supposes Mind unable to produce harmony! So long as this error of belief remains, mortals will continue mortal in belief and subject to chance and change.

Permanent sensibility

Sight, hearing, all the spiritual senses of man, are eternal. They cannot be lost. Their reality and immortality are in Spirit and understanding, not in matter, — hence their permanence. If this were not so, man would be speedily annihilated. If the five corporeal senses were the medium through which to understand God, then palsy, blindness, and deafness would place man in a terrible situation, where he would be like those "having no hope, and without God in the world;" but as a matter of fact, these calamities often vida o inteligencia en la materia no tiene fundamento en realidad, y no puedes tener fe en la falsedad cuando has aprendido la verdadera naturaleza de la falsedad.

El sentido *versus* el Alma

Supón que les ocurre un accidente a los ojos, otro a los oídos, y así sucesivamente, hasta que todos los sentidos corporales son destruidos. ¿Qué remedio tiene el hombre? ¿Morir, para recobrar estos sentidos? Aun entonces tiene que adquirir comprensión espiritual y sentido espiritual para poseer la consciencia inmortal. La escuela preparatoria de la tierra ha de aprovecharse al máximo. En realidad, el hombre nunca muere. La creencia de que muere no establecerá su armonía científica. La muerte no es el resultado de la Verdad, sino del error, y un error no corregirá otro.

La muerte es un error

Jesús comprobó, por la señal de los clavos, que su cuerpo era el mismo tanto inmediatamente después de la muerte como antes de ella. Si la muerte restituye la vista, el sonido y la fuerza al hombre, entonces la muerte no es un enemigo, sino un amigo mejor que la Vida. ¡Ay de la ceguedad de la creencia, que hace que la armonía esté sujeta a la muerte y a la materia, y además supone que la Mente es incapaz de producir armonía! Mientras este error de la creencia permanezca, los mortales continuarán siendo mortales en creencia, y estando sujetos al azar y a cambios.

Sensibilidad permanente

La vista, el oído, todos los sentidos espirituales del hombre, son eternos. No pueden perderse. Su realidad e inmortalidad están en el Espíritu y en la comprensión, no en la materia, de ahí su permanencia. Si esto no fuera así, el hombre sería rápidamente aniquilado. Si los cinco sentidos corporales fuesen el medio a través del cual se comprendiera a Dios, entonces la parálisis, la ceguera y la sordera colocarían al hombre en una situación terrible, donde estaría como aquellos que están "sin esperanza y sin Dios en el mundo"; mas de hecho, estas calamidades a menudo drive mortals to seek and to find a higher sense of happiness and existence.

Exercise of Mind-faculties

Life is deathless. Life is the origin and ultimate of man, never attainable through death, but gained by walking in the pathway of Truth both before and after that which is called death. There is more Christianity in seeing and hearing spiritually than materially. There is more Science in the perpetual exercise of the Mind-faculties than in their loss. Lost they cannot be, while Mind remains. The apprehension of this gave sight to the blind and hearing to the deaf centuries ago, and it will repeat the wonder.

Question. — You speak of belief. Who or what is it that believes?

Understanding versus belief

Answer. — Spirit is all-knowing; this precludes the need of believing. Matter cannot believe, and Mind understands. The body cannot believe. The believer and belief are one and are mortal. Christian evidence is founded on Science or demonstrable Truth, flowing from immortal Mind, and there is in reality no such thing as *mortal* mind. Mere belief is blindness without Principle from which to explain the reason of its hope. The belief that life is sentient and intelligent matter is erroneous.

The Apostle James said, "Show me thy faith without thy works, and I will show thee my faith by my works." The understanding that Life is God, Spirit, lengthens our days by strengthening our trust in the deathless reality of Life, its almightiness and immortality.

This faith relies upon an understood Principle. This Principle makes whole the diseased, and brings out the obligan a los mortales a buscar y hallar un sentido más elevado de la felicidad y la existencia.

El ejercicio de las facultades-Mente

La Vida es imperecedera. La Vida es el origen y la finalidad del hombre, jamás es alcanzable por medio de la muerte, sino que se gana caminando por el sendero de la Verdad, tanto antes como después de lo que se llama muerte. Hay más cristianismo en ver y oír espiritualmente que materialmente. Hay más Ciencia en el ejercicio perpetuo de las facultades-Mente que en su pérdida. Ellas no pueden perderse mientras la Mente perdure. La comprensión de esto dio vista a los ciegos y oído a los sordos hace siglos, y repetirá la maravilla.

Pregunta. — Usted habla de creencia. ¿Quién o qué es lo que cree?

Comprensión *versus* creencia

Respuesta. — El Espíritu es toda-sabiduría; esto excluye la necesidad de creer. La materia no puede creer, y la Mente comprende. El cuerpo no puede creer. El que cree y la creencia son uno y son mortales. La evidencia cristiana está fundada sobre la Ciencia o Verdad demostrable, que emana de la Mente inmortal, y en realidad no hay tal cosa como la mente *mortal.* La mera creencia es ceguedad sin Principio desde el cual explicar la razón de su esperanza. La creencia de que la vida es materia sensible e inteligente es errónea.

El Apóstol Santiago dijo: "Muéstrame tu fe sin tus obras, y yo te mostraré mi fe por mis obras". La comprensión de que la Vida es Dios, el Espíritu, prolonga nuestros días fortaleciendo nuestra confianza en la realidad imperecedera de la Vida, su omnipotencia e inmortalidad.

Esta fe descansa en un Principio comprendido. Este Principio restituye la salud a los enfermos, y trae a luz las

Confirmation by healing

enduring and harmonious phases of things. The result of our teachings is their sufficient confirmation. When, on the strength of these instructions, you are able to banish a severe malady, the cure shows that you understand this teaching, and therefore you receive the blessing of Truth.

Belief and firm trust

The Hebrew and Greek words often translated *belief* differ somewhat in meaning from that conveyed by the English verb *believe;* they have more the significance of faith, understanding, trust, constancy, firmness. Hence the Scriptures often appear in our common version to approve and endorse belief, when they mean to enforce the necessity of understanding.

Question. — Do the five corporeal senses constitute man?

All faculties from Mind

Answer. — Christian Science sustains with immortal proof the impossibility of any material sense, and defines these so-called senses as *mortal beliefs,* the testimony of which cannot be true either of man or of his Maker. The corporeal senses can take no cognizance of spiritual reality and immortality. Nerves have no more sensation, apart from what belief bestows upon them, than the fibres of a plant. Mind alone possesses all faculties, perception, and comprehension. Therefore mental endowments are not at the mercy of organization and decomposition, — otherwise the very worms could unfashion man. If it were possible for the real senses of man to be injured, Soul could reproduce them in all their perfection; but they cannot be disturbed nor destroyed, since they exist in immortal Mind, not in matter.

Confirmación mediante la curación

fases perdurables y armoniosas de las cosas. El resultado de nuestras enseñanzas es su confirmación suficiente. Cuando, con la convicción de estas instrucciones, eres capaz de expulsar una dolencia grave, la curación muestra que comprendes esta enseñanza, y por lo tanto, recibes la bendición de la Verdad.

Creencia y firme confianza

Las palabras en hebreo y griego a menudo traducidas por *creencia* difieren algo en su significado del expresado por el verbo (en inglés) *creer;* tienen más bien el significado de fe, comprensión, confianza, constancia, firmeza. De ahí que las Escrituras en nuestra versión corriente a menudo aparentan aprobar y ratificar la creencia, cuando su propósito es recalcar la necesidad de comprender.

Pregunta. — ¿Constituyen los cinco sentidos corporales el hombre?

Todas las facultades proceden de la Mente

Respuesta. — La Ciencia Cristiana sostiene con pruebas inmortales la imposibilidad de la existencia de algún sentido material, y define estos así llamados sentidos como *creencias mortales,* el testimonio de los cuales no puede ser verídico ni en cuanto al hombre ni en cuanto a su Hacedor. Los sentidos corporales no pueden tener conocimiento de la realidad espiritual ni de la inmortalidad. Los nervios no tienen más sensación, aparte de la que la creencia les concede, que las fibras de una planta. La Mente sola posee todas las facultades, la percepción y la comprensión. Por tanto, los dones mentales no están a merced de la organización y la descomposición, pues de lo contrario los gusanos mismos podrían deshacer al hombre. Si fuera posible que los verdaderos sentidos del hombre se dañaran, el Alma podría reproducirlos en toda su perfección; pero ellos no pueden ser perturbados ni destruidos, puesto que existen en la Mente inmortal, no en la materia.

Possibilities of Life

The less mind there is manifested in matter the better. When the unthinking lobster loses its claw, the claw grows again. If the Science of Life were understood, it would be found that the senses of Mind are never lost and that matter has no sensation. Then the human limb would be replaced as readily as the lobster's claw, — not with an artificial limb, but with the genuine one. Any hypothesis which supposes life to be in matter is an educated belief. In infancy this belief is not equal to guiding the hand to the mouth; and as consciousness develops, this belief goes out, — yields to the reality of everlasting Life.

Decalogue disregarded

Corporeal sense defrauds and lies; it breaks all the commands of the Mosaic Decalogue to meet its own demands. How then can this sense be the God-given channel to man of divine blessings or understanding? How can man, reflecting God, be dependent on material means for knowing, hearing, seeing? Who dares to say that the senses of man can be at one time the medium for sinning against God, at another the medium for obeying God? An affirmative reply would contradict the Scripture, for the same fountain sendeth not forth sweet waters and bitter.

Organic construction valueless

The corporeal senses are the only source of evil or error. Christian Science shows them to be false, because matter has no sensation, and no organic construction can give it hearing and sight nor make it the medium of Mind. Outside the material sense of things, all is harmony. A wrong sense of God, man, and creation is *non-sense,* want of sense. Mortal belief would have the material senses sometimes good and sometimes bad. It assures mortals that there

Cuanto menos mente hay manifestada en la materia, tanto mejor. Cuando la langosta, que no puede pensar, pierde su pinza, la pinza vuelve a crecer. Si la Ciencia de la Vida fuese comprendida, se hallaría que los sentidos de la Mente jamás se pierden y que la materia no tiene sensación. Entonces un miembro del cuerpo humano sería reemplazado tan fácilmente como la pinza de la langosta, no por un miembro artificial, sino por el genuino. Cualquier hipótesis que supone que la vida está en la materia es una creencia impuesta por la educación. En la infancia esta creencia no es capaz de guiar la mano a la boca; y a medida que la consciencia se desarrolla, esta creencia desaparece, cede ante la realidad de la Vida eterna.

Posibilidades de la Vida

El sentido corporal defrauda y miente; quebranta todos los mandamientos del Decálogo mosaico para satisfacer sus propias exigencias. ¿Cómo puede entonces, este sentido ser el conducto provisto por Dios para dar al hombre bendiciones o comprensión divinas? ¿Cómo puede el hombre, quien refleja a Dios, ser dependiente de medios materiales para saber, oír, ver? ¿Quién se atreve a decir que los sentidos del hombre pueden ser algunas veces el medio para pecar contra Dios, y otras el medio para obedecer a Dios? Una respuesta afirmativa contradiría las Escrituras, pues la misma fuente no puede echar a la vez agua dulce y amarga.

El Decálogo desatendido

Los sentidos corporales son el único origen del mal o error. La Ciencia Cristiana muestra que son falsos, porque la materia no tiene sensación, y ninguna estructura orgánica puede darle oído y vista ni hacer de ella el medio de la Mente. Fuera del sentido material de las cosas, todo es armonía. Un sentido erróneo acerca de Dios, el hombre y la creación es una *insensatez,* una falta de sentido. La creencia mortal haría los sentidos materiales a veces buenos y a veces malos. Ella asegura a los mortales

La estructura orgánica carece de valor

is real pleasure in sin; but the grand truths of Christian Science dispute this error.

Will-power an animal propensity

Will-power is but a product of belief, and this belief commits depredations on harmony. Human will is an animal propensity, not a faculty of Soul. Hence it cannot govern man aright. Christian Science reveals Truth and Love as the motive-powers of man. Will — blind, stubborn, and headlong — cooperates with appetite and passion. From this cooperation arises its evil. From this also comes its powerlessness, since all power belongs to God, good.

Theories helpless

The Science of Mind needs to be understood. Until it is understood, mortals are more or less deprived of Truth. Human theories are helpless to make man harmonious or immortal, since he is so already, according to Christian Science. Our only need is to know this and reduce to practice the real man's divine Principle, Love.

True nature and origin

"Quench not the Spirit. Despise not prophesyings." Human belief — or knowledge gained from the so-called material senses — would, by fair logic, annihilate man along with the dissolving elements of clay. The scientifically Christian explanations of the nature and origin of man destroy all material sense with immortal testimony. This immortal testimony ushers in the spiritual sense of being, which can be obtained in no other way.

Sleep an illusion

Sleep and mesmerism explain the mythical nature of material sense. Sleep shows material sense as either oblivion, nothingness, or an illusion or dream. Under the mesmeric illusion of belief, a man will think that he is freezing when he is warm, and that he que hay placer verdadero en el pecado; pero las grandes verdades de la Ciencia Cristiana cuestionan este error.

La fuerza de voluntad es una propensión animal

La fuerza de voluntad no es sino un producto de la creencia, y esta creencia comete depredaciones sobre la armonía. La voluntad humana es una propensión animal, no una facultad del Alma. Por tanto, no puede gobernar al hombre correctamente. La Ciencia Cristiana revela la Verdad y el Amor como las fuerzas motrices del hombre. La voluntad —ciega, obstinada y temeraria— coopera con apetitos y pasiones. De esta cooperación proviene su mal. De ahí resulta también su impotencia, puesto que todo el poder pertenece a Dios, el bien.

Las teorías incapaces

La Ciencia de la Mente necesita ser comprendida. Hasta que no es comprendida, los mortales están más o menos privados de la Verdad. Las teorías humanas son incapaces de hacer al hombre armonioso o inmortal, puesto que ya lo es, según la Ciencia Cristiana. Nuestra única necesidad es saber esto y llevar a la práctica el Amor, el Principio divino del hombre verdadero.

Naturaleza y origen verdaderos

“No apaguéis al Espíritu. No menospreciéis las profecías”. La creencia humana —o el conocimiento que es obtenido de los así llamados sentidos materiales— con justa lógica, aniquilaría al hombre junto con los elementos disolubles del barro. Las explicaciones científicamente cristianas de la naturaleza y el origen del hombre destruyen todo sentido material con el testimonio inmortal. Este testimonio inmortal introduce el sentido espiritual del ser, el cual no puede ser obtenido de ningún otro modo.

El sueño es una ilusión

El sueño y el mesmerismo explican la naturaleza mítica del sentido material. El sueño muestra que el sentido material es el olvido, la nada, o una ilusión o sueño. Bajo la ilusión mesmérica de una creencia, una persona pensará que se está helando cuando tiene calor, y que is swimming when he is on dry land. Needle-thrusts will not hurt him. A delicious perfume will seem intolerable. Animal magnetism thus uncovers material sense, and shows it to be a belief without actual foundation or validity. Change the belief, and the sensation changes. Destroy the belief, and the sensation disappears.

Man linked with Spirit

Material man is made up of involuntary and voluntary error, of a negative right and a positive wrong, the latter calling itself right. Man's spiritual individuality is never wrong. It is the likeness of man's Maker. Matter cannot connect mortals with the true origin and facts of being, in which all must end. It is only by acknowledging the supremacy of Spirit, which annuls the claims of matter, that mortals can lay off mortality and find the indissoluble spiritual link which establishes man forever in the divine likeness, inseparable from his creator.

Material man as a dream

The belief that matter and mind are one, — that matter is awake at one time and asleep at another, sometimes presenting no appearance of mind, — this belief culminates in another belief, that man dies. Science reveals material man as never the real being. The dream or belief goes on, whether our eyes are closed or open. In sleep, memory and consciousness are lost from the body, and they wander whither they will apparently with their own separate embodiment. Personality is not the individuality of man. A wicked man may have an attractive personality.

Spiritual existence the one fact

When we are awake, we dream of the pains and pleasures of matter. Who will say, even though he does not understand Christian Science, that this dream — rather than the dreamer — may not be mortal man? Who can rationally say otherwise, está nadando cuando está en tierra seca. Las punzadas de la aguja no le dolerán. Un perfume delicioso parecerá intolerable. El magnetismo animal pone así al descubierto el sentido material, y muestra que es una creencia sin fundamento verdadero o validez. Cambia la creencia, y la sensación cambia. Destruye la creencia, y la sensación desaparece.

El hombre vinculado con el Espíritu

El hombre material está formado de error involuntario y voluntario, de un bien negativo y un mal positivo, el último llamándose a sí mismo el bien. La individualidad espiritual del hombre jamás está mal. Es la semejanza del Hacedor del hombre. La materia no puede relacionar a los mortales con el origen verdadero y las realidades del ser, en los cuales todo ha de venir a parar. Es sólo reconociendo la supremacía del Espíritu, que anula las pretensiones de la materia, que los mortales pueden despojarse de la mortalidad y hallar el indisoluble vínculo espiritual que establece al hombre para siempre en la semejanza divina, inseparable de su creador.

El hombre material es como un sueño

La creencia de que la materia y la mente son una misma cosa —que la materia está despierta en cierto momento y dormida en otro, algunas veces sin presentar ninguna apariencia de la mente— esta creencia culmina en otra creencia: que el hombre muere. La Ciencia revela que el hombre material jamás es el verdadero ser. El sueño o creencia continúa, estén nuestros ojos cerrados o abiertos. Al dormir, el cuerpo pierde la memoria y la consciencia, y estas deambulan a su antojo, aparentemente con su propia incorporación individual. La personalidad no es la individualidad del hombre. Un hombre malvado puede tener una personalidad atractiva.

La existencia espiritual, la única realidad

Cuando estamos despiertos, soñamos con los dolores y placeres de la materia. ¿Quién dirá, aunque no entienda la Ciencia Cristiana, que este sueño —más bien que el soñador— no puede ser el hombre mortal? ¿Quién puede racionalmente decir lo when the dream leaves mortal man intact in body and thought, although the so-called dreamer is unconscious? For right reasoning there should be but one fact before the thought, namely, spiritual existence. In reality there is no other existence, since Life cannot be united to its unlikeness, mortality.

Mind one and all

Being is holiness, harmony, immortality. It is already proved that a knowledge of this, even in small degree, will uplift the physical and moral standard of mortals, will increase longevity, will purify and elevate character. Thus progress will finally destroy all error, and bring immortality to light. We know that a statement proved to be good must be correct. New thoughts are constantly obtaining the floor. These two contradictory theories — that matter is something, or that all is Mind — will dispute the ground, until one is acknowledged to be the victor. Discussing his campaign, General Grant said: "I propose to fight it out on this line, if it takes all summer." Science says: All is Mind and Mind's idea. You must fight it out on this line. Matter can afford you no aid.

Scientific ultimatum

The notion that mind and matter commingle in the human illusion as to sin, sickness, and death must eventually submit to the Science of Mind, which denies this notion. *God is Mind, and God is infinite; hence all is Mind.* On this statement rests the Science of being, and the Principle of this Science is divine, demonstrating harmony and immortality.

The conservative theory, long believed, is that there are two factors, matter and mind, uniting on some impossible basis. This theory would keep truth and error always at war. Victory would perch on neither banner.

contrario, cuando el sueño deja al hombre mortal intacto en cuerpo y pensamiento, aunque el así llamado soñador esté inconsciente? Para razonar correctamente debiera haber un solo hecho ante el pensamiento, a saber, la existencia espiritual. En realidad, no hay otra existencia, ya que la Vida no puede estar unida a su desemejanza, la mortalidad.

La Mente es lo único y es todo

El ser es santidad, armonía, inmortalidad. Ya se ha comprobado que un conocimiento de esto, aun en pequeño grado, elevará el estándar físico y moral de los mortales, aumentará la longevidad, purificará y elevará el carácter. Así el progreso destruirá finalmente todo error, y sacará a luz la inmortalidad. Sabemos que una declaración que se ha comprobado que es buena tiene que ser correcta. Constantemente se hacen oír nuevos pensamientos. Estas dos teorías contradictorias —de que la materia es algo, o que todo es la Mente— se disputarán el terreno hasta que una sea reconocida como la vencedora. Hablando de su campaña, el General Grant dijo: “Me propongo combatir en esta línea, aunque tome todo el verano”. La Ciencia dice: Todo es la Mente y la idea de la Mente. Tienes que combatir en esta línea. La materia no te puede proporcionar ayuda alguna.

Ultimátum científico

La noción de que la mente y la materia se entremezclan en la ilusión humana en cuanto al pecado, la enfermedad y la muerte finalmente debe someterse a la Ciencia de la Mente, la cual niega esta noción. *Dios es la Mente, y Dios es infinito; por lo tanto, todo es la Mente.* Sobre esta declaración descansa la Ciencia del ser, y el Principio de esta Ciencia es divino, demostrando armonía e inmortalidad.

La teoría conservadora, en la cual se ha creído largo tiempo, es que hay dos factores, la materia y la mente, que se unen sobre alguna base imposible. Esta teoría mantendría la verdad y el error siempre en guerra. La victoria no se posaría sobre

Victory for Truth

On the other hand, Christian Science speedily shows Truth to be triumphant. To corporeal sense, the sun appears to rise and set, and the earth to stand still; but astronomical science contradicts this, and explains the solar system as working on a different plan. All the evidence of physical sense and all the knowledge obtained from physical sense must yield to Science, to the immortal truth of all things.

Question. — Will you explain sickness and show how it is to be healed?

Mental preparation

Answer. — The method of Christian Science Mind-healing is touched upon in a previous chapter entitled Christian Science Practice. A full answer to the above question involves teaching, which enables the healer to demonstrate and prove for himself the Principle and rule of Christian Science or metaphysical healing.

Mind destroys all ills

Mind must be found superior to all the beliefs of the five corporeal senses, and able to destroy all ills. Sickness is a belief, which must be annihilated by the divine Mind. Disease is an experience of so-called mortal mind. It is fear made manifest on the body. Christian Science takes away this physical sense of discord, just as it removes any other sense of moral or mental inharmony. That man is material, and that matter suffers, — these propositions can only seem real and natural in illusion. Any sense of soul in matter is not the reality of being.

If Jesus awakened Lazarus from the dream, illusion, of death, this proved that the Christ could improve on a false sense. Who dares to doubt this consummate test of the power and willingness of divine Mind to hold man forever ninguna de las dos banderas. Por otra parte, la Ciencia Cristiana rápidamente muestra que la Verdad es triunfante.

Victoria para la Verdad

Para el sentido corporal, el sol parece salir y ponerse, y la tierra permanecer inmóvil; pero la ciencia astronómica contradice esto, y explica que el sistema solar funciona de acuerdo con un plan diferente. Toda la evidencia del sentido físico y todo el conocimiento obtenido por medio del sentido físico tienen que ceder ante la Ciencia, ante la verdad inmortal de todas las cosas.

Pregunta. — ¿Quiere usted explicar qué es la enfermedad y mostrar cómo ha de sanarse?

Respuesta. — El método de curación-Mente en la Ciencia Cristiana se ha tratado en un capítulo anterior titulado La práctica de la Ciencia Cristiana. Una respuesta completa a la antedicha pregunta entraña enseñanza, la cual capacita al sanador para demostrar y comprobar por sí mismo el Principio y la regla de la Ciencia Cristiana o curación metafísica.

Preparación mental

Es necesario reconocer que la Mente es superior a todas las creencias de los cinco sentidos corporales, y capaz de destruir todos los males. La enfermedad es una creencia, la cual tiene que ser aniquilada por la Mente divina. La enfermedad es una experiencia de la así llamada mente mortal. Es el temor puesto de manifiesto en el cuerpo. La Ciencia Cristiana quita este sentido físico de discordancia, tal como elimina cualquier otro sentido de desarmonía moral o mental. Que el hombre es material, y que la materia sufre, son proposiciones que sólo pueden parecer reales y naturales en la ilusión. Cualquier sentido de que hay alma en la materia no es la realidad del ser.

La Mente destruye todos los males

Si Jesús despertó a Lázaro del sueño, la ilusión, de la muerte, esto comprobó que el Cristo podía mejorar un sentido falso. ¿Quién se atreve a dudar de esta prueba consumada del poder y de la voluntad de la Mente divina de mantener al hombre intact in his perfect state, and to govern man's entire action? Jesus said: "Destroy this temple [body], and in three days I [Mind] will raise it up;" and he did this for tired humanity's reassurance.

Inexhaustible divine Love

Is it not a species of infidelity to believe that so great a work as the Messiah's was done for himself or for God, who needed no help from Jesus' example to preserve the eternal harmony? But mortals did need this help, and Jesus pointed the way for them. Divine Love always has met and always will meet every human need. It is not well to imagine that Jesus demonstrated the divine power to heal only for a select number or for a limited period of time, since to all mankind and in every hour, divine Love supplies all good.

Reason and Science

The miracle of grace is no miracle to Love. Jesus demonstrated the inability of corporeality, as well as the infinite ability of Spirit, thus helping erring human sense to flee from its own convictions and seek safety in divine Science. Reason, rightly directed, serves to correct the errors of corporeal sense; but sin, sickness, and death will seem real (even as the experiences of the sleeping dream seem real) until the Science of man's eternal harmony breaks their illusion with the unbroken reality of scientific being.

Which of these two theories concerning man are you ready to accept? One is the mortal testimony, changing, dying, unreal. The other is the eternal and real evidence, bearing Truth's signet, its lap piled high with immortal fruits.

Our Master cast out devils (evils) and healed the sick. It should be said of his followers also, that they cast fear and all evil out of themselves and others and heal the sick.

para siempre intacto en su estado perfecto, y de gobernar toda la acción del hombre? Jesús dijo: “Destruid este templo [cuerpo], y en tres días [Yo, la Mente] lo levantaré”; y él hizo esto para renovar la confianza de la cansada humanidad.

Inagotable Amor divino

¿No es una especie de infidelidad creer que una obra tan grande como la del Mesías fue hecha para sí mismo o para Dios, quien no necesitaba la ayuda del ejemplo de Jesús para preservar la armonía eterna? Pero los mortales sí necesitaban esta ayuda, y Jesús les señaló el camino. El Amor divino siempre ha respondido y siempre responderá a toda necesidad humana. No está bien imaginarse que Jesús demostró el poder divino de sanar sólo para un número selecto o por un limitado período de tiempo, puesto que a la humanidad entera y a toda hora, el Amor divino suministra todo el bien.

La razón y la Ciencia

El milagro de la gracia no es milagro para el Amor. Jesús demostró la incapacidad de la corporalidad, así como la capacidad infinita del Espíritu, ayudando así al sentido humano que yerra a huir de sus propias convicciones y a buscar seguridad en la Ciencia divina. La razón, bien dirigida, sirve para corregir los errores del sentido corporal; pero el pecado, la enfermedad y la muerte parecerán reales (así como las experiencias del sueño mientras dormimos parecen reales) hasta que la Ciencia de la armonía eterna del hombre quebrante esas ilusiones con la inquebrantable realidad del ser científico.

¿Cuál de estas dos teorías concernientes al hombre estás dispuesto a aceptar? Una es el testimonio mortal, mutable, perecedero, irreal. La otra es la evidencia eterna y verdadera, que lleva la marca de la Verdad, con su regazo colmado de frutos inmortales.

Nuestro Maestro echaba fuera los demonios (males) y sanaba a los enfermos. También se debiera poder decir de sus seguidores que ellos echan fuera el temor y todo el mal de sí mismos y de otros y sanan a los enfermos.

Followers of Jesus

God will heal the sick through man, whenever man is governed by God. Truth casts out error now as surely as it did nineteen centuries ago. All of Truth is not understood; hence its healing power is not fully demonstrated.

Destruction of all evil

If sickness is true or the idea of Truth, you cannot destroy sickness, and it would be absurd to try. Then classify sickness and error as our Master did, when he spoke of the sick, "whom Satan hath bound," and find a sovereign antidote for error in the life-giving power of Truth acting on human belief, a power which opens the prison doors to such as are bound, and sets the captive free physically and morally.

Steadfast and calm trust

When the illusion of sickness or sin tempts you, cling steadfastly to God and His idea. Allow nothing but His likeness to abide in your thought. Let neither fear nor doubt overshadow your clear sense and calm trust, that the recognition of life harmonious — as Life eternally is — can destroy any painful sense of, or belief in, that which Life is not. Let Christian Science, instead of corporeal sense, support your understanding of being, and this understanding will supplant error with Truth, replace mortality with immortality, and silence discord with harmony.

Question. — How can I progress most rapidly in the understanding of Christian Science?

Rudiments and growth

Answer. — Study thoroughly the letter and imbibe the spirit. Adhere to the divine Principle of Christian Science and follow the behests of God, abiding steadfastly in wisdom, Truth, and Love. In the Science of Mind, you will soon ascertain

Los seguidores de Jesús

Dios sanará a los enfermos por medio del hombre, siempre que el hombre esté gobernado por Dios. La Verdad echa fuera el error ahora tan ciertamente como lo hacía hace diecinueve siglos. No está comprendida toda la Verdad; por lo tanto, su poder sanador no está plenamente demostrado.

La destrucción de todo el mal

Si la enfermedad es verdadera o la idea de la Verdad, no puedes destruir la enfermedad, y sería absurdo intentarlo. Entonces clasifica la enfermedad y el error como lo hizo nuestro Maestro, cuando habló de la enferma "que Satanás había atado", y encuentra un antídoto soberano contra el error en el poder vivificante de la Verdad que actúa sobre la creencia humana, un poder que abre las puertas de la cárcel a los presos, y pone al cautivo en libertad, física y moralmente.

Confianza firme y serena

Cuando la ilusión de enfermedad o de pecado te tiente, aférrate firmemente a Dios y Su idea. No permitas que nada sino Su semejanza more en tu pensamiento. No dejes que ni el temor ni la duda ensombrezcan tu claro sentido y calma confianza de que el reconocimiento de la vida armoniosa —como la Vida es eternamente— puede destruir cualquier sentido doloroso o cualquier creencia acerca de aquello que no es la Vida. Deja que la Ciencia Cristiana, en vez del sentido corporal, apoye tu comprensión del ser, y esta comprensión sustituirá el error por la Verdad, reemplazará la mortalidad con la inmortalidad y silenciará la discordancia con la armonía.

Pregunta. — ¿Cómo puedo progresar más rápidamente en la comprensión de la Ciencia Cristiana?

Rudimentos y desarrollo

Respuesta. — Estudia a fondo la letra y embebe el espíritu. Adhiérete al Principio divino de la Ciencia Cristiana y sigue los mandatos de Dios, morando firmemente en la sabiduría, la Verdad y el Amor. En la Ciencia de la Mente, pronto constatarás que el error no puede destruir that error cannot destroy error. You will also learn that in Science there is no transfer of evil suggestions from one mortal to another, for there is but one Mind, and this ever-present omnipotent Mind is reflected by man and governs the entire universe. You will learn that in Christian Science the first duty is to obey God, to have one Mind, and to love another as yourself.

Condition of progress

We all must learn that Life is God. Ask yourself: Am I living the life that approaches the supreme good? Am I demonstrating the healing power of Truth and Love? If so, then the way will grow brighter "unto the perfect day." Your fruits will prove what the understanding of God brings to man. Hold perpetually this thought, — that it is the spiritual idea, the Holy Ghost and Christ, which enables you to demonstrate, with scientific certainty, the rule of healing, based upon its divine Principle, Love, underlying, overlying, and encompassing all true being.

Triumph over death

"The sting of death is sin; and the strength of sin is the law," — the law of mortal belief, at war with the facts of immortal Life, even with the spiritual law which says to the grave, "Where is thy victory?" But "when this corruptible shall have put on incorruption, and this mortal shall have put on immortality, then shall be brought to pass the saying that is written, Death is swallowed up in victory."

Question. — Have Christian Scientists any religious creed?

Answer. — They have not, if by that term is meant doctrinal beliefs. The following is a brief exposition of el error. Aprenderás también que en la Ciencia no hay transferencia de sugestiones malévolas de un mortal a otro, pues hay una sola Mente, y esta Mente siempre presente y omnipotente es reflejada por el hombre y gobierna el universo entero. Aprenderás que en la Ciencia Cristiana el primer deber es obedecer a Dios, tener una sola Mente, y amar al prójimo como a ti mismo.

Condición para el progreso

Todos tenemos que aprender que la Vida es Dios. Pregúntate: ¿Estoy viviendo la vida que se acerca al bien supremo? ¿Estoy demostrando el poder sanador de la Verdad y el Amor? Si es así, entonces el camino se iluminará cada vez más "hasta que el día [sea] perfecto". Tus frutos comprobarán lo que la comprensión de Dios le trae al hombre. Mantén perpetuamente este pensamiento: que es la idea espiritual, el Espíritu Santo y el Cristo, lo que te capacita para demostrar, con certeza científica, la regla de la curación, basada en su Principio divino, el Amor, que subyace, cobija y envuelve todo el ser verdadero.

El triunfo sobre la muerte

"El aguijón de la muerte es el pecado, y el poder del pecado, la ley", la ley de la creencia mortal, en guerra contra las realidades de la Vida inmortal, o sea, contra la ley espiritual que dice al sepulcro: "¿Dónde [está] …, tu victoria?" Pero "cuando esto corruptible se haya vestido de incorrupción, y esto mortal se haya vestido de inmortalidad, entonces se cumplirá la palabra que está escrita: Sorbida es la muerte en victoria".

Pregunta. — ¿Tienen los Científicos Cristianos algún credo religioso?

Respuesta. — No lo tienen, si por ese término se quiere decir creencias doctrinales. Lo que sigue es una breve exposición the important points, or religious tenets, of Christian Science: —

1. As adherents of Truth, we take the inspired Word of the Bible as our sufficient guide to eternal Life.

2. We acknowledge and adore one supreme and infinite God. We acknowledge His Son, one Christ; the Holy Ghost or divine Comforter; and man in God's image and likeness.

3. We acknowledge God's forgiveness of sin in the destruction of sin and the spiritual understanding that casts out evil as unreal. But the belief in sin is punished so long as the belief lasts.

4. We acknowledge Jesus' atonement as the evidence of divine, efficacious Love, unfolding man's unity with God through Christ Jesus the Way-shower; and we acknowledge that man is saved through Christ, through Truth, Life, and Love as demonstrated by the Galilean Prophet in healing the sick and overcoming sin and death.

5. We acknowledge that the crucifixion of Jesus and his resurrection served to uplift faith to understand eternal Life, even the allness of Soul, Spirit, and the nothingness of matter.

6. And we solemnly promise to watch, and pray for that Mind to be in us which was also in Christ Jesus; to do unto others as we would have them do unto us; and to be merciful, just, and pure.

de los puntos importantes, o artículos de fe, de la Ciencia Cristiana: —

1. Como quienes se adhieren a la Verdad, tomamos la Palabra inspirada de la Biblia como nuestra guía suficiente hacia la Vida eterna.

2. Reconocemos y adoramos a un solo Dios supremo e infinito. Reconocemos a Su Hijo, el Cristo único; el Espíritu Santo o Consolador divino; y al hombre a imagen y semejanza de Dios.

3. Reconocemos el perdón del pecado por Dios en la destrucción del pecado y en la comprensión espiritual que echa fuera el mal como irreal. Pero la creencia en el pecado es castigada mientras dura la creencia.

4. Reconocemos la expiación de Jesús como la evidencia del Amor divino y eficaz, que revela la unidad del hombre con Dios por medio de Cristo Jesús, el Mostrador del camino; y reconocemos que el hombre se salva mediante el Cristo, mediante la Verdad, la Vida y el Amor como fue demostrado por el Profeta galileo al sanar a los enfermos y vencer el pecado y la muerte.

5. Reconocemos que la crucifixión de Jesús y su resurrección sirvieron para elevar la fe a la comprensión de la Vida eterna, o sea, la totalidad del Alma, el Espíritu, y la nada de la materia.

6. Y solemnemente prometemos velar, y orar para que haya en nosotros aquella Mente que hubo también en Cristo Jesús; hacer con los demás lo que quisiéramos que ellos hicieran con nosotros; y ser misericordiosos, justos y puros.

Key to the Scriptures

These things saith He that is holy,
He that is true,
He that hath the key of David,
He that openeth, and no man shutteth;
and shutteth, and no man openeth;
I know thy works:
behold, I have set before thee an open door,
and no man can shut it. — REVELATION.

La Llave de las Escrituras

Esto dice el Santo,
el Verdadero,
el que tiene la llave de David,
el que abre y ninguno cierra,
y cierra y ninguno abre:
Yo conozco tus obras;
he aquí, he puesto delante de ti una puerta abierta,
la cual nadie puede cerrar. — El Apocalipsis.

Chapter 15

Genesis

And I appeared unto Abraham, unto Isaac, and unto Jacob
by the name of God Almighty;
but by My name Jehovah was I not known to them. — Exodus.

All things were made by Him;
and without Him was not anything made that was made.
In Him was life; and the life was the light of men. — John.

Spiritual interpretation

Scientific interpretation of the Scriptures properly starts with the beginning of the Old Testament, chiefly because the spiritual import of the Word, in its earliest articulations, often seems so smothered by the immediate context as to require explication; whereas the New Testament narratives are clearer and come nearer the heart. Jesus illumines them, showing the poverty of mortal existence, but richly recompensing human want and woe with spiritual gain. The incarnation of Truth, that amplification of wonder and glory which angels could only whisper and which God illustrated by light and harmony, is consonant with ever-present Love. So-called mystery and miracle, which subserve the end of natural good, are explained by that Love for whose rest the weary ones sigh when needing something more native to their immortal cravings than the history of perpetual evil.

Capítulo 15

Génesis

Y aparecí a Abraham, a Isaac y a Jacob
como Dios Omnipotente,
mas en Mi nombre Jehová no Me di a conocer a ellos. — ÉXODO.

Todas las cosas por Él fueron hechas,
y sin Él nada de lo que ha sido hecho, fue hecho.
En Él estaba la vida, y la vida era la luz de los hombres. — JUAN.

Interpretación espiritual

La interpretación científica de las Escrituras empieza apropiadamente con el comienzo del Antiguo Testamento, principalmente porque el significado espiritual de la Palabra, en sus articulaciones más primitivas, a menudo parece tan ahogado por el contexto inmediato como para requerir una explicación; mientras que las narrativas del Nuevo Testamento son más claras y llegan más cerca del corazón. Jesús las ilumina, mostrando la pobreza de la existencia mortal, pero recompensando abundantemente la miseria y la congoja humanas con ganancias espirituales. La encarnación de la Verdad, aquella amplificación de maravilla y gloria que los ángeles sólo podían susurrar y que Dios ilustró por medio de la luz y la armonía, está en consonancia con el Amor siempre presente. Los así llamados misterios y milagros, que sirven a los fines del bien natural, son explicados por ese Amor por cuyo descanso suspiran los agobiados cuando necesitan algo más nativo de sus anhelos inmortales que la historia del mal perpetuo.

Spiritual overture

A second necessity for beginning with Genesis is that the living and real prelude of the older Scriptures is so brief that it would almost seem, from the preponderance of unreality in the entire narrative, as if reality did not predominate over unreality, the light over the dark, the straight line of Spirit over the mortal deviations and inverted images of the creator and His creation.

Deflection of being

Spiritually followed, the book of Genesis is the history of the untrue image of God, named a sinful mortal. This deflection of being, rightly viewed, serves to suggest the proper reflection of God and the spiritual actuality of man, as given in the first chapter of Genesis. Even thus the crude forms of human thought take on higher symbols and significations, when scientifically Christian views of the universe appear, illuminating time with the glory of eternity.

In the following exegesis, each text is followed by its spiritual interpretation according to the teachings of Christian Science.

Exegesis

Genesis i. 1. In the beginning God created the heaven and the earth.

Ideas and identities

The infinite has no beginning. This word *beginning* is employed to signify *the only,* — that is, the eternal verity and unity of God and man, including the universe. The creative Principle — Life, Truth, and Love — is God. The universe reflects God. There is but one creator and one creation. This crea-

La segunda necesidad para empezar con el Génesis es que el preludio viviente y real de las Escrituras más antiguas es tan breve que casi parecería, por la preponderancia de la irrealidad en la narrativa entera, como si la realidad no predominara sobre la irrealidad, la luz sobre las tinieblas, la línea recta del Espíritu sobre las desviaciones mortales y las imágenes invertidas del creador y Su creación.

Obertura espiritual

Tomado espiritualmente, el libro del Génesis es la historia de la imagen falsa de Dios, llamada un pecador mortal. Esta refracción del ser, vista correctamente, sirve para sugerir el reflejo verdadero de Dios y la realidad espiritual del hombre, como se da en el capítulo primero del Génesis. Aun así, las formas crudas del pensamiento humano adquieren símbolos y significados más elevados cuando aparecen las perspectivas científicamente cristianas del universo, iluminando el tiempo con la gloria de la eternidad.

Refracción del ser

En la exégesis siguiente, cada texto es seguido por su interpretación espiritual de acuerdo con las enseñanzas de la Ciencia Cristiana.

Exégesis

Génesis 1:1. En el principio creó Dios los cielos y la tierra.

Lo infinito no tiene principio. Esta palabra *principio* es empleada para significar *lo único,* es decir, la eterna verdad y unidad de Dios y el hombre, incluyendo el universo. El Principio creativo —la Vida, la Verdad y el Amor— es Dios. El universo refleja a Dios. No hay más que un creador y una creación. Esta creación

Ideas e identidades

tion consists of the unfolding of spiritual ideas and their identities, which are embraced in the infinite Mind and forever reflected. These ideas range from the infinitesimal to infinity, and the highest ideas are the sons and daughters of God.

Genesis i. 2. And the earth was without form, and void; and darkness was upon the face of the deep. And the spirit of God moved upon the face of the waters.

Spiritual harmony

The divine Principle and idea constitute spiritual harmony, — heaven and eternity. In the universe of Truth, matter is unknown. No supposition of error enters there. Divine Science, the Word of God, saith to the darkness upon the face of error, "God is All-in-all," and the light of ever-present Love illumines the universe. Hence the eternal wonder, — that infinite space is peopled with God's ideas, reflecting Him in countless spiritual forms.

Genesis i. 3. And God said, Let there be light: and there was light.

Mind's idea faultless

Immortal and divine Mind presents the idea of God: *first,* in light; *second,* in reflection; *third,* in spiritual and immortal forms of beauty and goodness. But this Mind creates no element nor symbol of discord and decay. God creates neither erring thought, mortal life, mutable truth, nor variable love.

Genesis i. 4. And God saw the light, that it was good: and God divided the light from the darkness.

God, Spirit, dwelling in infinite light and harmony

consiste en el desarrollo de las ideas espirituales y sus identidades, las cuales están abrazadas en la Mente infinita y para siempre reflejadas. Estas ideas se extienden desde lo infinitesimal hasta lo infinito, y las ideas más elevadas son los hijos y las hijas de Dios.

Génesis 1:2. Y la tierra estaba desordenada y vacía, y las tinieblas estaban sobre la faz del abismo, y el espíritu de Dios se movía sobre la faz de las aguas.

Armonía espiritual

El Principio divino y la idea divina constituyen la armonía espiritual: los cielos y la eternidad. En el universo de la Verdad, la materia es desconocida. Ninguna suposición de error entra allí. La Ciencia divina, la Palabra de Dios, dice a las tinieblas sobre la faz del error: "Dios es Todo-en-todo", y la luz del Amor siempre presente ilumina el universo. De ahí la eterna maravilla, que el espacio infinito está poblado con las ideas de Dios, que Lo reflejan en incontables formas espirituales.

Génesis 1:3. Y dijo Dios: Sea la luz; y fue la luz.

La idea de la Mente no tiene defectos

La Mente inmortal y divina presenta la idea de Dios: *primero*, en luz; *segundo*, en reflejo; *tercero*, en formas espirituales e inmortales de belleza y bondad. Pero esta Mente no crea ningún elemento ni símbolo de discordia y decadencia. Dios no crea ni pensamiento que yerra, vida mortal, verdad mutable ni amor variable.

Génesis 1:4. Y vio Dios que la luz era buena; y separó Dios la luz de las tinieblas.

Dios, el Espíritu, que mora en la luz y la armonía infinitas from which emanates the true idea, is never reflected by aught but the good.

Genesis i. 5. And God called the light Day, and the darkness He called Night. And the evening and the morning were the first day.

Light preceding the sun

All questions as to the divine creation being both spiritual and material are answered in this passage, for though solar beams are not yet included in the record of creation, still there is light. This light is not from the sun nor from volcanic flames, but it is the revelation of Truth and of spiritual ideas. This also shows that there is no place where God's light is not seen, since Truth, Life, and Love fill immensity and are ever-present. Was not this a revelation instead of a creation?

Evenings and mornings

The successive appearing of God's ideas is represented as taking place on so many *evenings* and *mornings*, — words which indicate, in the absence of solar time, spiritually clearer views of Him, views which are not implied by material darkness and dawn. Here we have the explanation of another passage of Scripture, that "one day is with the Lord as a thousand years." The rays of infinite Truth, when gathered into the focus of ideas, bring light instantaneously, whereas a thousand years of human doctrines, hypotheses, and vague conjectures emit no such effulgence.

Spirit *versus* darkness

Did infinite Mind create matter, and call it *light?* Spirit is light, and the contradiction of Spirit is matter, darkness, and darkness obscures light. Material sense is nothing but a supposition of the absence of Spirit. No solar rays nor planetary revolutions de las cuales emana la idea verdadera, nunca es reflejado por nada sino por lo bueno.

Génesis 1:5. Y llamó Dios a la luz Día, y a las tinieblas llamó Noche. Y fue la tarde y la mañana un día.

Luz que precede al sol

Todas las preguntas sobre si la creación divina es a la vez espiritual y material son respondidas en este pasaje, porque aunque los rayos solares no están incluidos aún en el registro de la creación, sin embargo hay luz. Esta luz no es del sol ni de llamas volcánicas, sino que es la revelación de la Verdad y de las ideas espirituales. Esto muestra también que no existe lugar donde la luz de Dios no se vea, puesto que la Verdad, la Vida y el Amor llenan la inmensidad y están siempre presentes. ¿No fue esta una revelación más bien que una creación?

Tardes y mañanas

La sucesiva aparición de las ideas de Dios es representada como si tuviera lugar en tantas *tardes* y *mañanas,* palabras que indican, en ausencia del tiempo solar, perspectivas espiritualmente más claras de Él, perspectivas que no son indicadas por las tinieblas y el alba materiales. Aquí tenemos la explicación de otro pasaje de las Escrituras, que “para con el Señor un día es como mil años”. Los rayos de la Verdad infinita, cuando se juntan en el foco de ideas, traen la luz instantáneamente, mientras que mil años de doctrinas, hipótesis y vagas conjeturas humanas no emiten tal fulgor.

El Espíritu *versus* las tinieblas

¿Creó la Mente infinita la materia, y la llamó *luz?* El Espíritu es la luz, y la contradicción del Espíritu es la materia, las tinieblas, y las tinieblas oscurecen la luz. El sentido material no es nada más que una suposición de la ausencia del Espíritu. Ni los rayos solares ni form the day of Spirit. Immortal Mind makes its own record, but mortal mind, sleep, dreams, sin, disease, and death have no record in the first chapter of Genesis.

> *Genesis* i. 6. And God said, Let there be a firmament in the midst of the waters, and let it divide the waters from the waters.

Spiritual firmament

Spiritual understanding, by which human conception, material sense, is separated from Truth, is the firmament. The divine Mind, not matter, creates all identities, and they are forms of Mind, the ideas of Spirit apparent only as Mind, never as mindless matter nor the so-called material senses.

> *Genesis* i. 7. And God made the firmament, and divided the waters which were under the firmament from the waters which were above the firmament: and it was so.

Understanding imparted

Spirit imparts the understanding which uplifts consciousness and leads into all truth. The Psalmist saith: "The Lord on high is mightier than the noise of many waters, yea, than the mighty waves of the sea." Spiritual sense is the discernment of spiritual good. Understanding is the line of demarcation between the real and unreal. Spiritual understanding unfolds Mind,—Life, Truth, and Love,—and demonstrates the divine sense, giving the spiritual proof of the universe in Christian Science.

Original reflected

This understanding is not intellectual, is not the result of scholarly attainments; it is the reality of all things brought to light. God's ideas reflect the immortal, unerring, and infinite. The mortal, erring, and finite are human beliefs, which apportion to las revoluciones planetarias forman el día del Espíritu. La Mente inmortal hace su propio registro, pero la mente mortal, el dormir, los sueños, el pecado, la enfermedad y la muerte no tienen ningún registro en el primer capítulo del Génesis.

> *Génesis* 1:6. Luego dijo Dios: Haya expansión en medio de las aguas, y separe las aguas de las aguas.

Expansión espiritual

La comprensión espiritual, por la cual la concepción humana, el sentido material, está separado de la Verdad, es la expansión. La Mente divina, no la materia, crea todas las identidades, y ellas son formas de la Mente, las ideas del Espíritu evidentes sólo como la Mente, nunca como la materia sin mente ni como los así llamados sentidos materiales.

> *Génesis* 1:7. E hizo Dios la expansión, y separó las aguas que estaban debajo de la expansión, de las aguas que estaban sobre la expansión. Y fue así.

Comprensión impartida

El Espíritu imparte la comprensión que eleva la consciencia y conduce a toda la verdad. El Salmista dice: “Jehová en las alturas es más poderoso que el estruendo de las muchas aguas, más que las recias ondas del mar”. El sentido espiritual es el discernimiento del bien espiritual. La comprensión es la línea de demarcación entre lo real y lo irreal. La comprensión espiritual revela la Mente —la Vida, la Verdad y el Amor— y demuestra el sentido divino, dando la prueba espiritual del universo en la Ciencia Cristiana.

El original reflejado

Esta comprensión no es intelectual, no es el resultado de logros eruditos; es la realidad de todas las cosas sacada a la luz. Las ideas de Dios reflejan lo inmortal, lo que no yerra y lo infinito. Lo mortal, lo que yerra y lo finito son creencias humanas, que se arrogan themselves a task impossible for them, that of distinguishing between the false and the true. Objects utterly unlike the original do not reflect that original. Therefore matter, not being the reflection of Spirit, has no real entity. Understanding is a quality of God, a quality which separates Christian Science from supposition and makes Truth final.

Genesis i. 8. And God called the firmament Heaven. And the evening and the morning were the second day.

Exalted thought

Through divine Science, Spirit, God, unites understanding to eternal harmony. The calm and exalted thought or spiritual apprehension is at peace. Thus the dawn of ideas goes on, forming each successive stage of progress.

Genesis i. 9. And God said, Let the waters under the heaven be gathered together unto one place, and let the dry land appear: and it was so.

Unfolding of thoughts

Spirit, God, gathers unformed thoughts into their proper channels, and unfolds these thoughts, even as He opens the petals of a holy purpose in order that the purpose may appear.

Genesis i. 10. And God called the dry land Earth; and the gathering together of the waters called He Seas: and God saw that it was good.

Spirit names and blesses

Here the human concept and divine idea seem confused by the translator, but they are not so in the scientifically Christian meaning of the text. Upon Adam devolved the pleasurable task of finding names for all material things, but Adam has not yet una tarea imposible para ellas: la de distinguir entre lo falso y lo verdadero. Los objetos completamente diferentes del original no reflejan ese original. Por consiguiente, la materia, al no ser el reflejo del Espíritu, no tiene entidad real. La comprensión es una cualidad de Dios, una cualidad que separa la Ciencia Cristiana de la suposición y hace la Verdad definitiva.

Génesis 1:8. Y llamó Dios a la expansión Cielos. Y fue la tarde y la mañana el día segundo.

Pensamiento exaltado

Por medio de la Ciencia divina, el Espíritu, Dios, une la comprensión a la armonía eterna. El pensamiento calmo y exaltado, o la comprensión espiritual, está en paz. Así continúa el amanecer de las ideas, formando cada etapa sucesiva de progreso.

Génesis 1:9. Dijo también Dios: Júntense las aguas que están debajo de los cielos en un lugar, y descúbrase lo seco. Y fue así.

Desarrollo de pensamientos

El Espíritu, Dios, reúne los pensamientos informes en sus conductos adecuados, y desarrolla estos pensamientos, tal como abre los pétalos de un propósito sagrado con el fin de que el propósito pueda aparecer.

Génesis 1:10. Y llamó Dios a lo seco Tierra, y a la reunión de las aguas llamó Mares. Y vio Dios que era bueno.

El Espíritu pone nombres y bendice

Aquí el concepto humano y la idea divina parecen confundidos por el traductor, pero no lo están en el sentido científicamente cristiano del texto. Sobre Adán recayó la agradable tarea de encontrar nombres para todas las cosas materiales, pero Adán no ha appeared in the narrative. In metaphor, the *dry land* illustrates the absolute formations instituted by Mind, while *water* symbolizes the elements of Mind. Spirit duly feeds and clothes every object, as it appears in the line of spiritual creation, thus tenderly expressing the fatherhood and motherhood of God. Spirit names and blesses all. Without natures particularly defined, objects and subjects would be obscure, and creation would be full of nameless offspring, — wanderers from the parent Mind, strangers in a tangled wilderness.

> *Genesis* i. 11. And God said, Let the earth bring forth grass, the herb yielding seed, and the fruit tree yielding fruit after his kind, whose seed is in itself, upon the earth: and it was so.

Divine propagation

The universe of Spirit reflects the creative power of the divine Principle, or Life, which reproduces the multitudinous forms of Mind and governs the multiplication of the compound idea man. The tree and herb do not yield fruit because of any propagating power of their own, but because they reflect the Mind which includes all. A material world implies a mortal mind and man a creator. The scientific divine creation declares immortal Mind and the universe created by God.

Ever-appearing creation

Infinite Mind creates and governs all, from the mental molecule to infinity. This divine Principle of all expresses Science and art throughout His creation, and the immortality of man and the universe. Creation is ever appearing, and must ever continue to appear from the nature of its inexhaustible source. Mortal sense inverts this appearing and calls ideas material. Thus misinterpreted, the divine idea seems to fall aparecido aún en la narrativa. En la metáfora, la *tierra seca* ilustra las formaciones absolutas instituidas por la Mente, mientras que el *agua* simboliza los elementos de la Mente. El Espíritu alimenta y viste debidamente todo objeto, a medida que aparece en la línea de la creación espiritual, así expresando tiernamente la paternidad y la maternidad de Dios. El Espíritu da nombre a todo y lo bendice. Sin naturalezas particularmente definidas, los objetos y sujetos serían oscuros, y la creación estaría llena de vástagos sin nombre, vagando desviados de la Mente progenitora, forasteros en un desierto enmarañado.

> *Génesis* 1:11. Después dijo Dios: Produzca la tierra hierba verde, hierba que dé semilla; árbol de fruto que dé fruto según su género, que su semilla esté en él, sobre la tierra. Y fue así.

Propagación divina

El universo del Espíritu refleja el poder creativo del Principio divino, o la Vida, que reproduce las innumerables formas de la Mente y gobierna la multiplicación de la idea compuesta, el hombre. El árbol y la hierba no dan fruto a causa de algún poder propagativo propio, sino porque reflejan la Mente que lo incluye todo. Un mundo material implica una mente mortal y un hombre creador. La creación divina y científica proclama la Mente inmortal y el universo creado por Dios.

La creación siempre está apareciendo

La Mente infinita crea y gobierna todo, desde la molécula mental hasta lo infinito. Este Principio divino de todo expresa Ciencia y arte a través de Su creación, y la inmortalidad del hombre y el universo. La creación está siempre apareciendo, y tiene que continuar apareciendo siempre debido a la naturaleza de su fuente inagotable. El sentido mortal invierte esta aparición y llama materiales las ideas. Así mal interpretada, la idea divina parece to the level of a human or material belief, called mortal man. But the seed is in itself, only as the divine Mind is All and reproduces all — as Mind is the multiplier, and Mind's infinite idea, man and the universe, is the product. The only intelligence or substance of a thought, a seed, or a flower is God, the creator of it. Mind is the Soul of all. Mind is Life, Truth, and Love which governs all.

> *Genesis* i. 12. And the earth brought forth grass, and herb yielding seed after his kind, and the tree yielding fruit, whose seed was in itself, after his kind: and God saw that it was good.

Mind's pure thought

God determines the gender of His own ideas. Gender is mental, not material. The seed within itself is the pure thought emanating from divine Mind. The feminine gender is not yet expressed in the text. *Gender* means simply *kind* or *sort,* and does not necessarily refer either to masculinity or femininity. The word is not confined to sexuality, and grammars always recognize a neuter gender, neither male nor female. The Mind or intelligence of production names the female gender last in the ascending order of creation. The intelligent individual idea, be it male or female, rising from the lesser to the greater, unfolds the infinitude of Love.

> *Genesis* i. 13. And the evening and the morning were the third day.

The third stage in the order of Christian Science is an important one to the human thought, letting in the light caer al nivel de una creencia humana o material, llamada hombre mortal. Pero la semilla está en sí misma sólo porque la Mente divina es Todo y reproduce todo, porque la Mente es la multiplicadora, y la idea infinita de la Mente, el hombre y el universo, es el producto. La única inteligencia o sustancia de un pensamiento, una semilla o una flor es Dios, su creador. La Mente es el Alma de todo. La Mente es la Vida, la Verdad y el Amor que gobierna todo.

Génesis 1:12. Produjo, pues, la tierra hierba verde, hierba que da semilla según su naturaleza, y árbol que da fruto, cuya semilla está en él, según su género. Y vio Dios que era bueno.

El pensamiento puro de la Mente

Dios determina el género de Sus propias ideas. El género es mental, no material. La semilla dentro de sí misma es el pensamiento puro que emana de la Mente divina. El género femenino no está expresado aún en el texto. *Género* significa simplemente *clase* o *especie,* y no se refiere necesariamente a la masculinidad o a la femineidad. La palabra no está confinada a la sexualidad, y las gramáticas siempre reconocen un género neutro, ni masculino ni femenino. La Mente o inteligencia de la producción menciona el género femenino por último en el orden ascendente de la creación. La idea individual inteligente, sea varón o hembra, elevándose de lo menor a lo mayor, revela la infinitud del Amor.

Génesis 1:13. Y fue la tarde y la mañana el día tercero.

La tercera etapa en el orden de la Ciencia Cristiana es una de gran importancia para el pensamiento humano, dejando

Rising to the light

of spiritual understanding. This period corresponds to the resurrection, when Spirit is discerned to be the Life of all, and the deathless Life, or Mind, dependent upon no material organization. Our Master reappeared to his students, — to their apprehension he rose from the grave, — on the third day of his ascending thought, and so presented to them the certain sense of eternal Life.

> *Genesis* i. 14. And God said, Let there be lights in the firmament of the heaven, to divide the day from the night; and let them be for signs, and for seasons, and for days, and years.

Rarefaction of thought

Spirit creates no other than heavenly or celestial bodies, but the stellar universe is no more celestial than our earth. This text gives the idea of the rarefaction of thought as it ascends higher. God forms and peoples the universe. The light of spiritual understanding gives gleams of the infinite only, even as nebulæ indicate the immensity of space.

Divine nature appearing

So-called mineral, vegetable, and animal substances are no more contingent now on time or material structure than they were when "the morning stars sang together." Mind made the "plant of the field before it was in the earth." The periods of spiritual ascension are the days and seasons of Mind's creation, in which beauty, sublimity, purity, and holiness — yea, the divine nature — appear in man and the universe never to disappear.

Knowing the Science of creation, in which all is Mind and its ideas, Jesus rebuked the material thought of his fellow-countrymen: "Ye can discern the face of the penetrar la luz de la comprensión espiritual. Este período corresponde a la resurrección, cuando se discierne que el Espíritu es la Vida de todo, y la Vida imperecedera, o la Mente, no es dependiente de ninguna organización material. Nuestro Maestro reapareció a sus discípulos —para la comprensión de ellos se levantó de la tumba— al tercer día de su pensamiento ascendente, y así les presentó la certeza de la Vida eterna.

Ascendiendo hacia la luz

> *Génesis* 1:14. Dijo luego Dios: Haya lumbreras en la expansión de los cielos para separar el día de la noche; y sirvan de señales para las estaciones, para días y años.

Rarefacción del pensamiento

El Espíritu no crea otros cuerpos sino los celestes o celestiales, pero el universo estelar no es más celestial que nuestra tierra. Este texto da la idea de la rarefacción del pensamiento a medida que asciende más alto. Dios forma y puebla el universo. La luz de la comprensión espiritual da sólo destellos de lo infinito, así como las nebulosas indican la inmensidad del espacio.

La naturaleza divina aparece

Las así llamadas sustancias minerales, vegetales y animales no dependen más del tiempo ni de la organización material ahora que cuando "alababan todas las estrellas del alba". La Mente hizo la "planta del campo antes que fuese en la tierra". Los períodos de la ascensión espiritual son los días y las estaciones de la creación de la Mente, en la cual la belleza, la sublimidad, la pureza y la santidad —sí, la naturaleza divina— aparecen en el hombre y el universo para no desaparecer jamás.

Conociendo la Ciencia de la creación, en la cual todo es la Mente y sus ideas, Jesús reprendió el pensamiento material de sus conterráneos: "Sabéis distinguir el aspecto del cielo, sky; but can ye not discern the signs of the times?" How much more should we seek to apprehend the spiritual ideas of God, than to dwell on the objects of sense! To discern the rhythm of Spirit and to be holy, thought must be purely spiritual.

Spiritual ideas apprehended

Genesis i. 15. And let them be for lights in the firmament of the heaven, to give light upon the earth: and it was so.

Truth and Love enlighten the understanding, in whose "light shall we see light;" and this illumination is reflected spiritually by all who walk in the light and turn away from a false material sense.

Genesis i. 16. And God made two great lights; the greater light to rule the day, and the lesser light to rule the night: He made the stars also.

The sun is a metaphorical representation of Soul outside the body, giving existence and intelligence to the universe. Love alone can impart the limitless idea of infinite Mind. Geology has never explained the earth's formations; it cannot explain them. There is no Scriptural allusion to solar light until time has been already divided into evening and morning; and the allusion to fluids (Genesis i. 2) indicates a supposed formation of matter by the resolving of fluids into solids, analogous to the suppositional resolving of thoughts into material things.

Geology a failure

Light is a symbol of Mind, of Life, Truth, and Love, and not a vitalizing property of matter. Science reveals only one Mind, and this one shining by its own light and governing the universe, including

Spiritual subdivision

¡mas las señales de los tiempos no podéis!" ¡Cuánto más deberíamos buscar comprender las ideas espirituales de Dios, que afanarnos por los objetos de los sentidos!

Ideas espirituales comprendidas

Para discernir el ritmo del Espíritu y ser santo, el pensamiento tiene que ser puramente espiritual.

Génesis 1:15. Y sean por lumbreras en la expansión de los cielos para alumbrar sobre la tierra. Y fue así.

La Verdad y el Amor iluminan la comprensión, en cuya "luz veremos la luz"; y esta iluminación es reflejada espiritualmente por todos los que andan en la luz y se alejan de un falso sentido material.

Génesis 1:16. E hizo Dios las dos grandes lumbreras; la lumbrera mayor para que señorease en el día, y la lumbrera menor para que señorease en la noche; hizo también las estrellas.

El sol es una representación metafórica del Alma fuera del cuerpo, dando existencia e inteligencia al universo. Sólo el Amor puede impartir la idea ilimitada de la Mente infinita.

La geología, un fracaso

La geología jamás ha explicado las formaciones de la tierra; no puede explicarlas. No hay ninguna alusión bíblica a la luz solar en las Escrituras hasta que el tiempo ya ha sido dividido en tardes y mañanas; y la alusión a los fluidos (Génesis 1:2) indica una supuesta formación de la materia por la resolución de fluidos en sólidos, análoga a la supuesta resolución de pensamientos en cosas materiales.

Subdivisión espiritual

La luz es un símbolo de la Mente, de la Vida, la Verdad y el Amor, y no una propiedad vivificante de la materia. La Ciencia revela sólo una Mente, y ésta brillando por su propia luz y gobernando el universo, man, in perfect harmony. This Mind forms ideas, its own images, subdivides and radiates their borrowed light, intelligence, and so explains the Scripture phrase, "whose seed is in itself." Thus God's ideas "multiply and replenish the earth." The divine Mind supports the sublimity, magnitude, and infinitude of spiritual creation.

> *Genesis* i. 17, 18. And God set them in the firmament of the heaven, to give light upon the earth, and to rule over the day and over the night, and to divide the light from the darkness: and God saw that it was good.

Darkness scattered

In divine Science, which is the seal of Deity and has the impress of heaven, God is revealed as infinite light. In the eternal Mind, no night is there.

> *Genesis* i. 19. And the evening and the morning were the fourth day.

The changing glow and full effulgence of God's infinite ideas, images, mark the periods of progress.

> *Genesis* i. 20. And God said, Let the waters bring forth abundantly the moving creature that hath life, and fowl that may fly above the earth in the open firmament of heaven.

Soaring aspirations

To mortal mind, the universe is liquid, solid, and aëriform. Spiritually interpreted, rocks and mountains stand for solid and grand ideas. Animals and mortals metaphorically present the gradation of mortal thought, rising in the scale of intelligence, taking form in masculine, feminine, or neuter gender. The fowls, which fly above the earth in the open firmament incluyendo el hombre, en perfecta armonía. Esta Mente forma ideas, sus propias imágenes, subdivide e irradia la luz que les es prestada, la inteligencia, y así explica la frase de las Escrituras: “cuya semilla está dentro de sí misma”.* De esta manera las ideas de Dios “se multiplican y llenan la tierra”. La Mente divina sustenta la sublimidad, la magnitud y la infinitud de la creación espiritual.

> *Génesis* 1:17, 18. Y las puso Dios en la expansión de los cielos para alumbrar sobre la tierra, y para señorear en el día y en la noche, y para separar la luz de las tinieblas. Y vio Dios que era bueno.

Tinieblas disipadas

En la Ciencia divina, la cual es el sello de la Deidad y tiene la estampa del cielo, Dios es revelado como luz infinita. En la Mente eterna no hay noche.

> *Génesis* 1:19. Y fue la tarde y la mañana el día cuarto.

El resplandor cambiante y el pleno fulgor de las ideas infinitas, las imágenes, de Dios, marcan los períodos de progreso.

> *Génesis* 1:20. Dijo Dios: Produzcan las aguas seres vivientes, y aves que vuelen sobre la tierra, en la abierta expansión de los cielos.

Aspiraciones que se remontan

Para la mente mortal, el universo es líquido, sólido y gaseoso. Interpretadas espiritualmente, las rocas y las montañas simbolizan ideas sólidas y grandiosas. Los animales y los mortales presentan metafóricamente la gradación del pensamiento mortal, ascendiendo en la escala de la inteligencia, tomando forma en los géneros masculino, femenino o neutro. Las aves, que vuelan sobre la tierra en la abierta expansión de los cielos,

*Según la versión King James de la Biblia

of heaven, correspond to aspirations soaring beyond and above corporeality to the understanding of the incorporeal and divine Principle, Love.

> *Genesis* i. 21. And God created great whales, and every living creature that moveth, which the waters brought forth abundantly, after their kind, and every winged fowl after his kind: and God saw that it was good.

Seraphic symbols

Spirit is symbolized by strength, presence, and power, and also by holy thoughts, winged with Love. These angels of His presence, which have the holiest charge, abound in the spiritual atmosphere of Mind, and consequently reproduce their own characteristics. Their individual forms we know not, but we do know that their natures are allied to God's nature; and spiritual blessings, thus typified, are the externalized, yet subjective, states of faith and spiritual understanding.

> *Genesis* i. 22. And God blessed them, saying, Be fruitful, and multiply, and fill the waters in the seas; and let fowl multiply in the earth.

Multiplication of pure ideas

Spirit blesses the multiplication of its own pure and perfect ideas. From the infinite elements of the one Mind emanate all form, color, quality, and quantity, and these are mental, both primarily and secondarily. Their spiritual nature is discerned only through the spiritual senses. Mortal mind inverts the true likeness, and confers animal names and natures upon its own misconceptions. Ignorant of the origin and operations of mortal mind,—that is, ignorant of itself,—this so-called mind puts forth its own qualities, and claims God as their author; albeit God is ignorant of the excorresponden a las aspiraciones que se remontan más allá y por encima de la corporalidad hacia la comprensión del Principio divino e incorpóreo, el Amor.

Génesis 1:21. Y creó Dios los grandes monstruos marinos, y todo ser viviente que se mueve, que las aguas produjeron según su género, y toda ave alada según su especie. Y vio Dios que era bueno.

Símbolos seráficos

El Espíritu es simbolizado por la fuerza, la presencia y el poder, y también por pensamientos sagrados, alados con Amor. Estos ángeles de Su presencia, los cuales tienen el cargo más sagrado, abundan en la atmósfera espiritual de la Mente, y por consiguiente, reproducen sus propias características. No conocemos sus formas individuales, pero sí sabemos que su naturaleza está aliada con la naturaleza de Dios; y las bendiciones espirituales, así simbolizadas, son los estados exteriorizados, aunque subjetivos, de la fe y la comprensión espiritual.

Génesis 1:22. Y Dios los bendijo, diciendo: Fructificad y multiplicaos, y llenad las aguas en los mares, y multiplíquense las aves en la tierra.

Multiplicación de ideas puras

El Espíritu bendice la multiplicación de sus propias ideas puras y perfectas. De los elementos infinitos de la Mente única emanan toda forma, todo color, toda cualidad y cantidad, y estos son mentales, tanto primaria como secundariamente. Su naturaleza espiritual es discernida sólo por medio de los sentidos espirituales. La mente mortal invierte la verdadera semejanza, y confiere nombres y naturalezas animales a sus propias concepciones erróneas. Ignorante del origen y de las operaciones de la mente mortal —esto es, ignorante de sí misma— esta así llamada mente pone de manifiesto sus propias cualidades, y pretende que Dios es el autor de ellas; aun cuando Dios ignora la existencia, istence of both this mortal mentality, so-called, and its claim, for the claim usurps the deific prerogatives and is an attempted infringement on infinity.

> *Genesis* i. 23. And the evening and the morning were the fifth day.

Spiritual spheres

Advancing spiritual steps in the teeming universe of Mind lead on to spiritual spheres and exalted beings. To material sense, this divine universe is dim and distant, gray in the sombre hues of twilight; but anon the veil is lifted, and the scene shifts into light. In the record, time is not yet measured by solar revolutions, and the motions and reflections of deific power cannot be apprehended until divine Science becomes the interpreter.

> *Genesis* i. 24. And God said, Let the earth bring forth the living creature after his kind, cattle, and creeping thing, and beast of the earth after his kind: and it was so.

Continuity of thoughts

Spirit diversifies, classifies, and individualizes all thoughts, which are as eternal as the Mind conceiving them; but the intelligence, existence, and continuity of all individuality remain in God, who is the divinely creative Principle thereof.

> *Genesis* i. 25. And God made the beast of the earth after his kind, and cattle after their kind, and everything that creepeth upon the earth after his kind: and God saw that it was good.

God creates all forms of reality. His thoughts are spiritual realities. So-called mortal mind — being nonexistent and consequently not within the range of imtanto de esta mentalidad mortal, así llamada, como de su pretensión, porque la pretensión usurpa las prerrogativas deíficas y es un intento de infringir la infinitud.

Génesis 1:23. Y fue la tarde y la mañana el día quinto.

Esferas espirituales

Los pasos espirituales de avance en el prolífico universo de la Mente conducen hacia esferas espirituales y seres exaltados. Para el sentido material, este universo divino es opaco y distante, gris en los tonos sombríos del crepúsculo; pero pronto el velo es levantado, y la escena se llena de luz. En el registro, el tiempo aún no es medido por revoluciones solares, y los movimientos y los reflejos del poder deífico no pueden ser comprendidos hasta que la Ciencia divina se convierte en el intérprete.

Génesis 1:24. Luego dijo Dios: Produzca la tierra seres vivientes según su género, bestias y serpientes y animales de la tierra según su especie. Y fue así.

Continuidad de los pensamientos

El Espíritu diversifica, clasifica e individualiza todos los pensamientos, los cuales son tan eternos como la Mente que los concibe; pero la inteligencia, la existencia y la continuidad de toda individualidad permanecen en Dios, quien es su Principio divinamente creativo.

Génesis 1:25. E hizo Dios animales de la tierra según su género, y ganado según su género, y todo animal que se arrastra sobre la tierra según su especie. Y vio Dios que era bueno.

Dios crea todas las formas de la realidad. Sus pensamientos son realidades espirituales. La así llamada mente mortal —al ser inexistente y por consiguiente no estar dentro del mortal existence — could not by simulating deific power invert the divine creation, and afterwards recreate persons or things upon its own plane, since nothing exists beyond the range of all-inclusive infinity, in which and of which God is the sole creator. Mind, joyous in strength, dwells in the realm of Mind. Mind's infinite ideas run and disport themselves. In humility they climb the heights of holiness.

God's thoughts are spiritual realities

Qualities of thought

Moral courage is "the lion of the tribe of Juda," the king of the mental realm. Free and fearless it roams in the forest. Undisturbed it lies in the open field, or rests in "green pastures, … beside the still waters." In the figurative transmission from the divine thought to the human, diligence, promptness, and perseverance are likened to "the cattle upon a thousand hills." They carry the baggage of stern resolve, and keep pace with highest purpose. Tenderness accompanies all the might imparted by Spirit. The individuality created by God is not carnivorous, as witness the millennial estate pictured by Isaiah: —

> The wolf also shall dwell with the lamb,
> And the leopard shall lie down with the kid;
> And the calf and the young lion, and the fatling together;
> And a little child shall lead them.

Creatures of God useful

Understanding the control which Love held over all, Daniel felt safe in the lions' den, and Paul proved the viper to be harmless. All of God's creatures, moving in the harmony of Science, are harmless, useful, indestructible. A realization of this grand verity was a source of strength to the ancient worthies.

alcance de la existencia inmortal— no podría, simulando el poder deífico, invertir la creación divina, y después recrear personas o cosas sobre su propio plano, puesto que nada existe más allá del alcance de la infinitud que incluye todo, en la cual y de la cual Dios es el único creador. La Mente, gozosa en fuerza, mora en el reino de la Mente. Las ideas infinitas de la Mente corren y se deleitan. En humildad escalan las alturas de la santidad.

Los pensamientos de Dios son realidades espirituales

El valor moral es "el león de la tribu de Judá", el rey del reino mental. Libre y sin temor recorre la selva. Imperturbable se echa en el campo abierto, o descansa en "lugares de delicados pastos... junto a aguas de reposo". En la transmisión figurativa del pensamiento divino al humano, la diligencia, la prontitud y la perseverancia son comparadas con "los millares de animales en los collados". Portan el bagaje de la firme resolución, y llevan el paso con los más altos propósitos. La ternura acompaña todo el poder impartido por el Espíritu. La individualidad creada por Dios no es carnívora, como atestigua el estado milenario descrito por Isaías: —

Cualidades del pensamiento

> Morará el lobo con el cordero,
> y el leopardo con el cabrito se acostará;
> el becerro y el león y la bestia doméstica andarán juntos,
> y un niño los pastoreará.

Comprendiendo el control que el Amor mantenía sobre todo, Daniel se sintió seguro en el foso de los leones, y Pablo comprobó que la víbora era inofensiva. Todas las criaturas de Dios, moviéndose en la armonía de la Ciencia, son inofensivas, útiles, indestructibles. Una comprensión de esta verdad grandiosa fue una fuente de

Las criaturas de Dios son útiles

It supports Christian healing, and enables its possessor to emulate the example of Jesus. "And God saw that it was good."

The serpent harmless

Patience is symbolized by the tireless worm, creeping over lofty summits, persevering in its intent. The serpent of God's creating is neither subtle nor poisonous, but is a wise idea, charming in its adroitness, for Love's ideas are subject to the Mind which forms them, — the power which changeth the serpent into a staff.

Genesis i. 26. And God said, Let us make man in our image, after our likeness; and let them have dominion over the fish of the sea, and over the fowl of the air, and over the cattle, and over all the earth, and over every creeping thing that creepeth upon the earth.

Elohistic plurality

The eternal Elohim includes the forever universe. The name Elohim is in the plural, but this plurality of Spirit does not imply more than one God, nor does it imply three persons in one. It relates to the oneness, the tri-unity of Life, Truth, and Love. "Let *them* have dominion." Man is the family name for all ideas, — the sons and daughters of God. All that God imparts moves in accord with Him, reflecting goodness and power.

Reflected likeness

Your mirrored reflection is your own image or likeness. If you lift a weight, your reflection does this also. If you speak, the lips of this likeness move in accord with yours. Now compare man before the mirror to his divine Principle, God. Call the mirror divine Science, and call man the reflection. Then note fortaleza para los ancianos venerables. Ella sustenta la curación cristiana, y capacita a su poseedor para emular el ejemplo de Jesús. “Y vio Dios que era bueno”.

La serpiente es inofensiva

La paciencia es simbolizada por el gusano incansable, arrastrándose sobre elevadas cumbres, perseverando en su intento. La serpiente creada por Dios no es ni astuta ni venenosa, sino que es una idea sabia, encantadora en su destreza, pues las ideas del Amor están sujetas a la Mente que las forma, al poder que cambia a la serpiente en una vara.

Génesis 1:26. Entonces dijo Dios: Hagamos al hombre a nuestra imagen, conforme a nuestra semejanza; y señoree en los peces del mar, en las aves de los cielos, en las bestias, en toda la tierra, y en todo animal que se arrastra sobre la tierra.

Pluralidad elohística

El eterno Elohim incluye el universo sempiterno. El nombre Elohim está en plural, pero esta pluralidad del Espíritu no implica más de un Dios, ni tampoco implica tres personas en una. Se refiere a la unidad, la triunidad de la Vida, la Verdad y el Amor. “Y señoreen *ellos*”.* Hombre es el nombre de familia para todas las ideas, los hijos y las hijas de Dios. Todo lo que Dios imparte se mueve de acuerdo con Él, reflejando bondad y poder.

Semejanza reflejada

Tu reflejo en el espejo es tu propia imagen o semejanza. Si levantas un peso, tu reflejo también hace esto. Si hablas, los labios de esta semejanza se mueven de acuerdo con los tuyos. Compara ahora al hombre ante el espejo con su Principio divino, Dios. Llama al espejo Ciencia divina, y llama al hombre el reflejo. Entonces nota

*Según la versión King James de la Biblia

how true, according to Christian Science, is the reflection to its original. As the reflection of yourself appears in the mirror, so you, being spiritual, are the reflection of God. The substance, Life, intelligence, Truth, and Love, which constitute Deity, are reflected by His creation; and when we subordinate the false testimony of the corporeal senses to the facts of Science, we shall see this true likeness and reflection everywhere.

Love imparts beauty

God fashions all things, after His own likeness. Life is reflected in existence, Truth in truthfulness, God in goodness, which impart their own peace and permanence. Love, redolent with unselfishness, bathes all in beauty and light. The grass beneath our feet silently exclaims, "The meek shall inherit the earth." The modest arbutus sends her sweet breath to heaven. The great rock gives shadow and shelter. The sunlight glints from the church-dome, glances into the prison-cell, glides into the sick-chamber, brightens the flower, beautifies the landscape, blesses the earth. Man, made in His likeness, possesses and reflects God's dominion over all the earth. Man and woman as coexistent and eternal with God forever reflect, in glorified quality, the infinite Father-Mother God.

> *Genesis* i. 27. So God created man in His own image, in the image of God created He him; male and female created He them.

Ideal man and woman

To emphasize this momentous thought, it is repeated that God made man in His own image, to reflect the divine Spirit. It follows that *man* is a generic term. Masculine, feminine, and neuter genders are human concepts. In one of the ancient lancuán fiel, según la Ciencia Cristiana, es el reflejo a su original. Tal como tu reflejo aparece en el espejo, así tú, al ser espiritual, eres el reflejo de Dios. La sustancia, la Vida, la inteligencia, la Verdad y el Amor, que constituyen la Deidad, son reflejados por Su creación; y cuando subordinemos el falso testimonio de los sentidos corporales a las realidades de la Ciencia, veremos esta semejanza y reflejo verdaderos en todas partes.

El Amor imparte belleza

Dios modela todas las cosas conforme a Su semejanza. La Vida es reflejada en la existencia, la Verdad en la veracidad, Dios en la bondad, las cuales imparten su propia paz y permanencia. El Amor, fragante de generosidad, baña todo en belleza y luz. La hierba bajo nuestros pies silenciosamente exclama: "Los mansos heredarán la tierra". El modesto madroño envía su dulce aliento al cielo. La gran roca da sombra y abrigo. La luz del sol destella desde la cúpula de la iglesia, atisba en la celda de la prisión, se desliza en el aposento del enfermo, ilumina la flor, embellece el paisaje, bendice la tierra. El hombre, hecho a Su semejanza, posee y refleja el señorío de Dios sobre toda la tierra. El hombre y la mujer, coexistentes y eternos con Dios, reflejan para siempre, en cualidad glorificada, al infinito Padre-Madre Dios.

Génesis 1:27. Y creó Dios al hombre a Su imagen, a imagen de Dios lo creó; varón y hembra los creó.

El hombre y la mujer ideales

Para enfatizar este pensamiento trascendental, se repite que Dios creó al hombre a Su propia imagen, para reflejar el Espíritu divino. Se deduce que *hombre* es un término genérico. Los géneros masculino, femenino y neutro son conceptos humanos. En una de las guages the word for *man* is used also as the synonym of *mind.* This definition has been weakened by anthropomorphism, or a humanization of Deity. The word *anthropomorphic,* in such a phrase as "an anthropomorphic God," is derived from two Greek words, signifying *man* and *form,* and may be defined as a mortally mental attempt to reduce Deity to corporeality. The life-giving quality of Mind is Spirit, not matter. The ideal man corresponds to creation, to intelligence, and to Truth. The ideal woman corresponds to Life and to Love. In divine Science, we have not as much authority for considering God masculine, as we have for considering Him feminine, for Love imparts the clearest idea of Deity.

Divine personality

The world believes in many persons; but if God is personal, there is but one person, because there is but one God. His personality can only be reflected, not transmitted. God has countless ideas, and they all have one Principle and parentage. The only proper symbol of God as person is Mind's infinite ideal. What is this ideal? Who shall behold it? This ideal is God's own image, spiritual and infinite. Even eternity can never reveal the whole of God, since there is no limit to infinitude or to its reflections.

Genesis i. 28. And God blessed them, and God said unto them, Be fruitful, and multiply, and replenish the earth, and subdue it; and have dominion over the fish of the sea, and over the fowl of the air, and over every living thing that moveth upon the earth.

Divine Love blesses its own ideas, and causes them to multiply, — to manifest His power. Man is not made lenguas antiguas, la palabra que significa *hombre* es usada también como sinónimo de la palabra *mente.* Esta definición ha sido debilitada por el antropomorfismo, o una humanización de la Deidad. La palabra *antropomórfico,* en una frase como "un Dios antropomórfico", es derivada de dos palabras griegas, que significan *hombre* y *forma,* y puede ser definida como un intento mortalmente mental de reducir la Deidad a la corporalidad. La cualidad vivificante de la Mente es el Espíritu, no la materia. El hombre ideal corresponde a la creación, a la inteligencia y a la Verdad. La mujer ideal corresponde a la Vida y al Amor. En la Ciencia divina, no tenemos tanta autoridad para considerar a Dios masculino como la tenemos para considerarlo femenino, pues el Amor imparte la idea más clara de la Deidad.

Personalidad divina

El mundo cree que hay muchas personas; pero si Dios es personal, no hay sino una sola persona, porque no hay sino un solo Dios. Su personalidad sólo puede ser reflejada, no transmitida. Dios tiene incontables ideas, y todas ellas tienen un solo Principio y progenitor. El único símbolo apropiado de Dios como persona es el ideal infinito de la Mente. ¿Qué es este ideal? ¿Quién lo ha de contemplar? Este ideal es la propia imagen de Dios, espiritual e infinita. Ni la misma eternidad puede revelar jamás la totalidad de Dios, puesto que no existe límite para la infinitud o para sus reflejos.

Génesis 1:28. Y los bendijo Dios, y les dijo: Fructificad y multiplicaos; llenad la tierra, y sojuzgadla, y señoread en los peces del mar, en las aves de los cielos, y en todas las bestias que se mueven sobre la tierra.

El Amor divino bendice sus propias ideas, y hace que se multipliquen, que manifiesten Su poder. El hombre no está

Birthright of man

to till the soil. His birthright is dominion, not subjection. He is lord of the belief in earth and heaven, — himself subordinate alone to his Maker. This is the Science of being.

Genesis i. 29, 30. And God said, Behold, I have given you every herb bearing seed, which is upon the face of all the earth, and every tree, in the which is the fruit of a tree yielding seed; to you it shall be for meat. And to every beast of the earth, and to every fowl of the air, and to everything that creepeth upon the earth, wherein there is life, I have given every green herb for meat: and it was so.

Assistance in brotherhood

God gives the lesser idea of Himself for a link to the greater, and in return, the higher always protects the lower. The rich in spirit help the poor in one grand brotherhood, all having the same Principle, or Father; and blessed is that man who seeth his brother's need and supplieth it, seeking his own in another's good. Love giveth to the least spiritual idea might, immortality, and goodness, which shine through all as the blossom shines through the bud. All the varied expressions of God reflect health, holiness, immortality — infinite Life, Truth, and Love.

Genesis i. 31. And God saw everything that He had made, and, behold, it was very good. And the evening and the morning were the sixth day.

The divine Principle, or Spirit, comprehends and expresses all, and all must therefore be as perfect as the divine Principle is perfect. Nothing is new to Spirit.

El derecho inherente del hombre

hecho para labrar la tierra. Su derecho inherente es el señorío, no la servidumbre. Él es el amo de la creencia de tierra y cielo, él mismo subordinado sólo a su Hacedor. Esta es la Ciencia del ser.

> *Génesis* 1:29, 30. Y dijo Dios: He aquí que os he dado toda planta que da semilla, que está sobre toda la tierra, y todo árbol en que hay fruto y que da semilla; os serán para comer. Y a toda bestia de la tierra, y a todas las aves de los cielos, y a todo lo que se arrastra sobre la tierra, en que hay vida, toda planta verde les será para comer. Y fue así.

Auxilio en hermandad

Dios da la idea menor de Sí mismo como un eslabón para la mayor, y a cambio, la superior siempre protege la inferior. Los ricos en espíritu ayudan a los pobres en una gran hermandad, teniendo todos el mismo Principio, o Padre; y bendito es ese hombre que ve la necesidad de su hermano y la satisface, buscando su propio bien en el ajeno. El Amor da a la menor idea espiritual poder, inmortalidad y bondad, que brillan a través de todo como la flor brilla a través del capullo. Todas las variadas expresiones de Dios reflejan salud, santidad, inmortalidad, la Vida, la Verdad y el Amor infinitos.

> *Génesis* 1:31. Y vio Dios todo lo que había hecho, y he aquí que era bueno en gran manera. Y fue la tarde y la mañana el día sexto.

El Principio divino, o el Espíritu, comprende y expresa todo, y todo tiene por tanto que ser tan perfecto como el Principio divino es perfecto. Nada es nuevo para el Espíritu.

Perfection of creation

Nothing can be novel to eternal Mind, the author of all things, who from all eternity knoweth His own ideas. Deity was satisfied with His work. How could He be otherwise, since the spiritual creation was the outgrowth, the emanation, of His infinite self-containment and immortal wisdom?

> *Genesis* ii. 1. Thus the heavens and the earth were finished, and all the host of them.

Infinity measureless

Thus the ideas of God in universal being are complete and forever expressed, for Science reveals infinity and the fatherhood and motherhood of Love. Human capacity is slow to discern and to grasp God's creation and the divine power and presence which go with it, demonstrating its spiritual origin. Mortals can never know the infinite, until they throw off the old man and reach the spiritual image and likeness. What can fathom infinity! How shall we declare Him, till, in the language of the apostle, "we all come in the unity of the faith, and of the knowledge of the Son of God, unto a perfect man, unto the measure of the stature of the fulness of Christ"?

> *Genesis* ii. 2. And on the seventh day God ended His work which He had made; and He rested on the seventh day from all His work which He had made.

Resting in holy work

God rests in action. Imparting has not impoverished, can never impoverish, the divine Mind. No exhaustion follows the action of this Mind, according to the apprehension of divine Science. The

La perfección de la creación

Nada puede ser novedoso para la Mente eterna, la autora de todas las cosas, la que desde toda la eternidad conoce Sus propias ideas. La Deidad estaba satisfecha con Su obra. ¿Cómo podría no estarlo, ya que la creación espiritual fue el producto, la emanación, del contenido infinito de Sí mismo y de Su sabiduría inmortal?

> *Génesis* 2:1. Fueron, pues, acabados los cielos y la tierra, y todo el ejército de ellos.

Infinitud inconmensurable

Así las ideas de Dios en el ser universal están completas y expresadas para siempre, porque la Ciencia revela la infinitud y la paternidad y maternidad del Amor. La capacidad humana es lenta para discernir y comprender la creación de Dios y el poder y la presencia divinos que la acompañan, demostrando su origen espiritual. Los mortales jamás pueden conocer lo infinito, hasta que no se despojan del viejo hombre y alcanzan la imagen y semejanza espirituales. ¡Qué puede sondar la infinitud! ¿Cómo hemos de declarar a Dios, hasta que, en el lenguaje del apóstol, "todos lleguemos a la unidad de la fe y del conocimiento del Hijo de Dios, a un varón perfecto, a la medida de la estatura de la plenitud de Cristo"?

> *Génesis* 2:2. Y acabó Dios en el día séptimo la obra que hizo; y reposó el día séptimo de toda la obra que hizo.

Descansando en labor sagrada

Dios descansa en acción. Dar no ha empobrecido, jamás puede empobrecer, la Mente divina. Ningún agotamiento resulta de la acción de esta Mente, de acuerdo con la comprensión de la Ciencia divina. El highest and sweetest rest, even from a human standpoint, is in holy work.

Love and man coexistent

Unfathomable Mind is expressed. The depth, breadth, height, might, majesty, and glory of infinite Love fill all space. That is enough! Human language can repeat only an infinitesimal part of what exists. The absolute ideal, man, is no more seen nor comprehended by mortals, than is his infinite Principle, Love. Principle and its idea, man, are coexistent and eternal. The numerals of infinity, called *seven days,* can never be reckoned according to the calendar of time. These days will appear as mortality disappears, and they will reveal eternity, newness of Life, in which all sense of error forever disappears and thought accepts the divine infinite calculus.

> *Genesis* ii. 4, 5. These are the generations of the heavens and of the earth when they were created, in the day that the Lord God [Jehovah] made the earth and the heavens, and every plant of the field before it was in the earth, and every herb of the field before it grew: for the Lord God [Jehovah] had not caused it to rain upon the earth, and there was not a man to till the ground.

Growth is from Mind

Here is the emphatic declaration that God creates all through Mind, not through matter, — that the plant grows, not because of seed or soil, but because growth is the eternal mandate of Mind. Mortal thought drops into the ground, but the immortal creating thought is from above, not from beneath. Because Mind makes all, there is nothing left to be made by a lower power. Spirit acts through the Science of Mind, never causing man to till the ground, but making him descanso más elevado y más dulce, aun desde un punto de vista humano, está en la labor sagrada.

El Amor y el hombre son coexistentes

La Mente insondable está expresada. La profundidad, la anchura, la altura, el poder, la majestad y la gloria del Amor infinito llenan todo el espacio. ¡Eso basta! El lenguaje humano puede repetir sólo una parte infinitesimal de lo que existe. El ideal absoluto, el hombre, no es más visto ni comprendido por los mortales de lo que es el Principio infinito, el Amor. El Principio y su idea, el hombre, son coexistentes y eternos. Los numerales de la infinitud, llamados *siete días,* jamás pueden ser contados de acuerdo con el calendario del tiempo. Estos días aparecerán a medida que la mortalidad desaparezca, y revelarán la eternidad, la renovación de la Vida, en la cual todo sentido del error desaparece para siempre y el pensamiento acepta el divino cálculo infinito.

Génesis 2:4, 5. Éstos son los orígenes de los cielos y de la tierra cuando fueron creados, el día que Jehová Dios hizo la tierra y los cielos, y toda planta del campo antes que fuese en la tierra, y toda hierba del campo antes que naciese; porque Jehová Dios aún no había hecho llover sobre la tierra, ni había hombre para que labrase la tierra.

El crecimiento proviene de la Mente

He aquí la declaración enfática de que Dios crea todo por medio de la Mente, no por medio de la materia, que la planta crece, no debido a la semilla o la tierra, sino porque el crecimiento es el eterno mandato de la Mente. El pensamiento mortal cae a la tierra, pero el pensamiento creador e inmortal es de lo alto, no de abajo. Puesto que la Mente hace todo, nada le queda por hacer a un poder inferior. El Espíritu obra por medio de la Ciencia de la Mente, nunca obligando al hombre a que labre superior to the soil. Knowledge of this lifts man above the sod, above earth and its environments, to conscious spiritual harmony and eternal being.

Spiritual narrative

Here the inspired record closes its narrative of being that is without beginning or end. All that is made is the work of God, and all is good. We leave this brief, glorious history of spiritual creation (as stated in the first chapter of Genesis) in the hands of God, not of man, in the keeping of Spirit, not matter, — joyfully acknowledging now and forever God's supremacy, omnipotence, and omnipresence.

The harmony and immortality of man are intact. We should look away from the opposite supposition that man is created materially, and turn our gaze to the spiritual record of creation, to that which should be engraved on the understanding and heart "with the point of a diamond" and the pen of an angel.

The reader will naturally ask if there is nothing more about creation in the book of Genesis. Indeed there is, but the continued account is mortal and material.

Genesis ii. 6. But there went up a mist from the earth, and watered the whole face of the ground.

The story of error

The Science and truth of the divine creation have been presented in the verses already considered, and now the opposite error, a material view of creation, is to be set forth. The second chapter of Genesis contains a statement of this material view of God and the universe, a statement which is the exact opposite of scientific truth as before recorded. The history of error or matter, if veritable, would set aside the omnipotence la tierra, sino haciéndole superior al suelo. El conocimiento de esto eleva al hombre por encima del barro, por encima de la tierra y su ambiente, hacia la armonía espiritual consciente y el ser eterno.

Narrativa espiritual

Aquí el registro inspirado termina su narrativa del ser que no tiene comienzo ni fin. Todo lo que ha sido hecho es la obra de Dios, y todo es bueno. Dejamos esta historia breve y gloriosa de la creación espiritual (como está expuesta en el primer capítulo del Génesis) en las manos de Dios, no del hombre, al cuidado del Espíritu, no de la materia, reconociendo gozosamente ahora y para siempre la supremacía, omnipotencia y omnipresencia de Dios.

La armonía y la inmortalidad del hombre están intactas. Debiéramos apartar la vista de la suposición opuesta de que el hombre es creado materialmente, y volver nuestra mirada hacia el registro espiritual de la creación, hacia aquello que debería estar grabado en el entendimiento y en el corazón “con punta de diamante” y la pluma de un ángel.

El lector naturalmente preguntará si no hay nada más acerca de la creación en el libro del Génesis. Por cierto que hay, pero el relato que sigue es mortal y material.

Génesis 2:6. Sino que subía de la tierra un vapor, el cual regaba toda la faz de la tierra.

La historia del error

La Ciencia y la verdad de la creación divina han sido presentadas en los versículos ya considerados, y ahora el error opuesto, una perspectiva material de la creación, ha de ser presentado. El segundo capítulo del Génesis contiene una declaración de esta perspectiva material de Dios y el universo, una declaración que es diametralmente opuesta a la verdad científica registrada anteriormente. Si la historia del error o la materia fuese verídica, anularía la of Spirit; but it is the false history in contradistinction to the true.

The two records

The Science of the first record proves the falsity of the second. If one is true, the other is false, for they are antagonistic. The first record assigns all might and government to God, and endows man out of God's perfection and power. The second record chronicles man as mutable and mortal, — as having broken away from Deity and as revolving in an orbit of his own. Existence, separate from divinity, Science explains as impossible.

This second record unmistakably gives the history of error in its externalized forms, called life and intelligence in matter. It records pantheism, opposed to the supremacy of divine Spirit; but this state of things is declared to be temporary and this man to be mortal, — dust returning to dust.

Erroneous representation

In this erroneous theory, matter takes the place of Spirit. Matter is represented as the life-giving principle of the earth. Spirit is represented as entering matter in order to create man. God's glowing denunciations of man when not found in His image, the likeness of Spirit, convince reason and coincide with revelation in declaring this material creation false.

Hypothetical reversal

This latter part of the second chapter of Genesis, which portrays Spirit as supposedly cooperating with matter in constructing the universe, is based on some hypothesis of error, for the Scripture just preceding declares God's work to be finished. Does Life, Truth, and Love produce death, error, and hatred? Does the creator condemn His own creation? Does the unerring Principle of divine law change or repent? It can-omnipotencia del Espíritu; pero es la historia falsa en contraste con la verdadera.

Los dos registros

La Ciencia del primer registro comprueba la falsedad del segundo. Si uno es verdadero, el otro es falso, porque son antagónicos. El primer registro asigna todo el poder y gobierno a Dios, y dota al hombre de la perfección y el poder de Dios. El segundo registro es la crónica del hombre como mutable y mortal, como habiéndose separado de la Deidad y como girando en una órbita propia. La existencia, separada de la divinidad, es imposible según lo explica la Ciencia.

Este segundo registro, sin lugar a dudas, presenta la historia del error en sus formas exteriorizadas, llamadas vida e inteligencia en la materia. Registra el panteísmo, opuesto a la supremacía del Espíritu divino; pero declara también que este estado de cosas es temporario y que este hombre es mortal, polvo que vuelve al polvo.

Representación errónea

En esta teoría errónea, la materia toma el lugar del Espíritu. La materia es representada como el principio vivificante de la tierra. El Espíritu es representado como si entrara en la materia a fin de crear al hombre. Las encendidas denuncias de Dios contra el hombre, cuando no es hallado a Su imagen, a la semejanza del Espíritu, convencen la razón y coinciden con la revelación al declarar falsa esta creación material.

Reversión hipotética

Esta última parte del segundo capítulo del Génesis, que describe el Espíritu como supuestamente cooperando con la materia en la construcción del universo, está basada en alguna hipótesis del error, pues el texto de las Escrituras que precede declara que la obra de Dios ha sido acabada. ¿La Vida, la Verdad y el Amor producen la muerte, el error y el odio? ¿Condena el creador a Su propia creación? ¿Cambia o se arrepiente el Principio infalible de la ley divina? No puede ser así.

not be so. Yet one might so judge from an unintelligent perusal of the Scriptural account now under comment.

Mist, or false claim

Because of its false basis, the mist of obscurity evolved by error deepens the false claim, and finally declares that God knows error and that error can improve His creation. Although presenting the exact opposite of Truth, the lie claims to be truth. The creations of matter arise from a mist or false claim, or from mystification, and not from the firmament, or understanding, which God erects between the true and false. In error everything comes from beneath, not from above. All is material myth, instead of the reflection of Spirit.

Distinct documents

It may be worth while here to remark that, according to the best scholars, there are clear evidences of two distinct documents in the early part of the book of Genesis. One is called the Elohistic, because the Supreme Being is therein called Elohim. The other document is called the Jehovistic, because Deity therein is always called Jehovah, — or Lord God, as our common version translates it.

Jehovah or Elohim

Throughout the first chapter of Genesis and in three verses of the second, — in what we understand to be the spiritually scientific account of creation, — it is Elohim (God) who creates. From the fourth verse of chapter two to chapter five, the creator is called Jehovah, or the Lord. The different accounts become more and more closely intertwined to the end of chapter twelve, after which the distinction is not definitely traceable. In the historic parts of the Old Testament, it is usually Jehovah, peculiarly the divine sovereign of the Hebrew people, who is referred to.

Sin embargo, uno podría así juzgarlo al leer superficialmente el relato de las Escrituras ahora comentado.

Neblina, o falsa pretensión

Debido a su falsa base, la neblina de la oscuridad desarrollada por el error acentúa la falsa pretensión, y finalmente declara que Dios conoce el error y que el error puede mejorar la creación de Dios. Pese a que presenta lo diametralmente opuesto a la Verdad, la mentira pretende ser verdad. Las creaciones de la materia provienen de una neblina o pretensión falsa, o de la mistificación, y no de la expansión, o comprensión, que Dios erige entre lo verdadero y lo falso. En el error todo viene de abajo, no de lo alto. Todo es un mito material, en lugar del reflejo del Espíritu.

Documentos diferenciados

Tal vez valga la pena comentar aquí que, de acuerdo con los exégetas más doctos, hay claras evidencias de dos documentos diferenciados en la primera parte del libro del Génesis. Uno es llamado el elohístico, porque allí el Ser Supremo es llamado Elohim. El otro documento es llamado el jehovístico, porque allí la Deidad es siempre llamada Jehová, o Jehová Dios, como lo traduce nuestra versión corriente.

Jehová o Elohim

En todo el primer capítulo del Génesis y en tres versículos del segundo —en lo que entendemos que es el relato espiritualmente científico de la creación— es Elohim (Dios) quien crea. Desde el cuarto versículo del capítulo segundo hasta el capítulo quinto, el creador es llamado Jehová, o Jehová Dios. Los distintos relatos se entremezclan más y más hasta el final del capítulo duodécimo, después del cual ya no se puede rastrear en forma definida la diferencia. En las partes históricas del Antiguo Testamento, es usualmente Jehová, el peculiar soberano divino del pueblo hebreo, a quien se hace referencia.

Gods of the heathen

The idolatry which followed this material mythology is seen in the Phœnician worship of Baal, in the Moabitish god Chemosh, in the Moloch of the Amorites, in the Hindoo Vishnu, in the Greek Aphrodite, and in a thousand other so-called deities.

Jehovah a tribal deity

It was also found among the Israelites, who constantly went after "strange gods." They called the Supreme Being by the national name of Jehovah. In that name of Jehovah, the true idea of God seems almost lost. God becomes "a man of war," a tribal god to be worshipped, rather than Love, the divine Principle to be lived and loved.

> *Genesis* ii. 7. And the Lord God [Jehovah] formed man of the dust of the ground, and breathed into his nostrils the breath of life; and man became a living soul.

Creation reversed

Did the divine and infinite Principle become a finite deity, that He should now be called Jehovah? With a single command, Mind had made man, both male and female. How then could a material organization become the basis of man? How could the non-intelligent become the medium of Mind, and error be the enunciator of Truth? Matter is not the reflection of Spirit, yet God is reflected in all His creation. Is this addition to His creation real or unreal? Is it the truth, or is it a lie concerning man and God?

It must be a lie, for God presently curses the ground. Could Spirit evolve its opposite, matter, and give matter ability to sin and suffer? Is Spirit, God, injected into dust, and eventually ejected at the demand of matter? Does Spirit enter dust, and lose therein the divine nature

La idolatría que resultó de esta mitología material se ve en la adoración fenicia a Baal, en el dios Quemos de los moabitas, en el Moloc de los amorreos, en el Visnú hindú, en la Afrodita griega y en un millar de otras así llamadas deidades.

Los dioses de los paganos

La idolatría también se encontraba entre los israelitas, quienes constantemente servían a "dioses ajenos". Ellos llamaban al Ser Supremo por el nombre nacional de Jehová. En ese nombre de Jehová, la idea verdadera de Dios parece casi perdida. Dios se convierte en un "varón de guerra", un dios tribal para ser adorado, más bien que en el Amor, el Principio divino para ser vivido y amado.

Jehová, una deidad tribal

Génesis 2:7. Entonces Jehová Dios formó al hombre del polvo de la tierra, y sopló en su nariz aliento de vida, y fue el hombre un ser viviente.

¿Se convirtió el Principio divino e infinito en una deidad finita, para que ahora debiese ser llamado Jehová? Con un solo mandato, la Mente había hecho al hombre, tanto varón como hembra. ¿Cómo pudo entonces una organización material convertirse en la base del hombre? ¿Cómo pudo lo carente de inteligencia convertirse en el medio de la Mente, y el error ser el enunciador de la Verdad? La materia no es el reflejo del Espíritu, sin embargo Dios está reflejado en toda Su creación. ¿Es esta adición a Su creación real o irreal? ¿Es la verdad, o es una mentira concerniente al hombre y a Dios?

La creación revertida

Tiene que ser una mentira, pues Dios en seguida maldice la tierra. ¿Pudo el Espíritu emitir su opuesto, la materia, y dar a la materia la capacidad de pecar y sufrir? ¿Es el Espíritu, Dios, inyectado en el polvo, y finalmente eyectado ante la exigencia de la materia? ¿Entra el Espíritu en el polvo, y pierde and omnipotence? Does Mind, God, enter matter to become there a mortal sinner, animated by the breath of God? In this narrative, the validity of matter is opposed, not the validity of Spirit or Spirit's creations. Man reflects God; *mankind* represents the Adamic race, and is a human, not a divine, creation.

Definitions of man

The following are some of the equivalents of the term *man* in different languages. In the Saxon, *mankind, a woman, any one;* in the Welsh, *that which rises up,* — the primary sense being *image, form;* in the Hebrew, *image, similitude;* in the Icelandic, *mind.* The following translation is from the Icelandic: —

> And God said, Let us make man after our mind and our likeness; and God shaped man after His mind; after God's mind shaped He him; and He shaped them male and female.

No baneful creation

In the Gospel of John, it is declared that all things were made through the Word of God, "and without Him [the *logos,* or *word*] was not anything made that was made." Everything good or worthy, God made. Whatever is valueless or baneful, He did not make, — hence its unreality. In the Science of Genesis we read that He saw everything which He had made, "and, behold, it was very good." The corporeal senses declare otherwise; and if we give the same heed to the history of error as to the records of truth, the Scriptural record of sin and death favors the false conclusion of the material senses. Sin, sickness, and death must be deemed as devoid of reality as they are of good, God.

> *Genesis* ii. 9. And out of the ground made the Lord God [Jehovah] to grow every tree that is pleasant to the sight,

allí la naturaleza y omnipotencia divinas? ¿Entra la Mente, Dios, en la materia para convertirse allí en un pecador mortal, animado por el aliento de Dios? En esta narrativa la validez de la materia es enfrentada, no la validez del Espíritu o de las creaciones del Espíritu. El hombre refleja a Dios; el *género humano* representa a la raza adánica, y es una creación humana, no divina.

Definiciones del hombre

Los siguientes son algunos de los equivalentes del término *hombre* en distintos idiomas. En sajón, *género humano, una mujer, cualquier persona;* en galés, *lo que se eleva,* siendo el significado primitivo *imagen, forma;* en hebreo, *imagen, similitud;* en islandés, *mente.* La traducción siguiente es del islandés:

> Y dijo Dios: Hagamos al hombre conforme a nuestra mente y nuestra semejanza; y Dios formó al hombre conforme a Su mente; conforme a la mente de Dios lo formó; y los formó varón y hembra.

No hay creación nociva

En el Evangelio de Juan, se declara que todas las cosas fueron hechas por el Verbo de Dios, "y sin Él [el *logos,* o *verbo*] nada de lo que ha sido hecho, fue hecho". Todo lo bueno o digno, lo hizo Dios. Lo que carece de valor o es nocivo, Él no lo hizo, de ahí su irrealidad. En la Ciencia del Génesis leemos que Él vio todo lo que había hecho, "y he aquí que era bueno en gran manera". Los sentidos corporales declaran otra cosa; y si damos el mismo crédito a la historia del error que a los registros de la verdad, el registro de las Escrituras sobre el pecado y la muerte favorece la conclusión falsa de los sentidos materiales. El pecado, la enfermedad y la muerte deben ser considerados tan desprovistos de realidad como lo están del bien, Dios.

> *Génesis* 2:9. Y Jehová Dios hizo nacer de la tierra todo árbol delicioso a la vista, y bueno para comer; también el árbol

and good for food; the tree of life also, in the midst of the garden, and the tree of knowledge of good and evil.

Contradicting first creation

The previous and more scientific record of creation declares that God made "every plant of the field before it was in the earth." This opposite declaration, this statement that life issues from matter, contradicts the teaching of the first chapter, — namely, that all Life is God. Belief is less than understanding. Belief involves theories of material hearing, sight, touch, taste, and smell, termed the five senses. The appetites and passions, sin, sickness, and death, follow in the train of this error of a belief in intelligent matter.

Record of error

The first mention of evil is in the legendary Scriptural text in the second chapter of Genesis. God pronounced good all that He created, and the Scriptures declare that He created all. The "tree of life" stands for the idea of Truth, and the sword which guards it is the type of divine Science. The "tree of knowledge" stands for the erroneous doctrine that the knowledge of evil is as real, hence as God-bestowed, as the knowledge of good. Was evil instituted through God, Love? Did He create this fruit-bearer of sin in contradiction of the first creation? This second biblical account is a picture of error throughout.

Genesis ii. 15. And the Lord God [Jehovah] took the man, and put him into the garden of Eden, to dress it and to keep it.

The name Eden, according to Cruden, means *pleasure, delight*. In this text Eden stands for the mortal, mate-de vida en medio del huerto, y el árbol de la ciencia del bien y del mal.

Contradiciendo la primera creación

El registro previo y más científico de la creación declara que Dios hizo “toda planta del campo antes que fuese en la tierra”. Esta declaración opuesta, esta aserción de que la vida procede de la materia, contradice la enseñanza del primer capítulo, a saber, que toda Vida es Dios. La creencia es menos que la comprensión. La creencia entraña teorías acerca del oído, la vista, el tacto, el gusto y el olfato materiales, denominados los cinco sentidos. Los apetitos y las pasiones, el pecado, la enfermedad y la muerte, siguen en sucesión a este error de una creencia de que la materia es inteligente.

Registro del error

La primera mención del mal está en el texto legendario de las Escrituras en el segundo capítulo del Génesis. Dios pronunció bueno todo lo que Él creó, y las Escrituras declaran que Él creó todo. El “árbol de vida” representa la idea de la Verdad, y la espada que lo guarda es el símbolo de la Ciencia divina. El “árbol de la ciencia del bien y del mal” representa la doctrina errónea de que el conocimiento del mal es tan real, por lo tanto tan concedido por Dios, como el conocimiento del bien. ¿Fue el mal instituido por medio de Dios, el Amor? ¿Creó Él este árbol que lleva los frutos del pecado en contradicción a la primera creación? Este segundo relato bíblico es un cuadro del error desde el comienzo hasta el fin.

Génesis 2:15. Tomó, pues, Jehová Dios al hombre, y lo puso en el huerto de Edén, para que lo labrara y lo guardase.

El nombre Edén, de acuerdo con Cruden, significa *placer, deleite*. En este texto el Edén representa el cuerpo mortal y

Garden of Eden

rial body. God could not put Mind into matter nor infinite Spirit into finite form to dress it and keep it, — to make it beautiful or to cause it to live and grow. Man is God's reflection, needing no cultivation, but ever beautiful and complete.

> *Genesis* ii. 16, 17. And the Lord God [Jehovah] commanded the man, saying, Of every tree of the garden thou mayest freely eat: but of the tree of the knowledge of good and evil, thou shalt not eat of it: for in the day that thou eatest thereof thou shalt surely die.

No temptation from God

Here the metaphor represents God, Love, as tempting man, but the Apostle James says: "God cannot be tempted with evil, neither tempteth He any man." It is true that a knowledge of evil would make man mortal. It is plain also that material perception, gathered from the corporeal senses, constitutes evil and mortal knowledge. But is it true that God, good, made "the tree of life" to be the tree of death to His own creation? Has evil the reality of good? Evil is unreal because it is a lie, — false in every statement.

> *Genesis* ii. 19. And out of the ground the Lord God [Jehovah] formed every beast of the field, and every fowl of the air; and brought them unto Adam to see what he would call them: and whatsoever Adam called every living creature, that was the name thereof.

Creation's counterfeit

Here the lie represents God as repeating creation, but doing so materially, not spiritually, and asking a prospective sinner to help Him. Is the Supreme Being retrograding, and is man giving up his dignity? Was it requisite for the formation of man material. Dios no pudo haber puesto la Mente en la materia ni el Espíritu infinito en una forma finita para labrarla y guardarla, para embellecerla o para hacerla vivir y crecer. El hombre es el reflejo de Dios, no necesita ningún cultivo, sino que es siempre bello y completo.

El jardín del Edén

Génesis 2:16, 17. Y mandó Jehová Dios al hombre, diciendo: De todo árbol del huerto podrás comer; mas del árbol de la ciencia del bien y del mal no comerás; porque el día que de él comieres, ciertamente morirás.

La tentación no viene de Dios

Aquí la metáfora representa a Dios, el Amor, como tentando al hombre, pero el Apóstol Santiago dice: "Dios no puede ser tentado por el mal, ni él tienta a nadie". Es cierto que un conocimiento del mal haría mortal al hombre. También es claro que la percepción material, obtenida de los sentidos corporales, constituye el mal y el conocimiento mortal. Pero ¿será cierto que Dios, el bien, hizo "el árbol de vida" para que fuera el árbol de la muerte para Su propia creación? ¿Tiene el mal la realidad del bien? El mal es irreal porque es una mentira, falso en todas sus declaraciones.

Génesis 2:19. Jehová Dios formó, pues, de la tierra toda bestia del campo, y toda ave de los cielos, y las trajo a Adán para que viese cómo las había de llamar; y todo lo que Adán llamó a los animales vivientes, ese es su nombre.

Falsificación de la creación

Aquí la mentira representa a Dios como si repitiera la creación, pero haciéndolo materialmente, no espiritualmente, y como si pidiera a un posible pecador que Lo ayudara. ¿Está el Ser Supremo retrocediendo, y está el hombre abandonando su dignidad? ¿Fue necesario that dust should become sentient, when all being is the reflection of the eternal Mind, and the record declares that God has already created man, both male and female? That Adam gave the name and nature of animals, is solely mythological and material. It cannot be true that man was ordered to create man anew in partnership with God; this supposition was a dream, a myth.

> *Genesis* ii. 21, 22. And the Lord God [Jehovah, Yawah] caused a deep sleep to fall upon Adam, and he slept: and He took one of his ribs, and closed up the flesh instead thereof; and the rib, which the Lord God [Jehovah] had taken from man, made He a woman, and brought her unto the man.

Hypnotic surgery

Here falsity, error, credits Truth, God, with inducing a sleep or hypnotic state in Adam in order to perform a surgical operation on him and thereby create woman. This is the first record of magnetism. Beginning creation with darkness instead of light, — materially rather than spiritually, — error now simulates the work of Truth, mocking Love and declaring what great things error has done. Beholding the creations of his own dream and calling them real and God-given, Adam — *alias* error — gives them names. Afterwards he is supposed to become the basis of the creation of woman and of his own kind, calling them *mankind,* — that is, a kind of man.

Mental midwifery

But according to this narrative, surgery was first performed mentally and without instruments; and this may be a useful hint to the medical faculty. Later in human history, when the forbidden para la formación del hombre que el polvo llegara a ser sensible, cuando todo el ser es el reflejo de la Mente eterna, y el registro declara que Dios ya ha creado al hombre, tanto varón como hembra? Que Adán diera nombre y naturaleza a los animales es sólo mitológico y material. No puede ser cierto que el hombre fuera mandado a crear al hombre de nuevo en asociación con Dios; esta suposición fue un sueño, un mito.

> *Génesis* 2:21, 22. Entonces Jehová Dios [Jahveh] hizo caer sueño profundo sobre Adán, y mientras éste dormía, tomó una de sus costillas, y cerró la carne en su lugar. Y de la costilla que Jehová Dios tomó del hombre, hizo una mujer, y la trajo al hombre.

Cirugía hipnótica

Aquí la falsedad, el error, atribuye a la Verdad, Dios, el haber inducido un sueño o estado hipnótico en Adán para practicarle una operación quirúrgica y así crear a la mujer. Este es el primer registro sobre el magnetismo. Al empezar la creación con tinieblas en vez de luz —materialmente en vez de espiritualmente— el error ahora simula la obra de la Verdad, burlándose del Amor y declarando cuán grandes cosas ha hecho el error. Al contemplar las creaciones de su propio sueño y llamarlas reales y dadas por Dios, Adán —*alias* el error— les pone nombres. Más adelante se supone que él llega a ser la base de la creación de la mujer y de su propia especie, llamándola *especie humana*, es decir, una especie de hombre.

Obstetricia mental

Pero de acuerdo con esta narrativa, la cirugía fue primero practicada mentalmente y sin instrumentos; y esto puede ser una indicación útil para la facultad médica. Más tarde en la historia humana, cuando fruit was bringing forth fruit of its own kind, there came a suggestion of change in the *modus operandi,* — that man should be born of woman, not woman again taken from man. It came about, also, that instruments were needed to assist the birth of mortals. The first system of suggestive obstetrics has changed. Another change will come as to the nature and origin of man, and this revelation will destroy the *dream* of existence, reinstate reality, usher in Science and the glorious fact of creation, that both man and woman proceed from God and are His eternal children, belonging to no lesser parent.

> *Genesis* iii. 1–3. Now the serpent was more subtle than any beast of the field which the Lord God [Jehovah] had made. And he said unto the woman, Yea, hath God said, Ye shall not eat of every tree of the garden? And the woman said unto the serpent, We may eat of the fruit of the trees of the garden: but of the fruit of the tree which is in the midst of the garden, God hath said, Ye shall not eat of it, neither shall ye touch it, lest ye die.

Mythical serpent

Whence comes a talking, lying serpent to tempt the children of divine Love? The serpent enters into the metaphor only as evil. We have nothing in the animal kingdom which represents the species described, — a talking serpent, — and should rejoice that evil, by whatever figure presented, contradicts itself and has neither origin nor support in Truth and good. Seeing this, we should have faith to fight all claims of evil, because we know that they are worthless and unreal.

Adam, the synonym for error, stands for a belief of material mind. He begins his reign over man some-el fruto prohibido estaba dando fruto de su propia especie, se sugirió un cambio en el *modus operandi:* que el hombre debía nacer de la mujer, no que la mujer fuera tomada nuevamente del hombre. Aconteció también que los instrumentos fueron necesarios para asistir el nacimiento de los mortales. El primer sistema de obstetricia sugestiva ha cambiado. Vendrá otro cambio en cuanto a la naturaleza y el origen del hombre, y esta revelación destruirá el *sueño* de la existencia, restablecerá la realidad, introducirá la Ciencia y la realidad gloriosa de la creación, que tanto el hombre como la mujer proceden de Dios y son Sus hijos eternos, y no pertenecen a ningún progenitor menor.

> *Génesis* 3:1–3. Pero la serpiente era astuta, más que todos los animales del campo que Jehová Dios había hecho; la cual dijo a la mujer: ¿Conque Dios os ha dicho: No comáis de todo árbol del huerto? Y la mujer respondió a la serpiente: Del fruto de los árboles del huerto podemos comer; pero del fruto del árbol que está en medio del huerto dijo Dios: No comeréis de él, ni le tocaréis, para que no muráis.

La serpiente mítica

¿De dónde viene una serpiente que habla y miente para tentar a los hijos del Amor divino? La serpiente entra en la metáfora sólo como el mal. No tenemos nada en el reino animal que represente la especie descrita —una serpiente que habla— y debiéramos regocijarnos de que el mal, en cualquier forma que se presente, se contradice a sí mismo y no tiene origen ni apoyo en la Verdad y el bien. Comprendiendo esto, debiéramos tener fe para combatir todas las pretensiones del mal, porque sabemos que no tienen valor y son irreales.

Adán, el sinónimo del error, representa una creencia de que hay una mente material. Comienza su reinado sobre el

Error or Adam

what mildly, but he increases in falsehood and his days become shorter. In this development, the immortal, spiritual law of Truth is made manifest as forever opposed to mortal, material sense.

Divine providence

In divine Science, man is sustained by God, the divine Principle of being. The earth, at God's command, brings forth food for man's use. Knowing this, Jesus once said, "Take no thought for your life, what ye shall eat, or what ye shall drink," — presuming not on the prerogative of his creator, but recognizing God, the Father and Mother of all, as able to feed and clothe man as He doth the lilies.

> *Genesis* iii. 4, 5. And the serpent said unto the woman, Ye shall not surely die: for God doth know that in the day ye eat thereof, then your eyes shall be opened; and ye shall be as gods, knowing good and evil.

Error's assumption

This myth represents error as always asserting its superiority over truth, giving the lie to divine Science and saying, through the material senses: "I can open your eyes. I can do what God has not done for you. Bow down to me and have another god. Only admit that I am real, that sin and sense are more pleasant to the eyes than spiritual Life, more to be desired than Truth, and I shall know you, and you will be mine." Thus Spirit and flesh war.

Scriptural allegory

The history of error is a dream-narrative. The dream has no reality, no intelligence, no mind; therefore the dreamer and dream are one, for neither is true nor real. *First,* this narrative supposes that something springs from nothing, that matter precedes mind. *Second,* it supposes that mind enters matter, hombre con cierta suavidad, pero aumenta en falsedad y sus días se acortan. En este desarrollo, la ley inmor-

El error o Adán

tal y espiritual de la Verdad se pone de manifiesto como opuesta para siempre al sentido mortal y material.

En la Ciencia divina, el hombre es sostenido por Dios, el Principio divino del ser. La tierra, ante el mandato de Dios, produce alimento para el uso del hombre.

La providencia divina

Sabiendo esto, Jesús una vez dijo: "No os afanéis por vuestra vida, qué habéis de comer o qué habéis de beber", no arrogándose la prerrogativa de su creador, sino reconociendo que Dios, el Padre y la Madre de todos, es capaz de alimentar y vestir al hombre como lo hace con los lirios.

Génesis 3:4, 5. Entonces la serpiente dijo a la mujer: No moriréis; sino que sabe Dios que el día que comáis de él, serán abiertos vuestros ojos, y seréis como Dios, sabiendo el bien y el mal.

Este mito representa el error como imponiendo siempre su superioridad sobre la verdad, acusando a la Ciencia divina de mentir y diciendo, por medio de los sentidos

La suposición del error

materiales: "Yo puedo abrir tus ojos. Yo puedo hacer lo que Dios no ha hecho por ti. Inclínate ante mí y ten otro dios. Sólo admite que yo soy real, que el pecado y el sentido son más agradables a los ojos que la Vida espiritual, más deseables que la Verdad, y yo te conoceré, y serás mío". Así luchan el Espíritu y la carne.

La historia del error es una narrativa-sueño. El sueño no tiene realidad, ni inteligencia, ni mente; por lo tanto, el soñador y el sueño son uno, porque ninguno

Alegoría de las Escrituras

es verdadero ni real. *Primero,* esta narrativa supone que algo surge de la nada, que la materia precede a la mente. *Segundo,* supone que la mente entra en la materia, and matter becomes living, substantial, and intelligent. The order of this allegory — the belief that everything springs from dust instead of from Deity — has been maintained in all the subsequent forms of belief. This is the error, — that mortal man starts materially, that non-intelligence becomes intelligence, that mind and soul are both right and wrong.

Higher hope

It is well that the upper portions of the brain represent the higher moral sentiments, as if hope were ever prophesying thus: The human mind will sometime rise above all material and physical sense, exchanging it for spiritual perception, and exchanging human concepts for the divine consciousness. Then man will recognize his God-given dominion and being.

Biological inventions

If, in the beginning, man's body originated in non-intelligent dust, and mind was afterwards put into body by the creator, why is not this divine order still maintained by God in perpetuating the species? Who will say that minerals, vegetables, and animals have a propagating property of their own? Who dares to say either that God is in matter or that matter exists without God? Has man sought out other creative inventions, and so changed the method of his Maker?

Which institutes Life, — matter or Mind? Does Life begin with Mind or with matter? Is Life sustained by matter or by Spirit? Certainly not by both, since flesh wars against Spirit and the corporeal senses can take no cognizance of Spirit. The mythologic theory of material life at no point resembles the scientifically Christian record of man as created by Mind in the image and likeness of God and having dominion over all the earth. Did y que la materia se vuelve viviente, sustancial e inteligente. El orden de esta alegoría —la creencia de que todo surge del polvo en lugar de la Deidad— ha sido mantenido en todas las formas subsiguientes de la creencia. Este es el error: que el hombre mortal empieza materialmente, que lo carente de inteligencia se convierte en inteligencia, y que la mente y el alma son tanto buenas como malas.

La esperanza más elevada

Es bueno que las partes superiores del cerebro representen los sentimientos morales más elevados, como si la esperanza siempre estuviera profetizando así: La mente humana algún día se elevará sobre todo sentido material y físico, cambiándolo por la percepción espiritual, y cambiando los conceptos humanos por la consciencia divina. Entonces el hombre reconocerá su señorío y su ser que Dios le ha dado.

Inventos biológicos

Si, en el comienzo, el cuerpo del hombre se originó en el polvo sin inteligencia, y la mente fue puesta después en el cuerpo por el creador, ¿por qué este orden divino no es aún mantenido por Dios al perpetuar las especies? ¿Quién dirá que los minerales, los vegetales y los animales tienen una propiedad propagadora propia? ¿Quién se atreve a decir que Dios está en la materia o que la materia existe sin Dios? ¿Ha buscado el hombre otros inventos creativos, y cambiado así el método de su Hacedor?

¿Cuál instituye la Vida, la materia o la Mente? ¿Empieza la Vida con la Mente o con la materia? ¿Está la Vida sostenida por la materia o por el Espíritu? Ciertamente no por ambos, puesto que la carne lucha contra el Espíritu y los sentidos corporales no pueden tener conocimiento del Espíritu. La teoría mitológica de la vida material en ningún punto se asemeja al registro científicamente cristiano del hombre como creado por la Mente a imagen y semejanza de Dios, y teniendo señorío sobre toda la tierra. ¿Creó Dios

God at first create one man unaided,—that is, Adam,—but afterwards require the union of the two sexes in order to create the rest of the human family? No! God makes and governs all.

Progeny cursed

All human knowledge and material sense must be gained from the five corporeal senses. Is this knowledge safe, when eating its first fruits brought death? "In the day that thou eatest thereof thou shalt surely die," was the prediction in the story under consideration. Adam and his progeny were cursed, not blessed; and this indicates that the divine Spirit, or Father, condemns material man and remands him to dust.

> *Genesis* iii. 9, 10. And the Lord God [Jehovah] called unto Adam, and said unto him, Where art thou? And he said, I heard Thy voice in the garden, and I was afraid, because I was naked; and I hid myself.

Shame the effect of sin

Knowledge and pleasure, evolved through material sense, produced the immediate fruits of fear and shame. Ashamed before Truth, error shrank abashed from the divine voice calling out to the corporeal senses. Its summons may be thus paraphrased: "Where art thou, man? Is Mind in matter? Is Mind capable of error as well as of truth, of evil as well as of good, when God is All and He is Mind and there is but one God, hence one Mind?"

Fear comes of error

Fear was the first manifestation of the error of material sense. Thus error began and will end the dream of matter. In the allegory the body had been naked, and Adam knew it not; but now error demands that *mind* shall see and feel through matter, the five senses. The first impression material man had of al comienzo a un hombre sin ayuda —esto es, a Adán— pero requirió después la unión de los dos sexos para crear al resto de la familia humana? ¡No! Dios hace y gobierna todo.

Progenie maldecida

Todo el conocimiento humano y todo el sentido material tienen que obtenerse de los cinco sentidos corporales. ¿Es seguro este conocimiento, cuando comer sus primeros frutos trajo la muerte? "El día que de él comieres, ciertamente morirás", fue la predicción en el relato que se está considerando. Adán y su progenie fueron maldecidos, no bendecidos; y esto indica que el Espíritu divino, o Padre, condena al hombre material y lo devuelve al polvo.

> *Génesis* 3:9, 10. Mas Jehová Dios llamó al hombre, y le dijo: ¿Dónde estás tú? Y él respondió: Oí Tu voz en el huerto, y tuve miedo, porque estaba desnudo; y me escondí.

La vergüenza, efecto del pecado

El conocimiento y el placer, desarrollados por medio del sentido material, produjeron los frutos inmediatos del temor y la vergüenza. Avergonzado delante de la Verdad, el error huyó confundido ante la voz divina que llamaba a los sentidos corporales. Su llamada puede parafrasearse así: "Hombre, ¿dónde estás? ¿Está la Mente en la materia? ¿Es la Mente capaz de manifestar tanto el error como la verdad, tanto el mal como el bien, cuando Dios es Todo y Él es la Mente y no hay sino un único Dios, y por lo tanto una única Mente?"

El temor proviene del error

El temor fue la primera manifestación del error del sentido material. Así el error empezó y terminará el sueño de la materia. En la alegoría el cuerpo había estado desnudo, y Adán no lo sabía; pero ahora el error exige que la *mente* vea y sienta por medio de la materia, los cinco sentidos. La primera impresión que el hombre material himself was one of nakedness and shame. Had he lost man's rich inheritance and God's behest, dominion over all the earth? No! This had never been bestowed on Adam.

> *Genesis* iii. 11, 12. And He said, Who told thee that thou wast naked? Hast thou eaten of the tree, whereof I commanded thee that thou shouldst not eat? And the man said, The woman whom Thou gavest to be with me, she gave me of the tree, and I did eat.

The beguiling first lie

Here there is an attempt to trace all human errors directly or indirectly to God, or good, as if He were the creator of evil. The allegory shows that the snake-talker utters the first voluble lie, which beguiles the woman and demoralizes the man. Adam, *alias mortal error,* charges God and woman with his own dereliction, saying, "The woman, whom Thou gavest me, is responsible." According to this belief, the rib taken from Adam's side has grown into an evil mind, named *woman,* who aids man to make sinners more rapidly than he can alone. Is this an help meet for man?

Materiality, so obnoxious to God, is already found in the rapid deterioration of the bone and flesh which came from Adam to form Eve. The belief in material life and intelligence is growing worse at every step, but error has its suppositional day and multiplies until the end thereof.

False womanhood

Truth, cross-questioning man as to his knowledge of error, finds woman the first to confess her fault. She says, "The serpent beguiled me, and I did eat;" as much as to say in meek penitence, "Neither man nor God shall father my fault." She has already learned that corporeal sense is the serpent. Hence tuvo de sí mismo fue de desnudez y vergüenza. ¿Había perdido la rica herencia del hombre y el mandato de Dios, el señorío sobre toda la tierra? ¡No! Esto jamás le había sido concedido a Adán.

> *Génesis* 3:11, 12. Y Dios le dijo: ¿Quién te enseñó que estabas desnudo? ¿Has comido del árbol de que Yo te mandé no comieses? Y el hombre respondió: La mujer que me diste por compañera me dio del árbol, y yo comí.

La engañosa primera mentira

Aquí hay un intento de atribuir todos los errores humanos directa o indirectamente a Dios, o el bien, como si Él fuera el creador del mal. La alegoría muestra que la serpiente que habla profiere la primera mentira voluble, que engaña a la mujer y desmoraliza al hombre. Adán, *alias el error mortal,* culpa a Dios y a la mujer de su propia negligencia, diciendo: "La mujer que me diste es responsable". De acuerdo con esta creencia, la costilla sacada del costado de Adán se ha convertido en una mente malvada, llamada *mujer,* que ayuda al hombre a hacer pecadores más rápidamente de lo que él puede hacerlo solo. ¿Es esta una ayuda idónea para el hombre?

La materialidad, tan repulsiva para Dios, ya se encuentra en el rápido deterioro del hueso y de la carne que se tomaron de Adán para formar a Eva. La creencia en una vida e inteligencia materiales empeora a cada paso, pero el error tiene su supuesto día y se multiplica hasta el fin del mismo.

Falsa condición de mujer

La Verdad, al interrogar al hombre sobre su conocimiento del error, encuentra que la mujer es la primera en confesar su falta. Ella dice: "La serpiente me engañó, y comí", como si en mansa penitencia dijera: "Ni el hombre ni Dios han de cargar con mi culpa". Ella ya ha aprendido que el sentido corporal es la serpiente. Por lo she is first to abandon the belief in the material origin of man and to discern spiritual creation. This hereafter enabled woman to be the mother of Jesus and to behold at the sepulchre the risen Saviour, who was soon to manifest the deathless man of God's creating. This enabled woman to be first to interpret the Scriptures in their true sense, which reveals the spiritual origin of man.

> *Genesis* iii. 14, 15. And the Lord God [Jehovah] said unto the serpent, . . . I will put enmity between thee and the woman, and between thy seed and her seed; it shall bruise thy head, and thou shalt bruise his heel.

Spirit and flesh

This prophecy has been fulfilled. The Son of the Virgin-mother unfolded the remedy for Adam, or error; and the Apostle Paul explains this warfare between the idea of divine power, which Jesus presented, and mythological material intelligence called *energy* and opposed to Spirit.

Paul says in his epistle to the Romans: "The carnal mind is enmity against God; for it is not subject to the law of God, neither indeed can be. So then they that are in the flesh cannot please God. But ye are not in the flesh, but in the Spirit, if so be that the spirit of God dwell in you."

Bruising sin's head

There will be greater mental opposition to the spiritual, scientific meaning of the Scriptures than there has ever been since the Christian era began. The serpent, material sense, will bite the heel of the woman, — will struggle to destroy the spiritual idea of Love; and the woman, this idea, will bruise the head of lust. The spiritual idea has given the understanding tanto es la primera en abandonar la creencia en el origen material del hombre y en percibir la creación espiritual. Esto más tarde capacitó a la mujer para ser la madre de Jesús y para contemplar junto al sepulcro al Salvador resucitado, quien pronto habría de manifestar al hombre imperecedero creado por Dios. Esto capacitó a la mujer para ser la primera en interpretar las Escrituras en su verdadero sentido, el cual revela el origen espiritual del hombre.

Génesis 3:14, 15. Y Jehová Dios dijo a la serpiente:... Pondré enemistad entre ti y la mujer, y entre tu simiente y la simiente suya; ésta te herirá en la cabeza, y tú le herirás en el calcañar.

El Espíritu y la carne

Esta profecía ha sido cumplida. El Hijo de la Virgen-madre reveló el remedio para Adán, o el error; y el Apóstol Pablo explica esta guerra entre la idea del poder divino, que Jesús presentó, y la mitológica inteligencia material llamada *energía* y opuesta al Espíritu.

Pablo dice en su epístola a los romanos: “Los designios de la carne son enemistad contra Dios; porque no se sujetan a la ley de Dios, ni tampoco pueden; y los que viven según la carne no pueden agradar a Dios. Mas vosotros no vivís según la carne, sino según el Espíritu, si es que el espíritu de Dios mora en vosotros”.

Hiriendo la cabeza del pecado

Habrá mayor oposición mental al significado espiritual y científico de las Escrituras de la que jamás ha habido desde que la era cristiana comenzó. La serpiente, el sentido material, morderá el calcañar de la mujer, luchará por destruir la idea espiritual del Amor; y la mujer, esta idea, herirá la cabeza de la lujuria. La idea espiritual ha dado a la comprensión un punto de a foothold in Christian Science. The seed of Truth and the seed of error, of belief and of understanding, — yea, the seed of Spirit and the seed of matter, — are the wheat and tares which time will separate, the one to be burned, the other to be garnered into heavenly places.

Genesis iii. 16. Unto the woman He said, I will greatly multiply thy sorrow and thy conception: in sorrow thou shalt bring forth children; and thy desire shall be to thy husband, and he shall rule over thee.

Judgment on error

Divine Science deals its chief blow at the supposed material foundations of life and intelligence. It dooms idolatry. A belief in other gods, other creators, and other creations must go down before Christian Science. It unveils the results of sin as shown in sickness and death. When will man pass through the open gate of Christian Science into the heaven of Soul, into the heritage of the first born among men? Truth is indeed "the way."

Genesis iii. 17–19. And unto Adam He said, Because thou hast hearkened unto the voice of thy wife, and hast eaten of the tree of which I commanded thee, saying, Thou shalt not eat of it: cursed is the ground for thy sake; in sorrow shalt thou eat of it all the days of thy life: thorns also and thistles shall it bring forth to thee; and thou shalt eat the herb of the field: in the sweat of thy face shalt thou eat bread, till thou return unto the ground; for out of it wast thou taken: for dust thou art, and unto dust shalt thou return.

In the first chapter of Genesis we read: "And God called the dry land Earth; and the gathering together apoyo en la Ciencia Cristiana. La simiente de la Verdad y la simiente del error, de la creencia y de la comprensión —sí, la simiente del Espíritu y la simiente de la materia— son el trigo y la cizaña que el tiempo separará, la una para ser quemada, el otro para ser recogido en lugares celestiales.

Génesis 3:16. A la mujer dijo: Multiplicaré en gran manera los dolores en tus preñeces; con dolor darás a luz los hijos; y tu deseo será para tu marido, y él se enseñoreará de ti.

Juicio sobre el error

La Ciencia divina asesta su golpe principal a los supuestos fundamentos materiales de la vida y la inteligencia. Condena la idolatría. Una creencia en otros dioses, otros creadores y otras creaciones tiene que derrumbarse ante la Ciencia Cristiana. Esta quita el velo a los resultados del pecado, que se muestran en la enfermedad y la muerte. ¿Cuándo pasará el hombre a través de la puerta abierta de la Ciencia Cristiana al cielo del Alma, a la herencia del primogénito entre los hombres? La Verdad por cierto es “el camino”.

Génesis 3:17–19. Y al hombre dijo: Por cuanto obedeciste a la voz de tu mujer, y comiste del árbol de que te mandé diciendo: No comerás de él; maldita será la tierra por tu causa; con dolor comerás de ella todos los días de tu vida. Espinos y cardos te producirá, y comerás plantas del campo. Con el sudor de tu rostro comerás el pan hasta que vuelvas a la tierra, porque de ella fuiste tomado; pues polvo eres, y al polvo volverás.

En el primer capítulo del Génesis leemos: “Y llamó Dios a lo seco Tierra, y a la reunión de las aguas llamó Mares”.

New earth and no more sea

of the waters called He Seas." In the Apocalypse it is written: "And I saw a new heaven and a new earth: for the first heaven and the first earth were passed away; and there was no more sea." In St. John's vision, heaven and earth stand for spiritual ideas, and the sea, as a symbol of tempest-tossed human concepts advancing and receding, is represented as having passed away. The divine understanding reigns, is *all,* and there is no other consciousness.

The fall of error

The way of error is awful to contemplate. The illusion of sin is without hope or God. If man's spiritual gravitation and attraction to one Father, in whom we "live, and move, and have our being," should be lost, and if man should be governed by corporeality instead of divine Principle, by body instead of by Soul, man would be annihilated. Created by flesh instead of by Spirit, starting from matter instead of from God, mortal man would be governed by himself. The blind leading the blind, both would fall.

Passions and appetites must end in pain. They are "of few days, and full of trouble." Their supposed joys are cheats. Their narrow limits belittle their gratifications, and hedge about their achievements with thorns.

True attainment

Mortal mind accepts the erroneous, material conception of life and joy, but the true idea is gained from the immortal side. Through toil, struggle, and sorrow, what do mortals attain? They give up their belief in perishable life and happiness; the mortal and material return to dust, and the immortal is reached.

Genesis iii. 22–24. And the Lord God [Jehovah] said, Behold, the man is become as one of us, to know good

Una tierra nueva y el mar ya no existe

En el Apocalipsis está escrito: "Vi un cielo nuevo y una tierra nueva; porque el primer cielo y la primera tierra pasaron, y el mar ya no existía más". En la visión de San Juan, el cielo y la tierra representan ideas espirituales, y el mar, como un símbolo de los conceptos humanos que avanzan y retroceden agitados por la tempestad, está representado como habiendo pasado. El entendimiento divino reina, es *todo,* y no hay otra consciencia.

La caída del error

El camino del error es horrible de contemplar. La ilusión del pecado no tiene esperanza ni Dios. Si se perdieran la gravitación y la atracción espirituales del hombre hacia el Padre único, en quien "vivimos, y nos movemos, y tenemos nuestro ser"*, y si el hombre fuera gobernado por la corporalidad en vez de por el Principio divino, por el cuerpo en vez de por el Alma, el hombre sería aniquilado. Creado por la carne en vez del Espíritu, comenzando de la materia en vez de Dios, el hombre mortal sería gobernado por sí mismo. Si el ciego guiara al ciego, ambos caerían.

Las pasiones y los apetitos tienen que terminar en dolor. Son "cortos de días, y hastiados de sinsabores". Sus supuestos gozos son defraudadores. Sus estrechos límites disminuyen sus satisfacciones, y cercan sus logros con espinas.

El logro verdadero

La mente mortal acepta la concepción errónea y material de la vida y del gozo, pero la idea verdadera es ganada del lado inmortal. Por medio de trabajos, luchas y pesares, ¿qué logran los mortales? Abandonan su creencia en la vida y la felicidad perecederas; lo mortal y lo material vuelven al polvo, y lo inmortal es alcanzado.

Génesis 3:22–24. Y dijo Jehová Dios: He aquí el hombre es como uno de nosotros, sabiendo el bien y el mal; ahora,

*Según la versión King James de la Biblia

> and evil: and now, lest he put forth his hand, and take also of the tree of life, and eat, and live forever; therefore the Lord God [Jehovah] sent him forth from the garden of Eden, to till the ground from whence he was taken. So He drove out the man: and He placed at the east of the garden of Eden Cherubims, and a flaming sword which turned every way, to keep the way of the tree of life.

Justice and recompense

A knowledge of evil was never the essence of divinity or manhood. In the first chapter of Genesis, evil has no local habitation nor name. Creation is there represented as spiritual, entire, and good. "Whatsoever a man soweth, that shall he also reap." Error excludes itself from harmony. Sin is its own punishment. Truth guards the gateway to harmony. Error tills its own barren soil and buries itself in the ground, since ground and dust stand for nothingness.

Inspired interpretation

No one can reasonably doubt that the purpose of this allegory — this second account in Genesis — is to depict the falsity of error and the effects of error. Subsequent Bible revelation is coordinate with the Science of creation recorded in the first chapter of Genesis. Inspired writers interpret the Word spiritually, while the ordinary historian interprets it literally. Literally taken, the text is made to appear contradictory in some places, and divine Love, which blessed the earth and gave it to man for a possession, is represented as changeable. The literal meaning would imply that God withheld from man the opportunity to reform, lest man should improve it and become better; but this is not the nature of God, who is Love always, —

pues, que no alargue su mano, y tome también del árbol de la vida, y coma, y viva para siempre. Y lo sacó Jehová del huerto del Edén, para que labrase la tierra de que fue tomado. Echó, pues, fuera al hombre, y puso al oriente del huerto de Edén querubines, y una espada encendida que se revolvía por todos lados, para guardar el camino del árbol de la vida.

Justicia y recompensa

Un conocimiento del mal nunca fue la esencia de la divinidad o del estado completo del hombre. En el primer capítulo del Génesis, el mal no tiene ni morada local ni nombre. Allí la creación está representada como espiritual, entera y buena. “Todo lo que el hombre sembrare, eso también segará”. El error se excluye a sí mismo de la armonía. El pecado es su propio castigo. La Verdad guarda la puerta hacia la armonía. El error labra su propio árido suelo y se sepulta a sí mismo en la tierra, puesto que la tierra y el polvo representan la nada.

Interpretación inspirada

Nadie puede dudar razonablemente de que el propósito de esta alegoría —este segundo relato del Génesis— es describir la falsedad del error y los efectos del error. La revelación bíblica subsiguiente está coordinada con la Ciencia de la creación registrada en el primer capítulo del Génesis. Los escritores inspirados interpretan la Palabra espiritualmente, mientras que el historiador común la interpreta literalmente. Tomado literalmente, el texto parece contradictorio en algunos lugares, y el Amor divino, que bendijo la tierra y la dio al hombre como una posesión, es representado como variable. El significado literal implicaría que Dios privó al hombre de la oportunidad de reformarse, para que el hombre no la aprovechara y se volviera mejor; pero esta no es la naturaleza de Dios, quien siempre es Amor,

Love infinitely wise and altogether lovely, who "seeketh not her own."

Spiritual gateway

Truth should, and does, drive error out of all selfhood. Truth is a two-edged sword, guarding and guiding. Truth places the cherub wisdom at the gate of understanding to note the proper guests. Radiant with mercy and justice, the sword of Truth gleams afar and indicates the infinite distance between Truth and error, between the material and spiritual,—the unreal and the real.

Contrasted testimony

The sun, giving light and heat to the earth, is a figure of divine Life and Love, enlightening and sustaining the universe. The "tree of life" is significant of eternal reality or being. The "tree of knowledge" typifies unreality. The testimony of the serpent is significant of the illusion of error, of the false claims that misrepresent God, good. Sin, sickness, and death have no record in the Elohistic introduction of Genesis, in which God creates the heavens, earth, and man. Until that which contradicts the truth of being enters into the arena, evil has no history, and evil is brought into view only as the unreal in contradistinction to the real and eternal.

> *Genesis* iv. 1. And Adam knew Eve his wife; and she conceived, and bare Cain, and said, I have gotten a man from the Lord [Jehovah].

Erroneous conception

This account is given, not of immortal man, but of mortal man, and of sin which is temporal. As both mortal man and sin have a beginning, they must consequently have an end, while the sinless, real man is eternal. Eve's declaration, "I have gotten a man from the Lord," supposes God to be the author

Amor infinitamente sabio y del todo amable, que "no busca lo suyo".

Puerta espiritual

La Verdad debiera, y lo hace, expulsar el error de todo el yo. La Verdad es una espada de dos filos, que guarda y guía. La Verdad ubica al querubín de la sabiduría a la entrada de la comprensión para distinguir los huéspedes adecuados. Radiante de misericordia y justicia, la espada de la Verdad brilla lejos e indica la infinita distancia entre la Verdad y el error, entre lo material y lo espiritual, lo irreal y lo real.

Testimonio en contraste

El sol, que da luz y calor a la tierra, es un símbolo de la Vida y el Amor divinos, que iluminan y sostienen el universo. El "árbol de vida" significa la realidad o el ser eternos. El "árbol de la ciencia del bien y del mal" simboliza la irrealidad. El testimonio de la serpiente significa la ilusión del error, de las falsas pretensiones que representan equivocadamente a Dios, el bien. El pecado, la enfermedad y la muerte no tienen registro en la introducción elohística del Génesis, en la cual Dios crea los cielos, la tierra y al hombre. Hasta que lo que contradice la verdad del ser no entra en la arena, el mal no tiene historia, y el mal es puesto ante la vista sólo como lo irreal en contraste con lo real y eterno.

> *Génesis* 4:1. Conoció Adán a su mujer Eva, la cual concibió y dio a luz a Caín, y dijo: Por voluntad de Jehová he adquirido varón.

Concepción errónea

Este relato se refiere, no al hombre inmortal, sino al hombre mortal, y al pecado, el cual es temporal. Puesto que tanto el hombre mortal como el pecado tienen un comienzo, tienen por consiguiente que tener un final, en tanto que el hombre verdadero, impecable, es eterno. La declaración de Eva: "Por voluntad de Jehová he adquirido varón", supone que Dios es el autor del of sin and sin's progeny. This false sense of existence is fratricidal. In the words of Jesus, it (evil, devil) is "a murderer from the beginning." Error begins by reckoning life as separate from Spirit, thus sapping the foundations of immortality, as if life and immortality were something which matter can both give and take away.

Only one standard

What can be the standard of good, of Spirit, of Life, or of Truth, if they produce their opposites, such as evil, matter, error, and death? God could never impart an element of evil, and man possesses nothing which he has not derived from God. How then has man a basis for wrong-doing? Whence does he obtain the propensity or power to do evil? Has Spirit resigned to matter the government of the universe?

A type of falsehood

The Scriptures declare that God condemned this lie as to man's origin and character by condemning its symbol, the serpent, to grovel beneath all the beasts of the field. It is false to say that Truth and error commingle in creation. In parable and argument, this falsity is exposed by our Master as self-evidently wrong. Disputing these points with the Pharisees and arguing for the Science of creation, Jesus said: "Do men gather grapes of thorns?" Paul asked: "What communion hath light with darkness? And what concord hath Christ with Belial?"

Scientific offspring

The divine origin of Jesus gave him more than human power to expound the facts of creation, and demonstrate the one Mind which makes and governs man and the universe. The Science of creation, so conspicuous in the birth of Jesus, inspired his wisest and least-understood sayings, and was the basis of his pecado y de la progenie del pecado. Este falso sentido de la existencia es fratricida. Según las palabras de Jesús, él (el mal, el diablo) es "homicida desde el principio". El error comienza considerando la vida como separada del Espíritu, socavando así los fundamentos de la inmortalidad, como si la vida y la inmortalidad fueran algo que la materia puede tanto dar como quitar.

Un solo estándar

¿Cuál puede ser el estándar del bien, del Espíritu, de la Vida o de la Verdad, si ellos producen sus opuestos, tales como el mal, la materia, el error y la muerte? Dios no podría nunca impartir un elemento del mal, y el hombre no posee nada que él no haya derivado de Dios. ¿Cómo, entonces, tiene el hombre una base para obrar mal? ¿De dónde obtiene él la propensión a hacer el mal o el poder de hacerlo? ¿Ha cedido el Espíritu a la materia el gobierno del universo?

Un símbolo de la falsedad

Las Escrituras declaran que Dios condenó esta mentira acerca del origen y el carácter del hombre al condenar su símbolo, la serpiente, a arrastrarse por debajo de todas las bestias del campo. Es falso decir que la Verdad y el error se entremezclan en la creación. Con parábola y argumento, esta falsedad es expuesta por nuestro Maestro como evidentemente errónea de por sí. Al discutir estos puntos con los fariseos y argumentar a favor de la Ciencia de la creación, Jesús dijo: "¿Acaso se recogen uvas de los espinos?" Pablo preguntó: "¿Qué comunión [tiene] la luz con las tinieblas? ¿Y qué concordia Cristo con Belial?"

Vástago científico

El origen divino de Jesús le dio más que poder humano para exponer las realidades de la creación, y demostrar la única Mente que crea y gobierna al hombre y el universo. La Ciencia de la creación, tan conspicua en el nacimiento de Jesús, inspiró sus dichos más sabios y menos comprendidos, y fue la base de sus marvellous demonstrations. Christ is the offspring of Spirit, and spiritual existence shows that Spirit creates neither a wicked nor a mortal man, lapsing into sin, sickness, and death.

Cleansing upheaval

In Isaiah we read: "I make peace, and create evil. I the Lord do all these things;" but the prophet referred to divine law as stirring up the belief in evil to its utmost, when bringing it to the surface and reducing it to its common denominator, nothingness. The muddy river-bed must be stirred in order to purify the stream. In moral chemicalization, when the symptoms of evil, illusion, are aggravated, we may think in our ignorance that the Lord hath wrought an evil; but we ought to know that God's law uncovers so-called sin and its effects, only that Truth may annihilate all sense of evil and all power to sin.

Allegiance to Spirit

Science renders "unto Cæsar the things which are Cæsar's; and unto God the things that are God's." It saith to the human sense of sin, sickness, and death, "God never made you, and you are a false sense which hath no knowledge of God." The purpose of the Hebrew allegory, representing error as assuming a divine character, is to teach mortals never to believe a lie.

> *Genesis* iv. 3, 4. Cain brought of the fruit of the ground an offering unto the Lord [Jehovah]. And Abel, he also brought of the firstlings of his flock, and of the fat thereof.

Spiritual and material

Cain is the type of mortal and material man, conceived in sin and "shapen in iniquity;" he is not the type of Truth and Love. Material in origin and sense, he brings a material offering to God. Abel maravillosas demostraciones. Cristo es linaje del Espíritu, y la existencia espiritual muestra que el Espíritu no crea ni a un hombre malvado ni a un hombre mortal, que caiga en el pecado, la enfermedad y la muerte.

Agitación purificadora

En Isaías leemos: "Hago la paz y creo la adversidad. Yo Jehová soy el que hago todo esto"; pero el profeta se refería a la ley divina que agita la creencia en el mal al máximo, al traerla a la superficie y reducirla a su denominador común: la nada. El lecho fangoso de un río tiene que ser agitado para purificar la corriente. En la quimicalización moral, cuando los síntomas del mal, de la ilusión, se agravan, es posible que pensemos, en nuestra ignorancia, que el Señor ha producido un mal; pero debiéramos saber que la ley de Dios pone al descubierto el así llamado pecado y sus efectos, sólo para que la Verdad pueda aniquilar todo sentido del mal y todo poder de pecar.

Lealtad al Espíritu

La Ciencia da "a César lo que es de César, y a Dios lo que es de Dios". Dice al sentido humano de pecado, enfermedad y muerte: "Dios nunca te hizo, y eres un sentido falso que no tiene conocimiento de Dios". El propósito de la alegoría hebrea, que representa el error como si asumiera un carácter divino, es el de enseñar a los mortales a no creer jamás una mentira.

> *Génesis* 4:3, 4. Caín trajo del fruto de la tierra una ofrenda a Jehová. Y Abel trajo también de los primogénitos de sus ovejas, de lo más gordo de ellas.

Lo espiritual y lo material

Caín es el símbolo del hombre mortal y material, concebido en pecado y "en maldad... formado"; no es el símbolo de la Verdad y el Amor. Material en origen y sentido, lleva a Dios una ofrenda material. Abel takes his offering from the firstlings of the flock. A lamb is a more animate form of existence, and more nearly resembles a mind-offering than does Cain's fruit. Jealous of his brother's gift, Cain seeks Abel's life, instead of making his own gift a higher tribute to the Most High.

> *Genesis* iv. 4, 5. And the Lord [Jehovah] had respect unto Abel, and to his offering: but unto Cain, and to his offering, He had not respect.

Had God more respect for the homage bestowed through a gentle animal than for the worship expressed by Cain's fruit? No; but the lamb was a more spiritual type of even the human concept of Love than the herbs of the ground could be.

> *Genesis* iv. 8. Cain rose up against Abel his brother, and slew him.

The erroneous belief that life, substance, and intelligence can be material ruptures the life and brotherhood of man at the very outset.

> *Genesis* iv. 9. And the Lord [Jehovah] said unto Cain, Where is Abel thy brother? And he said, I know not: Am I my brother's keeper?

Brotherhood repudiated

Here the serpentine lie invents new forms. At first it usurps divine power. It is supposed to say in the first instance, "Ye shall be as gods." Now it repudiates even the human duty of man towards his brother.

> *Genesis* iv. 10, 11. And He [Jehovah] said, . . . The voice of thy brother's blood crieth unto Me from the ground. And now art thou cursed from the earth.

escoge su ofrenda de entre los primogénitos de su rebaño. Un cordero es una forma más animada de existencia, y se asemeja más a una ofrenda mental que los frutos de Caín. Celoso de la ofrenda de su hermano, Caín busca quitar la vida de Abel, en vez de hacer de su propia ofrenda un tributo más elevado al Altísimo.

> *Génesis* 4:4, 5. Y miró Jehová con agrado a Abel y a su ofrenda; pero no miró con agrado a Caín y a la ofrenda suya.

¿Miró Dios con más agrado el homenaje rendido a través de un manso animal que la adoración expresada por los frutos de Caín? No; pero el cordero era un símbolo más espiritual aun que el concepto humano del Amor de lo que podían ser las hierbas de la tierra.

> *Génesis* 4:8. Caín se levantó contra su hermano Abel, y lo mató.

La creencia errónea de que la vida, la sustancia y la inteligencia puedan ser materiales quebranta la vida y la hermandad del hombre desde el mismo comienzo.

> *Génesis* 4:9. Y Jehová dijo a Caín: ¿Dónde está Abel tu hermano? Y él respondió: No sé. ¿Soy yo acaso guarda de mi hermano?

Hermandad repudiada

Aquí la mentira serpentina inventa nuevas formas. Al principio usurpa el poder divino. Se supone que en el primer caso dice: “Seréis como Dios”. Ahora repudia hasta el deber humano del hombre hacia su hermano.

> *Génesis* 4:10, 11. Y Él [Jehová] le dijo:... La voz de la sangre de tu hermano clama a Mí desde la tierra. Ahora, pues, maldito seas tú de la tierra.

Murder brings its curse

The belief of life in matter sins at every step. It incurs divine displeasure, and it would kill Jesus that it might be rid of troublesome Truth. Material beliefs would slay the spiritual idea whenever and wherever it appears. Though error hides behind a lie and excuses guilt, error cannot forever be concealed. Truth, through her eternal laws, unveils error. Truth causes sin to betray itself, and sets upon error the mark of the beast. Even the disposition to excuse guilt or to conceal it is punished. The avoidance of justice and the denial of truth tend to perpetuate sin, invoke crime, jeopardize self-control, and mock divine mercy.

> *Genesis* iv. 15. And the Lord [Jehovah] said unto him, Therefore whosoever slayeth Cain, vengeance shall be taken on him sevenfold. And the Lord [Jehovah] set a mark upon Cain, lest any finding him should kill him.

Retribution and remorse

"They that take the sword shall perish with the sword." Let Truth uncover and destroy error in God's own way, and let human justice pattern the divine. Sin will receive its full penalty, both for what it is and for what it does. Justice marks the sinner, and teaches mortals not to remove the waymarks of God. To envy's own hell, justice consigns the lie which, to advance itself, breaks God's commandments.

> *Genesis* iv. 16. And Cain went out from the presence of the Lord [Jehovah], and dwelt in the land of Nod.

The sinful misconception of Life as something less

El homicidio trae su maldición

La creencia de que hay vida en la materia peca a cada paso. Incurre en el desagrado divino, y quisiera matar a Jesús para deshacerse de la Verdad perturbadora. Las creencias materiales quisieran matar la idea espiritual cuando sea y donde sea que aparezca. Aunque el error se esconda detrás de una mentira y excuse la culpa, el error no puede ocultarse para siempre. La Verdad, por medio de sus leyes eternas, quita el velo del error. La Verdad hace que el pecado se delate a sí mismo, y estampa sobre el error la marca de la bestia. Hasta la disposición a excusar la culpa o a ocultarla es castigada. Eludir la justicia y negar la verdad tienden a perpetuar el pecado, invocar el crimen, poner en peligro el control de uno mismo y burlarse de la merced divina.

Génesis 4:15. Y le respondió Jehová: Ciertamente cualquiera que matare a Caín, siete veces será castigado. Entonces Jehová puso señal en Caín, para que no lo matase cualquiera que le hallara.

Retribución y remordimiento

"Todos los que tomen espada, a espada perecerán". Deja que la Verdad descubra y destruya el error a la propia manera de Dios, y deja que la justicia humana imite la divina. El pecado recibirá su pleno castigo, tanto por lo que es como por lo que hace. La justicia marca al pecador, y enseña a los mortales a no eliminar las señales de Dios que indican el camino. Al mismo infierno de la envidia la justicia envía la mentira que, para promoverse a sí misma, quebranta los mandamientos de Dios.

Génesis 4:16. Salió, pues, Caín de delante de Jehová, y habitó en tierra de Nod.

La pecaminosa concepción falsa de que la Vida es algo

than God, having no truth to support it, falls back upon itself. This error, after reaching the climax of suffering, yields to Truth and returns to dust; but it is only mortal man and not the real man, who dies. The image of Spirit cannot be effaced, since it is the idea of Truth and changes not, but becomes more beautifully apparent at error's demise.

Climax of suffering

Dwelling in dreamland

In divine Science, the material man is shut out from the presence of God. The five corporeal senses cannot take cognizance of Spirit. They cannot come into His presence, and must dwell in dreamland, until mortals arrive at the understanding that material life, with all its sin, sickness, and death, is an illusion, against which divine Science is engaged in a warfare of extermination. The great verities of existence are never excluded by falsity.

Man springs from Mind

All error proceeds from the evidence before the material senses. If man is material and originates in an egg, who shall say that he is not primarily dust? May not Darwin be right in thinking that apehood preceded mortal manhood? Minerals and vegetables are found, according to divine Science, to be the creations of erroneous thought, not of matter. Did man, whom God created with a word, originate in an egg? When Spirit made all, did it leave aught for matter to create? Ideas of Truth alone are reflected in the myriad manifestations of Life, and thus it is seen that man springs solely from Mind. The belief that matter supports life would make Life, or God, mortal.

The text, "In the day that the Lord God [Jehovah God] made the earth and the heavens," introduces the menos que Dios, al no tener verdad que la sustente, se derrumba. Este error, después de alcanzar el clímax del sufrimiento, cede ante la Verdad y vuelve al polvo; pero es sólo el hombre mortal, y no el hombre verdadero, quien muere. La imagen del Espíritu no puede ser borrada, ya que es la idea de la Verdad y no cambia, sino que se torna más aparente en una forma bella al morir el error.

El clímax del sufrimiento

Morando en la tierra de los sueños

En la Ciencia divina, el hombre material está excluido de la presencia de Dios. Los cinco sentidos corporales no pueden tener conocimiento del Espíritu. No pueden venir a Su presencia, y tienen que morar en la tierra de los sueños, hasta que los mortales llegan a comprender que la vida material, con todo su pecado, enfermedad y muerte, es una ilusión, contra la cual la Ciencia divina está empeñada en una guerra de exterminio. Las grandes verdades de la existencia jamás son excluidas por la falsedad.

El hombre surge de la Mente

Todo error proviene de la evidencia ante los sentidos materiales. Si el hombre es material y se origina en un óvulo, ¿quién podrá decir que no es básicamente polvo? ¿No tendrá razón Darwin al pensar que el mono precedió al hombre mortal? Se encuentra que los minerales y los vegetales son, de acuerdo con la Ciencia divina, creaciones del pensamiento erróneo, no de la materia. El hombre, a quien creó Dios con una palabra, ¿se originó en un óvulo? Cuando el Espíritu lo hizo todo, ¿dejó algo para que la materia lo creara? Únicamente las ideas de la Verdad son reflejadas en la miríada de manifestaciones de la Vida, y de esta manera se ve que el hombre surge sólo de la Mente. La creencia de que la materia sustenta la vida haría la Vida, o Dios, mortal.

El texto: "El día que Jehová Dios hizo la tierra y los cielos", introduce el registro de una creación material que record of a material creation which followed the spiritual, — a creation so wholly apart from God's, that Spirit had no participation in it.

Material inception

In God's creation ideas became productive, obedient to Mind. There was no rain and "not a man to till the ground." Mind, instead of matter, being the producer, Life was self-sustained. Birth, decay, and death arise from the material sense of things, not from the spiritual, for in the latter Life consisteth not of the things which a man eateth. Matter cannot change the eternal fact that man exists because God exists. Nothing is new to the infinite Mind.

In Science, Mind neither produces matter nor does matter produce mind. No mortal mind has the might or right or wisdom to create or to destroy.

First evil suggestion

All is under the control of the one Mind, even God. The first statement about evil, — the first suggestion of more than the one Mind, — is in the fable of the serpent. The facts of creation, as previously recorded, include nothing of the kind.

The serpent is supposed to say, "Ye shall be as gods," but these gods must be evolved from materiality and be the very antipodes of immortal and spiritual being.

Material personality

Man is the likeness of Spirit, but a material personality is not this likeness. Therefore man, in this allegory, is neither a lesser god nor the image and likeness of the one God.

Material, erroneous belief reverses understanding and truth. It declares mind to be in and of matter, so-called mortal life to be Life, infinity to enter man's nostrils so that matter becomes spiritual. Error begins with corporeality as the producer instead of divine Prinsiguió a la espiritual, una creación tan completamente aparte de la de Dios, que el Espíritu no tuvo participación en ella. En la creación de Dios las ideas se volvían productivas, obedientes a la Mente. No había lluvia ni "hombre para que labrase la tierra". Al ser la Mente, en vez de la materia, la productora, la Vida se sostenía a sí misma. El nacimiento, la decadencia y la muerte proceden del sentido material de las cosas, no del espiritual, pues en este último la Vida no consiste en las cosas que un hombre come. La materia no puede cambiar el hecho eterno de que el hombre existe porque Dios existe. Nada es nuevo para la Mente infinita.

Comienzo material

En la Ciencia, ni la Mente produce la materia ni la materia produce la mente. Ninguna mente mortal tiene el poder o el derecho o la sabiduría para crear o para destruir. Todo está bajo el control de la Mente única, o sea, Dios. La primera declaración respecto al mal —la primera sugestión de la existencia de más de una Mente— está en la fábula de la serpiente. Las realidades de la creación, como fueron registradas previamente, no incluyen nada de esa especie.

La primera sugestión mala

Se supone que la serpiente dice: "Seréis como dioses"*, pero estos dioses tendrían que desarrollarse de la materialidad y ser los antípodas mismos del ser espiritual e inmortal. El hombre es la semejanza del Espíritu, pero una personalidad material no es esta semejanza. Por lo tanto, el hombre, en esta alegoría, no es ni un dios menor ni la imagen y semejanza del único Dios.

Personalidad material

La creencia material y errónea revierte la comprensión y la verdad. Declara que la mente está en la materia y que procede de ella, que la así llamada vida mortal es la Vida, que la infinitud entra por la nariz del hombre para que la materia se vuelva espiritual. El error empieza con la corporalidad como si esta, en vez del Principio divino, fuese

*Según la versión King James de la Biblia

ciple, and explains Deity through mortal and finite conceptions.

"Behold, the man is become as one of us." This could not be the utterance of Truth or Science, for according to the record, material man was fast degenerating and never had been divinely conceived.

Mental tillage

The condemnation of mortals to till the ground means this, — that mortals should so improve material belief by thought tending spiritually upward as to destroy materiality. Man, created by God, was given dominion over the whole earth. The notion of a material universe is utterly opposed to the theory of man as evolved from Mind. Such fundamental errors send falsity into all human doctrines and conclusions, and do not accord infinity to Deity. Error tills the whole ground in this material theory, which is entirely a false view, destructive to existence and happiness. Outside of Christian Science all is vague and hypothetical, the opposite of Truth; yet this opposite, in its false view of God and man, impudently demands a blessing.

Erroneous standpoint

The translators of this record of scientific creation entertained a false sense of being. They believed in the existence of matter, its propagation and power. From that standpoint of error, they could not apprehend the nature and operation of Spirit. Hence the seeming contradiction in that Scripture, which is so glorious in its spiritual signification. Truth has but one reply to all error, — to sin, sickness, and death: "Dust [nothingness] thou art, and unto dust [nothingness] shalt thou return."

"As in Adam [error] all die, even so in Christ [Truth] shall all be made alive." The mortality of man is a la productora, y explica la Deidad mediante concepciones mortales y finitas.

"He aquí el hombre es como uno de nosotros". Esto no pudo ser lo enunciado por la Verdad o la Ciencia, pues de acuerdo con el registro, el hombre material iba degenerando con rapidez y jamás había sido concebido divinamente.

Cultivo mental

La condenación de los mortales a labrar la tierra significa esto: que los mortales debieran mejorar la creencia material mediante pensamientos que tiendan a elevarse espiritualmente tanto como para destruir la materialidad. Al hombre, creado por Dios, le fue dado señorío sobre toda la tierra. La noción de un universo material es enteramente opuesta a la teoría del hombre como desarrollado por la Mente. Tales errores fundamentales introducen falsedades en todas las doctrinas y conclusiones humanas, y no conceden infinitud a la Deidad. El error labra toda la tierra en esta teoría material, que es enteramente una perspectiva falsa, destructiva para la existencia y la felicidad. Fuera de la Ciencia Cristiana todo es vago e hipotético, lo opuesto de la Verdad; sin embargo, este opuesto, en su falsa perspectiva de Dios y el hombre, demanda insolentemente una bendición.

Punto de vista erróneo

Los traductores de este registro de la creación científica abrigaban un concepto falso del ser. Creían en la existencia de la materia, su propagación y poder. Desde ese punto de vista del error, no podían comprender la naturaleza y el modo de operar del Espíritu. De ahí la aparente contradicción en ese relato de las Escrituras, que es tan glorioso en su significación espiritual. La Verdad no tiene sino una sola respuesta para todo el error, para el pecado, la enfermedad y la muerte: "Polvo [nada] eres, y al polvo [la nada] volverás".

"Como en Adán [el error] todos mueren, también en Cristo [la Verdad] todos serán vivificados". La mortalidad

Mortality mythical

myth, for man is immortal. The false belief that spirit is now submerged in matter, at some future time to be emancipated from it, — this belief alone is mortal. Spirit, God, never germinates, but is "the same yesterday, and to-day, and forever." If Mind, God, creates error, that error must exist in the divine Mind, and this assumption of error would dethrone the perfection of Deity.

No truth from a material basis

Is Christian Science contradictory? Is the divine Principle of creation misstated? Has God no Science to declare Mind, while matter is governed by unerring intelligence? "There went up a mist from the earth." This represents error as starting from an idea of good on a material basis. It supposes God and man to be manifested only through the corporeal senses, although the material senses can take no cognizance of Spirit or the spiritual idea.

Genesis and the Apocalypse seem more obscure than other portions of the Scripture, because they cannot possibly be interpreted from a material standpoint. To the author, they are transparent, for they contain the deep divinity of the Bible.

Dawning of spiritual facts

Christian Science is dawning upon a material age. The great spiritual facts of being, like rays of light, shine in the darkness, though the darkness, comprehending them not, may deny their reality. The proof that the system stated in this book is Christianly scientific resides in the good this system accomplishes, for it cures on a divine demonstrable Principle which all may understand.

If mathematics should present a thousand different examples of one rule, the proving of one example would

La mortalidad es mítica

del hombre es un mito, pues el hombre es inmortal. La creencia falsa de que el espíritu está ahora sumergido en la materia, para ser emancipado de ella en algún tiempo futuro, esta creencia sola es mortal. El Espíritu, Dios, nunca germina, sino que es "el mismo ayer, y hoy, y por los siglos". Si la Mente, Dios, crea el error, ese error debe de existir en la Mente divina, y esta suposición del error destronaría la perfección de la Deidad.

Ninguna verdad procede de una base material

¿Es contradictoria la Ciencia Cristiana? ¿Está el Principio divino de la creación expuesto erróneamente? ¿Carece Dios de una Ciencia que declare la Mente, mientras la materia es gobernada por una inteligencia infalible? "Subía de la tierra un vapor". Esto representa el error como si procediera de una idea del bien sobre una base material. Supone que Dios y el hombre son manifestados sólo mediante los sentidos corporales, aun cuando los sentidos materiales no pueden tener conocimiento del Espíritu o de la idea espiritual.

El Génesis y el Apocalipsis parecen más oscuros que otras partes de las Escrituras, porque no es posible interpretarlos desde un punto de vista material. Para la autora son transparentes, pues contienen la profunda divinidad de la Biblia.

El amanecer de las realidades espirituales

La Ciencia Cristiana está amaneciendo sobre una época material. Las grandes realidades espirituales del ser, como rayos de luz, resplandecen en las tinieblas, aunque las tinieblas, no comprendiéndolas, tal vez nieguen su realidad. La prueba de que el sistema expuesto en este libro es cristianamente científico reside en el bien que este sistema logra, pues sana basado en un Principio demostrable y divino que todos pueden comprender.

Si las matemáticas presentaran mil ejemplos distintos de una sola regla, la comprobación de un solo ejemplo authenticate all the others. A simple statement of Christian Science, if demonstrated by healing, contains the proof of all here said of Christian Science. If one of the statements in this book is true, every one must be true, for not one departs from the stated system and rule. You can prove for yourself, dear reader, the Science of healing, and so ascertain if the author has given you the correct interpretation of Scripture.

Proof given in healing

The late Louis Agassiz, by his microscopic examination of a vulture's ovum, strengthens the thinker's conclusions as to the scientific theory of creation. Agassiz was able to see in the egg the earth's atmosphere, the gathering clouds, the moon and stars, while the germinating speck of so-called embryonic life seemed a small sun. In its history of mortality, Darwin's theory of evolution from a material basis is more consistent than most theories. Briefly, this is Darwin's theory, — that Mind produces its opposite, matter, and endues matter with power to recreate the universe, including man. Material evolution implies that the great First Cause must become material, and afterwards must either return to Mind or go down into dust and nothingness.

Embryonic evolution

The Scriptures are very sacred. Our aim must be to have them understood spiritually, for only by this understanding can truth be gained. The true theory of the universe, including man, is not in material history but in spiritual development. Inspired thought relinquishes a material, sensual, and mortal theory of the universe, and adopts the spiritual and immortal.

True theory of the universe

It is this spiritual perception of Scripture, which lifts humanity out of disease and death and inspires faith.

autenticaría todos los otros. Una simple declaración de la Ciencia Cristiana, si es demostrada por la curación, contiene la prueba de todo lo que aquí se dice de la

La prueba dada en la curación

Ciencia Cristiana. Si una sola de las declaraciones en este libro es verdadera, todas tienen que ser verdaderas, pues ninguna se aparta del sistema y la regla expuestos. Puedes comprobar por ti mismo, querido lector, la Ciencia de la curación, y así cerciorarte si la autora te ha dado la interpretación correcta de las Escrituras.

El extinto Luis Agassiz, por su examen microscópico de un huevo de buitre, refuerza las conclusiones de los pensadores sobre la teoría científica de la creación.

Evolución embrionaria

Agassiz pudo ver en el huevo la atmósfera de la tierra, las nubes que se acumulan, la luna y las estrellas, mientras que el punto germinante de la así llamada vida embrionaria parecía un pequeño sol. En su historia de la mortalidad, la teoría de Darwin sobre la evolución desde una base material es más coherente que la mayoría de las teorías. Brevemente, la teoría de Darwin es esta: que la Mente produce su opuesto, la materia, y dota a la materia de poder para recrear el universo, incluyendo el hombre. La evolución material implica que la gran Causa Primaria debe volverse material, y después debe retornar a la Mente o reducirse al polvo y a la nada.

Las Escrituras son muy sagradas. Nuestro objetivo debe ser que se las comprenda espiritualmente, porque sólo mediante esta comprensión puede ser obtenida

Teoría verdadera del universo

la verdad. La teoría verdadera del universo, incluyendo el hombre, no está en la historia material, sino en el desarrollo espiritual. El pensamiento inspirado renuncia a una teoría material, sensual y mortal del universo, y adopta la espiritual e inmortal.

Es esta percepción espiritual de las Escrituras lo que eleva a la humanidad fuera de la enfermedad y la muerte e inspira la fe.

Scriptural perception

"The Spirit and the bride say, Come! … and whosoever will, let him take the water of life freely." Christian Science separates error from truth, and breathes through the sacred pages the spiritual sense of life, substance, and intelligence. In this Science, we discover man in the image and likeness of God. We see that man has never lost his spiritual estate and his eternal harmony.

The clouds dissolving

How little light or heat reach our earth when clouds cover the sun's face! So Christian Science can be seen only as the clouds of corporeal sense roll away. Earth has little light or joy for mortals before Life is spiritually learned. Every agony of mortal error helps error to destroy error, and so aids the apprehension of immortal Truth. This is the new birth going on hourly, by which men may entertain angels, the true ideas of God, the spiritual sense of being.

Prediction of a naturalist

Speaking of the origin of mortals, a famous naturalist says: "It is very possible that many general statements now current, about birth and generation, will be changed with the progress of information." Had the naturalist, through his tireless researches, gained the diviner side in Christian Science,— so far apart from his material sense of animal growth and organization,— he would have blessed the human race more abundantly.

Methods of reproduction

Natural history is richly endowed by the labors and genius of great men. Modern discoveries have brought to light important facts in regard to so-called embryonic life. Agassiz declares ("Methods of Study in Natural History," page 275): "Certain animals, besides the ordinary process of generation, also increase their numbers naturally and constantly by self-

Percepción de las Escrituras

"El Espíritu y la Esposa dicen: ¡Ven!... y el que quiera, tome del agua de la vida gratuitamente". La Ciencia Cristiana separa el error de la verdad, y alienta a través de las páginas sagradas el sentido espiritual de la vida, la sustancia y la inteligencia. En esta Ciencia, descubrimos al hombre a la imagen y semejanza de Dios. Vemos que el hombre nunca ha perdido su estado espiritual y su eterna armonía.

Las nubes se disipan

¡Qué poca luz o calor llega a nuestra tierra cuando las nubes cubren la faz del sol! Así la Ciencia Cristiana puede verse sólo a medida que las nubes del sentido corporal se alejan. La tierra tiene poca luz o gozo para los mortales hasta que la Vida es comprendida espiritualmente. Toda agonía del error mortal ayuda al error a destruir el error, y contribuye así a la comprensión de la Verdad inmortal. Este es el nuevo nacimiento que continúa hora tras hora, por el cual los hombres pueden hospedar ángeles, las ideas verdaderas de Dios, el sentido espiritual del ser.

Predicción de un naturalista

Al hablar del origen de los mortales, un famoso naturalista dice: "Es muy posible que muchas declaraciones generales ahora en boga, sobre el nacimiento y la generación, serán cambiadas con el progreso de la información". Si el naturalista, mediante sus incansables investigaciones, hubiese ganado el concepto más divino en la Ciencia Cristiana —tan alejado de su sentido material de desarrollo y organización animales— habría bendecido a la raza humana más abundantemente.

Métodos de reproducción

La historia natural es ricamente dotada por el trabajo y el genio de grandes hombres. Los descubrimientos modernos han sacado a luz verdades importantes con respecto a la así llamada vida embrionaria. Agassiz declara ("Métodos de estudio en historia natural", página 275): "Ciertos animales, además del proceso común de generación, también aumentan su número natural y division." This discovery is corroborative of the Science of Mind, for this discovery shows that the multiplication of certain animals takes place apart from sexual conditions. The supposition that life germinates in eggs and must decay after it has grown to maturity, if not before, is shown by divine metaphysics to be a mistake, — a blunder which will finally give place to higher theories and demonstrations.

The three processes

Creatures of lower forms of organism are supposed to have, as classes, three different methods of reproduction and to multiply their species sometimes through eggs, sometimes through buds, and sometimes through self-division. According to recent lore, successive generations do not begin with the *birth* of new individuals, or personalities, but with the formation of the nucleus, or egg, from which one or more individualities subsequently emerge; and we must therefore look upon the simple ovum as the germ, the starting-point, of the most complicated corporeal structures, including those which we call human. Here these material researches culminate in such vague hypotheses as must necessarily attend false systems, which rely upon physics and are devoid of metaphysics.

Deference to material law

In one instance a celebrated naturalist, Agassiz, discovers the pathway leading to divine Science, and beards the lion of materialism in its den. At that point, however, even this great observer mistakes nature, forsakes Spirit as the divine origin of creative Truth, and allows matter and material law to usurp the prerogatives of omnipotence. He absolutely drops from his summit, coming down to a belief in the material origin of man, for he virtually affirms that constantemente mediante la división de sí mismos". Este descubrimiento corrobora la Ciencia de la Mente, pues este descubrimiento muestra que la multiplicación de ciertos animales tiene lugar aparte de las condiciones sexuales. La suposición de que la vida germina en óvulos y debe decaer después de haber alcanzado la madurez, si no antes, es una equivocación que se muestra por medio de la metafísica divina, un desatino que al fin dejará lugar a teorías y demostraciones más elevadas.

Los tres procesos

Se supone que los seres de los organismos inferiores tienen, según su clasificación, tres modos distintos de reproducción y que multiplican sus especies a veces por medio de óvulos, a veces mediante brotes, y a veces mediante la división de sí mismos. De acuerdo con las creencias populares recientes, las generaciones sucesivas no comienzan con el *nacimiento* de nuevos individuos, o personalidades, sino con la formación del núcleo, u óvulo, del cual una o más individualidades emergen de manera subsiguiente; y por lo tanto, tenemos que considerar el simple óvulo como el germen, el punto de partida, de las estructuras corporales más complejas, incluyendo aquellas que llamamos humanas. Aquí estas investigaciones materiales culminan en hipótesis tan vagas como las que acompañan necesariamente los sistemas falsos, los cuales confían en la física y están desprovistos de metafísica.

Deferencia a la ley material

En cierto caso, un célebre naturalista, Agassiz, descubre la senda que conduce a la Ciencia divina, y desafía al león del materialismo en su guarida. En ese punto, sin embargo, aun este gran observador se equivoca sobre la naturaleza, abandona el Espíritu como el origen divino de la Verdad creativa, y permite que la materia y la ley material usurpen las prerrogativas de la omnipotencia. Cae él del todo de su cumbre y desciende a una creencia en el origen material del hombre, porque afirma virtualmente que the germ of humanity is in a circumscribed and non-intelligent egg.

Deep-reaching interrogations

If this be so, whence cometh Life, or Mind, to the human race? Matter surely does not possess Mind. God is the Life, or intelligence, which forms and preserves the individuality and identity of animals as well as of men. God cannot become finite, and be limited within material bounds. Spirit cannot become matter, nor can Spirit be developed through its opposite. Of what avail is it to investigate what is miscalled material life, which ends, even as it begins, in nameless nothingness? The true sense of being and its eternal perfection should appear now, even as it will hereafter.

Stages of existence

Error of thought is reflected in error of action. The continual contemplation of existence as material and corporeal — as beginning and ending, and with birth, decay, and dissolution as its component stages — hides the true and spiritual Life, and causes our standard to trail in the dust. If Life has any starting-point whatsoever, then the great I AM is a myth. If Life is God, as the Scriptures imply, then Life is not embryonic, it is infinite. An egg is an impossible enclosure for Deity.

Embryology supplies no instance of one species producing its opposite. A serpent never begets a bird, nor does a lion bring forth a lamb. Amalgamation is deemed monstrous and is seldom fruitful, but it is not so hideous and absurd as the supposition that Spirit — the pure and holy, the immutable and immortal — can originate the impure and mortal and dwell in it. As Christian Science repudiates self-evident impossibilities, the material senses el germen de la humanidad está en un óvulo circunscrito y carente de inteligencia.

Interrogantes de profundo alcance

Si es así, ¿de dónde viene la Vida, o la Mente, a la raza humana? La materia por cierto no posee Mente. Dios es la Vida, o inteligencia, que forma y preserva la individualidad y la identidad de los animales así como de los hombres. Dios no puede volverse finito, y estar limitado dentro de confines materiales. El Espíritu no puede convertirse en materia, ni puede el Espíritu ser desarrollado por medio de su opuesto. ¿De qué provecho es investigar lo que equivocadamente se llama vida material, que acaba tal como empieza, en la nada sin nombre? El sentido verdadero del ser y su perfección eterna debiera aparecer ahora, tal como aparecerá posteriormente.

Etapas de la existencia

Los errores de pensamiento son reflejados en errores de acción. La continua contemplación de la existencia como material y corporal —como comenzando y finalizando, y con el nacimiento, la decadencia y la disolución como sus etapas componentes— oculta la Vida verdadera y espiritual y hace que nuestro estandarte se arrastre por el polvo. Si la Vida tiene algún punto de partida, entonces el gran Yo soy es un mito. Si la Vida es Dios, como implican las Escrituras, entonces la Vida no es embrionaria, es infinita. Un óvulo es un recinto imposible para la Deidad.

La embriología no ofrece ningún ejemplo de que una especie produzca su opuesto. Una serpiente jamás procrea un pájaro, ni un león engendra un cordero. La amalgamación se considera monstruosa y raramente es fructífera, pero no es tan horrible y absurda como la suposición de que el Espíritu —lo puro y santo, lo inmutable e inmortal— pueda originar lo impuro y mortal y morar en ello. Puesto que la Ciencia Cristiana repudia las imposibilidades evidentes de por sí, los sentidos materiales tienen que ser los autores must father these absurdities, for both the material senses and their reports are unnatural, impossible, and unreal.

The real producer

Either Mind produces, or it is produced. If Mind is first, it cannot produce its opposite in quality and quantity, called matter. If matter is first, it cannot produce Mind. Like produces like. In natural history, the bird is not the product of a beast. In spiritual history, matter is not the progenitor of Mind.

The ascent of species

One distinguished naturalist argues that mortals spring from eggs and in races. Mr. Darwin admits this, but he adds that mankind has ascended through all the lower grades of existence. Evolution describes the gradations of human belief, but it does not acknowledge the method of divine Mind, nor see that material methods are impossible in divine Science and that all Science is of God, not of man.

Transmitted peculiarities

Naturalists ask: "What can there be, of a material nature, transmitted through these bodies called eggs,—themselves composed of the simplest material elements,—by which all peculiarities of ancestry, belonging to either sex, are brought down from generation to generation?" The question of the naturalist amounts to this: How can matter originate or transmit mind? We answer that it cannot. Darkness and doubt encompass thought, so long as it bases creation on materiality. From a material standpoint, "Canst thou by searching find out God?" All must be Mind, or else all must be matter. Neither can produce the other. Mind is immortal; but error declares that the material seed must decay in order to propagate its species, and the resulting germ is doomed to the same routine.

The ancient and hypothetical question, Which is first,

de estos absurdos, porque tanto los sentidos materiales como sus informes son innaturales, imposibles e irreales.

El productor verdadero

O bien la Mente produce, o es producida. Si la Mente es la primera, no puede producir su opuesto en cualidad y cantidad, llamado materia. Si la materia es la primera, no puede producir la Mente. Lo igual produce su igual. En la historia natural, el ave no es el producto de una bestia. En la historia espiritual, la materia no es la progenitora de la Mente.

La progresión ascendente de las especies

Un distinguido naturalista arguye que los mortales surgen de óvulos y en grupos raciales. El Sr. Darwin admite esto, pero añade que la humanidad ha ascendido a través de todas las etapas inferiores de la existencia. La evolución describe las gradaciones de la creencia humana, pero no reconoce el método de la Mente divina, ni comprende que los métodos materiales son imposibles en la Ciencia divina y que toda Ciencia es de Dios, no del hombre.

Peculiaridades transmitidas

Los naturalistas preguntan: "¿Qué puede existir, de una naturaleza material, transmitida por medio de estos cuerpos llamados óvulos —compuestos ellos mismos de los elementos materiales más simples— por los cuales todas las peculiaridades de los ancestros, pertenecientes a cualquiera de los sexos, son trasmitidas de generación en generación?" La pregunta del naturalista se reduce a esto: ¿Cómo puede la materia originar o transmitir la mente? Nosotros contestamos que no puede. La oscuridad y la duda envuelven el pensamiento, mientras basa la creación sobre la materialidad. Desde un punto de vista material, "¿Descubrirás tú los secretos de Dios?" Todo tiene que ser Mente, o de lo contrario, todo tiene que ser materia. Ninguna puede producir la otra. La Mente es inmortal; pero el error declara que la semilla material tiene que descomponerse para propagar su especie, y el germen resultante está condenado a la misma rutina.

La antigua e hipotética pregunta: ¿Cuál es el primero,

Causation not in matter

the egg or the bird? is answered, if the egg produces the parent. But we cannot stop here. Another question follows: Who or what produces the parent of the egg? That the earth was hatched from the "egg of night" was once an accepted theory. Heathen philosophy, modern geology, and all other material hypotheses deal with causation as contingent on matter and as necessarily apparent to the corporeal senses, even where the proof requisite to sustain this assumption is undiscovered. Mortal theories make friends of sin, sickness, and death; whereas the spiritual scientific facts of existence include no member of this dolorous and fatal triad.

Emergence of mortals

Human experience in mortal life, which starts from an egg, corresponds with that of Job, when he says, "Man that is born of a woman is of few days, and full of trouble." Mortals must emerge from this notion of material life as all-in-all. They must peck open their shells with Christian Science, and look outward and upward. But thought, loosened from a material basis but not yet instructed by Science, may become wild with freedom and so be self-contradictory.

Persistence of species

From a material source flows no remedy for sorrow, sin, and death, for the redeeming power, from the ills they occasion, is not in egg nor in dust. The blending tints of leaf and flower show the order of matter to be the order of mortal mind. The intermixture of different species, urged to its utmost limits, results in a return to the original species. Thus it is learned that matter is a manifestation of mortal mind, and that matter always surrenders its claims when the perfect and eternal Mind is understood.

Naturalists describe the origin of mortal and material

La causalidad no está en la materia

el huevo o el ave? es respondida, si el huevo produce al progenitor. Pero no podemos detenernos aquí. Sigue otra pregunta: ¿Quién o qué produce al progenitor del huevo? Que la tierra había sido incubada del "huevo de la noche" fue alguna vez una teoría aceptada. La filosofía pagana, la geología moderna y todas las otras hipótesis materiales tratan la causalidad como dependiente de la materia y como necesariamente aparente a los sentidos corporales, aun cuando la prueba indispensable para sostener esta suposición no se haya descubierto. Las teorías mortales se hacen amigas del pecado, la enfermedad y la muerte; mientras que las realidades científicas y espirituales de la existencia no incluyen ningún miembro de este trío doloroso y fatal.

Emersión de los mortales

La experiencia humana en la vida mortal, que empieza en un óvulo, corresponde a la de Job, cuando dice: "El hombre nacido de mujer, corto [es] de días, y hastiado de sinsabores". Los mortales tienen que emerger de esta noción de que la vida material es todo-en-todo. Tienen que romper sus cascarones con la Ciencia Cristiana, y mirar hacia afuera y hacia arriba. Pero el pensamiento, desligado de una base material pero aún no instruido por la Ciencia, puede que se desenfrene con la libertad y de esa manera se contradiga a sí mismo.

Persistencia de las especies

De una fuente material no fluye ningún remedio para el pesar, el pecado y la muerte, porque el poder que redime de los males que ellos ocasionan no está ni en el óvulo ni en el polvo. Los matices combinados de las hojas y las flores muestran que el orden de la materia es el orden de la mente mortal. El cruzamiento de distintas especies, urgido hasta sus límites extremos, resulta en un retorno a las especies originales. Así se aprende que la materia es una manifestación de la mente mortal, y que la materia siempre renuncia a sus pretensiones cuando la Mente perfecta y eterna es comprendida.

Los naturalistas describen el origen de la existencia mortal existence in the various forms of embryology, and accompany their descriptions with important observations, which should awaken thought to a higher and purer contemplation of man's origin. This clearer consciousness must precede an understanding of the harmony of being. Mortal thought must obtain a better basis, get nearer the truth of being, or health will never be universal, and harmony will never become the standard of man.

Better basis than embryology

One of our ablest naturalists has said: "We have no right to assume that individuals have grown or been formed under circumstances which made material conditions essential to their maintenance and reproduction, or important to their origin and first introduction." Why, then, is the naturalist's basis so materialistic, and why are his deductions generally material?

Adam was created before Eve. In this instance, it is seen that the maternal egg never brought forth Adam. Eve was formed from Adam's rib, not from a fœtal ovum. Whatever theory may be adopted by general mortal thought to account for human origin, that theory is sure to become the signal for the appearance of its method in finite forms and operations. If consentaneous human belief agrees upon an ovum as the point of emergence for the human race, this potent belief will immediately supersede the more ancient superstition about the creation from dust or from the rib of our primeval father.

All nativity in thought

You may say that mortals are formed before they think or know aught of their origin, and you may also ask how belief can affect a result which precedes the development of that belief. It can

Being is immortal

y material en las diversas formas de la embriología, y acompañan sus descripciones con importantes observaciones, que debieran despertar el pensamiento a una con-

Una base mejor que la embriología

templación más elevada y más pura del origen del hombre. Esta consciencia más clara tiene que preceder a una comprensión de la armonía del ser. El pensamiento mortal tiene que obtener una base mejor, aproximarse más a la verdad del ser, o la salud jamás será universal, y la armonía jamás llegará a ser el estándar del hombre.

Uno de nuestros naturalistas más competentes ha dicho: “No tenemos razón para suponer que los individuos hayan evolucionado o se hayan formado bajo circunstancias que hicieran esenciales las condiciones materiales para su subsistencia y reproducción, o importantes para su origen y aparición inicial”. ¿Por qué, entonces, es la base del naturalista tan materialista, y por qué son sus deducciones generalmente materiales?

Adán fue creado antes que Eva. En este caso, es evidente que el óvulo materno nunca engendró a Adán. Eva fue formada de la costilla de Adán, no de un óvulo

Todo nacimiento está en el pensamiento

fetal. Cualquiera sea la teoría adoptada por el pensamiento mortal general para explicar el origen humano, esa teoría se convertirá seguramente en la señal para que aparezca su método en formas y operaciones finitas. Si la creencia humana acepta de común acuerdo que un óvulo es el punto de partida de la raza humana, esta creencia potente inmediatamente suplantará la superstición más antigua de que la creación procede del polvo o de la costilla de nuestro padre primitivo.

Quizás digas que los mortales son formados antes que piensen o sepan algo de su origen, y quizás pregun-

El ser es inmortal

tes también cómo puede la creencia afectar un resultado que precede al desarrollo de esa creencia. Sólo puede only be replied, that Christian Science reveals what "eye hath not seen," — even the cause of all that exists, — for the universe, inclusive of man, is as eternal as God, who is its divine immortal Principle. There is no such thing as mortality, nor are there properly any mortal beings, because being is immortal, like Deity, — or, rather, being and Deity are inseparable.

Our conscious development

Error is always error. It is *no thing.* Any statement of life, following from a misconception of life, is erroneous, because it is destitute of any knowledge of the so-called selfhood of life, destitute of any knowledge of its origin or existence. The mortal is unconscious of his fœtal and infantile existence; but as he grows up into another false claim, that of self-conscious matter, he learns to say, "I am somebody; but who made me?" Error replies, "God made you." The first effort of error has been and is to impute to God the creation of whatever is sinful and mortal; but infinite Mind sets at naught such a mistaken belief.

Mendacity of error

Jesus defined this opposite of God and His creation better than we can, when he said, "He is a liar, and the father of it." Jesus also said, "Have not I chosen you twelve, and one of you is a devil?" This he said of Judas, one of Adam's race. Jesus never intimated that God made a devil, but he did say, "Ye are of your father, the devil." All these sayings were to show that mind in matter is the author of itself, and is simply a falsity and illusion.

Ailments of animals

It is the general belief that the lower animals are less sickly than those possessing higher organizations, especially those of the human form. This would indicate that there is less disease in proporcontestarse que la Ciencia Cristiana revela "cosas que ojo no vio" —o sea, la causa de todo lo que existe— pues el universo, incluyendo el hombre, es tan eterno como Dios, quien es su Principio inmortal y divino. No existe tal cosa como la mortalidad, ni hay propiamente seres mortales, porque el ser es inmortal, como la Deidad o, más bien, el ser y la Deidad son inseparables.

Nuestro desarrollo consciente

El error es siempre error. Es *ninguna cosa*. Cualquier declaración sobre la vida, deducida de una concepción equivocada acerca de la vida, es errónea, porque está desprovista de todo conocimiento del así llamado yo de la vida, desprovista de todo conocimiento de su origen o existencia. El mortal no está consciente de su existencia fetal e infantil; pero a medida que crece y se convierte en otra falsa pretensión, la de materia consciente de sí misma, aprende a decir: "Yo soy alguien; pero ¿quién me creó?" El error responde: "Dios te creó". El primer esfuerzo del error ha sido y es imputar a Dios la creación de todo lo que es pecaminoso y mortal; pero la Mente infinita anula una creencia tan equivocada.

Mendacidad del error

Jesús definió este opuesto de Dios y Su creación mejor de lo quc podemos hacerlo nosotros, cuando dijo: "Es mentiroso, y padre de mentira". Jesús también dijo: "¿No os he escogido yo a vosotros los doce, y uno de vosotros es diablo?" Esto lo dijo de Judas, uno de la raza de Adán. Jesús jamás dio a entender que Dios hizo un diablo, pero sí dijo: "Vosotros sois de vuestro padre el diablo". Todos estos dichos fueron para mostrar que la mente en la materia es la autora de sí misma, y es simplemente una falsedad y una ilusión.

Enfermedades de los animales

Es la creencia general que los animales inferiores son menos enfermizos que aquellos que poseen organismos superiores, especialmente aquellos de forma humana. Esto indicaría que hay menos enfermedades tion as the force of mortal mind is less pungent or sensitive, and that health attends the absence of mortal mind. A fair conclusion from this might be, that it is the human belief, and not the divine arbitrament, which brings the physical organism under the yoke of disease.

Ignorance the sign of error

An inquirer once said to the discoverer of Christian Science: "I like your explanations of truth, but I do not comprehend what you say about error." This is the nature of error. The mark of ignorance is on its forehead, for it neither understands nor can be understood. Error would have itself received as mind, as if it were as real and God-created as truth; but Christian Science attributes to error neither entity nor power, because error is neither mind nor the outcome of Mind.

The origin of divinity

Searching for the origin of man, who is the reflection of God, is like inquiring into the origin of God, the self-existent and eternal. Only impotent error would seek to unite Spirit with matter, good with evil, immortality with mortality, and call this sham unity *man,* as if man were the offspring of both Mind and matter, of both Deity and humanity. Creation rests on a spiritual basis. We lose our standard of perfection and set aside the proper conception of Deity, when we admit that the perfect is the author of aught that can become imperfect, that God bestows the power to sin, or that Truth confers the ability to err. Our great example, Jesus, could restore the individualized manifestation of existence, which seemed to vanish in death. Knowing that God was the Life of man, Jesus was able to present himself unchanged after the crucifixion. Truth fosters the idea of Truth, and not the been la proporción en que la fuerza de la mente mortal es menos aguda o sensible, y que la salud se presenta cuando la mente mortal está ausente. Una deducción justa de esto podría ser que es la creencia humana, y no el arbitrio divino, la que pone al organismo físico bajo el yugo de la enfermedad.

La ignorancia es la señal del error

Un investigador dijo una vez a la descubridora de la Ciencia Cristiana: "Me gustan sus explicaciones de la verdad, pero no comprendo lo que usted dice acerca del error". Esta es la naturaleza del error. La marca de la ignorancia está sobre su frente, pues ni comprende ni puede ser comprendido. El error quisiera ser aceptado como mente, como si fuera tan real y creado por Dios como la verdad; pero la Ciencia Cristiana no atribuye al error ni entidad ni poder, porque el error no es mente ni el producto de la Mente.

El origen de la divinidad

Buscar el origen del hombre, quien es el reflejo de Dios, es como inquirir acerca del origen de Dios, el que existe por Sí mismo y es eterno. Sólo el impotente error procuraría unir el Espíritu con la materia, el bien con el mal, la inmortalidad con la mortalidad, y llamar a esta falsa unidad *hombre,* como si el hombre fuera el vástago tanto dc la Mente como de la materia, tanto de la Deidad como de la humanidad. La creación descansa sobre una base espiritual. Perdemos nuestro estándar de perfección y desechamos la correcta concepción de la Deidad cuando admitimos que lo perfecto es el autor de algo que puede volverse imperfecto, que Dios concede el poder de pecar, o que la Verdad confiere la capacidad de errar. Nuestro gran ejemplo, Jesús, pudo restaurar la manifestación individualizada de la existencia, que pareció desvanecerse en la muerte. Sabiendo que Dios era la Vida del hombre, Jesús pudo presentarse inalterado después de la crucifixión. La Verdad fomenta la idea de la Verdad, lief in illusion or error. That which is real, is sustained by Spirit.

Genera classified

Vertebrata, articulata, mollusca, and radiata are mortal and material concepts classified, and are supposed to possess life and mind. These false beliefs will disappear, when the radiation of Spirit destroys forever all belief in intelligent matter. Then will the new heaven and new earth appear, for the former things will have passed away.

The Christian's privilege

Mortal belief infolds the conditions of sin. Mortal belief dies to live again in renewed forms, only to go out at last forever; for life everlasting is not to be gained by dying. Christian Science may absorb the attention of sage and philosopher, but the Christian alone can fathom it. It is made known most fully to him who understands best the divine Life. Did the origin and the enlightenment of the race come from the deep sleep which fell upon Adam? Sleep is darkness, but God's creative mandate was, "Let there be light." In sleep, cause and effect are mere illusions. They seem to be something, but are not. Oblivion and dreams, not realities, come with sleep. Even so goes on the Adam-belief, of which mortal and material life is the dream.

Ontology *versus* physiology

Ontology receives less attention than physiology. Why? Because mortal mind must waken to spiritual life before it cares to solve the problem of being, hence the author's experience; but when that awakening comes, existence will be on a new standpoint.

It is related that a father plunged his infant babe, only a few hours old, into the water for several minutes, and y no la creencia en la ilusión o el error. Aquello que es real está sostenido por el Espíritu.

La clasificación de las especies

Los vertebrados, articulados, moluscos y radiados son conceptos mortales y materiales clasificados, y se supone que poseen vida y mente. Estas falsas creencias desaparecerán, cuando la radiación del Espíritu destruya para siempre toda creencia de que la materia es inteligente. Entonces el cielo nuevo y la tierra nueva aparecerán, pues las primeras cosas habrán pasado.

El privilegio del cristiano

La creencia mortal envuelve las condiciones del pecado. La creencia mortal muere para volver a vivir en formas renovadas, sólo para al fin extinguirse para siempre; pues la vida eterna no se gana muriendo. La Ciencia Cristiana puede absorber la atención del sabio y del filósofo, pero sólo el cristiano puede comprenderla a fondo. Se revela más plenamente a quien comprende mejor la Vida divina. ¿Procedieron el origen y la iluminación de la raza humana del sueño profundo que cayó sobre Adán? El sueño es oscuridad, pero el mandato creativo de Dios fue: "Sea la luz". En el sueño, la causa y el efecto son meras ilusiones. Parecen ser algo, pero no lo son. El olvido y los sueños, no las realidades, vienen al dormir. De igual modo prosigue la creencia-Adán, de la cual la vida mortal y material es el sueño.

La ontología versus *la fisiología*

La ontología recibe menos atención que la fisiología. ¿Por qué? Porque la mente mortal tiene que despertar a la vida espiritual antes que pueda interesarse por resolver el problema del ser, de ahí la experiencia de la autora; pero cuando venga ese despertar, la existencia se fundará sobre un nuevo punto de vista.

Se cuenta que un padre sumergía a su hijo recién nacido, de unas pocas horas de edad solamente, por varios minutos repeated this operation daily, until the child could remain under water twenty minutes, moving and playing without harm, like a fish. Parents should remember this, and learn how to develop their children properly on dry land.

The curse removed

Mind controls the birth-throes in the lower realms of nature, where parturition is without suffering. Vegetables, minerals, and many animals suffer no pain in multiplying; but human propagation has its suffering because it is a false belief. Christian Science reveals harmony as proportionately increasing as the line of creation rises towards spiritual man, — towards enlarged understanding and intelligence; but in the line of the corporeal senses, the less a mortal knows of sin, disease, and mortality, the better for him, — the less pain and sorrow are his. When the mist of mortal mind evaporates, the curse will be removed which says to woman, "In sorrow thou shalt bring forth children." Divine Science rolls back the clouds of error with the light of Truth, and lifts the curtain on man as never born and as never dying, but as coexistent with his creator.

Popular theology takes up the history of man as if he began materially right, but immediately fell into mental sin; whereas revealed religion proclaims the Science of Mind and its formations as being in accordance with the first chapter of the Old Testament, when God, Mind, spake and it was done.

en el agua, y repetía esta operación diariamente, hasta que el niño pudo permanecer bajo el agua veinte minutos, moviéndose y jugando sin sufrir daños, como un pez. Padres y madres debieran recordar esto, y aprender cómo desarrollar a sus hijos debidamente en tierra seca.

La maldición eliminada

La Mente controla los dolores de parto en los reinos inferiores de la naturaleza, donde el alumbramiento es sin sufrimiento. Los vegetales, los minerales y muchos animales no sufren dolor al multiplicarse; pero la propagación humana tiene sus sufrimientos porque es una creencia falsa. La Ciencia Cristiana revela que la armonía aumenta en la proporción en que la línea de la creación se eleva hacia el hombre espiritual, hacia mayor comprensión e inteligencia; pero en la línea de los sentidos corporales, cuanto menos sabe un mortal acerca del pecado, la enfermedad y la mortalidad, tanto mejor para él, tanto menos dolor y pesar tiene. Cuando se evapore la neblina de la mente mortal, se eliminará la maldición que dice a la mujer: "Con dolor darás a luz los hijos". La Ciencia divina aleja las nubes del error con la luz de la Verdad, y levanta el telón sobre el hombre que nunca ha nacido y nunca muere, sino que coexiste con su creador.

La teología popular comienza la historia del hombre como si él hubiera empezado materialmente bien, pero inmediatamente hubiese caído en pecado mental; mientras que la religión revelada proclama que la Ciencia de la Mente y sus formaciones están de acuerdo con el primer capítulo del Antiguo Testamento, cuando Dios, la Mente, habló y fue hecho.

Chapter 16

The Apocalypse

Blessed is he that readeth,
and they that hear the words of this prophecy,
and keep those things which are written therein:
for the time is at hand. — REVELATION.

Great is the Lord,
and greatly to be praised in the city of our God,
in the mountain of His holiness. — PSALMS.

St. John writes, in the tenth chapter of his book of Revelation: —

> And I saw another mighty angel come down from heaven, clothed with a cloud: and a rainbow was upon his head, and his face was as it were the sun, and his feet as pillars of fire: and he had in his hand a little book open: and he set his right foot upon the sea, and his left foot on the earth.

The new Evangel

This angel or message which comes from God, clothed with a cloud, prefigures divine Science. To mortal sense Science seems at first obscure, abstract, and dark; but a bright promise crowns its brow. When understood, it is Truth's prism and praise. When you look it fairly in the face, you can heal by its means, and it has for you a light above the sun, for God "is the light thereof." Its feet are pillars of fire, foundations of Truth and Love. It brings the baptism of the Holy Ghost, whose flames of Truth were prophetically described by John the Baptist as consuming error.

Capítulo 16

El Apocalipsis

Bienaventurado el que lee,
y los que oyen las palabras de esta profecía,
y guardan las cosas en ella escritas;
porque el tiempo está cerca. — El Apocalipsis.

Grande es Jehová,
y digno de ser en gran manera alabado en la ciudad
de nuestro Dios, en Su monte santo. — Salmos.

San Juan escribe, en el capítulo décimo de su libro Revelación (El Apocalipsis): —

> Vi descender del cielo a otro ángel fuerte, envuelto en una nube, con el arco iris sobre su cabeza; y su rostro era como el sol, y sus pies como columnas de fuego. Tenía en su mano un librito abierto; y puso su pie derecho sobre el mar, y el izquierdo sobre la tierra.

El nuevo Mensajero celestial

Este ángel o mensaje que viene de Dios, envuelto en una nube, prefigura la Ciencia divina. Para el sentido mortal, la Ciencia parece al comienzo velada, abstracta y oscura; pero una promesa luminosa corona su frente. Cuando es comprendida, es prisma y alabanza de la Verdad. Cuando la miras abiertamente a la cara, puedes sanar por sus medios, y tiene para ti una luz más clara que la del sol, pues Dios es "su lumbrera". Sus pies son columnas de fuego, los fundamentos de la Verdad y el Amor. Trae el bautismo del Espíritu Santo, cuyas llamas de la Verdad fueron descritas proféticamente por Juan el Bautista como consumiendo el error.

Truth's volume

This angel had in his hand "a little book," open for all to read and understand. Did this same book contain the revelation of divine Science, the "right foot" or dominant power of which was upon the sea, — upon elementary, latent error, the source of all error's visible forms? The angel's left foot was upon the earth; that is, a secondary power was exercised upon visible error and audible sin. The "still, small voice" of scientific thought reaches over continent and ocean to the globe's remotest bound. The inaudible voice of Truth is, to the human mind, "as when a lion roareth." It is heard in the desert and in dark places of fear. It arouses the "seven thunders" of evil, and stirs their latent forces to utter the full diapason of secret tones. Then is the power of Truth demonstrated, — made manifest in the destruction of error. Then will a voice from harmony cry: "Go and take the little book. . . . Take it, and eat it up; and it shall make thy belly bitter, but it shall be in thy mouth sweet as honey." Mortals, obey the heavenly evangel. Take divine Science. Read this book from beginning to end. Study it, ponder it. It will be indeed sweet at its first taste, when it heals you; but murmur not over Truth, if you find its digestion bitter. When you approach nearer and nearer to this divine Principle, when you eat the divine body of this Principle, — thus partaking of the nature, or primal elements, of Truth and Love, — do not be surprised nor discontented because you must share the hemlock cup and eat the bitter herbs; for the Israelites of old at the Paschal meal thus prefigured this perilous passage out of bondage into the El Dorado of faith and hope.

The twelfth chapter of the Apocalypse, or Revela-

El libro de la Verdad

Este ángel tenía en su mano "un librito", abierto para que todos lo leyeran y comprendieran. ¿Contenía este mismo libro la revelación de la Ciencia divina, cuyo "pie derecho" o poder dominante estaba sobre el mar, sobre el error elemental y latente, el origen de todas las formas visibles del error? El pie izquierdo del ángel estaba sobre la tierra; esto es, un poder secundario era ejercido sobre el error visible y el pecado audible. La "voz callada y suave"* del pensamiento científico se extiende sobre continentes y océanos hasta los confines más remotos del globo. La voz inaudible de la Verdad es, para la mente humana, como cuando "ruge un león". Se oye en el desierto y en los lugares tenebrosos del temor. Despierta los "siete truenos" del mal, e incita a sus fuerzas latentes a proferir el diapasón completo de tonos secretos. Entonces el poder de la Verdad es demostrado, manifestándose en la destrucción del error. Entonces una voz procedente de la armonía exclamará: "Vé y toma el librito... Toma, y cómelo; y te amargará el vientre, pero en tu boca será dulce como la miel". Mortales, obedeced al mensajero celestial. Tomad la Ciencia divina. Leed este libro desde el comienzo hasta el fin. Estudiadlo, meditadlo. Será de veras dulce al saborearlo por vez primera, cuando os sane; pero no murmuréis contra la Verdad, si halláis amarga su digestión. Cuando os acerquéis cada vez más a este Principio divino, cuando comáis el cuerpo divino de este Principio —participando así de la naturaleza, o elementos primarios, de la Verdad y el Amor— no os sorprendáis ni os descontentéis porque tenéis que participar de la copa de cicuta y comer las hierbas amargas; pues los israelitas de antaño en la cena pascual prefiguraron así este pasaje peligroso de la esclavitud a El Dorado de la fe y la esperanza.

El capítulo duodécimo del Apocalipsis, o Revelación de

*Según la Versión Moderna de la Biblia

tion of St. John, has a special suggestiveness in connection with the nineteenth century. In the opening of the sixth seal, typical of six thousand years since Adam, the distinctive feature has reference to the present age.

To-day's lesson

> *Revelation* xii. 1. And there appeared a great wonder in heaven; a woman clothed with the sun, and the moon under her feet, and upon her head a crown of twelve stars.

True estimate of God's messenger

Heaven represents harmony, and divine Science interprets the Principle of heavenly harmony. The great miracle, to human sense, is divine Love, and the grand necessity of existence is to gain the true idea of what constitutes the kingdom of heaven in man. This goal is never reached while we hate our neighbor or entertain a false estimate of anyone whom God has appointed to voice His Word. Again, without a correct sense of its highest visible idea, we can never understand the divine Principle. The botanist must know the genus and species of a plant in order to classify it correctly. As it is with things, so is it with persons.

Persecution harmful

Abuse of the motives and religion of St. Paul hid from view the apostle's character, which made him equal to his great mission. Persecution of all who have spoken something new and better of God has not only obscured the light of the ages, but has been fatal to the persecutors. Why? Because it has hid from them the true idea which has been presented. To misunderstand Paul, was to be ignorant of the divine idea he taught. Ignorance of the divine idea betrays at once a greater ignorance of the divine Principle of the idea — igno-

San Juan, contiene un significado especial en conexión con el siglo diecinueve. Al abrir el sexto sello, que simboliza los seis mil años desde Adán, el rasgo distintivo hace referencia a la época presente.

La lección de hoy

El Apocalipsis 12:1. Apareció en el cielo una gran señal: una mujer vestida del sol, con la luna debajo de sus pies, y sobre su cabeza una corona de doce estrellas.

El cielo representa la armonía, y la Ciencia divina interpreta el Principio de la armonía celestial. El gran milagro, para el sentido humano, es el Amor divino, y la gran necesidad de la existencia es ganar la verdadera idea de lo que constituye el reino de los cielos en el hombre. Esta meta jamás es alcanzada mientras odiamos a nuestro prójimo o abrigamos una opinión falsa de alguien a quien Dios ha designado para proclamar Su Palabra. Además, sin un sentido correcto de su idea visible más elevada, jamás podemos comprender el Principio divino. El botánico tiene que conocer el género y la especie de una planta para clasificarla correctamente. Como es con las cosas, así es con las personas.

Apreciación verdadera del mensajero de Dios

El vituperio a los motivos y la religión de San Pablo ocultó a la vista el carácter del apóstol, el cual lo capacitó para su gran misión. La persecución de todos los que han dicho algo nuevo y mejor acerca de Dios no sólo ha oscurecido la luz de las épocas, sino que ha sido fatal para los perseguidores. ¿Por qué? Porque les ha ocultado la verdadera idea que ha sido presentada. Malentender a Pablo era ignorar la idea divina que él enseñaba. La ignorancia acerca de la idea divina delata inmediatamente una mayor ignorancia acerca del Principio divino de la idea,

La persecución es perjudicial

rance of Truth and Love. The understanding of Truth and Love, the Principle which works out the ends of eternal good and destroys both faith in evil and the practice of evil, leads to the discernment of the divine idea.

Espousals supernal

Agassiz, through his microscope, saw the sun in an egg at a point of so-called embryonic life. Because of his more spiritual vision, St. John saw an "angel standing in the sun." The Revelator beheld the spiritual idea from the mount of vision. Purity was the symbol of Life and Love. The Revelator saw also the spiritual ideal as a woman clothed in light, a bride coming down from heaven, wedded to the Lamb of Love. To John, "the bride" and "the Lamb" represented the correlation of divine Principle and spiritual idea, God and His Christ, bringing harmony to earth.

Divinity and humanity

John saw the human and divine coincidence, shown in the man Jesus, as divinity embracing humanity in Life and its demonstration, — reducing to human perception and understanding the Life which is God. In divine revelation, material and corporeal selfhood disappear, and the spiritual idea is understood.

Spiritual sunlight

The woman in the Apocalypse symbolizes generic man, the spiritual idea of God; she illustrates the coincidence of God and man as the divine Principle and divine idea. The Revelator symbolizes Spirit by the sun. The spiritual idea is clad with the radiance of spiritual Truth, and matter is put under her feet. The light portrayed is really neither solar nor lunar, but spiritual Life, which is "the light of men." In the first chapter of the Fourth Gospel it is written, "There was a man sent from God … to bear witness of that Light."

John the Baptist prophesied the coming of the imignorancia acerca de la Verdad y el Amor. La comprensión de la Verdad y el Amor, el Principio que cumple los objetivos del bien eterno y destruye tanto la fe en el mal como la práctica del mal, conduce al discernimiento de la idea divina.

Desposorios celestiales

Agassiz, a través de su microscopio, vio el sol en un huevo, en un punto de la así llamada vida embrionaria. Debido a su visión más espiritual, San Juan vio a "un ángel que estaba en pie en el sol". El Revelador (el autor del Apocalipsis) contempló la idea espiritual desde el monte de la visión. La pureza era el símbolo de la Vida y el Amor. El Revelador (el autor del Apocalipsis) vio también el ideal espiritual como una mujer vestida de luz, una esposa que descendía del cielo, desposada con el Cordero del Amor. Para Juan, "la esposa" y "el Cordero" representaban la correlación entre el Principio divino y la idea espiritual, Dios y Su Cristo, trayendo armonía a la tierra.

Divinidad y humanidad

Juan vio la coincidencia de lo humano y lo divino, mostrada en el hombre Jesús, como la divinidad abrazando a la humanidad en la Vida y su demostración, reduciendo a la percepción y comprensión humanas la Vida que es Dios. En la revelación divina, el yo material y corpóreo desaparece, y la idea espiritual es comprendida.

Luz solar espiritual

La mujer en el Apocalipsis simboliza al hombre genérico, la idea espiritual de Dios; ella ilustra la coincidencia de Dios y el hombre como el Principio divino e idea divina. El Revelador (el autor del Apocalipsis) simboliza el Espíritu mediante el sol. La idea espiritual está revestida con el resplandor de la Verdad espiritual, y la materia está puesta debajo de sus pies. La luz descrita no es realmente ni solar ni lunar, sino que es la Vida espiritual, la cual es "la luz de los hombres". En el primer capítulo del Cuarto Evangelio está escrito: "Hubo un hombre enviado de Dios... para que diese testimonio de la Luz".

Juan el Bautista profetizó la venida del Jesús inmaculado,

Spiritual idea revealed

maculate Jesus, and John saw in those days the spiritual idea as the Messiah, who would baptize with the Holy Ghost, — divine Science. As Elias presented the idea of the fatherhood of God, which Jesus afterwards manifested, so the Revelator completed this figure with woman, typifying the spiritual idea of God's motherhood. The moon is under her feet. This idea reveals the universe as secondary and tributary to Spirit, from which the universe borrows its reflected light, substance, life, and intelligence.

Spiritual idea crowned

The spiritual idea is crowned with twelve stars. The twelve tribes of Israel with all mortals, — separated by belief from man's divine origin and the true idea, — will through much tribulation yield to the activities of the divine Principle of man in the harmony of Science. These are the stars in the crown of rejoicing. They are the lamps in the spiritual heavens of the age, which show the workings of the spiritual idea by healing the sick and the sinning, and by manifesting the light which shines "unto the perfect day" as the night of materialism wanes.

Revelation xii. 2. And she being with child cried, travailing in birth, and pained to be delivered.

Travail and joy

Also the spiritual idea is typified by a woman in travail, waiting to be delivered of her sweet promise, but remembering no more her sorrow for joy that the birth goes on; for great is the idea, and the travail portentous.

Revelation xii. 3. And there appeared another wonder in heaven; and behold a great red dragon, having seven heads and ten horns, and seven crowns upon his heads.

y en aquellos días Juan vio la idea espiritual como el Mesías, quien bautizaría con el Espíritu Santo: la Ciencia divina.

La idea espiritual revelada

Así como Elías presentó la idea de la paternidad de Dios, que Jesús manifestó más tarde, así el Revelador (el autor del Apocalipsis) completó esta alegoría con la mujer, que simboliza la idea espiritual de la maternidad de Dios. La luna está debajo de sus pies. Esta idea revela el universo como secundario y tributario del Espíritu, del cual el universo toma prestadas su luz, sustancia, vida e inteligencia reflejadas.

La idea espiritual coronada

La idea espiritual está coronada con doce estrellas. Las doce tribus de Israel con todos los mortales —que la creencia ha separado del origen divino del hombre y de la idea verdadera— a través de grandes tribulaciones cederán ante las actividades del Principio divino del hombre en la armonía de la Ciencia. Estas son las estrellas en la corona del regocijo. Son las lumbreras en el cielo espiritual de la época, que muestran la acción de la idea espiritual sanando a los enfermos y a los pecadores, y manifestando la luz que brilla "hasta que el día es perfecto" a medida que la noche del materialismo se desvanece.

> *El Apocalipsis* 12:2. Y estando encinta, clamaba con dolores de parto, en la angustia del alumbramiento.

Alumbramiento y alegría

La idea espiritual también es simbolizada por una mujer en trabajo de parto, esperando dar a luz su dulce promesa, pero sin recordar ya sus dolores por la alegría de que el nacimiento continúa; pues grande es la idea, y el parto, portentoso.

> *El Apocalipsis* 12:3. También apareció otra señal en el cielo: he aquí un gran dragón escarlata, que tenía siete cabezas y diez cuernos, y en sus cabezas siete diademas.

The dragon as a type

Human sense may well marvel at discord, while, to a diviner sense, harmony is the real and discord the unreal. We may well be astonished at sin, sickness, and death. We may well be perplexed at human fear; and still more astounded at hatred, which lifts its hydra head, showing its horns in the many inventions of evil. But why should we stand aghast at nothingness? The great red dragon symbolizes a lie, — the belief that substance, life, and intelligence can be material. This dragon stands for the sum total of human error. The ten horns of the dragon typify the belief that matter has power of its own, and that by means of an evil mind in matter the Ten Commandments can be broken.

The sting of the serpent

The Revelator lifts the veil from this embodiment of all evil, and beholds its awful character; but he also sees the nothingness of evil and the allness of God. The Revelator sees that old serpent, whose name is devil or evil, holding untiring watch, that he may bite the heel of truth and seemingly impede the offspring of the spiritual idea, which is prolific in health, holiness, and immortality.

> *Revelation* xii. 4. And his tail drew the third part of the stars of heaven, and did cast them to the earth: and the dragon stood before the woman which was ready to be delivered, for to devour her child as soon as it was born.

Animal tendency

The serpentine form stands for subtlety, winding its way amidst all evil, but doing this in the name of good. Its sting is spoken of by Paul, when he refers to "spiritual wickedness in high places." It is the animal instinct in mortals, which would impel

El dragón como un símbolo

Bien puede el sentido humano maravillarse ante la discordancia, mientras que, para un sentido más divino, la armonía es lo real y la discordancia lo irreal. Bien podemos asombrarnos ante el pecado, la enfermedad y la muerte. Bien podemos estar perplejos ante el temor humano; y aún más consternados ante el odio, que levanta su cabeza de hidra, mostrando sus cuernos en los muchos engaños del mal. Pero ¿por qué quedarnos horrorizados ante la nada? El gran dragón escarlata simboliza una mentira, la creencia de que la sustancia, la vida y la inteligencia pueden ser materiales. Este dragón representa la suma total del error humano. Los diez cuernos del dragón simbolizan la creencia de que la materia tiene poder propio, y que por medio de una mente maligna en la materia los Diez Mandamientos pueden ser quebrantados.

La picadura de la serpiente

El Revelador (el autor del Apocalipsis) levanta el velo de esta encarnación de todo el mal, y contempla su horrible naturaleza; pero también ve la nada del mal y la totalidad de Dios. El Revelador (el autor del Apocalipsis) ve esa serpiente antigua, cuyo nombre es diablo o mal, manteniendo incansable guardia, para poder morder el calcañar de la verdad y aparentemente impedir el vástago de la idea espiritual, prolífica en salud, santidad e inmortalidad.

> *El Apocalipsis* 12:4. Y su cola arrastraba la tercera parte de las estrellas del cielo, y las arrojó sobre la tierra. Y el dragón se paró frente a la mujer que estaba para dar a luz, a fin de devorar a su hijo tan pronto como naciese.

Tendencia animal

La forma serpentina representa la astucia, reptando su sinuoso camino en medio de todo el mal, pero haciendo esto en nombre del bien. Su picadura es mencionada por Pablo, cuando se refiere a las “huestes espirituales de maldad en las regiones celestes”. Es el instinto animal en los mortales, que trata de impulsarlos a them to devour each other and cast out devils through Beelzebub.

As of old, evil still charges the spiritual idea with error's own nature and methods. This malicious animal instinct, of which the dragon is the type, incites mortals to kill morally and physically even their fellow-mortals, and worse still, to charge the innocent with the crime. This last infirmity of sin will sink its perpetrator into a night without a star.

Malicious barbarity

The author is convinced that the accusations against Jesus of Nazareth and even his crucifixion were instigated by the criminal instinct here described. The Revelator speaks of Jesus as the Lamb of God and of the dragon as warring against innocence. Since Jesus must have been tempted in all points, he, the immaculate, met and conquered sin in every form. The brutal barbarity of his foes could emanate from no source except the highest degree of human depravity. Jesus *"opened not his mouth."* Until the majesty of Truth should be demonstrated in divine Science, the spiritual idea was arraigned before the tribunal of so-called mortal mind, which was unloosed in order that the false claim of mind in matter might uncover its own crime of defying immortal Mind.

Doom of the dragon

From Genesis to the Apocalypse, sin, sickness, and death, envy, hatred, and revenge, — all evil, — are typified by a serpent, or animal subtlety. Jesus said, quoting a line from the Psalms, "They hated me without a cause." The serpent is perpetually close upon the heel of harmony. From the beginning to the end, the serpent pursues with hatred the spiritual idea. In Genesis, this allegorical, talking serpent typifies mortal mind, "more subtle than any beast of the devorarse unos a otros y echar fuera los demonios por medio de Beelzebú.

Como antaño, el mal todavía atribuye a la idea espiritual la naturaleza y los métodos propios del error. Este instinto animal malicioso, del cual el dragón es el símbolo, incita a los mortales a matar moral y físicamente incluso a sus semejantes, y peor aún, a atribuir el crimen a los inocentes. Esta última flaqueza del pecado hundirá a su perpetrador en una noche sin estrellas.

Barbarie maliciosa

La autora está convencida de que las acusaciones contra Jesús de Nazaret y aun su crucifixión fueron instigadas por el instinto criminal aquí descrito. El Revelador (el autor del Apocalipsis) se refiere a Jesús como el Cordero de Dios y al dragón como guerreando contra la inocencia. Puesto que Jesús debe haber sido tentado en todo, él, el inmaculado, enfrentó y venció el pecado en toda forma. La barbarie brutal de sus enemigos no podía emanar de ninguna otra fuente excepto del máximo grado de depravación humana. Jesús *"no abrió su boca"*. Hasta que la majestad de la Verdad fuera demostrada en la Ciencia divina, la idea espiritual fue acusada ante el tribunal de la así llamada mente mortal, que fue desatada para que la falsa pretensión de que hay mente en la materia pudiera delatar su propio crimen de desafiar la Mente inmortal.

Perdición del dragón

Desde el Génesis hasta el Apocalipsis, el pecado, la enfermedad y la muerte, la envidia, el odio y la venganza —todo el mal— están simbolizados por una serpiente, o astucia animal. Jesús dijo, citando un versículo de los Salmos: "Sin causa me aborrecieron". La serpiente sigue de cerca perpetuamente tras el calcañar de la armonía. Desde el comienzo hasta el fin, la serpiente persigue con odio la idea espiritual. En el Génesis, esta alegórica serpiente que habla simboliza la mente mortal, "astuta, más que todos los field." In the Apocalypse, when nearing its doom, this evil increases and becomes the great red dragon, swollen with sin, inflamed with war against spirituality, and ripe for destruction. It is full of lust and hate, loathing the brightness of divine glory.

> *Revelation* xii. 5. And she brought forth a man child, who was to rule all nations with a rod of iron: and her child was caught up unto God, and to His throne.

The conflict with purity

Led on by the grossest element of mortal mind, Herod decreed the death of every male child in order that the man Jesus, the masculine representative of the spiritual idea, might never hold sway and deprive Herod of his crown. The impersonation of the spiritual idea had a brief history in the earthly life of our Master; but "of his kingdom there shall be no end," for Christ, God's idea, will eventually rule all nations and peoples — imperatively, absolutely, finally — with divine Science. This immaculate idea, represented first by man and, according to the Revelator, last by woman, will baptize with fire; and the fiery baptism will burn up the chaff of error with the fervent heat of Truth and Love, melting and purifying even the gold of human character. After the stars sang together and all was primeval harmony, the material lie made war upon the spiritual idea; but this only impelled the idea to rise to the zenith of demonstration, destroying sin, sickness, and death, and to be caught up unto God, — to be found in its divine Principle.

> *Revelation* xii. 6. And the woman fled into the wilderness, where she hath a place prepared of God.

animales del campo". En el Apocalipsis, al acercarse a su perdición, este mal aumenta y se convierte en el gran dragón escarlata, henchido de pecado, ardiendo en guerra contra la espiritualidad y maduro para la destrucción. Está lleno de lujuria y odio, y detesta el resplandor de la gloria divina.

> *El Apocalipsis* 12:5. Y ella dio a luz un hijo varón, que regirá con vara de hierro a todas las naciones; y su hijo fue arrebatado para Dios y para Su trono.

El conflicto con la pureza

Guiado por el elemento más tosco de la mente mortal, Herodes decretó la muerte de todo niño varón a fin de que el hombre Jesús, el representante masculino de la idea espiritual, no pudiera reinar jamás y privar a Herodes de su corona. La personificación de la idea espiritual tuvo una historia breve en la vida terrenal de nuestro Maestro; pero "su reino no tendrá fin", pues el Cristo, la idea de Dios, regirá finalmente todas las naciones y todos los pueblos —imperativa, absoluta, definitivamente— con la Ciencia divina. Esta idea inmaculada, representada primero mediante el hombre y, según el Revelador (el autor del Apocalipsis), por último mediante la mujer, bautizará con fuego; y el bautismo de fuego quemará la paja del error con el calor ardiente de la Verdad y el Amor, acrisolando y purificando aun el oro del carácter humano. Después que alabaron todas las estrellas y todo era armonía prístina, la mentira material hizo guerra a la idea espiritual; pero esto sólo impulsó la idea a remontarse al cenit de la demostración, destruyendo el pecado, la enfermedad y la muerte, y a ser arrebatada hasta Dios, para ser hallada en su Principio divino.

> *El Apocalipsis* 12:6. Y la mujer huyó al desierto, donde tiene lugar preparado por Dios.

Spiritual guidance

As the children of Israel were guided triumphantly through the Red Sea, the dark ebbing and flowing tides of human fear, — as they were led through the wilderness, walking wearily through the great desert of human hopes, and anticipating the promised joy, — so shall the spiritual idea guide all right desires in their passage from sense to Soul, from a material sense of existence to the spiritual, up to the glory prepared for them who love God. Stately Science pauses not, but moves before them, a pillar of cloud by day and of fire by night, leading to divine heights.

If we remember the beautiful description which Sir Walter Scott puts into the mouth of Rebecca the Jewess in the story of Ivanhoe, —

> When Israel, of the Lord beloved,
> Out of the land of bondage came,
> Her fathers' God before her moved,
> An awful guide, in smoke and flame, —

we may also offer the prayer which concludes the same hymn, —

> And oh, when stoops on Judah's path
> In shade and storm the frequent night,
> Be Thou, longsuffering, slow to wrath,
> A burning and a shining light!

Revelation xii. 7, 8. And there was war in heaven: Michael and his angels fought against the dragon; and the dragon fought, and his angels, and prevailed not; neither was their place found any more in heaven.

Angelic offices

The Old Testament assigns to the angels, God's divine messages, different offices. Michael's characteristic is spiritual strength. He leads the hosts of heaven against the power of sin, Satan, and

Guía espiritual

Así como los hijos de Israel fueron guiados triunfalmente a través del Mar Rojo, el oscuro flujo y reflujo de las mareas del temor humano —así como fueron conducidos a través del desierto, caminando cansadamente a través del gran yermo de las esperanzas humanas, y anticipando el gozo prometido— así la idea espiritual guiará todos los deseos justos en su pasaje del sentido al Alma, de un sentido material de la existencia al espiritual, hacia la gloria preparada para los que aman a Dios. La Ciencia majestuosa no se detiene, sino que va delante de ellos, una columna de nube de día y de fuego de noche, conduciendo hacia las alturas divinas.

Si recordamos la bella descripción que Sir Walter Scott pone en boca de Rebeca la judía en la historia de Ivanhoe: —

Cuando Israel, por el Señor amada,
De la tierra de esclavitud salió,
El Dios de sus padres delante de ella,
En humo y en llama su senda marcó,—

también podemos ofrecer la oración con que concluye el mismo himno: —

Y cuando la noche en sombra y tempestad
Sobre el sendero de Judá aparece,
Sé Tú, paciente, lento para la ira,
¡Una luz que llamea y resplandece!

El Apocalipsis 12:7, 8. Después hubo una gran batalla en el cielo: Miguel y sus ángeles luchaban contra el dragón; y luchaban el dragón y sus ángeles; pero no prevalecieron, ni se halló ya lugar para ellos en el cielo.

Cargos de los ángeles

El Antiguo Testamento asigna a los ángeles, los divinos mensajes de Dios, diferentes cargos. La característica de Miguel es la fuerza espiritual. Él conduce las huestes del cielo contra el poder del pecado, fights the holy wars. Gabriel has the more quiet task of imparting a sense of the ever-presence of ministering Love. These angels deliver us from the depths. Truth and Love come nearer in the hour of woe, when strong faith or spiritual strength wrestles and prevails through the understanding of God. The Gabriel of His presence has no contests. To infinite, ever-present Love, all is Love, and there is no error, no sin, sickness, nor death. Against Love, the dragon warreth not long, for he is killed by the divine Principle. Truth and Love prevail against the dragon because the dragon cannot war with them. Thus endeth the conflict between the flesh and Spirit.

> *Revelation* xii. 9. And the great dragon was cast out, that old serpent, called the devil, and Satan, which deceiveth the whole world: he was cast out into the earth, and his angels were cast out with him.

Dragon cast down to earth

That false claim — that ancient belief, that old serpent whose name is devil (evil), claiming that there is intelligence in matter either to benefit or to injure men — is pure delusion, the red dragon; and it is cast out by Christ, Truth, the spiritual idea, and so proved to be powerless. The words "cast unto the earth" show the dragon to be nothingness, dust to dust; and therefore, in his pretence of being a talker, he must be a lie from the beginning. His angels, or messages, are cast out with their author. The beast and the false prophets are lust and hypocrisy. These wolves in sheep's clothing are detected and killed by innocence, the Lamb of Love.

Divine Science shows how the Lamb slays the wolf.

Satanás, y pelea las guerras santas. Gabriel tiene la tarea más apacible de impartir un sentido de la eterna presencia del Amor ministrante. Estos ángeles nos libran de los abismos. La Verdad y el Amor se acercan más en la hora de congoja, cuando la fe firme o la fuerza espiritual lucha y prevalece por medio del entendimiento de Dios. El Gabriel de Su presencia no tiene contiendas. Para el Amor infinito, siempre presente, todo es Amor, y no hay ningún error, ningún pecado, enfermedad ni muerte. Contra el Amor el dragón no guerrea largo tiempo, pues es muerto por el Principio divino. La Verdad y el Amor prevalecen sobre el dragón, porque el dragón no puede guerrear contra ellos. Así termina el conflicto entre la carne y el Espíritu.

El Apocalipsis 12:9. Y fue lanzado fuera el gran dragón, la serpiente antigua, que se llama diablo y Satanás, el cual engaña al mundo entero; fue arrojado a la tierra, y sus ángeles fueron arrojados con él.

El dragón arrojado a la tierra

Esa falsa pretensión —esa vieja creencia, esa serpiente antigua cuyo nombre es diablo (el mal), que pretende que hay inteligencia en la materia, ya sea para beneficiar o para dañar a los hombres— es puro engaño, el dragón escarlata; y es echada fuera por el Cristo, la Verdad, la idea espiritual, y así se comprueba que es impotente. Las palabras “arrojado a la tierra” muestran que el dragón es la nada, polvo al polvo; y por tanto, en su pretensión de poder hablar, tiene que ser una mentira desde el principio. Sus ángeles, o mensajes, son echados fuera con su autor. La bestia y los falsos profetas son la lujuria y la hipocresía. Estos lobos vestidos de oveja son detectados y muertos por la inocencia, el Cordero del Amor.

La Ciencia divina muestra cómo el Cordero mata el lobo.

Warfare with error

Innocence and Truth overcome guilt and error. Ever since the foundation of the world, ever since error would establish material belief, evil has tried to slay the Lamb; but Science is able to destroy this lie, called evil. The twelfth chapter of the Apocalypse typifies the divine method of warfare in Science, and the glorious results of this warfare. The following chapters depict the fatal effects of trying to meet error with error. The narrative follows the order used in Genesis. In Genesis, first the true method of creation is set forth and then the false. Here, also, the Revelator first exhibits the true warfare and then the false.

> *Revelation* xii. 10–12. And I heard a loud voice saying in heaven, Now is come salvation, and strength, and the kingdom of our God, and the power of His Christ: for the accuser of our brethren is cast down, which accused them before our God day and night. And they overcame him by the blood of the Lamb, and by the word of their testimony; and they loved not their lives unto the death. Therefore rejoice, ye heavens, and ye that dwell in them. Woe to the inhabiters of the earth and of the sea! for the devil is come down unto you, having great wrath, because he knoweth that he hath but a short time.

Pæan of jubilee

For victory over a single sin, we give thanks and magnify the Lord of Hosts. What shall we say of the mighty conquest over all sin? A louder song, sweeter than has ever before reached high heaven, now rises clearer and nearer to the great heart of Christ; for the accuser is not there, and Love sends forth her primal and everlasting strain. Self-abnegation, by which we lay down all for Truth, or Christ, in our warfare against error, is a rule in Christian Science. This rule clearly

Guerra con el error

La inocencia y la Verdad vencen la culpa y el error. Desde la fundación del mundo, desde que el error quiso establecer la creencia material, el mal ha tratado de matar el Cordero; pero la Ciencia es capaz de destruir esta mentira, llamada el mal. El capítulo duodécimo del Apocalipsis simboliza el método divino de guerra en la Ciencia, y los resultados gloriosos de esta guerra. Los capítulos siguientes describen los efectos fatales de tratar de enfrentar el error con el error. La narrativa sigue el orden usado en el Génesis. En el Génesis, primero se presenta el método verdadero de la creación y luego el falso. Aquí, también, el Revelador (el autor del Apocalipsis) primero expone la verdadera guerra y luego la falsa.

> *El Apocalipsis* 12:10–12. Entonces oí una gran voz en el cielo, que decía: Ahora ha venido la salvación, el poder, y el reino de nuestro Dios, y la autoridad de Su Cristo; porque ha sido lanzado fuera el acusador de nuestros hermanos, el que los acusaba delante de nuestro Dios día y noche. Y ellos le han vencido por medio de la sangre del Cordero y de la palabra del testimonio de ellos, y menospreciaron sus vidas hasta la muerte. Por lo cual alegraos, cielos, y los que moráis en ellos. ¡Ay de los moradores de la tierra y del mar! porque el diablo ha descendido a vosotros con gran ira, sabiendo que tiene poco tiempo.

Cántico de júbilo

Por la victoria sobre un solo pecado, damos gracias y engrandecemos a Jehová de los Ejércitos. ¿Qué diremos de la poderosa conquista de todo el pecado? Una canción más sonora, la más dulce que jamás haya llegado a los cielos, se eleva ahora más clara y más cercana al gran corazón del Cristo; pues el acusador no está allí, y el Amor irradia su prístina y eterna melodía. La abnegación, por la cual renunciamos a todo por la Verdad, o el Cristo, en nuestra guerra contra el error, es una regla en la Ciencia Cristiana. Esta regla claramente interpreta a interprets God as divine Principle, — as Life, represented by the Father; as Truth, represented by the Son; as Love, represented by the Mother. Every mortal at some period, here or hereafter, must grapple with and overcome the mortal belief in a power opposed to God.

The robe of Science

The Scripture, "Thou hast been faithful over a few things, I will make thee ruler over many," is literally fulfilled, when we are conscious of the supremacy of Truth, by which the nothingness of error is seen; and we know that the nothingness of error is in proportion to its wickedness. He that touches the hem of Christ's robe and masters his mortal beliefs, animality, and hate, rejoices in the proof of healing, — in a sweet and certain sense that God is Love. Alas for those who break faith with divine Science and fail to strangle the serpent of sin as well as of sickness! They are dwellers still in the deep darkness of belief. They are in the surging sea of error, not struggling to lift their heads above the drowning wave.

Expiation by suffering

What must the end be? They must eventually expiate their sin through suffering. The sin, which one has made his bosom companion, comes back to him at last with accelerated force, for the devil knoweth his time is short. Here the Scriptures declare that evil is temporal, not eternal. The dragon is at last stung to death by his own malice; but how many periods of torture it may take to remove all sin, must depend upon sin's obduracy.

Revelation xii. 13. And when the dragon saw that he was cast unto the earth, he persecuted the woman which brought forth the man child.

Dios como el Principio divino, como la Vida, representada por el Padre; como la Verdad, representada por el Hijo; como el Amor, representado por la Madre. Todo mortal en algún período, aquí o en el más allá, debe lidiar con la creencia mortal en un poder opuesto a Dios y vencerla.

El manto de la Ciencia

El pasaje bíblico: "Sobre poco has sido fiel, sobre mucho te pondré", se cumple literalmente cuando estamos conscientes de la supremacía de la Verdad, por la cual se ve la nada del error; y sabemos que la nada del error está en proporción a su maldad. El que toca el borde del manto de Cristo y domina sus creencias mortales, la animalidad y el odio, se regocija en la prueba de la curación, en un sentido dulce y seguro de que Dios es Amor. ¡Ay de aquellos que no son fieles a la Ciencia divina y no logran estrangular la serpiente del pecado ni la de la enfermedad! Moran todavía en las profundas tinieblas de la creencia. Están en el embravecido mar del error, y no luchan por levantar sus cabezas sobre la ola que los ahoga.

Expiación mediante sufrimiento

¿Cuál debe ser el final? Tendrán finalmente que expiar su pecado por medio del sufrimiento. El pecado, del que uno ha hecho su compañero íntimo, se vuelve al final contra uno mismo con fuerza acelerada, pues el diablo sabe que tiene poco tiempo. Aquí las Escrituras declaran que el mal es temporal, no eterno. El dragón al fin es herido de muerte por su propia malicia; mas cuántos períodos de tortura puede que tome eliminar todo pecado, tiene que depender de la obduración del pecado.

El Apocalipsis 12:13. Y cuando vio el dragón que había sido arrojado a la tierra, persiguió a la mujer que había dado a luz al hijo varón.

Apathy to occultism

The march of mind and of honest investigation will bring the hour when the people will chain, with fetters of some sort, the growing occultism of this period. The present apathy as to the tendency of certain active yet unseen mental agencies will finally be shocked into another extreme mortal mood, — into human indignation; for one extreme follows another.

> *Revelation* xii. 15, 16. And the serpent cast out of his mouth water as a flood, after the woman, that he might cause her to be carried away of the flood. And the earth helped the woman, and the earth opened her mouth, and swallowed up the flood which the dragon cast out of his mouth.

Receptive hearts

Millions of unprejudiced minds — simple seekers for Truth, weary wanderers, athirst in the desert — are waiting and watching for rest and drink. Give them a cup of cold water in Christ's name, and never fear the consequences. What if the old dragon should send forth a new flood to drown the Christ-idea? He can neither drown your voice with its roar, nor again sink the world into the deep waters of chaos and old night. In this age the earth will help the woman; the spiritual idea will be understood. Those ready for the blessing you impart will give thanks. The waters will be pacified, and Christ will command the wave.

Hidden ways of iniquity

When God heals the sick or the sinning, they should know the great benefit which Mind has wrought. They should also know the great delusion of mortal mind, when it makes them sick or sinful. Many are willing to open the eyes of the people to the power of good resident in divine Mind, but they are

Apatía hacia el ocultismo

El progreso de la mente y de la investigación honrada traerá la hora en que la gente encadenará, con trabas de alguna clase, el creciente ocultismo de esta época. La apatía actual en cuanto a la tendencia de ciertas influencias mentales activas, aunque invisibles, finalmente recibirá un choque tal que se transformará en otra disposición mortal extrema: la indignación humana; porque un extremo sigue a otro.

El Apocalipsis 12:15, 16. Y la serpiente arrojó de su boca, tras la mujer, agua como un río, para que fuese arrastrada por el río. Pero la tierra ayudó a la mujer, pues la tierra abrió su boca y tragó el río que el dragón había echado de su boca.

Corazones receptivos

Millones de mentes sin prejuicios —simples buscadores de la Verdad, fatigados peregrinos, sedientos en el desierto— aguardan expectantes descanso y refrigerio. Dales un vaso de agua fría en nombre de Cristo, y jamás temas las consecuencias. ¿Qué importaría si el viejo dragón enviase un nuevo río para ahogar la idea-Cristo? No puede ni ahogar tu voz con su rugido, ni volver a hundir el mundo en las profundas aguas del caos y la antigua noche. En esta época la tierra ayudará a la mujer; la idea espiritual será comprendida. Aquellos que estén preparados para la bendición que impartes darán las gracias. Las aguas serán pacificadas, y el Cristo comandará las olas.

Métodos ocultos de la iniquidad

Cuando Dios sana a los enfermos o a los pecadores, ellos deberían conocer el gran beneficio que la Mente ha realizado. También deberían conocer el gran engaño de la mente mortal, cuando los enferma o los hace pecar. Muchos están dispuestos a abrir los ojos de la gente al poder del bien residente en la Mente divina, pero no están tan not so willing to point out the evil in human thought, and expose evil's hidden mental ways of accomplishing iniquity.

Christly warning

Why this backwardness, since exposure is necessary to ensure the avoidance of the evil? Because people like you better when you tell them their virtues than when you tell them their vices. It requires the spirit of our blessed Master to tell a man his faults, and so risk human displeasure for the sake of doing right and benefiting our race. Who is telling mankind of the foe in ambush? Is the informer one who sees the foe? If so, listen and be wise. Escape from evil, and designate those as unfaithful stewards who have seen the danger and yet have given no warning.

The armor of divinity

At all times and under all circumstances, overcome evil with good. Know thyself, and God will supply the wisdom and the occasion for a victory over evil. Clad in the panoply of Love, human hatred cannot reach you. The cement of a higher humanity will unite all interests in the one divinity.

Pure religion enthroned

Through trope and metaphor, the Revelator, immortal scribe of Spirit and of a true idealism, furnishes the mirror in which mortals may see their own image. In significant figures he depicts the thoughts which he beholds in mortal mind. Thus he rebukes the conceit of sin, and foreshadows its doom. With his spiritual strength, he has opened wide the gates of glory, and illumined the night of paganism with the sublime grandeur of divine Science, outshining sin, sorcery, lust, and hypocrisy. He takes away mitre and sceptre. He enthrones pure and undefiled religion, and lifts on dispuestos a señalar el mal en el pensamiento humano, y a exponer los ocultos métodos mentales del mal para llevar a cabo su iniquidad.

Advertencia de Cristo

¿Por qué esta renuencia, ya que la exposición es necesaria para asegurar la elusión del mal? Porque la gente te aprecia más cuando le hablas de sus virtudes que cuando le hablas de sus vicios. Se requiere el espíritu de nuestro bendito Maestro para decirle a un hombre sus defectos, y exponerse así al desagrado humano por querer hacer el bien y beneficiar a la humanidad. ¿Quién está informando a la humanidad sobre el enemigo emboscado? ¿Es el informante uno que ve el enemigo? Si es así, escucha y sé sabio. Escapa del mal, y señala como mayordomos infieles a quienes han visto el peligro y, sin embargo, no han dado aviso.

La armadura de la divinidad

En todo momento y bajo todas las circunstancias, vence el mal con el bien. Conócete a ti mismo, y Dios proveerá la sabiduría y la ocasión para una victoria sobre el mal. Revestido con la panoplia del Amor, el odio humano no puede alcanzarte. El cemento de una humanidad más elevada unirá todos los intereses en la divinidad única.

La religión pura entronizada

Mediante tropo y metáfora, el Revelador (el autor del Apocalipsis), escriba inmortal del Espíritu y de un idealismo verdadero, proporciona el espejo en el cual los mortales pueden ver su propia imagen. Con símbolos significativos describe los pensamientos que contempla en la mente mortal. Así reprende la presunción del pecado, y presagia su perdición. Con su fuerza espiritual, ha abierto de par en par las puertas de la gloria, e iluminado la noche del paganismo con la grandeza sublime de la Ciencia divina, que eclipsa el pecado, la hechicería, la lujuria y la hipocresía. Él quita la mitra y el cetro. Entroniza la religión pura y sin high only those who have washed their robes white in obedience and suffering.

Native nothingness of sin

Thus we see, in both the first and last books of the Bible, — in Genesis and in the Apocalypse, — that sin is to be Christianly and scientifically reduced to its native nothingness. "Love one another" (I John, iii. 23), is the most simple and profound counsel of the inspired writer. In Science we are children of God; but whatever is of material sense, or mortal, belongs not to His children, for materiality is the inverted image of spirituality.

Fulfilment of the Law

Love fulfils the law of Christian Science, and nothing short of this divine Principle, understood and demonstrated, can ever furnish the vision of the Apocalypse, open the seven seals of error with Truth, or uncover the myriad illusions of sin, sickness, and death. Under the supremacy of Spirit, it will be seen and acknowledged that matter must disappear.

In Revelation xxi. 1 we read: —

> And I saw a new heaven and a new earth: for the first heaven and the first earth were passed away; and there was no more sea.

Man's present possibilities

The Revelator had not yet passed the transitional stage in human experience called death, but he already saw a new heaven and a new earth. Through what sense came this vision to St. John? Not through the material visual organs for seeing, for optics are inadequate to take in so wonderful a scene. Were this new heaven and new earth terrestrial or celestial, mate-mácula, y eleva sólo a aquellos que lavaron sus ropas y las emblanquecieron en la obediencia y el sufrimiento.

La nada nativa del pecado

Así vemos, tanto en el primero como en el último libro de la Biblia —en el Génesis y en el Apocalipsis— que el pecado ha de ser reducido cristiana y científicamente a su nada nativa. "Que... nos amemos unos a otros" (1 Juan 3:23) es el consejo más simple y profundo del inspirado escritor. En la Ciencia somos hijos de Dios; pero todo lo que sea del sentido material, o que sea mortal, no pertenece a Sus hijos, porque la materialidad es la imagen invertida de la espiritualidad.

Cumplimiento de la Ley

El Amor cumple la ley de la Ciencia Cristiana, y nada menos que este Principio divino, comprendido y demostrado, puede proporcionar jamás la visión del Apocalipsis, abrir los siete sellos del error con la Verdad, o descubrir la miríada de ilusiones del pecado, la enfermedad y la muerte. Bajo la supremacía del Espíritu, se verá y se reconocerá que la materia tiene que desaparecer.

En el Apocalipsis 21:1, leemos: —

> Vi un cielo nuevo y una tierra nueva; porque el primer cielo y la primera tierra pasaron, y el mar ya no existía más.

Posibilidades actuales del hombre

El Revelador (el autor del Apocalipsis) aún no había pasado por la etapa de transición en la experiencia humana llamada muerte, pero ya veía un cielo nuevo y una tierra nueva. ¿Mediante qué sentido vino esta visión a San Juan? No mediante los órganos materiales de la vista, porque la óptica es inadecuada para asimilar una escena tan maravillosa. ¿Eran este cielo nuevo y esta tierra nueva terrenales o celestiales, materiales rial or spiritual? They could not be the former, for the human sense of space is unable to grasp such a view. The Revelator was on our plane of existence, while yet beholding what the eye cannot see, — that which is invisible to the uninspired thought. This testimony of Holy Writ sustains the fact in Science, that the heavens and earth to one human consciousness, that consciousness which God bestows, are spiritual, while to another, the unillumined human mind, the vision is material. This shows unmistakably that what the human mind terms matter and spirit indicates states and stages of consciousness.

Nearness of Deity

Accompanying this scientific consciousness was another revelation, even the declaration from heaven, supreme harmony, that God, the divine Principle of harmony, is ever with men, and they are His people. Thus man was no longer regarded as a miserable sinner, but as the blessed child of God. Why? Because St. John's corporeal sense of the heavens and earth had vanished, and in place of this false sense was the spiritual sense, the subjective state by which he could see the new heaven and new earth, which involve the spiritual idea and consciousness of reality. This is Scriptural authority for concluding that such a recognition of being is, and has been, possible to men in this present state of existence, — that we can become conscious, here and now, of a cessation of death, sorrow, and pain. This is indeed a foretaste of absolute Christian Science. Take heart, dear sufferer, for this reality of being will surely appear sometime and in some way. There will be no more pain, and all tears will be wiped away. When you read this, remember Jesus' words, "The kingdom of o espirituales? No podían ser lo primero, pues el sentido humano del espacio es incapaz de comprender tal perspectiva. El Revelador (el autor del Apocalipsis) estaba en nuestro plano de existencia, aunque ya contemplaba lo que el ojo no puede ver, aquello que es invisible para el pensamiento no inspirado. Este testimonio de las Sagradas Escrituras sostiene el hecho en la Ciencia de que los cielos y la tierra, para cierta consciencia humana, esa consciencia que Dios concede, son espirituales, mientras que para otra, la mente humana no iluminada, la visión es material. Esto muestra inequívocamente que lo que la mente humana llama materia y espíritu indica estados y etapas de consciencia.

La proximidad de la Deidad

Acompañando esta consciencia científica vino otra revelación, o sea, la declaración del cielo, la armonía suprema, de que Dios, el Principio divino de la armonía, está siempre con los hombres, y que ellos son Su pueblo. Así que el hombre ya no era considerado como un pecador miserable, sino como el hijo bienaventurado de Dios. ¿Por qué? Porque el sentido corporal de San Juan acerca de los cielos y la tierra se había desvanecido, y en lugar de este sentido falso estaba el sentido espiritual, el estado subjetivo mediante el cual pudo ver el cielo nuevo y la tierra nueva, que entrañan la idea espiritual y la consciencia de la realidad. Esta es la autoridad de las Escrituras para concluir que tal reconocimiento del ser es, y ha sido, posible a los hombres en este estado actual de existencia, que podemos tornarnos conscientes, aquí y ahora, de una cesación de la muerte, del pesar y del dolor. Esto es verdaderamente una muestra anticipada de la Ciencia Cristiana absoluta. Ten ánimo, querido sufridor, pues esta realidad del ser seguramente aparecerá algún día y de alguna manera. No habrá más dolor, y se enjugará toda lágrima. Cuando leas esto, recuerda las palabras de Jesús: “El reino de

God is within you." This spiritual consciousness is therefore a present possibility.

The Revelator also takes in another view, adapted to console the weary pilgrim, journeying "uphill all the way."

He writes, in Revelation xxi. 9: —

> And there came unto me one of the seven angels which had the seven vials full of the seven last plagues, and talked with me, saying, Come hither, I will show thee the bride, the Lamb's wife.

Vials of wrath and consolation

This ministry of Truth, this message from divine Love, carried John away in spirit. It exalted him till he became conscious of the spiritual facts of being and the "New Jerusalem, coming down from God, out of heaven," — the spiritual outpouring of bliss and glory, which he describes as the city which "lieth foursquare." The beauty of this text is, that the sum total of human misery, represented by the seven angelic vials full of seven plagues, has full compensation in the law of Love. Note this, — that the very message, or swift-winged thought, which poured forth hatred and torment, brought also the experience which at last lifted the seer to behold the great city, the four equal sides of which were heaven-bestowed and heaven-bestowing.

Spiritual wedlock

Think of this, dear reader, for it will lift the sackcloth from your eyes, and you will behold the soft-winged dove descending upon you. The very circumstance, which your suffering sense deems wrathful and afflictive, Love can make an angel entertained unawares. Then thought gently whispers:

Dios dentro de vosotros está".* Esta consciencia espiritual es, por tanto, una posibilidad presente.

El Revelador (el autor del Apocalipsis) también percibe otra visión, apropiada para consolar al cansado peregrino, viajando "siempre cuesta arriba".

Él escribe, en el Apocalipsis 21:9 : —

> Vino entonces a mí uno de los siete ángeles que tenían las siete copas llenas de las siete plagas postreras, y habló conmigo, diciendo: Ven acá, yo te mostraré la desposada, la esposa del Cordero.

Copas de ira y consolación

Este ministerio de la Verdad, este mensaje del Amor divino, llevó a Juan en espíritu. Lo exaltó hasta que tomó consciencia de las realidades espirituales del ser y de la "Nueva Jerusalén, [que descendía] del cielo, de Dios", la efusión espiritual de felicidad y gloria, la cual él describe como la ciudad que "se halla establecida en cuadro". La belleza de este texto está en que la suma total de la miseria humana, representada por las siete copas angélicas llenas de las siete plagas, tiene plena compensación en la ley del Amor. Observa esto: que el mismo mensaje, o pensamiento alígero, que derramó odio y tormento, trajo también la experiencia que por fin elevó al vidente a contemplar la gran ciudad, cuyos cuatro costados iguales eran concedidos por el cielo y concedían el cielo.

Matrimonio espiritual

Piensa en esto, querido lector, pues levantará el cilicio de tus ojos, y contemplarás la paloma de suaves alas descendiendo sobre ti. La circunstancia misma que tu sentido sufridor considera enojosa y aflictiva, puede ser convertida por el Amor en un ángel hospedado sin saberlo. Entonces el pensamiento susurra suavemente:

*Según la versión King James de la Biblia

"Come hither! Arise from your false consciousness into the true sense of Love, and behold the Lamb's wife, — Love wedded to its own spiritual idea." Then cometh the marriage feast, for this revelation will destroy forever the physical plagues imposed by material sense.

The city foursquare

This sacred city, described in the Apocalypse (xxi. 16) as one that "lieth foursquare" and cometh "down from God, out of heaven," represents the light and glory of divine Science. The builder and maker of this New Jerusalem is God, as we read in the book of Hebrews; and it is "a city which hath foundations." The description is metaphoric. Spiritual teaching must always be by symbols. Did not Jesus illustrate the truths he taught by the mustard-seed and the prodigal? Taken in its allegorical sense, the description of the city as foursquare has a profound meaning. The four sides of our city are the Word, Christ, Christianity, and divine Science; "and the gates of it shall not be shut at all by day: for there shall be no night there." This city is wholly spiritual, as its four sides indicate.

The royally divine gates

As the Psalmist saith, "Beautiful for situation, the joy of the whole earth, is mount Zion, on the sides of the north, the city of the great King." It is indeed a city of the Spirit, fair, royal, and square. Northward, its gates open to the North Star, the Word, the polar magnet of Revelation; eastward, to the star seen by the Wisemen of the Orient, who followed it to the manger of Jesus; southward, to the genial tropics, with the Southern Cross in the skies, — the Cross of Calvary, which binds human society into solemn union; westward, to the grand realization

"¡Ven acá! Levántate de tu consciencia falsa hacia el verdadero sentido del Amor, y contempla la esposa del Cordero: el Amor desposado con su propia idea espiritual". Entonces viene la fiesta nupcial, porque esta revelación destruirá para siempre las plagas físicas impuestas por el sentido material.

La ciudad en cuadro

Esta ciudad sagrada, descrita en el Apocalipsis (21:16) como "establecida en cuadro" y "descendiendo del cielo, de Dios", representa la luz y la gloria de la Ciencia divina. El arquitecto y constructor de esta Nueva Jerusalén es Dios, según leemos en la epístola a los Hebreos; y es una "ciudad que tiene fundamentos". La descripción es metafórica. La enseñanza espiritual tiene que ser siempre por símbolos. ¿No ilustró Jesús las verdades que enseñó por medio del grano de mostaza y del hijo pródigo? Considerada en su sentido alegórico, la descripción de la ciudad como establecida en cuadro tiene un significado profundo. Los cuatro costados de nuestra ciudad son la Palabra, el Cristo, el cristianismo y la Ciencia divina; y "sus puertas nunca serán cerradas de día, pues allí no habrá noche". Esta ciudad es enteramente espiritual, como sus cuatro costados lo indican.

Las puertas regiamente divinas

Como dice el Salmista: "Hermosa provincia, el gozo de toda la tierra, es el Monte de Sion, a los lados del norte, la ciudad del gran Rey". Es verdaderamente una ciudad del Espíritu, hermosa, regia y cuadrada. Al norte, sus puertas se abren hacia la Estrella Polar, la Palabra, el imán polar de la Revelación; al este, hacia la estrella vista por los Magos del Oriente, quienes la siguieron hasta el pesebre de Jesús; al sur, hacia los agradables trópicos, con la Cruz del Sur en los cielos, la Cruz del Calvario, que enlaza la sociedad humana en solemne unión; al oeste, hacia of the Golden Shore of Love and the Peaceful Sea of Harmony.

Revelation's pure zenith

This heavenly city, lighted by the Sun of Righteousness, — this New Jerusalem, this infinite All, which to us seems hidden in the mist of remoteness, — reached St. John's vision while yet he tabernacled with mortals.

In Revelation xxi. 22, further describing this holy city, the beloved Disciple writes: —

> And I saw no temple therein: for the Lord God Almighty and the Lamb are the temple of it.

The shrine celestial

There was no temple, — that is, no material structure in which to worship God, for He must be worshipped in spirit and in love. The word *temple* also means *body*. The Revelator was familiar with Jesus' use of this word, as when Jesus spoke of his material body as the temple to be temporarily rebuilt (John ii. 21). What further indication need we of the real man's incorporeality than this, that John saw heaven and earth with "no temple [body] therein"? This kingdom of God "is within you," — is within reach of man's consciousness here, and the spiritual idea reveals it. In divine Science, man possesses this recognition of harmony consciously in proportion to his understanding of God.

Divine sense of Deity

The term Lord, as used in our version of the Old Testament, is often synonymous with Jehovah, and expresses the Jewish concept, not yet elevated to deific apprehension through spiritual transfiguration. Yet the word gradually approaches a higher meaning. This human sense of Deity yields to the divine la magna percepción de la Playa Dorada del Amor y el Mar Apacible de la Armonía.

El cenit puro de la revelación

Esta ciudad celestial, iluminada por el Sol de Justicia —esta Nueva Jerusalén, este Todo infinito, que a nosotros nos parece oculto en la niebla de la lejanía— llegó a la visión de San Juan mientras él aún moraba entre los mortales.

En el Apocalipsis 21:22, continuando la descripción de esta ciudad sagrada, el Discípulo bienamado escribe: —

> Y no vi en ella templo; porque el Señor Dios Todopoderoso es el templo de ella, y el Cordero.

El altar celestial

No había templo, es decir, ninguna estructura material en la cual adorar a Dios, porque Él debe ser adorado en espíritu y en amor. La palabra *templo* también significa *cuerpo.* El Revelador (el autor del Apocalipsis) estaba familiarizado con el uso que Jesús hacía de esta palabra, como cuando Jesús habló de su cuerpo material como el templo que habría de ser reconstruido temporalmente (Juan 2:21). ¿Qué otra indicación necesitamos de la incorporeidad del hombre verdadero que esta, que Juan vio el cielo y la tierra pero "no [vio] en ellos templo [cuerpo]"? Este reino de Dios está "dentro de vosotros"*, está al alcance de la consciencia del hombre aquí, y la idea espiritual lo revela. En la Ciencia divina, el hombre posee conscientemente este reconocimiento de la armonía en proporción a su comprensión de Dios.

El sentido divino de la Deidad

El término Señor, como se usa en nuestra versión del Antiguo Testamento, es con frecuencia sinónimo de Jehová, y expresa el concepto judaico, no elevado aún a la comprensión deífica por medio de la transfiguración espiritual. Sin embargo, la palabra se aproxima gradualmente a un significado más elevado. Este sentido

*Según la versión King James de la Biblia

sense, even as the material sense of personality yields to the incorporeal sense of God and man as the infinite Principle and infinite idea, — as one Father with His universal family, held in the gospel of Love. The Lamb's wife presents the unity of male and female as no longer two wedded individuals, but as two individual natures in one; and this compounded spiritual individuality reflects God as Father-Mother, not as a corporeal being. In this divinely united spiritual consciousness, there is no impediment to eternal bliss, — to the perfectibility of God's creation.

The city of our God

This spiritual, holy habitation has no boundary nor limit, but its four cardinal points are: first, the Word of Life, Truth, and Love; second, the Christ, the spiritual idea of God; third, Christianity, which is the outcome of the divine Principle of the Christ-idea in Christian history; fourth, Christian Science, which to-day and forever interprets this great example and the great Exemplar. This city of our God has no need of sun or satellite, for Love is the light of it, and divine Mind is its own interpreter. All who are saved must walk in this light. Mighty potentates and dynasties will lay down their honors within the heavenly city. Its gates open towards light and glory both within and without, for all is good, and nothing can enter that city, which "defileth, … or maketh a lie."

The writer's present feeble sense of Christian Science closes with St. John's Revelation as recorded by the great apostle, for his vision is the acme of this Science as the Bible reveals it.

In the following Psalm one word shows, though faintly,

humano sobre la Deidad cede al sentido divino, lo mismo que el sentido material de la personalidad cede al sentido incorpóreo acerca de Dios y el hombre como Principio infinito e idea infinita, como un solo Padre con Su familia universal, sostenidos en el evangelio del Amor. La esposa del Cordero presenta la unión de varón y hembra ya no como dos individuos desposados, sino como dos naturalezas individuales en una; y esta individualidad espiritual compuesta refleja a Dios como Padre-Madre, no como un ser corpóreo. En esta consciencia espiritual, divinamente unida, no hay impedimento para la felicidad eterna, para la perfectibilidad de la creación de Dios.

La ciudad de nuestro Dios

Esta morada espiritual y sagrada no tiene lindero ni límite, pero sus cuatro puntos cardinales son: primero, la Palabra de la Vida, la Verdad y el Amor; segundo, el Cristo, la idea espiritual de Dios; tercero, el cristianismo, que es el resultado del Principio divino de la idea-Cristo en la historia cristiana; cuarto, la Ciencia Cristiana, que hoy y para siempre interpreta este gran ejemplo y al gran Ejemplo. Esta ciudad de nuestro Dios no tiene necesidad de sol ni de satélite, pues el Amor es su luz, y la Mente divina es su propio intérprete. Todos los que son salvos tienen que andar en esta luz. Poderosos potentados y dinastías entregarán sus honores en la ciudad celestial. Sus puertas se abren hacia la luz y la gloria tanto adentro como afuera, pues todo es bueno, y en esa ciudad no puede entrar “ninguna cosa inmunda, o que hace... mentira”.

El tenue sentido que la autora posee actualmente de la Ciencia Cristiana concluye con la Revelación de San Juan como está registrada por el gran apóstol, pues la visión de él es el pináculo de esta Ciencia como la revela la Biblia.

En el siguiente Salmo una sola palabra muestra, aunque

the light which Christian Science throws on the Scriptures by substituting for the corporeal sense, the incorporeal or spiritual sense of Deity: —

Psalm XXIII

[Divine Love] is my shepherd; I shall not want.

[Love] maketh me to lie down in green pastures: [Love] leadeth me beside the still waters.

[Love] restoreth my soul [spiritual sense]: [Love] leadeth me in the paths of righteousness for His name's sake.

Yea, though I walk through the valley of the shadow of death, I will fear no evil: for [Love] is with me; [Love's] rod and [Love's] staff they comfort me.

[Love] prepareth a table before me in the presence of mine enemies: [Love] anointeth my head with oil; my cup runneth over.

Surely goodness and mercy shall follow me all the days of my life; and I will dwell in the house [the consciousness] of [Love] for ever.

débilmente, la luz que la Ciencia Cristiana proyecta sobre las Escrituras, al sustituir el sentido corpóreo por el sentido incorpóreo o espiritual respecto a la Deidad: —

Salmo 23

[El amor divino] es mi pastor; nada me faltará.

En lugares de delicados pastos [el amor] me hará descansar; junto a aguas de reposo [el amor] me pastoreará.

[El amor] confortará mi alma [sentido espiritual]; [el amor] me guiará por sendas de justicia por amor de Su nombre.

Aunque ande en valle de sombra de muerte, no temeré mal alguno, porque [el amor] estará conmigo; la vara [del amor] y el cayado [del amor] me infundirán aliento.

[El amor] adereza mesa delante de mí en presencia de mis angustiadores; [el amor] unge mi cabeza con aceite; mi copa está rebosando.

Ciertamente el bien y la misericordia me seguirán todos los días de mi vida, y en la casa [la consciencia] del [amor] moraré por largos días.

Chapter 17

Glossary

These things saith He that is holy,
He that is true,
He that hath the key of David,
He that openeth, and no man shutteth;
and shutteth, and no man openeth;
I know thy works:
behold, I have set before thee an open door,
and no man can shut it. — REVELATION.

In Christian Science we learn that the substitution of the spiritual for the material definition of a Scriptural word often elucidates the meaning of the inspired writer. On this account this chapter is added. It contains the metaphysical interpretation of Bible terms, giving their spiritual sense, which is also their original meaning.

ABEL. Watchfulness; self-offering; surrendering to the creator the early fruits of experience.

ABRAHAM. Fidelity; faith in the divine Life and in the eternal Principle of being.

This patriarch illustrated the purpose of Love to create trust in good, and showed the life-preserving power of spiritual understanding.

ADAM. Error; a falsity; the belief in "original sin," sickness, and death; evil; the opposite of good, — of God and His creation; a curse; a belief in intelligent matter,

Capítulo 17

Glosario*

Esto dice el Santo,
el Verdadero,
[Aquel] que tiene la llave de David,
[Aquel] que abre y ninguno cierra,
y cierra y ninguno abre:
Yo conozco tus obras;
he aquí, he puesto delante de ti una puerta abierta,
la cual nadie puede cerrar. — El Apocalipsis.

En la Ciencia Cristiana aprendemos que la sustitución de la definición material de una palabra de las Escrituras por la definición espiritual a menudo elucida el significado del escritor inspirado. Por este motivo se añade este capítulo. Contiene la interpretación metafísica de términos de la Biblia, dando su sentido espiritual, que es también su significado original.

Abel. Vigilancia; ofrenda de uno mismo; entrega al creador de los frutos tempranos de la experiencia.

Abraham. Fidelidad; fe en la Vida divina y en el eterno Principio del ser.

Este patriarca ilustró el propósito del Amor de crear confianza en el bien, y mostró el poder preservador de la vida del entendimiento espiritual.

Adán. Error; una falsedad; la creencia en el "pecado original", la enfermedad y la muerte; el mal; lo opuesto del bien, de Dios y Su creación; una maldición; una creencia en que

*El índice alfabético en español se encuentra en la página 701.

finiteness, and mortality; "dust to dust;" red sandstone; nothingness; the first god of mythology; not God's man, who represents the one God and is His own image and likeness; the opposite of Spirit and His creations; that which is not the image and likeness of good, but a material belief, opposed to the one Mind, or Spirit; a so-called finite mind, producing other minds, thus making "gods many and lords many" (I Corinthians viii. 5); a product of nothing as the mimicry of something; an unreality as opposed to the great reality of spiritual existence and creation; a so-called man, whose origin, substance, and mind are found to be the antipode of God, or Spirit; an inverted image of Spirit; the image and likeness of what God has not created, namely, matter, sin, sickness, and death; the opposer of Truth, termed error; Life's counterfeit, which ultimates in death; the opposite of Love, called hate; the usurper of Spirit's creation, called self-creative matter; immortality's opposite, mortality; that of which wisdom saith, "Thou shalt surely die."

The name Adam represents the false supposition that Life is not eternal, but has beginning and end; that the infinite enters the finite, that intelligence passes into non-intelligence, and that Soul dwells in material sense; that immortal Mind results in matter, and matter in mortal mind; that the one God and creator entered what He created, and then disappeared in the atheism of matter.

Adversary. An adversary is one who opposes, denies, disputes, not one who constructs and sustains reality and Truth. Jesus said of the devil, "He was a murderer from the beginning, . . . he is a liar and the father of it."

la materia es inteligente, en lo finito y en la mortalidad; "polvo al polvo"; arenisca roja; la nada; el primer dios de la mitología; no el hombre de Dios, quien representa al único Dios y es Su propia imagen y semejanza; lo opuesto del Espíritu y Sus creaciones; aquello que no es la imagen y semejanza del bien, sino una creencia material, opuesta a la Mente única, o el Espíritu; una así llamada mente finita, que produce otras mentes, que crea así "muchos dioses y muchos señores" (1 Corintios 8:5); un producto de la nada como el remedo de algo; una irrealidad como opuesta a la gran realidad de la existencia y creación espirituales; un así llamado hombre, cuyo origen, sustancia y mente se encuentra que son el antípoda de Dios, o el Espíritu; una imagen invertida del Espíritu; la imagen y semejanza de lo que Dios no ha creado, a saber: la materia, el pecado, la enfermedad y la muerte; el opositor de la Verdad, denominado error; la falsificación de la Vida, que acaba en muerte; lo opuesto del Amor, llamado odio; la usurpadora de la creación del Espíritu, llamada materia creativa por sí misma; lo opuesto de la inmortalidad, la mortalidad; aquello de lo cual dice la sabiduría: "Ciertamente morirás".

El nombre Adán representa la suposición falsa de que la Vida no es eterna, sino que tiene comienzo y fin; que lo infinito entra en lo finito, que la inteligencia se introduce en lo carente de inteligencia, y que el Alma mora en el sentido material; que la Mente inmortal resulta en materia, y la materia en mente mortal; que el único Dios y creador entró en lo que creó, y después desapareció en el ateísmo de la materia.

Adversario. Un adversario es uno que se opone, niega, disputa, no uno que construye y sostiene la realidad y la Verdad. Jesús dijo del diablo: "Él ha sido homicida desde el principio,... es mentiroso, y padre de mentira".

This view of Satan is confirmed by the name often conferred upon him in Scripture, the "adversary."

Almighty. All-power; infinity; omnipotence.

Angels. God's thoughts passing to man; spiritual intuitions, pure and perfect; the inspiration of goodness, purity, and immortality, counteracting all evil, sensuality, and mortality.

Ark. Safety; the idea, or reflection, of Truth, proved to be as immortal as its Principle; the understanding of Spirit, destroying belief in matter.

God and man coexistent and eternal; Science showing that the spiritual realities of all things are created by Him and exist forever. The ark indicates temptation overcome and followed by exaltation.

Asher (Jacob's son). Hope and faith; spiritual compensation; the ills of the flesh rebuked.

Babel. Self-destroying error; a kingdom divided against itself, which cannot stand; material knowledge.

The higher false knowledge builds on the basis of evidence obtained from the five corporeal senses, the more confusion ensues, and the more certain is the downfall of its structure.

Baptism. Purification by Spirit; submergence in Spirit.

We are "willing rather to be absent from the body, and to be present with the Lord." (II Corinthians v. 8.)

Este punto de vista acerca de Satanás es confirmado por el nombre que se le da a menudo en las Escrituras: el “adversario”.

Todopoderoso. Todo poder; infinitud; omnipotencia.

Ángeles. Pensamientos de Dios que pasan al hombre; intuiciones espirituales, puras y perfectas; la inspiración de la bondad, la pureza y la inmortalidad, contrarrestando todo mal, toda sensualidad y mortalidad.

Arca. Seguridad; la idea, o reflejo, de la Verdad, que se comprueba que es tan inmortal como su Principio; la comprensión del Espíritu, que destruye la creencia en la materia.

Dios y el hombre, coexistentes y eternos; la Ciencia que muestra que las realidades espirituales de todas las cosas son creadas por Él y existen para siempre. El arca indica la tentación vencida y seguida de exaltación.

Aser (hijo de Jacob). Esperanza y fe; compensación espiritual; los males de la carne reprendidos.

Babel. Error que se destruye a sí mismo; un reino dividido contra sí mismo, que no puede permanecer; conocimiento material.

Cuanto más alto edifica el conocimiento falso sobre la base de la evidencia obtenida de los cinco sentidos corporales, tanto más confusión sobreviene, y más cierta es la caída de su estructura.

Bautismo. Purificación por el Espíritu; sumersión en el Espíritu.

“Más quisiéramos estar ausentes del cuerpo, y presentes al Señor” (2 Corintios 5:8).

Believing. Firmness and constancy; not a faltering nor a blind faith, but the perception of spiritual Truth. Mortal thoughts, illusion.

Benjamin (Jacob's son). A physical belief as to life, substance, and mind; human knowledge, or so-called mortal mind, devoted to matter; pride; envy; fame; illusion; a false belief; error masquerading as the possessor of life, strength, animation, and power to act.

Renewal of affections; self-offering; an improved state of mortal mind; the introduction of a more spiritual origin; a gleam of the infinite idea of the infinite Principle; a spiritual type; that which comforts, consoles, and supports.

Bride. Purity and innocence, conceiving man in the idea of God; a sense of Soul, which has spiritual bliss and enjoys but cannot suffer.

Bridegroom. Spiritual understanding; the pure consciousness that God, the divine Principle, creates man as His own spiritual idea, and that God is the only creative power.

Burial. Corporeality and physical sense put out of sight and hearing; annihilation. Submergence in Spirit; immortality brought to light.

Canaan (the son of Ham). A sensuous belief; the testimony of what is termed material sense; the error which would make man mortal and would make mortal mind a slave to the body.

Children. The spiritual thoughts and representatives of Life, Truth, and Love.

Creer. Firmeza y constancia; no una fe vacilante o ciega, sino la percepción de la Verdad espiritual. Pensamientos mortales, ilusión.

Benjamín (hijo de Jacob). Una creencia física en cuanto a la vida, la sustancia y la mente; conocimiento humano, o la así llamada mente mortal, consagrada a la materia; orgullo; envidia; fama; ilusión; una creencia falsa; error que se hace pasar por poseedor de vida, fuerza, animación y poder de obrar.

Renovación de los afectos; ofrenda de uno mismo; un estado mejorado de la mente mortal; la introducción de un origen más espiritual; un destello de la idea infinita del Principio infinito; un símbolo espiritual; aquello que conforta, consuela y apoya.

Novia. Pureza e inocencia, que concibe al hombre en la idea de Dios; un sentido del Alma, que tiene felicidad espiritual y goza pero no puede sufrir.

Novio. Comprensión espiritual; la consciencia pura de que Dios, el Principio divino, crea al hombre como Su propia idea espiritual, y que Dios es el único poder creativo.

Sepultura. La corporalidad y el sentido físico puestos fuera del alcance de la vista y el oído; aniquilación. Sumersión en el Espíritu; la inmortalidad sacada a luz.

Canaán (hijo de Cam). Una creencia sensoria; el testimonio de lo que se denomina sentido material; el error que quisiera hacer mortal al hombre y quisiera hacer la mente mortal esclava del cuerpo.

Niños. Los pensamientos y representantes espirituales de la Vida, la Verdad y el Amor.

Sensual and mortal beliefs; counterfeits of creation, whose better originals are God's thoughts, not in embryo, but in maturity; material suppositions of life, substance, and intelligence, opposed to the Science of being.

Children of Israel. The representatives of Soul, not corporeal sense; the offspring of Spirit, who, having wrestled with error, sin, and sense, are governed by divine Science; some of the ideas of God beheld as men, casting out error and healing the sick; Christ's offspring.

Christ. The divine manifestation of God, which comes to the flesh to destroy incarnate error.

Church. The structure of Truth and Love; whatever rests upon and proceeds from divine Principle.

The Church is that institution, which affords proof of its utility and is found elevating the race, rousing the dormant understanding from material beliefs to the apprehension of spiritual ideas and the demonstration of divine Science, thereby casting out devils, or error, and healing the sick.

Creator. Spirit; Mind; intelligence; the animating divine Principle of all that is real and good; self-existent Life, Truth, and Love; that which is perfect and eternal; the opposite of matter and evil, which have no Principle; God, who made all that was made and could not create an atom or an element the opposite of Himself.

Dan (Jacob's son). Animal magnetism; so-called mortal mind controlling mortal mind; error, working out the designs of error; one belief preying upon another.

Creencias sensuales y mortales; falsificaciones de la creación, cuyos originales mejores son los pensamientos de Dios, no en embrión, sino en madurez; suposiciones materiales de vida, sustancia e inteligencia, opuestas a la Ciencia del ser.

Hijos de Israel. Los representantes del Alma, no del sentido corporal; los vástagos del Espíritu, quienes, habiendo luchado con el error, el pecado y el sentido, están gobernados por la Ciencia divina; algunas de las ideas de Dios percibidas como hombres, que echan fuera el error y sanan a los enfermos; los vástagos del Cristo.

El Cristo. La divina manifestación de Dios, que viene a la carne para destruir el error encarnado.

Iglesia. La estructura de la Verdad y el Amor; todo lo que descansa sobre el Principio divino y procede de él.

La Iglesia es aquella institución que da prueba de su utilidad y se halla elevando la raza, despertando el entendimiento dormido de las creencias materiales a la comprensión de las ideas espirituales y la demostración de la Ciencia divina, así echando fuera los demonios, o el error, y sanando a los enfermos.

Creador. Espíritu; Mente; inteligencia; el Principio divino vivificador de todo lo que es real y bueno; la Vida, la Verdad y el Amor existentes de por sí; aquello que es perfecto y eterno; lo opuesto de la materia y el mal, los cuales no tienen Principio; Dios, quien hizo todo lo que fue hecho y quien no pudo crear un átomo o un elemento opuesto a Él mismo.

Dan (hijo de Jacob). Magnetismo animal; la así llamada mente mortal que controla la mente mortal; el error, que lleva a cabo los designios del error; una creencia que depreda otra.

Day. The irradiance of Life; light, the spiritual idea of Truth and Love.

"And the evening and the morning were the first day." (Genesis i. 5.) The objects of time and sense disappear in the illumination of spiritual understanding, and Mind measures time according to the good that is unfolded. This unfolding is God's day, and "there shall be no night there."

Death. An illusion, the lie of life in matter; the unreal and untrue; the opposite of Life.

Matter has no life, hence it has no real existence. Mind is immortal. The flesh, warring against Spirit; that which frets itself free from one belief only to be fettered by another, until every belief of life where Life is not yields to eternal Life. Any material evidence of death is false, for it contradicts the spiritual facts of being.

Devil. Evil; a lie; error; neither corporeality nor mind; the opposite of Truth; a belief in sin, sickness, and death; animal magnetism or hypnotism; the lust of the flesh, which saith: "I am life and intelligence in matter. There is more than one mind, for I am mind, — a wicked mind, self-made or created by a tribal god and put into the opposite of mind, termed matter, thence to reproduce a mortal universe, including man, not after the image and likeness of Spirit, but after its own image."

Dove. A symbol of divine Science; purity and peace; hope and faith.

Dust. Nothingness; the absence of substance, life, or intelligence.

Día. La irradiación de la Vida; luz, la idea espiritual de la Verdad y el Amor.

"Y fue la tarde y la mañana un día" (Génesis 1:5). Los objetos del tiempo y del sentido desaparecen en la iluminación de la comprensión espiritual, y la Mente mide el tiempo de acuerdo con el bien que es desarrollado. Este desarrollo es el día de Dios, y "no habrá allí más noche".

Muerte. Una ilusión, la mentira de que hay vida en la materia; lo irreal y falso; lo opuesto de la Vida.

La materia no tiene vida, por lo tanto, no tiene existencia real. La Mente es inmortal. La carne, que guerrea contra el Espíritu; lo que se libera penosamente de una creencia sólo para ser encadenado por otra, hasta que toda creencia de que hay vida donde la Vida no está cede ante la Vida eterna. Toda evidencia material de muerte es falsa, pues contradice las realidades espirituales del ser.

Diablo. El mal; una mentira; el error; ni corporalidad ni mente; lo opuesto de la Verdad; una creencia en el pecado, la enfermedad y la muerte; magnetismo animal o hipnotismo; la lujuria de la carne, la cual dice: "Soy vida e inteligencia en la materia. Hay más de una mente, pues yo soy mente, una mente perversa, hecha por sí misma o creada por un dios tribal y puesta en lo opuesto de la mente, denominado materia, para de ahí reproducir un universo mortal, incluyendo el hombre, no según la imagen y semejanza del Espíritu, sino según su propia imagen".

Paloma. Un símbolo de la Ciencia divina; pureza y paz; esperanza y fe.

Polvo. La nada; la ausencia de la sustancia, la vida o la inteligencia.

Ears. Not organs of the so-called corporeal senses, but spiritual understanding.

Jesus said, referring to spiritual perception, "Having ears, hear ye not?" (Mark viii. 18.)

Earth. A sphere; a type of eternity and immortality, which are likewise without beginning or end.

To material sense, earth is matter; to spiritual sense, it is a compound idea.

Elias. Prophecy; spiritual evidence opposed to material sense; Christian Science, with which can be discerned the spiritual fact of whatever the material senses behold; the basis of immortality.

"Elias truly shall first come and restore all things." (Matthew xvii. 11.)

Error. See chapter on Recapitulation, page 472.

Euphrates (river). Divine Science encompassing the universe and man; the true idea of God; a type of the glory which is to come; metaphysics taking the place of physics; the reign of righteousness. The atmosphere of human belief before it accepts sin, sickness, or death; a state of mortal thought, the only error of which is limitation; finity; the opposite of infinity.

Eve. A beginning; mortality; that which does not last forever; a finite belief concerning life, substance, and intelligence in matter; error; the belief that the human race originated materially instead of spiritually,— that man started first from dust, second from a rib, and third from an egg.

Oídos. No los órganos de los así llamados sentidos corporales, sino la comprensión espiritual.

Jesús dijo, refiriéndose a la percepción espiritual: "¿Teniendo oídos no oís?" (Marcos 8:18).

Tierra. Una esfera; un símbolo de la eternidad e inmortalidad, que tampoco tienen comienzo o fin.

Para el sentido material, la tierra es materia; para el sentido espiritual, es una idea compuesta.

Elías. Profecía; evidencia espiritual opuesta al sentido material; la Ciencia Cristiana, con la cual puede ser discernida la realidad espiritual de todo lo que los sentidos materiales perciben; la base de la inmortalidad.

"A la verdad, Elías viene primero, y restaurará todas las cosas" (Mateo 17:11).

Error. Véase el capítulo Recapitulación, página 472.

Éufrates (río). La Ciencia divina envolviendo el universo y al hombre; la idea verdadera de Dios; un símbolo de la gloria que ha de venir; la metafísica que toma el lugar de la física; el reino de la justicia. La atmósfera de la creencia humana antes de que acepte el pecado, la enfermedad o la muerte; un estado del pensamiento mortal, cuyo único error es la limitación; lo finito; lo opuesto de lo infinito.

Eva. Un comienzo; mortalidad; aquello que no dura para siempre; una creencia finita concerniente a la vida, la sustancia y la inteligencia en la materia; error; la creencia de que la raza humana se originó materialmente en vez de espiritualmente, que el hombre procedió primero del polvo, segundo de una costilla y tercero de un óvulo.

Evening. Mistiness of mortal thought; weariness of mortal mind; obscured views; peace and rest.

Eyes. Spiritual discernment, — not material but mental.

Jesus said, thinking of the outward vision, "Having eyes, see ye not?" (Mark viii. 18.)

Fan. Separator of fable from fact; that which gives action to thought.

Father. Eternal Life; the one Mind; the divine Principle, commonly called God.

Fear. Heat; inflammation; anxiety; ignorance; error; desire; caution.

Fire. Fear; remorse; lust; hatred; destruction; affliction purifying and elevating man.

Firmament. Spiritual understanding; the scientific line of demarcation between Truth and error, between Spirit and so-called matter.

Flesh. An error of physical belief; a supposition that life, substance, and intelligence are in matter; an illusion; a belief that matter has sensation.

Gad (Jacob's son). Science; spiritual being understood; haste towards harmony.

Gethsemane. Patient woe; the human yielding to the divine; love meeting no response, but still remaining love.

La tarde. Nebulosidad del pensamiento mortal; cansancio de la mente mortal; perspectivas oscurecidas; paz y descanso.

Ojos. Discernimiento espiritual, no material, sino mental.

Jesús dijo, pensando en la visión externa: “¿Teniendo ojos no veis?” (Marcos 8:18).

Aventador. Lo que separa la fábula de la realidad; aquello que da acción al pensamiento.

Padre. La Vida eterna; la Mente única; el Principio divino, comúnmente llamado Dios.

Temor. Calor; inflamación; ansiedad; ignorancia; error; deseo; cautela.

Fuego. Temor; remordimiento; lujuria; odio; destrucción; aflicción que purifica y eleva al hombre.

Expansión. Comprensión espiritual; la línea científica de demarcación entre la Verdad y el error, entre el Espíritu y la así llamada materia.

Carne. Un error de la creencia física; una suposición de que la vida, la sustancia y la inteligencia están en la materia; una ilusión; una creencia de que la materia tiene sensación.

Gad (hijo de Jacob). La Ciencia; el ser espiritual comprendido; apresuramiento hacia la armonía.

Getsemaní. Congoja paciente; lo humano cediendo ante lo divino; amor que no es correspondido, pero que sigue siendo amor.

Ghost. An illusion; a belief that mind is outlined and limited; a supposition that spirit is finite.

Gihon (river). The rights of woman acknowledged morally, civilly, and socially.

God. The great I AM; the all-knowing, all-seeing, all-acting, all-wise, all-loving, and eternal; Principle; Mind; Soul; Spirit; Life; Truth; Love; all substance; intelligence.

Gods. Mythology; a belief that life, substance, and intelligence are both mental and material; a supposition of sentient physicality; the belief that infinite Mind is in finite forms; the various theories that hold mind to be a material sense, existing in brain, nerve, matter; supposititious minds, or souls, going in and out of matter, erring and mortal; the serpents of error, which say, "Ye shall be as gods."

God is one God, infinite and perfect, and cannot become finite and imperfect.

Good. God; Spirit; omnipotence; omniscience; omnipresence; omni-action.

Ham (Noah's son). Corporeal belief; sensuality; slavery; tyranny.

Heart. Mortal feelings, motives, affections, joys, and sorrows.

Heaven. Harmony; the reign of Spirit; government by divine Principle; spirituality; bliss; the atmosphere of Soul.

Fantasma. Una ilusión; una creencia de que la mente es delineada y limitada; una suposición de que el espíritu es finito.

Gihón (río). Los derechos de la mujer reconocidos en lo moral, civil y social.

Dios. El gran Yo soy; el que es todo-conocimiento, todo-visión, todo-acción, todo-sabiduría, todo-amor, y es eterno; Principio; Mente; Alma; Espíritu; Vida; Verdad; Amor; toda la sustancia; inteligencia.

Dioses. Mitología; una creencia de que la vida, la sustancia y la inteligencia son mentales y materiales a la vez; una suposición de que existe corporeidad sensible; la creencia de que la Mente infinita está dentro de formas finitas; las diversas teorías que sostienen que la mente es un sentido material, existente en el cerebro, los nervios, la materia; supuestas mentes, o almas, erradas y mortales que entran y salen de la materia; las serpientes del error, que dicen: "Seréis como dioses".*

Dios es un único Dios, infinito y perfecto, y no puede volverse finito e imperfecto.

El bien. Dios; Espíritu; omnipotencia; omnisciencia; omnipresencia; omni-acción.

Cam (hijo de Noé). Creencia corporal; sensualidad; esclavitud; tiranía.

Corazón. Sentimientos, motivos, afectos, gozos y pesares mortales.

Cielo. Armonía; el reino del Espíritu; gobierno por el Principio divino; espiritualidad; felicidad; la atmósfera del Alma.

*Según la versión King James de la Biblia

Hell. Mortal belief; error; lust; remorse; hatred; revenge; sin; sickness; death; suffering and self-destruction; self-imposed agony; effects of sin; that which "worketh abomination or maketh a lie."

Hiddekel (river). Divine Science understood and acknowledged.

Holy Ghost. Divine Science; the development of eternal Life, Truth, and Love.

I, or Ego. Divine Principle; Spirit; Soul; incorporeal, unerring, immortal, and eternal Mind.

There is but one I, or Us, but one divine Principle, or Mind, governing all existence; man and woman unchanged forever in their individual characters, even as numbers which never blend with each other, though they are governed by one Principle. All the objects of God's creation reflect one Mind, and whatever reflects not this one Mind, is false and erroneous, even the belief that life, substance, and intelligence are both mental and material.

I Am. God; incorporeal and eternal Mind; divine Principle; the only Ego.

In. A term obsolete in Science if used with reference to Spirit, or Deity.

Intelligence. Substance; self-existent and eternal Mind; that which is never unconscious nor limited.

See chapter on Recapitulation, page 469.

Infierno. Creencia mortal; error; lujuria; remordimiento; odio; venganza; pecado; enfermedad; muerte; sufrimiento y destrucción propia; agonía impuesta por uno mismo; efectos del pecado; aquello que "hace abominación y mentira".

Hidekel (río). La Ciencia divina comprendida y reconocida.

Espíritu Santo. La Ciencia divina; el desarrollo de la Vida, la Verdad y el Amor eternos.

Yo, o Ego. El Principio divino; el Espíritu; el Alma; la Mente incorpórea, infalible, inmortal y eterna.

No hay sino un único Yo, o Nosotros, un único Principio divino, o Mente, que gobierna toda existencia; el hombre y la mujer inalterados para siempre en sus caracteres individuales, al igual que los números que jamás se mezclan unos con otros, aunque están gobernados por un único Principio. Todos los objetos de la creación de Dios reflejan una Mente única, y todo lo que no refleje esta Mente única es falso y erróneo, incluso la creencia de que la vida, la sustancia y la inteligencia son mentales y materiales a la vez.

Yo soy. Dios; la Mente incorpórea y eterna; el Principio divino; el único Ego.

En. Un término obsoleto en la Ciencia si se usa al referirse al Espíritu, o Deidad.

Inteligencia. Sustancia; la Mente existente de por sí y eterna; aquello que nunca está inconsciente ni limitado.

Véase el capítulo Recapitulación, página 469.

ISSACHAR (Jacob's son). A corporeal belief; the offspring of error; envy; hatred; selfishness; self-will; lust.

JACOB. A corporeal mortal embracing duplicity, repentance, sensualism. Inspiration; the revelation of Science, in which the so-called material senses yield to the spiritual sense of Life and Love.

JAPHET (Noah's son). A type of spiritual peace, flowing from the understanding that God is the divine Principle of all existence, and that man is His idea, the child of His care.

JERUSALEM. Mortal belief and knowledge obtained from the five corporeal senses; the pride of power and the power of pride; sensuality; envy; oppression; tyranny. Home, heaven.

JESUS. The highest human corporeal concept of the divine idea, rebuking and destroying error and bringing to light man's immortality.

JOSEPH. A corporeal mortal; a higher sense of Truth rebuking mortal belief, or error, and showing the immortality and supremacy of Truth; pure affection blessing its enemies.

JUDAH. A corporeal material belief progressing and disappearing; the spiritual understanding of God and man appearing.

ISACAR (hijo de Jacob). Una creencia corpórea; el vástago del error; envidia; odio; egoísmo; voluntad propia; lujuria.

JACOB. Un mortal corpóreo que incluye duplicidad, arrepentimiento, sensualismo. Inspiración; la revelación de la Ciencia, en la cual los así llamados sentidos materiales ceden ante el sentido espiritual de la Vida y el Amor.

JAFET (hijo de Noé). Un símbolo de la paz espiritual que emana de la comprensión de que Dios es el Principio divino de toda existencia, y que el hombre es Su idea, el hijo de Su cuidado.

JERUSALÉN. Creencia y conocimiento mortales obtenidos mediante los cinco sentidos corporales; el orgullo del poder y el poder del orgullo; sensualidad; envidia; opresión; tiranía. Hogar, cielo.

JESÚS. El más elevado concepto corpóreo y humano de la idea divina, que reprende y destruye el error y saca a luz la inmortalidad del hombre.

JOSÉ. Un mortal corpóreo; un sentido más elevado de la Verdad que reprende la creencia mortal, o error, y muestra la inmortalidad y supremacía de la Verdad; afecto puro que bendice a sus enemigos.

JUDÁ. Una creencia material y corpórea que progresa y desaparece; el aparecimiento de la comprensión espiritual de Dios y el hombre.

Kingdom of Heaven. The reign of harmony in divine Science; the realm of unerring, eternal, and omnipotent Mind; the atmosphere of Spirit, where Soul is supreme.

Knowledge. Evidence obtained from the five corporeal senses; mortality; beliefs and opinions; human theories, doctrines, hypotheses; that which is not divine and is the origin of sin, sickness, and death; the opposite of spiritual Truth and understanding.

Lamb of God. The spiritual idea of Love; self-immolation; innocence and purity; sacrifice.

Levi (Jacob's son). A corporeal and sensual belief; mortal man; denial of the fulness of God's creation; ecclesiastical despotism.

Life. See chapter on Recapitulation, page 468.

Lord. In the Hebrew, this term is sometimes employed as a title, which has the inferior sense of master, or ruler. In the Greek, the word *kurios* almost always has this lower sense, unless specially coupled with the name God. Its higher signification is Supreme Ruler.

Lord God. Jehovah.

This double term is not used in the first chapter of Genesis, the record of spiritual creation. It is introduced in the second and following chapters, when the spiritual sense of God and of infinity is disappearing from the recorder's thought, — when the true scientific statements of the Scriptures become clouded through a

Reino de los cielos. El reino de la armonía en la Ciencia divina; el reino de la Mente infalible, eterna y omnipotente; la atmósfera del Espíritu, donde el Alma es suprema.

Conocimiento. Evidencia obtenida de los cinco sentidos corporales; mortalidad; creencias y opiniones; teorías, doctrinas, hipótesis humanas; aquello que no es divino y es el origen del pecado, la enfermedad y la muerte; lo opuesto de la Verdad y de la comprensión espirituales.

Cordero de Dios. La idea espiritual del Amor; inmolación del yo; inocencia y pureza; sacrificio.

Leví (hijo de Jacob). Una creencia corpórea y sensual; el hombre mortal; negación de la plenitud de la creación de Dios; despotismo eclesiástico.

Vida. Véase el capítulo Recapitulación, página 468.

Señor. En hebreo, este término es a veces empleado como un título, que tiene el sentido inferior de amo, o gobernante. En griego, la palabra *kirie* casi siempre tiene este sentido inferior, a menos que vaya unida especialmente al nombre Dios. Su significado más elevado es Gobernante Supremo.

Jehová Dios. Este término doble no se usa en el primer capítulo del Génesis, el registro de la creación espiritual. Es introducido en el segundo capítulo y en los siguientes, cuando el sentido espiritual de Dios y de la infinitud va desapareciendo del pensamiento del narrador, cuando las verdaderas declaraciones científicas de las Escrituras se oscurecen debido physical sense of God as finite and corporeal. From this follow idolatry and mythology, — belief in many gods, or material intelligences, as the opposite of the one Spirit, or intelligence, named Elohim, or God.

Man. The compound idea of infinite Spirit; the spiritual image and likeness of God; the full representation of Mind.

Matter. Mythology; mortality; another name for mortal mind; illusion; intelligence, substance, and life in non-intelligence and mortality; life resulting in death, and death in life; sensation in the sensationless; mind originating in matter; the opposite of Truth; the opposite of Spirit; the opposite of God; that of which immortal Mind takes no cognizance; that which mortal mind sees, feels, hears, tastes, and smells only in belief.

Mind. The only I, or Us; the only Spirit, Soul, divine Principle, substance, Life, Truth, Love; the one God; not that which is *in* man, but the divine Principle, or God, of whom man is the full and perfect expression; Deity, which outlines but is not outlined.

Miracle. That which is divinely natural, but must be learned humanly; a phenomenon of Science.

Morning. Light; symbol of Truth; revelation and progress.

Mortal Mind. Nothing claiming to be something, for Mind is immortal; mythology; error creating other errors; a suppositional material sense, *alias* the belief a un sentido físico acerca de Dios como finito y corpóreo. De esto resultan la idolatría y la mitología, la creencia en muchos dioses, o inteligencias materiales, como lo opuesto al Espíritu único, o inteligencia, llamado Elohim, o Dios.

Hombre. La compuesta idea del Espíritu infinito; la imagen y semejanza espirituales de Dios; la representación plena de la Mente.

Materia. Mitología; mortalidad; otro nombre para la mente mortal; ilusión; inteligencia, sustancia y vida en lo carente de inteligencia y en la mortalidad; la vida que resulta en muerte, y la muerte que resulta en vida; sensación en lo insensible; la mente que se origina en la materia; lo opuesto de la Verdad; lo opuesto del Espíritu; lo opuesto de Dios; aquello de lo cual la Mente inmortal no tiene conocimiento; aquello que la mente mortal ve, siente, oye, gusta y huele sólo en creencia.

Mente. El único Yo, o Nosotros; el Espíritu, el Alma, el Principio divino, la sustancia, la Vida, la Verdad, el Amor, únicos; el Dios único; no aquello que está *en* el hombre, sino el Principio divino, o Dios, de quien el hombre es la expresión plena y perfecta; la Deidad, que delinea pero no es delineada.

Milagro. Lo que es divinamente natural, pero que tiene que ser aprendido humanamente; un fenómeno de la Ciencia.

La mañana. Luz; símbolo de la Verdad; revelación y progreso.

Mente mortal. La nada que pretende ser algo, pues la Mente es inmortal; mitología; error que crea otros errores; un supuesto sentido material, *alias* la creencia de que la sensación that sensation is in matter, which is sensationless; a belief that life, substance, and intelligence are in and of matter; the opposite of Spirit, and therefore the opposite of God, or good; the belief that life has a beginning and therefore an end; the belief that man is the offspring of mortals; the belief that there can be more than one creator; idolatry; the subjective states of error; material senses; that which neither exists in Science nor can be recognized by the spiritual sense; sin; sickness; death.

Moses. A corporeal mortal; moral courage; a type of moral law and the demonstration thereof; the proof that, without the gospel, — the union of justice and affection, — there is something spiritually lacking, since justice demands penalties under the law.

Mother. God; divine and eternal Principle; Life, Truth, and Love.

New Jerusalem. Divine Science; the spiritual facts and harmony of the universe; the kingdom of heaven, or reign of harmony.

Night. Darkness; doubt; fear.

Noah. A corporeal mortal; knowledge of the nothingness of material things and of the immortality of all that is spiritual.

Oil. Consecration; charity; gentleness; prayer; heavenly inspiration.

Pharisee. Corporeal and sensuous belief; self-righteousness; vanity; hypocrisy.

está en la materia, la cual es insensible; una creencia de que la vida, la sustancia y la inteligencia están en la materia y proceden de ella; lo opuesto del Espíritu, y por tanto, lo opuesto de Dios, o el bien; la creencia de que la vida tiene un comienzo y por tanto, un fin; la creencia de que el hombre es el vástago de los mortales; la creencia de que puede haber más de un creador; idolatría; los estados subjetivos del error; los sentidos materiales; aquello que no existe en la Ciencia ni puede ser reconocido por el sentido espiritual; pecado; enfermedad; muerte.

Moisés. Un mortal corpóreo; valor moral; un símbolo de la ley moral y demostración de la misma; la prueba de que sin el evangelio —la unión de la justicia y el afecto— hay algo que falta espiritualmente, puesto que la justicia exige castigos bajo la ley.

Madre. Dios; el Principio divino y eterno; la Vida, la Verdad y el Amor.

La nueva Jerusalén. La Ciencia divina; las realidades espirituales y la armonía del universo; el reino de los cielos, o reino de la armonía.

Noche. Tinieblas; duda; temor.

Noé. Un mortal corpóreo; conocimiento de la nada de las cosas materiales y de la inmortalidad de todo lo que es espiritual.

Aceite. Consagración; caridad; dulzura; oración; inspiración celestial.

Fariseo. Creencia corpórea y sensoria; justificación propia; vanidad; hipocresía.

Pison (river). The love of the good and beautiful, and their immortality.

Principle. See chapter on Recapitulation, page 465.

Prophet. A spiritual seer; disappearance of material sense before the conscious facts of spiritual Truth.

Purse. Laying up treasures in matter; error.

Red Dragon. Error; fear; inflammation; sensuality; subtlety; animal magnetism; envy; revenge.

Resurrection. Spiritualization of thought; a new and higher idea of immortality, or spiritual existence; material belief yielding to spiritual understanding.

Reuben (Jacob's son). Corporeality; sensuality; delusion; mortality; error.

River. Channel of thought.

When smooth and unobstructed, it typifies the course of Truth; but muddy, foaming, and dashing, it is a type of error.

Rock. Spiritual foundation; Truth. Coldness and stubbornness.

Salvation. Life, Truth, and Love understood and demonstrated as supreme over all; sin, sickness, and death destroyed.

Seal. The signet of error revealed by Truth.

Pisón (río). El amor a lo bueno y bello, y la inmortalidad de estos.

Principio. Véase el capítulo Recapitulación, página 465.

Profeta. Un vidente espiritual; la desaparición del sentido material ante la consciencia de las realidades de la Verdad espiritual.

Bolsa. Acumulación de tesoros en la materia; error.

Dragón escarlata. Error; temor; inflamación; sensualidad; astucia; magnetismo animal; envidia; venganza.

Resurrección. Espiritualización del pensamiento; una idea nueva y más elevada de la inmortalidad, o existencia espiritual; la creencia material cediendo ante la comprensión espiritual.

Rubén (hijo de Jacob). Corporalidad; sensualidad; engaño; mortalidad; error.

Río. Conducto del pensamiento.

Sereno y sin obstrucción, simboliza el curso de la Verdad; pero turbio, revuelto y precipitado, es un símbolo del error.

Roca. Fundamento espiritual; la Verdad. Frialdad y obstinación.

Salvación. La Vida, la Verdad y el Amor comprendidos y demostrados como supremos sobre todo; el pecado, la enfermedad y la muerte destruidos.

Sello. La marca del error, revelada por la Verdad.

Serpent (*ophis,* in Greek; *nacash,* in Hebrew). Subtlety; a lie; the opposite of Truth, named error; the first statement of mythology and idolatry; the belief in more than one God; animal magnetism; the first lie of limitation; finity; the first claim that there is an opposite of Spirit, or good, termed matter, or evil; the first delusion that error exists as fact; the first claim that sin, sickness, and death are the realities of life. The first audible claim that God was not omnipotent and that there was another power, named *evil,* which was as real and eternal as God, good.

Sheep. Innocence; inoffensiveness; those who follow their leader.

Shem (Noah's son). A corporeal mortal; kindly affection; love rebuking error; reproof of sensualism.

Son. The Son of God, the Messiah or Christ. The son of man, the offspring of the flesh. "Son of a year."

Souls. See chapter on Recapitulation, page 466.

Spirit. Divine substance; Mind; divine Principle; all that is good; God; that only which is perfect, everlasting, omnipresent, omnipotent, infinite.

Spirits. Mortal beliefs; corporeality; evil minds; supposed intelligences, or gods; the opposites of God; errors; hallucinations. (See page 466.)

Substance. See chapter on Recapitulation, page 468.

Serpiente (*ofis,* en griego; *nacash,* en hebreo). Astucia; una mentira; lo opuesto a la Verdad, llamado error; la primera declaración de la mitología y la idolatría; la creencia en más de un Dios; magnetismo animal; la primera mentira de la limitación; lo finito; la primera pretensión de que hay un opuesto al Espíritu, o el bien, denominado materia, o mal; el primer engaño de que el error existe como una realidad; la primera pretensión de que el pecado, la enfermedad y la muerte son las realidades de la vida. La primera pretensión audible de que Dios no era omnipotente y de que había otro poder, llamado *el mal,* que era tan real y eterno como Dios, el bien.

Ovejas. Inocencia; naturaleza inofensiva; aquellos que siguen a su guía.

Sem (hijo de Noé). Un mortal corpóreo; afecto cariñoso; el amor que reprende el error; reprobación al sensualismo.

Hijo. El Hijo de Dios, el Mesías o Cristo. El hijo del hombre, el vástago de la carne. "El hijo de un año".

Almas. Véase el capítulo Recapitulación, página 466.

Espíritu. La sustancia divina; la Mente; el Principio divino; todo lo que es bueno; Dios; sólo aquello que es perfecto, eterno, omnipresente, omnipotente, infinito.

Espíritus. Creencias mortales; corporalidad; mentes malévolas; supuestas inteligencias, o dioses; los opuestos de Dios; errores; alucinaciones. Véase página 466.

Sustancia. Véase el capítulo Recapitulación, página 468.

Sun. The symbol of Soul governing man,—of Truth, Life, and Love.

Sword. The idea of Truth; justice. Revenge; anger.

Tares. Mortality; error; sin; sickness; disease; death.

Temple. Body; the idea of Life, substance, and intelligence; the superstructure of Truth; the shrine of Love; a material superstructure, where mortals congregate for worship.

Thummim. Perfection; the eternal demand of divine Science.

The Urim and Thummim, which were to be on Aaron's breast when he went before Jehovah, were holiness and purification of thought and deed, which alone can fit us for the office of spiritual teaching.

Time. Mortal measurements; limits, in which are summed up all human acts, thoughts, beliefs, opinions, knowledge; matter; error; that which begins before, and continues after, what is termed death, until the mortal disappears and spiritual perfection appears.

Tithe. Contribution; tenth part; homage; gratitude. A sacrifice to the gods.

Uncleanliness. Impure thoughts; error; sin; dirt.

Ungodliness. Opposition to the divine Principle and its spiritual idea.

Sol. El símbolo del Alma gobernando al hombre, de la Verdad, la Vida y el Amor.

Espada. La idea de la Verdad; justicia. Venganza; ira.

Cizaña. Mortalidad; error; pecado; enfermedad; dolencia; muerte.

Templo. El cuerpo; la idea de la Vida, la sustancia y la inteligencia; la superestructura de la Verdad; el santuario del Amor; una superestructura material, donde los mortales se congregan para adorar.

Tumim. Perfección; la eterna exigencia de la Ciencia divina.

El Urim y el Tumim, que debían estar sobre el pecho de Aarón cuando él se presentaba delante de Jehová, eran la santidad y la purificación del pensamiento y de los actos, que es lo único que puede capacitarnos para el oficio de la enseñanza espiritual.

Tiempo. Medidas mortales; límites, en los cuales están comprendidos todos los actos, pensamientos, creencias, opiniones y conocimientos humanos; materia; error; aquello que empieza antes, y continúa después, de lo que es denominado muerte, hasta que lo mortal desaparece y la perfección espiritual aparece.

Diezmo. Contribución; décima parte; homenaje; gratitud. Un sacrificio a los dioses.

Inmundicia. Pensamientos impuros; error; pecado; suciedad.

Impiedad. Oposición al Principio divino y a su idea espiritual.

Unknown. That which spiritual sense alone comprehends, and which is unknown to the material senses.

Paganism and agnosticism may define Deity as "the great unknowable;" but Christian Science brings God much nearer to man, and makes Him better known as the All-in-all, forever near.

Paul saw in Athens an altar dedicated "to the unknown God." Referring to it, he said to the Athenians: "Whom therefore ye ignorantly worship, Him declare I unto you." (Acts xvii. 23.)

Urim. Light.

The rabbins believed that the stones in the breastplate of the high-priest had supernatural illumination, but Christian Science reveals Spirit, not matter, as the illuminator of all. The illuminations of Science give us a sense of the nothingness of error, and they show the spiritual inspiration of Love and Truth to be the only fit preparation for admission to the presence and power of the Most High.

Valley. Depression; meekness; darkness.

"Though I walk through the valley of the shadow of death, I will fear no evil." (Psalm xxiii. 4.)

Though the way is dark in mortal sense, divine Life and Love illumine it, destroy the unrest of mortal thought, the fear of death, and the supposed reality of error. Christian Science, contradicting sense, maketh the valley to bud and blossom as the rose.

Veil. A cover; concealment; hiding; hypocrisy.

The Jewish women wore veils over their faces in token

Lo desconocido. Aquello que sólo el sentido espiritual comprende, y que es desconocido para los sentidos materiales.

El paganismo y el agnosticismo pueden definir a la Deidad como "el gran incognoscible"; pero la Ciencia Cristiana acerca a Dios mucho más al hombre, y hace que se Lo conozca mejor como el Todo-en-todo, para siempre cercano.

Pablo vio en Atenas un altar dedicado "al Dios no conocido". Refiriéndose a ese altar, dijo a los atenienses: "Al que vosotros adoráis, pues, sin conocerle, es a quien yo os anuncio" (Hechos 17:23).

Urim. Luz.

Los rabinos creían que las piedras preciosas en el pectoral del sumo sacerdote tenían una iluminación sobrenatural, pero la Ciencia Cristiana revela al Espíritu, no la materia, como el iluminador de todo. Las iluminaciones de la Ciencia nos dan un sentido de la nada del error, y muestran que la inspiración espiritual del Amor y la Verdad es la única preparación adecuada para ser admitido ante la presencia y el poder del Altísimo.

Valle. Depresión; mansedumbre; tinieblas.

"Aunque ande en valle de sombra de muerte, no temeré mal alguno" (Salmos 23:4).

Aunque el camino sea oscuro en el sentido mortal, la Vida y el Amor divinos lo iluminan, destruyen la inquietud del pensamiento mortal, el temor a la muerte, y la supuesta realidad del error. La Ciencia Cristiana, contradiciendo el sentido, hace al valle brotar y florecer como la rosa.

Velo. Una cubierta; encubrimiento; ocultación; hipocresía.

Las mujeres judías llevaban velos sobre la cara en señal

of reverence and submission and in accordance with Pharisaical notions.

The Judaic religion consisted mostly of rites and ceremonies. The motives and affections of a man were of little value, if only he appeared unto men to fast. The great Nazarene, as meek as he was mighty, rebuked the hypocrisy, which offered long petitions for blessings upon material methods, but cloaked the crime, latent in thought, which was ready to spring into action and crucify God's anointed. The martyrdom of Jesus was the culminating sin of Pharisaism. It rent the veil of the temple. It revealed the false foundations and superstructures of superficial religion, tore from bigotry and superstition their coverings, and opened the sepulchre with divine Science, — immortality and Love.

Wilderness. Loneliness; doubt; darkness. Spontaneity of thought and idea; the vestibule in which a material sense of things disappears, and spiritual sense unfolds the great facts of existence.

Will. The motive-power of error; mortal belief; animal power. The might and wisdom of God.

"For this is the will of God." (I Thessalonians iv. 3.)

Will, as a quality of so-called mortal mind, is a wrongdoer; hence it should not be confounded with the term as applied to Mind or to one of God's qualities.

Wind. That which indicates the might of omnipotence and the movements of God's spiritual government, encompassing all things. Destruction; anger; mortal passions.

de reverencia y sumisión y de acuerdo con nociones farisaicas.

La religión judaica consistía mayormente en ritos y ceremonias. Los motivos y afectos de un hombre eran de poca importancia, con tal de que ante los hombres pareciera ayunar. El gran Nazareno, tan manso como poderoso, reprendió la hipocresía que hacía largas peticiones para que los métodos materiales fueran bendecidos, pero que encubría el crimen, latente en el pensamiento, que estaba pronto para lanzarse a la acción y crucificar al ungido de Dios. El martirio de Jesús fue el pecado culminante del fariseísmo. Rasgó el velo del templo. Reveló los fundamentos y superestructuras falsos de la religión superficial, arrancó el embozo a la intolerancia y la superstición, y abrió el sepulcro con la Ciencia divina: la inmortalidad y el Amor.

Desierto. Soledad; duda; tinieblas. Espontaneidad de pensamiento e idea; el vestíbulo en que el sentido material de las cosas desaparece, y el sentido espiritual revela las grandes realidades de la existencia.

Voluntad. La fuerza motriz del error; creencia mortal; fuerza animal. El poder y la sabiduría de Dios.

"Pues esta es la voluntad de Dios"* (1 Tesalonicenses 4:3).

La voluntad, como una cualidad de la así llamada mente mortal, es un malhechor; por lo tanto, no debe ser confundida con el término cuando es aplicado a la Mente o a una de las cualidades de Dios.

Viento. Aquello que indica el poder de la omnipotencia y los movimientos del gobierno espiritual de Dios, envolviendo todas las cosas. Destrucción; ira; pasiones mortales.

*Según la versión King James de la Biblia

The Greek word for *wind* (*pneuma*) is used also for *spirit*, as in the passage in John's Gospel, the third chapter, where we read: "The wind [*pneuma*] bloweth where it listeth.... So is every one that is born of the Spirit [*pneuma*]." Here the original word is the same in both cases, yet it has received different translations, as in other passages in this same chapter and elsewhere in the New Testament. This shows how our Master had constantly to employ words of material significance in order to unfold spiritual thoughts. In the record of Jesus' supposed death, we read: "He bowed his head, and gave up the ghost;" but this word *ghost* is *pneuma*. It might be translated *wind* or *air*, and the phrase is equivalent to our common statement, "He breathed his last." What Jesus gave up was indeed air, an etherealized form of matter, for never did he give up Spirit, or Soul.

WINE. Inspiration; understanding. Error; fornication; temptation; passion.

YEAR. A solar measurement of time; mortality; space for repentance.

"One day is with the Lord as a thousand years." (II Peter iii. 8.)

One moment of divine consciousness, or the spiritual understanding of Life and Love, is a foretaste of eternity. This exalted view, obtained and retained when the Science of being is understood, would bridge over with life discerned spiritually the interval of death, and man would be in the full consciousness of his immortality and eternal harmony, where sin, sickness, and death are unknown. Time is a mortal thought, the divisor of which

El vocablo griego para *viento* (*pneuma*) es utilizado también para *espíritu,* como en el pasaje del Evangelio de Juan, el capítulo tercero, donde leemos: "El viento [*pneuma*] sopla de donde quiere... Así es todo aquel que es nacido del Espíritu [*pneuma*]". Aquí la palabra original es la misma en ambos casos, sin embargo, ha recibido distintas traducciones, como en otros pasajes del mismo capítulo y en otras partes del Nuevo Testamento. Esto muestra cómo nuestro Maestro tenía que emplear constantemente palabras de significado material a fin de revelar pensamientos espirituales. En el registro de la supuesta muerte de Jesús, leemos: "Habiendo inclinado la cabeza, entregó el espíritu"; pero esta palabra *espíritu* es *pneuma.* Podría ser traducida como *viento* o *aire,* y la frase es equivalente a nuestra expresión corriente: "Exhaló el último suspiro". Lo que Jesús realmente exhaló fue aire, una forma etérea de la materia, pues nunca entregó el Espíritu, o Alma.

Vino. Inspiración; comprensión. Error; fornicación; tentación; pasión.

Año. Una medida solar del tiempo; mortalidad; tiempo [espacio]* para el arrepentimiento.

"Para con el Señor un día es como mil años" (2 Pedro 3:8).

Un momento de consciencia divina, o la comprensión espiritual de la Vida y el Amor, es una muestra de la eternidad. Esta exaltada visión, obtenida y retenida cuando la Ciencia del ser es comprendida, tendería un puente con la vida percibida espiritualmente sobre el intervalo de la muerte, y el hombre estaría plenamente consciente de su inmortalidad y armonía eterna, donde el pecado, la enfermedad y la muerte son desconocidos. El tiempo es un pensamiento mortal, cuyo divisor

*Según la versión King James de la Biblia

is the solar year. Eternity is God's measurement of Soul-filled years.

You. As applied to corporeality, a mortal; finity.

Zeal. The reflected animation of Life, Truth, and Love. Blind enthusiasm; mortal will.

Zion. Spiritual foundation and superstructure; inspiration; spiritual strength. Emptiness; unfaithfulness; desolation.

es el año solar. La eternidad es la medida de Dios para los años llenos de Alma.

Tú. Aplicado a la corporalidad: un mortal; lo finito.

Celo. La animación reflejada de la Vida, la Verdad y el Amor. Entusiasmo ciego; voluntad mortal.

Sion. Fundamento y superestructura espirituales; inspiración; fuerza espiritual. Vacuidad; infidelidad; desolación.

Capítulo 18

Los frutos

Así que, por sus frutos los conoceréis. — JESÚS.

Para que andéis como es digno del Señor,
agradándole en todo,
llevando fruto en toda buena obra,
y creciendo en el conocimiento de Dios. — PABLO.

Levantémonos de mañana a las viñas;
veamos si brotan las vides, si están en cierne,
si han florecido los granados.
— CANTAR DE LOS CANTARES DE SALOMÓN.

Podrían presentarse miles de cartas como testimonios de la eficacia sanadora de la Ciencia Cristiana y particularmente en lo que concierne al gran número de personas que han sido reformadas y sanadas por medio de la lectura cuidadosa o el estudio de este libro.

Para infundir confianza y ánimo al lector, algunas de estas cartas son publicadas nuevamente aquí, tomadas de *The Christian Science Journal* y *Christian Science Sentinel.* Los originales están en poder del Redactor, quien puede autenticar los testimonios siguientes.

CURACIÓN DE REUMATISMO

Sufría mucho de una forma de reumatismo grave, mis manos estaban afectadas a tal grado que ni siquiera me era posible vestirme sin ayuda. El mal afectó finalmente las rodillas, y me puse tan coja que necesitaba de ayuda para acostarme y para levantarme de la cama. Acudí a diversos balnearios en busca de los beneficios que esperaba obtener de los baños y aguas prescritas por los médicos, pero no encontré alivio permanente. Fui examinada con rayos X, y se me dijo que las coyunturas se estaban osificando. Entonces consulté a un eminente especialista, el cual me dijo, después de un examen minucioso, que mi estado seguiría empeorando hasta que quedara completamente imposibilitada.

En aquella época se me prestó un ejemplar de *Ciencia y Salud con la Llave de las Escrituras,* por la Sra. Eddy. Lo leí más bien por curiosidad que con la idea de beneficiarme físicamente. A medida que la verdad me fue siendo revelada, me di cuenta de que la condición mental era lo que necesitaba corregirse, y que el Espíritu de verdad que inspiró este libro era mi médico. Mi curación es completa, y la liberación de mi pensamiento se manifiesta en una vida de activa utilidad, en vez de en la esclavitud de una invalidez y sufrimiento irremediables. Debo a nuestra amada Guía, la Sra. Eddy, una gratitud que las palabras no pueden expresar. Su revelación de la aplicación práctica, más bien que meramente teórica, de las palabras de Jesús: "Conoceréis la verdad, y la verdad os hará libres" comprobó ser mi redentor. No tuve ni siquiera necesidad de solicitar ayuda a un practicista, pero estoy muy agradecida por las palabras beneficiosas de amigos cariñosos. — E. B. B., Pasadena, California, E.U.A.

Curación de astigmatismo y hernia

Hace casi cinco años que compré mi primer ejemplar de *Ciencia y Salud,* la lectura del cual me sanó de estreñimiento crónico, jaquecas nerviosas, astigmatismo y hernia en menos de cuatro meses.

¿Dónde estaría yo hoy, si esta bendita verdad no me hubiera sido presentada, mediante grandes esfuerzos por persuadirme, por un amigo muy querido? Seguramente estaría sumido en la más profunda desesperación, si no en la tumba. ¿Estoy verdaderamente agradecido por todos los beneficios que hemos recibido, tanto yo como los míos? Procuro que mis obras den testimonio de esto; pero a quienes no puedo conocer personalmente, les digo con toda sinceridad que sí, que estoy efectivamente más agradecido de lo que mis palabras pueden expresar por esta maravillosa curación que he obtenido, tanto en lo físico como en lo mental y moral, y a la vez deseo expresar aquí mi cántico de gratitud a nuestra querida Guía, quien, con su fidelidad a la Verdad, me hizo posible tocar por lo menos el borde del manto de Cristo. — B. S. J., Sioux City, Iowa, E.U.A.

Restauración de la sustancia de los pulmones

Hace cerca de quince años que la Ciencia Cristiana atrajo mi atención por vez primera. Hasta ese momento había sido una inválida crónica por muchos años. Padecía de una enfermedad intestinal, de bronquitis y de muchas otras dolencias. Un médico me dijo que mis pulmones eran como papel mojado, propensos a desgarrarse en cualquier momento, y esto me llenó de temor, pues mi madre, dos hermanos y una hermana habían sido víctimas de la tuberculosis. Consulté a muchos médicos, y tomé todos los remedios materiales que prometían ayuda, pero ninguna ayuda vino hasta que encontré un ejemplar del libro *Ciencia y Salud* de la Sra. Eddy. El libro fue puesto en mis manos por una persona que en aquel entonces no lo apreciaba, y se me dijo que me iba a ser muy difícil entenderlo. Comencé a leerlo esperando esto, pero muy pronto percibí hermosas vislumbres de la Verdad, que disiparon mis temores y me sanaron de todas esas enfermedades, las cuales no han vuelto jamás.

Quisiera relatar también cómo fui sanada de la dislocación de un tobillo. El accidente ocurrió por la mañana, y durante todo el día y toda la noche me di tratamientos de la Ciencia Cristiana lo mejor que pude. A la mañana siguiente, el tobillo no parecía haber mejorado y estaba muy adolorido, hinchado y amoratado. Sintiendo que había hecho cuanto podía, decidí no pensar más en ello. Tomé mi ejemplar de *Ciencia y Salud* y comencé a leerlo. Muy pronto quedé tan absorta en el libro, que me olvidé del tobillo; desapareció por completo de mi pensamiento, pues vislumbré que toda la creación de Dios era espiritual, y perdí de vista mi entidad material por el momento. Al cabo de dos horas dejé el libro y me fui a otra habitación. Cuando volví a pensar en el tobillo, encontré que ya no me dolía. La hinchazón había disminuido, lo amoratado casi había desaparecido, y el tobillo estaba perfectamente bien. Había sanado al estar yo "ausente del cuerpo, y presente al Señor". Esta experiencia fue de mucho valor para mí, pues me enseñó cómo se efectúa la curación. — C. H., Portland, Oregón, E.U.A.

Curación en pocos días de un tumor fibroso

Mi gratitud por la Ciencia Cristiana es ilimitada. Padecí de un tumor fibroso que pesaba unos veinticinco kilogramos, acompañado de hemorragia continua durante once años. El tumor se había estado desarrollando durante dieciocho años.

Vivía en Fort Worth, Texas, y nunca había oído hablar de la Ciencia Cristiana hasta que salí para Chicago en el año

1887. Siempre había tratado de vivir cerca de Dios, y estoy segura de que Él guió mis pasos a esta verdad que sana y salva. Después de pasar allí algunas semanas, recibí carta de una señora de Texas que había sido sanada, y me instaba a que probara la Ciencia Cristiana.

Al cambiar de alojamiento, conocí a una señora que poseía un ejemplar de *Ciencia y Salud,* y al hablar con ella y decirle que había visto el libro, me informó que ella tenía uno, y fue a buscarlo, diciéndome que podía leerlo. La revelación fue maravillosa y me produjo un gran despertar espiritual. Este despertar jamás me dejó, y un día, al andar sola por la calle, me di cuenta repentinamente de que estaba sana. Entonces caminé más de prisa, declarando a cada paso que había sido sanada. Cuando llegué al lugar en que vivía, encontré a la dueña de casa y le dije que había sanado. Se quedó completamente asombrada. El tumor empezó a desaparecer inmediatamente, cesó la hemorragia, y me sentí más fuerte.

Jamás hubo alegría mayor que la mía por esta curación mediante el Cristo, pues me había sentido muy fatigada y agobiada. Me preocupé poco de dormir o comer, y mi corazón estaba lleno de gratitud, ya que sabía que había tocado el borde del manto de Cristo.

Debo agregar que la lectura de *Ciencia y Salud,* y solamente eso, fue lo que me sanó, siendo ese ejemplar el segundo de esa obra que hasta entonces había visto. — S. L., Fort Worth, Texas, E.U.A.

Curación de una dolencia en la espina dorsal e indigestión

Desde hace muchos años he confiado por completo en la Ciencia Cristiana para la curación; y me complace reconocer la ayuda espiritual y los otros múltiples beneficios que he recibido al seguir sus enseñanzas. Tengo poderosas razones para estar agradecida a Dios y a nuestra venerable Guía, la Sra. Eddy, por estas bendiciones, que su descubrimiento y su amor por la humanidad hicieron posibles. Sólo había leído unas pocas páginas de nuestro libro de texto, *Ciencia y Salud con la Llave de las Escrituras,* cuando vi que era la verdad y que contenía algo que pensé que jamás se podría encontrar en este estado de existencia. Inmediatamente tuve pruebas de la curación, y pude hacer mucho trabajo útil, sin sentir cansancio o fatiga.

A medida que pasaba el tiempo, aprendí la nada del desaliento, y entendí, en cierto grado, que Dios es mi Vida y que toda acción está en la Mente divina. Fui sanada de una dolencia en la columna vertebral; y la nerviosidad y la debilidad se desvanecieron y fueron reemplazadas por la salud y el vigor. Un sentido más amplio de gozo y gratitud contribuyó mucho a vencer la indigestión de la que había sufrido por muchos años. Un tobillo dislocado fue sanado en pocas horas al aplicar lo que había entendido de la Ciencia Cristiana y al aferrarme con firmeza a la declaración que nuestra Guía hace en la página 384 de *Ciencia y Salud:* "Dios nunca castiga al hombre por obrar bien, por labor honrada o por actos de bondad". Al día siguiente caminé cerca de tres kilómetros sin molestia. He vencido la creencia de males hereditarios y escasez, y la obstinación, el amor propio y el orgullo están desapareciendo. — Srta. G. W., Brookline, Massachusetts, E.U.A.

Un caso de cirugía mental

Hace tiempo que he estado pensando que debía relatar mi experiencia acerca de la cirugía mental. En mayo de 1902, regresaba a mi casa en bicicleta para almorzar, y al descender una colina a gran velocidad, fui arrojado de la bicicleta , y al caer sobre el lado izquierdo con el brazo debajo de la cabeza, me fracturé el hueso entre el hombro y el codo. Puesto que sufría un dolor intenso, permanecí tendido sobre el suelo, declarando la verdad y negando que en el reino del Amor divino pudiera haber fracturas o accidentes, hasta que un señor vino en mi auxilio, diciendo que pensó que yo había perdido el conocimiento. Me encontraba a sólo dos cuadras y media de mi casa, así que monté en mi bicicleta otra vez y logré llegar. Al llegar allí, me acosté y le pedí a mi hijito que me trajera nuestro libro de texto. Inmediatamente me trajo *Ciencia y Salud,* que leí durante unos diez minutos, al cabo de los cuales todo dolor desapareció.

Nada dije del accidente a mi familia, sino que atendí algunos quehaceres y llegué con media hora de atraso a la oficina, siendo este el único tiempo que falté al trabajo. Mis amigos aseguraban que el brazo no se había fracturado, porque me hubiera sido imposible seguir trabajando sin ajustarlo y ponerlo en cabestrillo hasta que se hubiera soldado. Su insistencia casi me convenció de que podía haberme equivocado, hasta que uno de mis amigos me invitó a visitar la oficina de un médico, donde estaban haciendo experimentos con un aparato de rayos X. Le pedimos que me examinara el brazo izquierdo para ver si notaba algo fuera de lo común. Al examinarlo dijo: "Sí, estuvo fracturado, pero el que lo ajustó hizo un trabajo perfecto, y usted nunca volverá a sufrir por esa fractura". Entonces mi amigo le pidió que nos dijera cómo podía determinar dónde estaba la fractura. El médico señaló una parte que se veía ligeramente más gruesa, como cuando se suelda un pedazo de acero. Este fue el primero de varios casos de cirugía mental que he conocido, y me ha causado una profunda impresión.

Para beneficiar a otras personas que puedan tener casos parecidos que enfrentar, diré que he vencido jaquecas casi constantes que me habían afectado desde que puedo recordar. — L. C. S., Salt Lake City, Utah, E.U.A.

Curación rápida de cataratas

Deseo agregar mi testimonio a los de otras personas, con la esperanza de que pueda traer salud y felicidad a algún pobre sufridor y acercarlo a Dios. Sané con sólo leer este maravilloso libro, *Ciencia y Salud.* Por muchos años había sufrido periódicamente de irritación en los ojos, y había consultado a muchos oculistas, que me dijeron que padecía de iritis y cataratas. Me aseguraron que mis ojos seguirían molestándome y que acabaría por perder la vista si continuaba trabajando en una oficina, y me aconsejaron que me operara. Más tarde tuve que usar anteojos en mi trabajo y al estar al aire libre por no poder soportar el viento, y mis ojos empeoraban cada día. No podía leer más que unos minutos a la vez, pues de lo contrario me ardían terriblemente. Tenía que descansar los ojos por la noche para poder usarlos al día siguiente; de hecho, la luz de gas se estaba volviendo insoportable por el dolor que me producía, e hice desdichado a mi hogar. Un querido hermano me habló de la Ciencia Cristiana y me dijo que si yo leía *Ciencia y Salud,* me ayudaría. Pidió prestado dicho libro y me lo trajo. La primera noche que lo leí, me interesó tanto que olvidé por completo mis ojos, hasta que mi esposa me advirtió que eran las once de la noche. Me di cuenta de que había estado leyendo este libro por casi cuatro horas, e inmediatamente después comenté: "Creo que mis ojos están sanos", lo que en realidad fue así. Al día siguiente, al mirarme los ojos, mi esposa notó que las cataratas habían desaparecido. Guardé los anteojos que solía usar al aire libre, los que no he necesitado desde entonces, y por medio de la comprensión que he obtenido estudiando la Ciencia Cristiana, he podido abandonar también los que usaba en casa, sin que jamás me hayan vuelto a doler los ojos. De esto hace ya más de un año y medio. — G. F. S., Liverpool, Inglaterra.

Enfermedad de las válvulas del corazón sanada

Hace catorce años que en mi corazón se despertó la gratitud a Dios y la amada Guía simultáneamente. Después de tres meses de paciente y persistente esfuerzo por obtener un ejemplar de *Ciencia y Salud* (tiempo durante el cual visité todas las librerías y muchas casas que venden libros usados en la ciudad de St. Paul), y habiendo fracasado en mi búsqueda, al fin recordé que la persona que me dijo que yo podría sanarme había mencionado un nombre y el edificio del Teatro McVicker en Chicago como relacionados de alguna manera con aquella obra. Escribí pidiendo que me informaran sobre un libro titulado Salud y Ciencia, y a vuelta de correo recibí el libro *Ciencia y Salud,* en el cual encontré inmediatamente una segura promesa de liberación de la enfermedad de las válvulas del corazón, con toda su secuela de malestares: nerviosismo extremo, debilidad, dispepsia e insomnio. Durante toda mi vida los había sufrido sin encontrar alivio permanente, ni siquiera en los remedios materiales y sin esperanza de sanarme jamás. Sólo aquellos que han sufrido semejante esclavitud y han sido liberados por los mismos medios, pueden comprender la anhelante alegría al leer por primera vez ese libro maravilloso.

Medio día de lectura me convenció de que había encontrado el camino hacia la santidad y la salud. Continué leyendo, pensando únicamente en la iluminación espiritual, contenta de esperar hasta ser guiada a alguna persona que me sanara; pero las cosas viejas habían pasado, y todas se habían hecho nuevas. Fui sanada completamente, antes de conocer a algún Científico Cristiano, o a alguien que supiese algo acerca de la Ciencia Cristiana, y antes de que hubiese leído ni una sola línea de cualquier otra literatura de la Ciencia Cristiana, excepto una hoja de un folleto. Por lo tanto, es absolutamente cierto que la curación fue enteramente impersonal, como lo fue también la enseñanza, que me permitió comenzar a demostrar al instante el poder de la Verdad para destruir toda forma de error. — E. J. W., North Yakima, Washington, E.U.A.

Encuentro del verdadero médico

Es con profundo sentido de gratitud que envío aquí los detalles de mi curación efectuada por la Ciencia Cristiana. Hace unos tres años, mientras visitaba a unos amigos en la parte suroeste de Ontario, me llamó la atención la Ciencia Cristiana y las curaciones maravillosas que estaba realizando. Había vivido en Nueva York durante veinticinco años, pero no recordaba haber oído hablar jamás de la Ciencia Cristiana.

Hasta aquella época, durante diecisiete años, había estado sufriendo de indigestión y gastritis, en las formas más graves, sintiéndome agobiado a menudo por una aparente presión sobre el corazón. Hacía cuatro años que padecía de asma, y también había usado anteojos durante esos años. Me parecía que había ingerido toda clase de medicinas conocidas para aliviar mi indigestión, pero sólo había logrado alivios momentáneos. Compré un ejemplar de *Ciencia y Salud,* y simplemente con la lectura de ese gran libro sané completamente de todas mis dolencias físicas en dos semanas. Desde ese día hasta la fecha no he tomado medicinas y no espero volver a hacerlo nunca, gracias a la ayuda de Dios y a la maravillosa luz que se me ha revelado, leyendo el libro de la Sra. Eddy. Acostumbraba a fumar de ocho a diez cigarros puros al día y también tomaba ocasionalmente alguna bebida alcohólica, pero estos deseos han desaparecido, y creo que para siempre. Soy agente viajero y con frecuencia me invitan a beber, pero no me cuesta trabajo abstenerme, y en muchas ocasiones encuentro que mi negativa ayuda a otros.

Si bien aprecio profundamente la liberación de mis problemas físicos, esto es insignificante si se compara con la elevación espiritual que la Ciencia Cristiana me ha traído. Por más de diez años no había entrado en una iglesia para asistir a los servicios regularmente, hasta que entré en una iglesia de la Ciencia Cristiana. Lo que vi y experimenté allí me pareció tan genuino, que amé la Ciencia Cristiana desde el comienzo. Jamás he recibido tratamiento, cada paso ganado ha sido por medio del estudio y la demostración práctica, y sé que todos pueden hacer lo mismo, si tratan de hacerlo.

Desde que he estado en la Ciencia, he podido vencer en una noche un caso de una muela ulcerada, sólo con leer *Ciencia y Salud;* también vencí, en treinta y seis horas, un serio ataque de gripe, obedeciendo el precepto bíblico que dice: "¡Médico, cúrate a ti mismo!" — B. H. N., Nueva York, Nueva York, E.U.A.

Curación de cáncer y tuberculosis

Por muchos años sufrí intensamente de cáncer y tuberculosis internos. Fui tratada por los mejores médicos de Nueva York, Minneapolis y Duluth, hasta que finalmente me desahuciaron; y fue entonces que oí de la Ciencia Cristiana. Un vecino que había sido sanado de tuberculosis, amablemente me prestó *Ciencia y Salud* por la Sra. Eddy, el cual leí, y me interesó. En tres meses estaba curada y fue la verdad comunicada por este libro lo que me sanó, y no sólo de estas enfermedades, sino que también me restauró mentalmente. Ni un solo día he estado en cama desde entonces, es decir, desde hace once años. He tenido muy buenas demostraciones durante este tiempo; he pasado por más de un "fuego de prueba", pero esta verdad bendita me ha sostenido cuando, a veces, parecía estar sola, y Dios estaba conmigo.

Mencionaré aquí una demostración de parto sin dolor, que tuve después de venir a Idaho. Esto tal vez pueda ayudar a alguna hermana que esté buscando una demostración de esta clase en el *Journal,* como lo hice yo antes que naciera mi hijo. No pudiendo conseguir ayuda doméstica satisfactoria, atendí yo misma los quehaceres de la casa hasta el último momento, y me encontraba en perfecto estado de salud. Una mañana desperté a mi esposo a las cinco, y a las cinco y media nació mi hijo, sin que nadie estuviese presente sino mi esposo y yo. Fue una gran sorpresa para el resto de la familia verme sentada cerca del fuego, con un recién nacido en mi regazo. Mi otro hijo preparó el desayuno, del cual participé con mucho apetito; al mediodía me reuní con la familia en el comedor. Al segundo día salí a la terraza, y al tercer día fui al patio; he estado perfectamente bien desde entonces, y de eso hace ya más de tres años. Para mí, que antes había pasado por una agonía indescriptible al dar a luz, con la atención de un médico, esto me pareció maravilloso. Espero que esto interese a alguien que esté buscando la verdad, y deseo expresar mi amor sincero por nuestra amada Guía, que nos ha dado la "Llave de las Escrituras". — E. C. C., Lewiston, Idaho, E.U.A.

Un caso notable

Hace nueve años mi único hijo estaba entre la vida y la muerte. Algunos de los mejores médicos de Boston lo habían desahuciado, diciendo que si sobrevivía, siempre quedaría inválido y tullido. Una de las enfermedades era catarro gástrico. Solamente se le permitía comer pocas cosas; y a pesar de tomar toda clase de precauciones, sufría tanto que quedaba postrado, durante medio día, con espasmos. También padecía de raquitismo; los médicos aseguraban que no tenía un solo hueso normal en el cuerpo.

Fue mientras estaba pasando por lo que parecía ser su mayor agonía, y cuando yo estaba verdaderamente desesperada, que oí hablar de la Ciencia Cristiana por primera vez. La portadora de tan gratas nuevas sólo pudo decirme que fuera a escuchar las cosas maravillosas que la Ciencia Cristiana estaba haciendo. Acepté la invitación, porque estaba dispuesta a probar cualquier cosa para salvar a mi hijo, y por la noche del viernes siguiente asistí por vez primera a la reunión que se celebró en La Iglesia Madre, La Primera Iglesia de Cristo, Científico. Mucho antes de que comenzara el servicio todos los asientos estaban ocupados, lo cual me maravilló por tratarse de una reunión semanal común, y aquella noche, al escuchar los diversos testimonios comprendí que la Ciencia Cristiana era la religión que yo había estado buscando por muchos años. Al día siguiente fui en busca de un practicista, pero no logré ver al que se me había recomendado, por estar él muy ocupado. Al dirigirme a mi casa, pensé en algunos de los testimonios que había escuchado la noche anterior, de personas que habían sido sanadas simplemente leyendo *Ciencia y Salud.* Resolví al momento pedir prestado un ejemplar, y sin soñar siquiera del sacrificio tan grande que haría mi amiga al hacerme este favor, fui y le pedí que me prestase su *Ciencia y Salud.* Jamás he visto a una persona desprenderse de un libro de una manera tan renuente como mi amiga al darme su ejemplar del libro de texto.

En mi casa leí el libro, en silencio y en voz alta, de día y de noche, y a pesar de que parecía no entenderlo, la curación comenzó a efectuarse inmediatamente. La boquita del niño, que había quedado torcida a consecuencia de los espasmos, volvió a su estado natural, y pronto pudo levantarse a jugar y correr por la casa como lo haría cualquier otro niño. En aquella época decidimos mudarnos al Lejano Oeste de los Estados Unidos.

En aquel entonces era principiante en la Ciencia, y mi esposo temía sobremanera que el viaje pudiera ocasionar una recaída al niño, pero en lugar de ser así, continuó mejorando. Durante las dos semanas que viajamos, leí constantemente la Biblia, *Ciencia y Salud* y *Escritos Misceláneos,* siendo nosotros los únicos en nuestro vagón que no sufrimos mareos en todo el viaje por tren. Las extremidades del niño se enderezaron perfectamente, comía cuanto deseaba, y por muchos años ha sido un niño normal y de buena salud en todo sentido. Ha estado expuesto a contagios de la peor clase, sin ser tocado ni perjudicado.

Había leído *Ciencia y Salud* por varios meses, antes de pensar en mí misma y en mis innumerables dolencias.

Nunca fui de constitución fuerte, y algunas de mis dolencias se consideraban hereditarias y crónicas; por consiguiente, pasé muchos años agobiada, llevando a cuestas la creencia en las leyes médicas y hereditarias. Poco antes de comenzar la lectura de *Ciencia y Salud,* uno de los oculistas principales de Boston pasó medio día examinándome la vista. Su dictamen fue que mis ojos estaban en estado lamentable, y que siempre necesitaría usar anteojos. Mientras tanto comencé a leer *Ciencia y Salud,* y cuando reparé en mis ojos, ya no necesitaba lentes. Desde que he estado en la Ciencia, he utilizado mis ojos incesantemente, día y noche, haciendo toda clase de labores delicadas, sin necesitar la ayuda de los anteojos. Sané de todas mis dolencias mientras buscaba la verdad para mi hijo, y muchas de ellas jamás han vuelto. Las que se presentaron, sólo aparecieron para ser destruidas. Dientes enfermos han sido restablecidos y desaparecieron manchas faciales sin pensar en ello, sólo por medio de la lectura de *Ciencia y Salud.* Todo esto, sin embargo, nada significa comparado con la elevación espiritual que he recibido, y sólo tengo motivos de agradecimiento. — M. T. W., Los Ángeles, California, E.U.A.

Intenso sufrimiento vencido

Durante cerca de cinco años sufrí de reumatismo ciático en forma tan severa que se me desfiguró el cuerpo. Cuando podía levantarme, andaba con la ayuda de un bastón. Los ataques venían periódicamente, sucediéndose con intervalos de dos o tres meses; cualquier exposición a la lluvia o a la humedad ocasionaba un ataque. Una vez estuve once semanas en cama, sufriendo intensamente todo el tiempo, salvo cuando se me aliviaba con inyecciones hipodérmicas.

Cuando sufría estos ataques, mi médico de cabecera siempre me atendía. Mi hija consultó a otro médico, quien dijo que sería necesario operar, para poner al descubierto el nervio ciático y rasparlo. Hubo también otro médico, quien, conociendo el caso, examinó mi corazón y pronosticó que era débil, y que estaba expuesta a morir de padecimiento cardíaco en cualquier momento.

Después de sufrir tres años, oí hablar de la Ciencia Cristiana, pero no hice uso de ella por dos años, hasta que decidí abandonar todo otro medio y confiar por completo en ella. No era conveniente llamar a un practicista, y por lo tanto recurrí al libro *Ciencia y Salud* y apliqué sus enseñanzas lo mejor que pude. En tres días el padecimiento desapareció por completo, y jamás ha habido el más ligero indicio de recaída. He estado bien desde entonces, disfruto ahora de perfecta salud. He sido beneficiada en todo sentido por la Ciencia Cristiana, física, mental y espiritualmente, y por nada del mundo prescindiría del conocimiento que poseo de esta Ciencia. — Sra. E. A. K., Billings, Montana, E.U.A.

Curación de reumatismo y nefritis

Estoy muy agradecido a Dios por todo lo que Él ha hecho por mí. Repentinamente quedé solo, rodeado de dificultades y aflicciones, y empecé el estudio de la Biblia. Trataba de comprenderla antes de afiliarme a alguna iglesia, pues creía que esto se esperaría de mí. Desde mi niñez había asistido a toda clase de iglesias, pero jamás encontré alguna que respondiera a mis necesidades. A medida que pasaba el tiempo, mi condición física se tornó muy alarmante. El reumatismo ciático que me había molestado por algunos años, empeoró de tal manera que casi no podía hacer nada.

Entonces aparecieron algunas complicaciones tan molestas que no me permitían caminar largas distancias y tenía que sentarme con frecuencia. Pensé que padecía de nefritis, y no hay palabras para describir los dolores tan intensos que sufría. Con todas estas cosas agobiándome, la muerte parecía muy cercana. Jamás me había afiliado a una iglesia, y ahora me parecía demasiado tarde para hacerlo, puesto que necesitaría esperar seis meses de prueba, y estaría muerto antes de tal espera.

Fue entonces que hice varias preguntas a mi hermana con referencia a la Ciencia Cristiana, puesto que ella ya había abrazado esa fe, y pronto me di cuenta de que era lo que había estado buscando. Inmediatamente percibí que esta Ciencia declaraba la verdad y sólo la verdad. Empecé a leer *Ciencia y Salud* al igual que el Nuevo Testamento. Quería descubrir lo que Jesús había dicho, ya que en ese momento no esperaba vivir mucho tiempo. No concurrí a las reuniones ni leí *Ciencia y Salud* para sanarme —porque no pensaba en eso— sino para ser salvado del infierno eterno en el más allá. Mi hermana me urgía a que consultase a un practicista, pero yo continuaba leyendo y orando a Dios en silencio, y ¿qué sucedió? ¿A dónde se habían ido mis enfermedades? Persistí en leer *Ciencia y Salud,* juntamente con la Biblia, sabiendo que Dios, tal como fue revelado por Cristo Jesús, puede hacer todo, que todas las cosas por Él fueron hechas, que Él puede sanar, y que de veras sana, a los enfermos. Él me ha sanado, gracias a Su santísimo nombre. — G. J. H., Charleston, Illinois, E.U.A.

Agradecida por múltiples bendiciones

En el año 1901, cuando conocí la Ciencia Cristiana era una inválida sin esperanza. Desde hacía siete años había sufrido dolores de espalda resultantes de una operación. No podía descansar ni dormir de noche, puesto que tenía dificultad para permanecer tendida y tenía que estar sentada en un sillón, rodeada de almohadas. Solamente quienes han padecido como yo conocen el sufrimiento que experimentaba. Había agotado todos los recursos materiales, y ya no esperaba restablecerme jamás. Pero cierto día, mientras daba un paseo, tuve la fortuna de ir a la casa de un Científico Cristiano, y allí esta enseñanza me fue explicada. Se me aconsejó comprar *Ciencia y Salud*, lo que hice, y el estudio de este libro me sanó la espalda por completo. La Ciencia Cristiana también me ha sanado de un catarro crónico de la garganta y de una neuralgia que sufría desde mi niñez. Antes de interesarme por esta Ciencia, había sido tratada por tres de los mejores médicos en Seattle, pero ninguno logró aliviarme.

Ya no sufro más, sino que me regocijo infinitamente en la Ciencia Cristiana. La promesa de Dios ha sido cumplida en mí, "A vosotros los que teméis mi nombre, nacerá el Sol de justicia, y en sus alas traerá salvación". — E. O., Georgetown, Washington, E.U.A.

Curación de neurastenia y otros males

Aunque era yo hijo de un pastor protestante no pude sacar provecho de la enseñanza continua de la teología antigua, y así me encontró la Ciencia Cristiana. Hace algunos años, un profesor de medicina cuyas obras son muy conocidas, me declaró neurasténico. Había estado en esta situación por espacio de más o menos ocho años y hasta hace dos años, cuando la Ciencia Cristiana me fue presentada (gracias a Dios Todopoderoso) por medio de un bondadoso amigo, estuve tomando medicinas casi de continuo, habiendo consultado en total con once médicos quienes indudablemente hicieron todo lo que pudieron, pero sin resultado, a pesar de haberme recetado todos los medicamentos conocidos. Además había probado muchísimos específicos farmacéuticos. También se me sometió a diversas formas de tratamientos higiénicos y a otras cosas que prometían alivio. Cuando empecé a interesarme por la Ciencia Cristiana, estaba tomando tres veces al día cuarenta gotas de aceite de hígado de bacalao y tres de creosota, también tres gotas de solución de arsénico de Fowler, y como un mes antes había comprado dieciocho dólares de específicos farmacéuticos. Me había sometido a una dieta rigurosísima, por espacio de dos años no probé guisados, frituras, dulces, fruta ni tomates.

Empecé a leer *Ciencia y Salud,* y antes de haber llegado a la mitad del libro por primera vez, comía de todo lo que comen los demás. Leí el libro desde el comienzo hasta el fin once veces, y muchas veces más, párrafos sueltos. El libro ha hecho su obra, y ya estoy completamente bien. — C. E. M., Filadelfia, Pensilvania, E.U.A.

Muchos males vencidos

He recibido mucha ayuda de la Ciencia Cristiana, tanto espiritual como físicamente. Según el diagnóstico de los médicos padecía de reumatismo muscular, hidropesía y, desde hacía treinta años, de estreñimiento. Una amiga muy querida, a quien había conocido como una inválida y que había sido sanada por la Ciencia Cristiana, me aconsejó leer

Ciencia y Salud. Así lo hice, con el deseo de conocer la verdad. Una de mis dificultades consistía en no poder dormir. Me puse a leer la Biblia y el libro de texto de la Ciencia Cristiana, y antes de haber concluido la lectura de *Ciencia y Salud,* mis varios males desaparecieron. Entonces me vino la idea: ¿Qué hacer con los viejos remedios?, pero la verdad prevaleció, y tiré todos los remedios materiales que tenía. Eso ocurrió hace siete años, y desde entonces no he tenido necesidad de volver a utilizarlos. Mi esposo sanó del hábito del tabaco, que había tenido por espacio de cincuenta años, como también de una enfermedad de los riñones, por medio de la lectura de *Ciencia y Salud.* No tengo palabras para expresar la gratitud que siento hoy por las múltiples bendiciones que hemos recibido en nuestro hogar. — Sra. M. K. O., Seattle, Washington, E.U.A.

Una curación provechosa

Me interesé por la Ciencia Cristiana hace alrededor de once años, y sané de neuralgia estomacal, que había padecido desde niña. A medida que pasaban los años, los ataques se sucedían con mayor frecuencia y eran más graves; los médicos sólo podían mitigar mis sufrimientos por medio de inyecciones hipodérmicas de morfina. Finalmente, después de cada ataque, quedaba postrada por uno o dos días por los efectos de la morfina. Sané completamente de este mal por medio del estudio de *Ciencia y Salud.* Creo que nunca comprendí lo que era el miedo hasta que empecé a tratar de poner en práctica mis conocimientos de la Ciencia Cristiana con mis niños. No obstante, he comprobado muchas veces que el miedo no puede ni ayudar ni impedir nuestra demostración de la verdad. Comprendí esto por primera vez al curar a mi hijito de un grave ataque de crup. Desperté una noche por ese sonido que parece infundir terror a todo corazón de madre, y encontré a mi hijito sentado en su cama, ahogándose por la falta de aire. Me levanté, lo tomé en mis brazos, y fui con él a la habitación contigua. Mi primer pensamiento fue: "¡Oh, si solamente hubiera en el pueblo otro Científico Cristiano!" Pero no lo había, y el trabajo tenía que hacerse y hacerse pronto. Intenté darle un tratamiento, pero me encontraba tan asustada que no podía pensar; así es que tomé *Ciencia y Salud,* que se encontraba sobre una mesa junto a mí, y comencé a leer en voz alta. No había leído sino unas cuantas líneas, cuando estas palabras me vinieron, como si una voz las pronunciara: "La palabra de Dios es viva y eficaz, y más cortante que toda espada de dos filos". Casi al instante, el pequeño dijo: "Mamá, canta 'La colina, di, Pastor' ", el himno de nuestra Guía, que tanto amamos, grandes y pequeños. Comencé a cantar, y al llegar al segundo verso, su vocecita se unió a la mía. Jamás olvidaré el sentimiento de júbilo y paz que se apoderó de mí al darme cuenta de la rapidez con que la palabra de Dios, por medio de *Ciencia y Salud* y ese bello himno, había llevado a cabo su obra sanadora. Este es sólo uno de los muchos casos en que el poder sanador de la palabra de Dios ha sido demostrado en nuestro hogar. — A. J. G., Riverside, California, E.U.A.

Alivio de muchos males

Pablo dijo: "Transformaos por medio de la renovación de vuestro entendimiento". En mi propio caso la sordera ha sido vencida por una comprensión más amplia de la palabra de Dios, según la explica la Sra. Eddy en *Ciencia y Salud.* Muchas veces he podido acudir a Dios, sabiendo que Su voluntad es ayudarnos en nuestras dificultades, y he obtenido los beneficios que he necesitado. El catarro ha desaparecido; la amigdalitis, que frecuentemente me privaba de cumplir con mis deberes en la escuela y en el hogar, no se manifiesta más. Cuando se presenta alguna tentación (pues la Ciencia Cristiana es tanto preventiva como curativa), me vuelvo hacia ese libro maravilloso *Ciencia y Salud* y a mi preciosa Biblia, que se me ha hecho más querida desde que la leo bajo la nueva luz de la comprensión espiritual, hasta saber que mi mente ha sido renovada, puesto que la acción del organismo ha cambiado y la inflamación ha disminuido.

Así, en mi experiencia en la Ciencia Cristiana he visto que la transformación ha empezado, y la Verdad es capaz de perfeccionar en mí lo que empezó tan gloriosamente. — Sra. C. A. McL., Brooklyn, Nueva Escocia, Canadá.

Salud y paz logradas

Durante quince años sufrí muchísimo, física y mentalmente. Médicos eminentes me dieron tratamiento para la tuberculosis hereditaria, el entorpecimiento del hígado y muchas otras enfermedades. Busqué alivio en balnearios famosos, en el clima saludable de Florida y en el aire puro de Colorado, pero en vano. Mi vida era una tortura interminable.

No obstante, durante todo ese tiempo fui un fervoroso buscador de la Verdad. Investigué las varias enseñanzas religiosas con calmada atención y sin prejuicios. De protestante ortodoxo vine a ser un escéptico y un seguidor de Voltaire, Tomás Paine e Ingersoll; sin embargo, todo el tiempo, retuve mi fe en un Ser supremo e inteligente, creador de todas las cosas. Enfermo, cansado, lleno de dudas y desesperado, entré casualmente en una iglesia de la Ciencia Cristiana en la ciudad de Nueva York, un miércoles por la noche, sin saber qué clase de lugar era. Viendo entrar un gran número de personas en aquel edificio, las seguí, suponiendo que una ceremonia de bodas había atraído la multitud. Al informárseme que se celebraba el servicio de los miércoles por la noche, pregunté de qué denominación se trataba. Concluí que sería alguna nueva moda pasajera, pero después de investigar, adquirí un ejemplar de *Ciencia y Salud,* prometiendo leerlo detenidamente. Comencé a leer el libro un martes y lo terminé el viernes de la misma semana. Todavía estaba a oscuras. Puse el libro a un lado; involuntariamente cerré los ojos y en silencio oré a Dios.

Permanecí unos instantes en esa actitud. Me sentí como un marino que por días ha sido arrojado de aquí para allá en un mar agitado, con las nubes muy bajas, las olas muy altas y toda la naturaleza envuelta en tinieblas; en su desesperación se arrodilla y confía su alma a Dios, cuando de pronto contempla la estrella polar atravesando las nubes, permitiéndole guiar su embarcación a playas seguras. Muchas cosas se me hicieron claras. Percibí que hay una sola Paternidad, la de Dios, y una sola fraternidad, la del hombre; que "habiendo yo sido ciego, ahora veo". Ya no había ni penas, ni dolores, ni temor ni indigestión. Dormí esa noche como un niño, y a la mañana siguiente desperté descansado. No queda vestigio alguno de mi antigua dolencia, y me siento como un ser nuevo. — L. P., Nueva York, Nueva York, E.U.A.

Salud y paz ganadas

Hace como nueve años fui atraído a la Ciencia Cristiana por un pariente mío, cuyas múltiples aflicciones habían dado lugar a la salud y la armonía, y cuya amorosa gratitud se reflejaba en cada una de sus palabras y actos. Me vino la idea de que en efecto Dios sana todas nuestras dolencias.

La primera vez que leí *Ciencia y Salud* no lo entendí. Me encontraba en tinieblas y lleno de tristeza y lo abandoné por algún tiempo. La buena semilla, sin embargo, había sido sembrada, y en poco tiempo reanudé la lectura con tanto interés que mis aflicciones desaparecieron "como la niebla ante el sol de la mañana". El asma (que se consideraba hereditaria), la neuralgia en una forma muy grave, y además el hábito de fumar y beber que por muchos años había tenido, desaparecieron. Alabado sea el Señor: "Envió su palabra" y me sanó, pues la lectura de *Ciencia y Salud* trajo a mi consciencia la verdad que nos hace libres. — S., Shellman, Georgia, E.U.A.

Curación rápida de tuberculosis

Me interesé por la Ciencia hace cerca de cinco años como resultado de la curación de mi esposa, de lo que los médicos habían llamado tuberculosis en sus últimas etapas. Yo había probado todo cuanto ofrecía la medicina para aliviarla, y todos los médicos me dijeron casi lo mismo en relación con su caso. Por fin se limitaron a recomendarle un clima más seco y elevado, con la indicación de que cuando se sintiese peor se le diese algo para calmarla.

Probamos diferentes climas, pero en lugar de mejorar, empeoró. Por último, continuó luchando hasta el primero de marzo de 1899, cuando tuvo que guardar cama nuevamente. Por dos días y dos noches sufrió muchísimo, y llamé a un médico. Vino, y diagnosticó el caso diciendo que no podía hacer nada en su favor, sino darle unas pastillas de morfina para que descansara. Le di dos, de acuerdo con las instrucciones, y poco antes del momento en que debía darle la tercera ella me llamó a su cama y me dijo: "No me des más eso, porque me hace más daño que bien", de modo que me volví y arrojé al fuego las pastillas, aunque en ese momento nada sabía de la Ciencia Cristiana. Algo habíamos oído decir sobre ese tema, pero eso era todo. Esa noche le di la última pastilla como a las ocho, y a las nueve de la mañana siguiente, una señora que había sido sanada en la Ciencia Cristiana la visitó y la puso en contacto con esta gran verdad. Mi esposa la aceptó y pensó en probarla, pues la señora le prestó su *Ciencia y Salud.* Recibió dicho libro como a las diez de la mañana de ese día, y siguió leyéndolo hasta la hora de la comida. Comió abundantemente por primera vez en tres días, y esa misma noche se vistió, fue al comedor y tomó con gusto una cena completa. Durmió bien aquella noche. Pidió prestado a aquella señora su ejemplar de *Ciencia y Salud* dos horas diarias durante ocho días, y se sanó por completo. El día que empezó a leer *Ciencia y Salud* pesaba cuarenta y tres kilos; tres meses después su peso había aumentado a sesenta y un kilos. — A. J. D., Houston, Texas, E.U.A.

Un estudio provechoso

Tal vez pueda ser útil a otros saber que alguien realmente ha sanado de una grave enfermedad por medio de la Ciencia Cristiana. Hace más de nueve años que empezamos a interesarnos por la Ciencia, y sería difícil encontrar a una persona más sana de lo que yo soy ahora. Puedo estar activa todo el día, desde la mañana hasta la noche, sostenida por el pensamiento de que "los que esperan a Jehová tendrán nuevas fuerzas". Con toda veracidad puedo decir que apenas sé ya lo que es cansancio físico. Antes de interesarme por la

Ciencia, los médicos dijeron que uno de mis pulmones ya no servía y que el otro se encontraba atacado de tuberculosis, de modo que desde su punto de vista me quedaban muy pocas esperanzas. Habíamos probado todos los medicamentos que me recetaron. Me había ido a las montañas, pero no pude permanecer allí a causa de la altura; y cuando los médicos no sabían qué más hacer, dijeron que sería mejor que fuésemos a Inglaterra, que el aire del mar me haría bien. Así es que pasamos tres meses en las Islas Británicas, y cuando regresé parecía muy mejorada; pero esto sólo duró un corto tiempo. En poco más de un mes me puse peor que antes, y le dijeron a mi madre que solamente me quedaban unas cuantas semanas o, a lo más, unos meses, de vida.

En aquel tiempo, una señora, una desconocida para nosotros, sugirió que probáramos la Ciencia Cristiana. No había ningún prejuicio en contra, ya que ni siquiera sabíamos lo que era. Ni conocíamos ningún Científico Cristiano en la ciudad donde vivíamos, en la parte occidental de los Estados Unidos, y cuando se nos dijo que podíamos pedir a alguien en Kansas City un tratamiento a distancia, pensamos que eso era absurdo. Se nos informó entonces que muchas personas habían sanado por medio de la lectura del libro de texto de la Ciencia Cristiana, *Ciencia y Salud,* y esto nos pareció todavía peor que lo del tratamiento a distancia, pero como habíamos probado todo lo que se nos había recomendado hasta entonces, mi madre mandó por el libro.

El libro llegó a mediados de octubre, y empezamos a leerlo juntas. Me pareció desde un principio que era algo que yo siempre había creído, pero que no había sabido expresar, parecía una cosa muy natural. Mi restablecimiento fue muy gradual, pero sentía que iba mejorando. Después de las vacaciones de Navidad comencé la escuela y no falté un solo día durante el resto del año escolar, algo que nunca había yo logrado antes. Terminé mi curso sin faltar un solo día, en efecto, desde entonces no he estado en cama un solo día. Me siento absolutamente convencida de que ahora cuento con dos pulmones sanos y fuertes. Las cavidades en el pecho se me han llenado y respiro perfectamente por los dos pulmones; rara vez sufro resfriados y no tengo ni indicios de tos.

La gente suele decir: "Ah, quizás usted nunca padeció de tuberculosis". Pues bien, he tenido todos los síntomas, y todos ellos han desaparecido por medio de la lectura de *Ciencia y Salud.* — E. L. B., Chicago, Illinois, E.U.A.

Sanado de incredulidad y de muchas enfermedades físicas

Me siento movido a escribir mi testimonio y confío en que se me acepte como un testigo más de la Verdad tal como se expone en *Ciencia y Salud con la Llave de las Escrituras.*

En 1883 oí hablar por vez primera de la Ciencia Cristiana. Estaba sentado en una taberna de Leadville en Colorado, leyendo un diario local, cuando me atrajo un artículo que se refería a algunas personas peculiares en Boston que pretendían haber descubierto la manera de sanar como lo hacía Jesús. No recuerdo mucho del artículo, pero esas palabras se grabaron en mi memoria.

Había llegado sin pensarlo al Estado de Colorado, procedente de la ciudad de Nueva York (mi ciudad natal), donde había recibido tratamiento de muchos médicos notables. El último, que era demasiado honrado para aceptar mi dinero sabiendo que no podría curarme, me aconsejó que me mantuviera lejos de los médicos y que dejara de tomar medicinas, pues sólo la muerte podía aliviarme. Mi enfermedad era albuminuria, según algunos, y según otros, cálculos en los riñones, con inflamación muy aguda de la vejiga y la próstata.

En la primavera de 1888, mi señora y yo pasamos la velada en la casa de un señor cuya esposa había sanado en la región este de los Estados Unidos mediante la Ciencia Cristiana. El señor tomó un libro del estante, diciendo: "He aquí una obra sobre la Ciencia Cristiana". Resultó ser *Ciencia y Salud.* Tan pronto como leí la página del título, me di cuenta de que ese era precisamente el libro que deseábamos. Inmediatamente mandamos por el libro, y cuando llegó, obedecimos al ángel y nos deleitamos con su lectura. Tenía yo grandes prejuicios contra la Biblia, y mi primera demostración sobre mis prejuicios fue consentir en leer los cuatro Evangelios. Mi esposa me compró un Nuevo Testamento, y comencé a leerlo. ¡Qué cambio se operó en mí! ¡En un instante todos mis prejuicios desaparecieron! Cuando leí las palabras del Maestro, comprendí su significado, y la lección que él trataba de transmitir. No me fue difícil aceptar toda la Biblia, no podía menos, pues estaba sencillamente cautivado. La enfermedad, que me había acosado por años, me atormentó más que nunca durante unos seis meses, como si tratase de desviarme; pero perdí todo temor de ella.

Continué mi estudio de *Ciencia y Salud,* y la enfermedad desapareció. Con toda sinceridad puedo decir que *Ciencia y Salud* fue mi único sanador y ha sido mi único maestro.
— R. A. C., Los Ángeles, California, E.U.A.

Curación de afección a los ojos

Supe de la Ciencia Cristiana cuando estaba yo hecha una ruina, pues mi cuerpo estaba completamente cubierto de llagas. Mis ojos estaban tan enfermos que tenía que estar semanas enteras en un cuarto oscuro, y pasaba la mayor parte del tiempo en cama, bajo la influencia de narcóticos. El médico de la familia y un especialista dijeron que la enfermedad de los ojos no tenía remedio, aunque había la posibilidad de aliviarme por algún tiempo. Me hicieron una operación y el médico dijo que si me resfriaba quedaría completamente ciega. Mi sufrimiento era indescriptible. Un clérigo me visitaba casi a diario, se sentaba junto a mi cama y lloraba, y mi buen y afectuoso médico derramó lágrimas más de una vez. Finalmente, después de un año de ese sufrimiento tan terrible, me enviaron a Indiana, a casa de una hermana que había sanado de los pulmones gracias a la Ciencia Cristiana. El día de mi llegada mi hermana me leyó de la Biblia y de *Ciencia y Salud con la Llave de las Escrituras* por la Sra. Eddy, y sané. Supe que Dios no hacía acepción de personas, y cuando me di cuenta de lo que la Ciencia Cristiana había hecho por mi hermana, quien había sido transformada de una mera sombra a una mujer fuerte, robusta y sana, de buen semblante y sin tos, yo dije: "Dios tiene lo mismo para mí, si yo lo acepto". Fui sanada instantáneamente por la Ciencia Cristiana, y estoy agradecida a Dios por habernos dado esta comprensión por medio de la Sra. Eddy, nuestra amada Guía. Ahora disfruto de perfecta salud. — Sra. F. S., Laurel, Misisipi, E.U.A.

El libro de texto me sanó

Durante doce años antes del otoño de 1897 estuve la mayor parte del tiempo bajo atención médica. Varias opiniones se dieron acerca de la naturaleza de mi enfermedad, y algunos diagnósticos fueron de tumor o hinchazón anormal, etc. Sané al leer *Ciencia y Salud con la Llave de las Escrituras* por la Sra. Eddy. Fue un caso claro de transformación del cuerpo por medio de la renovación del entendimiento. En la actualidad me encuentro perfectamente bien. — J. M. H., Omaha, Nebraska, E.U.A.

Curación de una persistente enfermedad del estómago

No hay duda de que la mayor parte de las personas vienen a la Ciencia Cristiana gracias a curaciones físicas, pero hay algunas a quienes esto no les llama la atención. Con la esperanza de que tales personas puedan beneficiarse, y con la gratitud que siento por la ayuda recibida, remito mi propia experiencia. Tres años atrás no sabía nada de la Ciencia Cristiana, aparte del conocimiento obtenido de los periódicos y de la literatura común y corriente. Cuando alguna vez pensaba sobre esa materia, era para clasificar la Ciencia Cristiana entre varias teorías humanas con las cuales no podía estar de acuerdo, porque parecían confiar en el bien y en el mal a la vez. Jamás había conocido algún caso de curación, tampoco había leído el libro de texto, ni oído mencionar las revistas *Journal* o *Sentinel,* aunque sí había visto a la gente concurrir a la iglesia de la Ciencia Cristiana. Estaba cansada de buscar algo satisfactorio en cuestiones de creencias religiosas, porque parecía como si Dios no pudiera o no quisiera establecer la armonía en las terribles condiciones existentes en la sociedad humana. Había dejado de usar toda forma de oración, exceptuando el Padre Nuestro, y aun en esa oración omitía las palabras "no nos metas en tentación". ¡Cuánto deseaba conocer siquiera algo del "¿por qué?" y el "¿para qué?" de todo!

Así fue como la Ciencia Cristiana me encontró. Fui puesta

en contacto con una amiga querida a quien había visto muy poco desde hacía un año o más; una mujer muy educada e inteligente. Me dijo que había sido tratada según la Ciencia Cristiana de una dolencia física y que se interesaba mucho por el estudio de *Ciencia y Salud con la Llave de las Escrituras* por la Sra. Eddy. Me preguntó si quería leer el libro y le contesté que me agradaría mucho. El primer capítulo, "La oración", me gustó muchísimo desde el comienzo, y cuando llegué a la parte en que la Sra. Eddy da el sentido espiritual del Padre Nuestro (en la página 17 de *Ciencia y Salud*), mi interés fue completo. Me di cuenta vagamente de que estaba aprendiendo lo que significa "orad sin cesar". Muy pronto compré un ejemplar del libro para mi uso personal, y con la ayuda de nuestra Lección-Sermón, según aparece en el *Cuaderno Trimestral,* comencé en serio el estudio de *Ciencia y Salud,* juntamente con la Biblia.

Necesitaba mucho de una curación física en ese entonces, porque estaba sufriendo desde hacía varios años de una forma de enfermedad persistente del estómago. A mi parecer, no me interesaban los beneficios físicos que pudiera derivar de ese estudio, pero sí creí que esta Ciencia contenía la verdad de las cosas, y tan absorta estaba en comprender claramente lo que es su Principio, que pensaba muy poco en mí misma. A los tres o cuatro meses de estudio, me di cuenta de que la enfermedad del estómago había desaparecido, y se fueron además otros males que jamás han vuelto a aparecer. Logré esa curación mediante la búsqueda seria y concienzuda de la verdad contenida en la Biblia e interpretada por nuestra Guía en nuestro libro de texto *Ciencia y Salud.* Desde entonces he aprendido más sobre la Ciencia de la curación y he podido, en pequeña escala, ayudar a otros que la necesitan. También he aprendido que las curaciones se realizan amando y viviendo la Verdad, y que, reflejando el Amor divino, tengo "las señales que la siguen".

Cuando pensamos en la vida pura, afectuosa y desinteresada que la Sra. Eddy debe de haber vivido para llegar a estar consciente de esta verdad y para revelárnosla, las palabras son inadecuadas para expresar la gratitud que sus seguidores sienten por ella. Esta se expresa mejor siguiendo obedientemente sus pasos, así como ella sigue a Cristo. — H. T., Omaha, Nebraska, E.U.A.

Curación rápida de dispepsia

Se me ha ocurrido que he tenido tiempo de sobra para meditar sobre las múltiples bendiciones que he recibido gracias a la Ciencia Cristiana, puesto que hace ahora más de seis años que sané completamente de dispepsia y de estreñimiento en su forma más grave, mediante la lectura de *Ciencia y Salud.* Mi estado era tan grave que por tres años, o más, no pude tomar un solo vaso de agua fría. Todo lo que tomaba tenía que estar caliente, y el único alivio que podía obtener de la enfermedad de los intestinos, era por medio de enemas de agua caliente, que me pusieron por espacio de más de tres años.

Puedo decir en verdad que sané permanentemente, y diríase también instantáneamente, de esas dos dolencias mediante la lectura de *Ciencia y Salud,* como ya he declarado, y, de hecho, creo que no había leído más de treinta páginas de este libro cuando abandoné enteramente la más rigurosa de las dietas. Comí y bebí todo lo que deseaba sin el más leve mal efecto desde aquella época hasta hoy. Y por más de seis años no ha habido en mi casa ni una gota de medicina, y somos una familia de cinco personas.

También he visto manifestarse el poder de la Verdad en

nuestro hogar, al aliviarse el menor de nuestros hijos de un dolor sumamente agudo, recuperando su carácter juguetón en cuanto lo notificamos a un fiel practicista de esta ciudad. Por todo eso estoy agradecido a Dios y a nuestra Guía fiel, la Sra. Eddy, cuya vida pura y sin mácula le permitió descubrir esta preciosa verdad, para beneficio de toda la humanidad. — M. C. McK., Denver, Colorado, E.U.A.

Después de veinte años de sufrimiento

Desde muy niña se me consideró inválida, por haberme lastimado al caer mientras jugaba. El dolor fue intenso por algún tiempo, y por varias horas no pude andar ni permanecer de pie sola. Más tarde, una creciente debilidad en la espalda, acompañada de dolores agudos, alarmaron a mis padres quienes llamaron a un médico, el que diagnosticó una afección en la espina dorsal. Entonces siguieron veinte años de dolor cada vez más intenso, en algunas ocasiones siendo muy agudo. A medida que pasaron los años, y vine a ser esposa y madre, mi sufrimiento aumentó. Todo lo que la destreza médica pudo hacer, fue hecho, pero sin encontrar algo que me beneficiara de manera permanente, y perdí la esperanza de recuperar la salud.

Cuando la Ciencia Cristiana llegó a mi conocimiento, estaba bajo el dictamen médico de que si sobrevivía esa semana, quedaría completamente inválida, sin poder mover ni pies ni manos. Mi esposo era agente viajero, y al ser llamado urgentemente para que volviese a casa, se encontró en el tren con un antiguo amigo, quien le preguntó por qué no probaba la Ciencia Cristiana. Al contestar mi esposo que nada sabíamos acerca de ella, el amigo le hizo una breve explicación de su poder sanador y de los beneficios que su familia había recibido. Eso le infundió nueva esperanza a mi esposo, y al llegar a casa llamó a un practicista, quien recomendó que consiguiéramos *Ciencia y Salud,* lo que hicimos en seguida, pero la ignorancia y el prejuicio de una educación anticuada produjeron tal temor que cuando los niños entraban en el cuarto, yo ocultaba el libro debajo de la ropa de cama, temiendo que no fuera de Dios y que pudiera hacerles daño. Sin embargo, el tierno amor de Dios fue más potente que estos temores insensatos, y el primer día que leí esas páginas sagradas me convencí de que sus enseñanzas eran las mismas verdades que Jesucristo había enseñado siglos atrás. Después de leer unas pocas páginas, arrojé la medicina por la ventana que daba a la cabecera de mi cama. Luego volví al libro y comencé a leer otra vez, cuando, he aquí, la idea-Cristo amaneció sobre mí, y sané instantáneamente.

Primero noté que la parte dolorida de la espalda se aliviaba, y muy pronto pude levantarme de la cama. Continué leyendo ansiosamente; sentía como si quisiese devorar la verdad sanadora, y la embebía como la planta sedienta absorbe la suave lluvia. A la hora del almuerzo fui a comer con la familia y comí con mucho apetito, para el asombro de todos. Nunca olvidaremos ese almuerzo tan alegre. ¡Cómo dimos gracias a Dios por la Ciencia Cristiana!

A medida que ha pasado el tiempo, hasta transcurrir veinte años, la curación ha sido perfecta y mi gratitud a Dios se ha hecho cada vez más profunda y sincera, por esa valerosa mujer que fue lo suficientemente pura como para poner de manifiesto otra vez la curación mediante el Cristo, a fin de que permaneciera en el mundo para siempre y salvase a la humanidad que sufre de toda enfermedad y pecado. — Sra. P. L. H., Fairmont, Minnesota, E.U.A.

De la desesperación a la esperanza y la alegría

Frecuentemente he tenido deseos de dar a conocer lo que la Ciencia Cristiana ha hecho por mí, pero jamás podría relatar todas mis bendiciones, pues son muchas. Desde mi niñez estuve siempre enferma, nunca supe lo que era una hora de reposo y la mayor parte del tiempo estaba bajo el cuidado de un médico. En esa época vivía en la parte este de los Estados Unidos, y me aconsejaron que probara un cambio de clima, lo que hice. En la primavera me trasladé al oeste con mi familia, pero en lugar de mejorar empeoré cada vez más hasta que al fin me vi obligada a guardar cama, por casi tres años, con grandes sufrimientos. Parecía como si mis dolencias fueran todas las que puede heredar la carne, y los médicos las llamaban incurables, a saber: nefritis y muchas otras, en sus últimas etapas. Mi caso era considerado extremo entre los médicos, muchos de los cuales eran prominentes especialistas. Muchos, al mirarme, solían mover la cabeza, diciendo: "¿Qué es lo que la mantiene viva?" Los médicos, que habían sido sumamente bondadosos y habían hecho por mí todo lo que podían, perdieron las esperanzas y fui desahuciada por todos los que me atendían.

Fue entonces que comprendí que "la necesidad extrema del hombre es la oportunidad de Dios". El "librito" me fue dado en esa hora de gran necesidad. Lo leí sin pensar que me sanaría, pero como persona que se ahoga, me aferré a él. Lo leí y lo releí y pronto me di cuenta de que me estaba volviendo más fuerte; entonces seguí leyendo y sané por completo de todas aquellas supuestas enfermedades incurables. — L. B., Austin, Minnesota, E.U.A.

La verdad hace libre

Como hijo de médico, graduado en farmacéutica, y exboticario, sentía un gran desprecio por todo lo que creía que era la Ciencia Cristiana. Sin embargo, hace como seis años y medio, habiendo agotado todos los recursos materiales a mi alcance —medicina, electricidad, gimnasia, ciclismo y demás— y hallándome en un estado desesperado, comencé el estudio de la Ciencia Cristiana. Había sufrido de catarros y dolor de garganta por más de treinta años, y en los últimos cinco fueron agregándose otros muchos males, incluso dispepsia, bronquitis y la pérdida de veintisiete kilos de peso. Sané completamente y recuperé la salud, las fuerzas y el peso por medio de la comprensión espiritual de la Ciencia Cristiana, como resultado de seis semanas de estudio aproximadamente. Esta buena dádiva, este don perfecto, me vino por el cuidadoso y devoto estudio de la Ciencia Cristiana, tal como es revelada al mundo hoy en día por medio del libro *Ciencia y Salud.* La promesa de Cristo Jesús: "La verdad os hará libres" se cumplió, y los últimos seis años de salud y armonía se han empleado en el esfuerzo de "retener lo bueno".

Aun cuando estoy sumamente agradecido por la curación física, mi gratitud por la regeneración mental y espiritual es inexpresable. Cuando comprendí que la misión curativa de Jesús, tanto para las enfermedades como para el pecado, no terminó con su corta estadía en la tierra, sino que es practicable en todas las épocas, mi alegría no tuvo límites. Habiendo gastado una fortuna en el antiguo sistema de curación, me pareció maravilloso haber sanado a tan pequeño costo como lo es el precio del "librito" y el estudio de unas cuantas semanas. Todo prejuicio se desvaneció inmediatamente ante las pruebas de que la Ciencia Cristiana es, en verdad, la elucidación y aplicación práctica de las enseñanzas de Jesús, las cuales son verdad demostrable, "la misma ayer, y hoy, y por los siglos". — C. N. C., Memphis, Tennessee, E.U.A.

Oídos sordos abiertos

Como madre de familia, mi corazón rebosa de amor y gratitud hacia esa admirable mujer a quien tenemos el privilegio de llamar nuestra Guía, por todo lo que ella ha hecho en mi beneficio y en el de los míos con su libro.

Hace diez años sané de sordera hereditaria y sinusitis, simplemente leyendo el libro *Ciencia y Salud.* Desde hacía años había consultado y recibido tratamientos de algunos de los mejores especialistas de oídos y garganta, tanto en Inglaterra como en los Estados Unidos, pero empeoraba cada vez más. Una señora que había sanado gracias a la Ciencia Cristiana, me instó a que comprara el libro y lo estudiara. Lo hice de muy mala gana, pero no había leído ni siquiera cincuenta páginas, cuando me di cuenta de que realmente había encontrado la verdad que hace libre, y puedo decir sinceramente que desde entonces no ha vuelto la enfermedad que padecía.

Sin embargo, lo que agradezco más es la ayuda diaria que me proporciona en mi hogar y con mis hijitos. Estoy segura de que si las madres sólo supieran lo que la Ciencia Cristiana realmente significa, darían todo lo que poseen por conocerla. Hemos visto el crup, el sarampión, la fiebre y diversas así llamadas enfermedades de niños, desaparecer como el rocío ante el sol de la mañana, por medio de la aplicación de la Ciencia Cristiana: la comprensión de que Dios siempre está presente y es omnipotente. He podido comprobar, fuera de toda duda, que Dios es nuestro pronto auxilio en las tribulaciones. ¡Qué ayuda tan bendita es esta verdad maravillosa en la educación de nuestros hijos y cuán rápidamente entiende el niño la verdad!

Hace algún tiempo mi hijita, entonces de tres años de edad, se dislocó el hombro. Ocurrió cuando estaba yo sola con ella en casa. El dolor era tan intenso que la niña se desmayó. La ayudé mentalmente lo mejor que pude, pero continué pensando que tan pronto como alguien viniese correría yo a buscar ayuda. La niña parecía empeorar y lloraba mucho. La desvestí y traté de ajustarle el brazo, pero eso le causó tanto dolor que comencé a asustarme. Entonces, como un relámpago me vino el pensamiento: "¿Qué harías si estuvieras fuera del alcance de un practicista? Ahora es tu oportunidad para probar el poder y la presencia de Dios". Con estos pensamientos me vino tanta calma y confianza que perdí todo temor. Pregunté a la niña si quería que le leyese algo; me contestó: "Sí, mamá, léeme del libro de la verdad". Comencé a leerle en voz alta de *Ciencia y Salud,* y en menos de media hora noté que procuró levantar el brazo, pero gritó y se puso muy pálida. Seguí leyendo, y otra vez trató de ponerse un dulce en la boca. Esta vez noté con júbilo que casi alcanzó la boca, antes que sintiera el dolor. Continué leyéndole en voz alta hasta que mi hermana y mis dos niños entraron en el cuarto; a la niña le dio tanta alegría ver a sus hermanos que se olvidó de su brazo y saltó de la cama. Entonces comenzó a contar a su tía que se había fracturado el brazo y que su mamá la había curado con el libro de la verdad. Cuando le ocurrió eso, eran las diez y media de la mañana y a las tres de la tarde jugaba en el jardín, como si nada le hubiese pasado. — Sra. M. G., Winnipeg, Manitoba, Canadá.

Salvada de locura y suicidio

Hace algunos años, cuando estaba envuelta en oscuridad y desesperación a causa de la mala salud y de un hogar desdichado, alguien me prestó *Ciencia y Salud* rogándome que lo leyese.

En esa época, mi hija había sido abandonada por la medicina para morir lentamente de tuberculosis, la cual se suponía que había heredado. Mi propio estado parecía aún más alarmante, puesto que la locura comenzaba a manifestarse, y antes que ir a un manicomio, me parecía que lo único que me quedaba era el suicidio. Una afección al corazón, una enfermedad de los riñones y constantes dolores de cabeza causados por males femeninos, eran algunas de las muchas dolencias con las que tenía que luchar. Mi médico procuraba persuadirme de que me dejase operar, como un medio para aliviarme, pero ya me había sometido a una operación muy delicada diez años antes, y solo había hallado más sufrimiento como resultado; así es que no consentí.

Al empezar la lectura de *Ciencia y Salud,* leí primero el capítulo llamado "La oración" y entonces no creía que me fuese posible recordar nada de lo que leía, pero sentí una dulce impresión de la protección y del poder de Dios, y la esperanza de que al fin había de encontrar en Él lo que tanto necesitaba: nuestro pronto auxilio en las tribulaciones. Antes que yo terminara el capítulo "La oración", mi hija bajaba al comedor y estaba comiendo tres veces al día y recobrando cada día más fuerzas, y antes que yo hubiese terminado de leer el libro de texto, se encontraba ya bien. Pero no habiendo oído jamás que alguien hubiese sanado simplemente con la lectura de *Ciencia y Salud,* pasaron varios meses antes que yo diera la gloria a Dios por esa curación.

Una por una desaparecieron mis muchas dolencias,

excepto los dolores de cabeza, que se hicieron cada vez menos frecuentes hasta que al cabo de tres años el temor a ellos fue vencido por completo.

Ni mi hija ni yo hemos recibido tratamiento alguno. El estudio de la Biblia y del libro de texto de la Ciencia Cristiana, *Ciencia y Salud* por la Sra. Eddy, nos ha sanado y nos conserva bien.

Cuando la Ciencia Cristiana era muy nueva para mí, asistí a una reunión de testimonios en Primera Iglesia de Cristo, Científico, en Chicago. Allí un señor refirió el caso de una desdichada mujer que estaba por separarse de su esposo. Cuando ese señor le preguntó si no amaba a su esposo, ella respondió: "No; cuando me casé con él lo amaba, pero ahora ya no". Él le dijo que Dios había hecho al hombre a Su imagen y semejanza, y que Dios era perfecto. Le aconsejó: "Vaya a su hogar y vea únicamente al hombre perfecto de Dios; no necesita usted amar a un pecador mortal, como aquel que ha estado viendo". La señora siguió su consejo, pues él le dijo que no había separación en la Mente divina. Poco tiempo después, la paz y la armonía reinaban en su hogar, y tanto el esposo como la esposa se afiliaron a una iglesia de la Ciencia Cristiana.

Este testimonio fue como un mensaje del cielo para mí. Había ya recibido muchos beneficios gracias al estudio de *Ciencia y Salud*, pero hasta entonces nunca había alboreado en mi consciencia ensombrecida el pensamiento de cuán maravilloso es nuestro Dios. Yo sabía que lo que había ocurrido en aquel hogar podía ocurrir igualmente en mi desdichado hogar, donde no existía ni paz ni reposo.

Llena de esperanza tomé mi cruz, y paso a paso se hacía más liviana mi carga, mientras avanzaba dándome cuenta de la presencia del Cristo, la Verdad, que por cierto nos hace libres. No fue de repente que se realizó un cambio perceptible, pero al cabo de tres años todo era paz, y todos los miembros de la familia íbamos juntos a la iglesia, comprendiendo que no hay sino una sola Mente. — E. J. B., Superior, Wisconsin, E.U.A.

Enfermedad del estómago sanada

Gracias a la lectura de *Ciencia y Salud* sané de un mal del estómago que había padecido por muchos años. Mi estado había llegado al punto en que sufría ataques periódicos, que se presentaban cada vez con mayor frecuencia. Era agente viajero, y a menudo tenía que llamar a un médico al hotel para que me diera morfina durante los ataques agudos de dicha enfermedad. Esto se convirtió en una costumbre en ciertos lugares, y estos ataques siempre me dejaban peor que antes. Como resultado del último perdí mucho peso. Había consultado con muchos médicos y había empleado los remedios comunes durante estos años de sufrimiento, pero sin buenos resultados. Finalmente, y como último recurso, me decidí a probar la Ciencia Cristiana, y sané gracias a la lectura de *Ciencia y Salud con la Llave de las Escrituras* por la Sra. Eddy.

Mi salud ha sido de lo mejor desde que sané, hace ya seis años. Tanto mi familia como yo confiamos ahora por completo en la Ciencia Cristiana para nuestras curaciones, y siempre la hemos encontrado eficaz. Sin embargo, creemos que la curación física sólo es cosa secundaria comparada con la comprensión que hemos logrado acerca de Dios y Su bondad. Esto, junto con nuestro amor cada vez mayor por la Biblia, está resultando de inmenso valor para nosotros. Estamos esforzándonos humildemente por vivir una vida que dé testimonio de nuestra gratitud hacia Dios y hacia nuestra amada Guía, la Sra. Eddy. — Charles E. Peck, St. Johnsbury, Vermont, E.U.A.

Liberado de muchos años de sufrimiento

En la primavera de 1880 me atacó una grave enfermedad estomacal, que me tuvo en cama tres meses y me impidió salir por cerca de seis meses. Durante ese tiempo fui atendido por tres buenos médicos. Me fortalecí un poco pero sentí escaso alivio del mal estomacal. Se me recomendó probar con manantiales minerales y así lo hice, pero sólo para sufrir la misma desilusión. Fui a un sanatorio y, sin embargo, el mal del estómago persistía. Algunos amigos me recomendaron específicos farmacéuticos, pero no se efectuó ninguna curación.

Pasé varios años preocupado en esta forma. Por último, estudié medicina durante dos años con un buen médico amigo mío, especialmente para beneficiarme, y durante este tiempo se presentó una grave dolencia en la vejiga, y por espacio de quince años sufrí tanto que a veces me parecía inútil seguir viviendo. Además de estas enfermedades, sufría de reumatismo y gripe todos los inviernos. También apareció en los ojos lo que llaman cataratas, produciendo inflamación casi continua hasta el punto de nublarme la vista para leer. Tenía muchas callosidades en los pies, que me molestaban, y para todos esos males había probado cuantos remedios se me ofrecían y podía conseguir, incluyendo los de especialistas, pero sin alivio alguno.

Gracias a un amigo que me encontró en ese estado de desesperación y desaliento y que me guió a la luz que no conoce tinieblas, adquirí un ejemplar de *Ciencia y Salud* por la Sra. Eddy, y sané en breve tiempo con la lectura de esta obra. — D. W. L., Anderson, Indiana, E.U.A.

Alivio de sufrimientos intensos

Comencé a interesarme por la Ciencia Cristiana en 1901. Durante cuatro o cinco años había estado sufriendo de intensos ataques de dolor que nada sino los narcóticos parecían aliviar. Después de uno de esos ataques, que me pareció el peor de todos, consulté con el médico de la familia, quien diagnosticó una peligrosa enfermedad de los riñones, y dijo que ningún medicamento podía aliviarme y que debía someterme a una operación quirúrgica. Seguí empeorando y fui otra vez a ver al médico, y me aconsejó consultar con un doctor del hospital municipal de Augusta. Este me examinó también y diagnosticó algo diferente, pero igualmente grave. Entretanto, una amiga me ofreció un ejemplar de *Ciencia y Salud*. Le dije que no me interesaba la lectura del libro, pero ella insistió tanto que al fin le prometí leerlo. Recibí el libro un sábado, y el domingo por la mañana empecé su lectura. Cuando llegué al lugar en el cual la Sra. Eddy dice que encontró esta verdad en la Biblia, me puse a comparar los dos libros. Leí pasajes que me parecían sumamente razonables y me dije: Esto se aproxima más a la verdad que todo lo que he conocido hasta la fecha. Seguí leyendo todo el día, interrumpiendo la lectura solamente para comer. A medida que leía, todo se me hacía más claro, y sentí que había sanado. Por la noche llegó una vecina a quien le dije: "Estoy sana, y ese libro me sanó". Seguí leyendo y efectivamente había sanado. Ocho días después de mi curación hice todo el lavado. Esto ocurrió en febrero de 1901. Alrededor de seis semanas después, fui llamada para cuidar de mi madre, quien estaba bajo el cuidado de mi antiguo médico. Le dejé examinar mi costado otra vez, pues él quería saber si el mal aún estaba allí. Él dijo: "Por cierto que ha desaparecido", a lo que le repliqué:

"Doctor, usted me dijo que nunca quedaría sana sin una operación; ¿qué es lo que me ha sanado?" Él contestó: "Dios la ha sanado". — S. H. L., North Pittston, Maine, E.U.A.

Agradecida por muchas bendiciones

Es con sincera gratitud por las muchas bendiciones que me ha traído la Ciencia Cristiana, que doy este testimonio. Oí hablar por primera vez de la Ciencia Cristiana hace como quince años. Uno de mis amigos estaba recibiendo tratamiento para ciertas dolencias físicas, y leyendo el libro de texto de la Ciencia Cristiana, *Ciencia y Salud con la Llave de las Escrituras*. El título del libro me llamó grandemente la atención y dije a mi amiga: "Si eso es una Llave de las Escrituras, tengo que adquirirlo".

Por mucho tiempo fui miembro de un curso de estudios bíblicos en una escuela dominical ortodoxa, pero nunca me sentí satisfecha con lo que se enseñaba; algo faltaba, en aquel entonces no podía entender qué era. Compré un ejemplar de *Ciencia y Salud* y empecé a estudiarlo. Quisiera expresar con palabras lo que ese libro me trajo. Iluminó la Biblia con una luz gloriosa, y comencé a entender algunos de los dichos del Maestro, y traté de ponerlos en práctica.

Durante muchos años había sentido el anhelo de llevar una vida más cristiana, y con frecuencia me preguntaba por qué no había podido comprender la Biblia. Entonces lo supe; era debido a la falta de comprensión espiritual.

Al comienzo no sabía que la gente podía sanar de la enfermedad y del pecado simplemente leyendo *Ciencia y Salud*, pero al poco tiempo hallé que esto era así. En aquella época tenía varios problemas físicos, y uno tras otro simplemente desaparecieron, y encontré que estaba sana y perfectamente libre. La elevación espiritual fue igualmente gloriosa, y a medida que continúo en el estudio de esta bendita Ciencia, encuentro que estoy ganando ciertamente una comprensión que me ayuda a vencer tanto el pecado como la enfermedad en mí misma y en los demás. Mi fe en el bien ha aumentado, y sé que estoy perdiendo la creencia de que el mal es un poder igual al bien. La senda no es penosa, porque cada victoria sobre el yo da una fe más grande y un deseo más fervoroso de seguir adelante. — E. J. R., Toledo, Ohio, E.U.A.

Agradecido por el despertar moral y espiritual

Hace aproximadamente cuatro años que, después de haber probado diferentes modos y medios de conseguir alivio de mis sufrimientos corporales, un fiel amigo llamó mi atención hacia las enseñanzas de la Ciencia Cristiana. Después de cierta oposición decidí investigarlas, pensando que si estas enseñanzas eran útiles, deberían serlo para mí así como para otros, y si no prestaban ninguna ayuda podría abandonarlas; pero que tendría que descubrirlo para convencerme.

Después de haber leído la obra de la Sra. Eddy, *Ciencia y Salud,* durante unos pocos días, encontré que mis dolencias habían desaparecido, y experimenté un descanso que jamás había conocido antes. Había fumado casi incesantemente, aunque con frecuencia había decidido recurrir a la fuerza de voluntad para dejar de fumar, pero siempre fracasaba. Este deseo, igual que el deseo de tomar bebidas alcohólicas, simplemente desapareció, y quisiera expresar aquí que recibí todos estos beneficios antes de haber obtenido una buena comprensión de lo que estaba leyendo. Como un prisionero que hubiera permanecido encadenado por años, de pronto fui puesto en libertad. Entonces no sabía cómo habían caído las cadenas, pero tenía que reconocer que esto ocurrió gracias a la lectura de este libro. Entonces experimenté un ardiente deseo de leer más y conocer qué era ese poder que me había liberado en unos cuantos días de lo que hacía años estaba intentando quitarme de encima sin lograrlo. Luego percibí con claridad que esta era la verdad que Jesucristo enseñó y predicó hace casi dos mil años para libertar a la humanidad. Sin embargo, no se me ocurrió aplicar esas enseñanzas a mis negocios; por el contrario, al principio pensé que si continuaba con mi estudio, tendría que retirarme de los negocios.

Sin embargo, esto no sucedió, pues gradualmente me di cuenta de que la pequeña comprensión de estas maravillosas enseñanzas que había adquirido, vino a ser de gran utilidad en mis negocios. Me hice más amigable, más honrado, más bondadoso para con mis semejantes; también adquirí un criterio más acertado y pude hacer lo correcto en el momento correcto. Como resultado natural, mis negocios mejoraron. Antes que supiera de la Ciencia Cristiana, mis negocios me parecían a menudo una carga, y el temor y las preocupaciones me privaban de todo descanso. ¡Cuán distinto es ahora! Por medio del estudio de la Biblia, la cual posee ahora inconmensurables tesoros para mí, y de nuestro libro de texto, *Ciencia y Salud*, y de las demás obras de nuestra Guia, recibo paz y confianza en Dios, como también el discernimiento de carácter que es necesario para el manejo correcto de cualquier negocio. — W. H. H., Bloomfield, Nebraska, E.U.A.

Curación de una enfermedad hereditaria de los pulmones

Por mucho tiempo me he sentido impulsada a dar un testimonio sobre el poder sanador de la Verdad. Así como yo leo otros testimonios y me regocijo con ellos, alguien puede regocijarse con el mío. Sané leyendo *Ciencia y Salud.*

Poniendo en práctica lo leído, encontré que es la verdad que Jesús enseñó, la verdad que hace libre.

Desde mi infancia no había conocido un solo día de buena salud. Sané de un mal pulmonar de larga data. La tuberculosis era hereditaria en nuestra familia; mi madre y tres de mis hermanos fallecieron por esa causa. La ley médica dijo que yo tenía que seguirlos en poco tiempo. También sufrí de una enfermedad estomacal por más de ocho años, durante los cuales siempre me acosté sin cenar, pues el temor a sufrir a causa de la comida era tan grande que me privaba de comer aunque tuviese hambre. Por más de veinte años sufrí de los ovarios, a veces en una forma casi insoportable. Esa enfermedad comenzó al nacer mi primer hijo, y en una ocasión fue necesaria una operación. Sufrí casi todos los males de que es heredera la carne. Desde mi niñez padecí de la vista; usé anteojos durante catorce años. Varios oculistas afirmaron que quedaría ciega; uno de ellos dijo que eso ocurriría en menos de un año si no me operaban, a lo cual me negué.

Pero gracias sean dadas a Dios, cuya Verdad me llegó por el estudio de nuestro libro de texto. Las palabras me faltan para expresar lo que, de múltiples maneras, la Ciencia Cristiana ha hecho por mí, por mis hijos, mi hogar, todo lo mío. La curación física es sólo una pequeña parte; la revelación y la elevación espirituales son "la perla preciosa", y esto es la mitad que nunca se ha dicho. — Sra. J. P. M., Kansas City, Misuri, E.U.A.

El libro de texto apreciado

Ha sido mi privilegio celebrar entrevistas con representantes de más del sesenta por ciento de las naciones del mundo en sus propios países. Nunca había oído de un principio tan avanzado de manera comprensiva que capacitara a la humanidad para obedecer el mandato apostólico: "Examinadlo [probadlo] todo", hasta que el libro *Ciencia y Salud con la Llave de las Escrituras* fue puesto en mis manos. Creo que el estudio sincero de este libro conjuntamente con la Biblia capacitaría a uno para probarlo todo.

Hago esta declaración sin reservas, por lo que mis ojos han visto y mis oídos han escuchado de aquellos de mis semejantes de integridad incuestionable, y también por las pruebas positivas que yo mismo he obtenido mediante el estudio de esos libros. Muchas supuestas leyes materiales que estaban arraigadas en mi mentalidad desde mi juventud fueron anuladas. Se requirió algún tiempo para que yo despertara a las palabras de nuestra Guía en *Escritos Misceláneos,* página 206: "Las etapas progresivas de la Ciencia Cristiana se adquieren mediante desarrollo, no por acrecentamiento". Sufrí muchas decepciones y caídas antes de estar dispuesto a hacer el trabajo científico requerido para comprobar esta declaración; a pesar de lo que nos cueste, estoy convencido de que no podemos hacer honor a la causa que profesamos amar hasta que estamos en condiciones de comprobar lo que realmente es Dios para cada uno de nosotros individualmente, así como nuestra relación con Él, por medio del trabajo científico.

Deseo expresar mi agradecimiento cariñoso a nuestra Guía por la nueva edición de *Ciencia y Salud.* Al estudiar esta nueva edición, no puede uno menos que observar la sabiduría, el amor, y el pensamiento cuidadoso y consagrado expresado en la revisión. Muchas veces el cambio de una sola palabra en una frase hace más lúcido el pensamiento científico, no sólo para aquellos familiarizados con el libro, sino también para aquellos que apenas están llegando a su luz bendita. Toda la honra sea dada a esa mujer, Mary Baker G. Eddy, que ama y teme a Dios, cuya obra única es una obra de amor ayudando a la humanidad a ayudarse a sí misma, mostrando a sus semejantes en forma comprensible lo que son los derechos divinos del hombre y lo que Dios realmente es. — H. W. B., Hartford, Connecticut, E.U.A.

Curación de hernia y otras enfermedades graves

Al comenzar el estudio de la Ciencia Cristiana, hace casi tres años, tenía una hernia muy grave, de la que había padecido durante treinta y dos años. A veces el dolor era tan intenso que parecía que no podía soportarlo. Esos ataques duraban entre cuatro y cinco horas, y a pesar de que se hacía por mí todo lo que era posible hacer, no experimenté ningún alivio permanente hasta que comencé a leer *Ciencia y Salud con la Llave de las Escrituras.* Después de verlo por primera vez, quería leerlo todo el tiempo. Quedaba tan absorta en el estudio del "librito" que apenas si me di cuenta del momento en que se efectuó la curación. Pero sí sané, y no solamente de la hernia, sino de otros males también: reumatismo inflamatorio, catarro, callos y juanetes.

Jamás me desprendería del libro, si no pudiese obtener otro. Tengo setenta y siete años de edad, y gozo de muy buena salud. — Sra. M. E. P., St. Johnsbury, Vermont, E.U.A.

Madre e hija sanadas

Cuando encontré la Ciencia Cristiana había estado tomando medicamentos diariamente durante veinte años, debido al estreñimiento. Me habían atendido médicos y especialistas; había recibido tratamientos magnéticos y osteopáticos; había probado cambios de clima; había sido operada en un hospital, y al salir de él estaba peor que antes. Estaba tan desalentada, después de haber probado todo lo que conocía y no haber mejorado, sino que me iba peor, que me parecía que tendría que renunciar a estar sana, cuando una amiga me sugirió que probara la Ciencia Cristiana. Yo había oído que los Científicos Cristianos sanaban por medio de la oración, y me parecía que esta tenía que ser la manera en que Jesús sanaba. Sentí que esto era lo único que me faltaba probar. Mandé comprar el libro *Ciencia y Salud* y comencé a leerlo por curiosidad, sin pensar ni saber que me podía sanar con su lectura, sino que creía que tendría que seguir tomando medicinas y someterme además a tratamiento por algún Científico Cristiano. Sin embargo, dejé la medicina y leí durante tres días; entonces comenzó a resplandecer una luz en las tinieblas. Sané del problema y no he tenido que tomar ninguna medicina desde entonces. He estudiado fielmente *Ciencia y Salud* desde entonces, y otros males han desaparecido. Mi hijita también ha sido sanada y ha aprendido a usar este conocimiento en su trabajo escolar. — Sra. O. R., Leadville, Colorado, E.U.A.

Curación de enfermedad del hígado

Al recordar la época en que creía que no tenía nada por qué vivir, y cuando al despertar cada mañana me sentía decepcionada por encontrarme aún entre los vivos (porque esperaba cada noche al cerrar los ojos, que sería por última vez), mi corazón rebosa de amor y gratitud hacia Dios por nuestra querida Guía, quien descubrió esta verdad bendita, y hacia los seres queridos que me han ayudado tan amorosa y pacientemente a través de escabrosos caminos.

Hace doce años, consulté con un médico porque había notado algunas manchas raras en uno de mis brazos. Me dijo que eran manchas hepáticas y que no valía la pena recetarme algo por tan poca cosa, que debía esperar hasta que estuviese cubierta de ellas. Como tres meses después, estaba efectivamente cubierta de manchas, con excepción de la cara y las manos. Entonces me alarmé y consulté con otro médico, quien me recetó algunos remedios, pero al fin dijo que no podía hacer más por mí. Consulté con otros médicos, sin mejores resultados. Hace seis años unos amigos me aconsejaron consultar con su médico de familia, y cuando lo visité me dijo que estaba seguro de poder curarme de manera que le pedí que me recetara algo. Al cabo de dos años, después de recetarme remedios continuamente, me dijo que estaba yo tan llena de medicinas que temía recetarme más, y recomendó reposo. Después de haber desembolsado una pequeña fortuna, no había mejorado, y estaba muy desalentada.

Hace dos años, después de haber fracasado en los negocios, solicité a uno de mis clientes que me permitiese usar una habitación amueblada, donde pudiera recibir a los pocos clientes que aún me quedaban. Esa señora, que es Científica Cristiana, me prestó *Ciencia y Salud,* y debido a las muchas veces que me preguntaba cómo iba con mi lectura del libro, empecé a leerlo. También concurrí a los servicios de los miércoles por la noche, los que encontré muy interesantes. Después de oír los testimonios en dichas reuniones, decidí hablar con algún practicista acerca de las manchas; pero no hasta que yo dispusiera de por lo menos unos cien dólares, porque creía que necesitaría de esa cantidad para los tratamientos, pues estaba acostumbrada a pagar honorarios altos. No había preguntado acerca de los honorarios ni hablado con nadie sobre mis intenciones porque era muy susceptible sobre este tema. Después de haber leído cerca de la mitad de *Ciencia y Salud,* noté que no tenía las manchas, y al buscarlas no encontré ni vestigios de ellas. Habían desaparecido completamente, sin tratamiento alguno. En pocas semanas la lectura de aquel libro había logrado lo que la medicina no había logrado en diez años. Es imposible expresar la sensación de alivio y felicidad que experimenté entonces. — C. K., Astoria, New York, E.U.A.

Una investigación convincente

Si bien ya he dado testimonio entre las personas a quienes trato y en muchos lugares respecto a mi curación en la Ciencia Cristiana, siento que ya es tiempo de poner "la luz" en el candelero para que todos la puedan ver. Mis recuerdos más remotos eran de una época de sufrimientos, una herencia física de mi madre, que si bien producía interés simple al comienzo, al cabo de los años se agregaron los intereses compuestos. Mi padre era médico, y se habían ensayado infructuosamente remedios materiales con mi madre; por tanto, mi padre había perdido la confianza en que me pudiesen curar, de hecho, me decía que era mejor sufrir sin medicinas que volverse un adicto a ellas, y no sentir dolor.

Fui maestra desde mi juventud y enseñé por más de veinte años. Durante ese tiempo no pasé un solo día sin padecer dolor o sin temor al dolor, y si no hubiera sido por mi innato amor a la vida, esta se hubiera vuelto una carga intolerable. Durante cinco años mi principal alimento fue la avena y llegué a acostumbrarme a ella casi tanto como Kaspar Hauser se acostumbró a su pan negro. A temprana edad se me enseñó a tener fe en Dios, y muchas veces el dolor desapareció, pero sólo para volver en forma más grave.

Al fin, mi corazón clamó al Dios vivo, y la respuesta llegó por uno de Sus mensajeros, que me habló de la Ciencia Cristiana. Le respondí que yo creía que Dios podía sanar, pero que no tenía fe en la curación por la Ciencia Cristiana, pero que me gustaría investigar su teología, ya que podría ayudarme a conocer el significado de la vida. Durante tres años había escudriñado las obras de los escritores más científicos en busca del origen de la vida; muchas veces creía haberla rastreado hasta su origen, pero siempre eludía mi comprensión. Un día en que conversaba con mi amiga, me dijo que le gustaría prestarme el libro de texto *Ciencia y Salud,* lo cual acepté con agrado. Poco tiempo después tuve una crisis muy dolorosa. Por primera vez abrí el libro, y un párrafo que estaba por la mitad atrajo mi atención. Lo leí una y otra vez, durante cerca de dos horas. Cuando sonó la campana anunciando la hora del té, cerré el libro y nunca podré olvidar la forma en que percibí el cielo nuevo y la tierra nueva, todas las cosas de la naturaleza que podía ver parecían haberse lavado y limpiado. Las flores, que tanto he amado siempre, y que solían contarme tantas historias dulces desde mi niñez, me hablaban ahora del Todo-en-todo; los corazones de mis amigos parecían más amables, había tocado el borde del manto de la curación.

Esa noche, cené olvidándome de los preparativos que solía hacer para el sufrimiento, y al día siguiente me sentí más que nunca con voluntad de trabajar. Desde que cerré *Ciencia y Salud,* después de leerlo por primera vez, nunca he podido volver a encontrar el párrafo que tantas veces había leído; las palabras parecían haberse desvanecido, pero mi gozo no conocía límites por haber hallado la perla preciosa. La lectura constante del libro me sanó por completo, y durante catorce años no he tenido un solo día de sufrimiento físico. — Srta. L. M., Rome, Nueva York, E.U.A.

Curación de sordera e hidropesía

Había sido sorda desde mi niñez. Sufría intensamente después de las comidas, y la hidropesía era otra de mis enfermedades. Esto, junto con la tuberculosis, hizo que un médico dijera: "Estoy perplejo; hasta ahora nunca había visto un caso como el suyo".

Me encontré con una amiga que había sanado mediante la Ciencia Cristiana, y me dijo: "Prueba la Ciencia Cristiana". Obtuve un ejemplar de *Ciencia y Salud*, y en tres semanas sané por completo. Me sentí elevada. Parecía como si los brazos de Dios me rodearan. Sentí como si el cielo hubiese descendido a la tierra. Después de cinco años de sufrimiento, ¿quién podrá dudar de mi indecible gratitud? — A. B., Pittsburgh, Pensilvania, E.U.A.

Agradecida por muchas bendiciones

En 1894, empecé a estudiar la Ciencia Cristiana. En esa época tenía gran necesidad de su verdad sanadora. Durante muchos años había sido casi una inválida sin esperanza de volver a estar bien y fuerte. Años atrás me había sometido a una operación que resultó en peritonitis. Durante tres años antes de estudiar *Ciencia y Salud*, por la Sra. Eddy, casi nunca estuve libre de dolor de cabeza, ocasionado por la debilidad y el estado enfermizo de mis órganos internos. Cuando empecé a estudiar la Ciencia Cristiana, estaba tomando cinco clases de medicamentos.

Comencé a leer *Ciencia y Salud* y no recibí tratamientos, porque pensé: "Si esto es la verdad, sanaré; si no lo es, me daré cuenta de ello y no tendré nada que ver con esto". Me transformé en una estudiante devota, y gradualmente mis enfermedades me abandonaron, estaba libre. Desde entonces, hace cerca de diez años, ni mis dos niños ni yo hemos tomado ninguna medicina; y nuestra comprensión de la verdad ha sido capaz de enfrentar y vencer toda sugestión de enfermedad.

Yo era miembro devoto de una iglesia ortodoxa, pero a medida que crecía, empecé a cuestionar mis creencias, y no pude encontrar respuestas satisfactorias a mis preguntas. Me desilusioné y por fin dejé de asistir a la iglesia. No podía aceptar el concepto que allí se enseñaba acerca de Dios, y finalmente, con tristeza mis amigos me consideraron atea. Así me quedé hasta que aprendí a conocer a Dios tal como es revelado en *Ciencia y Salud,* y entonces fueron contestadas todas mis interrogantes. De niña, siempre había orado a Dios, como yo Lo concebía, y cuando las sombras de la enfermedad, del dolor y de la muerte envolvían a mi familia, yo oraba como sólo oran aquellos que saben que si Él no ayuda, no hay otro que ayude; pero mis oraciones no hallaron respuesta. Entonces cerré mi Biblia, diciendo: "En alguna parte ha de haber una falla, quizá algún día la descubra".

Sólo aquellos que conocen cuál era la actitud mental en que me encontraba, pueden comprender la alegría que experimenté cuando empecé a conocer a Dios en la Ciencia Cristiana y mi relación con Él.

Muchas pruebas del poder sanador de la Verdad y del cuidado protector de Dios llenan mi pensamiento. Hace siete años, encontrándonos en un país lejano, donde entonces no se conocía la Ciencia Cristiana, mi hijita volvió una mañana de la escuela y me dijo: "Mamá, tengo sarampión; veinte niñas están en cama y temo que me pase lo mismo a mí". Su cara, sus manos y su pecho estaban cubiertos con una oscura erupción roja; tenía dolor de garganta e inflamados los ojos. Inmediatamente empezamos a hacer nuestro trabajo en la Ciencia, y por la noche, cuando la dejé en el colegio, su cara estaba limpia, sus ojos brillantes, y se había destruido todo el temor. Ese fue el final de la dolencia. — F. M. P., Boston, Massachusetts, E.U.A.

Una experiencia feliz

Por amor y gratitud a Dios y a la Sra. Eddy, la intérprete de las hermosas enseñanzas de Jesús, quiero relatar algunos de los beneficios que he recibido de la Ciencia Cristiana. Hace poco más de un año que la Ciencia Cristiana me encontró en condiciones deplorables, tanto físicas como mentales. Tenía dolencias desde hacía muchos años: una enfermedad crónica del estómago, un padecimiento agudo de los ojos, el cual se hacía insoportable a causa del constante temor de perder la vista (como ya le había sucedido a mi madre), también una dolorosa hernia que había tenido por espacio de veinticinco años. Estas dolencias, sumadas a una situación poco feliz en mi hogar, me habían desalentado mucho. Había perdido totalmente la creencia en un Dios todo misericordioso, y no sabía hacia dónde dirigirme en busca de ayuda. En ese momento llegué a conocer la Ciencia Cristiana y nunca olvidaré el sublime instante en que percibí que un Padre que es todo amor siempre está conmigo. Las penas y la ansiedad pasaron al olvido, y después de cuatro semanas de leer *Ciencia y Salud,* todos mis padecimientos desaparecieron. Hoy en día soy una mujer saludable y contenta.

Todo esto ha pasado en el transcurso de un corto año, y mi fervoroso deseo es ser cada vez más digna de ser llamada hija de Dios. Con esto quiero expresar mi amor y gratitud por haber comprendido esta gloriosa verdad. — Sra. R. J., Chicago, Illinois, E.U.A.

Un socorro siempre presente

Ha pasado un año desde que empecé a leer *Ciencia y Salud,* y ahora intentaré describir lo que el conocimiento de sus enseñanzas ha hecho por mí.

Mi situación era entonces muy angustiosa; los ojos, que me habían ocasionado gran malestar desde mi niñez, me dolían mucho. Fui tratado de la vista por algunos de los mejores especialistas de mi país de origen, y al llegar a los Estados Unidos me había medicinado mucho, y usado anteojos durante cuatro años. También padecía de catarro, para el cual había tomado muchas medicinas, sin experimentar alivio. Además de eso, fumaba excesivamente, y usaba el tabaco en alguna forma casi sin interrupción. Había contraído una enfermedad al corazón por causa del tabaco, y tomaba bebidas alcohólicas en abundancia.

La persona que me trajo lo que ahora tiene un valor tan alto para mí, fue un vendedor de libros. Le dije que me iba a ver obligado a dejar mi trabajo a causa de mi mala vista. Entonces me relató que él había sanado de cáncer por medio del tratamiento de la Ciencia Cristiana. Me enseñó un ejemplar de *Ciencia y Salud,* que se veía muy usado, asegurándome que si yo hacía mi parte sanaría de todas mis enfermedades. Encargué un ejemplar del libro.

Mi curación fue muy rápida, pues después de leer el libro sólo tres semanas, sané por completo del vicio del tabaco. Con respecto a esta curación, diré que no requirió ni siquiera una resolución de mi parte. Estaba fumando un puro mientras leía *Ciencia y Salud,* cuando perdí todo deseo de seguir fumando, y desde entonces nunca me ha vuelto el deseo de usar el tabaco en ninguna forma. Mis ojos fueron los próximos en manifestar la influencia del nuevo conocimiento ganado;

y pronto estaba tan bien que pude ocuparme de mi trabajo con facilidad y ya no he tenido que utilizar anteojos. Hoy en día mi corazón está normal, el catarro ha desaparecido totalmente, y ya no soy adicto al uso de bebidas alcohólicas.

La Ciencia Cristiana ha comprobado ser un socorro siempre presente, no sólo para vencer los males físicos, sino en los negocios y en la vida diaria. También ha vencido una fuerte sensación de temor. La Biblia, a la que miraba con recelo, ha venido a ser mi guía y el cristianismo se ha convertido en una dulce realidad, porque el libro de texto de la Ciencia Cristiana ha sido verdaderamente una "Llave de las Escrituras", y ha alentado a través de las páginas sagradas un dulce sentido de armonía. — A. F., Sioux City, Iowa, E.U.A.

Grave afección de los ojos vencida

Después de haber oído hablar con indiferencia acerca de la Ciencia Cristiana desde un púlpito cristiano, resolví asistir a uno de sus servicios y escuchar por mí misma. Desde mi infancia había sido muy devota de mi iglesia, y tan pronto como tuve la edad suficiente empecé a participar activamente en las tareas. Sintiendo que era un deber concurrir a todos los servicios que se celebraban en mi propia iglesia, aproveché las reuniones de los miércoles. Con gratitud digo que mi primera visita no fue la última, pues vi inmediatamente que esas personas no sólo predicaban el cristianismo, sino que lo practicaban y lo vivían. En esa época usaba anteojos, y los había usado durante dieciséis años. A veces sufría dolores intensísimos, y debido a eso había consultado a un especialista tras otro. Todos ellos me dieron casi el mismo consejo; cada uno me urgió a que tuviera mucho cuidado y me recetaron anteojos, que parecieron aliviarme por un tiempo.

Ninguno de ellos abrigaba esperanzas de que jamás pudiera recuperarme de la vista, diciendo que el defecto había existido desde mi infancia, y que con el tiempo quedaría ciega.

La idea de la ceguera me afligía mucho, pero traté de sobrellevarla con resignación cristiana, pensando que Dios había considerado conveniente imponerme esa aflicción; pero desde que aprendí que Él es un Padre amoroso, que sólo da el bien, lamento haberlo culpado de mis aflicciones. No recibí tratamiento alguno, sino que leí *Ciencia y Salud* y mis ojos sanaron, y dejé de usar los anteojos. Nunca puedo encontrar palabras suficientes para expresar mi gratitud hacia nuestra amada Guía, cuyas enseñanzas hicieron posible que recobrara la vista. Puedo decir verdaderamente que "habiendo yo sido ciega, ahora veo"; por medio de un entendimiento de la Verdad he encontrado mi vista perfecta, tal como Dios me la dio. — Srta. B. S., Wilmington, Carolina del Norte, E.U.A.

Testimonio procedente de Irlanda

Es con el corazón lleno de amor y gratitud hacia Dios y nuestra querida Guía, que envío este testimonio al Movimiento. Nunca fui una niña fuerte; siempre había padecido de catarros y resfriados y había sufrido toda la vida de la garganta. Hace siete años sufrí un fuerte ataque de fiebre reumática y después otros dos menos intensos. Estos dejaron todo tipo de males detrás de sí —debilidad, estreñimiento crónico y varias otras cosas— de tal manera que a menudo con estos padecimientos la vida era una carga para mí y pensé que nunca encontraría alivio o recuperaría la salud. También había perdido todo amor a Dios y la fe en Él. No podía aceptar a un Dios que, según creía entonces, mandaba enfermedades y penas a Sus hijos, como un medio de atraerlos a Él. Mi mente y mi cuerpo estaban en este estado cuando la Ciencia Cristiana me encontró. Una amiga muy querida, viendo mis sufrimientos, me presentó la verdad, y aun cuando al comienzo creí que no podría haber curación para mí, me pareció que el Dios de los Científicos Cristianos era el mismo a quien había buscado durante toda mi vida. Empecé a leer *Ciencia y Salud*, y nunca olvidaré la alegría que sentí al darme cuenta de que podía amar a Dios y confiar en Él. Me dediqué a estudiar la Biblia, y durante un año no leí más que *Ciencia y Salud* y otras publicaciones de la Ciencia Cristiana. Después de estudiar el "librito" cerca de seis semanas, me di cuenta un día de que había sanado, que no había tomado medicinas en tres semanas y que mi cuerpo estaba perfectamente armonioso. La lectura de *Ciencia y Salud* me había sanado. El gozo y la elevación espiritual maravillosos que experimenté no pueden describirse con mis palabras. También había sufrido de astigmatismo y durante varios años me había visto obligada a usar anteojos especiales para leer o trabajar y jamás podía usar los ojos por más de media hora. Pero desde mi primera lectura de *Ciencia y Salud* vi que podía leer con cualquier clase de luz, y por cualquier espacio de tiempo sin molestia alguna. Estoy agradecida no sólo por la curación física, sino por la regeneración mental. Me regocijo porque ahora puedo ayudar a otros que estén enfermos y apenados. — E. E. L., Curragh Camp, Condado de Kildare, Irlanda.

El libro de texto hace innecesaria una operación

A principios de 1895, mi médico dijo que yo necesitaba someterme a una operación quirúrgica para gozar de salud. Estando yo presa de gran miedo por la operación, una bondadosa vecina me visitó y, después de hablarme de la Ciencia

Cristiana, me dio un ejemplar de *Ciencia y Salud*. Me dijo que tendría que dejar todas las medicinas y que ella estaba segura de que yo podría sanar leyendo aquel libro fielmente. El libro se convirtió en mi constante compañero y en poco tiempo sané. Además de librarme de una operación, me curó por completo de los severos dolores de cabeza y de problemas del estómago. Los médicos no habían podido aliviarme de ninguna de estas dolencias. Hace diez años que no tomo medicinas de ninguna especie, y en el mismo período no he dejado de concurrir a los servicios de la Ciencia Cristiana por causa de enfermedad. Estoy perfectamente bien. Decir que estoy agradecida a Dios por todo esto no expresa mis sentimientos. Fue maravillosa la curación física, pero la comprensión de Dios que he alcanzado y la capacidad de ayudar a los demás sobrepasan a todo. Siento, además, amor por nuestra querida Guía. — Sra. V. I. B., Concord, New Hampshire, E.U.A.

Curación de los riñones y de la vista

A principios de 1904, trabajaba como profesora en un internado particular. Era yo una mujer triste y descontenta; padecía de una enfermedad de los riñones y también de los ojos, y mi salud en general era muy mala. El médico dijo que el clima no me sentaba y que necesitaba un cambio. Lo mejor, dijo él, era volver a Francia (mi propio país). Pero no quería abandonar el colegio, de manera que seguí luchando hasta julio, cuando salimos de viaje por un mes, pero volví a casa peor que nunca. Tenía muchas preocupaciones, una desilusión tras otra, y frecuentemente pensaba que no valía la pena vivir. En septiembre de 1904 oímos hablar por primera vez de la Ciencia Cristiana por medio de una niña que estaba en nuestro internado y que había sanado por medio del tratamiento de la Ciencia Cristiana. Adquirimos el libro de texto, *Ciencia y Salud con la Llave de las Escrituras* por la Sra. Eddy, y ¡qué revelación fue y es para nosotros! Sin duda es la fuente de la Verdad. Hacía muy poco tiempo que estaba leyendo *Ciencia y Salud,* cuando abandoné los anteojos, empecé a dormir bien y pronto sané mental y físicamente. Además de esto, ha traído armonía a nuestra escuela, donde había existido discordia y todo ha cambiado favorablemente. No puedo describir la felicidad que me ha proporcionado la Ciencia Cristiana; sólo puedo exclamar con el salmista: "¡Bendice, alma mía, a Jehová!" y que Dios bendiga a la Sra. Eddy.

Mi único objetivo ahora es vivir la Ciencia Cristiana, no sólo en palabras, sino en obras, amar más a Dios y al prójimo como a mí misma y seguir mansa y obedientemente todas las enseñanzas de nuestra Guía. Las palabras no pueden expresar mi gratitud hacia la Sra. Eddy por la Ciencia Cristiana. — S. A. K., Vancouver, British Columbia, Canadá.

Curación de una enfermedad intestinal

Cuando oí hablar por primera vez de la Ciencia Cristiana, llevaba nueve años padeciendo de una enfermedad intestinal muy dolorosa, la cual cuatro médicos ni siquiera pudieron diagnosticar, y cada uno de ellos atribuía a distintas causas los tremendos sufrimientos que me aquejaban. El último médico que consulté me aconsejó que no tomara más medicinas para estos ataques, ya que los medicamentos no podían llegar a la causa de la enfermedad, ni hacer ningún bien. En esa época supe de la Ciencia Cristiana y tuve la oportunidad de leer *Ciencia y Salud con la Llave de las Escrituras* por la Sra. Eddy durante unos cuantos minutos cada día por espacio de una semana, y como resultado sané. Al mirar hacia atrás, me doy cuenta de no haber sufrido en lo más mínimo, desde que empecé a leer este libro. Han transcurrido más o menos diecisiete años desde esta maravillosa curación, y no ha vuelto la enfermedad. Mi gratitud no tiene fin, y la mejor manera de expresarla es luchando con todas mis fuerzas por recorrer el sendero que tan amorosamente nos ha mostrado nuestra Guía en *Ciencia y Salud.* — Sra. J. W. C., Scranton, Pensilvania, E.U.A.

Sanada al leer el libro de texto

Después de tomar medicinas por cerca de un año, me vi obligada a dejar la escuela y ponerme bajo el cuidado de un médico por dos años, pero empeoré en vez de mejorar, mi estado se agravaba. Entonces me llevaron a especialistas, quienes declararon que mi caso era incurable, agregando que estaba en las últimas etapas de una enfermedad de los riñones y que no me quedaba mucho tiempo de vida. Poco después, mi tío me dio un ejemplar de *Ciencia y Salud con la Llave de las Escrituras* y me pidió que lo estudiara. Al poco tiempo de estudiarlo, pude caminar varios kilómetros, lo que no había podido hacer durante tres años. También dejé de usar anteojos, que había usado por espacio de siete años, porque se me dijo que quedaría ciega si mis ojos no recibían el cuidado adecuado. Hace más de un año recibí la bendición de Dios y estoy disfrutando ahora de perfecta salud y felicidad. Desde que empecé a leer *Ciencia y Salud* no he vuelto a usar anteojos, ni he tomado medicina alguna. — L. R., Spring Valley, Minnesota, E.U.A.

Testimonio desde Escocia

Vine a la Ciencia Cristiana simplemente para obtener una curación física. Me sentía muy enferma y desdichada, y muy cínica e incrédula en cuanto a lo que oía de Dios y la religión. Traté de llevar mi vida a mi manera y dejé la religión a un lado. Era una gran creyente en el destino y en la fuerza de voluntad, y pensé ponerlos en lugar de Dios; como consecuencia de lo cual hice muchas cosas imprudentes y tontas. Ahora estoy muy agradecida de poder decir que mi perspectiva de la vida ha cambiado por completo; he comprobado tantas veces la sabiduría y la bondad de Dios, que gustosa y agradecida reconozco que mi porvenir está en Sus manos, y que todas las cosas deben resolverse para bien. He hallado a un Dios a quien puedo amar y adorar con todo mi corazón, y ahora leo la Biblia con interés y comprensión.

Sané de un reumatismo muy grave, simplemente leyendo *Ciencia y Salud.* Había probado muchas medicinas y también masajes, pero sin resultado, y los médicos me dijeron que siempre sufriría de esta enfermedad, porque era hereditaria y también porque había tenido fiebre reumática de niña. Sufría día y noche, y nada me aliviaba, hasta que la Ciencia Cristiana comprobó la falsedad de esta creencia eliminándola. Abandoné todas las medicinas que estaba tomando y desde entonces no he vuelto a tocarlas; de eso hace más de dos años. Anteriormente, había intentado a menudo pasarme sin una determinada medicina que había estado tomando todos los días durante diez años, pero siempre estaba enferma y tenía que volver a tomarla, hasta que descubrí que la Mente única es la única medicina, y entonces fui librada de todo sufrimiento.

También había padecido constantemente de ataques

biliares, catarros y de un pecho débil; me habían aconsejado que no saliera en tiempo húmedo, etc., pero ahora me alegro de poder decir que me encuentro completamente libre de todas esas leyes materiales y salgo con cualquier estado del tiempo. — R. D. F., Edimburgo, Escocia.

Más vale sanarse que sufrir

Durante ocho años sufrí grandemente de debilidad pulmonar y después de recibir tratamiento de diez distintos médicos en los Estados de Illinois, Misuri y Colorado, se me dijo que no tenía esperanza de recuperarme de lo que ellos diagnosticaron como tuberculosis, que era hereditaria, pues mi padre también la había padecido. Estaba sumamente extenuada y apenas podía andar. Mi estado general se agravó con lo que los médicos llamaron parálisis intestinal. Tres médicos así lo diagnosticaron en diferentes ocasiones, y le aseguraron a mi esposo que solamente podría obtener alivio temporal. Y aun esto me era difícil conseguir, a pesar de mis desesperados esfuerzos. A veces el sufrimiento casi me enloquecía; después de ocho años de medicinarme, encontré que estaba empeorando. Durante cuatro años no había tenido acción normal de los intestinos, y sólo debido a supremos esfuerzos y recurriendo a medicamentos poderosos o medios mecánicos, con el sufrimiento resultante, podía producirse algún movimiento intestinal.

Nunca había oído hablar del poder curativo de la Ciencia Cristiana, y sólo por complacer a una amiga fui una noche, hace como tres años, a una de las reuniones de testimonios, en Boulder, Colorado. Mucho me impresionó lo que oí allí, y en seguida me propuse investigar esta extraña religión, con la esperanza de que pudiera hacerme algún bien. Compré el libro de texto, *Ciencia y Salud,* y desde el primer momento comencé a sentirme mejor y más fuerte, tanto física como mentalmente, a medida que adquiría mayor comprensión y procuraba poner en práctica lo que aprendía. En una semana me sentí mejor, sin medicinas, de lo que me había sentido durante muchos años con ellas, y antes que hubieran pasado tres meses, estaba mejor de salud de lo que había estado en toda mi vida, pues siempre había sufrido de los intestinos en una u otra forma. Desde esa época no he tomado ningún medicamento, y confío enteramente en la Ciencia Cristiana. Mis pulmones están ahora sanos, mis intestinos funcionan normalmente, mi salud en general es excelente, y puedo resistir sin fatiga tareas que antes me hubiesen postrado. El estudio de nuestro libro de texto fue el único medio que se empleó para lograr mi curación. — L. M. St. C., Matachín, Zona del Canal de Panamá.

Caso grave de eczema sanado

No hace más de dos años que pasé de la oscuridad a la luz de la Ciencia Cristiana, y para mí, la elevación espiritual ha sido maravillosa, sin mencionar la curación física. Las palabras no pueden expresar mi gratitud por los beneficios que recibí en ese tiempo. Durante cinco años había sufrido de esa terrible enfermedad, eczema, sobre todo mi cuerpo. Cinco médicos dijeron que no tenía remedio. El sufrimiento me parecía tan terrible como el infierno de fuego en que me habían enseñado a creer. Cuando conocí la Ciencia Cristiana, hace dos años, gracias a una querida amiga, esta me dio un ejemplar de *Ciencia y Salud,* y me pidió que lo leyera. Le dije que lo haría, porque yo era como alguien que se ahoga y que se aferra a una paja. Había estudiado la Biblia durante veintiocho años, pero cuando comencé a leer *Ciencia y Salud* junto con la Biblia, sané en menos de una semana. Nunca recibí tratamiento. Un caso de sarampión también sanó, veinticuatro horas después de su aparición. — Sra. M. B. G., Vermilion, Ohio, E.U.A.

Ciencia y Salud es una bendición inapreciable

Soy una testigo bien dispuesta del poder sanador de la Ciencia Cristiana, habiendo batallado durante toda mi vida contra la enfermedad y los experimentos médicos. Varios doctores admitieron al fin que habían agotado sus recursos y únicamente podían ofrecerme paliativos, diciendo que una curación era imposible. Padecía de parálisis intestinal, frecuentes jaquecas con indescriptible agonía, y mi existencia mortal casi llega a su fin por un tipo maligno de fiebre amarilla. Muchos eran los males que acompañaban esa desarmonía física; pero Dios avergüenza la sabiduría de los hombres, pues hace dos años, mientras estudiaba *Ciencia y Salud,* se levantó el velo de la ignorancia, y me fue mostrado que la salud perfecta era mi estado verdadero, en el cual no hay recaída. El uso constante de anteojos, que durante muchos años había parecido indispensable, resultó innecesario y dejé de usarlos. La Sra. Eddy ha hecho que la lectura de las Escrituras sea para mí una fuente inagotable de consuelo. Por medio de su interpretación, "el camino del Señor" se ha iluminado para mí y los míos. Nos ayuda en nuestra tarea diaria de vencer la tiranía de la carne y su rebelión contra la dirección bendita del Cristo, la Verdad. El estudio diario de la Biblia y de nuestro libro de texto, trae a nuestra consciencia, cada vez más, el poder de Dios para la salvación. — J. C., Manatee, Florida, E.U.A.

Un crítico convencido

Con gratitud hacia Dios reconozco mi deuda eterna con la Ciencia Cristiana. En 1895 asistí a mi primera reunión de la Ciencia Cristiana y quedé profundamente impresionado por el fervor de las personas y el amor que reflejaban, pero en cuanto a la curación espiritual del cuerpo físico, no creía que semejante cosa fuese posible. Compré *Ciencia y Salud* y lo estudié para poder debatir inteligentemente con los supuestamente engañados seguidores de la Ciencia Cristiana. Continué mi estudio cuidadosamente y a fondo, y desde entonces he tenido abundantes razones para alegrarme de haberlo hecho, pues, por medio de este estudio y el consiguiente entendimiento de mi relación con Dios, sané de una enfermedad que me había afligido desde mi niñez y para la cual no se conocía remedio. Seguramente mi experiencia ha sido el cumplimiento, en parte, de las Escrituras: "Envió Su Palabra, y los sanó, y los libró de su ruina". Creo que *Ciencia y Salud* revela la Palabra a la que se refiere David.
— C. A. B. B., Kansas City, Misuri, E.U.A.

Nacida de nuevo

Fue en abril de 1904, que por primera vez oí la "voz callada y suave"* del Cristo y sané gracias a la Ciencia Cristiana. Desde entonces mis bendiciones han sido tantas, que ocuparía demasiado espacio mencionarlas. Educada desde mi niñez en una atmósfera intelectual, habiendo sido mi abuelo paterno ministro ortodoxo de la vieja escuela por espacio de cuarenta años, y mi padre un estudioso consagrado, siempre buscando la verdad de todas las cosas, comencé muy temprano a investigar y a meditar sobre el significado de la vida, y antes de cumplir veinte años, llegué a la conclusión de que, aunque

*Según la Versión Moderna de la Biblia

Dios probablemente existía en algún lugar remoto, era imposible relacionarlo con mi vida presente. Por tanto, mi más elevado credo era: "Haz lo que es justo, porque *es* justo, y no por temor al castigo". Entonces comenzó el sufrimiento. Pena tras pena se manifestaba en rápida sucesión; por diez largos años no hubo reposo, el camino era en verdad largo y escabroso y no podía volver atrás, hasta que al fin mi salud, lo único que no había variado durante mis aflicciones, se quebrantó, y con ello se disipó mi última esperanza. Pero había llegado la última hora de la noche, y la aurora se estaba acercando. Una amiga muy querida dejó *Ciencia y Salud* sobre mi piano, diciendo que me beneficiaría mucho leerlo.

Alegre de alejarme de mis pobres pensamientos, abrí el "librito" y comencé a leer. Había leído por muy poco tiempo cuando se efectuó una maravillosa transformación. Fui renovada, nací de nuevo. Las meras palabras no pueden relatar la historia de la maravillosa elevación que me condujo a las puertas mismas del cielo. Cuando comencé a leer el libro, la vida era una carga, pero antes que hubiese terminado de leerlo por primera vez, ya estaba haciendo todo el trabajo doméstico y haciéndolo con facilidad; y desde ese día glorioso he sido una mujer sana. Mi salud es espléndida, y estoy procurando que mi luz alumbre de tal manera que otros puedan ser guiados hacia la verdad. He tenido algunas fuertes luchas con el error, y he aprendido que no se puede llegar al cielo de un solo salto, ni introducirse fácilmente dentro de sus puertas, sino que "pedir" y "buscar" y "llamar" deben hacerse con fervor y persistencia.

Por mucho tiempo estuve mirando hacia atrás, para ver si el error se había desvanecido, hasta que un día me di cuenta de que, para vislumbrar lo que el sentido espiritual significa, debía volver la espalda al sentido corpóreo. Entonces me puse a trabajar con fervor para encontrar el verdadero camino.

Abrí *Ciencia y Salud,* y estas palabras estaban ante mi: "Si comprendiésemos a Dios en vez de meramente creer en Él, esta comprensión establecería la salud" (pág. 203). Vi que debía obtener la comprensión correcta de Dios. Cerré el libro y, con la cabeza inclinada en oración, esperé con anhelo alguna respuesta. Cuánto tiempo esperé, no lo sé, pero de repente, como un maravilloso estallido de luz solar después de una tormenta, me vino claramente este pensamiento: "Estad quietos, y conoced que yo soy Dios". Contuve la respiración, en lo profundo de mi pensamiento hambriento penetró el infinito significado de este "Yo". Toda mi presunción, egotismo, egoísmo, todo lo que constituye el "yo" mortal, se desvaneció avergonzado. Caminaba como si fuera sobre tierra santa. Las palabras son inadecuadas para expresar en toda su amplitud esa elevación espiritual, pero lo comprenderán quienes hayan tenido experiencias semejantes.

Desde aquel momento he mantenido una consciencia comprensiva de la eterna presencia de un Dios infinito, que sólo es bueno. — C. B. G., Hudson, Massachusetts, E.U.A.

Se destruye una inquietud en cuanto a la existencia

Mediante la lectura de *Ciencia y Salud* y la consiguiente iluminación, sané de úlcera estomacal y otras dolencias similares, de una inquietud en cuanto a la existencia, de agnosticismo, etc. No intentaré describir la tortura que la enfermedad del estómago me hizo sufrir. El médico que me atendía dijo que podría vivir muy poco tiempo, y pensé que tenía que haber algún límite para mis sufrimientos; pero la enfermedad se desvaneció en la nada gracias a la Ciencia Cristiana, que me trajo paz.

Como muchos otros, había estado aparentemente perdido en el mar del error, sin una brújula, aun cuando buscaba un refugio fervorosa y honradamente. Había investigado todas las religiones y filosofías que se me habían presentado, con excepción de la Ciencia Cristiana, que entonces no me había parecido digna de investigarse y que, no obstante, contenía la verdad misma que yo estaba buscando, la luz que "en las tinieblas resplandece, y las tinieblas no prevalecieron contra ella". Siguieron tres años de obstinada resistencia a la Verdad, causándome cada vez más sufrimiento, hasta que llegó la luz y con ella una nueva experiencia. Ahora, después de nueve años de experiencia en la Ciencia Cristiana bajo pruebas severas, puedo verdaderamente decir que nunca me ha fallado en ningún momento de necesidad. — J. F. J., Cincinnati, Ohio, E.U.A.

Sanado moral y físicamente

No acepté la Ciencia Cristiana a causa de una curación propia, sino después que vi a mi madre que estaba siendo rápidamente arrastrada hacia la invalidez por el reumatismo, con la salud perfectamente restablecida, con sólo unos pocos tratamientos de la Ciencia Cristiana. Pensé que seguramente esta tenía que ser la verdad tal como la enseñó y practicó Jesús, y si era así, eso era lo que yo había estado anhelando.

Esto pasó hace como diez años y fue lo primero que jamás había oído acerca de la Ciencia Cristiana. Pronto obtuvimos un ejemplar de *Ciencia y Salud*, y comencé a averiguar, debidamente, si la Ciencia Cristiana era la verdad. No pensaba estudiarla para sanar el cuerpo, pues, en realidad, no creía necesitarla para eso; pero mi alma ansiaba algo que no había podido encontrar aún. Este libro era, en verdad, una llave de las Escrituras.

No hacía mucho que había estado leyendo cuando descubrí que mis ojos estaban sanos y fuertes. Podía leer cuanto quería y a cualquier hora, lo que no había podido hacer antes, pues mis ojos siempre habían sido débiles. Los doctores dijeron que nunca serían muy fuertes y que si no usaba anteojos podría quedar completamente ciego. Nunca me resigné a usar anteojos, y ahora, gracias a la Ciencia Cristiana, ya no los necesito. Mi trabajo durante los últimos dos años como empleado de correos del ferrocarril es una buena prueba. Al mismo tiempo que sanaron mis ojos, noté también que había sanado por completo de otra enfermedad de la que había padecido toda mi vida y que se consideraba hereditaria. Desde entonces mi crecimiento me ha parecido lento; sin embargo, cuando miro hacia atrás y contemplo cómo era yo antes de conocer la Ciencia Cristiana, comparando mi vida de entonces con la de ahora, sólo puedo cerrar los ojos ante el cuadro y regocijarme por haber "nacido de nuevo" y de que diariamente haya estado despojándome del "viejo hombre con sus hechos" y revistiéndome del "nuevo".

Algunas de las muchas cosas que han sido vencidas con el estudio de *Ciencia y Salud*, y por medio de la comprensión y la práctica de la verdad que enseña, son el uso de malas palabras, el del tabaco, un carácter irritable, que a veces me causaba desdicha, tanto a mí como a quienes me rodeaban, y pensamientos tales como la malicia, la venganza, etc.
— O. L. R., Fort Worth, Texas, E.U.A.

Salud y comprensión logradas

Pasé la mayor parte de mi niñez en manos de médicos. Desde mi nacimiento fui considerado un niño muy débil, pero mi madre era valiente, y como se dedicaba mucho a mí, empleó todos sus conocimientos y fuerzas en mi bienestar. La enfermedad y los medicamentos estaban continuamente delante de mí, y cuando llegué a la adolescencia pensaba que conocía un remedio material para cada enfermedad. Seguí en mi error, porque nunca me dijeron la verdadera causa de mi dolencia. Además de estar bajo el cuidado de un eminente especialista durante dos años, también era paciente externo de un hospital muy renombrado, pero no sané. Es maravilloso como los "pequeños" son cuidados ante todas estas aparentes dificultades. Siempre acostumbraba a orar las oraciones que me habían enseñado, y a medida que crecía empecé a anhelar sabiduría. Poco a poco nació en mí el deseo de libertad, y mis oraciones me condujeron finalmente a la verdad. La primera semana que supe de la Ciencia Cristiana visité la casa de unos amigos Científicos Cristianos muy queridos, y al instante me sentí vivificado por la pureza de sus pensamientos y su ejemplo. Compré un ejemplar de *Ciencia y Salud,* y después de estudiarlo un rato con la Biblia, me di cuenta de que si la Biblia era verdad, *Ciencia y Salud* también tenía que ser verdad. Comencé a hacer demostraciones sobre mi estado físico y mental, y tan pronto como el temor y el dolor empezaron a abandonarme, me sentí animado a seguir adelante. Sané, y dejé de quejarme. Seguí estudiando nuestro libro de texto, y cuando comprendí algo acerca de la Ciencia de la Mente, mi primer pensamiento fue ayudar a otros. Fui guiado a donde podía progresar en la Ciencia, y ya no fui "llevado por doquiera de todo viento de doctrina", sino que me adherí al Principio tan firmemente como me fue posible. Desde el momento en que estuve consciente de haber sido sanado, me abandonó el deseo de usar remedios materiales, porque al instante la Ciencia Cristiana me señaló el camino para atacar la causa de la discordia y la enfermedad. Lo único que tuve que abandonar fueron las falsas creencias de la mente mortal. La Ciencia Cristiana me enseñó entonces a amar la iglesia y a apreciar lo que ya había hecho por la humanidad. Me acordé a menudo del viejo refrán: "La caridad empieza por casa", y después de tres años de preparación, me sentí capaz de llevar la Ciencia Cristiana a mi hogar, donde encontró, a su debido tiempo, cordial acogida y discípulos dispuestos. Eso me causó aún más alegría que mi propia curación. Cuanto más se manifestaba el bien, tanto mayor era mi amor por la verdad. La Ciencia Cristiana cambió el curso de mi vida desde el comienzo y dio a mi vida dirección y propósitos más nobles. Ya no me dejé influenciar tan fácilmente por los defectos de otras personas, cuando aprendí que el mal no era ni personalidad ni lugar. Tampoco me sentía ofendido tan fácilmente cuando descubrí la manera de trabajar de forma desinteresada por la edificación de la Causa. — A. E. J., Toledo, Ohio, E.U.A.

Un socorro siempre presente encontrado

El 23 de marzo de 1900, cuando cumplí setenta y un años de edad, recibí de una de mis hijas un ejemplar de *Ciencia y Salud*. Aunque era un lector constante de toda clase de periódicos y libros, nunca había oído decir nada acerca de la Ciencia Cristiana, con excepción de aquella primavera en que había leído una breve nota en un periódico de San Francisco, escrita por un clérigo ortodoxo, en que se refería a los Científicos Cristianos de manera no muy favorable.

En el libro de la Sra. Eddy me encontré con muchos pensamientos que no entendí en mi primera lectura, pero, con mi continuo y cuidadoso estudio y la mucha ayuda que me proporcionaron mis conocimientos de química y filosofía natural, pronto abandoné la creencia de sensación en la materia, la así llamada sustancia elemental. Una tarde puse la correa de transmisión a la sierra circular, a fin de cortar leña para el fuego y también para partir en dos un pequeño madero de construcción. Al hacer esto, el madero se cerró y se trabó la sierra. Tomé una pequeña cuña de madera y traté de meterla en la hendidura que había hecho la sierra, pero un pedacito de hielo impulsó el madero hacia atrás y me saltó a la cara con tanta fuerza que al rebotar en la mejilla izquierda cayó sobre la nieve como a seis metros de distancia. La sangre salpicó la nieve junto a la mesa de aserrar, y al tocarme la cara me di cuenta de que tenía dos heridas, una sobre la mandíbula y la otra más arriba, en el pómulo, del tamaño de una moneda de un dólar. "Bueno", me dije. "¡He aquí un caso de cirugía!" y sin más ceremonias, comencé a tratar el caso lo mejor que sabía, con el resultado de que se contuvo la sangre casi instantáneamente y también se me quitó el punzante dolor que comenzaba a sentir. No presté más atención al incidente, sino que terminé mi trabajo y después me fui a cenar. Cuando me lavé la cara, sentí una gran hinchazón sobre la mandíbula, donde me había golpeado el trozo de madera, pero después de mi lectura acostumbrada me acosté y dormí toda la noche hasta cerca del amanecer, cuando un dolor en el lado derecho me despertó. Al tocar con la mano sentí que había otra hinchazón en el mismo lado, pero lo traté y me volví a dormir. Aunque luego supe que la mandíbula se me había fracturado, nunca perdí ni una hora de trabajo después del accidente. No hay cicatriz, solamente una pequeña mancha roja sobre la mejilla, y las protuberancias sobre el hueso hace mucho que han desaparecido.

Resumiendo los beneficios que he recibido con la lectura de *Ciencia y Salud*, no puedo menos que referirme a una enfermedad que tenía desde la guerra (1862), cuando una diarrea crónica y maligna estuvo a punto de terminar con mi existencia material. El oído también estaba seriamente dañado, por los efectos del estampido de los cañones en Shiloh, pero lo he recuperado, y yo, que antes no me atrevía a comer ni siquiera una naranja o unas uvas, puedo comer ahora de todo sin que me haga daño. Mi paz mental me está dando un reposo que jamás había experimentado antes en mi vida, y he cesado de buscar lejos la presencia divina que siempre estuvo cerca, aun cuando yo no lo sabía. — L. B., Baldy, Nuevo México, E.U.A.

Muchos problemas físicos y mentales vencidos

Hace menos de un año, cuando nada más que problemas parecían rodearme, fui guiada a la Ciencia Cristiana. Un ejemplar de *Ciencia y Salud*, propiedad de mi madre, se hallaba siempre sobre la mesa, pero yo rara vez lo leía. Sin embargo, un día era tan grande el conflicto mental, que comencé a leer con la esperanza de encontrar paz. Desde entonces, todos los días la Biblia y *Ciencia y Salud* han sido mis compañeros. En aquella época sufría de una grave erupción en la cara, que ya había durado dos años. Habíamos consultado a varios médicos y empleado todos los remedios que nos fueron aconsejados para curar el mal, pero comprobaron ser inútiles. Había abandonado toda esperanza de ser sanada, ya que el último médico que consultamos declaró que lo que tenía era tuberculosis de la piel y que era incurable. Pocas semanas después que empecé a leer, me sorprendió ver que tenía la cara casi sana y ahora mi mejilla está perfectamente suave y las cicatrices van desapareciendo.

En abril nació mi hijo, estando presentes sólo la practicista y una amiga mía. Sufrí muy poco, y al tercer día pude bajar las escaleras. Puedo amamantarlo, un privilegio que no tuve cuando nació mi primer hijo. El niño es la imagen de la salud, no habiendo estado enfermo ni un solo día desde su nacimiento. — K. E. W. L., Mt. Dora, Florida, E.U.A.

Obtención de una nueva vida

Al abandonar mi hogar, de joven, llevaba conmigo una protección contra las tentaciones de toda gran ciudad: las oraciones de una madre y una pequeña Biblia. Por algún tiempo leí la Biblia y oré, aunque sin ninguna comprensión. Esto no bastaba, y el mal parecía lograr la victoria. Pronto dejé de leer la Biblia; olvidé recurrir a Dios en oración y pedir Su dirección y ayuda, y busqué en el mundo lo que nunca ha tenido ni jamás puede dar: salud, paz y alegría.

Por consiguiente, cuando la Ciencia Cristiana llegó a mi hogar, años después, me encontró sin la costumbre de orar, de ir a la iglesia y sin Dios; vivía en un hogar discordante y sin idea o conocimiento de las cosas espirituales. Hasta entonces, hacía años que mi esposa había estado buscando la salud por medio de los médicos, pero sin éxito, y, como último recurso, fue enviada a la Ciencia Cristiana. El auxilio recibido fue tan maravilloso que me hizo comenzar el estudio de *Ciencia y Salud*. El primer efecto que experimenté de la lectura de nuestro libro de texto fue un gran amor por la Biblia y un deseo de leerla, algo que no había hecho por años. Me dirigí a Dios en oración silenciosa, a fin de poder encontrar la luz y la verdad que me capacitarían para ser un hombre mejor.

"Os es necesario nacer de nuevo". De esa manera, y como un niño, fui enseñado a orar "la oración eficaz del justo" que "puede mucho". En unas cuantas semanas de estudio de *Ciencia y Salud,* juntamente con la Biblia, y sin otra ayuda, sané del deseo de tomar bebidas alcohólicas, que por tantos años había cultivado, y del uso del tabaco. Diez años han transcurrido, y esos vicios ya no han vuelto a tentarme. Nunca he vuelto a beber o usar el tabaco en forma alguna, desde entonces hasta la fecha. Seguramente el siguiente pasaje de las Escrituras se ha cumplido en nuestro hogar: "Las cosas viejas pasaron; he aquí todas son hechas nuevas." ¿Cómo podremos apreciar el valor de un libro cuya lectura trae tal transformación y regeneración? Solamente a medida que nos esforzamos por vivir lo que enseña, haciendo lo posible por llevarlo a la práctica, podemos comenzar a pagar nuestra deuda con Dios, y con ella, a quien Él ha enviado para aclarar al entendimiento humano la vida y las enseñanzas de Cristo Jesús. — W. H. P., Boston, Massachusetts, E.U.A.

Una voz desde Inglaterra

Por varios años me sentí muy agobiada, sin estar lo suficientemente enferma como para ser considerada una inválida, pero sufriendo de fatiga y debilidad más de lo que las palabras pueden describir. Creyendo que ésta era la voluntad de Dios, no pedí ser sanada, aun cuando me medicinaba constantemente. Sufría de dispepsia, congestión del hígado y muchas otras cosas, incluyendo debilidad de la vista. Con todas las medicinas y con los diferentes cambios en busca de descanso, no recuperaba la salud, y pensé que nunca lo lograría; así es que pedí en oración la fortaleza necesaria para llevar mi cruz pacientemente, en consideración a los demás. Un día, mientras estaba exhausta, recostada sobre mi diván, cosa que era común en mí, me vinieron estas palabras: "Todo lo que pidiereis en oración, creyendo, lo recibiréis". Me levanté, y de rodillas oré: "Dios mío, sáname". Estaba contando esto a una amiga, y amablemente me dio un *Sentinel.* ¡Imaginen mi gozo al ver los testimonios de curaciones! Creí en ellos, recordando las palabras de nuestro Señor: "Bienaventurados los que no vieron, y creyeron". Obtuve un ejemplar de *Ciencia y Salud,* y antes que hubiese transcurrido una semana, me di cuenta de que si Dios era mi todo, yo no necesitaba lentes. Mis ojos sanaron en pocos días, y desde entonces jamás he vuelto a pensar en los lentes. También sané de dispepsia, y, desde entonces, nada de lo que como me hace daño. Después fue destruida la creencia en las leyes de salud sabiendo que nuestro Padre celestial no las hizo, y de esto resultó la hermosa experiencia de poder vencer la fatiga.

Esto solo me llena de gratitud sin límites. Sin duda alguna son verdaderas las palabras: "Correrán, y no se cansarán". Esto sucedió hace más de un año, y puedo asegurar que ni una sola vez he sentido deseos de recostarme en mi diván, ni he tenido dolor de cabeza, aun cuando trabajo más que nunca. El temor también ha sido vencido de muchas maneras. — A. L., Chelmsford, Inglaterra.

Apetitos depravados vencidos

Cuando la Ciencia Cristiana vino a mí por primera vez, o mejor dicho, cuando yo vine a la Ciencia Cristiana, no tenía una opinión muy mala de mí mismo, pues pensaba que era yo una persona bastante buena. No tenía opiniones religiosas. Me parecía que vivía tan bien, si no mejor, que algunos que profesaban el cristianismo. Así me dejé llevar sin rumbo fijo hasta que fui guiado a investigar la Ciencia Cristiana.

A medida que progresaba en la comprensión obtenida del estudio, tanto de *Ciencia y Salud* como de la Biblia, y comenzaba a conocerme a mí mismo, encontré que un gran cambio se había operado en mí. Por quince años había usado tabaco, lo mascaba y lo fumaba; por diez años había sido esclavo del alcoholismo; también estaba acostumbrado a usar malas palabras. La Ciencia Cristiana me quitó todos estos vicios. Una enfermedad del estómago y otros males menores, tales como dolores de cabeza, mal genio, un amor exagerado al dinero, etc., desaparecieron bajo la misma influencia benigna. Aquellas cosas que parecían ser placenteras ahora no me proporcionan placer. No eran placeres verdaderos. Nada he perdido ni sacrificado, pero mucho he ganado, aunque me doy cuenta de que todavía me falta mucho.

El estado mental de uno antes de investigar la Ciencia y después de haberla investigado es tan diferente como lo blanco de lo negro. Como dice la Sra. Eddy: "No la materia, sino la Mente, satisface". — G. B. P., Henry, Dakota del Sur, E.U.A.

Catarro estomacal sanado

Desearía expresar mi gratitud por los muchos beneficios que he recibido por medio de la Ciencia Cristiana, y mencionar el gran gozo que me produjo el pensamiento de que el hombre no es víctima indefensa del pecado, la enfermedad y la muerte. Mediante sus enseñanzas me ha sido posible vencer muchos errores.

Cuando me fue presentada la Ciencia Cristiana, en Chicago, hace un año en abril, sufría de catarro estomacal en forma muy persistente y había sido un esclavo del hábito del cigarrillo durante dieciocho años. El dolor y la debilidad me habían privado de todo cuanto uno más estima. Los primeros síntomas de la enfermedad aparecieron hace aproximadamente cinco años en la forma de calambres muy agudos en el estómago, y, finalmente, se desarrollaron otros síntomas de esa dolorosa enfermedad. Me mediciné continuamente, haciendo cada día más rigurosa mi dieta, hasta que mi alimentación diaria llegó a consistir de tres rebanadas de pan tostado.

En estas condiciones partí del este de los Estados Unidos para radicarme en Chicago, esperando que un cambio de clima me beneficiara. Después de permanecer allí por seis semanas, sin encontrar alivio, decidí regresar al este. El domingo por la mañana, antes de partir, compré una edición dominical de un periódico, y al leer los avisos religiosos, me fijé en los anuncios de los servicios de las iglesias de la Ciencia Cristiana. La curiosidad me condujo a uno de esos servicios, y jamás olvidaré aquella mañana como tampoco la sorpresa y la alegría que me causó encontrar aquella hermosa iglesia, y saber que un número tan crecido de personas creía verdaderamente que Dios sana a los enfermos hoy en día. Esto me trajo el primer rayo de esperanza. El servicio vespertino me encontró presente otra vez. Entre los avisos que se leyeron aparecía el de la Sala de Lectura, dando su dirección y hora de apertura. El lunes por la mañana fui puntualmente a dicha dirección, y el primer libro que tomé fue *Ciencia y Salud,* el cual me abrió un nuevo mundo.

Había estado a dieta por tanto tiempo y sufrido tanto, que sentía un miedo morboso al alimento. Cuando leí el pasaje que decía: "Ni los alimentos ni el estómago, sin el consentimiento de la mente mortal, pueden hacerlo sufrir a uno" (*Ciencia y Salud,* pág. 221), salí de la Sala de Lectura para comer algo. Encontré una panadería cerca de allí y compré una bolsa de pasteles que me comí, y poco después disfruté de una comida completa, sin el menor malestar en el estómago.

Desde entonces hasta ahora he comido cuanto he deseado y el deseo intenso de fumar que tuve por tantos años ha desaparecido totalmente. La comprensión de la Verdad, que me sanó por completo del estómago enfermo, también me sanó del vicio morboso del cigarro. Después de regresar al este, compré un ejemplar de *Ciencia y Salud,* el cual he leído diariamente, y encuentro que es una ayuda constante en todos los asuntos de la vida.

En mi hogar y en el trabajo hallo que esta Ciencia es un consuelo y una fuente de fortaleza. He encontrado muchas dificultades en el camino, pero ella me ha ayudado a vencerlas todas. — W. E. B., New Britain, Connecticut, E.U.A.

Curación de la espina dorsal

Cuando por primera vez oí hablar de la Ciencia Cristiana, hace siete años, supuse que sería una vieja moda pasajera bajo un nuevo nombre. En la pequeña ciudad del estado de Texas donde vivíamos entonces, había dos o tres Científicos Cristianos que se reunían en la casa de uno de ellos para leer la Lección-Sermón. Un día, al encontrarme con uno de ellos, le pregunté si los que no eran creyentes podían asistir a sus reuniones; me contestó que si querían podían hacerlo. Fui allí esperando que hicieran algo que pudiera provocar risa al contárselo a mis amigos. Cuánto me sorprendí al ver que lo único que hacían era leer de la Biblia y de otro libro, que llamaban *Ciencia y Salud.* Todavía pensé que todo aquello era una tontería, pero resolví seguir yendo a las reuniones hasta que descubriera todo lo que creían. Y así lo hice, hasta que comencé a entender algo de lo que sabían, no de lo que creían; y en vez de desperdiciar el tiempo contándoles a otros qué cosa tan tonta era la Ciencia Cristiana, estoy ahora procurando encontrar palabras para decir qué cosa tan grande y maravillosa es. Mediante el estudio de la Biblia y *Ciencia y Salud* he sanado de una enfermedad de la espina dorsal considerada incurable, de la que había padecido desde hacía diez años. *Ciencia y Salud* ha sido mi único maestro, y deseo dar las gracias a nuestra querida Guía.

No hay ningún otro Científico Cristiano cerca de donde vivimos ahora, pero tengo mi *Cuaderno Trimestral,* y estudio sola las lecciones. Tengo cinco hijos pequeños, y la Ciencia Cristiana me es de gran valor para controlarlos y para vencer las enfermedades corrientes que se les presenten. A menudo se ayudan unos a otros para vencer sus pequeñas lastimaduras y temores. — Sra. M. H., Oleta, Oklahoma, E.U.A.

Muchos problemas vencidos

En el segundo capítulo de la Primera Epístola de Pedro, versículo noveno, leo: "que anunciéis las virtudes de aquel que os llamó de las tinieblas a su luz admirable". Las publicaciones, tan sabiamente establecidas por nuestra Guía, nos proporcionan un medio de expresar alabanzas a la Verdad.

Llevarme de la oscuridad del dolor y el cansancio físicos a la luz de la salud y la alegría en el trabajo y en la vida —de las tinieblas de una vista nublada a la luz de una visión más clara, de la oscuridad de la duda y de la discordia a la maravillosa luz de la realidad del bien— esto es lo que la lectura del libro de texto de la Ciencia Cristiana ha hecho por mí.

Cuando me facilitaron el libro, enseñaba en las escuelas públicas de Chicago y mis ausencias del trabajo, a causa de enfermedad, ocurrían con frecuencia. Por espacio de cinco semanas había estado bajo el cuidado de un especialista, debido a una enfermedad orgánica, y me dijo que tendría que seguir viniendo durante cinco meses antes que pudiera efectuarse una curación. Fue entonces que se me informó de *Ciencia y Salud*. Nunca creí que la lectura de ese libro pudiera sanarme, pero mi pensamiento cambió tanto que sané, no sólo del padecimiento orgánico, sino de la vista borrosa, de fatiga y de una serie de otras manifestaciones discordantes. No volví a ver al especialista sino cuatro meses después, cuando fui a pagar mi cuenta (que dicho sea de paso era cinco veces más de lo que pagué por *Ciencia y Salud*). Desde que empecé a leer el libro, di mis clases con regularidad, sin perder un solo día de trabajo. También fui ayudada en mi trabajo de muchas otras maneras.

Leyendo el libro de texto aprendí que Dios nos ha dado fuerzas para hacer todo lo que tenemos que hacer y que lo que no debemos hacer (envidiar, contender, rivalizar, vanagloriarnos, etc.) es lo que deja en su camino una estela de fatiga y discordia.

La gratitud que siento hacia nuestra amada Guía, la Sra. Eddy, y sus fieles alumnos, con quienes entablé relaciones amistosas más tarde, puede expresarse solamente por los esfuerzos diarios para poner en práctica lo que se ha enseñado. — T. H. A., Madison, Wisconsin, E.U.A.

Prejuicios vencidos

Comencé a interesarme por la Ciencia Cristiana hace algo más de tres años, cuando tenía gran necesidad de ayuda. Nunca había sido robusta, y al crecer me puse más débil, hasta que al fin me sentí tan mal, que la vida vino a ser una carga para mí. Me enviaron *Ciencia y Salud*, por la Sra. Eddy, según me parece, en respuesta a mis oraciones. Tenía un poco de temor de todas estas modas pasajeras, como yo las suponía, pero no había leído mucho cuando sentí que había encontrado la verdad que nos hace libres. Sané de la enfermedad del estómago, de debilidad interna y de ataques biliares.

Un médico me había dicho que tal vez tendría que someterme a una operación para recuperar la salud; pero gracias a esta Verdad, he encontrado que la única operación necesaria es la regeneración de la así llamada mente humana al aprender a conocer a Dios. En muchos casos me ha sido posible ayudarme a mí misma y a otros.

Las palabras no pueden expresar mi gratitud hacia la Sra. Eddy y hacia todos los que ayudan a dar a conocer estas grandes verdades para beneficio del mundo entero. — E. E. M., Huntington, Virginia del Oeste, E.U.A.

Un testimonio convincente

Llegué a interesarme por la Ciencia Cristiana hace cerca de cinco años, habiéndome atraído la naturaleza práctica de sus declaraciones, y tengo que decir desde el comienzo que, a pesar de mi poca experiencia, he encontrado en ella todo y más de lo que había soñado que podría realizarse sobre este plano de existencia. Estoy convencida de haber encontrado la Verdad. Dios es para mí, por cierto, un socorro siempre presente.

Mi hijita, que tenía alrededor de diez meses de edad, sufría de estreñimiento. El mal era tan grave que temía salir con ella, no sabiendo nunca cuándo iba a tener una convulsión. Había probado todos los remedios acostumbrados para tales casos, pero el mal parecía hacerse cada día más tenaz. En nuestra casa vivía una Científica Cristiana que dejaba que su luz alumbrara y, aunque hablaba poco, yo sentía el reflejo del Amor. Yo no tenía conocimiento de las enseñanzas de la Ciencia Cristiana, excepto que Dios es el médico en todo momento. A mi modo, creía que Él era todopoderoso, así es que un día dije a mi marido: "Estoy harta de medicinar a la niña, y voy a ponerla en manos de Dios, para ver qué hará Él. Ya he hecho todo lo que he podido". Hice lo que había dicho, deposité mi carga a los pies de Dios y la dejé ahí. A los dos días la niña estaba completamente bien, y desde entonces ha estado libre del mal. Tiene ahora seis años de edad. Algunos meses después, se presentó una segunda prueba. Despertó una noche, como a las nueve, llorando y cubriéndose con la mano un oído. Para el sentido humano se estaba formando un absceso. Estaba a solas con ella. Tomé *Ciencia y Salud* y la Biblia, pero mientras más trabajaba, más gritaba la niña. El error seguía aconsejándome remedios materiales, pero yo dije con firmeza: "No; no volveré al error. Dios me ayudará". En ese momento mismo pensé en mi propio temor, cuán excesivo era, y recordé una conversación que tuve con la Científica Cristiana que me habló de la verdad por primera vez. Me dijo que siempre había encontrado provechoso darse un tratamiento a sí misma, expulsando sus propios temores, antes de tratar a sus pacientes. Recosté a la niña y nuevamente tomé el libro *Ciencia y Salud,* y leí las siguientes palabras:

"Cada desafío a nuestra fe en Dios nos hace más fuertes. Cuanto más difícil parezca la circunstancia material a ser vencida por el Espíritu, tanto más fuerte debiera ser nuestra fe y tanto más puro nuestro amor. El Apóstol Juan dice: 'En el Amor no hay temor, sino que el perfecto Amor echa fuera el temor' " (*Ciencia y Salud,* pág. 410). Levanté los ojos, el llanto había cesado, la niña sonreía, y en pocos minutos me pidió que la pusiera en la cama. No ha habido más dificultad de esa naturaleza.

Desde entonces he visto el poder de la Verdad vencer el error en muchas formas, entre otras el crup, la tos ferina, amigdalitis, etc. Estoy agradecida por todas esas pruebas, pero mucho más por la enseñanza espiritual de amar, de perdonar, de dominar mi lengua y acabar con la crítica. — M. A. H., Brockton, Massachusetts, E.U.A.

Sanada física y espiritualmente

Había estado yo tomando remedios continuamente por muchos años. Por último caí enferma repentinamente sin poder abandonar mi habitación por cerca de dos meses. Después salí de viaje por tres meses, suponiendo que podría volver en condiciones de continuar mi trabajo. Mejoré mucho, pero el temor a la tuberculosis aguda se había apoderado de mi médico, mi familia y mis amigos, quienes me pusieron en guardia contra el invierno venidero. Muy pronto los resultados de aquel temor se manifestaron. Había trabajado sólo tres semanas cuando volvieron todos los dolores y achaques, y tenía que acostarme tan pronto como llegaba a casa, de modo que mi vida no ofrecía placer alguno. Mi jefe me aconsejó ver al médico y dijo que tal vez no debería trabajar ese invierno. Entonces recurrí a la Ciencia Cristiana. Me era imposible dejar de trabajar y vivir lejos de mi hogar, tampoco quería depender de doctores y medicinas por más tiempo. Tomé el libro y lo leí de camino al trabajo; al mediodía me acosté en un diván, en vez de salir a almorzar, y me quedé dormida. Cuando desperté me sentía como una persona diferente, habiendo desaparecido todos los dolores y achaques; estaba libre. Estaba tan feliz que casi no podía contenerme; para el sentido material aquello era maravilloso. Mientras caminaba, iba diciendo: "Maravilloso, maravilloso, maravilloso", y trataba de comprender "la declaración científica del ser", repitiendo de vez en cuando partes de ella y meditando. Leí el libro cuatro veces seguidas y cada vez encontraba algo más para ayudarme en mi comprensión.

Esta curación ocurrió en octubre de 1901, sin otra ayuda que *Ciencia y Salud;* poco después sané de otros males crónicos. En febrero pude deshacerme de los anteojos que había usado por diez años y medio por padecer de astigmatismo. Los oculistas me habían dicho que siempre tendría que usar lentes. Al mes siguiente mi padre me pidió que lo ayudara, pues sufría mucho de estreñimiento, dispepsia y neuralgia. Había estado subsistiendo con salvado, casi muriéndose de hambre hasta verse en el más lamentable estado, y siempre tenía las piernas tan frías que debía tenerlas envueltas en frazadas. Me sentí muy humilde cuando me pidió ayuda, y le dije que sería mejor que llamara a un practicista, pues yo jamás había dado tratamientos a nadie, pero él no consintió en tener a nadie más que a mí. Por fin le dije que trataría, pero que no debía culpar a la Ciencia si no sentía alivio, pues mi falta de comprensión, y no la Ciencia, sería la culpable. A petición mía leyó *Ciencia y Salud,* comió cuanto quiso y no empleó medicinas en forma alguna. Después de dos tratamientos me informó que había sanado de esa esclavitud de treinta años. En vista de todas estas señales que siguieron a mi aceptación de la Ciencia Cristiana, supe que esta tenía que ser verdad. — R. L. A., Chicago, Illinois, E.U.A.

Una voz desde el sur

Fui delicada desde mi niñez y mis padres no creían que me fuera posible vivir más de unos cuantos años. Sin embargo, seguí viviendo aun cuando no experimenté mucha mejoría en mi salud. Los viajes y el cambio de clima me trajeron solamente alivio pasajero y los médicos no me dieron ninguna esperanza de poder restablecerme por completo.

Como último recurso comencé a leer el libro *Ciencia y Salud,* y antes de acabar de leerlo me di cuenta de que su autora estaba divinamente autorizada para traer este mensaje espiritual a un mundo expectante. Mediante esta sola lectura se restableció mi salud, y sané de una enfermedad que todos los médicos habían considerado incurable.

Por esto, junto con la bendición más grande y más elevada por habérseme revelado la realidad espiritual del ser, estoy sumamente agradecida.

¿Qué podemos dar a cambio de tales beneficios recibidos y posibilitados gracias a la vida consagrada de nuestra amada Guía? Solamente siguiendo las enseñanzas de nuestro libro de texto y, mediante nuestra afectuosa obediencia a sus admoniciones oportunas y tiernas, podemos demostrar nuestra verdadera gratitud. — F. H. D., De Funiak Springs, Florida, E.U.A.

Sanado después de mucho sufrimiento

Un testimonio publicado en el *Journal* me indujo a investigar la Ciencia Cristiana, y espero, a la vez, ser el medio para guiar a alguien a ver la belleza de esta verdad salvadora y conocer correctamente a Dios y la relación del hombre con Él. Sé por experiencia que el prejuicio y la equivocación en cuanto a lo que es la Ciencia Cristiana impiden a muchos gozar de las bendiciones que concede.

Había estado tomando específicos farmacéuticos durante varios años y también estuve en uno de los mejores sanatorios de los Estados Unidos, pero no sané; no obstante, recibí algún beneficio, por lo cual siempre estaré agradecido a los médicos, que hicieron por mí todo lo que les fue posible. A veces pensaba que había agotado todos los remedios, pero no me desanimé, pues sentía que alguna cosa tenía que sanarme, si sólo me fuera posible encontrarla.

En ese estado de ánimo conocí la Ciencia Cristiana, y después de leer varios números del *Journal* compré un ejemplar de *Ciencia y Salud.* Leí a ratos durante varios días. Empecé a mejorar, y en una semana más o menos había sanado de la mayor parte de mis males, entre los cuales se encontraban la dispepsia y una debilidad nerviosa.

Aunque ya había oído hablar de la Ciencia Cristiana, nunca oí decir que la simple lectura del libro de texto de la Ciencia Cristiana hubiera sanado a alguien. Empecé a leer para indagar lo que era la Ciencia Cristiana, pero me sorprendí al encontrar que estaba mejorando, y pronto tuve la certeza de que la teología de *Ciencia y Salud* era lo que me sanaba, tal como fue la teología de Jesús lo que sanaba a los enfermos.

Me ha comprobado también que no puede haber una Iglesia de la Ciencia Cristiana que no sane a los enfermos y a los pecadores, porque la curación viene como resultado natural de las enseñanzas de la Ciencia Cristiana. La Biblia ha llegado a ser una nueva revelación para mí, y la puedo leer con mucho más comprensión por la luz que recibo al leer *Ciencia y Salud.* — A. F. M., Fairmont, Minnesota, E.U.A.

A través de grandes tribulaciones

Cuando intento explicar lo que la Ciencia Cristiana ha hecho por mí, me faltan las palabras. Por espacio de veinte años padecí continuamente de la espina dorsal, que me había lastimado siendo pequeña. De niña sufría tanto, que miraba las estrellas y rogaba a Dios, quien yo creía estaba allá arriba, que me quitara de la tierra, porque estaba tan cansada. Una gran muralla de dolor parecía separarme de los placeres que los demás disfrutaban, y no podía explicar lo que sentía, porque nadie me podía entender. Pasaban los años, y vi desaparecer mi felicidad terrenal; mi corazón estaba quebrantado y no sabía qué hacer. Imploraba socorro día tras día y noche tras noche, aunque no estaba segura de lo que era Dios ni dónde estaba Él. Únicamente sabía que yo sufría y necesitaba ayuda, y que no había ayuda terrenal para mi mente ni para mi cuerpo. Siempre amé la pureza, la verdad y la rectitud, y el mal me parecía una terrible realidad. Era incapaz de contender con ello y estaba desesperada. Este era mi estado cuando comencé a leer *Ciencia y Salud.* Estaba en condiciones de recibir su mensaje, y en aproximadamente diez días logré una maravillosa vislumbre de la verdad que sana a los enfermos y consuela a los quebrantados de corazón. Todo dolor se desvaneció, y tuve una vislumbre del cielo nuevo y la tierra nueva y empecé a ser alimentada por el Amor divino.

Durante muchos años había sufrido de insomnio. Aquella noche descansé como una criatura y me desperté a la mañana siguiente sana y feliz. Un torrente de luz iluminaba diariamente las páginas del "librito", y la revelación que tiene para todos vino a mi corazón expectante. "La paz de Dios, que sobrepasa todo entendimiento" se posó sobre mí, y un gozo demasiado profundo para ser expresado en palabras transformó mi vida. Mis oraciones fueron respondidas, porque había encontrado a Dios en la Ciencia Cristiana.

La Biblia, de la que sabía muy poco, llegó a ser mi estudio constante, mi gozo y mi guía. El ejemplar que compré en la época en que sané, está marcado desde el Génesis hasta el Apocalipsis. Tan continuamente estuvo en mis manos durante tres años, que se gastaron las tapas y se aflojaron las hojas, de manera que he tenido que sustituirlo por uno nuevo. Entre las dos y las tres de la mañana frecuentemente me encontraba absorta en sus páginas, y se me hacían más sagradas cada día, y la ayuda que recibí, en consecuencia, fue maravillosa, por lo que no encuentro palabras para expresar mi gratitud. — I. L., Los Ángeles, California, E.U.A.

Testimonio útil

Las palabras no pueden expresar mi gratitud a Dios por la Ciencia Cristiana. Cuando leí *Ciencia y Salud* por primera vez, ya había probado todos los remedios que conocía. Pero no recuerdo haber sentido cambio alguno en la mente o en el cuerpo, hasta que leí la página 16 del capítulo llamado "La oración" en *Ciencia y Salud*. Las primeras palabras del "sentido espiritual del Padre Nuestro", que hablan de nuestro Padre-Madre Dios, me dieron una vislumbre de la luz celestial. Me detuve y razoné, y recordé las enseñanzas de Jesús. La verdad del ser espiritual del hombre alboreó en mi consciencia. Comprendí que no estaba sujeto a leyes mortales, tal como se me había enseñado toda mi vida. No sabía explicar cómo lo supe, pero ciertamente lo supe. Por medio de la Ciencia Cristiana la Sra. Eddy me había dado lo que había anhelado toda mi vida: una Madre, un "Padre-Madre Dios" perfecto. Me había dado cuenta de que había una gran carencia, y en aquel entonces creía que el mundo ortodoxo poseía sólo la mitad de la verdad que Jesús vino a establecer. Al leer las palabras: "El pan nuestro de cada día, dánoslo hoy" y su interpretación espiritual, mis lágrimas empezaron a correr; todos los años de amargura, odio y temor se desvanecieron. Supe entonces, como también lo sé ahora, que nada satisface sino el Amor. Aquel día comenzó la curación consciente, exterior e interior, tanto mental como física. ¡Jamás tuve dudas! En la forma más absoluta sabía que la Ciencia Cristiana era y es la verdad. El dinero, los amigos y la materialidad, nada son al lado del conocimiento consciente de Dios, del hombre y del universo.

No necesité que se me diese tratamiento, *Ciencia y Salud* era tan claro y bello. Antes no podía comprender la Biblia, pero ahora que tenía una pequeña comprensión de la Ciencia Cristiana, se me iluminó. Por diez años, no he tenido que acostarme una sola vez de día, a causa de alguna enfermedad. Soy ahora, y he sido todos estos años, la imagen de la salud perfecta. Cuando empecé a leer *Ciencia y Salud,* pesaba cuarenta y siete kilos, y ahora peso más de sesenta y dos. Esta salud física no se puede comparar con mi felicidad —mi armonía que nadie me puede quitar— puesto que es el don de Dios. Nada me ha mostrado con más claridad la perversidad de la mente humana que sus conclusiones sobre mi curación. Aun cuando yo sentía y sabía que había sanado, la gente constantemente decía, porque yo era delgada y delicada: "Usted no está bien. Cualquiera que la mire se dará cuenta". Ahora que he engordado, me dice: "Parece como si usted nunca hubiera tenido un solo dolor en toda su vida. No pudo haber tenido tuberculosis".

Cuando pienso en lo que era mi vida antes de conocer la Ciencia Cristiana, en los seis años de resfriados, sufrimientos y tos, sin mencionar mi desesperación, quiero "trabajar, vigilar y orar" para tener la Mente de Cristo, para poder trabajar debidamente en la viña del Señor, y saber que, en realidad, lo que pertenece a uno pertenece a todos, que un solo Dios, una sola Vida, Verdad y Amor, es todo. — A. C. L., Kansas City, Kansas, E.U.A.

Desaparece el deseo de licor y de tabaco

Hace cuatro años que oí hablar por primera vez de la Ciencia Cristiana. En aquel entonces beber y fumar eran mi consuelo. No tenía otra compañía. Había vivido casi desde mi niñez en una atmósfera malévola. Aun cuando distaba mucho de estar contento con mi estado, no se me ocurría cómo mejorarlo, hasta que leí *Ciencia y Salud.* De vez en cuando solía escuchar algún sermón, pero los sermones no me daban más consuelo que el que me daba mi pipa, por lo cual concluí que concurrir a la iglesia no me satisfacía y que prefería seguir bebiendo y fumando. Cuando comencé a leer *Ciencia y Salud,* vi que ofrecía algo sustancial. Después de algunos meses de estudio, desapareció todo deseo de beber y de fumar. Yo no renuncié a ellos; no hice sacrificios, simplemente encontré algo mejor. Cabe mencionar que había fumado desde que tengo memoria. Fumaba desde mucho antes de terminar el colegio y, como la mayoría de los ingleses, amaba mi pipa, y casi prefería quedar sin comer una de las comidas a quedar sin fumar. Solía creer que me traía consuelo.

Durante mis cuatro años de estudio de la Ciencia Cristiana no he gastado un solo centavo en médicos ni en medicinas, ni tampoco he perdido un solo día de trabajo por estar enfermo, lo que es una maravilla comparado con los cuatro años anteriores. Tengo gran interés y placer en leer la Biblia y estudiar las lecciones en el *Cuaderno Trimestral.* La Biblia solía ser un libro muy misterioso para mí, pero *Ciencia y Salud* la ha convertido en algo muy apreciado, haciéndola más comprensible, clara y sencilla.

Aprovecho esta oportunidad para expresar mi gratitud a la Sra. Eddy, y al amigo que me invitó a concurrir al servicio llevado a cabo en el Auditorio hace años. También deseo reconocer los beneficios del *Journal* y el *Sentinel*. Ellos me han ayudado notablemente. Si se estimara el valor de *Ciencia y Salud* y el de esas publicaciones como los hombres de negocios estiman las cosas, es decir, por los resultados o beneficios que traen, ciertamente serían inapreciables para mí. Sería imposible medir su valor, puesto que he recibido algo de *Ciencia y Salud* que todo el dinero del mundo no podría comprar. — H. P. H., Chicago, Illinois, E.U.A.

Una expresión de gratitud amorosa

En la primavera de 1893, mientras cursaba estudios teológicos, *Ciencia y Salud* llegó a mis manos, y la verdad que contiene vino a ser para mí, al instante, la perla preciosa. Literalmente devoré el libro, leyéndolo durante unas dieciocho horas diarias. Su originalidad era asombrosa, trastornando mis opiniones preconcebidas acerca de Dios, del hombre y de la creación. Llamaron mi atención especialmente las dos frases siguientes: "El fundamento de la discordia mortal es un sentido falso del origen del hombre" (pág. 262), y "Para razonar correctamente debiera haber un solo hecho ante el pensamiento, a saber, la existencia espiritual" (pág. 492). Había encontrado la clave de la Ciencia del ser según se enseña en este maravilloso libro, y persistí hasta vislumbrar el cielo nuevo y la tierra nueva, porque los viejos conceptos iban desapareciendo. Con esa elevación espiritual, vino también el bienestar físico.

Había pasado toda mi vida medio inválido, y parecía estar destinado a una vida de sufrimientos. Tres semanas después de haber comenzado *Ciencia y Salud,* con gran alegría y sorpresa me encontré enteramente bien, en perfecto estado físico y espiritualmente elevado. Había aprendido a vivir sobre una base nueva; las cosas viejas del sentido personal estaban pasando y todas las cosas fueron hechas nuevas. Aprendí que el bien infinito es el único Amigo con quien podemos contar en todo momento, un socorro siempre presente en todas las tribulaciones, y que Sus hijos verdaderamente están gobernados en paz y armonía por la ley espiritual. A medida que se comprende correctamente dicha ley, las demás cosas pronto vienen y traen una paz que el concepto humano jamás puede conocer.

Durante los últimos doce años he dedicado todo mi tiempo a la práctica de la Ciencia Cristiana, y he visto sanar por su influencia benéfica casi todas las enfermedades consideradas incurables. ¡Dios bendiga a nuestra querida Guía! Ella ha puesto delante de nosotros una puerta abierta, la cual nadie puede cerrar; y es sólo cuestión de tiempo para que el mundo conozca mejor y ame más a la Sra. Eddy. — E. E. N., Washington, Distrito de Columbia, E.U.A.

Sanado de nefritis

El 18 de agosto de 1902, fui atacado por lo que tres médicos diagnosticaron como nefritis, diciendo que no llegaría a vivir un año más, o que, en el caso de que llegara a vivir más tiempo, quedaría mentalmente desequilibrado. El 6 de diciembre de 1902, mi esposa me dio *Ciencia y Salud* como regalo de cumpleaños, y por cierto que fue el mejor obsequio que jamás he recibido. Desde entonces lo he estado leyendo y estoy asistiendo a Segunda Iglesia de esta ciudad. Ni yo ni nadie en nuestra casa ha utilizado medicinas desde entonces. Me encuentro en perfecto estado de salud y he dejado todos mis malos hábitos. Esta verdad nos ha elevado a todos espiritualmente, y las palabras no pueden expresar mi gratitud hacia la Sra. Eddy y todos los que me han ayudado en el camino. — T. V., Chicago, Illinois, E.U.A.

Fibroma destruido

Desde muy joven, me impresionó que los predicadores no interpretaran la Biblia correctamente, puesto que yo no podía concebir a un Dios de ira que fuera tan injusto como para permitir que Sus pequeños sufrieran dolor, miseria y muerte. Sin embargo, tenía la esperanza de que algún día la verdad sería revelada a un mundo que despertaría, mas no soñaba que aun en ese mismo momento ya existía una noble mujer de Dios que reflejaba suficiente pureza y santidad como para hospedar al "ángel de su faz" y tener comunión con el Dios verdadero.

Se suponía que yo tenía propensión a la escrófula, de manera que nunca fui una niña fuerte o atractiva, y durante mi niñez y adolescencia rara vez estuve libre del temor a leyes de la materia y la debilidad. Se produjo la crisis cuando un médico me informó, después de semanas de tratamientos, que tenía un fibroma y que requería una operación. La situación era de lo más angustiosa, y yo estaba descorazonada y desanimada, cuando en enero de 1893, supe de la Ciencia Cristiana por una carta de una hermana muy querida que había experimentado grandes beneficios por su intermedio. Sin demora resolví visitar a un practicista, convencida de que esta era la verdad por tanto tiempo perdida, que podría hacerme libre. Significaba un esfuerzo y un sacrificio muy grandes ir a Chicago en ese momento, pero el Amor divino me abrió el camino y llegué allí en marzo. No había estado más que unos pocos días en la casa de mi hermana, leyendo *Ciencia y Salud,* casi de continuo, cuando le pregunté si no convendría que me dieran un tratamiento para el tumor que tanto me había molestado. Ella me contestó: "¿Tú te sientes bien, verdad?" Le aseguré que nunca me había sentido tan bien como desde que había llegado allí. "Bien", me contestó con énfasis, "el tumor ha desaparecido, porque Dios nunca lo hizo", y sus declaraciones eran ciertas, pues desde aquel día no hubo más síntomas. Desde entonces he sanado de una afección crónica de la garganta, de fiebre del heno y otros males, y sé que la Ciencia Cristiana es la verdad. — B. W. S., Coldwater, Michigan, E.U.A.

Luz en las tinieblas

He recibido tantos beneficios de los testimonios en el *Sentinel* y el *Journal,* que aquí envío el mío, esperando que aliente a algún corazón afligido. Me criaron unos padres buenos y cristianos amorosos, y fui miembro de una iglesia ortodoxa durante más de veinte años, pero nunca me sentí satisfecha. Estaba llena de temores y atada por los falsos dioses de este mundo: el pecado, la enfermedad y la pobreza; de manera que en cada dirección que tomaba y en cada cosa que intentaba hacer, era enfrentada con la desilusión y el fracaso; pero Dios me estaba guiando hacia una vida diferente. Mi interés por la Ciencia Cristiana se despertó por primera vez hace unos trece años, y desde entonces he sido una discípula bien dispuesta. La lectura de *Ciencia y Salud* me sanó de catarro y laringitis crónicos; además me hizo posible abandonar los anteojos. No sólo me ha ayudado la Ciencia Cristiana mental, moral y físicamente, sino que la bendición mayor es la elevación espiritual que me ha hecho comprender que Dios es capaz de cuidar de Sus hijos, y está dispuesto a hacerlo, si estamos nosotros dispuestos a hacer nuestra parte y tomar la cruz, que, aun cuando a veces parezca pesada, trae siempre galardón firme. La Ciencia Cristiana no solamente me ha ayudado, sino que me ha capacitado para ayudar a otras personas.

La Biblia me parece un libro nuevo. Ahora comprendo el significado de lo que dijo Jesús: "Venid a mí todos los que estáis trabajados y cargados, y yo os haré descansar".

Mi corazón rebosa de gratitud hacia la Sra. Eddy por lo que ha hecho y aún está haciendo por el mundo, y estoy muy agradecida a Dios porque me ha guiado a la verdad para que tenga vida, y para que la tenga en abundancia. — Sra. M. M., Chicago, Illinois, E.U.A.

Testimonio de gratitud

"Lámpara es a mis pies tu palabra, y lumbrera a mi camino".

Esto me ha sido comprobado de todas las maneras. Cuando conocí la Ciencia Cristiana, yo era una ruina física, mental y desde el punto de vista financiero, pero desde que la lectura de *Ciencia y Salud* volvió mi pensamiento hacia la luz, he encontrado que en la medida en que yo esté dispuesta a recibir la palabra y vivirla, todos los beneficios me son proporcionados. Me siento especialmente agradecida por la ayuda espiritual. Sé que las cosas que hice y pensé el año pasado ya no las haría o pensaría este año, y estoy satisfecha. Gracias al cuidadoso y consagrado estudio de *Ciencia y Salud,* me he elevado de la enfermedad a la salud, del pesar a la paz, de la escasez a la abundancia y, lo más hermoso de todo, de las tinieblas a la luz. — Sra. H. S. C., Seattle, Washington, E.U.A.

Sanado de tuberculosis y asma

Es un placer reconocer los grandes beneficios que he recibido por medio de la Ciencia Cristiana. Hace casi diez años que empecé a investigar este tema pidiendo prestado un ejemplar de *Ciencia y Salud.* Sufría de asma, sin esperanza de curación, y la enfermedad a veces se agravaba tanto que me era casi imposible respirar. También fui víctima de esa temible enfermedad, la tuberculosis, que era hereditaria y de la cual habían fallecido casi todos los miembros de mi familia por ambos lados. Recurrí a la Ciencia Cristiana como un hombre que cuando se está ahogando se aferra a una paja. Sin embargo, me interesó mucho tan pronto como empecé a entenderla; y habiendo leído el libro en casi todas las horas disponibles durante unas pocas semanas, mejoré tanto y me convencí tanto de su verdad, que mi esposa y yo destruimos todas las medicinas que había en casa, y desde entonces no hemos empleado ningún remedio excepto la Ciencia Cristiana. Continué estudiando y poniendo en práctica sus enseñanzas lo mejor que pude, y en unos cuantos meses recuperé la salud.

Antes de investigar la Ciencia Cristiana, había sido un incrédulo declarado desde mi juventud; había leído extensamente esa clase de literatura y no sentía atracción alguna por nada que fuese de índole religiosa, no habiéndome llamado nunca la atención las enseñanzas ortodoxas como una exposición racional de un Dios que era todo sabiduría. Actualmente no dudo más de la verdad de las enseñanzas del gran Mostrador del camino, Jesús de Nazaret, de lo que dudo de la exactitud de la ley básica de la matemática o de la música. No tengo duda alguna de que la Ciencia Cristiana me salvó de la tumba, y así ha comprobado ser un auxilio muy práctico y eficiente en una época de gran necesidad. A pesar del gran sufrimiento físico que pasé, no puedo menos que alegrarme de que por medio de él se abriera la puerta de mi consciencia para que penetrara la luz de la Verdad. De esa manera he progresado un poco en el conocimiento de Dios, el bien, según se revela en la Ciencia Cristiana. — C. B., Webb City, Misuri, E.U.A.

Índice alfabético de los términos del glosario

Abel 579:8
Abraham 579:10
Aceite 592:25
Adán. 579:15
Adversario 580:28
Almas 594:18
Ángeles 581:4
Año 598:19
Arca 581:8
Aser 581:15
Aventador. 586:6

Babel 581:17
Bautismo 581:24
Benjamín 582:4
Bien (el) 587:20
Bolsa. 593:7

Cam. 587:22
Canaán 582:24
Carne 586:17
Celo 599:4
Cielo 587:26
Cizaña. 595:4
Conocimiento 590:4
Corazón. 587:24
Cordero de Dios . . . 590:9
Creador 583:21
Creer. 582:1
Cristo (el) 583:11

Dan 583:27
Desconocido (lo). . . 596:1
Desierto 597:16
Día. 584:1
Diablo 584:17
Diezmo 595:22
Dios 587:6
Dioses 587:10
Dragón escarlata . . . 593:8

Elías. 585:9
En 588:21
Error. 585:15
Espada. 595:3
Espíritu 594:19
Espíritus. 594:22
Espíritu Santo 588:6
Éufrates 585:16
Eva. 585:23
Expansión. 586:14

Fantasma 587:1
Fariseo 592:27
Fuego 586:12

Gad 586:20
Getsemaní 586:22
Gihón 587:4

Hidekel 588:5
Hijo 594:16
Hijos de Israel 583:5
Hombre 591:5

Iglesia 583:13
Impiedad 595:26
Infierno 588:1
Inmundicia 595:24
Inteligencia 588:23
Isacar 589:1

Jacob 589:3
Jafet 589:7
Jehová Dios 590:20
Jerusalén 589:11
Jesús 589:15
José 589:18
Judá 589:22

Leví 590:11

Madre. 592:16
Mañana (la). 591:23
Materia 591:8
Mente 591:16
Mente mortal. 591:25
Milagro 591:21
Moisés. 592:11
Muerte. 584:8

Niños 582:28
Noche 592:21
Noé 592:22
Novia 582:15
Novio 582:18
Nueva Jerusalén (la) 592:18

Oídos 585:1
Ojos 586:3
Ovejas 594:12

Padre 586:8
Paloma 584:27
Pisón. 593:1
Polvo. 584:29
Principio 593:3
Profeta. 593:4

Reino de los cielos. . 590:1
Resurrección 593:10
Río 593:16
Roca 593:19
Rubén 593:14

Salvación 593:21
Sello 593:24
Sem 594:14
Señor 590:15
Sepultura 582:21
Serpiente 594:1
Sion 599:6
Sol 595:1
Sustancia 594:25

Tarde (la) 586:1
Temor 586:10
Templo 595:6
Tiempo 595:16
Tierra 585:5
Todopoderoso 581:3
Tú 599:3
Tumim 595:10

Urim 596:11

Valle. 596:20
Velo 596:28
Vida 590:14
Viento 597:27
Vino 598:17
Voluntad 597:20

Yo, o Ego 588:8
Yo soy 588:19